Em Nome da Transparência no Direito Administrativo

Em Nome da Transparência no Direito Administrativo

UM DIÁLOGO LUSO-BRASILEIRO

2023

Coordenação
Carla Amado Gomes
Ricardo Pedro
Eurico Bitencourt Neto

ALMEDINA

EM NOME DA TRANSPARÊNCIA NO DIREITO ADMINISTRATIVO
UM DIÁLOGO LUSO-BRASILEIRO

COORDENAÇÃO
Carla Amado Gomes
Ricardo Pedro
Eurico Bitencourt Neto

EDITOR
EDIÇÕES ALMEDINA, S.A.
Avenida Emídio Navarro, 81, 3D
3000-151 Coimbra
Tel.: 239 851 904 • Fax: 239 851 901
www.almedina.net • editora@almedina.net

DESIGN DE CAPA
EDIÇÕES ALMEDINA, S.A.

PRÉ-IMPRESSÃO
EDIÇÕES ALMEDINA, SA

IMPRESSÃO E ACABAMENTO

Novembro, 2023

ISBN
978-989-40-1599-4

DEPÓSITO LEGAL
...

ALMEDINA | GRUPOALMEDINA

ÍNDICE

NOTA PRÉVIA

1. A necessidade de, volvido quase um quarto do século XXI, tratar do tópico da transparência administrativa é, numa perspetiva otimista, uma oportunidade para analisar um dos temas mais relevantes do Estado de Direito Democrático[1] – o que pode ser um sinal da sua vitalidade, desde logo, porque este permite e até impulsiona a discussão da regulação das desejadas relações jurídicas transparentes[2] da Administração com os administrados.

Já numa perspetiva pessimista, visitar a temática da transparência administrativa corresponderá à constatação de um lastro de opacidade na atividade administrativa, revelando a permanência de espaços escuros (e invisíveis) e de segredos – "*arcana imperii*" –, tantas vezes sinónimos de má administração ou de uma administração corrupta[3], enfim, alimento de uma administração que atua na sombra. Esta administração opaca orienta-se por um "torto" e "oculto" interesse administrativo, revelador de um direito administrativo, na prática, virado do avesso: onde o interesse público pode

---

[1] Cfr. Broberg, M. P. (2002). Access to documents: A general principle of community law. European Law Review, 194-205. (p. 204). Tema que ganha maior relevância quando os desígnios societais podem assentar também na transparência, cfr. Han, B. (2014). A Sociedade da Transparência. Relógio D'Água.

[2] Sublinhando o tema da transparência nas relações jurídico-administrativas, cfr. Schram, F. (2002). Debating Transparency: A Challenge for the Belgian Presidency. In V. Deckmyn (Ed.), Increasing Transparency in the European Union? (pp. 33-90). Instituto Europeo de Administración Pública, Maastricht, Países Baixos (p. 33).

[3] Cfr. Pedro, R. (2022). Editorial. Corrupção e Direito Público, E-Publica, 9.

surgir desgovernado ou pervertido por interesses alheios ao bem coletivo, e no âmbito do qual o administrado (sob a cegueira da administração da coisa pública) fica na dependência da vontade secreta e arbitrária do decisor administrativo. Portanto, "*Vor dem Gesetz*".

A ciência do direito administrativo é, assim, sob uma perspetiva realista, confrontada com a necessidade de ponderar o valor *transparência*[4] e, em particular, de efetivar este ideal-axiológico na regulação da atividade e organização administrativas. Sob o impulso de certos direitos e garantias dos administrados, como o direito de acesso aos documentos e ao processo administrativos, o direito de audiência prévia, o direito ao recurso administrativo e judicial, a fundamentação do procedimento administrativo[5], a publicidade e a ideia de *accountability,* a transparência vai revelando o seu carácter funcional e finalístico. A transparência surge, simultaneamente, como um princípio ético e jurídico, assumindo uma importância fundamental no agir administrativo, e contribuindo para a construção de uma verdadeira "casa de cristal", como se lhe referiu metaforicamente o Deputado italiano Filippo Turati em 1908.

2. Para o devido tratamento da transparência no direito administrativo foram identificados os principais temas que, em geral e em particular, convocam a relevância da transparência jurídico-administrativa. Os Coordenadores convidaram autores portugueses e brasileiros de renome e de acordo com a sua área de especialização para tratar cada um dos temas à luz das particularidades dogmáticas e jurídicas dos ordenamentos português e brasileiro, veiculando uma leitura do fenómeno "em espelho".

Para a compreensão do tema em referência nestes dois lados do Atlântico, a obra compõe-se por uma *Parte Geral,* onde são tratados vários temas gerais da transparência administrativa e por uma *Parte Temática,* na qual se aborda o tópico da transparência nos principais ramos de direito administrativo especial.

---

[4] Chevalier, J. (1988). Le mythe de la transparence administrative. In F. Rangeon e outros (Eds.), Information et transparence administratives (pp. 239-275). Paris: Presses Universitaires de France.

[5] Cfr. Vestendorf, B. (1998). Transparency, not just a vogue word. Fordham International Law Journal, 22, 902-909.

3. Cabe agradecer aos autores pelos seus contributos, sem os quais, naturalmente, esta obra coletiva não seria possível.

4. É ainda devido um agradecimento à Editora Almedina pela aceitação imediata da sua publicação.

Resta agora lançar o barco ao mar e esperar que ele chegue a bons leitores, que lhe encontrem utilidade prática e estímulo de indagação teórica.

Os Coordenadores,

CARLA AMADO GOMES
RICARDO PEDRO
EURICO BITENCOURT NETO

I

PARTE GERAL

TRANSPARÊNCIA E ESTADO DE DIREITO

Hugo Flores da Silva
Professor da Escola de Direito da Universidade do Minho

SUMÁRIO: 1. Enquadramento; 2. Aproximação ao conceito jurídico de transparência; 3. A transparência enquanto condição indissociável de um Estado de Direito Democrático; 4. A transparência enquanto qualificativo, valor e princípio; 4.1. Transparência enquanto valor (e bem jurídico); 4.2. Transparência enquanto princípio; 5. A especial preponderância da informatização e digitalização nos contornos concretizadores da transparência; 6. Os limites da transparência; 7. Breves conclusões; Referências doutrinais.

1. ENQUADRAMENTO

No presente artigo, debruçamo-nos sobre a transparência enquanto referente jurídico e garantia jurídica essencial, procurando perceber como a mesma se localiza no quadro das exigências decorrentes do Estado de Direito democrático. Considerando a transversalidade material, temporal e geográfica que a *ideia* de transparência evoca, a abordagem e o discurso serão propositadamente abstratos e tendencialmente afastados de concretas opções normativo-legislativas, sem embargo de, quando se considerar oportuno e pertinente, convocar algumas soluções constitucionais e legais adotadas no ordenamento jurídico português.

2. APROXIMAÇÃO AO CONCEITO JURÍDICO DE TRANSPARÊNCIA

Em termos conceituais (e literais), a transparência corresponde à qualidade dos objetos que se deixam atravessar pela luz, permitindo observar clara e distintamente o seu interior ou o que está para além deles sem distorção significativa da luz ou das imagens observadas. Num sentido menos literal, porém, o conceito permite qualificar positivamente as realidades ou entidades que reúnam as caraterísticas da clareza, da evidência e da percetibilidade; por contraposição àqueloutras que se caraterizem pela opacidade, obscuridade e hermetismo. Trata-se – sobretudo na segunda aceção enunciada – de um conceito polissémico ou difuso[1].

A sua penetração do conceito no mundo jurídico resulta da consideração figurativa daquelas propriedades positivas[2] – ou, pelo menos, de algumas delas –, quando se coloca a necessidade de impor por via normativa que as mesmas se observem em relação a determinados objetos regulatórios, como instituições, atividades, procedimentos, processos, ou atos. Compreensivelmente, o facto de constituir uma fórmula objetivamente aberta assegura-lhe a flexibilidade necessária para que possa ser convocado pelos mais diversos segmentos jurídicos, ainda que neles possa conhecer contornos substancialmente distintos em função das especificidades materiais dos objetos regulatórios em causa. Em atenção ao contexto no qual o conceito é utilizado, fala-se, por exemplo, de "transparência administrativa"[3], de "transparência fiscal"[4] ou de "transparência comercial"[5], bem assim como de "transparência da titularidade, da gestão e dos meios de financiamento das entidades que prosseguem atividades de comunicação social"[6], "transparência quanto à titularidade das participações qualificadas", "transparência dos custos", "transparência quanto à remuneração dos membros dos órgãos de administração e fiscalização", ou "transparência dos intermediários financeiros"[7].

Para além disso, e sem prejuízo de outras possibilidades classificatórias[8], conforme os contextos e critérios tomados em consideração, será possível

---

[1] Apontando à polissemia do conceito de transparência, V. ANTUNES, Luís Filipe Colaço, Mito e Realidade da Transparência Administrativa, in Estudos em Homenagem ao Prof. Doutor Afonso Rodrigues Queiró, Volume II, Boletim da Faculdade de Direito da Universidade de Coimbra, Coimbra, 1993, 10-11.

[2] Aludindo à penetração do conceito no mundo jurídico como uma metáfora, cfr. ARRUDA, Carmen Sílvia Lima de, O princípio da transparência, Quartier Latin, 2020, 41.

[3] Cfr. n.º 1 do artigo 14.º do Código do Procedimento Administrativo.

[4] Cfr. artigo 6.º do Código do IRC.

[5] Cfr. artigo 133.º do Decreto-Lei n.º 15/2022, de 14 de Janeiro.

[6] Cfr. Lei n.º 78/2015, de 29 de Julho.

[7] Cfr. n.º 3 do artigo 16.º-B, artigo 21.º-H, n.º 3 do artigo 26.º-G, artigo 26.º-H do Código dos Valores Mobiliários.

[8] Com interesse, a respeito de diferentes sentidos do conceito de transparência, cfr. HEALD, David, Varieties of Transparency, in Transparency: The Key to Better Governance?, Christopher Hood and David Heald (ed.), British Academy Scholarship Online, 2012, disponível em https://academic.oup.com/british-academy-scholarship-online/book/13315.

distinguir diversos sentidos do conceito de transparência – nomeadamente: (i) transparência em sentido objetivo ou subjetivo, conforme, respetivamente, nos reportemos à possibilidade de conhecer de modo simples e direto objetos específicos (bens, negócios jurídicos, atos administrativos, diplomas legislativos, etc.), na sua composição, caraterísticas ou processo constitutivo, ou entidades determinadas (indivíduos, pessoas jurídicas, órgãos, etc.), na sua identidade, composição/caraterização e modo de atuação; (ii) transparência em sentido vertical ou horizontal, conforme, respetivamente, aquela seja projetada num plano de relacionamento (formal ou meramente material) caraterizado por uma supra/infra ordenação entre os sujeitos (ex. governantes e governados), ou num plano de relacionamento entre pares (ex. comerciantes e consumidores); (iii) transparência em sentido interno ou externo, conforme, respetivamente, o enfoque seja colocado na informação disponível na relação entre agentes e órgãos que se movem no âmbito de determinada entidade, ou na informação disponibilizada por certa entidade para o seu exterior, dando-se a conhecer e ao seu modo de atuar às entidades de controlo ou à comunidade em geral; (iv) transparência em sentido substantivo ou adjetivo, conforme, respetivamente, esteja em causa o conhecimento de certas decisões, informações ou documentos, ou das fases percorridas no procedimento/processo tendente à sua formação/produção; ou (v) transparência em sentido real ou nominal, contrapondo os casos em que a mesma exista em termos efetivos, porquanto a informação não é retida, nem deturpada, chegando aos seus destinatários em condições de ser por eles conhecida, compreendida e utilizada, por contraposição aos casos em que apenas em termos formalísticos (ou proclamatórios) se poderá falar de transparência, porquanto a informação não chega aos seus destinatários em condições de por eles ser realmente conhecida ("ilusão de transparência").

Como bem se compreende, em antítese à ideia de transparência coloca-se a ideia de opacidade, a qual resulta tanto da ocultação (intencional ou não) de determinadas realidades, como pela sua disponibilização em condições que impossibilitem ou dificultem a sua integral compreensão, porquanto comportam a remoção (ou, pelo menos, a obstaculização) do seu acesso por parte daqueles que nelas possam ter interesse (sejam entidades de controlo ou a comunidade em geral).

Em todo o caso, e como teremos oportunidade de perceber, importa precisar que, pese embora a transparência seja uma coordenada essencial no contexto de um Estado de Direito (democrático), não deverá ser entronizada ao ponto de excluir liminarmente o afastamento de espaços de reserva, sigilo ou segredo, aceitando-se que em determinados casos – num contexto de ponderação com outras dimensões jurídico-valorativas – poderá resultar legitimada a prevalência dos segundos sobre a primeira.

3. A TRANSPARÊNCIA ENQUANTO CONDIÇÃO INDISSOCIÁVEL DE UM ESTADO DE DIREITO DEMOCRÁTICO

O lugar da transparência no ordenamento jurídico português deverá ser buscado nos quadros do princípio do Estado de Direito democrático.

Prescrevendo, de um modo geral, a subordinação à normatividade jurídica, o princípio de Estado de Direito constitui uma base de integração de diversas dimensões jurídicas (de natureza formal ou material) que se dirigem ao condicionamento e controlo dos poderes públicos e à garantia da posição dos sujeitos [9]. Por assim ser, para além da matricial subordinação ao Direito que prescreve, dele decorrem várias dimensões jurídicas principiológicas, de entre as quais se destaca (sem qualquer pretensão de exaustividade) a separação e interdependência de poderes, a segurança jurídica e a proteção da confiança, a proibição do excesso, a universalidade e a igualdade, e, em geral, a proteção dos direitos fundamentais. Revela-se, por isso, adequado qualificá-lo como um "supra" ou "meta" princípio, aglutinador de uma pluralidade de outros princípios e regras jurídicas que o pressupõem e através das quais se concretiza.

No Ordenamento jurídico português – atento o disposto no artigo 2.º da Constituição – o princípio do Estado de Direito surge intrínseca e irreversivelmente associado ao princípio de Estado democrático, de onde resulta (nomeadamente) que a juridicidade emerge em condições orgânicas, procedimentais e formais orientadas pela subordinação à vontade popular. Assim, se a atuação pública se encontra subordinada ao Direito, a sua obtenção – no cumprimento da cadeia de validação (material, orgânica, procedimental e formal) prescrita pelo Ordenamento jurídico –, envolverá a

[9] Nas palavras de GOMES CANOTILHO e VITAL MOREIRA, trata-se de um princípio "conglobador e integrador" de um conjunto de dimensões jurídicas que densificam "a ideia de sujeição do poder a princípios e regras jurídicas, garantindo aos cidadãos liberdade, igualdade e segurança". Cfr. CANOTILHO, J. J. Gomes, MOREIRA, Vital, Constituição da República Portuguesa Anotadas, Volume I, 4.ª Edição revista, Coimbra Editora, 2007, 205.

consideração da vontade (ainda que, por regra, mediada) daqueles a quem, em última análise, o mesmo se dirige.

É neste duplo ancoramento (Estado de Direito e Estado Democrático) que a transparência emerge como realidade jurídica, nos termos que a seguir se procura demonstrar:

a) Em primeiro lugar, a resposta à questão de saber se a transparência constitui uma dimensão jurídica prevalecente, dependerá necessariamente da identificação de uma norma jurídica (regra ou princípio) que haja sido editada segundo as exigências formais, orgânicas e procedimentais previstas para o efeito e que tenha por propósito a sua salvaguarda ou promoção. Desde que válida e vigente, tal prescrição será suscetível de vincular as entidades públicas e privadas a quem se dirija, ainda que possa não resultar expressamente explicitada e deva – por isso – ser extraída do implícito sentido de um ou mais enunciados normativos (como frequentemente sucede com os princípios, os quais muitas vezes apenas se deixam evidenciar por indução, mediante o labor desenvolvido pelo intérprete). Assim sendo, a força jurídica de que beneficiará a transparência *enquanto norma* resultará condicionada pelo nível normativo no qual se encontre inserido o enunciado que expressamente a consagre ou aqueles dos quais se deixe extrair implicitamente;
b) Em segundo lugar, a natureza democrática do Estado pressupõe que a atuação pública se paute pelas caraterísticas da transparência e acessibilidade ao público ao qual se dirige, em termos tais que não se afigurará redundante a sua afirmação como "o governo do poder público em público", uma vez que a noção de "público" utilizada em segundo lugar pretenderá aludir à antítese de "secreto" – portanto, à visibilidade do exercício daqueles poderes[10]. A transparência é neste contexto apreendida como um princípio organizatório de um Estado democrático[11], o qual, não se bastando com uma concretização

[10] Cfr. BOBBIO, Norberto, *El futuro de la democracia*, Fundo de Cultura Económica, 1986, 23, 65.

[11] Referindo-o à "publicidade" (num sentido próximo ao que aqui atribuímos à transparência), a propósito do Estado liberal de Direito, cfr. HABERMAS, Jürgen, *Historia y crítica de la opinión pública, La transformación estructural de la vida pública*, 2.ª edición, Editorial Gustavo Gili, 1981, 167.

meramente formalista (ou proclamatória), reveste-se de uma feição material que implica que a legitimidade do poder não dependa apenas do resultado das eleições, mas também do regular funcionamento dos órgãos democraticamente eleitos, o que sempre implicará a possibilidade de conhecimento (e controlo) efetivo da sua atuação. De facto, a natureza democrática de um Estado radica no facto de a legitimidade da sua atuação emanar da vontade daqueles a quem a mesma se dirige. Contudo, o processo de legitimação não se deverá esgotar nos momentos eletivos, mas ser sucessivamente aprofundado através da incorporação de mecanismos de participação social em diversos âmbitos da ação pública. A transparência emerge, enfim, como uma condição imperativa para a concretização substantiva do princípio democrático[12]. Não apenas possibilita o escrutínio e a avaliação adequada da *performance* governamental, mas também estabelece as premissas para uma democracia mais robusta, na qual os eleitores, devidamente informados – sobre as ações implementadas, os recursos utilizados e os resultados obtidos –, têm a efetiva capacidade de influenciar decisões públicas e de responsabilizar os agentes políticos pelas suas ações[13]. A transparência emerge, assim, como um corolário lógico do princípio democrático. À luz do que se expõe – e sem prejuízo dos casos em que tal possa ser reclamado por imperativos jurídicos concretamente prevalecentes à luz de um juízo de ponderação –, num Estado ancorado no princípio democrático, os órgãos ou agentes (juridicamente) detentores dos poderes públicos, não beneficiarão (por princípio) da prerrogativa de guardar para si as informações, razões ou justificações subjacentes ao seu exercício, bem

---

12 Cfr. JONASON, Patricia Blanc-Gonnet, Démocratie, transparences et état de droit – La transparence dans tous ses états, in Revue Europeenne de Droit Public, Volume 27, N.º 1, 2015, 121.

13 Cfr. PESCHARD, Jacqueline, Transparencia y Estado de derecho como condición previa para un desarrollo equitativo y sostenible, in Homenaje a Jean-Claude Colliard, Tomo II, Editorial TEPJF, 2016, 321-322; PÉREZ, Javier Rascado, CANIZALES, Raúl Ruiz, Estado de Derecho y Transparencia, Un acercamiento desde la Historia, el Derecho y la Ética, Revista Misión Jurídica, Vol. 14, Número 20, Enero-Junio, 2021, 78-79; MARTÍNEZ, Juan Manuel Goig, Transparencia y Corrupción. La percepción social ante comportamientos corruptos, Revista de Derecho UNED, núm. 17, 2015, 78-79, disponível em https://revistas.uned.es/index.php/RDUNED/article/view/16289.

como os efeitos e resultados dele decorrentes[14]. Assim, por exemplo, se o direito de certo sujeito aceder a elementos, documentos informações relativos a procedimento ou processo que o tenha por destinatário, tem por subjacente a necessidade de acautelar a sua posição jurídica (a proteção dos seus direitos e interesses juridicamente tutelados) – em linha com as exigências de subordinação à juridicidade e de tutela dos direitos e interesses daqueles, emergentes do princípio de Estado de Direito; já o direito de acesso (em termos gerais) a documentos ou informações detidas pelos entes públicos, tem essencialmente em vista o fortalecimento da democracia[15].

c) Em terceiro lugar, a exigência de observância das prescrições normativas vigentes – a qual constitui a essência do princípio de Estado de Direito – apenas encontrará condições de efetivação quando a atuação dos sujeitos a ela vinculados possa ser percecionada e escrutinada por terceiros[16]. Assim não sucedendo, a atuação juridicamente desconforme sempre acabaria subtraída a qualquer tipo de censura jurídica e a eficácia daquela exigência resultaria comprometida. Neste sentido, a transparência relaciona-se de modo próximo com o conceito de *accountability* ("prestação de contas")[17], o qual induz as ideias de sujeição ao escrutínio alheio, de submissão à apreciação crítica e de apresentação de resultados, convocando um nexo de adstrição entre dois distintos sujeitos: o controlador e o controlado. Dificilmente se poderá, aliás, compreender que as coisas se passem de modo distinto, impondo-se, no domínio da gestão

---

[14] Cfr. BIRKINSHAW, Patrick, Transparency as a Human Right, in Transparency: The Key to Better Governance?, Christopher Hood and David Heald (ed.), British Academy Scholarship Online, 2012, 6, disponível em https://academic.oup.com/british-academy-scholarship-online/book/13315.

[15] V. SANDULLI, Aldo, Constitutional imperatives: transparency, participation and legal certainty, in Revue Europeenne de Droit Public, Volume 27, N.º 1, 2015, 160.

[16] A transparência é uma condição do Estado de Direito, porque o seu funcionamento geral depende do acesso a informações. DIAZ, José Ramón Cossío Díaz, ¿Es la transparencia una condición del Estado de derecho?, in Este País, Octubre, n.º 175, 2005, 46, disponível em https://archivo.estepais.com/site/2009/es-la-transparencia-una-condicin-del-estado-de-derecho/.

[17] Com interesse, sobre o tema, cfr. FOX, Jonathan, Transparencia y rendición de cuentas, in Más allá del acceso a la información: Transparencia, rendición de cuentas y Estado de derecho (John M. Ackerman, coord.), 2008, Siglo XXI, 174-ss.

pública, quer uma prestação de contas *erga omnes* – por exemplo, por via da publicidade das atuações mediante a sua difusão em modos visíveis e acessíveis aos cidadãos, empresas ou eleitores –, quer uma prestação de contas *intuitu personae* – por exemplo, informando um destinatário concreto, quando este solicita esclarecimentos determinados. Em qualquer dos casos, aponta-se à "prestação de contas" um importante papel de sinalização das debilidades dos sistemas, ou dos comummente designados "défices institucionais", reconhecendo-se razão a autorizada doutrina quando refere que: "*opacity is not inherent in the concept of democracy. It is a pathology of present democratic practice*"[18]. Por sua vez, a transparência da atuação pública condicionará a capacidade de os agentes reagirem a atuações desconformes e verem reparados os seus direitos e interesses violados, através dos meios dispostos em atenção a tal objetivo [19].

---

[18] Assim, ROSE-ACKERMAN, Susan, The Economic Analysis of Public Law, in European Journal of Law and Economics, 1994, 1, 61. V., também, LEBECK, Carl, Procedural fairness as constitutional justice: an essay on Hans Kelsen's theory of liberal constitutionalism, in Zeitschrift für öffentliches Recht, 63, 2008, 580, onde se realça a importância da justificação pública enquanto exigência central do exercício do poder público. Por último, com interesse, cfr. RIJPKEMA, Peter, The rule of law beyond thick and thin, in Law and Philosophy, 32, 2013, 795 e ss.

[19] Com pertinência a este respeito, pode dizer-se que a transparência constitui uma via privilegiada para combater a corrupção, um fenómeno que se concretiza através da negação do Estado de Direito, porquanto ocorre quando se atua ou deixa de atuar ao arrepio daquilo que resulta prescrito pelo ordenamento jurídico, em vista a beneficiar-se ou a terceiro ("Se define la corrupción como el mal uso o el abuso del poder público para beneficio personal y privado, hecho que no tiene porqué ceñirse a los detentadores del poder o a los funcionarios, aunque por lo general lo vinculamos a los gobernantes o los funcionarios elegidos o nombrados, que se dedican a aprovechar los recursos públicos para, de una u otra forma, enriquecerse o beneficiar a parientes o amigos" – cfr. Cfr. MARTÍNEZ, Juan Manuel Goig, Transparencia y Corrupción. La percepción social ante comportamientos corruptos, Revista de Derecho UNED, núm. 17, 2015, 74-75, disponível em https://revistas.uned.es/index.php/RDUNED/article/view/16289). E neste ponto, a transparência será essencial, porque é a partir do conhecimento da atuação dos poderes públicos que se poderá evitar que, por via da corrupção, os seus parâmetros decisórios sejam contaminados por interesses não coincidentes com o Interesse público. V., a propósito, PÉREZ, Javier Rascado, CANIZALES, Raúl Ruiz, Estado de Derecho y Transparencia, Un acercamiento desde la Historia, el Derecho y la Ética, Revista Misión Jurídica, Vol. 14, Número 20, Enero-Junio, 2021, 79; DÍAZ, José Ramón Cossío, ¿Es la transparencia una condición del Estado de derecho?, in Este País, Octubre, n.º 175, 2005,

Enfim, a transparência permite o controlo da atividade pública e possibilita a prestação de contas do Estado, constituindo um pressuposto essencial para prevenir e combater a opacidade, que vai demonstrando ser um importante obstáculo à concretização do Estado de Direito democrático. Esta necessidade de que os destinatários da atuação pública tenham oportunidade de conhecer, identificar e avaliar o desempenho das entidades e órgãos que a desenvolvem, tem por subjacente a ideia de que devem ser mantidos certos níveis de qualidade em favor do Interesse público.

Por tudo quanto antecede, deve a transparência constituir uma caraterística da atuação dos poderes públicos assente no "império da lei", e enquanto elemento organizacional, servirá o propósito de melhorar as decisões internas e os processos da administração pública, operando como um mecanismo de promoção da democracia e do Estado de Direito[20].

4. A TRANSPARÊNCIA ENQUANTO QUALIFICATIVO, VALOR E PRINCÍPIO

O conceito de transparência constitui, antes de mais, um adjetivo ou predicado. Mediante a sua utilização, assinala-se que determinada realidade reúne determinadas propriedades – como sejam a clareza, a evidência ou a

46, disponível em https://archivo.estepais.com/site/2009/es-la-transparencia-una-condicin-del-estado-de-derecho/; SANDULLI, Aldo, Constitutional imperatives: transparency, participation and legal certainty, in Revue Europeenne de Droit Public, Volume 27, N.º 1, 2015, 177.

[20] Cfr. PESCHARD, Jacqueline, Transparencia y Estado de derecho como condición previa para un desarrollo equitativo y sostenible, in Homenaje a Jean-Claude Colliard, Tomo II, Editorial TEPJF, 2016, 320-321. Intimamente relacionado com este aspeto – embora já nos domínios da ciência política e não tanto do Direito (ciência jurídica) –, estará a preponderância da transparência na concretização das exigências de "boa governança", a qual implica que a gestão dos assuntos públicos – portanto, em termos gerais, a prossecução do Interesse público – se realize de modo eficaz e eficiente. Ao permitir a sindicância da atuação dos agentes públicos e, em consequência, a imposição de consequências quando negligenciem suas funções ou exibam comportamentos suscetíveis de censura, a transparência favorecerá a concretização daquela exigência. O simples facto de os agentes saberem que a sua atuação é escrutinada e que poderão enfrentar consequências adversas, constituirá um estímulo à integridade dos agentes públicos e à melhoria do seu desempenho. Assim, a transparência faz parte das exigências da boa governança. V. BUIJZE, Anoeska, The Six Faces of Transparency, in Utrecht Law Review, Volume 9, Issue 3, July 2013, 6-7.

percetibilidade – que legitimam tal qualificação. Como se teve oportunidade de assinalar, por constituir uma fórmula objetivamente aberta, o conceito assume a flexibilidade necessária para que possa ser juridicamente convocado de modo muito diverso, nos mais variados segmentos do Ordenamento jurídico, sendo de enfatizar a sua perceção enquanto (i) valor e enquanto (ii) princípio jurídico.

4.1. Transparência enquanto valor (e bem jurídico)

A presença de quadros jurídicos tendentes a assegurar a transparência evidencia que esta constituirá algo que o Ordenamento jurídico reputa por valioso e que, por isso, pretende promover ou proteger. Neste sentido, a transparência será assumida como um valor (jurídico).

Valores são apreciações positivas de determinadas realidades, que se reputam defensáveis e que se pretendem conservar ou promover. Determinados referentes valorativos, pela preponderância social que encerram, são reconhecidos ao mais alto nível jurídico como *valores jurídicos fundamentais*, mediante a consagração de revestimentos jurídico-constitucionais que lhes oferecem um conteúdo prescritivo, sob a forma de regras ou princípios ("processo de juridificação"). Ora, neste sentido, a *transparência* pode ser apreendida como um valor jurídico, porquanto constitui o substrato axiológico-jurídico fundamentador de diversas soluções e regimes jurídicos presentes no Ordenamento jurídico, que (isolada ou conjuntamente; a título principal ou acessório) almejam a sua proteção ou promoção, nos mais diversos contextos e circunstâncias. E se a afirmação de que assim seja não merecerá grande contestação, mais polémica poderá revelar-se a questão de saber se estamos perante uma dimensão axiológica a ser prosseguida a título principal, ou se assume contornos de instrumentalidade em relação a outras dimensões axiológicas, que em relação a ela se colocam numa posição de principalidade[21]. Neste sentido, a transparência surgirá como um "valor

[21] Com pertinência, sobre desta discussão, cfr. HEALD, David, Transparency as an Instrumental Value, in Transparency: The Key to Better Governance? Proceedings of the British Academy, Christopher Hood e David Heald, org., Oxford University Press, 2006, 67-70. Segundo o autor, a transparência corresponderia (a par da confiança, do controlo e da privacidade) a um meio tendente à concretização de dimensões valorativas principais

instrumental". Certo será, em todo o caso, que a transparência – nesta aceção axiológica – é reputada por valiosa pelo Ordenamento jurídico, que lhe atribui a roupagem de "bem jurídico" digno até de tutela penal[22].

São várias as normas jurídicas que têm por subjacente o propósito de disciplinar os plúrimos afloramentos da ideia de transparência, nos diferentes segmentos jurídicos[23]. Naturalmente, em cada contexto particular, serão diferentes as necessidades regulatórias e, por isso, as concretas prescrições que encerra. Importa ter presente, porém, que todas elas partilham de um substrato fundamentador comum: as ideias disponibilidade, acessibilidade e compreensibilidade da *realidade dada*. Pode, por isso, falar-se de um princípio geral (transversal) de transparência, que conhece diferentes concretizações – ao nível constitucional, legal ou até regulamentar – em função dos contextos em que a sua pertinência se projeta.

---

como a eficácia, a responsabilização, a equidade e a legitimidade. Ainda, sobre o tema, V. BUIJZE, Anoeska, The principle of transparency in EU Law, Utrecht University, 2013, 36-41, disponível em http://dspace.library.uu.nl/handle/1874/269787.

[22] Veja-se, a título de mero exemplo – e sem prejuízo de abrangerem também a proteção de outros bens jurídicos –, a consagração do crime de recebimento ou oferta indevidos de vantagem (artigo 372.º do Código Penal e artigo 16.º da Lei n.º 34/87, de 16 de Julho, que prevê os crimes de responsabilidade dos titulares de cargos políticos), do crime de corrupção (artigos 373.º e 374.º do Código Penal e artigos 17.º e 18.º da Lei n.º 34/87, de 16 de Julho) ou a aplicação do crime de desobediência qualificada e ocultação intencional de património aos titulares de cargos políticos e equiparados e os titulares de altos cargos públicos, nos casos de não apresentação, após notificação par ao efeito, da declaração única de rendimentos, património, interesses, incompatibilidades e impedimentos (nos termos do artigo 18.º-A da Lei n.º 52/2019, de 31 de Julho, que aprovou o regime do exercício de funções por titulares de cargos políticos e altos cargos públicos.

[23] V., a título de exemplo, o artigo 19.º da Lei de Enquadramento Orçamental (Lei n.º 151/2015 de 11 de setembro), o artigo 12.º da Lei das Finanças das Regiões Autónomas (Lei Orgânica n.º 2/2013, de 2 de setembro), o artigo 7.º do Regime Financeiro das Autarquias Locais e das Entidades Intermunicipais (Lei n.º 73/2013, de 3 de setembro), o n.º 1 do artigo 1.º do Regime do Segredo de Estado (Lei Orgânica n.º 2/2014, de 06 de Agosto), artigo 2.º do Regime de Acesso à Informação Administrativa e Ambiental e de Reutilização dos Documentos Administrativos (Lei n.º 26/2016, de 22 de agosto), o n.º 1 do artigo 14.º do Código do Procedimento Administrativo, o n.º 1 do artigo 1.º-A do Código dos Contratos Públicos, o artigo 43.º do Regime Jurídico da Atividade Empresarial Local e das Participações Locais (Lei n.º 50/2012, de 31 de agosto), o artigo 4.º do Estatuto do Pessoal Dirigente dos Serviços e Organismos da Administração Central, Regional e Local do Estado (Lei n.º 2/2004, de 15 de Janeiro), a al. b) do n.º 5 do artigo 64.º da Lei Geral Tributária.

A juridicidade – e não o mero carácter político, intencional ou proclamatório – do princípio da transparência resulta sobejamente demonstrada ao ter-se presente o universo de consequências jurídicas desfavoráveis que o legislador (de modo direto ou indireto) associa ao incumprimento das suas plúrimas concretizações, as quais se vão espraiando em diversos níveis: político, criminal, contraordenacional, disciplinar, civil ou financeiro.

4.2. Transparência enquanto princípio

Enquanto valor digno de proteção jurídica, a transparência cristaliza-se num autêntico princípio, o qual contém indiscutível substrato normativo e se desdobra em múltiplas exigências.

Na verdade, não restam dúvidas que existe no Ordenamento jurídico um verdadeiro princípio da transparência, significativo da ideia de que a atuação de cada um dos poderes públicos (legislativo, executivo e judicial) – e dos "poderes privados" que exercem funções públicas, os quais são aqui convocados – poderá ser conhecida pelos demais, pelos sujeitos a quem se dirige e pela Comunidade e – nessa medida – sujeita ao seu escrutínio[24]. O que pressupõe que para eles esteja disponível e acessível, em condições de ser compreendida.

Como mais significativas decorrências desse princípio, sinalizam-se as exigências seguintes:

a) Publicidade *erga omnes* (em jornal oficial, em *web site* institucional, em *locais de estilo*, etc.) dos mais significativos atos públicos, nomeadamente aqueles que impliquem restrições de direitos fundamentais ou posições jurídicas subjetivas em geral;

[24] "Transparencia es la obligación de los poderes públicos de poner a disposición de todos sus gobernados la información que muestre la estructura y el funcionamiento de cada órgano gubernamental en el ejercicio de sus atribuciones". Cfr. MARTÍNEZ, Juan Manuel Goig, Transparencia y Corrupción. La percepción social ante comportamientos corruptos, Revista de Derecho UNED, núm. 17, 2015, 74, disponível em https://revistas.uned.es/index.php/RDUNED/article/view/16289.

b) Comunicação individualizada aos destinatários das atuações públicas restritivas (por via de notificação ou citação) dos atos que concretamente os afetem;
c) Participação (e.g., através de exercício de direito de audição, de discussão pública, ou de intervenção em medidas de concertação prévia) dos destinatários das atuações públicas nos procedimentos políticos, legislativos ou administrativos que os afetem;
d) Fundamentação adequada, atual, clara e completa de todos os atos administrativos;
e) Prestação, aos sujeitos com legitimidade que o solicitem, de informações adequadas sobre o andamento dos processos em que sejam diretamente interessados e sobre as resoluções definitivas que sobre eles forem tomadas, bem como o acesso aos arquivos e registos administrativos (direito de *open file*)[25].

Como se pode ver, o princípio da transparência assume indiscutível natureza deôntica, sendo irrecusável a sua juridicidade. Naturalmente que, em consequência, incorpora o bloco de juridicidade e constituirá parâmetro aferidor da validade de qualquer norma e ato jurídico que caia no seu âmbito aplicativo, os quais (estes últimos) serão fulminados com um desvalor jurídico (anulabilidade, nulidade, ineficácia) sempre que se materializem em atuações desconformes. Neste sentido, serão ineficazes ou inválidos, por exemplo, os atos legislativos não publicados em Diário da república, os procedimentos concursais cuja abertura não seja publicitada nos termos legais, os orçamentos que não sejam devidamente publicitados, os atos administrativos ou tributários não comunicados aos respetivos destinatários, ou as sentenças dos tribunais arbitrais em matéria administrativa não depositadas em base de dados do Ministério da Justiça.

*

As vinculações (jurídicas) emergentes do princípio da transparência projetam-se em vários sentidos, atingindo os diferentes poderes públicos – isto é, os poderes legiferante, administrativo e judicial. E, naturalmente, em

---

[25] Cfr. n.ºs 1, 2 e 3 do artigo 268.º da Constituição.

cada um destes segmentos, existirão vinculações comuns e outras específicas e diferenciadas.

No caso do poder legiferante, para além da necessidade de as normas (em sim mesmas e no seu conjunto) se revestirem de caraterísticas como a generalidade, abstração, prospetividade, clareza, precisão, completude, coerência e estabilidade – imposta pelos princípios da segurança jurídica e da proteção da confiança, em vista a que possam ser adequadamente interpretadas e, assim, antecipadas as respetivas prescrições e efeitos –, exigir-se-á (nomeadamente) que os seus destinatários: (i) sejam capazes de identificar claramente os órgãos e entidades competentes para a sua emanação (transparência quanto à ordenação de competências); (ii) possam acompanhar o seu processo de elaboração e aprovação, o que implica a possibilidade de conhecimento dos respetivos projetos, pareceres, discussões parlamentares e votações (transparência quanto ao procedimento legislativo); (iii) consigam apreender o concreto posicionamento das normas no Ordenamento jurídico e o modo como se articulam com as demais (transparência na ordenação normativa); (iv) possam confiar que a sua edição não é afetada pela interposição de interesses e finalidades distintas daqueles que nesse contexto deverão prevalecer (transparência material).

Por sua vez, no caso do poder executivo, o princípio da transparência assume-se como uma imposição de atuação de forma aberta e acessível ao público. Veja-se que o princípio da transparência tem respaldo constitucional no n.º 2 do art.º 268.º da Constituição, que estabelece que "os cidadãos têm o direito de acesso aos documentos administrativos e de os utilizarem para os seus fins, sem outros condicionamentos além dos previstos na lei, nomeadamente os de segurança, segredo de Estado e defesa de direitos de terceiros". Assim, no que contende com o exercício do poder executivo[26], constituem instrumentos (jurídico-normativos) tendentes a assegurar a publicidade da atuação dos entes públicos, nomeadamente: (i) a participação na formação das decisões através do direito de audição (audiência) prévia pelos seus destinatários; (ii) o dever de fundamentação das decisões, sobretudo quando operem um efeito restritivo sobre a esfera jurídica dos seus destinatários; (iii) o dever de dar conhecimento das decisões de caráter geral

[26] Com pertinência, articulando as dimensões da imparcialidade e da transparência na atuação judicial, V. o (recente) Acórdão do Tribunal Constitucional n.º 448/2023.

e abstrato (publicação) e individual e concreto (notificação); (iv) a aplicação de um exigente regime de impedimentos e incompatibilidades.

Finalmente, no caso do poder judicial, além de se afirmar o princípio logo ao nível constituinte, no n.º 2 do artigo 202.º da CRP – que determina que "o exercício da função jurisdicional deve ser transparente, e os cidadãos devem ser informados, de forma acessível, clara e completa, dos atos e decisões que lhes digam respeito", constata-se que constituem instrumentos jurídico-normativos tendentes a assegurar a sua efetividade, nomeadamente: (i) a previsão de garantias de imparcialidade e irresponsabilidade dos magistrados[27]; (ii) a utilização de mecanismos que garantam a aleatoriedade na distribuição dos processos; (iii) a edição das decisões com uma linguagem clara e acessível à sua compreensão por um destinatário normal; (iv) a produção de decisões caraterizadas pela completude, incluindo todos os elementos relevantes para a sua compreensão, mormente os fundamentos de facto e Direito em que assentam; (v) a publicidade dos atos e decisões dos Tribunais, seja através da sua comunicação individualizada aos respetivos destinatários, seja pela respetiva divulgação por meios diversos, como a publicação – depurada de elementos nominativos – em Diário da República e em bases de dados de acesso livre e gratuito em sites institucionais.

5. A ESPECIAL PREPONDERÂNCIA DA INFORMATIZAÇÃO E DIGITALIZAÇÃO NOS CONTORNOS CONCRETIZADORES DA TRANSPARÊNCIA

A transparência, enquanto corolário do princípio do Estado de Direito democrático, sem que represente uma realidade nova, pressupõe hodiernamente uma reinterpretação dos seus contornos, para que resultem apreendidas consequências decorrentes do aparato tecnológico que pode ser colocado ao serviço da sua concretização. De facto, a era digital reconfigurou as expectativas e possibilidades relacionadas com a transparência pública,

[27] A propósito do princípio da transparência na atividade administrativa, V. ANTUNES, Luís Filipe Colaço, Mito e Realidade da Transparência Administrativa, in Estudos em Homenagem ao Prof. Doutor Afonso Rodrigues Queiró, Volume II, Boletim da Faculdade de Direito da Universidade de Coimbra, Coimbra, 1993, 1-ss; FERNANDES, Débora Melo, Princípio da Transparência Administrativa: Mito ou realidade?, *in* Revista da Ordem dos Advogados, Ano 75, Lisboa, Janeiro-Julho, 2015, 426-ss.

tornando os meios eletrónicos instrumentos indispensáveis para qualquer estratégia séria de governação aberta e responsável.

Não merecerá contestação que o desenvolvimento dos meios de informação e comunicação será suscetível de – pelo menos em abstrato – incrementar os níveis de transparência da atuação pública e contribuir positivamente para a relação entre entes públicos e privados. A internet – e as potencialidades que encerra – constitui um instrumento de enorme valia quando se pretende aprofundar os níveis de transparência da atuação dos entes públicos, pelo facto de poder operar como uma plataforma de comunicação perante a comunidade no seu todo ou em relação a alguns dos seus membros. Desde logo, o recurso a sites institucionais como plataformas de comunicação dirigidas à comunidade oferece múltiplas vantagens do ponto de vista da concretização das exigências de transparência e abertura que se impõem aos entes públicos, sobretudo quando os mesmos se caraterizem pela liberdade de acesso, gratuitidade e permanente atualização. Por esta via, são dadas a conhecer ou colocadas à disposição dos membros da comunidade, nomeadamente: a definição de políticas e estratégias; a legislação vigente; elementos de clarificação da aplicação de certos regimes jurídicos; decisões jurisdicionais; relatórios de auditoria a entidades públicas ou que utilizam recursos financeiros públicos.

Do mesmo modo, a utilização de plataformas eletrónicas que permitam a comunicação entre os entes públicos e os destinatários da sua atuação, amplifica significativamente as possibilidades de interação entre ambos. Estas plataformas oferecem aos cidadãos a liberdade de aceder a serviços e informações de forma espácio-temporalmente descomprometida, desde que disponham de acesso à Internet, dispensando-os da necessidade de deslocação presencial a determinadas repartições ou da submissão de requerimentos e elementos via postal. No entanto, esta acessibilidade não beneficia apenas os cidadãos, que obtêm informações de forma mais célere e conveniente, mas também os próprios entes públicos, que podem cumprir de forma mais eficiente a sua obrigação de divulgar e disponibilizar informações, de comunicar sentidos decisórios e de responder a petições que lhes sejam dirigidas. Em muitos casos, o acesso às informações pretendidas – quando não se encontrar já disponível para consulta – será disponibilizado de forma automatizada pela própria plataforma, sem necessidade de qualquer intervenção humana. Por tudo isto, a comunicação eletrónica emerge inequivocamente como um meio mais acessível, célere e menos oneroso para ambas as partes, capaz de reforçar a transparência e a eficácia da governação pública[28].

Esbatem-se, neste contexto, as barreiras – espaciais e temporais – que tradicionalmente caraterizavam a relação entre os poderes públicos e os cidadãos e expandem-se significativamente as possibilidades de monitorização a atuação dos primeiros por parte dos segundos, garantindo-se um escrutínio público mais eficaz e uma maior responsabilização pela gestão dos assuntos públicos.

*

Importa, todavia, considerar que os avanços nas tecnologias de informação e comunicação e a sua colocação ao serviço do incremento da transparência da atuação pública, vêm acompanhados de desafios e riscos não negligenciáveis, particularmente no que diz respeito à segurança e à privacidade, o que implica a adoção de medidas adequadas para os mitigar. Ao mesmo tempo, a "transparência digital" comporta a limitação de apenas se encontrar disponível para destinatários com acesso à internet e a competências digitais adequadas ao seu manuseamento, o que significa que aqueles que não reúnam estas condições serão excluídos (infoexclusão), salvo se vierem a adquirir tais competências ou recorrerem a intermediários que atuem em sua representação[29].

Neste ponto, importa ter presente que a crescente informatização, automatização e digitalização dos processos decisórios podem, paradoxalmente, resultar num incremento em níveis elevados de opacidade. Sendo certo que permitem otimizar a eficiência dos serviços públicos, também podem contribuir para uma nova forma de burocratização, onde os mecanismos de decisão se tornam cada vez mais complexos e enigmáticos. De tal forma que o cidadão comum – e por vezes, até o mais preparado – possa resultar excluído de processos que são conduzidos através de algoritmos e plataformas digitais

---

[28] A propósito da redução de custos implicada pela "e-transparency", quando comparada com as formas tradicionais de a assegurar, cfr. BANNISTER, Frank, CONNOLLY, Regina, Trouble with Transparency: A Critical View of Openness in e-Government, in Policy and Internet, Volume 3, Issue 1, Article 8, 2011, 7.

[29] MARGETTS, Helen, The Internet and Transparency, *The Political Quarterly*, Vol. 82, No. 4, October-December 2011, 520.

inacessíveis ou ininteligíveis para quem não possui competências técnicas específicas. Por esta via, poderá resultar reforçado o poder discricionário de certos órgãos ou agentes públicos, permitindo-lhes ocultar as verdadeiras razões por trás de suas decisões atrás de um véu de complexidade técnica. Por sua vez, num cenário de substituição da interação humana por interfaces digitais, a excessiva rigidez destes poderá constringir os cidadãos às opções ou soluções por eles apresentadas e admitidas, mesmo que outras se apresentem abstrata e legalmente possíveis, por aqui se favorecendo também uma certa desresponsabilização dos decisores públicos, mediante a imputação dos problemas e dificuldades ao "sistema informático" e sua reputação como insuperáveis.

Compreende-se, por isso, que apesar das suas inúmeras vantagens, a informatização, a automatização e a digitalização podem – em determinados contextos – constituir fatores de burocratização e distanciamento entre as instâncias decisórias e os destinatários das decisões e, assim, contribuir para um aumento da opacidade da atuação dos poderes públicos.

Importa considerar ainda que a transparência (e o seu incremento) poderá comportar riscos ou efeitos indesejados, os quais que não deverão ser desconsiderados, sobretudo quando se tenha em vista as implicações decorrentes da colocação das tecnologias de informação ao seu serviço. Sem pretensão de os esgotar, salientamos alguns dos que mais se evidenciam[30]:

a) Pese embora os recursos tecnológicos possam facilitar a disponibilização de informação, garantir a sua clareza e adequada contextualização poderá revelar-se um processo complexo e oneroso, sobretudo quando o elevado volume de informações disponibilizadas dificulte a sua filtragem e avaliação. Um problema que se poderá intensificar quando a informação seja disponibilizada de modo propositadamente complexo, como estratégia tendente a evitar o efetivo conhecimento

[30] Com interesse, a propósito de alguns destes aspetos, cfr. BANNISTER, Frank, CONNOLLY, Regina, Trouble with Transparency: A Critical View of Openness in e-Government, in Policy and Internet, Volume 3, Issue 1, Article 8, 2011, 10, 16-19; SANDULLI, Aldo, Constitutional imperatives: transparency, participation and legal certainty, in Revue Europeenne de Droit Public, Volume 27, N.º 1, 2015, 174-175; JONASON, Patricia Blanc-Gonnet, Démocratie, transparences et état ed droit – La transparence dans tous ses états, in Revue Europeenne de Droit Public, Volume 27, N.º 1, 2015, 126.

e a discussão pública dos problemas por quem neles possa ter interesse.

b) Os circuitos comunicacionais devem ser capazes de assegurar que a informação chega aos seus destinatários sem ser corrompida, sob pena de resultar frustrada o propósito de transparência que através da sua divulgação pretende assegurar. Neste ponto, revela-se problemática a impreparação dos destinatários da informação para compreender adequadamente determinados temas ou o modo como se desenvolvem certos processos decisórios, sobretudo quando associada aos perigos de descontextualização ou adulteração da informação, emergentes no atual contexto das redes sociais, enquanto espaços especialmente propícios à manipulação da opinião pública e à célere difusão conteúdos não verificados, inexatos ou até falsos.

c) Sem prejuízo das poupanças que se lhe possam associar, a utilização de recursos digitais e eletrónicos como forma de assegurar a comunicação de atos ou informações e permitir o acesso aos documentos – a pedido dos interessados ou como forma de assegurar a implementação de uma política de abertura – implica custos humanos e financeiros, certamente não negligenciáveis (por exemplo, com a elaboração e manutenção de plataformas, apoio técnico, armazenamento de dados, digitalização de documentos, transcrição de manuscritos, remoção de elementos nominativos ou atualização de legislação eletronicamente disponibilizada).

d) Os agentes e decisores públicos serão menos propensos à prática de atos juridicamente desconformes, se souberem que a sua atuação é escrutinada. Contudo, esta mesma razão pode desincentivá-los – sobretudo num contexto de "excessiva" transparência ou escrutínio, potenciado pelo recurso às tecnologias de informação – a incorrer em certos comportamentos ou tomar determinadas decisões, apesar da sua conformidade jurídica, gerando-se um contexto de excessiva cautela, autocensura e inibição comportamental, que desencoraja o pensamento crítico e criativo, sobretudo quando exista algum consenso dominante (mesmo que desajustado) quanto a determinada questão. A ausência, retardamento ou deslocação da decisão, a recusa de certas vias legítimas de atuação pelo facto de as representarem como mais arriscadas (embora, porventura, se afigurem mais consentâneas com os interesses públicos e privados em presença), criam indesejáveis entropias no processo decisório e comportam prejuízo para a concretização dos princípios de Estado de Direito democrático e da prossecução do Interesse público. Ao mesmo tempo, pode resultar favorecida uma cultura de informalidade, assente numa ausência de registos (reuniões informais e trocas de impressões verbais não registadas) ou na sua manipulação criativa (para que não coincidam com a discussão real), por receio de divulgação pública de tudo o que possa ser escrito. Estes acabam por ser contributos para organizações disfuncionais e inoperantes.

6. OS LIMITES DA TRANSPARÊNCIA

Um Estado de Direito – digno de o ser – não dispensará a transparência como paradigma de atuação e são inúmeras e irrefutáveis as vantagens que dela advêm.

Todavia, nenhum princípio é absoluto e o da transparência não será exceção. Aliás, como veremos, vários riscos se associariam a uma (putativa) entronização do princípio da transparência.

Desde logo, os seus contornos (portanto, os seus limites) deverão ser encontrados num contexto de ponderação por referência às condições jurídicas e fácticas que a sua aplicação enfrenta, e neste contexto importa ter presente que a amplitude concretizadora do princípio da transparência deve ser temperada pela existência de redutos de reserva e de confidencialidade pois, num certo sentido, pode afirmar-se que nem tudo o que é público deve ser "público" (publicitado).

Se existem dimensões da atuação humana cuja visibilidade se impõe pela sua evidência ou pela necessidade de demonstração, outras existirão que, pelo contrário, devem ser mantidas ocultas, sob pena de se colocarem em crise valores superiores aos que os imperativos de transparência têm em vista. Não raras vezes, nomes, localizações, declarações, estados pessoais, técnicas, etc., a serem divulgados, potenciariam prejuízo maior do que o benefício decorrente da divulgação, por isso se impondo dimensões jurídicas imperativas que em determinados segmentos da atuação pública sustentam a vigência de um princípio de confidencialidade, nomeadamente no âmbito da defesa, da segurança ou da investigação criminal. Sendo certo que a consagração de regimes de sigilo, de confidencialidade ou de segredo, implica determinados desvios ao princípio da transparência, verdade será também que os mesmos podem ser legitimamente admitidos – aliás, exigidos – nos quadros de um Estado de Direito democrático, desde que devidamente ancorados e fundamentados à luz de relevantes dados jurídico-axiológicos que concretamente devam prevalecer sobre aqueles que (de um modo geral) reclamam a abertura e transparência.

Desde logo, os seus contornos (portanto, os seus limites) deverão ser encontrados num contexto de ponderação por referência às condições jurídicas e fácticas que a sua aplicação enfrenta, e neste contexto importa ter presente que a amplitude concretizadora do princípio da transparência deve ser temperada pela existência de imperativas dimensões (jurídico-)valorativas que em determinados segmentos da atuação pública sustentam a vigência de um princípio de confidencialidade, nomeadamente no âmbito da defesa, da segurança, da investigação criminal ou da salvaguarda da intimidade e privacidade. Sendo certo que a consagração de regimes de segredo, reserva ou sigilo[31], implica determinados desvios ao princípio da transparência, verdade será também que os mesmos podem ser legitimamente admitidos – aliás, exigidos – nos quadros de um Estado de Direito democrático, desde que devidamente ancorados e fundamentados à luz de relevantes imperativos jurídico-axiológicos que concretamente devam prevalecer sobre aqueles que (de um modo geral) reclamam a abertura e transparência.

Por sua vez, a concretização o princípio da transparência deverá resultar articulado com a necessidade de acautelar a proteção da vida privada, a qual reclama a possibilidade de o indivíduo controlar as informações a seu respeito (direito à autodeterminação informativa), de modo a garantir-lhe o necessário espaço livre de interferências, imprescindível ao seu desenvolvimento individual. Na verdade, este ponto será importante, numa dupla perspetiva: por um lado, a disponibilização da informação detida pelos entes públicos não deverá prejudicar a reserva de intimidade ou privacidade

[31] Por exemplo, os regimes de: segredo de Estado (n.º 2 e 4 do artigo 1.º e o artigo 2.º do Regime do Segredo de Estado, aprovado pela Lei Orgânica n.º 2/2014, de 06 de agosto); segredo de justiça (n.º 3 do artigo 20.º da Constituição e o n.º 1 do artigo 86.º do código de Processo Penal); sigilo dos magistrados judiciais (artigo 7.º-B do Estatuto dos Magistrados Judiciais, aprovado pela Lei n.º 21/85, de 30 de julho); sigilo dos funcionários da administração tributária (artigo 64.º da Lei Geral Tributária); salvaguarda de matérias classificadas (artigos 53.º a 56.º do Regime jurídico da contratação pública nos domínios da defesa e da segurança, aprovado pelo Decreto-Lei n.º 104/2011, de 6 de outubro).

dos sujeitos nela envolvidos, o que pressupõe que não sejam (propositada ou inadvertidamente) divulgadas informações que devam permanecer na sua esfera; por outro lado, a transparência da atuação dos entes públicos não deverá envolver a revelação de informações atinentes à esfera privada dos funcionários e agentes públicos, salvo, naturalmente, quando algum ou alguns dos aspetos nela incluídos possam revelar-se pertinentes do ponto de vista dos interesses públicos em presença[32].

Numa outra perspetiva, importa considerar que, embora sedutora, a ideia de que a transparência será – por si só – capaz de prevenir que os decisores públicos se desviem da juridicidade e da prossecução do bem comum, atendendo a interesses próprios, de partidos ou de familiares ou amigos, conhecerá os seus limites.

Na verdade, a confiança nas vantagens associadas à transparência, não deve fazer com que se negligencie a circunstância de inexistir uma relação necessária entre o incremento do nível de conhecimento sobre determinada entidade e respetiva atuação e um aumento dos níveis de confiança nela depositados, uma vez que a perceção sobre a sua integridade e competência pode – por essa via – resultar comprometida. Na verdade, pode, a este respeito, aludir-se a um "paradoxo da transparência", significativo da ideia de que, pese embora seja geralmente conotada como positiva – por permitir o acesso a informações e a prestação de contas –, em algumas situações, a transparência excessiva pode prejudicar ou comprometer os objetivos que através dela se pretende realizar[33]. Com efeito, a transparência por si só, limitar-se-á a evidenciar a incorreção da atuação de certo agente ou entidade

---

[32] Assim, por exemplo, deverão, em princípio, manter-se sobre reserva, dimensões relacionadas com a privacidade no local ou por conta do trabalho (observar os funcionários públicos enquanto trabalham, consulta de registos, correio eletrónico, etc.). Em determinados casos, porém, o acesso (revelação) de elementos relativos a determinados sujeitos poderá revelar-se imprescindível para garantir a imparcialidade, isenção (e, de um modo geral, a transparência) o exercício de certos cargos que ocupam ou funções que exercem (ou pretendem ocupar / exercer).

[33] A propósito desta problemática, cfr. GRIMMELIKHUIJSEN, Stephan G., Transparency of Public Decision-Making: Towards Trust in Local Government?, in Policy & Internet, Volume 2, Issue 1, Article 2, 2010, 21-27; BERNSTEIN, Ethan S., The Transparency Paradox: A Role for Privacy in Organizational Learning and Operational Control, Administrative Science Quarterly, Volume 57, Issue 2, 181-ss; ADEOYE, Olumide, RAN, Bing, Government transparency: paradoxes and dilemmas, in Public Management Review, 2023, disponível em https://www.tandfonline.com/doi/full/10.1080/14719037.2023.2181981; RUIZ, F. Javier

(mormente, situações de corrupção), pelo que se não for acompanhada de mecanismos de reação eficazes, poderá até conduzir a uma intensificação da prevaricação – e, assim, a um decréscimo dos níveis de confiança na atuação pública –, ao demonstrar que a tais atuações não se associam consequências (jurídicas ou de outra natureza) concretas. Em tal cenário, a desconfiança que porventura pudesse existir em relação ao compromisso dos agentes com o Interesse público e sobre a sua honestidade, tenderá a converter-se numa certeza. Se os escândalos – de maior ou menor dimensão – que chegam ao conhecimento público se vão sucedendo sem perspetiva de inversão de tal "estado de coisas", aumenta-se o fosso entre governados ("nós") e governantes ("eles") e a convicção da virtude intrínseca dos primeiros, por contraposição à impudência dos segundos.

Com tudo isto, degrada-se, progressivamente, um dos alicerces que deve suportar um Estado de Direito (democrático): a confiança de que se devem revestir a as relações entre governados e governantes / eleitores e eleitos.

7. BREVES CONCLUSÕES

Num Estado de Direito democrático responsável a transparência será reconhecida como um valor digno de proteção jurídica e cristalizar-se-á sob a forma de um princípio jurídico, por via do qual se imporá que a atuação de cada um dos poderes públicos (legislativo, executivo e judicial) – e dos "poderes privados" que exercem funções públicas, os quais são aqui convocados – possa ser conhecida pelos demais, pelos sujeitos a quem se dirige e pela Comunidade e – nessa medida – sujeita ao seu escrutínio.

A era digital reconfigurou as expectativas e possibilidades relacionadas com a transparência pública, tornando os meios eletrónicos instrumentos indispensáveis para qualquer estratégia séria de governação aberta e responsável.

Sendo certo que a comunicação eletrónica emerge inequivocamente como um meio mais acessível, célere e menos oneroso para assegurar a comunicação entre os poderes públicos e os destinatários da sua atuação, capaz de reforçar a transparência e a eficácia da governação pública, verdadeiro será também que a crescente informatização, automatização e digitalização dos processos

---

Blazquez, The Paradox of Transparency in AI: Opacity and Explainability, Allocation of Responsibility, in Revista Internacional de Pensamiento Politico, 17, 2022, 261-ss.

decisórios podem, paradoxalmente, resultar num incremento em níveis elevados de opacidade.

Do mesmo modo que permitem otimizar a eficiência dos serviços públicos, também podem contribuir para uma nova forma de burocratização, onde os mecanismos de decisão se tornam cada vez mais complexos e enigmáticos. De tal forma que o cidadão comum – e por vezes, até o mais preparado – possa resultar excluído de processos que são conduzidos através de algoritmos e plataformas digitais inacessíveis ou ininteligíveis para quem não possui competências técnicas específicas.

Apesar das suas inúmeras vantagens, a informatização, a automatização e a digitalização podem – em determinados contextos – constituir fatores de burocratização e distanciamento entre as instâncias decisórias e os destinatários das decisões e, assim, contribuir para um aumento da opacidade da atuação dos poderes públicos.

Um Estado de Direito – digno de o ser – não dispensará a transparência como paradigma de atuação e são inúmeras e irrefutáveis as vantagens que dela advêm. Todavia, nenhum princípio é absoluto e o da transparência não será exceção, pelo que a consagração de regimes de sigilo, de confidencialidade ou de segredo – os quais implicam desvios aos ditames do princípio da transparência –, podem ser legitimamente admitidos – aliás, exigidos – nos quadros de um Estado de Direito democrático, desde que devidamente ancorados e fundamentados à luz de relevantes dados jurídico-axiológicos que concretamente devam prevalecer sobre aqueles que (de um modo geral) reclamam a abertura e transparência.

A confiança nas vantagens associadas à transparência, não deve fazer com que se negligencie a circunstância de que, em algumas situações, a transparência excessiva pode prejudicar ou comprometer os objetivos que através dela se pretende realizar (paradoxo da transparência). Aquela, por si só, limitar-se-á a evidenciar a incorreção da atuação de certo agente ou entidade (mormente, situações de corrupção), pelo que se não for acompanhada de mecanismos de reação eficazes, poderá até conduzir a uma intensificação da prevaricação – e, assim, a um decréscimo dos níveis de confiança na atuação pública –, ao demonstrar que a tais atuações não se associam consequências (jurídicas ou de outra natureza) concretas.

Quando assim suceder, graves perturbações resultarão para um dos alicerces que deve suportar um Estado de Direito (democrático): a confiança de que se devem revestir a as relações entre governados e governantes / eleitores e eleitos.

REFERÊNCIAS DOUTRINAIS

ADEOYE, Olumide, RAN, Bing, Government transparency: paradoxes and dilemmas, in Public Management Review, 2023, disponível em https://www.tandfonline.com/doi/full/10.1080/14719037.2023.2181981;

ANTUNES, Luís Filipe Colaço, Mito e Realidade da Transparência Administrativa, in Estudos em Homenagem ao Prof. Doutor Afonso Rodrigues Queiró, Volume II, Boletim da Faculdade de Direito da Universidade de Coimbra, Coimbra, 1993;

ARRUDA, Carmen Sílvia Lima de, O princípio da transparência, Quartier Latin, 2020;

BANNISTER, Frank, CONNOLLY, Regina, Trouble with Transparency: A Critical View of Openness in e-Government, in Policy and Internet, Volume 3, Issue 1, Article 8, 2011;

BERNSTEIN, Ethan S., The Transparency Paradox: A Role for Privacy in Organizational Learning and Operational Control, Administrative Science Quarterly, Volume 57, Issue 2;

BIRKINSHAW, Patrick, Transparency as a Human Right, in Transparency: The Key to Better Governance?, Christopher Hood and David Heald (ed.), British Academy Scholarship Online, 2012, disponível em https://academic.oup.com/british-academy-scholarship-online/book/13315;

BOBBIO, Norberto, *El futuro de la democracia*, Fundo de Cultura Económica, 1986;

BUIJZE, Anoeska, The Six Faces of Transparency, in Utrecht Law Review, Volume 9, Issue 3, July 2013.

CANOTILHO, J. J. Gomes, MOREIRA, Vital, Constituição da República Portuguesa Anotadas, Volume I, 4.ª Edição revista, Coimbra Editora, 2007;

DIAZ, José Ramón Cossío Díaz, ¿Es la transparencia una condición del Estado de derecho?, in Este País, Octubre, n.º 175, 2005, disponível em https://archivo.estepais.com/site/2009/es-la-transparencia-una-condicin-del-estado-de-derecho/;

FERNANDES, Débora Melo, Princípio da Transparência Administrativa: Mito ou realidade?, in Revista da Ordem dos Advogados, Ano 75, Lisboa, Janeiro-Julho, 2015;

FOX, Jonathan, Transparencia y rendición de cuentas, in Más allá del acceso a la información: Transparencia, rendición de cuentas y Estado de derecho (John M. Ackerman, coord.), 2008, Siglo XXI;

GRIMMELIKHUIJSEN, Stephan G., Transparency of Public Decision-Making: Towards Trust in Local Government?, in Policy & Internet, Volume 2, Issue 1, Article 2, 2010;

HABERMAS, Jürgen, *Historia y crítica de la opinión pública, La transformación estructural de la vida pública*, 2.ª edición, Editorial Gustavo Gili, 1981;

HEALD, David, Transparency as an Instrumental Value, in Transparency: The Key to Better Governance? Proceedings of the British Academy, Christopher Hood e David Heald, org., Oxford University Press, 2006, BUIJZE, Anoeska, The principle of transparency in EU Law, Utrecht University, 2013, disponível em http://dspace.library.uu.nl/handle/1874/269787;

HEALD, David, Varieties of Transparency, in Transparency: The Key to Better Governance?, Christopher Hood and David Heald (ed.), British Academy Scholarship Online, 2012, disponível em https://academic.oup.com/british-academy-scholarship-online/book/13315;

JONASON, Patricia Blanc-Gonnet, Démocratie, transparences et état de droit – La transparence dans tous ses états, in Revue Europeenne de Droit Public, Volume 27, N.º 1, 2015;

LEBECK, Carl, Procedural fairness as constitutional justice: an essay on Hans Kelsen's theory of liberal constitutionalism, in Zeitschrift für öffentliches Recht, 63, 2008;

MARGETTS, Helen, The Internet and Transparency, *The Political Quarterly*, Vol. 82, No. 4, October–December 2011;

MARTÍNEZ, Juan Manuel Goig, Transparencia y Corrupción. La percepción social ante comportamientos corruptos, Revista de Derecho UNED, núm. 17, 2015, disponível em https://revistas.uned.es/index.php/RDUNED/article/view/16289;

PÉREZ, Javier Rascado, CANIZALES, Raúl Ruiz, Estado de Derecho y Transparencia, Un acercamiento desde la Historia, el Derecho y la Ética, Revista Misión Jurídica, Vol. 14, Número 20, Enero-Junio, 2021;

PESCHARD, Jacqueline, Transparencia y Estado de derecho como condición previa para un desarrollo equitativo y sostenible, in Homenaje a Jean-Claude Colliard, Tomo II, Editorial TEPJF, 2016;

RIJPKEMA, Peter, The rule of law beyond thick and thin, in Law and Philosophy, 32, 2013;

RUIZ, F. Javier Blazquez, The Paradox of Transparency in AI: Opacity and Explainability, Allocation of Responsibility, in Revista Internacional de Pensamiento Politico, 17, 2022;

ROSE-ACKERMAN, Susan, The Economic Analysis of Public Law, in European Journal of Law and Economics, 1994;

SANDULLI, Aldo, Constitutional imperatives: transparency, participation and legal certainty, in Revue Europeenne de Droit Public, Volume 27, N.º 1, 2015.

CRÍTICA DA TRANSPARÊNCIA E ESTADO DE DIREITO: LIMITES E POSSIBILIDADES DA LEGITIMIDADE DEMOCRÁTICA NA SOCIEDADE TRANSPARENTE

DANIEL CABALEIRO SALDANHA
Doutor em Direito pela Universidade Federal de Minas Gerais. Procurador do Estado de Minas Gerais. Advogado.

IGOR MORAES SANTOS
Doutor em Direito pela Universidade Federal de Minas Gerais. Advogado. Professor universitário.

INTRODUÇÃO

A ideia de transparência ecoa os fundamentos ilustrados do Estado de Direito. O pleito político-jurídico da Ilustração amparava-se na convicção de que princípios racionais de direito deveriam orientar a organização do Estado, por meio de instituições e leis aptas a proporcionar uma sociedade livre e justa. Como lapida Böckenförde, "o Estado de Direito é o Estado de direito racional, isto é, o Estado que realiza os princípios da razão na e para a vida comum dos homens"[1]. Em um tempo no qual Estado e Poder então se confundiam com segredos, com motivações políticas ocultas dos olhos públicos, justificadas na tradição e na religião, tal como a própria titularidade

[1] BÖCKENFÖRDE, Ernst Wolfgang. *Estudios sobre el Estado de Derecho y la democracia*. Trad. Rafael de Agapito Serrano. Madrid: Trotta, 2000, p. 19-20.

do governo, o novo modelo propugnará o acesso aos assuntos estatais como condição para um outro padrão de legitimação, arrimado exclusivamente no crivo da razão. A publicidade irromperá, nesse cenário, como consequência da crença de que a garantia da liberdade repousa no conhecimento racional, sendo este último, portanto, condição para a legitimidade do regime político e das leis.

A exigência de publicização intensificar-se-á à medida que o Estado de Direito se desenvolve e suas aspirações, embora ainda elevadas, encontram obstáculos. As frustrações passaram a ser escusadas na realização imperfeita do próprio modelo, isto é, de que a plena racionalidade ainda não fora alcançada, permanecendo em ação mecanismos do poder desconhecidos, assim como ignotos eram os interesses particulares imiscuídos no seio da administração pública e dos procedimentos de aplicação da lei. A solução deveria ser publicizar mais para mais racionalidade. *A radicalização da publicidade conduzirá a um ideal de transparência: em um Estado transparente e em uma sociedade aberta, nada se esconde, tudo pode ser visto e, portanto, conhecido, submetido ao filtro da racionalidade.*

Após séculos de teorias e experiências de implementação dos postulados do Estado de Direito, e apesar de redimensionado com o paradigma da democracia, os reiterados fracassos parecem não conseguir mais serem estancados. Tem-se colocado cada vez mais em dúvida a capacidade desse modelo para lidar com questões urgentes das complexas e plurais sociedades contemporâneas. No entanto, concomitante aos alertas e ao pessimismo daqueles que denunciam a crise do Estado, do direito e da democracia, mantém-se firme – e até se expande – o discurso pela necessidade de aprofundamento da transparência, que continua a se apresentar como o caminho para a realização dos mesmos valores e objetivos inalcançados pelo projeto inicialmente lançado pelo sonho ilustrado na aurora do Estado de Direito.

Ocorre que a insistente preconização da transparência, enquanto propaga as qualidades de uma sociedade aberta e de um Estado transparente como intrinsecamente boas, via de concretização de promessas como democracia, legitimidade e racionalidade, também reproduz graves incongruências teóricas e práticas, ocultadas sob o véu de positividade discursiva. Quer isso dizer que, repetido à exaustão, o discurso da transparência tem dado forma a uma poderosa *ideologia*, isto é, a um conjunto de ideias e crenças não transparentes em seus meandros internos e motivações determinantes[2], em expansão para os mais diversos âmbitos da vida social e individual, bem descrita por Byung-Chul Han:

> Nos dias atuais não há mote que domine mais o discurso público do que o tema da transparência. Ele é evocado enfaticamente e conjugado sobretudo com o tema da liberdade de informação. A exigência de transparência, presente por todo lado, intensifica-se de tal modo que se torna um fetiche e um tema totalizante, remontando a uma mudança de paradigma que não se limita ao âmbito da política e da sociedade.[3]

Pouco se tem debatido sobre a natureza da transparência que se exige do Estado, na medida em que se constrói uma compreensão artificial de transparência como valor em si mesmo. Em outras palavras, desconhece-se a índole formal e instrumental deste imperativo, muitas vezes de assento constitucional, para dele se fazer uma meta autossuficiente. Esta precisa delimitação tem consectários que não são apenas teóricos, como também pragmáticos, na medida em que a potencial violação deste princípio desencadeia uma série de sanções, nas quais se incluem não apenas as nulidades, como também a repressão estatal de ordem pessoal, imputável aos agentes.

Portanto, embora "ainda não vivamos em tempos transparentes", pondera Birchall, vivemos "sim em uma era de defesa da transparência"[4]. Em meio a tais reivindicações, não infrequentemente cegas, e aos crescentes desafios do Estado democrático de Direito frente às novas formas de comunicação e produção, se mostra urgente pensar acerca das reais *possibilidades e limites*

---

[2] ŽIŽEK, Slavoj. O espectro da ideologia. In: ŽIŽEK, Slavoj (org.). *Um mapa da ideologia*. Trad. Vera Ribeiro. Rio de Janeiro: Contraponto, 1996, p. 13-14. Para tentativas de definição de ideologia, ver também ENGELS, Friedrich. Carta a Mehring (1893). In: *Obras escolhidas*. Trad. José Barata-Moura. Moscou: Avante!, 1982, t. III, p. 556-561; EAGLETON, Terry. *Ideologia*: uma introdução. Trad. Silvana Vieira, Luís Carlos Borges. São Paulo: Editora Unesp; Boitempo, 1997; CHAUÍ, Marilena. *O que é ideologia*. 2. ed. São Paulo: Brasiliense, 2008.

[3] HAN, Byung-Chul. *Sociedade da transparência*. Trad. Enio Paulo Giachini. Petrópolis: Vozes, 2017, Cap. 1.

[4] BIRCHALL, Clare. Radical transparency? *Cultural Studies ↔ Critical Methodologies*, v. 14, n. 1, p. 77-88, 2013, p. 78.

do discurso da transparência. É justamente esse o mote de um novo campo de pesquisa em ascensão: os *Critical Transparency Studies*[5].

Partindo da necessidade desnaturalizar as certezas propagandeadas pela ideologia da transparência, investigações levadas a cabo em diferentes meios acadêmicos têm sugerido examinar esse fenômeno sob outros ângulos. Esses trabalhos têm apontado, por exemplo, uma crescente tensão quanto ao papel principal a ser desempenhado pela transparência: de um lado, a promessa de reforço da legitimação democrática, de outro, o crescente foco nos ganhos em eficiência, sobretudo sob uma perspectiva econômica, que ignora o fato de a transparência não ser garantia de justiça material. Sinalizam também que a questão da legitimidade permanece relevante, mas acusam entraves práticos dos institutos jurídicos de transparência contemporâneos para o revigoramento da democracia de viés participativo. Dentre essas dificuldades, denunciam barreiras à compreensibilidade da informação pelo destinatário e a consequente ineficácia dos direitos fundamentais correlatos.

Neste artigo, propõe-se seguir as trilhas metodológicas dos estudos críticos da transparência, começando por uma análise do princípio da publicidade nas origens do Estado de Direito, a sua aplicação na legitimação do sistema democrático e o seu desdobramento em princípio da transparência. Na sequência, elenca-se algumas das principais contradições do discurso em defesa da transparência. Na última seção, diante das falácias ideológicas identificadas, enfrenta-se o problema da legitimação democrática contemporânea através da transparência, apontando a necessidade de inclusão, no conceito, na legislação e na prática por um Estado e uma sociedade transparentes, de uma participação ativa do cidadão nos processos de formação da informação pública e de especial atenção para a efetivação da compreensão pelo destinatário. Com isso, espera-se levar a cabo uma *crítica da ideologia da transparência*, não com a pretensão de despir ilusões e revelar uma verdade última, mas como empreendimento marcado pelo esforço de *tornar transparente o discurso da transparência*, primeiro, identificando pré-concepções,

---

[5] ALLOA, Emmanuel; THOMÄ, Dieter. Transparency: thinking through an opaque concept. In: ALLOA, Emmanuel; THOMÄ, Dieter (eds.). *Transparency, society and subjectivity*: critical perspectives. Cham: Palgrave Macmillan, 2018, p. 3. Endossando o pioneirismo da expressão por Alloa e Thöma, em resenha ao livro citado, KOIVISTO, Ida. Towards Critical Transparency Studies. *Res Publica*, v. 25, n. 3, p. 439-443, 2019.

incongruências e condicionamentos histórico-culturais[6], e, em um segundo momento, sugerindo direções possíveis.

1. A LUTA PELA PUBLICIDADE NAS ORIGENS DO ESTADO DE DIREITO

O elo entre poder, informação e verdade é objeto de discussão tão antigo quanto a própria história do pensamento político. Aristóteles denunciava os artifícios que, no regime democrático, eram utilizados para ludibriar o povo, ocultando intenções distantes do interesse público[7]. Tácito, no período romano, aludia aos *arcana imperii*, no sentido tanto de segredos de governo, quanto de verdades políticas dotadas de caráter quase sagrado, ritualístico, acessível aos poucos privilegiados detentores do poder[8]. Porém, foi com a ascensão do Estado moderno, a partir do século XVI, que as práticas de dissimulação e mistério passaram a integrar a racionalidade própria da política, justificada por uma natureza instrumental, despida de compromissos morais, enfim, uma razão superior a todos os demais interesses[9]. A invisibilidade torna-se um mecanismo auxiliar da institucionalização do poder absoluto, pois o retira da esfera de controle de terceiros, deixando-o restrito ao único titular, sob a justificativa de efetividade das decisões políticas[10].

O segredo expressa-se de muitas formas, como o simples silêncio negativo, a simulação e a recusa à pretensão de saber[11]. Em especial, ele alija o conhecimento do acesso comum, limitando-o a apenas alguns poucos privilegiados. Essa separação impulsiona a sacralização do conhecimento dos assuntos do Estado, impedindo questionamentos e assegurando uma

---

[6] D'AURIA, Aníbal. Crítica del Derecho y crítica del Estado. *Nuestrapraxis*, a. 1, n. 1, p. 46-55, jul./dez. 2017; D'AURIA, Aníbal. Crítica y cinismo en la política contemporánea. *Revista Internacional de Filosofía y Teoría Social.*, Maracaibo, a. 25, n. 90, p. 89-106, jul./set. 2020, p. 96-97.

[7] ARISTÓTELES. *Πολιτικά* 1308a 39-40 (*sophismatos kharin pros to plethos*).

[8] TÁCITO. *Annales* II, 36 (*arcana imperii temptari*); *Historiae* I, 4 (*evolgato imperii arcano*).

[9] RODRÍGUEZ ZEPEDA, Jesús. *Estado y transparencia*: un paseo por la filosofía política. 5. ed. México: IFAI, 2008, p. 13-15; 18-20.

[10] BOBBIO, Norberto. *Estado, governo e sociedade*: para uma teoria geral da política. Trad. Marco Aurélio Nogueira. 14. ed. Rio de Janeiro: Paz e Terra, 2007, p. 29.

[11] DE LUCAS MARTIN, F. Javier. Democracia y transparencia: sobre poder, secreto y publicidad. *Anuario de Filosofía del Derecho*, t. VII, p. 131-145, 1990, p. 131.

permanente legitimidade dos atos políticos e jurídicos. A publicidade exsurgirá, nesse contexto, como um princípio oposto à teoria dos *arcana imperii.*

Com efeito, o ulterior combate ao Antigo Regime terá como um dos campos centrais de luta a oposição ao governo por meio do segredo, por exemplo, aquele encarnado nas *lettres de chachet*, ordens emitidas pelo rei para o aprisionamento ou o exílio de pessoas sem julgamento[12]. Para Beccaria, as acusações secretas eram resultado da fraqueza de organização, estimulando a falsidade e a dissimulação, o mascaramento dos sentimentos, a desconfiança generalizada entre os concidadãos, a intranquilidade e a insegurança. As acusações públicas, por outro lado, em razão da possibilidade de controle da origem, dos fundamentos e das penas, seriam mais consentâneas aos princípios republicanos[13]. A publicidade viabilizaria a igualdade perante a lei e a segurança jurídica, ao assegurar previsibilidade e certeza ao ordenamento vigente[14].

O Renascimento conhece a potencialização do Estado Absoluto e, assim, granjeia espaço no pensamento político o conceito de *raison d'État*, que, em certa medida, amalgama todo um conjunto de compreensões em que a determinação dos atos de Poder é revestida de uma razão paradoxalmente inacessível ao sujeito, mas capaz de ser enunciada pelo Soberano. Trata-se de uma verdadeira transição entre uma compreensão metafísica poder e sua projeção iluminista de racionalidade[15].

A difusão da imprensa aumenta as pressões contra o segredo e ajuda a ampliar as redes de comunicação[16]. Assim como a liberdade de expressão, a publicidade logo se torna um princípio festejado como distintivo pelos

---

[12] Ibid., p. 138.

[13] BECCARIA, Cesare. *Dei delitti e delle pene* XV. Cf. *Dos delitos e das penas*. Trad. J. Cretella Jr. e Agnes Cretella. 2. ed. São Paulo: Revista dos Tribunais, 1999, p. 59-60. Também MONTESQUIEU. *De l'esprit des lois* XXVIII, 34. Cf. *O espírito das leis*. Trad. Cristina Murachco. 2. ed. São Paulo: Martins Fontes, 1996, p. 582-583.

[14] ELIAS, Gustavo Terra. Da publicidade à transparência: o percurso para a reafirmação da democracia participativa. *Fórum Administrativo*, Belo Horizonte, v. 12, n. 141, nov. 2012.

[15] *Cf.* MEINECKE, Friedrich. *Die idee der Staatsräson*. Münche: Oldenbourg Verlag, 1960, p. 29 *et seq.*

[16] ERKKILÄ, Tero. *Government transparency*: impacts and unintended consequences. Basingstoke; New York: Palgrave Macmillan, 2012, p. 4.

países "livres"[17]. O liberalismo rechaça a existência de verdades ou razões de Estado e, por conseguinte, informações que devam ser mantidas secretas sob tal justificativa[18]: por um prisma contratualista, a publicidade permite aos indivíduos dar o seu consentimento informado para serem governados[19]; pela ótica de certo liberalismo de corte anglo-saxão, as informações detidas pelas autoridades são propriedade do Estado, por sua vez, de titularidade dos cidadãos, de modo que estes últimos, enquanto proprietários, teriam o direito de acessá-las[20]. Como sintetizado celebremente por Madison, *Father of the Constitution* dos Estados Unidos, a informação é indispensável para a própria validade de qualquer governo do povo:

> Um Governo popular, sem informação popular, ou meios de adquiri-la, é apenas um Prólogo para uma Farsa ou uma Tragédia; ou, talvez, ambos. O conhecimento governará sempre a ignorância: e um povo que pretende ser o seu próprio Governador deve armar-se com o poder que o conhecimento dá.[21]

O conhecimento dos atos dos governantes pelo povo soberano evidencia o caráter público do poder e, assim, marca a distinção entre um Estado

---

[17] JOLY, Maurice. *Diálogo no inferno entre Maquiavel e Montesquieu*. Trad. Nilson Moulin. São Paulo: Editora Unesp, 2009, p. 55: "Porém, como a publicidade é a essência dos países livres, tais instituições não poderiam viver muito caso não funcionassem à luz do dia."

[18] RODRÍGUEZ ZEPEDA. *Estado y transparencia*: un paseo por la filosofía política, *op. cit.*, p. 31.

[19] FENSTER, Mark. The opacity of transparency. *Iowa Law Review*, v. 91, p. 885-949, 2006, p. 896.

[20] PELED, Roy; RABIN, Yoram. The constitutional right to information. *Columbia Human Rights Law Review*, v. 42, n. 2, p. 357-401, inverno 2011, p. 365. Tal explicação, entretanto, parece ter envelhecido mal tanto quanto a tradição liberal. O liberalismo partiu da diferença entre o público e o privado, entendendo este último como tudo aquilo não inserido na esfera do Estado e do governo. No entanto, considerou essa separação como fixa e imutável, tendo dificuldades em lidar com as mudanças profundas a que ambas as instâncias foram acometidas. Ademais, embora tenha impulsionado a construção de "sociedades abertas com governos transparentes", ampliou certos espaços de opacidade e albergou novos segredos, como os da atuação dos interesses econômicos. Cf. RODRÍGUEZ ZEPEDA. *Estado y transparencia*: un paseo por la filosofía política, *op. cit.*, p. 28; 30; 33.

[21] MADISON, James. Letter to W. T. Barry (Aug, 4, 1822). In: *The Writings of James Madison*. Ed. Gaillard Hunt. New York: G. P. Putnam's Sons, 1900-1910, v. 9, p. 103 (tradução nossa).

absoluto e um Estado constitucional de Direito[22]. A Declaração dos Direitos do Homem e do Cidadão de 1789, em seu artigo 15, simboliza essa intenção ao consagrar que "a sociedade tem o direito de pedir contas a todo agente público sobre sua administração". Apesar de sugerir um direito da sociedade, nesse e em outros documentos históricos regidos nos momentos fundantes do novo paradigma jurídico-político reverberam concepções de autonomia moral individual, do ser humano como fim em si mesmo, capaz de conduzir-se no mundo e de construir uma sociedade melhor[23]. A teoria do Estado de Direito adota pressupostos éticos liberais que se convertem em objetivos específicos para o direito e a política, como o controle do poder, a garantia das liberdades individuais e a segurança nas relações e negócios, dentro do "escopo de uma antropologia tipicamente ocidental, ou seja, individualista, racionalista e secularizada"[24]. Isso é evidente na visão kantiana segundo a qual somente o livre uso público da razão "pode levar a cabo a ilustração entre os homens"[25]. Aliás, como observa Bobbio, "a metáfora da luz e do clareamento (da *Aufklarung* ou do *Enlightment*) ajusta-se bem à representação do contraste entre poder visível e poder invisível", uma vez que o contrário da autocracia é a possibilidade de livre crítica e expressão, estimulando novas formas de desocultação[26]. Não à toa o próprio Kant propugnará, como um imperativo da razão, a injustiça de "todas as ações que se referem ao direito de outros homens cujas máximas não se harmonizem com a publicidade". Com tais termos, defende-a como instrumento imprescindível ao julgamento de toda "pretensão jurídica", condição para a própria justiça[27].

A publicidade é, portanto, exigência ética primordial do Estado de Direito desde a sua fundação. E, como exigência ética, de inspiração liberal-kantiana, que é, tem um conteúdo formal. Essa história iniciou-se com a rejeição do

---

22 BOBBIO, Norberto. *O futuro da democracia*: uma defesa das regras do jogo. Trad. Marco Aurélio Nogueira. 6. ed. Rio de Janeiro: Paz e Terra, 1997, p. 87.

23 DÍAZ, Elías. Estado de derecho y democracia. *Anuario de la Facultad de Derecho. Universidad de Extremadura*, n. 19-20, p. 201-217, 2001-2002, p. 207.

24 ZOLO, Danilo. The rule of law: a critical reappraisal. In: COSTA, Pietro; ZOLO, Danilo (eds.). *The rule of law*: history, theory and criticism. Dordrecht: Springer, 2007, p. 30.

25 KANT, Immanuel. *Was ist Aufklärung?* Cf. *A paz perpétua e outros opúsculos*. Trad. Artur Morão. Lisboa: Edições 70, 2008, p. 11-12 (A 484-485).

26 BOBBIO. *O futuro da democracia*: uma defesa das regras do jogo, *op. cit.*, p. 89; 102.

27 KANT, Immanuel. *Zum ewigen Frieden*: ein philosophischer Entwurf. Cf. *A paz perpétua e outros opúsculos, op. cit.*, p. 178 (B 97-98).

poder absoluto e, para esse fim, invocou-se, além da divisão de poderes, a prestação de contas pelo governante e por todo aquele que gere ou mobiliza a coisa pública[28]. Como interpreta Zolo, os teóricos do Estado de Direito são tomados pelo temor constante de o novo paradigma político-jurídico ser suplantado por insurgências absolutistas ou, ainda, por outras formas de arbitrariedade. Conceberam, então, diferentes aparatos institucionais para atuar na identificação e repressão de desvios e usos inapropriados do poder. Com isso, acreditam na capacidade do direito – positivo, abstrato, geral e uniforme – refrear a discricionariedade política por meio de formalizações e procedimentalizações. Nas palavras do autor, "se o poder é obrigado a agir de acordo com regras gerais e formas predefinidas, ele é mais transparente – ou menos opaco – e, portanto, mais 'visível' e aberto ao controle dos cidadãos"[29].

Conquanto todo Estado produza normas jurídicas e as utilize para organizar a si e a sociedade, isto é, possa ser um "Estado com Direito", um Estado *de* Direito implica submissão do Estado ao seu próprio direito, que regula os poderes e todas as atuações estatais. Isso significa concluir que "nem todo Estado é Estado de Direito"[30]. Do mesmo modo, por esses postulados originais, infere-se também que nem todo Estado de Direito é Estado *democrático* de Direito.

1.1. Publicidade e democracia

Uma análise histórica prudente consegue observar que, *ao menos nas origens, a ideia de Estado de Direito não se confunde com a ideia de democracia.* Como demonstra Zolo, a teoria clássica do Estado de Direito não exige soberania popular, participação efetiva dos cidadãos, pluralismo político, responsabilidade governamental, entre outros temas caros à teoria da democracia. A contraposição ao absolutismo e, até mesmo, ao totalitarismo, não significa incompatibilidade com regimes oligárquicos e tecnocráticos, nos quais proliferam apatia política e grandes diferenças econômico-sociais. Nesse sentido, o cerne da ideia de Estado de Direito alinha-se mais à tradição

---

28 DE LUCAS MARTIN. Democracia y transparencia: sobre poder, secreto y publicidad, *op. cit.*, p. 132-133.

29 ZOLO. The rule of law: a critical reappraisal, *op. cit.*, p. 21-22.

30 DÍAZ. Estado de derecho y democracia, *op. cit.*, p. 203; 205-206.

liberal, em sua defesa das liberdades individuais em face da arbitrariedade do poder, do que a tradições filosóficas preocupadas com responsabilidade ativa dos cidadãos[31]. Não é demais concluir que a *teoria do Estado liberal de Direito* satisfaz-se, no fundo, com o princípio de publicidade, correlacionado aos direitos fundamentais de liberdade de informação, não requerendo propriamente um princípio de transparência, que será demandado pela *teoria do Estado democrático de Direito*[32].

Para além da concepção liberal, publicidade se revela, no contexto de democracia, como um "processo de socialização e comunicação", de validação social dos argumentos, de luta por legitimação, enfim, como um mecanismo de controle racional da vida política. Fazer algo público, explica Rodríguez Zepeda, é sair do particular e abrir-se ao geral, passar do eu ao nós, do individual ao coletivo, ou seja, transcender o âmbito privado para ingressar no espaço social[33]. Hannah Arendt aponta a existência de dois sentidos para o termo público: aquilo que vem a público, podendo ser visto e ouvido por todos; e o mundo comum a todos, com destaque para aquilo que o próprio

---

[31] ZOLO. The rule of law: a critical reappraisal, *op. cit.*, p. 32-33.

[32] É certo que a relação entre direito, publicidade e democracia já começara a ser explorada pelos pais do liberalismo. Mill, por exemplo, salientava que a publicidade, por si só, não impede o mal ou estimula o bem, mas sem ela não é possível saber o que se deve verificar, evitar ou encorajar. Cf. MILL, John Stuart. *Considerations on representative government*. London: Parker, Son, and Bourn: 1861, p. 32. No entanto, essa ligação será melhor desenvolvida mais recentemente, por numerosos intelectuais liberais que pleiteiam a proteção dos direitos individuais como condição inafastável para um regime democrático. É o caso de Bobbio, para quem a democracia é o governo do "poder visível", do "poder público em público". Habermas, por sua vez, em sua concepção democracia deliberativa, tem a publicidade como verdadeira condição para se atingir o consenso através do debate racional na esfera pública, não apenas no sentido de disponibilização das informações necessárias para o mérito da deliberação, como também enquanto procedimento deliberativo transparente, no qual argumentos são apresentados, testados e, por fim, aceitos ou rejeitados. Também em Rawls, a publicidade é pressuposto do consenso original dos princípios de justiça para a estrutura básica da sociedade. Cf. BOBBIO. *O futuro da democracia*: uma defesa das regras do jogo, *op. cit.*, p. 83-84; BOBBIO. *Estado, governo e sociedade*: para uma teoria geral da política, *op. cit.*, p. 30; HABERMAS, Jürgen. *Facticidad y validez*: sobre el derecho y el Estado democrático de derecho en términos de teoría del discurso. Trad. Manuel Jiménez Redondo. 4. ed. Madrid: Trotta, 2005, p. 363 *et seq*; RAWLS, John. *Uma teoria da justiça*. Trad. Almiro Pisetta e Lenita M. R. Esteves. São Paulo: Martins Fontes, 1997, p. 12-14.

[33] RODRÍGUEZ ZEPEDA. *Estado y transparencia*: un paseo por la filosofía política, *op. cit.*, p. 36-37; 39.

homem constrói e faz inserir em sua natureza, ou seja, o habitat humano[34]. Na interpretação de Limberger, o primeiro dos significados compõe a transparência, na acepção de que "a esfera pública, comum a todos, deve vir a público, isto é, ao conhecimento de todos"[35].

Com efeito, ao lado do controle público do poder, até mesmo para concretizá-lo, já no paradigma clássico de Estado de Direito estava a formação de uma opinião pública[36], que é definida por Sartori como o fundamento substantivo e operativo da democracia, constituída por um conjunto de estados mentais difusos que interagem com fluxos de informação[37]. Habermas aponta, como decorrência da esfera pública constitucionalmente estabelecida, formal, aberta e potencialmente universal, que ela mesma passou a atuar como "princípio organizatório" do Estado, o que se passou a entender como "publicidade", gradativamente exigida de todos os poderes estatais[38]. Em um Estado de Direito, a lei é norma geral nascida do consentimento da representação do povo em um procedimento marcado por discussão e publicidade justamente para garantir "a medida de racionalidade que o conteúdo da lei pode humanamente alcançar"[39]. Dessa maneira, *um Estado de Direito exige ser um Estado democrático de Direito.*

A importância da publicidade sobressai no modelo liberal de democracia representativa. A própria ideia de representação exige a publicidade, como reconhece Carl Schmitt[40], pois os representantes são como os próprios

---

[34] ARENDT, Hannah. *A condição humana*. Trad. Roberto Raposo. 10. ed. Rio de Janeiro: Forense Universitária, 2007, p. 59; 62.

[35] LIMBERGER, Têmis. Transparência administrativa e novas tecnologias: o dever de publicidade, o direito a ser informado e o princípio democrático. *Revista de Direito Administrativo*, Belo Horizonte, v. 244, p. 248-263, jan./abr. 2007, p. 261.

[36] BOBBIO. *Estado, governo e sociedade*: para uma teoria geral da política, *op. cit.*, p. 28.

[37] SARTORI, Giovanni. *¿Qué es la democracia?* Trad. Miguel Ángel González Rodríguez e María Cristina Pestellini Laparelli Salamon. México: Tribunal Federal Electoral; Instituto Federal Electoral; Editorial Patria, 1993, p. 59.

[38] HABERMAS, Jürgen. *Mudança estrutural da esfera pública*: investigações quanto a uma categoria da sociedade burguesa. 2. ed. Trad. Flávio R. Kothe. Rio de Janeiro: Tempo Brasileiro, 2003, p. 104.

[39] BÖCKENFÖRDE. *Estudios sobre el Estado de Derecho y la democracia, op. cit.*, p. 23.

[40] SCHMITT, Carl. *Teoría de la Constitución*. Trad. Francisco Ayala. Madrid: Alianza, 1996, p. 207-209: "El principio formal de la representación no puede ser ejecutado nunca pura y absolutamente, es decir, ignorando al pueblo, siempre presente en alguna manera. Esto es ya imposible, porque no hay representación sin la condición de lo público, ni publicidad

representados em ação, isto é, o povo, que, como titular, deve ter a possibilidade de acompanhar seus eleitos e responsabilizá-los. Mesmo a virada para tendências de democracia participativa não retira a veracidade do argumento, como se verá adiante. Pode-se adiantar, de todo modo, uma diferença importante do lugar da informação no Estado democrático de Direito em comparação com o modelo de Estado liberal: enquanto neste último ela é uma "consequência política do exercício de certas liberdades individuais", naquele ela se revela elemento essencial na medida em que "a livre discussão é um componente jurídico prévio à tomada de decisão que afeta à coletividade", sendo "imprescindível para sua legitimação"[41]. Eis uma questão central do mais atual debate acerca da transparência: ela tem uma *função legitimadora do Estado democrático de Direito*. No entanto, como essa legitimidade pode ser alcançada?

É certo que a forma assumida pela publicidade foi, concretamente, reducionista, a começar pela limitada participação política, vedada aos pobres, aos sem instrução e às mulheres[42]. E, mesmo entre os sujeitos plenos, o Estado liberal de Direito acobertava a exclusão fática com suas ficções jurídicas, como a presunção de conhecimento da lei, uma vez publicada e vigente[43]. A nova

---

sin pueblo. [...] La representación no puede tener lugar más que en la esfera de lo público. No hay representación ninguna que se desenvuelva en secreto. [...] Un Parlamento tiene carácter representativo sólo en tanto que existe la creencia de que su actividad propia está en publicidad. Sesiones secretas, acuerdos y deliberaciones secretas de cualesquiera comités, podrán ser tan significativos e importantes como se quiera, pero no tendrán nunca un carácter representativo. Tan pronto como se produce el convencimiento de que en el marco de la actividad parlamentaria lo que se desenvuelve a la luz del día es sólo una formalidad vacía, y las decisiones recaen a espaldas de lo público, podrá quizá el Parlamento cumplir todavía algunas funciones útiles, pero ha dejado de ser representante de la unidad política del pueblo. [...] La representación no es un fenómeno de carácter normativo, no es un procedimiento, sino algo existencial. Representar es hacer perceptible y actualizar un ser imperceptible mediante un ser de presencia pública. La dialéctica del concepto está en que se supone como presente lo imperceptible, al mismo tiempo que se le hace presente."

41 LIMBERGER. Transparência administrativa e novas tecnologias: o dever de publicidade, o direito a ser informado e o princípio democrático, *op. cit.*, p. 262.

42 ELIAS. Da publicidade à transparência: o percurso para a reafirmação da democracia participativa, *op. cit.*

43 Nesse sentido, a crítica de GRAU, Eros Roberto. *O direito posto e o direito pressuposto*. 7 ed. São Paulo: Malheiros, 2008, p. 104: "Quem, em sã consciência, pode efetivamente divisar alguma consistência na afirmação de que a ignorância da lei não escusa? A concepção lógica de um direito estruturado sobre a publicidade se desfaz. Os milhares de preceitos normativos

ideia de *transparência* teria o potencial de efetivação das promessas ilustradas até então consubstanciadas na ideia de *publicidade*?

2. DA PUBLICIDADE À TRANSPARÊNCIA

Na leitura tradicional, só há representação e participação efetiva, portanto, legitimidade, com a implementação integral do princípio de publicidade, pois "não há controle onde não há transparência, e sem controle eficaz do poder não cabe a democracia"[44]. Uma ordem democrática implica "prestação de contas e boa governança", direito dos cidadãos de avaliar o desempenho do governo, debate que tem como pré-requisito informação sobre as questões de interesse público[45]. *Transparência, portanto, aparece como um aprofundamento do princípio da publicidade.*

Buijze elenca alguns dos principais argumentos apresentados em favor da transparência: contribui para a democracia ao alimentar o debate público com informação, facilitar as tomadas de decisão, permitir a participação popular nas ações estatais e a responsabilidade governamental; ajuda a promover a confiança e a legitimidade das instituições públicas; estimula a melhora da qualidade da governança, reforçando a imparcialidade e a moralidade administrativa; impulsiona o aumento do desempenho econômico e da eficiência do mercado; colabora com a realização de direitos individuais sociais e econômicos, empoderando os cidadãos a lutarem por eles e protegendo-os de interferências estatais indevidas[46]. Na realidade, alerta Alloa, esses argumentos têm sido cada vez mais invocados para expressar aspirações muito diferentes, em contextos distintos, por vezes até conflitantes, como

---

produzidos, no dia-a-dia, pelo Legislativo e pelo Executivo, este empreendendo função normativa regulamentar, transformam mesmo aquele que desempenha ofício jurídico, e, por isso, teria o dever de conhecê-lo – e o que dizer do "homem da rua, homem comum", de Santi Romano? –, em um ignaro do direito. É fora de dúvida que essa concepção lógica está erodida. O direito moderno, fundado na publicidade, desestrutura- se."

[44] DE LUCAS MARTIN. Democracia y transparencia: sobre poder, secreto y publicidad, *op. cit.*, p. 134-135.

[45] MANDEL, Toby. *Liberdade de informação*: um estudo de direito comparado. Trad. Marsel N. G. de Souza. 2. ed. Brasília: UNESCO, 2009, p. 5.

[46] BUIJZE, Anoeska. The six faces of transparency. *Utrecht Law Review*, v. 9, n. 3, p. 3-25, jul. 2013, p. 5-8.

acesso à informação, garantia do devido processo legal, responsabilidade administrativa e fiscal, redução das assimetrias de poder, racionalização e justificativa das ações, verdade e moralidade, entre outros[47].

A despeito dessa ausência de uniformidade conceitual, resta claro um endosso à transparência com base em méritos presumidos, por realizar outros valores relevantes, em especial, a verdade e a moralidade, condições para todos os demais. Contudo, nada garante que as informações reveladas sejam objetivamente boas ou que a revelação por si só seja transparente, realizando tais valores[48]. *Embora o princípio da transparência seja um desdobramento do princípio da publicidade, resultante da tentativa de aprofundar a efetivação da publicidade como instrumento de realização de outros princípios do Estado democrático de Direito*[49]*, ele não significa necessariamente um ganho qualitativo para a democracia.*

Erkkilä, por exemplo, identifica, na mudança de foco da publicidade para a transparência, um crescimento das conotações econômicas, com ênfase na eficiência[50]. O discurso da transparência integra o ideário contemporâneo de racionalidade globalizada de mercado, conectando-se a "um *ethos* neoliberal de governança que promove individualismo, empreendedorismo, formas voluntárias de regulação e tipos formalizados de responsabilização"[51]. Pozen, por sua vez, situa o começo desse deslocamento em meados da década de 1970, na esteira de uma mudança ideológica nas teorias e práticas regulatórias, quando reformas a prol da transparência passam a ser pleiteadas como meios para aperfeiçoar a liberdade de escolha, transcender as disputas políticas e minimizar a interferência estatal na economia. O debate passa a ser pautado menos pela ideia de publicidade e mais por noções como liberdade

---

47 ALLOA, Emmanuel. Transparency: a magic concept of modernity. In: ALLOA, Emmanuel; THOMÄ, Dieter (eds.). *Transparency, society and subjectivity*: critical perspectives. Cham: Palgrave Macmillan, 2018, p. 31-32.

48 VIOLA, Lore Anne. The limits of transparency as a tool for regulating surveillance: a comparative study of the United States, United Kingdom, and Germany. In: VIOLA, Lore Anne; LAIDLER, Paweł (eds.). *Trust and transparency in an age of surveillance*. London; New York: Routledge, 2022, p. 23-24.

49 ELIAS. Da publicidade à transparência: o percurso para a reafirmação da democracia participativa, *op. cit.*

50 ERKKILÄ. *Government transparency*: impacts and unintended consequences, *op. cit.*, p. 3-5.

51 GARSTEN, Christina; DE MONTOYA, Monica Lindh. Introduction: examining the politics of transparency. In: GARSTEN, Christina; DE MONTOYA, Monica Lindh (eds.). *Transparency in a new global order*: unveiling organizational visions. Cheltenham; Northampton: Edward Elgar, 2008, p. 2-3.

de informação e direito ao conhecimento, de perfil mais individualista e legalista. Hoje, descreve Pozen, transparência se veste de nítida roupagem tecnocrática, assumindo a forma de um ideal muito mais restrito, "não de um governo que promove o conhecimento do cidadão ou o bem geral, mas de um que é transparente e, talvez, oco"[52].

Nesse novo "reino da transparência", multiplicam-se as legislações sobre atos e condutas transparentes, que são, no fundo, leis da verdade, que objetivam uma suposta moralização de todos os âmbitos da vida coletiva, como a administração estatal, a economia, a política, a sociedade. A verdade, implementada através das leis, é prometida como fundamento para a "verdadeira" democracia[53]. Transparência funciona, portanto, como algo mais do que simples categoria técnica, atuando também, nas palavras de Fenster, como "uma metáfora poderosa que dirige e molda o desejo por uma ordem democrática mais perfeita", ao mesmo tempo que dificulta uma compreensão adequada das complexidades do Estado e da administração pública contemporânea[54]. Com efeito, apelar à transparência ajuda a gerar a impressão de que problemas complexos, como corrupção, confiança nas instituições e responsabilidade corporativa e governamental, possuem solução fácil. Mais, denuncia Birchall, enquanto um superconceito "pan-ideológico", despolitiza decisões essencialmente políticas ao tratá-las como mero assunto técnico. Em suma, é invocada, convenientemente, como um paliativo para gestores políticos e empresariais[55].

Christensen e Cornelissen preferem enxergar a transparência, na contemporaneidade, com um mito, não no sentido de simples compreensão falsa da realidade, mas crença institucionalizada sob a forma de narrativa destinada a produzir significado e direção. No caso, ela se tornou um ideal dado como certo, uma explicação natural sobre como a sociedade e seus órgãos devem funcionar[56]. Alloa concorda com esse status mágico, adicionando que, por

---

[52] POZEN, David E. Transparency's ideological drift. *The Yale Law Journal*, v. 128, p. 100-165, out. 2018, p. 147-148.

[53] BREDIN, Jean-Denis. Secret, transparence et démocratie. *Pouvoirs*: Revue française d'études constitutionelles et politiques, n. 97, p. 5-15, abr. 2001, p. 9.

[54] FENSTER, Mark. Seeing the State: transparency as metaphor. *Administrative Law Review*, v. 62, n. 3, p. 617-672, verão 2010, p. 621.

[55] BIRCHALL. Radical transparency?, *op. cit.*, p. 77.

[56] CHRISTENSEN, Lars Thøger; CORNELISSEN, Joep. Organizational transparency as myth and metaphor. *European Journal of Social Theory*, v. 18, n. 2, p. 132-149, 2015, p. 133.

tomar uma proporção agigantada, que comporta múltiplas e até contraditórias definições, aparenta um consenso pacífico e goza de vendabilidade, sem contra-conceito ou feição negativa, tornou-se um discurso proselitista quase impossível de ser criticado[57].

Com efeito, a transparência sobrevive, dentre os valores básicos da Ilustração – como emancipação, autonomia e universalidade – e do Estado de Direito – como racionalidade, publicidade e controle social –, em posição de destaque, pois, ao contrário de muitos desses postulados, chegou até o século XXI quase inquestionada[58]. Transformada em ideologia, acaba por ocultar, por exemplo, a dinâmica intrincada e perigosa à liberdade decorrente da prática de fiscalização e vigilância[59], bem como de uma governança regida por algoritmos[60]. Em outros termos, *a ideologia da transparência ignora o lado obscuro de uma sociedade e um Estado transparentes*, no qual aumento de informação disponível e sem controle pode contribuir para espalhar conflitos, mentiras e ódio. Por isso, afirma Lord, são equivocadas as previsões de que mais transparência levará inevitavelmente à paz e à democracia[61]. Os mais recentes acontecimentos políticos, em diversos países, envolvendo *fake news* e recrudescimento da extrema-direita, sinalizam justamente o contrário. Uma crítica da ideologia da transparência revela-se, portanto, urgente.

3. AS CONTRADIÇÕES DA IDEOLOGIA DA TRANSPARÊNCIA

As contradições do discurso de defesa da transparência têm proliferado a ponto despertar a atenção de acadêmicos e pesquisadores em diferentes partes do mundo, dando origem ao que Alloa e Thöma denominam *Critical Transparency Studies*. Esses estudos críticos se destacam em meio à profusa literatura acerca da transparência por adotar uma abordagem interpeladora

---

57 ALLOA. Transparency: a magic concept of modernity, *op. cit.*, p. 29.

58 Ibid., p. 45.

59 VIOLA, Lore Anne; LAIDLER, Paweł. On the relationship between trust, transparency, and surveillance. In: VIOLA, Lore Anne; LAIDLER, Paweł (eds.). *Trust and transparency in an age of surveillance*. London; New York: Routledge, 2022, p. 5.

60 ALLOA. Transparency: a magic concept of modernity, *op. cit.*, p. 27.

61 LORD, Kristin M. *The perils and promise of global transparency*: why the information revolution may not lead to security, democracy, or peace. Albany: State University of New York Press, 2006, p. 2.

do próprio núcleo semântico do conceito. Um dos principais objetivos é descaracterizar a naturalização e a estabilidade da teoria, buscando as razões que levaram à ascensão desse movimento em direção à política e à economia transparentes[62]. Uma vez superada a objetividade ilusória propagada pela ideologia da transparência, pode-se perceber o manejo retórico desse discurso como arma em prol de finalidades políticas díspares[63] e, por conseguinte, compreender as causas das contradições identificadas. Algumas dessas possíveis reavaliações desnaturalizadoras merecem ser desde logo ressaltadas.

Transparência e segredo. A antinomia primordial sobre a qual foi edificado o discurso em defesa da publicidade e, logo, da transparência, na aurora do Estado de Direito, tinha no polo oposto o segredo, como visto acima. No entanto, esse antagonismo tem sido relativizado. A primeira reavaliação é acerca da natureza do segredo. Ainda que se queira ter na transparência o baluarte da verdade, o segredo não se confunde, necessariamente, com mentira, ocultação, engano[64]. A própria estrutura burocrática do Estado, para Weber, acaba, em seu desenvolvimento, excluindo a publicidade, ao circunscrever a informação a um saber profissional, detentor de conhecimentos especializados, técnicos, inacessíveis a todos[65]. O segredo tem, de fato, uma relação paradoxal com o direito. Por um lado, age externo à lei, como uma exceção à ordem democrática. Por outro, ajuda a reafirmar o próprio direito, ao permitir a sua vigência mesmo quando retira, momentaneamente, a sua incidência[66]. O segredo é como a exceção para Agamben (a decisão sob o estado de exceção), ou seja, a vida secreta e verdadeira da lei[67].

Na década de 1950, Goldschmidt identificava a coexistência de duas tendências antagônicas no seio dos valores democráticos: a ampliação da publicidade, com consequências para o direito individual de privacidade,

---

[62] ALLOA; THOMÄ. Transparency: thinking through an opaque concept, *op. cit.*, p. 3.

[63] FENSTER. The opacity of transparency, *op. cit.*, p. 889.

[64] DE LUCAS MARTIN. Democracia y transparencia: sobre poder, secreto y publicidad, *op. cit.*, p. 139.

[65] WEBER, Max. *Economia e sociedade*: fundamentos da sociologia compreensiva. Trad. Regis Barbosa e Karen Elsabe Barbosa. Brasília: Editora Universidade de Brasília; São Paulo: Imprensa Oficial do Estado de São Paulo, 1999, v. 2, p. 560 *et seq.*

[66] FENSTER, Mark. Transparency in search of a theory. *European Journal of Social Theory*, v. 18, n. 2, p. 150-167, 2015, p. 163.

[67] AGAMBEN, Giorgio. *Estado de exceção*. Trad. Iraci D. Poleti. São Paulo: Boitempo, 2004, p. 107.

e a pouca publicidade em algumas áreas consideradas de interesse público, gerando o aumento dos segredos[68]. Como observa De Lucas Martín, o segredo não é sempre contraditório com a democracia, sendo com ela incompatível quando escapa aos domínios da lei, quando não está juridicamente regulado. Em outros termos, a restrição ao acesso ao conhecimento pode ser legítima se justificada publicamente a razão dessa limitação, como ela se dá, quem a faz e quando pode ser feita, o que, em todo caso, deve ser excepcional e arrimada no interesse público[69]. O controle e a responsabilidade democráticos não exigem publicidade incondicional. Certos tipos de segredo podem ser necessários e, inclusive, desejáveis, desde que devidamente justificados, sob determinadas condições prévias e públicas, de modo a permitir o controle democrático do próprio segredo. O conflito fulcral não é, portanto, entre segredo e democracia, supostamente resolvido pela transparência com a eliminação daquele, conclui Thompson. A grande questão é a possibilidade de controle democrático[70].

Transparência e (des)confiança. Outra premissa basilar do discurso da transparência, também visto, é o fomento da confiança dos cidadãos nas instituições estatais e privadas, o que se faria viável estando sob posse da informação. Ocorre que, quando se confia, é porque não se detém o conhecimento, embora não se esteja necessariamente envolto em falsidade. Como leciona Simmel, a confiança orienta a ação futura quando alguém se encontra em "uma condição mediata entre conhecer e não conhecer"[71].

Além desse contrassenso, é preciso considerar que a informação transparecida não é neutra ou objetiva, mas sujeita a interpretações, atribuições de sentido e manipulações. Ademais, ela se faz em contextos comunicativos concretos, nos quais se fazem presente expectativa de cooperação e reciprocidade. Confiança, ao contrário da transparência, prescinde de mecanismos de vigilância e verificação, pois não é modo de controle. Ser transparente

---

[68] GOLDSCHMIDT, Maure L. Publicity, privacy and secrecy. *The Western Political Quarterly*, v. 7, n. 3, p. 401-416, set. 1954.

[69] DE LUCAS MARTIN. Democracia y transparencia: sobre poder, secreto y publicidad, *op. cit.*, p. 140-141.

[70] THOMPSON, Dennis F. Democratic secrecy. *Political Science Quarterly*, v. 114, n. 2, p. 181-193, verão 1999, p. 182; 192-193.

[71] SIMMEL, Georg. The sociology of secrecy and of secret societies. Trad. Albion W. Small. *American Journal of Sociology*, v. 11, n. 4, p. 441-498, jan. 1906, p. 450.

não leva ao restabelecimento da confiança rompida, e sim a substitui por uma ferramenta de monitoramento e coerção. É, portanto, indício de desconfiança[72]. Ora, excluída a confiança, que pressupõe uma margem de liberdade de ação e a assunção de riscos, em lugar ascende a suspeita, que clama ser apaziguada com mais controle. Como conclui Han, uma sociedade da transparência não pode dar forma a uma verdadeira comunidade[73], ao contrário do que acreditava Rousseau[74].

Há quem ainda seja otimista que a transparência oferecida pelo mundo digital e cibernético possa estimular a confiança por meio da união possibilitada pelos seus canais de comunicação e troca descentralizados, que abre as portas para a reconstrução de uma vida comunitária e de um sistema participativo. No entanto, uma consequência diametralmente oposta também tem sido observada, na forma de radicalização do isolamento dos indivíduos atrás das telas e da proliferação de identidades falsas, aprofundando as incertezas e a desconfiança[75]. Em suma, em vez de uma comunidade lastreada na confiança, a transparência simboliza uma sociedade da desconfiança e da insegurança. Quanto mais se vê, mais se sabe; quanto mais evidência das falhas, mais motivo se tem para suspeitar, impulsionando novos empreendimentos investigativos. Entra-se, assim, em um ciclo no qual "não há um fim óbvio para

---

72 VIOLA. The limits of transparency as a tool for regulating surveillance: a comparative study of the United States, United Kingdom, and Germany, *op. cit.*, p. 27.

73 HAN. *Sociedade da transparência, op. cit.*, Cap. 9.

74 Rousseau acreditava nessa famigerada possibilidade. Para ele, as pequenas cidades têm a qualidade de submeter os particulares aos "olhos do público", de serem lugares onde todos "são censores nascidos uns dos outros, e onde a Polícia tem sobre todos uma inspeção fácil". Cf. ROUSSEAU, Jean-Jacques. Lettre à M. D'Alembert sur son Article Genève, dans le VIIme. volume de l'Encyclopédie. In: *Collection complète des oeuvres*. Genève, 1780-1789, v. 6, p. 498. Em virtude disso, bastaria um "único preceito de moral" aos homens: "não faça nem diga nunca nada que não possa o mundo todo ver e entender" Cf. ROUSSEAU, Jean-Jacques. *La nouvelle Héloïse*. Paris: Libraire de Firmin Didot Frères, 1843, p. 387-388. Como se nota, a transparência, em Rousseau, obtém a conformidade moral da comunidade ao preço da desconfiança coletiva, ainda que, sob outra perspectiva, Rousseau desejasse o retorno à transparência das consciências perdida com a saída do estado de natureza. Cf. STAROBINSKI, Jean. *Jean-Jacques Rousseau*: a transparência e o obstáculo; seguido de sete ensaios sobre Rousseau. Trad. Maria Lúcia Machado. São Paulo: Companhia das Letras, 1991, p. 20; 22-25.

75 ŽIŽEK, Slavoj. *The plague of fantasies*. 2. ed. London; New York: Verso, 2008, p. 178.

o apelo por mais transparência"[76], até porque, enquanto se deseja promover confiança através da transparência, é preciso confiar antes nas próprias promessas de transparência[77].

Outro lado disfuncional inesperado da transparência que merece ser sublinhado é o fomento da descrença e do pessimismo em relação ao Estado em razão do foco excessivo nos erros dos governos. Em vez de reforçar a confiança, o discurso da transparência pode fortalecer "a imagem conservadora do governo como incompetente e corrupto", endossando pleitos de redução da atuação estatal em favor da operação por entes privados, com sua notória opacidade[78]. O colapso da confiança na capacidade do Estado em atender às demandas democráticas, somado à desilusão com alternativas políticas, econômicas e sociais, longe de estimular à experimentação de novas formas democráticas, é canalizado pelo neoliberalismo para renovar a fé no mercado[79]. Sob a "ditadura" do pensamento único[80], a noção de transparência deixa de estar atrelada ao ideal de realização de valores progressistas, como a igualdade, a participação e o fortalecimento da capacidade decisória autônoma, para servir de chave retórica oportuna aos propósitos de enxugamento do Estado e livre mercado, tendendo a converter o princípio da transparência em simples técnica administrativa[81]. E é essa desconfiança sistêmica que cristaliza um conjunto de medidas associadas à ideia de transparência, mas que se concretizam em exigências de ordem procedimental-burocrática, que consumem energia financeira e política do Estado.

Não é demais cogitar que a informação revelada pode também conduzir à normalização da própria falha porventura identificada. Como relata Viola,

---

[76] GARSTEN; DE MONTOYA. Introduction: examining the politics of transparency, *op. cit.*, p. 7.

[77] BIRCHALL, Clare. Introduction to "Secrecy and Transparency": the politics of opacity and openness. *Theory, Culture & Society*, v. 28, n. 7-8, p. 7-25, 2011, p. 14.

[78] FUNG, Archon; WEIL, David. Open government and open society. In: LATHROP, Daniel; RUMA, Laurel (eds.). *Open government*: collaboration, transparency, and participation in practice. Sebastopol: O'Reilly, 2010, p. 106.

[79] GREWAL, David Singh; PURDY, Jedediah. Introduction: law and neoliberalism. *Law and Contemporary Problems*, v. 77, n. 4, p. 1-23, 2014, p. 7.

[80] UNGER, Roberto Mangabeira. *O Movimento de Estudos Críticos do Direito*: outro tempo, tarefa maior. Trad. Lucas Fucci Amato. Belo Horizonte: Letramento, 2017, p. 281-282.

[81] POZEN. Transparency's ideological drift, *op. cit.*, p. 102-103.

muitos eventos recentes de vigilância e quebra de sigilo ilegais, como os episódios de coleta e utilização em massa de dados dos usuários por órgão de Estado e empresas de tecnologia, em vez de ensejar agravamento da lei e reforço à sua aplicação, levou a reformas legislativas para tornar tais práticas lícitas. Desse modo, a transparência, em vez de implementar a sua promessa de funcionar como instrumento coercitivo em favor de condutas probas, abre margem para novos desrespeitos ao direito sob a alegação de que outros estão agindo da mesma maneira e de que logo a conduta será legalizada. Não bastasse, o temor da punição pode ter o efeito de disponibilização seletiva das informações, uma autocensura em antecipação às consequências negativas potenciais, o que estimula o surgimento de novos segredos[82].

Enfim, qualquer que seja a perspectiva, a transparência, em vez de revigorar a confiança no Estado e no direito, bem assim no Estado de Direito, pode contribuir para a desconfiança terminal de seus fundamentos já em crise.

Transparência e controle. Transparência é o princípio máximo de uma sociedade aberta, desejada por muitos e vocalizada por Popper. Por tal, esperava-se, sobretudo, a concretização plena das liberdades individuais em face do Estado. A fluidez das informações é óbvio requisito para esse quadro. A transparência é proposta como uma alternativa à regulação ao modo tradicional, pois preservaria a liberdade ao deixar as escolhas e a ações ao âmbito individual, sem recorrer à coerção. No entanto, a transparência é sim uma forma de regulação que se vale de meios coercitivos, ainda que de uma maneira diferente[83]. A sociedade da transparência é uma sociedade que democratiza a supervisão: todos estão expostos à visibilidade e ao controle[84]. São evidentes as tendências ao excesso e, por conseguinte, os riscos à pretensão de liberdade da sociedade aberta.

Foucault, ao discorrer sobre o panóptico de Bentham, afirmou que “a visibilidade é uma armadilha”[85]. Esse dito continua válido, ainda que hoje,

---

[82] VIOLA. The limits of transparency as a tool for regulating surveillance: a comparative study of the United States, United Kingdom, and Germany, *op. cit.*, p. 28-29.

[83] ETZIONI, Amitai. The limits of transparency. In: ALLOA, Emmanuel; THOMÄ, Dieter (eds.). *Transparency, society and subjectivity*: critical perspectives. Cham: Palgrave Macmillan, 2018, p. 189.

[84] HAN. *Sociedade da transparência, op. cit.*, Cap. 9.

[85] FOUCAULT, Michel. *Vigiar e punir*: nascimento da prisão. Trad. Raquel Ramalhete. 20. ed. Petrópolis: Vozes, 1999, p. 166. Invocar uma relação com o panóptico benthamiano não é um capricho. O próprio autor defendeu a ideia de que a publicidade poderia constranger

em vez de vigilância por um centro onipotente, são os próprios observados que, se crendo livres, em intensa comunicação entre si, colaboram ativamente se desnudando em público. O panóptico digital da sociedade transparente permeia todas as esferas da vida e, assim, alcança maior eficiência[86]. Isso implica uma mudança invulgar em relação ao modelo disciplinar foucaultiano: os mecanismos de poder se encontram dispersos e o próprio Estado é submetido à abertura, permitindo à governança vigilante uma penetração ilimitada e infinita. O deslocamento da vigilância e da responsabilidade para o "cidadão-auditor" produz impactos importantes nas estruturas de representação[87]. Diante disso, Deleuze propõe enxergar uma "sociedade de controle", descentralizada, dispersa, rizomática, penetrando todas as esferas da vida social e contando com a participação dos próprios seres humanos controlados para efetivar o controle difuso[88]. Sob essa perspectiva, a transparência se torna indistinguível da vigilância, do monitoramento, da redução da liberdade[89], mais eficiente do que os mecanismos tradicionais de controle[90], o que Birchall interpreta como uma "ferramenta do totalitarismo", pois qualquer resistência a ser transparente, a manter algo oculto, é sinônimo de culpa[91]. Eis, novamente, o pendor moralista da ideologia da transparência.

Transparência, conhecimento e poder. A visão básica acerca da relação entre conhecimento e transparência pode resumido como "informação é poder", logo, liberdade, mormente por gerar prestação de contas e responsabilidade[92]. Esse clichê, entretanto, não se faz totalmente correto, pondera Florini, para

---

os governantes a desempenhar adequadamente os seus deveres e, assim, ampliar a confiança do público em seus representantes e o poder de escolhê-los de maneira mais bem informada, entre outros benefícios. Cf. BENTHAM, Jeremy. An essay on political tactics. In: *The works of Jeremy Bentham*. Ed. John Bowring. Edinburgh: William Tait, 1843, v. II, p. 310-312.

86 HAN. *Sociedade da transparência, op. cit.*, Cap. 9.

87 BIRCHALL. Radical transparency?, *op. cit.*, p. 83.

88 DELEUZE, Gilles. *Post-scriptum* sobre as sociedades de controle. In: *Conversações*: 1972-1990. Trad. Peter Pál Pelbart. Rio de Janeiro: Editora 34, 1992, p. 219-226.

89 VIOLA. The limits of transparency as a tool for regulating surveillance: a comparative study of the United States, United Kingdom, and Germany, *op. cit.*, p. 26.

90 FLORINI, Ann. Conclusion. Whither transparency? In: FLORINI, Ann (ed.). *The right to know*: transparency for an open world. New York: Columbia University Press, 2007, p. 339.

91 BIRCHALL. Introduction to "Secrecy and Transparency": the politics of opacity and openness, *op. cit.*, p. 12.

92 FOX, Jonathan. The uncertain relationship between transparency and accountability. *Development in Practice*, v. 17, n. 4-5, p. 663-671, ago. 2007, p. 664.

quem a informação é apenas um primeiro passo essencial para o exercício do poder político e econômico[93]. De qualquer forma, não há dúvidas de que a transparência molda e cria relações de poder[94].

Sendo condição para o exercício do poder político, a informação se coloca no centro de discussões acerca da sua disponibilidade e modo de utilização[95], até porque maior quantidade de dados não implica certeza de que as decisões são mais corretas, precisas, adequadas[96]. Com efeito, cogita Han, transparente é apenas o vazio e, por essa razão, busca-se preencher com uma massa de informações e imagens. O vazio, porém, permanece:

> Assim, mais informações e mais comunicação não *clarificam* o mundo; a transparência tampouco o torna clarividente. A massa de informações não gera *verdade*, e quanto mais se liberam informações tanto mais intransparente torna-se o mundo. Por isso, a hiperinformação e a hipercomunicação não trazem *luz* à escuridão.[97]

A sociedade da transparência é, na definição de Han, uma sociedade da informação[98]. Em tempos digitais, de enorme capacidade de armazenamento de dados pela internet, propõe-se "e-transparência", online, aberta, democrática, pela qual tudo se faz virtualmente disponível. Pode-se constatar, todavia, dificuldades práticas dessa socialização informacional: informações relevantes ficam perdidas no aglomerado de dados não processados, paradoxalmente ocultando o conhecimento pelo excesso de conhecimento visível[99]. Isso indica que a transparência não pode se resumir a uma identificação com o desvelamento de informações. Transparência não é necessariamente informativa, pois o processo de transmissão de informações

---

[93] FLORINI, Ann. Introduction. The battle over transparency. In: FLORINI, Ann (ed.). *The right to know*: transparency for an open world. New York: Columbia University Press, 2007, p. 1.

[94] VIOLA. The limits of transparency as a tool for regulating surveillance: a comparative study of the United States, United Kingdom, and Germany, *op. cit.*, p. 27.

[95] RODRÍGUEZ ZEPEDA. *Estado y transparencia*: un paseo por la filosofía política, *op. cit.*, p. 5.

[96] HAN. *Sociedade da transparência*, *op. cit.*, Cap. 1.

[97] Ibid., Cap. 7.

[98] Idem.

[99] BIRCHALL. Introduction to "Secrecy and Transparency": the politics of opacity and openness, *op. cit.*, p. 15-16.

não é mecânico, neutro, objetivo. A compreensão depende de interpretação, mediação, significação, o que se mostra eminentemente político[100].

Uma das principais expectativas criadas pela transparência, já foi comentado, é o alcance da verdade. No entanto, além de seu oposto, o segredo, não ser sinônimo de mentira, inexiste garantia de atingir esse objetivo. Transparência quer confundir-se com verdade, na trilha de grandes tradições intelectuais, morais e religiosas ocidentais, jogar luz nas sombras do oculto, fazer raiar o sol entre as brumas[101], mas despenca na velha e ingênua crença ilustrada de ser possível eliminar todos os erros, toda ignorância, todas as dores, todos os males. Ora, "transparência e verdade não são idênticos", em especial porque, no acúmulo de informação que oferece como instrumento, carece de direção, "sentido"[102]. Somente com sentido há, de fato, *conhecimento*, e se pode fazer algo com ele. Mais uma vez, tem-se uma questão de evidente caráter político.

Transparência e neoliberalismo. A real dimensão política da transparência é convenientemente eclipsada pelo fulgor neoliberal de desmobilizar qualquer espaço crítico que possa colocar em risco o seu projeto da falta de alternativas. Sem extrair da profusão de informações algum tipo de orientação sobre finalidades ou razões, a massa de dados engole os potenciais agentes humanos no eterno presente, cansando-os até deixarem de oferecer resistência e abraçarem o estado de coisas atual, ainda que por meio da desilusão. Transparentes são as coisas que eliminaram de si toda negatividade, tornando-se "rasas e planas", despidas de "dramaturgia, coreografia e cenografia, de toda profundidade hermenêutica", avalia Han, sujeitas a processos de cálculo, governo e controle, o que é conveniente à lógica do capital[103].

Se, de um lado, os discursos em favor da transparência enfocam a democracia, de outro, as versões mais férteis hoje têm por alvo a eficiência econômica. Transparência é, para essa perspectiva, um insumo importante no esforço de aprimoramento da performance empresarial e financeira no contexto de capitalismo globalizado. Porém, curiosamente, para justificar-se,

---

100 VIOLA. The limits of transparency as a tool for regulating surveillance: a comparative study of the United States, United Kingdom, and Germany, *op. cit.*, p. 25.

101 BREDIN. Secret, transparence et démocratie, *op. cit.*, p. 6-7.

102 HAN. *Sociedade da transparência, op. cit.*, Cap. 1.

103 HAN. *Sociedade da transparência, op. cit.*, Cap. 1.

tais correntes não deixam de pontuar que o aperfeiçoamento da esfera econômica implicaria um ganho para a democracia, e vice-versa. A novidade talvez seja tratar esse aspecto governamental sob a figura da *governança*, enfatizando princípios do Estado de Direito e objetivos como o combate à corrupção, que requer reformas administrativas, legislativas e judiciais para introduzir novos mecanismos de *accountability*, obter a ambicionada melhora da *performance*. Muitos são os exemplos de medidas implementadas para conferir maior eficiência sobretudo ao setor público. Maior transparência permite uma melhor governança no plano público e privado, alega-se, de modo que essa dicotomia perderia sentido. Enquanto deliberação e democracia deixariam de estar restritas ao campo estatal e se espalhariam pelos agentes do mercado, a administração pública ganharia em eficiência orçamentária e executiva ao adotar um gerenciamento transparente de estilo empresarial[104]. Política e economia são transformadas em uma unidade indistinta, mas com clara neutralização daquela.

Portanto, pode-se notar não ser acidental o fato de que o discurso em defesa da transparência se intensificou justamente quando o modelo de Estado-nação – e, junto com ele, de Estado de Direito – passou a ser colocado em xeque pelos novos fluxos financeiros e organizacionais. A transparência atua favorecendo ativamente práticas de mensuração, quantificação, objetificação, governança e controle: "uma das prerrogativas do capitalismo tardio, ao que parece, é tornar o mundo hospitaleiro para formas translocais e universais de administração e governança e isso implica em tornar o mundo legível e transparente[105].

É certo que, como frisa Bauman, a modernidade já situava "a transparência e a legibilidade como um objetivo a ser sistematicamente perseguido – como uma tarefa, algo que ainda precisa ser imposto à realidade recalcitrante".

---

[104] ERKKILÄ. *Government transparency*: impacts and unintended consequences, *op. cit.*, p. xi; 9-10; 14-15. Um marco inicial desse movimento foram as crises financeiras em países emergentes em meados da década de 1990, denunciadas como tendo sido causadas por estruturas corporativas e institucionais opacas e corrompidas, imersas em informações imprecisas, posteriormente identificadas também em economias desenvolvidas. Cf. FORSSBÆCK, Jens; OXELHEIM, Lars. The multifaceted concept of transparency. In: FORSSBÆCK, Jens; OXELHEIM, Lars (eds.). *The Oxford handbook of economic and institutional transparency*. Oxford: Oxford University Press, 2015, p. 3.

[105] GARSTEN; DE MONTOYA. Introduction: examining the politics of transparency, *op. cit.*, p. 1.

Modernizar era, "entre outras coisas, tornar o mundo habitado receptivo à administração supracomunitária, estatal; e essa tarefa requeria, como condição necessária, tornar o mundo transparente e legível para os poderes administrativos"[106]. Essa pretensão é não fortuitamente acentuada em uma suposta pós-modernidade. A ideologia neoliberal, que tem raízes – por vezes deturpadas – no liberalismo clássico e, com isso, na Ilustração, aproveita-se dessas já longevas aspirações por transparência e legibilidade para tentar guiar o sistema democrático conforme melhor atender aos seus desígnios. Como consequência, produz melindrosas contradições:

> O neoliberalismo, como o liberalismo clássico antes dele, também está associado a um tipo de expansionismo ideológico no qual conceitos de eficiência e autonomia modelados pelo mercado moldam políticas, doutrinas e outros discursos de legitimação fora das áreas tradicionalmente "econômicas".
>
> A democracia, entretanto, faz suas próprias demandas, que podem se mostrar incompatíveis com os imperativos capitalistas e hostil às concepções de personalidade e política que estes últimos impõem. Cidadãos democráticos tendem a manter um conjunto de expectativas sobre a vida econômica e política que podem ir além ou mesmo contradizer a lógica de mercado: por exemplo, um nível razoável de oportunidade econômica, justiça distributiva, segurança laboral, comunidade, solidariedade e igualdade cívica. Quando pressionadas na política, essas expectativas populares tornam-se candidatas a critérios legitimidade democrática. O neoliberalismo, então, extrai seu significado dessa disputa entre imperativos de mercado e demandas democráticas; ele é o nome de um conjunto de argumentos, disposições, pressuposições, modos de formular questões e mesmo visões da ordem social que são chamadas a pressionar contra as reivindicações democráticas a serviço dos imperativos de mercado.[107]

Há, assim, uma "coação sistêmica" nos mais diversos processos sociais na contemporaneidade para submetê-los a operacionalização e aceleração, por meio da igualação, supressão do outro, do diferente, do estranho, da divergência, ou seja, em favor da uniformização, mecanização, sistematização. A diversidade é suplantada pela homogeneização perpetrada pelo translúcido.

---

[106] BAUMAN, Zygmunt. *Globalização*: as consequências humanas. Trad. Marcus Penchel. Rio de Janeiro: Zahar, 1999, p. 40.

[107] GREWAL; PURDY. Introduction: law and neoliberalism, *op. cit.*, p. 3-4.

Os dados, uma vez armazenados, são mantidos sempre iguais, apenas adicionados e acumulados com outros que chegam, sem serem submetidos a narrações, reorganizações, como a memória. É um vazio, sem representação, sem interpretação, sem sentido. Constitui-se uma sociedade da exposição, na qual tudo é medido de acordo com o seu valor expositivo: acorre um dever expor tudo, deixar para fora, desnudo, visível, sem mistério, acessível, como mercadoria à disposição do consumo[108].

A transparência exala um certo *ethos* puritano do passado de acordo com o qual se deveria viver sem cortinas, pois nada se tinha a esconder, ademais reforçando a conformidade à ação moral. As janelas hoje são tecnológicas, transmitindo imagens e informações por iniciativa voluntária dos agentes, nas redes sociais, nos portais da transparência pública, nos relatórios anuais. Contudo, assim como outrora, resistir à transparência, mesmo quando não autorizada, desperta suspeita[109]. A lição foi metaforizada pelo magistrado da Suprema Corte dos EUA Louis D. Brandeis: "A publicidade é justamente elogiada como um remédio para doenças sociais e industriais. A luz solar é considerada o melhor dos desinfetantes, a luz elétrica o policial mais eficiente"[110]. Convertida em virtude, a transparência é a versão secular da limpeza moral[111]. No entanto, não terá se tornado a "virtude suprema, senão a única virtude" de uma sociedade sem mais nenhuma?

> Esse cidadão, que na maioria das vezes vive sem Deus, sem pátria, ou não tendo mais guardado o gosto pela pátria senão nas competições esportivas, que vive sem doutrina, sem expectativa da Grande Noite, que viverá, muito velho, numa sociedade sem projetos nem esperanças e que não se interessa mais pelos ideais tradicionais [...], esse cidadão não encontra na verdade uma última virtude, um último conforto ao qual se apegam sua busca por uma lei moral e também todas as tecnologias, e também sua curiosidade, e por que não sua sede de distração?[112]

---

108 HAN. *Sociedade da transparência*, *op. cit.*, Cap. 1, 2 e 5.

109 ALLOA; THOMÄ. Transparency: thinking through an opaque concept, *op. cit.*, p. 1-2.

110 BRANDEIS, Louis D. What publicity can do. *Harper's Weekly*, 20 dez. 1913, p. 10. Não obstante, o magistrado escreveu páginas importantes sobre o direito de privacidade no ordenamento jurídico estadunidense, em WARREN, Samuel D.; BRANDEIS, Louis D. The right to privacy. *Harvard Law Review*, v. 4, n. 5, p. 193-220, 15 dez. 1890.

111 BIRCHALL. Introduction to "Secrecy and Transparency": the politics of opacity and openness, *op. cit.*, p. 8.

112 BREDIN. Secret, transparence et démocratie, *op. cit.*, p. 11.

Capturada pelo neoliberalismo e radicalizado, o ideal de transparência não tem um lado negativo, um contraponto. Irrestritamente positiva, ela absorve todas as outras formas de crítica, apresenta-se como o único meio possível de crítica. Finalmente públicas as vidas na sua quase totalidade, sem opção alternativa, o que se conquistou? A transparência foi elevada a garante da moralidade institucional e individual, mas conseguiu fazer jus a esse encargo?[113] Provavelmente nenhum artifício teórico ou retórico jamais o conseguirá. Primeiro porque sempre exsurgem novas formas pelas quais "o poder invisível resiste aos avanços do poder visível"[114]. Segundo porque a exigência de plena transparência é simplesmente impossível: vale recordar que o "ser humano sequer é transparente para consigo mesmo"[115].

Transparência e Governança. Desde os anos noventa, o conceito de governança, neologismo oriundo do mundo empresarial das grandes corporações, tem sido progressivamente entronizado no universo da teoria política, pelas vozes de organizações internacionais como o Banco Mundial, o Fundo Monetário Internacional e, mais recentemente, pelo influxo da chamada "nova administração pública", que pretende, supostamente, incorporar o ferramental empresarial ao direito administrativo. Em linhas gerais, quer-se enunciar um suposto novo modelo de tomada de decisões mais "descentralizado" e organizado em "redes", que substitua a estrutura hierarquizada estatal.

Trata-se, entretanto, de um processo gradativo de privatização da produção jurídico-normativa do Estado, em que o Direito surge como uma "negociação" ou "autoregulação"[116]. A predileção pelas teorias discursivo-formalistas de autores como Luhmann e Habermas enveredou parcela importante da teoria jurídico-política contemporânea para um caminho de privatização das funções estatais, em que a "arena de debates" mostra-se autossuficiente e legítima. A exigência de "transparência" surge, assim, como mecanismo para forçar a "abertura" do Estado, que, muitas vezes, é uma abertura pseudodemocrática, que apenas permite a captura do Estado, por

[113] ALLOA. Transparency: a magic concept of modernity, *op. cit.*, p. 46; 30.

[114] BOBBIO. *Estado, governo e sociedade*: para uma teoria geral da política, *op. cit.*, p. 30.

[115] HAN. *Sociedade da transparência, op. cit.*, Cap. 1.

[116] *Cf* TEUBNER, Gunther. After Legal Instrumentalism? Strategic Models of Post-regulatory Law. In: TEUBNER, Gunther. *Dilemmas of Law in the Welfare State.* Berlin: Walter de Gruyter, 1988, p.299 *et* seq.

minorias organizadas, inclusive as empresariais. É a transparência que serve aos *lobbies*[117].

4. TRANSPARÊNCIA PARA A LEGITIMIDADE DEMOCRÁTICA DO ESTADO DE DIREITO

Examinadas algumas das incongruências do discurso contemporâneo de defesa da transparência, retorna-se ao problema inicial, ainda deixado inconcluso: como pode a transparência contribuir para reforçar a legitimidade da democracia em um mundo digital e de pressão constante por abertura, sem cair nas falácias da ideologia da informação transparente e no canto de sereia do neoliberalismo?

O problema da legitimidade, explica Moreira Neto, surge com a objetivação do poder, isto é, quando ele "deixa de ter vinculação subjetiva com alguém que o personalizava no desempenho de um papel social não político", e se agrava com a concentração de poder pelo Estado e seu distanciamento da sociedade na contemporaneidade, ensejando uma crise do regime democrático[118]. Em outra formulação, o problema da legitimidade está conectado à ideia da aceitação do exercício do poder, como uma vontade externa capaz de condicionar a sua própria vontade individual. Por isso, já há algumas décadas se tem indagado sobre formas de "possibilitar uma rede de comunicação direta entre a Administração e os administrados que resulte em um aprofundamento democrático e em uma maior transparência e eficiência da atividade pública"[119]. O próprio princípio da transparência é especulado como elo entre a administração pública e o cidadão, sob uma "perspectiva de legitimidade-equidade", que vai além da ótica da mera legalidade[120].

---

[117] ARAÚJO, José A. Estévez. Gobernanza y racionalidad discursiva. In: BOLADERAS, Margarita. *Ciudadanía y Derechos Humanos*: gobernanza y pluralismo. Barcelona: Horsori Editorial, 2009, p. 42-43.

[118] MOREIRA NETO, Diogo de Figueiredo. *Direito da participação política*: legislativa, administrativa, judicial (fundamentos e técnicas constitucionais da democracia). Rio de Janeiro: Renovar, 1992, p. 4-6.

[119] PÉREZ LUÑO, Antonio-Enrique. *¿Cibercuidadaní@ o ciudadaní@.com?* Barcelona: Gedisa, 2004, p. 64.

[120] HOMERCHER, Evandro. O princípio da transparência e a compreensão da informação. *Revista Jurídica da Presidência*, Brasília, v. 13, n. 100, p. 375-391, jul./set. 2011, p. 380.

O citado Moreira Neto há muito apontava a transição do foco, no seio do Estado democrático de Direito, de um "Estado de legalidade" para um "Estado de legitimidade"[121]. O discurso de defesa da transparência alimenta a esperança de que um sistema transparente reduzirá a separação entre estruturas administrativas e particulares, reanimando, assim, a legitimidade da ordem democrática abalada pelas repetidas frustrações com as promessas ilustradas do Estado de Direito. O mote do discurso ideológico na seara jurídico-política, hoje, como pode ser resumido na máxima de que "a busca pela transparência é a busca pela legitimidade"[122].

Esse ideal, incitado pelas recentes tendências no campo do direito em direção à flexibilização[123] e ao pluralismo, frequentemente com cores pós-modernas[124], encontra ressonância com outra forte tendência em matéria de legitimação democrática, a saber, o modelo de democracia participativa. O princípio democrático, segundo Canotilho, implica "democracia participativa, isto é, a estruturação de processos que ofereçam aos cidadãos efetivas possibilidades de aprender a democracia, participar dos processos de decisão, exercer controle crítico na divergência de opiniões, produzir *inputs* políticos democráticos"[125]. Sem excluir o modelo representativo, em que a eleição direta é a garantia da legitimidade, esse novo paradigma vem tentar mitigar o lapso insuprível entre ação e representação e concretizar plenamente o princípio da soberania popular, com o que se pretende responder à crise de legitimidade da democracia moderna[126], em alguma medida retrocedendo a um ideal imaginário de democracia direta. Por isso, destaca notórios instrumentos explícitos de participação direta para além do

---

[121] MOREIRA NETO. *Direito da participação política, op. cit.*, p. 187.

[122] MENDES, Gilmar Ferreira. Comentários aos artigos 48 a 59. In: MARTINS, Ives Gandra da Silva; NASCIMENTO, Carlos Valder do (orgs.). *Comentários à Lei de Responsabilidade Fiscal.* São Paulo: Saraiva, 2001, p. 335.

[123] CARBONNIER, Jean. *Flexible droit*: pour une sociologie du droit sans rigueur. 10. ed. Paris: LGDJ, 2001.

[124] CHEVALLIER, Jacques. Vers um droit post-moderne? Les transformations de la régulation juridique. *Revue du droit public et de la science politique en France et à l'étranger,* n. 3, p. 657-714, 1998; BITTAR, Eduardo C. B. *O direito na pós-modernidade.* Rio de Janeiro: Forense Universitária, 2005.

[125] CANOTILHO, J. J. Gomes. *Direito constitucional e teoria da constituição.* 7. ed. Coimbra: Almedina, 2003, p. 288.

[126] SANTIN, Janaína Rico. O princípio da participação no regime jurídico-administrativo brasileiro. *Revista Brasileira de Direito Constitucional,* n. 7, p. 42-72, jan./jun. 2006, p. 47-48.

direito de voto, como plebiscito, referendo e iniciativa popular de projetos de lei, bem como ferramentas de direito de petição e figuras como audiências públicas, conselhos e ouvidorias. Entre esses mecanismos já consagrados em constituições e leis, inclusive no ordenamento brasileiro, estão institutos de transparência e prestação de contas públicas.

No entanto, o controle social do poder, exercido sobre contas públicas, decisões e atos administrativos, é apenas uma das manifestações do princípio da participação na democracia, que se revela muito mais abrangente[127]. Participação é "tomar parte pessoalmente, um tomar parte ativo que verdadeiramente seja meu, decidido e buscado livremente por mim"; é pôr-se em movimento por si mesmo[128]. Portanto, a genuína "democratização da democracia"[129] e, consequentemente, a sua legitimação, somente se fará realidade quando a participação for assegurada amplamente em todas as estruturas vitais do Estado. Bem por isso têm sido propostas concepções como um direito administrativo participativo[130] ou uma administração pública consensual[131]. Essa conclusão é válida, obviamente, para a questão da transparência. Uma administração consensual ou participativa é, decerto, uma das configurações do princípio da transparência[132]. Se a eficiência administrativa, ambicionada pelo contemporâneo discurso da transparência, quer equilibrar-se, reciprocamente, com a legitimidade[133], precisará ser viabilizada por instrumentos democráticos de informação e publicidade que contem com a *participação ativa do cidadão* na sua produção. A exaustão

---

127 Ibid., p. 49-50.

128 SARTORI. *¿Qué es la democracia?, op. cit.*, p. 74.

129 CANOTILHO. *Direito constitucional e teoria da constituição, op. cit.*, p. 290.

130 TÁCITO, Caio. Direito administrativo participativo. *Revista de Direito Administrativo*, n. 209, p. 1-6, jul./set. 1997.

131 MOREIRA NETO, Diogo de Figueiredo. *Mutações do direito administrativo.* 3. ed. Rio de Janeiro: Renovar, 2007, p. 37-48; MEDAUAR, Odete. *O direito administrativo em evolução.* 3. ed. Brasília: Gazeta Jurídica, 2017, p. 352; OLIVEIRA, Gustavo Justino de; SCHWANKA, Cristiane. A administração consensual como a nova face da administração pública no séc. XXI: fundamentos dogmáticos, formas de expressão e instrumentos de ação. *Revista da Faculdade de Direito da Universidade de São Paulo*, São Paulo, v. 104, p. 303 – 322, jan./dez. 2009.

132 SANTIN, Janaína Rigo; FRIZON, Leone. Administração consensual, *accountability* e transparência na administração pública brasileira. *Revista Direito da Cidade*, Rio de Janeiro, v. 12, n. 2, p. 1435-1458, 2020.

133 MOREIRA NETO. *Direito da participação política, op. cit.*, p. 189.

do modelo de representação política ativa a ambição de sua renovação, para tentar ultrapassar o obstáculo instransponível da complexidade social.

Ocorre que a participação se encontra sempre condicionada objetiva e subjetivamente pela admissibilidade e pela motivação, respectivamente. Por um lado, é necessária a admissão dos agentes à participação pelas instituições jurídico-políticas, por outro, faz-se imprescindível interesse, vontade e sensação de capacidade para participar. Em suma, a atitude participativa deve ser institucionalizada em formas de participação para a realização da democracia, entretanto, as instituições democráticas são inócuas se, funcionando a nível formal, não contam com efetiva atitude participativa do cidadão[134]. Este último aspecto é, precisamente, o grande problema prático da legitimação democrática na contemporaneidade, marcada por crescente apatia e desilusão. Esse é também um desafio para a transparência, pois ela se propõe a realizar tal legitimidade.

Em suma, o desdobramento da transparência para além da publicidade, em um Estado *democrático* de Direito, abre dimensões que transcendem os limites do modelo jurídico-político liberal até então imperante. Reclama-se, agora, a integração do cidadão aos processos decisórios, o envolvimento na própria efetivação das consequências da norma, a fiscalização da execução dos atos administrativos. Somente ter informações disponíveis não é suficiente para implementar uma sociedade democraticamente transparente. Exige-se também *participar*[135]. No entanto, participar, enquanto exercício livre e consciente da vontade soberana, requer *conhecimento*[136], mas *conhecer é algo mais do que ter acesso à informação.*

4.1. Participação nos instrumentos jurídicos da transparência

Transparência decorre de um ato de vontade, é uma escolha deliberada no sentido de revelar informações[137]. Porém, constitui-se como uma "via de

---

134 Ibid., p. 11-12.

135 HOMERCHER. O princípio da transparência e a compreensão da informação, *op. cit.*, p. 383.

136 DE LUCAS MARTIN. Democracia y transparencia: sobre poder, secreto y publicidad, *op. cit.*, p. 140.

137 FLORINI, Ann. The end of secrecy. In: FINEL, Bernard I.; LORD, Kristin M. *Power and conflict in the age of transparency*. New York; Basingstoke: Palgrave Macmillan, 2000, p. 13.

mão dupla", pela qual o Estado tem o dever de dar publicidade e o cidadão tem o direito a ser informado[138]. Do ponto de vista dos poderes públicos, a transparência impõe uma série de exigências referentes à prestação de contas e de disponibilização de informações aos cidadãos, o que inclui, por certo, a repartição de competências para a concretização dessas obrigações e o controle do seu cumprimento, ou seja, impacta o próprio desenho institucional. Do lado dos cidadãos, a transparência assegura uma série de direitos de participação nos assuntos públicos, em condições de liberdade e igualdade[139]. Ambos devem querer agir no sentido transparência. Contudo, na prática, o foco tem se concentrado no comportamento estatal.

No último meio século, diversos instrumentos jurídicos e, como tais, coercitivos, têm sido implementados, como as leis de acesso à informação[140] e, no caso brasileiro, de responsabilidade fiscal[141]. A maioria desses diplomas normativos se encontra regido pela lógica do dever do Estado e, mesmo quando reconhece direito subjetivo do cidadão em obter a informação denegada pela administração, ignora questões práticas referentes à *compreensão* e ao *uso qualitativo* dessa informação pelo receptor.

---

[138] LIMBERGER. Transparência administrativa e novas tecnologias: o dever de publicidade, o direito a ser informado e o princípio democrático, *op. cit.*, p. 263.

[139] LIFANTE VIDAL, Isabel. *Contra la corrupción*: Estado de Derecho y transparencia. Lima: Palestra Editores, 2021, p. 242-243.

[140] Erkkilä enumera as leis de acesso à informação e diplomas normativos equivalentes, em diversos países, em ordem cronológica até 2012: Suécia (1766), Finlândia (1951), Estados Unidos (1966), Dinamarca (1970), Noruega (1970), Nova Zelândia (1970), Áustria (1974), França (1978), Países Baixos (1978, em vigor em 1980), Luxemburgo (1979), Austrália (1982), Canadá (1982), Hungria (1992), Espanha (1992), Itália (1992), Portugal (2016), Bélgica (1994), Islândia (1996, em vigor em 1997), Irlanda (1997, em vigor em 1998), Letônia (1998), Grécia (1999), República Tcheca (1999, em vigor em 2000), Bulgária (2000), Estônia (2000, em vigor em 2001), Lituânia (2000), Eslováquia (2000, em vigor em 2001), Reino Unido (2000, em vigor em 2005), Polônia (2001, em vigor em 2002), Romênia (2001), Eslovênia (2003) e Alemanha (2005). Cf. ERKKILÄ. *Government transparency*: impacts and unintended consequences, *op. cit.*, p. 5. Para uma brevíssima história geral das leis e dos pleitos por transparência, ver FLORINI. Introduction. The battle over transparency, *op. cit.*, p. 7-8.

[141] OLIVEIRA, Maria Lucia Paula de; CARVALHO, Arthur Oliveira de. Transparência fiscal: dever do Estado e do cidadão no Estado democrático e a eficácia das políticas públicas. *Revista de Direito da Administração Pública*, a. 5, v. 1, n. 3, p. 55-76, 2020; ASSUNÇÃO, Matheus Carneiro. *O princípio da transparência no direito financeiro brasileiro*. Tese (Doutorado em Direito). 370f. Universidade de São Paulo, Faculdade de Direito, São Paulo, 2017.

Na Lei de Acesso à Informação do Brasil (Lei nº 12.527/2011), afirma-se (art. 3º) destinar as disposições ali contidas a "assegurar o direito fundamental de acesso à informação", observando diretrizes como a "publicidade como preceito geral" e o "sigilo como exceção", o "fomento da cultura de transparência na administração pública", assim como do "controle social". Os órgãos e entidades do poder público, mais especificamente, são submetidos a "gestão transparente da informação, propiciando amplo acesso a ela e sua divulgação" (art. 6º). Contudo, mesmo a diretriz de "divulgação de informações de interesse público, independentemente de solicitações" não comporta uma preocupação explícita com a qualidade da apreensão da informação como condição para a participação democrática. De fato, a lei menciona o "incentivo à participação popular" como um dos meios de acesso a informações públicas (art. 9º), mas sem detalhar. No máximo, observa que, sendo "dever do Estado garantir o direito de acesso à informação", cabe a ele franqueá-la "mediante procedimentos objetivos e ágeis, de forma transparente, clara e em linguagem de fácil compreensão".

A Lei de Responsabilidade Fiscal (Lei Complementar nº 101/2000) adota tom similar. O primeiro diploma brasileiro a contemplar de maneira abrangente o dever de transparência, tem como foco a gestão fiscal pelos entes federados. Algumas alterações mais recentes, todavia, foram até mais pungentes e explícitas que a Lei de Acesso à Informação no que tange a incrementar a contribuição ativa dos cidadãos. De acordo com a redação dada pela LC nº 131/2009 e pela LC nº 156/2016, além dos instrumentos como planos, orçamentos, leis de diretrizes orçamentárias, prestações de contas, pareceres e relatórios (art. 48 *caput*), a transparência da gestão fiscal passa a ser assegurada também mediante "incentivo à participação popular e realização de audiências públicas" durante os processos de elaboração desses dos diplomas normativos e pela "liberação ao pleno conhecimento e acompanhamento da sociedade, em tempo real, de informações pormenorizadas sobre a execução orçamentária e financeira, em meios eletrônicos de acesso público" (§1º). Essas novidades foram importantes, porém, se restringiram, mais uma vez, a intenções abstratas, reservando a previsão de mecanismos e procedimentos mais concretos à administração pública (§§2º a 6º e art. 48-A), evidenciando a persistência de uma atenção maior ao dever estatal de informação.

No âmbito judiciário brasileiro, não é diferente. O Supremo Tribunal Federal, ao interpretar e aplicar as leis supramencionadas à luz da Constituição de 1988, tem se manifestado recentemente acerca da importância desses instrumentos legais de transparência. Ao discutir disposições da LAI na ADI 5371, o Tribunal Pleno reiterou que "a regra no Estado democrático de Direito inaugurado pela Constituição de 1988 é a publicidade dos atos estatais", pois apenas "em regimes ditatoriais pode ser admitida a edição ordinária de atos secretos, imunes ao controle social". A democracia e o princípio republicano exigem que a administração pública confira "máxima transparência aos seus atos", de forma a realizar o direito fundamental de acesso à informação e o princípio da publicidade. O sigilo é, assim, "absolutamente excepcional", admissível em hipóteses específicas e sob "forte ônus argumentativo a quem deu origem à restrição"[142]. No julgamento da ADI 2238, por sua vez, tendo por objeto disposições da LRF, a Corte reconheceu que "a democratização do processo de criação de gastos tributários pelo incremento da transparência constitui forma de reforço do papel de Estados e Municípios e da cidadania fiscal", configurando etapas do "projeto de amadurecimento fiscal do Estado, de superação da cultura do desaviso e da inconsequência fiscal, administrativa e gerencial" mediante a observância da "prudência fiscal"[143]. Posição de grande repercussão ocorreu na apreciação das ADPF 850 e 851, tendo por objeto as emendas do relator no orçamento federal, prática popularizada na mídia sob a alcunha de "orçamento secreto", por meio da qual os autores de requerimentos de despesa pública ficam ocultados sob a rubrica de emenda do relator-geral do projeto de lei orçamentária, que faz destinações genéricas, vagas e ambíguas dos valores, servindo a esquemas de barganha política do Executivo com parlamentares aliados. A Relatora, Min. Rosa Weber, em medida cautelar, concluiu que tal regramento "mostra-se em tudo incompatível com a forma republicana e o regime democrático de governo a validação de práticas institucionais por órgãos e entidades públicas", uma vez que promove "o segredo injustificado sobre os atos pertinentes à arrecadação de receitas, efetuação de despesas e destinação de recursos financeiros, com evidente prejuízo do acesso da população em geral e das entidades de controle social". Em suma, há inaceitável transgressão aos "postulados republicanos

---

[142] STF. ADI 5371-DF, Relator(a): Min. Luis Roberto Barroso, Tribunal Pleno, julgado em 02/03/2022, DJe-061, Divulgação: 30-03-2022, Publicação: 31-03-2022.

[143] STF. ADI 2238-DF, Relator(a): Min. Alexandre de Moraes, Tribunal Pleno, julgado em 24/06/2020, DJe-218, Divulgação: 31-08-2020, Publicação: 01-09-2020, Republicação: DJe-228, Divulgação: 14-09-2020, Publicação: 15-09-2020.

da transparência, da publicidade e da impessoalidade no âmbito da gestão estatal dos recursos públicos"[144].

Em síntese, para o STF, nas suas próprias palavras, "à consagração constitucional de publicidade e transparência corresponde a obrigatoriedade do Estado em fornecer as informações solicitadas, sob pena de responsabilização"[145]. O papel do cidadão é lembrado, mas como uma consequência, portanto, dimensão latente. Situações concretas certamente justificam, em parte, esse enfoque, tendo em vista acontecimentos recentes que ensejaram flexibilização na aplicação das regras de transparência, como a pandemia[146], ou a necessidade do reforço do dever estatal ante a reação política ao controle social do governo. Na jurisprudência em matéria infraconstitucional há registros com teor mais abrangente. O STJ, por exemplo, já reafirmou a existência de várias vertentes do direito de acesso à informação: "direito do particular de ter acesso a informações públicas requeridas (transparência passiva) e dever estatal de dar publicidade às informações públicas que detém (transparência ativa)", assim como o "direito a requerer a produção de informação ambiental não disponível para a Administração (transparência reativa)". Nesse sentido, informação e transparência atuam "função do direito de participação social na coisa pública, inerente às democracias, embora constitua-se simultaneamente como direito autônomo". No entanto, mesmo feitas essas ponderações, declara que a posição do cidadão é de passividade ou de complementariedade, enquanto a do Estado é ativa e primária: o cidadão atua quando o descumprido o dever estatal, ou seja, uma ação não espontânea, pois decorrente de omissão ou carências da administração pública, e não construtiva, pois não se fala em participação em processos deliberativos de constituição da informação. A Corte descreve o seu entendimento acerca dos procedimentos de publicidade e transparência no Estado de Direito nos seguintes termos:

---

144 STF. ADPF 850 e 851, Relator(a): Min. Rosa Weber, Tribunal Pleno, julgado em 11/11/2021, DJe-054, Divulgação: 21-03-2022, Publicação: 22-03-2022. No mérito, a Corte confirmou a decisão cautelar: julgado em 19-12-2022, DJe s/n, Divulgação: 27-04-2023, Publicação: 28-04-2023.

145 ADI 6347-DF, Relator(a): Min. Alexandre de Moraes, Tribunal Pleno, julgado em 30/04/2020, DJe-202, Divulgação: 13-08-2020, Publicação: 14-08-2020.

146 STF. ADI 6357-DF, Relator(a): Min. Alexandre de Moraes, Tribunal Pleno, julgado em 13/05/2020, DJe-276, Divulgação: 19-11-2020, Publicação: 20-11-2020.

6. Eis a ordem natural das coisas, em matéria de transparência em uma democracia: i) a Administração atende o dever de publicidade e veicula de forma geral e ativa as informações públicas, na internet;

ii) desatendido o dever de transparência ativa, mediante provocação de qualquer pessoa, a Administração presta a informação requerida, preferencialmente via internet; iii) descumprido o dever de transparência passiva, aciona-se, em último caso, a Justiça. Não é a existência dos passos subsequentes, porém, que apaga os deveres antecedentes. Ou seja: não é porque se pode requerer acesso à informação que a Administração está desobrigada, desde o início, de publicá-la, ativamente e independentemente de requerimento anterior.

7. Impõe-se ao Estado, em regra, a publicação (especialmente na internet, acresça-se) de informações públicas, não se tratando de ato discricionário. Para não publicar a informação pública na internet, o Administrador deve demonstrar motivações concretas, de caráter público e republicano, aptas a afastar a regra da transparência ativa. Descumprida a regra, viabiliza-se ao cidadão o requerimento de acesso. Para negar-se a atender a transparência passiva, os motivos do Administrador devem ser ainda mais graves, conforme normas de sigilo taxativamente previstas na Lei de Acesso à Informação (LAI). Em matéria de transparência, no Brasil, a autointerpretação administrativa em favor de si mesma, a pretexto de discricionariedade, é vedada, devendo a negativa ser sempre fundamentada em decisão pública, sujeita a revisão administrativa e controle judicial.

8. No âmbito da transparência ambiental, o ordenamento brasileiro intensifica ainda mais o dever do Estado, impondo inclusive a produção da informação ambiental, e não apenas a divulgação daquelas de que dispõem (transparência reativa). É certo que a previsão deve ser interpretada moderadamente, sendo de se ponderar os pedidos de produção da informação não disponível com outros aspectos da gestão pública. A presunção do dever de produzir a informação ambiental é relativa, podendo ser, mediante justificação expressa e razoável, afastada pela Administração, sujeita tal decisão ao crivo judicial.[147]

Pode-se constatar que os diplomas normativos concernentes ao acesso à informação e à transparência tendem a seguir duas linhas: disseminação proativa de informação, pelo Estado, de suas atividades e decisões, ou

---

[147] STJ. REsp n. 1.857.098/MS, Relator Ministro Og Fernandes, Primeira Seção, julgado em 11/5/2022, DJe de 24/5/2022.

divulgação sob provocação, em resposta a requerimentos dos cidadãos a respeito de informações específicas[148]. Em todo caso, o foco é o comportamento estatal, ativo ou passivo. As leis de transparência e de acesso à informação expressam a premissa de que o Estado é guardião do bem público e deve servir ao povo, e até manifestam uma perspectiva subjetiva, segundo a qual obter informação é um direito[149]. Contudo, diante da crescente demanda por participação popular, esses institutos legais parecem tacanhos. Admitem, no máximo, ao lado dos direitos subjetivos, deveres de transparência dirigidos aos cidadãos, pois, "ao mesmo tempo em que passa a poder exigir do Estado certas ações e restrições, compromete-se, ele próprio, a fazer sua parte e atuar de forma coerente". É o caso, no plano da transparência fiscal, do dever de prestação de contas acerca do cumprimento de suas obrigações tributárias e de não omitir informações necessárias à fiscalização[150].

A existência de direitos e deveres dos cidadãos revela que o Estado tem a possibilidade de incentivar a própria sociedade a buscar um comportamento transparente em relação aos interesses públicos e às suas faculdades. Isso pode se dar através de diretrizes para acompanhamento da formulação e implemento de políticas públicas, participação nas decisões, ou ainda por meio de canais e órgãos de fiscalização e ouvidoria, sem contar os instrumentos jurídico-constitucionais de defesa individual ou coletiva, como mandado de segurança, habeas data e ação popular[151]. No entanto, a necessidade atual de examinar os desafios da legitimidade sob a "ótica do administrado, do cidadão" requer enxergar a "esfera pública como algo bem mais amplo do que o mero Estado"[152]. Isso significa, primeiro, ampliar o escopo da transparência

---

148 FOX. The uncertain relationship between transparency and accountability, *op. cit.*, p. 665.

149 MANDEL. *Liberdade de informação*: um estudo de direito comparado, *op. cit.*, p. 4. O artigo 19 da Declaração Universal dos Direitos Humanos de 1948 consagra o direito à liberdade de opinião e de expressão inclui o direito "de investigar e receber informações e opiniões", à luz do princípio da dignidade humana.

150 OLIVEIRA; CARVALHO. Transparência fiscal: dever do Estado e do cidadão no Estado democrático e a eficácia das políticas públicas, *op. cit.*, p. 58.

151 SECCHIN, Lenise Barcellos de Mello. Controle social: transparência das políticas públicas e fomento ao exercício de cidadania. *Revista da CGU*, Brasília, a. III, n. 5, p. 28-45, dez. 2008, p. 30-32.

152 CARVALHO NETTO, Menelick de. A contribuição do direito administrativo enfocado da ótica do administrado para uma reflexão acerca dos fundamentos do controle de constitucionalidade das leis no Brasil: um pequeno exercício de teoria da constituição. *Revista do Tribunal Superior do Trabalho*, Brasília, v. 68, n. 2, p. 67-84, abr./jun. 2002, p. 68.

a fim de integrar, fiscalização e responsabilização horizontais, em instâncias públicas e privadas, incluindo organizações da sociedade civil, ouvidorias, comissões, partidos, empresas de mídia, independentemente de terem algum poder sancionatório ou de transformação imediata da realidade com base na informação alcançada[153]. Em segundo lugar, implica atentar-se com uma "dimensão qualitativa, ou seja, de que a informação prestada seja apta a ser compreendida pelo receptor"[154].

4.2. Participação e compreensão da informação: uma missão para o Estado democrático de Direito

O processo de transmissão de informações a partir de institutos de transparência pode ser definido como uma espécie de comunicação jurídica. O destinatário posiciona-se como participante de situações comunicativas, estando vulnerável a bloqueios de ordem cognitiva, más compreensões ou mesmo ausência de qualquer compreensão, o que reverbera no modo como esse cidadão se relaciona com o Estado e o ordenamento jurídico[155]. Parte invulgar da apatia política nas democracias contemporâneas tem origem justamente na incompreensão dos complexos e técnicos dos assuntos objeto de leis e de políticas públicas, assim como na limitação do espectro de atenção dos indivíduos, muito inferior à massa de dados e acontecimentos das sociedades contemporâneas. O leque de possibilidades e de opções hoje é o maior jamais vivido, sendo quase inviável ao ser humano comum conhecer e lidar com ele na sua completude[156]. Como, então, sustentar que basta a informação estar disponível para a participação democrática se tornar plena?

---

[153] FOX, The uncertain relationship between transparency and accountability, *op. cit.*, p. 665-666.

[154] HOMERCHER. O princípio da transparência e a compreensão da informação, *op. cit.*, p. 386.

[155] BATHIA, Vijay K.; HAFNER, Christoph A.; MILLER, Lindsay; WAGNER, Anne. Transparency, power and control in legal communication. In: BATHIA, Vijay k. et al (eds.). *Transparency, power and control*: perspectives on legal communication. Farnham; Burlington: Ashgate, 2012, p. 2.-3

[156] ANDERSSON, Kjell. *Transparency and accountability in science and politics*: the awareness principle. Basingstoke; New York: Palgrave Macmillan, 2008, p. 2; 6.

Uma esfera pública formada por sujeitos democráticos racionais, que se espera plenamente capaz de ser informado e de agir racionalmente de acordo com a informação obtida, é uma ilusão partilhada pelo Estado de Direito desde as suas origens e hoje perpetrada pela ideologia da transparência. A teoria da comunicação transparente concebe um público que aguarda a iluminação a partir da informação revelada pelas instâncias oficiais. No entanto, os agentes comunicativos integrantes das esferas públicas concretas se comportam de maneira muito diversa desse ideal[157]. Em países marcados por acentuadas desigualdades sociais, isso fica ainda mais evidente, pois as barreiras educacionais são palpáveis. Como assinala Rodríguez Zepeda, a defesa do projeto de sociedade aberta apenas como transparência governamental, não tem enfrentado problemas práticos como a qualidade dos argumentos em circulação na esfera pública e a educação ou ilustração dos cidadãos. Por esse motivo, urge ser expandido para incluir "a obrigação estatal de garantir a todos um acesso à informação veraz, crítica e estimulante da reflexão e da crítica", de modo a realmente ir além de um modelo liberal de Estado de Direito[158].

Ao dispor informações, a transparência apenas registra um fato, é constatativa, mas pode provar a mudança, ser transformativa[159]. Como? Se os seus receptores forem capazes de compreender o teor dos dados e o seu sentido no quadro global do Estado e da sociedade. Informação não é um objeto passivo, auto evidente, capaz de ser transmitido de maneira pura, neutra, objetiva, igualitária. Ela está sendo continuamente manejada, selecionada e repassada, logo, submetida a interpretações, valorações e significações[160], com o que pode favorecer uns e prejudicar outros[161]. Transparência é, assim, contingente, contextual, enfim, política[162]. Nesse cenário, tem potencial para aumentar o conhecimento e a percepção de quem

---

[157] FENSTER. Transparency in search of a theory, *op. cit.*, p. 160-161. A própria ideia de esfera pública é problemática, pois essa instância não é mais um dado, uma certeza, pré-constituída, sendo fabricada, moldada conforme a circunstâncias e interesses não necessariamente públicos. Cf. HABERMAS. *Mudança estrutural da esfera pública*, *op. cit.*, p. 235.

[158] RODRÍGUEZ ZEPEDA. *Estado y transparencia*: un paseo por la filosofía política, *op. cit.*, p. 51.

[159] ALLOA. Transparency: a magic concept of modernity, *op. cit.*, p. 41.

[160] FENSTER. Transparency in search of a theory, *op. cit.*, p. 159.

[161] LORD. *The perils and promise of global transparency*, *op. cit.*, p. 4; 117.

[162] BIRCHALL. Radical transparency?, *op. cit.*, p. 83.

tem o poder de decidir, assim como conferir ao público discernimento e influência nesses processos deliberativos[163]. A ênfase na disponibilização da informação pelo Estado deve agora ser compartilhada com a atenção ao modo como ela é recepcionada e processada pelos seus destinatários[164].

Os institutos jurídicos de transparência, para Fenster, devem ter por foco maximizar os benefícios e minimizar os custos das decisões tomadas pelo Estado e pelos cidadãos. Essa eficiência qualitativa não exige apenas quantidade de informações, mas, principalmente, *qualidade*. Para tanto, enfatiza o autor, tão importante quanto a dimensão de dados disponibilizados é a apresentação mais compreensível e tempestiva possível. Em outras palavras, as normas de transparência devem considerar, com especial atenção, "como o governo e o público fazem uso da informação e como melhor otimizar esse uso"[165]. Exatamente nesse sentido percebe Homercher, para quem, na atualidade, o problema grande reside nos obstáculos para que "a informação propicie a formulação de um juízo de valor a respeito do que lhe é oferecido por diversos canais de comunicação estatal, dito de outra forma, que o cidadão compreenda o que lhe alcança"[166].

O aludido deslocamento da publicidade para a transparência indica uma mudança na relação entre informação e cidadão, com a introdução de uma dimensão (particip)ativa do lado do destinatário: "a informação transmitida deve ser não apenas observável, mas também relevante para o receptor, confiável e suficientemente precisa, o que se resume ao critério de que o receptor atribua um valor à informação transferida"[167]. O direito à informação, em um contexto democrático – o único no qual, aliás, ele faz sentido –, consubstancia também, para Rodríguez Zepeda, "o direito dos cidadãos de receber de sua sociedade educação e informação", pois a cidadania só pode ser plenamente realizada se todos gozarem de capacidade crítica, pela qual se faz a compreensão das informações disponíveis e sua consequente utilização construtiva, isto é, uma "indagação cidadã", nas

---

[163] ANDERSSON. *Transparency and accountability in science and politics*: the awareness principle, *op. cit.*, p. 133-134.

[164] FORSSBÆCK; OXELHEIM. The multifaceted concept of transparency, *op. cit.*, p. 8.

[165] FENSTER. The opacity of transparency, *op. cit.*, p. 940.

[166] HOMERCHER. O princípio da transparência e a compreensão da informação, *op. cit.*, p. 384.

[167] FORSSBÆCK; OXELHEIM. The multifaceted concept of transparency, *op. cit.*, p. 25.

palavras do autor. Mas é preciso admitir, sem hipocrisia, que tal senso crítico, diante do cenário real da vida social contemporânea, depende de estimulação, de criação de condições[168]. Se, na era da informação, a tutela dos direitos depende da disponibilização, do acesso e da compreensão da informação[169], a transparência se faz "ferramenta crucial e necessária para a realização de todos os outros direitos"[170]. Torná-la efetiva é *missão de um Estado democrático de Direito consciente do seu próprio tempo.*

5. CONCLUSÃO

A partir das reflexões propostas neste artigo, a transparência revelou-se um conceito não unívoco. Seus sentidos podem ser diferentes de acordo com a esfera de ação, como a governamental e a corporativa, ou ainda o âmbito de incidência, como o país, a cultura e o mercado[171]. O principal enfoque, apesar disso, continua a ser a administração pública, em razão do papel que ela exerce no Estado democrático de Direito, mais especificamente, o seu dever de servir ao cidadão, à luz do interesse público[172]. No entanto, como foi examinado, mesmo tendo percorrido um longo caminho desde as suas origens, a ideia de transparência avança pelo século XXI ainda obcecada com as falhas estatais, não obstante novos usos e direções lhe tenham sido atribuídos nas últimas décadas[173].

Os defensores ardorosos da transparência sustentam uma ideologia de absoluto otimismo, blindado de dúvidas e questionamentos. Ser transparente é um valor reproduzido acriticamente no discurso político e corporativo, sem contar uma notável disseminação no senso popular. Com isso, o projeto de transparência se firma como um mito fundante da modernidade jurídico-política, uma crença autoritativa na abertura, na clareza e na informação como pré-condição irrenunciável para uma sociedade mais racional, eficiente

---

168 RODRÍGUEZ ZEPEDA. *Estado y transparencia*: un paseo por la filosofía política, *op. cit.*, p. 54-55.

169 PELED; RABIN. The constitutional right to information., *op. cit.*, p. 363-364.

170 FLORINI. Conclusion. Whither transparency?, *op. cit.*, p. 338.

171 FORSSBÆCK; OXELHEIM. The multifaceted concept of transparency, *op. cit.*, p. 5.

172 PELED; RABIN. The constitutional right to information, *op. cit.*, p. 367.

173 POZEN. Transparency's ideological drift, *op. cit.*, p. 104.

e justa, mas que tende cada vez mais a se esquecer dessas aspirações primigênias e se fechar em vazia justificação autorreferenciadora, como interpretam Christensen e Cornelissen[174].

Reformas administrativas e legislativas – nem mesmo compromissos constitucionais – dedicadas a intensificar a implementação do ideal de transparência não são capazes de formar instantaneamente um público informado e participativo das deliberações coletivas, de modo a proporcionar uma transformação democrática profunda. O fim dos segredos e a abertura integral do Estado e da sociedade não são garantia de realização das promessas da retórica da transparência. Invocar tal termo, novamente e sempre, a fim de reiterar o mesmo otimismo, em vez dar um passo rumo à sua concretização, entrega opacidade, obscurecimento das reais possibilidades e consequências de um mundo transparente. O que hoje mais se precisa, ao contrário, é *perceber os limites práticos da transparência, incluindo as suas contradições, de forma a dimensionar as expectativas cabíveis em relação a ela*[175].

A insuficiência da mera publicidade dos atos normativos estatais, marcado por um "déficit informacional", fica escancarado sob um contexto de Estado democrático de Direito, no qual há crescente demanda por participação em diversas esferas, incluindo a produção das normas[176]. A ideia de transparência vem tentar suprir essas falhas aprofundando o princípio da publicidade. Portanto, mostra-se consentânea ao modelo de democracia participativa e aos esforços para cumprir velhas promessas do Estado de Direito. Contudo, tem ficado patente que descerrar todos os segredos e publicizar todas as informações não implica, necessariamente, mais democracia, autêntica e melhor. Ainda que a administração pública deva ser mais aberta, a transmissão de informações está longe de ser uma fórmula mágica para instantaneamente transformar o discurso na esfera pública e eliminar todo tipo de ignorância[177]. Nem mesmo a mais bem pensada e executada reforma da administração pública conseguirá cumprir com todas as promessas da ideologia da transparência. Para começar, o Estado atingiu hoje uma proporção, uma

[174] CHRISTENSEN; CORNELISSEN. Organizational transparency as myth and metaphor, *op. cit.*, p. 137; 146.

[175] FENSTER. The opacity of transparency, *op. cit.*, p. 893.

[176] ELIAS. Da publicidade à transparência: o percurso para a reafirmação da democracia participativa, *op. cit.*

[177] FENSTER. Transparency in search of a theory, *op. cit.*, p. 152.

dispersão e um distanciamento do particular tão grandes que se tornou impossível se fazer totalmente visível. Reduzi-lo também não garante que será transparente. Novas obscuridades surgirão e se repetirá a insatisfação com a disciplina jurídica vigente e o pleito por outras reformas administrativas para sanar as falhas. Como advoga Fenster, em vez de insistir em concentrar o debate pela transparência em como atingir uma visibilidade absoluta e permanente, melhor seria canalizar os esforços em pensar como "melhorar a fiscalização e a educação públicas", partindo-se da percepção dos *limites de implementação do conceito ideológico de transparência*[178].

O regime constitucional e legal brasileiro está fortemente inspirado, como acima se explicitou, pela ideologia da transparência. Ocorre, entretanto, que é necessário repisar sua natureza antes instrumental, que material. Uma administração transparente não é garantia de uma boa e justa administração, mas apenas uma garantia de que, em princípio, pode-se conhecer todas as suas decisões, suas razões e suas consequências.

Os órgãos de controle precisam devotar melhor atenção a essa natureza instrumental do princípio da transparência, de modo a aquilatar as reais consequências materiais de sua violação. Não existe uma identidade imediata entre o sucesso político-social de uma determinada decisão de cariz político e sua projeção, em termos de comunicação transparente. Em outra perspectiva, se, por um lado, a falta de transparência não deve exigir a mesma repreensão que o ato intrinsicamente ímprobo, tampouco deve se contentar os encarregados de vigiar a administração com o cumprimento de uma tarefa estritamente formal.

Com efeito, quando o projeto de transparência se distancia dos seus objetivos originais e passa a constranger e restringir os atores públicos, revela-se urgente desnaturalizar o otimismo do discurso ideológico, não para ingenuamente retomar ambições extraviadas de desinfecção e outros moralismos fáceis, mas para recalibrar a retórica, repensando como a legitimidade democrática pode ser reavivada com o auxílio de novas práticas transparentes[179].

---

[178] FENSTER. Seeing the State: transparency as metaphor, *op. cit.*, p. 622-623.

[179] POZEN. Transparency's ideological drift, *op. cit.*, p. 164.

REFERÊNCIAS DOUTRINAIS

AGAMBEN, Giorgio. *Estado de exceção*. Trad. Iraci D. Poleti. São Paulo: Boitempo, 2004.

ALLOA, Emmanuel. Transparency: a magic concept of modernity. In: ALLOA, Emmanuel; THOMÄ, Dieter (eds.). *Transparency, society and subjectivity*: critical perspectives. Cham: Palgrave Macmillan, 2018.

ALLOA, Emmanuel; THOMÄ, Dieter. Transparency: thinking through an opaque concept. In: ALLOA, Emmanuel; THOMÄ, Dieter (eds.). *Transparency, society and subjectivity*: critical perspectives. Cham: Palgrave Macmillan, 2018.

ANDERSSON, Kjell. *Transparency and accountability in science and politics*: the awareness principle. Basingstoke; New York: Palgrave Macmillan, 2008.

ARAÚJO, José A. Estévez. Gobernanza y racionalidad discursiva. In: BOLADERAS, Margarita. *Ciudadanía y Derechos Humanos*: gobernanza y pluralismo. Barcelona: Horsori Editorial, 2009.

ARENDT, Hannah. *A condição humana*. Trad. Roberto Raposo. 10. ed. Rio de Janeiro: Forense Universitária, 2007.

ASSUNÇÃO, Matheus Carneiro. *O princípio da transparência no direito financeiro brasileiro*. Tese (Doutorado em Direito). 370f. Universidade de São Paulo, Faculdade de Direito, São Paulo, 2017.

BATHIA, Vijay K.; HAFNER, Christoph A.; MILLER, Lindsay; WAGNER, Anne. Transparency, power and control in legal communication. In: BATHIA, Vijay k. et al (eds.). *Transparency, power and control*: perspectives on legal communication. Farnham; Burlington: Ashgate, 2012.

BECCARIA, Cesare. *Dos delitos e das penas*. Trad. J. Cretella Jr. e Agnes Cretella. 2. ed. São Paulo: Revista dos Tribunais, 1999.

BENTHAM, Jeremy. An essay on political tactics. In: *The works of Jeremy Bentham*. Ed. John Bowring. Edinburgh: William Tait, 1843, v. II.

BIRCHALL, Clare. Introduction to "Secrecy and Transparency": the politics of opacity and openness. *Theory, Culture & Society*, v. 28, n. 7-8, p. 7-25, 2011.

BIRCHALL, Clare. Radical transparency? *Cultural Studies ↔ Critical Methodologies*, v. 14, n. 1, p. 77-88, 2013.

BITTAR, Eduardo C. B. *O direito na pós-modernidade*. Rio de Janeiro: Forense Universitária, 2005.

BOBBIO, Norberto. *Estado, governo e sociedade*: para uma teoria geral da política. Trad. Marco Aurélio Nogueira. 14. ed. Rio de Janeiro: Paz e Terra, 2007.

BOBBIO, Norberto. *O futuro da democracia*: uma defesa das regras do jogo. Trad. Marco Aurélio Nogueira. 6. ed. Rio de Janeiro: Paz e Terra, 1997.

BÖCKENFÖRDE, Ernst Wolfgang. *Estudios sobre el Estado de Derecho y la democracia.* Trad. Rafael de Agapito Serrano. Madrid: Trotta, 2000.

BRANDEIS, Louis D. What publicity can do. *Harper's Weekly,* 20 dez. 1913.

BREDIN, Jean-Denis. Secret, transparence et démocratie. *Pouvoirs*: Revue française d'études constitutionelles et politiques, n. 97, p. 5-15, abr. 2001.

BUIJZE, Anoeska. The six faces of transparency. *Utrecht Law Review*, v. 9, n. 3, p. 3-25, jul. 2013.

CANOTILHO, J. J. Gomes. *Direito constitucional e teoria da constituição.* 7. ed. Coimbra: Almedina, 2003.

CARBONNIER, Jean. *Flexible droit*: pour une sociologie du droit sans rigueur. 10. ed. Paris: LGDJ, 2001.

CARVALHO NETTO, Menelick de. A contribuição do direito administrativo enfocado da ótica do administrado para uma reflexão acerca dos fundamentos do controle de constitucionalidade das leis no Brasil: um pequeno exercício de teoria da constituição. *Revista do Tribunal Superior do Trabalho,* Brasília, v. 68, n. 2, p. 67-84, abr./jun. 2002.

CHAUÍ, Marilena. *O que é ideologia.* 2. ed. São Paulo: Brasiliense, 2008.

CHEVALLIER, Jacques. Vers um droit post-moderne? Les transformations de la régulation juridique. *Revue du droit public et de la science politique en France et à l'étranger*, n. 3, p. 657-714, 1998.

CHRISTENSEN, Lars Thøger; CORNELISSEN, Joep. Organizational transparency as myth and metaphor. *European Journal of Social Theory,* v. 18, n. 2, p. 132-149, 2015.

D'AURIA, Aníbal. Crítica del Derecho y crítica del Estado. *Nuestrapraxis,* a. 1, n. 1, p. 46-55, jul./dez. 2017.

D'AURIA, Aníbal. Crítica y cinismo en la política contemporánea. *Revista Internacional de Filosofía y Teoría Social.*, Maracaibo, a. 25, n. 90, p. 89-106, jul./set. 2020.

DE LUCAS MARTIN, F. Javier. Democracia y transparencia: sobre poder, secreto y publicidad. *Anuario de Filosofía del Derecho*, t. VII, p. 131-145, 1990.

DELEUZE, Gilles. *Post-scriptum* sobre as sociedades de controle. In: *Conversações*: 1972-1990. Trad. Peter Pál Pelbart. Rio de Janeiro: Editora 34, 1992.

DÍAZ, Elías. Estado de derecho y democracia. *Anuario de la Facultad de Derecho. Universidad de Extremadura*, n. 19-20, p. 201-217, 2001-2002.

EAGLETON, Terry. *Ideologia*: uma introdução. Trad. Silvana Vieira, Luís Carlos Borges. São Paulo: Editora Unesp; Boitempo, 1997.

ELIAS, Gustavo Terra. Da publicidade à transparência: o percurso para a reafirmação da democracia participativa. *Fórum Administrativo*, Belo Horizonte, v. 12, n. 141, nov. 2012.

ENGELS, Friedrich. Carta a Mehring (1893). In: *Obras escolhidas*. Trad. José Barata-Moura. Moscou: Avante!, 1982, t. III.

ERKKILÄ, Tero. *Government transparency*: impacts and unintended consequences. Basingstoke; New York: Palgrave Macmillan, 2012.

ETZIONI, Amitai. The limits of transparency. In: ALLOA, Emmanuel; THOMÄ, Dieter (eds.). *Transparency, society and subjectivity*: critical perspectives. Cham: Palgrave Macmillan, 2018.

FENSTER, Mark. Seeing the State: transparency as metaphor. *Administrative Law Review*, v. 62, n. 3, p. 617-672, verão 2010.

FENSTER, Mark. The opacity of transparency. *Iowa Law Review*, v. 91, p. 885-949, 2006.

FENSTER, Mark. Transparency in search of a theory. *European Journal of Social Theory*, v. 18, n. 2, p. 150-167, 2015.

FLORINI, Ann. Conclusion. Whither transparency? In: FLORINI, Ann (ed.). *The right to know*: transparency for an open world. New York: Columbia University Press, 2007.

FLORINI, Ann. Introduction. The battle over transparency. In: FLORINI, Ann (ed.). *The right to know*: transparency for an open world. New York: Columbia University Press, 2007.

FLORINI, Ann. The end of secrecy. In: FINEL, Bernard I.; LORD, Kristin M. *Power and conflict in the age of transparency*. New York; Basingstoke: Palgrave Macmillan, 2000.

FORSSBÆCK, Jens; OXELHEIM, Lars. The multifaceted concept of transparency. In: FORSSBÆCK, Jens; OXELHEIM, Lars (eds.). *The Oxford handbook of economic and institutional transparency*. Oxford: Oxford University Press, 2015.

FOUCAULT, Michel. *Vigiar e punir*: nascimento da prisão. Trad. Raquel Ramalhete. 20. ed. Petrópolis: Vozes, 1999.

FOX, Jonathan. The uncertain relationship between transparency and accountability. *Development in Practice*, v. 17, n. 4-5, p. 663-671, ago. 2007.

FUNG, Archon; WEIL, David. Open government and open society. In: LATHROP, Daniel; RUMA, Laurel (eds.). *Open government*: collaboration, transparency, and participation in practice. Sebastopol: O'Reilly, 2010.

GARSTEN, Christina; DE MONTOYA, Monica Lindh. Introduction: examining the politics of transparency. In: GARSTEN, Christina; DE MONTOYA, Monica Lindh (eds.). *Transparency in a new global order*: unveiling organizational visions. Cheltenham; Northampton: Edward Elgar, 2008.

GOLDSCHMIDT, Maure L. Publicity, privacy and secrecy. *The Western Political Quarterly*, v. 7, n. 3, p. 401-416, set. 1954.

GRAU, Eros Roberto. *O direito posto e o direito pressuposto.* 7 ed. São Paulo: Malheiros, 2008.

GREWAL, David Singh; PURDY, Jedediah. Introduction: law and neoliberalism. *Law and Contemporary Problems*, v. 77, n. 4, p. 1-23, 2014.

HABERMAS, Jürgen. *Facticidad y validez*: sobre el derecho y el Estado democrático de derecho en términos de teoría del discurso. Trad. Manuel Jiménez Redondo. 4. ed. Madrid: Trotta, 2005.

HABERMAS, Jürgen. *Mudança estrutural da esfera pública*: investigações quanto a uma categoria da sociedade burguesa. 2. ed. Trad. Flávio R. Kothe. Rio de Janeiro: Tempo Brasileiro, 2003.

HAN, Byung-Chul. *Sociedade da transparência.* Trad. Enio Paulo Giachini. Petrópolis: Vozes, 2017.

HOMERCHER, Evandro. O princípio da transparência e a compreensão da informação. *Revista Jurídica da Presidência*, Brasília, v. 13, n. 100, p. 375-391, jul./set. 2011.

JOLY, Maurice. *Diálogo no inferno entre Maquiavel e Montesquieu*. Trad. Nilson Moulin. São Paulo: Editora Unesp, 2009.

KANT, Immanuel. *A paz perpétua e outros opúsculos.* Trad. Artur Morão. Lisboa: Edições 70, 2008.

KOIVISTO, Ida. Towards Critical Transparency Studies. *Res Publica*, v. 25, n. 3, p. 439-443, 2019.

LIFANTE VIDAL, Isabel. *Contra la corrupción*: Estado de Derecho y transparencia. Lima: Palestra Editores, 2021.

LIMBERGER, Têmis. Transparência administrativa e novas tecnologias: o dever de publicidade, o direito a ser informado e o princípio democrático. *Revista de Direito Administrativo*, Belo Horizonte, v. 244, p. 248-263, jan./abr. 2007.

LORD, Kristin M. *The perils and promise of global transparency*: why the information revolution may not lead to security, democracy, or peace. Albany: State University of New York Press, 2006.

MADISON, James. Letter to W. T. Barry (Aug, 4, 1822). In: *The Writings of James Madison*. Ed. Gaillard Hunt. New York: G. P. Putnam's Sons, 1900-1910, v. 9.

MANDEL, Toby. *Liberdade de informação*: um estudo de direito comparado. Trad. Marsel N. G. de Souza. 2. ed. Brasília: UNESCO, 2009.

MEDAUAR, Odete. *O direito administrativo em evolução*. 3. ed. Brasília: Gazeta Jurídica, 2017.

MEINECKE, Friedrich. *Die idee der Staatsräson*. Münche: Oldenbourg Verlag, 1960.

MENDES, Gilmar Ferreira. Comentários aos artigos 48 a 59. In: MARTINS, Ives Gandra da Silva; NASCIMENTO, Carlos Valder do (orgs.). *Comentários à Lei de Responsabilidade Fiscal*. São Paulo: Saraiva, 2001.

MILL, John Stuart. *Considerations on representative government.* London: Parker, Son, and Bourn: 1861.

MONTESQUIEU, Charles-Louis de Secondat, Barão de. *O espírito das leis.* Trad. Cristina Murachco. 2. ed. São Paulo: Martins Fontes, 1996.

MOREIRA NETO, Diogo de Figueiredo. *Direito da participação política*: legislativa, administrativa, judicial (fundamentos e técnicas constitucionais da democracia). Rio de Janeiro: Renovar, 1992.

MOREIRA NETO, Diogo de Figueiredo. *Mutações do direito administrativo.* 3. ed. Rio de Janeiro: Renovar, 2007.

OLIVEIRA, Gustavo Justino de; SCHWANKA, Cristiane. A administração consensual como a nova face da administração pública no séc. XXI: fundamentos dogmáticos, formas de expressão e instrumentos de ação. *Revista da Faculdade de Direito da Universidade de São Paulo,* São Paulo, v. 104, p. 303 – 322, jan./dez. 2009.

OLIVEIRA, Maria Lucia Paula de; CARVALHO, Arthur Oliveira de. Transparência fiscal: dever do Estado e do cidadão no Estado democrático e a eficácia das políticas públicas. *Revista de Direito da Administração Pública,* a. 5, v. 1, n. 3, p. 55-76, 2020.

PELED, Roy; RABIN, Yoram. The constitutional right to information. *Columbia Human Rights Law Review,* v. 42, n. 2, p. 357-401, inverno 2011.

PÉREZ LUÑO, Antonio-Enrique. *¿Cibercuidadaní@ o ciudadaní@.com?* Barcelona: Gedisa, 2004.

POZEN, David E. Transparency's ideological drift. *The Yale Law Journal,* v. 128, p. 100-165, out. 2018.

RAWLS, John. *Uma teoria da justiça.* Trad. Almiro Pisetta e Lenita M. R. Esteves. São Paulo: Martins Fontes, 1997.

RODRÍGUEZ ZEPEDA, Jesús. *Estado y transparencia*: un paseo por la filosofía política. 5. ed. México: IFAI, 2008.

ROUSSEAU, Jean-Jacques. *La nouvelle Héloïse.* Paris: Libraire de Firmin Didot Frères, 1843.

ROUSSEAU, Jean-Jacques. Lettre à M. D'Alembert sur son Article Genève, dans le VIIme. volume de l'Encyclopédie. In: *Collection complète des oeuvres.* Genève, 1780-1789, v. 6.

SANTIN, Janaína Rico. O princípio da participação no regime jurídico-administrativo brasileiro. *Revista Brasileira de Direito Constitucional,* n. 7, p. 42-72, jan./jun. 2006.

SANTIN, Janaína Rigo; FRIZON, Leone. Administração consensual, *accountability* e transparência na administração pública brasileira. *Revista Direito da Cidade,* Rio de Janeiro, v. 12, n. 2, p. 1435-1458, 2020.

SARTORI, Giovanni. *¿Qué es la democracia?* Trad. Miguel Ángel González Rodríguez e María Cristina Pestellini Laparelli Salamon. México: Tribunal Federal Electoral; Instituto Federal Electoral; Editorial Patria, 1993.

SCHMITT, Carl. *Teoría de la Constitución*. Trad. Francisco Ayala. Madrid: Alianza, 1996.

SECCHIN, Lenise Barcellos de Mello. Controle social: transparência das políticas públicas e fomento ao exercício de cidadania. *Revista da CGU*, Brasília, a. III, n. 5, p. 28-45, dez. 2008.

SIMMEL, Georg. The sociology of secrecy and of secret societies. Trad. Albion W. Small. *American Journal of Sociology*, v. 11, n. 4, p. 441-498, jan. 1906.

STAROBINSKI, Jean. *Jean-Jacques Rousseau*: a transparência e o obstáculo; seguido de sete ensaios sobre Rousseau. Trad. Maria Lúcia Machado. São Paulo: Companhia das Letras, 1991.

TÁCITO, Caio. Direito administrativo participativo. *Revista de Direito Administrativo*, n. 209, p. 1-6, jul./set. 1997.

TEUBNER, Gunther. *Dilemmas of Law in the Welfare State*. Berlin: Walter de Gruyter, 1988.

THOMPSON, Dennis F. Democratic secrecy. *Political Science Quarterly*, v. 114, n. 2, p. 181-193, verão 1999.

UNGER, Roberto Mangabeira. *O Movimento de Estudos Críticos do Direito*: outro tempo, tarefa maior. Trad. Lucas Fucci Amato. Belo Horizonte: Letramento, 2017.

VIOLA, Lore Anne. The limits of transparency as a tool for regulating surveillance: a comparative study of the United States, United Kingdom, and Germany. In: VIOLA, Lore Anne; LAIDLER, Paweł (eds.). *Trust and transparency in an age of surveillance*. London; New York: Routledge, 2022.

VIOLA, Lore Anne; LAIDLER, Paweł. On the relationship between trust, transparency, and surveillance. In: VIOLA, Lore Anne; LAIDLER, Paweł (eds.). *Trust and transparency in an age of surveillance*. London; New York: Routledge, 2022.

WARREN, Samuel D.; BRANDEIS, Louis D. The right to privacy. *Harvard Law Review*, v. 4, n. 5, p. 193-220, 15 dez. 1890.

WEBER, Max. *Economia e sociedade*: fundamentos da sociologia compreensiva. Trad. Regis Barbosa e Karen Elsabe Barbosa. Brasília: Editora Universidade de Brasília; São Paulo: Imprensa Oficial do Estado de São Paulo, 1999, v. 2.

ŽIŽEK, Slavoj. O espectro da ideologia. In: ŽIŽEK, Slavoj (org.). *Um mapa da ideologia*. Trad. Vera Ribeiro. Rio de Janeiro: Contraponto, 1996.

ŽIŽEK, Slavoj. *The plague of fantasies*. 2. ed. London; New York: Verso, 2008.

ZOLO, Danilo. The rule of law: a critical reappraisal. In: COSTA, Pietro; ZOLO, Danilo (eds.). *The rule of law*: history, theory and criticism. Dordrecht: Springer, 2007.

TRANSPARÊNCIA E PROCEDIMENTO ADMINISTRATIVO: PANORAMA DO ORDENAMENTO JURÍDICO PORTUGUÊS

MARIANA MELO EGÍDIO
Assistente Convidada na Faculdade de Direito da Universidade de Lisboa.

SUMÁRIO: I. Introdução; II. A transparência administrativa como princípio?; III. Transparência administrativa no CPA – em especial, o direito à informação procedimental; IV. A transparência procedimental na jurisprudência administrativa (STA); Referências doutrinais.

I. INTRODUÇÃO

O conceito de *transparência* é transversal a vários domínios do Direito Administrativo, como a presente obra bem ilustra. Com efeito, as manifestações da transparência no Direito Administrativo vão muito para além do Direito Administrativo substantivo, quer geral, quer especial (pense-se em setores como o ambiente, a proteção de dados, o urbanismo ou o desporto). Para além do procedimento administrativo (e dos diferentes tipos de procedimentos que se foram autonomizando com a evolução da função administrativa, com enfoque para o procedimento pré-contratual e contratual) também o plano organizativo é campo para a discussão sobre a transparência administrativa como princípio orientador da atividade administrativa, isto é, da transparência associada ao exercício da função administrativa[1].

Porém, no quadro do procedimento administrativo no contexto português (e não esquecendo naturalmente a influência europeia) falar sobre *transparência administrativa* implica compreender em primeiro lugar o *conceito* e o seu *alcance* para, de seguida, analisar as suas manifestações

[1] Pense-se, por exemplo, nas discussões sobre a desburocratização administrativa e os desafios advenientes do exercício da função administrativa por entidades privadas – cfr. a este respeito, PEDRO GONÇALVES, *Entidades Privadas com Poderes Públicos*, Coimbra, Almedina, 2005 e J. M. SÉRVULO CORREIA/FRANCISCO PAES MARQUES, *Noções de Direito Administrativo*, volume I, 2.ª edição, Coimbra, Almedina, 2021, pp. 542-544.

específicas (algumas inclusive objeto de tratamento especial em outros textos da presente obra).

Assim, falar de *transparência administrativa* implica encontrar as suas bases no princípio do Estado de Direito[2] e as suas ramificações nos grandes textos legislativos que regulam o procedimento administrativo – com enfoque para o Código do Procedimento Administrativo e em particular para as normas dele constantes sobre informação procedimental e garantias de imparcialidade – procurando compreender qual o enquadramento jurídico positivo português existente.

II. A TRANSPARÊNCIA ADMINISTRATIVA COMO PRINCÍPIO?

O que significa a menção ao "princípio da transparência administrativa" no quadro do sistema jurídico português, quando mais de um autor já indagou se o mesmo seria uma realidade ou apenas um mito[3]?

É possível, é certo, fazer uma evolução histórica da transparência administrativa (e em particular do direito de acesso à informação administrativa como sua dimensão) desde o Estado Liberal ao hodierno "Estado Transparente", na expressão de SÉRGIO PRATAS[4]. Assim, no quadro de um sistema político democrático, o princípio da separação de poderes impõe que diferentes poderes do Estado coexistam com transparência, ainda que a mesma não configure um valor absoluto e tenha de coexistir com zonas de segredo ou que visam a proteção de outros direitos fundamentais, como a proteção

[2] Apesar de ser possível traçar uma evolução do "Estado transparente" ao longo da história da Administração Pública, (cfr. SÉRGIO PRATAS, *Transparência do Estado, Administração Aberta e Internet*, INA, 2013, pp. 19-43) é com o aprofundamento do Estado Social e nos sistemas de Estado de Direito democrático que o tema ganha maior alcance. Sobre as características do Estado de Direito democrático, PEDRO MACHETE, *Estado de Direito democrático e Administração paritária*, Coimbra, Almedina, 2007, p. 382 e ss. Cfr. ainda JORGE REIS NOVAIS, *Contributo para uma Teoria do Estado de Direito*, reimpressão da edição de 2006, Coimbra, Almedina.

[3] Cfr. LUIS FILIPE COLAÇO ANTUNES, "Mito e Realidade da Transparência Administrativa", *Estudos em Homenagem ao Prof. Doutor Afonso Rodrigues Queiró*, Vol. II, Boletim da FDUC (BFDUC), Coimbra, 1993, p. 5. Cfr. igualmente DÉBORA MELO FERNANDES, "O princípio da transparência administrativa: Mito ou realidade?", *Revista da Ordem dos Advogados*, Ano 75, Lisboa, Jan.-Jul.2015, pp. 425-457.
Para uma análise "externa", cfr. SEVERIANO FERNÁNDEZ RAMOS, "La transparencia administrativa en Portugal", *Scientia Ivridica*, t.53 n.298, Jan.-Abr.2004, pp. 63-103.

[4] Cfr. SÉRGIO PRATAS, *Transparência do Estado, Administração Aberta e Internet*, INA, 2013.

da intimidade da vida privada ou segredos comerciais e de empresa. O autor conclui que a transparência do Estado assenta em três dimensões fundamentais: (i) o acesso à informação[5], (ii) a difusão e discussão de informação[6] e (iii) a proximidade entre o Estado e a sociedade.

Tal não significa que a transparência administrativa seja, em si, uma norma com estrutura de princípio, isto é, uma *norma jurídica autónoma* no quadro do sistema português[7]. Vejamos.

O ponto de partida não poderá deixar de ser, no quadro atual, a Constituição. A afirmação de que o Direito Administrativo é "Direito Constitucional concretizado" não é apenas aplicável ao Direito Administrativo substantivo, mas igualmente ao Direito procedimental e processual administrativo[8].

---

[5] Para haver transparência é fundamental reduzir as assimetrias em termos de informação que existem entre os diversos atores ("agentes do Estado" e sociedade).

[6] Para haver transparência é, igualmente, fundamental que esteja devidamente salvaguardado o fluxo da informação, bem como os mecanismos que permitam, garantam e promovam a discussão dos assuntos públicos.

[7] Em sentido contrário, cfr. Débora Melo Fernandes, "O princípio da transparência administrativa: Mito ou realidade?", *op. cit.*, p. 457, ainda que reconheça que "de uma perspetiva funcional, o princípio da transparência se interconexiona e confunde, em larga escala, com os valores e princípios constitucionais de que é instrumental e, bem assim, com os instrumentos de que ele próprio se serve. Tal constatação não é, todavia, suficiente para recusar a existência de um tal princípio enquanto princípio jurídico: ele existe e afirma-se em todos e cada um dos seus pilares e corolários como um verdadeiro princípio da organização, do funcionamento e da atividade administrativa, que vincula tanto a Administração quanto o legislador ordinário" e Pedro Gonçalves, *Manual de Direito Administrativo*, vol. 1, Coimbra, Almedina, 2019, p. 484, "O Estado Administrativo democrático tem de ser um Estado transparente: não existe uma democracia administrativa sem acesso do público à informação sobre o funcionamento do Estado. As sociedades do nosso tempo são "sociedades de informação", que não convivem com o segredo dos negócios públicos (*arcana imperii*), pelo que a boa governação dos sistemas administrativos impõe a garantia da máxima acessibilidade à informação detida pela Administração Pública. Mais do que um princípio, a transparência referencia uma característica da Administração à qual se aspira: a Administração transparente (a Administração Pública como uma "casa de vidro"). O princípio da transparência mistura-se, assim, com o "princípio da administração aberta", a que se refere o artigo 2.º da Lei de Acesso à Informação Administrativa e Ambiental."

[8] Sobre este, em específico, Mariana Melo Egídio, "As bases constitucionais do Contencioso Administrativo: a Constituição da República Portuguesa de 1976 e a legislação processual administrativa", *Comentários à legislação processual administrativa*, coordenação de Carla Amado Gomes, Ana F. Neves, Tiago Serrão, 4ª edição, Lisboa, AAFDL Editora, 2020, pp. 59-101.

Aliás, um périplo pelas vinculações constantes da Constituição permite compreender que as mesmas incidem não apenas sobre a organização da Administração e o seu funcionamento, mas também sobre o procedimento e o controlo jurisdicional da atividade administrativa[9]. Encontrando-se também o procedimento administrativo numa situação de "dependência constitucional", impõe-se compreender quais são as vinculações e os mandatos de concretização que a constituição administrativa impõe à Administração e, neste caso específico, ao legislador (já que caberá à função legislativa concretizar as opções constitucionais através da aprovação de legislação procedimental).

Assim, no quadro da *Constituição administrativa*, que encontra o seu núcleo no título IX da Constituição, sob epígrafe Administração Pública (artigos 266.º a 272.º), encontramos um conjunto de mandatos relevantes para a compreensão das vinculações em torno do procedimento administrativo. Com efeito, o artigo 267.º, n.º 5, referente à estrutura da Administração, estatui que o processamento da atividade administrativa será objeto de lei especial, que assegurará a racionalização dos meios a utilizar pelos serviços e a participação dos cidadãos na formação das decisões ou deliberações que lhes disserem respeito[10]. Atualmente é o Decreto-Lei n.º 4/2015, de 7 de

---

[9] Como sintetiza Jorge Miranda, "Uma perspectiva constitucional da reforma do Contencioso Administrativo", *Estudos em homenagem ao Prof. Doutor Inocêncio Galvão Telles*, volume V, Coimbra, 2003, pp. 35-61, p. 35, "O Direito Administrativo não se reconduz a um mero Direito Constitucional concretizado, sem desenvolvimento próprio e sem autonomia científico cultural.

Tanto se encontram normas constitucionais logo projetadas em normas administrativas, como se verificam desfasamentos consideráveis, apenas a longo prazo corrigidos. Toda a gente agora o reconhece. Em contrapartida, está ultrapassado há muito o célebre asserto de Otto Mayer segundo o qual, enquanto o Direito Constitucional muda, o Direito Administrativo permanece. Bem pelo contrário, sempre se produziram, e cada vez mais nas últimas décadas, influxos das Constituições sobre a legislação, a jurisprudência e a prática administrativas. E, quando se passa de uma ordem constitucional material a outra, passa-se igualmente de um Direito administrativo a outro".

[10] Trata-se, portanto, de uma norma da qual decorrem especiais exigências quanto à conformação do procedimento, incumbindo ao legislador estabelecer normas procedimentais destinadas a reforçar a efetividade de direitos fundamentais materiais ou a apoiar o respetivo exercício, cfr. J. M. Sérvulo Correia/Francisco Paes Marques, *Noções de Direito Administrativo*, volume I, 2.ª edição, Coimbra, Almedina, 2021, p. 190. Como salienta Mário Aroso de Almeida, *op. cit.*, p. 591, "um dos aspectos mais relevantes da norma constitucional é a imposição ao legislador de que as decisões administrativas sejam tomadas com a participação dos destinatários e de outros sujeitos directamente interessados. Constitui

janeiro (o qual aprovou o Código do Procedimento Administrativo – CPA) alvo já de duas revisões (a mais recente operada pelo Decreto-Lei n.º 11/2023, de 10 de fevereiro) que visa, em primeira linha, cumprir esse desiderato. Como resulta do preâmbulo do referido Decreto-Lei n.º 4/2015, o Código do Procedimento Administrativo anterior, aprovado pelo Decreto-Lei n.º 442/91, de 15 de novembro, tendo sido revisto pelo Decreto-Lei n.º 6/96, de 31 de janeiro, nunca mais fora objeto de revisão desde 1996 e a mesma tornava-se premente[11].

Não há, porém, nenhum princípio expressamente autonomizado quer na Constituição, quer no CPA (enquanto regime comum do procedimento administrativo) como "*princípio da transparência administrativa*"[12]. Tal não

---

um corolário da ideia, também presente no n.º 1 deste artigo, de que num Estado de Direito Democrático os cidadãos não podem ser reduzidos ao estatuto de meros destinatários passivos das actuações de uma Administração omnisciente e omnipotente. Por isso, ressalvados os casos de impossibilidade ou de inutilidade dessa participação, será inconstitucional a norma que não preveja uma fase pré-decisória em que seja dada ao interessado a oportunidade de se pronunciar, fundadamente, sobre o conteúdo projectado para a decisão." Cfr. ainda, sobre o princípio da colaboração e participação dos interessados, Paulo Otero, *Direito do Procedimento Administrativo*, Volume I, Coimbra, Almedina, 2016, p. 100 e ss e 104 e ss.

[11] "No entanto, essa revisão foi-se tornando necessária à medida que o tempo passava. Por um lado, alguns preceitos do Código revelavam uma desconformidade com alterações entretanto trazidas ao texto constitucional e ao direito ordinário. Por outro lado, novas exigências que neste intervalo de tempo foram colocadas à Administração Pública e, mais do que isso, ao exercício da função administrativa, e a alteração do quadro em que esta última era exercida, por força da lei e do direito da União Europeia, impunham que essas exigências tivessem correspondência no texto do Código."

[12] No âmbito da informação extraprocedimental, conceito que melhor se analisará *infra*, a Lei de Acesso aos Documentos Administrativos (LADA), aprovada pela Lei n.º 65/93, de 26 de agosto, previa no seu artigo 1.º (administração aberta) que o acesso dos cidadãos aos documentos administrativos é assegurado pela Administração Pública de acordo com os princípios da publicidade, da *transparência*, da igualdade, da justiça e da imparcialidade. Já na Lei n.º 26/2016 de 22 de agosto, encontramos a transparência da atividade administrativa como objetivo, no quadro do princípio da administração aberta (artigo 2.º), mas já não figura enquanto princípio aplicável à atividade administrativa, ao contrário do que ocorria na LADA. O princípio da transparência surge porém enquanto princípio aplicável à contratação pública – cfr. o artigo 1.º-A, n.º 1, do Código dos Contratos Públicos (Decreto-Lei n.º 18/2008, de 29 de janeiro, na versão em vigor). Para uma síntese de toda a legislação ordinária que refere o princípio, cfr. Débora Melo Fernandes, *op. cit.*, pp. 428-429. Cfr. ainda Domingos Farinho, "Princípio da administração aberta: a evolução do direito positivo português", *O acesso à informação administrativa* / orgs. Tiago Fidalgo de Freitas, Pedro Delgado Alves,

significa que este não seja passível de ser deduzido do bloco de legalidade formado pela Constituição e legislação infra-constitucional[13].

Socorrendo-nos da síntese efetuada pelo Acórdão do Tribunal Constitucional n.º 117/2015, de 12 de fevereiro[14], a conexão entre o direito à informação e uma Administração Pública assente em ideias democráticas e participativas perpassa ao longo da Constituição: no n.º 1 do artigo 37.º garante-se a todos o «direito de informar, de se informar, e de ser informado, sem impedimentos nem discriminações»; nos nºs 1 e 2 do artigo 48.º, articula-se o direito à participação na vida pública com o direito ao esclarecimento sobre atos do Estado e com o direito à informação acerca da gestão dos assuntos públicos e no n.º 4, do artigo 267.º impõe-se a existência de um procedimento administrativo que assegure a participação dos cidadãos nos atos que lhe digam respeito.

Assim, o Tribunal conclui que destas normas se infere que o direito à informação em geral, associado ao direito de participação, evidenciam a evolução para uma Administração Pública mais democrática e *transparente*, ativa e não apenas passiva. Ao ligar-se a interesses públicos de primordial importância num Estado de Direito democrático, como os da transparência e participação na vida administrativa, o direito à informação acabaria por constituir um «instrumento de *transparência de negócios públicos*», «uma garantia da *responsabilidade pública (accountability)* dos órgãos do poder», e o suporte de «uma certa quota de *legitimação e legitimidade*» da Administração Pública[15].

Coimbra, Almedina, 2021, pp. 12-13, indo mais além e distinguindo os princípios da transparência e da publicidade.

[13] Sobre este aspecto, cfr. Tiago Fidalgo de Freitas "A dimensão constitucional da transparência administrativa", *Constitucionalismos e (con)temporaneidade: estudos em homenagem ao Professor Doutor Manuel Afonso Vaz* / coordenação Rita Lobo Xavier, Raquel Carvalho, Manuel Fontaine Campos, Porto, Universidade Católica Editora, 2020, pp. 207-236. Cfr. ainda Pedro Gonçalves, *op. cit.*, p. 371, assinalando que no caso de princípios em que o legislador não procedeu à sua configuração ou explicitação, o papel da doutrina e da jurisprudência torna-se crucial para desvendar a normatividade dos mesmos.

[14] Disponível em dgsi.pt, processo n.º 686/12, 3.ª secção, datado de 12 de fevereiro de 2015.

[15] Cfr. J.J. Gomes Canotilho e Vital Moreira, *Constituição da República Portuguesa Anotada*, Vol. II, 4.ª edição, Coimbra, Coimbra Editora, 2010, pág. 666. Cfr. também Pedro Gonçalves, *Manual de Direito Administrativo*, *op. cit.*, p. 488, designando esta vertente como "o efeito moralizador da transparência", intimamente ligado à imparcialidade da atuação de quem serve a Administração Pública e remédio preventivo contra a corrupção e a má administração.

Para o Tribunal, o "princípio e valor da transparência administrativa" poderia decompor-se em duas vertentes: o direito à informação administrativa procedimental, consagrado no n.º 1 do artigo 268.º, da CRP, e o direito ao acesso a arquivos e registos administrativos, previsto no n.º 2 do mesmo artigo[16].

Com efeito, a Constituição da República Portuguesa atribui a todos os cidadãos-administrados o "direito de serem informados, sempre que o requeiram, sobre o andamento dos processos em que sejam diretamente interessados, bem como o de conhecer as resoluções definitivas que sobre eles forem tomadas" (n.º 1 do artigo 268.º)[17]. É o que se costuma designar por direito de acesso à *informação procedimental*, isto é, um direito de natureza análoga aos direitos, liberdades e garantias e que visa informação sobre o estado ou as decisões tomadas no decurso de um determinado procedimento administrativo e tem por destinatários precisamente os sujeitos interessados no seu decurso[18].

Desta forma, distingue-se do conceito (e direito) de acesso à *informação extraprocedimental*, a que se refere o n.º 2 do artigo 268.º da Constituição, aditado pela Revisão Constitucional de 1989, o qual tem por objeto o acesso

---

[16] Sobre as fontes que influenciaram o artigo em causa, cfr. Mário Aroso de Almeida, anotação ao artigo 268.º, Jorge Miranda/Rui Medeiros, *Constituição Portuguesa Anotada*, volume III, Coimbra, Coimbra Editora, 2007, p. 601.

[17] Para um quadro assinalando as mudanças no actual artigo 268.º, cfr. Vital Moreira, "Constituição e Direito Administrativo", *op. cit.*, pp. 1155-1156. Cfr. também Mário Aroso de Almeida, anotação ao artigo 268.º, *Constituição Portuguesa Anotada*, Tomo III, Coimbra, Coimbra Editora, 2007, nomeadamente pp. 608-617 e Gomes Canotilho/Vital Moreira, anotação ao artigo 268.º, *Constituição da República Portuguesa Anotada*, artigos 108.º a 296.º, Coimbra, Coimbra Editora, 2010, nomeadamente pp. 819-834.

[18] Gomes Canotilho/Vital Moreira, anotação ao artigo 268.º, *op. cit.*, p. 820, tratando-se de uma garantia da cidadania administrativa, com uma "reforçada componente procedimental que, além de cumprir a função defensiva típica dos direitos e liberdades e do princípio do Estado de Direito, assegura também a transparência e a abertura ao funcionamento das administrações exigidas pelo princípio democrático republicano". Cfr. também Mário Aroso de Almeida, *op. cit.*, p. 599, expondo que em causa está um mais vasto direito à transparência documental do procedimento, que integra o direito de acesso aos documentos que integram o procedimento e realçando "a declaração de inconstitucionalidade com força obrigatória geral de normas que, no primeiro daqueles domínios, consagravam a regra da confidencialidade das actas dos júris dos concursos, vedando o acesso dos candidatos às actas respeitantes aos demais candidatos (cfr. Acórdão TC n.º 394/93)".

aos "arquivos e registos administrativos", independentemente de estar em curso qualquer procedimento (administrativo) em concreto.

É sabido que este último enunciado normativo visa consagrar, no plano constitucional, o princípio da *administração aberta* ou do *arquivo aberto*, que permite a qualquer cidadão o acesso a arquivos e registos administrativos[19]. Como expõe o Tribunal Constitucional no mesmo acórdão n.º 117/2015, "na raiz do princípio está a pretensão de substituir e superar o princípio da *arcana praxis* ou o princípio do segredo, característico de um modelo de Administração Pública autoritária, burocrática, fechada sobre si mesmo, que decide em segredo, pelo *princípio geral da publicidade ou da transparência*, próprio de uma Administração aberta, participada, que age em comunicação com os administrados"[20].

---

[19] Domingos Soares Farinho, "Princípio da administração aberta: a evolução do direito positivo português", *O acesso à informação administrativa* / orgs. Tiago Fidalgo de Freitas, Pedro Delgado Alves, 1.ª edição, Coimbra, Almedina, 2021, pp. 7-29. Como é salientado na Proposta de Lei n.º 18/XIII, apresentada pelo Governo e que conduziu à aprovação da Lei n.º 26/2016, de 22 de Agosto, "o princípio da administração aberta é um dos pilares da República sobre o qual assenta um conjunto vasto de direitos, liberdades e garantias dos cidadãos, quer seja entendido no seu âmbito mais restrito – de acesso aos documentos, dados e processos administrativos – quer seja compreendido no seu âmbito mais vasto – que inclui também a divulgação ativa e de forma acessível de documentos, dados e informação por parte da Administração Pública, bem como políticas de promoção da participação pública. Com efeito e desde logo, numa dupla vertente, tal princípio corresponde ao exercício do direito à informação pelos cidadãos, consagrado no artigo 37.º da Constituição, bem como do direito à participação na vida política previsto no artigo 48.º da Constituição, e encontra-se expressamente previsto, no postulado do seu sentido estrito, no n.º 2 do artigo 268.º da Constituição".

[20] E continua o Tribunal no mesmo aresto "na dimensão específica de direito à informação administrativa, a publicidade dos arquivos e registos administrativos, garantida no n.º 2, do artigo 268.º da CRP, constitui também um instrumento necessário à democratização da vida administrativa, pois só o acesso a essa documentação torna possível o controlo democrático da atividade administrativa, a real participação dos cidadãos e a efetiva defesa dos seus direitos e interesses. Assim o referem Gomes Canotilho e Vital Moreira: a garantia do princípio do arquivo aberto «é um elemento dinamizador da «democracia administrativa» e um instrumento fundamental contra o «segredo administrativo» (cfr. ob. cit. Vol. II, pág. 824).

E esta intenção não pode deixar de ser tida em conta na determinação do âmbito normativo-constitucional do princípio do arquivo aberto. É certo que o acesso aos arquivos e registos administrativos está inserido numa disposição que condensa as dimensões mais significativas da posição jurídico-constitucional dos particulares perante a Administração

Não nos debruçaremos no âmbito do presente texto sobre o direito à informação extraprocedimental: não só porque como é notório este extravasa do tema que nos ocupa (centrado apenas no procedimento administrativo) como porque é objeto de intervenções especializadas no quadro da presente obra. Alerte-se apenas para que, nesse âmbito, as fronteiras entre os regimes legais aplicáveis se mostram por vezes ténues, nomeadamente quanto está em causa o acesso a informação administrativa que contempla dados pessoais (documentos nominativos)[21]. Sendo certo que os termos do acesso à informação administrativa (não procedimental) se encontram estabelecidos na Lei de Acesso à Informação Administrativa e Ambiental (Lei n.º 26/2016, de 22 agosto)[22], a coexistência com outros regimes em específico reclama ponderação por parte do intérprete[23].

Pública, acentuando-se desse modo a dimensão subjetiva inerente ao direito à informação administrativa. O n.º 2, do artigo 268.º, ainda que careça de concretização legislativa, concede aos cidadãos um «direito» que não pode deixar de ser considerado de natureza análoga aos direitos, liberdades e garantias, nos termos do artigo 17.º da CRP, e como tal diretamente aplicável e imediatamente vinculante (cfr. Acórdãos nºs 176/92, 177/92, 80/95, 254/99 e 2/2013)."

[21] Na ponderação a realizar pelo responsável pelo tratamento (que é, para efeitos de acesso à informação administrativa, a entidade requerida) sobre o acesso a documentos administrativos que contenham dados pessoais, devem ser considerados os riscos associados à reutilização de dados pessoais, em especial quanto à exposição da vida privada na Internet e ao tratamento discriminatório dos titulares dos dados.

[22] Sobre o acesso à informação administrativa, cfr. SÉRGIO PRATAS, "A nova LADA e a transparência administrativa em Portugal", *Revista de Administração Local* – a.39 n. 270 (Out.-Dez. 2016), pp. 423-425. A Lei n.º 26/2016, de 22 de Agosto, veio, como é sabido, aprovar o regime de acesso à informação administrativa e ambiental e de reutilização dos documentos administrativos, transpondo a Diretiva 2003/4/CE, do Parlamento Europeu e do Conselho, de 28 de Janeiro – relativa ao acesso do público às informações sobre ambiente – e a Diretiva 2003/98/CE, do Parlamento Europeu e do Conselho , de 17 de Novembro – relativa à reutilização de informações do sector público . Ao transpor as referidas directivas, o diploma veio integrar o regime especial de acesso às informações sobre ambiente numa única lei sobre o acesso à informação administrativa, visando concentrar num só acto legislativo todo o regime de acesso à informação administrativa.

[23] Na realidade, quer o direito de acesso à informação administrativa se encontra consagrado no CPA, como visto *supra* (cfr. o artigo 17.º do CPA) quer o direito à proteção de dados pessoais na Administração Pública (no artigo 18.º CPA), que surgem assim como dois princípios estruturantes do procedimento administrativo português. Porém, qualquer conflito deverá ser alvo de uma análise casuística, ponderando os interesses em jogo, com intermediação do princípio da proporcionalidade. Com interesse para a ligação entre normas constantes

Porém, mesmo no contexto de um Estado de direito democrático, norteado pelo princípio da Administração aberta, haverá lugar a ponderação com outros bens e valores juridicamente relevantes que poderão levar a que a transparência administrativa tenha menor peso em determinado caso. Sendo o princípio da Administração aberta garantido com ressalva "do disposto na lei em matérias relativas à segurança interna e externa" (cfr. artigo 268.º, n.º 2 da Constituição), a referida consagração atesta a necessidade de ponderar o direito de acesso à informação administrativa dos cidadãos com outros interesses merecedores de tutela constitucional, como a garantia da independência nacional e da segurança (cf. artigo 9.º, alíneas *a*) e *b*), em articulação com o artigo 27.º, n.º 1, da Constituição). Assim, a Constituição, ao assinalar determinadas zonas de segredo, faz ela própria uma prévia operação de concordância prática.

Por outro lado, como salienta a jurisprudência, o direito à informação reflete também uma *dimensão institucional*, quando visa dar proteção jurídico-

---

do CPA relativas à transparência da actividade administrativa e proteção de dados pessoais, veja-se a Orientação da CNPD relativa à publicação na Internet das atas das reuniões de órgãos colegiais. datada de 18 de abril de 2023 e acessível em https://www.cnpd.pt/media/adjduxek/2023-04-18_publica%C3%A7%C3%A3o-internet-atas-de-%C3%B3rg%C3%A3os-colegiais.pdf. Nesta orientação, a CNPD afirma que "o princípio da transparência da atividade administrativa reclama a possibilidade de se conhecer as atas das reuniões dos órgãos colegiais, o que, com o advento da Internet, tem vindo a ser assegurado através da publicação das mesmas no sítio institucional da respetiva entidade pública. Recorda-se que as atas das reuniões de órgãos colegiais visam, por natureza, registar e dar a conhecer a emissão das deliberações tomadas nas reuniões dos órgãos colegiais, sendo aliás a sua aprovação condição de eficácia de tais deliberações" ainda que "Não obstante se reconhecer as vantagens da Internet, como meio de divulgação que torna a acessível informação administrativa aí disponibilizada em qualquer momento e à generalidade da população, a verdade é que a difusão de documentos administrativos no contexto online importa riscos significativos quando contenham dados pessoais.". Assim, "é precisamente por consideração destes riscos que os princípios de controlo da gestão pública e da transparência administrativa só justificam a difusão desses documentos na medida em que tal tratamento seja adequado e necessário à sua realização em concreto e desde que não implique um sacrifício excessivo daqueles direitos fundamentais. Por outras palavras, a decisão de publicação das atas – e de outros documentos de suporte às deliberações aprovadas em reunião – deve obedecer a uma ponderação, à luz do princípio da proporcionalidade, entre as exigências de transparência administrativa e a tutela dos direitos fundamentais ao respeito pela vida privada, à não discriminação e à proteção dos dados pessoais".

-constitucional ao princípio e valor da transparência administrativa[24] – a exigência de transparência implica a obrigação da Administração Pública permitir a visibilidade da sua atuação[25]. Assim, a transparência administrativa não seria um valor que se refletiria apenas no plano dos direitos fundamentais dos administrados[26], sendo também essencial para poder qualificar um determinado regime político como democrático – já que assente em funções do Estado transparentes, abertas e próximas dos cidadãos[27].

Ou seja, a transparência administrativa constituiria, ela própria, uma garantia da imparcialidade. Assim, a existência não só de um regime legal como de uma cultura institucional de acesso à informação (administrativa) permitiria potenciar a participação dos cidadãos no procedimento, o que aumentaria a sua confiança na decisão administrativa, reduzindo riscos de corrupção[28], e reforçando o carácter democrático das instituições[29].

---

[24] Cfr. o já mencionado acórdão do Tribunal Constitucional n.º 117/2015.

[25] Cfr. o mesmo acórdão do Tribunal Constitucional n.º 117/2015, "E daí que a intenção normativa de afastar o segredo administrativo e de tornar o funcionamento da Administração mais democrático e transparente só possa ser concretizada através do conhecimento da informação constante dos seus arquivos e registos, com as exceções legais justificadas na segurança interna e externa, na investigação criminal e na privacidade das pessoas." Como referem Gomes Canotilho/Vital Moreira, anotação ao artigo 268.º, *op. cit.*, p. 823, "o esquema comunicativo entre a administração e os particulares não se dirige apenas à garantia de uma juridicidade estatal, mas também à efetivação da transparência do procedimento e controlabilidade de decisões que vão sendo tomadas e otimização de funções procedimentais", assim se traduzindo numa democratização procedimental e numa cultura de proximidade entre a Administração e os cidadãos.

[26] Cfr. o mesmo acórdão do Tribunal Constitucional n.º 117/2015, "A acentuação das dimensões subjetivas da transparência administrativa «não impede, como é óbvio, a existência de um *interesse público* objetivamente radicado na transparência em si mesma. Esta é um cânone hermenêutico da ação administrativa, de forma, a otimizar o cumprimento dos princípios da imparcialidade, legalidade, igualdade e justiça» (cfr. Gomes Canotilho, "*Anotação aos Acórdãos nºs 176/92 e 177/92 do Tribunal Constitucional, in* Revista de Legislação e Jurisprudência, ano 125º, n.º 3.821, pág. 253)."

[27] Cfr. Carlos Blanco de Morais, *O Sistema Político*, Coimbra, Almedina, 2017, p. 83 ainda que a transparência esteja primeiramente associada à transparência do próprio procedimento eleitoral. No quadro do procedimento administrativo, a mesma ressalta a propósito da chamada "democracia participativa", cfr. pp. 116-117. Cfr. também Tiago Fidalgo de Freitas, *Administrative transparency in Portugal European public law*, 2016, Vol. 22, n.º 4, pp. 667-688.

[28] Cfr. "A prevenção da corrupção e outros desafios à boa governação da Administração Pública", coord. de Carla Amado Gomes, Ana F. Neves e Eurico Bitencourt Neto, ebook

O acesso à informação administrativa, enquanto manifestação mais lata da transparência administrativa, reconduzir-se-ia assim a uma forma de *accountability* – na expressão de SÉRVULO CORREIA, de *responsabilidade democrática* – dos governantes e, logo, de escrutínio (também) da atividade administrativa[30].

ICJP, 2018, disponível em https://www.icjp.pt/sites/default/files/publicacoes/files/e-book_corrupcao_icjp_3_2018_fct.pdf e em particular LUÍSA PINTO E NETTO, "A norma de transparência e as liberdades fundamentais", pp. 173-188, defendendo que "as liberdades fundamentais, assim como os demais direitos fundamentais, permanentemente enfrentam renovadas ameaças e desafios, quer no cenário global, quer nos cenários internos. Cogitando da necessidade de coibir a corrupção, propõe-se o reconhecimento de um princípio geral de transparência que se impõe à atuação estatal, fundado nas previsões constitucionais que estruturam o Estado e preveem publicidade e controle de suas atividades. Desta norma de transparência, advém para a Administração um dever de tornar acessível à sociedade civil organizada a informação necessária para o exercício consciente das liberdades fundamentais, com destaque para os direitos políticos. O exercício livre destes direitos fortalece a democracia e a *accountability* da Administração, melhorando o controle da corrupção e coadjuvando a boa governança."

[29] Cfr. ANA F. NEVES, "O direito a um tratamento imparcial por parte da Administração", "imparcialidade aberta" e as garantias de imparcialidade no CPA", *Comentários ao Código do Procedimento Administrativo* / coord. CARLA AMADO GOMES, ANA FERNANDA NEVES, TIAGO SERRÃO, 5.ª edição, Lisboa, AAFDL Editora, 2020, pp. 749-801, assinalando que a previsão no CPA de uma secção dedicada às garantias de imparcialidade não as esgota, pois relevam também (i) a designação de responsável pelo procedimento distinto do que o decidirá, (ii) a condução do procedimento com publicidade e (iii) o dever de diligência instrutória ou imparcialidade cognitiva.

[30] Cfr. J. M. SÉRVULO CORREIA, "Contencioso Administrativo e Responsabilidade democrática da Administração", *Estudos em Memória do Prof. Doutor J. L. Saldanha Sanches*, Volume I, Coimbra, Coimbra Editora, pp. 595-612 e mais recentemente em J. M. SÉRVULO CORREIA/FRANCISCO PAES MARQUES, *Noções de Direito Administrativo*, volume I, 2.ª edição, Coimbra, Almedina, 2021, pp. 185-186, "Nos artigos 266.º a 272.º, a Constituição enuncia princípios fundamentais da estrutura e da atuação da Administração Pública e estabelece as bases dos direitos e garantias dos administrados, do regime da função pública e da polícia administrativa. No artigo 267.º a Constituição estabelece os princípios constitucionais relativos à estrutura organizatória da Administração Pública. (...) Mas porque o Estado se não contenta com uma legalidade formal, antes se assumido como democrático, a Administração tem de apoiar-se em mecanismos de legitimação democrática, ao passo que, ao alcance dos cidadãos, existam meios de participação administrativa institucional e procedimental. Acresce que a Administração se encontra sujeita a múltiplas formas de *responsabilidade democrática*. Cumpre sublinhar que, nos nossos tempos, o controlo da opinião pública sobre o exercício da função administrativa constitui uma vertente fundamental do *princípio*

Nesse sentido, veja-se a síntese de SUZANA TAVARES DA SILVA: o princípio da transparência decompor-se-ia em três acepções ou dimensões concretizadoras: i) o acesso à informação; ii) a disponibilização da informação, que pressupõe novas dimensões, pois não se trata apenas de disponibilizar ou tornar acessível a informação, mas sim de assegurar que essa informação chega aos destinatários de forma que possa ser compreendida por estes e iii) o desenvolvimento de uma cidadania activa baseada em esquemas de co-decisão política, típicas da *governance* e da boa administração, onde vem ganhando especial importância a cidadania financeira[31].

III. TRANSPARÊNCIA ADMINISTRATIVA NO CPA – EM ESPECIAL, O DIREITO À INFORMAÇÃO PROCEDIMENTAL

Como salienta o Tribunal Constitucional, o "princípio e valor" da transparência administrativa suporta diferentes expressões do direito à informação

democrático, princípio estruturante do Direito Constitucional e, por osmose, também do Direito Administrativo. A responsabilização democrática traduz-se na exigência de uma dupla postura por parte da Administração: sujeição, através da transparência e da participação, ao escrutínio dos cidadãos e colaboração ativa com tal escrutínio, fazendo o razoavelmente exigível para do seu lado o possibilitar. A *responsabilidade democrática* ou *"accountability"*, transversal ao Direito Constitucional e ao Direito Administrativo, vem constituindo, no seio deste último, um instituto delineável através de uma rede de situações jurídicas substantivas, organizatórias, procedimentais e processuais". Para uma análise de Direito comparado, cfr. GIANLUCA GARDINI, "Transparencia, acceso cívico y participación democrática: la experiencia italiana", *Revista Española de Derecho Administrativo*. n.202 (octubre-diciembre 2019), pp. 341-357.

[31] Cfr. SUZANA TAVARES DA SILVA, "O princípio da transparência: da revolução à necessidade de regulação", *As reformas do sector público: perspectiva ibérica no contexto pós-crise"*, coordenadores JOSÉ CARLOS VIEIRA DE ANDRADE, SUZANA TAVARES DA SILVA, Coimbra, Instituto Jurídico da Faculdade de Direito da Universidade de Coimbra, 2015, pp. 149-174. Já DÉBORA MELO FERNANDES tem um visão mais substancialista, *op. cit*, p. 457, "Nesta dimensão, dita o princípio da transparência que a Administração deve comportar-se sempre de modo não apenas a ser, mas também a parecer imparcial, isenta, equidistante, racional e objetiva, com vista a permitir fundar a confiança dos administrados e da comunidade em geral nos poderes públicos (art. 9.º, parte final, do CPA). Resulta desta dimensão do princípio que a mera suspeita séria de parcialidade ou falta de isenção é suficiente para determinar a anulação dos atos, regulamentos ou contratos que resultem de procedimento em que tal suspeita teve lugar (art. 76.º, n.º 4, do CPA). É justamente com este alcance que os tribunais administrativos vêm modernamente encarando o princípio da transparência".

administrativa, entre as quais: o direito à *informação administrativa procedimental*, consagrado no n.º 1 do artigo 268.º, da CRP – logo, um verdadeiro direito procedimental – e o *direito ao acesso a arquivos e registos administrativos*, previsto no n.º 2 do mesmo artigo[32].

Assim, o direito à informação (procedimental) consagrado no n.º 1 do artigo 268.º é expressão do direito de participação previsto no n.º 5 do artigo 267.º da CRP e vector estruturante do procedimento administrativo[33], pois "quem participa efetivamente num procedimento não pode deixar de conhecer o seu objeto e os atos e formalidades que o formam; já o direito à informação consagrado no n.º 2 do artigo 268.º é expressão, no domínio dos direitos e garantias dos administrados, do mais amplo direito à informação garantido no n.º 2 do artigo 48.º da CRP, que se funda nas exigência de democratização e transparência da vida administrativa."[34]

---

[32] "Não obstante a óbvia conexão entre estes direitos, o direito de acesso a arquivos e registos administrativos goza de autonomia face ao direito à informação administrativa procedimental, que se justifica pela diversidade de contextos em que o particular se dirige à Administração Pública e pelos distintos planos em que se efetiva a eventual participação na atividade administrativa. Desde logo, a Constituição autonomiza os dois direitos quanto aos respetivos titulares: enquanto os titulares do direito à informação administrativa procedimental são apenas os «*diretamente interessados*» num procedimento administrativo, os titulares do direito de acesso são os «*cidadãos*», enquanto membros da comunidade interessados na *res publica*, independentemente de estar em curso qualquer procedimento administrativo. Ou seja, no primeiro direito pressupõe-se a existência de uma relação procedimental concreta entre a Administração Pública e um particular, passível de vir a ser diretamente afetado pela decisão nele tomada; já no segundo direito permite-se o acesso generalizado, sem necessidade de demonstração de uma posição legitimante, que não seja a de serem cidadãos comuns. Para além de ser diverso o âmbito pessoal de aplicação – mais alargado no direito de acesso – estes direitos desempenham uma função normativa claramente distinta: o direito a ser informado sobre o andamento do procedimento e o direito de conhecer as resoluções definitivas que sobre ele forem tomadas tem por efeito permitir a participação dos interessados na formação das decisões que lhes digam respeito – direito à informação *uti singuli*; já o direito à informação contida nos arquivos e registos administrativos tem por efeito permitir o controlo e a participação no desempenho da ação administrativa – direito à informação *uti cives*."

[33] Cfr. Francisco Paes Marques, "Os interessados no novo Código do Procedimento Administrativo", *op. cit.*, p. 489

[34] E daí que os dois direitos tenham objetivos diferentes: «o direito à informação administrativa procedimental visa a tutela de interesses e posições subjetivas diretas, enquanto o direito de acesso a arquivos e registos administrativos está configurado como um dos instrumentos de proteção de interesses mais objetivos partilhados pela comunidade

O direito à informação procedimental implica, também, o direito de conhecer (aqui incluindo as vertentes de fundamentação e notificação) as decisões tomadas pela Administração – sejam elas decisões definitivas ou interlocutórias[35].

Ora, de entre a panóplia principiológica de artigos iniciais do CPA encontramos, por um lado, a consagração no artigo 5.º do princípio da boa administração, no artigo 11.º do princípio da colaboração com os particulares[36] e por outro, no artigo 17.º, do princípio da administração aberta.

Porém, é apenas no artigo 14.º, a propósito dos "princípios aplicáveis à administração eletrónica" que encontramos a única referência expressa à transparência administrativa no articulado do CPA. O n.º 1 do preceito estatui que "os órgãos e serviços da Administração Pública devem utilizar meios eletrónicos no desempenho da sua atividade, de modo a promover a

---

jurídica, designadamente o da transparência da ação administrativa» (cfr. RAQUEL CARVALHO, *O Direito à Informação Administrativa Procedimental*, Porto, Publicações Universidade Católica, 1999, pp. 160-161). O direito de acesso é assim visto como um instrumento do *direito à informação*, integrante dos direitos fundamentais do cidadão (cfr. BARBOSA DE MELO, *As garantias dos Administrados na Dinamarca e o Principio do Arquivo Aberto*, Boletim da Faculdade de Direito da Universidade de Coimbra, Vol. LVII, 1981, pág. 270)».

[35] GOMES CANOTILHO/VITAL MOREIRA, anotação ao artigo 268.º, *op. cit.*, pp. 823-824, pois "a comunicação da decisão ao interessado significa que o procedimento produz *efeitos externos* vinculativos, impondo-se a transparência do enquadramento jurídico geral e a transparência do procedimento administrativo concreto relativamente aos atos decisórios definitivos e quaisquer outras causas de extinção do procedimento. Valem aqui os princípios materiais do Estado de direito (proteção da segurança e da confiança) e os princípios da transparência, responsabilidade e bom governo/boa administração, indissociáveis do princípio democrático e do princípio republicano". Cfr. também MÁRIO AROSO DE ALMEIDA, *op. cit.*, p. 600, afirmando que "o dever de notificação dos interessados num procedimento em curso não se circunscreve, na verdade, ao acto final do procedimento, mas abrange, ao longo do procedimento, todos os actos cujo conhecimento pelos interessados possa assumir alguma relevância". Sobre a relevância dos princípios da informação, fundamentação e notificação como princípios do procedimento administrativo, cfr. PAULO OTERO, *Manual de Direito Administrativo*, volume I, Coimbra, Almedina, 2013, pp. 391-395. Cfr., finalmente, J. M. SÉRVULO CORREIA, "O direito à informação e os direitos de participação dos particulares no procedimento e em especial, na formação da decisão administrativa", *Legislação. Cadernos de Ciência de Legislação* - n.ºs 9-10 (Jan.-Jun. 1994) – pp. 133-159.

[36] Cfr. sobre o princípio da colaboração da administração pública com os particulares, JOÃO CAUPERS, "O princípio da administração pública com os particulares no novo CPA", *Comentários ao novo Código do Procedimento Administrativo*, *op. cit.*, pp. 235-250

eficiência e a transparência administrativas e a proximidade com os interessados." (itálico nosso).

Ora, apesar do impacto que a digitalização exerce sobre a transparência no âmbito do procedimento administrativo (pense-se, por exemplo, na maior facilidade de acesso à informação administrativa, traduzindo-se num procedimento mais rápido e menos oneroso a vários títulos[37]) parece evidente que não é o facto de a expressão apenas aparecer *qua tale* no artigo 14.º do CPA que significa que a mesma será aplicável apenas à administração eletrónica[38]. A transparência administrativa, não configurando por si um princípio jurídico, é um valor a ser prosseguido pela Administração Pública[39],

---

[37] Mas também nos riscos acrescidos, como assinala SUZANA TAVARES DA SILVA, "O princípio da transparência: da revolução à necessidade de regulação", *op. cit.*, p. 153, "altera-se o paradigma do relacionamento entre o cidadão e a Administração, surgem 'novos direitos e deveres' e retoma-se a discussão sobre as virtudes e as cautelas que estas novas formas de relacionamento proporcionam".

[38] Em específico sobre a administração electrónica e o regime do direito à informação procedimental, cfr. JOSÉ EDUARDO FIGUEIREDO DIAS, "O direito à informação no novo Código do Procedimento Administrativo", *Comentários ao novo Código do Procedimento Administrativo*, coordenação de CARLA AMADO GOMES, ANA FERNANDA NEVES, TIAGO SERRÃO, 3.ª edição, Lisboa, AAFDL Editora, 2016, pp. 683-708.

[39] Baseada nos trabalhos de EDITH BROWN WEISS e ANNE PETERS (ainda que no âmbito do Direito Internacional), LUÍSA PINTO E NETTO veio defender a existência de uma norma de transparência enquanto princípio geral da atuação estatal. Segundo a autora, cfr. "A norma de transparência e as Liberdades Fundamentais", *op. cit.*, p. 181, "não geraria propriamente um direito geral a ela correlato, seria uma norma dirigida à Administração a criar-lhe uma série de deveres procedimentais e substanciais. Diante de tais deveres e em situações específicas haveria, por certo, posições subjetivas de vantagem em face da Administração, haveria também, em certos casos, direitos propriamente ditos, como direitos específicos à informação, direitos de acesso a documentos públicos, direitos de participação em procedimentos, direitos a uma decisão fundamentada e assim por diante". Tratar-se-ia, assim, de uma "norma implícita da transparência, embasada no modelo republicano democrático estruturado pela Constituição e nas concretas imposições de publicidade dos comportamentos públicos, bem como ainda nas previsões acerca do controle da atuação pública, o que leva a pressupor informação para o controle; trata-se do princípio geral de transparência da atuação estatal, do qual advém o dever imposto à Administração Pública", *op. cit.*, p. 183. Esta ligação ou "círculo virtuoso", em que a "Administração transparente permite maior e melhor participação dos indivíduos; os indivíduos, pelo exercício consciente de suas liberdades, pela participação política e administrativa, podem contribuir para uma Administração mais controlada, controlável e responsável", cfr. LUÍSA PINTO E NETTO, *op. cit.*, p. 187, demonstra que a referida norma da transparência se decompõe em outros deveres, onde se inclui (i) a transparência

podendo confluir, enquanto meta, com o espaço normativo decorrente de princípios positivados, como o da boa administração[40].

Especificamente quanto ao objeto do presente texto, no quadro do procedimento administrativo o valor da transparência assume especial relevo na concretização do regime da informação procedimental – incluindo os termos do acesso – que se encontra regulado, em termos gerais, nos artigos 82.º a 85.º do Código do Procedimento Administrativo (sendo, aliás, um regime de continuidade com o CPA anterior), coexistindo naturalmente com regimes especiais (por exemplo no âmbito do Direito do Ambiente[41]

---

dos procedimentos de tomada de decisão; e, como especialmente referido no texto, (ii) o dever de informação enquanto "condição de boa governação e pressuposto do exercício de diversos direitos fundamentais, mormente os direitos fundamentais de participação política e também de participação administrativa procedimental." Veja-se também Suzana Tavares da Silva, *op. cit.*, p. 151, "Para muitos autores a transparência está intimamente associada à 'boa governação', pois ao aumentar a vigilância sobre os decisores políticos e administrativos consegue-se um estímulo à adopção de decisões imparciais. Mais, alguns vêem na transparência uma nova dimensão do princípio democrático, que permite superar a confiança perdida em institutos tradicionais, em especial no domínio da democracia representativa, ao aumentar a intensidade do controlo (accountability). Por essa razão, o artigo 41º da Carta de Direitos Fundamentais da União Europeia, onde se consagra o 'direito a uma boa administração', contempla inúmeras refracções do princípio da transparência, em particular o já analisado direito de acesso a documentos (artigo 41º/2b da CDFUE). O legislador nacional, por seu turno, aditou recentemente ao Código do Procedimento Administrativo o princípio da boa administração (artigo 5º), embora lhe tenha dado um sentido diverso daquele que se encontra no direito europeu, pois do seu conteúdo resulta mais uma ideia de eficiência, desburocratização e simplificação administrativa do que uma ideia de transparência."

[40] Cfr. Miguel Assis Raimundo, "Os princípios no novo CPA, e o princípio da boa administração em particular", *Comentários ao novo Código do Procedimento Administrativo*. coordenação de Carla Amado Gomes, Ana F. Neves, Tiago Serrão, 4ª edição, Lisboa, AAFDL Editora, 2018, pp. 59-101.

[41] A Lei de Bases da Política do Ambiente (Lei n.º 19/2014, de 14 de Abril, na versão em vigor) vem, por exemplo, na alínea *e*) do artigo 4.º, em sede de políticas públicas ambientais, referir como princípio das políticas públicas ambientais a "informação e da participação, que obrigam ao envolvimento dos cidadãos nas políticas ambientais, privilegiando a divulgação e a partilha de dados e estudos, a adoção de ações de monitorização das políticas, *o fomento de uma cultura de transparência e de responsabilidade*, na busca de um elevado grau de respeito dos valores ambientais pela comunidade, ao mesmo tempo que assegura aos cidadãos o direito pleno de intervir na elaboração e no acompanhamento da aplicação das políticas ambientais." (itálico nosso).

ou do Direito do Urbanismo, em que algumas alterações ao Regime Jurídico da Urbanização e Edificação, aprovado pelo Decreto-Lei n.º 555/99, de 16 de Dezembro, na versão em vigor, visaram também promover maior transparência do processo de licenciamento e assim contribuir para a aproximação dos cidadãos à Administração, como se pode ler no preâmbulo).

Deste regime decorre que o direito à informação procedimental pode desdobrar-se em três componentes essenciais:

(i) um direito «geral» de informação sobre o andamento e as decisões tomadas em certo procedimento (artigo 82.º do CPA);
(ii) um direito de consulta do processo relativo a esse procedimento (artigo 83.º do CPA); e
(iii) um direito de obter certidões que atestem certos factos ou decisões a ele relativas (artigo 84.º do CPA).

Para além dos interessados no procedimento, que gozam desses direitos de modo incondicionado (cfr. o n.º 1 do artigo 81.º do CPA), o direito de acesso à informação procedimental beneficia ainda "quaisquer [outras] pessoas que provem ter interesse legítimo no conhecimento dos elementos que pretendam"[42], encontrando-se, no entanto, nesse caso condicionado a despacho do dirigente do serviço em questão (n.º 1 do artigo 85.º do CPA). O obrigado à prestação da informação é, em qualquer caso, o responsável pela direção do procedimento (n.º 1 do artigo 82.º do CPA), no prazo de 10 dias úteis (n.º 3 do artigo 82.º do CPA). Tratando-se de procedimentos eletrónicos, a Administração deve facultar aos interessados serviços de acesso restrito que garantam, por essa via, informações sobre o estado de tramitação do procedimento (n.º 4 do artigo 82.º do CPA).

Assim, resulta evidente que o direito de acesso aos documentos administrativos constitui uma garantia fundamental dos administrados, acrescendo ao regime decorrente dos agora analisados artigos 82º a 85º do

---

[42] Cfr. Gomes Canotilho/Vital Moreira, anotação ao artigo 268.º, *op. cit.*, p. 822, decompondo os cidadãos diretamente interessados em três categorias: (i) os particulares parte no procedimento; (ii) os particulares lesados cujos direitos ou interesses legalmente protegidos possam ser lesados pelos atos a praticar no procedimento e (iii) os particulares terceiros que provem ter interesse legítimo no conhecimento dos elementos solicitados, assim alargando a legitimidade procedimental a todos aqueles que provem ter necessidade de obter as informações em causa.

CPA a supervisão por parte de uma entidade administrativa independente, que funciona junto da Assembleia da República – a Comissão de Acesso aos Documentos Administrativos[43] – e ainda uma tutela judicial que se consubstancia em específico numa ação urgente, designada «intimação para a prestação de informações, consulta de processos ou passagem de certidões» (cfr. os artigos 104.º a 108.º do Código de Processo nos Tribunais Administrativos – Lei n.º 15/2002, de 22 de Fevereiro, na versão em vigor)[44].

Porém, a temática da transparência no procedimento administrativo permite também fazer a ponte para outras manifestações que revelam a abertura à participação dos cidadãos no quadro do CPA, como o *direito de audiência prévia* (artigo 121.º do CPA[45]) ou a *consulta pública* (cfr. artigo 101.º do CPA), sem prejuízo da consagração destas manifestações em regimes jurídicos mais específicos, caso por exemplo dos planos de ordenamento do território[46].

---

[43] Cfr. José Eduardo Figueiredo Dias, "O direito à informação no novo Código do Procedimento Administrativo", *op. cit.*

[44] Sobre este tipo de ação, cfr. Sara Augusto de Matos, "Intimação para a prestação de informações, consulta de processos ou passagem de certidões", *Comentários à legislação processual administrativa*, coordenação de Carla Amado Gomes, Ana Fernanda Neves e Tiago Serrão, 4.ª edição, Lisboa, AAFDL Editora, 2020, pp. 1025-1045.

[45] No acórdão do STA de 18.12.2013 o dever de audiência prévia é qualificado como um corolário "dos primados do contraditório, da participação e da transparência procedimental, pedras angulares de um Estado de Direito (democrático)". Como resulta do próprio nome, a mesma terá de ocorrer em momento pré-decisório, enquanto garantia de intervenção dos administrados no processo de formação das decisões, cfr. Gomes Canotilho/Vital Moreira, *op. cit.*, p. 814. Cfr. também Paulo Otero, *op. cit.*, pp. 104-105.

[46] Cfr. Débora Melo Fernandes, *op. cit.*, p. 450, "Segundo o que vimos dizendo, a transparência é, em grande medida, instrumento, meio ao serviço de outros princípios, valores ou interesses, sem prejuízo de assumir também um conteúdo normativo autónomo. Entretanto, ela própria serve-se de um conjunto de instrumentos, meios (procedimentais e organizatórios) que possibilitam que a atividade da Administração se processe de modo transparente, de modo visível para todos, salvo nos casos de reserva ou segredo administrativos justificados. Tais instrumentos são primacialmente (mas não exclusivamente): o direito de acesso à informação administrativa; o dever de fundamentação dos atos administrativos e dos regulamentos; o direito de audiência prévia e todos os demais direitos de participação procedimental e extraprocedimental; e, por último, os deveres de notificação, de publicação e de publicitação de determinados atos".

IV. A TRANSPARÊNCIA PROCEDIMENTAL NA JURISPRUDÊNCIA ADMINISTRATIVA (STA)

Na jurisprudência dos tribunais administrativos encontramos inúmeras menções ao "princípio da transparência" quer isoladamente, quer em associação com o princípio da imparcialidade (*princípio da imparcialidade e transparência*). A transversalidade de domínios sobre os quais estes versam ilustra bem a afirmação anteriormente feita, de que as manifestações da transparência no Direito Administrativo vão muito para além do Direito Administrativo substantivo[47], quer geral, quer especial.

De uma análise geral, vemos que é sobretudo por referência ao direito de acesso à informação administrativa[48] ou no quadro da interligação com o princípio da imparcialidade que se enquadra a jurisprudência administrativa neste âmbito[49], sendo frequentes as decisões no âmbito da contratação pública[50], assim configurando uma violação do princípio da transparência *concursal* enquanto garantia preventiva da imparcialidade.

---

[47] Sendo que, no caso de uma pesquisa sobre transparência na jurisdição administrativa, grande número de casos versa sobre questões de transparência fiscal.

[48] Cfr, por exemplo o acórdão de 6 de janeiro de 2010 do STA, processo n.º 0965/09, em que o STA sintetiza que o artigo 268.º, n.º 2, da CRP impõe que a Administração paute a sua atividade pelos princípios da transparência e da publicidade, de modo a que as suas decisões sejam públicas e possam ser objeto de consulta e informação, pois que só assim se permite que os interessados conheçam as razões que determinaram os seus atos.
Esclarece o STA também que "o direito de acesso aos arquivos e registos administrativos vem sendo considerado como um direito fundamental cujo sacrifício só se justifica quando confrontado com direitos e valores constitucionais de igual ou de maior valia, como são os relativos à segurança interna e externa, à investigação criminal e à reserva da intimidade das pessoas."

[49] Como Gomes Canotilho/Vital Moreira, anotação ao artigo 268.º, *op. cit., p.* 822, tiveram já oportunidade de salientar que a tutela do procedimento decorrente do artigo 268.º abarca tanto o procedimento administrativo clássico "destinado a canalizar juridicamente a formação, manifestação ou execução da vontade da Administração, como os procedimentos *cooperativos e contratuais*".

[50] Cfr. o acórdão do STA de 19 de março de 2013, processo n.º 0587/12 "O princípio da transparência no contexto da contratação pública, implica, além do mais, uma publicação das regras de cada procedimento, que devem ser claras e postas no documento normativo de uma forma adequada, para evitar surpresas aos operadores económicos e exige uma definição clara e precisa das regras das principais decisões procedimentais."

Curiosamente o STA veio já em 1989 (cfr. o acórdão do STA de 16 de maio de 1989, processo n.º 025563) esclarecer que o fim visado pelo legislador tanto no n. 2 do art. 268 da Constituição da República Portuguesa (CRP), como no art. n. 1 do DL n. 256-A/77, de17-06 seria o de «captar com transparência a atividade administrativa (*princípio da transparência*)", a correção (principio da boa administração)" da mesma atividade e, "principalmente" tornar possível "um controlo contencioso mais eficaz do acto administrativo, sobretudo quanto aos vícios de violação de lei (ilegalidade dos pressupostos) e do desvio de poder".» (itálico nosso).

Por sua vez, no acórdão do STA de 12 de março de 2015, processo n.º 01274/12, o Tribunal decidiu que "apesar de estar em causa um procedimento que não está sujeito a concurso público *nem por isso deixa o mesmo de dever obedecer aos princípios da transparência de procedimento assim como aos restantes princípios a que está sujeita a atividade administrativa.*" Também nesta decisão se pode encontrar a equiparação da imparcialidade à transparência no procedimento: "ao ter sido selecionada uma lista de projetos, procedido à sua aprovação, e celebrado os respectivos contratos de financiamento e, somente depois terem sido fixados critérios com análise integrada de todos projetos, inclusive os já homologados com contratos celebrados, a administração não tratou de forma igual as candidaturas *nem agiu com imparcialidade/transparência no procedimento.*"

Também já anteriormente, no acórdão de 13 de fevereiro de 2002, processo n.º 48403, o STA conclui que "o estabelecimento de critérios de apreciação de candidaturas a concursos, efectuado após o conhecimento do conteúdo das propostas, viola o *princípio da transparência, que é corolário do princípio da imparcialidade,* com consagração constitucional, no n.º 2 do art. 266.º da C.R.P., constituindo vício autónomo, não dependente da demonstração de efectiva actuação com parcialidade". (sublinhado nosso). Veja-se também o Acórdão do STA datado de 25 de janeiro de 2005, processo n.º 0690/04, em que o Tribunal refere que o "estabelecimento de critérios de apreciação de candidaturas a concursos, não anunciados no aviso de abertura, efectuado após o conhecimento do conteúdo das propostas e com possibilidade de influenciar a classificação, *viola o princípio da transparência, que é corolário do princípio da imparcialidade.*" (sublinhado nosso).

Finalmente, o acórdão do Supremo Tribunal Administrativo de 2 de fevereiro de 2005, processo n.º 01541/03, menciona expressamente a existência de um princípio da transparência procedimental: "I – A observância dos princípios da legalidade, justiça, igualdade, *transparência* e imparcialidade que devem presidir ao procedimento concursal obriga a que na apreciação das propostas se não introduzam sub critérios já depois de conhecidos os concorrentes e as suas propostas, pois que só assim será possível impedir a introdução de factores de diferenciação e de valoração em função desse conhecimento e só assim será possível evitar a possibilidade de um tratamento desigual e injusto dos concorrentes, beneficiando uns em detrimento de outros."

É possível igualmente e com maior interesse delimitar a pesquisa em torno do conceito de "informação procedimental" ou "direito à informação procedimental", ainda que as decisões encontradas se centrem sobretudo em processos de intimação para a prestação de informações, consulta de processos e passagem de certidões.[51]

REFERÊNCIAS DOUTRINAIS

ANA GALDÁMEZ MORALES, "Redes sociales, algoritmos y datos: el horizonte de la transparencia digital en Europa", Nuevos enfoques sobre transparencia y derecho de acceso a la información pública / coordenacción SEVERIANO FERNÁNDEZ RAMOS, JOSÉ MARÍA PÉREZ MONGUIÓ, ANA GUALDÁMEZ MORALES, 1.ª edição, Navarra, Aranzadi, 2022, pp. 187-218.

ANA F. NEVES, "O direito a um tratamento imparcial por parte da Administração", "imparcialidade aberta" e as garantias de imparcialidade no CPA", *Comentários ao Código do Procedimento Administrativo* / coord. CARLA AMADO GOMES, ANA FERNANDA NEVES, TIAGO SERRÃO, 5.ª edição, Lisboa, AAFDL Editora, 2020, pp. 749-801.

---

[51] Note-se, como exceção com interesse, o acórdão de 1 de fevereiro de 2017, processo n.º 0991/16, em que o STA decidiu que "titulares do direito à informação procedimental são os cidadãos directamente interessados num procedimento administrativo, e titulares do direito à informação não procedimental são todos os cidadãos, enquanto membros da comunidade, e interessados na *res publica*, independentemente de estar em curso qualquer procedimento administrativo" mas que, "sendo o pedido de escusa formulado por advogado, no âmbito do patrocínio judiciário, constitui um incidente enxertado no procedimento de proteção jurídica, que tem como partes o requerente do apoio judiciário e o respetivo serviço de segurança social", pelo que ao "requerer à Ordem dos Advogados certidão do pedido de escusa formulado pelo patrono judiciário que lhe havia sido nomeado, o requerente exerce o seu direito à informação procedimental".

CARLOS BLANCO DE MORAIS, *O Sistema Político*, Coimbra, Almedina, 2017.

DÉBORA MELO FERNANDES, "O princípio da transparência administrativa: Mito ou realidade?", *Revista da Ordem dos Advogados*, Ano 75, Lisboa, Jan.-Jul.2015, pp. 425-457.

DOMINGOS SOARES FARINHO, "Princípio da administração aberta: a evolução do direito positivo português" *O acesso à informação administrativa* / orgs. TIAGO FIDALGO DE FREITAS, PEDRO DELGADO ALVES, 1.ª edição, Coimbra, Almedina, 2021, pp. 7-29.

GIANLUCA GARDINI, "Transparencia, acceso cívico y participación democrática: la experiencia italiana", *Revista Española de Derecho Administrativo*. n.202 (octubre--diciembre 2019), pp. 341-357.

J.J. GOMES CANOTILHO/VITAL MOREIRA, anotação ao artigo 268.º, *Constituição da República Portuguesa Anotada*, artigos 108.º a 296.º, Coimbra, Coimbra Editora, 2010, pp. 819-834.

J. M. SÉRVULO CORREIA, "O direito à informação e os direitos de participação dos particulares no procedimento e em especial, na formação da decisão administrativa", *Legislação. Cadernos de Ciência de Legislação* – n.ºs 9-10 (Jan.-Jun. 1994) – pp. 133-159.

J. M. SÉRVULO CORREIA, "Contencioso Administrativo e Responsabilidade democrática da Administração", *Estudos em Memória do Prof. Doutor J. L. Saldanha Sanches*, Volume I, Coimbra, Coimbra Editora, pp. 595-612.

J. M. SÉRVULO CORREIA/FRANCISCO PAES MARQUES, *Noções de Direito Administrativo*, volume I, 2.ª edição, Coimbra, Almedina, 2021.

JORGE MIRANDA, "Uma perspectiva constitucional da reforma do Contencioso Administrativo", *Estudos em homenagem ao Prof. Doutor Inocêncio Galvão Telles*, volume V, Coimbra, 2003, pp. 35-61.

JORGE MIRANDA/RUI MEDEIROS, *Constituição Portuguesa Anotada*, volume III, Coimbra, Coimbra Editora, 2007.

JORGE REIS NOVAIS, *Contributo para uma Teoria do Estado de Direito*, reimpressão da edição de 2006, Coimbra, Almedina.

JOSÉ EDUARDO FIGUEIREDO DIAS, "O direito à informação no novo Código do Procedimento Administrativo", *Comentários ao novo Código do procedimento administrativo*, coordenação de CARLA AMADO GOMES, ANA FERNANDA NEVES, TIAGO SERRÃO, 3.ª edição, Lisboa, AAFDL Editora, 2016, pp. 683-708.

LUIS FILIPE COLAÇO ANTUNES, "Mito e Realidade da Transparência Administrativa", *Estudos em Homenagem ao Prof. Doutor Afonso Rodrigues Queiró*, Vol. II, Boletim da FDUC (BFDUC), Coimbra, 1993.

LUÍSA PINTO E NETTO, "A norma de transparência e as Liberdades Fundamentais", *A prevenção da corrupção e outros desafios à boa governação da Administração Pública*, ebook ICJP, 2018, pp. 173-188.

Mariana Melo Egídio, As bases constitucionais do Contencioso Administrativo: a Constituição da República Portuguesa de 1976 e a legislação processual administrativa, *Comentários à legislação processual administrativa*, coordenação de Carla Amado Gomes, Ana F. Neves, Tiago Serrão, 4ª edição, Lisboa, AAFDL Editora, 2020, pp. 59-101.

Mário Aroso de Almeida, anotação ao artigo 268.º, *Constituição Portuguesa Anotada*, Tomo III, Coimbra, Coimbra Editora, 2007, nomeadamente pp. 608-617.

Miguel Assis Raimundo, "Os princípios no novo CPA, e o princípio da boa administração em particular", *Comentários ao novo Código do Procedimento Administrativo*. Coordenação de Carla Amado Gomes, Ana F. Neves, Tiago Serrão, 8ª edição, Lisboa, AAFDL Editora, 2018, pp. 59-101.

Paulo Otero, *Direito do Procedimento Administrativo*, Volume I, Coimbra, Almedina, 2016.

Pedro Gonçalves, *Entidades Privadas com Poderes Públicos*, Coimbra, Almedina, 2005.

Pedro Gonçalves, *Manual de Direito Administrativo*, vol. 1, Coimbra, Almedina, 2019.

Pedro Machete, *Estado de Direito democrático e Administração paritária*, Coimbra, Almedina, 2007.

Sara Augusto de Matos, "Intimação para a prestação de informações, consulta de processos ou passagem de certidões", *Comentários à legislação processual administrativa*, coordenação de Carla Amado Gomes, Ana F. Neves, Tiago Serrão, 4ª edição, Lisboa, AAFDL Editora, 2020, pp. 1025-1045.

Sérgio Pratas, *Transparência do Estado, Administração Aberta e Internet*, INA, 2013.

Sérgio Pratas, "A nova LADA e a transparência administrativa em Portugal", *Revista de Administração Local* – a.39 n.270 (Out.-Dez. 2016), pp.423-425.

Severiano Fernández Ramos, "La transparencia administrativa en Portugal", *Scientia Ivridica*, t.53 n.298, Jan.-Abr.2004, pp. 63-103.

Suzana Tavares da Silva, "O princípio da transparência: da revolução à necessidade de regulação", *As reformas do sector público: perspectiva ibérica no contexto pós-crise*, coordenadores José Carlos Vieira de Andrade, Suzana Tavares da Silva, Coimbra, Instituto Jurídico da Faculdade de Direito da Universidade de Coimbra, 2015, pp. 149-174.

Tiago Fidalgo de Freitas, *Administrative transparency in Portugal European public law*, 2016, Vol. 22, n.º 4, pp. 667-688.

Tiago Fidalgo de Freitas "A dimensão constitucional da transparência administrativa", *Constitucionalismos e (con)temporaneidade: estudos em homenagem ao Professor Doutor Manuel Afonso Vaz* / coordenação Rita Lobo Xavier, Raquel Carvalho, Manuel Fontaine Campos, Porto, Universidade Católica Editora, 2020, pp. 207-236.

TRANSPARÊNCIA E PROCEDIMENTO ADMINISTRATIVO NO BRASIL

EURICO BITENCOURT NETO
Professor dos cursos de Graduação e Pós-Graduação da Faculdade de Direito da UFMG. Doutor em Ciências Jurídico-Políticas pela Universidade de Lisboa. Advogado.

SUMÁRIO: 1. Introdução. 2. Princípio constitucional da transparência administrativa no Brasil. 3. Procedimento administrativo e transparência. 3.1. Imposição constitucional de procedimentalização da Administração Pública; 3.2. Procedimento administrativo como instrumento da transparência. 3.3. Procedimento administrativo permeado por imposições de transparência. 4. Conclusão. 5. Referências doutrinais.

1. INTRODUÇÃO

A Constituição brasileira de 1988 não veiculou, em sua redação originária, qualquer referência explícita à transparência, como princípio reitor da atuação do Estado e, mais especificamente, da sua função administrativa. Menção expressa o texto original faz apenas ao princípio da publicidade, no art. 37, o que poderia limitar a compreensão sobre um dever de abertura da Administração. Não obstante, não há dúvida, nos dias de hoje, não só da existência e estatura constitucional de um princípio mais amplo de transparência, mas da necessidade de que o direito infraconstitucional o instrumentalize.

Essa constatação tem movido o legislador a produzir, nos últimos anos, uma profusão de leis em que a transparência tem merecido centralidade como princípio balizador da Administração Pública, movimento que pode ser exemplificado pela edição da Lei nº 12.527/2011, conhecida como "Lei de Acesso à Informação", que regula de modo amplo e profundo o direito de obtenção de informações públicas e, de outro lado, um dever de transparência ativa por parte dos órgãos administrativos.

Por outro lado, também está fora de dúvida, no Brasil, a centralidade do procedimento administrativo (por aqui referido, pela maioria da doutrina e pela legislação, como processo administrativo) no sistema jurídico--constitucional, não obstante se constatar que as vertentes procedimentais que não digam respeito diretamente a relações adversariais ou em contraditório sejam não poucas vezes desvalorizadas.

A afirmação da transparência como princípio geral do Direito Administrativo e a instrumentalidade do procedimento administrativo para sua viabilização são o mote do presente texto, que, no âmbito do frutífero intercâmbio que se tem realizado entre as Academias brasileira e portuguesa nos últimos tempos, busca apresentar, em síntese, o seu panorama geral no Direito brasileiro.

2. PRINCÍPIO CONSTITUCIONAL DA TRANSPARÊNCIA ADMINISTRATIVA NO BRASIL

A transparência administrativa é dever que decorre de um conjunto de normas que se extraem da Constituição brasileira de 1988 e que se condensam em um princípio geral de transparência. Em primeiro lugar, deriva, como princípio geral, do modelo de Estado de Direito democrático e social[1] (arts. 1º e 3º), tendo especialmente em conta a consagração da cidadania como um dos fundamentos do Estado (art. 1º, III) e da identificação do povo como fonte de todo o poder (art. 1º, parágrafo único). O exercício do poder, em qualquer das funções do Estado[2] e, no que nesta oportunidade interessa de perto, no âmbito da função administrativa, deve ser claro, aberto, acessível, adequadamente comunicado.

A transparência como princípio geral de exercício do poder público tem especial incidência sobre a função administrativa, impondo um dever geral de administração aberta e fundamentando alguns dos princípios centrais do Direto Administrativo, como o da publicidade e o da motivação. Ainda que haja certa identificação do conteúdo do princípio da publicidade no Direito brasileiro com a noção de transparência[3], pode-se dizer que esta envolve

---

[1] MARTINS JÚNIOR, Wallace Paiva. *Princípio da transparência*, p. 422.

[2] Destacando que a submissão do Estado à lei é incompatível com a opacidade de qualquer manifestação de poder estatal, MOTTA, Fabrício. *O princípio constitucional da publicidade administrativa*, p. 262-265.

[3] Por exemplo, MELLO, Celso Antônio Bandeira de. *Curso de direito administrativo*, 35 ed., p. 96; DI PIETRO, Maria Sylvia Zanella. *Direito administrativo*, p. 88-92; MARRARA, Thiago. Princípios do processo administrativo, p. 94. Assinalando que a transparência é princípio

noção mais ampla, extravasa os contornos da atividade administrativa do Estado e se vincula à própria ideia de Estado de Direito contemporânea.

Para além de uma dimensão cívica, de efeitos *erga omnes*, a transparência constitui condição institucional do direito de participação dos cidadãos na formação das decisões administrativas, produzindo efeitos *erga partes*,[4] que assegura um direito à informação procedimental, exprimindo uma característica do fenômeno procedimental contemporâneo, que é a articulação dos princípios "à luz de conexões funcionais"[5].

No texto originário da Constituição de 1988, a transparência não aparece de forma expressa, está implícita no modelo de Estado e nos enunciados normativos que tratam das relações do poder público com os cidadãos. Aos poucos, por meio de emendas constitucionais, passou a ser referida de forma explícita em alguns regimes setoriais de políticas públicas[6].

Para além de estar contido nas normas instituidoras do Estado de Direito democrático e social, podem ser encontradas diversas fontes do princípio constitucional da transparência administrativa. No Título referente aos direitos e garantias fundamentais, o art. 5º estabelece, no inciso XXXIII, que todos têm direito a receber dos órgãos públicos informações de seu interesse particular, ou de interesse coletivo ou geral, que serão prestadas no prazo da lei, sob pena de responsabilidade, ressalvadas aquelas cujo sigilo seja imprescindível à segurança da sociedade e do Estado; e no XXXIV, que são a todos assegurados, independentemente do pagamento de taxas: a) o direito de petição aos Poderes Públicos em defesa de direitos ou contra ilegalidade ou abuso de poder; e b) a obtenção de certidões em repartições públicas, para defesa de direitos e esclarecimento de situações de interesse pessoal.

No capítulo constitucional referente à Administração Pública, o art. 37, *caput*, elenca alguns dos princípios gerais da Administração Pública, entre eles o da publicidade. O seu § 1º dispõe que a publicidade dos atos, programas, obras, serviços e campanhas dos órgãos públicos deverá ter caráter educativo,

---

amplo, de que seriam subprincípios a publicidade, a motivação e a participação, MARTINS JÚNIOR, Wallace Paiva. *Princípio da transparência*, p. 422.

[4] NETTO, Luísa Cristina Pinto e. Procedimentalização e participação, p. 238-239.

[5] CORREIA, José Manuel Sérvulo. O direito à informação e os direitos de participação dos particulares no procedimento e, em especial, na formação da decisão administrativa, p. 414.

[6] Emenda Constitucional nº 71/2021 (art. 216-A, § 1º, IX); Emenda Constitucional nº 103/2019 (art. 40, § 22, VII); Emenda Constitucional nº 108/2020 (art. 212-A, X, d).

informativo ou de orientação social, dela não podendo constar nomes, símbolos ou imagens que caracterizem promoção pessoal de autoridades ou servidores públicos. Já o § 3º do mesmo artigo trata da disciplina legal das formas de participação do usuário na administração pública direta e indireta, regulando especialmente, entre outros aspectos, o acesso dos usuários a registros administrativos e a informações sobre atos de governo.

Para além disso, há outras disposições constitucionais esparsas que impõem deveres de transparência, como art. 30, III, que dispõe sobre o dever dos municípios de instituir e arrecadar os tributos de sua competência, bem como aplicar suas rendas, sem prejuízo da obrigatoriedade de prestar contas e publicar balancetes nos prazos fixados em lei, ou o art. 31, § 3º, que prescreve que as contas dos municípios ficarão, durante sessenta dias, anualmente, à disposição de qualquer contribuinte, para exame e apreciação, o qual poderá questionar-lhes a legitimidade, nos termos da lei.

Por sua vez, o art. 39, § 6º, dispõe que os Poderes Executivo, Legislativo e Judiciário publicarão anualmente os valores do subsídio e da remuneração dos cargos e empregos públicos e o art. 40, § 22, estabelece requisitos para a gestão dos regimes próprios de previdência social dos servidores públicos ocupantes de cargos efetivos, prevendo, no inciso VII, que a lei complementar federal que cuide da matéria deve tratar da estruturação do órgão ou entidade gestora do regime, observados os princípios relacionados com governança, controle interno e transparência.

O art. 163-A estabelece que a União, os Estados, o Distrito Federal e os Municípios disponibilizarão suas informações e dados contábeis, orçamentários e fiscais, conforme periodicidade, formato e sistema estabelecidos pelo órgão central de contabilidade da União, de forma a garantir a rastreabilidade, a comparabilidade e a publicidade dos dados coletados, os quais deverão ser divulgados em meio eletrônico de amplo acesso público.

O art. 212-A, inciso X, alínea d, prevê, quanto à gestão do Fundo de Manutenção e Desenvolvimento da Educação Básica e de Valorização dos Profissionais da Educação (Fundeb), a necessidade de transparência, monitoramento, fiscalização e controle interno, externo e social.

Além disso, o art. 216, § 2º, estabelece que cabem à administração pública, na forma da lei, a gestão da documentação governamental e as providências para franquear sua consulta a quantos dela necessitem. E, ainda, o art. 216-A, § 1º, inciso IX, estabelece que um dos princípios do Sistema Nacional de Cultura é o da transparência e compartilhamento das informações.

Em síntese, há um princípio geral de transparência administrativa na Constituição de 1988, implícito nas normas que consagram um modelo de Estado de Direito democrático e social e densificado em diversas normas constitucionais esparsas. O veículo de concretização das diversas imposições de transparência administrativa, como se desenvolve nos tópicos seguintes, é o procedimento administrativo.

3. PROCEDIMENTO ADMINISTRATIVO E TRANSPARÊNCIA

3.1 Imposição constitucional de procedimentalização da Administração Pública

O procedimento administrativo é eixo central da atuação administrativa contemporânea, a despeito de ter figurado, durante boa parte da história do Direito Administrativo, em posição marginal[7]. Tal desimportância se deveu a algumas características centrais do Direito Administrativo em suas primeiras décadas de afirmação: a) a Administração do Estado Liberal basicamente mantinha relações de supremacia sobre os privados, no quadro da legalidade estrita, ficando sem regulação os processos decisórios dessa atuação de caráter autoritário[8]; b) o Direito Administrativo teve no contencioso o ponto de partida da dogmática europeia continental[9], o que levou a que o foco de suas cogitações se detivesse no ato final, já que era este o objeto de impugnação[10]; c) o Direito Privado, em que se consideravam irrelevantes as providências que antecediam à realização de um ato jurídico, manteve considerável influência nos primeiros tempos da construção jurídico-administrativa[11].

Diferentemente do que ocorreu nos sistemas inglês e estadunidense, em que a evolução da relevância procedimental se deu pela progressiva e nem sempre coerente transposição de garantias decorrentes dos princípios gerais da *natural justice* e do *due process of law*, do processo judicial para determinadas

[7] CORREIA, José Manuel Sérvulo. *Administrative due or fair process*, p. 144 e seg; OTERO, Paulo. *Direito do procedimento administrativo*, p. 36.

[8] DUARTE, David. *Procedimentalização, participação e fundamentação*, p. 30-32.

[9] SILVA, Vasco Pereira da. *Em busca do acto administrativo perdido*, p. 310-311.

[10] CASSESE, Sabino. *Le basi del diritto amministrativo*, 6. ed., p. 306.

[11] CASSESE, Sabino. *Le basi del diritto amministrativo*, 6. ed., p. 306.

decisões administrativas[12], nos sistemas de influência romano-germânica ocorreu lenta evolução da noção de procedimento administrativo, com o reconhecimento de garantias procedimentais específicas que foram, com o tempo, generalizadas por meio de leis ou códigos de procedimento administrativo[13].

A evolução distinta das famílias jurídicas romano-germânica e anglo-saxônica não impediu uma aproximação de ambas, quanto à dimensão e à centralidade do procedimento na dogmática do Direito Adminitrativo, que se vem intensificando neste início de século XXI. Para além de sua consolidação nas ordens jurídicas nacionais e em nível europeu[14], pode-se hoje afirmar uma tendência de globalização de um princípio geral de procedimentalização administrativa, seja com a aproximação das soluções procedimentais de ambas as famílias jurídicas, seja com a ampla incidência do procedimento nas relações transnacionais, ou no chamado Direito Administrativo global em formação, com a afirmação de um *global due process of law*[15].

Tal princípio geral pode ser sintetizado na fórmula do "devido procedimento equitativo" [16], construído pela junção das expressões devido procedimento, decorrente de *due process* (com raízes remotas na idéia inglesa

---

[12] Para maior desenvolvimento, BITENCOURT NETO, Eurico. *Devido procedimento equitativo e vinculação de serviços públicos delegados no Brasil*, p. 25-53.

[13] CORREIA, José Manuel Sérvulo. *Administrative due or fair process*, p. 328-329.

[14] Sobre o art. 41º da Carta de Direitos Fundamentais da União Europeia e o Acórdão Kadi, do Tribunal de Justiça da União Europeia (3.09.2008), que reconhece o direito de audição prévia, afirma Sérvulo Correia que marcam "o termo de um processo indutivo, o qual partindo de regras e princípios procedimentais avulsos e quase casuisticamente intuídos, atravessa sucessivas fases de sistematização axiológica e de reforço da eficácia normativa, para desembocar num superprincípio constitucional de equidade ou justiça procedimental" (CORREIA, José Manuel Sérvulo. *Procedimento equitativo e direito de participação procedimental*, p. 418).

[15] CASSESE, Sabino. *A global due process of law?*; CORREIA, José Manuel Sérvulo. *Administrative due or fair process*, p. 352-361; BITENCOURT NETO, Eurico. *Devido procedimento equitativo e vinculação de serviços públicos delegados no Brasil*, p. 53-62.

[16] Tal expressão foi proposta inicialmente por José Manuel Sérvulo Correia, em exposição no seminário Direito Administrativo – Procedimento Administrativo, no Curso de Doutoramento em Ciências Jurídico-Políticas da Faculdade de Direito da Universidade, em 09 de janeiro de 2007. Tal ideia foi desenvolvida em textos posteriores, como em CORREIA, José Manuel Sérvulo. *Devido procedimento equitativo*. Prefácio a BITENCOURT NETO, Eurico. *Devido procedimento equitativo e vinculação de serviços públicos delegados no Brasil*, e *Administrative due or fair process*, p. 317-320.

de *natural justice*[17]) e procedimento eqüitativo (mencionada na Carta de Direitos Fundamentais da União Européia, art. 41, nº 1, que marca certa uniformização do modelo Europeu continental).

Pode-se afirmar que a fonte constitucional geral para a imposição de procedimentalização da Administração Pública não está restrita à transposição do devido processo legal para a atuação administrativa, mas pode ser reconduzido ao princípio fundante do Estado de Direito[18], como decorrência de uma imposição de atuação administrativa constitucionalmente adequada.

Nesse sentido, há uma dimensão objetiva do princípio geral de procedimentalização: o dever da Administração de adotar o procedimento como instrumento de preparação de suas decisões; e uma dimensão subjetiva, de direitos procedimentais em que avultam direitos fundamentais procedimentais, quer aqueles diretamente estatuídos em disposições jusfundamentais, como o direito ao contraditório e à ampla defesa, quer direitos adscritos[19] a disposições constitucionais gerais, como é o caso do princípio da dignidade da pessoa humana, nas quais podem ser fundamentadas posições jusfundamentais ativas.

Deve-se afirmar, portanto, um princípio geral de devido procedimento equitativo, ou de procedimentalização da Administração Pública, a partir da Constituição brasileira de 1988, em sintonia os ordenamentos jurídicos da Europa ocidental e com os indícios de formação de um princípio global. Tal princípio geral possui já na Constituição várias manifestações específicas, mas, como princípio, permite possam ser fundamentadas a partir dele novas densificações que se façam necessárias. O reconhecimento de um princípio geral de devido procedimento equitativo na Constituição de 1988 permite

---

[17] Para uma síntese evolutiva da aplicação do princípio da *natural justice* na atuação administrativa, bem como de seus desdobramentos concretos, CRAIG, Paul. *Administrative law*, p. 371-416.

[18] SCHMIDT-AßMANN, Eberhard. *El procedimiento administrativo, entre el principio del estado de derecho y el principio democratico*, p. 327-329; *Pluralidad de estructuras y funciones de los procedimientos administrativos en el derecho alemán, europeo e internacional*, p. 82; LOUREIRO, João Carlos. *O procedimento administrativo entre a eficiência e a garantia dos particulares*, p. 243; BITENCOURT NETO, Eurico. *Devido procedimento equitativo e vinculação de serviços públicos delegados no Brasil*, p. 79.

[19] Sobre adscrição de normas de direitos fundamentais, cf. ALEXY, Robert. *Teoría de los derechos fundamentales*, p. 70-71.

seja explicitada uma função unificante[20] do procedimento administrativo em uma Administração Pública democrática e plural.

Da vinculação constitucional do procedimento administrativo decorrem distintos desdobramentos: a) o procedimento como instrumento de proteção e tutela de direitos e interesses particulares; b) as relações entre procedimento e direitos fundamentais[21], expressas no papel do procedimento na proteção e concretização dos direitos fundamentais e na configuração de direitos fundamentais procedimentais; c) a imposição do procedimento como modo geral de ação da Administração Pública, apto a assegurar formalização, transparência e racionalização; d) o procedimento como veículo de difusão do princípio democrático; e) o procedimento como *locus* de composição e balanceamento de múltiplos interesses, públicos e privados; f) o procedimento como instrumento de cooperação, colaboração e concertação administrativa.

Não obstante a ampla dimensão do fenômeno procedimental na atualidade e a identificação de suas raízes na Constituição de 1988, a Lei nº 9.784/1999, que inaugurou um tratamento geral da matéria no âmbito da Administração Pública federal, expressa concepção "processualizada", construída à imagem e semelhança do processo judicial, muito embora tenha passado, recentemente, por alterações que tendem a expandir o seu alcance[22].

A Lei nº 9.784/1999 espelha concepção de significativa parcela da doutrina brasileira[23] que, optando pela expressão "processo administrativo" em detrimento da expressão "procedimento administrativo", compreende tal fenômeno como uma sucessão encadeada de atos qualificada por

---

20 OTERO, Paulo. *O poder de substituição em direito administrativo*, p. 748.

21 ALEXY, Robert. *Teoría de los derechos fundamentales*, p. 416-435; SCHMIDT-AßMANN, Eberhard. *Pluralidad de estructuras y funciones de los procedimientos administrativos en el derecho alemán, europeo e internacional*, p. 83-85; LOUREIRO, João Carlos. *O procedimento administrativo entre a eficiência e a garantia dos particulares*, p. 201-234.

22 Como é o caso da inclusão, pela Lei nº 14.210/2021, do art. 49-A, que trata da decisão coordenada, definida como "a instância de natureza interinstitucional ou intersetorial que atua de forma compartilhada com a finalidade de simplificar o processo administrativo mediante participação concomitante de todas as autoridades e agentes decisórios e dos responsáveis pela instrução técnico-jurídica, observada a natureza do objeto e a compatibilidade do procedimento e de sua formalização com a legislação pertinente", inspirada na conferência de serviços italiana e na conferência procedimental portuguesa.

23 Para maior desenvolvimento, BITENCOURT NETO, Eurico. *Devido procedimento equitativo e vinculação de serviços públicos delegados no Brasil*, p. 63 e seg.

um vínculo jurídico que se desenvolve em contraditório, buscando seu fundamento geral na extensão do direito ao devido processo legal à atuação administrativa.

Quanto à transparência, a Lei é de uma timidez desconcertante, sequer prevendo o princípio da publicidade no rol exemplificativo do art. 2º, limitando-se a referir, entre o que chama de critérios, no parágrafo único do mesmo artigo, a divulgação oficial dos atos administrativos, ressalvadas as hipóteses de sigilo previstas na Constituição e a indicação dos pressupostos de fato e de direito que determinarem a decisão, a par de prever, no art. 3º, entre os direitos dos "administrados", ter ciência da tramitação dos processos administrativos em que tenha a condição de interessado, ter vista dos autos, obter cópias de documentos neles contidos e conhecer as decisões proferidas. Vê-se, quanto ao tratamento da transparência, claro viés "processualista" da referida Lei geral.

Não especificamente quanto à transparência, mas relativo à legitimidade para participar como interessado, cabe fazer referência à louvável previsão do art. 9º, que inclui aqueles que, sem terem iniciado o processo, têm direitos ou interesses que possam ser afetados pela decisão a ser adotada. Essa legitimidade dos interessados amplia a incidência da transparência, uma vez que esta é pressuposto da participação.

Quanto à regulação geral do procedimento à imagem e semelhança do processo judicial ainda hoje no Brasil, obviamente sem desconsiderar as particularidades de cada função estatal, pode-se inferir que essa concepção tem relação com um fato histórico peculiar do Direito Administrativo brasileiro. Com a extinção do contencioso administrativo decorrente da proclamação da República em 1889 e a mudança realizada pela ordem constitucional republicana de 1891, que optou por um modelo de divisão de funções mais próxima da Constituição dos Estados Unidos do que dos modelos da Europa continental, o Brasil inaugurou ampla competência do Poder Judiciário para intervir na atuação administrativa do Estado.

Parece derivar desse fato uma concepção do fenômeno procedimental mais próxima da tradição anglo-saxônica, centrada na transposição de garantias do processo judicial para o âmbito administrativo e com menor desenvolvimento de uma concepção ampliada do procedimento administrativo, como matriz decisória de todos os modos de atuação da Administração, sem que os procedimentos em que não há contraditório sejam compreendidos como menos relevantes. Daí a preferência pelo uso da expressão processo, em detrimento de procedimento e a aproximação do tema dos estudos próprios do processo judicial.

Nesta oportunidade, a opção pelo uso da expressão procedimento administrativo se deve à assunção de uma posição mais próxima daquela assumida pelo Direito Administrativo europeu continental, como já foi referido, por considerá-la mais compatível com o modelo de Estado e de Administração Pública consagrados pela Constituição de 1988. Não obstante, cabe esclarecer que o conteúdo aqui mencionado como procedimento administrativo se refere ao que a doutrina brasileira, em larga maioria, e a própria Lei nº 9.784/1999, chamam de processo administrativo.

Em síntese, sistemas constitucionais que consagram um Estado de Direito democrático e social, como é o caso do brasileiro, contêm um princípio geral de procedimentalização da Administração Pública. Tal princípio não se refere apenas ao reconhecimento de direitos fundamentais de garantia, no âmbito de procedimentos adversariais, sancionatórios ou restritivos de direitos. Uma concepção constitucional adequada de procedimento administrativo aponta para seu reconhecimento como sequência organizada de obtenção, tratamento e processamento de informações, visando a estruturar múltiplos contatos entre a Administração Pública e os particulares, ou entre órgãos ou entidades administrativas, conforme lição de Schmidt-Assmann[24]. Nessa concepção, o fato de funcionar como veículo de tráfego e tratamento de informações faz do procedimento administrativo um lugar privilegiado para expressar as diversas formas de manifestação da transparência administrativa.

Se, em muitos casos, os procedimentos visam a preparar uma decisão administrativa, nem sempre estarão funcionalizados a uma decisão, pelo que importa destacar a relevância jurídica de tarefas procedimentais não decisórias[25] e de uma visão do procedimento como estrutura de integração de interesses[26], o que também potencializa suas virtualidades na concretização da transparência administrativa.

---

24 SCHMIDT-ASSMANN, Eberhard. *La teoria general del derecho administrativo como sistema*, p. 358.

25 SCHMIDT-ASSMANN, Eberhard. *El procedimiento administrativo entre el principio del estado de derecho y el principio democrático*, p. 318; DUARTE, David. *Procedimentalização, participação e fundamentação*, p. 95-96.

26 DUARTE, David. *Procedimentalização, participação e fundamentação*, p. 105.

Conjugam-se, nessa visão ampla, as funções gerais de proteção de interesses particulares e defesa de posições jurídicas subjetivas, com uma dimensão objetiva, de imposição de correção da atuação administrativa, concebendo-se o fenômeno procedimental não apenas como forma de decisões ou como conjunto de atos intermédios funcionalizados a um resultado final, mas como estrutura complexa e dinâmica que conjuga o aspecto formal com uma dimensão substantiva intraprocedimental[27].

O reconhecimento de um amplo dever constitucional de procedimentalização da Administração Pública é, em síntese, um dos pilares da afirmação da transparência como princípio central do exercício da função administrativa. Nos próximos tópicos são identificadas algumas das interrelações entre esses dois princípios gerais do Direito Administrativo brasileiro.

3.2 Procedimento administrativo como instrumento da transparência

Uma primeira grande vertente de relações entre procedimento administrativo e transparência é formada pelos procedimentos administrativos instrumentais à transparência, isto é, procedimentos cuja finalidade é a assegurar acesso a dados ou informações públicas. Nesse campo, podem ser referidos:

a) O procedimento de acesso a informações públicas, de que tratam os arts. 5º, XXXIII, 37, § 3º, II e 216, § 2º, e todos da Constituição de 1988 e regulados pela Lei nº 12.527/2011, conhecida como "Lei de Acesso à Informação". Tal procedimento se sujeita às diretrizes estabelecidas no art. 3º da referida lei: observância da publicidade como preceito geral e do sigilo como exceção; divulgação de informações de interesse público, independentemente de solicitações; utilização de meios de comunicação viabilizados pela tecnologia da informação; fomento ao desenvolvimento da cultura de transparência na administração pública; e desenvolvimento do controle social da administração pública.

[27] BITENCOURT NETO, Eurico. *Devido procedimento equitativo e vinculação de serviços públicos delegados no Brasil*, p. 43.

A referida Lei prevê extenso feixe de deveres de transparência ativa, como por exemplo aquele previsto no art. 8º, segundo o qual é dever dos órgãos e entidades públicas promover, independentemente de requerimentos, a divulgação em local de fácil acesso, no âmbito de suas competências, de informações de interesse coletivo ou geral por eles produzidas ou custodiadas. Tal obrigação dever cumprir um mínimo de conteúdo informacional, como por exemplo registros das competências e estrutura orgânica das entidades administrativas, despesas públicas, procedimentos licitatórios e respectivos contratos, além de dados gerais para acompanhamento de programas e obras públicas. A transparência na veiculação de tais informações se obtém, entre outros requisitos, pela veiculação de conteúdo "de forma objetiva, transparente, clara e em linguagem de fácil compreensão" (art. 8ª, § 3º, I).

O procedimento para acesso às informações públicas é disciplinado nos artigos 10 e seguintes da Lei, prevendo prazos para resposta aos requerimentos e vedando quaisquer óbices formalistas e exigências relativas aos motivos determinantes da solicitação de informações de interesse público. Em síntese, a Lei de Acesso à Informação institui procedimento simplificado com amplo alcance na efetivação do princípio da transparência administrativa.

b) O procedimento para a obtenção de certidões em repartições públicas, para defesa de direitos e esclarecimento de situações de interesse pessoal, previsto no art.5º, XXXIV, b, da Constituição, e regulado pela Lei nº 9.051/1995, que estabelece o prazo de 15 dias para que tais certidões possam ser expedidas. Neste caso, trata-se de incidência restrita do princípio da transparência, configurando direito a obter informações de interesse pessoal.

c) O procedimento do *habeas data,* previsto no art. 5º, LXXII, da Constituição, e regulado pela Lei nº 9.507/1997, especialmente, no que toca à transparência, com o fim de assegurar o conhecimento de informações relativas à pessoa do impetrante, constantes de registro ou banco de dados de entidades governamentais ou de caráter público. Cabe referir, em relação à regulação legal do *habeas data,* que, para além de instituir processo em âmbito judicial, também cria procedimento administrativo prévio, cuja conclusão desfavorável ao interessado é condição para a propositura da ação judicial.

Tal procedimento prevê prazo de quarenta e oito horas para que o órgão ou entidade depositária do registro ou banco de dados decida o requerimento administrativo sobre o acesso à informação e prazo de dez dias para que se faça eventual retificação de dados.

d) Os procedimentos de transparência da gestão fiscal, como previstos na Lei Complementar nº 101/2000, conhecida como "Lei de Responsabilidade Fiscal" e que, para além do fundamento constitucional geral, decorrente do próprio princípio da transparência administrativa, hoje possuem fundamento explícito no art. 163-A, da Constituição. Nos termos do art. 48 da referida lei, são instrumentos de transparência da gestão fiscal, aos quais será dada ampla divulgação, inclusive em meios eletrônicos de acesso público: os planos, orçamentos e leis de diretrizes orçamentárias; as prestações de contas e o respectivo parecer prévio; o Relatório Resumido da Execução Orçamentária e o Relatório de Gestão Fiscal; e as versões simplificadas desses documentos.
A lei ainda estabelece, no § 1º do mesmo artigo, que a transparência também será assegurada mediante: incentivo à participação popular e realização de audiências públicas, durante os processos de elaboração e discussão dos planos, lei de diretrizes orçamentárias e orçamentos; liberação ao pleno conhecimento e acompanhamento da sociedade, em tempo real, de informações pormenorizadas sobre a execução orçamentária e financeira, em meios eletrônicos de acesso público; e adoção de sistema integrado de administração financeira e controle.

3.3 Procedimento administrativo permeado por imposições de transparência

Outra vertente das relações entre transparência e procedimento administrativo é formada pelas imposições de transparência no curso de procedimentos, para o cumprimento de finalidades diversas, por exemplo para possibilitar a participação procedimental, em suas diversas finalidades, ou para atuar como instrumento de imparcialidade administrativa, ou, ainda, para viabilizar a efetividade dos meios de controle da atuação administrativa, ou, da mesma forma, para potencializar meios de concertação, colaboração e cooperação procedimental.

Em primeiro lugar, cabe fazer referência à relação entre transparência e as distintas formas de participação procedimental. Uma das densificações necessárias do princípio geral de procedimentalização é a participação procedimental[28], significando a intervenção de particulares que influencia e condiciona a decisão administrativa, como elemento apto a "reequacionar o problema da falta de legitimidade própria da Administração pública"[29], admitindo-se que os interessados nos distintos tipos de procedimento em geral correspondem a parcelas, mais ou menos amplas, do conceito geral de povo, como titular do poder político[30].

A participação procedimental conta com duas vertentes concretizadoras da legitimidade da atuação administrativa[31]: a) a subjetiva, que impõe um direito geral de participação, com fim garantístico; b) a objetiva, materializadora do princípio da imparcialidade[32] e da legitimação democrática da atividade decisória[33]. Tais vertentes da participação procedimental asseguram a defesa ou proteção de direitos, o comprometimento dos interessados no procedimento decisório e o melhor conhecimento dos fatos e interesses que devem condicionar as escolhas administrativas.

Para realçar seu caráter abrangente e geral, cabe invocar a sistematização das formas de participação procedimental em dois grandes grupos: a participação coconstitutiva[34], em que a vontade do particular compõe, com a Administração, a decisão adotada; a participação dialógica[35], em que o particular continua como simples destinatário da atuação administrativa. No caso de participação dialógica, avultam múltiplas espécies, tendo em comum

---

[28] Para maior desenvolvimento sobre a participação procedimental, NETTO, Luísa Cristina Pinto e. *Participação administrativa procedimental*. Belo Horizonte: Fórum, 2010.

[29] DUARTE, David. *Procedimentalização, participação e fundamentação*, p. 160.

[30] SCHMIDT-AßMANN, Eberhard. *La teoria general del derecho administrativo como sistema*, p. 118.

[31] BITENCOURT NETO, Eurico. *Devido procedimento equitativo e vinculação de serviços públicos delegados no Brasil*, p. 125.

[32] CORREIA, José Manuel Sérvulo. *Noções de direito administrativo*, v. 1, p. 254-255; DUARTE, David. *Procedimentalização, participação e fundamentação*, especialmente p. 375 e seg.

[33] GIANNINI, Massimo Severo. *I pubblici poteri negli stati pluriclasse*, p. 393.

[34] CORREIA, José Manuel Sérvulo. *O direito à informação e os direitos de participação dos particulares no procedimento e, em especial, na formação da decisão administrativa*, p. 430; OTERO, Paulo. *Direito do procedimento administrativo*, p. 105.

[35] CORREIA, José Manuel Sérvulo. *O direito à informação e os direitos de participação dos particulares no procedimento e, em especial, na formação da decisão administrativa*, p. 432.

dupla finalidade[36]: uma garantística[37], assegurando a defesa dos interesses dos particulares, em que se enquadra o direito fundamental ao contraditório e à ampla defesa, e uma funcional ou cívica, em que o particular colabora para "enriquecer a perspectiva da Administração sobre a identidade, natureza e peso relativo dos interesses que povoam a situação real da vida que lhe cabe conformar" [38].

Assim, tendo em vista as diferentes vertentes da participação, distintos também são os fundamentos da transparência aplicada a cada vertente. No caso da participação dialógica com fim garantístico, por exemplo, a Constituição estabelece no art. 5º, LV, que aos litigantes, em processo judicial ou administrativo, e aos acusados em geral são assegurados o contraditório e ampla defesa, com os meios e recursos a ela inerentes. Os meios e recursos realizadores do contraditório e da ampla defesa têm no acesso a informações necessárias ao seu exercício um pilar fundamental. Assim é que os acusados e litigantes em âmbito administrativo têm o direito de aceder às informações correspondentes para que sua participação seja efetiva. Tal direito é densificado nas diversas leis específicas que regulam tais procedimentos adversariais ou sancionatórios.

Por outro lado, no exemplo da participação dialógica com fim funcional ou cívico, a Constituição prevê, no art. o art. 5º, inciso XXXIII, que todos têm direito a receber dos órgãos públicos informações de interesse coletivo ou geral, cuja obtenção está regulada na Lei nº 12.527/2011. Além disso, a Lei nº 13.848/2019, que dispõe sobre a gestão, a organização, o processo decisório e o controle social das agências reguladoras, prevê, em seu art. 10, que a agência reguladora, por decisão colegiada, poderá convocar audiência pública para formação de juízo e tomada de decisão sobre matéria considerada relevante, o que, por óbvio, pressupõe transparência das informações relacionadas à referida matéria. Em ambos os casos, a participação colaboradora pressupõe transparência sobre informações de natureza pública.

---

36 BITENCOURT NETO, Eurico. *Devido procedimento equitativo e vinculação de serviços públicos delegados no Brasil*, p. 126.

37 CORREIA, José Manuel Sérvulo. *O direito à informação e os direitos de participação dos particulares no procedimento e, em especial, na formação da decisão administrativa*, p. 149-150; *Procedimento equitativo e direito de participação procedimental*, p. 423-424.

38 CORREIA, José Manuel Sérvulo. *O direito à informação e os direitos de participação dos particulares no procedimento e, em especial, na formação da decisão administrativa*, p. 432.

A transparência também amplia, no âmbito de distintos procedimentos administrativos, as possibilidades de se realizar o dever de decidir de modo imparcial. Em síntese, a imparcialidade impõe, sob sua face objetiva, "uma directriz de compleição da decisão"[39] por meio da necessidade de consideração de fatos ou interesses relevantes e da exclusão de fatos ou interesses irrelevantes, mediante ponderação. A imparcialidade, em suma, determina que a atuação administrativa pondere interesses e, para tanto, é necessário que tais interesses "sejam captados procedimentalmente"[40].

No Direito Administrativo brasileiro, o dever de imparcialidade decorre do art. 37 da Constituição, em que está o princípio da impessoalidade que, se à primeira vista, parece relacionado apenas a uma dimensão subjetiva de vedação de privilégios e perseguições, como expressão do princípio da igualdade[41], ou da imputação dos atos dos agentes públicos à pessoa estatal[42], deve ser interpretado como congênere da imparcialidade[43]. É que a noção de impessoalidade está vinculada à de isenção ou neutralidade[44] da atuação administrativa, apontando para uma atuação correta "relativamente à sua *indisponível finalidade objetiva*, que vem a ser aquela expressa na legislação"[45].

A imparcialidade depende de que a Administração consiga captar, por meio do procedimento, todos os interesses, públicos e privados, que relevam para decidir e isso, em muitos casos, depende da obtenção de informações externas ao órgão decisor, que serão trazidas por meio da participação procedimental. Daí que a transparência tanto favorece

39 DUARTE, David. *Procedimentalização, participação e fundamentação*, p. 290.

40 DUARTE, David. *Procedimentalização, participação e fundamentação*, p. 297.

41 MELLO, Celso Antônio Bandeira de. *Curso de direito administrativo*, p. 117; CARVALHO FILHO, José dos Santos. *Manual de direito administrativo*, p. 20-21.

42 DI PIETRO, Maria Sylvia Zanella. *Direito administrativo*, p. 85.

43 ROCHA, Cármen Lúcia Antunes. *Princípios constitucionais da administração pública*, p. 147; FREITAS, Juarez. *O controle dos atos administrativos e os princípios fundamentais*, p. 82.

44 BATISTA JÚNIOR, Onofre Alves. *Princípio constitucional da eficiência administrativa*, p. 287. Assinalando que a Administração, como parte na prossecução dos interesses públicos, não pode assumir uma posição de neutralidade, pelo que sua imparcialidade é relativa, ANDRADE, José Carlos Vieira de. *A imparcialidade da administração como princípio constitucional*, p. 225-226.

45 MOREIRA NETO, Diogo de Figueiredo. *Curso de direito administrativo*, p. 104.

a indução da participação, quanto é necessária para demonstrar que a decisão administrativa é, de fato, imparcial, isto é, a transparência, neste caso, impõe um dever de motivação congruente, que demonstre que a decisão foi tomada de modo objetivamente imparcial. A Lei nº 9.784/1999 prevê de modo explícito a motivação como um dos princípios gerais procedimentais.

Para além disso, a transparência é instrumento fundamental para ampliar as virtualidades do controle da Administração Pública. O sistema jurídico-administrativo brasileiro estabelece um amplo sistema de controle, desde a imposição de meios de controle interno (art. 74 da Constituição e controles administrativos próprios das diversas formas de atuação administrativa), passando pela instituição de diversos meios de controle legislativo (por exemplo, arts. 49, I, II, III, IV, XII, XIV, XVI e XVI; 52, III, IV, V e XI; 50, *caput* e § 2º; 52, I , II e parágrafo único; 52, VI; 58, § 3º, todos da Constituição), controle financeiro legislativo e pelos Tribunais de Contas (arts. 70 a 75 da Constituição), culminando por amplo espectro de controle judicial, a partir da fórmula do art. 5º, XXXV, da Constituição, segundo a qual "a lei não excluirá da apreciação do Poder Judiciário lesão ou ameaça a direito".

Para além disso, há distintas fontes legitimadoras de participação dos cidadãos no controle da Administração Pública, seja provocando diretamente a intervenção judicial como é o caso da ação popular, (Constituição, art. 5º, LXXIII), seja provocando a ação dos demais órgãos controladores, no âmbito de procedimentos administrativos.

Por óbvio, os deveres de transparência administrativa são meios de potencializar o controle, na medida em que este depende do acesso a dados e informações públicas, tanto no que diz respeito ao controle orçamentário, financeiro e patrimonial da execução das políticas públicas, quanto no que se refere ao controle de juridicidade das decisões administrativas individualmente consideradas. Por consequência, os procedimentos administrativos de controle impõem, com força redobrada, a transparência administrativa, sem o que não alcançarão resultados efetivos.

Por fim, caber referir que os procedimentos administrativos em que se buscam meios de concertação, colaboração e cooperação dependem de transparência nas trocas de informações entre as partes, para que a as interações pactuadas possam ter curso de modo eficaz e no âmbito de relações pautadas pela boa-fé.

A Administração Pública contemporânea pode ser considerada, em termos gerais, uma "Administração cooperativa"[46], tendo em conta seu perfil dialógico, substituindo, em diversos setores, contatos pontuais com os particulares por relações permanentes e dando preferência a uma atuação negociada e concertada em detrimento de uma atuação impositiva e unilateral. É assim que tal perfil potencializa a concertação administrativa, modo de atuar que valoriza a participação, a negociação e a realização de pactos ou acordos.[47]

As noções de colaboração e cooperação são marcadas por certa imprecisão semântica, não possuem um padrão único de utilização, ora sendo aplicados em sentidos diversos, ora indistintamente[48]. Quanto ao aspecto conceitual, especialmente tendo em conta a dimensão organizatória e funcional, parece adequado o sentido de que a colaboração seria uma atuação conjunta de dois entes para o desempenho de uma atividade no âmbito de competência de um deles, enquanto a cooperação, uma atuação conjunta em uma atividade relativa às competências das entidades envolvidas[49].

Em sentido geral, pode-se referir a tal perfil de atuação administrativa como "administração concertada"[50], que busca a participação e o consenso como um "estilo de administrar"[51]. A Constituição brasileira de 1988 privilegia a administração concertada, seja nas relações com os particulares, seja nas relações interadministrativas ou intra-administrativas. Tal opção constitucional resulta "de uma transformação institucional qualitativa operada sobre uma realidade eminentemente pluralista"[52]. Participação e consenso, noções-chave de uma Administração concertada, são mecanismos de legitimação direta da atuação dos órgãos administrativos.

---

[46] SCHMIDT-AßMANN, Eberhard. *La teoria general del derecho administrativo como sistema*, p. 36-37.

[47] BITENCOURT NETO, Eurico. *Concertação administrativa interorgânica*, p. 207.

[48] LEITÃO, Alexandra. *Contratos interadministrativos*, p. 81-84.

[49] Em sentido semelhante, referindo-se às relações dos particulares com a Administração, GONÇALVES, Pedro. *Entidades privadas com poderes públicos*, p. 454-455; LEITÃO, Alexandra. *Contratos interadministrativos*, p. 84.

[50] Para maior desenvolvimento, BITENCOURT NETO, Eurico. *Concertação administrativa interorgânica*.

[51] CORREIA, José Manuel Sérvulo. *Legalidade e autonomia contratual nos contratos administrativos*, p. 353.

[52] CORREIA, José Manuel Sérvulo. *Controlo judicial da administração e responsabilidade democrática da administração*, p. 305.

A par do princípio democrático, previsto de modo genérico e em diversas referências quanto a atuações específicas, a Administração concertada está relacionada ao princípio da eficiência. Entendida a eficiência como um mandamento de se obter os melhores resultados, com o menor custo e do modo mais célere, nos quadros da juridicidade, haverá situações em que a Administração concertada será mais apta a assegurar uma atuação eficiente que uma Administração impositiva.

Por exemplo, decisões administrativas complexas, como grandes intervenções urbanísticas, ou autorizações para atividades de risco, que envolvem múltiplos interesses públicos concorrentes, tutelados por distintos órgãos, reclamam instrumentos procedimentais de concertação interadministrativa, interorgânica, ou entre distintos órgãos púbicos e particulares. Ou, ainda, acordos substitutivos de procedimentos sancionatórios, em que se busca pactuação de compromissos de reparação de danos, alteração de comportamentos irregulares, medidas compensatórias, ou regularização de atos e procedimentos, em vez do prosseguimento de procedimentos sancionatórios ou da aplicação de uma sanção.

Outros exemplos importantes de atuação concertada se referem aos instrumentos de cooperação federativa, envolvendo a União, os Estados federados e os Municípios, como é o caso da previsão, contida no art. 23, parágrafo único, de que leis complementares fixarão normas para a cooperação entre os entes federados, bem como do art. 241, que prevê que tais entidades disciplinarão, por meio de lei, os consórcios públicos e os convênios de cooperação entre si, autorizando a gestão associada de serviços públicos, bem como a transferência total ou parcial de encargos, serviços, pessoal e bens essenciais à continuidade dos serviços transferidos.

Outra hipótese relevante é a do art. 37, § 8º, da Constituição, que institui a possibilidade de ampliação contratualizada da autonomia gerencial, orçamentária e financeira de entidades da Administração indireta e de órgãos públicos despersonalizados, privilegiando a concertação em detrimento da atuação unilateral ou hierárquica.

Em todos os casos, o diálogo institucional, a busca de atuação conjunta ou da obtenção de consenso dependem do compartilhamento de informações em âmbito procedimental. Em outras palavras, a transparência administrativa, nas relações concertadas, é instrumentos de viabilização desse modo cada vez mais comum de atuação administrativa.

4. CONCLUSÃO

A Constituição brasileira de 1988, não obstante só recentemente, por via de emendas constitucionais, ter passado a fazer referência à expressão transparência, consagra, a partir da fisionomia jurídico-institucional do Estado de Direito, um amplo princípio de transparência que alcança todas as funções estatais e possui fértil campo de desenvolvimento no âmbito da função administrativa.

A transparência administrativa se impõe e se materializa por meio de procedimentos administrativos, sejam aqueles especificamente vocacionados a possibilitar a obtenção de informações públicas ou pessoais para os interessados, sejam os múltiplos tipos procedimentais que são permeados por feixes de imposições de transparência, para viabilizar participação, imparcialidade, controle e concertação administrativa.

Cabe, então, concluir que uma adequada concepção procedimental, mais próxima ao reconhecimento de um amplo dever de procedimentalização administrativa e não funcionalizada prioritariamente a procedimentos em contraditório, é essencial para que o fenômeno procedimental possa ser instrumento efetivo para realizar todas as virtualidades da transparência administrativa.

REFERÊNCIAS DOUTRINAIS

ALEXY, Robert. *Teoría de los derechos fundamentales.* 2. ed. Tradução: Carlos Bernal Pulido. Madri: Centro de Estudios Politicos y Constitucionales, p. 2007.

ANDRADE, José Carlos Vieira de. A imparcialidade da administração como princípio constitucional. *Boletim da Faculdade de Direito da Universidade de Coimbra*, Coimbra, v. L, p. 219-246, 1974.

BATISTA JÚNIOR, Onofre Alves. *Princípio constitucional da eficiência administrativa.* 2. ed. rev. atual. Belo Horizonte: Fórum, 2012.

BITENCOURT NETO, Eurico. *Concertação administrativa interorgânica:* Direito Administrativo e organização no século XXI. São Paulo: Almedina, 2017.

BITENCOURT NETO, Eurico. *Devido procedimento equitativo e vinculação de serviços públicos delegados no Brasil.* Belo Horizonte: Fórum, 2009.

CARVALHO FILHO, José dos Santos. *Manual de direito administrativo.* 32 ed. rev. atual. amp. São Paulo: Atlas, 2018.

CASSESE, Sabino. *Le basi del diritto amministrativo*. 6. ed. rev. ampl. 3. reimp. Milão: Garzanti, 2004.

CASSESE, Sabino. A global due process of law? *In:* ANTHONY, Gordon; AUBY, Jean-Bernard; MORISON, John; ZWART, Tom. *Values in global administrative law*. Oxford and Portland, Oregon: Hart Publishing, 2011. p. 17-60.

CORREIA, José Manuel Sérvulo. Administrative due or fair process: different paths in the evolutionary formation of a global principle and a global right. *In:* ANTHONY, Gordon; AUBY, Jean-Bernard; MORISON, John; ZWART, Tom. *Values in global administrative law*. Oxford and Portland, Oregon: Hart Publishing, 2011. p. 313-361.

CORREIA, José Manuel Sérvulo. Controlo judicial da administração e responsabilidade democrática da administração. *In:* NETTO, Luísa Cristina Pinto e; BITENCOURT NETO, Eurico (Coord.). *Direito administrativo e direitos fundamentais:* diálogos necessários. Belo Horizonte: Fórum, 2012. p. 299-315.

CORREIA, José Manuel Sérvulo. O direito à informação e os direitos de participação dos particulares no procedimento e, em especial, na formação da decisão administrativa. *In: Escritos de direito público*, v.1, Direito Administrativo (1). Coimbra: Almedina, 2019.

CORREIA, José Manuel Sérvulo. *Legalidade e autonomia contratual nos contratos administrativos*. Reimpressão. Coimbra: Almedina, 2003.

CORREIA, José Manuel Sérvulo. *Noções de direito administrativo*. v. 1. Lisboa: Danúbio, 1982.

CORREIA, José Manuel Sérvulo. Procedimento equitativo e direito de participação procedimental. *In: Estudos de Homenagem ao Prof. Doutor Jorge Miranda*. v. 4. Direito Administrativo e Justiça Administrativa. Coimbra: Coimbra Editora, 2012. p. 411-430.

CRAIG, Paul. *Administrative law*. 6. ed. Londres: Thomson-Sweet&Maxwell, 2008.

DI PIETRO, Maria Sylvia Zanella. *Direito administrativo*. 34. ed. São Paulo: Forense, 2021.

DUARTE, David. *Procedimentalização, participação e fundamentação:* para uma concretização do princípio da imparcialidade administrativa como parâmetro decisório. Coimbra: Almedina, 1996.

FREITAS, Juarez. *O controle dos atos administrativos e os princípios fundamentais*. 4. ed. ref. ampl. São Paulo: Malheiros, 2009.

GIANNINI, Massimo Severo. Il pubblici poteri negli stati pluriclasse. *Rivista Trimestrale di Diritto Pubblico*, n. 2-3, p. 389-404, 1979.

GONÇALVES, Pedro. *Entidades privadas com poderes públicos:* o exercício de poderes públicos de autoridade por entidades privadas com funções administrativas. Reimpressão. Coimbra: Almedina, 2008.

LEITÃO, Alexandra. *Contratos interadministrativos.* Coimbra: Almedina, 2011.

LOUREIRO, João Carlos. *O procedimento administrativo entre a eficiência e a garantia dos particulares* (algumas considerações). Coimbra: Coimbra Editora, 1995.

MARRARA, Thiago. Princípios do processo administrativo. *In:* BITENCOURT NETO, Eurico; MARRARA, Thiago (Coord.). *Processo administrativo brasileiro:* estudos em homenagem aos 20 anos da lei federal de processo administrativo. Belo Horizonte: Fórum, 2020, p. 75-112.

MARTINS JÚNIOR, Wallace Paiva. Princípio da transparência. *In:* DI PIETRO, Maria Sylvia Zanella (Coord.). *Tratado de direito administrativo.* v. 1. Teoria geral e princípios do direito administrativo. São Paulo: Revista dos Tribunais, 2015. p. 419-482.

MELLO, Celso Antônio Bandeira de. *Curso de direito administrativo,* 35. ed. São Paulo: Malheiros – JusPodivm, 2021.

MOREIRA NETO, Diogo de Figueiredo. *Curso de direito administrativo.* Parte introdutória, parte geral e parte especial. 15. ed. rev., refund. e atual. Rio de Janeiro: Forense, 2009.

MOTTA, Fabrício. O princípio constitucional da publicidade administrativa. *In:* NOHARA, Thiago Marrara (coord.). *Princípios de direito administrativo.* São Paulo: Atlas, 2012.

NETTO, Luísa Cristina Pinto e. Participação administrativa procedimental. Belo Horizonte: Fórum, 2010.

NETTO, Luísa Cristina Pinto e. Procedimentalização e participação: imposições jusfundamentais à atividade administrativa. *In:* NETTO, Luísa Cristina Pinto e; BITENCOURT NETO, Eurico (Coord.) *Direito administrativo e direitos fundamentais: diálogos necessários.* Belo Horizonte: Fórum, 2009, p. 215-247.

OTERO, Paulo. *Direito do procedimento administrativo,* v. 1. Coimbra: Almedina, 2016.

OTERO, Paulo. *O poder de substituição em direito administrativo.* 2 v. Lisboa: Lex, 1995.

ROCHA, Cármen Lúcia Antunes. *Princípios constitucionais dos servidores públicos.* São Paulo: Saraiva, 1999.

SCHMIDT-ASSMANN, Eberhard. Pluralidad de estructuras y funciones de los procedimientos administrativos en el derecho alemán, europeo e internacional. *In:* BARNES, Javier (Ed.). *La transformación del procedimiento administrativo.* Sevilha: Global Law Press, 2008. p. 71-112.

SCHMIDT-ASSMANN, Eberhard. El procedimiento administrativo entre el principio del Estado de derecho y el principio democrático. *In:* BARNES VÁZQUEZ, Javier (Coord.). *El procedimiento administrativo en el derecho comparado.* Madri: Civitas, 1993. p. 317-337.

SCHMIDT-ASSMANN, Eberhard. *La teoria general del derecho administrativo como sistema.* Madri-Barcelona: INAP-Marcial Pons, 2003.

SCHMIDT-ASSMANN, Eberhard. *Dogmática jurídico-administrativa*: um balanço intermédio sobre a evolução, a reforma e as funções futuras. São Paulo: Saraiva, 2016.

SILVA, Vasco Pereira da. *Em busca do acto administrativo perdido.* Reimpressão. Coimbra: Almedina, 1998.

O SENTIDO INSTITUCIONAL DA TRANSPARÊNCIA ADMINISTRATIVA

Juliana Ferraz Coutinho
Professora Auxiliar da Faculdade de Direito da Universidade do Porto; Investigadora do Centro de Investigação Jurídica (CIJ) da Faculdade de Direito da Universidade do Porto.

1. DA TRANSPARÊNCIA DA ATIVIDADE PARA A TRANSPARÊNCIA DA ORGANIZAÇÃO

A transparência é uma qualidade conatural a um modelo administrativo democrático[1], confiável e responsável. Um modo de ser da Administração Pública[2] que decorre dos princípios de Estado de direito democrático [cfr. artigo 2.º da Constituição da República Portuguesa (CRP)] e da Administração aberta [cfr. artigo 17.º do Código do Procedimento Administrativo (CPA)], e dos direitos (fundamentais) à informação, consagrados no artigo 268.º, n.ºs 1 e 2 da CRP[3]. E que sem prejuízo das previsões específicas em matéria de

---

[1] Fernando Sáinz Moreno, "Secreto y Transparencia", *in Estudios para la reforma de la Administración Pública*, Madrid, INAP, 2004, página 165. No mesmo sentido, afirmando o princípio da transparência da Administração como consubstancial a toda a ordem jurídica democrática, cfr. Acórdão do Tribunal Constitucional n.º 231/92 (Processo 34/90), disponível em www.tribunalconstitucional.pt

[2] Colaço Antunes, "Mito e realidade da transparência administrativa", *Separata do número especial do Boletim da Faculdade de Direito da Universidade de Coimbra, Estudos em Homenagem ao Prof. Doutor Afonso Queiró*, Coimbra, Coimbra Editora, 1986, página 2.

[3] Salientando que os direitos à informação procedimental e não procedimental exigem "uma estruturação da Administração adequada a manter o administrado em condições de conhecer ou de aceder ao conhecimento das informações de que essa organização dispõe ou dos actos jurídicos que pratica", Pedro Costa Gonçalves, "Notificação dos Actos

contratação pública[4], encontra consagração expressa, como princípio geral, no artigo 10.º do Tratado da União Europeia e no artigo 15.º do Tratado Sobre o Funcionamento da União Europeia.

Sendo um fim em si mesmo para o qual concorrem diversos instrumentos, como a procedimentalização da vontade administrativa, o direito à informação (procedimental e não procedimental), a fundamentação dos atos administrativos, a notificação, a publicação e a disponibilização de informação institucional; a transparência acaba por servir outros valores e princípios, igualmente fundamentais, como a imparcialidade, a boa administração e a responsabilidade, o que lhe dá a configuração particular de objetivo, instrumento e parâmetro de atuação.

Num sistema de direito administrativo como o nosso – aberto e flexível mas, ainda assim, sistema –, a posição relativa do conceito-chave "transparência"[5] é permeável às funções e características do direito administrativo e da Administração Pública, à cultura das organizações, ao relacionamento dos cidadãos com os poderes públicos, à perceção pública da Administração e às especificidades do caso concreto.

Pelo que apesar de se configurar como um elemento de importância primária – trata-se, em todo o caso, de um dever e de um compromisso inalienável e irrenunciável do Estado de direito para com os seus cidadãos –, a transparência acaba por se assumir como uma ideia ordenadora particularmente relevante e consequente:

1. nos modelos de gerência pública e de governação, articulando-se com a previsão de mecanismos de avaliação, de prestação de contas e de responsabilização pelos resultados obtidos;

Administrativos (Notas sobre a Génese, âmbito, Sentido e Consequências de uma Imposição Constitucional)", in *AB VNO AD OmNES – 75 Anos da Coimbra Editora*, Coimbra, Coimbra Editora, 1998, página 1091.

[4] Cfr. artigos 1.ºA, n.º 1, 35.º A, n.º 2, 78.ºA, 275.º, n.º 4, 283.ºA, n.º 2, alínea b) do Código dos Contratos Públicos (CCP).

[5] Os conceitos-chave são as ideias ordenadoras que servem a perspetiva sistemática do direito administrativo e permitem uniformizar o tratamento de situações específicas. Sobre o papel dos conceitos-chave na realização da função prática desempenhada pela perspetiva sistemática do direito administrativo, cfr. Eberhard Schmidt-Assmann, **La Teoría General del Derecho Administrativo Como Sistema**, trad., Madrid, INAP/Marcial Pons, 2003, página 5.

2. num contexto de *deficit* público de confiança na Administração Pública, como medida corretiva e apaziguadora da falta de ética pública, da inércia administrativa e do recurso à privatização[6] (tantas vezes incompreendido e algumas vezes incompreensível).

Do plano mais amplo e abstrato da transparência como conceito-chave da Administração Pública de resultados, para o plano mais modesto do caso concreto, a transparência define-se como um parâmetro elástico, de limites variáveis, a definir em função das circunstâncias e dos direitos e interesses legalmente protegidos em presença, num equilíbrio complexo e instável.

Não há um grau de transparência definível ou mensurável em abstrato, válido para todos os casos: a menor ou maior transparência resulta de um exercício de ponderação, vinculado pelos pressupostos de direito e de facto do caso, e orientado pelos princípios gerais da atividade administrativa, em especial, pelo princípio da proporcionalidade[7].

Entre a transparência total e o segredo absoluto é possível por isso identificar uma zona cinzenta, com inúmeras graduações, onde convivem os casos:

1. em que a reserva é instrumental a princípios, direitos e interesses que encontram o seu fundamento na Constituição, como a eficiência, a eficácia, a imparcialidade[8], o bom-nome, a reputação e a presunção de inocência[9];

---

[6] Dando conta das dificuldades da Administração Pública "moderna", João Caupers, "Novos atores, novos modelos de organização administrativa", in Carla Amado Gomes, Ana Fernanda Neves e Tiago Serrão (coord.) *Organização Administrativa*, vol. I, Lisboa, AAFDL Editora, 2018, páginas 16, 17 e 18.

[7] Fernando Sáinz Moreno, "Secreto y Transparencia", *op. cit.*, página 175.

[8] Colaço Antunes, "Mito e realidade da transparência administrativa", *op. cit.*, páginas 27 e 28.

[9] Pense-se, a este propósito, na necessidade de compatibilização da natureza pública do processo de contraordenação e do dever de transparência que se impõe às autoridades reguladoras independentes (cfr. artigo 48.º, em especial, a alínea e), da Lei-Quadro das Autoridades Reguladoras Independentes, aprovada pela Lei n.º 67/2013, de 28 de agosto) com o princípio constitucional da presunção de inocência, previsto no artigo 32.º, n.ºs 2 e 10 da CRP, e com o direito ao bom nome e reputação, no caso, de uma pessoa coletiva, consagrado no artigo 26.º, n.º 1 da CRP. Entendendo que esta é uma questão com relevância jurídica e social para o efeito de se admitir recurso de revista excecional, cfr. Acórdãos do Supremo

2. em que a transparência tem de se harmonizar com a salvaguarda dos dados pessoais, numa conciliação guiada pelo critério da finalidade da informação e pelo princípio da proporcionalidade[10].

Apesar de ser no domínio da atividade que a transparência e o segredo administrativos são particularmente aptos a conflituar com posições jurídicas subjetivas dos cidadãos – ao contrário da dimensão institucional da administração pública, a atividade desempenhada caracteriza-se pelo caráter imediato dos seus efeitos na esfera jurídica dos administrados; o sentido da transparência administrativa não é exclusivamente material[11].

Retomando a relação óbvia entre atividade e organização, não se pode ignorar que uma intervenção na organização administrativa seja uma intervenção na atividade, com um intencional e inevitável reflexo: *(i)* na qualidade da atuação da Administração Pública – a determinar em função de critérios de legalidade, eficiência e eficácia –, *(ii)* no exercício de direitos (fundamentais ou não) e *(iii)* na tutela jurisdicional efetiva[12].

A atividade será tão transparente quanto a organização que lhe serve de suporte, pelo que a proteção adequada da posição jurídica dos administrados acaba por depender da articulação entre o direito material e o direito da organização, e da transposição para a organização[13] das garantias que condicionam a atividade.

Mas a transparência institucional ou da organização administrativa vale por si mesma, desde logo porque a organização administrativa não se reduz a um mero suporte da atividade: configura-se como uma consequência das funções

---

Tribunal Administrativo de 26 de maio de 2022 (Processo 01556/21.0BELSB) e de 5 de maio de 2022 (Processo 01282/21.0BELSB), ambos disponíveis em www.dgsi.pt

[10] Sobre os princípios que deverão reger o acesso à informação pessoal, Alexandre de Sousa Pinheiro, "A proteção de dados no novo Código do Procedimento Administrativo", in Carla Amado Gomes, Ana Fernanda Neves e Tiago Serrão (coord.), *Comentários ao Novo Código do Procedimento Administrativo*, 2.ª ed., Lisboa, AAFDL Editora, 2015, páginas 251 e seguintes, em especial, páginas 269 a 279.

[11] Salientando esta ligação, Raquel Carvalho, **O Direito à Informação Administrativa Procedimental**, Porto, Universidade Católica Portuguesa, 1999, página 70.

[12] Colaço Antunes, **A Ciência Jurídica Administrativa**, Coimbra, Almedina, 2012, página 138.

[13] L. Parejo Alfonso, **Organización Y Poder de Organización. Las Potestades Organizatoria y Reglamentaria del Complejo Orgánico-funcional Gobierno y Administración**, Madrid, iustel, 2009, página 28.

do Estado e como um modo de execução de políticas públicas e, nessa medida, como a mais clara evidência de uma determinada ideia de Administração Pública e da posição de administrado como utente da Administração Pública.

2. CONTEÚDO E SUJEITOS DA TRANSPARÊNCIA INSTITUCIONAL

Por a organização administrativa se tratar de um "mundo complexo de fronteiras imprecisas"[14], a definição clara do conteúdo e do âmbito da transparência institucional e a identificação dos instrumentos que a servem, impõe uma reação à alienação técnica dos tempos modernos e uma resposta direta à necessidade de simplificação e clareza dos materiais jurídicos.

O problema enuncia-se da seguinte forma: a que sujeitos se impõe a transparência institucional e qual é o significado desta exigência? E implica o retorno à contraposição fundamental entre organização administrativa em sentido estático e organização administrativa em sentido dinâmico[15], num esforço de concetualização que se dirige a:

1. contrariar a tendência de considerar apenas os resultados da organização administrativa, o que se refletiria numa garantia deficitária do princípio da transparência;
2. antecipar a exigência de transparência para a tomada de decisões de organização;
3. não limitar os instrumentos que garantem a transparência no plano institucional a medidas de publicidade;
4. estender a exigência de transparência institucional a todas as pessoas coletivas que fazem administração pública, independentemente de integrarem ou não a Administração Pública em sentido orgânico ou subjetivo.

---

[14] João Caupers, "Novos atores, novos modelos de organização administrativa", *op. cit.*, página 16.

[15] Cfr. Juliana Ferraz Coutinho, **O público e o privado na organização administrativa. Da relevância do sujeito à especialidade da função**, Coimbra, Almedina, 2017, páginas 107 e seguintes.

2.1. A dimensão estática da organização administrativa

A organização administrativa em sentido estático constituiu o resultado da atividade de organização administrativa, traduzindo-se nas decisões de organização que vão sendo tomadas para o desempenho de uma determinada atividade, isto é, no complexo de pessoas coletivas (públicas e privadas, sujeitas a influência pública dominante ou responsáveis pela prossecução de um determinado fim de interesse público) e de órgãos (integrados numa determinada estrutura hierárquica ou independentes) que desempenham funções administrativas.

A dimensão estática da organização administrativa é por isso parcialmente coincidente com o conceito de Administração Pública em sentido subjetivo, a definir tendo em conta a natureza de uma determinada pessoa coletiva ou a sua sujeição a influência pública dominante, quando se trate de uma pessoa coletiva privada.

De acordo com estes critérios integram a Administração pública em sentido subjetivo:

1. pessoas coletivas públicas:

   1.1. Estado, regiões autónomas e autarquias locais[16];

[16] Portugal é um Estado unitário, parcialmente regional, descentralizado e desconcentrado (cfr. artigos 6.º e 267.º da CRP). O Estado, as regiões autónomas e as autarquias locais são pessoas coletivas públicas primárias, com órgãos de governo próprio, democraticamente eleitos, de fins genéricos e base territorial, que encontram na Constituição o seu fundamento direto.
O regime político-administrativo próprio das regiões autónomas dos Açores e da Madeira fundamenta-se nas suas características geográficas, económicas, sociais e culturais e nas históricas aspirações autonomistas das populações insulares (cfr. n.º 1 do artigo 225.º da CRP), sem prejuízo da soberania do Estado e do respeito pela Constituição da República Portuguesa. As regiões autónomas são dotadas de órgãos de governo próprio – o governo regional e a assembleia legislativa regional, a que acresce o Representante da República –, e têm autonomia legislativa quanto às matérias enunciadas no respetivo estatuto político-administrativo que não estejam reservadas aos órgãos de soberania (cfr. artigo 228.º da CRP).
De acordo com o n.º 2 do artigo 235.º da CRP, as autarquias locais são "pessoas coletivas territoriais dotadas de órgãos representativos, que visam a prossecução de interesses próprios das populações respetivas".

1.2. associações públicas[17];

Para que uma pessoa coletiva pública mereça a qualificação jurídica de autarquia local é necessário que reúna as seguintes características: i) personalidade jurídica pública; ii) âmbito territorial; iii) prossecução de interesses próprios e comuns (interesses locais) de um determinado agregado populacional, cujo caráter diferenciado serve de fundamento à autonomia local ; iv) multiplicidade de fins, baseando-se, à semelhança das demais pessoas coletivas públicas primárias (Estado e regiões autónomas) no «princípio da generalidade» e no caráter potencialmente expansivo dos seus fins ; v) representatividade, direta e proporcional, dos seus órgãos (cfr. n.º 5 do artigo 113.º e no n.º 2 do artigo 239.º da CRP).
À semelhança das regiões autónomas, o fundamento das autarquias locais é constitucional, pelo que a Assembleia da República, órgão competente para legislar sobre a criação, modificação, extinção, estrutura e regime das autarquias locais (cfr. artigo 164.º, alínea n) da CRP), está condicionada por um conjunto de princípios e de regras de valor constitucional quanto às opções legislativas a tomar relativamente às autarquias locais, designadamente, pelo princípio da tipicidade, consagrado no n.º 1 do artigo 236.º da CRP, que enumera de forma taxativa os tipos de pessoas coletivas públicas que se inserem na categoria de autarquia local. Cfr. FREITAS DO AMARAL/JULIANA FERRAZ COUTINHO, **Áreas metropolitanas e comunidades intermunicipais – Estudo técnico aprofundado apresentado à "Comissão Independente para a Descentralização", criada no âmbito da Assembleia da República, pela Lei n.º 58/2018, de 21 de agosto, no dia 10 de julho de 2019**, vol II, páginas 15 e seguintes, disponível em https://www.parlamento.pt/Documents/2019/julho/descentralizacao/Freita-do-Amaral_Juliana-Coutinho.pdf

[17] As associações públicas são uma derivação das associações privadas, uma forma jurídica de organização adaptada à Administração Pública e modificada pela sua vinculação ao princípio da legalidade e ao princípio da prossecução do interesse público, que passa a coexistir com os interesses dos associados.
Sobre os desvios (públicos) à liberdade de associação, J. J. GOMES CANOTILHO/VITAL MOREIRA, **Constituição da República Portuguesa Anotada**, vol. I, 4.ª ed. rev., Coimbra, Coimbra Editora, 2007, página 646.
Considerando o substrato pessoal, isto é, os seus associados, é comum distinguir-se três espécies de associações públicas: as associações de substrato público (associações de freguesias e municípios de fins específicos, comunidades intermunicipais e áreas metropolitanas (cfr. artigos 63.º a 110.º da Lei n.º 75/2013, de 12 de setembro), as associações de substrato privado (ordens profissionais), e as associações de caráter misto.
Às pessoas coletivas públicas de substrato associativo falta um regime geral. A Constituição da República Portuguesa prevê um regime limitado a cada uma das espécies do género «associações públicas», pois como refere FREITAS DO AMARAL, "(...) se o disposto na alínea s) do n.º 1 do artigo 165.º e na alínea d) do artigo 199.º se aplica a todas as associações públicas, os artigos 247.º e 253.º referem-se apenas a associações de entes públicos autárquicos, ao passo que o artigo 267.º, sobretudo o n.º 4, está pensado fundamentalmente para associações entre privados e, em particular, para as associações e câmaras profissionais". Cfr. FREITAS DO AMARAL, **Curso de Direito Administrativo**, vol. I, 4.ª edição, 2016, Coimbra, Almedina,

1.3. institutos públicos[18];

página 382 a 389. Também a legislação ordinária em vigor respeita a determinados tipos de associações públicas, como as áreas metropolitanas, as comunidades intermunicipais e as associações de municípios e freguesias de fins específicos, regidas pelos artigos 63.º a 110.º da Lei n.º 75/2013, de 12 de setembro, por um lado; e as associações públicas profissionais, reguladas pelas Lei n.º 2/2013, de 10 de janeiro, por outro.

[18] O instituto público é uma figura própria de direito público, com origem no direito canónico, que surgiu em momento posterior ao conceito de corporação. Cfr. Francesco Ferrara, **Le persone giuridiche**, in *Tratado di Diritto Civile Italiano*, vol. II, tomo II, Torino, Unione Tipografico-Editrice Torinese, 1958, página 128.

Os institutos públicos são criados por pessoas coletivas públicas, primárias, de base territorial e fins genéricos, para prossecução dos seus interesses (os seus fins não são próprios), donde advém a especificidade das suas atribuições, pelo que estão subordinados a uma vontade externa – a da entidade instituidora –, (cfr. artigo 7.º da Lei-Quadro dos Institutos Públicos, aprovada pela Lei n.º 3/2004, de 15 de janeiro), o que se concretiza, para os institutos públicos de regime comum, no disposto nos artigos 41.º e 42.º da Lei-Quadro, a que acresce a responsabilidade política e disciplinar dos órgãos do instituto público perante a entidade instituidora (cfr. artigo 43.º). De acordo com o n.º 3 do artigo 8.º, "cada instituto público só pode prosseguir os fins específicos que justificaram a sua criação", ou seja, os institutos públicos só podem assegurar funções administrativas determinadas, não podendo ser criados institutos públicos para desenvolver atividades que, nos termos da Constituição, devam ser desempenhadas por organismos da Administração direta do Estado, ou que personifiquem serviços de estudo e conceção ou serviços de coordenação, apoio e controlo de outros serviços administrativos (cfr. alíneas a) e b) do n.º 2 do artigo 8.º).

Regra geral, os institutos públicos estão sujeitos a um regime de direito público, nos termos do artigo 6.º, não se justificando, por isso, o disposto na alínea d) do n.º 1 do artigo 5.º, que impõe expressamente a observância dos princípios gerais da atividade administrativa, quando estiver em causa a gestão pública, parecendo isentar a atividade de direito privado dos institutos públicos do respeito pelos princípios gerais que a Constituição da República Portuguesa impõe a toda a Administração Pública, independentemente da natureza pública ou privada da atividade desenvolvida.

Quanto ao processo de extinção, os institutos públicos devem ser extintos por lei, pela entidade instituidora, por decurso do prazo pelo qual tenham sido criados, quando tenham sido alcançados os fins para os quais tenham sido criados, ou se tenha tornado impossível a sua prossecução, quando se verifique não subsistirem as razões que ditaram a personificação do serviço ou fundo em causa, e quando o Estado tiver de cumprir obrigações assumidas pelos órgãos do instituto, para as quais o respetivo património se revele insuficiente (cfr. n.º 2 do artigo 16.º). Na sequência da extinção, o património e os serviços do instituto público são incorporados pela entidade instituidora.

Ainda de acordo com a Lei-Quadro dos Institutos Públicos, a par dos institutos públicos que constituem formas de Administração indireta, podem ser criados institutos públicos que são formas de Administração autónoma (é o caso das Universidades Públicas) e de Administração independente (como sucede com as autoridades reguladoras independentes), cfr. artigo 48.º.

1.4. fundações públicas[19];
1.5. entidades públicas empresariais[20];

Sobre os institutos públicos, Miguel Assis Raimundo, "Institutos Públicos", in Carla Amado Gomes, Ana Fernanda Neves e Tiago Serrão (coord.), *Organização Administrativa: novos actores, novos modelos*, vol. I, AAFDL Editora, 2018, páginas 99 a 220; Paulo Otero, "Institutos Públicos", in AA/VV, *Dicionário Jurídico da Administração Pública*, vol. V, Lisboa,1993, páginas 250 e seguintes.

[19] As fundações públicas podem ser de direito público ou de direito privado, merecendo, em todo o caso, por parte do legislador, a qualificação de pessoas coletivas públicas. O critério da influência pública dominante tem, no domínio fundacional, uma relevância distinta daquele que o legislador lhe associa no regime jurídico do setor empresarial do Estado (Decreto-Lei n.º 133/2013, de 3 de outubro) e no regime jurídico do setor empresarial local (Lei n.º 50/2012, de 31 de agosto). Entendeu o legislador, na Lei-Quadro das Fundações, aprovada pela Lei n.º 24/2012, de 9 de julho, que as fundações públicas de direito privado são pessoas coletivas públicas "(...) criadas por uma ou mais pessoas coletivas públicas, em conjunto ou não com pessoas de direito privado, desde que aquelas, isolada ou conjuntamente, detenham uma influência dominante sobre a fundação" (cfr. alínea c) do n.º 1 do artigo 4.º e n.º 1 do artigo 49.º). Ou seja, de acordo com o legislador, pessoas coletivas públicas e pessoas coletivas privadas podem criar pessoas coletivas de substrato fundacional, determinando-se a sua natureza pública ou privada pela sujeição a uma influência pública dominante que, nas alíneas a) e b) do n.º 2 do artigo 4.º da Lei-Quadro das Fundações, se define como a afetação exclusiva ou maioritária dos bens que integram o património financeiro inicial da fundação, ou o direito de designar ou destituir a maioria dos titulares do seu órgão de administração. As fundações públicas podem constituir formas de Administração indireta ou de Administração autónoma (como sucede com as Universidades constituídas sob a forma de fundações públicas de direito privado, que estão excluídas do âmbito de aplicação da Lei-Quadro das Fundações, nos termos do n.º 8 do artigo 6.º da Lei n.º 24/2012, de 9 de julho). Sobre as atipicidades das fundações públicas, cfr. Juliana Ferraz Coutinho, **O público e o privado na organização administrativa. Da relevância do sujeito à especialidade da função**, *op. cit.*, páginas 648 a 663.

[20] As empresas públicas podem constituir-se sob a forma de *(i)* sociedades de responsabilidade limitada, nos termos da lei comercial ou de *(ii)* entidades públicas empresariais. As entidades públicas empresariais são empresas sob uma forma jurídica pública, criadas por decreto-lei (cfr. n.º 2 do artigo 5.º e n.º 1 do artigo 56.º do Decreto-Lei n.º 133/2013, de 3 de outubro), o qual aprovará também os respetivos estatutos. Da mesma forma, a sua extinção e subsequente processo de liquidação, são determinados por decreto-lei (cfr. n.º 1 do artigo 35.º). São dotadas de autonomia administrativa, financeira e patrimonial (cfr. n.º 1 do artigo 58.º), têm um capital, designado «capital estatutário», detido pelo Estado e destinado a responder às respetivas necessidades permanentes (cfr. n.º 1 do artigo 59.º), e estão sujeitas à jurisdição e controlo financeiro do Tribunal de Contas (cfr. alínea b) do n.º 2 do artigo 2.º da Lei de Organização e Processo do Tribunal de Contas).
De acordo com a lei, as entidades públicas empresariais são pessoas coletivas públicas (cfr. n.º 1 do artigo 56.º), que desenvolvem uma atividade de natureza empresarial. Estão sujeitas,

1.6. autoridades reguladoras independentes[21].

na relação com terceiros, no contexto de mercado concorrencial, ao direito privado. As empresas públicas, seja sob a forma de entidades públicas empresariais, seja sob a forma de sociedades comerciais, concorrem no mercado de forma livre, o que explica desde logo que o seu regime, mesmo no caso das entidades públicas empresariais seja de direito privado, por imposição do mesmo princípio que o direito da União Europeia procura proteger com a noção de organismo de direito público – o princípio da concorrência. Neste sentido, Vital Moreira considera que "apesar de, na sua atividade empresarial, as empresas públicas estarem sujeitas ao direito privado, isso não significa que não possam ser pessoas colectivas públicas", concluindo que as entidades públicas empresariais são "(...) um exemplo conspícuo das entidades públicas de regime privado". Cfr. Vital Moreira, **Administração Autónoma e Associações Públicas**, reimp., Coimbra, Coimbra Editora, 2003, página 344.

[21] As autoridades reguladoras independentes são pessoas coletivas públicas dotadas das características previstas na Lei n.º 67/2013 de 28 de agosto, que aprova a Lei-Quadro das Autoridades Reguladoras Independentes: dispõem de autonomia administrativa, financeira e de gestão, possuem independência orgânica, funcional e técnica, bem como órgãos, serviços, pessoal e património próprio e desempenham, com referência a um setor específico para o qual foram constituídas e que serve de seu critério delimitador, funções de regulação, de defesa da concorrência e de supervisão, reunindo para esse efeito um conjunto de poderes normalmente desassociados, como o poder regulamentar, o poder de praticar atos administrativos e o poder de aplicar sanções (cfr. alínea e) do n.º 2 do artigo 3.º e artigos 40.º a 44.º da Lei-Quadro).

A independência imposta pela natureza das funções exercidas e pela necessidade de manter separado regulador e regulado, é garantida pelos requisitos pessoais de designação dos titulares do seus órgãos de administração (cfr. n.ºs 2 a 7 do artigo 17.º), pela sua composição colegial (cfr. n.º 1 do artigo 17.º), pela sua inamovibilidade, isto é, pela limitação da possibilidade de dissolução do conselho de administração ou de destituição dos seus membros aos casos de falta grave, pela responsabilidade individual ou coletiva (cfr. alínea f) do n.º 3 e n.ºs 4 e 5 do artigo 20.º), pelo regime de impedimentos e incompatibilidades (cfr. artigo 19.º da Lei-Quadro, em especial, a alínea a) do n.º 1 do artigo 19.º), pela impossibilidade de renovação de mandato dos membros do conselho de administração (cfr. n.º 1 do artigo 20.º) e pela não sujeição a poderes de tutela de mérito e de superintendência (cfr. n.º 1 do artigo 45.º da Lei-Quadro).

O equilíbrio entre independência governamental e legitimidade democrática, sendo difícil de encontrar, pode conseguir-se, pelo reforço do controlo pela Assembleia da República e não, como sucede na Lei-Quadro, pelo enfraquecimento da sua independência orgânica e funcional e, portanto, da sua independência de facto, através da previsão da competência do conselho de administração para coadjuvar o Governo através de apoio técnico, elaboração de pareceres, estudos, informações e projetos de legislação (cfr. alínea m) do n.º 1 do artigo 21.º), da sujeição dos orçamentos, planos plurianuais, balanço e contas a aprovação prévia, nos termos dos n.ºs 4, 5 e 6 do artigo 45.º, da garantia da intervenção do Governo, entre outras entidades, antes da aprovação ou alteração de qualquer regulamento que contenha normas de eficácia externa (cfr. n.º 1 do artigo 41.º), e pela designação dos titulares dos seus órgãos de

2. pessoas coletivas privadas sujeitas a influência pública dominante ou entidades administrativas privadas[22]: empresas públicas constituídas sob a forma de sociedades comerciais e empresas locais[23].

O conceito de administração pública em sentido estático, por se referir ao resultado de decisões de organização administrativa, acaba por ser

---

administração pelo Ministro responsável pela principal área de atividade económica regulada pela autoridade, apesar da necessidade de audição da comissão competente da Assembleia da República (cfr. artigo 17.º).
Sobre este novo tipo de pessoa coletiva pública, cfr. Juliana Ferraz Coutinho, **O público e o privado na organização administrativa. Da relevância do sujeito à especialidade da função**, *op. cit.*, páginas 702 a 706.

[22] Sobre o conceito de entidade administrativa privada, Cfr. Pedro Costa Gonçalves, **Entidades Privadas com Poderes Públicos. O Exercício de Poderes Públicos de Autoridade por Entidades Privadas com Funções Administrativas**, Coimbra, Almedina, 2008, página 845 e seguintes; Vital Moreira, **Administração Autónoma e Associações Públicas**, *op. cit.*, página 285.

[23] São pessoas coletivas privadas sujeitas a influência pública dominante, as empresas públicas constituídas sob a forma de sociedades comerciais e as empresas locais. De acordo com os critérios de influência pública dominante previstos no n.º 1 do artigo 9.º do Decreto-Lei n.º 133/2013, de 3 de outubro, e no n.º 1 do artigo 19.º da Lei n.º 50/2012, de 31 de agosto, o substrato predominante ou totalmente público destas pessoas coletivas privadas não releva para o efeito da sua qualificação como entidades de natureza pública – são entidades privadas, de direito privado, sujeitas a influência pública dominante –, o que se explica pela atividade de caráter empresarial que desempenham. A sujeição a influência pública dominante serve assim para identificar o setor a que pertence uma determinada entidade empresarial e, consequentemente, o regime jurídico que lhe é aplicável.
No Decreto-Lei n.º 133/2013, de 3 de outubro e na Lei n.º 50/2012, de 31 de agosto, a intenção do legislador é clara e transversal a todo o diploma: reforçar o controlo sobre as empresas públicas e sobre as empresas locais e limitar o seu endividamento. Para o efeito, as empresas públicas e as empresas locais estão sujeitas a uma espécie de tutela económica financeira, consagraram-se normas sobre a qualidade da gestão que vão além da mera integração dos princípios de bom governo, e criou-se uma figura nova, com funções de monitorização das boas práticas de governação do setor público empresarial – a Unidade Técnica de Acompanhamento e Monitorização do Setor Público Empresarial. Por outro lado, as empresas públicas e as empresas locais estão sujeitas à jurisdição e aos poderes de controlo financeiro do Tribunal de Contas (cfr. n.º 2 do artigo 26.º e alínea b) do n.º 2 do artigo 2.º da Lei de Organização e Processo do Tribunal de Contas) que assim sendo, acresce ao controlo financeiro exercido pela Inspeção-Geral das Finanças.
Sobre o regime das empresas públicas, cfr. Juliana Ferraz Coutinho, **O público e o privado na organização administrativa. Da relevância do sujeito à especialidade da função**, *op. cit.*, páginas 401 a 500.

ligeiramente mais amplo, incluindo ainda as pessoas coletivas privadas que *(i)* cooperam com a Administração Pública na prossecução de fins de interesse público ou *(ii)* são responsáveis pela execução de tarefas públicas.

É o caso das pessoas coletivas privadas que:

1. beneficiam do estatuto de mera utilidade pública[24];
2. beneficiam do estatuto de utilidade pública desportiva[25];

---

[24] Seguindo a classificação proposta por Freitas do Amaral, a designação genérica de instituições particulares de interesse público abrange duas espécies – as sociedades de interesse coletivo e as pessoas coletivas de utilidade pública –, organizando-se as pessoas coletivas de utilidade pública em três géneros, as pessoas coletivas de mera utilidade pública, as instituições particulares de solidariedade social e as pessoas coletivas de utilidade pública administrativa. Cfr. Freitas do Amaral, **Curso de Direito Administrativo**, vol. I, op. cit., páginas 601 a 605. O autor define as pessoas de utilidade pública como as «associações e fundações de direito privado que prossigam fins não lucrativos de interesse geral, cooperando com a Administração central ou local, em termos de merecerem da parte desta a declaração de "utilidade pública"», cfr. Freitas do Amaral, **Curso de Direito Administrativo**, vol. I, op. cit., página 601.

De acordo com o n.º 1 do artigo 1.º da Lei-Quadro do Estatuto de Utilidade Pública, aprovada pela Lei n.º 36/2021, de 14 de junho: "O estatuto de utilidade pública pode ser atribuído às pessoas coletivas que prossigam fins de interesse geral, regional ou local e que cooperem, nesse âmbito, com a administração central, regional ou local", considerando-se como fins relevantes para atribuição do estatuto de utilidade pública: "a) Aqueles que se traduzam no benefício da sociedade em geral, ou de uma ou mais categorias de pessoas distintas dos seus associados, fundadores ou cooperadores, ou de pessoas com eles relacionadas, e que se compreendam em algum dos setores referidos no número seguinte; ou b) No caso das associações e das cooperativas: i) Aqueles que se traduzam primariamente, mas não exclusivamente, no benefício dos seus associados ou cooperadores, desde que estejam compreendidos em algum dos setores referidos no número seguinte e se o número mínimo de associados ou de cooperadores determinado no artigo 7.º se encontrar verificado; ii) Aqueles que se traduzam no benefício dos seus associados ou cooperadores, quando estes sejam pessoas coletivas, e desde que a atividade dos seus associados ou cooperadores esteja compreendida em algum dos setores referidos no número seguinte.".

Sobre novo estatuto das pessoas coletivas privadas de utilidade pública, cfr. André Folque, "Pessoas coletivas de utilidade pública: o novo quadro estatutário", in *Revista de Direito Administrativo*, n.º 13, janeiro/abril, 2022, AAFDL Editora, páginas 5 a 25.

[25] As federações desportivas são pessoas coletivas do tipo associativo constituídas por iniciativa privada e sem fins lucrativos [cfr. artigo 2.º do Regime Jurídico das Federações Desportivas, aprovado pelo Decreto-Lei n.º 248-B/2008, de 31 de dezembro (RJFD)] que detêm o estatuto de mera utilidade pública e o estatuto de utilidade pública desportiva. Inerente à atribuição do estatuto de utilidade pública desportiva, está o reconhecimento de que os interesses prosseguidos têm a especificidade de serem públicos. As federações

3. beneficiam do estatuto de instituição particular de solidariedade social[26];

desportivas têm capacidade de exercício de poderes públicos de autoridade, no âmbito da regulamentação e disciplina da respetiva modalidade desportiva (cfr. artigos 10.º e 11.º do RJFD) e no que se refere aos danos decorrentes do exercício de poderes públicos de autoridade, aplica-se o disposto no regime jurídico da responsabilidade civil extracontratual das pessoas coletivas de direito público previsto na Lei n.º 67/2007, de 31 de dezembro (cfr. n.º 2 do artigo 7.º do RJFD).

O exercício de poderes públicos e o cumprimento das regras legais de organização e funcionamento internos das federações desportivas, está sujeita a fiscalização administrativa, a realizar por parte de serviço ou organismo da Administração Pública com competências na área do desporto, mediante a realização de inquéritos, inspeções, sindicâncias e auditorias externas (cfr. artigo 14.º do RJFD).

[26] Nos termos do n.º 1 do artigo 1.º dos Estatutos da Instituições Particulares de Solidariedade Social, aprovados pelo Decreto-Lei n.º 119/83, de 25 de fevereiro, "são instituições particulares de solidariedade social, adiante designadas apenas por instituições, as pessoas coletivas, sem finalidade lucrativa, constituídas exclusivamente por iniciativa de particulares, com o propósito de dar expressão organizada ao dever moral de justiça e de solidariedade, contribuindo para a efetivação dos direitos sociais dos cidadãos, desde que não sejam administradas pelo Estado ou por outro organismo público".

O elenco exemplificativo dos seus fins principais encontra-se previsto no artigo 1.º-A do Estatuto, sem prejuízo da prossecução de outros fins não lucrativos secundários, ou de atividades com finalidades lucrativas de caráter instrumental, desde que os seus resultados económicos contribuam exclusivamente para o financiamento da concretização dos seus fins não lucrativos. O regime estabelecido no estatuto circunscreve-se às finalidades principais desenvolvidas pelas IPSS, não sendo aplicável aos fins secundários, nem às atividades lucrativas de caráter instrumental.

As IPSS podem ter, nos termos do artigo 2.º dos Estatutos, um substrato fundacional (tal como acontece com as fundações de solidariedade social, cfr. artigos 77.º a 76.º dos Estatutos) ou um substrato associativo. É o caso, por exemplo, das associações de solidariedade social (artigos 52.º a 67.º dos Estatutos), e das associações mutualistas (cfr. artigo 76.º dos Estatutos e artigos 2.º a 7.º e artigo 122.º do Código das Associações Mutualistas, aprovado pelo Decreto-Lei n.º 72/90, de 3 de março). Há ainda instituições particulares que muito embora não se constituam como IPSS podem, na medida em que se proponham prosseguir fins de solidariedade social (os previstos no artigo 1.º-A dos Estatutos), ou que desenvolvam alguma atividade de relevo no domínio da segurança social, ser equiparadas, para efeitos de aplicação de alguns aspetos do seu regime, a instituições particulares de solidariedade social.

Para além de lhes ser aplicável o regime das pessoas coletivas de utilidade pública *stricto sensu*, as instituições particulares de solidariedade social estão sujeitas a um estatuto administrativo mais intenso. Desde logo, porque as suas atribuições são fins específicos de solidariedade social, expressamente previstos na Constituição da República Portuguesa e na lei. Depois, porque as IPSS são declaradas de utilidade pública, por efeito do registo como IPSS, desde que este seja realizado corretamente, nos termos do regulamento do registo das

4. são pessoas coletivas de utilidade pública administrativa[27];

---

instituições particulares de solidariedade social (cfr. artigos 7.º e 8.º dos Estatutos). Por fim, porque a cooperação das IPSS com a Administração se processa a um nível organizado e não meramente pontual ou ocasional, sendo-lhes permitido gerir instalações e equipamentos pertencentes ao Estado ou a autarquias locais (cfr. artigo 4.º, n.º 3 dos Estatutos), o que se traduz, no concreto, em privilégios e limitações especiais, como um estatuto fiscal mais favorável que o das pessoas coletivas de mera utilidade pública, e o direito ao apoio financeiro do Estado, com a correspondente sujeição a tutela administrativa, inspetiva e integrativa (*a posteriori*) (cfr. artigo 34.º dos Estatutos).
No sentido de que a ação social de define como um serviço público, isto é, como uma atividade consubstanciada na adoção e/ou concretização de medidas e na prestação de serviços destinados a fornecer as condições existenciais mínimas exigidas e inerentes à dignidade humana e ao desenvolvimento da personalidade, aos membros da comunidade enquanto indivíduos, cfr. Licínio Lopes, **As Instituições Particulares de Solidariedade Social**, Coimbra, Almedina, 2009, página 307.

[27] As pessoas coletivas de utilidade pública administrativa prosseguem fins de interesse geral muito específicos – a beneficência, o humanitarismo, a assistência e a educação –, descritos no artigo 416.º do Código Administrativo que exige ainda o seu âmbito (territorial) local. Para alguma doutrina trata-se de fins que deveriam ser prosseguidos por uma entidade pública, mas que não o são, ou em virtude de uma omissão ou lacuna dos poderes públicos, ou na sequência de uma opção político-legislativa, tão discutível quanto a privatização material de uma tarefa, pelo que, tal como esta opção, deverá ser excecional e vinculada aos princípios da proporcionalidade e da prossecução do interesse público. Em sentido contrário, considerando tratar-se de uma coincidência entre os fins prosseguidos e as atribuições da Administração Pública, Pedro Costa Gonçalves, que entende que "embora seja nítida a existência de uma "lacuna", ou de uma "omissão", bem como o facto de as pessoas coletivas com utilidade pública administrativa substituírem o Estado, tudo isto nasce de uma "vontade privada" de cunha desinteressado e altruísta. É o espírito de voluntariado, de auxílio e de assistência aos outros que o Estado fomenta e aproveita". Cfr. Pedro Costa Gonçalves, **Entidades Privadas com Poderes Públicos. O Exercício de Poderes Públicos de Autoridade por Entidades Privadas com Funções Administrativas**, op. cit., página 522.
Quanto às pessoas coletivas privadas de utilidade pública administrativa coloca-se a questão prévia da sua autonomia face às instituições particulares de solidariedade social e às pessoas coletivas de utilidade pública. Cfr. Silva Leal, **Os grupos sociais e as organizações na Constituição de 1976: a rotura do corporativismo**, in *Estudos sobre a Constituição* (org. Jorge Miranda), vol. III, Lisboa, 1979, páginas 195 a 353); João de Castro Mendes, **Direito Civil – Teoria Geral**, vol. I, Lisboa, AAFDL, 1978, página 645; Luís Carvalho Fernandes, **Teoria Geral do Direito Civil**, vol. I, tomo II, Lisboa, AAFDL, 1983, página 470); Jorge Miranda, **As Associações Públicas no Direito Português**, Separata da Revista da Faculdade de Direito, Lisboa, 1988, página 12; Sérvulo Correia, **Noções de Direito Administrativo**, vol. I, Lisboa, Danúbio, 1982, página 156.
Tomamos por pressuposto a sua existência e autonomia, acompanhando Gomes Canotilho, Vital Moreira, Paulo Otero, e Marcelo Rebelo de Sousa, que é ainda hoje aceite

5. os concessionários[28].

pela generalidade dos autores e pela jurisprudência. Cfr. J. J. Gomes Canotilho/Vital Moreira, **Constituição da República Portuguesa Anotada**, vol. I, op. cit., página 820; Vital Moreira, **Administração Autónoma e Associações Públicas**, op. cit., página 297; Paulo Otero, **O Poder de Substituição em Direito Administrativo: Enquadramento Dogmático-Constitucional**, vol. I, Lisboa, Lex, 1995, páginas 59 e 60; Marcelo Rebelo de Sousa, **Lições de Direito Administrativo**, vol. I, Lisboa, Lex, 1999, página 407.
Mantêm-se, como pessoas coletivas de utilidade pública administrativa as que, pelo seu objeto ou fins, não são subsumíveis no conceito constitucional e legal de instituições de solidariedade social, como as associações humanitárias que tenham por objeto o socorro de náufragos ou a extinção de incêndios (é o caso das associações de bombeiros voluntários), previstas no artigo 441.º do Código Administrativo, o que por si só justifica que a lei continue a autonomizar a categoria das pessoas coletivas de utilidade pública administrativa e todas as demais que vierem a ser reconhecidas como tal, por cumprirem os requisitos do artigo 416.º do Código Administrativo. Acrescem as pessoas coletivas privadas expressamente qualificadas nos seus estatutos como pessoas coletivas de utilidade pública administrativa, como é o caso, por exemplo, da *Santa Casa da Misericórdia de Lisboa*. Cfr. Decreto-Lei n.º 235/2008, de 12 de março, que aprova os estatutos da *Santa Casa da Misericórdia de Lisboa*. São ainda pessoas coletivas de utilidade pública administrativa, por qualificação legal, a *Cruz Vermelha Portuguesa* (cfr. n.º 2 do artigo 1.º do Decreto-Lei n.º 164/91, de 7 de maio) e a *Liga dos Combatentes* (cfr. n.º 1 do artigo 1.º do seu Estatuto, aprovado pela Portaria n.º 119/99, de 10 de fevereiro).

[28] A concessão configura-se, no fundo, como uma técnica indireta de gestão dos serviços públicos, implicando a transferência temporária do exercício (e não da titularidade), dos direitos e poderes da pessoa coletiva pública concedente, necessários à gestão do serviço pelo concessionário. O contrato de concessão de obras públicas e de serviços públicos (previsto nos artigos 407.º a 454.º do Código dos Contratos Públicos), e o contrato de concessão do domínio público, assim como a concessão de tarefas públicas, diretamente, por lei, traduzem, portanto, a colaboração de uma entidade privada com uma pessoa coletiva pública, na realização de uma ou mais atribuições desta última.
Às empresas concessionárias podem ainda ser delegados poderes públicos de autoridade, o que, não lhes modificando a personalidade, lhes altera a capacidade jurídica que passa a ser, parcialmente (e a título precário), de direito público.
De acordo com o n.º 2 do artigo 409.º do Código dos Contratos Públicos, aos concessionários podem ser delegados, os seguintes poderes públicos de autoridade: *(i)* poderes públicos regulamentares, que lhes permitem elaborar e propor a entidades administrativas (em regra, um órgão da entidade concedente) os regulamentos de fornecimento, de exploração do serviço ou de tarifas; *(ii)* poderes impositivos e de execução coerciva, ou seja, poderes de comando sobre terceiros; *(iii)* poderes públicos no âmbito de relações emergentes de contratos administrativos, na medida em que as empresas concessionárias surgem, com frequência, investidas de capacidade para celebrar contratos administrativos; *(iv)* e, finalmente, poderes de cobrança de taxas, uma vez que, em certos casos, a contraprestação paga pelo uso do serviço ou do bem gerido em concessão tem carácter tributário.

Apesar de não integrarem a Administração Pública em sentido subjetivo, configuram-se como o resultado de decisões de organização quanto ao exercício de tarefas públicas ou quanto a atividades que concorrem para a prossecução de fins de interesse público, uma vez que: *(i)* na tomada de decisões de organização cujos resultados se integram na Administração Pública em sentido subjetivo são consideradas todas as entidades existentes e portanto também as entidades privadas que desempenham uma atividade relevante para a satisfação de determinado fim de interesse público; *(ii)* a decisão de atribuição de estatutos de utilidade pública, quaisquer que eles sejam, é uma decisão da Administração Pública, mais ou menos discricionária; *(iii)* a decisão de externalizar a execução de uma tarefa pública não constituiu um fim em si mesmo, mas o resultado de um exercício de análise e ponderação de alternativas.

2.2. A organização administrativa em sentido dinâmico

A organização administrativa em sentido dinâmico define-se como o processo de formação da vontade da entidade com competência decisória, orientado de acordo com um conjunto de critérios, em grande medida, embora não exclusivamente, jurídicos, de que resultam decisões de organização que vão compondo a organização administrativa em sentido estático com referência a uma determinada pessoa coletiva pública primária.

Uma decisão de organização administrativa – qualquer que ela seja – constituiu assim a síntese de uma vontade, completamente procedimentalizada, condicionada pelo contexto da decisão, pelo direito e por fatores não jurídicos, embora juridicamente relevantes, da *Ciência da Administração Pública*[29].

Apesar de não se traduzir na prática de atos jurídicos e não jurídicos que se projetam diretamente na esfera jurídica subjetiva dos administrados, a

[29] Sobre o conceito de *Ciência da Administração Pública*, cfr. JOÃO CAUPERS, **Introdução à Ciência da Administração Pública**, Lisboa, Âncora Editora, 2002, páginas 24 e 25, que embora reconhecendo que "muitos aspetos organizativos e funcionais sejam comuns a toda e qualquer organização", considera que "os grandes problemas que interessa estudar e esclarecer relativamente à administração pública são problemas que, ou apenas se colocam nas organizações públicas, ou que apresentam nestas uma especificidade tal que recomenda um tratamento autónomo".

organização administrativa em sentido dinâmico reconduz-se ao exercício da função administrativa:

1. seja porque o imediatismo da atuação da Administração Pública não constituiu o critério definidor da função administrativa;
2. seja pela ligação lógica entre atividade e organização e, como tal, pelo princípio da separação e interdependência de poderes;
3. seja porque numa perspetiva prática e multidisciplinar (essencial neste domínio), é necessário considerar um conjunto de variáveis insuscetíveis de serem reduzidas a esquemas gerais e abstratos;
4. seja porque a organização em sentido dinâmico se manifesta na prática de atos jurídicos, típicos da função administrativa, em regra, atos jurídico-públicos, como atos administrativos (mesmo quando revistam a forma de lei ou de decreto-lei) e contratos administrativos[30] e, nos casos previstos na lei, de atos jurídico-privados[31].

---

[30] O ato de constituição de uma entidade de natureza jurídica pública pode revestir a forma de contrato. Nestes casos, devidamente autorizados por lei, a determinação da jurisdição competente para a sua apreciação depende da qualificação prévia do contrato como de direito público ou de direito privado, apesar de, em qualquer um dos casos caber à jurisdição administrativa a apreciação do procedimento de formação de vontade das entidades públicas contraentes.
O contrato de associação pelo qual se constituem as comunidades intermunicipais e as associações de municípios e freguesias de fins específicos, nos termos dos artigos 80.º, n.º 2 e 108.º, n.º 2 da Lei n.º 75/2013, de 12 de setembro, define-se como um contrato celebrado entre entidades públicas, tratando-se, por isso de um contrato interadministrativo, para constituição de uma associação pública, dependente da aprovação das assembleias municipais das autarquias participantes. Os termos do contrato, diz o legislador, são os do Código Civil, embora, considerando o disposto nos artigos 80.º, n.ºs 1 e 3, 108.º, n.º 1 e 109.º da Lei n.º 75/2013, de 12 de setembro, a disciplina de direito privado acabe por se limitar à forma do contrato: o ato de constituição da associação, os estatutos e as suas alterações devem constar de escritura pública e estão sujeitos a publicação (cfr. artigo 168.º do Código Civil). Trata-se, por isso, de um contrato administrativo, regulado em alguns aspetos do seu regime substantivo por normas de direito público, pelo que são competentes para a sua apreciação os tribunais administrativos [cfr. alínea e) do n.º 1 do artigo 4.º do Estatuto dos Tribunais Administrativos e Fiscais (TAF)].
[31] Tomando como exemplo o contrato de sociedade, celebrado nos termos do Código das Sociedades Comerciais, através do qual uma ou várias entidades públicas, por si só ou em colaboração com entidades privadas, constituem uma empresa pública sob a forma societária: muito embora seja controlado pela jurisdição comum, o procedimento decisório prévio de

A tal conclusão não obsta as competências reconhecidas, em matéria de organização administrativa, à Assembleia da República e ao Governo, no exercício da função legislativa.

A elaboração e a aprovação das normas de organização primárias, que disciplinam a atividade de organização – cuja competência se distribui, nos termos dos artigos 164.º, alíneas d), m) e n) e 165.º, alíneas q), s) e u) e 198.º, entre a Assembleia da República e o Governo –, não se confunde com a opção de organização concreta, reservada, quanto à sua Administração, a uma determinada pessoa coletiva pública territorial e, no caso do Estado, ao Governo, no exercício da função administrativa[32].

---

formação de vontade do ente público, assim como a própria decisão de constituir, adquirir ou participar na constituição de uma empresa pública sob a forma societária, são disciplinadas pelo direito administrativo e sujeitos a controlo da jurisdição administrativa, nos termos da alínea e) do n.º 1 do artigo 4.º do ETAF.

O mesmo raciocínio vale para os casos de participação pública na constituição de uma sociedade comercial livre de influência pública dominante ou de uma fundação privada – os contratos e o negócio jurídico unilateral celebrado sob a forma de escritura pública estão sujeitos ao controlo da jurisdição comum, mas o procedimento de formação de vontade dos sócios ou cofundadores públicos é da competência dos tribunais administrativos.

Em qualquer um destes casos, o procedimento decisório da entidade pública mantém-se público, apesar da natureza privada dos atos institutivos, o que faz da validade dos atos pré-contratuais uma questão prejudicial à validade do contrato ou do negócio jurídico unilateral não recetício de fundação, dando aos tribunais comuns a possibilidade de sobrestar na sua decisão até pronúncia do tribunal administrativo (cfr. artigo 92.º do Código de Processo Civil).

[32] Sendo certo que a Constituição reserva à Assembleia da República a constituição, extinção e modificação das autarquias locais (para além da definição do seu regime geral), nos termos da alínea n) do artigo 164.º, bem como a tomada de decisões concretas quanto à Entidade Reguladora para a Comunicação Social, não cabem à Assembleia da República outros poderes que não estes que a Constituição entendeu expressamente prever. O princípio da separação e interdependência dos poderes, que é também um princípio da organização administrativa que afeta, não apenas a competência para decidir, mas também a decisão organizativa em si mesma (artigos 2.º e 111.º da CRP), torna insustentável admitir-se que a Assembleia da República exerça funções que não tem, constituindo entidades que integram a Administração Pública ou corrigindo as decisões de organização tomadas por uma pessoa coletiva pública primária. Sobre o âmbito da reserva de competência da Assembleia da República, em matéria de criação, modificação e extinção de autarquias locais, cfr. Acórdão do Tribunal Constitucional n.º 134/2010, Processo 732/07, disponível em http://www.tribunalconstitucional.pt, que assinala que «com a revisão de 1997, o legislador constituinte estendeu a reserva de competência absoluta da Assembleia da República à criação concreta, assim como à extinção

Neste sentido, o problema da relação entre Assembleia da República e Governo, resolve-se a montante, através das normas de organização que disciplinam a atividade de organização administrativa.

Por outro lado, a recondução das decisões de organização ao exercício da função administrativa é a que melhor serve:

1. a vinculação da organização administrativa ao princípio da juridicidade, atendendo a que a lei é o único fundamento e limite da função administrativa;
2. o controlo pelos tribunais: pense-se que a decisão concreta de constituição, modificação e extinção de entidades, públicas e privadas, de fins específicos, corresponde já a um ato da função administrativa, mesmo que a sua forma seja a de decreto-lei, o que, colocando de parte a possibilidade de interferência da Assembleia da República na decisão em si mesma, em sede de apreciação parlamentar, por se tratar de um ato da função administrativa, possibilita: *(i)* que um décimo dos Deputados à Assembleia da República possam requerer a fiscalização sucessiva abstrata do ato constitutivo sob a forma de lei (cfr. alínea f) do n.º 2 do artigo 281.º da Constituição da República Portuguesa); *(ii)* a apreciação da sua legalidade pela jurisdição administrativa, cuja competência se define com referência a um conceito material de ato administrativo, indiferente à forma (de decreto-lei ou decreto regulamentar, por exemplo), que o decisor concreto decidiu adotar[33].
3. o princípio da separação de poderes e a garantia de um espaço reservado à Administração Pública, atendendo a que:

ou modificação de autarquias locais, que, desse modo, passou a ficar vedada ao Governo (...). O artigo 164.º, n.º 1, alínea n), da Constituição atribui, pois, dois tipos distintos de competência à Assembleia da República: (i) por um lado, a competência para criar, extinguir e modificar autarquias locais, sem prejuízo dos poderes das regiões autónomas; (ii) por outro lado, e tal como já sucedia antes da Revisão de 1997, a competência para definir "o respectivo regime", isto é, para definir o regime de criação, extinção e modificação de autarquias locais, mediante lei, que já era entendida na doutrina como, "um caso típico de lei-quadro ou lei de enquadramento, que vincula as leis que lhe dão execução"».

[33] Cfr. n.º 4 do artigo 268.º da CRP, n.º 1 do artigo 52.º do Código de Processo nos Tribunais Administrativos (CPTA), e alínea b) do n.º 1 do artigo 4.º do ETAF.

3.1. a organização administrativa constituiu o suporte da atividade desempenhada;

3.2. a relação da Administração Pública com a Assembleia da República em matéria de organização administrativa resolve-se no enquadramento normativo que o ordenamento jurídico faz da organização, condicionando o processo de tomada de decisão e a decisão em si mesma através de normas de organização a elaborar e a aprovar de acordo com a distribuição de competências legislativas prevista nos artigos 164.º, 165.º e 198.º da Constituição da República Portuguesa.

A distinção entre organização administrativa em sentido estático e organização administrativa em sentido dinâmico acaba por se traduzir no conteúdo heterogéneo das normas de organização administrativa[34].

Ao contrário das normas de conduta, as normas de organização não se caracterizam pela produção de efeitos diretos e imediatos na esfera jurídica dos particulares, o que obriga à antecipação e à ponderação dos efeitos da opção por uma determinada forma de organização no exercício da atividade a que se dirige.

O caráter heterogéneo das normas de organização reflete-se no seu valor jurídico e no seu objeto[35]. Tendo em consideração estes dois critérios, as normas de organização podem ser:

1. normas constitucionais (ou fundamentais), que distribuem o poder de disciplinar a atividade de organização [por exemplo, a reserva (relativa) de competência legislativa da Assembleia da República no que se refere às bases gerais das empresas públicas e das fundações públicas ou ao regime jurídico das associações];
2. ou normas fundamentais, primárias e secundárias que:

2.1. condicionam a atividade de organização em si mesma, isto é, a tomada de uma decisão de concentração, de desconcentração,

[34] Massimo Severo Giannini, **Corso di Diritto Amministrativo**, I-II, Milano, Giuffrè Editore, 1965, páginas 117 a 120.

[35] Sobre as normas de competência e de organização interna do poder administrativo, cfr. Paulo Otero, **Manual de Direito Administrativo**, vol. I, Coimbra, Almedina, 2016, páginas 190 a 197.

de centralização ou de descentralização, apresentando, apesar do seu objeto, uma estrutura idêntica às normas de conduta. É o caso do artigo 57.º, n.º 1 da Lei-Quadro das Fundações que proíbe a constituição de fundações públicas de direito privado, e dos artigos 11.º e 12.º, n.º 1 do Decreto-Lei n.º 133/2013, de 3 de outubro que fazem depender a constituição de empresas públicas, de autorização dos membros do Governo responsáveis pelas áreas das finanças e do setor de atividade, antecedida de parecer prévio da Unidade Técnica de Acompanhamento e Monotorização do Setor Público Empresarial[36].

2.2. respeitam à definição da organização em sentido estático, isto é, definem a estrutura de um determinado tipo de organização: órgãos, competências, relações interorgânicas e fins[37].

Acrescem, como critérios de decisão, os princípios gerais da atividade administrativa, como os princípios da proporcionalidade, da imparcialidade, da igualdade e da prossecução do interesse público (cfr. artigo 266.º da Constituição da República Portuguesa), e o princípio da separação e interdependência de poderes:

1. seja porque não sendo a organização e a atividade separáveis, as garantias dos particulares não podem deixar de se projetar no processo de tomada de decisões de organização;
2. seja porque para além da dimensão material imediata e, em alguns casos, da sua dimensão procedimental, os princípios gerais da atividade administrativa vinculam a formação da vontade da Administração e o exercício da função administrativa, independentemente de esta se

[36] Carla Amado Gomes, "A organização administrativa portuguesa no seu labirinto: tópicos introdutórios", in Carla Amado Gomes, Ana Fernanda Neves e Tiago Serrão (coord.), *Organização Administrativa: novos actores, novos modelos*, vol. I, AAFDL Editora, 2018, página 343.

[37] Para Afonso Queiró, as normas de conduta são normas "cujos destinatários são a própria administração, os agentes administrativos e os administrados de um modo geral, e têm como função ou objecto precisamente prescrever a sua conduta ou o seu comportamento", ao passo que o objeto das normas de organização "é a estruturação dos órgãos, dos serviços e serviços administrativos". Cfr. Afonso Rodrigues Queiró, **Lições de Direito Administrativo**, vol. I, Coimbra, 1976, página 284.

traduzir no desempenho da atividade administrativa propriamente dita ou na tomada de decisões de organização;

3. seja porque o princípio da separação e interdependência de poderes garante a racionalização do processo de organização e a organização ótima das funções estaduais[38], condicionando, tanto o legislador como o decisor concreto, ao modelo de Administração Pública previsto na Constituição.

2.3. Moral da história

Considerando a distinção entre organização administrativa em sentido estático e organização administrativa em sentido dinâmico, o conteúdo da transparência institucional reporta-se *(i)* à organização interna de uma pessoa coletiva que integra a Administração Pública ou que resulta de uma decisão de organização administrativa e *(ii)* ao procedimento administrativo dirigido à tomada de decisões de organização.

E define-se como um parâmetro e como um objetivo que se impõe:

1. ao legislador na elaboração das normas de organização, que devem propiciar a transparência na tomada de decisões de organização administrativa e na estruturação da Administração Pública;
2. às pessoas coletivas públicas que tomam decisões de organização que se reportam à constituição, modificação e extinção de pessoas coletivas públicas ou privadas sob influência pública dominante, à atribuição

[38] Nuno Piçarra adverte que uma vez ultrapassada a conceção liberal rígida da separação orgânico-funcional, é necessário compreender o princípio da separação de poderes "como algo de construído a partir da elaboração dos preceitos da *constituição concreta* que o acolheu, precisamente dos preceitos que estabelecem a ordenação de competências jurídico-constitucionais". Cfr. Nuno Piçarra, **A Separação dos Poderes como Doutrina e Princípio Constitucional – Um Contributo para o Estudo das suas Origens e Evolução**, Coimbra, Coimbra Editora, 1989, página 156. Como lembra Wolfgang Hoffmann-Riem, o princípio da separação e interdependência de poderes deve funcionar como um instrumento de otimização do rendimento das organizações com o objetivo de aumentar a qualidade com o Estado realiza as suas funções. Cfr. Wolfgang Hoffmann-Riem, **La división de poderes como principio de ordenamiento**, in *Annuario de Derecho Constitucional Latinoamericano*, tomo I, Konrad Adenauer Stiftung, 2007, páginas 212 e 215.

de um estatuto de utilidade pública, ou à celebração de contratos de concessão;
3. a qualquer pessoa coletiva que integra a Administração Pública, que desempenhe funções públicas ou que contribua para a prossecução de um determinado fim de interesse público, quanto à sua organização e funcionamento internos.

Sob pena de se degradar numa mera proclamação académica, a exigência de transparência institucional não pode ser indiferente às características da Administração Pública atual, dissociando-se da realidade a que se refere.

No contexto de uma Administração Pública multiorganizada, extensa e dispersa, o critério que define o âmbito da exigência de transparência institucional, não depende da natureza jurídica do sujeito, mas da atividade desempenhada: é funcional e reporta-se à prossecução de fins de interesse público ou ao desempenho de atividades relevantes para a satisfação de fins de interesse público, reconhecido pela Administração Pública.

Este entendimento amplo do conteúdo e do âmbito da transparência institucional, parece-nos ser o mais ajustado a uma realidade complexa e por isso permeável a opacidades e à captura político-partidária e por interesses privados.

3. OS INSTRUMENTOS

No que se refere à administração pública em sentido estático, o instrumento que melhor serve a transparência é a publicidade e a disponibilização de informação atual, completa, clara e de fácil acesso.

Para além do dever geral de utilização de meios informáticos como modo de promover a transparência, previsto no n.º 1 do artigo 14.º do CPA – e que embora não impondo um dever geral de transparência, releva a instrumentalidade dos meios informáticos para a transparência administrativa –, encontramos previsões específicas de publicidade e de deveres de prestação de informação, nos artigos 48.º da Lei Quadro das Autoridades Reguladoras Independentes[39], 7.º, n.º1 e 9.º [em especial a

[39] Aprovada pela Lei n.º 67/2013, de 28 de agosto, com a redação introduzida pela Lei n.º 75-B/2020, de 31 de dezembro.

alínea d)] e 9.º-A da Lei-Quadro das Fundações[40], 8.º e 9.º da Lei-Quadro dos Institutos Públicos[41], artigos 16.º, 44.º, 45,º, 46.º, 47.º e 53.º do Regime Jurídico do Setor Público Empresarial[42], 42.º e 43.º do Regime Jurídico da Atividade Empresarial Local e das Participações Locais[43] e no artigo 12.º (em especial, alíneas a), e) e f)) da Lei-Quadro do Estatuto de Utilidade Pública.

Sem prejuízo da concretização que o legislador entenda dar às exigências de publicidade para um determinado tipo de pessoa coletiva, do princípio da transparência decorre um dever geral de publicidade que não depende de previsão específica, e que se traduz:

1. na obrigação de explicitação, no ato institutivo, dos elementos caracterizadores de uma determinada entidade (fins, órgãos, competências,

---

40 Aprovada pela Lei n.º 24/2012, de 9 de julho, com a redação introduzida pela Lei n.º 67/2021, de 25 de agosto. Para além da obrigação de aprovar e publicitar códigos de conduta, prevista no n.º 1 do artigo 7.º da Lei-Quadro, da fiscalização e controlo dos serviços competentes do Ministério das Finanças relativamente aos apoios financeiros recebidos, as fundações estão sujeitas a um dever de transparência, que se concretiza na comunicação, aos serviços da Presidência do Conselho de Ministros, da composição dos respetivos órgãos, nos trinta dias seguintes à sua designação, modificação ou substituição, na remessa aos serviços da Presidência do Conselho de Ministros de cópia dos relatórios anuais de contas e de atividades até 30 dias após a sua aprovação, na submissão das contas a auditoria externa (com exceção das fundações cujos rendimentos anuais sejam inferiores a dois milhões de euros, de acordo com o n.º 1 do artigo 1.º da Portaria n.º 75/2013, de 18 de fevereiro) e, por fim, na disponibilização permanente de informação na sua página da *internet* (cfr. n.ºs 1, 2, 4, 5 e 8 do artigo 9.º), cujo incumprimento impede mesmo o acesso a quaisquer apoios financeiros durante o ano económico a seguir àquele em que se verificou o incumprimento e enquanto este durar. O estatuto de utilidade pública faz ainda acrescer às fundações privadas a obrigação de divulgação, previsto no n.º 3 do artigo 9.º, o limite de despesas próprias definido no artigo 10.º, e a sujeição a autorização da alienação de bens da fundação que lhe tenham sido atribuídos pelo fundador ou fundadores e que se revistam de especial significado para a fundação, nos termos do artigo 11.º da Lei-Quadro das Fundações.

41 Aprovada pela Lei n.º 3/2004, de 15 de janeiro, com a redação introduzida pelo Decreto-Lei n.º 61/2022, de 23 de setembro.

42 Aprovado pelo Decreto-Lei n.º 133/2013, de 3 de outubro que veio reforçar as obrigações de divulgação e informação das empresas públicas em comparação com o previsto pelo artigo 13.º do revogado Decreto-Lei n.º 558/99, de 17 de dezembro.

43 Aprovado pela Lei n.º 50/2012, de 31 de agosto, com a redação introduzida pela Lei n.º 24-D/2022, de 30 de dezembro.

meios patrimoniais e financeiros, regime(s) jurídico(s) aplicável(eis) e fiscalização administrativa);
2. na disponibilização nos sítios oficiais e por iniciativa da entidade administrativa, de informação atual, clara e completa quanto à composição, modo de designação, organização e funcionamento dos seus órgãos, plano e relatório de atividades, meios patrimoniais e financeiros e atividade desempenhada.

A distinção entre as diferentes dimensões da organização administrativa serve o propósito de estender a exigência de transparência à tomada de decisões de organização, domínio em que será, na verdade, particularmente decisiva como mecanismo de garantia da correção e da imparcialidade da decisão a tomar.

Contribuem para a transparência da organização administrativa em sentido dinâmico *(i)* a procedimentalização da tomada de decisões de organização administrativa e *(ii)* a fundamentação das decisões de organização.

A procedimentalização da tomada de decisões de organização administrativa projeta-se em dois momentos distintos que se complementam entre si:

1. no momento da opção por uma determinada forma de organização administrativa em detrimento de outras, tendo em vista a prossecução de um fim de interesse público específico;
2. aquando da execução da decisão de organização tomada, que se pode traduzir na constituição, modificação ou extinção de uma pessoa coletiva pública ou de uma pessoa coletiva privada sujeita a influência pública dominante, no recurso a privados, que assumem por via de um contrato de concessão a responsabilidade de execução de uma tarefa pública, na desconcentração de poderes, na centralização de poderes anteriormente desconcentrados e na criação, modificação ou extinção de relações de hierarquia ou de órgãos independentes.

Ao contrário do procedimento administrativo que se refere à execução da forma de organização escolhida e que se reconduz ao procedimento e formalidades previstas no regime jurídico do tipo ou no Código do Procedimento Administrativo; o procedimento administrativo que antecede a decisão de organização administrativa, define-se como um procedimento atípico por:

1. não se encontrar especificamente previsto: não há um regime geral da organização administrativa no qual esteja definido o procedimento a seguir para a tomada de decisões de organização;
2. não integrar necessariamente uma fase dirigida à participação de interessados ou, numa outra perspetiva, por à falta de participação não estar associado um efeito invalidante: as decisões de organização administrativa caracterizam-se pelo seu mediatismo, pelo que não se projetam diretamente na esfera jurídica de terceiros nem são suscetíveis de afetar interesses públicos difusos. A sujeição a consulta pública está assim na disponibilidade da entidade com competência decisória, podendo eventualmente justificar-se pela necessidade de gerar consenso público em torno da opção a tomar, considerando os interesses em presença;
3. se reconduzir essencialmente à fase de instrução, isto é, ao estabelecimento exato dos pressupostos de facto relevantes com vista à definição das soluções legalmente admissíveis e à avaliação e comparação dos seus custos e benefícios, regendo-se pelo princípio do inquisitório.

A sujeição da tomada de decisões de organização a um procedimento administrativo, para além de permitir racionalizar a opção por uma determinada forma de organização administrativa, garante a transparência dos pressupostos de facto relevantes e dos critérios (jurídicos e da ciência da administração pública) utilizados:

1. inibindo a opção por uma decisão de organização que sirva outros interesses que não o fim de interesse público a que o órgão com competência decisória sobre a matéria se encontra vinculado;
2. reduzindo o risco de captura (político-partidária ou por interesses privados) da organização administrativa;
3. propiciando o consenso em torno da decisão tomada, particularmente difícil quando a opção seja pela externalização.

Já no que se refere ao procedimento dirigido à execução da decisão de organização tomada (de constituição, modificação ou extinção de um determinado tipo de pessoa coletiva, de celebração de um contrato, de delegação ou de concentração de competências ou de qualquer outra decisão de organização) foram previstos pelo legislador procedimentos especiais (no regime jurídico do tipo de pessoa coletiva escolhido, no código dos contratos públicos ou no código do procedimento administrativo), que culminam com a publicidade do ato final, e que podem ser consultados à semelhança do que sucede com qualquer procedimento administrativo, no contexto da Administração Aberta e no exercício do direito à informação não procedimental.

Por outro lado, a fundamentação das decisões de organização administrativa, para além de se mostrar reveladora do cumprimento das normas de organização aplicáveis (justificação), permite a descrição do método e dos critérios seguidos na formação da vontade do decisor concreto (motivação).

Considere-se a decisão de contratar, prevista no artigo 36.º do Código dos Contratos Públicos (CCP). A decisão de contratar configura-se como um ato administrativo que põe termo a um procedimento administrativo e dá início a outro[44], o procedimento administrativo pré-contratual. O procedimento que antecede a decisão de contratar serve o propósito de garantir a averiguação rigorosa dos pressupostos de facto e de direito da decisão a tomar, e a ponderação das alternativas possíveis e dos diferentes ganhos de eficiência e de eficácia à luz de um determinado fim de interesse público, racionalizando o processo de tomada de decisão.

A fundamentação da decisão de contratar deve dar conta deste percurso, por forma a garantir: *(i)* a transparência na opção pela celebração de um contrato, de um determinado tipo e com um determinado conteúdo e na opção por um determinado procedimento pré-contratual; *(ii)* o controlo, designadamente jurisdicional, dos pressupostos de facto e de direito da decisão de contratar.

Ora, a opção por uma determinada decisão de organização não constituiu um fim de interesse público, mas um instrumento para a realização eficiente e eficaz de uma tarefa pública. Assim sendo, para que a decisão de organização se considere fundamentada não basta a recondução às normas aplicáveis e a utilização de referências genéricas e abstratas: a fundamentação deve ser

[44] Neste sentido, Tiago Duarte, "A decisão de contratar no Código dos Contratos Públicos: da idade do armário à idade dos porquês", in *Estudos de Contratação Pública*, I, Coimbra, Coimbra Editora, 2008, página 147 e seguintes.

circunstanciada e refletir a análise e a ponderação de custos e benefícios entre as diferentes alternativas de organização. A fundamentação não se reduz a uma formalidade que se basta a si mesma, para o efeito de servir a aparência de ponderação e de transparência. Pelo contrário, traz consigo uma dimensão material ou substancial fundamental, que se traduz na correspondência exata entre a verdade real e a verdade procedimental, isto é, entre os pressupostos de facto que fundamentaram a decisão e a realidade[45].

4. OS RESULTADOS ESPERADOS

Da aplicação dos instrumentos identificados resulta um nível mínimo de transparência institucional, suficiente para:

1. condicionar a opção por alternativas de organização parciais à satisfação de interesses privados ou menos adequadas à prossecução de um determinado fim de interesse público, funcionando como garantia preventiva dos princípios da imparcialidade[46] e da prossecução do interesse público;
2. assegurar a compreensibilidade *(i)* das opções de organização tomadas, em especial, no caso de recurso à privatização, e *(ii)* da própria organização administrativa, o que se afigura particularmente relevante no contexto de uma Administração Pública heterogénea, quanto à fórmula de organização adotada, quanto ao regime jurídico aplicável (sem prejuízo do mínimo de publicidade garantido pela Constituição, decorrente da sua natureza jurídica pública e do tipo de atividade

[45] Sobre a distinção entre a dimensão formal e a dimensão substancial do dever de fundamentação, cfr. Vieira de Andrade, que salienta que a diferença está "em que o dever formal se cumpre pela apresentação de pressupostos possíveis ou de motivos coerentes e credíveis; enquanto a fundamentação material exige a existência de pressupostos reais e de motivos correctos susceptíveis de suportarem uma decisão legítima quanto ao fundo". Vieira de Andrade, **O dever da fundamentação expressa de actos administrativos**, Coimbra, Almedina, 1991, página 231.

[46] Neste sentido, embora a propósito dos procedimentos concursais, veja-se o Acórdão do (Pleno) do Supremo Tribunal Administrativo de 1 de outubro de 2003 (Processo 048035) e o Acórdão do Supremo Tribunal Administrativo de 29 de junho de 2017 (Processo 01537/14), ambos disponíveis em www.dgsi.pt

desempenhada), e quanto às formas de controlo administrativo previstas[47];

3. aproximar a Administração Pública dos administrados: uma Administração opaca é uma Administração distante e inacessível;
4. servir o propósito da maior responsabilização, não só pelo efeito inibidor associado à divulgação da composição dos órgãos e à identificação dos atos que lhe são imputáveis, mas também porque num contexto de hiperfragmentação e de funcionamento em rede, a dificuldade de individualizar o responsável pelos prejuízos ou pelos maus resultados ocorridos, não sendo impeditivo de responsabilidade (pense-se na figura do funcionamento anormal do serviço[48]), tem associado, pela interdependência que caracteriza o funcionamento em rede, um sentimento de desresponsabilização;
5. possibilitar um maior controlo (público, administrativo e jurisdicional) das decisões de organização administrativa e do funcionamento interno dos órgãos da Administração Pública;
6. propiciar uma maior participação dos cidadãos;
7. legitimar as opções de organização administrativa tomadas.

Mais do que uma imagem de imparcialidade e de racionalidade na tomada de decisões, a transparência constituiu um instrumento essencial (embora não suficiente) de garantia da qualidade de resultados reais, efetivos e materiais, à luz do critério da prossecução proporcionalística do interesse público.

A realidade da administração pública e das organizações que a servem é no entanto particular e merece uma reflexão adicional.

As pessoas coletivas que fazem administração pública prosseguem interesses que são definidos pelo legislador e que por isso lhes são impostos: a si e aos órgãos que as integram. Idealmente os fins de interesse público a prosseguir deveriam ser *tidos como seus* pelos funcionários e agentes que fazem administração pública, o permitiria logo à partida moldar a sua vontade

---

[47] Como refere Maria da Glória Garcia, a quebra da homogeneidade organizativa constitui uma consequência direta da rutura da homogeneidade funcional de uma Administração cujo papel no momento atual se revela infinitamente mais complexo do que aquele que assumia na época liberal. Cfr. Maria da Glória Garcia, "Organização administrativa", in AA/VV, *Dicionário Jurídico da Administração Pública*, vol. VI, Lisboa,1994, página 241.

[48] Cfr. artigo 7.º, n.ºs 3 e 4 da Lei n.º 67/2007, de 31 de dezembro.

psicológica ao sentimento de responsabilidade pela execução de uma missão pública, tornando-a insuscetível ou pouco permeável a desvios.

É que pese embora a vontade psicológica do funcionário ou agente seja meramente instrumental ao desempenho da atividade administrativa, e por si só insuficiente para constituir a vontade administrativa, que se define como uma vontade totalmente juridificada, no que se refere à sua formação, pressupostos, conteúdo e sentido, mesmo que o resultado não se traduza na prática de um ato jurídico; a verdade é que os vícios da vontade psicológica do órgão, como o dolo ou a sujeição a coação moral ou física, acabam por se projetar na vontade administrativa, deturpando os seus pressupostos e o seu conteúdo.

Os instrumentos que servem a transparência institucional dirigem-se a inibir o eventual condicionamento da vontade administrativa pela vontade psicológica do trabalhador ou agente e a garantir um dos mais elementares pressupostos da ética administrativa: que os órgãos de pessoas coletivas que fazem administração pública sejam imparciais quanto a si mesmos e não tenham liberdade para deixar de o ser.

REFERÊNCIAS DOUTRINAIS

AFONSO RODRIGUES QUEIRÓ, **Lições de Direito Administrativo**, vol. I, Coimbra, 1976.

ALEXANDRE DE SOUSA PINHEIRO, "A proteção de dados no novo Código do Procedimento Administrativo", in CARLA AMADO GOMES, ANA FERNANDA NEVES E TIAGO SERRÃO (coord.), *Comentários ao Novo Código do Procedimento Administrativo*, 2.ª ed., Lisboa, AAFDL Editora, 2015.

ANDRÉ FOLQUE, "Pessoas coletivas de utilidade pública: o novo quadro estatutário", in *Revista de Direito Administrativo*, n.º 13, janeiro/abril, 2022.

CARLA AMADO GOMES, "A organização administrativa portuguesa no seu labirinto: tópicos introdutórios", in CARLA AMADO GOMES, ANA FERNANDA NEVES E TIAGO SERRÃO (coord.), *Organização Administrativa: novos actores, novos modelos*, vol. I, AAFDL Editora, 2018.

Colaço Antunes,

- **A Ciência Jurídica Administrativa**, Coimbra, Almedina, 2012.
- "Mito e realidade da transparência administrativa", *Separata do número especial do Boletim da Faculdade de Direito da Universidade de Coimbra, Estudos em Homenagem ao Prof. Doutor Afonso Queiró*, Coimbra, Coimbra Editora, 1986.

EBERHARD SCHMIDT-ASSMANN, **La Teoría General del Derecho Administrativo Como Sistema**, trad., Madrid, INAP/Marcial Pons, 2003.

FERNANDO SÁINZ MORENO, "Secreto y Transparencia", *in Estudios para la reforma de la Administración Pública*, Madrid, INAP, 2004.

FRANCESCO FERRARA, **Le persone giuridiche**, in *Tratado di Diritto Civile Italiano*, vol. II, tomo II, Torino, Unione Tipografico-Editrice Torinese, 1958.

FREITAS DO AMARAL, **Curso de Direito Administrativo**, vol. I, 4.ª edição, Coimbra, Almedina, 2016.

FREITAS DO AMARAL/JULIANA FERRAZ COUTINHO, **Áreas metropolitanas e comunidades intermunicipais – Estudo técnico aprofundado apresentado à "Comissão Independente para a Descentralização", criada no âmbito da Assembleia da República, pela Lei n.º 58/2018, de 21 de agosto, no dia 10 de julho de 2019**, vol II, disponível em https://www.parlamento.pt/Documents/2019/julho/descentralizacao/Freita-do-Amaral_Juliana-Coutinho.pdf.

JOÃO CAUPERS,

- "Novos atores, novos modelos de organização administrativa", in CARLA AMADO GOMES, ANA FERNANDA NEVES E TIAGO SERRÃO (coord.) *Organização Administrativa*, vol. I, Lisboa, AAFDL Editora, 2018.
- **Introdução à Ciência da Administração Pública**, Lisboa, Âncora Editora, 2002.

JOÃO DE CASTRO MENDES, **Direito Civil – Teoria Geral**, vol. I, Lisboa, AAFDL, 1978.

J. J. GOMES CANOTILHO/VITAL MOREIRA, **Constituição da República Portuguesa Anotada**, vol. I, 4.ª ed. rev., Coimbra, Coimbra Editora, 2007.

JORGE MIRANDA, **As Associações Públicas no Direito Português**, Separata da Revista da Faculdade de Direito, Lisboa, 1988.

JULIANA FERRAZ COUTINHO, **O público e o privado na organização administrativa. Da relevância do sujeito à especialidade da função**, Coimbra, Almedina, 2017.

LICÍNIO LOPES, **As Instituições Particulares de Solidariedade Social**, Coimbra, Almedina, 2009.

L. PAREJO ALFONSO, **Organización Y Poder de Organización. Las Potestades Organizatoria y Reglamentaria del Complejo Orgánico-funcional Gobierno y Administración**, Madrid, iustel, 2009.

LUÍS CARVALHO FERNANDES, **Teoria Geral do Direito Civil**, vol. I, tomo II, Lisboa, AAFDL, 1983.

MARCELO REBELO DE SOUSA, **Lições de Direito Administrativo**, vol. I, Lisboa, Lex, 1999.

MARIA DA GLÓRIA GARCIA, "Organização administrativa", in *Dicionário Jurídico da Administração Pública*, vol. VI, Lisboa, 1994.

MASSIMO SEVERO GIANNINI, **Corso di Diritto Amministrativo**, I-II, Milano, Giuffrè Editore, 1965.

MIGUEL ASSIS RAIMUNDO, "Institutos Públicos", in CARLA AMADO GOMES, ANA FERNANDA NEVES E TIAGO SERRÃO (coord.), *Organização Administrativa: novos actores, novos modelos*, vol. I, AAFDL Editora, 2018.

NUNO PIÇARRA, **A Separação dos Poderes como Doutrina e Princípio Constitucional – Um Contributo para o Estudo das suas Origens e Evolução**, Coimbra, Coimbra Editora, 1989.

PAULO OTERO,

- **Manual de Direito Administrativo**, vol. I, Coimbra, Almedina, 2016.
- **O Poder de Substituição em Direito Administrativo: Enquadramento Dogmático-Constitucional**, vol. I, Lisboa, Lex, 1995.
- PAULO OTERO, "Institutos Públicos,", in AA/VV, *Dicionário Jurídico da Administração Pública*, vol. V, Lisboa, 1993.

PEDRO COSTA GONÇALVES,

- **Entidades Privadas com Poderes Públicos. O Exercício de Poderes Públicos de Autoridade por Entidades Privadas com Funções Administrativas**, Coimbra, Almedina, 2008.
- "Notificação dos Actos Administrativos (Notas sobre a Génese, âmbito, Sentido e Consequências de uma Imposição Constitucional)", in *AB VNO AD OmNES – 75 Anos da Coimbra Editora*, Coimbra, Coimbra Editora, 1998.

RAQUEL CARVALHO, **O Direito à Informação Administrativa Procedimental**, Porto, Universidade Católica Portuguesa, 1999.

SILVA LEAL, **Os grupos sociais e as organizações na Constituição de 1976: a rotura do corporativismo**, in *Estudos sobre a Constituição* (org. Jorge Miranda), vol. III, Lisboa, 1979.

SÉRVULO CORREIA, **Noções de Direito Administrativo**, vol. I, Lisboa, Danúbio, 1982.

TIAGO DUARTE, "A decisão de contratar no Código dos Contratos Públicos: da idade do armário à idade dos porquês", in *Estudos de Contratação Pública*, I, Coimbra, Coimbra Editora, 2008.

WOLFGANG HOFFMANN-RIEM, **La división de poderes como principio de ordenamiento**, in *Annuario de Derecho Constitucional Latinoamericano*, tomo I, Konrad Adenauer Stiftung, 2007.

Vieira de Andrade, **O dever da fundamentação expressa de actos administrativos**, Almedina, 1991.

Vital Moreira, **Administração Autónoma e Associações Públicas,** reimp., Coimbra, Coimbra Editora, 2003.

ORGANIZAÇÃO ADMINISTRATIVA NO BRASIL: COMPLEXIDADE E TRANSPARÊNCIA

PAULO MODESTO

Professor de Direito Administrativo da Universidade Federal da Bahia. Presidente do Instituto Brasileiro de Direito Público e do Instituto de Direito Administrativo da Bahia. Membro do Ministério Público da Bahia. Diretor da Revista Brasileira de Direito Público. Conselheiro Técnico da Sociedade Brasileira de Direito Público. Membro do Conselho de Pesquisadores do Instituto Internacional de Estudos de Direito do Estado. Ex-Assessor Especial do Ministério da Administração Federal e Reforma do Estado do Brasil (1996- 1998). Integrante da Comissão Técnica para a reforma da lei de organização administrativa da União (2006-2007). Titular da cadeira 28 da Academia de Letras Jurídicas da Bahia.

1. ORGANIZAÇÃO ADMINISTRATIVA ENTRE MAPAS E ROTEIROS

A mutabilidade das estruturas administrativas, alteradas à abertura e no curso de cada novo Governo, embaraça a transparência da organização administrativa do Estado. A própria doutrina jurídica brasileira ao cuidar do tema imuniza-se da *precariedade* e *complexidade* assumindo uma abordagem *estática e abstrata*: define espécies de entidades e órgãos, explora peculiaridades institucionais, aponta bases normativas de suporte, e as vacilações terminológicas e práticas no emprego dos formatos de organização. Em forma de síntese: organização administrativa é tópico sobre o qual a doutrina jurídica brasileira procura compor uma geografia sincrônica ou *mapa da estrutura administrativa nacional.*

A evolução histórica dos formatos de organização, a análise das relações interorgânicas e interadministrativas e a abordagem de situações que escapam às estruturas típicas são afastadas em regra do *radar doutrinário*. É evidente a importância conferida ao enfoque da *tipologia* dos componentes estruturais deste particular *cosmos administrativo*[1], mas por outro lado essa trilha discursiva deixa à sombra um universo temático abrangente e rico: *a dinâmica da organização administrativa e das relações organizativas.*

A organização administrativa é matéria sujeita a delineamentos no plano *constitucional, legal e administrativo,* pois assume contornos estruturais e funcionais, uma vez que ao lado das medidas legislativas de criação de órgãos e de constituição ou autorização de constituição de entidades públicas há um expressivo conjunto de decisões referentes à distribuição interna de competências, à estruturação orgânica e à ordenação da força de trabalho e de recursos, à delegação, avocação e repartição de competências no espaço, no tempo e entre os diversos órgãos da estrutura administrativa que não cabem ao legislador detalhar (CF, artigo 84, VI, "a", CF). É também relevante em sede de organização a decisão do gestor de delegar ou não a terceiros a execução de serviços públicos (CF, Art. 175) ou compartilhar ou mesmo

---

[1] Eduardo Garcia de Enterría e Tomás-Ramón Fernandez tornaram famosa a metáfora da "galáxia administrativa" para destacar a simplificação equívoca contida na referência a uma única Administração Pública e para salientar a existência de uma pluralidade de Administrações Públicas, isto é, de entidades dotadas de personalidade jurídica no interior da unidade global do Estado, entre as quais destacavam as Comunidades Autônomas, as Administrações Locais e cada uma das entidades institucionais e corporativas personificadas (*Curso de Derecho Administrativo,* I, 8ª ed. Madrid: Editorial Civitas, 1974, p. 33-34). A metáfora "galáxia" ilustrava ainda a complexidade e interconexão das entidades personalizadas a um sistema político unitário. Entretanto, hoje deve-se preferir a voz "cosmos administrativo", pois galáxia é termo técnico que nomeia determinado conjunto de estrelas, sistemas solares, planetas e objetos ligados gravitacionalmente. Cosmos é conceito mais abrangente, que alcança não apenas as galáxias, mas todos os objetos, forças, fenômenos e relações que compõem o universo, inclusive aqueles sem direta interligação gravitacional. A administração pública contemporânea, caracterizada frequentemente como policêntrica, encontra assim melhor tradução pela metáfora do "cosmos", unidade do todo, em que as partes se associam e se relacionam sem necessariamente estarem submetidas a um único núcleo gravitacional, a exemplo dos órgãos constitucionais autônomos, que no Brasil recebem detalhada disciplina na Constituição (v.g, Ministério Público, CF, Art. 127, § §1º e 2º; Defensoria Pública, CF. Art. 134, §2º; Tribunais de Contas, CF, Art. 71; Conselho Nacional de Justiça, CF, Art.103-B; Conselho Nacional do MP, CF, Art. 130-A).

transferir para outras administrações político-administrativas estruturas, bens e informações, inclusive cadastros e informações fiscais correlacionadas (CF, Art. 241 e 37, XXII, *in fine, CF*).

Para o cidadão e para o acadêmico, a organização administrativa não deve ser resumida a uma *arquitetura,* a um *cenário estático* de tipos de órgãos e entidades, pois parece essencial compreender a organização em *perspectiva funcional* e identificar a *partilha dinâmica de fontes normativas em matéria de organização.*

No Brasil, há *condomínios normativos interfederativos* que realçam a *pluralidade de fontes no âmbito da Federação* (organizações administrativas disciplinadas parcialmente por normas de entidades políticas subnacionais e parcialmente por normas nacionais) e, por outro lado, *condomínios normativos intrafederativos,* nos quais há *domínios reservados* ao Poder Legislativo e ao Poder Executivo em matéria de organização e, nos dois casos, *zonas de competência comum ou compartilhada entre os Poderes e entre unidades políticas.*

Para bem transitar ao interior da Administração Pública, o cidadão precisa de *mapas e roteiros*: receber informações da arquitetura e do funcionamento dos órgãos e das entidades públicas, inclusive à luz da desconcentração, da descentralização e das parcerias de colaboração, sob pena de permanecer na penumbra e afastado da *transparência organizatória* que assegure recursos de informação suficientes para controlar, participar e avaliar a atuação direta e indireta da Administração Pública. Explorar sucintamente a dinâmica e a complexidade desse universo é o objetivo deste artigo, que recorda reflexões feitas há mais de quatorze anos[2], reafirmadas recentemente[3], e novamente ampliadas nesta oportunidade sob a perspectivas das obrigações públicas inerentes ao *dever de transparência na organização administrativa.*

---

[2] MODESTO, Paulo. Legalidade e autovinculação da Administração Pública: pressupostos conceituais do contrato de autonomia no anteprojeto da nova lei de organização administrativa. In: Modesto, Paulo (org.) *Nova Organização Administrativa: estudos sobre a proposta da Comissão de Especialistas constituída pelo governo federal para reforma da organização administrativa brasileira.* Belo Horizonte: Ed. Fórum, 1ª.ed, 2009; 2ª.ed, 2011, p. 115-174. ISSN 978-85-7700-317-4. Na internet, disponível no endereço: https://www.academia.edu/45494341

[3] MODESTO, Paulo. O sorriso de Marina: organização administrativa e condomínio normativo. ConJur – Coluna Interesse Público. ISSN 1809-2829. Publicado em 08-06-2023. Disponível em https://www.conjur.com.br/2023-jun-08/interesse-publico-sorriso-marina-organizacao-administrativa-condominio-normativo e em https://www.academia.edu/103121854

2. CONDOMÍNIOS NORMATIVOS EM MATÉRIA DE ORGANIZAÇÃO NO BRASIL

2.1. Federalismo administrativo: simetrias e assimetrias

O Brasil é Estado Federal, *estado pluriconstitucional* caracterizado pela coordenação necessária e indissolúvel entre as diversas ordens jurídicas parciais e entre estas e a ordem jurídica nacional.

A federação no Brasil, além de *cláusula pétrea* (CF, Art. 60, §4º, I), é *princípio estruturante como repercussão direta na organização administrativa*, pois a federação encerra deveres de lealdade e deveres de entrosamento harmônico e responsável de competências administrativas de execução e de formulação de políticas públicas, competências jurisdicionais, competências financeiras e competências políticas. O Brasil, sendo Estado federal, é *Estado plurilegislativo, pluriadministrativo* e *plurijurisdicional.*

Porém, o Brasil não adota o federalismo dual, de dois graus ou duas unidades políticas, uma vez que confere aos municípios e ao distrito federal a qualidade de entidades político-administrativas componentes do Estado constitucional. O federalismo multinível brasileiro adota a unidade indissolúvel da União, Estados, Municípios e Distrito Federal. *E cada unidade da federação é competente para legislar sobre direito administrativo e, consequentemente, sobre organização administrativa* (CF, artigos 18, 22 e 25, § 1º, CF/1988).

Essa arquitetura institucional expressamente consagrada na Constituição da República autoriza a divisão, em *plano vertical,* ou mais precisamente em termos territoriais e políticos, da organização administrativa brasileira em *federal, estadual, distrital e municipal.*

A Federação assim concebida não é totalidade simétrica, mas unidade composta por simetrias e assimetrias, elo formado por unidades autônomas que não são isoladas e sim interdependentes, com feições distintas, sendo essa uma das causas para a variedade das ordens jurídicas federais reais, moldadas de modo histórico-concreto e não puramente ideal. Basta lembrar que no Brasil o legislativo da União é bicameral e dos estados e municípios é unicameral, dado que deve repercutir inclusive no processo de aprovação de emendas das normas constitucionais subnacionais[4]. Os municípios não possuem organização judiciária própria, ou Ministério Público, ou Defensoria.

---

[4] Cf. MODESTO, Paulo. Fraude no devido processo legislativo e seu controle jurisdicional. Conjur, 1.07.2021, https://www.conjur.com.br/2021-jul-01/interesse-publico-fraude-devido-processo-legislativo-controle-jurisdicional ou https://www.academia.edu/49762212

Em matéria de organização administrativa, em princípio todos as unidades da Federação brasileira possuem competência para *legislar com autonomia*, mas a extensão dessa autonomia não é idêntica. Cabe a cada uma das unidades político-administrativas decidir sobre a criação de seus órgãos e entidades, ou autorizar a correspondente criação no caso de entidades personalizadas de direito privado (CF, Art. 37, XIX), porém cabe *privativamente* à União *legislar sobre direito privado* (CF, Art. 22, I).

Somente a União pode emitir leis que contenham normas de âmbito nacional para definir o *regime jurídico das entidades administrativas personalizadas de direito privado* (empresas públicas, sociedades de economia mista e fundações estatais de direito privado), com derrogação de normas do direito civil (CF, art. 22, I). Também devem ser nacionais, logo editadas pela União, as normas sobre as entidades paraestatais, nomeadamente as corporações profissionais e os serviços sociais autônomos vinculados ao sistema sindical (CF, art. 8º, art. 22, I e XVI, e art. 240). Compete igualmente à União, por lei complementar, dispor sobre as áreas de atuação possível para fundações estatais de direito privado (CF, art. 37, XIX, *in fine*). Além disso, compete à União dispor, em termos nacionais, sobre determinadas matérias vitais para o funcionamento de todas as organizações públicas, de qualquer esfera, como as matérias envolvendo normas gerais de licitação ou contratação (CF, art. 22, XXVII), normas sobre desapropriações (CF, art. 22, II), requisições civis e militares (CF, art. 22, III), águas, energia, informática, telecomunicações e radiodifusão (CF, art. 22, IV), trânsito e transporte (CF, art. 22, XI), diretrizes e bases da educação nacional (CF, art. 22, XXIV), entre outras matérias.

Os municípios, nos termos do artigo 30, da Constituição Federal, possuem autonomia administrativa, com expressa competência para legislar sobre assuntos de interesse local e dispor sobre a disciplina e a responsabilidade dos seus agentes. Podem criar e autorizar a criação de órgãos e entidades municipais sem necessidade de qualquer ato de autorização ou aprovação do Estado-membro ou da União. No entanto, na arquitetura das competências concorrentes previstas no artigo 24, da Constituição Federal, foram deliberadamente excluídos, reservando-se nas matérias referidas a competência suplementar exclusivamente aos Estados-membros.

Sem embargo disso, é importante reconhecer o crescimento do papel do Estados e municípios na organização administrativa brasileira a partir da Constituição de 1988. Houve ampliação de competências normativas das unidades subnacionais, redistribuição de recursos (embora imperfeita) e foram estabelecidas formas de atuação coordenada das administrações no âmbito da Federação. Essa disciplina do *federalismo na perspectiva da coordenação administrativa*, embora lacônica no texto constitucional, adotou no país *dois formatos básicos.*

Pelo primeiro, com fundamento estampado no Art. 25, § 3º, da Constituição Federal, há modalidade de *gestão administrativa associada compulsória*, nos seguintes termos:

> "Art. 25. (...) § 3º. Os Estados poderão, mediante lei complementar, instituir regiões metropolitanas, aglomerações urbanas e microrregiões, constituídas por agrupamentos de municípios limítrofes, para integrar a organização, o planejamento e a execução de funções públicas de interesse comum." (Grifos nossos)

A lei complementar estadual, na espécie, define os municípios que serão inseridos na *região metropolitana* independentemente da manifestação, autorização, homologação ou aprovação da adesão pelos municípios limítrofes. A participação dos Municípios na região metropolitana é compulsória, não havendo direito de retirada[5].

Em resumo, as regiões metropolitanas são *organismos administrativos intergovernamentais, sem autonomia política, compostos por municípios limítrofes ou interdependentes integrados compulsoriamente, instituídos por lei complementar estadual para deliberação associada de assuntos de competência comum.* É possível inclusive a instituição de região metropolitana ou de aglomeração urbana que envolva Municípios pertencentes a mais de um Estado; neste caso será necessário que a os Estados envolvidos aprovem as respectivas leis complementares. Na ADIN 1842/RJ, o Supremo Tribunal Federal assentou diversas premissas para a instituição das regiões metropolitanas como organismos do federalismo cooperativo no Brasil. Algumas merecem reparo e crítica; não sendo este o lugar para desenvolvê-las, reenvio para estudo específico publicado sobre o tema[6].

---

[5] Cf. ADI 1841/RJ, Rel. Min. Carlos Velloso, DJ 20.9.2002; ADI 796/ES, Rel. Min. Néri da Silveira, DJ 17.12.1999

[6] Cf. MODESTO, Paulo. Região Metropolitana, Estado e Autonomia Municipal: a governança interfederativa em questão. Revista Colunistas de Direito do Estado, 25/01/2016, ano 2016, n. 66, url: http://www.direitodoestado.com.br/colunistas/paulo-modesto/

De outra parte, com disciplina radicalmente diversa, o art. 241 da Constituição Federal prevê *modelo de gestão associada voluntária*, nos seguintes termos:

> "Art. 241. A União, os Estados, o Distrito Federal e os Municípios disciplinarão por meio de lei os consórcios públicos e os convênios de cooperação entre os entes federados, autorizando a gestão associada de serviços públicos, bem como a transferência total ou parcial de encargos, serviços, pessoal e bens essenciais à continuidade dos serviços transferidos. (Redação dada pela Emenda Constitucional nº 19, de 1998)."

Os consórcios públicos, disciplinados pela Lei nº 11.107, de 6 de abril de 2005, e pelo Decreto nº 6.017, de 2007, ao densificarem o modelo de associação voluntária, exigem aprovação da adesão da entidade política por cada legislativo municipal e decisão integrada dos entes envolvidos. Não há neste mecanismo de composição voluntária de interesses ameaça a autonomia municipal, inclusive sendo prevista a possibilidade de retirada, recesso ou afastamento voluntário da pessoa política do consórcio público formado.

No Brasil, o consórcio público não constitui simples modalidade de contrato entre entes político-administrativos, pois pode assumir personalidade jurídica própria segundo duas alternativas: a) *personalidade jurídica de direito público*, no caso de constituir *associação pública*, mediante a vigência das leis de ratificação do protocolo de intenções; b) *personalidade jurídica de direito privado*, mediante o atendimento dos requisitos da legislação civil. Em qualquer das duas hipóteses, embora não o retrate adequadamente a lei, a pessoa jurídica resultante integrará a organização administrativa dos entes da Federação consorciados.

Em paralelo ao critério territorial e político, inerente à Federação, a Constituição Federal brasileira distinguiu na organização administrativa, segundo critério *horizontal presente em cada unidade federativa*, a *administração direta* e a *indireta (CF, Art. 37, caput)*.

A administração direta é sinônimo de administração centralizada, confundindo-se por isso mesmo com os entes da Federação (União, Estados, Municípios

regiao-metropolitana-estado-e-autonomia-municipal-a-governanca-interfederativa-em-questao e Distrito-Federal), *pessoas de direito público de fins e competências políticas e administrativas múltiplas.* Por óbvio, não há administração direta de direito privado e sim exclusivamente a pessoa pública central. Em termos sintéticos, a administração direta pode ser definida como a *pessoa jurídica de direito público de fins múltiplos e capacidade administrativa e política*[7]. Em termos analíticos, administração direta é o conjunto dos órgãos administrativos imediatamente vinculados ao ente federativo, por relação hierárquica ou de coordenação, expressivo da personalidade jurídica do ente político federativo e de suas múltiplas competências administrativas em regime público, inclusive as funções estratégicas de direção, supervisão e controle.

Na doutrina tradicional, os órgãos da administração direta conhecem apenas o vínculo hierárquico, mas essa descrição é insustentável e irrealista. No Brasil, há órgãos constitucionais autônomos, como o Ministério Público e os Tribunais de Contas, que embora integrem a administração direta não se sujeitam a qualquer vínculo de subordinação hierárquica em face da Chefia do Poder Executivo ou de qualquer outro Poder[8]. É anacrônica

---

[7] A definição repercute, por contraste, a consagrada conceituação de Celso Antônio Bandeira de Mello para "autarquias", pessoas de direito público da administração indireta. Para mestre Celso, "autarquia é a pessoa de direito público exclusivamente administrativa" (*Natureza Jurídica das Autarquias.* São Paulo: RT, 1968, p. 226), ou, ainda, "pessoas jurídicas de Direito Público de capacidade exclusivamente administrativa" (*Curso de Direito Administrativo.* 36ª. ed. Belo Horizonte: Fórum, 2023, p. 139). Sobre as autarquias no direito brasileiro, cf. também COUTO E SILVA, Almiro do. A Administração direta e as autarquias: autarquias especiais, agências reguladoras e agências executivas. In: Modesto, Paulo (org.) *Nova Organização Administrativa: estudos sobre a proposta da Comissão de Especialistas constituída pelo governo federal para reforma da organização administrativa brasileira.* Belo Horizonte: Ed. Fórum, 1ª.ed, 2009; 2ª.ed, 2011, p. 35-55. ISSN 978-85-7700.

[8] Em termos ortodoxos, autonomia expressa a capacidade de editar direito próprio, dar ou reconhecer as normas de sua própria ação, prerrogativa exclusiva de entidades dotadas de poder político. Mas a expressão autonomia também é empregada no sentido de autoadministração, de esfera de atuação independente, de prerrogativa administrativa de solver, em última instância, questões na intimidade de uma entidade ou órgão em relação a outras unidades de atuação de igual ou diferente natureza. Autonomia, neste sentido, é conceito que conhece graus de realização, conforme a entidade ou órgão da administração sujeite-se a controles mais ou menos amplos por parte da administração direta e possua, consequentemente, maior ou menor raio de ação independente de determinações administrativas exteriores. É nesta segunda acepção, igualmente legítima, usual em textos normativos constitucionais (v.g., CF, arts. 37, §8º, 99, caput;127, §2º; 207, caput; 217, I, entre outras), que a palavra autonomia será empregada neste trabalho.

e equivocada, além disso, a definição do Decreto-lei 200/1967, segundo a qual a Administração Federal Direta "se constitui dos serviços integrados na estrutura administrativa da Presidência da República e dos Ministérios" (Art. 4º, I). Esse conceito flagrantemente contrasta com a cabeça do Art. 37 da Constituição Federal, que refere a "administração direta e indireta de qualquer dos Poderes da União, dos Estados, do Distrito Federal e dos Municípios", não circunscrevendo o conceito de administração direta ao Poder Executivo e atrita igualmente com diversos outros dispositivos constitucionais que reconhecem amplíssima independência administrativa a órgãos constitucionais autônomos (Ministério Público, CF, Art. 127, § §1º e 2º; Defensoria Pública, CF. Art. 134, §2º; Tribunais de Contas, CF, Art. 71; Conselho Nacional de Justiça, CF, Art.103-B; Conselho Nacional do MP, CF, Art. 130-A).

Em verdade, deve-se referir a administração direta como conjunto de órgãos, imediatamente vinculados à pessoa político administrativa em que se encartam, heterogêneo nos seus fins e competências, integrados pela administração central do Poder Executivo, do Poder Judiciário, do Poder Legislativo e dos órgãos constitucionais autônomos, pois estes igualmente possuem identidade organizatória na estrutura da administração direta e eventualmente manejam iniciativa própria para apresentação de projetos de lei ao Poder Legislativo em matéria de sua organização e criação de cargos públicos (CF, Art. 96, II, "c" e "d"; Art. 127, § 2º). Embora esse amplo conjunto de órgãos deva ser enquadrado na administração direta, trata-se de conjunto com marcadas diferenças, pois inclui órgãos encartados ou não entre os três Poderes de Estado, alguns sob direto vínculo hierárquico e outros com amplíssimo grau de independência conferido diretamente pela Constituição Federal ou por leis especiais.

É certo que os órgãos são unidades *de atuação jurídica despersonalizadas* (Art. 1º, §2º, I, da Lei nº 9.784/1999). Não são pessoas jurídicas e, portanto, não possuem *aptidão genérica* para direitos, deveres e obrigações, mas são *sujeitos de direito* e, como tais, gozam de *aptidão limitada ou parcial* para direitos, deveres e obrigações[9].

---

[9] SILVA, Claudio Henrique Ribeiro da. Apontamentos para uma teoria dos entes despersonalizados. *Jus Navigandi*, n. 809, 20 set. 2005. Disponível em: https://jus.com.br/artigos/7312; MELLO, Marcos Bernardes de. *Teoria do fato jurídico*: plano da eficácia: 1ª parte. São Paulo: Saraiva, 2003, p. 125-126.

O reconhecimento da *capacidade jurídica parcial* dos órgãos despersonalizados não deve ser contido no conceito de *personalidade judiciária (capacidade para estar em juízo)*, sendo aplicável também ao âmbito da organização e dos processos administrativos (capacidade *orgânica ou interna), pois os órgãos são "termo de relação jurídica"*[10], servem de centro de imputação de normas administrativas, base essencial para a doutrina e a disciplina normativa das *relações interorgânicas*. A aceitação de órgãos administrativos como *sujeitos de direito, parte em relações interorgânicas* e *parte em relações processuais administrativas* é, ao contrário de surpreendente tolice, algo hoje absolutamente *trivial* no direito comparado e na doutrina administrativa internacional[11].

Saliente-se que, dentro do próprio Poder Executivo, há órgãos de consultoria e de representação social cuja função seria ociosa se subordinada estritamente a vínculo hierárquico e submetida ao controle hierárquico, sem o bloqueio de certo grau de autonomia (no sentido de autoadministração, independência). Sustentamos esse entendimento sobre os órgãos públicos e sobre a viabilidade de a lei estabelecer mecanismos de ampliação da autonomia de órgão (e não apenas de entidades) desde 1998, e o exploramos na palestra "Os contratos de gestão e as agências executivas" (SBDP, 14.09.1998), cujo objeto central foi a análise do então recente Artigo 37, §8º, da Constituição Federal, resultante da Emenda Constitucional 19/1998[12],

---

[10] VILANOVA, Lourival. *Causalidade e relação no direito*. 2. ed. São Paulo: RT, 1989, p. 194

[11] Entre muitos, cf. LEITÃO, Alexandra. *Contratos interadministrativos*. Coimbra: Almedina, 2011, p. 30-32; SANTAMARIA PASTOR, Juan Afonso. La teoría del órgano en el Derecho Administrativo. *REDA*, nº 40-41, 1984, p. 43-86; MOREIRA, Vital. *Administração autónoma e associações públicas*. Coimbra: Coimbra Ed, 1997. p. 273-275; MAURER, Hartmut. *Droit Administratif Allemand*. Trad. Michel Fromont. Paris; L.G.d.J, 1995, p.38-39; FODERARO, Salvatore. *Personalità interorganica*. 2. ed. Pádua: CEDAM, 1957; TREVIJANO FOS, J. A. GARCÍA. *Tratado de Derecho Administrativo*, t. II vol. I, 2.ª ed., Madrid, 1971, pág. 193 e seg; GIANNINI, Massimo Severo. Diritto amministrativo. Milão: Giuffrè, 1970, vol.1, p. 113 e segs; BITENCOURT NETO, Eurico. Concertação Administrativa Interorgânica: direito administrativo e organização no século XXI. São Paulo: Almedina, 2017, pg. 232-243.

[12] A Emenda Constitucional n. 19 introduziu no texto constitucional permanente dispositivo com o seguinte teor: "Art. 37(...) § 8º A autonomia gerencial, orçamentária e financeira dos órgãos e entidades da administração direta e indireta poderá ser ampliada mediante contrato, a ser firmado entre seus administradores e o poder público, que tenha por objeto a fixação de metas de desempenho para o órgão ou entidade, cabendo à lei dispor sobre: I – o prazo de duração do contrato; II – os controles e critérios de avaliação de desempenho, direitos, obrigações e responsabilidade dos dirigentes; III – a remuneração do pessoal."

referente aos contatos de gestão ou contratos de autonomia. A matéria foi posteriormente desenvolvida e explorada em diversos outros trabalhos acadêmicos[13].

Para além disso, a administração indireta não deve ser confundida com o conceito de administração descentralizada. O conceito de administração descentralizada *abrange* e *ultrapassa* o conceito de administração indireta.

A administração indireta no Brasil designa o *conjunto de entidades estatais de direito público e de direito privado administrativas que resultam de constituição legal ou criação autorizada por lei formal.* Sob o regime de direito público integram esse conjunto as *autarquias, fundações de direito público, agências reguladoras, agências executivas* e *associações públicas*; sob o regime de direito privado, as *fundações de direito privado,* os *consórcios de direito privado,* as *sociedades de economia mista* e as *empresas públicas.* Esse conjunto sinteticamente arrolado contempla exclusivamente *pessoas estatais* que exercitam função administrativa ou exploram atividade econômica submetidas a algum grau de controle da administração direta, sendo resultantes de *descentralização legal.*

A disposição constitucional veio a ser regulada parcialmente pela *Lei 13.934/2019*, publicada em 12.12.2019. A Lei 13.934 adotou modelo desenhado em anteprojeto elaborado por comissão técnica, que tive a honra de integrar. Sobre a lei, cf. MODESTO, Paulo. MODESTO, Paulo. Contrato de Desempenho e Organização Administrativa. ConJur – Interesse Público. Publicado em 19-12-2019. Disponível em: https://www.conjur.com.br/2019-dez-19/interesse-publico-contrato-desempenho-organizacao-administrativa e em https://www.academia.edu/41817236

[13] Cf. MODESTO, Paulo. Agências Executivas: a organização administrativa entre o casuísmo e a padronização. In: *Revista Interesse Público*, São Paulo, n.13, p. 124-144, jan./mar. 2002; idem, In: *Revista de Direito Administrativo- RDA*, Rio de Janeiro, n. 228, p.75-84, abr./jun. 2002. MODESTO, Paulo. Legalidade e autovinculação da administração pública: pressupostos conceituais do contrato de autonomia no anteprojeto da nova lei de organização administrativa. In: Modesto, Paulo (org.). *Nova Organização Administrativa Brasileira.* Minas Gerais, Ed. Fórum, 2009, pp. 113-169, disponível em https://www.academia.edu/45494341; Autovinculação da Administração Pública, in: *Revista Brasileira de Direito Público*, Ed. Fórum, n. 29, 2010; MODESTO, Paulo. A Hora e a Vez das Relações Interorgânicas. Rev. Colunistas de Direito do Estado, 2016, n. 296, disponível em https://bit.ly/rel-interorganicas ; MODESTO, Paulo. Contrato de Desempenho e Organização Administrativa. ConJur – Interesse Público. Publicado em 19-12-2019. Disponível em: https://www.academia.edu/41817236 ; MODESTO, Paulo. Experimentação consensual na organização administrativa: contratos de desempenho. ConJur – Interesse Público. Publicado em 03-03-2022. Disponível em: https://www.academia.edu/74344931

O rol das entidades da administração indireta indicado apresenta redundâncias: fundações de direito público, agências executivas, agências reguladoras e associações públicas são, no essencial, autarquias. Discrepam no grau de autonomia, na forma de constituição e no modo de gestão, mas seguem o regime jurídico básico das autarquias, pessoas jurídicas de direito público de capacidade exclusivamente administrativa, como bem define Celso Antônio Bandeira de Mello. O presente trabalho não se ocupará de explorar em maior detalhe a tipologia de entidades estatais, pois dele se ocupa, com excessiva concentração, a doutrina convencional do direito administrativo brasileiro.

O conceito de administração descentralizada, em contraponto, abrange tanto as pessoas estatais resultantes de descentralização legal quanto as entidades ou pessoas privadas e públicas que assumem, por descentralização convencional, o exercício de competências administrativas.

Em sentido funcional, e não apenas estrutural, a organização administrativa abrange sujeitos estatais e sujeitos externos ao aparato do Estado, estes últimos quase sempre de direito privado, porém que realizam funções administrativas por delegação (v.g, concessionários ou permissionários) ou por colaboração (vg., entidades do terceiro setor). Esses sujeitos administrativos fazem às vezes do Estado, recebem o influxo de normas de direito público, manejam recursos públicos e ficam sujeitos a normas de acesso à informação obrigatórias.

Essa pluralidade de sujeitos administrativos estatais (órgãos da administração direta, entidades personalizadas da administração indireta, entidades interfederativas integrantes de diversas administrações indiretas) ou não estatais (concessionários, permissionários e entidades privadas em regime de colaboração) constitui o primeiro obstáculo para a transparência administrativa no Brasil. Identificar a *unidade de atuação* (não apenas a unidade de competência) para atuar e informar em cada momento, em face da complexidade e mutabilidade estrutural do conjunto das entidades e órgãos da administração pública, assim como da *dinâmica do relacionamento que os entrelaça,* constitui um desafio para o cidadão.

Nesse sentido, a primeira tarefa do cidadão na viagem ao interior da administração pública brasileira é identificar a unidade política responsável pelo serviço ou utilidade que pretende alcançar, verificar se o serviço é prestado isoladamente por ela ou mediante gestão associada, voluntária ou compulsória, identificar a fonte normativa do serviço entre as unidades da Federação e conferir se houve delegação, desconcentração ou descentralização do serviço para entes da administração direta ou indireta, ou mesmo descentralização interfederativa e reconhecer os correspondentes órgão de controle. Por óbvio, trata-se de um conjunto de informações de enorme complexidade, que cumpre ao responsável final pelo serviço ou utilidade transmitir com precisão e clareza, sob pena de colocar o cidadão em estado de permanente perplexidade e insegurança.

2.1. Decretos de organização e reserva de lei

É incontroverso que é reservado à lei a *criação e extinção* de ministérios e órgãos da Administração Pública no Brasil (CF, art. 61, §1º, II, "b" e "e"). Porém, criar órgãos e entidades da Administração Pública inevitavelmente significa *talhar competências ou atribuições*, delinear o círculo de legítima atuação de unidades administrativas, definidor de encargos e poderes, inclusive de interferência na situação jurídica de indivíduos, empresas ou outras organizações.

Como ninguém pode ser obrigado a fazer alguma coisa ou deixar de fazer algo senão em virtude de lei (Artigo 5, II, da Constituição Federal), as atribuições materiais dos órgãos e entidades públicas precisam de suporte legal, ou de ato com eficácia equivalente ao da lei, ainda que indiretamente. Por óbvio, ao criar órgãos e atribuições não é vedado ao legislador dispor sobre a *arrumação inicial dessas atribuições*, conferindo-lhes alguma ordenação, mas neste campo o seu papel é *provisório*.

Metaforicamente, para fins didáticos, pode-se dizer que a divisão de tarefas se resume ao seguinte: cabe ao legislador edificar o edifício administrativo e adquirir a mobília necessária para a sua ocupação e funcionamento, isto é, criar os órgãos e as entidades (ou autorizar a sua criação) e fixar as atribuições indispensáveis a atuação e interferência dos órgãos e entidades nos domínios de direitos de terceiros. Mas a arrumação definitiva da mobília, a alocação dessas atribuições entre as diversas unidades do edifício, *não é matéria sob reserva legislativa no Brasil.*

O Poder Executivo no Brasil tem *prerrogativa de organização* para *redistribuir atribuições no interior da administração direta*, podendo deslocar atribuições de um ministério para o outro, bem como órgãos inteiros de um Ministério para outro, estruturando a *arquitetura organizativa* que considere adequada. Essa competência está explicitamente reconhecida ao Presidente da República no artigo 84, VI, "a", da Constituição: "Compete privativamente ao presidente da República: (...) VI – dispor, mediante decreto, sobre: a) organização e funcionamento da administração federal, quando não implicar aumento de despesa nem criação ou extinção de órgãos públicos". A previsão é aplicável a Governadores e Prefeitos com fundamento no princípio da simetria, à administração superior dos órgãos constitucionais autônomos e, ante a individualidade dos entes da administração indireta, em princípio admissível também na intimidade das entidades públicas personalizadas.

É também prerrogativa inerente à competência prevista no artigo 84, II, atribuída ao Presidente da República e aos ministros de Estado, para o exercício da "direção superior da Administração Pública".

Essa flexibilidade organizativa em nada afeta os direitos do cidadão, empresas ou organizações externas: criada a atribuição, definido o círculo de legítima atuação do Estado, é indiferente para as garantias individuais e institucionais se as atribuições serão exercidas por órgãos situados no ministério A, B ou C. Trata-se de *prerrogativa de direção e estruturação organizativa* simétrica àquela reconhecida à Câmara dos Deputados (artigo 51, IV, da CF) e ao Senado (artigo 52, XIII, da CF) para dispor sobre sua própria organização e funcionamento. E igualmente deferida expressamente aos tribunais do Poder Judiciário (artigo 96, I, "a", da CF). Mas essa dinâmica indiscutivelmente impõe desafios à transparência administrativa.

Em termos técnico-jurídicos, a competência do chefe do Poder Executivo para implementar a estruturação e alocação de atribuições previamente criadas por lei desempenha um *papel doméstico*, interno, no âmbito administrativo. Mas ela possui também uma *dimensão política externa*, pois conforme a alocação algumas matérias passam à supervisão de Ministros de agremiações políticas distintas, com perfis ideológicos variados, o que pode impactar na intensidade e até mesmo no conteúdo dos atos que serão implementados. Porém, a última palavra nesta matéria, ainda assim, não é do Congresso e sim do chefe do Executivo, através de *decretos de organização*[14].

Decretos são simples veículos de introdução de normas no sistema jurídico brasileiro. Não se confundem com as normas que introduzem. São formas de veiculação de normas, não as próprias normas. Podem inserir normas

---

[14] MODESTO, Paulo. Os regulamentos de organização no direito brasileiro e os decretos autônomos de extinção de cargos vagos: uma distinção necessária. REDAE, 22/05/2010. Disponível na internet: https://www.academia.edu/1035253

individuais e concretas, a exemplo da declaração de utilidade pública para fins de desapropriação, e normas abstratas e gerais, como os regulamentos. Decreto é veículo de introdução de normas administrativas ou políticas de competência exclusiva dos chefes dos Poderes Executivos.

O artigo 84, VI, "a" da Constituição, norma introduzida pela EC 32/2001, autoriza a edição de decretos regulamentares do Poder Executivo sobre a organização e funcionamento da Administração Federal, "quando não implicar aumento de despesa nem criação ou extinção de órgãos públicos". São os *regulamentos de organização*, distintos dos tradicionais *regulamentos de simples execução*, que permanecem também previstos na Constituição, porém em *dispositivo distinto* (artigo 84, IV, CF).

Os regulamentos de organização podem ser *inovadores no âmbito administrativo*, pois podem "reordenar", "reintegrar", desde que sem criar direito ou dever individual novo, a partilha de atribuições e o funcionamento de órgãos administrativos previamente criados por lei. Nesse domínio, *vínculos específicos de hierarquia podem ser alterados por decreto presidencial.*

A composição orgânica e o regime de funcionamento dos órgãos também podem ser alterados, desde que essas alterações não importem em criação de despesa e não interfiram ou inovem nos direitos subjetivos ou nos deveres do cidadão mediante a criação de competências administrativas novas. Os regulamentos de organização inovam a ordem administrativa, porém não a ordem jurídica no tocante aos direitos substantivos dos cidadãos.

Os regulamentos expedidos na forma do artigo 84, VI, "a", da Constituição não podem ser reduzidos a simples "regulamentos de execução", pois são vocacionados a modificar a organização administrativa anterior, inclusive quanto à estruturação das atribuições e a distribuição dos cargos necessários à composição de órgãos públicos, mas não podem também ser confundidos com os denominados "regulamentos autônomos" ou "independentes", ao menos se estes forem concebidos como normas administrativas capazes de inovar primariamente a ordem jurídica, criando direitos e deveres aos particulares, impondo obrigações, restrições ou faculdades independentemente de lei prévia e sem sujeição a alteração por lei posterior. *Não houve deslegalização da organização administrativa.*

Conforme escrevi há mais de dez anos:

> "Os regulamentos de organização permanecem *normas secundárias*, dependentes de lei anterior que institua as competências públicas e os órgãos públicos,

sempre com alguma estruturação mínima (arquitetura mínima), conquanto sejam reordenadores da normatividade anterior no tocante a organização e funcionamento interno da Administração Direta. Por igual, podem ser modificados por lei posterior, que crie órgãos, a partir da fusão ou extinção de órgãos anteriores, ou que altere a competência dos órgãos existentes. Constituem um *tertium genus*, pois não são executivos nem podem ser autônomos, mas constituem uma forma de realizar alterações normativas sem eficácia *ad extra* à organização administrativa, e assim devem ser considerados para a adequada compreensão do princípio da legalidade no sistema jurídico brasileiro. A rigor, podem modificar normas de organização e funcionamento predispostas em lei (não são meramente executivos) e podem ser modificados por lei posterior (não são autônomos), compondo a matéria interna de organização e funcionamento da Administração Pública *condomínio normativo* autorizado diretamente pela Constituição"[15].

Os regulamentos de organização podem dispor sobre a distribuição das atribuições dos órgãos públicos, mas não estão autorizados a criar ou extinguir atribuições, matéria que permanece deferida às leis, em homenagem ao regime da legalidade administrativa (art.5º, II, da CF), cláusula pétrea expressa (artigo 60, §4º, IV, da CF). O veto à criação ou extinção de atribuições administrativas decorre igualmente da proibição à criação ou extinção de órgãos, matéria excluída do campo material dos regulamentos organizativos (artigo 84, VI, "a", da CF).

Possuem ainda *limites subjetivos e objetivos.*

Quanto aos *limites subjetivos*, os regulamentos de organização no Brasil cabem unicamente nos limites de uma mesma pessoa administrativa, respeitada a separação de Poderes e a autonomia deferida a entidades personalizadas e a determinados órgãos constitucionais autônomos (v.g. Ministério Público, Defensoria Pública, Tribunal de Contas).

Seria teratológico admitir-se, ante a dicção aberta do artigo 84, VI, "a", da Constituição, a edição pelo presidente da República de decreto com o objetivo de modificar, deslocar ou realocar órgão de entidades administrativas autônomas da administração indireta (v.g. autarquias, agências reguladoras,

---

[15] MODESTO, Paulo. Legalidade e autovinculação da Administração Pública: pressupostos conceituais do contrato de autonomia no anteprojeto da nova lei de organização administrativa, ob. cit., 2ª ed, p. 123. 2011.

executivas, empresas públicas, sociedades de economia mistas, entre outras). Essas entidades são pessoas administrativas distintas da Administração Central, submetidas a controle legal, sendo que este não pode ser exercido de modo anômalo, atípico, ou fora dos limites legais estabelecidos no diploma normativo de criação ou de autorização de criação da entidade autônoma.

A admitir-se a modificação unilateral e externa da estrutura orgânica de entidades autônomas, sob o pálio de uma suposta autorização constitucional direta, as disposições igualmente constitucionais referentes à autonomia administrativa, ao modo de criação e ao controle dessas entidades perderiam completamente o sentido, pois essas entidades estariam permanentemente, enquanto pessoas administrativas, sujeitas à instabilidade organizacional e ao arbítrio do presidente da República sobre o seu modo de funcionamento. Por identidade de razão, incabível cogitar de aplicação do art. 84, VI, "a", da Constituição, para promover alterações na estrutura administrativa dos órgãos constitucionais autônomos (Ministério Público, Defensoria Pública e Tribunal de Contas) e a estrutura dos demais Poderes da República (Legislativo e Judiciário).

Quanto aos *limites objetivos*, cabe especificar as duas funções básicas cumpridas pelos regulamentos de organização. Em primeiro lugar, reordenar ou recompor matéria de relevo preponderantemente interno (estruturação/vinculação), deslocando, desmembrando ou remanejando atribuições previamente estabelecidas de um para outro órgão da mesma pessoa administrativa ou até deslocando o próprio órgão como um todo, modificando os seus vínculos diretos de supervisão (ex. órgão diretamente vinculado ao Presidente da República pode ser deslocado para a estrutura administrativa de ministério setorial, ou realizar-se deslocamento horizontal de órgão, de um ministério para o outro). Em segundo lugar, redistribuir cargos e funções entre órgãos, de forma a aperfeiçoar o emprego da força de trabalho na intimidade da Administração Pública e o próprio funcionamento das unidades administrativas.

Essas considerações, em particular a inteligência quanto a ilegitimidade de regulamentos organizativos para alterações na organização de pessoas autônomas da administração indireta, não são meramente acadêmicas, pois há exemplos de uso abusivo da previsão constitucional vertida no artigo 84, VI, "a", inclusive na fundamentação de vetos presidenciais a projetos de lei (v.g. vetos ao projeto que deu origem à Lei nº10.303/01, famoso caso CVM, e concomitante edição do Decreto nº 3.995/01), sem que a equivocada aplicação da competência presidencial encontre censura na doutrina especializada ou nos Tribunais (v.g., ADI 2601, Rel. Min. Ricardo Lewandowski, j. 19/08/2021, DJe-020, pub. 04-02-2022).

Sustentei essas *potencialidades e limites* dos regulamentos de organização durante os debates da Comissão de elaboração do *Anteprojeto de Normas Gerais sobre a Administração Pública Direta e Indireta, as Entidades Paraestatais e as de Colaboração*, comissão convocada no segundo governo Lula, tendo recebido apoio e desenvolvimento por parte dos demais professores no curso dos debates, como pode ser verificado pela leitura do *artigo 6º do anteprojeto*, ainda pendente de apresentação formal ao Congresso[16].

Os decretos de organização evidenciam que a compreensão da organização administrativa é insuficiente sob a perspectiva da arquitetura ou estrutura dos órgãos e pessoas jurídico-administrativas. Para entender organização administrativa é fundamental compreender as *relações organizativas* (hierarquia, autonomia, delegação, suplência, avocação, coordenação interna e interadministrativa, entre inúmeras outras), o que tanto destaca a flexibilidade do gestor na transferência e articulação das atribuições no interior da administração quanto revela os seus limites, inclusive os impostos pela independência ou autonomia administrativa reconhecida em lei ou pela Constituição a determinados órgãos com identidade própria de destacado relevo em matéria de controle.

O caráter estático da dogmática tradicional do direito da organização, criticada reiteradamente por E. Schmidt-Assmann, não consegue compreender as organizações como "sistemas de processamento de informações", como "sistemas de coordenação" e como "sistemas de legitimação"[17].

Assumir uma compreensão dinâmica na abordagem da organização administrativa, além de imperativo do nosso tempo, é essencial para resguardar o núcleo da autonomia do Poder Executivo e permitir a *experimentação administrativa interna*, espaço de abertura essencial para renovar o planejamento e a execução de políticas públicas. Neste domínio, o Poder Executivo tem a palavra final, embora nunca a inicial, pois define ao longo do tempo a arrumação e a alocação das atribuições já criadas por lei, tarefa que lhe foi

---

[16] Para o inteiro teor do Anteprojeto, acesse https://www.academia.edu/1055240

[17] Cf. SCHMIDT-ASSMANN, Ebergard. *La teoria general del derecho administrativo como sistema*: objeto y fundamentos de la construcción sistemática. Madrid: INAP, Marcial Pons, 2003, p. 256 e segs.

cofiada pela Constituição da República. Essa dinâmica, entretanto, impõe acrescidos desafios para a transparência da organização administrativa, a explorar na sequência.

3. DIREITO À INFORMAÇÃO E À TRANSPARÊNCIA COMO DIREITO TRANSVERSAL

O capítulo da Administração Pública na Constituição Federal brasileira é inaugurado com uma extensa lista de princípios gerais obrigatórios, entre os quais o *princípio da publicidade (CF, art. 37, caput)*.

Entre os desdobramentos do princípio da publicidade a própria lei fundamental explicita os seguintes direitos fundamentais:

a) *Direito à informação:* direito de receber, dos órgãos públicos, informações do seu interesse particular ou de interesse coletivo ou geral (CF, art. 5º, XXXIII), a serem prestadas no prazo legal (em regra, no prazo máximo de 20 dias, conforme o Art. 10, § 1º, da Lei 12.527/2011), ressalvadas aquelas informações cujo "sigilo seja imprescindível à segurança da sociedade e do Estado" (CF, art. 5º, XXXIII, *in fine*), aquelas cujo sigilo da fonte seja necessário ao exercício profissional (art. 5º, XIV, CF) ou "quando a defesa da intimidade ou o interesse social o exigirem" (CF, art. 5º, LX, *in fine*);

b) *Direito de certidão:* direito de receber certidões das repartições públicas, para defesa de direitos e esclarecimento de situações de interesse pessoal (Art. 5º, XXXIV, alínea b);

c) *Direito de proteção de dados*: direito à inviolabilidade da intimidade, da vida privada, da honra e da imagem das pessoas (CF, Art. 5º, X), sendo assegurado, nos termos da lei, "o direito de proteção dos dados pessoais, inclusive nos meios digitais" (CF, art. 5º, LXXIX);

d) *Direito de retificação de dados:* direito de retificação de dados mediante processo administrativo judicial ou administrativo sigiloso, ou mediante *habeas data* (CF, art. 5º. LXXII, b);

e) *Direito de desconsideração de dados obtidos ilegalmente:* direito de serem desprezadas, por inadmissíveis, nos processos administrativos ou judiciais, as provas obtidas por meios ilícitos (CF, art. 5º, LVI).

O direito de acesso à informação é ainda reafirmado na Constituição Federal entre os direitos dos usuários dos serviços públicos, sendo previsto que a lei deve assegurar o "acesso dos usuários a registros administrativos e a informações sobre atos de governo, observado o disposto no art. 5º, X e XXXIII" (CF, at. 37, §3º, II, acrescido pela EC 19/1998).

A matéria foi disciplinada pela Lei 12.527, de 18,.11.2011, conhecida como Lei de Acesso à Informação (LAI), estatuto fundamental para a matéria objeto desta exposição. A LAI foi regulamentada pelo Decreto 7.724, de 16.05.2012.

É certo que publicidade, embora perspectivada em todas as dimensões e direitos referidos, não se confunde o conceito de transparência administrativa. Segundo Wallace Paiva Martins Júnior, transparência é conceito amplo, que engloba a publicidade, a motivação e a participação popular[18]. O conceito de transparência é considerado mais abrangente do que o de publicidade.

E menos ainda é admissível confundir publicidade com publicação. O conceito de publicidade é mais amplo que o de publicação. Publicidade significa toda e qualquer forma de comunicação com eficácia externa e que permita a ciência do conteúdo de atos e fatos. Publicação é, como regra, no âmbito da administração pública, entendida como a publicidade realizada através dos jornais ou veículos oficiais. A comunicação direta ao destinatário individual dos atos administrativos, geralmente denominada intimação ou ciência, é forma de publicidade dada pela cientificação imediata da existência de ato, mas não é publicação. Essa ciência direta pode constar inclusive entre os direitos fundamentais, como o direito do preso à identificação dos responsáveis por sua prisão ou por seu interrogatório pessoal (CF, art. 5º, LXIV).

A transparência administrativa deve ser considerada exigência fundamental transversal, que perpassa toda a gestão pública e ultrapassa aspectos relacionados ao acesso, proteção, retificação e desconsideração de dados, para alcançar igualmente obrigações relacionadas à melhoria da qualidade da informação produzida, nomeadamente a inteligibilidade, atualidade e consistência dos dados produzidos e geridos pela Administração Pública.

Administração pública transparente não é apenas aquela que concede informações, retifica e desconsidera informações ilícitas, mas aquela que

---

[18] MARTINS JÚNIOR, Wallace Paiva. *Transparência administrativa: publicidade, motivação e participação popular*. São Paulo: Ed. Saraiva, 2004, p. 19 e segs.

produz informação útil, inteligível, simples e coerente necessária para o cidadão e as pessoas jurídicas.

A transparência administrativa é exigência de motivação e orientação, de constituição de procedimentos de oitiva de interessados e de promoção da participação, veículos de *publicidade ativa* necessários para tornar viável o controle social e a compreensão da organização e do funcionamento das estruturas públicas[19].

Não por acaso o art. 7º. da Lei nº 12.527, de 18 de novembro de 2011, estabelece que o acesso à informação administrativa compreende, entre outros, os direitos de obter: I – orientação sobre os procedimentos para a consecução de acesso, bem como sobre o local onde poderá ser encontrada ou obtida a informação almejada; II – informação contida em registros ou documentos, produzidos ou acumulados por seus órgãos ou entidades, recolhidos ou não a arquivos públicos; III – informação produzida ou custodiada por pessoa física ou entidade privada decorrente de qualquer vínculo com seus órgãos ou entidades, mesmo que esse vínculo já tenha cessado; IV – informação primária, íntegra, autêntica e atualizada; V – informação sobre atividades exercidas pelos órgãos e entidades, inclusive as relativas à sua política, organização e serviços; VI – informação pertinente à administração do patrimônio público, utilização de recursos públicos, licitação, contratos administrativos; e VII – informação relativa: a) à implementação, acompanhamento e resultados dos programas, projetos e ações dos órgãos e entidades públicas, bem como metas e indicadores propostos; b) ao resultado de inspeções, auditorias, prestações e tomadas de contas realizadas pelos órgãos de controle interno e externo, incluindo prestações de contas relativas a exercícios anteriores.

Em um único dispositivo prescreve-se o direito de orientação e informação, obrigações de manutenção da informação atualizada, gerenciamento da informação sobre atividades, sobre políticas, sobre a organização administrativa e seus serviços, alcançando a norma inclusive entidades

[19] Em clássico estudo, José Carlos Vieira de Andrade salientava que uma das finalidades principais do dever constitucional de fundamentação dos atos administrativos é justamente "o alargamento da publicidade administrativa, sobretudo na dimensão informativa e participativa, no plano das relações com os particulares interessados, mas ainda numa dimensão de transparência 'ecológica', ao nível da relação da comunidade global" (VIEIRA DE ANDRADE, José Carlos. O Dever da Fundamentação Expressa de Actos Administrativos. Coimbra: Almedina, 1991, p. 79.)

privadas que receberam recursos de fomento ou contrataram com a administração atividades de relevância pública.

A operacionalização de todas essas exigências é prescrita no Art. 8º da Lei nº 12.527/2011. Determina-se que os órgão e entidades devem promover, ativamente, mediante ferramentas de pesquisa e linguagem objetiva e de fácil compreensão, a divulgação de informações de interesse coletivo e geral; devem registrar as suas competências e a sua estrutura organizacional, inclusive endereços e telefones das respectivas unidades e horários de atendimento ao público; informar repasses financeiros e registrar despesas; organizar informações sobre procedimentos licitatórios, editais e contratos celebrados, bem como dados gerais para acompanhamento de programas, ações, projetos e obras de órgãos e entidades, assim como apresentar as respostas a perguntas mais frequentes da sociedade.

A simplificação do acesso à informação decorrente da digitalização dos processos administrativos aproximou essas prescrições da realidade, embora em diversos órgãos e entidades as imposições da Lei nº 12.527/2011 sejam solenemente descumpridas. As sanções são ineficazes quando os órgãos de cúpula desestimam os recursos de acesso apresentados pelos interessados, o que reconduz a questão ao Poder Judiciário.

Iniciativa interessante, com reflexos reputacionais e políticos, é a *Escala Brasil Transparente,* desenvolvida como instrumento auxiliar para o exercício das competências da Controladoria-Geral da União (CGU)[20]. Pensada inicialmente para verificação do grau de cumprimento de dispositivos da Lei de Acesso à Informação nos entes subnacionais, sobretudo os Estados, Distrito Federal e os municípios com mais de cinquenta mil habitantes, esse indicador tem sido um estímulo para melhoria da gestão de dados dentro da administração pública tanto federal quanto subnacional.

Na mesma trilha, o Conselho Nacional de Justiça instituiu o "Ranking da Transparência do Poder Judiciário", regido pela Resolução CNJ n. 260/2018, que alterou a Resolução CNJ n. 215/2016, com a finalidade de conseguir, com dados objetivos, avaliar o grau de informação que os tribunais e conselhos disponibilizam aos cidadãos[21]. Ao final, a cada ano, são premiados os Tribunais

[20] Sobre a Escala Brasil Transparente – Avaliação 360º, cf. https://mbt.cgu.gov.br/publico/avaliacao/escala_brasil_transparente/66

[21] Para o Ranking da Transparência do Poder Judiciário, acesse https://www.cnj.jus.br/transparencia-cnj/ranking-da-transparencia/

com melhor pontuação no cumprimento da transparência passiva e ativa nas suas plataformas de informação. São previstas apenas sanções premiais nessa iniciativa.

Merece registro também a Lei 14.129/2021, conhecida como Lei do Governo Digital, por contemplar normas de estímulo à desburocratização, digitalização, inovação e aumento da participação popular. A transparência e o acesso à informação são proclamados como "princípios e diretrizes do Governo Digital e da eficiência pública" (Art. 3º), prescrevendo-se a "disponibilização em plataforma única do acesso às informações e aos serviços públicos, observadas as restrições legalmente previstas e sem prejuízo, quando indispensável, da prestação de caráter presencial" e " a possibilidade aos cidadãos, às pessoas jurídicas e aos outros entes públicos de demandar e de acessar serviços públicos por meio digital, sem necessidade de solicitação presencial". Exige a lei do gestor "o uso da linguagem clara e compreensível a qualquer cidadão" e, ao mesmo tempo, proclama "o dever do gestor público prestar contas diretamente à população sobre a gestão dos recursos públicos". Diretrizes semelhantes também constam da nova Lei de Licitações (Lei 14.133/2021), nomeadamente nos art. 27, 174 a 176, sendo nestes últimos previstos o Portal Nacional de Contratações Públicas – PNCP, com objetivo de oferecer "divulgação centralizada e obrigatória dos atos exigidos por esta Lei", observadas as exigências da Lei de Acesso à Informação (LAI) e, por óbvio, também as restrições estabelecidas na Lei nº 13.709/2018, Lei Geral de Proteção de Dados Pessoais (LGPD).

4. A TRANSPARÊNCIA ORGANIZATÓRIA: PRESSUPOSTO PARA UMA BOA VIAGEM AO INTERIOR DA ADMINISTRAÇÃO PÚBLICA

A organização administrativa pode ser vista sob a perspectiva de uma "ordem no tempo", pois transforma-se: entidades podem ser convertidas por lei em outras, ou fundidas; órgãos podem ter competências transferidas e cindidas, podem perder ou ganhar competências por atos legais ou por atos e fatos jurídicos administrativos previstos em lei.

A mutabilidade da organização administrativa é estrutural e funcional. A administração enquanto conjunto de sujeitos é um labirinto vivo, cujas paredes se movem e novas paredes são levantadas ou postas de lado ao longo do tempo, sendo irrealista a visualização estática e panorâmica deste conjunto a partir de simples classificações tipológicas.

A organização administrativa compreende, em especial, (a) técnicas de criação, modificação e extinção de pessoas jurídicas e órgãos despersonalizados; (b) técnicas de distribuição funcional de competências e de solução de conflitos de competência; (c) técnicas de coordenação, supervisão e direção; (d) técnicas de controle, avaliação, medição de desempenho e superação de incoerências; (e) técnicas de associação ou colaboração com terceiros ao aparato do Estado, inclusive em ação executiva, a envolver outros sujeitos públicos ou sujeitos privados. Todos esses temas possuem relevância direta para o cidadão, tendo sido completamente superada a concepção que remetia as relações internas a uma "zona não jurídica" de auto-organização.

Tudo isso parece ter sido compreendido pelo legislador brasileiro, que reitera em sucessivos diplomas normativos exigências de transparência, mediante dados abertos, linguagem acessível, atualizada e consistente, inclusive sobre a organização administrativa dos serviços e seu modo de funcionamento. Se em grande medida esse conjunto de prescrições ainda carece de eficácia e detalhamento operacional, cumpre à doutrina e aos órgãos de controle desvelar o que se oculta, identificar os vários mecanismos de modificação do funcionamento e da organização administrativa ainda abaixo do radar da cidadania. Desafio imenso, necessária e urgente obra coletiva.

REFERÊNCIAS DOUTRINAIS

BITENCOURT NETO, Eurico. *Concertação Administrativa Interorgânica: direito administrativo e organização no século XXI.* São Paulo: Almedina, 2017, pg. 232-243.

COUTO E SILVA, Almiro do. A Administração direta e as autarquias: autarquias especiais, agências reguladoras e agências executivas. In: Modesto, Paulo (org.) *Nova Organização Administrativa: estudos sobre a proposta da Comissão de Especialistas constituída pelo governo federal para reforma da organização administrativa brasileira.* Belo Horizonte: Ed. Fórum, 1ª.ed, 2009; 2ª.ed, 2011, p. 35-55.

FODERARO, Salvatore. *Personalità interorganica.* 2. ed. Pádua: CEDAM, 1957.

GARCIA DE ENTERRIA, Eduardo e FERNANDEZ, Tomas-Ramon. *Curso de Derecho Administrativo,* I, 8ª ed. Madrid: Editorial Civitas, 1974, p. 33-34.

GIANNINI, Massimo Severo. *Diritto amministrativo.* Milão: Giuffrè, 1970, vol. 1, p. 113 e segs.

LEITÃO, Alexandra. *Contratos interadministrativos.* Coimbra: Almedina, 2011, p. 30-32.

MARTINS JÚNIOR, Wallace Paiva. *Transparência administrativa: publicidade, motivação e participação popular.* São Paulo: Ed. Saraiva, 2004, p. 19 e segs.

MAURER, Hartmut. *Droit Administratif Allemand.* Trad. Michel Fromont. Paris; L.G.d.J, 1995, p.38-39.

MELLO, Marcos Bernardes de. *Teoria do fato jurídico: plano da eficácia*: 1ª parte. São Paulo: Saraiva, 2003, p. 125-126.

MODESTO, Paulo. A Hora e a Vez das Relações Interorgânicas. *Revista Colunistas de Direito do Estado,* 2016, n.296, disponível em https://bit.ly/rel-interorganicas.

MODESTO, Paulo. Agências Executivas: a organização administrativa entre o casuísmo e a padronização. In: *Revista Interesse Público,* São Paulo, n.13, p. 124-144, jan./mar. 2002; idem, In: *Revista de Direito Administrativo- RDA,* Rio de Janeiro, n. 228, p.75-84, abr./jun. 2002.

MODESTO, Paulo. Autovinculação da Administração Pública, in: *Revista Brasileira de Direito Público,* Ed. Fórum, n. 29, 2010. Na internet, disponível no endereço: http://www.direitodoestado.com.br/artigo/paulo-modesto/autovinculacao-da--administracao-publica e https://www.academia.edu/1035236.

MODESTO, Paulo. Contrato de Desempenho e Organização Administrativa. ConJur – Interesse Público. Publicado em 19-12-2019. Disponível em: https://www.academia.edu/41817236.

MODESTO, Paulo. Contrato de Desempenho e Organização Administrativa. *ConJur – Interesse Público.* Publicado em 19-12-2019. Disponível em: https://www.conjur.com.br/2019-dez-19/interesse-publico-contrato-desempenho-organizacao--administrativa e em https://www.academia.edu/41817236.

MODESTO, Paulo. Experimentação consensual na organização administrativa: contratos de desempenho. *ConJur – Interesse Público.* Publicado em 03-03-2022. Disponível em: https://www.academia.edu/74344931 e https://www.conjur.com.br/2022-mar-03/interesse-publico-experimentacao-consensual-organizacao-administrativa.

MODESTO, Paulo. Fraude no devido processo legislativo e seu controle jurisdicional. Conjur, 1.07.2021, https://www.conjur.com.br/2021-jul-01/interesse-publico--fraude-devido-processo-legislativo-controle-jurisdicional ou https://www.academia.edu/49762212.

MODESTO, Paulo. Legalidade e autovinculação da Administração Pública: pressupostos conceituais do contrato de autonomia no anteprojeto da nova lei de organização administrativa. In: Modesto, Paulo (org.) *Nova Organização Administrativa: estudos sobre a proposta da Comissão de Especialistas constituída pelo governo federal para reforma da organização administrativa brasileira.* Belo Horizonte:

Ed. Fórum, 1ª.ed, 2009; 2ª.ed, 2011, p. 115-174. Disponível na internet no endereço: https://www.academia.edu/45494341.

MODESTO, Paulo. O sorriso de Marina: organização administrativa e condomínio normativo. ConJur – Coluna Interesse Público. ISSN 1809-2829. Publicado em 08-06-2023. Disponível em https://www.conjur.com.br/2023-jun-08/interesse--publico-sorriso-marina-organizacao-administrativa-condominio-normativo e em https://www.academia.edu/103121854.

MODESTO, Paulo. Os regulamentos de organização no direito brasileiro e os decretos autônomos de extinção de cargos vagos: uma distinção necessária. REDAE, 22/05/2010. Disponível na internet: https://www.academia.edu/1035253.

MODESTO, Paulo. Região Metropolitana, Estado e Autonomia Municipal: a governança interfederativa em questão. *Revista Colunistas de Direito do Estado,* 25/01/2016, ano 2016, n. 66, url: http://www.direitodoestado.com.br/colunistas/paulo-modesto/regiao-metropolitana-estado-e-autonomia-municipal-a-governanca-interfederativa-em-questao.

MOREIRA, Vital. *Administração autónoma e associações públicas.* Coimbra: Coimbra Ed, 1997. p. 273-275.

SANTAMARIA PASTOR, Juan Afonso. La teoría del órgano en el Derecho Administrativo. *REDA,* nº 40-41, 1984, p. 43-86.

SCHMIDT-ASSMANN, Ebergard. *La teoria general del derecho administrativo como sistema: objeto y fundamentos de la construcción sistemática.* Madrid: INAP, Marcial Pons, 2003, p. 256 e segs.

SILVA, Claudio Henrique Ribeiro da. Apontamentos para uma teoria dos entes despersonalizados. *Jus Navigandi,* n. 809, 20 set. 2005. Disponível em: https://jus.com.br/artigos/7312.

TREVIJANO FOS, J. A. GARCÍA. *Tratado de Derecho Administrativo,* t. II vol. I, 2.ª ed., Madrid, 1971, pág. 193 e seg.

VIEIRA DE ANDRADE, José Carlos. *O Dever da Fundamentação Expressa de Actos Administrativos.* Coimbra: Almedina, 1991, p. 79.

VILANOVA, Lourival. *Causalidade e relação no direito.* 2. ed. São Paulo: RT, 1989, p. 194.

NOS 30 ANOS DA LEI DE ACESSO AOS DOCUMENTOS ADMINISTRATIVOS: ARQUEOLOGIA E LINHAS DE CONTINUIDADE LEGISLATIVAS

TIAGO FIDALGO DE FREITAS
Assistente convidado da Faculdade de Direito da Universidade de Lisboa, coordenador executivo e investigador assistente integrado do *Lisbon Public Law Research Centre*, consultor sénior do Centro de Competências Jurídicas do Estado (JurisAPP) e membro da CADA – Comissão de Acesso aos Documentos Administrativos. Agradeço ao Presidente e ao Secretário da CADA, Conselheiro Alberto Augusto Oliveira e Doutor Sérgio Pratas, respetivamente, a disponibilidade para a troca de impressões sobre alguns dos temas deste artigo.

SUMÁRIO: § 1.º Introdução; § 2.º O nascimento da LADA; § 3.º A evolução da LADA; § 4.º Linhas de continuidade legislativas; § 5.º Observações conclusivas; Referências doutrinais.

§ 1.º – INTRODUÇÃO

1. Em 2023 celebram-se 30 anos de vigência de uma Lei de Acesso aos Documentos Administrativos (LADA) em Portugal. Foi em 1993 que a Lei n.º 65/93, de 26 de agosto, foi aprovada e entrou em vigor. No ano seguinte, foi instalada e entrou em funcionamento a Comissão de Acesso aos Documentos Administrativos (CADA), tendo a sua primeira composição tomado posse a 8 de setembro de 1994.

Ao longo destas três décadas, a forma como a transparência administrativa evoluiu foi tranquila e progressiva. A nível legislativo, as mudanças foram paulatinas, sem grandes revoluções, calibrando pormenores e fazendo ligeiros ajustes a alguns aspetos de regime. O sistema é estável e está testado. Resta saber se é adequado – e, em particular, *suficiente* – para uma democracia europeia de tipo ocidental num Estado de direito no século XXI – ou se, pelo contrário, não será altura de mudar para um paradigma mais exigente. Se, quando foi aprovada, a Lei n.º 65/93, de 26 de agosto, era avançada, esse modelo – que hoje, no essencial, persiste em vigor – corresponde à adoção de um cânone em muitos aspetos ultrapassado, longe das melhores práticas internacionais, seguidas por vários outros Estados e recomendadas por organizações internacionais[1], de acesso a *informação pública* em lugar de mera disponibilização de *documentos administrativos*. E tão sintomático é que, em 2023, ainda não foi assinada nem ratificada pela República Portuguesa a Convenção do Conselho da Europa sobre o Acesso aos Documentos Oficiais[2].

2. De todo o modo, a história do aparecimento e da evolução da LADA não está feita nem registada. Este artigo visa contribuir para colmatar essa lacuna. E, a final, visa responder-se a uma pergunta: ao fim de 30 anos e 9 alterações legislativas, a LADA ainda é a mesma?

O texto encontra-se estruturado da seguinte forma: começar-se-á por analisar o nascimento da LADA de 1993, procurando, através de uma atividade de arqueologia, encontrar os seus primórdios e estudar as iniciativas legislativas em que teve origem (cfr. § 2.º, *infra*). Passar-se-á, de seguida, para a análise das diferentes alterações legislativas que foram sendo aprovadas ao longo dos anos, quer parciais, quer as que deram origem à LADA de 2007 e à LADA de 2016, atualmente em vigor (cfr. § 3.º, *infra*). Por último, tentar-se-ão identificar as principais linhas de continuidade legislativas que perpassam estas três décadas; far-se-ão algumas referências à aplicação da lei, naturalmente, mas o foco é essencialmente legislativo (cfr. § 4.º, *infra*). A fechar, far-se-ão algumas observações conclusivas (cfr. § 5.º, *infra*).

§ 2.º – O NASCIMENTO DA LADA

3. O facto de o direito dos cidadãos de serem "informados pela Administração, sempre que o requeiram, sobre o andamento dos processos em que sejam diretamente interessados, bem como o de conhecer as

[1] Para um panorama das melhores práticas internacionais, cfr., entre outros, J. M. Ackerman / I. E. Sandoval-Ballesteros, 'The global explosion of freedom of information laws', Administrative Law Review, vol. 58, n.º 1, 2006, pp. 109-115.

[2] Cfr. Convenção do Conselho da Europa sobre o Acesso aos Documentos Oficiais – Convenção do Conselho da Europa n.º 205, assinada em Tromsø a 18 de junho de 2009, que entrou em vigor a 1 de dezembro de 2020, depois de 10 Estados-membros se terem vinculado, e que se encontra disponível em URL: https://bit.ly/3RaK9zJ (URL encurtado, como os demais deste artigo, através de https://bitly.com/).

resoluções definitivas que sobre eles forem tomadas"[3] e o direito "de acesso aos arquivos e registos administrativos"[4] terem, na ordem jurídico-constitucional portuguesa, natureza jusfundamental poderia indiciar que essas posições jurídicas teriam sido não só os fundamentos, mas também os catalisadores de reformas legislativas de implementação de políticas de transparência administrativa. Efetivamente, inseridos no catálogo de direitos fundamentais da Constituição nas revisões constitucionais de 1982 e de 1989[5], respetivamente, é verdade que tanto o Código do Procedimento Administrativo quando a LADA lhes são posteriores. No entanto, como se verá, essa análise meramente sequencial obnubila outros diplomas que tiveram um papel particularmente importante e a que, até agora, pouca ou nenhuma atenção foi dada – sendo que são importantes para se compreender a origem de algumas das soluções da LADA de 1993 que perduram até hoje.

4. A primeira concretização de um mecanismo de acesso aos documentos administrativos em Portugal após a Revolução de 1974 é, curiosamente, anterior à aprovação e entrada em vigor da própria Constituição de 1976. Trata-se da Lei de Imprensa[6], que foi pioneiramente aprovada pelo III Governo Provisório[7], logo em 1975, e que estatuiu que

> "À imprensa periódica será facultado acesso às fontes de informação pela Administração Pública e pelas empresas em que haja estatutariamente participação maioritária de pessoas coletivas de direito público e ainda, no que respeita ao objeto da exploração ou concessão, pelas empresas que explorem

---

[3] Cfr. artigo 268.º, n.º 1, da Constituição.

[4] Cfr. artigo 268.º, n.º 2, da Constituição.

[5] Sobre os direitos fundamentais em questão, cfr. T. Fidalgo de Freitas, 'A dimensão constitucional da transparência administrativa', pp. 229-236; M. Aroso de Almeida, *sub* artigo 268.º, in J. Miranda / R. Medeiros, *Constituição portuguesa anotada*, III², pp. 310-322; J. J. Gomes Canotilho / V. Moreira, *Constituição da República Portuguesa*, II⁴, pp. 405-412.

[6] Cfr. Decreto-Lei n.º 85-C/75, de 26 de fevereiro, alterado pelo Decreto-Lei n.º 181/76, de 9 de março, pela Lei n.º 13/78, de 21 de março, pelo Decreto-Lei n.º 377/88, de 24 de outubro, pela Lei n.º 15/90, de 30 de junho, pelo Decreto-Lei n.º 48/95, de 15 de março, e pela Lei n.º 15/95, de 25 de maio.

[7] Do qual era Primeiro-Ministro Vasco Gonçalves. Sobre a história da elaboração da Lei de Imprensa, cfr. P. Marques Gomes, *A imprensa na revolução*, pp. 187-256.

bens do domínio público ou sejam concessionárias de serviços públicos, segundo normas a definir que preservem o funcionamento dos serviços".

Este regime excecionava apenas "processos em segredo de justiça", "segredos militares ou segredos de Estado", "secretos por imposição legal, aos que afetem gravemente a posição concorrencial das empresas referidas [...] e ainda aos que digam respeito à vida íntima dos cidadãos"[8]. Curiosamente, apesar de esta lei ter sido alterada seis vezes antes de ter sido revogada no dealbar do século, em 1999, este artigo manteve-se intocado ao longo dos seus vinte e quatro anos de vigência[9].

A Lei de Processo nos Tribunais Administrativos (LPTA)[10], de 1985, antecedendo uma regulação substantiva da matéria, introduziu na ordem jurídica nacional um meio processual específico dirigido à tutela adjetiva do acesso à informação administrativa: a intimação para consulta de documentos ou passagem de certidões[11]. Note-se, claro, que apesar de o meio processual estar consagrado naquela lei, vinha já previsto no Estatuto dos Tribunais

---

[8] Cfr. artigo 5.º, n.os 1 e 2, da Lei de Imprensa de 1975; a sua epígrafe era, precisamente, "Acesso à informação e sigilo profissional".

[9] A atual Lei de Imprensa – a Lei n.º 2/99, de 13 de janeiro, retificada pela Declaração de Retificação n.º 9/99, de 4 de março, e alterada pela Lei n.º 18/2003, de 11 de junho, pela Lei n.º 19/2012, de 8 de maio e pela Lei n.º 78/2015, de 29 de julho – não contém nenhuma norma específica sobre a matéria. A norma correspondente consta hoje do artigo 8.º do Estatuto dos Jornalista – aprovado pela Lei n.º 1/99, de 1 de janeiro, alterada pela Lei n.º 64/2007, de 6 de novembro, retificada pela Declaração de Retificação n.º 114/2007, de 20 de dezembro –, cuja epígrafe é "Direito de acesso a fontes oficiais de informação". Sobre esta, cfr. T. Fidalgo de Freitas, 'O acesso à informação administrativa', pp. 52-53.

[10] Cfr. Decreto-Lei n.º 267/85, de 16 de julho, retificado pela Declaração publicada no *Diário da República*, Série I, 2.º Suplemento, n.º 200, de 31 de agosto, p. 2824(12), alterado pelo Decreto-Lei n.º 4/86, de 6 de janeiro, pela Lei n.º 12/86, de 21 de maio, pela Lei n.º 326/89, de 26 de setembro, pelo Decreto-Lei n.º 229/96, de 29 de novembro, pelo Decreto-Lei n.º 231/97, de 3 de setembro, pelo Decreto-Lei n.º 323/2001, de 17 de dezembro. Foi revogado pela Lei n.º 15/2002, de 22 de fevereiro, que aprovou o Código de Processo nos Tribunais Administrativos.

[11] Cfr. artigos 82.º a 85.º da LPTA. Para uma descrição histórica e uma comparação com a intimação para a prestação de informações, consulta de processos ou passagem de certidões em vigor, cfr. S. David, *Das intimações*, pp. 55, 70-81; I. C. Fonseca, *Dos novos processos urgentes*, pp. 74-75; C. A. Fernandes Cadilha, 'Intimações', pp. 62-68. Em geral, cfr. R. Carvalho, *O direito à informação administrativa procedimental*, pp. 294-308; F. Reis Condesso, 'O direito à informação administrativa', pp. 63-99.

Administrativos e Fiscais (ETAF), aprovado no ano anterior[12]. Ali se determinava, designadamente, o seguinte:

> "1 – A fim de permitir o uso de meios administrativos ou contenciosos, devem as autoridades públicas facultar a consulta de documentos ou processos e passar certidões, a requerimento do interessado ou do Ministério Público, no prazo de 10 dias, salvo em matérias secretas ou confidenciais. [...]
>
> 3 – Só podem considerar-se matérias secretas ou confidenciais aquelas em que a reserva se imponha para a prossecução de interesse público especialmente relevante, designadamente em questões de defesa nacional, segurança interna e política externa, ou para a tutela de direitos fundamentais dos cidadãos, em especial o respeito da intimidade da sua vida privada e familiar"[13].

Ou seja, apesar de, aparentemente, se tratar apenas da criação de um meio processual, a lei adjetiva acabou por criar *ex novo* uma posição jurídica substantiva para os particulares, com formulação das suas condições de aplicação e das respetivas exceções – definidas, aliás, em termos restritivos.

5. A primeira iniciativa legislativa apresentada, em Portugal, de aprovação de uma LADA foi, curiosamente, anterior à revisão constitucional que consagrou o direito fundamental de direito de acesso aos arquivos e registos administrativos no artigo 268.º, n.º 2, da Constituição. Enquanto esta, como se viu, foi aprovada em 1989, aquela iniciativa legislativa deu entrada na Assembleia da República a 15 de outubro de 1987[14] pela mão do Partido Comunista Português (PCP)[15].

---

[12] Cfr. artigo 51.º, n.º 1, alínea *m)*, do Decreto-lei 129/84, de 27 de abril, alterado pela Lei n.º 4/86, de 21 de março, pela Lei n.º 46/91, de 3 de agosto, pela Lei n.º 11/93, de 6 de abril, pela Lei n.º 49/96, de 4 de setembro, pelo Decreto-Lei n.º 229/96, de 29 de novembro, pelo Decreto-Lei n.º 301-A/99, de 5 de agosto, pela Lei n.º 30-G/2000, de 31 de dezembro, e pela Lei n.º 15/2001, de 5 de junho. Foi revogado pela Lei n.º 13/2002, de 19 de fevereiro, que aprovou o novo ETAF.

[13] Cfr. artigo 82.º da LPTA.

[14] Durante os anos de 1986 e de 1987, o Governo português aprovara já um conjunto de medidas para evitar uma "atuação administrativa menos transparente e responsável", consciente de uma "cultura burocrática [que extravasava] as fronteiras da própria Administração, esmagando os particulares com uma linguagem hermética e pouco percetível" e como forma de implementar uma "política de modernização administrativa

Na nota justificativa, considerava-se que se perpetuava um

> "velho modelo administrativo napoleónico, militarizado, burocratizado e fechado (com as adicionais distorções próprios da sua versão portuguesa, caldeada por quase meio século de ditadura)". Desta forma, "a legislação sobre acesso aos documentos públicos [tornaria] claro que, embora o direito à informação possa não dispensar, no acesso aos documentos, a necessidade de autorização dos superiores hierárquicos, o poder de autorizar [teria passado] a ser vinculado, [teria perdido] o seu carácter discricionário, na medida em que o administrado [teria passado a poder] opor à Administração um direito constitucional e legalmente estabelecido".

O projeto de lei tinha dezanove artigos e muitas das soluções que adota mantiveram-se na LADA que veio a ser aprovada – daí que valha a pena

em que [aos particulares] se reconheça a relevante posição a que têm direito". Foi o caso da Resolução do Conselho de Ministros n.º 6/87, de 29 de janeiro, que aprovou normas relativas ao acolhimento e atendimento do público e à comunicação administrativa escrita, de natureza externa, a adotar pelos serviços e organismos da administração central sempre que as circunstâncias o justifiquem e permitam; da Resolução do Conselho de Ministros n.º 31/87, de 29 de maio, que adotou medidas relativas a comunicações na Administração Pública e ao encaminhamento de utentes e de correspondência; e da Resolução do Conselho de Ministros n.º 36/87, de 10 de julho, que estabeleceu o sistema de recolha de sugestões para utentes da Administração Pública. Nenhuma delas, contudo, se referia especificamente a um sistema de acesso à informação administrativa. Simultaneamente, defendeu a "adoção de uma política orçamental de verdade, tornando a utilização dos dinheiros públicos mais transparente, permitindo uma maior racionalização da gestão global dos recursos e impondo uma moralização das despesas públicas que há muito se exigia", tendo por isso determinado "que todos os ministérios, incluindo os fundos e serviços autónomos, [promovessem] a publicação mensal de lista nominativa donde [constasse] a relação de todos os beneficiários e montantes de todos os subsídios concedidos" na 2.ª série do *Diário da República*, excetuando apenas os "subsídios de ação social direta", por meio da Resolução do Conselho de Ministros n.º 10/86, de 28 de janeiro, alterada pela Resolução do Conselho de Ministros n.º 35/86, de 5 de maio, que promoveu a publicação mensal de relação de todos os beneficiários e montantes de todos os subsídios efetuados pelos ministérios.

[15] Cfr. Projeto de Lei n.º 33/V (Garante a todos o acesso aos documentos da administração), apresentado pelos Deputados José Magalhães, Carlos Brito, João Amaral, Odete Santos, Jerónimo de Sousa e Octávio Teixeira, todos do PCP, publicado no *Diário da Assembleia da República*, II Série, n.º 10, de 17 de outubro de 1987, pp. 123-136. Cfr. a respetiva cronologia em URL: https://bit.ly/3Po6TeA.

conhecê-lo um pouco melhor. Como suas notas centrais, podem salientar-se as seguintes linhas de força:

(i) Tratando-se de uma iniciativa legislativa anterior à aprovação do Código do Procedimento Administrativo, que só veio a ver a luz do dia em 1991[16], abarcava tanto o direito à informação procedimental – "o direito de ser informados sobre o andamento dos processos suscetíveis de afetarem direitos e interesses legítimos" –, quanto o direito à informação não procedimental – "o direito de se informar sobre a gestão da Administração pública" (artigo 1.º);

(ii) Incluíam-se algumas normas de cariz organizatório, como a estruturação da própria Administração de forma a "assegurar a transparência da sua gestão e a participação dos interessados na formação das decisões", visando disponibilizar "informação atempada, completa, rigorosa e objetiva [...] sobre os [seus] atos". Em particular, previa-se a designação de um funcionário que ficasse responsável pelo acesso à informação em cada departamento público, cuja identidade deveria ser divulgada, bem como a obrigatoriedade de publicitar, no *Diário da República*, as "circulares, ofícios-circulares, ordens de serviço, despachos normativos e instruções e orientações e demais atos equivalentes, qualquer que [fosse] a sua designação, que [interpretassem] disposições legais em que se [fundamentassem], com a descrição sumária do conteúdo e indicação do local onde [pudessem] ser objeto de consulta"[17], e ainda a divulgação deste

[16] Através do Decreto-Lei n.º 442/91, de 15 de novembro. Recorde-se, contudo, que houve projetos de Código de Processo Administrativo Gracioso anteriores, de 1980 e de 1983 – em geral, cfr. D. Freitas do Amaral, 'A codificação do procedimento administrativo em Portugal', pp. 19-32.

[17] Na nota justificativa fundamentava-se esta opção da seguinte forma: "Visa-se acabar com a proliferação de verdadeiros diplomas para regulamentares secretos ou semissecretos que, sendo a «lei dos serviços», só mitigadamente são conhecidos pelos cidadãos, dando aso (sobretudo na administração fiscal e, em geral, na administração de prestações) a formas de tratamento discriminatório de cidadãos: uns excluídos, outros beneficiados de um acesso cujos contornos são, por vezes, os de um verdadeiro favorecimento ilícito. Foram incluídos no rol de espécies a seriar no *Diário da República* os próprios despachos normativos que nele, todavia, são já publicados: imaginando-se que a 3.ª série publicará relações completas, organizadas por departamentos, será útil, embora não fosse indispensável, que nelas figurem

direito e das suas formas de exercício através da comunicação social (artigo 2.º);

(iii) Em termos de âmbito subjetivo, quanto às entidades abrangidas, estavam obrigadas a este regime a "administração central, regional e local e seus serviços, funcionários e agentes, dos serviços públicos personalizados, fundos públicos e empresas públicas, bem como de quaisquer entidades que exerçam poderes públicos por delegação ou concessão" (artigo 3.º, n.º 1)[18];

(iv) Quanto ao âmbito objetivo, era considerado documento administrativo um registo em qualquer suporte elaborado pela Administração (artigo 3.º, n.º 2), ainda que do mesmo estivessem excluídos "meros apontamentos ou notas, bem como os estudos preparatórios de decisões não requeridas por particulares, antes da respetiva decisão" (artigo 4.º, n.º 4). O projeto de lei previa, contudo, regimes especiais para os registos públicos, para os arquivos históricos e para os dados processos com recurso a meios informáticos (artigo 18.º);

(v) O acesso aos documentos não nominativos – ou seja, os que, "independentemente da sua designação, não contenham apreciações ou juízos de valor sobre pessoas singulares"[19] – era livre e "não [carecia]

---

tão frequentes despachos, que ganharão visibilidade acrescida, quanto ao conteúdo e quanto ao peso relativo" – cfr. *Diário da Assembleia da República*, II Série, n.º 10, de 17 de outubro de 1987, p. 129.

[18] As empresas públicas, que constavam deste projeto de lei, não foram incluídas no âmbito subjetivo de aplicação da Lei n.º 65/93, de 26 de agosto. Como se verá adiante, apenas o foram no artigo 4.º, n.º 1, alíneas *d)* e *f)*, da Lei n.º 46/2007, de 24 de agosto, depois de a questão ter chegado não só ao Supremo Tribunal Administrativo, como ao Tribunal Constitucional. Cfr. P. Delgado Alves, 'O âmbito subjetivo de aplicação da Lei de Acesso aos Documentos Administrativos', pp. 158-171; T. Fidalgo de Freitas, 'O acesso à informação administrativa', pp. 34-40; P. Gonçalves, 'O direito de acesso à informação', pp. 3-12; J. Miranda, 'O acesso à informação administrativa', pp. 433-458; M. Assis Raimundo, *As empresas públicas nos tribunais administrativos*, pp. 221-243.

[19] Repare-se que, esta definição, comparada com a que veio a constar da versão original do artigo 3.º, n.º 1, alínea *b)*, da Lei n.º 65/93, de 26 de agosto – e se manteve ao longo de 23 anos, até à Lei n.º 26/2016, de 22 de agosto –, por um lado, não mencionava que as pessoas a que o documento fizesse referência estivessem identificada ou fossem identificáveis e, por outro, dispensava designadamente a referência autónoma à "informação abrangida pela reserva da intimidade da vida privada".

de fundamentação"[20]; entre estes contavam-se, designadamente, os seguintes: "processos de licenciamento, concessão e autorização, relatórios, estudos, pareceres, atas, autos, circulares, ofícios-circulares, ordens de serviço e despachos normativos internos, bem como instruções e orientações ou equivalentes que interpretem disposições legais em vigor ou por qualquer outra forma enquadrem o processamento da atividade administrativa". Também era o caso de documentos de inquéritos e sindicâncias, mas neste caso o acesso apenas era garantido "após o decurso do prazo para o exercício do procedimento disciplinar, quando [coubesse]" (artigo 4.º, n.os 1 a 3 e 6);

(vi) Já se previa o princípio da proporcionalidade ao determinar que "quando o documento [contivesse] simultaneamente informações nominativas e não nominativas, o livre acesso a estas últimas [seria] sempre assegurado" (artigo 4.º, n.º 5)[21];

(vii) Quanto aos documentos nominativos, estabelecia-se o livre acesso dos titulares da informação, "bem como o direito de tomar conhecimento do fim a que se [destinavam] e dos meios e operações empregues no processamento das informações", bem como o direito de retificação informações inexatas e de impugnar informações recolhidas de forma ilícita (artigo 5.º, n.os 1 e 2)[22];

(viii) Em termos de restrições de interesse público, remetia-se o regime do segredo de Estado para lei especial e previa-se, separadamente, um regime de classificação de documentos que deveria obedecer

[20] A referência explícita e inequívoca à desnecessidade de fundamentação para o acesso só veio a ser plasmada no artigo 5.º da Lei n.º 46/2007, de 24 de agosto: "Todos, *sem necessidade de enunciar qualquer interesse*, têm direito de acesso aos documentos administrativos [...]".

[21] Que não constava da versão original da Lei n.º 65/93, de 26 de agosto, e só veio a ser aditado no n.º 6 do seu artigo 7.º pela Lei n.º 94/99, de 16 de julho, com a seguinte formulação: "Os documentos a que se refere a presente lei são objeto de comunicação parcial sempre que seja possível expurgar a informação relativa à matéria reservada".

[22] Direitos que constam hoje da legislação de dados pessoais: direitos de informação, de acesso, de retificação, direito à limitação do tratamento e direito de oposição – cfr. artigos 13.º a 22.º do Regulamento Geral sobre a Proteção de Dados (RGPD) – Regulamento (UE) 2016/679 do Parlamento e do Conselho, de 27 de abril de 2016, relativo à proteção das pessoas singulares no que diz respeito ao tratamento de dados pessoais e à livre circulação desses dados.

aos seguintes princípios: (1) "a proibição ou restrição de acesso só [podia] ser estabelecida quando [constituísse] o único meio de adequada tutela da intimidade da vida privada de cidadãos ou de valores constitucionalmente protegidos nos domínios da defesa nacional, segurança pública, justiça e economia e apenas na medida e com o âmbito e duração estritamente necessários à realização dos objetivos que com a restrição ou proibição se visa proteger"; (2) com esta limitação, cometia-se a cada departamento público a tarefa de elaborar "as listas de documentos cujo acesso [podia] ser vedado ou comportar limitações, as quais [seriam] depois submetidas à aprovação da entidade competente, depois de" parecer obrigatório e fundamentado da CADA, sendo essas listas depois afixadas publicamente (artigo 6.º);

(ix) Como limites gerais, salvaguardava-se o direito de autor e a impossibilidade de usar a informação administrativa para fins comerciais (artigo 7.º)[23];

(x) As modalidades de acesso previstas eram a consulta direta e gratuita no local e a obtenção de uma reprodução, pela qual podia ser exigida uma taxa cujo valor não podia ultrapassar o custo real da reprodução e que deveria constar de regulamento (artigos 8.º e 11.º);

(xi) O prazo para a entidade que detinha o documento responder era de 20 dias, sendo que a não comunicação de uma decisão no prazo de 30 dias era considerada como indeferimento (artigo 10.º);

(xii) Em caso de decisão desfavorável, os particulares podiam, sem qualquer prazo, apresentar queixa à CADA, com as seguintes particularidades: (1) "eram sempre ouvidos os órgãos, funcionários ou agentes responsáveis pela decisão"; (2) "o requerente [podia] ser convidado a apresentar oralmente as suas alegações perante a Comissão"; (3) "a Comissão [podia] fazer pedidos de informação e realizar inspeções, exames, inquirições ou usar outro procedimento adequado, agindo sempre através de meios expeditos e informais sem sujeição às regras processuais relativas à produção de prova"; (4) "[podia] ser solicitada a cooperação do Ministério Público ou de

[23] Cuja natureza de limitação ao direito de acesso não ficara inteiramente clara na versão originária da Lei n.º 65/93, de 26 de agosto, e por isso teve de ser clarificada pela Lei n.º 8/95, de 29 de março.

outras entidades públicas para a execução de diligências" (artigo 15.º);

(xiii) O parecer não vinculativo[24] emitido pela CADA na sequência da queixa seria "transmitido à entidade responsável pelo documento requerido, que, no prazo de um mês, se [pronunciaria], manifestando a sua concordância ou discordância", sendo que "o silêncio da Administração [equivalia] a decisão desfavorável" (artigo 16.º, n.os 1 e 2);

(xiv) "Da decisão da entidade desfavorável ao requerente [cabia] recurso para o tribunal administrativo de círculo, seguindo-se em tudo os termos e prazos do processo de intimação para consulta de documentos ou passagem de certidões" (artigo 16.º, n.º 3)[25];

(xv) Como se viu já, o projeto de lei adotava, como órgão regulador do acesso à informação, o modelo institucional da CADA. Na composição proposta, tinha 14 membros: (a) um presidente (juiz conselheiro a designar pelo Conselho Superior dos Tribunais Administrativos e Fiscais), (b) cinco membros eleitos pela Assembleia da República (propostos segundo o sistema de lista completa de representação proporcional e método da média mais alta de Hondt), (c) quatro membros designados pelo Governo, (d) dois elementos designados pelas associações sindicais dos trabalhadores da função pública e (e) dois elementos designados

---

[24] Justificando o caráter não vinculativo do parecer, pode ler-se: "Restarão sempre os caos de recusa tida como ilegítima. Face a esses o projeto excluiu a hipótese de conferir à CADA poderes para compelir a Administração a satisfazer pedidos legítimos: nem se vislumbra que tal fosse possível face à arquitetura institucional do Estado democrático, nem eficaz (face à margem de inexecução possível a uma administração recalcitrante). Previu-se, pois, um sistema que numa primeira fase assenta no diálogo e na discussão mas que em caso de conflito dá a palavra aos tribunais sem mais delongas, segundo um procedimento expedito já previsto na lei (mas hoje reservado a número mais restrito de interessados)" – cfr. *Diário da Assembleia da República*, II Série, n.º 10, de 17 de outubro de 1987, p. 130.

[25] De acordo com a nota justificativa: "é de sublinhar a preocupação pelos prazos curtos e pela utilização de mecanismos novos em combinação com outros de provada aplicação. O recurso aos tribunais surge no projeto como solução do último recurso face ao espaço criado para que a Comissão ganhe o prestígio e a autoridade necessários [...]" – cfr. *Diário da Assembleia da República*, II Série, n.º 10, de 17 de outubro de 1987, p. 131.

pela Associação Nacional de Municípios[26]. Os mandatos durariam 4 anos, sendo o cargo exercido a tempo inteiro e gozando os seus membros de direitos e regalias idênticos aos aplicáveis aos Deputados à Assembleia da República (artigo 14.º).

Este projeto de lei veio a ser aprovado na generalidade, embora apenas 3 anos depois da sua entrada, em 1990, com os votos favoráveis do Partido Socialista (PS), do PCP, do Partido Renovador Democrático (PRD), do Centro Democrático Social (CDS) e do Partido Ecologista Os Verdes (PEV) e com a abstenção do Partido Social Democrata (PSD)[27]. Todavia, não avançou no procedimento legislativo parlamentar e, com o fim da legislatura[28], em novembro de 1991, acabou por caducar.

O PCP voltou a apresentar o seu projeto de lei um mês depois do início da nova legislatura[29]. O articulado da nova iniciativa legislativa é idêntico ao do Projeto de Lei n.º 33/V, embora o preâmbulo seja bastante mais curto.

Uma análise atenta deste projeto de lei demonstra, em qualquer caso, que, surpreendentemente, teve um impacto muito mais significativo do que seria de esperar. Muitas das soluções que ainda hoje podem ser encontradas na LADA em vigor têm aí a sua verdadeira origem, tendo passado daí para o projeto de lei do PSD (que formalmente foi o que deu origem à Lei n.º 65/93, de 26 de agosto). E algumas das soluções desta iniciativa legislativa de que

---

[26] Nos termos do projeto de lei, "Procurou-se [...] uma composição equilibrada refletindo a cooperação de diversos órgãos de soberania e de diversos segmentos da Administração" – cfr. *Diário da Assembleia da República*, II Série, n.º 10, de 17 de outubro de 1987, p. 131.

[27] Cfr. *Diário da Assembleia da República*, I Série, n.º 62, de 6 de abril de 1990, p. 2184.

[28] O Partido Socialista considera que "vicissitudes políticas a que não terá sido, de todo, estranha a iminência da publicação de um Código do Procedimento Administrativo" terão estado na origem do sucedido – cfr. *Diário da Assembleia da República*, II Série – A, n.º 12, de 15 de janeiro de 1992, pp. 271-272.

[29] Cfr. Projeto de Lei n.º 20/VI/1 (Garante a todos o acesso aos documentos da administração), apresentado pelos Deputados Luís Sá, João Amaral, Odete Santos e António Filipe, todos do PCP, publicado no *Diário da Assembleia da República*, II Série – A, n.º 8, de 18 de dezembro de 1991, pp. 160-166. Cfr. a respetiva cronologia em URL: https://bit.ly/3L8ki85. Esta iniciativa legislativa deverá ser articulada com o Projeto de Lei n.º 189/VI/1, da autoria dos Deputados João Amaral, Octávio Teixeira, Jerónimo de Sousa, António Filipe e Lino de Carvalho, do mesmo partido, publicado no *Diário da Assembleia da República*, Série A, n.º 50, de 11 de julho de 1992, pp. 998-1000; a sua cronologia está disponível em URL: https://bit.ly/3R7i7VY.

a maioria parlamentar se afastou em 1993, vieram a ser adotadas mais tarde, tendo dado razão ao PCP *avant la lettre*.

6. O projeto de lei do PS

> "[pretendia] contribuir para a emergência de uma administração pública desburocratizada, aproximando os serviços das populações e contribuindo para a participação dos cidadãos"; "ao consagrar a transparência como regra e o segredo como exceção, [remetia] para uma nova filosofia da ação administrativa e para uma reestruturação desburocratizadora"[30].

O texto aproximava-se muito do do PCP. Como notas distintivas relevantes relativamente a este último – para além do nome da CADA, que passava a Comissão de Acesso aos Documentos e Registos Administrativos, com o acrónimo CARDA –, destacam-se as seguintes:

(i) A necessidade de parecer favorável da CARDA para que terceiros que invocassem interesse direto e pessoal pudessem ter acesso a documentos nominativos (artigo 8.º, n.º 2);
(ii) A obrigatoriedade de intermediação médica para a comunicação ao próprio de informação médica nominativa sua (artigo 8.º, n.º 3);
(iii) O diferimento do acesso a documentos preparatórios de uma decisão para depois da tomada da decisão (artigo 10.º, n.º 1);
(iv) A limitação dos fundamentos de classificação de documentos apenas a matérias relativas à segurança interna e externa, à investigação criminal e à segurança das pessoas (artigo 11.º, n.º 2);
(v) O prazo de resposta da entidade que detinha o documento era de 30 dias (artigo 16.º, n.º 1);

---

[30] Cfr. Projeto de Lei n.º 42/IV (Liberdade de acesso aos documentos administrativos), apresentado pelos Deputados Jaime Gama e Alberto Martins, ambos do PS, publicado no *Diário da Assembleia da República*, II Série, n.º 12, de 15 de janeiro de 1992, pp. 270-274. Cfr. a respetiva cronologia em URL: https://bit.ly/45XjvOX. Esta iniciativa legislativa deve ser lida conjuntamente com o Projeto de Lei n.º 58/VI/1 (Lei do Segredo de Estado), apresentado pelos Deputados Jaime Gama, Alberto Martins, António Braga, José Lello, Maria Julieta Sampaio e José Apolinário, do mesmo partido, publicado no *Diário da Assembleia da República*, II Série-A, n.º 15, de 25 de janeiro de 1992, pp. 300 ss.; a sua cronologia está disponível em URL: https://bit.ly/3qVkfpb.

(vi) A CARDA tinha 13 membros: (a) um presidente (juiz conselheiro a designar pelo Conselho Superior dos Tribunais Administrativos e Fiscais), (b) quatro membros eleitos pela Assembleia da República por maioria de dois terços dos Deputados presentes, desde que superior[31] à maioria absoluta de Deputados, (c) quatro membros designados pelo Governo, (d) dois membros designados pela Associação Nacional de Municípios; e (e) dois trabalhadores da função pública designados pelas confederações sindicais, ouvidas as associações do setor[32]. Os direitos e regalias do presidente seriam regulados pelo estatuto do Provedor de Justiça, enquanto os dos restantes membros seguiam o Estatuto dos Deputados (artigos 18.º e 21.º).

7. Entretanto, note-se que também o CDS[33] apresentara uma iniciativa legislativa em matéria de administração aberta, mas a propósito do segredo Estado – o que não deixa de ser paradoxal. Curiosamente, contudo, nada diz sobre o tema no preâmbulo do seu projeto de lei, em cujo articulado incrustou uma norma com o seguinte teor:

"Artigo 10.º

Princípio da administração aberta

1 – Caducando o regime do segredo de Estado, os particulares que demonstrem interesse legítimo têm direito de acesso aos arquivos e registos administrativos, mesmo que não se encontre em curso qualquer procedimento que lhes diga diretamente respeito.

2 – O acesso aos arquivos e registos administrativos far-se-á em regra mediante a passagem de certidões ou fotocópias autenticadas dos elementos que os integram, sendo possível a consulta direta dos documentos arquivados

[31] O texto do *Diário da Assembleia da República* refere "inferior", mas crê-se que será um lapso e que será "superior", como se usou no corpo do texto.

[32] Nos termos do projeto de lei, "Procurou-se [...] uma composição equilibrada refletindo a cooperação de diversos órgãos de soberania e de diversos segmentos da Administração" – cfr. *Diário da Assembleia da República*, II Série, n.º 10, de 17 de outubro de 1987, p. 131.

[33] Cfr. Projeto de Lei 190/VI/1 (Lei do segredo de Estado), apresentado pelos Deputados Adriano Moreira, Narana Coissoró e Nogueira de Brito, todos do CDS, publicado no *Diário da Assembleia da República*, II Série – A, n.º 50, de 11 de julho de 1992, pp. 1000-1004. Cfr. a respetiva cronologia em URL: https://bit.ly/3P5Y73u.

ou registados quando a lei a permita ou quando o órgão competente a autorize.

3 – A consulta direta ou a passagem de certidões ou fotocópias devem ser asseguradas aos interessados no prazo máximo de 10 dias".

8. O projeto de lei do PSD[34], por seu turno, começava por reconhecer que se estava

"Num momento em que a agenda da vida pública se centra na participação dos cidadãos, na fiscalização da atividade dos funcionários públicos, no exercício de direitos, liberdades e garantias, [e que, por isso,] a informação adequada tem de ser disponibilizada, o que implica que a regra seja a publicidade e o segredo a exceção.

O princípio da publicidade dos documentos apoia-se nas ideias do controlo da burocracia e do governo justo, como meio de garantir a imparcialidade da Administração. Se a atividade dos órgãos públicos diz respeito a todos os cidadãos, então impõe-se que, numa sociedade democrática, as autoridades informem amplamente os cidadãos dessas atividades.

Esta evolução generalizada a favor do princípio do «arquivo aberto» resulta sem dúvida da reação à constatação de que não é inevitável que se viva em défice democrático neste domínio fundamental da vida dos povos. Tida a coragem de reconhecer a impossibilidade relativa de esgotar no Parlamento e nos Deputados toda a necessária função fiscalizadora, há que aceitar a necessidade de alargar a participação direta dos cidadãos na vida da comunidade a que pertencem e cujas consequências lodos sofrem, significando, assim, esta modificação do modelo clássico, acima de tudo, um aprofundar e um melhorar o sistema representativo,

---

[34] Cfr. Projeto de Lei n.º 192/VI/I (Acesso a documentos administrativos), apresentado pelos Deputados Fernando Condesso, Duarte Lima, Guilherme Silva, Mário Maciel, Carlos Coelho, Ana Paula Barros, Rui Carp, Jorge Roque Cunha, Luís David Nobre, Miguel Miranda Relvas, Maria Manuela Aguiar, todos do PSD, publicado no *Diário da Assembleia da República*, II Série, n.º 51, de 16 de julho de 1992, pp. 1021-1027. Cfr. a respetiva cronologia em URL: https://bit.ly/45ApObI. Esta iniciativa legislativa deve ser articulada com o Projeto de Lei n.º 181/VI/1 (Segredo de Estado), apresentado pelos Deputados Margarida Silva Pereira, Guilherme Silva, José Puig, Carlos Oliveira e Carlos Coelho, do mesmo partido, publicado no *Diário da Assembleia da República*, II Série, n.º 47, de 1 de julho de 1992, pp. 918-922; a sua cronologia está disponível em URL: https://bit.ly/3R6CbaZ.

dando à ação da Administração uma publicação que a coloca ao nível dos outros poderes soberanos do Estado"[35].

Pode dizer-se que a iniciativa do PSD – tal como a do PS, embora em menor medida – também teve, de certa forma, como base o projeto de lei do PCP. Mas o decreto que acabou por ser aprovado pelo Parlamento acaba por se afastar mais do texto daquele partido.

Em qualquer caso, com maior ou menor proximidade em relação ao projeto de lei do PCP, o do PSD tinha autonomia. E a primeira LADA que veio a ser aprovada (a Lei n.º 65/93, de 26 de agosto) foi sobretudo formalmente tributária do projeto de lei do PSD[36] – como, aliás, é observável tipicamente em cenários de maioria absoluta, para mais monopartidária, como o que se vivia então[37]. Terá interesse, então, assinalar os aspetos em que há divergência substancial – e não meramente de organização de texto – entre o teor do projeto de lei do PSD e a solução que veio a ser plasmada no texto da lei aprovada, e que são os seguintes[38]:

(i) No artigo 1.º, acrescentaram-se referências aos princípios da igualdade e da justiça;
(ii) No artigo 3.º, a expressão "administração pública central, regional e local", idêntica à do projeto de lei do PCP, foi substituída por "órgãos do Estado e das regiões autónomas que exerçam funções administrativas [...] e órgãos das autarquias locais"; as empresas públicas, que estavam incluídas no projeto de lei, foram excluídas da lei;
(iii) No artigo 4.º, o conceito de "dados pessoais" passa a exigir, para além de que se trate de "informações sobre pessoa singular, identificada

---

[35] Cfr. *Diário da Assembleia da República*, II Série, n.º 51, de 16 de julho de 1992, pp. 1022-1023.

[36] Isto mesmo pode ser concluído da análise do Relatório e texto final da Comissão de Assuntos Constitucionais, Direitos, Liberdades e Garantias – Projetos de Lei n.ºs 20/VI, 42/VI e 192/VI sobre o Acesso aos Documentos da Administração, publicado no *Diário da Assembleia da República*, II Série – A, n.º 45, de 1 de julho de 1993, pp. 834(2)-834(7).

[37] De resto, é geralmente assim em cenários de maioria absoluta, tornando-se o Parlamento numa espécie de assembleia carimbante das iniciativas da bancada que apoia o Governo – cfr., por todos, C. Blanco de Morais, *O sistema político*, pp. 543-548, exemplificando com este período.

[38] As menções a artigos pertencem à versão original da Lei n.º 65/93, de 26 de agosto.

ou identificável", que essas informações "contenham apreciações, juízos de valor ou que sejam abrangidas pela reserva da intimidade da vida privada";

(iv) Quando no projeto de lei se remetia, no essencial, para a Lei da Proteção de Dados Pessoais face à Informática quanto ao acesso de terceiros a documentos nominativos[39] e se permitia uma ponderação casuística de acordo com o interesse direto e pessoal daqueles, manteve-se esta última, mas passou a prever-se um parecer da CADA para aferir a legitimidade do interesse dos requerentes (artigo 8.º);

(v) Na composição da CADA, onde o projeto de lei do PSD previa um professor de Direito designado pelo Primeiro-Ministro, a lei determinou que fosse nomeado pelo Presidente da Assembleia da República; da mesma forma que onde o projeto de lei previa um representante comum para ambos os governos regionais, a lei acabou por estatuir que cada região autónoma tivesse um, nomeado pelo respetivo governo regional; a lei aditou ainda um advogado designado pela Ordem dos Advogados, que não constava, de todo, do projeto de lei (artigo 21.º);

(vi) A CADA não tinha competência para emitir parecer, a pedido da entidade administrativa, em caso de dúvida sobre a possibilidade de revelação do documento administrativo (artigo 15.º, n.º 2);

(vii) O projeto de lei referia-se à apresentação de *queixa* do interessado à CADA de decisões limitadoras do direito de acesso à informação administrativa[40], quando a lei adotou a terminologia de *reclamação* (artigo 16.º)[41];

(viii) A lei assumiu-se como a sede do regime de acesso a informação ambiental, assim transpondo a Diretiva n.º 90/313/CEE, do

---

[39] Cfr. Lei n.º 10/91, de 29 de abril, que veio a ser revogada pela Lei n.º 67/98, de 26 de outubro, que aprovou a Lei de Proteção de Dados Pessoais, que transpôs para a ordem jurídica portuguesa a Diretiva n.º 95/46/CE, do Parlamento Europeu e do Conselho, de 24 de outubro de 1995, relativa à proteção das pessoas singulares no que diz respeito ao tratamento dos dados pessoais e à livre circulação desses dados.

[40] Na linha, de resto, do Projeto de Lei do PCP, que também usava a terminologia de *queixa* (cfr. artigo 15.º).

[41] A *reclamação* veio a ser renomeada – e bem – como *queixa* em 1999 em resultado da alteração do artigo 16.º promovida pelo artigo 1.º da Lei n.º 94/99, de 16 de julho.

Conselho, de 7 de junho, relativa à liberdade de acesso à informação em matéria de ambiente, ainda que de uma forma esdrúxula, como é sabido, assumindo que a Lei n.º 65/93, de 26 de agosto, era a sede do regime em causa, mas que os seus âmbito e alcance eram determinados pela diretiva, de forma remissiva[42] (artigo 22.º), quando o projeto de lei nada dizia.

Curiosamente, trata-se, em praticamente todos os casos, de soluções em que o projeto de lei do PSD se aproximava dos do PCP e do PS e em que a solução final acabou por divergir destes.

Em qualquer caso, o decreto com o texto final resultante do procedimento legislativo foi votado, em votação final global, com os votos favoráveis do PSD, do PS, do CDS e do Deputado independente Diogo Freitas do Amaral e os votos contra do PCP e do PEV[43]. Apesar de não terem sido apresentadas razões para os votos destes dois últimos partidos, a razão ter-se-á prendido com a integração, na composição da CADA, de apenas dois membros eleitos pela Assembleia da República, um sob proposta do grupo parlamentar do maior partido que apoia o Governo e o outro sob proposta do maior partido da oposição, em lugar de cinco membros eleitos pela Assembleia da República (propostos segundo o sistema de lista completa de representação proporcional e método da média mais alta de Hondt), como constava do seu projeto de lei.[44]

§ 3.º – A EVOLUÇÃO DA LADA

9. O regime de acesso aos documentos administrativos foi objeto de várias alterações legislativas. Para começar, a própria Lei n.º 65/93, de 26 de agosto[45], ao longo dos seus catorze anos de vigência, foi modificada três vezes:

---

[42] "O acesso a documentos em matéria de ambiente efetua-se, nos termos da presente lei, com o âmbito e alcance específicos decorrentes da Diretiva n.º 90/313/CEE, de 7 de junho".

[43] Cfr. *Diário da Assembleia da República*, I Série, n.º 89, de 30 de junho de 1993, p. 2904.

[44] Agradece-se ao Doutor Sérgio Pratas o esclarecimento deste ponto.

[45] Para uma introdução ao regime desta lei, que recebeu bastante atenção da doutrina, cfr. F. Reis Condesso, *Direito à informação administrativa, passim*; R. Carvalho, *Lei de acesso aos documentos da administração*, 2000, *passim*; J. R. Gonçalves, *Acesso à informação das entidades*

(i) Logo em 1995, clarificou-se, no seu artigo 10.º, n.º 1, que os pedidos de acesso deviam salvaguardar os direitos de autor de propriedade industrial e os segredos da vida interna das empresas[46];

(ii) Em 1999, as alterações tiveram três tipos de objetivos[47]: em primeiro lugar, responder às objeções da Comissão Europeia à forma de transposição da Diretiva n.º 90/313/CEE, que já dera início à fase não contenciosa de um processo de incumprimento contra a República Portuguesa[48]; em segundo lugar, introduzir algumas

---

públicas, passim; A. Brandão da Veiga, *Acesso à informação da administração pública pelos particulares, passim.*

[46] Cfr. artigos 1.º e 2.º da Lei n.º 8/95, de 29 de março, que regulamentou os serviços de apoio à CADA e clarificou aspetos da disciplina do acesso aos documentos da Administração Pública. Nos termos do preâmbulo do seu projeto de lei, "aproveita-se para clarificar o disposto nos artigos 10.º e 17.º da Lei n.º 65/93, de 26 de agosto, na medida em que começaram a surgir algumas interpretações não coincidentes com o sentido que o legislador lhe pretendeu imprimir. Assim, vem esclarecer-se que a lei não pretendeu pôr em causa os segredos comerciais ou industriais e que o pedido de parecer à CADA é condição do recurso contencioso, tal como acontece em relação aos recursos em matéria de segredo de Estado nos termos da respetiva lei, o que, aliás, aparece justificado precisamente por se entender que nada justificava que não se seguisse o mesmo regime da Lei n.º 65/93" – cfr. *Diário da Assembleia da República*, II Série – A, n.º 13, de 12 de janeiro de 1995, p. 147; trata-se de diploma que teve origem no Projeto de Lei n.º 477/VI/4, cuja cronologia pode ser encontrada em URL: https://bit.ly/3L7M0Sn.

[47] Cfr. *Diário da Assembleia da República*, II Série – A, n.º 39, de 25 de fevereiro de 1999, p. 1077; trata-se de diploma que teve origem na Proposta de Lei 246/VII/4, cuja cronologia está disponível em URL: https://bit.ly/3Pm3VqU.

[48] Ainda que os Deputados discordem da Comissão Europeia: "Não compreendemos, assim, que a Comissão Europeia tenha objeções fundadas à transposição efetuada. Aliás, a CADA em parecer emitido compartilha de igual sentimento. As objeções da Comissão Europeia são cinco: a) Deficiente técnica de transposição por remissão para a diretiva operada pelo artigo 22.º da Lei n.º 65/93; b) Não se encontra previsto o acesso a informações na posse de organismos com responsabilidades públicas sob controlo de autoridades públicas; c) Não deve ser condicionado à demonstração de um interesse direto e pessoal o acesso a documentos nominativos; d) A comunicação parcial deve ser entendida para além dos dados pessoais; e) O indeferimento tácito é incompatível com a diretiva. No nosso entender, nenhuma destas objeções procede. E a CADA é de semelhante entendimento, embora conclua por sugerir algumas alterações tendentes a, na circunstância, aperfeiçoar o quadro vigente. Com efeito: a) A transposição da diretiva não é feita apenas por remissão pelo artigo 22.º da Lei n.º 65/93, mas por todos os artigos da lei; b) Os organismos com responsabilidades públicas sob controlo de autoridades públicas estão incluídos no âmbito de aplicação do artigo 3.º da Lei n.º 65/93; c) A diretiva, no seu artigo 3.º, n.º 2, permite que um pedido de informações seja indeferido

benfeitorias substantivas de vária natureza, a que se fará referência abaixo; em terceiro lugar, adaptar as regras de organização e funcionamento da CADA ao que se encontrava disposto para a Alta Autoridade para a Comunicação Social (AACS)[49] e para a Comissão Nacional de Proteção de Dados (CNPD);

(iii) Em 2006, o legislador limitou-se a, finalmente, transpor corretamente a Diretiva n.º 2003/4/CE, do Parlamento Europeu e do Conselho, de 28 de janeiro, relativa ao acesso do público às informações sobre ambiente[50].

10. A segunda LADA – a Lei n.º 46/2007, de 24 de agosto[51] – resultou de uma proposta de lei do Governo[52] e contava, inicialmente, ser apenas mais uma alteração à Lei n.º 65/93, de 26 de agosto, em que se transpunha

---

sempre que estejam em causa a confidencialidade dos dados e ou registos pessoais e a Lei n.º 65/93 apenas permite o deferimento do pedido de informações nestas condições sujeito a um interesse direto e pessoal; d) A Lei n.º 65/93 apenas permite a comunicação parcial de documentos contendo dados pessoais, porque só quanto a estes a questão se coloca; e) O indeferimento tácito não é incompatível com a diretiva, na medida em que assume no direito português uma feição garantística dos direitos dos particulares" – cfr. Relatório e parecer da Comissão de Assuntos Constitucionais, Direitos, Liberdades e Garantias – Proposta de Lei n.º 246/VII (Altera a Lei n.º 65/93, de 26 de agosto, que regula o acesso aos documentos da administração) (Relator Deputado Jorge Moreira da Silva), *Diário da Assembleia da República*, II Série – A, n.º 50, de 1 de abril de 1999, p. 1388.

[49] Por remissão: cfr. artigo 19.º, n.º 6, da Lei n.º 65/93, de 25 de agosto, na redação dada pela Lei n.º 94/99, de 16 de julho, que remetia para várias disposições da Lei n.º 43/98, de 6 de agosto, que regulava a AACS.

[50] Cfr. Lei n.º 19/2006, de 12 de junho, que apenas alterou o artigo 2.º da Lei n.º 65/93, de 25 de agosto. Sobre esta lei, cfr., por todos, C. Amado Gomes, 'O direito à informação ambiental: velho direito, novo regime', pp. 5-21.

[51] Cfr., para uma análise desta lei, T. Fidalgo de Freitas, 'Administrative transparency in Portugal', pp. 667-688; desenvolvidamente, cfr. S. Pratas, *Lei do Acesso e da Reutilização dos Documentos Administrativos anotada*, *passim*; identificando as principais alterações que esta lei introduziu à Lei n.º 65/93, de 26 de agosto, cfr. p. 30.

[52] Cfr. Proposta de Lei n.º 49/X/1, apresentada pelo Governo, publicada no *Diário da Assembleia da República*, II Série – A, n.º 70, de 17 de dezembro de 2005, pp. 82-95. Cfr. a respetiva cronologia em URL: https://bit.ly/47TdAwp. Durante o procedimento legislativo, houve uma audição parlamentar com uma delegação da CADA, mas não se encontra disponível nenhum registo – cfr. URL https://bit.ly/3OZ4llH. O parecer apresentado pela CADA está, contudo, disponível no respetivo sítio Internet – cfr. Parecer n.º 46/2007, disponível em URL: https://bit.ly/48H0Eu3.

para a ordem jurídica nacional a Diretiva n.º 2003/98/CE, do Parlamento Europeu e do Conselho, de 17 de novembro de 2003, relativa à reutilização de informações do setor público. Alguns Deputados do Grupo Parlamentar do PS apresentaram igualmente um projeto de lei[53]. No entanto, em comissão parlamentar foi apresentada uma "proposta de texto de substituição [que] não só [substituiu] integralmente o título e o teor das duas iniciativas legislativas, como, considerando o volume e relevância das alterações legislativas em discussão, [optou] por, ao invés de proceder à alteração da Lei n.º 65/93 e a ela aditar normas relativas à reutilização de dados, em transposição da diretiva identificada, revogar a lei vigente (na sua redação subsequentemente alterada) e aprovar uma nova lei"[54]. Essa proposta de texto de substituição teve origem, no essencial, no articulado proposto pela CADA no parecer que apresentou durante o procedimento legislativo.[55]

A Lei n.º 46/2007, de 24 de agosto, nos seus nove anos de vigência, teve apenas uma alteração: em 2015[56], quando se passou a prever que o requerente

---

[53] Cfr. Projeto de Lei n.º 343/X/2, apresentado pelos Deputados João Cravinho, Irene Veloso, Ricardo Rodrigues, Helena Terra e José Vera Jardim, todos do PS, publicado no *Diário da Assembleia da República*, II Série – A, n.º 40, de 1 de fevereiro de 2007, pp. 39-41. Cfr. a respetiva cronologia em URL: https://bit.ly/3Epegfq. Os seus objetivos eram limitados, mas comportavam, pela primeira vez, mão pesada para os incumpridores da LADA: "Equiparar o elenco das entidades abrangidas pela presente lei à lista de entidades sujeitas à jurisdição e poderes de controlo do Tribunal de Contas; definir em correspondência a designação da entidade responsável pelo acesso, especificando também que, na ausência de designação, o responsável é o dirigente máximo; introduzir a obrigatoriedade de fundamentação da recusa segundo o princípio do prejuízo, tal como se consagra no Regulamento do Parlamento Europeu e do Conselho sobre esta matéria no âmbito das instituições comunitárias; consagrar a punição do não cumprimento das normas previstas para a resposta da administração, designadamente o prazo, com coima de €1000 a €10000; consagrar a punição da inexistência de resposta após parecer favorável da CADA, com pena de prisão de um a dois anos; incluir na competência da LADA a comunicação ao Ministério Público do incumprimento referente à inexistência de resposta, depois de esgotado um prazo adicional dado ao responsável acompanhado de informação sobre a pena em que se incorre".

[54] Cfr. Relatório da votação na especialidade e texto final da Comissão de Assuntos Constitucionais, Direitos, Liberdades e Garantias – Projeto de Lei n.º 343/X e Proposta de Lei n.º 49/X, publicado no *Diário da Assembleia da República*, II Série – A, n.º 114, de 19 de julho de 2007, p. 3.

[55] Cfr. S. Pratas, *A (nova) Lei de Acesso aos Documentos Administrativos*[2], p. 44, em nota.

[56] Cfr. artigo 10.º do Decreto-Lei n.º 214-G/2015, de 2 de outubro, bem como artigo 4.º, alínea *e)*, da Lei n.º 100/2015, de 19 de agosto. Esta lei de autorização legislativa resultou, como é

de um pedido de reutilização também podia apresentar queixa à CADA, para além de requerer ao tribunal administrativo competente a intimação da entidade requerida, e que a CADA podia delegar no presidente competências para apreciar e decidir queixas sobre questões que já tivessem sido apreciadas de modo uniforme e reiterado.

11. A terceira LADA, atualmente em vigor – a Lei n.º 26/2016, de 22 de agosto –, foi também impulsionada por uma proposta de lei do Governo[57/58]. Os grandes objetivos desta alteração legislativa passavam por[59]: (a) fundir, no mesmo ato legislativo, o regime geral do acesso à informação administrativa com o do acesso à informação ambiental[60]; (b) aprovar, pela primeira vez, um regime de divulgação ativa de informação; (c) "operar várias alterações de pormenor e clarificar disposições criticadas pela doutrina e pelas entidades incumbidas de aplicar a LADA ao longo dos vários anos de vigência do diploma, animados da aprendizagem e da necessária maturação que só a sua aplicação prática pode trazer"; (d) "sanar incoerências e dúvidas

---

regimentalmente devido, de uma iniciativa legislativa governamental: cfr. Proposta de Lei n.º 331/XII/4, do Governo, publicada no *Diário da Assembleia da República*, II Série – A, n.º 132, de 19 de maio de 2015, pp. 2-78. Cfr. a respetiva cronologia em URL: https://bit.ly/3R9Bduy e o Parecer da CADA em URL: https://bit.ly/3PpXvqw.

[57] Cfr. Proposta de Lei n.º 18/XIII/1, do Governo, publicada no *Diário da Assembleia da República*, II Série – A, n.º 66, de 6 de abril de 2016, pp. 99-118. Cfr. a respetiva cronologia em URL: https://bit.ly/45Xnawy e o Parecer da CADA em URL: https://bit.ly/45E71MA.

[58] Em 2011, a CADA tinha apresentado uma Proposta de Anteprojeto de Lei de Acesso à Informação Administrativa, oportunamente enviada ao Presidente da Assembleia da República, ao Presidente da Comissão Parlamentar de Assuntos Constitucionais, Direitos, Liberdades e Garantias e aos Presidentes dos Grupos Parlamentares. Trata-se do Processo n.º 30/2011; os seus principais eixos eram os seguintes: "[a] disponibilização pró-ativa da informação administrativa (ambiental ou de outra índole), através da existência de um único diploma sobre o acesso a tal informação; [o] caráter mais efetivo da atividade da CADA, que, deixando de emitir meros pareceres, passaria a emitir deliberações, o que aliviaria os tribunais administrativos e fiscais de uma grande parte dos processos de intimação para prestação de informações, consulta de processos e passagem de certidões; [a] aplicação de sanções pecuniárias compulsórias em situações de incumprimento" – cfr. 17.º Relatório de Atividades da CADA, 2011, pp. 10-11, disponível em URL: https://bit.ly/44EhMgH.

[59] Para um panorama global das alterações trazidas por esta lei, cfr., por todos, S. Pratas, *A (nova) Lei de Acesso aos Documentos Administrativos*[2], pp. 47-133.

[60] Sobre o regime atualmente em vigor, cfr., por todos, H. Oliveira, 'O regime português de acesso à informação ambiental', pp. 467-496.

de constitucionalidade, há muito discutidas, entre a LADA, o regime da Lei de Proteção de Dados Pessoais e a Lei n.º 12/2005, de 26 de janeiro, na parte relativa ao acesso a informação genética pessoal e informação de saúde"; e (e) redefinir o conceito de documentos nominativos tendo em conta o regime europeu e nacional de proteção de dados pessoais.

A Lei n.º 26/2016, de 22 de agosto, conta com sete anos de vigência e já leva três alterações:

(i) Em 2019, a LADA foi modificada em virtude da aprovação da Lei nacional de execução do Regulamento Geral sobre a Proteção de Dados (RGPD) na ordem jurídica nacional[61], tendo-se, para o efeito, aditado um novo n.º 9 ao seu artigo 6.º. Sem que se trate de uma alteração à LADA, mas sim de uma espécie de remissão ou de determinação de direito aplicável, é também digno de nota referir que esta mesma lei determinou, em execução do artigo 86.º daquele regulamento[62], que, na ordem jurídica portuguesa, "o acesso a documentos administrativos que contenham dados pessoais rege-se pelo disposto na Lei n.º 26/2016, de 22 de agosto";

[61] "Sem prejuízo das ponderações previstas nos números anteriores, nos pedidos de acesso a documentos nominativos que não contenham dados pessoais que revelem a origem étnica, as opiniões políticas, as convicções religiosas ou filosóficas, a filiação sindical, dados genéticos, biométricos ou relativos à saúde, ou dados relativos à intimidade da vida privada, à vida sexual ou à orientação sexual de uma pessoa, presume-se, na falta de outro indicado pelo requerente, que o pedido se fundamenta no direito de acesso a documentos administrativos" (o artigo não constava da proposta de lei do Governo, tendo sido introduzido durante o procedimento legislativo parlamentar) – cfr. Lei n.º 58/2019, de 8 de agosto, que assegura a execução, na ordem jurídica nacional, do RGPD. A lei pode ser encontrada em F. Paes Marques / T. Fidalgo de Freitas (org.), *Legislação de proteção de dados*, Lisboa: AAFDL, 2019, pp. 79-104. Teve origem na Proposta de Lei n.º 120/XIII/3, do Governo, publicada no *Diário da Assembleia da República*, II Série – A, n.º 89, de 26 de março de 2018, pp. 30-48. Cfr. a respetiva cronologia em URL: https://bit.ly/3PoYVSi. A CADA não foi ouvida no procedimento legislativo.

[62] De acordo com o qual "Os dados pessoais que constem de documentos oficiais na posse de uma autoridade pública ou de um organismo público ou privado para a prossecução de atribuições de interesse público podem ser divulgados pela autoridade ou organismo nos termos do direito da União ou do Estado-Membro que for aplicável à autoridade ou organismo público, a fim de conciliar o acesso do público a documentos oficiais com o direito à proteção dos dados pessoais nos termos do presente regulamento". Sobre este artigo, entre nós, cfr., por todos, F. Paes Marques, *sub* artigo 86.º, in A. Barreto Menezes Cordeiro (coord.), *Comentário ao Regulamento Geral de Proteção de Dados e à Lei n.º 58/2019*, pp. 516-519.

(ii) Em 2020, foi necessário adequar a composição da CADA ao regime de incompatibilidades previsto no Estatuto dos Deputados, tendo-se por isso alterado a LADA[63/64];

(iii) Em 2021, a LADA foi alterada de novo por força da transposição para a ordem jurídica interna da Diretiva (UE) 2019/1024 do Parlamento Europeu e do Conselho, de 20 de junho de 2019, relativa aos dados abertos e à reutilização de informação do setor público[65/66].

§ 4.º LINHAS DE CONTINUIDADE LEGISLATIVAS

12. A análise diacrónica que se acabou de fazer permite, ao longo de três décadas, surpreender várias linhas de continuidade na evolução do regime da transparência administrativa.

Uma das linhas de continuidade mais significativas acaba por ser uma paulatina, mas progressiva, ampliação do acesso aos documentos administrativos através de várias alterações legislativas. É possível verificar que o legislador foi, ele próprio, alargando o acesso à informação administrativa, umas vezes ampliando o objeto do direito, outras vezes aumentando as entidades que estão obrigadas a prestar informação, outras restringindo as exceções do regime, outras ainda facilitando facticamente o procedimento ou os meios de comunicação com o requerente.

---

63 Cfr. Lei n.º 33/2020, de 12 de agosto, que teve origem no Projeto de Lei n.º 186/XIV/1, dos Deputados Adão Silva, Carlos Peixoto, André Coelho Lima, Mónica Quintela, Sara Madruga da Costa e Catarina Rocha Ferreira, todos do PSD, publicada no *Diário da Assembleia da República*, II Série – A, n.º 43, de 25 de janeiro de 2020, pp. 2-78. Cfr. a respetiva cronologia em URL: https://bit.ly/3sFU2LR. A CADA não foi chamada a participar no procedimento legislativo.

64 Note-se, contudo, que, tendo-se a alteração limitado a modificar o artigo 29.º, alínea *b)*, ter-se-á esquecido de alterar também o n.º 5 do mesmo artigo, o que gera algumas perplexidades.

65 Cfr. Lei n.º 68/2021, de 26 de agosto, que teve origem na Proposta de Lei n.º 88/XIV/2, do Governo, publicada no *Diário da Assembleia da República*, II Série – A, n.º 119, de 21 de abril de 2021, pp. 48-82. Cfr. a respetiva cronologia em URL: https://bit.ly/45AsJRH e o Parecer da CADA em URL: https://bit.ly/3EpI5fQ.

66 Sobre este diploma, cfr., por todos, T. Fidalgo de Freitas, 'Dados abertos e administração pública', pp. 39-65. Sobre reutilização de documentos administrativos, cfr. J. Pação, 'A reutilização da informação administrativa', pp. 341-372; S. Pratas, *A (nova) Lei de Acesso aos Documentos Administrativos*[2], pp. 97-108; J. de Oliveira Ascensão, 'A reutilização de documentos do setor público', pp. 65-82.

São várias essas alterações legislativas[67]:

(i) A previsão da "comunicação parcial sempre que seja possível expurgar a informação relativa a matéria reservada"[68], numa consagração legislativa do princípio da proporcionalidade, que evita o indeferimento simples e possibilita decisões *pro* acesso;
(ii) A explicitação da inclusão das empresas públicas, das empresas regionais, das empresas intermunicipais, das empresas municipais, das fundações públicas e dos organismos de direito público no âmbito de aplicação subjetivo da lei, bem como de entidades que exerçam funções administrativas[69], num primeiro momento;
(iii) A clarificação da desnecessidade de invocar qualquer interesse no enunciado normativo do direito de acesso[70];
(iv) O fim da obrigatoriedade de a comunicação de dados de saúde ser feita por intermédio de médico, passando a ser feita dessa forma apenas no caso de pedido específico do requerente[71];
(v) A possibilidade de envio de documentos informatizados por meio de transmissão eletrónica de dados[72];
(vi) A possibilidade de aceitar pedidos de acesso formulados oralmente[73];

---

[67] O critério é puramente cronológico; mas quando a norma em causa subsiste no ordenamento jurídico, inserir-se-á apenas a primeira vez em que foi introduzida na lei, dispensando-se a sua evolução posterior.

[68] Introduzido logo no n.º 6 do artigo 7.º da Lei n.º 65/93, de 26 de agosto, pela Lei n.º 94/99, de 16 de julho. Sobre a proporcionalidade no acesso à informação, cfr. J. Silva Sampaio, 'O princípio da proporcionalidade enquanto norma reguladora do acesso à informação administrativa não instrumental', pp. 307-340.

[69] Cfr. artigo 4.º da Lei n.º 47/2007, de 24 de agosto. Com grande desenvolvimento, cfr. P. Delgado Alves, 'O âmbito subjetivo de aplicação da Lei de Acesso aos Documentos Administrativos', pp. 107-208; sobre empresas públicas em particular, cfr. T. Fidalgo de Freitas, 'O acesso à informação administrativa', pp. 34-40.

[70] Cfr. artigo 5.º da Lei n.º 47/2007, de 24 de agosto.

[71] Cfr. artigo 7.º da Lei n.º 47/2007, de 24 de agosto. Sobre a questão, cfr. C. Monge, 'Tratamento de dados de saúde e de dados genéticos', pp. 549-650; M. Lagoute, 'O processo clínico enquanto documento administrativo: da transparência à intrusão', pp. 651-674.

[72] Cfr. artigo 11.º, n.º 4, da Lei n.º 47/2007, de 24 de agosto.

[73] Cfr. artigo 13.º, n.º 2, da Lei n.º 47/2007, de 24 de agosto.

(vii) A inserção, na definição de *documento administrativo*, de exemplos pedagógicos que visam deixar claro que todas as formas de atividade administrativa estão incluídas[74];

(viii) A expansão do âmbito subjetivo por forma a abranger também explicitamente as entidades administrativas independentes, as entidades intermunicipais, as empresas metropolitanas, os serviços municipalizados, entidades responsáveis pela gestão de arquivos com caráter público, bem como por clarificar que a lei se aplica a entidades que integraram o âmbito subjetivo em determinado período no passado quando aos documentos correspondentes a esse período[75];

(ix) A previsão de obrigações de divulgação ativa de informação[76], o que faz da Lei n.º 26/2016, de 22 de agosto, uma lei de acesso à informação de terceira geração;

(x) A obrigatoriedade de as entidades (privadas) com estatuto de utilidade pública a assegurarem "a transparência da gestão através da possibilidade de acesso aos documentos relativos à sua gestão financeira e patrimonial a quem demonstrar ser titular de um interesse direto, pessoal, legítimo e constitucionalmente protegido,

---

[74] Cfr. artigo 3.º, n.º 1, alínea *a)*, da Lei n.º 26/2016, de 22 de agosto.

[75] Cfr. artigo 4.º da Lei n.º 26/2016, de 22 de agosto. Cfr., de novo, P. Delgado Alves, 'O âmbito subjetivo de aplicação', pp. 107-208.

[76] Cfr. artigo 10.º da Lei n.º 26/2016, de 22 de agosto. Recentemente, estes deveres foram alargados pelo artigo 12.º do Regime Geral de Prevenção da Corrupção, aprovado pelo Decreto-Lei n.º 109-E/2021, de 9 de dezembro. Sobre os deveres de divulgação ativa de informação, cfr. T. Fidalgo de Freitas, 'O acesso à informação administrativa', pp. 63-65. É certo que, já na Lei n.º 65/93, de 26 de agosto, se previa, no artigo 11.º, o dever de publicação de documentos "que comportem enquadramento da atividade administrativa", façam "interpretação de direito positivo ou descrição de procedimento administrativo", "com a periodicidade máxima de seis meses e em moldes que incentivem o regular acesso dos interessados". Mas, como recorda S. Pratas, *A (nova) Lei de Acesso aos Documentos Administrativos*[2], pp. 49-54, exige-se mais do que a mera previsão de divulgação de informação nestes termos arcaicos para que se possa estar perante uma lei de terceira geração, sendo necessário: (1) que exista uma obrigação ativa; (2) que a lei garanta um mínimo de organização e de acessibilidade da informação disponibilizada; e (3) que exista algum mecanismo de monitorização do cumprimento ou sancionatório do incumprimento. É muito duvidoso, contudo, que mesmo atualmente se possa considerar que o terceiro requisito se encontra preenchido.

aplicando-se subsidiariamente, com as adaptações necessárias, o regime de acesso aos documentos administrativos, aprovado pela Lei n.º 26/2016, de 22 de agosto"[77].

13. Naturalmente que a expansão da abertura não é um movimento ferroviário de sentido único. Mais do que a maximização pura da transparência administrativa, esta deverá ser otimizada na sua relação com outros princípios que corporizam tanto interesses públicos – como, por exemplo, a segurança – quanto privados – como, por exemplo, a tutela de determinados direitos fundamentais dos particulares, como o direito à reserva da intimidade da vida privada ou a propriedade privada. Deverá procurar-se, pois, um nível ótimo de transparência[78].

Assim, em sentido contrário, podem identificar-se as seguintes alterações legislativas:

(i) A clarificação de que a administração pode recusar o acesso a documentos cuja comunicação ponha em causa segredos comerciais, industriais ou sobre a vida interna das empresas[79];
(ii) A determinação de que "a entidade requerida não tem o dever de criar ou adaptar documentos para satisfazer o pedido, nem a obrigatoriedade de fornecer extratos de documentos, caso isso envolva um esforço desproporcionado que ultrapasse a simples manipulação dos mesmos"[80];
(iii) A salvaguarda de que a administração "não está obrigada a satisfazer pedidos que, face ao seu caráter repetitivo e sistemático ou

[77] Neste caso, trata-se de uma obrigação extravagante, que não decorre da LADA, mas sim do artigo 12.º, n.º 1, alínea *j)*, da Lei-Quadro do Estatuto de Utilidade Pública, aprovada pela Lei n.º 36/2021, de 14 de junho. Sobre este dever inerente ao estatuto de utilidade pública, cfr. T. Fidalgo de Freitas / A. Alves Leal / T. Pinto, *O estatuto de utilidade pública, sub* artigo 12.º, pp. 144-146. A CADA já teve oportunidade de se pronunciar sobre a sua aplicabilidade nos seguintes casos: Pareceres n.º 29/2023 (Federação Portuguesa de Futebol), n.º 382/2022 (Federação Portuguesa de Automobilismo e Karting) e n.º 122/2022 (Casa do Povo de Vendas Novas).

[78] Cfr. J. Forssbaek / L. Oxelheim, 'The multifaceted concept of transparency', pp. 10-26.

[79] Cfr. redação do artigo 10.º, n.º 1, da Lei n.º 65/93, de 26 de agosto, dada pela Lei n.º 8/95, de 29 de março.

[80] Cfr. artigo 11.º, n.º 5, da Lei n.º 42/2007, de 24 de agosto.

ao número de documentos requeridos, sejam manifestamente abusivos"[81];

(iv) A possibilidade de prorrogação excecional, "se o volume ou a complexidade da informação o justificarem [...], até ao máximo de dois meses, devendo o requerente ser informado desse facto com indicação dos respetivos fundamentos"[82];

(v) A exclusão do conceito de *documento administrativo* de "comunicações eletrónicas pessoais" – a par dos já anteriormente excecionados "notas pessoais, esboços [e] apontamentos" e a clarificação de que a exceção cobre todo e qualquer suporte –, bem como dos "documentos produzidos no âmbito das relações diplomáticas do Estado português"[83];

(vi) A inclusão de uma exceção adicional para documentos que contenham informações cujo conhecimento seja suscetível de: "a) afetar a eficácia da fiscalização ou supervisão; b) colocar em causa a capacidade operacional ou a segurança das instalações ou do pessoal das Forças Armadas, dos serviços de informações da República Portuguesa, das forças e serviços de segurança e dos órgãos de polícia criminal, dos estabelecimentos de reinserção e serviços prisionais e dos centros educativos [...], bem como a segurança das representações diplomáticas e consulares e das infraestruturas críticas; ou c) causar danos graves e dificilmente reversíveis a bens ou interesses patrimoniais de terceiros que sejam superiores aos bens e interesses protegidos pelo direito de acesso à informação administrativa"[84];

(vii) A ampliação do conceito de documento nominativo para "o documento que contenha dados pessoais, na aceção do regime jurídico de proteção das pessoas singulares no que diz respeito ao tratamento de dados pessoais e à livre circulação desses dados"[85].

---

[81] Cfr. artigo 14.º, n.º 3, da Lei n.º 42/2007, de 24 de agosto.

[82] Cfr. artigo 14.º, n.º 4, da Lei n.º 42/2007, de 24 de agosto.

[83] Cfr. artigo 3.º, n.º 2, alíneas *a)* e *c)*, da Lei n.º 42/2007, de 24 de agosto. Sobre estes, cfr. T. Fidalgo de Freitas, 'O acesso à informação administrativa', pp. 55-56, 58.

[84] Cfr. artigo 6.º, n.º 7, da Lei n.º 26/2016, de 22 de agosto, na redação da Lei n.º 68/2021, de 26 de agosto. Sobre estes, cfr. T. Fidalgo de Freitas, 'O acesso à informação administrativa', pp. 75-76.

[85] Cfr. artigo 3.º, n.º 1, alínea *b)*, da Lei n.º 26/2016, de 22 de agosto, na redação da Lei n.º 68/2021, de 26 de agosto. Note-se que, nas redações anteriores, eram documentos

14. Por outro lado, a doutrina da CADA tem contribuído para uma compreensão globalmente equilibrada do sistema, prudencial, recusando leituras extremas e unilaterais que, em vez de ponderarem os bens constitucionais em confronto em cada caso, realizando ambos na maior medida possível[86], optam por sacrificar um à custa do outro, geralmente em detrimento da transparência administrativa.

Vejam-se dois exemplos:

(i) É comum as entidades requeridas, perante pedidos que solicitam o acesso a muitos documentos, invoquem imediatamente a norma de abuso do direito, que as desobrigaria de facultar os documentos solicitados. Não obstante, a CADA tem feito uma leitura dessa norma em conjunto com o sistema da LADA e com o princípio da colaboração da administração pública com os particulares. Como referiu a própria CADA, "no quadro do dever de colaboração a que está adstrita a entidade administrativa, e que também regula o exercício do direito de acesso, será em primeira linha perante o requerente que a entidade requerida deve explicitar os seus fundamentos e dificuldades existentes na satisfação do pedido para que o mesmo possa, se for o caso, modificá-lo e/ou reduzi-lo. É de lembrar, também, que se há documentação que pode ser mais difícil de localizar e cuja dimensão e esforço de obtenção ultrapasse o razoável, haverá, com certeza, outra que poderá ser fornecida sem esse grau de dificuldade ou esforço, ainda que faseadamente. Tudo, portanto, a confluir na conveniência de diálogo com o ora queixoso, de modo a intentar alcançar-se o equilíbrio entre o direito de acesso e as exigências de funcionamento geral da entidade requerida"[87]. Outras formas de

---

nominativos aqueles que contivessem "dados pessoais", sendo estes definidos como "informações sobre pessoa singular, identificada ou identificável, que contenham apreciações, juízos de valor ou que sejam abrangidas pela reserva da intimidade da vida privada" – cfr. artigo 4.º, n.º 1, alíneas *b)* e *c)*, da Lei n.º 65/93, de 26 de agosto – ou como os documentos administrativos que contivessem "acerca de pessoa singular, identificada ou identificável, apreciação ou juízo de valor, ou informação abrangida pela reserva da intimidade da vida privada" – cfr. artigo 3.º, n.º 1, alínea *b)*, da Lei n.º 46/2007, de 24 de agosto. Sobre estas questões, cfr. G. Fabião, *Restrições de acesso à informação administrativa: dados pessoais*, pp. 209-253.

[86] Como postula a teoria dos direitos fundamentais enquanto princípios de R. Alexy, *A theory of fundamental rights*, pp. 205-217.

[87] Cfr., por exemplo, entre tantos, Parecer da CADA n.º 168/2023.

compatibilizar os interesses em causa – o direito fundamental ao acesso e a impossibilidade da organização de alocar recursos humanos infindáveis à satisfação dessa pretensão – comummente referidas pela CADA consistem em, a um tempo, pedagogicamente sugerir à entidade requerida que proponha ao requerente que solicita um elevado número de cópias ou de certidões que, antes de indeferir o pedido, primeiro lhe apresente o orçamento para o número de páginas requerido e, a outro tempo, propor-lhe que primeiro recorra à consulta como forma de acesso, por forma a melhor delimitar os documentos de que efetivamente quer cópia ou certidão[88];

(ii) De acordo com uma certa leitura da lei, no acesso a dados de saúde de pessoas mortas, resultaria que, inexistindo designação de pessoa por parte do falecido, o acesso aos seus dados de saúde só poderia ser exercido pelos seus herdeiros[89]. A CADA tem entendido que, tratando-se de informação detida por uma entidade sujeita ao seu âmbito de aplicação, um terceiro que não seja herdeiro e que não tenha sido designado pelo falecido pode ter acesso à informação em causa nos termos gerais da LADA, para o que tem de demonstrar ser titular de um "interesse direto, pessoal, legítimo e constitucionalmente protegido suficientemente relevante, após ponderação, no quadro do princípio da proporcionalidade, de todos os direitos fundamentais em presença e do princípio da administração aberta, que justifique o acesso à informação"[90]. Tem, assim, dado acesso a unidos de facto, a um sobrinho neto que residia com a falecida na mesma casa e a um sobrinho em representação de um irmão da falecida[91].

15. Poderá dizer-se, aliás, que a manutenção do sistema institucional é um dos principais traços de continuidade do regime em vigor[92]. E isto de duas perspetivas.

---

[88] Propondo já uma leitura restritiva da norma de abuso citada, cfr. T. Fidalgo de Freitas, 'O acesso à informação administrativa', p. 88.

[89] Cfr. artigo 17.º da Lei n.º 58/2019, de 8 de agosto, e artigo 2133.º, n.º 1, do Código Civil.

[90] Cfr., artigos 1.º, n.º 3, e 6.º, n.º 5, alínea *b)*, da LADA.

[91] Cfr. Pareceres da CADA n.º 13/2023, n.º 25/2023, n.º 98/2023 e n.º 252/2023.

[92] Para um balanço da atividade da CADA, cfr. T. Fidalgo de Freitas, 'O acesso à informação administrativa', pp. 107-111.

Por um lado, por o legislador ter querido manter relativamente intocado, nas duas alterações globais da lei a que procedeu, o modelo francês de comissão – sem ter evoluído para, por exemplo, um modelo de comissariado[93].

Por outro lado, através da manutenção da opção de separação entre a entidade que regula a transparência administrativa e a que regula a proteção de dados pessoais. Note-se que já em 1992, mesmo antes da aprovação da primeira LADA e muito antes do advento do RGPD, o legislador tinha consciência de que a fusão seria uma opção e de que o relacionamento entre as duas entidades seria potencialmente problemático, como o demonstra o seguinte excerto:

> Em termos estruturais de manutenção do modelo "[a] solução mais seguida nos países da Europa é a existência de duas comissões e de duas leis – uma para a proteção de dados e outra para o acesso aos documentos administrativos. / Diversamente no Canadá, em que há uma solução integrada. / As experiências europeias evidenciam que existem dificuldades para obter o funcionamento cabal e coerente de dois órgãos com competências que aqui e ali se sobrepõem ou conflituem.
>
> Só que, em face do que hoje consta da Lei n.º 10/91, de 29 de abril – que criou a CNPDPI, Comissão Nacional de Proteção de Dados Pessoais Informatizados, nos seus artigos 4.º a 10.º –, importa prevenir eventuais conflitos de competência e futuras apreciações contraditórias"[94].

Sem prejuízo de conflitos de competências sérios entre os dois órgãos que se verificaram no passado[95], nos últimos anos tem-se vivido um clima que se pode caracterizar, no essencial, como de paz e lealdade institucional. A manutenção das duas entidades separadas, com atribuições distintas e equipas separadas, tem duas grandes vantagens. De um lado, tem a vantagem funcional de assegurar que nenhuma delas é absorvida pela outra, competindo a cada uma delas defender o bem constitucional que consta das suas

---

[93] Sobre diferentes modelos, cfr. J. R. Gonçalves, 'Estado burocrático e Estado transparente – modelos institucionais de defesa do princípio da transparência', pp. 809-834.

[94] Cfr. Parecer da Comissão de Assuntos Constitucionais, Direitos, Liberdades e Garantias sobre o Projeto de Lei n.º 42/VI (Liberdade de acesso aos documentos administrativos) (Relator: Deputado Luís Pais de Sousa), publicado no *Diário da Assembleia da República*, II Série – A, n.º 51, de 16 de julho de 1992, p. 1019.

[95] Cfr. T. Fidalgo de Freitas, 'O acesso à informação administrativa', pp. 76-84.

atribuições, quer unilateral, quer dialeticamente. Do outro lado, tem o benefício de dar corpo institucional a ambos os direitos fundamentais em causa: tanto a transparência administrativa quanto a proteção de dados têm, cada um, uma entidade administrativa independente que tem como missão pública defendê-los. Mais: a presença de um membro da CNPD na CADA[96] em muito contribui para o diálogo entre as entidades e para a reflexão crítica interna da própria CADA; só é de lamentar que a CNPD não tenha o mesmo benefício.

§ 5.º – OBSERVAÇÕES CONCLUSIVAS

16. Mas, então, ao fim de 30 anos e 9 alterações legislativas, a LADA ainda é a mesma[97]?

Tudo visto e ponderado, o que resulta desta breve análise é uma ideia simples, mas significativa: a análise dos regimes da Lei n.º 65/93, de 26 de agosto, da Lei n.º 46/2007, de 24 de agosto, e da Lei n.º 26/2016, de 22 de agosto, evidencia que se tem, no essencial, a mesma lei desde 1993. Por outras palavras: apesar de já ter havido 9 alterações legislativas desde a aprovação da Lei n.º 65/93, de 26 de agosto, duas delas com revogação integral das leis imediatamente precedentes, os traços essenciais do regime jurídico do acesso à informação administrativo são, em 2023, os mesmos que vigoravam em 1993. É possível dizer-se que se tem, assim, de certa forma, um regime historicamente estabilizado[98]: "há apenas várias edições atualizadas de uma única" lei[99].

---

[96] Cfr. artigo 29.º, n.º 1, alínea *h)*, da Lei n.º 26/2016, de 22 de agosto.

[97] A pergunta-se inspira-se em V. Moreira, 'Revisão e revisões: a Constituição ainda é a mesma?', pp. 197-212.

[98] Este conceito foi inspirado na noção de *Constituição histórica* forjada por J. de Melo Alexandrino, 'Reforma constitucional: lições do constitucionalismo português', pp. 12-15: "o conjunto de valores, princípios e instituições fundamentais que apresentem continuidade jurídica efetiva num ordenamento concreto e situado, se for caso disso, independentemente dos textos e das próprias vicissitudes constitucionais observáveis". Reconhece-se que o seu transplante para este domínio do direito administrativo está longe de ter a riqueza – designadamente política e sociocultural – da sua utilização no direito constitucional, é certo, mas consegue, pelo menos, transmitir com eficácia a ideia que lhe subjaz.

[99] Utilizando a feliz expressão de R. de Albuquerque / M. de Albuquerque, *História do direito português*, II, p. 156, a propósito da Constituição portuguesa, também muito oportunamente citada por J. de Melo Alexandrino, 'Reforma constitucional: lições do constitucionalismo português', p. 13.

A ideia em causa é simples, porque decorre da observação singela dos dados analisados – que seguem mais o plano estritamente normativo do que o da aplicação da lei.

E é significativa, na medida em que evidencia que não há qualquer avanço substancial na regulação destas matérias. Como se a atual LADA fosse o fim da história em matéria de acesso à informação administrativa – quando, apesar dos seus muitos méritos, está longe de o ser.

Antes de finalizar, deverá deixar-se uma observação final em jeito de ressalva: tirando a referência passageira feita no corpo do texto, nem a doutrina da CADA, nem a jurisprudência administrativa foram especificamente ponderadas como fatores de estabilização ou de mutação do modelo instituído. E, em alguns casos, tiveram consequências relevantes – basta pensar-se, por exemplo, na forma como a evolução da doutrina da CADA em matérias que envolvem documentos nominativos conheceu uma evolução apreciável que levou a uma (correta) inflexão de algumas orientações que estavam sedimentadas. Mas – deverá também assinalar-se – isso tão pouco seria necessariamente suficiente para que se divergisse, a final, da conclusão a que se chegou no texto: a menos que a leitura da lei pela CADA fosse verdadeiramente revolucionária em muitos aspetos – e dificilmente o seria por também ela estar sujeita ao princípio da legalidade –, no fim de contas, os dados essenciais do modelo poderiam continuar a ser, e provavelmente seriam, exatamente os mesmos.

REFERÊNCIAS DOUTRINAIS

Ackerman, John M. / Sandoval-Ballesteros, Irma E. – 'The global explosion of freedom of information laws', Administrative Law Review, vol. 58, n.º 1, 2006, pp. 85-130.

Albuquerque, Ruy de / Albuquerque, Martim de – *História do direito português*, II, Lisboa: s. n., 1983.

Alexy, Robert – *A theory of fundamental rights*, tradução inglesa, Oxford: OUP, 2002.

Alexandrino, José de Melo – 'Reforma constitucional: lições do constitucionalismo português', in Aa.Vv., *Estudos em homenagem ao Prof. Doutor Martim de Albuquerque*, II, Coimbra: Coimbra Editora, 2010, pp. 9-36.

Almeida, Mário Aroso de – *sub* artigo 268.º, in J. Miranda / R. Medeiros, *Constituição portuguesa anotada*, III², Lisboa: Universidade Católica Editora, 2020, pp. 310-322.

Alves, Pedro Delgado – 'O âmbito subjetivo de aplicação da Lei de Acesso aos Documentos Administrativos', in Tiago Fidalgo de Freitas / Pedro Delgado Alves (coord.), *O acesso à informação administrativa*, Coimbra: Almedina, 2021, pp. 107-208.

Amaral, Diogo Freitas do – 'A codificação do procedimento administrativo em Portugal', in L. López Rodó / D. Freitas do Amaral (coord.), *Procedimiento administrativo. Ponencias del I coloquio hispano-portugués*, Santiago de Compostela: Escola Galega de Administración Pública, 1994, pp. 19-32.

Ascensão, José de Oliveira – 'A reutilização de documentos do setor público', in Aa.Vv., *Direito da sociedade da informação*, V, Coimbra: Coimbra Editora, 2004, pp. 65-82.

Cadilha, Carlos Alberto Fernandes – 'Intimações', Cadernos de Justiça Administrativa, n.º 16, 1999, pp. 62-68.

Canotilho, José Joaquim Gomes / Moreira, Vital – *Constituição da República Portuguesa*, II^{4}, Coimbra: Almedina, 2010, pp. 405-412.

Carvalho, Raquel – *O direito à informação administrativa procedimental*, Porto: Publicações Universidade Católica, 1999.

– *Lei de acesso aos documentos da administração*, Porto: Publicações Universidade Católica, 2000.

Condesso, Fernando Reis – *Direito à informação administrativa*, Lisboa: s. n., 1995.

– 'O direito à informação administrativa', Legislação, n.º 17, 1996, pp. 63-99.

David, Sofia – *Das intimações*, Coimbra: Almedina, 2005.

Fabião, Gonçalo – 'Restrições de acesso à informação administrativa: dados pessoais', in Tiago Fidalgo de Freitas / Pedro Delgado Alves (coord.), *O acesso à informação administrativa*, Coimbra: Almedina, pp. 209-235.

Fonseca, Isabel Celeste – *Dos novos processos urgentes no contencioso administrativo*, Lisboa: Lex, 2004.

Forssbaek, Jens / Oxelheim, Lars – 'The multifaceted concept of transparency', in Jens Forssbaek / Lars Oxelheim (eds.), *The Oxford handbook of economic and institutional transparency*, Oxford: Oxford University Press, 2015, pp. 10-26.

Freitas, Tiago Fidalgo de – 'Administrative transparency in Portugal', European Public Law, vol. 22, n.º 4, 2016, pp. 667-688.

– 'A dimensão constitucional da transparência administrativa', in R. Lobo Xavier *et al.* (eds.), *Constitucionalismos e (con)temporaneidade. Homenagem ao Prof. Doutor Manuel Afonso Vaz*, Lisboa: UCE, 2020, pp. 207-236.

– 'O acesso à informação administrativa: regime e balanço', in Tiago Fidalgo de Freitas / Pedro Delgado Alves (coord.), *O acesso à informação administrativa*, Coimbra: Almedina, 2021, pp. 31-115.

– 'Dados abertos e administração pública: algumas notas a propósito da transposição da Diretiva Dados Abertos', in C. Amado Gomes / A. F. Neves (org.), *Tutela extrajudicial de direitos fundamentais*, Lisboa: AAFDL, 2022, pp. 39-65.

Freitas, Tiago Fidalgo de / Leal, Ana Alves / Pinto, Teresa – *O estatuto de utilidade pública*, Lisboa: INCM, 2022.

Gomes, Carla Amado – 'O direito à informação ambiental: velho direito, novo regime. Breve notícia sobre a Lei 19/2006, de 12 de junho', Revista do Ministério Público, ano 28, n.º 109, 2007, pp. 5-21.

Gomes, Pedro Marques – *A imprensa na revolução. Os novos jornais e as lutas políticas de 1975*, Lisboa: INCM, 2021.

Gonçalves, José Renato – *Acesso à informação das entidades públicas*, Coimbra: Almedina, 2002.

– 'Estado burocrático e Estado transparente – modelos institucionais de defesa do princípio da transparência', in Aa.Vv., *Estudos em homenagem ao Professor Doutor Marcello Caetano*, II, Lisboa: FDUL, 2006, pp. 809-834.

Gonçalves, Pedro – 'O direito de acesso à informação detida por empresas do setor público', Cadernos de Justiça Administrativa, n.º 81, 2010, pp. 3-12.

Lagoute, Miguel – 'O processo clínico enquanto documento administrativo: da transparência à intrusão', in Tiago Fidalgo de Freitas / Pedro Delgado Alves (coord.), *O acesso à informação administrativa*, Coimbra: Almedina, 2021, pp. 651-674.

Marques, Francisco Paes – *sub* artigo 86.º, in A. Barreto Menezes Cordeiro (coord.), *Comentário ao Regulamento Geral de Proteção de Dados e à Lei n.º 58/2019*, Coimbra: Almedina, 2021, pp. 516-519.

Miranda, João – 'O acesso à informação administrativa não procedimental das entidades privadas', in Aa.Vv., *Estudos em homenagem ao Professor Doutor Sérvulo Correia*, II, Coimbra: Coimbra Editora, 2010, pp. 433-458.

Monge, Cláudia – 'Tratamento de dados de saúde e de dados genéticos', in Tiago Fidalgo de Freitas / Pedro Delgado Alves (coord.), *O acesso à informação administrativa*, Coimbra: Almedina, 2021, pp. 549-650.

Morais, Carlos Blanco de – *O sistema político*, Coimbra: Almedina, 2017.

Moreira, Vital – 'Revisão e revisões: a Constituição ainda é a mesma?', in Aa.Vv., *20 anos da Constituição*, Coimbra: Coimbra Editora, 2000, pp. 197-212.

Oliveira, Heloísa – 'O regime português de acesso à informação ambiental', in Tiago Fidalgo de Freitas / Pedro Delgado Alves (coord.), *O acesso à informação administrativa*, Coimbra: Almedina, 2021, pp. 467-496.

Pação, Jorge – 'A reutilização da informação administrativa', in Tiago Fidalgo de Freitas / Pedro Delgado Alves (coord.), *O acesso à informação administrativa*, Coimbra: Almedina, 2021, pp. 341-372.

PRATAS, SÉRGIO – *Lei do Acesso e da Reutilização dos Documentos Administrativos anotada*, Lisboa: Dislivro, 2008;

– *A (nova) Lei de Acesso aos Documentos Administrativos*[2], Coimbra: Almedina, 2020.

RAIMUNDO, MIGUEL ASSIS – *As empresas públicas nos tribunais administrativos*, Coimbra: Almedina, 2007.

SAMPAIO, JORGE SILVA – 'O princípio da proporcionalidade enquanto norma reguladora do acesso à informação administrativa não instrumental', in Tiago Fidalgo de Freitas / Pedro Delgado Alves (coord.), *O acesso à informação administrativa*, Coimbra: Almedina, 2021, pp. 307-340.

VEIGA, ALEXANDRE BRANDÃO DA – *Acesso à informação da administração pública pelos particulares*, Coimbra: Almedina, 2007.

TRANSPARÊNCIA E ACESSO A DOCUMENTOS NO DIREITO BRASILEIRO

Florivaldo Dutra de Araújo
Professor de Direito Administrativo na Universidade Federal de Minas Gerais.

1. INTRODUÇÃO

O presente texto tem como objetivo apresentar um panorama do direito de acesso a informações sob guarda do poder público no direito brasileiro.

Considerando que o texto se destina a uma obra dedicada à comparação entre os ordenamentos jurídicos português e brasileiro, a preocupação principal na sua elaboração foi o de apresentar o tema àqueles que pretendem iniciar-se nos estudos relativos à transparência relacionada ao acesso a informações.

Nesse contexto, tendo em conta que a obra visa ao público de ambos os países, procurou-se, nos limites necessários a um artigo, apresentar algumas explicações básicas para melhor compreensão de certas peculiaridades do direito brasileiro. Em especial, as diferentes formas de organização dos estados português e brasileiro, sendo este estruturado como federação, tornou necessárias algumas explicações relativas às competências legislativas relacionadas ao objeto do estudo.

Assim, adotou-se método predominantemente descritivo do tratamento normativo da matéria, sem olvidar indicações relevantes da jurisprudência do Supremo Tribunal Federal (STF), tendo em vista tratar-se do órgão máximo do Poder Judiciário brasileiro e intérprete último da Constituição Federal.

Com essas modestas pretensões, espera-se que o presente trabalho possa ser uma alternativa de introdução ao tema e instigação de questionamentos e investigações mais específicas e aprofundadas, especialmente no diálogo luso-brasileiro sobre o crucial tema da transparência administrativa.

2. FUNDAMENTOS CONSTITUCIONAIS

Entre os vários direitos e garantias fundamentais previstos no art. 5º da Constituição da República Federativa do Brasil de 1988, estão alguns diretamente relacionados ao acesso a informações contidas em documentos públicos, expressos nos seguintes incisos:

> XXXIII – todos têm direito a receber dos órgãos públicos informações de seu interesse particular, ou de interesse coletivo ou geral, que serão prestadas no prazo da lei, sob pena de responsabilidade, ressalvadas aquelas cujo sigilo seja imprescindível à segurança da sociedade e do Estado;
>
> XXXIV – são a todos assegurados, independentemente do pagamento de taxas:
> a) o direito de petição aos Poderes Públicos em defesa de direitos ou contra ilegalidade ou abuso de poder;
> b) a obtenção de certidões em repartições públicas, para defesa de direitos e esclarecimento de situações de interesse pessoal.

No capítulo referente à administração pública, o art. 37 determina que esta deve observância a diversos princípios, entre eles, o da publicidade.

O § 3º do mesmo art. 37 prevê que a "lei disciplinará as formas de participação do usuário na administração pública direta e indireta, regulando especialmente", entre outros aspectos, aquele disposto no inciso II, a saber: "o acesso dos usuários a registros administrativos e a informações sobre atos de governo, observado o disposto no art. 5º, X e XXXIII".

No capítulo relativo às finanças públicas, encontra-se a seguinte regra, acrescentada à Constituição pela Emenda Constitucional nº 108, de 26/08/2020:

> Art. 163-A. A União, os Estados, o Distrito Federal e os Municípios disponibilizarão suas informações e dados contábeis, orçamentários e fiscais, conforme periodicidade, formato e sistema estabelecidos pelo órgão central de contabilidade da União, de forma a garantir a rastreabilidade, a comparabilidade

e a publicidade dos dados coletados, os quais deverão ser divulgados em meio eletrônico de amplo acesso público.

No art. 216, que trata do patrimônio cultural brasileiro, o § 2º estabelece: "Cabem à administração pública, na forma da lei, a gestão da documentação governamental e as providências para franquear sua consulta a quantos dela necessitem."

A Constituição de 1988, no art. 5º, inciso LXXII, também estabeleceu ação judicial específica, denominada *habeas data*, para garantir o acesso a informações e retificação de dados, nos seguintes termos:

> LXXII – conceder-se-á "habeas data":
>
> a) para assegurar o conhecimento de informações relativas à pessoa do impetrante, constantes de registros ou bancos de dados de entidades governamentais ou de caráter público;
>
> b) para a retificação de dados, quando não se prefira fazê-lo por processo sigiloso, judicial ou administrativo.

Quanto às restrições ao acesso a informações, além do já citado inciso XXXIII do art. 5º, que prevê o sigilo quando "imprescindível à segurança da sociedade e do Estado", é reconhecido que o inciso X do mesmo artigo também apresenta restrição à divulgação de informações pela administração pública. Esse dispositivo constitucional determina: "são invioláveis a intimidade, a vida privada, a honra e a imagem das pessoas, assegurado o direito a indenização pelo dano material ou moral decorrente de sua violação".

Há também uma situação excepcional que, se decretada, poderá implicar restrição de acesso a informações. O art. 137 da Constituição de 1988 estabelece a competência do Presidente da República para, depois de ouvidos o Conselho da República e o Conselho de Defesa Nacional, solicitar ao Congresso Nacional autorização para decretar o *estado de sítio* em casos de "comoção grave de repercussão nacional ou ocorrência de fatos que comprovem a ineficácia de medida tomada durante o estado de defesa"[1]

[1] O *estado de defesa* e o *estado de sítio* são medidas excepcionais que podem ser adotadas na defesa do Estado e das instituições democráticas. O estado de defesa comporta medidas mais restritas em comparação ao estado de sítio. Conforme o art. 136 da Constituição de 1988: "O Presidente da República pode, ouvidos o Conselho da República e o Conselho de Defesa

(inciso I) e de "declaração de estado de guerra ou resposta a agressão armada estrangeira" (inciso II). E o art. 139 determina:

> Art. 139. Na vigência do estado de sítio decretado com fundamento no art. 137, I, só poderão ser tomadas contra as pessoas as seguintes medidas:
>
> (...)
>
> III – restrições relativas à inviolabilidade da correspondência, ao sigilo das comunicações, à prestação de informações e à liberdade de imprensa, radiodifusão e televisão, na forma da lei.

O art. 139 estabelece, portanto, um rol limitado de medidas restritivas a serem tomadas contra os direitos fundamentais apenas no caso do estado de sítio decretado diante de comoção interna. Donde se conclui, logicamente, que se o estado de sítio for decretado em razão de guerra ou agressão armada estrangeira, todas as medidas arroladas no inciso III do art. 139 poderão ser adotadas, além de outras.

Vê-se que a Constituição brasileira é relativamente generosa na previsão de direitos e garantias relacionadas à publicidade e à transparência na gestão pública. Porém, princípios – por sua textura aberta – e mesmo regras constitucionais são normas apropriadas para estabelecer as bases jurídicas do acesso dos cidadãos às informações constantes dos bancos de dados públicos, mas não bastantes, fazendo-se necessário o seu desdobramento nos textos normativos infraconstitucionais.[2]

Nacional, decretar estado de defesa para preservar ou prontamente restabelecer, em locais restritos e determinados, a ordem pública ou a paz social ameaçadas por grave e iminente instabilidade institucional ou atingidas por calamidades de grandes proporções na natureza." O § 1º do art. 136 dispõe: "O decreto que instituir o estado de defesa determinará o tempo de sua duração, especificará as áreas a serem abrangidas e indicará, nos termos e limites da lei, as medidas coercitivas a vigorarem", dentre as previstas no mesmo parágrafo. O § 2º do mesmo artigo prevê: "O tempo de duração do estado de defesa não será superior a trinta dias, podendo ser prorrogado uma vez, por igual período, se persistirem as razões que justificaram a sua decretação." Comprovando-se ineficaz o estado de defesa em face dos seus objetivos, poderá ser decretado o estado de sítio.

[2] ELIAS, Da publicidade à transparência: o percurso para a reafirmação da democracia participativa. *Fórum Administrativo [Recurso Eletrônico]: Direito Público*, v.12, n.141, nov. 2012.

3. NORMAS INFRACONSTITUCIONAIS

O principal texto legal vigente no Brasil sobre o acesso a informações é a Lei nº 12.527, de 18/11/2011, que, conforme registrado em sua ementa: "Regula o acesso a informações previsto no inciso XXXIII do art. 5º, no inciso II do § 3º do art. 37 e no § 2º do art. 216 da Constituição Federal (...)". É denominada Lei de Acesso à Informação (LAI).

Essa lei, conforme seu art. 1º, aplica-se a todos os níveis de poder da República Federativa do Brasil, ou seja, à União, aos estados, aos municípios e ao Distrito Federal.[3] Neste sentido, trata-se de *lei nacional* e não apenas de lei federal, sendo esta a espécie de lei que rege apenas a atuação das entidades e dos órgãos públicos federais.[4]

Vigora também a Lei nº 13.460, de 26/06/2017, que, conforme sua ementa: "Dispõe sobre participação, proteção e defesa dos direitos do usuário dos serviços públicos da administração pública." Trata-se também de lei nacional.

No campo das finanças públicas, outra lei nacional, a Lei Complementar nº 101, de 04/05/2000, estabelece normas relativas à responsabilidade na gestão fiscal. Sua redação foi alterada pela Lei Complementar nº 131, de 27/05/2009, para incluir normas que determinam a disponibilização, em tempo real, de informações pormenorizadas sobre a execução orçamentária e financeira da União, dos Estados, do Distrito Federal e dos Municípios.

O *habeas data*, previsto no citado art. 5º, inciso LXXII, da Constituição de 1988, encontra-se regulado pela Lei nº 9.507, de 12/11/1997, igualmente de âmbito nacional.

É com fundamento nesses diplomas normativos que exporemos, na sequência, os contornos fundamentais do direito ao acesso a informações.[5]

---

[3] Conforme determina a Constituição de 1988: "Art. 18. A organização político-administrativa da República Federativa do Brasil compreende a União, os Estados, o Distrito Federal e os Municípios, todos autônomos, nos termos desta Constituição."

[4] Além dessa, a expressão *lei federal* tem outro sentido, indicando também a lei produzida pelos órgãos legislativos federais, ou seja, da União. Assim, a Lei nº 12.527/2011 é lei federal por sua origem, já que elaborada pelos órgãos do Poder Legislativo federal (Câmara dos Deputados e Senado Federal), com a sanção do Presidente da República; mas é lei nacional pelo seu âmbito de incidência, conforme acima explicado.

[5] Há diversos outros textos normativos vigentes relacionados ao dever de transparência da administração pública, mas os limites do presente texto não nos permitem tratar de todos.

4. ÂMBITO SUBJETIVO DE APLICAÇÃO

Considerando que todas as normas citadas são nacionais, elas obrigam a todos os níveis de poder da Federação, ou seja, a União, os estados, os municípios e o Distrito Federal.

O art. 1º da Lei nº 12.527/2011 (LAI), depois de registrar esse campo de abrangência no *caput*, explicita no parágrafo único:

> Parágrafo único. Subordinam-se ao regime desta Lei:
> I – os órgãos públicos integrantes da administração direta dos Poderes Executivo, Legislativo, incluindo as Cortes de Contas[6], e Judiciário e do Ministério Público;
> II – as autarquias, as fundações públicas, as empresas públicas, as sociedades de economia mista e demais entidades controladas direta ou indiretamente pela União, Estados, Distrito Federal e Municípios.

Pode-se, portanto, sintetizar o conteúdo dessas nomas afirmando que a LAI obriga a todos os órgãos das pessoas jurídicas estatais e a todas as pessoas da administração pública indireta.

O art. 2º da LAI determina que as normas dessa lei, aplicam-se "no que couber", "às entidades privadas sem fins lucrativos que recebam, para realização de ações de interesse público, recursos públicos, seja diretamente do orçamento ou mediante subvenções sociais, contrato de gestão, termo de parceria, convênios, acordo, ajustes ou outros instrumentos congêneres." Porém, essa submissão à LAI e consequente dever de prestar informações somente ocorre em relação "à parcela dos recursos públicos recebidos e à sua destinação".

Observe-se que as pessoas de fins empresariais, físicas ou jurídicas, concessionárias ou permissionárias de serviços públicos, não se encontram, a princípio, alcançadas pelas normas da LAI.

A respeito, cf. NOBRE JÚNIOR, A transparência administrativa e a Lei 12.527/2002, *Revista da Faculdade de Direito da UFMG* [Recurso Eletrônico], n.70, p. 249-276, jan./jun. 2017.

[6] Conforme os arts. 70 a 75 da Constituição de 1988, os tribunais de contas são órgãos estruturalmente situados no Poder Legislativo, por serem auxiliares das casas legislativas no controle externo da administração pública. Porém, funcionalmente, atuam com autonomia assegurada pela própria Constituição.

Porém, as disposições dessa lei foram estendidas, subsidiariamente, a esses delegatários de serviços públicos por meio de remissão feita na Lei nº 13.460/2017, que regula os direitos dos usuários de serviços públicos.

Com efeito, o parágrafo único do art. 2º da Lei nº 13.460/2017 determina: "O acesso do usuário a informações será regido pelos termos da Lei nº 12.527, de 18 de novembro de 2011."

E o § 3º do art. 1º da Lei nº 13.460/2017 dispõe: "Aplica-se subsidiariamente o disposto nesta Lei aos serviços públicos prestados por particular."

Portanto, os deveres de transparência e prestação de informações dos particulares delegatários de serviços públicos encontram-se, a princípio, na legislação específica atinente a tais delegações, assim como nos contratos que regem cada delegação.

Não havendo, contudo, normatização autônoma suficiente para cada uma dessas delegações, caberá a aplicação subsidiária da Lei nº 13.460/2017 e, consequentemente, da LAI.

5. PRINCÍPIOS E DIRETRIZES

A LAI determina no art. 3º que os procedimentos nela previstos "destinam-se a assegurar o direito fundamental de acesso à informação e devem ser executados em conformidade com os princípios básicos da administração pública".

Na ordem jurídica brasileira, o dispositivo mais importante a tratar dos princípios da administração pública é o *caput* do art. 37, que prevê cinco: legalidade, impessoalidade, moralidade, publicidade e eficiência.

Portanto, a garantia do acesso a informações deve dar cumprimento a esses princípios. A legalidade será respeitada se todas as normas relativas à transparência e à prestação de informações forem observadas. A impessoalidade exige que a prestação de informações ocorra sem favorecimentos indevidos e nem condutas negativamente discriminatórias da parte da administração pública face àqueles que buscam os dados. A moralidade exige conduta de boa fé na prestação de informações, sem adoção de expedientes que possam criar subterfúgios que dificultem o esclarecimento dos cidadãos. O princípio da eficiência obriga a administração pública a buscar a melhor relação custo-benefício na prestação de informações, tanto para o próprio poder público, quanto para os particulares. Neste aspecto, simplificação e atualização dos meios de divulgação de dados é fator sobremaneira relevante. Por fim, a relação com o princípio da publicidade é óbvio, pois não se cumprirá esse preceito sem que as informações relativas ao poder público sejam acessíveis.

Além dos princípios expressos no *caput* do art. 37, a doutrina e a jurisprudência reconhecem a existência de outros princípios, alguns expressos em outros dispositivos constitucionais, outros considerados implícitos, ou seja, logicamente decorrentes de determinadas normas da Constituição.

Entre os mais reconhecidos desses outros princípios expressos estão o da responsabilidade do poder público pelos danos causados por seus agentes, igualmente aplicável às pessoas de direito privado prestadoras de serviços públicos, conforme o § 6º do art. 37[7]; bem como o chamado princípio da universalidade da jurisdição ou unidade de jurisdição, segundo o qual cabe ao Poder Judiciário examinar qualquer lesão ou ameaça a direito, provenha esta do particular ou do poder público, nos termos do art. 5º, XXXV, da Constituição de 1988.[8]

Entre os princípios implícitos encontram-se os de finalidade, proporcionalidade e motivação dos atos administrativos.

Quanto à finalidade, a Lei de Introdução às Normas do Direito Brasileiro (LINDB)[9] assim determina no art. 5º: "Na aplicação da lei, o juiz atenderá aos fins sociais a que ela se dirige e às exigências do bem comum."

Embora faça referência expressa apenas ao juiz, é tranquilamente entendido que essa norma aplica-se igualmente a todos os intérpretes e aplicadores do direito positivo, incluindo os agentes da administração pública. Portanto, a observância dos fins legais é um princípio geral do direito, inerente à própria legalidade.[10]

---

[7] "§ 6º. As pessoas jurídicas de direito público e as de direito privado prestadoras de serviços públicos responderão, nessa qualidade, causarem a terceiros, assegurado o direito de regresso contra o responsável nos casos de dolo ou culpa."

[8] "XXXV – a lei não excluirá da apreciação do Poder Judiciário lesão ou ameaça a direito".

[9] Decreto-Lei nº 4.657, de 04/09/1942, que contém normas para interpretação e aplicação do direito.

[10] Conforme leciona Celso Antônio Bandeira de Mello: "Em rigor, o princípio da finalidade não é uma decorrência do princípio da legalidade. É mais que isto: é uma inerência dele; está nele contido, pois corresponde à aplicação da lei tal qual é; ou seja, na conformidade de sua razão de ser, do objetivo em vista do qual foi editada. Por isso se pode dizer que tomar uma lei como suporte para a prática de ato desconforme com sua finalidade não é aplicar a lei; é desvirtuá-la; é burlar a lei sob pretexto de cumpri-la. Daí por que os atos incursos neste vício

O princípio da proporcionalidade também é ínsito à legalidade, pois preceitua que a atuação do poder público para aplicação do direito deve ocorrer apenas na medida necessária para alcançar os fins legais. O manejo de uma competência administrativa para além desses limites representa excesso e, portanto, abuso de poder. Para evitar tal atuação antijurídica, o administrador público deve ter em conta três aspectos que compõem o juízo de proporcionalidade: *adequação* (também dita aptidão ou pertinência), que se caracteriza pela conexão lógica entre meio e fim; *necessidade*, ou seja, a medida não deve exceder os limites indispensáveis à obtenção do fim legítimo em vista; e a *proporcionalidade em sentido estrito*, que obriga a sopesar benefícios e restrições de direitos, para escolher o meio que melhor atenda ao conjunto dos interesses em jogo (ponderação).[11]

O princípio da motivação determina que as decisões administrativas que afetem interesses juridicamente protegidos devem ser acompanhadas pela enunciação das razões, fáticas e jurídicas, que levaram à sua prolação. Essa fundamentação pode ser expressa no mesmo documento que registra a decisão, por isso chamada *motivação contextual*; ou estar contida em outro documento – por exemplo, em parecer previamente exarado por órgão consultivo –, sendo então denominada *motivação aliunde* ou *per relationem*. Mas, neste caso, o ato administrativo deve ser acompanhado da indicação expressa do documento no qual se encontra a fundamentação. A motivação não é fim em si mesma, mas relevante instrumento para o controle de juridicidade da decisão administrativa.[12]

Além da Constituição, diplomas normativos infraconstitucionais também trazem princípios da administração pública. No tocante ao acesso a informações, têm especial relevância as normas de processo administrativo, tendo em vista que, assim como a atividade administrativa em geral, a divulgação de informações observa determinados procedimentos.[13]

– denominado 'desvio de poder' ou 'desvio de finalidade' – são nulos. Quem desatende ao fim legal desatende à própria lei." (*Curso de Direito Administrativo*, 2015, p. 106.)

[11] BONAVIDES, *Curso de Direito Constitucional*, 2017, p. 401-446.

[12] A respeito, cf. ARAÚJO, *Motivação e Controle do Ato Administrativo*, 2005, especialmente p. 111-130.

[13] No direito brasileiro a expressão "processo administrativo" indica a sucessão ordenada e encadeada de atos visando a finalidades próprias da atividade administrativa pública, ou seja, corresponde àquilo que, no direito português, é denominado "procedimento administrativo". No direito brasileiro, a expressão "procedimento administrativo" é empregada para indicar

Em decorrência da forma federativa do Estado brasileiro, a União, os estados, os municípios e o Distrito Federal possuem autonomia para estabelecer suas próprias leis de processo administrativo.

Na administração pública da União, o principal diploma normativo referente ao processo administrativo é Lei nº 9.784, de 29/01/1999. Conforme seu art. 1º: "Esta Lei estabelece normas básicas sobre o processo administrativo no âmbito da Administração Federal direta e indireta (...)". Trata-se, portanto, de texto legal que contém normas genericamente aplicáveis aos processos administrativos federais, sendo lei principal para os procedimentos não regulados por normas específicas e lei subsidiária em relação aos procedimentos regrados por normas legais próprias, de modo a suprir-lhes eventuais lacunas.[14]

Embora, em princípio, a Lei 9.784/1999 regulamente apenas a atuação da administração federal, o Superior Tribunal de Justiça (STJ) possui jurisprudência consolidada, segundo a qual essa lei é aplicável subsidiariamente também aos processos administrativos dos demais níveis da República Federativa, em casos de lacunas nas respectivas legislações.[15]

A Lei n. 9.784/1999 refere-se a princípios gerais da administração pública e também a princípios específicos do processo administrativo, ao prescrever no art. 2º: "A Administração Pública obedecerá, dentre outros, aos princípios da legalidade, finalidade, motivação, razoabilidade, proporcionalidade, moralidade, ampla defesa, contraditório, segurança jurídica, interesse público e eficiência."

---

os diferentes modos pelos quais o processo se desenvolve, a depender da finalidade buscada pela atuação administrativa. Assim, pode-se falar, por exemplo, do procedimento licitatório; do procedimento disciplinar e do procedimento de acesso a informação. Também se utiliza a expressão "procedimento administrativo" simplesmente como sinônimo de processo administrativo. Por outro lado, enquanto em Portugal a expressão "processo administrativo" é empregada para indicar o conjunto de documentos em que se registram os atos do procedimento, no Brasil normalmente se utiliza, com esse sentido, a denominação "autos do processo", embora também se empregue a expressão "processo" para se referir a esse registro material.

[14] Conforme o art. 69 da Lei 9.784/1999: "Os processos administrativos específicos continuarão a reger-se por lei própria, aplicando-se-lhes apenas subsidiariamente os preceitos desta Lei."

[15] Súmula nº 633 do STJ: "A Lei n. 9.784/1999, especialmente no que diz respeito ao prazo decadencial para a revisão de atos administrativos no âmbito da Administração Pública federal, pode ser aplicada, de forma subsidiária, aos estados e municípios, se inexistente norma local e específica que regule a matéria."

Portanto, todos esses cânones – sejam os expressos ou implícitos na Constituição de 1988, sejam aqueles previstos na legislação infraconstitucional –, como princípios básicos da administração pública, devem ser observados na prestação de informações.

O art. 3º da LAI, além de fazer referência aos "princípios básicos da administração pública", também determina que os procedimentos nela previstos, visando a assegurar o acesso à informação, devem ser conduzidos em conformidade com cinco diretrizes: a publicidade como preceito geral e o sigilo como exceção; a transparência ativa; a utilização da tecnologia da informação como meio de divulgação; o fomento à cultura da transparência na administração pública e o desenvolvimento do controle social da administração pública.

O estabelecimento dessas diretrizes representa claro posicionamento do legislador em prol de uma necessária mudança da cultura da administração pública brasileira, que tradicionalmente se apresentou como ambiente em que a preocupação maior foi o de manter em sigilo as informações de que dispunha. Reforçou essa cultura o fato de o Brasil ter a experiência democrática como exceção e o autoritarismo como regra, se analisados todos os anos de sua história, desde os tempos coloniais. Por certo que a cultura da opacidade ainda permanece em larga escala, mas muitos progressos já se fizeram sentir, especialmente após a promulgação da Constituição de 1988 e, mais acentuadamente, nas últimas duas décadas.[16]

6. TRANSPARÊNCIA ATIVA

A transparência ativa consiste na disponibilização de informações pelos órgãos e entidades do poder público, independentemente de solicitação.

O art. 8º, *caput*, da LAI, determina que os órgãos e entidades públicas devem "promover, independentemente de requerimentos, a divulgação em local de fácil acesso, no âmbito de suas competências, de informações de interesse coletivo ou geral por eles produzidas ou custodiadas." E o § 1º desse artigo estabelece as informações mínimas a serem ativamente divulgadas, a saber:

---

[16] VALIM, Rafael; MALHEIROS, Antônio Carlos; BACARIÇA, Josephina (Coord.). *Acesso à informação pública*, 2015, p. 80-83.

I – registro das competências e estrutura organizacional, endereços e telefones das respectivas unidades e horários de atendimento ao público;

II – registros de quaisquer repasses ou transferências de recursos financeiros;

III – registros das despesas;

IV – informações concernentes a procedimentos licitatórios, inclusive os respectivos editais e resultados, bem como a todos os contratos celebrados;

V – dados gerais para o acompanhamento de programas, ações, projetos e obras de órgãos e entidades; e

VI – respostas a perguntas mais frequentes da sociedade.

Em consonância com o desenvolvimento das telecomunicações, a LAI prevê que a transparência ativa deve ser efetivada por "todos os meios e instrumentos legítimos de que dispuserem" os órgãos e entidades públicas, mas estabelecendo como "obrigatória a divulgação em sítios oficiais da rede mundial de computadores (internet)" (§ 2º do art. 8º).

O § 3º do art. 8º estabelece diversos requisitos aos quais os sítios eletrônicos deverão satisfazer, os quais podem ser sintetizados em: existência de ferramenta de pesquisa "que permita o acesso à informação de forma objetiva, transparente, clara e em linguagem de fácil compreensão"; possibilidade de "gravação de relatórios em diversos formatos eletrônicos, inclusive abertos e não proprietários"; acessibilidade aos dados de modo "automatizado por sistemas externos em formatos abertos, estruturados e legíveis por máquina"; divulgação detalhada dos formatos utilizados para estruturação da informação; autenticidade, integridade e atualidade das informações; indicação de local e modo pelo qual se pode comunicar, por via eletrônica ou telefônica, com o órgão ou entidade detentora do sítio e, ainda, garantia de acessibilidade aos dados para pessoas com deficiência.

Pesquisas têm demonstrado que a LAI impulsionou a transparência ativa por meio da disponibilização de dados nos portais dos entes públicos na rede mundial de computadores. Nesse sentido, torna-se igualmente relevante a acessibilidade da população à *internet,* inclusive aos instrumentos materiais necessários para tanto, o que alguns têm denominado de *cidadania eletrônica* ou *cibercidadania.*[17]

---

[17] LIMBERGER, Transparência administrativa e novas tecnologias: o dever de publicidade, o direito a ser informado e o princípio democrático, *Revista de Direito Administrativo*, v. 244, jan./abr. 2007.

Porém, como observam Thiago Eirão, Terezinha Silva e Raphael Cavalcante: "a oferta de canais de acesso aos dados é apenas parte do paradigma; em certo momento, a questão desloca-se da acessibilidade para a qualidade das informações. A exigência de disponibilização dos dados pode gerar uma má qualidade nos dados apresentados, informações incoerentes e em excesso."[18] Assim, o bom tratamento dos dados é tão relevante quanto a sua disponibilização.[19]

O § 4º do art. 8º determina que os Municípios com população de até dez mil habitantes não estão obrigados à divulgação de dados na internet[20], ressalvada apenas a obrigatoriedade de divulgação, em tempo real, de informações relativas à execução orçamentária e financeira, conforme a Lei de Responsabilidade Fiscal (LRF).[21] Tais informações abarcam "informações pormenorizadas sobre a execução orçamentária e financeira" e devem constar em "sistema integrado de administração financeira e controle", incluindo, por um lado, todos os atos de execução da despesa, no momento de sua realização, incluindo, no mínimo, os dados referentes ao número do processo, ao objeto

---

[18] EIRÃO; SILVA; CAVALCANTE, Lei de Acesso à Informação (LAI): investigação da transparência ativa nos três Poderes. *E-Legis* [Recurso Eletrônico]. v.7, n.13, jan./abr. 2014, p. 12.

[19] Nesse sentido: LUCIANO; WIEDENHÖFT; SANTOS, Barreiras para a ampliação de transparência na administração pública brasileira: questões estruturais e culturais ou falta de estratégia e governança? *Administração Pública e Gestão Social* [Recurso Eletrônico], v.10, n.4, out./dez. 2018.

[20] Trata-se de disposição semelhante àquela vigente em Portugal, constante do art. 10º, nº 6, da Lei n.º 26/2016, de 22 de agosto, que torna facultativa para as freguesias com menos de dez mil eleitores a divulgação ativa de informações na internet, porém, mantida a obrigação de divulgar, por essa forma, um leque de dados bem mais amplo do que aquele fixado pela lei brasileira, a saber: "i) Planos de atividades, orçamentos, relatórios de atividades e contas, balanço social e outros instrumentos de gestão similares; ii) Composição dos seus órgãos de direção e fiscalização, organograma ou outro modelo de orgânica interna; iii) Todos os documentos, designadamente despachos normativos internos, circulares e orientações, que comportem enquadramento estratégico da atividade administrativa; iv) A enunciação de todos os documentos que comportem interpretação generalizadora de direito positivo ou descrição genérica de procedimento administrativo, mencionando designadamente o seu título, matéria, data, origem e local onde podem ser consultados" (art. 10º, nº 1, alínea c). Cabe também observar que a restrição à divulgação de informações na lei portuguesa é menor em relação aos sujeitos abrangidos, tendo em vista que as freguesias são divisões administrativas dos municípios.

[21] Trata-se da Lei Complementar nº 101, de 04/05/2000, que também é lei de âmbito nacional.

executado, ao beneficiário do pagamento e ao respectivo procedimento licitatório; por outro lado, o lançamento e o recebimento de toda a receita (LRF, arts. 73-B, 48 e 48-A).[22]

Conforme os dados do Censo 2022, realizados pelo Instituto Brasileiro de Geografia e Estatística (IBGE), do total de 5.570 municípios brasileiros, 2.495 têm até 10 mil habitantes, o que representa 44,8%. Nesses municípios vivem 12,8 milhões de pessoas.[23]

Trata-se de significativo número de entidades públicas que ficaram isentas da obrigação de divulgar na internet informações de interesse coletivo. Se à época da edição da LAI essa restrição à transparência já se mostrava de difícil justificação, passada mais de uma década de sua vigência, a rápida evolução e disseminação da internet torna urgente repensar o § 4º do art. 8º. Afinal, até mesmo estabelecimentos empresariais de pequeno porte possuem sítios eletrônicos. E eventuais dificuldades financeiras ou técnicas dos municípios na manutenção de *sites* podem ser vencidas com instrumentos de cooperação entre essas entidades. Por exemplo, a Lei nº 11.107, de 06/04/2005, dispõe sobre normas gerais (nacionais) de contratação de consórcios públicos, que são associações de entes estatais – União, estados, municípios e Distrito Federal – para a realização de objetivos de interesse comum. Diversos municípios poderiam, então, consorciar-se para manter um sítio na internet no qual fossem divulgadas as informações determinadas na LAI.[24]

---

[22] Evandro Hormecher reconhece a grande relevância da LRF no acesso às informações ali indicadas, mas pondera: "a ampliação do direito de acesso às informações públicas, ainda que seja uma identidade natural ao regime democrático, não significa o estabelecimento de uma relação informacional propriamente considerada. No caso da Lei de Responsabilidade Fiscal, o alargamento da esfera de conhecimento propiciada no capítulo relativo à transparência é somente o primeiro componente de uma concepção complexa como é a da informação. É que a informação não pode ser confundida com os dados passíveis de acesso, pois aquela é a síntese da compreensão do conteúdo do documento. Logo, só é completado o ciclo da informação se ao agente receptor torne-se inteligível o que está expresso nos documentos públicos. Isso significa agregar componentes qualitativos, ou seja, a informação prestada deve ser apta a ser compreendida pelo cidadão." (HOMERCHER, O princípio da transparência e a compreensão da informação, *Revista Jurídica da Presidência* [Recurso Eletrônico], Brasília, v.13, n.100, jun./set. 2011, p. 388.)

[23] Dados disponíveis em: https://censo2022.ibge.gov.br/, acesso em 28/06/2023.

[24] A ampliação do dever de transparência ativa por meio da obrigatória manutenção de sítios eletrônicos por todos os entes federativos mostra-se mais urgente na medida em que,

A transparência ativa, principalmente via internet, é hoje indispensável para facilitar o acesso dos cidadãos às informações de seu interesse, além de evitar que os agentes administrativos sejam ocupados em atender a pedidos individuais e repetitivos, que poderiam ser de acesso amplo e imediato pela rede mundial de computadores.

No âmbito da administração pública federal, a Lei nº 14.129, de 29/03/2021, chamada "Lei do Governo Digital", veio impulsionar a prática de atos e a sua divulgação por meio de plataformas eletrônicas. Além disso, ampliou o leque de informações que devem constar dos sítios eletrônicos, entre elas: repasses de recursos federais aos estados, municípios e Distrito Federal; convênios e demais formas de descentralização de recursos orçamentários em favor de indivíduos e de organizações não governamentais; licitações e contratações; notas fiscais eletrônicas relativas às compras públicas; informações sobre os servidores e os empregados públicos federais, inclusive as relativas aos vínculos profissionais e remunerações; as viagens relativas ao serviço público; sanções administrativas aplicadas aos agentes administrativos e aos particulares (pessoas físicas ou jurídicas); currículos dos ocupantes de cargos de chefia e direção; inventário de bases de dados produzidos ou geridos pelo respectivo órgão ou entidade; recursos financeiros concedidos e renúncias de receitas e respectivas finalidades e contrapartidas (art. 29, § 2º).

Em relação a licitações e contratos da administração pública, a Lei nº 14.133, de 1º/04/2021, que estabelece normas gerais de licitações e contratos administrativos, estabeleceu diversas formas de transparência ativa no campo das contratações públicas.

Essa lei estabeleceu três meios de divulgação dos atos do procedimento licitatório e dos contratos públicos: o Portal Nacional de Contratações Públicas (PNCP), os *sites* oficiais dos órgãos e entidades licitantes ou contratantes e jornais diários de grande circulação.

---

mesmo depois de implementados esses espaços virtuais, certamente será necessário um longo período de seu aperfeiçoamento, pois pesquisas mostram que mesmo os municípios de maior porte e que já mantêm *sites* ainda necessitam desenvolvê-los em vários aspectos para satisfazer às exigências legais de transparência. A respeito, cf. CRUZ, Cláudia Ferreira et al. Transparência da gestão pública municipal: um estudo a partir dos portais eletrônicos dos maiores municípios brasileiros. *Revista de Administração Pública*, v.46, n.1, p. 153-176, jan./fev. 2012.

Conforme o art. 174 da Lei nº 14.133/2021, o PNCP é um sítio eletrônico, com formato de dados abertos, mantido pela administração pública federal, no qual os órgãos e entidades licitantes ou contratantes, de todos os níveis de poder da federação, devem divulgar vários atos, conforme o disposto nessa lei. Além disso, o PNCP é um portal que pode ser utilizado pelos entes de todos os níveis federativos para realizar seus procedimentos de contratação.

Conforme o § 2º do art. 174, a administração pública deve inserir no PNCP os planos de contratação anuais, os catálogos eletrônicos de padronização, os editais de licitação e seus anexos, os editais de credenciamento e de pré-qualificação, os avisos de contratação direta, as atas de registro de preços, os contratos e seus termos aditivos, bem como, em casos legalmente previstos, as notas fiscais eletrônicas.

O § 3º determina que, no PNCP, estejam disponíveis para consulta um painel de preços e acessos à base nacional de notas fiscais eletrônicas, ao Cadastro Nacional de Empresas Inidôneas e Suspensas (Ceis) e ao Cadastro Nacional de Empresas Punidas (Cnep). Além disso, o portal deve contar com sistema para compartilhamento, com a sociedade, de informações sobre a execução do contrato.

Além da utilização do PNCP, os entes públicos, em todos os níveis federativos, devem divulgar, em seus sítios eletrônicos os seguintes documentos relativos às suas respectivas licitações e contratações: o plano de contratações anual (art. 12, § 1º); os editais de licitação e seus anexos, os quais deverão ser acessíveis sem necessidade de registro ou de identificação do interessado (art. 25, § 3º); os contratos e seus aditamentos (art. 91); a relação de empresas favorecidas por margem de preferência em licitações, com indicação do volume de recursos destinados a cada uma dessas empresas (art. 27)[25] e os atos que autorizam contratações diretas (sem licitação) ou os extratos decorrentes desses contratos (art. 72, parágrafo único).

---

[25] Conforme o art. 26 da Lei nº 14.133/2021, a margem de preferência consiste em favorecimento legal, que pode ocorrer em relação a bens manufaturados e serviços nacionais que atendam a normas técnicas brasileiras; ou a bens reciclados, recicláveis ou biodegradáveis; de modo a permitir que prevaleça na disputa o licitante que ofertar preço maior que seus concorrentes que não ofereçam os citados bens e serviços. Essa margem será fixada pelos órgãos e entidades licitantes e poderá ser de até 10% (dez por cento) sobre o preço dos bens e serviços não favorecidos, e de até 20% para bens manufaturados nacionais e serviços nacionais resultantes de desenvolvimento e inovação tecnológica no País.

A Lei nº 14.133/2021, no art. 54, estabeleceu também a obrigatória publicação dos extratos dos editais de licitação no respectivo jornal oficial de divulgação dos atos da União, dos estados, do Distrito Federal e dos municípios. Esclareça-se que esse jornal pode ser em meio físico ou eletrônico, sendo difícil encontrar atualmente o formato físico.

Ademais, o mesmo art. 54, no § 1º, obriga também a divulgação dos extratos dos editais "em jornal diário de grande circulação". Trata-se de regra tradicional, anterior à internet e que não nos parece mais se justificar. A divulgação na rede mundial de computadores, aliada à disponibilidade de ferramentas de busca pela informação, é mais que suficiente para dar a necessária publicidade e transparência aos atos ali divulgados. Manter a obrigação de publicar em jornais de grande circulação apenas cria uma tarefa e uma despesa pública atualmente desnecessárias.

Quanto às parcerias entre o poder público e o terceiro setor, a Lei nº 13.019, de 31/07/2014, que estabelece normas gerais para tal cooperação, também contém importantes determinações de transparência ativa.

Conforme o art. 24 dessa Lei, salvo algumas exceções, o estabelecimento da parceria deve ser precedida de chamamento público, que é o procedimento que visa a "selecionar organizações da sociedade civil que tornem mais eficaz a execução do objeto". O chamamento é iniciado por meio de edital, que deve ser divulgado em sítio oficial da administração pública na internet (art. 26), neste também devendo ser publicado o resultado do julgamento (art. 27, § 4º).

Para maior publicidade e transparência, a Lei nº 13.019/2014 também obriga as entidades da sociedade civil parceiras a "divulgar na internet e em locais visíveis de suas sedes sociais e dos estabelecimentos em que exerça suas ações" as informações sobre parcerias celebradas com o poder público, inclusive a descrição do objeto da cooperação e o valor total envolvido (art. 11).

A administração pública também deve divulgar na internet os meios pelos quais qualquer pessoa poderá apresentar representação[26] sobre eventual aplicação irregular dos recursos envolvidos na parceria (art. 12).

---

[26] Nesse contexto, *representar* significa peticionar indicando algo a ser investigado.

7. DIREITO DE ACESSO

Para além das regras de transparência ativa, o direito de acesso à informação encontra-se precipuamente delineado nos arts. 5º ao 9º da LAI.

O art. 5º determina que "É dever do Estado garantir o direito de acesso à informação, que será franqueada, mediante procedimentos objetivos e ágeis, de forma transparente, clara e em linguagem de fácil compreensão."

Conforme o art. 6º, II, os órgãos e entidades do poder público devem assegurar a disponibilidade, a autenticidade e a integridade da informação. Essas características estão definidas no art. 4º, segundo o qual: a disponibilidade significa que a informação possa "ser conhecida e utilizada por indivíduos, equipamentos ou sistemas autorizados" (inciso VI); a autenticidade implica a possibilidade de reconhecimento de que a informação "tenha sido produzida, expedida, recebida ou modificada por determinado indivíduo, equipamento ou sistema" (inciso VII) e a integridade indica a "informação não modificada, inclusive quanto à origem, trânsito e destino" (inciso VIII).

A LAI estabelece, especialmente no art. 7º, amplo leque de informações sobre as quais se configura o direito de acesso, desde registros e documentos produzidos ou guardados pelo poder público, sejam esses relativos a atividades exercidas pelos entes públicos ou sobre procedimentos de controle dessas atuações, chegando até as informações produzidas ou custodiadas por particulares, pessoas físicas ou jurídicas, em decorrência de qualquer vínculo com o poder público, atual ou já encerrado. Abrange ainda o direito de ser informado sobre os procedimentos disponíveis ou necessários para obtenção do acesso aos dados, bem como sobre sua localização.

Para que as diversas facetas do direito à informação se realizem, o art. 9º da LAI determina que os órgãos e entidades do poder público estabeleçam o chamado *serviço de informações ao cidadão*, em cuja sede de funcionamento os interessados sejam orientados quanto ao acesso a informações e possam protocolizar documentos e requerimentos, bem como ter conhecimento da tramitação de procedimentos.

Além disso, o mesmo artigo indica que o poder público realize audiências e consultas públicas, entre outras formas de ampliar a divulgação de informações.

8. RESTRIÇÕES AO ACESSO

8.1. Informações sigilosas e sua classificação

Conforme já exposto, o texto constitucional apresenta a publicidade como princípio da administração pública, mas estabelece que o sigilo prevaleça nos casos em que o interesse coletivo ou a proteção à intimidade justificarem. A LAI traz diversas regras que especificam hipóteses em que se caracteriza a necessidade de restringir o acesso a informações, em virtude desses fundamentos constitucionais.

Assim, já no art. 6º, III, é prevista como obrigação dos entes públicos a "proteção da informação sigilosa e da informação pessoal, observada a sua disponibilidade, autenticidade, integridade e eventual restrição de acesso".

Quanto às hipóteses em que o sigilo é necessário à segurança da sociedade e do Estado, a justificar restrição total ou parcial de divulgação, o art. 23 arrola situações relativas à defesa e à soberania nacional; relações internacionais; segurança e saúde da população; segurança de instituições ou de altas autoridades nacionais ou estrangeiras seus familiares; prevenção ou repressão frente a delitos e estabilidade financeira, econômica ou monetária do País.

Considerando a possibilidade de sigilo apenas parcialmente necessário, o § 2º do art. 7º da LAI determina que, se isso ocorrer, deve ser assegurado ao interessado "o acesso à parte não sigilosa por meio de certidão, extrato ou cópia com ocultação da parte sob sigilo".

As informações sigilosas em razão de sua imprescindibilidade à segurança da sociedade ou do Estado poderão ser classificadas como *ultrassecretas*, *secretas* ou *reservadas*, o que implicará os prazos máximos de restrição de acesso de, respectivamente, 25 anos, 15 anos e 5 anos. Transcorridos esses prazos, a informação torna-se, automaticamente, de acesso público, tudo conforme previsão do art. 24 da LAI.

A LAI estabelece as competências para classificação do sigilo de informações apenas para a União, deixando à legislação dos estados, municípios e Distrito Federal a regulação da matéria nos respectivos entes públicos.

Na Administração Federal, a classificação no grau ultrassecreto somente cabe ao Presidente e ao Vice-Presidente da República e seus auxiliares imediatos, ou seja, aos ministros e autoridades a eles legalmente equiparadas. Também possuem essa atribuição os comandantes das forças armadas e os chefes de missões diplomáticas e consulares permanentes no exterior, mas suas decisões necessitam ser ratificadas, respectivamente pelos ministros de assuntos da defesa e das relações exteriores.

Na administração pública federal, não é suficiente, porém, a decisão das referidas autoridades para que uma informação passe à condição de ultrassecreta. Essa deliberação deve ser submetida à Comissão Mista de Reavaliação de Informações, órgão criado pela Lei nº 12.527/2011. A composição, as atribuições e o funcionamento dessa Comissão encontram-se regulados no Decreto Federal nº 7.724, de 16/05/2012. Seus membros são todos ministros e autoridades de mesmo nível, ou seja, auxiliares imediatos do Presidente da República.

O art. 30 da LAI determina que se mantenha disponível na internet a relação de documentos classificados em cada grau de sigilo, assim como aqueles que tenham sido desclassificados nos últimos doze meses.

A classificação das informações poderá ser objeto de reavaliação, para desclassificação ou redução do prazo de sigilo, pela autoridade classificadora ou seu superior hierárquico, mediante requerimento ou de ofício, nos termos e prazos previstos em regulamentos da competência de cada entidade federativa (LAI, art. 29).

Conforme os arts. 25 e 26 da LAI, as informações sigilosas somente podem ser acessíveis aos agentes públicos que tenham necessidade de conhecê-la e que sejam para tanto credenciados. Esses agentes têm o dever de resguardar o sigilo, sob pena de responsabilização.

8.2. Informações pessoais

Conforme já registrado, a Constituição de 1988 prevê, como direito fundamental, a inviolabilidade da vida privada, da intimidade, da honra e da imagem das pessoas (art. 5º, X). Em observância a esse preceito, a LAI estabelece, especialmente no art. 31, importantes regras para o resguardo dos dados pessoais.

As informações relativas a esses aspectos da esfera privada "terão seu acesso restrito, independentemente de classificação de sigilo e pelo prazo máximo de 100 (cem) anos a contar da sua data de produção, a agentes públicos legalmente autorizados e à pessoa a que elas se referirem" (art. 31, § 1º, I).

Tais informações somente podem ser divulgadas ou transmitidas a terceiros por força de previsão legal ou mediante consentimento expresso da pessoa a que elas se referirem.

Essa proteção não pode, contudo, ser "invocada com o intuito de prejudicar processo de apuração de irregularidades em que o titular das informações estiver envolvido, bem como em ações voltadas para a recuperação de fatos históricos de maior relevância" (art. 31, § 4º).

Ademais, o referido consentimento não é exigível se as informações forem necessárias nas seguintes hipóteses: exclusivamente para tratamento médico, quando a pessoa estiver física ou legalmente incapaz; para utilização, de modo anônimo, em estatísticas e pesquisas científicas de interesse público, conforme previsão legal; para cumprimento de ordem judicial; para defesa de direitos humanos ou de interesse público e geral preponderante.

Vislumbram-se, então, potenciais conflitos entre o interesse de resguardar a esfera privada e o interesse público que possa ser considerado "de maior relevância", ou "preponderante".

Nos casos concretos em que esse confronto se apresentar, o juízo de ponderação será necessário, para a busca da solução consentânea ao princípio da proporcionalidade.

Há alguns anos, o Supremo Tribunal Federal (STF) foi chamado a decidir sobre a constitucionalidade de normas que determinaram, em diferentes entes federativos, a divulgação, em seus sítios eletrônicos, da remuneração de cada servidor público, nominalmente identificado. De um lado, houve os que argumentaram que a medida seria inconstitucional, por ofender a intimidade dos ocupantes de cargos, empregos e funções públicas. Os objetivos de transparência seriam suficientemente satisfeitos pela divulgação das remunerações referentes aos postos de trabalho, sem necessidade de identificação nominal de seus ocupantes. No lado oposto, argumentou-se que a remuneração dos agentes públicos, por ser custeada pela respectiva sociedade, é tema de preponderante interesse coletivo, justificando-se a divulgação nominal.

O STF decidiu-se pela constitucionalidade da divulgação dos nomes e respectivas remunerações, inclusive em sítio eletrônico.[27]

[27] "É legítima a publicação, mantido pela Administração Pública, dos nomes dos seus servidores e do valor dos correspondentes vencimentos e vantagens pecuniárias." (Tese de repercussão geral, tema 483, Recurso Extraordinário com Agravo (ARE) 652.777, Relator:

8.3. Responsabilidades

O art. 32 da LAI estabelece um rol de condutas contrárias à transparência, ensejadoras de responsabilidade dos agentes públicos, a saber:

a) recusa indevida ao fornecimento informação;
b) retardo no fornecimento de informação ou fornecimento incorreto, incompleto ou impreciso, de modo intencional;
c) utilização indevida de informação ou sua subtração, alteração ou ocultação, total ou parcial, desde que tal informação lhes seja acessível em razão do exercício de suas atribuições públicas;
d) atuação com dolo ou má-fé na análise dos pedidos de acesso à informação;
e) divulgação ou acesso indevido e permissão de divulgação ou de acesso indevido a informação sigilosa ou pessoal;
f) imposição de sigilo em proveito pessoal ou de terceiro, ou para ocultar ato ilegal cometido por si ou por outrem;
f) ocultar de autoridade competente a necessidade de revisão de informação sigilosa, com fito de beneficiar a si ou a outrem, ou prejudicar terceiros; e
g) destruição ou subtração de documentos com informações de possíveis violações de direitos humanos por agentes públicos.

Essas condutas podem ensejar a responsabilidade administrativa, civil e penal dos infratores.

Considerando que a responsabilidade disciplinar é matéria de competência legislativa autônoma de cada ente federativo, as sanções e o procedimento de apuração devem observar as respectivas normas federais, estaduais, municipais e do Distrito Federal.

A responsabilidade civil pelos danos causados pela divulgação não autorizada ou utilização indevida de informações sigilosas ou pessoais, conforme o art. 34, é atribuída imediatamente às entidades públicas. Se essas forem condenadas a ressarcir o lesado, poderão valer-se do direito de regresso, ou seja, em processo administrativo, voltar-se contra os agentes que tenham causado a lesão de modo doloso ou culposo, para obrigá-los a

---

Teori Zavascki, Tribunal Pleno, julgado em 23/04/2015, acórdão eletrônico repercussão geral - mérito, DJE-128, publicado em 01/07/2015.)

ressarcir o erário. Essa solução também se aplica às pessoas físicas ou pessoas jurídicas privadas que, em virtude de vínculo com o poder público, tratem indevidamente informação sigilosa ou pessoal.

O art. 33 da LAI determina que o particular, pessoa física ou jurídica, que detiver informações em virtude de vínculo com o poder público e descumprir o disposto na LAI, poderá, mediante processo administrativo, receber as sanções de: advertência; multa, rescisão do vínculo com o poder público; suspensão temporária de participar em licitação e impedimento de contratar com a administração pública por prazo de até dois anos e, ainda, declaração de inidoneidade para licitar ou contratar com a administração pública, até que seja promovida a reabilitação perante a própria autoridade que aplicou a penalidade. Essa reabilitação somente poderá ocorrer depois de dois anos de cumprimento da pena e é condicionada ao ressarcimento dos prejuízos sofridos pela entidade pública.

9. PROCEDIMENTO DE ACESSO À INFORMAÇÃO

A LAI estabelece, no art. 10, singelas, porém relevantíssimas regras que visam garantir amplo acesso a informações sob guarda do poder público.

A norma dispõe que "qualquer interessado" poderá apresentar pedido de acesso a informações às entidades públicas. Como a lei não distingue, o interessado poderá ser pessoa física ou jurídica.

Os únicos requisitos legais do pedido são a identificação do requerente e a especificação da informação requerida.

Determina-se também que os entes públicos devem viabilizar alternativa de encaminhamento de pedidos de acesso por meio de seus sítios oficiais na internet.

Ademais, são vedadas quaisquer exigências relativas aos motivos determinantes da solicitação de informações de interesse público.

Conforme o art. 11, diante do pedido, o acesso à informação disponível deverá ser franqueado de imediato. Se isto não for possível, a entidade pública que receber o pedido deverá, no prazo máximo de vinte dias, prorrogável justificadamente por dez dias, adotar uma das seguintes soluções:

> I – comunicar a data, local e modo para se realizar a consulta, efetuar a reprodução ou obter a certidão;

II – indicar as razões de fato ou de direito da recusa, total ou parcial, do acesso pretendido; ou

III – comunicar que não possui a informação, indicar, se for do seu conhecimento, o órgão ou a entidade que a detém, ou, ainda, remeter o requerimento a esse órgão ou entidade, cientificando o interessado da remessa de seu pedido de informação.

Alternativamente, a entidade pública poderá oferecer meios para que o próprio requerente possa pesquisar a informação de que necessitar. Por exemplo, indicando o local físico ou virtual em que os dados estejam disponíveis.

A recusa de acesso à informação deve ser acompanhada do esclarecimento, ao requerente, sobre os recursos cabíveis contra essa decisão, prazos e condições para sua interposição e qual autoridade competente para sua apreciação.

O art. 12 da LAI dispõe que o serviço de busca e de fornecimento de informação é gratuito, podendo ser cobrado exclusivamente o valor necessário ao ressarcimento dos custos dos serviços e materiais utilizados, quando houver necessidade de reprodução de documentos pelo ente consultado.

Porém, considerando que muitas pessoas podem não ter meios de pagamento desses custos, o § 2º do art. 12 da LAI isenta de ressarcimento "aquele cuja situação econômica não lhe permita fazê-lo sem prejuízo do sustento próprio ou da família, declarada nos termos da Lei nº 7.115, de 29 de agosto de 1983."

Essa lei, entre outros aspectos, determina que a declaração de pobreza firmada pelo próprio interessado ou por seu procurador, presume-se verdadeira, sujeitando-se o declarante às sanções civis, administrativas e criminais se comprovada a falsidade dessa declaração.

A cobrança dos custos dos serviços e materiais utilizados para prestação de informações não é cabível, contudo, nos casos em que o indivíduo, qualquer seja sua situação econômica, requer ao ente público certidão necessária à defesa de direitos ou esclarecimento de situações de interesse pessoal.

Essa restrição à cobrança decorre da interpretação conferida pelo STF à alínea "b" do inciso XXXIV do art. 5º da Constituição de 1988[28]. O inteiro teor desse inciso é o seguinte:

---

[28] A interpretação dessa norma pelo STF fica bem ilustrada pelo seguinte pronunciamento: "1. Viola o direito de petição previsto no art. 5º, XXXIV, 'b', da Constituição Federal, a

XXXIV – são a todos assegurados, independentemente do pagamento de taxas:

a) o direito de petição aos Poderes Públicos em defesa de direitos ou contra ilegalidade ou abuso de poder;

b) a obtenção de certidões em repartições públicas, para defesa de direitos e esclarecimento de situações de interesse pessoal.

Parece-nos que a interpretação conferida pelo STF alargou o sentido da regra constitucional. Isso porque o inciso XXXIV diz que o direito de petição e a obtenção de certidões, nos limites ali postos, "são a todos assegurados, *independentemente* do pagamento de taxas".

Dizer que o direito é acessível *independentemente* do pagamento de taxas não é o mesmo que dizer que é vedado estabelecer tal pagamento, mas sim que o exercício do direito não pode ser obstaculizado pela impossibilidade desse pagamento, se for o caso.

Assim, entendemos que ao referido dispositivo constitucional poderia ser dada a mesma solução indicada no o § 2º do art. 12 da LAI, de modo a permitir a obtenção de certidões sem pagamento por aqueles que se declarassem impossibilitados de arcar com tal despesa.

Aliás, essa é a solução dada para o exercício do direito de petição, previsto na alínea "a" do mesmo inciso XXXIV, quando se trata de postulação perante o Poder Judiciário brasileiro.

Se a entidade pública indeferir o pedido de acesso a informações ou não expuser a motivação da negativa, caberá recurso do interessado no prazo de 10 (dez) dias a contar da ciência da decisão (LAI, art. 15).

Os demais trâmites do processo administrativo seguirão as normas específicas que sejam estabelecidas pelas entidades federativas e, na ausência dessas, caberá aplicação de normas genericamente reguladoras do processo

---

exigência de recolhimento de taxa para emissão de certidão em repartições públicas, para defesa de direitos e esclarecimento de situações de interesse pessoal, porquanto essa atividade estatal está abarcada por regra imunizante de natureza objetiva e política. Precedente: ADI 2.969, de relatoria do Ministro Carlos Britto, DJe 22.06.2007. 2. A imunidade refere-se tão somente a certidões solicitadas objetivando a defesa de direitos ou o esclarecimento de situação de interesse pessoal, uma vez que a expedição de certidões voltadas à prestação de informações de interesse coletivo ou geral (art. 5º, XXXIII) não recebe o mesmo tratamento tributário na Carta Constitucional." (ADI 3278, Relator: Edson Fachin, Tribunal Pleno, julgado em 03/03/2016, acórdão eletrônico DJE-049, publicado em 16/03/2016.)

administrativo, como é o caso da Lei Federal nº 9.784, de 29/01/1999, aplicável à União e às entidades de sua administração indireta.

Parece-nos que, do ponto de vista normativo, o cidadão brasileiro conta com instrumentos suficientes para provocar a chamada transparência passiva, que visa a levar o poder público a disponibilizar a informação requerida.

Mas é importante lembrar que, além dos instrumentos jurídico-formais, a disponibilização dos meios materiais para que a administração pública forneça informação adequada e o desenvolvimento de uma cultura favorável à transparência são caminhos necessários para tornar eficazes as normas procedimentais previstas na LAI e outros diplomas normativos.[29]

10. *HABEAS DATA*

A Constituição de 1988 criou a figura do *habeas data*, que consiste em ação judicial que pode ser impetrada para "assegurar o conhecimento de informações relativas à pessoa do impetrante, constantes de registros ou bancos de dados de entidades governamentais ou de caráter público" e para "retificação de dados, quando não se prefira fazê-lo por processo sigiloso, judicial ou administrativo" (art. 5º, inciso LXXII).

O processo judicial relativo ao *habeas data* encontra-se regulado pela Lei Federal nº 9.507, 12/11/1997, de âmbito nacional, tendo em vista a competência privativa da União para legislar sobre direito processual judicial, prevista no art. 22, inciso I, da Constituição de 1988.

Conforme a regra constitucional do *habeas data*, o direito de acesso a informações relativas ao impetrante não se limita àquelas existentes nos registros das pessoas jurídicas do poder público – denominadas "entidades

---

[29] Michener, Contreras e Niskier, em estudo baseado em pesquisa empírica, observam: "Os resultados demonstram que menos de uma em cada duas solicitações de Acesso à Informação (AI) no Brasil obtém uma resposta dos governos e mais de 50% dos pedidos excedem os prazos estabelecidos pela lei. A implementação inconsistente também é ilustrada pela escassez de indicadores de cumprimento, tais como estatísticas governamentais sobre pedidos, compromissos públicos com o AI, plataformas específicas para envio de pedidos de AI e órgãos de controle designados. O Brasil precisa investir urgentemente em maior gerenciamento da informação, capacitando as instituições de controle para implementar e adjudicar as obrigações de transparência." (Da opacidade à transparência?: avaliando a Lei de Acesso à Informação no Brasil cinco anos depois. *Revista de Administração Pública [Recurso Eletrônico]*, v.52, n.4, jul./ago. 2018, p. 610.)

governamentais" pelo referido inciso LXXII. Abrange também as disponíveis em entidades "de caráter público", ou seja, aquelas pessoas privadas que possuam bancos de dados. Nesse sentido, o parágrafo único do art. 1º da Lei nº 9.507/1997 define: "Considera-se de caráter público todo registro ou banco de dados contendo informações que sejam ou que possam ser transmitidas a terceiros ou que não sejam de uso privativo do órgão ou entidade produtora ou depositária das informações."

Indeferido o pedido de acesso à informação ou de sua retificação, nasce para o interessado, pessoa física ou jurídica, o direito a propor a ação de *habeas data*.

Além dos dois objetivos expressos na Constituição de 1988, a referida Lei acrescentou um terceiro objetivo que pode ser buscado pelo *habeas data*, a saber, "a anotação nos assentamentos do interessado, de contestação ou explicação sobre dado verdadeiro mas justificável e que esteja sob pendência judicial ou amigável" (art. 7º, III).

Se a decisão judicial for favorável ao impetrante, a Lei nº 9.507/1997 determina que o juiz deve marcar data e horário para que o detentor dos dados "apresente ao impetrante as informações a seu respeito" ou "apresente em juízo a prova da retificação ou da anotação feita nos assentamentos do impetrante" (art. 13).

De modo consentâneo com a relevância constitucional desse instrumento de garantia de direitos, o art. 19 da Lei nº 9.507/1997 estabelece que "Os processos de *habeas data* terão prioridade sobre todos os atos judiciais, exceto *habeas corpus* e *mandado de segurança*."

Com nítido propósito de ampliar a acessibilidade a esse instrumento judicial, o art. 21 da mesma lei estabelece que "São gratuitos o procedimento administrativo para acesso a informações e retificação de dados e para anotação de justificação, bem como a ação de *habeas data*."

11. CONCLUSÃO

Embora não se tenham abordado neste texto todas as normas vigentes no direito brasileiro relativas à publicidade e à transparência dos atos da administração pública, o panorama aqui traçado nos parece significativo no sentido da evolução do tema desde a Constituição de 1988, que marcou a redemocratização do país, após mais de duas décadas de regime ditatorial.

Do ponto de vista da legislação infraconstitucional, esse impulso é maior nas duas últimas décadas, com especial relevo para a Lei de Acesso à Informação.

Porém, pesquisas demonstram, a par da experiência cotidiana dos cidadãos, que muito há por fazer ainda para munir os órgãos do poder público dos instrumentos adequados à implementação da transparência, além da necessária mudança de mentalidade dos agentes públicos, pois a cultura da opacidade tem sido, por séculos, a marca predominante do Estado brasileiro no tocante às informações e aos documentos públicos.

De todo modo, a consolidação paulatina da democracia brasileira indica que se os progressos em prol da cidadania não caminham na velocidade desejada, eles têm sido constantes e promissores.

REFERÊNCIAS DOUTRINAIS

ARAÚJO, Florivaldo Dutra de. *Motivação e Controle do Ato Administrativo*, 2ª ed. Belo Horizonte: Del Rey, 2005.

BONAVIDES, Paulo. *Curso de Direito Constitucional*, 32ª ed. São Paulo: Malheiros, 2017.

CRUZ, Cláudia Ferreira et al. Transparência da gestão pública municipal: um estudo a partir dos portais eletrônicos dos maiores municípios brasileiros. Revista de Administração Pública, Rio de Janeiro, v.46, n.1, p. 153-176, jan./fev. 2012.

ELIAS, Gustavo Terra. Da publicidade à transparência: o percurso para a reafirmação da democracia participativa. *Fórum Administrativo [Recurso Eletrônico]: Direito Público*. Belo Horizonte, v.12, n.141, nov. 2012.

EIRÃO, Thiago Gomes; SILVA, Terezinha Elisabeth da; CAVALCANTE, Raphael da Silva. Lei de Acesso à Informação (LAI): investigação da transparência ativa nos três Poderes. *E-Legis* [Recurso Eletrônico]. Brasília, v.7, n.13, jan./abr. 2014.

HOMERCHER, Evandro T. O princípio da transparência e a compreensão da informação. *Revista Jurídica da Presidência* [Recurso Eletrônico]. Brasília, v.13, n.100, p. 375-391, jun./set. 2011.

LIMBERGER, Têmis. Transparência administrativa e novas tecnologias: o dever de publicidade, o direito a ser informado e o princípio democrático. *Revista de Direito Administrativo* [Recurso Eletrônico], Belo Horizonte, v. 244, jan./abr. 2007.

LUCIANO, Edimara Mezzomo; WIEDENHÖFT, Guilherme Costa; SANTOS, Fábio Pinheiro dos. Barreiras para a ampliação de transparência na administração pública brasileira: questões estruturais e culturais ou falta de estratégia e governança? *Administração Pública e Gestão Social* [Recurso Eletrônico]. Viçosa, v. 10, n.4, out./dez. 2018.

MELLO, Celso Antônio Bandeira de. *Curso de Direito Administrativo*, 32ª ed. São Paulo: Malheiros, 2015.

MICHENER, Gregory; CONTRERAS, Evelyn; NISKIER, Irene. Da opacidade à transparência?: avaliando a Lei de Acesso à Informação no Brasil cinco anos depois. Revista de Administração Pública [Recurso Eletrônico], Rio de Janeiro, v. 52, n. 4, p. 610-629, jul./ago. 2018.

NOBRE JÚNIOR, Edílson Pereira. A transparência administrativa e a Lei 12.527/ 2002. *Revista da Faculdade de Direito da UFMG* [Recurso Eletrônico]. Belo Horizonte, n.70, p. 249-276, jan./jun. 2017.

VALIM, Rafael; MALHEIROS, Antônio Carlos; BACARIÇA, Josephina (Coord.). Acesso à informação pública. Belo Horizonte: Fórum, 2015.

REGULAÇÃO DA CONCORRÊNCIA E CONFIDENCIALIDADES

NUNO CUNHA RODRIGUES*
Professor Associado da Faculdade de Direito da Universidade de Lisboa.

SUMÁRIO: 1. O dever de sigilo das entidades reguladoras; 1.1. Enquadramento geral; 1.2. O dever de sigilo da AdC; 2. O tratamento de confidencialidades pela AdC; 2.1. Segredo de negócio, transparência e confidencialidades; 2.2. A classificação de documentação no contexto geral da atividade da AdC; 2.3. Instrução de processos relativos à aplicação da Lei da Concorrência; 2.3.1. O segredo de justiça e o direito de acesso ao processo; 2.3.2. A proteção do segredo de negócio e de outras informações confidenciais no contexto de processos contraordenacionais; 2.3.3. O sigilo profissional do advogado; Referências doutrinais.

1. O DEVER DE SIGILO DAS ENTIDADES REGULADORAS

1.1. Enquadramento geral

A regulação de sectores de actividade económica surge, tradicionalmente, em consequência da verificação de falhas de mercado e da consequente necessidade de intervenção pública em ordem a atenuá-las ou eliminá-las.

Existem diferentes falhas de mercado que podem motivar diferentes abordagens por parte dos reguladores.[1] Estão em causa falhas tão diversas como a informação assimétrica – que motiva a regulação no sector segurador ou dos valores mobiliários – o risco sistémico – que justifica a necessidade de ser evitado ou prevenido através da supervisão prudencial (micro e macro) exercida pelo Banco de Portugal – ou a transição de sectores monopolizados para sectores liberalizados – como ocorreu no sector energético e no

* As opiniões expressas no presente artigo são emitidas a título pessoal e não vinculam qualquer entidade na qual o autor desempenhe funções.

[1] Descrevendo diversas falhas de mercado no sector da saúde e a forma como são colmatadas pela Entidade Reguladora da Saúde, cfr. Nuno Cunha Rodrigues, A regulação da Saúde, in AAVV., Regulação em Portugal, novos tempos, novo modelo?, Almedina, Coimbra, 2009, pp. 613-651.

sector das comunicações móveis –, que determinam a específica regulação económica existente em certos sectores e, bem assim, justificam a existência de entidades reguladoras competentes para exercer a função regulatória.[2]

Nem sempre é fácil distinguir qual a específica tarefa regulatória prosseguida, em particular no que se refere à distinção entre regras técnicas, económicas e de concorrência.

As primeiras – regras técnicas – compreendem todas as que se destinam a assegurar a compatibilidade entre equipamentos e sistemas; a garantir a segurança, a protecção da privacidade de dados ou a preservar o ambiente. A regulação económica, de forma diversa, diz respeito ao conjunto de medidas destinadas a colmatar falhas de mercado, que alicerçam a intervenção económica pública indireta.[3]

Por fim, a regulação da concorrência visa permitir a adopção de medidas (a) pró-activas destinadas a promover, *ex-ante*, a concorrência e a estimular o funcionamento das regras de mercado (o que pode ser feito pelos reguladores sectoriais ou através da avaliação periódica dos mercados bem como do regime de controlo prévio de concentrações ou (b) reactivas, relativas a práticas colectivas ou individuais que distorçam a concorrência, sendo, portanto, *ex-post* (*verbi gratia* acordos entre empresas, decisões de associação de empresas, práticas concertadas ou ainda abusos de posição dominante).

Estas formas de regulação são prosseguidas por entidades que estão genericamente abrangidas pela lei-quadro das entidades administrativas independentes com funções de regulação da actividade económica dos setores privado, público e cooperativo aprovada em 2013: a Lei n.º 67/2013, de 28 de agosto.[4]

---

[2] V. Nuno Cunha Rodrigues / Rui Guerra da Fonseca, O quadro da responsabilidade civil extracontratual das entidades reguladoras do setor financeiro, in Revista de Concorrência e Regulação, ano VIII, n.º 29, 2017, pp. 71-106.

[3] V. Nuno Cunha Rodrigues, Regulação em geral e regulação da saúde, in Anais do Instituto de Higiene e Medicina Tropical, 2017, 16 (supl 3), S09-S16.

[4] Esta Lei surgiu na decorrência do Memorando de Entendimento sobre as Condicionalidades de Política Económica, assinado pelo Governo Português, em 17 de Maio de 2011.
Procurava-se, dessa forma, preencher um vazio legislativo uma vez que as entidades administrativas independentes não eram, nem são, reconduzíveis à noção de instituto público de natureza administrativa, dada a independência de que gozam, nem à noção de empresa pública, pois não visam prosseguir uma actividade empresarial ou comercial.
Porém, o âmbito subjectivo de aplicação daquela Lei é menor do que a noção de entidade administrativa independente comporta.

No domínio do exercício da atividade de regulação económica, e partindo do princípio fundamental da administração aberta e transparente[5], o regime de confidencialidades apresenta-se como uma excepção ou restrição àquele princípio[6], que atende à especificidade que envolve a atividade de cada regulador.

No presente artigo iremos analisar o regime de confidencialidades subjacente à regulação da concorrência deixando assim de lado outros regimes específicos de confidencialidades como sucede, por exemplo, no setor bancário – com o segredo bancário[7] – ou no setor das comunicações eletrónicas.[8]

Com efeito, a Constituição admite, no artigo 267.º, n.º 3, que podem ser criadas, por lei (lei lato sensu, podendo ser lei ou decreto-lei), entidades administrativas independentes.
Como se sabe, cabem no conceito de entidade administrativa independente entidades tão diversas como as entidades reguladoras abrangidas pela nova Lei ou outras como a Comissão Nacional de Eleições (CNE) ou a Comissão de Acesso a Documentos Administrativos (CADA).
É por isso que o legislador procurou limitar o âmbito de aplicação da Lei definindo, no artigo 3.º do anexo, entidades reguladoras como "pessoas colectivas de direito público, com a natureza de entidades administrativas independentes, com atribuições em matéria de regulação da actividade económica."
Ficariam, deste modo, dissipadas dúvidas relativas à eventual aplicação do diploma.
Não obstante, o n.º 3 do artigo 3.º da Lei-Quadro elimina essas dúvidas porquanto procede ao elenco, em nosso entender, taxativo, das entidades subordinadas à Lei.
Neste contexto, foram excluídos do âmbito subjectivo de aplicação da Lei o Banco de Portugal e a Entidade Reguladora da Comunicação Social. V. Nuno Cunha Rodrigues, A nova Lei--Quadro das Entidades Reguladoras, in Revista Direito & Política, n.º 6, Fevereiro-Abril 2014, pp. 88 94.

[5] Cfr. artigo 268.º, n.ºs 1 e 2 da Constituição da República Portuguesa.
Sobre o equilíbrio entre acesso à informação e segredo à luz da Constituição, v. Luís Guilherme Catarino, Segredos da administração: segredos de supervisão e de sanção, in Revista de concorrência e regulação, ano 10, n.º 38 (abr./jun. 2019), pp. 53-57.

[6] Assim, v. Patrícia Lopes, Segredos de negócio versus direitos de defesa do arguido nas contra-ordenações da concorrência, in Revista de Concorrência e Regulação, Coimbra, a.1 n.4 (Out.-Dez. 2010), p. 81.

[7] Cfr. artigos 78.º a 80.º do Regime Geral das Instituições de Crédito e Sociedades Financeiras. Sobre os deveres de segredo no setor financeiro, v. Luís Guilherme Catarino, Segredos da administração ..., pp. 31-82.

[8] Cfr. artigos 10.º, n.º 5; 12.º, n.º 4 e 88.º, n.º 4 da Lei n.º 16/2022, de 16 de Agosto – Lei das Comunicações Eletrónicas.

1.2. O dever de sigilo da AdC

No contexto da específica atividade prosseguida pela AdC o enquadramento jurídico relativo ao tratamento das confidencialidades a que as partes envolvidas e os possíveis terceiros intervenientes encontram-se vinculados encontra-se tratado em diversa legislação, europeia e nacional e, bem-assim, em múltiplos instrumentos de *soft law*[9]

No primeiro caso – legislação diretamente aplicável – assinala-se o seguinte enquadramento jurídico dos deveres de sigilo e regime de confidencialidades que se aplicam à atividade da AdC:

a) Lei-Quadro das entidades reguladoras – Lei n.º 67/2013, de 28 de Agosto;
b) Estatutos da Autoridade da Concorrência (AdC) – Decreto-Lei n.º 125/2014, de 18 de Agosto;
c) Lei da Concorrência – Lei n.º 19/2012, de 8 de maio;

No segundo caso – *soft law* – deve assinalar-se as Linhas de orientação sobre instrução de processos.[10]

Todas as entidades reguladoras estão sujeitas, de harmonia com o artigo 14.º da lei-quadro, a respeitar os deveres de diligência e sigilo profissional.[11]

---

[9] Cfr. Comunicação da Comissão relativa às regras de acesso ao processo nos casos de aplicação dos artigos 81.º e 82.º do Tratado CE; artigos 53.º; 54.º e 57.º do Acordo EEE e do Regulamento (CE) n.º 139/2004 do Conselho (2005/C 325/07 disponível em https://www.concorrencia.pt/sites/default/files/documentos/linhasorientacao/Linhas%20de%20Orientac%CC%A7a%CC%83o%20sobre%20Instruc%CC%A7a%CC%83o%20de%20Processos.pdf (doravante designada por Comunicação da Comissão relativa às regras de acesso ao processo).

[10] Cfr. Linhas de Orientação sobre a instrução de processos relativos à aplicação dos artigos 9.º, 11.º e 12.º da Lei n.º 19/2012, de 8 de maio e dos artigos 101.º e 102.º do TFUE, de 22 de março de 2012, disponível em https://www.concorrencia.pt/sites/default/files/documentos/linhasorientacao/Linhas%20de%20Orientac%CC%A7a%CC%83o%20sobre%20Instruc%CC%A7a%CC%83o%20de%20Processos.pdf (doravante designadas por "Linhas de orientação").

[11] O artigo 14.º dispõe da seguinte forma: "Os titulares dos órgãos das entidades reguladoras, bem como o pessoal e os prestadores de serviços e seus colaboradores, estão sujeitos aos deveres de diligência e sigilo sobre todos os assuntos que lhes sejam confiados ou de que tenham conhecimento por causa do exercício das suas funções."

Sobre o dever de segredo profissional no contexto da regulação económica cfr., por todos, Luís Guilherme Catarino, Segredos da administração ..., pp. 35-41.

Estes deveres vinculam, assim, todos os que colaboram com a AdC estando previstos de forma idêntica no artigo 43.º dos estatutos da AdC.[12] A propósito deste preceito devem fazer-se duas observações.

Por um lado os deveres nele previstos vinculam não apenas os titulares de órgãos e os trabalhadores da AdC mas igualmente os prestadores de serviços, abrangendo, portanto, todas as entidades externas à AdC que lhe prestem serviços, no contexto das funções exercidas.

Por outro lado os deveres devem ser respeitados sem prejuízo do disposto na parte final do n.º 1 e no n.º 2 do artigo 18.º dos estatutos da AdC.

Esta última norma prevê que os membros do conselho de administração estão sujeitos a um dever de reserva sobre processos em curso ou questões concretas relativas a entidades que tenham intervenção nestes processos. Porém, o dever de reserva – relativo a processos em curso – pode ceder perante a necessidade de defesa da honra ou para a realização de outro interesse legítimo. Esta cedência deve ser naturalmente ponderada face ao princípio da proporcionalidade e, bem-assim, à necessidade de não ofender o segredo de negócio que tenha sido acolhido nos processos em causa, como veremos mais adiante.[13]

2. O TRATAMENTO DE CONFIDENCIALIDADES PELA ADC

2.3. Segredo de negócio, transparência e confidencialidades

A atividade da AdC encontra-se sujeita genericamente ao princípio da transparência e ao direito de acesso à informação, que vigora relativamente à actividade da administração pública.

---

[12] De harmonia com este preceito, "os titulares dos órgãos, os trabalhadores, os titulares de cargos de direção ou equiparados e os prestadores de serviços estão sujeitos aos deveres de diligência e sigilo quanto aos assuntos que lhes sejam confiados ou de que tenham conhecimento por causa do exercício das suas funções."

[13] Como bem observa o acórdão do Tribunal da Concorrência, Regulação e Supervisão (TCRS) de 18/6/2020, disponível em https://extranet.concorrencia.pt/pesquisAdC/Litigation.aspx?isEnglish=False&Ref=IDI/2020/6 "é aceitável, do ponto de vista da proporcionalidade, que haja compressão do direito de defesa perante informação em relação à qual não haja dúvidas quanto à sua classificação como segredo de negócio. Por outro lado, com este entendimento também não se está a esvaziar de utilidade o referido artigo 31º, n.º 4, do NRJC, pois a demonstração de uma prática restritiva da concorrência pode incluir factos que consubstanciam procedimentos, métodos ou práticas negociais legalmente admissíveis."

Porém, e à semelhança do que ocorre com qualquer outra entidade pública, tal direito pode ser afastado quando o processo "contenha documentos classificados ou que revelem segredo comercial ou industrial ou segredo relativo à propriedade literária, artística ou científica".[14]

O conceito de "segredo de negócio" não se encontra estabelecido na Lei da Concorrência[15] sendo retirado, atualmente, da jurisprudência do TJUE.

Assim, a noção de segredo de negócio – que deve ser separada da noção de segredo comercial[16], ainda que as duas sejam utilizadas de forma indistinta

---

[14] Cfr. artigo 62.º, n.º 2 do Código do Procedimento Administrativo.

[15] Como se reconheceu no acórdão do Tribunal da Relação de Lisboa, de 18/12/2019, disponível em https://extranet.concorrencia.pt/pesquisAdC/Litigation.aspx?isEnglish=False&Ref=IDI/2019/12 "a lei não define o segredo de negócio, embora se considere, no artigo 43.º n.º 4 do RJC que é confidencial a informação respeitante à vida interna das empresas quando estas demonstrem que o conhecimento dessa informação por terceiros lhes pode causar prejuízo sério." A mesma sentença concluir que "aa densificação proposta nas linhas de orientação emanadas da Autoridade da Concorrência afigura-se-nos como adequada e razoável."

[16] Sobre a noção de segredo de negócio, juridicamente operativa noutros ramos de direito, como a propriedade intelectual e a concorrência desleal v. Nuno Sousa e Silva, Um retrato do regime Português dos segredos de negócio, in Revista da Ordem dos Advogados, A. 75, nº 1 e 2, pp. 223-257 que identifica múltiplas noções meios de tutela dos segredos de negócio (cfr., em especial, pp. 225 e 236) e Patrício Paul, Concorrência desleal e segredos de negócio, in: AAVV, Direito industrial, Vol. II, (Almedina, 2002), p. 148.
A noção de "segredo comercial" é tipicamente utilizada no contexto do Direito da propriedade intelectual. A este propósito v. Tito Rendas, O segredo dos segredos de negócio: Breves reflexões acerca da justificação para a atribuição de proteção à luz da Diretiva (UE) 2016/943, in Os segredos no direito: actas de conferências / Carla Amado Gomes, Ana F. Neves, Pedro Lomba, AAFDL editora, Lisboa, 2019, pp. 273 ss e João de Oliveira Geraldes, Sobre a proteção jurídica dos segredos comerciais no espaço digital, in Revista da FDUL-LLR, LXIII (2022) 1 e 2, pp. 407-485.
Definindo, para efeitos de aplicação do Código da Propriedade Intelectual, segredo de negócio de forma ampla que abrangeria o segredo industrial – entendido como todo o conjunto de conhecimentos técnicos patenteáveis ou não patenteáveis e de técnicas, fórmulas ou práticas industriais inovadoras – e o segredo comercial- que abrange os conhecimentos aplicáveis no sector comercial da empresa (técnicas de gestão, contabilidade, comercialização, publicidade, marketing, métodos de trabalho, etc), v. Luís Couto Gonçalves, Manual de Direito Industrial Propriedade Industrial e Concorrência desleal, 7ª Edição, Almedina, Coimbra, 2017, p. 403.
Sobre a distinção entre segredo de negócio e segredo comercial, plasmado no artigo 313.º, do Código da Propriedade Intelectual, aprovado pelo Decreto-Lei n.º 110/2018, de 10 de

por instituições europeias[17] – implica a verificação dos seguintes requisitos cumulativos: (i) as informações têm de ser do conhecimento de um número restrito de pessoas; (ii) deve tratar-se de informações cuja divulgação possa causar um prejuízo sério à pessoa que as forneceu ou a terceiro; (iii) é necessário que os interesses que possam ser lesados pela divulgação da informação sejam objetivamente dignos de proteção.[18]

---

dezembro, v. sentença do TCRS, de 18/6/2020, disponível em https://extranet.concorrencia.pt/pesquisAdC/Litigation.aspx?isEnglish=False&Ref=IDI/2020/6 , na qual se afirma que o "conceito de segredo comercial, utilizado no domínio da propriedade intelectual, parece estar direcionado para as informações comerciais que as empresas não protegem através de patentes, para não as divulgarem, na medida em que é a sua não divulgação ou não conhecimento por terceiros que garante o seu valor comercial".

A mesma sentença procura distinguir o conceito de segredo de negócio de segredo comercial, concluindo que:

(i) "o primeiro exige a demonstração de que a divulgação das informações pode causar um prejuízo sério à pessoa que as forneceu ou a terceiro, o segundo não;

(ii) o elemento de que as informações em causa têm valor comercial pelo facto de serem secretas, exigido pelo conceito do CPI, inclui, por inerência, a demonstração do elemento do conceito de segredo de negócio de que os interesses que podem ser lesados pela divulgação da informação são objetivamente dignos de proteção, na medida em que apenas tem valor comercial informação que seja lícita e, consequentemente, objetivamente digna de tutela;

(iii) contudo, consoante a interpretação que se faça, esse segundo elemento do conceito de segredo comercial do CPI pode ir para além disso;

(iv) por último, o terceiro elemento do conceito do CPI – a demonstração de que as informações foram objeto de diligências razoáveis, atendendo às circunstâncias, por parte da pessoa que detém legalmente o controlo das informações, no sentido de as manter secretas – não faz parte do conceito de segredo de negócio."

[17] V. Comunicação da Comissão relativa às regras de acesso, pp.7-15 onde se utiliza de forma indistinta a noção de "segredo de negócio e "segredo comercial".

V. igualmente acórdão do TJUE AKZO Chemie BV/Comissão, de 24/6/1986, processo C-53/85, ECLI:EU:C:1986:256 e acórdão do TPI Postbank NV/Comissão, de 18/9/1996, processo T-353/94, ECLI:EU:T:1996:119.

[18] Neste sentido cfr. as decisões proferidas no acórdão do TJUE Pergan Hilfsstoffe fur industrielle Prozesse v Comissão, processo T-474/04 EU:T:2007:306, parágrafo 65 e do TGUE Idromacchine v Comissão, T-88/09, EU:T:2011:641, parágrafo 45 e, a nível nacional, v a sentença do TCRS, de 18.06.2020 disponível em https://extranet.concorrencia.pt/pesquisAdC/Litigation.aspx?isEnglish=False&Ref=IDI/2020/6 e a sentença do TCRS, de 13.03.2020, disponível em https://extranet.concorrencia.pt/pesquisAdC/Litigation.aspx?isEnglish=False&Ref=IDI/2019/37.

Constituem exemplos de segredos de negócio as informações técnicas e/ou financeiras relativas ao saber fazer, métodos de cálculo dos custos, segredos e processos de produção, fontes de abastecimento, quantidades produzidas e vendidas, quotas de mercado, listagens de clientes e de distribuidores, estratégia comercial, estruturas de custos e de preços e política de vendas de uma empresa.[19]

Para além dos segredos de negócio, e de forma semelhante à anteriormente descrita, são consideradas confidenciais as informações cuja divulgação seja suscetível de lesar gravemente uma pessoa ou empresa.[20]

A contrario sensu não são consideradas como confidenciais as informações relativas a uma empresa quando estas já sejam conhecidas fora da empresa (o que significa, no caso de um grupo de empresas, serem conhecidas fora desse grupo) ou fora da associação a que foram comunicadas por essa empresa. Também não devem ser consideradas como confidenciais informações que sejam disponibilizadas contra pagamento; através de serviços de informação especializados ou bases de dados, caso sejam conhecidas de círculos especializados ou caso seja possível inferi-los a partir de informações disponíveis ao público.[21]

Igualmente, não poderão ser consideradas confidenciais as informações que perderam importância comercial, por exemplo devido ao decurso do tempo. Observe-se que, por regra, presume-se que as informações relativas ao volume de negócios, às vendas e às quotas de mercado das partes e outras informações semelhantes deixaram de ser confidenciais quando datam de há mais de cinco anos.[22]

---

[19] V. Comunicação da Comissão relativa às regras de acesso ao processo, ponto 18.

[20] V. Comunicação da Comissão relativa às regras de acesso ao processo, ponto 18.

[21] Neste sentido, v. Nuno Ruiz, in Comentário Conimbricense à Lei da Concorrência, 2.ª Ed., Almedina, p. 435.

[22] Como foi assinalado pelo TJUE no passado, o decurso do tempo sobre alguns segredos pode diminuir a essencialidade da sua tutela jurídica face à data da análise inerente ao pedido de acesso. Assim, v. os acórdãos do TJUE Varec SA, de 14/2/2008, proc. C-450/06, EU:C:2008:91; Internationaler Hilfsfonds, de 26/1/2010, proc. C-362/08, EU:C:2010:40 e do TGUE Evonik Degussa GmbH, de 28/1/ 2015, proc. T-341/12, EU:T:2015:51.
Conforme é referido no parágrafo 84 deste último aresto, "(...) não são secretas nem confidenciais as informações que o foram mas que datem de cinco anos ou mais e devam, por isso, ser consideradas históricas, a menos que, excecionalmente, o recorrente demonstre que, apesar da sua antiguidade, tais informações continuam a constituir elementos essenciais da sua posição comercial ou de um terceiro".

A contração do princípio da transparência que ocorrerá perante a existência de segredos de negócio, no contexto da atividade prosseguida pela AdC, pode ter lugar em diferentes ocasiões, nomeadamente no contexto do regime de controlo prévio de concentrações; da realização de estudos e inquéritos de mercado ou da instrução de processos relativos à aplicação dos artigos 9.º, 11.º e 12.º da Lei da Concorrência e dos artigos 101.º e 102.º do TFUE.

Destarte, no âmbito do regime de controlo de concentrações, a Autoridade da Concorrência pode solicitar documentos e outras informações a empresas ou a quaisquer outras pessoas, singulares ou coletivas, devendo fazê-lo[23] com a menção de que devem identificar, de maneira fundamentada, atento o regime processual aplicável, as informações que consideram confidenciais no acesso legalmente determinado à informação administrativa,[24] ou seja, invocando eventuais segredos de negócio.

Na verdade, a redução da transparência que é exigida a uma entidade reguladora decorre, tipicamente, da necessidade de salvaguardar segredos de negócio envolvidos, o que justifica o consequente tratamento de confidencialidades.

No caso da instrução de processos, esta atenuação –emergente da existência de segredos de negócio – deve ser proporcional à necessidade de assegurar o direito à consulta do processo, que visa assegurar direitos de defesa.[25]

---

[23] A violação do dever de colaboração com a Autoridade da Concorrência nos termos descritos determinará a abertura de inquérito nos termos previstos no artigo 58.º, alínea c) da Lei da Concorrência.

[24] () Cfr. artigo 43.º, n.ºs 2, alínea c) a 5 da Lei da Concorrência.

[25] De harmonia com o artigo 32.º, n.º 10 da Constituição o arguido, visado em processo contraordenacional, goza de um direito de defesa constitucionalmente tutelado, de matriz idêntica ao conferido ao arguido visado em sede de processo penal. Neste sentido v. acórdão do Tribunal da Relação de Lisboa, proc. 292/20.9YUSTR-A.L1-PICRS, de 7/10/2021.

Como observa Patrícia Lopes, Segredos de negócio ..., p. 94, se existir uma situação de confronto entre a preservação da confidencialidade decorrente de documentos que contenham segredos de negócio e a necessidade de respeitar os direitos de defesa de uma empresa arguida, a AdC terá de fazer uma minuciosa ponderação no sentido de melhor acautelar os interesses em jogo, conciliando-os.

A nível europeu, a tutela do direito de acesso ao processo encontra-se prevista no artigo 15.º, n.º 2 do Regulamento n.º 773/2004 da Comissão, de 7 de Abril de 2004.[26]

A este propósito, pode suscitar-se a hipótese de a nota de ilicitude suportar-se, em parte ou no todo, em documentos que contenham segredos de negócio o que contraria a necessidade de salvaguarda destes segredos. Aqui o Regulamento dispõe que a Comissão pode divulgar e utilizar as informações necessárias para fazer prova de uma infracção, ainda que contenham segredos de negócio.[27]

A Lei da Concorrência prevê norma idêntica, no artigo 31.º, n.º 3[28], nos termos da qual a qualificação de um elemento de informação como confidencial não constitui um impedimento para a sua divulgação, se o mesmo for considerado necessário para provar uma infração.[29]

É por isso justificado que sempre que a AdC pretenda juntar ao processo documentos que contenham informações suscetíveis de ser classificadas como segredos de negócio, deva conceder ao visado prazo, não inferior a dez dias úteis, para identificar, fundamentadamente, as informações recolhidas que considere confidenciais por motivo de segredos de negócio. O visado deverá juntar, nesse caso, uma cópia não confidencial dos documentos que contenham tais informações, expurgada das mesmas, incluindo descrição concisa, mas completa, da informação omitida.

A concessão de prazo aos visados para se pronunciarem sobre as informações recolhidas e identificarem eventuais confidencialidades, prevista

---

26 O artigo 15.º, n.º 2 do Regulamento dispõe da seguinte forma: "2. O direito de acesso ao processo não abrange segredos comerciais e outras informações confidenciais ou documentos internos da Comissão ou das autoridades responsáveis em matéria de concorrência dos Estados-Membros."

27 Cfr. artigo 15.º, n.º 3 do Regulamento.

28 O artigo 31.º, n.º 3 da Lei da Concorrência determina que a utilização deste tipo de prova pode ser feita ao abrigo da alínea c) do n.º 3 e do n.º 6 do artigo 15.º e dos n.ºs 2 e 3 do artigo 30.º da mesma Lei.
Considerando que se afigura "proporcional e adequado estabelecer como limite, ao tratamento confidencial, a circunstância de essa informação constituir, ela própria, matéria susceptível de configurar a postergação das regras da concorrência", v. a sentença do TCRS. de 09.10.2020 disponível em https://extranet.concorrencia.pt/pesquisAdC/Litigation.aspx?isEnglish=False&Ref=IDI/2020/3.

29 Esta decisão é suscetível de recurso judicial, nos termos do artigo 84.º da Lei da Concorrência.

nas citadas normas europeias e nacionais traduz a jurisprudência do TJUE, afirmada desde o acórdão Akzo Chemie BV, de harmonia com o qual, perante o risco de emergência de «prejuízo extremamente grave que poderia resultar da comunicação irregular de documentos a um concorrente, a Comissão, antes de executar a sua decisão, deve dar à empresa a possibilidade de recorrer ao Tribunal com vista a controlar as apreciações feitas e impedir que se proceda à comunicação».[30]

A garantia de audiência prévia permite, desta forma, que a AdC pondere a prevalência do interesse na não divulgação dos segredos de negócio face à garantia dos direitos de defesa do visado[31], em face do caso concreto.[32]

Com efeito, e como foi reconhecido pelos tribunais no passado, é axilar que as autoridades administrativas tenham esta ponderação e este imperativo comportamental e procedimental sempre presente.[33]

Na verdade, a vantagem competitiva que as empresas dispõem, e que lhes permite concorrer pelo mérito, respeitando o direito da concorrência, assenta num determinado modelo de negócio que, em rigor, não pode naturalmente ser partilhado com concorrentes, sob pena de infringir as regras de concorrência.

Ora a eventual quebra do segredo de negócio e a sua consequente divulgação implicará um grave prejuízo não apenas para a empresa que dela sofre, mas igualmente para a garantia do funcionamento eficiente dos mercados.[34]

No passado, também o TJUE sublinhou a obrigação de tomar em consideração o legítimo interesse das empresas na não divulgação dos seus segredos comerciais[35], exprimindo assim um princípio geral que se aplica no

[30] V. acórdão do TJUE Akzo Chemie BV/Comissão, de 24/6/1986, processo C-53/85, ECLI:EU:C:1986:256.

[31] Sobre os direitos de defesa do arguido nos processos sancionatórios da concorrência no ordenamento jurídico português e no direito comunitário da concorrência, v. Patrícia Lopes, Segredos de negócio versus ..., pp. 73-77.

[32] Assim, cfr. parágrafo 188 das Linhas de orientação.

[33] Neste sentido v. acórdão do Tribunal da Relação de Lisboa, proc. 292/20.9YUSTR-A.L1-PICRS, de 7/10/2021.

[34] Como bem observa Miguel Moura e Silva, Direito da Concorrência AAFDL, 2020, p. 343, está em causa a necessidade de «evitar uma lesão irreversível do seu interesse particular na preservação do segredo do negócio».

[35] Neste aresto o TJUE utiliza a expressão "segredo comercial" como sinónimo de "segredo de negócio".

decurso do processo administrativo, de harmonia com o qual não podem, em nenhum caso, ser comunicados ao terceiro queixoso documentos que contenham segredos comerciais uma vez que qualquer outra solução conduziria ao resultado inadmissível de uma empresa poder ser incitada a apresentar queixa junto da Comissão com o único objectivo de ter acesso aos segredos comerciais dos concorrentes.[36]

É por esse motivo que o segredo de negócio deve ser protegido pelo Direito da Concorrência, salvaguardando-se que a sua quebra apenas possa ocorrer – de forma irreversível[37] – face à necessidade de assegurar os direitos de defesa dos visados.[38]

Dito de outra forma, a tutela do segredo de negócio tem por limite a não restrição infundada da publicidade do processo e os direitos de defesa dos demais visados no caso concreto.[39]

Como bem observa o Tribunal da Relação de Lisboa, e depois da revelação do segredo, "subsistem outros interesses, designadamente o de afirmar a ilicitude do meio instrutório com vista a abalar a decisão final e até o de estabelecer perante a comunidade em geral e os intervenientes em particular a importância micro e macro-económica do segredo comercial e sua defesa. Trata-se, porém, já de interesses não intercalares mas de tutela final ligados

---

[36] Assim, v. acórdão do TJUE AKZO Chemie BV/Comissão, de 24/6/1986, processo C-53/85, ECLI:EU:C:1986:256, parágrafo 28.

[37] Sobre o regime de tutela legal dos segredos de negócio enquanto mecanismo de possível resolução do paradoxo de Arrow, descrito por Kenneth Arrow, que identificou a dificuldade que há em comercializar informação: para que um "comprador" possa avaliar o seu valor tem que a inspeccionar primeiro, no entanto, após a inspecção, o "comprador" já possui a informação e não tem razão para pagar por ela, razão pela qual para evitar que, após a revelação confidencial de informação, outrem pudesse utilizá-la livremente, a protecção de segredos de negócio (de forma análoga à Propriedade Intelectual) limita esse uso, criando assim condições necessárias para a comercialização e exploração de informação, v. Nuno Sousa e Silva, Um retrato do regime Português ..., p. 232.

[38] Considerando que a tutela do segredo de negócio tem por limite a não restrição infundada da publicidade do processo e os direitos de defesa dos demais visados, v. acórdão do Tribunal da Relação de Lisboa, proc. 228/18.7YUSTR-G.L1-3, de 18/12/2019.

[39] Assim, v. sentença do Tribunal de Comércio de Lisboa, de 15.2.2007, no Proc. 766/06.4TYLSB, Nestlé/Autoridade da Concorrência; acórdão do Tribunal da Relação de Lisboa, proc. 228/18.7YUSTR-G.L1-3, de 18/12/2019 e parágrafo 188 das linhas de orientação.
V. igualmente Nuno Ruiz, in Comentário Conimbricense à Lei da Concorrência, 2.ª Ed., Almedina, p. 435.

à questão magna da procedência ou improcedência da imputação do «labéu»".[40]

A esta luz, os tribunais nacionais têm entendido que a decisão de classificação de um documento como confidencial, em sede de direito da concorrência, está condicionada pelo cumprimento pelo visado de um triplo ónus, que resultam do artigo 30.*, n.*s 2 e 4, do Lei da Concorrência, a saber: (a) de identificação das informações que considera confidenciais; (b) de fundamentação de tal entendimento e (c) de fornecimento de cópia não confidencial dos documentos pertinentes, expurgado das informações confidenciais.[41]

2.4. A classificação de documentação no contexto geral da atividade da AdC

À semelhança do que sucede com os entes regulados de todas as entidades reguladoras[42], as empresas têm, perante a AdC, um dever de colaboração que implica o fornecimento de todas as informações solicitadas e que pode, consequentemente, obrigar à comunicação de segredos de negócio ou outras informações confidenciais.

Sem prejuízo da regulação normativa prevista na Lei da Concorrência já enunciada, a AdC tem emitido instrumentos de *soft law* que procuram detalhar o tratamento de informação considerada como confidencial por constituir segredo de negócio pela Autoridade; pelas empresas; pelos visados ou por terceiros, constituindo as "Linhas de orientação sobre instrução de processos" o núcleo central desses instrumentos.

---

[40] Neste sentido v. acórdão do Tribunal da Relação de Lisboa, proc. 292/20.9YUSTR-A. L1-PICRS, de 7/10/2021.

[41] Assim, v. acórdão do Tribunal da Relação de Lisboa, proc. 228/18.7YUSTR-G.L1-3, de 18/12/2019 e acórdão do Tribunal da Relação de Lisboa, de 18.12.2019, disponível em https://extranet.concorrencia.pt/pesquisAdC/Litigation.aspx?isEnglish=False&Ref=IDI/2019/1.

[42] Cfr. artigo 40.º da Lei-Quadro das Entidades Reguladoras.
Como bem observa Luís Guilherme Catarino, Segredos da administração..., p. 42, a observância pelos regulados deste dever de colaboração não significa "que a atribuição legal de poderes com características intrusivas e potencialmente limitadoras da liberdade individual converta estas relações jurídicas regulatórias em relações de sujeição especial, pois existem limites e garantias constitucionais e legais no seu exercício."

Neste contexto, a classificação de documentação como confidencial deve pressupor, como vimos, que as informações apenas sejam conhecidas por um número restrito de pessoas e que a divulgação possa causar um prejuízo sério à entidade que as forneceu ou a terceiros, no que se refere a interesses que sejam objetivamente dignos de proteção.

Constituem exemplos de informações suscetíveis de serem classificadas como segredos de negócio, entre outras, informações técnicas e/ou financeiras relativas ao saber-fazer; segredos e processos de produção; fontes de abastecimento; quantidades produzidas e vendidas; quotas de mercado; listagens de clientes e de distribuidores; estratégia comercial; estruturas de custos e de preços; e política de vendas de uma empresa.

Deve ainda distinguir-se segredos de negócio de outras informações confidenciais.[43] Neste último cenário estão em causa informações que não contenham segredos de negócio ou comerciais e cuja divulgação seja suscetível de prejudicar significativamente pessoas ou empresas e que permitam exercer uma pressão considerável a nível económico ou comercial sobre os seus concorrentes ou sobre os seus parceiros comerciais, clientes ou fornecedores.[44]

Em qualquer cenário compete às empresas ou outras entidades a quem tenha sido solicitada ou que preste informação que invoquem a

---

[43] A este propósito v. Comunicação da Comissão relativa às regras de acesso ao processo, parágrafo 19: "O Tribunal de Primeira Instância e o Tribunal de Justiça reconheceram que é legítimo recusar revelar a essas empresas determinadas cartas recebidas dos seus clientes, uma vez que esta divulgação poderia facilmente expor os autores ao risco de represálias. Os tribunais comunitários pronunciaram-se acerca desta questão tanto em casos de alegado abuso de posição dominante (processo T-65/89, BPB Industries e British Gypsum, Col. 1993, p. II-389 e processo C-310/93P, BPB Industries e British Gypsum, Col. 1995, p. I-865), como em processos de concentrações (processo T-221/95 Endemol / Comissão, Col. 1999, p. II-1299, ponto 69 e processo T-5/02 Laval / Comissão, Col. 2002, p. II-4381, pontos 98 e seguintes)."
Por conseguinte, a noção de outras informações confidenciais pode englobar informações que permitam às partes identificar os autores das denúncias ou terceiros que desejam, legitimamente, manter o anonimato.

[44] A noção de outras informações confidenciais pode, por exemplo, englobar informações que permitam às partes identificar os autores das denúncias ou terceiros que desejam, legitimamente, manter o anonimato. As outras informações confidenciais incluem ainda os demais tipos de segredos que beneficiem de proteção legal específica, como segredos militares, bancários, médicos, entre outros.

existência de segredo de negócio através da apresentação de um pedido de confidencialidade, contendo a indicação e fundamentação dos segredos de negócio e das outras informações confidenciais. Adicionalmente devem ser fornecidas uma ou mais versões não confidenciais distintas dos documentos/declarações, em que as informações em causa tenham sido ocultadas e substituídas pelas expressões «[SEGREDO DE NEGÓCIO]» ou «[CONFIDENCIAL]».

Caso não seja dado cumprimento à indicação e fundamentação de confidencialidades, a AdC pode considerar que os elementos disponibilizados não contêm segredos de negócio ou outras informações confidenciais e, consequentemente, que a entidade remetente ou declarante não levanta objeções à divulgação, na íntegra, desses elementos.

2.5. Instrução de processos relativos à aplicação da Lei da Concorrência

2.5.1. O segredo de justiça e o direito de acesso ao processo

O segredo de justiça aplicável nos processos contraordenacionais[45] em curso na AdC constitui um segredo administrativo especial[46] previsto no artigo 32.º da Lei da Concorrência. O âmbito do segredo de justiça foi igualmente explicado, pela AdC, nas linhas de orientação, que acolhem, em grande medida, a jurisprudência e a doutrina existente.

Este segredo apresenta-se como excepcional uma vez que, em regra, os processos contraordenacionais estão sujeitos ao princípio da publicidade (cfr. artigo 32.º, n.ºs 1 a 3 da Lei da Concorrência).[47]

Por esse motivo, tanto os visados no processo como quaisquer terceiros não envolvidos na investigação que demonstrem interesse legítimo[48], podem, mediante requerimento escrito fundamentado, demonstrando um interesse atendível, que justifique, razoavelmente, conceder-se ao

[45] Relativamente à aplicação do segredo de justiça em processos contraordenacionais, v. o Parecer do Conselho Consultivo da Procuradoria-Geral da República n.º 84/2007, publicado no Diário da República, 2ª Série, n.º 68, de 7 de abril de 2008, p. 15223.

[46] Neste sentido v. Luís Guilherme Catarino, Segredos da administração..., p. 69.

[47] V. Luís Guilherme Catarino, Segredos da administração..., pp. 70-71.

[48] V. artigo 33.º, n.º 3 da Lei da Concorrência.

requerente o acesso ao processo, consultar o processo ou os elementos dele constantes, bem como obter os correspondentes extratos, cópias ou certidões, independentemente da fase processual em que se encontre a investigação.[49] Neste caso a Autoridade poderá solicitar explicações adicionais aos terceiros requerentes, de forma a apreciar o pedido de acesso.

O direito de acesso ao processo não abrange o conhecimento de segredos de negócio e outras informações confidenciais que possam constar dos autos, aos quais se aplicará o regime de proteção constante do artigo 30.º, n.º 1 da Lei n.º 19/2012, anteriormente explicitado.

Este direito também não abrange a documentação constante dos autos relativa a eventuais pedidos de dispensa ou redução de coima, nos termos do artigo 81.º da Lei n.º 19/2012.

Por fim, o acesso ao processo, bem como a obtenção dos correspondentes extratos, cópias ou certidões, terá sempre lugar nas instalações da Autoridade, mediante apresentação de prévio requerimento escrito por parte dos interessados.

A AdC pode ainda, oficiosamente ou mediante requerimento do visado, determinar a sujeição do processo a segredo de justiça até à decisão final, quando entender que os direitos daquele o justificam ou ainda determinar o seu levantamento em qualquer momento do processo (cfr. artigo 32.º, n.º 4 da Lei da Concorrência).

As restrições de acesso ao processo em segredo de justiça por parte dos visados são determinadas pela Autoridade da Concorrência que podendo ocorrer até à decisão final (cfr. artigo 32.º, n.ºs 2 a 4 da Lei da Concorrência.

Por fim o acesso a processos transitados em julgado é apreciado ao abrigo do regime legal de acesso à documentação administrativa, nos termos da Lei n.º 46/2007, de 24 de agosto.[50]

---

[49] Cfr. parágrafo 165 das linhas de orientação.

[50] V. os pareceres da Comissão de Acesso aos Documentos Administrativos (CADA) n.º 247/2008, de 17 de setembro de 2008, e n.º 531/2010, de 22 de dezembro de 2010.
V. ainda Luís Guilherme Catarino, Segredos da administração..., p. 75, assinalando os pareceres da CADA n.º 70/2006, de 29 de março de 2006, processo n.º 3711 e n.º 12/2011, de 9 de janeiro de 2011 e Patrícia Lopes, Segredos de negócio ..., p. 85.

2.5.2. *A proteção do segredo de negócio e de outras informações confidenciais no contexto de processos contraordenacionais:*

A proteção dos segredos de negócio de empresas no âmbito de inquéritos contraordenacionais, tanto na fase de inquérito como na fase da instrução, encontra-se prevista no artigo 30.º da Lei da Concorrência. Nesta fase não é aplicável o regime jurídico de acesso a documentos administrativos uma vez que devem ser respeitados os princípios aplicáveis a processos sancionatórios de natureza contra-ordenacional.[51]

Esta proteção abrange as empresas ou outras entidades visadas nos processos contraordenacionais, mas também terceiros não envolvidos na investigação. Para o efeito a Autoridade da Concorrência deve acautelar o interesse legítimo das empresas, associações de empresas ou outras entidades na não divulgação dos seus segredos de negócio, sem prejuízo do interesse dessas informações para a prova de uma infração às regras de concorrência (cfr. artigo 31.º, n.º 3 da Lei da Concorrência).[52]

Também aqui, os visados pelo processo, os denunciantes ou quaisquer terceiros deverão ter em conta o ónus de identificação dos seus segredos de negócio, respetiva fundamentação e apresentação de versões não confidenciais, sempre que disponibilizem, voluntariamente, quaisquer documentos à Autoridade.[53] A Autoridade poderá solicitar explicações adicionais relativamente aos segredos de negócio invocados por empresas

[51] V. Patrícia Lopes, Segredos de negócio ..., p. 84.

[52] Cfr. parágrafo 187: "Os documentos que contenham elementos de informação considerados confidenciais por motivos de segredo de negócio, bem como a correspondência respeitante aos mesmos entre a Autoridade da Concorrência e as entidades titulares dessa informação, e que a Autoridade não entenda serem necessários para prova da infração, serão juntos aos autos em apenso não acessível aos visados pelo processo ou a terceiros, devidamente identificado como contendo informação confidencial. Dos autos do processo, e acessível a todos os visados ou terceiros, constará ainda uma listagem, elaborada pela equipa de instrução, na qual se identificam os documentos considerados confidenciais e se apresentam, sumariamente, os motivos dessa qualificação, os quais poderão resultar diretamente do tipo de informação em causa."

[53] Na preparação da fundamentação dos segredos de negócio e das versões não confidenciais das respostas a pedidos da Autoridade, os requerentes poderão ter em consideração as orientações informais da Comissão Europeia, constantes do documento "DG Competition informal guidance paper on confidentiality claims", de março de 2012, disponíveis em http://ec.europa.eu/competition/antitrust/information_en.html.

na sequência das diligências de prova referidas, ou em relação às versões não confidenciais apresentadas.

De forma equivalente, após a realização das diligências de busca, exame, recolha e apreensão de extratos da escrita e demais documentação, bem como de selagem de locais[54], a Autoridade deve notificar o visado no processo para identificar, de forma fundamentada, os documentos ou informações recolhidas que considere confidenciais por motivos de segredo de negócio, devendo no prazo fixado – não inferior a 10 dias úteis – juntar ao processo uma cópia não confidencial dos documentos que contenham tais informações, expurgada das mesmas.[55]

A Autoridade procederá à mesma solicitação na sequência das diligências de inquirição previstas no artigo 18.º, n.º 1, alíneas a) e b) da Lei da Concorrência ou sempre que pretenda juntar ao processo documentos que contenham informações suscetíveis de ser classificadas como segredos de negócios de empresas, associações de empresas ou outras entidades, que não tenham sido obtidos pela Autoridade.

Se a AdC não concordar, no todo ou em parte, com a classificação da informação como contendo segredo de negócios, deverá informar a empresa, associação de empresas ou outra entidade da sua discordância, após ter sido concedido prazo razoável para se esta pronunciar. Se não concordar com os esclarecimentos apresentados, as informações consideram-se não confidenciais, sendo essa decisão, devidamente fundamentada, notificada à entidade titular das informações em causa.

As informações consideram-se não confidenciais sempre que a empresa, associação de empresas ou outra entidade não identificar as informações que considere confidenciais, não fundamentar tal confidencialidade ou não fornecer cópia não confidencial dos documentos que as contenham, quer em resposta a pedidos escritos nos termos do artigo 15.º da Lei da Concorrência, ou na sequência de solicitação da Autoridade ao abrigo do artigo 30.º, n.º 2 da Lei da Concorrência,

Em qualquer caso, as empresas, associações de empresas ou outras entidades poderão, a qualquer momento do inquérito ou da instrução, desistir da

---

[54] Cfr. artigo 18.º, n.º 1, alíneas c) e d) da Lei da Concorrência.

[55] Neste sentido v. igualmente o acórdão do TJUE AKZO Chemie BV/Comissão, de 24/6/1986, processo C-53/85, ECLI:EU:C:1986:256, parágrafo 30.

qualificação de determinados documentos ou elementos como contendo segredos de negócio, no todo ou em parte, através de requerimento.

O acesso aos documentos que, contendo segredos de negócio, sejam considerados necessários para efeitos de prova de uma infração às normas de concorrência, será permitido apenas aos advogados dos visados no processo ou aos seus assessores económicos externos, quando o requeiram expressamente e desde que devidamente mandatados para o efeito pelo visado no processo.

O acesso é permitido através dos chamados "*data rooms*" disponíveis fisicamente nas instalações da Autoridade. A nível europeu o acesso pode ser igualmente concedido através da definição de "*confidentiality rings*", prática que tem sido seguida pela Comissão Europeia.[56]

A entrada a "*data rooms*" é concedida exclusivamente para preparação da pronúncia à nota de ilicitude ou da impugnação judicial da decisão da Autoridade em que tais documentos sejam referidos como meios de prova da infração.[57]

O acesso aos documentos contendo segredos de negócios será objeto de autorização escrita, notificada ao requerente, na qual a Autoridade o advertirá quanto à proibição da sua reprodução, total ou parcial e por qualquer meio, ou da sua utilização para qualquer outro fim que não o da preparação da pronúncia ou impugnação judicial referidas.[58]

Também neste contexto, e sempre que uma empresa identificar um documento ou elemento de informação confidencial por conter segredos de negócio, terá de fornecer uma versão não confidencial desse documento ou elemento de informação.

---

[56] Sobre *data rooms* v. o documento da Comissão Europeia intitulado "*Data Room Best Practices*", disponível em https://competition-policy.ec.europa.eu/system/files/2021-01/bp_disclosure_information_data_rooms_en.pdf
Sobre *confidentiality rings* v. o documento da Comissão Europeia intitulado "*The use of confidentiality rings in antitrust access to file proceedings*", disponível em https://competition-policy.ec.europa.eu/system/files/2021-01/conf_rings.pdf

[57] Cfr. artigo 33.º, n.º 4 da Lei da Concorrência e parágrafo 191 das linhas de orientação.

[58] Cfr. parágrafo 192 das linhas de orientação: "A Autoridade poderá impor condições especiais de acesso ao processo, quando estejam em causa elementos contendo segredos de negócio, para garantir o respeito por esta advertência. A Autoridade informará o visado titular da informação confidencial da identidade das pessoas admitidas a aceder aos seus segredos de negócio, para efeitos do artigo 33.º, n.º 4 da Lei n.º 19/2012."

A Autoridade poderá solicitar explicações adicionais relativamente aos segredos de negócio invocados por empresas em resposta a pedidos escritos, ou em relação às versões não confidenciais apresentadas em cumprimento do disposto do artigo 15.º, n.º 1, alínea c) da Lei da Concorrência.

2.3.3. *O sigilo profissional do advogado*

O sigilo profissional do advogado[59] é igualmente acautelado no contexto da atividade da Autoridade da concorrência e da definição de confidencialidades.

Assim, e secundando o regime de proteção legal aplicável ao sigilo profissional do advogado, não pode ser apreendida a correspondência, seja qual for o suporte utilizado[60], respeitante ao exercício da profissão de advogado.[61]

A proteção do sigilo profissional do advogado no âmbito de processos contraordenacionais por infração às regras nacionais de concorrência, abrange quer os advogados independentes quer os advogados que exercem a sua atividade em regime de subordinação (advogados de empresa ou *in-house lawyers*), desde que se encontrem registados na Ordem dos Advogados portuguesa ou em entidades congéneres de outros países.[62]

[59] V. Luís Vasconcelos Abreu, O segredo do advogado no direito profissional: alguns aspetos, in Os segredos no direito: actas de conferências / Carla Amado Gomes, Ana F. Neves, Pedro Lomba, AAFDL editora, Lisboa, 2019, pp. 213-238.

[60] Em caso de dúvida em relação à sujeição de documentos concretos à proteção conferida pelo regime do segredo profissional do advogado, a Autoridade procede a sua apreensão, catalogando-os e colocando-os em envelope fechado e lacrado, para posterior avaliação pelo Tribunal competente.

[61] V. artigo 180.º, n.º 2 do CPP e artigo 71.º, n.º 1 do Estatuto da Ordem dos Advogados (EOA). Neste sentido V. também Sentença do Tribunal de Comércio de Lisboa (3.º Juízo), de 17 de janeiro de 2008, Unilever Jerónimo Martins, Lda. Processo n.º 572/07.9TYLSB. A única exceção a esta proibição é o caso de a correspondência ser relativa a facto criminoso pelo qual o próprio advogado tenha sido constituído arguido. V. parágrafo 193 das linhas de orientação.

[62] Equiparam-se aos advogados inscritos na Ordem dos Advogados os advogados estrangeiros inscritos em organismos equivalentes de outros países. Neste sentido, v. sentença do Tribunal de Comércio de Lisboa (3º Juízo), de 17 de janeiro de 2008, Unilever Jerónimo Martins, Lda., Processo n.º 572/07.9TYLSB e parágrafo 219 das linhas de orientação.

Esta opção é diversa da verificada na maioria dos Estados-membros[63], onde em apenas quatro (Bélgica, Hungria, Irlanda e Portugal) é garantida a proteção equivalente ao segredo profissional de advogado relativamente às comunicações que envolvam trabalhador de uma empresa que detenha o título profissional de advogado ativo.[64]

A proibição estende-se à "correspondência" aberta trocada entre o advogado e aquele que lhe tenha cometido ou pretendido cometer mandato e lhe tenha solicitado parecer, ainda que não dado ou já recusado.[65]

De igual modo, as buscas e diligências equivalentes, a aposição de selos e o arrolamento no escritório de advogados ou em qualquer outro lugar onde façam arquivo só podem ser decretados e presididos por juiz, devendo ser convocados para estarem presentes o advogado e um representante da Ordem dos Advogados.

REFERÊNCIAS DOUTRINAIS

Abreu, Luís Vasconcelos, O segredo do advogado no direito profissional: alguns aspetos, in Os segredos no direito: actas de conferências / Carla Amado Gomes, Ana F. Neves, Pedro Lomba, AAFDL editora, Lisboa, 2019, pp. 213-238.

Catarino, Luís Guilherme, Segredos da administração: segredos de supervisão e de sanção, in Revista de concorrência e regulação, ano 10, n.º 38 (abr./jun. 2019), pp. 31-82.

Geraldes, João de Oliveira, Sobre a proteção jurídica dos segredos comerciais no espaço digital, in Revista da FDUL-LLR, LXIII (2022) 1 e 2, pp. 407-485.

---

63 A este propósito v. a decisão do Supremo Tribunal da Holanda, de 24 de maio de 2022, HR 24 May 2022, ECLI:NL:HR:2022:760.

64 A este propósito v. Parecer da Autoridade da Concorrência sobre a proposta de lei n.º 8/XV/1 que Transpõe a Diretiva (UE) 2019/1, que visa atribuir às autoridades da concorrência dos Estados-Membros competência para aplicarem a lei de forma mais eficaz e garantir o bom funcionamento do mercado interno, p. 44 (*máxime* parágrafo 183) disponível em https://www.concorrencia.pt/sites/default/files/processos/epr/Parecer%20AdC%20-%20Proposta%20de%20Lei%208-XV-1.pdf

65 V. artigo 180.º, n.º 2 do CPP e o artigo 71.º, n.º 1 do Estatuto da Ordem dos Advogados (EOA). Neste sentido v. também Sentença do Tribunal de Comércio de Lisboa (3.º Juízo), de 17 de janeiro de 2008, Unilever Jerónimo Martins, Lda. Processo n.º 572/07.9TYLSB. A única exceção a esta proibição é o caso de a correspondência ser relativa a facto criminoso pelo qual o próprio advogado tenha sido constituído arguido.

Gonçalves, Luís Couto, Manual de Direito Industrial Propriedade Industrial e Concorrência desleal, 7ª Edição, Almedina, Coimbra, 2017.

Lopes, Patrícia, Segredos de negócio versus direitos de defesa do arguido nas contra-ordenações da concorrência, in Revista de Concorrência e Regulação, Coimbra, a.1 n.4 (Out.-Dez. 2010), pp. 65-107.

Paul, Patrício, Concorrência desleal e segredos de negócio, in: AAVV, Direito industrial, Vol. II, Almedina, 2002.

Rendas, Tito, O segredo dos segredos de negócio: Breves reflexões acerca da justificação para a atribuição de proteção à luz da Diretiva (UE) 2016/943, in Os segredos no direito: actas de conferências / Carla Amado Gomes, Ana F. Neves, Pedro Lomba, AAFDL editora, Lisboa, 2019, pp. 273-301.

Rodrigues, Nuno Cunha, A regulação da Saúde, in AAVV., Regulação em Portugal, novos tempos, novo modelo?, Almedina, Coimbra, 2009, pp. 613-651.

Rodrigues, Nuno Cunha, A nova Lei-Quadro das Entidades Reguladoras, in Revista Direito & Política, n.º 6, Fevereiro-Abril 2014, pp. 88 94.

Rodrigues, Nuno Cunha / Fonseca, Rui Guerra da, O quadro da responsabilidade civil extracontratual das entidades reguladoras do setor financeiro, in Revista de Concorrência e Regulação, ano VIII, n.º 29, 2017, pp. 71-106.

Rodrigues, Nuno Cunha, Regulação em geral e regulação da saúde, in Anais do Instituto de Higiene e Medicina Tropical, 2017, 16 (supl 3), S09-S16.

Ruiz, Nuno, in Comentário Conimbricense à Lei da Concorrência, 2.ª Ed., Almedina, p. 433-439.

Silva, Miguel Moura e, Direito da Concorrência AAFDL, 2020.

Silva, Nuno Sousa e, Um retrato do regime Português dos segredos de negócio, in Revista da Ordem dos Advogados, A. 75, nº 1 e 2, pp. 223-257.

TRANSPARÊNCIA NAS AGÊNCIAS REGULADORAS BRASILEIRAS

PANORAMA NORMATIVO E BREVES EXERCÍCIOS EMPÍRICOS

JOSÉ VICENTE SANTOS DE MENDONÇA
Professor da Faculdade de Direito da Universidade do Estado do Rio de Janeiro.

ANA LUIZA CALIL
Doutoranda em Direito pela Universidade de São Paulo.

INTRODUÇÃO

A publicidade é premissa da atuação da administração pública contemporânea. Valorizar a publicização do exercício das funções administrativas e permitir à sociedade acessar informações úteis de maneira simples é elemento central da legitimidade das escolhas públicas[1].

Pois bem. O presente artigo busca apresentar o conceito de publicidade e transparência administrativa, sobretudo no período posterior à promulgação da Constituição brasileira, em 1988, com ênfase nas mudanças normativas ocorridas nos últimos anos. O protagonismo é da Lei de Acesso à Informação (Lei nº 12.527/2011), que inaugurou um processo administrativo formal específico para a publicidade.

Além disso, em perspectiva empírica, o texto identifica o grau de transparência nas agências reguladoras federais brasileiras em dois momentos:

---

[1] MASHAW, Jerry L., *Reasoned Administration and Democratic Legitimacy*: How Administrative Law Supports Democratic Government. Cambridge (UK): Cambridge University Press, 2018, p. 77.

primeiro, no cenário anterior à edição da Lei das Agências Reguladoras Federais (Lei nº 13.848/2019), a partir de estudos desenvolvidos pelo Laboratório de Regulação Econômica da UERJ; depois, para o cenário atual, realizou-se breve pesquisa para verificar a implementação de instrumentos indutores da transparência trazidos pela lei das agências reguladoras (Lei nº 13.848/2019).

1. A CONSOLIDAÇÃO DA PUBLICIDADE COMO PRINCÍPIO DEMOCRÁTICO

Na história remota da publicidade, poderia se afirmar que o conceito está associado ao Estado Democrático, bem como à forma republicana de governo[2]. Com a transição do Estado Moderno para o Estado Democrático de Direito[3], difundiu-se o conceito de soberania popular. O povo tornou-se progressivamente titular do poder político[4], delegando-o a representantes eleitos, que deveriam prestar contas à sociedade, a fim de permitir o controle dos atos públicos por eles praticados[5-6].

A democracia seria o "governo do poder público em público"[7], na frase de Norberto Bobbio. A partir desse ideal percebe-se que a publicidade deveria ser a regra[8], e o sigilo, exceção, justificado e limitado no tempo[9].

---

[2] Para Canotilho, a forma republicana é um esquema de organização do poder que se destina a garantir o exercício das liberdades cívicas e políticas. V. CANOTILHO, José Joaquim Gomes. *Direito constitucional e teoria da Constituição*. Coimbra: Almedina, 2003, p. 222.

[3] BOBBIO, Norberto. *O futuro da democracia*. 7. ed. São Paulo: Paz e Terra, 2000, p. 86.

[4] DALLARI, Dalmo de Abreu. *Elementos de teoria geral do Estado*. 25. ed. São Paulo: Saraiva, 2005, p. 145.

[5] LIMBERGER, Têmis. Transparência administrativa e novas tecnologias: o dever de publicidade, o direito a ser informado e o princípio democrático. *Revista de Direito Administrativo – RDA*, v. 244, 2007, p. 248–263, p. 261.

[6] VALADÃO, Rodrigo. Dimensões do princípio da publicidade. *Revista de Direito da Procuradoria Geral do Estado do Rio de Janeiro*, n. 58, 2004, pp. 220-238, p. 224.

[7] BOBBIO, Norberto. *O futuro da democracia*. 7. ed. São Paulo: Paz e Terra, 2000, p. 83.

[8] Para José Eduardo Faria: "[...] democracia é o regime dos sistemas abertos, ou seja, aqueles que procuram garantir a manutenção das regras do jogo, a sobrevivência dos textos constitucionais, a impessoalidade e o rodízio do poder, e a ação dos diferentes grupos sociais, sem a eliminação das partes descontentes e da maneira menos coercitiva possível" (Poder e legitimidade, São Paulo: Perspectiva, 1978, p. 62). No mesmo sentido, e trazendo importante perspectiva histórica: BONAVIDES, Paulo. Teoria constitucional da democracia participativa.

A existência de conflitos socioinstitucionais entre Estado, mercado e sociedade, que marcaram o desenvolvimento da administração pública do século XX[10], conferiram diferentes nuances aos limites do que deveria ser público. Na visão de Joseph Stiglitz, existiriam incentivos a que o poder público reduzisse a publicidade de seus atos, porque *"[m]ais transparência reduz sua margem de ação – não só expõe os erros, mas também a corrupção (como diz a expressão, "a luz do sol é o antisséptico mais forte")"*[11]. Stiglitz menciona que o histórico da publicidade indica que é possível manipular argumentos em favor do sigilo, em especial ao se conferir importância injustificada à informação a ser preservada.

Nesse contexto é que as leis de acesso à informação (*right-to-know laws)* são parte essencial das ferramentas que garantem a integridade dos governos[12]. O histórico global de edição desse tipo de leis é variado: desde a pioneira lei da Suécia, de 1766, até a positivação tardia, pós-2010, de países como o próprio Brasil (2011), Nigéria (2011) e Espanha (2013)[13].

A consolidação da publicidade e da transparência a nível global também devem muito ao papel desempenhado por organismos internacionais. Em nível mais geral, a Declaração Universal dos Direitos Humanos, adotada pela Assembleia Geral das Nações Unidas em 1948[14], prevê, em seu art. 19, que todo ser humano, como parte da ideia de liberdade de expressão, tem direito a "receber e transmitir informações". Posteriormente, em especial nos anos 90, a disseminação dos ideais de governança auxiliou na consolidação do uso

---

In: GRAU; GUERRA FILHO (Org.). *Direito constitucional*: estudos em homenagem a Paulo Bonavides, São Paulo: Malheiros, 2021, p. 25.

[9] *Idem, ibidem*, p. 85.

[10] ERKKILÄ, Tero. Transparency in Public Administration. Oxford Research Encyclopaedias, Politics. Maio 2020, pp 1-21. Disponível em: https://oxfordre.com/politics/display/10.1093/acrefore/9780190228637.001.0001/acrefore-9780190228637-e-1404?print=pdf. Acesso em 27.08.23, às 8h.

[11] STIGLITZ, Joseph E. Information and the change in the paradigm in economics. American Economic Review, Vol. 92, n. 3, 2002, pp. 460–501. p. 488.

[12] "One of the lessons of the economics of information is that these problems cannot be fully resolved, but that laws and institutions can decidedly improve matters". STIGLITZ, Joseph E. Op. Cit., p. 488.

[13] ERKKILÄ, Tero. Op. Cit., p. 5.

[14] Disponível em: https://brasil.un.org/pt-br/91601-declara%C3%A7%C3%A3o-universal-dos-direitos-humanos. Acesso em 26/08/2023, às 8h.

do termo *transparency* e na compreensão de sua relevância para as políticas públicas e o controle social[15].

Vale destacar, ainda, a atuação da Organização para Cooperação e Desenvolvimento Econômico (OCDE), que incluiu em seus documentos a transparência pública como um dos pilares de uma nova agenda estatal[16]. Na definição da OCDE, o termo *transparency* assumiria diferentes significados em diferentes grupos de países e instituições, podendo variar de "*simples notificações de decisões regulatórias [...] até ao aprimoramento da organização de sistemas jurídicos de codificação e utilização de mecanismos de participação social e análise de impacto regulatório*"[17].

Em que pesem as diferenças, há um núcleo, identificado pela OCDE, que constituiria parte do conceito de publicidade e transparência, bem como das garantias a eles atreladas. Ele incluiria um processo formal de requerimento de informações; comprometimento com abertura à participação social; transparência ativa na divulgação de informações de políticas públicas à sociedade; clareza da informação, que deve ser adequada à audiência – o que também se atrela à reputação e credibilidade da informação; e criação de mecanismos de controle do cumprimento das regras do sistema de acesso[18].

Situando a discussão na América Latina, Colômbia e México foram os pioneiros na regulamentação do acesso à informação, sendo a Lei Mexicana de 2002 (*Ley Federal de Transparencia y Acceso a la Información Pública Gubernamental*) considerada uma referência para a região[19], inclusive para o

---

15 RODRIGUES, Karina. Unveiling the concept of transparency: its limits, varieties and the creation of a typology. Cadernos EBAPE.BR. v. 18, pp. 237-253, p. 239.

16 Organisation for Economic Cooperation and Development (OECD). Public Sector Modernisation: a New Agenda. Meeting of Senior Officials from Centres of Government on The Role of the State and its Shifting Scope in the Public/Private Sector Interface The Hague, 10-11 October 2002. Disponível em: https://one.oecd.org/document/GOV/PUMA/MPM(2002)4/En/pdf. Acesso em 28/08/2023, às 16h.

17 Organisation for Economic Cooperation and Development (OECD). Regulatory Policies in OECD Countries: From Intervention to Regulatory Governance, Paris, 2002.

18 Organisation for Economic Cooperation and Development (OECD). Public Sector Transparency and the International Investor, Paris, 2003, p. 20-21 e 24. Disponível em: https://www.oecd.org/investment/investment-policy/18546790.pdf. Acesso em 28/08/2023, às 17h.

19 Sobre publicidade, transparência e acesso à informação no México, v. SANDOVAL-ALMAZAN, Rodrigo. Gobierno abierto y transparencia en México: estudio longitudinal 2015-2018. Innovar, Bogotá , v. 29, n. 74, p. 115-131, Dec. 2019 .

Brasil[20]. Os dois países adotaram uma abordagem jurídica de leis de acesso à informação respaldadas por garantias constitucionais, com caráter nacional, aplicáveis também aos governos estaduais e municipais, bem como a todos os entes da administração direta e indireta[21].

Apresentados esses breves aspectos históricos do desenvolvimento da publicidade e da transparência, as próximas seções se debruçam no contexto brasileiro e, especificamente, no desenvolvimento do tema nas agências reguladoras federais.

2. PUBLICIDADE NO BRASIL PÓS-88: CONTEXTO E QUADRO CONSTITUCIONAL

A Constituição de 1988 ampliou o rol de direitos fundamentais e constitucionalizou diversos temas, sendo marco para alteração do paradigma nacional em prol da publicidade e do reforço aos mecanismos de proteção democrática. A tentativa era a de criar mecanismos de cicatrização das sequelas do passado autoritário[22].

Um dos pontos de destaque da Constituição de 1988 é a consagração do direito de qualquer cidadão obter acesso, perante órgãos públicos, a informações pessoais que lhe digam respeito, ou a informações de interesse coletivo (art. 5º, XXXIII, CRFB/88[23]; art. 37, §3º, II, CRFB/88). O direito de se informar apenas poderia ser obstado caso o sigilo seja imprescindível

[20] ORME, Bill. Access to Information: Lessons from Latin America. United Nations Educational, Scientific and Cultural Organization (UNESCO). UNESCO Montevideo Office: 2017, p. 12.

[21] ORME, Bill. Op. Cit., p. 12-13.

[22] SUNDFELD, Carlos Ari. *Fundamentos de Direito Público*. 4. ed. São Paulo: Editora Malheiros, 2007, p. 177.

[23] Há autores que entendem que o art. 5º, inciso XIV também pode ser considerado outro dispositivo constitucional que consagra o direito fundamental à informação. V. HEINEN, Juliano. *Comentários à Lei de Acesso à Informação – Lei nº 12.527/2011*. Belo Horizonte, Fórum, 2022, p. 40. Em sentido contrário, v. DIAS, Joelson. CAMPOS, Sarah. Da cultura do sigilo rumo à política da transparência – a Lei de Acesso à Informação e seus princípios estruturantes. *In:* VALIM, Rafael; MALHEIROS, Antônio Carlos; BACARIÇA, Josephina (*in memoriam*) (Coords.) *Acesso à Informação pública*. Belo Horizonte: Fórum, 2015, p. 47-90, p. 47-49.

à segurança nacional[24] ou para a preservação do direito à intimidade do interessado, na ausência de prejuízo ao interesse público (art. 93, IX, CRFB/88).

O constituinte originário também previu instrumentos processuais que podem ser utilizados pelo cidadão para se informar: *(i)* o *habeas data*, que assegura o fornecimento de informações pessoais constantes dos bancos de dados públicos, bem como a retificação desses dados (art. 5º, LXXII, CRFB/88 e Lei nº 9.507/1997); *(ii)* o direito de petição, que garante o acesso dos cidadãos ao Poder Judiciário para tutela do direito de informação (art. 5º, XXXV, CRFB/88); *(iii)* o direito de obter certidões (art. 5º XXXIV, "b", CRFB/88); e *(iv)* a ação de mandado de segurança (art. 5º, LXIX, CRFB/88 e Lei nº 12.016/2009).

Após a edição da Constituição de 1988, o Supremo Tribunal Federal (STF) foi instado a se manifestar sobre a compatibilidade de algumas normas pré-1988 com o princípio da publicidade, tendo declarado a inconstitucionalidade da censura prévia prevista na Lei de Imprensa[25] e a constitucionalidade da Lei da Anistia[26]. Mais recentemente, o STF também julgou constitucional o dever de publicização dos vencimentos e subsídios dos servidores públicos (art. 39, §6º, CRFB/88)[27], sendo tal julgado considerado paradigmático do ponto de vista de impulsionamento da publicidade por parte da administração pública.

O julgamento do STF precedeu a edição da Lei de Acesso à Informação, a "LAI" (Lei nº 12.527/2011), que trouxe tanto normas gerais[28], de aplicação

---

[24] Celso Antônio Bandeira de Mello (*Elementos de direito administrativo*, São Paulo: Revista dos Tribunais, 1987, p. 61) defende que esta seria a única hipótese de sigilo exigido pela Constituição Federal. Na atualidade, autores como Juliano Heinen discordam desse posicionamento, admitindo que as hipóteses de vedação de acesso estão sujeitas à reserva legal. V. *Idem, ibidem*, p. 37.

[25] STF, ADPF nº 130/DF – MC, Rel. Min. Ayres Britto, Pleno, j. 27.02.2008.

[26] Naquela oportunidade, a Corte afirmou que não havia óbice à busca da verdade e à preservação da memória histórica dos fatos ocorridos durante o regime militar. STF, ADPF nº 153/DF, Rel. Min. Eros Grau, Pleno, j. 29.04.2010.

[27] ARE 652777, Min. Relator Teori Zavascki, Tribunal Pleno, julgado em 23/04/2015, DJe 30-06-2015; SS 3902 AgR-segundo, Relator Min. Ayres Britto, Tribunal Pleno, julgado em 09-06-2011, DJe 30-09-2011.

[28] Art. 1º Esta Lei dispõe sobre os procedimentos a serem observados pela União, Estados, Distrito Federal e Municípios, com o fim de garantir o acesso a informações previsto no inciso XXXIII do art. 5º, no inciso II do § 3º do art. 37 e no § 2º do art. 216 da Constituição Federal.

nacional, quanto normas processuais, incidentes em nível federal. A lei não inovou propriamente quanto à inserção da publicidade no ordenamento, mas deu concretude ao previsto em nível constitucional, assim como definiu um processo administrativo específico para o requerimento de informações[29-30].

A LAI possui caráter quase educativo, definindo parâmetros mínimos de ação para a administração. Definiu quais dados[31] devem estar disponíveis (e quais as restrições de acesso[32]), em quais veículos a divulgação se dará[33] e qual é o procedimento[34] para que sejam requeridos pelo cidadão. Como medida de controle, previu um sistema de responsabilidade do Estado pelo trato indevido de informações[35] ou pelo manejo inadequado do processo – tal como ausência de motivação para negativa de informações; omissão no processamento de pedidos, dentre outros temas.

O tópico a seguir analisará alguns dispositivos previstos na LAI e seus efeitos práticos, além de outros normativos editados acerca da disponibilização de dados públicos.

2.1. Panorama Normativo

Normas infraconstitucionais compõem o arsenal de acesso à informação, que concretizam o princípio da publicidade, em conjunto à Lei nº 12.527/2011.

Neste ponto, cabe fazer breve observação sobre a distinção entre publicidade e transparência. Embora os conceitos costumem ser empregados

---

[29] HEINEN, Juliano. *Comentários à Lei de Acesso à Informação – Lei nº 12.527/2011*. Belo Horizonte, Fórum, 2022, p. 56.

[30] DIAS, Joelson. CAMPOS, Sarah. Da cultura do sigilo rumo à política da transparência – a Lei de Acesso à Informação e seus princípios estruturantes. *In:* VALIM, Rafael; MALHEIROS, Antônio Carlos; BACARIÇA, Josephina (*in memoriam*) (Coords.) *Acesso à Informação pública*. Belo Horizonte: Fórum, 2015, p. 47-90, p. 50.

[31] Cf. art. 7º, Lei nº 12.527/2011.

[32] Cf. arts. 21 a 24, Lei nº 12.527/2011.

[33] Em "locais de fácil acesso", cf. art. 8º, Lei nº 12.527/2011.

[34] Cf. arts. 10 a 14, Lei nº 12.527/2011.

[35] Cf. arts. 32 a 34, Lei nº 12.527/2011. Nesse sentido, v. DE CASTRO, Leonardo Bellini. Inovações republicanas da Lei de Acesso à Informação. *Revista Jurídica ESMP-SP*, v. 3, 2013, p. 11-26, p. 22.

como sinônimos[36], parte da literatura especializada os distingue[37], enquanto outra entende que a transparência seria um *princípio implícito*[38-39]. Para os fins deste trabalho, tal diferença é compreendida em um viés prático: a transparência é um meio pelo qual se atinge a realização do princípio da publicidade, sendo dele derivada. Assim, adota-se a seguinte distinção: (i) a publicidade impõe que os atos estatais sejam exteriorizados, sendo apenas um dos meios para promover a transparência[40]; (ii) a transparência representa a integração do sujeito nas decisões públicas, com a classificação do grau de sigilo das informações[41].

A transparência é concretizada pelo direito à informação, o qual se compõe de três elementos[42]: (i) o direito de *informar*, que consiste na liberdade de comunicação e transmissão de informações para terceiros[43] ou no direito à meios para difusão da informação[44], incluindo-se, nesse contexto, o dever de gestão documental do Estado[45]; (ii) o direito de *se*

---

36 NALINI, José Renato. Anotações sobre corrupção e honestidade. *Revista dos Tribunais*, São Paulo, n. 768, out. 1999, p. 439-456.

37 HEINEN, Juliano. *Comentários à Lei de Acesso à Informação – Lei nº 12.527/2011*. Belo Horizonte, Fórum, 2022, p. 46. No mesmo sentido, v. HOMERCHER, Evandro. O princípio da transparência: uma análise de seus fundamentos. *Revista Jurídica da Presidência*. Brasília, v. 13, n. 100, Jul./Set. 2011, p. 375 a 391, p. 381.

38 BRITTO, Carlos Ayres. *Teoria da Constituição*. Rio de Janeiro: Forense, 2003, p. 186.

39 Sobre o dissenso doutrinário acerca do conteúdo do princípio da transparência, Rodrigo Valadão aponta que o princípio ainda se encontra "em fase de refinamento doutrinário". VALADÃO, Rodrigo. Dimensões do princípio da publicidade. *Revista de Direito da Procuradoria Geral do Estado do Rio de Janeiro*, n. 58, 2004, p. 220-238, p. 226.

40 HEINEN, Juliano. *Comentários à Lei de Acesso à Informação – Lei nº 12.527/2011*. Belo Horizonte, Fórum, 2022, p. 46.

41 *Idem.*

42 HOMERCHER, Evandro. O princípio da transparência: uma análise de seus fundamentos. *Revista Jurídica da Presidência*. Brasília, v. 13 nº 100 Jul/Set 2011, p. 375-391, p. 383.

43 CANOTILHO, Joaquim José Gomes; MOREIRA, Vital. Constituição da República Portuguesa Anotada.1. ed. brasileira. São Paulo: Revista dos Tribunais, 2007, p. 573, grifos no original.

44 *Idem, ibidem.*

45 Constituição Federal, art. 23, III c/c art. 216, §2º: "Art. 23. É competência comum da União, dos Estados, do Distrito Federal e dos Municípios: [...] III – proteger os documentos, as obras e outros bens de valor histórico, artístico e cultural, os monumentos, as paisagens naturais notáveis e os sítios arqueológicos;" e "Art. 216. Constituem patrimônio cultural brasileiro os bens de natureza material e imaterial, tomados individualmente ou em conjunto, portadores

informar[46-47], que veda que o cidadão seja impedido de buscar informação por restrições irrazoáveis[48]; e (iii) o direito *a ser informado* (*i.e*, versão positiva do direito de se informar), o qual impõe o dever de difusão da informação aos meios de comunicação e ao Poder Público [49].

Em nível macro, o dever de publicidade dos atos do poder público está positivado na LAI no art. 3º, incisos I a V[50]. Uma das divisões relevantes feitas pela lei é entre *transparência ativa* e *passiva*[51].

A *transparência ativa* consiste na divulgação de informações públicas não sigilosas sem necessidade de impulsionamento por parte do cidadão[52]. São as informações divulgadas de maneira espontânea, sem necessidade de requerimento[53]. A LAI prevê a obrigação de se manter a informação

---

de referência à identidade, à ação, à memória dos diferentes grupos formadores da sociedade brasileira, nos quais se incluem: [...] § 2º Cabem à administração pública, na forma da lei, a gestão da documentação governamental e as providências para franquear sua consulta a quantos dela necessitem"

[46] SEELAENDER, Airton Leite. O direito de ser informado – base do paradigma moderno do direito de informação. *Revista de Direito Público*, São Paulo, n. 99, 1991.

[47] MIRANDA, Jorge. O direito de informação dos administrados. *In:* SARAIVA, Paulo Lopo (Org.). *Antologia luso-brasileira de direito constitucional*. Brasília: Brasília Jurídica, 1992.

[48] *Idem.*

[49] *Idem.*

[50] BRASIL, Lei nº 12.527/2011. Art. 3º Os procedimentos previstos nesta Lei destinam-se a assegurar o direito fundamental de acesso à informação e devem ser executados em conformidade com os princípios básicos da administração pública e com as seguintes diretrizes:
I – observância da publicidade como preceito geral e do sigilo como exceção;
II – divulgação de informações de interesse público, independentemente de solicitações;
III – utilização de meios de comunicação viabilizados pela tecnologia da informação;
IV – fomento ao desenvolvimento da cultura de transparência na administração pública;
V – desenvolvimento do controle social da administração pública

[51] HEINEN, Juliano. *Comentários à Lei de Acesso à Informação – Lei nº 12.527/2011*. Belo Horizonte, Fórum, 2022, p. 93. SILVEIRA, Marco Antonio Karam. Lei de Acesso a Informações públicas (Lei nº 12.527/2011): democracia, república e transparência no Estado constitucional. *Revista da Procuradoria-Geral do Estado – RPGE*, v. 33, n. 69, p. 231-260, Porto Alegre, 2012. DE CASTRO, Leonardo Bellini. Inovações republicanas da Lei de Acesso à Informação. *Revista Jurídica ESMP-SP*, v. 3, 2013, p. 11-26.

[52] *Idem, ibidem.*

[53] Segundo o art. 8º da LAI, é dever dos órgãos e entidades públicas promover, independentemente de requerimentos, a divulgação em local de fácil acesso, no âmbito de suas

atualizada e de que haja filtragem prévia para selecionar o que seria essencial à sociedade[54].

Já a *transparência passiva* consiste na disponibilização de informações a requerimento do interessado, excetuadas as hipóteses de sigilo[55]-[56]. Nos termos da LAI e de seu decreto, os órgãos e entidades da Administração Pública federal devem criar, cada um, seu Serviço de Informações ao Cidadão (SIC), com vistas a receber e processar pedidos de acesso à informação, que não precisam ser motivados.

Os pedidos de acesso à informação podem ser encaminhados tanto por meio físico quanto eletrônico. Não sendo possível conceder acesso imediato à informação, o órgão ou entidade deverá fazê-lo no prazo de até vinte dias, prorrogáveis por até mais dez, mediante justificativa enviada ao interessado[57].

A LAI é considerada marco na mudança de posicionamento do Brasil em relação ao acesso à informação, como já mencionado. Nos anos anteriores à sua edição, o país já vinha se posicionando com iniciativas, particularmente em nível federal, que indicavam interesse em tornar mais aberta a atuação administrativa. Foi o caso do lançamento do Portal da Transparência[58], no

---

competências, de informações de interesse coletivo ou geral por eles produzidas ou custodiadas.

[54] BRASIL, Lei nº 12.527/11. Art. 7º O acesso à informação de que trata esta Lei compreende, entre outros, os direitos de obter: [...] IV – informação primária, íntegra, autêntica e atualizada;

[55] Cf. art. 5º, XXXIII, CRFB/88 e art. 23 da Lei nº 12.527/11.

[56] "Transparência passiva obriga funcionários públicos a responder a demandas não antecipadas de informação de cidadãos em um determinado prazo." CONTRERAS, Evelyn; MICHENER, Gregory; NISKIER, Irene. Da opacidade à transparência? Avaliando a Lei de Acesso à Informação no Brasil cinco anos depois. *Revista de Administração Pública*, Rio de Janeiro, n. 52, v. 4, p. 610-629, julho-ago. 2018.

[57] BRASIL. Lei nº 12.527/11. Art. 11. O órgão ou entidade pública deverá autorizar ou conceder o acesso imediato à informação disponível.

§ 1º Não sendo possível conceder o acesso imediato, na forma disposta no caput, o órgão ou entidade que receber o pedido deverá, em prazo não superior a 20 (vinte) dias:

I – comunicar a data, local e modo para se realizar a consulta, efetuar a reprodução ou obter a certidão;

II – indicar as razões de fato ou de direito da recusa, total ou parcial, do acesso pretendido; ou

III – comunicar que não possui a informação, indicar, se for do seu conhecimento, o órgão ou a entidade que a detém, ou, ainda, remeter o requerimento a esse órgão ou entidade, cientificando o interessado da remessa de seu pedido de informação.

[58] NEVES, Otavio Moreira de Castro. Sistema Eletrônico do Serviço de Informação ao Cidadão (e-SIC). Secretaria de Prevenção da Corrupção e Informações Estratégicas

ano de 2004, pela Controladoria-Geral da União (CGU), com "*o objetivo de apoiar a boa e correta aplicação dos recursos públicos, por meio do acompanhamento e fiscalização pela sociedade*".

De fato, o histórico normativo dos anos anteriores à LAI reforça a postura de buscar conferir legitimidade à atuação do Poder Executivo por meio de normas que reforçam deveres de prestação de contas. Podem ser citadas: Lei nº 8.429/1992 (Lei de Improbidade)[59-60]; Lei nº 9.784/1999 (Lei de Processo Administrativo Federal)[61]-[62]; Lei Complementar nº 101/2001 (Lei de Responsabilidade Fiscal)[63-64].

Após 2011, além das principais disposições, que estão contidas na LAI e no seu decreto (o Decreto Federal nº 7.724/2012), outras normas relevantes no contexto do reforço à publicidade e à transparência são as seguintes: Lei nº 12.965/2014 (Marco Civil da *Internet*)[65]; Decreto nº 8.777/2016 (Política

---

Controladoria-Geral da União (CGU). In: Repositório ENAP – Concurso de Inovação na Gestão Pública Federal. Maio de 2012. Disponível em: https://repositorio.enap.gov.br/bitstream/1/1071/1/Sistema%20Eletr%C3%B4nico%20do%20Servi%C3%A7o%20de%20Informa%C3%A7%C3%A3o%20ao%20Cidad%C3%A3o%20%28e-SIC%29.pdf.

[59] Além de estabelecer a publicidade como uma das diretrizes de atuação para os agentes públicos de qualquer nível hierárquico, a lei de improbidade, em seu art. 11, IV, tipifica como ato de improbidade atentatório aos princípios da Administração Pública negar publicidade aos atos oficiais.

[60] A Lei nº 8.429/92 foi alterada recentemente pela Lei nº 14.230/21.

[61] A Lei Federal de Processo Administrativo prevê, em seu art. 2º, V, que a divulgação oficial dos atos administrativos, ressalvadas as hipóteses de sigilo previstas na Constituição.

[62] A Lei nº 9.784/92 foi modificada pela recente Lei nº 14.210/21, que introduziu a figura da decisão administrativa coordenada.

[63] Já no seu art. 1º, a lei de responsabilidade fiscal estabelece a transparência como um dos pressupostos da responsabilidade na gestão fiscal. E, no art. 48, prevê que os planos, orçamentos e leis de diretrizes orçamentárias; as prestações de contas e o respectivo parecer prévio; o Relatório Resumido da Execução Orçamentária e o Relatório de Gestão Fiscal; e as versões simplificadas desses documentos receberão ampla divulgação, inclusive em meios eletrônicos de acesso público.

[64] Sobre o princípio da transparência na Lei de Responsabilidade Fiscal, v. LIMBERGER, Têmis. Transparência administrativa e novas tecnologias: o dever de publicidade, o direito a ser informado e o princípio democrático. *Revista de Direito Administrativo – RDA*, v. 244, 2007, p. 248–263. HOMERCHER, Evandro. O princípio da transparência: uma análise de seus fundamentos. *Revista Jurídica da Presidência*. Brasília, v. 13 nº 100 Jul/Set 2011, p. 375-391.

[65] Entre as diretrizes que devem guiar a atuação dos entes federativos brasileiros no desenvolvimento da internet estão o estabelecimento de mecanismos de gestão transparente e

de Dados Abertos do Poder Executivo Federal)[66]; Decreto-Lei nº 4.567/1942 (Lei de Introdução às Normas do Direito Brasileiro – LINDB)[67], alterado pela Lei nº 13.655/2018; Lei nº 13.848/2019 (Lei Geral das Agências Reguladoras)[68]; Lei do Governo Digital (Lei nº 14.129/2021)[69].

Mais recente é o Decreto Federal nº 11.529/2023, que institui o Sistema de Integridade, Transparência e Acesso à Informação e a Política de Transparência e Acesso à Informação da Administração Pública Federal. A norma disciplina os procedimentos e ferramentas a serem adotados para garantir a transparência da gestão pública e o direito de acesso à informação.

Apesar da profusão legislativa no tocante à matéria (o que gera até redundâncias e sobreposições) e da evolução a nível federal dos sistemas de publicidade, o grau de cumprimento parece ser insatisfatório a nível subnacional. O que se percebe é uma verdadeira assimetria entre entes federativos, oriunda de governanças públicas de qualidades muito heterogêneas.

Uma razão possível para esse baixo grau de cumprimento da LAI por Estados Municípios é a exigência de criação de estruturas administrativas custosas para fornecimento das informações, como o serviço de informações ao cidadão (art. 9º, LAI), sítio eletrônico na *internet* para viabilizar alternativa de pedidos de acesso (art. 10, §2º, LAI), órgão ou entidade competente para recebimento do pedido e comunicar se esse foi atendido ou não (art. 11, §1º,

---

a publicidade e disseminação de dados e informações públicos, de forma aberta e estruturada (art. 24, I e VI).

[66] A Política de Dados Abertos reúne um conjunto de ações de implementação e promoção de abertura de dados voltado a cada órgão ou entidade da administração pública federal, obedecidos padrões mínimos de qualidade, de modo a facilitar a compreensão e a reutilização das informações veiculadas. Em seu bojo, destaca-se, por exemplo, a busca pelo aprimoramento da cultura de transparência pública; pelo fomento do controle social e do desenvolvimento de novas tecnologias destinadas à construção de ambiente de gestão pública participativa e democrática; e pelo incremento da pesquisa científica de base empírica sobre a gestão pública (arts. 1º, 2º e 9º).

[67] O art. 29 da LINDB prevê que o canal eletrônico é o meio preferencial para o envio de contribuições para consultas públicas em geral.

[68] A lei das agências contém um bom número de exigências de transparência. Uma das exigências mais notáveis é a obrigatoriedade da divulgação da agenda regulatória.

[69] Para Juliano Heinen, a Lei nº 14.129/21 inova em relação à LAI, ao regular a interoperabilidade de dados entre órgãos públicos (cf. arts. 38 a 41). HEINEN, Juliano. *Comentários à Lei de Acesso à Informação – Lei nº 12.527/2011.* Belo Horizonte: Fórum, 2022, p. 120.

LAI), autoridade hierarquicamente superior para apreciar recursos em caso de decisão de negativa de acesso (arts. 15 e 16, LAI), dentre outras.

Reforça a escassez orçamentária o fato de que, do ponto de vista financeiro e de desenvolvimento de políticas públicas, os demais entes dependem, em sua maioria, da União[70]. A Constituição da República previu transferências de recursos da União para estados e municípios. Além elas, ainda há espaço para transferências voluntárias[71].

Mas as dificuldades não param na questão financeiro-orçamentária. Em 2016, relatório publicado pelo Programa de Transparência Pública da Fundação Getúlio Vargas (FGV) apontou que, mesmo nos entes estruturados conforme a LAI, as informações são respondidas de forma imprecisa, ou grande parte não é respondida[72]. O problema não é (apenas) falta de dinheiro, mas de incentivos e liderança[73].

Sendo assim, vários são os motivos possíveis para a baixa implementação da LAI a nível subnacional: a incapacidade de os governos subnacionais implementarem políticas públicas – tal qual a de publicidade e transparência – dadas as desigualdades técnicas e de gestão (ou seja, *dinheiro ajuda, mas não é só isso o que falta*); a ausência parcial de mecanismos que estimulem a cooperação (muitos dos repasses dependem da boa vontade da União)[74]. Há, ainda, uma ausência de programa, "definido entre a União e entes federados"[75], para apoiar o desenvolvimento de políticas.

Conclusão: temos muitas normas e decretos sobre transparência administrativa, alguns bem importantes – como a LAI –, mas, na profusão, há

---

[70] SOUZA, Celina. Federalismo, desenho constitucional e instituições federativas no Brasil pós-1988. Revista de Sociologia e Política, Curitiba, v. 24, jun. 2005, p. 105-21, p. 113.

[71] Os dados das transferências estão disponíveis no portal do Tesouro Transparente, em < https://www.tesourotransparente.gov.br/temas/estados-e-municipios/transferencias-a-estados-e-municipios>. Acesso em 14.07.2023, às 10h.

[72] MICHENER, Gregory (Ed.). *Local transparency in Brazil*: evaluating compliance with the access to information law in the states and largest cities. Rio de Janeiro: FGV; Open Society Foundations, 2016.

[73] CONTRERAS, Evelyn; MICHENER, Gregory; NISKIER, Irene. Da opacidade à transparência? Avaliando a Lei de Acesso à Informação no Brasil cinco anos depois. *Revista de Administração Pública,* Rio de Janeiro, n. 52, v. 4, p. 610-629, julho-ago. 2018, p. 617.

[74] SOUZA, Celina. Federalismo, desenho constitucional e instituições federativas no Brasil pós-1988. *Revista de Sociologia e Política,* Curitiba, v. 24, jun. 2005, p. 105-21, p. 1120.

[75] BERCOVICI, Gilberto. *Desigualdades regionais, estado e constituição.* São Paulo: Max Limonad, 2003, p. 179

sobreposições e redundâncias. Em todo caso, o cenário infranacional é qualitativamente diferente daquele que se vê na União.

3. TRANSPARÊNCIA E AGÊNCIAS: LEI DAS AGÊNCIAS E INSTRUMENTOS DE PUBLICIZAÇÃO

Embora o nível de transparência administrativa seja melhor em nível federal, isso não significa que seja uniformemente melhor. Há diferentes estágios de maturidade na aplicação da LAI, seja na administração direta ou indireta da União. Tomando-se por base as agências reguladoras federais, são evidentes as diferenças.

Mas estudemos, antes de tudo, o panorama normativo especificamente aplicável à transparência das agências. A Lei nº 13.848/2019 é a Lei das Agências Reguladoras Federais. Ela inaugura uma parametrização mínima da atuação dessas entidades. A lei foi editada em contexto de preocupação com a promoção da *accountability*[76] – compreendida como conjunto de mecanismos de prestação de contas e responsabilização dos agentes. Esse ideal é parte do pacote de boas práticas regulatórias, cujo propósito é que haja transparência na atuação da administração reguladora, abertura do processo normativo à arena pública e contínuo controle, inclusive social[77].

Observe-se que, no relatório *Panorama das Administrações Públicas: América Latina e Caribe (ALC)*[78], publicado no final de 2020, a Organização para a Cooperação e Desenvolvimento Econômico (OCDE) pretendeu estabelecer referências das melhores práticas regulatórias da região. Necessidade comum da área, segundo a OCDE, seria a de incremento da transparência, criando-se sistemas que permitissem consultas *on-line* e recebimento de comentários sobre propostas de regulamentos.

Ora, a Lei das Agências estabelece mecanismos que atendem às sugestões da OCDE. Veja-se, por exemplo, a *Análise de Impacto Regulatório* (AIR),

---

[76] WALDRON, Jeremy. *Accountability:* Fundamental to Democracy. For NYU Colloquium. August 28, 2014. p. 29.

[77] MASHAW, Jerry L., *Reasoned Administration and Democratic Legitimacy*: How Administrative Law Supports Democratic Government. Cambridge (UK): Cambridge University Press, 2018, p. 77 e seguintes.

[78] OCDE. *Panorama das Administrações Públicas: América Latina e Caribe, 2020*, OECD Publishing, Paris.

prevista como obrigação, aliás, não só na lei das agências[79], mas também na Lei de Liberdade Econômica[80]. A AIR foi regulamentada pelo Decreto nº 10.411/2020, embora já houvesse suporte documental de fontes não normativas para seu desenvolvimento no país[81].

O protagonismo coube à AIR, mas outros instrumentos previstos na Lei das Agências também reforçam o dever de transparência ativa. Assim, por exemplo, o *Plano Estratégico*, o *Plano de Gestão Anual* e a *Agenda Regulatória*[82], mencionados na Seção II da lei, possuem, cada qual, finalidades específicas, mas todos atuam na mesma direção.

O *Plano Estratégico* deve conter os objetivos, as metas e os resultados estratégicos esperados das ações da agência (art. 17), e, ainda, a indicação dos fatores externos, alheios ao controle da entidade, que poderão "*afetar significativamente o cumprimento do plano*". Já o *Plano de Gestão Anual* é focado no curto prazo. Duas são suas exigências: especificar metas de desempenho administrativo, operacional e de fiscalização; e prever estimativa de recursos orçamentários e cronograma de desembolso dos recursos financeiros (art. 19)[83].

---

[79] Lei nº 13.848/2019. Art. 6º A adoção e as propostas de alteração de atos normativos de interesse geral dos agentes econômicos, consumidores ou usuários dos serviços prestados serão, nos termos de regulamento, precedidas da realização de Análise de Impacto Regulatório (AIR), que conterá informações e dados sobre os possíveis efeitos do ato normativo.

[80] Lei nº 13.874/2019. Art. 5º As propostas de edição e de alteração de atos normativos de interesse geral de agentes econômicos ou de usuários dos serviços prestados, editadas por órgão ou entidade da administração pública federal, incluídas as autarquias e as fundações públicas, serão precedidas da realização de análise de impacto regulatório, que conterá informações e dados sobre os possíveis efeitos do ato normativo para verificar a razoabilidade do seu impacto econômico.

[81] Como as Diretrizes Gerais e Roteiro Analítico Sugerido para Análise de Impacto Regulatório – Diretrizes AIR e o Guia Orientativo para a Elaboração de Análise de Impacto Regulatório – Guia AIR, publicadas em junho de 2018 pela Casa Civil da Presidência da República. O documento não possui caráter normativo.

[82] Os três instrumentos devem ser aprovados pelo conselho diretor ou diretoria colegiada da agência, com obrigação de disponibilização do portal eletrônico.

[83] Lei nº 13.848/2019. Art. 19. O plano de gestão anual deverá: [...] Parágrafo único. As metas de desempenho administrativo e operacional referidas no inciso I do caput incluirão, obrigatoriamente, as ações relacionadas a: I – promoção da qualidade dos serviços prestados pela agência; II – promoção do fomento à pesquisa no setor regulado pela agência, quando

Completando o trio, a *Agenda Regulatória* tem por finalidade prever o conjunto dos temas prioritários a serem regulamentados pela agência durante certo período (art. 21). A construção da agenda deve ser vista como um processo regulatório, no qual é relevante a participação social do setor regulado[84].

O reforço à publicidade e à transparência não se limita a tais institutos. Há outras obrigações na Lei das Agências – como a divulgação de audiências e consultas públicas e a estruturação de ouvidorias – que caminham no mesmo sentido. Os três instrumentos destacados são, entretanto, os exemplos que mais retratam uma mudança, em termos de percepção legal, do que é essencial para a finalidade da transparência ativa.

No momento da edição da lei, em 2019, o que se observava nos sítios das agências reguladoras na Internet eram diferenças quanto à disponibilização de informações. A Lei das Agências, aliada ao esforço do Governo Federal de uniformização dos acessos eletrônicos, mudou o quadro. É o que se verá a seguir.

4. TRANSPARÊNCIA NAS AGÊNCIAS FEDERAIS: BREVES EXERCÍCIOS EMPÍRICOS

4.1. Cenário anterior a 2019

Em 2020, o Laboratório de Regulação Econômica – UERJ Reg.[85] conduziu pesquisa nas Agências Reguladoras Federais[86] com a finalidade de avaliar as

---

couber; III – promoção da cooperação com os órgãos de defesa da concorrência e com os órgãos de defesa do consumidor e de defesa do meio ambiente, quando couber.

[84] ANTT. Superintendência de Governança Regulatória – Sureg. Manual de Procedimentos da Agenda Regulatória – Brasília: ANTT, 2019, p. 14. Disponível em < http://governanca.antt.gov.br/AgendaRegulatoria/Documents/Manual%20de%20Procedimentos%20da%20Agenda%20Regulatoria_Vers%C3%A3o%20agosto%202019.pdf>. Acesso em 15.07.23, às 9h.

[85] Fundado no ano de 2017, o Laboratório de Regulação Econômica da Universidade do Estado do Rio de Janeiro – UERJ Reg. – é um projeto de extensão vinculado à Faculdade de Direito da UERJ, direcionado à pesquisa e ao engajamento dos alunos da Graduação e da Pós-Graduação em questões e debates ligados à regulação da economia. O projeto é coordenado por um dos co-autores do artigo.

[86] UERJ REG., Projeto Certificação das Agências Reguladoras Federais, Guia Analítico Executivo. 1ª versão. Janeiro de 2020. A pesquisa foi iniciada em maio de 2018 e suas três primeiras etapas transcorreram ao longo dos meses de julho a outubro de 2018. Em

atividades nelas desenvolvidas a partir de duas perspectivas: transparência e qualidade regulatória.

Incluíam-se no primeiro eixo[87] questões que diziam respeito à divulgação de informações de interesse do público em geral, tanto aquelas relativas às atividades-fim (por exemplo, a divulgação da agenda regulatória) quanto as relacionadas às atividades-meio (a exemplo da divulgação de seu orçamento). Os objetivos e finalidades perseguidos foram: (i) analisar a disponibilidade e clareza das informações presentes nos sites das agências; (ii) promover o engajamento do setor regulado e da sociedade nos seus processos decisórios; e (iii) recomendar boas práticas de transparência e disseminar as que já fossem adotadas.

A metodologia empregada na pesquisa foi de base empírica, com abordagem mista, envolvendo a coleta e análise de dados quantitativos e qualitativos. O banco de dados compôs-se de informações colhidas dos portais eletrônicos das agências avaliadas[88] e de pedidos de acesso à informação, submetidos eletronicamente sob o rito da Lei nº 12.527/2011.

A pesquisa levou a um diagnóstico[89] com seis principais pontos de falhas – comuns, em maior ou menor grau, a todas as agências analisadas:

(i) Dispersão de informações. Muitas informações correlatas se encontravam dispersas, por diferentes áreas dos sítios das agências, indicando uma falha de coesão na organização das informações.

18/09/2018, as linhas gerais do projeto foram apresentadas no XXXII Congresso Brasileiro de Direito Administrativo, promovido pelo Instituto Brasileiro de Direito Administrativo – IBDA. O levantamento foi revisado entre dezembro de 2018 e fevereiro de 2019.

[87] No segundo eixo (qualidade regulatória), estão agrupadas questões atinentes à atuação da agência junto ao setor regulado (v.g., a qualidade das análises de impacto regulatório).

[88] Agências Reguladoras Federal avaliadas: ANA – Agência Nacional de Águas; ANAC – Agência Nacional de Aviação Civil; ANATEL – Agência Nacional de Telecomunicações; ANCINE – Agência Nacional do Cinema; ANEEL – Agência Nacional de Energia Elétrica; ANM – Agência Nacional de Mineração; ANP – Agência Nacional do Petróleo, Gás Natural e Biocombustíveis; ANS – Agência Nacional de Saúde Suplementar; ANTT – Agência Nacional de Transportes Terrestres; ANTAQ – Agência Nacional de Transportes Aquaviários; e ANVISA – Agência Nacional de Vigilância Sanitária.

[89] PEREIRA, Felipe Barboza; ARCANJO, Bruno. Pesquisa de Certificação de Agências Reguladoras do UERJ Reg. Resultados Parciais e Metodologia. Trabalho apresentado em Congresso. XI Congresso Brasileiro de Regulação e 5ª EXPO ABAR – Associação Brasileira de Agências de Regulação. 16 de setembro de 2019.

(ii) Normas não compiladas. Em regra, as normas produzidas pela agência eram disponibilizadas apenas em sua versão original, ainda que houvessem sido alteradas por outras normas.
(iii) Ferramentas de busca insuficientes ou inadequadas. A maior parte das ferramentas de busca utilizava critérios irrelevantes ou pouco intuitivos. O retorno de resultados das pesquisas realizadas nos portais não era, por vezes, aderente aos termos utilizados.
(iv) Disponibilização pouco flexível de informações. A forma de apresentação de dados dificultava a filtragem das informações que realmente interessavam ao usuário. A transparência dos processos administrativos da agência era, no geral, restrita, limitando-se ao acompanhamento de andamentos.
(v) Ausência de calendário de audiências e consultas públicas.
(vi) Ausência de dados estatísticos sobre a qualidade do Serviço de Informações ao Cidadão (transparência passiva). A solicitação de informação é considerada um serviço público, e, como todo serviço prestado pela agência, o SIC deve ter a qualidade monitorada.

À época, a pesquisa se justificava especialmente pela dissonância encontrada entre a capacidade básica das agências de gerir seus portais eletrônicos e as requisições de informações recebidas. A falta de uniformidade na atuação administrativa se mostrava um problema para acesso às informações, em que se identificou que determinadas agências nem mesmo mantinham atualizadas, por exemplo, as informações sobre vigência de atos normativos[90].

Em termos de impacto da LAI nas agências, em outra pesquisa exploratória publicada pela Escola Nacional de Administração Pública (ENAP) há outro elemento de resultado que vale ser destacado. Entre o período de 2015 a 2019, houve um aumento significativo do volume de pedidos de informação, o que pode ser derivado da disseminação não só da lei, mas também do Sistema Eletrônico do Serviço de Informação ao Cidadão (e-SIC)[91]. O e-SIC foi um

[90] BRANDÃO, Rafaela Paiva. O acesso à informação em agências reguladoras: uma análise sob a perspectiva da transparência passiva. Trabalho de Conclusão de Curso apresentado como parte dos requisitos para obtenção do grau de Especialista em Gestão Pública, 38 pp. Escola Nacional de Administração Pública (Enap), 2020, p. 11.

[91] BRANDÃO, Rafaela Paiva. Op. Cit, p. 31.

sistema – atualmente substituído pelo *Fala.br*[92] – que tinha por objetivo reunir e sistematizar dados públicos para subsidiar a gestão da informação, tendo sido implementado pela Portaria Normativa nº 01, de 29 de maio de 2012 como um mecanismo facilitador da LAI[93].

4.2. Cenário atual: implementação de instrumentos da Lei nº 13.848/ 2019

Passados alguns anos da edição da Lei das Agências, importa agora verificar se os institutos legais relacionados ao reforço à publicidade e transparência foram de fato implementados. O ambiente em que se desenvolvem a transparência ativa e passiva das agências reguladoras federais foi alterado, não mais existindo a dissonância que originou a pesquisa realizada pelo UERJ Reg. em 2019, mencionada no tópico anterior.

O escopo, para o cenário posterior à Lei nº 13.848/2019, teve por foco identificar os principais instrumentos de realização da publicidade no âmbito das agências federais. Tomou-se por base a data recorte de 14 de julho de 2023 e foram avaliadas as agências previstas na Lei nº 13.848/2019. A análise teve por objetivo identificar se a agência implementou (i) a Agenda Regulatória (art. 21); (ii) o Plano Estratégico (art. 17); e o (iii) Plano de Gestão Anual (art. 18). A busca foi realizada nos portais eletrônicos oficiais de cada agência, atualmente com interface padronizada.

A pergunta da pesquisa centrou-se em saber se o instrumento regulatório está publicizado de maneira adequada no portal eletrônico da agência. Os critérios de análise se dividiram em três níveis: (i) sim, para o integral cumprimento da Lei nº 13.848/2019; (ii) parcialmente, para os casos em que não houve atualização ou revisão do documento, nos últimos seis meses, indicada no portal eletrônico da agência; quando o acesso no portal eletrônico da agência não era simplificado; e/ou quando procedimento de elaboração do documento não estava descrito; e (iii) não, quando o cumprimento da Lei nº 13.848/2019 não foi adequado.

---

[92] Disponível em: https://falabr.cgu.gov.br/publico/Manifestacao/SelecionarTipoManifestacao.aspx?ReturnUrl=%2f. Acesso em 27/08/2023, às 10h.

[93] MACIEL, R. G. et al.. Sistema Eletrônico do Serviço de Informação ao Cidadão (e-SIC) e sua contribuição para a transparência: uma experiência gerencial em uma universidade federal. Perspectivas em Ciência da Informação, v. 24, n. 2, p. 143-164, abr. 2019.

Tabela 1 – **Elaboração própria. Análise da implementação da Lei nº 13.848/2019 pelas Agências Reguladoras Federais. Data de recorte: 14/07/2023.**

Agência Reguladora	Agenda Regulatória	Plano Estratégico	Plano de Gestão Anual
Agência Nacional de Energia Elétrica (Aneel)	Sim	Sim	Sim
Agência Nacional do Petróleo, Gás Natural e Biocombustíveis (ANP)	Parcialmente	Parcialmente	Sim
Agência Nacional de Telecomunicações (Anatel)	Parcialmente	Parcialmente	Parcialmente
Agência Nacional de Vigilância Sanitária (Anvisa)	Sim	Parcialmente	Sim
Agência Nacional de Saúde Suplementar (ANS)	Sim	Parcial	Sim
Agência Nacional de Águas (ANA)	Parcialmente	Sim	Sim
Agência Nacional de Transportes Aquaviários (Antaq)	Parcialmente	Parcialmente	Parcialmente
Agência Nacional de Transportes Terrestres (ANTT)	Sim	Parcialmente	Parcialmente
Agência Nacional do Cinema (Ancine)	Sim	Parcialmente	Parcialmente
Agência Nacional de Aviação Civil (Anac)	Sim	Parcialmente	Parcialmente
Agência Nacional de Mineração (ANM)	Parcialmente	Parcialmente	Parcialmente

Legenda. **Sim** = Os requisitos da Lei nº 13.848/2019 são cumpridos | **Parcial** = uma ou mais das seguintes hipóteses são configuradas (i) não houve atualização ou revisão nos últimos 6 (seis) meses, indicada no portal eletrônico da agência; e/ou (ii) acesso no portal eletrônico da agência não é simplificado; e/ou (iii) procedimento de elaboração do documento não é descrito | **Não** = Os requisitos da Lei nº 13.843/2019 não são cumpridos

Como resultado, constata-se que apenas a Agência Nacional de Energia Elétrica, a ANEEL, cumpriu todos os requisitos referentes à implementação dos instrumentos.

Numa perspectiva positiva, é possível afirmar que todas as agências observaram, ainda que parcialmente, a norma. As falhas identificadas se deram quanto a fatores que recorrentemente são problemas institucionais, como a atualidade da informação, a dificuldade de acesso a documentos e a ausência de histórico atrelado à elaboração do ato. Em todo caso, ainda há muito espaço para melhoras.

ENCERRAMENTO

O Brasil possui normas e decretos sobre transparência administrativa. Dentre eles, destaca-se a Lei de Acesso à Informação. O acesso à informação é realidade, ainda que com disparidades infranacionais de difícil resolução. Em nível federal, a estratégia bem-sucedida teve a ver com o investimento em padronização de sistemas, uniformização do modo pelo qual são organizadas e disponibilizadas as informações e em digitalização. O movimento é parte de diretriz de governança pública da qual as agências reguladoras federais fazem parte.

E, se a Lei das Agências de 2019 não cumpriu todas as expectativas que a cercavam, ao menos reforçou obrigações em torno da publicidade e da *accountability*. Nos limites da breve análise que aqui se empreendeu, a lei aparenta ter tido aderência: todas as agências reguladoras federais possuem e divulgam, ainda que com qualidades diversas, Agenda Regulatória, Plano Estratégico e Plano de Gestão Anual, três dos principais instrumentos por meio dos quais a transparência, a participação e o controle se podem realizar. A situação é diferente do período anterior a 2019, em que os sítios das agências, não padronizados, apresentavam toda sorte de deficiência na apresentação de informações, espelhando práticas subótimas.

Resta agora ampliar a pesquisa com a consolidação das práticas introduzidas pela nova lei e verificar, em comparação mais direta à análise do período anterior a 2019, a existência e a abrangência da divulgação de mecanismos tradicionais de transparência pública, como audiências, consultas públicas e ouvidorias, tanto no viés da transparência ativa quanto na passiva. É o que se pretende realizar em estudo posterior, para compreensão da evolução da publicidade no âmbito das agências federais.

REFERÊNCIAS DOUTRINAIS

ABRUCIO, Fernando Luiz; LOUREIRO, Maria Rita, Burocracia e Ordem Democrática: desafios contemporâneos e experiência brasileira. *In*: IPEA, *Burocracia e política no Brasil*: desafios para ordem democrática no século XXI, São Paulo: Ed. FGV-SP, 2010.

BARROSO, Luís Roberto. *O Direito Constitucional e a Efetividade de suas Normas.* 4ª ed., Rio de Janeiro: Renovar, 2000.

BENJAMIN, Cássio. Representação e identidade em Carl Schmitt. *Princípios: Revista de Filosofia*, Natal, v. 29, n. 60, set. – dez. 2022, p. 141.

BERCOVICI, Gilberto. Desigualdades regionais, estado e constituição. São Paulo: Max Limonad, 2003.

BINENBOJM, Gustavo. *Uma Teoria do Direito Administrativo:* direitos fundamentais, democracia e constitucionalização. 3ª ed. Rio de Janeiro: Renovar, 2014.

BOBBIO, Norberto. *O futuro da democracia.* 7. ed. São Paulo: Paz e Terra, 2000.

BONAVIDES, Paulo. Teoria constitucional da democracia participativa. *In:* GRAU; GUERRA FILHO (Org.). *Direito constitucional*: estudos em homenagem a Paulo Bonavides, São Paulo: Malheiros, 2021.

BRANDÃO, Rafaela Paiva. *O acesso à informação em agências reguladoras: uma análise sob a perspectiva da transparência passiva.* Trabalho de Conclusão de Curso apresentado como parte dos requisitos para obtenção do grau de Especialista em Gestão Pública, 38 pp. Escola Nacional de Administração Pública (Enap), 2020.

BRITTO, Carlos Ayres. *Teoria da Constituição.* Rio de Janeiro: Forense, 2003.

CANOTILHO, Joaquim José Gomes; MOREIRA, Vital. Constituição da República Portuguesa Anotada.1. ed. brasileira. São Paulo: Revista dos Tribunais, 2007.

CASSESE, Sabino; NAPOLITANO, Giulio; CASINI, Lorenzo. Towards Multipolar Administrative Law: a theoretical perspective. *International Journal of Constitutional Law*, v. 12, n. 2, p. 354-356.

______. *Direito constitucional e teoria da Constituição.* Coimbra: Almedina, 2003.

CONTRERAS, Evelyn; MICHENER, Gregory; NISKIER, Irene. Da opacidade à transparência? Avaliando a Lei de Acesso à Informação no Brasil cinco anos depois. *Revista de Administração Pública,* Rio de Janeiro, n. 52, v. 4, p. 610-629, julho-ago. 2018.

COUTINHO, Diogo Rosenthal, *Direito, desigualdade e desenvolvimento.* São Paulo: Ed. Saraiva, 2013.

CZECZKO FILHO, Nicolau Gregori. *Inovação no serviço de acesso à informação na Administração Pública Federal Direta.* Dissertação de Mestrado, Faculdade de

Economia, Administração, Contabilidade e Gestão de Políticas Públicas da Universidade de Brasília – UnB. Brasília – DF, 2019, 141f.

DALLARI, Dalmo de Abreu. *Elementos de teoria geral do Estado*. 25. ed. São Paulo: Saraiva, 2005.

DE CASTRO, Leonardo Bellini. Inovações republicanas da Lei de Acesso à Informação. *Revista Jurídica ESMP-SP*, v. 3, 2013, p. 11-26.

DE MELLO, Celso Antônio Bandeira. *Elementos de direito administrativo*, São Paulo: Revista dos Tribunais, 1987.

DIAS, Joelson. CAMPOS, Sarah. Da cultura do sigilo rumo à política da transparência – a Lei de Acesso à Informação e seus princípios estruturantes. *In:* VALIM, Rafael; MALHEIROS, Antônio Carlos; BACARIÇA, Josephina (*in memoriam*) (Coords.) *Acesso à Informação pública*. Belo Horizonte: Fórum, 2015, p. 47-90.

ERKKILÄ, Tero. *Transparency in Public Administration*. Oxford Research Encyclopaedias, Politics. Maio 2020, pp 1-21.

FARIA, José Eduardo. *Poder e legitimidade*. São Paulo: Perspectiva, 1978.

HEINEN, Juliano. *Comentários à Lei de Acesso à Informação – Lei nº 12.527/2011*. Belo Horizonte, Fórum, 2022.

HOMERCHER, Evandro. O princípio da transparência: uma análise de seus fundamentos. *Revista Jurídica da Presidência*. Brasília, v. 13 nº 100 Jul/Set 2011, p. 375-391.

LIMA, Ruy Cirne. *Princípios de Direito Administrativo*. 7. ed. São Paulo: Editora Malheiros, 2007.

LIMBERGER, Têmis. Transparência administrativa e novas tecnologias: o dever de publicidade, o direito a ser informado e o princípio democrático. *Revista de Direito Administrativo – RDA*, v. 244, 2007, pp. 248–263.

MACIEL, R. G. et al.. Sistema Eletrônico do Serviço de Informação ao Cidadão (e-SIC) e sua contribuição para a transparência: uma experiência gerencial em uma universidade federal. Perspectivas em Ciência da Informação, v. 24, n. 2, p. 143–164, abr. 2019.

MASHAW, Jerry L., *Reasoned Administration and Democratic Legitimacy*: How Administrative Law Supports Democratic Government. Cambridge (UK): Cambridge University Press, 2018.

MICHENER, Gregory (Ed.). *Local transparency in Brazil:* evaluating compliance with the access to information law in the states and largest cities. Rio de Janeiro: FGV; Open Society Foundations, 2016.

MIRANDA, Jorge. O direito de informação dos administrados. *In:* SARAIVA, Paulo Lopo (Org.). *Antologia luso-brasileira de direito constitucional*. Brasília: Brasília Jurídica, 1992.

NALINI, José Renato. Anotações sobre corrupção e honestidade. *Revista dos Tribunais*, São Paulo, n. 768, out. 1999, p. 439-456.

NEVES, Otavio Moreira de Castro. Sistema Eletrônico do Serviço de Informação ao Cidadão (e-SIC). Secretaria de Prevenção da Corrupção e Informações Estratégicas Controladoria-Geral da União (CGU). In: Repositório ENAP – Concurso de Inovação na Gestão Pública Federal. Maio de 2012.

ORME, Bill. Access to Information: Lessons from Latin America. United Nations Educational, Scientific and Cultural Organization (UNESCO). UNESCO Montevideo Office: 2017

PAES, Eneida Bastos. Os desafios da implementação da nova Lei de Acesso à Informação – Lei 12.527/11. *Revista de Informação Legislativa*, v. 49, n. 193, p. 227-244, jan./mar. 2012.

PEREIRA, Felipe Barboza; ARCANJO, Bruno. Pesquisa de Certificação de Agências Reguladoras do UERJ Reg. Resultados Parciais e Metodologia. Trabalho apresentado em Congresso. XI Congresso Brasileiro de Regulação e 5ª EXPO ABAR – Associação Brasileira de Agências de Regulação, 2019.

RODRIGUES, Karina. Unveiling the concept of transparency: its limits, varieties and the creation of a typology. Cadernos EBAPE.BR. v. 18, pp. 237-253.

SEELAENDER, Airton Leite. O direito de ser informado – base do paradigma moderno do direito de informação. *Revista de Direito Público*, São Paulo, n. 99, 1991.

SILVEIRA, Marco Antonio Karam. Lei de Acesso a Informações públicas (Lei nº 12.527/2011): democracia, república e transparência no Estado constitucional. *Revista da Procuradoria-Geral do Estado – RPGE*, v. 33, n. 69, p. 231-260, Porto Alegre, 2012.

SOUZA, Celina. Federalismo, desenho constitucional e instituições federativas no Brasil pós-1988. *Revista de Sociologia e Política*, Curitiba, v. 24, jun. 2005, p. 105-121.

STIGLITZ, Joseph E. Information and the change in the paradigm in economics. American Economic Review, Vol. 92, n. 3, 2002, pp. 460–501

SUNDFELD, Carlos Ari. *Fundamentos de Direito Público*. 4. ed. São Paulo: Editora Malheiros, 2007.

VALADÃO, Rodrigo. Dimensões do princípio da publicidade. *Revista de Direito da Procuradoria Geral do Estado do Rio de Janeiro*, n. 58, 2004, pp. 220-238.

WALDRON, Jeremy. *Accountability: Fundamental to Democracy*. For NYU Colloquium. August 28, 2014.

TRANSPARÊNCIA E CONFLITO DE INTERESSES

NUNO CUNHA ROLO
Jurista. Presidente da Transparência Internacional Portugal.

SUMÁRIO: Introdução; 1. A relação; 2. A regulação: 2.1. Transparência; 2.2. Conflito de interesses; 3. A realização; Referências doutrinais.

INTRODUÇÃO

Neste escrito pretende-se fazer uma breve descrição e reflexão sobre a relação, regulação e realização relativa à transparência e conflitos de interesses, daí estar dividida em três partes: primeiro, sobre a relação entre os significados e dimensões comuns e interligadas dos conceitos; segundo, sobre a principal regulação aplicável, na perspetiva da mencionada conexão e relacionamento; terceiro, sobre o sentido e valor efetivos das sobreditas relação e regulação no direito administrativo português, procurando identificar desafios e superar aporias.

1. A RELAÇÃO

A transparência e os conflitos de interesses são dois conceitos que têm assumido crescente e especial relevância e progresso desde o início do presente século. Em diversos sistemas estruturantes da sociedade e do estado contemporâneos, nomeadamente no campo político, jurídico e ético, ambos atravessam setores – do público aos não públicos – e estendem-se a diversas esferas pessoais, das individuais às institucionais. Além disso, constituem referenciais universais para objetivos e indicadores de, particularmente, estados de direito modernos; democracias plenas ou avançadas; direitos fundamentais e sistemas de justiça progressistas; desenvolvimentos sustentáveis, humano, social, económico; transformações ou reformas de (boa) governação, regulação, gestão e administração responsáveis, éticas e responsivas.

No campo jurídico, o objeto essencial do presente artigo, constituem requisitos e instrumentos de garantia e efetividade de princípios e valores estruturantes do Estado de direito democrático, especialmente no setor político e público.

Em especial, no direito administrativo, o aprofundamento tem sido exponencial, contínuo e nutrido por diversas e diferenciadas investigações e perspetivas disciplinares, nomeadamente, provenientes das ciências políticas e da governação, administração, gestão e políticas públicas.

A promoção da transparência e a prevenção de conflitos de interesse estão funcionalmente interconectadas porque cumprem e partilham fundamentos e finalidades comuns – como, por exemplo, confiança pública, boa governação e administração, integridade administrativa, qualidade das instituições –, e são amiúde interdependentes tanto na criação, aplicação e interpretação das normas que as consagram, quanto na deteção, identificação e gestão dos casos concretos.

A amplitude e transversalidade da sua ação alcança todos os níveis de poder, político e administrativo, do governo à administração, do individual aos grupos e interesses coletivos, do local ao global, como, aliás, resulta do artigo 7.º, n.º 4 da Convenção Contra a Corrupção da Organização das Nações Unidas[1], aplicável no ordenamento jurídico português, vinculando os Estados Partes ao dever de "em conformidade com os princípios fundamentais do seu direito interno, esforçar-se no sentido de adoptar, manter e reforçar sistemas destinados a promover a transparência e a evitar os conflitos de interesses".

A relação entre transparência e conflito de interesses é assaz complexa, interdependente e funcional, especialmente no campo jurídico-administrativo. É complexa, porque ambos constituem, simultaneamente, fontes, fundamentos e instrumentos de qualidade, integridade e responsabilidade do exercício de poder. É interdependente, quer porque a menor transparência tende a reduzir a prevenção de conflitos de interesse, e quanto maior a transparência, menor a probabilidade de conflitualidade do interesse público. É funcional,

[1] A Convenção contra a Corrupção, adotada pela Assembleia Geral das Nações Unidas em 31 de outubro de 2003, foi aprovada, em Portugal, pela Resolução da Assembleia da República n.º 47/2007, e posteriormente ratificada pelo Decreto do Presidente da República n.º 97/2007, de 21 de setembro.

porque depende do contexto, posicionamento e avaliação casuística dos agentes, bem como dos modos, capacidades e dispositivos de gestão, não se reduzindo a critérios de conformidade meramente legal ou normativa.

Com efeito, transparência e conflito de interesses destacam-se como dois mecanismos ou instrumentos normativos essenciais para a prevenção do fenómeno corruptivo e dos mais eficazes impedimentos à sua difusão. Isto porque, a falta ou insuficiente transparência e prevenção e gestão de conflitos de interesses são duas das principais origens e causas da fraude, corrupção e infrações conexas, como o abuso de poder, peculato, suborno, nepotismo, manipulação de procedimentos e processos decisórios, entre outros.

Neste sentido, ambos constituem não apenas pressupostos da boa governação, gestão e administração, como indicadores do grau e alcance das mesmas.

Já no século XVIII, Kant e Rousseau associaram a falta de transparência no Estado como um fator de corrupção.

Desde o início do presente século que a OCDE considera a transparência como um dos princípios de boa governação, que está na base do conceito de 'governo aberto', ou seja, todo aquele de quem empresas, organizações da sociedade civil e cidadãos em geral podem "saber coisas" (obter informação relevante e compreensível), "adquirir coisas" (obter serviços e benefícios do governo); e "criar coisas" (participar nos processos de decisão).

Ainda mais se exige num Estado tão pouco descentralizado como é o português, pois, a centralização acarreta problemas de concentração de poder, de abertura e participação pública nos processos de decisão, de exigência na prestação de contas e no escrutínio dos demais, o que promove assimetrias de informação, desresponsabilização e alienação dos cidadãos, e aumenta o risco, assim, de opacidade e translucidez do exercício de poder, antecâmaras de fenómenos corruptivos, os quais, por definição, não são reduzidos a condutas e normas sujeitas ao direito criminal, tampouco ao direito (favoritismo, compadrio, clientelismo, conivência e cumplicidade com vista a abusos de poder com ganhos pessoais).

A própria dimensão do país, sendo pequena em território terrestre e população, enfrenta distintos desafios em matéria de prevenção de conflitos de interesses e afins fenómenos corruptivos, devido à consequente possibilidade de maior proximidade, relacionamento familiar e laços de amizades diretos e indiretos, nomeadamente entre decisores e administrados, governantes e governados. Este contexto social de proximidade acentua o risco de conflitos de interesses, agravado pela presumível cultura de particularismo, tolerância e informalidade institucionais que regem os contactos daquela natureza, não raras vezes assumindo ou culminando em atos ilícitos (*maxime*, serviços de troca e dívida social).

Deste modo, o princípio de transparência é fundamental para a prevenção e gestão de conflitos de interesses, tanto ao nível do estado e do governo, como da administração pública, assegurando a capacidade, qualidade e faculdade destes, e respetivos atores, serem vistos e escrutinados pelo que comunicam, sabem, possuem, decidem e fazem. No concreto, é essencial que a comunicação e divulgação de dados, informações, normas, documentos, práticas, processos, interesses e atividades são abertos, claros e compreensíveis, e acessíveis ou conhecidos de forma integral, tempestiva, gratuita e atualizada, algo que somente com normas, lideranças e gestão *transparentes* cumprem garantir.

2. A REGULAÇÃO

2.1. Transparência

Embora não esteja consagrado expressamente na Constituição da República Portuguesa (CRP), o princípio da transparência constitui dos princípios e valores fundamentais do direito público e administrativo, especialmente da organização, funcionamento e atividade das administrações públicas (especialmente, artigos 266º e 267º).

A mesma falta de expressão e autonomização se verifica a nível legislativo como princípio geral da atividade administrativa, ao contrário dos princípios da boa administração, igualdade, proporcionalidade, justiça, imparcialidade ou boa-fé (artigos 5.º, 6º, 7º, 9º e 10º, do Código do Procedimento Administrativo [CPA] respetivamente). A contrastar, existe uma incontável previsão do princípio da transparência pelos diversos diplomas legislativos e especiais do Direito Administrativo e demais normas regulamentares e éticas aplicáveis à atividade pública ou administrativa.[2]

[2] Vide, por exemplo, artigos 19.º, 32.º, n.º 3, 48.º, n.º 1, al. e), 73.º, 74.º e 75-ºA, da Lei de Enquadramento Orçamental (anexo à Lei n.º 151/2015, de 11 de setembro); artigos 4.º, n.º 1, al. d) e f), 20.º, n.º 5, al. a), e 48.º da Lei-Quadro das Entidades Reguladoras (anexo à Lei

Podem apontar-se três dimensões essenciais do princípio da transparência: acessibilidade (acesso à informação), publicidade (divulgação da informação) e responsividade (boa comunicação, administração e gestão).

O direito de acesso a documentos administrativos é garantido tanto a nível nacional constitucional (artigo 268.º, n.º 2, CRP), como legal (artigos 14.º, 17.º, 85.º e 201.º do CPA[3], e Lei n.º 26/2016, de 22 de agosto[4]).

Também a nível europeu, o Tratado sobre o Funcionamento da União Europeia reconhece o princípio da transparência no artigo 15.º, n.º 3 e, mais aprofundadamente, no Regulamento (CE) n.º 1049/2001, de 30 de maio de 2001, do Parlamento Europeu e do Conselho, relativo ao acesso do público aos documentos do Parlamento Europeu, do Conselho e da Comissão.

O princípio da transparência assenta, igualmente, numa administração próxima, inclusiva e participada, que age em comunicação com os administrados, em contraponto ao princípio da "arcana praxis" (princípio do segredo), típica de uma Administração Pública autointeressada, autoritária e burocrática, de difícil acesso ao cidadão comum, fechada sobre si mesma e que decide em segredo".

Daí a importância da acessibilidade e publicidade ser simples, clara e compreensível, de modo a ser responsiva e, deste modo, responder quer à prossecução do interesse público, quer ao respeito pelos direitos e interesses legalmente protegidos.

Neste sentido, o princípio e direito da boa administração deve ser ponderado com as demais dimensões, sob pena de incumprimento da transparência pela dificuldade de os cidadãos e demais particulares não

nº 67/2013 de 28 de agosto, na redação atual); artigo 4.º do Estatuto do Pessoal Dirigente dos Serviços e Organismos da Administração Central, Regional e Local do Estado (Lei n.º 2/2004, de 15 de janeiro, na redação atual); artigos 1.ºA, n.º 1, 35.º-A, n.º 2, 78.º-A, n.º 1, 275.º, n.º 4, e 283.º-A, n.º 2, al. b), do Código dos Contratos Públicos (Decreto-Lei n.º 18/2008, de 29 de janeiro, na redação atual); artigos 16.º e 45.º Regime Jurídico do Setor Público Empresarial (Decreto-Lei n.º 133/ /2013, de 3 de outubro, na redação atual); artigos 7.º e 90.º, do Regime Financeiro das Autarquias Locais e das Entidades intermunicipais, aprovado pela Lei n.º 73/2013, de 3 de setembro. Para mais desenvolvimentos, vide, ainda, Fernandes (2016, pp. 427-430).

[3] Cf. Decreto-lei n.º 4/2015, de 7 de janeiro, na redação atual.

[4] Lei que aprova o regime de acesso à informação administrativa e ambiental e de reutilização dos documentos administrativos, transpondo a Diretiva 2003/4/CE, do Parlamento Europeu e do Conselho, de 28 de janeiro, e a Diretiva 2003/98/CE, do Parlamento Europeu e do Conselho, de 17 de novembro.

compreenderem o acesso e a publicidade que alcançam ou possam, inclusivamente, ser por elas visados.

Como defende a *Transparency Internacional*, a transparência é a "característica de governos, empresas, organizações e indivíduos de serem abertos na divulgação clara e honesta de informações, regras, planos, processos e ações".[5] Por princípio, funcionários públicos, funcionários públicos, gerentes e diretores de empresas e organizações e os gestores e dirigentes têm o dever de agir de forma visível, previsível e compreensível.

A terceira dimensão está especialmente consagrada no já referido artigo 5.º do CPA, como princípio geral da atividade administrativa, incidindo especialmente na vinculação da Administração Pública em organizar-se "de modo a aproximar os serviços das populações e de forma não burocratizada".

A nível europeu, e uma das suas principais influências, o artigo 41.º da Carta de Direitos Fundamentais da União Europeia consagra o 'direito a uma boa administração', o qual reflete o princípio da transparência nesta sua tripla dimensão.[6]

A transparência é, pois, um valor inerente à democracia e ética política, pressuposto da realização de uma cidadania ativa, democrática e responsável. Um imperativo democrático e ético que deve ser reconhecido e perseguido de forma contínua, estando provada a correlação positiva entre a confiança na política, políticos e políticas e a transparência nos processos de governação e decisão públicas.[7]

2.2. Conflito de interesses

A regulação de conflitos de interesses é antiga. De facto, ela remonta aos primórdios das sociedades humanas e primeiras civilizações, existindo normas e padrões de conduta que ainda perduram na atualidade, por influência, sobretudo, de textos religiosos. Destaque-se o texto bíblico *Evangelho Segundo*

---

[5] Cf. Glossário Anti-Corrupção da Transparência Internacional em: https://transparencia.pt/glossario-anti-corrupcao/ (acedido em 21 de junho de 2023).

[6] Vide, para mais desenvolvimentos da boa administração como modelo de reforma e princípio de Administração Pública, o nosso "Manual da Administração e Governação Pública ", volume I, pp. 270-277, e volume II, pp. 53-60, respetivamente.

[7] Cf. OCDE (2017).

São Mateus, consagrando a famosa máxima: "Nenhum servo pode servir dois senhores" (Cap. 6, 24). No direito romano, ainda permanece válido nas jurisdições ocidentais o adágio latino "nemo iudex in re (or causa) sua" (*ninguém pode ser juiz em causa própria*). Este princípio da justiça natural, é especialmente aplicável a processos de decisão pública isentos de aparência de possível viés, independentemente de existir, como é resumido na frase atribuída ao famoso jurista e juiz inglês Edward Coke (1552-1634): "A justiça não deve apenas ser feita, mas deve ser vista como sendo feita".

A regulação pública ou administrativa dos conflitos de interesses é, todavia, mais recente.

A nível contemporâneo e legislativo, é possível remontá-la aos meados do século XIX, com a aprovação do "Act to Prevent Frauds upon the Treasury of the United States"[8], em 26 de fevereiro de 1853, vigência que, no essencial, perdura ainda hoje.

Em Portugal, não há uma lei geral sobre conflitos de interesses, encontrando-se a sua regulação difundida por diversas leis, regulamentos e códigos de conduta.[9]

Uma das primeiras consagrações normativas nacionais a nível governamental surge no primeiro código de conduta de um Governo português, através da Resolução do Conselho de Ministros n.º 53/2016, de 8 de setembro, aplicável aos membros do XXI Governo Constitucional e, ainda, com as devidas adaptações, aos membros dos respetivos gabinetes e a todos os dirigentes superiores da Administração Pública sob a direção do Governo, bem como aos dirigentes e gestores de institutos e de empresas públicas (artigos 1.º e 2.º). No artigo 6.º define existência de conflitos de interesses "quando os membros do Governo se encontrem numa situação em virtude da qual se possa, com razoabilidade, duvidar seriamente da imparcialidade da sua conduta ou decisão, nos termos dos artigos 69.º e 73.º do Código do Procedimento Administrativo". A definição tem-se mantido nos XII

---

[8] Cf. 18 US Code, § 283, 10 Stat 170. Acessível em https://www.congress.gov/bill/32nd-congress/house-bill/326/text?s=1&r=26 e acedido em 29 de junho de 2023.

[9] Vide, por exemplo, artigo 15.º Lei n.º 52/2019, de 31 de julho, que aprova o regime do exercício de funções por titulares de cargos políticos e altos cargos públicos; artigos 19.º a 24.º da Lei n.º 35/2014, de 20 de junho, na redação atual, que aprova a Lei Geral do Trabalho em Funções Públicas; Resolução do Conselho de Ministros n.º 42/2022, de 9 de maio, que aprova o código de conduta vigente, do XXI Governo constitucional.

(2019-2022) e XIII (2022-) Governos constitucionais, o último atualmente em funções, pelas Resolução do Conselho de Ministros n.º 184/2019, de 3 de dezembro, e Resolução do Conselho de Ministros n.º 42/2022, de 9 de maio, respetivamente.

A nível legislativo europeu, a definição de conflitos de interesses surge no artigo 61.º, n.º 4 do Regulamento Financeiro (UE, Euratom) 2018/1046, do Parlamento Europeu e do Conselho, de 18 de julho. Neste, considera-se que existe um conflito de interesses caso o "exercício imparcial e objetivo das funções de um interveniente financeiro ou de outra pessoa envolvida na execução do orçamento se veja comprometido por motivos familiares, afetivos, de afinidade política ou nacional, de interesse económico, ou por qualquer outro interesse pessoal direto ou indireto".

Mais recentemente, determina o nº 1, do artigo 22.º do Regulamento (UE) n.º 2021/241[10], do Parlamento Europeu e do Conselho, de 12 de fevereiro, que cria o Mecanismo de Recuperação e Resiliência, que cada Estado-Membro deve adotar medidas adequadas para proteger os interesses financeiros da União Europeia e para assegurar que a utilização de fundos em relação a medidas apoiadas pelo mecanismo cumpre o direito da União e o direito nacional aplicáveis, em especial relativamente à prevenção, deteção e correção de fraudes, corrupção e conflitos de interesses. *Para este efeito, os Estados-Membros devem prever um sistema de controlo interno eficaz e eficiente e a recuperação dos montantes indevidamente pagos ou utilizados de forma incorreta, podendo, para o efeito, recorrer aos seus sistemas de gestão orçamental nacionais habituais.*[11]

O Regulamento Financeiro de 2018 ampliou expressamente o âmbito de aplicação das normas sobre conflitos de interesses a todas as modalidades de gestão (gestão direta/indireta/partilhada)[12], e a todos os intervenientes, particularmente as autoridades nacionais a todos os níveis, na execução do orçamento da União Europeia, incluindo a realização de atos preparatórios e auditorias, bem como de fiscalização, inspeção e controlo.

---

[10] Os Regulamentos (UE) n.º 2021/1060 e nº 2021/241 foram alterados pelo Regulamento (UE) nº 2023/435, do Parlamento Europeu e do Conselho, de 27 de fevereiro.

[11] Cf. https://eur-lex.europa.eu/legal-content/PT/TXT/HTML/?uri=CELEX:32021R0241&from=IT.

[12] Vide artigo 62.º do Regulamento Financeiro (2018).

Acresce, tal como previsto na alínea b), do artigo 2º do mesmo Regulamento, que cada Estado-Membro fica obrigado a adotar as medidas adequadas para prevenir, detetar e corrigir situações de fraude, corrupção e conflitos de interesses, na aceção dos n.os 2 e 3, do artigo 61º do Regulamento Financeiro, lesivos dos interesses financeiros da União, e a intentar ações judiciais para recuperar os fundos que tenham sido objeto de apropriação indevida, inclusive no que respeita a qualquer medida de execução das reformas e dos projetos de investimento ao abrigo do plano de recuperação e resiliência.

No direito interno, embora sem assinalável inovação, a primeira definição expressa de conflitos de interesses na legislação de origem portuguesa surge em 2021, com a aprovação do Regime Geral da Prevenção da Corrupção (RGPC), constante do anexo ao Decreto-Lei n.º 109-E/2021, de 9 de dezembro. No artigo 13.º respetivo, prevê o n.º 4 que: "Considera-se conflito de interesses qualquer situação em que se possa, com razoabilidade, duvidar seriamente da imparcialidade da conduta ou decisão do membro do órgão de administração, dirigente ou trabalhador, nos termos dos artigos 69.º e 73.º do Código do Procedimento Administrativo, aprovado em anexo ao Decreto-Lei n.º 4/2015, de 7 de janeiro, na sua redação atual".[13]

Um conflito de interesses ocorre quando o exercício independente, imparcial e objetivo de funções ou responsabilidades confiadas a um agente é influenciado, pode influenciar ou parece influenciar por interesse pessoal – direito ou indireto, pecuniário ou não pecuniário, individual ou coletivo –, distinto daquele que é admissível no desempenho nessas funções.

Portanto, estamos perante um conflito de interesses quando interesses privados possam influenciar indevidamente funções públicas.

Um conflito de interesses pode surgir mesmo que a pessoa não beneficie efetivamente da situação, uma vez que é suficiente que as circunstâncias comprometam o exercício das suas funções de um modo objetivo e imparcial.

---

[13] O mesmo artigo prevê a consagração de "uma declaração de inexistência de conflitos de interesses conforme modelo a definir por portaria dos membros do Governo, responsáveis pelas áreas da justiça e da Administração Pública, nos procedimentos em que intervenham respeitantes às seguintes matérias ou áreas de intervenção: a) Contratação pública; b) Concessão de subsídios, subvenções ou benefícios; c) Licenciamentos urbanísticos, ambientais, comerciais e industriais; d) Procedimentos sancionatórios" (artigo 13.º, n.º 2). A portaria, até à presente data, não foi ainda aprovada.

Contudo, essas circunstâncias têm de ter uma certa ligação identificável e individual com (ou impacto em) aspetos concretos da conduta, do comportamento ou das relações da pessoa.

Os conflitos de interesses são um dispositivo ou mecanismo de avaliação de risco. Para a verificação de conflito de interesses é bastante o perigo de ocorrência do ato, resultado ou benefício, não exigindo, portanto, prova, atualidade ou efetividade do fator de risco em causa. Nesta dimensão conceptual, é de aplicação certa a máxima de Caio Júlio César, segundo a qual "à mulher de César não basta ser honesta, tem de parecer honesta".

Além disso, o âmbito do conflito de interesses é "intrapessoal", e não "interpessoal", circunscrito ao agente, na sua dimensão pessoal, funcional e relacional, sendo aferido o conflito através dos interesses interferentes resultantes destas dimensões e o exercício dos seus poderes, deveres e responsabilidades.

Isto significa que o conflito entre indivíduos, funções ou deveres não configura um conflito de interesses, porquanto para a delimitação conceptual concorrem o agente, o poder e/ou papel confiado e o interesse conflituante indevido.

Neste sentido, o conflito de interesses não se confunde com "interesses conflituantes", cujo alcance é mais lato, por admitir quaisquer interesses que conflituem com as funções ou decisões públicas, incluindo os resultantes dos impactos destas nos diversos interesses dos atores sociais, individuais ou coletivos.[14] Os conflitos de interesses existem porque há interesses públicos e interesses privados, não por serem naturalmente diferentes e obrigatoriamente divergentes, antes por serem contextualmente conflituantes.

Os conflitos de interesse dependem, igualmente, de análise casuística e contextual dos elementos pessoais, normativos, comportamentais, e organizacionais ou institucionais, em face dos elementos elusivos, contingentes, subjetivos das dimensões conflituantes visadas. Deste modo, conflito de interesses consiste na diferença (real, potencial ou percebida) entre os interesses de duas ou mais partes (direta ou indiretamente envolvidas) numa determinada situação – por efeito de identidades, atividades, interesses ou relações (passados, presentes ou futuros) que interferem, podem ou parecem

[14] Sobre esta distinção ver Auby (2012, pp. 145-158).

interferir na capacidade, ação ou decisão dos envolvidos, na perspetiva individual ou coletiva (organizacional, institucional).

Contudo, o conflito de interesses ilícito ou ilegal não se basta com a existência de um interesse pessoal na situação ou caso concreto, pois, exige que esse interesse pessoal influencie, possa influenciar ou aparente influenciar o exercício ou desempenho imparcial, isento e objetivo. Os conflitos de interesse são inócuos ou neutros quando não revelam ilicitude, ilegalidade e ineticidade, porquanto as situações de conflitos de interesses podem ter fundamento legal, ético ou ambos.

A prevenção e gestão dos conflitos de interesses, particularmente no domínio administrativo, visam a dupla finalidade de, por um lado, salvaguardar a isenção, neutralidade, objetividade e integridade administrativas, das decisões e dos decisores, e a confiança e credibilidade nestes; e, por outro, afastar ou mitigar suspeição, perceção ou suposição credível e razoável, baseadas na pessoa média e aplicáveis às situações ou casos concretos.

Desta feita, as normas sobre conflitos de interesse são, por definição, normas negativas pois o campo de ação normativa visa evitar que o interesse público seja real, potencial ou aparentemente prejudicado por interesses particulares dos agentes. Por conseguinte, aquelas fundam-se, essencialmente, em limitações ou proibições, como, por exemplo, incompatibilidades, impedimentos, suspeições, declarações negativas (de ausência, inexistência e/ou abstenção), exclusões e condicionamentos. O racional da densificação normativa incide, sobretudo, em ações e posições restringidas ou interditas, que obrigam a uma omissão ou inexistência, um "não fazer" ou "não ser".

Os conflitos de interesse podem ser prevenidos em instrumentos normativos e gestionários. Os instrumentos normativos podem ser leis, códigos, regulamentos, códigos de conduta. Os instrumentos gestionários podem ser planos de prevenção ou gestão de corrupção e infrações conexas, manuais de procedimentos, códigos de boas práticas e instrumentos afins.

Com efeito, os seus instrumentos e fundamentos normativos têm sido crescentes no âmbito do direito administrativo, desde a autorregulação de atividades de interesse público, como as associações e ordens profissionais, à regulação oficial, através de leis, regulamentos e códigos, sobretudo aplicáveis a funções de representação e responsabilidade de natureza política e, ou, administrativa.

No que concerne às decisões administrativas, o papel fundamental do direito administrativo consiste em garantir a prevalência e prossecução do interesse público, incluindo as esferas pessoais, sociais e funcionais dos decisores e demais intervenientes no processo de decisão pública. Esta garantia estende-se à integralidade do processo decisório, bem como à integridade das atividades e dos agentes envolvidos, a fim de serem garantidas decisões conformes com a Constituição e a lei e fundadamente equitativas, proporcionais, justas, imparciais e de boa-fé.[15]

3. A REALIZAÇÃO

Os principais desafios para a realização regulatória e responsiva da transparência e dos conflitos de interesses, em face da sua natureza interdependente, transversal e prática[16], assentam mais no campo político e gestionário, que no domínio jurídico propriamente dito, apesar de ainda ser prevalecente o *princípio* da interpretação restritiva e parcimoniosa das leis que os consagram, nomeadamente pelos decisores administrativos.

Fatores culturais importam[17], sem dúvida, mas os défices de liderança e gestão políticas e públicas em matéria de transparência e integridade, comprovados pela recente criação e respetivo processo de instalação de

---

[15] Como prevê o primeiro e principal artigo estruturante da CRP, dedicado expressa e exclusivamente à Administração Pública, artigo 266.º da CRP, com a epígrafe "Princípios Fundamentais": "1. A Administração Pública visa a prossecução do interesse público, no respeito pelos direitos e interesses legalmente protegidos dos cidadãos. 2. Os órgãos e agentes administrativos estão subordinados à Constituição e à lei e devem actuar, no exercício das suas funções, com respeito pelos princípios da igualdade, da proporcionalidade, da justiça, da imparcialidade e da boa fé."

[16] Vide, para obras especializadas no tema, Demke e Moilanen (2012) e OECD (2003, 2014a, 2014b, 2015, 2018). No campo da investigação portuguesa, ver Sousa e Triães (2008), Sousa e Coroado (2022) e Sousa e Magalhães (2022).

[17] Vide, recente estudo coordenado por Luís Sousa e Susana Coroado, de 2022, sobre ética e integridade na política, no qual se conclui que *comportamentos em que os padrões éticos legais e formais são menos claros ou abertos a diferentes interpretações, como conflitos de interesses, suscitam enorme preocupação pública e têm sido objeto de sucessivas reformas nos últimos anos.* O mesmo estudo refere que *os cidadãos condenam de forma mais veemente situações hipotéticas que descrevem comportamentos corruptivos claramente ilegais (como, por exemplo, os que resultam em ganho financeiro direto, suborno, desvio de verbas) do que situações relacionadas com conflitos de interesses, tráfico de influências, lobbying ou até mesmo má gestão* (p. 28).

entidades nacionais para a *transparência*[18] e de *anticorrupção*[19], ainda sem poderem exercer as suas competências, suscita especiais preocupações quanto à devida efetividade da transparência e controlo dos conflitos de interesses.

A transparência desempenha um papel crucial na prevenção e gestão de conflitos de interesses, ao promover o escrutínio, prestação de contas e responsabilização pelas decisões e interesses dos agentes públicos, facilita a participação pública, ao mesmo tempo que previne e dissuade comportamentos abusivos, ilegais e, ou, inéticos e eleva a confiança e riqueza dos cidadãos.

A promoção e gestão da transparência e prevenção dos conflitos de interesses são finalidades incontornáveis de qualquer sociedade aberta, pluralista, inclusiva e responsiva, que pretenda, assim, ser governada e gerida com escrutínio público, prestação de contas dos dirigentes e demais trabalhadores públicos e participação inclusiva na deliberação pública.

Em Portugal, prevalece ainda uma abordagem assaz legalista na regulação e gestão dos conflitos de interesse sobre a abordagem axiológica, ética ou principiológica, embora os agentes políticos estejam menos sujeitos à sobredita prevalência – particularmente, na dimensão da censura e responsabilização –, do que os agentes públicos. O sistema português de feitura, interpretação e aplicação de normas legais é mais favorável e apto a garantir direitos e interesses legalmente protegidos do que os princípios e deveres públicos dos indivíduos.

---

[18] A Entidade para a Transparência, criada pela Lei Orgânica n.º 4/2019, de 13 de setembro, é um órgão independente que funciona junto do Tribunal Constitucional e tem como atribuição a apreciação e fiscalização da declaração única de rendimentos, património e interesses dos titulares de cargos políticos e altos cargos públicos, adiante designada por declaração única (artigo 2.º).

[19] O Mecanismo Nacional Anticorrupção (MENAC), entidade administrativa independente que tem por missão a promoção da transparência e da integridade na ação pública e a garantia da efetividade de políticas de prevenção da corrupção e de infrações conexas, foi criado pelo Decreto-Lei n.º 109-E/2021, de 9 de dezembro, o qual, também, aprovou o Regime Geral de Prevenção da Corrupção, concretizando uma das medidas previstas na Estratégia Nacional Anticorrupção 2020-2024 (aprovada pela Resolução do Conselho de Ministros n.º 37/2021 de 6 de abril) e no artigo 6.º da já citada Convenção das Nações Unidas contra a Corrupção. Com a Portaria n.º 155-B/2023, de 6 de junho, que visa a instalação definitiva do MENAC, cessou funções o Conselho de Prevenção da Corrupção, criado pela Lei n.º 54/2008, de 4 de setembro, entidade administrativa com poderes consultivos e colaborativos que funcionava junto do Tribunal de Contas.

Em Portugal, fruto da prevalência legalista e positivista do ecossistema jurídico e das políticas públicas, a enfase e esforço em matérias de integridade, ainda residem na fase da adoção da legislação, sobretudo por efeito de pressão da política e regulação europeia e mediática, em preterição da implementação, monitorização e avaliação da mesma, o que, aliás, é igualmente aplicável ao desenho e criação das entidades públicas e à valorização da gestão e liderança públicas, nomeadamente no âmbito do recrutamento, seleção, formação e avaliação de desempenho.

Deste modo, os grandes desafios portugueses em matéria de transparência e conflitos de interesses são a realização de diagnósticos compreensivos e credíveis da realidade cultural, institucional e organizacional aplicável, a densificação e clareza e determinabilidade dos princípios e normas devidos e a elevação e promoção de padrões de abertura, transparência e integridade pública e administrativa, que, no campo do direito administrativo, passam, essencialmente, pela prevalência destes padrões na caracterização do interesse e serviço públicos; na interpretação, execução e desempenho das leis e demais normas; e no acompanhamento, controlo e responsabilização relativos à organização, procedimento e atividade administrativa.

REFERÊNCIAS DOUTRINAIS

Auby, J. 2012. Conflict of interest and administrative law, in A. Peters e L. Handschin (eds.) Conflict of Interest in Global, Public and Corporate Governance. Cambridge University Press. pp. 145-158.

Demmke, C. e T. Moilanen. 2012. Effectiveness of Public – Service Ethics and Good Governance in the Central Administrations of the EU Member States, Peter Lang, Frankfurt.

Fernandes, D. M. 2016. O Princípio da Transparência Administrativa: Mito ou Realidade?. Revista da Ordem dos Advogados, Ano 75. Lisboa. Jan.-Jul, pp. 425-457.

Kant, I. 2008. Da harmonia da Política com a Moral Segundo o Conceito Transcendental no Direito Público" (Apêndice II). A Paz Perpétua – um Projecto Filosófico (1795). Tradução de Artur Morão, Covilhã, Universidade da Beira Interior. Acedido em: http://www.lusosofia.net/textos/kant_immanuel_paz_perpetua.pdf (22 de junho 2023).

Rolo, N. C. (2019). Manual da Administração e Governação Pública: Ciência, reforma, ética e direito da administração e emprego público. Volume I. Lisboa, AAFDL.

Rolo, N. C. (2020). Manual da Administração e Governação Pública: Princípios, organização, direção e regulação do setor público, e interesse público e utilidade pública. Volume II. Lisboa, AAFDL.

Sousa, L. e J. Triães. 2008. A Corrupção e os Portugueses: Atitudes, Práticas e Valores. Cascais, Rui Costa Pinto Edições (Caps. 1 e 3).

Sousa, L. e P. Magalhães (2021). O Que Pensam Os Portugueses Sobre Corrupção: Percepções – Atitudes – Práticas Estudo de Opinião Desenvolvido no âmbito do Projecto EPOCA: Corrupção e Crise Económica, financiado pela Fundação para Ciência e Tecnologia.

Sousa, L e S. Coroado (orgs.). 2022. Ethics and integrity in politics: Perceptions, control, and impact. Francisco Manuel dos Santos Foundation. Acedido em https://www.ics.ulisboa.pt/docs/projetos/RelatorioEPOCACS.pdf (23 de julho de 2023).

TRANSPARÊNCIA, CONFLITO DE INTERESSES E PROBIDADE: DESAFIOS SISTÊMICOS DO CASO BRASILEIRO

RODRIGO VALGAS DOS SANTOS

Advogado. Especialista em Direito Administrativo pela Universidade Regional de Blumenau - FURB. Mestre em Direito pela Universidade Federal do Paraná - UFPR. Doutor em Direito, Estado e Sociedade pela Universidade Federal de Santa Catarina - UFSC. Professor de Direito Administrativo do Complexo de Ensino Superior de Santa Catarina - CESUSC. Presidente da Comissão de Moralidade Pública do Conselho Seccional de Santa Catarina - OAB/SC; 1º Vice-Presidente do Instituto Brasileiro de Direito Administrativo - IBDA; Membro Vitalício da Academia Catarinense de Letras Jurídicas - ACALEJ, Cadeira n. 26, Patrono José Ferreira Bastos.

O tema da transparência e suas mais diversas conexões com seus múltiplos subtemas é um dos maiores desafios do Direito Administrativo contemporâneo. Para além de possibilitar o amplo controle da Administração Pública, seja o controle externo, social ou mesmo o interno, a transparência tem por fito não apenas o acesso à informação, mas à informação compreensível, a integrar o cidadão no espaço estatal e da própria política, aprimorando os mecanismos de integridade na gestão pública e a possibilitar a tomada de decisão de modo mais ético e probo.

A tarefa de enfrentar, analiticamente, os diversos aspectos da transparência e o necessário contributo do Direito Administrativo à temática, é demais oportuna. Registro a honra de integrar o notável rol de autores que participam dessa obra coletiva, coordenada pela dileta Profa. Dra. Carla Amado Gomes e ao prezado Prof. Dr. Eurico Bitencourt, cujos prestígios pessoal e intelectual reuniram diversos administrativistas portugueses e brasileiros.

1. A TRANSPARÊNCIA E SEU PAPEL TRANSFORMADOR DO ESPAÇO ESTATAL

Todos temos conhecimento que a transparência é um dos importantes estágios evolutivos do acesso à informação e à conduta dos agentes estatais. Se dantes o espaço público era opaco e excludente, a necessidade de controle do processo decisório e a integração do cidadão nesse processo, especialmente após meados no século XX[1], fez-se absolutamente necessário e indispensável.[2]

Mas como todo processo histórico-evolutivo, não há conquistas definitivas. O desafio de implementarmos não apenas o acesso à informação[3], mas à transparência e a prevenção do conflito de interesses, é um processo contínuo que evolui junto às transformações sociais e no atendimento de novas demandas e prioridades. A transparência também tem por base o acesso à informação; mas a ultrapassa, no sentido de implementar políticas públicas, densificar a democracia e a participação popular, especialmente fazendo

[1] Registre-se que o acesso à informação teve importante evolução com o *Procedure Administrative Act* de 1946 e o *Freedom of Information Act* de 1967, no direito estadunidense, além de estar reconhecido em diversas leis procedimento administrativo e em convenções internacionais, a exemplo da Declaração Universal dos Direitos Humanos (1948); do Pacto Internacional sobre de Direitos Civis e Políticos (1966), Convenção Europeia de Direitos Humanos (1950), Convenção Interamericana de Direitos Humanos (1969) e o Tratado de Lisboa (2007), que implementaram as bases para o cidadão pudesse concretamente obter informações.

[2] Sobre o tema CANOTIHO, J.J. Gomes. *Direito constitucional e teoria da constituição.* 7ª edição, 2003.

[3] PITSCHAS, Rainer. Derecho administrativo de la información: la administración pública y el tratamiento de la información y del conocimiento en la era del gobierno electrónico e de la web 2.0. In: VÁZQUEZ. Javier Barnés (Ed.). *Innovación y reforma en el Derecho Administrativo.* 2 ed. Sevilla: Global Law Press, 2012.

com que a publicidade e as informações não sejam apenas acessíveis, mas compreensíveis[4] a qualquer um do povo.

Na realidade brasileira, onde melhor focaremos nossa análise, temos enormes desafios, pois nossa burocracia e classe política sempre conviveu e ainda convive – ainda que em menor escala – com práticas clientelistas, fisiologistas e patrimonialistas que há muito remontam nossa história. Ademais, a tensão entre Estado e Sociedade Civil que por vezes evidencia uma Administração mais *agressiva*[5] e com a pretensa legitimidade em definir com exclusividade o interesse público, infantilizando o cidadão (no sentido fazer escolhas por este), o que leva ao seu alijamento do espaço da política e nas possibilidades de definição dos rumos do Estado.

Essa é uma característica da realidade política e social brasileira: os extremos. Se de um lado persistem práticas que remontam ao século XIX, de outro, temos crescente inovação e renovação institucional, com a implementação da governança na Administração Pública e o incremento de sofisticadas ferramentas ao alcance do cidadão, como sucede com o acesso à informação e a transparência. Tais mecanismos possibilitam a concreção do conceito de *accoutability* que permite à sociedade interagir com o espaço da *polis* e participar das decisões políticas, operando uma revolução copernicana na posição tradicionalmente conferida aos cidadãos.

A interação entre *transparência* e *conflitos de interesses*, reside no fato que as Administrações transparentes podem possibilitar que quaisquer pessoas tenham acesso às ações dos agentes públicos eventualmente reveladoras de situações de conflito de interesses ou uso de informações privilegiadas no desempenho de suas funções, quer ainda estejam no seu exercício ou quer as tenham deixado.

---

[4] No tocante as essas conexões entre publicidade e transparência, veja-se: MOTTA, Fabrício. *Publicidade e transparência são conceitos complementares*. Disponível em: https://www.conjur.com.br/2018-fev-01/interesse-publico-publicidade-transparencia-sao-conceitos-complementares Acesso em 14 de jul. de 2023.

[5] Sobre essa passagem de uma Administração *agressiva* para *prestadora*, destaca Eurico Bitencourt: (...) a transformação de uma Administração agressiva para uma Administração prestadora, trouxe importantes mudanças na concepção do ato administrativo, antes, de regra, uma manifestação da supremacia administrativa, uma intervenção autoritária na esfera de interesses particulares, passando a ter também uma conotação positiva ou constitutiva de direitos. BITENCOURT NETO, Eurico. *Concertação administrativa interorgânica*: direito administrativo e organização no século XXI. São Paulo: Almedina, 2017, p. 120.

Os conflitos entre deveres dos agentes públicos e o interesse privado tem recebido atenção em todo mundo. Exemplo disso, nos Estados Unidos foram o *Ethics in Government Act* de 1978 ou mesmo na Grã-bretanha o *Parliamentarian´s interests* em 1975 e os parâmetros de comportamento na vida pública (*Royal Commission*).[6]

A Convenção da Nações Unidas contra a Corrupção, do qual o Brasil é signatário, em seu Artigo 7, item 4, prevê que: "4. Cada Estado Parte, em conformidade com os princípios de sua legislação interna, procurará adotar sistemas destinados a promover a transparência e a prevenir conflitos de interesses, ou a manter e fortalecer tais sistemas." As diretrizes da Organização para a Cooperação e Desenvolvimento Econômico – OCDE[7], também propiciaram ao Governo brasileiro a edição da Lei 12.813/2013 – LCI, que definiu as hipóteses de conflito de interesses.

A concepção de conflito de interesses, a despeito de suas mais diversas abordagens e por ser um conceito polissêmico, refere-se a utilização do cargo ou função pública para promover interesses privados em detrimento do interesse público, normalmente vinculadas a ganho de vantagens pessoais, uso de informações privilegiadas, praticar atos em benefício de parentes (nepotismo), de promoção pessoal, etc.[8] Ao prever as hipóteses de conflito de interesses o legislador reconheceu que o atendimento do princípio do interesse público merece especial atenção, em defesa da impessoalidade, da moralidade, da lealdade e da boa-fé dos agentes públicos no exercício das suas funções.

---

[6] CRANSTON, Ross F. Regulating conflict of interest of public officials: a comparative analysis. *Vanderbild Jornal of Transnational Law*, vol. 12, spring 1979, n. 2. 1979.

[7] As diretrizes da OCDE particularmente pretendem: "• Help government institutions and agencies to develop an effective conflict-of-interest policy that fosters public confidence in their integrity, and the integrity of public officials and public decision-making. • Create a practical framework of reference for reviewing existing solutions and modernising mechanisms in line with good practices in OECD countries. • Promote a public service culture where conflicts of interest are properly identified and resolved or managed, in an appropriately transparent and timely way, without unduly inhibiting the effectiveness and efficiency of the public organisations concerned. • Support partnerships between the public sector and the business and nonprofit sectors, in accordance with clear public standards defining the parties' responsibilities for integrity." Disponível em: https://www.oecd.org/gov/ethics/48994419.pdf Acesso em 15 de julho de 2023.

[8] CRANSTON, Ross F. Regulating conflict of interest of public officials: a comparative analysis. *Op. cit.*, p. 219.

O conceito de transparência e seus desdobramentos exige terra fecunda. De pouco adianta a previsão legal destas ferramentas – que na prática conta com poucos operadores – se não houver uma *visão de mundo*[9] dentro das burocracias e dentro da classe política, em perceberem a centralidade cidadã e pautarem sua conduta de modo transparente e responsivo.

2. A LEI DE CONFLITO DE INTERESSES BRASILEIRA (LEI Nº 12.813/2013 – LCI)

Diversas leis esparsas regram o tema do conflito de interesses no Brasil. Tais normas visam regulamentar e prevenir possíveis conflito de interesses, abrangendo desde agentes políticos; detentores de cargo em comissão, de livre provimento e exoneração ou mesmo emprego público, bem como os servidores públicos de carreira.

A norma que merece especial destaque por tratar expressamente da regulação do conflito de interesses no Brasil é a Lei 12.813/2013 – LCI. Perceba-se que a norma se destina, expressa e exclusivamente, ao âmbito da União (cf. Ementa, artigos 1º, 3º, II, 4º, 5º, 6º e 10 da LCI). Portanto, não deve ser aplicada para estados, municípios e Distrito Federal. O assunto é polêmico e comporta outras perspectivas[10]. De toda sorte, nosso posicionamento é pelo caráter limitado da norma ao Poder Executivo Federal, pelas seguintes razões:

[9] Aqui utilizamos a expressão: "visão de mundo" no sentido dado por Larry Laudan, onde não apenas incompatibilidades entre ciência e filosofia podem levar a discrepâncias epistemológicas, mas também os conflitos com ideologias morais ou sociais, de modo que questões "extracientíficas" podem influenciar a produção científica quando demais arraigada a certas crenças e visão de mundo. LAUDAN, Larry. *O progresso e seus problemas*: rumo a uma teoria do crescimento científico. Tradução: Roberto Leal Ferreira. São Paulo: Editora Unesp, 2011, p. 86-91.

[10] Alguns doutrinadores brasileiros pensam diferente acerca do tema, atribuindo carácter nacional à norma, a exemplo de José Roberto Pimenta Oliveira. Dentre seus respeitáveis argumentos, destaca: 1) que apenas lei nacional poderia disciplinar atos de improbidade; 2) que os tipos não poderiam limitar-se apenas aos agentes públicos da Administração Federal, federais; 3) a lei 12.813/2013 de ser interpretada conforme a Constituição, para produzir validamente seus efeitos, propondo que os arts. 3º, 4º e §2º e ainda arts. 5º, 6º e 12 são nacionais e os demais artigos da lei 12.813/2013 são federais. OLIVEIRA, José Roberto Pimenta. O conflito de interesses como ato de improbidade administrativa. *Revista Brasileira de Estudos da Função Pública: RBEFP*, Belo Horizonte, v. 3, n. 9, p. 79-141, set./dez. 2014.

A primeira, porque qualquer lei que pretenda restringir direitos e impor sanções deve ser interpretada restritivamente. Portanto, se a restrição legal (princípio da *reserva legal* e da *legalidade-taxatividade*) abrangeu apenas aos *agentes públicos federais*, não há como estendê-la aos agentes dos demais entes federados, pois vedada a interpretação extensiva para fins punitivos de outros destinatários da norma, inclusive como princípio decorrente do Direito Administrativo Sancionador – DAS.

Quando se criam tipos especiais de improbidade aplicáveis apenas aos agentes públicos federais, não se está a criar diferentes classes de agentes públicos. A possibilidade de distinções entre agentes públicos para fins sancionatórios está relacionada às peculiaridades de suas atribuições específicas e responsabilidades do cargo. A Lei de Abuso de autoridade (Lei 13.869/2019) define crimes apenas a certos agentes públicos, como aos juízes, delegados, membros do Ministério Público e integrantes das forças policiais (ex: artigos 9º, 10, 12, 13, 15) pois as condutas e tipos penais lá previstos não se aplicam a qualquer servidor ou agente público, mas apenas aos que desenvolvam funções que, concretamente, possam incidir na Lei de Abuso de Autoridade.

No âmbito do Direito Administrativo Sancionador, temos diversos tipos disciplinares que podem levar a demissão no âmbito dos municípios diferentes dos previstos nos estados ou mesmo da União. Nem por isso há que falar-se em inconstitucionalidade destes tipos por realizarem tratamento punitivos mais ou menos severos e não abrangerem de modo uniforme toda a classe dos servidores públicos brasileiros. Aliás, a maioria dos dispositivos da Lei de Conflito de Interesses – LCI não se destina a qualquer agente público federal, mas notadamente aos que ocupam altos cargos na Administração.

A segunda razão, é que a definição de situações de conflito de interesses é também matéria de competência dos demais entes federados por força do art. 18 da CR, que dispõe sobre a organização político-administrativa de todos os entes federados; do art. 25 da CR que possibilita aos estados organizarem-se pelas leis que adotarem; ou mesmo aos municípios a quem compete legislar sobre assuntos de interesse local, art. 30 da CR.

Nessa senda, o Estado de Minas Gerais, regulamentou o conflito de interesses através do Decreto Estadual n. 48.417-MG no âmbito do Estado

---

Disponível em http://www.congressodecompliance.com.br/2018/workshop-k/1594-9-Pimenta-ComentariosCoIImprobidade.pdf. Acesso em 15 de jul. de 2023.

de Minas Gerais (regulamentado o Estatuto dos Servidores Estaduais, Lei 869/1952, Lei 15.297/2004), com dispositivos muito similares à Lei 12.813/2013, mas sem fazer remissão a eventual sancionamento pela lei de improbidade administrativa, até pela impossibilidade de fazê-lo via lei estadual. Além disso, possibilitou ao servidor estadual consultar ao Conselho de Ética Pública – Conset sobre a ocorrência ou não de conflito de interesses no Estado de Minas Gerais. (art. 8º do Decreto 48.417 de 16 de maio de 2022).

A terceira razão, é que nem todos estados ou municípios podem consultar a Comissão de Ética Pública ou a uma Controladoria-Geral que trata do tema do conflito de interesses, tal qual o podem os agentes públicos da União para solverem dúvidas para prevenir ou impedir situações de conflito de interesses. É dizer: é paradoxal aplicar norma punitiva por violação ao conflito de interesses, sem que seja fornecido aos agentes públicos os mecanismos para evitar que possam neles incorrer.

A quarta e última razão, porque os demais entes federados, por ausência de previsão legal, não pagam remuneração compensatória equivalente aos agentes em situação de conflito de interesses quando estejam em quarentena, a exemplo do previsto no art. 8º, §2º da Lei Federal 9.986/2000[11], que prevê remuneração compensatória após a exoneração ou término do mandato. É dizer: ao admitir-se o caráter nacional da norma se pretende apenas estender seu caráter punitivo aos demais entes federados, olvidando-se todas as medidas *preventivas, dissuasórias* e *compensatórias* previstas pela União para bem resguardar seus agentes públicos federais na matéria, medidas de regra inexistentes nos estados e municípios.

Feitas essas considerações sobre o caráter federal da norma, de toda sorte, no âmbito federal as situações de conflito de interesses mereceram consideração do legislador com a edição da Lei de Conflito de Interesses – LCI, cujo art. 3º assim os definiu:

---

[11] Art. 8º Os membros do Conselho Diretor ou da Diretoria Colegiada ficam impedidos de exercer atividade ou de prestar qualquer serviço no setor regulado pela respectiva agência, por período de 6 (seis) meses, contados da exoneração ou do término de seu mandato, assegurada a remuneração compensatória. (Redação dada pela Lei nº 13.848, de 2019).
§ 2º Durante o impedimento, o ex-dirigente ficará vinculado à agência, fazendo jus a remuneração compensatória equivalente à do cargo de direção que exerceu e aos benefícios a ele inerentes. (Redação dada pela Medida Provisória nº 2.216-37, de 2001).

> Art. 3º Para os fins desta Lei, considera-se:
>
> I – conflito de interesses: a situação gerada pelo confronto entre interesses públicos e privados, que possa comprometer o interesse coletivo ou influenciar, de maneira imprópria, o desempenho da função pública; e
>
> II – informação privilegiada: a que diz respeito a assuntos sigilosos ou aquela relevante ao processo de decisão no âmbito do Poder Executivo federal que tenha repercussão econômica ou financeira e que não seja de amplo conhecimento público.

Os artigos 5º e 6º da LCI elencam as hipóteses de conflito de interesses quer no exercício de cargo ou emprego (art. 5º) ou ainda após seu exercício (art. 6º). Como estamos a trazer aspectos da lei brasileira também aos publicistas portugueses, vale transcrever os referidos dispositivos:

> CAPÍTULO II
>
> DAS SITUAÇÕES QUE CONFIGURAM CONFLITO DE INTERESSES NO EXERCÍCIO DO CARGO OU EMPREGO
>
> Art. 5º Configura conflito de interesses no exercício de cargo ou emprego no âmbito do Poder Executivo federal:
>
> I – divulgar ou fazer uso de informação privilegiada, em proveito próprio ou de terceiro, obtida em razão das atividades exercidas;
>
> II – exercer atividade que implique a prestação de serviços ou a manutenção de relação de negócio com pessoa física ou jurídica que tenha interesse em decisão do agente público ou de colegiado do qual este participe;
>
> III – exercer, direta ou indiretamente, atividade que em razão da sua natureza seja incompatível com as atribuições do cargo ou emprego, considerando-se como tal, inclusive, a atividade desenvolvida em áreas ou matérias correlatas;
>
> IV – atuar, ainda que informalmente, como procurador, consultor, assessor ou intermediário de interesses privados nos órgãos ou entidades da administração pública direta ou indireta de qualquer dos Poderes da União, dos Estados, do Distrito Federal e dos Municípios;
>
> V – praticar ato em benefício de interesse de pessoa jurídica de que participe o agente público, seu cônjuge, companheiro ou parentes, consanguíneos ou afins, em linha reta ou colateral, até o terceiro grau, e que possa ser por ele beneficiada ou influir em seus atos de gestão;

VI – receber presente de quem tenha interesse em decisão do agente público ou de colegiado do qual este participe fora dos limites e condições estabelecidos em regulamento; e (Regulamento)

VII – prestar serviços, ainda que eventuais, a empresa cuja atividade seja controlada, fiscalizada ou regulada pelo ente ao qual o agente público está vinculado.

Parágrafo único. As situações que configuram conflito de interesses estabelecidas neste artigo aplicam-se aos ocupantes dos cargos ou empregos mencionados no art. 2º ainda que em gozo de licença ou em período de afastamento.

Art. 6º Configura conflito de interesses após o exercício de cargo ou emprego no âmbito do Poder Executivo federal:

I – a qualquer tempo, divulgar ou fazer uso de informação privilegiada obtida em razão das atividades exercidas; e

II – no período de 6 (seis) meses, contado da data da dispensa, exoneração, destituição, demissão ou aposentadoria, salvo quando expressamente autorizado, conforme o caso, pela Comissão de Ética Pública ou pela Controladoria-Geral da União:

a) prestar, direta ou indiretamente, qualquer tipo de serviço a pessoa física ou jurídica com quem tenha estabelecido relacionamento relevante em razão do exercício do cargo ou emprego;

b) aceitar cargo de administrador ou conselheiro ou estabelecer vínculo profissional com pessoa física ou jurídica que desempenhe atividade relacionada à área de competência do cargo ou emprego ocupado;

c) celebrar com órgãos ou entidades do Poder Executivo federal contratos de serviço, consultoria, assessoramento ou atividades similares, vinculados, ainda que indiretamente, ao órgão ou entidade em que tenha ocupado o cargo ou emprego; ou

d) intervir, direta ou indiretamente, em favor de interesse privado perante órgão ou entidade em que haja ocupado cargo ou emprego ou com o qual tenha estabelecido relacionamento relevante em razão do exercício do cargo ou emprego.

As hipóteses previstas na LCI procuram ser mais abrangentes que outras normas que obliquamente visam tutelar conflito de interesses (ex: estatuto de servidores, lei de improbidade, incompatibilidade parlamentares etc.). O conflito de interesses não está, necessariamente, ligado a qualquer lesão ao patrimônio público, percepção de vantagem para si ou para outrem (ainda que para fins de sancionamento pela Lei 8.429/1992, agora exija-se requisitos muito mais rígidos), pois sua tutela trata de bem jurídico específico, evitando seja comprometido o regular exercício da função pública quando o agente é confrontado com a preservação de interesses públicos em face de interesses privados.

Aqui há uma relevante distinção entre a Lei 12.813/2013 – LCI e os demais diplomas legais que em breve iremos elencar. Enquanto as previsões da LCI têm caráter mais preventivo e visam evitar situações que potencialmente possam comprometer as decisões das autoridades em sua atividade decisória (ainda que isso sequer tenha ocorrido), nas demais normas que se correlacionam com o conflito de interesses já existe, ao menos em tese, a ocorrência de um comportamento ilícito inserido dentro do Direito Administrativo Sancionador, ou mesmo dentro de tipos previstos no Direito Penal que já ensejam a persecução criminal do Estado.

A título de exemplo, o Código Penal brasileiro prevê no art. 317 o crime de *corrupção passiva*, a saber: "Art. 317 – Solicitar ou receber, para si ou para outrem, direta ou indiretamente, ainda que fora da função ou antes de assumi-la, mas em razão dela, vantagem indevida, ou aceitar promessa de tal vantagem: Pena – reclusão, de 2 (dois) a 12 (doze) anos, e multa."

Ora, falar em conflito de interesses diante da ocorrência de crime de *corrupção passiva*, onde o agente público solicita vantagem indevida em razão da sua função, sequer tem maior relevância para fins de tutela preventiva de conflito de interesses. Aqui trata-se de conduta criminosa punível na esfera penal, ainda que sujeita a outras esferas de responsabilização civil, disciplinar ou de improbidade.

Com efeito, a tutela do conflito de interesses está num nível mais refinado de regulação normativa. O aspecto repressivo, embora existente, não é seu principal foco. Para isso existem uma infinidade de normas no direito brasileiro cujo propósito finalístico é a repressão, não a prevenção. Esse talvez seja o principal avanço não apenas da LCI, mas das normas que visam implementar a governança na gestão pública para promover um ambiente íntegro e evitar as "tentações" ao administrador público.

Outro aspecto a destacar é que a LCI, para além de eventuais sanções aos agentes públicos que incorrerem em conflito de interesses, teve por propósito descrever, genericamente, situações que previnam e orientem os administradores públicos nas situações de conflito, inclusive para que possam tirar dúvidas através do Sistema Eletrônico de Prevenção de Conflito de Interesses – SeCI.[12]

O SeCI é importante mecanismo heurístico para orientar os agentes públicos a descobrirem potenciais situações de conflito de interesses. A Portaria Interministerial nº 333, de 19 de setembro de 2013 (Ministério de Estado do Planejamento, Orçamento e Gestão e Controladoria-Geral da União), orienta como realizar a consulta pública, pedidos de autorização e orientação, buscando dirimir dúvidas sobre o tema, especialmente no tocante ao exercício de atividade privada de modo simultâneo à função pública.

A despeito de concentrar-se no aspecto orientativo do agente público, a LCI também prevê em seu art. 12 a possibilidade de sanções pela infração dos respectivos artigos 5º e 6º da norma. A infração da LCI pode levar o agente a incidir na Lei de Improbidade Administrativa, Lei 8.429/1992, lei bastante rigorosa do sistema normativo brasileiro, que prevê para além do ressarcimento do erário e multas, a perda da função pública e a suspensão dos direitos políticos.

Considerando as alterações na Lei de Improbidade realizadas pela Lei 14.230/2021, que modificou diversos aspectos da redação originária da Lei 8.429/1992, houve significativa mitigação do art. 12 c/c 5º e 6º da LCI enquanto ato de improbidade, pois agora a violação a princípios se dá em hipóteses taxativas, de modo que não nos parece possível que a LCI venha a sobrepor-se a Lei de Improbidade Administrativa em matéria que tratou especificamente e restritivamente acerca da improbidade por violação a princípios. Mais adiante trataremos especificamente desse aspecto.

Depois, outras normas brasileiras também regram indiretamente o tema do conflito de interesses, tanto para os agentes políticos, como para os servidores que atuam nas esferas federal, estadual e municipal.

---

[12] Para boa compreensão do sistema, disponibilizamos tanto o Guia do Administrador, Disponível em: https://seci.cgu.gov.br/seci/Documentos/publico/manual_seci_administrador.pdf como o Guia do Agente Público. Disponível em: https://seci.cgu.gov.br/seci/Documentos/publico/manual_seci_solicitante.pdfAcesso em 10 de jul. de 2023.

3. A LEI DE IMPROBIDADE ADMINISTRATIVA E SUAS INTERAÇÕES COM A TUTELA DO CONFLITO DE INTERESSES

A Lei 8.429/1992, conhecida Lei de Improbidade Administrativa – LIA, procurou coibir hipóteses de conflito de interesses. Relevante observar que as regras previstas na LIA estão mais afetas ao tema da repressão da improbidade que ao campo do conflito de interesses, mas é inegável que há uma zona comum entre alguns dos dispositivos da Lei de Improbidade e conflito de interesses. Vejamos alguns.

O art. 9º da LIA prevê em diversos incisos regras que são correlatas ao tema. O art. 9º, VIII, proíbe a aceitação de emprego, comissão ou exercer atividade de consultoria ou assessoramento a quem possa ser atingido ou amparado por ação ou omissão das suas atribuições. Igualmente o art. 9º, IX da LIA veda a percepção de vantagens econômica para liberação de verba pública.

O art. 10, XI da LIA proíbe a influência do agente para aplicação de verbas públicas. O art. 11, III da LIA veda seja revelado fato ou circunstância que se tenha ciência em razão do cargo, propiciando a informação privilegiada. Também o art. 11, XI da LIA expressamente considera improbidade/conflito de interesses a nomeação de cônjuge, companheiro ou parente e, linha reta, colateral ou por afinidade, até o terceiro grau para cargo em comissão ou função gratificada.

4. INCOMPATIBILIDADES PARLAMENTARES PARA DEPUTADOS E SENADORES NA CONSTITUIÇÃO DE 1988 E SUAS CONEXÕES COM CONFLITO DE INTERESSES

O tema das incompatibilidades parlamentares também dialoga com a prevenção do conflito de interesses, notadamente a *incompatibilidade negocial* e a *incompatibilidade profissional*.

A Constituição da República prevê diversos tipos de incompatibilidade parlamentar, a saber: 1) **Incompatibilidade negocial**, art. 54, I "a" da CR[13]

[13] Art. 54. Os Deputados e Senadores não poderão: I – desde a expedição do diploma: a) firmar ou manter contrato com pessoa jurídica de direito público, autarquia, empresa pública, sociedade de economia mista ou empresa concessionária de serviço público, salvo quando o contrato obedecer a cláusulas uniformes;

(fundada da observância dos princípios da Administração Pública). 2) **Incompatibilidade profissional** (art. 54, II "a" da CR)[14] o parlamentar está impedido de ser proprietário, controlador ou diretor de empresa que goze de favor decorrente de contrato com pessoa jurídica de direito público, ou nela exercer função remunerada. 3) **Incompatibilidade funcional** art. 54, I, "b" e II "b" da CR, que consiste na aceitação de ou exercício de qualquer função remunerada nas pessoas de direito público, autarquias, empresas públicas, sociedades de economia mista ou concessionárias de serviço público. Também o servidor público da administração direta, autárquica e fundacional, ficará afastado de seu cargo, emprego ou função, se ocupar mandato eletivo federal, estadual ou distrital (art. 38, I CR)[15]. 4) **Incompatibilidades políticas** art. 54, II, "d" da CR[16], que veda os deputados e senadores, desde a posse, ser titulares de mais de um cargo ou mandato público eletivo.[17]

Perceba-se que esse regime de incompatibilidades, ainda que também vise preservar conflito de interesses, difere do regime estabelecido na Lei 12.813/2013 – LCI, que, como vimos, é bem mais abrangente.

Essas mesmas incompatibilidades parlamentares incidem para exercício da vereança nos municípios, por força do art. 29, inc. IX da Constituição da República.

---

[14] Art. 54. Os Deputados e Senadores não poderão: II – desde a posse: a) ser proprietários, controladores ou diretores de empresa que goze de favor decorrente de contrato com pessoa jurídica de direito público, ou nela exercer função remunerada;

[15] Art. 38. Ao servidor público da administração direta, autárquica e fundacional, no exercício de mandato eletivo, aplicam-se as seguintes disposições: I – tratando-se de mandato eletivo federal, estadual ou distrital, ficará afastado de seu cargo, emprego ou função;
II – investido no mandato de Prefeito, será afastado do cargo, emprego ou função, sendo-lhe facultado optar pela sua remuneração;
III – investido no mandato de Vereador, havendo compatibilidade de horários, perceberá as vantagens de seu cargo, emprego ou função, sem prejuízo da remuneração do cargo eletivo, e, não havendo compatibilidade, será aplicada a norma do inciso anterior;

[16] Art. 54. Os Deputados e Senadores não poderão: II – desde a posse: d) ser titulares de mais de um cargo ou mandato público eletivo.

[17] DALLAVERDE, Alexsandra e KAMMER, Iris. Incompatibilidades parlamentares. *Revista Jurídica "9 de julho"*, n. 1 p. 102-116, 2002. Disponível em: https://www.al.sp.gov.br/repositorio/bibliotecaDigital/357_arquivo.pdf Acesso em 10 de julho de 2023.

5. REGIME DA LEI Nº 8.112/1990 E A TUTELA DO CONFLITO DE INTERESSES DOS SERVIDORES PÚBLICOS DA UNIÃO

Igualmente os servidores públicos federais tem uma série de proibições em suas regras estatutárias. Dentre elas, algumas que visam prevenir o conflito de interesses. Vejamos alguns desses dispositivos da Lei 8.112/1990:

Capítulo II
Das Proibições

Art. 117. Ao servidor é proibido:
(...)

VI – cometer a pessoa estranha à repartição, fora dos casos previstos em lei, o desempenho de atribuição que seja de sua responsabilidade ou de seu subordinado;

VIII – manter sob sua chefia imediata, em cargo ou função de confiança, cônjuge, companheiro ou parente até o segundo grau civil;

X – participar de gerência ou administração de sociedade privada, personificada ou não personificada, exercer o comércio, exceto na qualidade de acionista, cotista ou comanditário;

Parágrafo único. A vedação de que trata o inciso X do *caput* deste artigo não se aplica nos seguintes casos:

I – participação nos conselhos de administração e fiscal de empresas ou entidades em que a União detenha, direta ou indiretamente, participação no capital social ou em sociedade cooperativa constituída para prestar serviços a seus membros; e

I – gozo de licença para o trato de interesses particulares, na forma do art. 91 desta Lei, observada a legislação sobre conflito de interesses.

6. A LEI DE LICITAÇÕES E CONTRATOS Nº LEI 14.133/2021 E CONFLITO DE INTERESSES

A Lei 14.133/2021, a principal norma brasileira a disciplinar as licitações e contratos, também tem preocupação em coibir o conflito de interesses, como deflui-se do art. 7º, III da norma, pois além de promover a gestão por competências, a designação de agentes pela autoridade máxima do órgão ou entidade, deve preencher, dentre tantos, o seguinte requisito: "III – não sejam cônjuge ou companheiro de licitantes ou contratados habituais da Administração nem tenham com eles vínculo de parentesco, colateral ou por afinidade, até o terceiro grau, ou de natureza técnica, comercial, econômica, financeira, trabalhista e civil."

7. CONFLITO DE INTERESSES EM PORTUGAL

Tendo em conta que este artigo busca também dialogar com nossos irmãos lusitanos, relevante trazermos, mui objetivamente, o tratamento normativo do tema do conflito de interesses em Portugal.

Em Portugal o Regime do Exercício de Funções por Titulares de Cargos Políticos e Altos Cargos Públicos – RECP previsto na Lei nº 52/2019 não se trata de um regime propriamente novo, eis que o tema já fora regulado pela Lei nº 9/1990 e pela Lei 64/1993. Além disso, a atual Lei nº 52/2019 abrangeu o tema do controle público da riqueza dos titulares de cargos políticos, anteriormente previsto na Lei nº 4/1983.[18]

O RECP da Lei nº 52/2019 aplica-se aos detentores de cargos políticos (art. 2º), aos altos cargos públicos (art. 3º); aos juízes do Tribunal Constitucional e do Tribunal de Contas, Provedor de Justiça e membros dos Conselhos Superiores (art. 4º) e aos Magistrados Judiciais e Magistrados do Ministério Público (art. 5º).[19]

Igualmente o Conselho de Prevenção da Corrupção – CPC, editou a Recomendação sobre gestão de conflito de interesses no setor público (Recomendação de 8 de janeiro de 2020), que está em consonância com o chamado "pacote da transparência", tanto com a Lei nº 52/2019 (RECP); como com a Lei 60/2019 (Estatuto dos Deputados); Lei Orgânica 4/2019

[18] FERREIRA, José Augusto Gonçalves. Disponível em: https://observatorio.almedina.net/index.php/2022/10/19/incompatibilidades-e-impedimentos-dos-titulares-de-cargos-politicos/ Acesso em 10 de jul. de 2023.

[19] Disponível em https://www.parlamento.pt/Legislacao/Documents/Legislacao_Anotada/RegimeExercicioFuncoesTitularesCargosPoliticosAltosCargosPublicos_Simples.pdf Acesso em 15 de jul. de 2023.

(Entidade para Transparência) e pela RAR nº 210/2019 (Código de Conduta dos Deputados à Assembleia da República).[20]

Tais diplomas visam resguardar os possíveis casos de conflito de interesses entre as esferas privada e pública, incluindo situações reais, aparentes ou potenciais de conflitos aos titulares de cargos, mesmo que já tenham cessado seu respectivo exercício.

Em apertada síntese e com destaque apenas de alguns dos seus pontos principais, a Recomendação de 8 de janeiro de 2020 sugere que todas as entidades do Setor Público, inclusive demais entidades que independentemente da sua natureza que tomem decisões: i) criem e apliquem mecanismos de acompanhamento e de gestão de conflitos de interesse; ii) incluam política e gestão de riscos para prevenir a corrupção; iii) implementem medidas adequadas para tratar o trânsito entre funções públicas e privadas, especialmente a dupla circulação entre estas esferas; iv) subscrevam declarações de interesses, incompatibilidades e impedimentos nos procedimentos em que atuem; v) desenvolvam a cultura de prevenção de situações de conflitos e formação dos profissionais sobre o tema; vi) a promovam boas práticas; monitoramento de possíveis situações de conflito de interesses; vii) identifiquem áreas de riscos; viii) adotem procedimentos e controle; ix) observem os conflitos de interesses nas contratações públicas; x) declarem o recebimento de ofertas no exercício de funções e autoavaliação da política de gestão de conflito de interesses.[21]

Finalmente, os órgãos de fiscalização, controle e inspeção devem verificar e reportar a implementação das medidas objeto da Recomendação de 8 de janeiro de 2020 do Conselho de Prevenção da Corrupção – CPC.

O Anexo da referida Recomendação, estabelece, notadamente, o enquadramento e noção de conflito de interesses, tanto na transição do setor público para o privado, ou vice-versa, ou mesmo a chamada "dupla porta giratória", com o reiterado ingresso e regresso nesses setores; o desenvolvimento de

[20] A Recomendação do Conselho de Prevenção da Corrupção e sobre Gestão de Conflito de Interesses no Setor Público seguem as orientações da ONU, da OCDE, da União do Conselho da Europa – GRECO. Disponível em: https://www.cpc.tcontas.pt/documentos/recomendacoes/recomendacao_cpc_20200108.pdf Acesso em 09 de jul. de 2023.

[21] Essas recomendações do CPC estão previstas, respectivamente, no item 1, letras: a, b, c, d, e, f, g, f, i, j, k, l, m e n da Recomendação de 8 de janeiro de 2020. Disponível em: https://www.cpc.tcontas.pt/documentos/recomendacoes/recomendacao_cpc_20200108.pdf Acesso em 09 de jul. de 2023.

adequada cultura organizacional; a identificação de áreas de risco; a busca da probidade e transparência e declarações prévias de inexistência de impedimentos.

A Recomendação de 8 de janeiro de 2020 também indica o quadro legal a ser observado no controle do conflito de interesses em Portugal.

Diversas normas minudenciam hipóteses de conflito de interesses em Portugal, a exemplo do Regime de incompatibilidades do pessoal de livre designação por titulares de cargos políticos (Decreto-Lei 11/2012, de 20 de janeiro), Estatutos como a Lei 2/2004 e as alterações feitas pela Lei 64/2011 e o Estatuto do Gestor Público (Decreto-Lei 71/2007), Código de Conduta do Governo (em anexo à Resolução do Conselho de Ministros nº 53/2016) e o Código de Conduta dos Deputados à Assembleia da República (Resolução da Assembleia da República nº 219/2019) entre outras normas.

As referências normativas acima são relevantes[22], porquanto a Recomendação do CPC, a despeito do seu caráter orientativo, deve encontrar substrato legal mais denso, inclusive porque seu teor é não é no sentido de impor um comportamento permitido, proibido ou obrigatório, mas promover um estado de coisas, que sempre há de depender das peculiaridades das entidades do Setor Público português.

Bem percebe-se, que tanto no Brasil como em Portugal há diversas hipóteses de vedação legal ao conflito de interesses ou mesmo recomendações ou orientações dos órgãos de controle para evitá-los. Acerca desse ponto alerta Nuno Cunha Rolo para o caso português: "(...) o facto de a legislação estar dispersa por várias leis. Deveria avaliar-se se não seria mais positivo, claro e eficaz, existir uma única lei de conflitos de interesses devidamente sistematizada, estabelecendo as regras para todos aqueles que exercem poderes e cargos políticos e públicos."[23]

Talvez uma das maiores peculiaridades do sistema brasileiro é que além de contarmos com lei própria aplicável ao âmbito federal, estamos inseridos

---

[22] Como bem destaca Mário Aroso de Almeida: "(...) a lei não é apenas o limite, mas o pressuposto e o fundamento de toda atividade administrativa, pelo que não existe Administração Pública, nem exercício de função administrativa, sem lei, sem norma legal que o fundamente." ALMEIDA, Mario Aroso de. *Teoria geral do direito administrativo*. 4. ed. Coimbra: Almedina, 2017, p. 43.

[23] ROLO, Nuno Cunha. *Conflitos de interesses: uma regulação inconsequente*. Disponível em: https://transparencia.pt/elementor-20082/ Acesso em 15 de jul. de 2023.

em uma federação e o tratamento do tema do conflito de interesses admite uma pluralidade de enfoques não apenas no plano federal, mas estadual e municipal, além das naturais dificuldades decorrentes das grandes diferenças entre os pequenos municípios em cotejo com os estados e a União, num país de dimensões continentais e múltiplas diversidades regionais.

8. A LEI DE CONFLITO DE INTERESSES – LCI E O CONCEITO DE IMPROBIDADE ADMINISTRATIVA

O art. 12 da LCI brasileira estabelece que o agente que incorrer em conflito de interesses incorrerá em improbidade administrativa, na forma do art. 11 da Lei de Improbidade, quando não caracterizada as condutas do art. 9º (enriquecimento ilícito) e art. 10 (dano ao erário)

Para adequada compreensão do tema, necessário esclarecer qual o conceito de improbidade administrativa previsto na Lei 8.429/1992, especialmente diante das relevantes mudanças operadas pela Lei 14.230/2021, para apenas depois fazermos a correlação entre atos de improbidade e os atos que importam em conflito de interesses.

8.1. O conceito de improbidade

O conceito de improbidade implica violação da *honestidade*. Desta simples premissa se pode concluir não existir a possibilidade de improbidade acidental, por descuido ou simples inobservância de norma legal. Disso decorre que ninguém pode ser ímprobo sem objetivar-se alcançar resultado antijurídico de cuja desonestidade tenha consciência.[24]

[24] Sobre esse aspecto Márcio Cammarosano e Flávio Unes: "Mas a violação da ordem jurídica pode ainda apresentar-se especialmente qualificada pelo atuar com desonestidade, dolosamente, mediante fraude, de sorte a ensejar a aplicação de sanções as mais severas, porque aí sim estar-se-á diante de improbidade administrativa, de comportamento de quem objetivou resultado de cuja especial antijuridicidade qualificada pela desonestidade tinha plena consciência. CAMMAROSANO, Márcio; UNES, Flávio. *Improbidade e esvaziamento do dolo.* Disponível em: <http://www.oseleitoralistas.com.br/2014/04/14/improbidade-e-esvaziamento-do-dolo-marcio-cammarosano-e-flavio-unes/>. Acesso em: 9 jun. 2020.

De há muito temos alertado que conceito de improbidade no Brasil adquiriu dimensão demais ampla, tornando-se absolutamente disfuncional[25], e, sob seu manto, as mais diversas condutas são subsumíveis a uma ideia de improbidade descompassada da Constituição. Tal fato traz grande insegurança jurídica aos administradores públicos pois qualquer erro poderá passar, e muito, do mero ressarcimento civil, afetando desproporcionalmente seu patrimônio e demais consectários legais, com reflexos nos seus direitos políticos e ao cargo que exerce.

Portanto, o novo regime legal de improbidade inaugurado pela Lei 14.230/2021 não implicou em qualquer retrocesso no combate à corrupção. Sempre oportuno lembrar que nenhum país tem uma lei de improbidade nos moldes da brasileira, o que nos faz dizer, de modo jocoso, que ou estamos *certos* ou todos os países do mundo estão *errados*... Essa a razão para nova conformação legal da matéria, pois as ações de improbidade eram manejadas de modo abusivo e a amplitude dos seus tipos fazia com que qualquer agente público, potencialmente, pudesse ser condenado por improbidade, especialmente se ordenasse despesa pública.

As alterações efetuadas pela Lei 14.230/2021 agora demandam releitura dos atos de conflito de interesses que possam ser enquadrados como atos de improbidade, especialmente por duas mudanças fundamentais.

A primeira, que todos os tipos de improbidade exigem dolo, não mais culpa, mesmo que grave. Desse modo, as infrações à norma exigem ação ou omissão dolosa. Mas não qualquer dolo. A lei exige que a conduta do agente tenha se dado com *dolo específico*, com o fim de obter benefício indevido para si, para outra pessoa ou entidade (art. 11, §1º da LIA).

A segunda, que a prática de conflito de interesses com base nos artigos 5º, 6º 12 da LCI, não mais configuram improbidade administrativa por violação a princípios, pois segundo o art. 11 da redação atual Lei de Improbidade – LIA, apenas haverá improbidade por violação a princípios nas *estritas* e *taxativas* hipóteses dos incisos do art. 11 da LIA, não em eventuais remissões feitas por lei especial diversa da LIA.

Iniciemos pela primeira mudança, relacionada a extinção da modalidade culposa e da exigência de dolo específico para todos os tipos de improbidade administrativa.

---

[25] Sobre o tema: SANTOS, Rodrigo Valgas dos. *Direito administrativo do medo*: risco e fuga da responsabilização dos agentes públicos. 2ª ed. São Paulo: Thomson Reuters Brasil, 2022.

8.2. Culpa e dolo específico nas ações de improbidade administrativa

Um dos avanços mais relevantes na Lei 14.230/2021 foi eliminar a improbidade culposa, em quaisquer das modalidades (negligência, imprudência ou imperícia), ou gradação da culpa (levíssima, leve ou grave)[26]. Quando debatemos o conceito jurídico de improbidade, percebemos ser absolutamente incompatível no binômio "*improbidade-desonestidade*" a ocorrência de qualquer modalidade culposa.

Nunca se ouviu dizer que alguém seja desonesto por acidente, sem desejar sê-lo. Entretanto, por muito tempo o tema gerou muitas controvérsias na doutrina e na jurisprudência brasileira, especialmente porque a redação originária da Lei 8.429/1992 previa no art. 10, *caput*, a modalidade culposa.

Não obstante tais avanços, a nova redação da LIA trouxe novos desafios, especialmente no tocante ao tipo dolo exigível para incidência das suas sanções.

Por dolo quer-se designar como a vontade consciente e dirigida de realizar ou mesmo aceitar a conduta prevista no tipo. A doutrina penal costuma enfatiza que o art. 18 do Código Penal consagrou a *teoria da vontade* no dolo direto e a *teoria do consentimento* para o dolo eventual.

Com efeito, não é suficiente para caracterização da improbidade administrativa a mera violação à lei. Diante da complexidade da aplicação do emaranhado normativo brasileiro, é quase impossível aos agentes públicos

---

[26] Aqui calham as lições de Carla Amado Gomes as tratar dos problemas dos riscos decisórios e do risco de paralisia decisória: "A imputação às entidades (e só às pessoas colectivas) com funções administrativas dos danos gerados na sequência da prática de faltas leves é um imperativo constitucional (uma vez que o artigo 22.º da CRP não distingue graus de ilicitude) e uma decorrência lógica dos princípios do Estado de Direito, da dignidade da pessoa humana, da protecção dos direitos fundamentais pessoais e patrimoniais. E faz para nós sentido que o funcionário seja eximido de responder (civilmente, pelo menos) por danos ocorridos por efeito da prática de faltas cometidas com culpa leve, por força da concorrência de dois argumentos: em primeiro lugar, em nome de uma ideia de proporcionalidade – só faltas com um determinado grau de culpa devem penalizar o funcionário porque ele é humano, sujeito ao erro, desde que desculpável e não reiterado, e o serviço tem que contar com esse dado objectivo; em segundo lugar, em nome dos princípios da prossecução do interesse público e da eficiência administrativa (artigos 266.º/1 e 267.º/2 da CRP) – a responsabilização directa do funcionário por qualquer falta poderia conduzir à paralisação da actividade administrativa, devido ao espectro do ressarcimento de danos." GOMES, Carla Amado. *Risco e modificação do acto autorizativo concretizador de deveres de protecção do ambiente*. Coimbra: Coimbra Editora, 2007, p 81.

não "descumprirem" a lei. Para fins de improbidade o relevante é saber se tal descumprimento teve por finalidade em atingir o bem jurídico tutelado pela Lei 8.429/1992. Não se pode confundir mera voluntariedade, com a vontade livre e consciente de praticar ou deixar de praticar atos de modo a ferir a probidade (honestidade) na Administração Pública. Quem causou algum dano por descumprir a norma pode estar sujeito à responsabilização civil, mas não estará, necessariamente, sujeito às sanções de improbidade.

A atual redação dada pela Lei 14.230/2021 veio a asseverar ainda mais a necessidade do *dolo específico* para se aferir improbidade administrativa[27].

A Lei 14.230/2021 exigiu expressamente dolo específico para todos os tipos de improbidade, quer os da própria LIA ou mesmo os previstos em leis especiais. Isto decorre do fato que o novo regime de improbidade deve ser interpretado tendo em conta seus diversos dispositivos. A LIA determina que apenas haverá improbidade, quando for comprovado que a conduta funcional do agente público tenha pôr fim a obtenção de vantagem para si, a outrem ou a entidade. Portanto, para além da conduta típica, a lei exigiu uma finalidade especial[28]. Vejamos.

O art. 11, §1º da LIA dispõe: "§ 1º Nos termos da Convenção das Nações Unidas contra a Corrupção, promulgada pelo Decreto nº 5.687, de 31 de janeiro de 2006, somente haverá improbidade administrativa, na aplicação deste artigo, quando for comprovado na conduta funcional do agente público o fim de obter proveito ou benefício indevido para si ou para outra pessoa ou entidade."

Perceba-se que tal dispositivo não se aplica exclusivamente à violação a princípios. Por força do art. 11, §2º da LIA aplica-se o § 1º a quaisquer tipos

---

[27] Daniel Amorim Assumpção Neves e Rafael Carvalho Rezende Oliveira igualmente destacam a exigência de dolo específico a partir da Lei 14.230/2021: "Com a reforma promovida pela Lei 14.230/2021, o §2º do art. 1º da LIA supera o entendimento jurisprudencial para se exigir, a partir de agora, o dolo específico para configuração da improbidade." NEVES, Daniel Amorim Assumpção Neves; OLIVEIRA, Rafael Carvalho Rezende. *Comentários à reforma da lei de improbidade administrativa*: Lei 14.230, de 25.10.2021 comentada artigo por artigo. Rio de Janeiro: Forense, 2022, p. 6.

[28] No Código Penal brasileiro, o crime do art. 159 (extorsão mediante sequestro), é clássico exemplo de crime que exige dolo específico e guarda similaridade com as finalidades especiais de vantagem a si, a outrem ou entidade exigidas em todos os tipos de improbidade: Art. 159. Sequestrar pessoa com o fim de obter, para si ou para outrem, qualquer vantagem, como condição ou preço do resgate: Pena – reclusão, de oito a quinze anos.

de improbidade instituídos por lei. A saber: "Art. 11 (...) §2º Aplica-se o disposto no § 1º deste artigo a quaisquer atos de improbidade administrativa tipificados nesta Lei e em leis especiais e a quaisquer outros tipos especiais de improbidade administrativa instituídos por lei."

O *dolo específico* integra todos os tipos de improbidade. Em defesa do legislador, convenhamos que o tratamento do tema deveria ser mesmo mais amplo, pois seria maçante enunciar o fito de vantagem pessoal em todos os tipos e incisos da LIA. O que poderia ter sido melhor pensado era fazê-lo em artigo próprio e não em parágrafos inseridos no art. 11 da LIA. Pode-se até criticar a técnica legislativa do legislador em optar por alocar pela finalidade especial de obter vantagem em todos os tipos de improbidade no art. 11 §1º c/c §2º da LIA, mas não se pode negar que esta foi sua expressa determinação.

Conclui-se que a LIA passou a exigir não qualquer dolo, mas *dolo específico* em obter proveito ou benefício indevido a si, a outrem ou a entidade em todos os tipos. Tal entendimento é ainda coerente com o binômio *improbidade--desonestidade,* não sendo suficiente o mero dolo genérico no descumprimento da norma.

9. A SUBMISSÃO DA LEI DE CONFLITO DE INTERESSES AO DOLO ESPECÍFICO

De tudo quando desenvolvido acima, impossível desconectarmos as hipóteses previstas nos artigos 5º e 6º c/c art. 12 da Lei de Conflito de Interesses LCI, cuja violação pode (ainda que não necessariamente), pode implicar em improbidade administrativa do regime geral estabelecido na Lei 8.429/1992 – LIA.

A partir do art. 12 da LCI, podemos ter condutas ímprobas por conflito de interesses quando houver violações ao art. 9º da LIA (que trata do enriquecimento ilícito do agente); por viação do art. 10 da LIA (improbidade por dano ao erário) ou, finalmente, por atentarem contra princípios e aos deveres de honestidade, imparcialidade e legalidade, nas estritas hipóteses dos incisos do art. 11 da LIA dadas pela Lei 14.230/2021.

Por força do art. 11, §1º c/c 2º da atual redação da Lei 8.429/1992, para quaisquer destes tipos *o dolo exigido é o específico*. Especialmente quanto ao art. 12 da LCI, quando a situação de conflito de interesses envolver violação a princípios, a mudança de paradigmas impostos pela Lei Geral de Improbidade em face da LCI é bastante significativa.

Afinal, a redação anterior da LCI não especificou se a violação aos seus artigos 5ºe 6º demandaria em seu elemento subjetivo a ocorrência de culpa, dolo genérico ou dolo específico.

Na atual sistemática da LIA, é incompossível a ocorrência de ato ímprobo por conflito de interesses "culposo" (mesmo que por culpa grave), sendo também insuficiente o dolo genérico, exigindo-se finalidade específica de agir dolosamente para obter-se benefício para si, para outrem ou entidade, seja para os artigos 9º, 10 ou 11 da LIA. A novel redação dada pela Lei 14.230/2021 impõe que para as situações de conflito de interesses exige-se *dolo específico*.

10. A LEI DE CONFLITO DE INTERESSES – LCI E A SUA COMPATIBILIZAÇÃO COM OS ATOS DE IMPROBIDADE ADMINISTRATIVA

A necessidade de compatibilidade entre a Lei de Conflito de Interesses e sua violação enquanto ato de improbidade administrativa, estão especialmente relacionadas as recentes mudanças ocorridas na Lei de Improbidade (Lei 8.429/1992) operadas pela Lei 14.230/2021.

Um primeiro aspecto diz respeito à Lei 8.429/1992 como Lei Geral de Improbidade – LIA. É dizer, todo sistema de improbidade, mesmo os tipos previstos em leis especiais, devem ser lidos a partir da LIA.

No Brasil temos uma peculiaridade normativa porquanto há leis dispersas e especiais que preveem tipos de improbidade fora da Lei 8.429/1992, que é a norma geral na matéria. A Lei de Conflito de Interesses – LCI estabelece em seu artigo 12 que a violação aos seus artigos 5º e 6º, constituem ato de improbidade administrativa:

> Art. 12. O agente público que praticar os atos previstos nos arts. 5º e 6º desta Lei incorre em improbidade administrativa, na forma do art. 11 da Lei nº 8.429, de 2 de junho de 1992, quando não caracterizada qualquer das condutas descritas nos arts. 9º e 10 daquela Lei.

Como vimos anteriormente, os referidos artigos 5º e 6º c/c 12 da Lei 12.813/2013 aludem a mais de dezena de condutas que podem configurar conflito de interesses, com direta remissão aos artigos 9º, 10 e 11 da 8.429/1992. Antes da mudança legislativa operada em 2021 na LIA pela Lei 14.230/2021, até seria possível a remissão ao *caput* do art. 11, posto que suas hipóteses comportavam enquadramento genérico no próprio *caput* do art. 11, bem como os seus incisos não eram taxativos, mas exemplificativos, pois o texto originário da norma utilizava a expressão: *notadamente*.

Mas a atual realidade normativa é bastante distinta. O art. 11 deixou de ser exemplificativo e exige que para violação do *caput* e seu núcleo principiológico tenha sido caracterizadas as condutas específicas e rigorosamente delimitadas nos respectivos incisos pelo legislador.

Com essa alteração, não é mais possível a violação a princípios com base na lei especial de Conflito de Interesses, salvo se as hipóteses contantes do art. 5º e 6º da LCI estiverem reproduzidas diretamente na lei de improbidade 8.429/1992.

Como consequência, em nosso modo de ver, não mais configura improbidade administrativa as hipóteses de conflito de interesses previstos nos artigos 5º e 6º da LCI na forma do art. 11 da LIA pela *revogação tácita* da LCI nesse aspecto, ainda que possa sê-lo nos artigos 9º, 10 e pelo menos uma das hipóteses do art. 11 da LIA[29]. E a razão para essa mudança e opção do legislador é deveras legítima.

Houve um grande debate no Brasil acerca da necessidade de mudanças na lei de improbidade. Todos sabemos dos excessos cometidos na aplicação da norma e da quase inevitabilidade dos agentes públicos estarem sujeitos a essas ações. Chegou-se a ponto de ser perguntar não *se*, mas *quando* um agente público responderá a uma ação de improbidade[30]. Diante disso, o legislador

---

[29] Esse também é o entendimento de LOURENÇO, Álvaro Braga. Repercussões da reforma da lei de improbidade administrativa na lei de conflito de interesses. *Cad. Jur.* Rio de Janeiro, vol. 2, nº 3, p. 18-28, junho de 2022. Disponível em: https://web.bndes.gov.br/bib/jspui/bitstream/1408/22425/1/PRArt_Repercuss%C3%B5es%20da%20reforma%20da%20Lei%20de%20Improbidade%20Administrativa_Cadernos%20Jur%C3%ADdicos_v2%2C%20n3.pdf Acesso em: 13 de jul. de 2023.

[30] Aqui vale uma breve reflexão de certa impressão que tive ao interagir com parte dos administrativistas portugueses sobre o tema. Não raro, a imagem que se passa aos administrativistas portugueses pelos brasileiros é que o Brasil é o País da impunidade; que ninguém é punido; que os tribunais de contas são tribunais de *faz de contas*. Não é verdade. Os tribunais de contas atuam firmemente e condenam muitos agentes públicos ao ressarcimento do erário. Além disso, é quase impossível a um agente público escapar de uma ação de

realizou um expressivo número de mudanças e, especificamente ao artigo 11 da LIA, além de admitir-se apenas as ações ou omissões dolosas dos agentes, suprimiu incisos do referido dispositivo (com a revogação dos incisos I, II e X do art. 11) e modificou a redação de outros incisos.

A mudança mais radical em relação a violação de princípios foi exigir que a violação ao art. 11 da LIA se desse não apenas no genérico e amplíssimo *caput*, mas que todo e qualquer ato de improbidade que atente contra princípios e dos deveres de honestidade, imparcialidade e legalidade esteja *expresso* e *delimitado* nos incisos do art. 11 da LIA.[31]

Esse novo regramento implicou na *revogação tácita* de parte do art. 12 da Lei de Conflito de Interesses que qualificou seus art. 5º e 6º como violação a princípios previsto no art. 11 da LIA. A *revogação tácita* ocorre quando editada nova norma que resulte em incompatibilidade normativa com as já existentes. A Lei de Introdução às Normas do Direito Brasileiro – LINDB (Decreto-Lei nº 4.657/1932), prevê no seu art. 2º, §1º que: "Art. 2º Não se destinando à vigência temporária, a lei terá vigor até que outra a modifique ou revogue. §1º A lei posterior revoga a anterior quando expressamente o declare, *quando seja com ela incompatível* ou quando regule inteiramente a matéria de que tratava a lei anterior."

Não há dúvida que a temática de infração por improbidade à princípios foi inteiramente regrada e delimitada pelo legislador na novel redação da LIA. Essa mudança trouxe clara incompatibilidade normativa com a Lei de Conflito de Interesses – LCI, para fins de enquadramento dos atos de conflito de interesses como atos de improbidade quando se tratar de infração ao art. 11 da LIA. E aqui atente-se. Não se trata de inconstitucionalidade da Lei 14.230/2021 por alegada proteção deficiente da probidade administrativa.

---

improbidade em nosso sistema e não é nada simples absolvê-lo. Uma possível explicação para essa impressão em Portugal, seja que muitos dos pós-graduandos brasileiros em terras lusitanas exerçam outras atividades jurídicas que não a defesa de agentes públicos no Brasil.

[31] Esse aspecto foi objeto dos enunciados do Instituto Brasileiro de Direito Administrativo – IBDA nas Jornadas realizadas na cidade de Pirenópolis. O Enunciado nº 4 trata diretamente do tema: "4. Somente constitui ato de improbidade administrativa que atenta contra os princípios da Administração Pública a ação ou omissão dolosa que viole os deveres de honestidade, imparcialidade e legalidade e se enquadre, concomitantemente, em um dos incisos do art. 11 da Lei nº 8.429/92." Disponível em: https://enunciados.ibda.com.br/Enunciados-Aprovados.pdf Acesso em 15 de jul. de 2023.

Antes da modificação legal na LIA havia muito mais "ataque" normativo aos agentes públicos que adequada e constitucional proteção da tutela da probidade.

Ainda como ato de conflito de interesses também previsto no art. 11 inciso III da LIA, está a mencionada *divulgação de informação privilegiada*, de modo similar ao previsto no art. 5º, I e 6º, I da LCI. Mesmo o art. 10, XI da LIA que proíbe a influência dos agentes para liberação de verbas públicas, também encontra eco no art. 3º, I, da LCI, ainda que os tipos da LIA *vs.* LCI guardem suas distinções.

Os demais casos da LCI de conflito de interesses poderão eventualmente ser enquadrados na LIA, mas não por pela remissão do art. 12 da LCI, mas simplesmente porque condutas que causem enriquecimento ilícito ou dano erário (que continuam exemplificativas) sempre poderão ser punidas no sistema de responsabilização próprio de improbidade, desde que incidam em uma das condutas previstas na LIA.

É fato que há tipos de improbidade previstos em leis especiais. Mas precisamos repensar esse sistema de inclusão de tipos de improbidade por outras normas para atender o incremento punitivista do legislador sem uma visão sistêmica, especialmente após o advento da Lei 14.230/2021. O exemplo mais eloquente é o da Lei 9.504/1995, que estabelece normas para as eleições. O art. 73 da Lei 9.504/1995 norma especial que após enumerar uma série de condutas vedadas aos agentes públicos, em seu art. 73 §7º, simplesmente reputa como improbidade todas as condutas eleitoralmente vedadas como improbidade administrativa, remetendo-as ao art. 11, I da LIA, aliás, inciso I expressamente revogado pela Lei 14.230/2021.

O problema não é tanto a revogação do inciso I do art. 11 da LIA que teria deixado aparentemente sem sustentáculo normativo as condutas vedadas previstas no art. 73 da Lei 9.504/1995. O mais complicado é que leis esparsas simplesmente atuem como "jabutis"[32] legislativos criando tipos de improbidade por vezes desconectados da LIA enquanto lei geral e sem nenhuma preocupação com o sistema de responsabilização por improbidade

[32] No Brasil, a gíria "jabuti" – espécie de réptil de casco duro similar a uma tartaruga – quer significar a inclusão pelo legislador de matérias estranhas ao objeto de uma lei, quer por oportunismo ou por má técnica legislativa, interferindo sistematicamente noutras leis que já regulam certas matérias jurídicas.

no Brasil, simplesmente porque parece *politicamente correto*[33] ir proliferando tipos de improbidade País afora, que não podem ser interpretados ou aplicados sem direta conexão com a única norma que regula sistematicamente o tema no Brasil: A lei de improbidade administrativa nº 8.429/1992.

Note-se que muitas das condutas previstas no art. 73 e incisos da Lei 9.504/1995 podem, sim, serem punidas no âmbito da LIA. Todavia, o legislador de forma assistemática preferiu incluir como tipos de improbidade, condutas que rigorosamente nem sempre configurariam atos de improbidade na atual conformação da LIA.

O tema certamente irá enfrentado pelo Supremo Tribunal Federal ao enfrentar diversas Ações Direitas de Inconstitucionalidade em curso no Brasil contra a reforma da Lei de Improbidade – LIA. As conclusões da Corte Constitucional serão determinantes para sabermos se esses tipos especiais de improbidade dispersos pelo sistema jurídico brasileiro, podem ser lidos de modo desconectado da lei geral de improbidade, inclusive no tocante a LCI. Afinal, quanto aos artigos 9º e 10 da LIA, por certo há que estar presente para fins de enquadramento da conduta que incorreu em conflito de interesses, o efetivo enriquecimento ilícito do agente (art. 9º da LIA) ou o dano ao erário (art. 10 da LIA).

11. CONCLUSÕES

O desafio de implementarmos não apenas o acesso à informação, mas à transparência e a prevenção do conflito de interesses, é um processo contínuo que evolui junto às transformações sociais e no atendimento de novas demandas e prioridades.

A concepção de conflito de interesses, a despeito de suas mais diversas abordagens e por ser um conceito polissêmico, refere-se à utilização do cargo ou função pública para promover interesses privados em detrimento

[33] Acerca dos alertas dos excessos em temas politicamente corretos e que demandam nossa atenção para evitar-se perigos às democracias e ao devido processo legal, destacamos: ROBERTS, Paul. Craig; STRATTON, Lawrence. M. *The tyranny of good intentions: how prosecutors and law enforcement are trampling the constitution in the name of justice.* New York: Three Rivers Press, 2000 e SUSINI, Marie-Laure. *Elogio da corrupção*: os incorruptíveis e seus corruptos. Tradução: Procópio Abreu. Rio de Janeiro: Companhia de Freud, 2010.

do interesse público, normalmente vinculadas a ganho de vantagens pessoais, uso de informações privilegiadas, praticar atos em benefício de parentes (nepotismo), de promoção pessoal etc.

Diversas leis esparsas regram o tema do conflito de interesses no Brasil. Tais normas visam regulamentar e prevenir possíveis conflito de interesses, abrangendo desde agentes políticos; detentores de cargo em comissão, de livre provimento e exoneração ou mesmo emprego público, bem como os servidores públicos de carreira. A norma que merece especial destaque por tratar expressamente da regulação do conflito de interesses no Brasil é a Lei 12.813/2013 – LCI. Perceba-se que a norma se destina, expressa e exclusivamente, ao âmbito da União (cf. Ementa, artigos 1º, 3º, II, 4º, 5º, 6º e 10 da LCI). Portanto, não deve ser aplicada para estados, municípios e Distrito Federal.

Diversas normas minudenciam hipóteses de conflito de interesses em Portugal, a exemplo do Regime do Exercício de Funções por Titulares de Cargos Políticos e Altos Cargos Públicos – RECP previsto na Lei nº 52/2019, Regime de incompatibilidades do pessoal de livre designação por titulares de cargos políticos (Decreto-Lei 11/2012, de 20 de janeiro), Estatutos como a Lei 2/2004 e as alterações feitas pela Lei 64/2011 e o Estatuto do Gestor Público (Decreto-Lei 71/2007), Código de Conduta do Governo (em anexo à Resolução do Conselho de Ministros nº 53/2016) e o Código de Conduta dos Deputados à Assembleia da República (Resolução da Assembleia da República nº 219/2019) entre outras normas.

Por força do art. 11, §1º c/c 2º da atual redação da Lei 8.429/1992, para quaisquer tipos de improbidade é exigido o *dolo específico*. Em relação ao art. 12 da LCI, quando a situação de conflito de interesses envolver violação a princípios, a mudança de paradigmas impostos pela Lei Geral de Improbidade em face da LCI é bastante significativa.

Na mudança operada pela Lei 14.230/2021, o art. 11 da LIA deixou de ser exemplificativo e exige que para violação do *caput* e seu núcleo principiológico tenha sido caracterizadas uma das condutas específicas delimitadas nos respectivos incisos do art. 11 da LIA pelo legislador. Com essa alteração, não é mais possível a violação a princípios com base na lei especial de Conflito de Interesses, salvo se as hipóteses contantes do art. 5º e 6º da LCI estiverem reproduzidas diretamente na lei de improbidade 8.429/1992.

REFERÊNCIAS DOUTRINAIS

ALMEIDA, Mario Aroso de. *Teoria geral do direito administrativo.* 4. ed. Coimbra: Almedina, 2017.

BITENCOURT NETO, Eurico. *Concertação administrativa interorgânica*: direito administrativo e organização no século XXI. São Paulo: Almedina, 2017.

CAMMAROSANO, Márcio; UNES, Flávio. *Improbidade e esvaziamento do dolo.* Disponível em: <http://www.oseleitoralistas.com.br/2014/04/14/improbidade-e-esvaziamento-do-dolo-marcio-cammarosano-e-flavio-unes/>. Acesso em: 9 jun. 2020.

CANHADAS, Fernando A. M. *O princípio da transparência na Administração Pública*: a transparência obrigatória, a transparência permitida e a transparência permitida. 2012. 417f. Tese (Doutorado em Direito). Pontifícia Universidade Católica de São Paulo, São Paulo, 2013.

CANOTILHO, José Joaquim Gomes. *Direito Constitucional e teoria da Constituição.* 7ª ed. Coimbra: Almedina, 2003.

CRANSTON, Ross F. Regulating conflict of interest of public officials: a comparative analysis. *Vanderbild Jornal of Transnational Law*, vol. 12, spring 1979, n. 2. 1979.

DALLAVERDE, Alexsandra e KAMMER, Iris. Incompatibilidades parlamentares. *Revista Jurídica "9 de julho"*, n. 1 p. 102-116, 2002. Disponível em: https://www.al.sp.gov.br/repositorio/bibliotecaDigital/357_arquivo.pdf Acesso em 10 de julho de 2023.

FERREIRA, José Augusto Gonçalves. *Incompatibilidades (e impedimentos) dos titulares de cargos políticos.* Disponível em: https://observatorio.almedina.net/index.php/2022/10/19/incompatibilidades-e-impedimentos-dos-titulares-de-cargos-politicos/ Acesso em 10 de jul. de 2023.

GOMES, Carla Amado. *Risco e modificação do acto autorizativo concretizador de deveres de protecção do ambiente.* Coimbra: Coimbra Editora, 2007.

LAUDAN, Larry. *O progresso e seus problemas*: rumo a uma teoria do crescimento científico. Tradução: Roberto Leal Ferreira. São Paulo: Editora Unesp, 2011.

LOURENÇO, Álvaro Braga. Repercussões da reforma da lei de improbidade administrativa na lei de conflito de interesses. *Cad. Jur.* Rio de Janeiro, vol. 2, nº 3, p. 18-28, junho de 2022. Disponível em: https://web.bndes.gov.br/bib/jspui/bitstream/1408/22425/1/PRArt_Repercuss%C3%B5es%20da%20reforma%20da%20Lei%20de%20Improbidade%20Administrativa_Cadernos%20Jur%C3%ADdicos_v2%2C%20n3.pdf Acesso em: 13 de jul. de 2023.

MARTINS, Ricardo Marcondes. Direito fundamental de acesso à informação. A&C – Revista de Direito administrativo & Constitucional, Belo Horizonte, ano 14,

n. 56, p. 127-146, abr./jun. 2014. Disponível em: http://www.revistaaec.com/index.php/revistaaec/article/view/96/318 Acesso em 15 de jul. de 2023.

MOTTA, Fabrício. Publicidade e transparência são conceitos complementares. *Revista Consultor Jurídico*, São Paulo, 01 de fevereiro de 2018. Disponível em: https://www.conjur.com.br/2018-fev-01/interesse-publico-publicidade-transparencia-sao-conceitos-complementares Acesso em 14 de jul. de 2023.

NEVES, Daniel Amorim Assumpção Neves; OLIVEIRA, Rafael Carvalho Rezende. *Comentários à reforma da lei de improbidade administrativa*: Lei 14.230, de 25.10.2021 comentada artigo por artigo. Rio de Janeiro: Forense, 2022.

OLIVEIRA, José Roberto Pimenta. O conflito de interesses como ato de improbidade administrativa. *Revista Brasileira de Estudos da Função Pública: RBEFP*, Belo Horizonte, v. 3, n. 9, p. 79-141, set./dez. 2014. Disponível em http://www.congressodecompliance.com.br/2018/workshop-k/1594-9-Pimenta-ComentariosCoIImprobidade.pdf . Acesso em 15 de jul. de 2023.

PITSCHAS, Rainer. Derecho administrativo de la información: la administración pública y el tratamiento de la información y del conocimiento en la era del gobierno electrónico e de la web 2.0. In: VÁZQUEZ. Javier Barnés (Ed.). *Innovación y reforma en el Derecho Administrativo.* 2 ed. Sevilla: Global Law Press, 2012.

ROBERTS, Paul. Craig; STRATTON, Lawrence. M. *The tyranny of good intentions*: how prosecutors and law enforcement are trampling the constitution in the name of justice. New York: Three Rivers Press, 2000.

ROLO, Nuno Cunha. *Conflitos de interesses*: uma regulação inconsequente. Disponível em: https://transparencia.pt/elementor-20082/ Acesso em 15 de jul. de 2023.

SANTOS, Rodrigo Valgas dos. *Direito administrativo do medo*: risco e fuga da responsabilização dos agentes públicos. 2ª ed. São Paulo: Thomson Reuters Brasil, 2022.

SUSINI, Marie-Laure. *Elogio da corrupção*: os incorruptíveis e seus corruptos. Tradução: Procópio Abreu. Rio de Janeiro: Companhia de Freud, 2010.

II

PARTE TEMÁTICA

TRANSPARÊNCIA E CONTRATAÇÃO PÚBLICA

RAQUEL CARVALHO
Prof. Associada – Universidade Católica Portuguesa, Faculdade de Direito
rmcarvalho@ucp.pt; orcid 0000-0001-8929-7936.

1. A TRANSPARÊNCIA COMO PRINCÍPIO NA CONTRATAÇÃO PÚBLICA

1. O princípio da transparência, como aliás, a maior parte dos princípios jurídicos não é de fácil densificação. Nas palavras de R. Garcia Macho, o princípio da transparência "é um conceito poliédrico com múltiplas manifestações", difuso, "com conteúdo e limites difíceis de determinar", podendo inclusive ser interpretado de formas distintas[1]. Como diz Pedro Costa Gonçalves, "é considerado por muitos um dos princípios mais importantes da contratação pública, que funciona como ignição da regulamentação desta matéria"[2]. Já C. Bovis sublinha a influência do princípio da concorrência no

---

[1] Apresentação da monografia que coordena, *Derecho Administrativo de la información y administración transparente*, Marcial Pons, Madrid, 2010, p. 8; Concepción Barrero Rodriguez e Emilio Guicho, *La transparecia en la Contratación Publica y sus limites*, Tirant lo blanch, Valencia, 2023, p. 32.

[2] *In Direito dos Contratos Públicos*, 5.ª ed., Almedina, Coimbra, 2021, p. 141; Pedro Sánchez, *Direito da Contratação Pública*, Vol. I, AAFDL, Lisboa, 2020, p. 89; Ana Neves, "Os princípios da

preço, aplicando-se mesmo quando o contrato e as partes \não estão sujeitas às regras de contratação pública por se encontrarem abaixo dos limiares, pode ser um elemento de flexibilidade na aplicação do regime[3].

Por conseguinte, pode ser analisado em várias vertentes, em particular na vertente funcional e na organizatória. No contexto da contratação pública, interessar-nos-á em particular a vertente funcional[4], na sua função garantística, não só da visibilidade da ação pública, mas também como fator que favorece a efetividade de outros princípios como o da imparcialidade e igualdade concorrencial[5].

2. O princípio da transparência irradia e promove, conforme se explicita no Relatório da OCDE de 2011 – *Competition and Procurement*[6] – justiça e tratamento igual a potenciais concorrentes. O relatório não se limita a explicitar estes objetivos à formação de concretos contratos públicos, mas também a todos o contexto da contratação pública. Além disso, de acordo com jurisprudência assente há muito tempo, a transparência, enquanto princípio, é um dos instrumentos para concretizar a igualdade em sede de contratação pública[7]. Consequentemente, o legislador europeu consagra nas Diretivas mecanismos concretos que efetivam essa igualdade, como institutos de transparência e publicidade: a publicidade das regras dos procedimentos e das suas condições, a publicidade, ainda que mais restrita, de esclarecimentos de peças do procedimento e das propostas, a publicidade da decisão de

---

contratação Pública", *in Estudos em Homenagem ao Prof. Doutor Sérvulo Correia*, Vol. II, Coimbra Ed., Coimbra, 2010, pp. 44-45.

[3] C. Bovis, "The principles of public procurement regulation", in C. Bovis (dir) *Research handbook of EU public procurement law*, Elgar, 2016, pp. 35-46.

[4] Raquel Carvalho, *O Direito à informação Administrativa Procedimental*, Porto, Universidade Católica Portuguesa, 1999, p. 71.

[5] Neste sentido, J. M. Martinez Fernández, "Transparencia en la contratación públic", Gimeno Feliu (dir), *Estudio sistemático de la Ley de Contratos Públicos*, Aranzadi, Cizur-Menor, 2018, p. 811; Vicente Garrido Mayol, "El principio de buena administración y la gobernanza en la contratación pública", *Estudios de Deusto*, Vol. 68/2, julio-diciembre 2020, p. 134.

[6] OECD, "Competition and Procurement." Competition Committee, p. 72 (https://www.oecd.org/daf/competition/sectors/48315205.pdf), acedido a 15 de junho de 2023.

[7] *Vide* Acórdão *Telaustria*, , C – 324/98, de 7 de dezembro (ECLI:EU:C:2000:669); Acórdão *Coname*, C – 231/02, de 21 de julho (ECLI:EU:C:2005:487); no mesmo sentido, Claudia Viana, *Os Princípios Comunitários na Contratação Pública*, Coimbra Editora, Coimbra, 2007, p. 153

adjudicação e respetivo relatório, e do contrato assinado, das modificações dos contratos em sede de execução.

Estes brevíssimos exemplos permitem igualmente concluir que a transparência se serve, em primeiro lugar, da publicidade, com maior ou menor alcance, atendendo à fase do procedimento de contratação pública e à fase de execução do contrato. Mas ambos os objetivos servem, não só a igualdade concorrencial, legitimam a ação do poder público, mas também são fundamentais para o controlo das decisões tomadas por parte de quem está mais perto e é mais afetado por tais decisões. Com particular relevo para a efetividade da transparência em todo o procedimento pré e pós contratual e para a defesa dos direitos e interesses legalmente protegidos daqueles que são atingidos de alguma forma por aquele procedimento é o instrumento da fundamentação.

Já em outra sede, sustentamos uma outra vertente da função da fundamentação que serve, talvez em primeiro lugar a entidade adjudicante, defendendo as suas decisões, mas que contribuiu para compreensão do *rationale* das mesmas pelos operadores económicos e, consequentemente para a concorrência, é agora importante sublinhar que a fundamentação também alimenta e concretiza a transparência[8].

Além desta função proativa, a transparência também funciona, na medida certa, como medida protetiva da imparcialidade, uma vez que desvenda todos as informações relevantes no procedimento. Consequentemente, funciona como mecanismo de proteção da igualdade concorrencial ao tornar mais difícil o tratamento mais favorável de algum dos operadores económicos, e, por conseguinte, é um princípio particularmente envolvido nas questões de reação contra fenómenos de corrupção[9] e conflitos de direitos[10].

---

[8] Raquel Carvalho, "A exigência de fundamentação na contratação pública como instrumento de salvaguarda da concorrência", *Revista de Contratos Públicos*, 21, 2019, pp. 55-82. No mesmo sentido, Pedro Costa Gonçalves, *Direito dos Contratos Públicos*, 5.ª ed., Almedina, Coimbra, 2021, p. 142.

[9] Sobre como o aumento da transparência na contratação pública pode prevenir a corrupção, Débora Melo Fernandes e João da Cunha Empis, "O aumento da transparência como forma de prevenção da corrupção na contratação pública: as medidas legislativas recentemente adotadas na sequência da Estratégia Nacional Anticorrupção 2020-2024", *E-publica*, Vol. 9, n.º 2, 2022, pp.90 e ss.

[10] Vicente Garrido Mayol, "El principio de buena administración y la gobernanza en la contratación pública", *Estudios de Deusto*, Vol. 68/2, julio-diciembre 2020, p. 121. Ricardo

3. A diretiva dos contratos públicos enuncia o princípio da transparência logo no considerando (1), referindo-se à transparência mais 23 vezes: (i) no considerando (45), a propósito do procedimento concorrencial com negociação, impondo a documentação de todas as fases como manifestação da transparência; (ii) nos considerandos (52 e 80), na vertente da utilização dos meios informáticos em contexto de contratação pública; (iii) no considerando (58), surge associada à vertente documental dos procedimentos de contratação pública; (iv) no considerando (59) como limite à agregação e centralização de aquisições, na medida em que tal favoreça o conluio e afaste as PME; (v) no considerando (61) como fundamento ou objetivo, nos acordos-quadro, para o estabelecimento de "critérios objetivos que determinarão a escolha entre estes dois métodos de execução do acordo-quadro" (vi) considerando (68), como limite na utilização dos catálogos eletrónicos; (vii) no considerando (73), como condição de regras de contratação transfronteiriça; (viii) nos considerandos (82 e 90), em relação direta com o dever de fundamentação de decisões ao longo do procedimento de contratação pública, incluindo em especial a adjudicação; (ix) a propósito da execução do contrato público, em particular da subcontratação, o considerando (105) expressamente se refere à transparência no que respeita à transmissão de informações na cadeia de subcontratação; (x) igualmente a propósito da rescisão, o considerando (110)

Pedro, "Corrupção e Contratos Públicos: Nótula introdutória", Carla Amado Gomes, Ricardo Pedro, Marco Caldeira, Tiago Serrão, *Comentários ao Código dos Contratos Públicos*, 5.ª Ed., Vol. 1, AAFDL, Lisboa, 2023, p. 317. No Acórdão do Tribunal de Justiça da União Europeia *Lavorgna Srl*, de 2 de maio de 2019, C – 309/18 [ECLI:EU:C:2019:350], o Tribunal claramente identificou o princípio da transparência como corolário da igualdade de tratamento: "é jurisprudência constante do Tribunal de Justiça, por um lado, que o princípio da igualdade de tratamento impõe que os proponentes disponham das mesmas oportunidades na formulação dos termos das suas propostas, implicando, portanto, que estas propostas estejam sujeitas às mesmas condições para todos os proponentes. Por outro lado, o dever de transparência, que constitui o seu corolário, tem por finalidade garantir a inexistência de risco de favoritismo e de arbitrariedade por parte da autoridade adjudicante. Este dever implica que todas as condições e modalidades do processo de adjudicação sejam formuladas de forma clara, precisa e unívoca, no anúncio de concurso ou no caderno de encargos, de modo, em primeiro lugar, a permitir a todos os proponentes razoavelmente informados e normalmente diligentes compreender o seu alcance exato e interpretá-las da mesma maneira e, em segundo lugar, a possibilitar à autoridade adjudicante verificar efetivamente se as propostas dos proponentes correspondem aos critérios por que se rege o concurso em causa (Acórdão de 2 de junho de 2016, Pizzo, C-27/15, EU:C:2016:404, nº 36 e jurisprudência referida)" (ponto 19).

impõe, em nome da transparência, a realização de um novo procedimento de contratação pública para a escolha de novo cocontratante; (xi) apesar do regime específico, nos contratos de serviço à pessoa (serviços sociais), o considerando (114), embora reconhecendo um espaço de conformação autónoma aos Estados Membros, chama a atenção para a necessidade de cumprimento do princípio da transparência no estabelecimento de regras; (xii) o considerando (126) expressamente se refere à transparência na "rastreabilidade" dos documentos do procedimento e seu acesso pelos interessados no acesso a tais documentos.

4. Na parte dispositiva, o artigo 18.º da Diretiva dos Contratos Públicos consagra, no n.º 1, a atuação, pelas autoridades adjudicantes, de forma transparente[11]. A secção II do capítulo dedicado à condução do procedimento expressamente regula a transparência. Dos artigos 48.º a 55.º, a Diretiva regula os anúncios de pré-informação, os anúncios de concurso, os anúncios de adjudicação de contratos, a redação e modalidades de publicação dos anúncios, a publicação a nível nacional, a disponibilidade eletrónica dos documentos do concurso, os convites aos candidatos e a informação dos candidatos e dos proponentes.

5. Na transposição para o ordenamento interno, o Código dos Contratos Públicos (CCP) refere-se expressamente o princípio da transparência em 5 artigos: (i) o artigo 1.ºA, como princípio; (ii) no artigo 35.º A, quanto à consulta preliminar ao mercado; (iii) no artigo 78.ºA quanto ao anúncio voluntário de transparência; (iv) no artigo 275.º, quanto aos contratos subsidiados; (v) e no artigo 283.ºA, quanto à anulabilidade de contratos com fundamento em vícios procedimentais.

2. AS MANIFESTAÇÕES EXPRESSAS DE TRANSPARÊNCIA NO PROCEDIMENTO DE CONTRATAÇÃO PÚBLICA

6. Como já demos nota, o princípio da transparência aparece vertido no artigo 1.º A do CCP, como limite na consulta preliminar ao mercado

[11] No direito europeu, Sue Arrowsmith, *The Law of Public and Utilities Procurement. Regulation in the EU and UK*, Vol. 1, London, 2014, pp. 622 ss.

(n.º 2 do artigo 35.º A do CCP), na transposição do anúncio voluntário de transparência (artigo 78.ºA do CCP) e como princípio a aplicar aos contratos subsidiados nos termos do artigo 275.º do CCP.

É, por conseguinte e na sequência do contexto principiológico das Diretivas, uma diretriz orientadora da contratação pública que, tal como qualquer outro valor, não pode ser considerado em toda a sua plenitude com desconsideração de outros valores igualmente caros neste contexto.

7. Importa, no entanto, perceber como o legislador deu tradução, em termos de instrumentos concretos, à transparência que quer imprimir aos procedimentos de contratação pública. Um dos mais evidentes instrumentos de transparência é a publicidade/publicação. Mas também concretizam a transparência, os instrumentos de participação na contratação pública, como a audiência; a fundamentação das decisões (sejam elas atos administrativos ou atos procedimentais com efeitos internos[12]) e o acesso a informação.

2.1. Da publicidade na contratação pública

8. Existem formas de publicidade que não estão propriamente associadas a um concreto procedimento de contratação pública, mas que decisivamente contribuem para a transparência da atividade de contratação publica de entidades adjudicantes.

9. O anúncio de pré-informação, regulado no artigo 34.º[13], é um instrumento de publicidade da atividade das entidades adjudicantes do artigo 2.º, obrigatório, relativamente a contratos de locação ou de aquisição de serviços e a contratos de empreitadas de obras publicas, concessões de obras públicas e de serviços, observando os requisitos descritos nas alíneas a) e b) respetivamente, do n.º 1. Pela análise das informações que tal anúncio deve conter, percebe-se que a intenção subjacente é a de avisar o mercado sobre

[12] Sobre esta classificação dos atos unilaterais da Administração Pública, aqui na qualidade de entidade adjudicante, *vide* Mário Aroso de Almeida, *Teoria Geral do Direito Administrativo*, 10.ª ed., revista e ampliada, Almedina, Coimbra, 2022, p. 313.

[13] Que é distinto do anúncio previsto na alínea b) do n.º 1 do artigo 250.º B. Este é um anúncio que inicia um procedimento ao contrário do previsto no artigo 34.º

os planos de contratação pública, pelo período de 12 meses, em regra. Estas normas são a evidência da necessidade de uma dimensão de planeamento macro da atividade das entidades adjudicantes[14]. Atenção que, a propósito do anúncio da adjudicação, o n.º 7 do artigo 78.º estabelece que "entidade adjudicante tenha decidido não celebrar mais contratos durante o período abrangido por esse anúncio, o anúncio da adjudicação do contrato deve conter uma indicação específica nesse sentido". Mais uma vez, para haver transparência para o mercado sobre as intenções da entidade adjudicante.

Para as entidades do artigo 7.º, o artigo 35.º estabelece as regras do anúncio periódico informativo, na perspetiva de uma possibilidade de publicidade, anúncio de uma obrigação.

10. A consulta preliminar ao mercado, prevista no artigo 35.º A, funciona igualmente como uma publicitação e transparência sobre a intenção de eventualmente vir a contratar.

11. O anúncio voluntário de transparência, regulado no artigo 78.º A, como em tempo tivemos oportunidade de sustentar, vem alterar, sempre na disponibilidade da entidade adjudicante, mas com reflexos na questão da invalidade derivada, os procedimentos abertos em que o anúncio não é obrigatório e nos procedimentos de ajuste direto e consulta prévia. Prevê o n.º 1, a possibilidade de publicar no JOUE um "anúncio voluntário de transparência divulgando a sua intenção de celebrar o contrato"[15].

2.1.1. No início procedimento pré-contratual

12. A publicidade é um dos mais evidentes instrumentos que efetiva a transparência. Se consultarmos a Diretiva dos Contratos Públicos encontramos, como vimos *supra*, muitos considerandos e normas que se

---

[14] *Vide* o nosso "O antes e o depois do procedimento de contratação pública – a importância das fases de planeamento e monitorização da execução de contratos públicos no âmbito da contratação pública sustentável" (no prelo). Sobre o valor limitado destes anúncios, Miguel Assis Raimundo, *Direito dos Contratos Públicos*, Vol. I, AAFDL, Lisboa, 2022, pp. 266-267.

[15] Refere-se às possibilidades previstas nos artigos 19.º e 20.º, com exceção das respetivas alíneas a) de cada artigo.

referem precisamente à publicidade. O mesmo sucede, naturalmente, com o CCP.

A começar com o anúncio do procedimento de contratação pública, cuja existência é obrigatória no caso de concurso público e no concurso limitado por prévia qualificação, nos termos do disposto da alínea a) do artigo 19.º e da alínea a) do n.º 1 do artigo 20.º do CCP.

13. Por outro lado, mesmo em relação a procedimentos pré-contratuais escolhidos ao abrigo de critérios materiais, importa sublinhar que existem normas que se relacionam com publicação de anúncios anteriores e seu conteúdo. Tal publicação e conteúdo constituem pressupostos de legitimidade de recurso a tais procedimentos e estão funcionalizados a tutelar a concorrência. Veja-se o caso, por exemplo, o disposto no artigo 25.º, com a possibilidade de escolha do ajuste direto para a celebração de contrato de empreitada de obras públicas, em que a subalínea v) da alínea a) impõe que "*a possibilidade de adoção do procedimento de ajuste direto tenha <u>sido indicada no anúncio</u> ou no programa do procedimento*" (destacado nosso). Ou seja, a escolha *ad hoc* tem de ser previamente conhecida pelo mercado, a par dos demais pressupostos, todos de verificação cumulativa, para que um contrato de empreitada de obras públicas, independentemente do valor, possa ser celebrado[16]. Ainda no contexto dos critérios materiais, importa dar conta da "dispensa" de anúncio para o procedimento de negociação e de diálogo concorrencial[17], previsto no n.º 5 do artigo 29.º. Contudo, para tal é necessário que convide a "*apresentar candidaturas todos e exclusivamente os concorrentes do anterior concurso cujas propostas tenham sido excluídas apenas com fundamento na segunda parte da alínea a) ou nas alíneas b) a g) do n.º 2 do artigo 70.º*"[18]. Esta disposição é "curiosa": se todas as propostas forem excluídas ao abrigo daquelas alíneas, mesmo que violem os parâmetros base ou indiciem práticas de falsear concorrência, a entidade adjudicante pode não publicar os anúncios se voltar a convidar, nos termos

[16] O mesmo sucedendo com o disposto nas subalíneas iii) e iv) do n.º 1 do artigo 27.º, quanto ao critério material para escolha do ajuste direto em relação a contratos de aquisição de serviços, designadamente a publicidade da opção pelo ajuste direto ter ficado já feita no anúncio ou no programa do concurso.

[17] Trata-se dos anúncios a que se referem os artigos 197.º e 208.º

[18] Ficam apenas de fora de convite, parece, as propostas que "desrespeitem manifestamente o objeto do contrato a celebrar",???

da lei, "*todos e exclusivamente os concorrentes do anterior concurso cujas propostas tenham sido excluídas apenas com fundamento na segunda parte da alínea a) ou nas alíneas b) a g) do n.º 2 do artigo 70.º*". Mas se as exclusões resultarem das normas do artigo 146.º, em regra de matriz mais formal, tal possibilidade já não existe. O que é estranho na perspetiva de maior valorização das formas perante razões substantivas. Por outro lado, ao permitir a não publicação de anúncios, naquelas hipóteses, o princípio da transparência não trabalha a favor da concorrência como é a sua função.

14. O anúncio tem igualmente uma dimensão material quando surge elencado como uma das peças procedimentais no artigo 40.º, em todos os tipos de procedimento com exceção do ajuste direto e consulta prévia, por força, naturalmente, do seu âmbito mais fechado[19]. Por conseguinte, menos aberto à concorrência e, por conseguinte, com menor necessidade de transparência.

15. Tem igualmente uma função importante nos contratos reservados porquanto a participação reservada deve constar do anúncio, nos termos do disposto no n.º 2 do artigo 54.º A.

16. Se a entidade adjudicante pretender celebrar um contrato reservado, o n.º 4 do artigo 250.º D impõe que o anúncio "deve fazer referência ao presente artigo".

17. Os procedimentos de concurso público ou de concurso limitado por prévia qualificação conducentes a contratos de aprovisionamento têm sempre de ter anúncio publicado no JOUE, de acordo com o disposto no n.º 2 do artigo 265.º.

---

[19] Ainda que, por força do disposto no n.º 4 do artigo 40.º, "as indicações constantes do programa do procedimento, do caderno de encargos e da memória descritiva prevalecem sobre as indicações do anúncio em caso de divergência". A relação de subordinação encontra justificação no facto de as peças do procedimento serem aprovadas com uma densidade que o anúncio não tem e este é preenchido no site do INCM. A possibilidade de existirem desajustamentos é real, pelo que prevalecem os documentos mais densamente compostos e aprovados pelo órgão competente.

18. Mesmo nos contratos celebrados por entidades que apenas se sujeitam ao CCP por força do disposto no artigo 276.º, por exemplo, o anúncio surge como instrumento de publicidade e transparência, por força da remissão para as normas do concurso público, designadamente o artigo 131.º.

19. A obrigação de publicação do anúncio da adjudicação, nos termos do disposto no artigo 78.º:

i) sempre que "o procedimento de formação do contrato tenha sido publicitado através de anúncio publicado no Jornal Oficial da União Europeia" (n.º 1);
ii) sempre que seja por ajuste direto com base em critérios materiais e se excedam os limiares nos termos do n,º 2[20];
iii) aplicação às adjudicações no âmbito dos setores especiais, ainda que com regime um pouco mais aligeirado (n.º 3)[21];
iv) aplicação a "procedimentos de formação de acordos-quadro e aos procedimentos de formação de contratos a celebrar ao abrigo de um sistema de aquisição dinâmico quando o anúncio com indicação expressa da instituição desse sistema tenha sido publicado no Jornal Oficial da União Europeia" (n.º 4);
v) "contratos celebrados ao abrigo de um acordo-quadro, ou de um sistema de aquisição dinâmico quando o preço contratual acumulado

[20] *"A adjudicação tenha sido decidida na sequência de ajuste direto adotado ao abrigo do disposto nas alíneas a) a c) e e) do n.º 1 do artigo 24.º, nas alíneas a) e b) do n.º 1 do artigo 25.º, nas alíneas a) a d) do n.º 1 e no n.º 2 do artigo 26.º e nas alíneas a), c) e d) do n.º 1 do artigo 27.º, sempre que o preço contratual seja igual ou superior: a) Ao referido na alínea a) do n.º 3 do artigo 474.º, no caso de se tratar de um contrato de empreitada de obras públicas; b) Ao referido na alínea c) do n.º 3 do artigo 474.º, no caso de se tratar de um contrato de locação ou de aquisição de bens móveis ou de um contrato de aquisição de serviços; c) Ao referido na alínea b) do n.º 3 do artigo 474.º no caso de se tratar de um contrato de locação ou de aquisição de bens móveis ou de um contrato de aquisição de serviços, quando a entidade adjudicante seja o Estado".*

[21] "Quando o contrato a celebrar diga direta e principalmente respeito a uma ou a várias das atividades exercidas nos setores da água, da energia, dos transportes e dos serviços postais pelas entidades adjudicantes referidas no n.º 1 do artigo 7.º, o disposto no número anterior só é aplicável quando o preço contratual seja igual ou superior: a) Ao referido na alínea a) do n.º 4 do artigo 474.º, no caso de se tratar de um contrato de empreitada de obras públicas; b) Ao referido na alínea b) do n.º 4 do artigo 474.º, no caso de se tratar de um contrato de locação ou de aquisição de bens móveis ou de um contrato de aquisição de serviços.

por trimestre ultrapassar os limiares referidos nas alíneas do n.º 2, no prazo de 30 dias após o fim de cada trimestre" (n.º 5).

20. Se o contrato não tiver sido reduzido a escrito, por não ser exigível ou ter sido dispensada a redução a escrito, mesmo assim, exige-se o cumprimento do prazo de 10 dias para se iniciar a execução (n.º 3 do artigo 95.º). Todavia, o n.º 4 dispensa do cumprimento de tal prazo se "*não tenha sido publicado anúncio do procedimento no Jornal Oficial da União Europeia*". Ora, conjugando esta norma com o que resulta do anúncio voluntário de transparência, parece-me que se a entidade adjudicante optar por publicar anúncio, terá de cumprir esta exigência. O artigo 95.º refere-se apenas a anúncio publicado no JOUE, podendo, portanto, ser o obrigatório e o voluntário. Assim, se a entidade adjudicante pretender ser voluntariamente mais transparente, assume necessariamente o ónus de cumprir o prazo de suspensão, sob pena de o contrato ser anulável *ope legis*[22].

21. Quanto a prazos de apresentação de candidaturas e propostas:

i) na tramitação de procedimentos de contratação pública em que não tenha sido publicado anúncio "*não pode ser fixado um prazo para a apresentação das propostas inferior a seis dias*" (1.ª parte do n.º 1 do artigo 135.º);
ii) na tramitação de procedimentos com publicação de anúncio, "*não pode ser fixado um prazo para a apresentação das propostas inferior a 30 dias a contar da data do envio desse anúncio ao Serviço das Publicações Oficiais da União Europeia*" (n.º 1 do artigo 136.º), sendo que a utilização de anúncios de pré-informação (artigos 34.º e 35.º), com o preenchimento dos respetivos requisitos, permite a redução para 15 dias daquele prazo (n.º 2 do artigo 136.º). O que se compreende porquanto o mercado estava de sobreaviso sobre as intenções daquela entidade adjudicante. Está igualmente prevista a redução em caso de "*urgência devidamente fundamentada pela entidade adjudicante inviabilize o cumprimento do prazo mínimo de 30 dias*" (n.º 3 do artigo 136.º)[23];

[22] Com as devidas adaptações, pode fazer-se raciocínio semelhante a propósito do artigo 104.º e a redução a escrito.

[23] Cfr. igualmente o disposto no artigo 174.º.

iii) nos termos do disposto no artigo 173.º, "*quando o anúncio do concurso limitado por prévia qualificação não seja publicado no Jornal Oficial da União Europeia, não pode ser fixado um prazo para a apresentação das candidaturas inferior a seis dias a contar da data do envio, para publicação, do anúncio previsto no n.º 1 do artigo 167.º*"[24]. Ou seja, não há anúncio no JOUE, mas foi publicado anúncio no Diário da República;

iv) prazo de apresentação de propostas no concurso limitado por prévia qualificação sem publicidade internacional, o n.º 1 do artigo 190.º estabelece que "*não pode ser fixado um prazo para a apresentação das propostas inferior a seis dias*";

v) já para os concursos limitados por prévia qualificação com publicidade internacional, "*não pode ser fixado um prazo para a apresentação das propostas inferior a 25 dias a contar da data do envio do convite*" (n.º 1 do artigo 191.º). Contudo e à semelhança do que sucedeu para o concurso público [subalínea ii)], "*Quando tenha sido publicado o anúncio de pré-informação previsto no artigo 34.º e o mesmo contemple as prestações objeto do contrato a celebrar, o prazo mínimo referido no número anterior é de 10 dias, desde que: a) O anúncio de pré-informação tenha sido enviado para publicação com uma antecedência mínima de 35 dias e máxima de 12 meses em relação à data do envio do anúncio previsto no número anterior; e b) O anúncio de pré-informação tenha incluído todas as informações, disponíveis à data da sua publicação, exigidas nos termos do anexo v, parte B, secção i da Diretiva n.º 2014/24/UE, do Parlamento Europeu e do Conselho, de 26 de fevereiro*".

22. O artigo 146.º, a propósito do concurso limitado por prévia qualificação, permite que o programa do concurso estabeleça que "*a qualificação dos candidatos é efetuada apenas em função da capacidade técnica ou apenas em função da capacidade financeira*", se não for publicado no Jornal Oficial da União Europeia o anúncio do procedimento ???

23. Não há lugar à publicação do anúncio previsto no artigo 131.º, no procedimento de prévia qualificação, se tiver sido publicado o anúncio indicativo regulado no artigo 35.º, desde que se cumpram as exigências do n.º 3 do artigo 167.º: "*a) As prestações objeto do contrato a celebrar; b) O concurso*

---

[24] Cfr. para o procedimento de negociação, o artigo 198.º; para as parcerias para a inovação, n.º 2 do artigo 218.ºA.

limitado por prévia qualificação como o procedimento a adotar para a formação do contrato a celebrar; e c) Um prazo, que não pode ser superior a 11 meses a contar da data da publicação do anúncio periódico indicativo, para os interessados manifestarem à entidade adjudicante o seu interesse em participar no concurso".

24. O procedimento de conceção, pelas suas particularidades de reserva, necessita porventura de maiores cuidados na publicitação. Pode assim existir anúncio no Diário da República (n.º 1 do artigo 219.º C) ou no JOUE, dependendo da verificação dos pressupostos descritos no n.º 2: "*a) A entidade adjudicante manifeste expressamente que, posteriormente, não pretende celebrar contrato, por ajuste direto ao abrigo do disposto na alínea g) do n.º 1 do artigo 27.º, de aquisição do plano, do projeto ou da criação conceptual que consista na concretização ou no desenvolvimento do ou dos trabalhos de conceção selecionados; b) A despesa autorizada para pagamento de prémios no âmbito do concurso de conceção seja inferior aos limiares referidos nas alíneas b) ou c) do n.º 3 do artigo 474.º*".

25. Os sistemas de qualificação devem ser publicitados através de anúncio no Diário da República (artigo 245.º).

26. No que respeita aos contratos de serviços sociais, o artigo 250.ºB estabelece um conjunto de regras sobre os anúncios a publicar:

i) anúncio no JOUE [alínea a) do n.º 1];
ii) anúncio de pré-informação contendo as informações do anúncio no JOUE, os tipos de serviços e a indicação de que os procedimentos "*são adjudicados sem nova publicitação*".

2.1.2. Na tramitação do procedimento pré-contratual

27. Existem situações em que a existência de anúncio (transparência) tem reflexos importantes na tramitação do procedimento de contratação pública. Por conseguinte, passamos para um universo mais restrito de transparência, principalmente quando termina o prazo de apresentação das propostas. Até lá, enquanto a entidade adjudicante aguarda o carregamento das propostas – e vamos tomar aqui como modelo, o procedimento de concurso público – há diversas formas de transparência a observar.

28. As peças do procedimento podem variar, como se sabe, consoante o tipo de procedimento e consoante o tipo contratual. Existem, contudo, momentos de publicidade, a começar pelo anúncio, quando aplicável, com absoluta relevância para a preparação das propostas. Veja-se, por exemplo, que, na senda do que impõe o artigo 45.º da Diretiva dos Contratos Públicos, é já no anúncio que "*As autoridades adjudicantes podem autorizar ou exigir aos proponentes a apresentação de variantes, devendo precisar no anúncio de concurso ou, caso seja utilizado um anúncio de pré-informação como meio de abertura de concurso, no convite à confirmação de interesse, se as variantes são ou não autorizadas*"[25]. O mesmo se passa com a possibilidade de divisão em lotes, nos termos do disposto no n.º 2 do artigo 46.º da Diretiva[26].

Acresce que a jurisprudência europeia tem vindo a sublinhar, invocando expressa ou implicitamente, o princípio da transparência a propósito da clareza e precisão das condições, termos e modalidade da adjudicação[27].

E, finalmente, não esqueçamos a publicidade das peças do procedimento na plataforma eletrónica em que correrá o procedimento, a partir do anúncio, nos termos do disposto no n.º 1 do artigo 133.º

29. Um dos momentos de transparência mais importantes, com reflexos no universo de potenciais concorrentes, é o período em que os potenciais concorrentes pedem esclarecimentos sobre as peças procedimentais carregadas na plataforma ou o órgão competente o faz oficiosamente. Para o tema, na interseção entre os princípios da estabilidade das peças do procedimento, da transparência e da igualdade concorrencial, impõe-se o n.º 8 do artigo 50.º: "*Os esclarecimentos, as retificações e as listas com a identificação dos erros e omissões detetados pelos interessados <u>devem ser disponibilizados</u> na plataforma eletrónica utilizada pela entidade adjudicante e juntos às peças do procedimento que se encontrem patentes para consulta, <u>devendo todos os interessados que as tenham obtido ser imediatamente notificados desse facto</u>*" (destacado nosso). Surge,

---

[25] Cfr. o disposto no artigo 59.º em que as variantes surgem referidas a propósito do programa do procedimento, também sujeito a publicidade, em ligação com a alínea j) do n.º 1 do artigo 132.º. Por outro lado, o artigo 189.º, prevê, para o convite no procedimento de concurso limitado com prévia qualificação, a menção das variantes

[26] Cfr. a previsão, nas peças de procedimento, a adjudicação por lotes (n.º 1 do artigo 46.º A do CCP).

[27] Exemplificativamente, Acórdão do TJUE de 29 de abril de 2004, *Succhi di Fruta*, C – 496/99 (ECLI:EU:C:2004:236).

então, a disponibilização na plataforma e a notificação como instrumentos adicionais de transparência procedimental. De tal forma relevantes que, não só tais esclarecimentos e retificações integram as peças do procedimento (n.º 9), como, se o órgão competente não observar o prazo para o fazer e fizer tais esclarecimentos até ao fim do prazo da entrega das propostas, pode ser desencadeado o mecanismo do artigo 64.º (n.º 7). Ou seja, porque os esclarecimentos podem ser relevantes para a construção da proposta, se forem dados a conhecer sem tempo para que as mesmas possam ser adaptadas, manda o n.º 1 do artigo 64.º que "*o prazo fixado para a apresentação das propostas deve ser prorrogado, no mínimo, por período equivalente ao do atraso verificado*". Acresce a proteção material adicional no n.º 3: "*Quando as retificações ou a aceitação de erros ou de omissões das peças do procedimento referidas no artigo 50.º, independentemente do momento da sua comunicação, implicarem alterações de aspetos fundamentais das peças do procedimento, o prazo fixado para a apresentação das propostas deve ser prorrogado, no mínimo, por período equivalente ao tempo decorrido desde o início daquele prazo até à comunicação das retificações ou à publicitação da decisão de aceitação de erros ou de omissões*". O facto de o procedimento ter tido publicidade internacional, o n.º 2 estabelece, por causa dessa circunstância, um período mínimo de prorrogação (n.º 2). As decisões de prorrogação deste prazo, para efeitos de não funcionar em circuito fechado e, assim, afetar o universo de possíveis concorrentes, além das demais obrigações constantes no n.º 5, devem ser publicadas.

30. As funções do júri têm início "*no dia útil subsequente ao do envio do anúncio para publicação*" (n.º 1 do artigo 68.º).

31. Durante o funcionamento da fase de aceitação e análise das propostas, existem vários momentos com relevância para a transparência, agora com um universo necessariamente mais restrito.

a) Desde logo, findo o prazo de apresentação das propostas, o procedimento ganha alguma reserva face ao mercado, a não ser que existam direitos procedimentais de acesso motivados por interesse legítimo, nos termos do disposto no CPA, salvo norma em contrário[28].

[28] Pense-se, por exemplo, na classificação de documentos da proposta que até ocorre, nos termos do artigo 66.º, durante o prazo de apresentação das propostas.

Mas mesmo assim, o n.º 2 do artigo 66.º exige que a decisão sobre a classificação de documentos "*que constituem a proposta deve ser notificada aos interessados*" e se, posteriormente, "*deixarem de se verificar os pressupostos que determinaram a classificação de documentos que constituem as propostas, o órgão competente para a decisão de contratar deve promover, oficiosamente, a respetiva desclassificação, informando do facto todos os interessados*" (n.º 4 do artigo 66.º)[29].

b) Aquando da análise das propostas, se um concorrente apresenta uma proposta com um preço que é considerado anormalmente baixo, ou porque assim foi definido, ou porque o júri tem tal dúvida, podem ser pedidos esclarecimentos. O artigo 71.º permite o pedido de esclarecimentos que conduzem à junção de informação nova, designadamente as justificações previstas no n.º 4. Se bem analisadas, por exemplo, explicar um preço anormalmente baixo porque o processo produtivo, dadas as suas características inovadoras (demonstração disso mesmo de alguma forma, de modo a convencer o júri), faz baixar os custos de produção, não é uma alteração da proposta *per se,* mas é novel informação. Que permitirá, caso o júri aceite como boa, que a proposta siga para avaliação.

Contudo, o artigo 71.º, em nenhuma das suas normas, se refere à disponibilização destes esclarecimentos aos demais concorrentes. Os princípios da transparência e da igualdade concorrencial, que suportam todo o procedimento, levam-nos a sustentar, usando como argumento a norma do n.º 5 do artigo 72.º, que os esclarecimentos devem ser dados a conhecer aos demais concorrentes. Se, ao abrigo do artigo 72.º, em que os esclarecimentos pedidos não se dirigem a explicação mais detalhada da proposta, mas apenas a esclarecer alguma incoerência formal, são disponibilizados aos demais concorrentes, ficando na plataforma, por maioria de razão, concorrencial, devem estar os esclarecimentos prestados ao abrigo do artigo 71.º. Os esclarecimentos prestados ao abrigo do artigo 72.º, se feitos no espírito da norma, quando muito podem ter influência na avaliação da proposta. Já os esclarecimentos previstos no artigo 71.º, se não forem aceites, conduzem à exclusão da proposta nos termos do disposto na alínea e) do n.º 2 do artigo 70.º do CCP.

---

[29] Sobre esta especifica questão da classificação dos documentos, Miguel Assis Raimundo, *Direito dos Contratos Públicos*, Vol. I, AAFDL, Lisboa, 2022, pp. 458-460.

32. A audiência dos concorrentes, quando é elaborado o relatório preliminar configura, na nossa opinião, um momento de participação, naturalmente, mas também de transparência do trabalho do júri na admissão e avaliação das propostas[30]. Este trabalho, atendendo ao dever de adjudicação previsto no artigo 73.º, sustenta a decisão de adjudicação. Nos termos do disposto no artigo 147.º, o relatório é submetido a audiência, devendo os contributos que surgirem serem considerados materialmente para efeitos da elaboração do relatório final, previsto no artigo 148.º

33. Emanada a adjudicação, manda a lei que a mesma seja notificada, *em simultâneo*, a todos os concorrentes (n.º 1 do artigo 77.º do CCP)[31]. Já se se verificar uma causa de não adjudicação, nos termos do disposto no artigo 79.º, estabelece igualmente o n.º 2 do referido artigo a notificação a todos os concorrentes.

34. Ainda que a fase pós-adjudicatória diga essencialmente respeito a adjudicatário e entidade adjudicante, a lei continua, por razões de transparência, para permitir o controlo do procedimento e defesa dos direitos dos concorrentes, a manter certas obrigações de notificação a todos os concorrentes como seja, de forma expressa, a apresentação dos documentos de habilitação (n.º 1 do artigo 85.º), devendo os mesmos ser disponibilizados na plataforma (n.º 3). Na nossa perspetiva, todas as situações de caducidade da adjudicação devem ser notificadas ou são-no, implicitamente com a notificação ao concorrente seriado em 2.º lugar, embora não esteja propriamente previsto assim, porquanto a lei impõe a adjudicação.

35. Por fim, a obrigatoriedade de publicitação de contratos celebrados na sequência de ajuste direto ou consulta prévia[32] é mais uma forma de publicidade, com funções de controlo.

---

[30] Cfr. o disposto no artigo 146.º quanto ao conteúdo, no concurso público, do relatório preliminar.

[31] Já a notificação para juntar dos documentos e cumprir formalidades do procedimento pós-adjudicatório é feita apenas ao adjudicatário (n.º 2 do artigo 77.º). recorde-se ainda a obrigação de anúncio prevista no artigo 78.º

[32] Cfr. o disposto no n.º 1 do artigo 127.º do CCP.

2.1.3. *Outras formas de transparência – as comunicações a Entidades de Governance e o acesso à informação dos procedimentos de contratação pública*

36. Existem ainda mecanismos de publicidade que, embora relacionados com a contratação pública, almejam dimensões distintas de transparência e controlo. Referimo-nos às comunicações obrigatórias a entidades de *Governance* e aos relatórios que devem ser enviados à Comissão Europeia[33].

37. Uma das primeiras entidades que estão aqui incluídas é a Autoridade da Concorrência. Assim, devem-lhe ser comunicadas:

i) a exclusão de qualquer proposta cujo fundamento seja "*a existência de fortes indícios de atos, acordos, práticas ou informações suscetíveis de falsear as regras de concorrência*" (n.º 4 do artigo 70.º do CCP);
ii) a exclusão de qualquer proposta relacionada com preço anormalmente baixo "*devido ao facto do operador económico ter obtido um auxílio estatal e não poder provar que o mesmo é compatível com o mercado interno na aceção do artigo 107.º do Tratado sobre o Funcionamento da União Europeia, deve ser comunicada à Autoridade da Concorrência e, quando o anúncio do respetivo procedimento tenha sido publicado no Jornal Oficial da União Europeia, também à Comissão Europeia*" (n.º 5 do artigo 70.º);
iii) quando, em sede de execução de contrato público, "*existam fortes indícios de que a cessão da posição contratual ou a subcontratação resultem de atos, acordos, práticas ou informações suscetíveis de falsear as regras de concorrência*" [alínea c) do n.º 1 e n.º 3 do artigo 317.º].

38. No que respeita ao IMPIC, IP, o código impõe igualmente algumas comunicações:

i) a não prestação da caução quando estejamos perante empreitadas ou concessões de obras públicas (n.º 3 do artigo 91.º);
ii) quando, em sede de execução de contrato público, "*existam fortes indícios de que a cessão da posição contratual ou a subcontratação resultem*

[33] Cfr. o disposto nos artigos 454.º A e ss. do CCP.

de atos, acordos, práticas ou informações suscetíveis de falsear as regras de concorrência", caso estejamos perante contratos de empreitadas ou de concessões de obras públicas [alínea c) do n.º 1 e n.º 3 do artigo 317.º];

iii) se a oposição à subempreitada ou recusa de autorização por parte do dono da obra tiver por fundamento os limites às subempreitadas, previstos no artigo 383.º, deve igualmente ser comunicado ao IMPIC, IP;

iv) "Se o empreiteiro inscrever, dolosamente, trabalhos não efetuados nos mapas apresentados" nos termos do disposto no artigo 391.º, além da participação criminal, deve ser feita comunicação ao IMPIC;

v) envio ao IMPIC do relatório final da obra, nos termos do disposto no artigo 402.º;

vi) havendo resolução sancionatória da empreitada de obras públicas, deverá ser informado o IMPIC, se o fundamento da resolução for o facto de "o empreiteiro, de forma grave ou reiterada, não cumprir o disposto na legislação sobre segurança, higiene e saúde no trabalho" (n.º 2 do artigo 405.º);

vii) comunicações ao IMPIC, no contexto do regime sancionatório: "factos suscetíveis de constituírem contraordenação prevista na Lei n.º 41/2015, de 3 de junho (artigo 455.º); "quaisquer factos suscetíveis de constituírem contraordenações nos termos do disposto nos artigos 456.º a 458.º" (n.º 3 do artigo 461.º); incumprimento contratual nos termos definidos no artigo 464.º A;

viii) publicação, no portal dos contratos públicos, da decisão definitiva relativa "a sanção de proibição de participar, como candidato, como concorrente ou como membro de agrupamento candidato ou concorrente", nos termos do disposto no artigo 463.º;

ix) obrigação de emissão de relatórios nos termos do disposto no artigo 472.º

39. As comunicações à Comissão Europeia devem ser feitas sempre que

i) ao abrigo do artigo 15.º, quando se verifiquem as situações das alíneas c) a f) do n.º 1 do artigo 13.º (não aplicabilidade da Parte II do CCP), bem como os contratos celebrados ao abrigo da alínea a) do n.º 1 do artigo 13.º;

ii) sejam celebrados contratos ao abrigo do critério material constante da alínea a) do n.º 1 do artigo 24.º (n.º 4);
iii) sejam celebrados contratos ao abrigo do critério material constante da alínea a) do n.º 2 do artigo 26.º (n.º 3);
iv) a exclusão de qualquer proposta relacionada com preço anormalmente baixo "devido ao facto do operador económico ter obtido um auxílio estatal e não poder provar que o mesmo é compatível com o mercado interno na aceção do artigo 107.º do Tratado sobre o Funcionamento da União Europeia" (n.º 5 do artigo 70.º);
v) o relatório previsto no artigo 107.º.

40. Ainda antes de abordar uma outra dimensão de transparência, importa dar conta de uma iniciativa internacional vocacionada para a transparência da Contratação Pública e que surgiu da colaboração do World Bank Institut[34] e da German Agency for International Cooperation and Development, GIZ[35]: Open Contracting Partnership[36]. É muito interessante porquanto promove a transparência dos processos de contratação pública, incluindo as fases até agora um pouco menorizadas, como a do planeamento e a da monitorização do desempenho[37].

41. Uma outra forma de transparência relaciona-se com o acesso à informação procedimental. É evidente o acesso por parte dos interessados no procedimento de contratação, ainda que com limitações que decorrem do dever de confidencialidade que, apesar da transparência, decorre desde logo, do artigo 21.º da Diretiva dos Contratos Públicos. Trata-se da harmonização necessária entre direitos/interesses a proteger, tal como decorre, no ordenamento jurídico interno, para a conciliação de direitos constitucionalmente protegidos.

---

[34] https://www.worldbank.org

[35] https://www.giz.de

[36] https://www.open-contracting.org

[37] Sobre esta e outras iniciativas, Ahmet Soylu, Óscar Corcho , Brian Elvesæter, Carlos Badenes-Olmedo, Francisco Yedro-Martínez, Matej Kovacic, Matej Posinkovic, Mitja Medvešˇcek, Ian Makgill, Chris Taggart, Elena Simperl, Till C. Lech and Dumitru Roman, "Data Quality Barriers for Transparency in Public Procurement", *Information,* 13, 99, (https://doi.org/10.3390/info13020099), p. 4.

A Constituição Portuguesa assegura o acesso à informação administrativa procedimental no n.º 1 do artigo 268.º. Em termos gerais, a regulamentação do exercício está prevista no CPA, mas é desde logo ao nível constitucional que operam limites imanentes e são depois consagradas limitações de acesso no CPA: quando há segredo comercial/industrial, quando há dados pessoais, podendo encontrar-se ainda os sigilos bancários, fiscais, etc[38].

Em termos estritos do procedimento de contratação pública, o acesso começa por ser de todos os operadores económicos, interessados, para este efeito, no conhecimento das peças do procedimento, quando falamos dos procedimentos mais abertos à concorrência. Posteriormente, passado o período de entrega das propostas, o universo de acesso restringe-se aos que estão em procedimento[39]. Se alguma proposta é excluída, dali em diante o acesso também diminui e após a adjudicação, tirando a notificação desta e a apresentação dos documentos de habilitação (artigo 85.º).

O princípio da transparência, embora sufragado a par com o princípio da publicidade e seus instrumentos, como qualquer princípio, não tem alcance absoluto. Como sustenta Kirsi-Maria Halonen, há alguns efeitos perversos relativamente à concorrência: pode ocorrer distorção da concorrência se houver disseminação de demasiada informação e, em particular, informação sob reserva[40]. A jurisprudência do Tribunal de Justiça da União Europeia (TJUE) tem igualmente chamado à atenção para a necessidade de ponderação e equilíbrio na aplicação do princípio da transparência nos procedimentos de contratação pública[41]. Quer em concretos procedimentos, quer mesmo em relação a futuros procedimentos de contratação pública, em particular, e mais

---

[38] Sobre os limites da transparência, Concepción Barrero Rodriguez e Emilio Guicho, *La transparecia en la Contratación Publica y sus limites,* Tirant lo blanch, Valencia, 2023, pp. 157 e ss.

[39] Cfr. O disposto no n.º 2 do artigo 62.º da Lei das Plataformas Eletrónicas (Lei n.º 96/2015, de 17 de agosto).

[40] *In* "Disclosure Rules in EU Public Procurement: Balancing Between Competition and Transparency", *Journal of Public Procurement,* VOL. 16, Issue 4, 2016, pp. 528-553 (pp. 528, 530). No mesmo sentido, Albert Sánchez Graells, "The Difficult Balance between Transparency and Competition in Public Procurement: Some Recent Trends in the Case Law of the European Courts and a Look at the New Directives.", *University of Leicester School of Law Research Paper No. 13-11,* 2013. [Online]. Available at http://papers.ssrn.com/sol3/papers.cfm?abstract_id=2353005; OECD, "Competition and Procurement." Competition Committee, p. 72 (https://www.oecd.org/daf/competition/sectors/48315205.pdf), acedido a 15 de junho de 2023.

[41] Cfr. o Acórdão *Varec,* C – 450/06, de 14 de fevereiro de 2008 (EU:C:2008:91)

uma vez, em relação a informação sob reserva. Como argumento adicional, sustenta que "*pela sua natureza e de acordo com o regime da legislação comunitária na matéria, os processos de adjudicação de contratos assentam numa relação de confiança entre as entidades adjudicantes e os operadores económicos participantes. Estes últimos devem poder comunicar qualquer informação pertinente às entidades adjudicantes no âmbito do processo de adjudicação, sem receio de que as entidades adjudicantes comuniquem a terceiros elementos de informação cuja divulgação os possa prejudicar*"[42]. Ou seja, a informação reservada é perspetivada como um valor de contratação pública e que merece, por isso, proteção[43].

A jurisprudência europeia teve já oportunidade de sublinhar esta dimensão de limitação do alcance da transparência. No Acórdão *P Evropaïki Dynamiki v Commission*, o TJUE entendeu que a entidade adjudicante não tinha obrigação de fornecer uma cópia integral do relatório de avaliação a um concorrente preterido[44]. Ou seja, que o alcance da transparência, temperado com a proteção de outros interesses, não tinha esse alcance naquele caso concreto[45].

---

[42] Acórdão *Varec*, §36.

[43] Neste sentido, Kirsi-Maria Halonen, *in* "Disclosure Rules in EU Public Procurement: Balancing Between Competition and Transparency", *Journal of Public Procurement*, VOL. 16, Issue 4, 2016, pp. 528-553 (p. 532). Recorde-se que, em Portugal, a Constituição (artigo 268.º) e o Código do Procedimento do Procedimento Administrativo (artigos 82.º e ss.), além da Lei n.º 26/2016, de ... sobre o Acesso a arquivos e registos administrativos, na sequência do princípio da Administração aberta, consagram igualmente, de forma expressa ou imanente (na Constituição), domínios de sigilo ou reserva, para efeitos de harmonização de direitos e proteção de interesses legalmente protegidos. Miguel Assis Raimundo, "Contratos públicos, transparência e acesso à informação: uma abordagem preliminar", Ana Gouveia Martins, Anabela Leão, Benedita MacCrorie, Patricia Fragoso Martins (Coord.), *Atas do XI Encontro de Professores de Direito Público*, Porto, 2018, p.134.

[44] Acórdão C-561/10, de 20 de setembro (ECLI:EU:C:2011:598).

[45] Referindo-se a esta harmonização, Acórdão do Tribunal Geral, *Cosipure Soc. Coop. P.A*, de 29 de janeiro de 2013, T – 339/10 e T –532/10 (ECLI:EU:T:2013:38): " Em todo o caso, e na medida em que os argumentos da recorrente, designadamente a invocação do princípio da transparência, possam ser interpretados como visando contestar, só por si, a recusa de acesso às propostas técnicas e económicas dos proponentes, em particular a do proponente escolhido, cabe recordar que o princípio da transparência, visado pelo artigo 89.o, n.º 1, do Regulamento Financeiro, deve ser conciliado com a proteção do interesse público, dos interesses comerciais legítimos das empresas públicas ou privadas e da concorrência leal, que justifica a possibilidade, prevista no artigo 100.o, n.º 2, segundo parágrafo, do Regulamento Financeiro, de se omitir a comunicação de certos elementos a um candidato preterido, quando essa omissão for necessária para garantir o respeito dessas exigências (acórdão do Tribunal

No que respeita ao acesso, mesmo pelos concorrentes, além do Acórdão já acima citado (*Varec*), importa referir expressamente o Acórdão do TJUE *Klaipėdos*, de 7 de setembro de 2021, C – 927/19, (ECLI:EU:C:2021:700): "o artigo 3.º, n.º 2, da Diretiva 2016/943 dispõe que a aquisição, utilização ou divulgação de um segredo comercial é considerada legal na medida em que tal aquisição, utilização ou divulgação seja imposta ou permitida pelo direito da União ou pelo direito nacional. 101 Neste contexto, refira-se que o artigo 21.o da Diretiva 2014/24, lido em conjugação com o considerando 51 desta última, prevê que a entidade adjudicante não divulgue, em princípio, as informações que os operadores económicos lhe tenham comunicado a título confidencial e que pode impor aos operadores económicos requisitos destinados a proteger a confidencialidade das informações que colocam à disposição ao longo de todo o procedimento de adjudicação do contrato. 102 Por conseguinte, para dar uma resposta útil ao órgão jurisdicional de reenvio, o Tribunal de Justiça procederá à interpretação das disposições pertinentes das Diretivas 2014/24 e 89/665 que precisam, nomeadamente, as regras específicas aplicáveis às entidades adjudicantes e aos órgãos jurisdicionais nacionais no que respeita à proteção da confidencialidade dos documentos que lhes são submetidos no âmbito dos procedimentos relativos aos processos de adjudicação de contratos públicos".

Existem igualmente decisões jurisprudenciais em Portugal. Veja-se, por exemplo, o Acórdão do TCA-Sul, de 10 de Maio de 2018 (Rel. Paulo Pereira Gouveia, Proc. n.º 1502/17.5BELRA), no qual estava em causa um pedido de acesso a numerosos elementos, transcritos no acórdão em questão: ""(...) documentos administrativos referentes aos contratos celebrados por esta entidade com o S... nos últimos 3 anos tendo por objeto regular a forma como o S... executará ou contratará os serviços de gestão de resíduos a entidades terceiras (...)" e ainda todas as "(...) cópias dos convites, programas de procedimento, caderno(s) de encargos ou documentos da entidade adjudicante onde constam as condições e termos para a prestação de serviços (...)", bem como a "(...) cópia das propostas, dos orçamentos e dos documentos contendo as condições de prestação de serviços.", a "cópia dos contratos celebrados", toda a "(...) informação sobre a existência de agrupamento, consórcio, agrupamento complementar de empresas ou outra modalidade

Geral de 10 de dezembro de 2009, Antwerpse Bouwwerken/Comissão, T-195/08, Colet., p. II-4439, n.º 84).

de associação entre o S... e outra entidade para a execução dos serviços (...)" e ainda a "Informação sobre a existência de cessão da posição contratual ou subcontratação pelo S... a outra entidade, sobre os procedimentos de contratação pública seguidos para a cessão ou subcontratação e cópia das autorizações dadas para o efeito (...)".

Albert Sánchez Graells elucida que a jurisprudência europeia, quando se debruça sobre o princípio, fá-lo, em regra, no contexto "da necessidade de prevenir práticas discriminatórias e o favorecimento (ou a corrupção, em sentido lato) e de equipar efetivamente os concorrentes a interporem recursos contra as decisões de adjudicação, sempre que tal se justifique; mas os tribunais têm ignorado a necessidade de equilibrar essas considerações com a prevenção de conluio nos processos de adjudicação de contratos públicos"[46]. Assim, parece ser importante usar de alguma prudência na divulgação de informação em sede de procedimento de contratação. Albert Sánchez Graells sublinha aindaque as entidades adjudicantes devem ponderar "os riscos reais de utilização estratégica dos procedimentos de impugnação ou a estrutura do mercado é tal que o aumento do grau de transparência poderia (inadvertidamente) facilitar ou reforçar a colusão"[47].

Por conseguinte, ainda que seja um princípio instrumental face ao princípio da concorrência, a transparência deve ser usada sempre e enquanto favorecer uma concorrência saudável[48]. Sempre que o alcance da transparência conduza a situações como as que atrás estão assinaladas, encontramos o limite que, na teoria da constituição, se designa como limite imanente do seu conteúdo. Ou seja, já não encontra respaldo jurídico em qualquer

---

[46] "The Difficult Balance between Transparency and Competition in Public Procurement: Some Recent Trends in the Case Law of the European Courts and a Look at the New Directives.", *University of Leicester School of Law Research Paper No. 13-11*, 2013. [Online]. Available at http://papers.ssrn.com/sol3/papers.cfm?abstract_id=2353005;

[47] "The Difficult Balance between Transparency and Competition in Public Procurement: Some Recent Trends in the Case Law of the European Courts and a Look at the New Directives.", *University of Leicester School of Law Research Paper No. 13-11*, 2013. [Online]. Available at http://papers.ssrn.com/sol3/papers.cfm?abstract_id=2353005; Idem, Public Procurement and the EU Competition Rules (Oxford, Hart, 2011) 358-359.

[48] Em sentido semelhante, referindo-se a adaptação da informação fornecida em função do tipo de requerente e momento do procedimento, OECD, "Competition and Procurement." Competition Committee, p. 72 (https://www.oecd.org/daf/competition/sectors/48315205.pdf), acedido a 15 de junho de 2023.

norma jurídica. Por aplicação do princípio da harmonização entre normas com a mesma hierarquia, cede a transparência perante outros princípios ou direitos protegidos (sigilos comerciais, industriais, proteção da integridade da contratação pública)[49].

2.2. A transparência como consequência da fundamentação da atuação da entidade adjudicante e do contraente público

42. O princípio da transparência está ligado a um outro instrumento de proteção do interesse público em sede de contratação pública: a fundamentação das decisões[50]. Em rigor, esta configura-se como instrumento de transparência, aliás como decorre diretamente do artigo 41.º da Carta dos Direitos Fundamentais da União Europeia, do artigo 268.º da Constituição[51] e do artigo 36.º do CCP. A fundamentação dos atos administrativos alcança vários objetivos, dentre os quais, como sublinha Vieira de Andrade, uma "dimensão de transparência 'ecológica', ao nível da relação da comunidade global"[52]. Este objetivo enquadra-se perfeitamente no contexto da nossa reflexão. Qualquer ato de poder público deve justificar-se, daí a obrigação de fundamentação, não só de quase todos os atos administrativos, mas também das decisões judiciais

---

[49] No sentido da existência de segredos saudáveis e até da "reserva da intimidade administrativa", Barbosa de Melo, As Garantias Administrativas na Dinamarca e o Princípio do Arquivo Aberto", in BFDuC, Vol. VLII, 1981, p. 286; Débora Melo Fernandes, "O princípio da Transparência Administrativa: Mito ou Realidade?", *Revista da Ordem dos Advogados*, Ano 75, Lisboa, 2015, p. 440.

[50] Neste sentido, Raquel Carvalho, "A exigência de fundamentação na contratação pública como instrumento de salvaguarda da concorrência", *Revista de Contratos Públicos*, 21, 2019, p. 59; J. M. Martinez Fernández, "Transparencia en la contratación públic", Gimeno Feliu (dir), *Estudio sistemático de la Ley de Contratos Públicos*, Aranzadi, Cizur-Menor, 2018, p. 811.

[51] Ainda que nem este artigo, nem os que se referem à organização e função administrativas (artigos 266.º e 267.º), expressamente consagrem o princípio da transparência na atividade administrativa, como é, na maioria das vezes, a atividade de contratação pública. Neste sentido, Débora Melo Fernandes, "O princípio da Transparência Administrativa: Mito ou Realidade?", *Revista da Ordem dos Advogados*, Ano 75, Lisboa, 2015, p. 427-428.

[52] J. C. Vieira de Andrade, *O Dever da Fundamentação Expressa de Actos Administrativos*, Coimbra, Almedina, 1991, p. 79.

43. Por um lado, o instrumento da fundamentação facilita a impugnação das decisões, uma vez que é o relato do *iter* decisório, o que leva, segundo Albert Sànchez Graells a concluir que "as entidades adjudicantes estão sob uma pressão considerável para cumprirem plenamente as suas obrigações de informação, tendo em conta a importância que lhes foi dada em termos de direitos processuais"[53]. Por outro lado, porém, se bem cumprido o dever de fundamentação pode também evitar a litigiosidade e aumentar o grau de aceitação da decisão tomada pelos seus destinatários. Em última instância, a boa pratica, acaba igualmente, ao revelar um fundado e justificado *iter* decisório, que a decisão tomada se encontra dentro das balizas jurídicas aplicáveis, nada havendo a ocultar e contribuindo assim para a transparência daquela decisão e, no limite, de todo o procedimento de contratação.

2.2.1. A fundamentação no procedimento pré-adjudicatório

44. São vários os momentos em que impende sobre a entidade adjudicante o dever de fundamentação no decurso do procedimento pré-contratual[54]:

a) a decisão de contratar[55] que, como decisão complexa, deve incorporar a decisão de atuar por contrato, a escolha do tipo contratual ajustado ao interesse público a prosseguir, a determinação se a entidade está ou não sujeita ao cumprimento das regras de contratação pública,

[53] *In* "The Difficult Balance between Transparency and Competition in Public Procurement: Some Recent Trends in the Case Law of the European Courts and a Look at the New Directives.", *University of Leicester School of Law Research Paper No. 13-11*, 2013. [Online]. Available at http://papers.ssrn.com/sol3/papers.cfm?abstract_id=2353005;

[54] Para uma análise detalhada do dever de fundamentação na perspetiva da defesa da concorrência, *vide* o nosso "A exigência de fundamentação na contratação pública como instrumento de salvaguarda da concorrência", *Revista de Contratos Públicos*, 21, 2019, pp. 55-82. Claro que ainda antes da decisão de contratar, a entidade adjudicante pode lançar mão de um instrumento de preparação do procedimento – a consulta preliminar ao mercado, regulada no artigo 40.º da Diretiva dos Contratos Públicos e transposto para o artigo 35.º A do CCP. Sobre a consulta preliminar, *vide* Raquel Carvalho, "Consultas preliminares ao mercado no CCP.", (Carla Amado Gomes, Ricardo Pedro, Tiago Serrão, Marco Caldeira – org.), *Comentários à Revisão do Código dos Contratos Públicos*, 5.ª ed., Vol. I, AAFDL, Lisboa, 2023, pp. 513- 537.

[55] Cuja fundamentação é hoje pressuposto expresso no artigo 36.º do CCP.

estando, a escolha do procedimento[56], em particular se for utilizado algum dos critérios materiais, a aprovação das peças do procedimento, com todas as opções que carecem de fundamentação. Por exemplo,

i) divisão em lotes[57];
ii) fracionamento do valor do contrato;
iii) admissibilidade ou não de apresentação de propostas variantes;
iv) o critério de adjudicação, em particular na sua modalidade de multifator, com a respetiva árvore avaliativa;
v) o critério de desempate;
vi) eventual fixação do que a entidade adjudicante considera como preço anormalmente baixo.

b) aquando dos pedidos de esclarecimento a propósito das peças do procedimento, também nesta sede, ainda que possa a exigência ser menos intensa, importa justificar o alcance do esclarecimento;
c) relatório do júri que aplica os critérios de admissibilidade ou exclusão das propostas e avalia, seriando, as que passam à fase de avaliação:

i) a questão do *self cleaning*: nem as Diretivas nem o Código estabelecem o procedimento para ultrapassar a existência de determinados impedimentos. De todo o modo, parece inequívoco, sobre vários pontos de vista, incluindo o da transparência, que a não aceitação das "explicações" e medidas do operador económico neste contexto, seja devidamente explicada, ou seja, fundamentada;

---

[56] Se for em razão do valor, tem-se entendido que a mera remissão para a norma que prevê o procedimento à luz desse critério, é suficiente dada a objetividade matemática subjacente.

[57] Miguel Assis Raimundo, "Dever de ponderação da adjudicação por lotes e dever de fundamentação da não divisão no direito dos contratos públicos," e_pública – Revista Eletrónica de Direito Público, 4(2), 2017, pp. 24-28 (obtido de www.e-publica.pt); Luis Verde de Sousa, "Algumas notas sobre a adjudicação por lotes", e-*publica – Revista Eletrónica de Direito Público*, Vol. 4, nº 2, pp. 68-86; Vasco Moura Ramos, «O novo regime jurídico da "Divisão do contrato em lotes" – Algumas considerações», *Revista dos Contratos Públicos* (18), 2018, p. 87; J. D. Coimbra, "A adjudicação por lotes", in *Comentários à Revisão do Código dos Contratos Públicos* (coord. C. Amado Gomes, R. Pedro, T. Serrao, M. Caldeira), 5.ª ed., Vol. I, Lisboa: AAFDL, 2023, pp. 815-905.

ii) na questão do preço anormalmente baixo, se os esclarecimentos pedidos pela entidade adjudicante não a satisfizerem, importam igualmente apresentar os argumentos para tal insuficiência;
iii) de forma inequívoca, quando há exclusão de propostas, seja ao abrigo das causas previstas no artigo 70.º seja no artigo 146.º;
iv) a demonstração da aplicação do critério de adjudicação e respetivo modelo avaliativo.

2.2. A fundamentação no procedimento pós-adjudicatório

45. Após a adjudicação e quando se inicia a fase subsequente, há vários momentos em que a fundamentação funciona como instrumento de transparência:

a) quando se verifica uma causa de não adjudicação ao abrigo do artigo 79.º do CCP. Há decisões cujo fundamento é objetivo [procedimentos desertos e parcialmente a previsão da alínea b)], mas existem outros fundamentos cuja densificação na fundamentação é exigível e pode ser mais complexa;
b) nas situações de caducidade da adjudicação;
c) na opção pela audiência do adjudicatário relativamente às várias situações que podem gerar caducidade da adjudicação, mesmo quando não esteja expressamente prevista;
d) a dispensa de redução do contrato a escrito nas situações previstas no n.º 2 do artigo 95.º;
e) a proposta de ajustamentos, no contexto do artigo 99.º

3. AS MANIFESTAÇÕES DE TRANSPARÊNCIA NA EXECUÇÃO DE CONTRATOS PÚBLICOS

46. Incluímos a fase de execução dos contratos porque as Diretivas de 2014, pela primeira vez, se debruçaram, a propósito dos princípios da contratação pública, sobre a fase de execução dos contratos. Recordemos que a Diretiva dos Contratos Públicos se debruça sobre a execução dos contratos públicos nos artigos 70.º a 73.º. Debruçam-se sobre as condições de execução dos contratos (artigo 70.º), matérias de subcontratação (artigo 71.º), de modificação objetiva (e subjetiva) (artigo 72.º) e rescisão (artigo 73.º).

47. No que respeita às condições especiais de execução, a preocupação com a transparência logo se manifesta com a obrigação de serem "indicadas no anúncio de concurso ou nos documentos do concurso". Ou seja, sejam transparentes e sujeitas a publicidade de forma a serem conhecidas pelo mercado.

48. Quanto à subcontratação, regulada no artigo 71.º, o legislador europeu prevê logo no n.º 2 que "*nos documentos do concurso, a autoridade adjudicante pode solicitar ou ser obrigada por um Estado-Membro a solicitar ao proponente que indique, na sua proposta, a parte do contrato que tenciona subcontratar a terceiros, bem como os subcontratantes propostos*". E a possibilidade de pagamentos ao subcontratante, regulado no n.º 3, impõe igualmente a sua previsão nos documentos do concurso.

No CCP, as matérias de subcontratação estão reguladas nos artigos 317.º e ss. É contudo no n.º 3 do artigo 318.º que está previsto que o contrato pode "subordinar expressamente a subcontratação à avaliação dessas capacidades ou de uma delas, ou do preenchimento, por parte do potencial subcontratado, dos requisitos mínimos de capacidade técnica relativos às prestações a subcontratar, sempre que o cocontratante recorra à capacidade de potenciais subcontratados, para efeitos de qualificação na fase de formação do contrato"[58]. De seguida, o artigo 319.º, submete a possibilidade de autorização de subcontratação na fase de execução às regras previstas no artigo 318.º

49. No que concerne às modificações previstas no artigo 72.º, elas referem-se principalmente a modificações objetivas, com exceção da alínea d) do n.º 1, que prevê uma situação de cessão da posição contratual.

Quanto às modificações objetivas, é inequívoca a preocupação com a transparência quando se impõe (i) "*Se as modificações, independentemente do seu valor monetário, estiverem previstas nos documentos iniciais do concurso em cláusulas de revisão (podendo incluir cláusulas de revisão dos preços) ou opção claras, precisas e inequívocas. Essas cláusulas devem indicar o âmbito e a natureza das eventuais modificações ou opções, bem como as condições em que podem ser aplicadas*" [alínea a) do n.º 1]; (ii) "*Depois de modificarem um contrato nos casos previstos nas alíneas b) e c)*

[58] Cfr. a alínea b) do n.º 3 do artigo 318.º do CCP.

do presente número, as autoridades adjudicantes publicam um anúncio da modificação ou modificações no Jornal Oficial da União Europeia. Os anúncios incluem as menções previstas no Anexo V, parte G, e são publicados em conformidade com o artigo 51.º" (fim do n.º 1).

50. O artigo 315.º do CCP[59] prevê a publicidade das modificações, como regra, sendo que nos parece que aí se deverão ter por incluídas todas as modificações objetivas e subjetivas. O cumprimento da Diretiva encontra-se no n.º 2 do artigo 315.º, porquanto aí se concretizam que modificações, objetivas, por terem sido inseridas em contratos cujo procedimento teve publicidade internacional, devem ser publicitadas por anúncio de "modelo próprio". Refere-se o n.º 2 às modificações objetivas descritas na alínea b) do n.º 3 do artigo 313.º e os trabalhos complementares. A alínea b) do n.º 3 do artigo 313.º refere-se às situações de alteração anormal e imprevisível de circunstâncias. Portanto, parece em linha com as indicações europeias. Todavia, o legislador português reforçou a transparência e a concorrência, transformando a publicidade descrita nos n.ºs 1 e 2, em "*condição de eficácia dos atos ou acordos modificativos*" (n.º 3). Recorde-se que o n.º 4 do artigo 42.º prevê que o caderno de encargos deverá conter, entre outras cláusulas, as "*condições da modificação do contrato, devendo ser definidos através de limites mínimos ou máximos, consoante os casos, sem prejuízo dos limites resultantes das vinculações legais ou regulamentares aplicáveis*". Por outro lado, a alínea b) do n.º 2 do artigo 284.º prevê a nulidade do contrato quando o mesmo seja celebrado com aposição de cláusulas de modificação que violem o regime previsto no presente Código quanto aos respetivos limites".

No que respeita à cessão da posição contratual, a alínea d) do n.º 1 do artigo 72.º da Diretiva volta a fazer referência a "*cláusula de revisão ou opção inequívoca, em conformidade com a alínea a)*", claramente propiciando a publicidade e transparência da opção. Esta determinação ficou vertida no n.º 1 do artigo 318.º do CCP.

51. Quanto à rescisão do contrato, o artigo 73.º da Diretiva não acrescenta nada de relevante para a nossa reflexão. Importa, eventualmente, fazer uma referência ao artigo 318.º A, que surge como uma cessão da posição contratual obrigatória, mas não conduz à rescisão do contrato – este permanece, mas com outro cocontratante.

---

[59] Não iremos entrar na regulamentação dos contratos em especial.

4. A TUTELA DA TRANSPARÊNCIA

52. A questão que se coloca é a de saber que consequências podem advir para o contrato se alguma das obrigações de transparência não for cumprida.

Nem todas têm, evidentemente, o mesmo peso e importância e as respetivas consequências podem ser distintas.

Ao longo do texto fomos já abordando algumas situações, pelo que, nesta sede, importa resumi-las sob este critério.

4.1. No procedimento pré-contratual

53. Existem obrigações de publicidade e transparência que se impõem aquando da fase pré-adjudicatória do contrato e que, por essa razão, poderão vir a constituir causas de invalidade derivada para o contrato. Ou seja, contaminam o contrato porque a adjudicação, emanada em violação de tais regras, subjaz àquele, comunicando-lhe a sua invalidade[60]. Sem entrar, nesta sede, sobre a apreciação da regra, que parece ser a mesma, qualquer que seja a norma violada no procedimento pré-adjudicatório, que o legislador inscreveu nos artigos 283.º e 283.º A do CCP, importa centramo-nos sobre uma ou duas causas que se referem expressamente à transparência.

54. Assim:

a) parece resultar do artigo 283.º, que a violação do princípio da transparência que invalide a adjudicação, invalidará com o mesmo desvalor jurídico o contrato (n.ºs 1 e 2 do referido artigo). Contudo,

[60] A invalidade derivada é uma forma de invalidade suspensa do contrato. Para se efetivar no contrato, o ato de onde provém a invalidade necessita de efetivar a sua invalidade. Neste sentido, Mário Aroso de Almeida, *Anulação de Actos Administrativos e Relações Jurídicas Emergentes*, Almedina, Coimbra, 2002, p. 324; Raquel Carvalho, *As Invalidades Contratuais nos Contratos Administrativos de Solicitação de Bens e Serviços*, Almedina, Coimbra, 2010, p. 87; Idem, "As alterações ao regime de invalidade dos contratos no Código dos Contratos Públicos", Cadernos de Justiça Administrativa, n.º 126, 2017; Idem, "Principais novidades do regime substantivo dos contratos – invalidades e modificações objetivas e subjetivas", in http://www.cej.mj.pt/cej/recursos/ebooks/Administrativo_fiscal/eb_ContratacaoPublica2018.pdf, 2018, p. 101.

numa evolução digna de ser sublinhada, o legislador, prudentemente, "recortou" os efeitos da anulabilidade do contrato, sujeitando a comunicação de invalidade ao preenchimento de alguns critérios, descritos no n.º 4 e deixados ao critério do decisor judicial ou arbitral;

b) do artigo 283.º A resulta, não a invalidade do contrato, por comunicação da invalidade da adjudicação (ou ato em que tenha assentado a celebração do contrato), mas a decisão político-jurídica de que os contratos são anuláveis nas circunstâncias descritas nas alíneas do n.º 1. Ainda que esteja enquadrada na designada invalidade derivada (para o contrato), em rigor, a única causa de invalidade deste tipo, pré-adjudicatória é a da alínea a) do n.º 1 que se refere a um momento de transparência: "Na sequência de um procedimento de formação de contrato sem publicação de anúncio no Jornal Oficial da União Europeia, quando exigível;"[61]. Contudo, mesmo nesta situação, o legislador recua na qualificação do contrato como anulável se, cumulativamente, se preencherem três pressupostos (que cumulam momentos pré-adjudicação e pós-adjudicação): "a) O respetivo procedimento de formação tenha sido escolhido em função de um critério material previsto nos artigos 24.º a 27.º; b) Tenha sido publicado o anúncio voluntário de transparência previsto no artigo 78.º-A[62]; [pré-adjudicação] c) A outorga do contrato não tenha ocorrido antes de 10 dias após a data da referida publicação" [pós-adjudicação].

55. Duas notas sobre a importância que o legislador português deu às questões de transparência:

a) apenas geram o desvalor jurídico da anulabilidade, o que significa que os atos inválidos, se não atacados judicialmente, se consolidarão na ordem jurídica e não comunicarão a invalidade ao contrato. Do que se pode então depreender que a violação de tais valores não é tida como muito grave;

[61] A causa prevista na alínea b) já é pós-adjudicatória porque se refere à clausula *standstill* – ou seja, ao período após a adjudicação e antes da celebração do contrato.

[62] Referindo-se a esta ligação, Pedro Costa Gonçalves, *Direito dos Contratos Públicos,* 5.ª ed., Almedina, Coimbra, 2021, p. 933.

b) mesmo que os pressupostos das duas alíneas do n.º 1 do artigo 283.º A se verifiquem, "efeito anulatório previsto no n.º 1 pode ser afastado nos termos do n.º 4 do artigo 283.º", ou seja, "*quando, ponderados os interesses públicos e privados em presença e a gravidade da ofensa geradora do vício do ato procedimental em causa, a anulação do contrato se revele desproporcionada ou contrária à boa-fé*".

4.2. Na execução do contrato público

56. Na fase de execução dos contratos, a questão coloca-se sobre o incumprimento da publicação das modificações que a ela devem estar sujeitas nos termos do artigo 315.º:

a) parecem ser todas as modificações, qualquer que seja o fundamento;
b) se o contrato resultar de procedimento com publicidade internacional, as modificações que "*decorram de circunstâncias que uma entidade adjudicante diligente não pudesse ter previsto, desde que a natureza duradoura do vínculo contratual e o decurso do tempo as justifique, e desde que o seu valor não ultrapasse 50% do preço contratual inicial*" (1.ª parte do n.º 2 do artigo 315.º) ou as que "*tenham por objeto a realização de prestações complementares*" devem ser publicitadas, mediante anúncio de modelo próprio no JOUE (2.ª parte do n.º 2 do artigo 315.º);
c) o incumprimento destas obrigações de publicidade (transparência) determina, nestes casos, a ineficácia dos atos ou acordos modificativos (no pressuposto que são emanados ou acordados nos termos da permissão legal de modificação, claro).

5. CONCLUSÕES

57. O princípio da transparência, embora pareça auxiliar dos que tipicamente são invocados a propósito da contratação pública e dos contratos públicos, é transversal e conformador de muitas normas substantivas.

58. Releva para a informação *ex ante* e *ex post* ao mercado, designadamente com os anúncios de pré-informação, anúncios voluntários de transparência, ainda que com as suas limitações, e nos mecanismos de monitorização e informação a instâncias de *governance*. É indiscutível para o controlo dos conflitos de interesse, fenómenos de corrupção e integridade da contratação pública.

59. Releva em muitos momentos dos procedimentos de contratação pública, nas fases de publicitação de atos e peças do procedimento, de atos procedimentais e decisão de adjudicação e pós-adjudicação. É importante a sua conciliação com as questões de acesso e restrição a informação por parte dos interessados no procedimento de contratação.

60. É igualmente importante na fase de execução dos contratos, em particular em situações de modificação contratual.

61. Mas nem toda a atividade contratual tem de ser absolutamente transparente. O mercado precisa de concorrência e esta nasce igualmente do sigilo. Mas quando o sigilo não se afirma como sendo de maior peso, a transparência tem a prevalência. Que pode começar e acabar, não só nos instrumentos que as Diretivas e a Legislação nacional acolhem, mas igualmente no velho instrumento da fundamentação.

REFERÊNCIAS DOUTRINAIS

ALMEIDA, Mário Aroso de, *Anulação de Actos Administrativos e Relações Jurídicas Emergentes*, Almedina, Coimbra, 2002.

ALMEIDA, Mário Aroso de, *Teoria Geral do Direito Administrativo*, 10.ª ed., revista e ampliada, Almedina, Coimbra, 2022.

ANDRADE, J. C. Vieira de, *O Dever da Fundamentação Expressa de Actos Administrativos*, Coimbra, Almedina, 1991.

ARROWSMITH, Sue, *The Law of Public and Utilities Procurement. Regulation in the EU and UK*, Vol. 1, London, 2014.

BARBOSA DE MELO, As Garantias Administrativas na Dinamarca e o Princípio do Arquivo Aberto", in BFDuC, Vol. VLII, 1981.

BARRERO RODRIGUEZ, Concepción e GUICHO, Emilio, *La transparecia en la Contratación Publica y sus limites,* Tirant lo blanch, Valencia, 2023.

BOVIS, Cristhoper, "The principles of public procurement regulation", in C. Bovis (dir) *Research handbook of EU public procurement law*, Elgar, 2016.

CARVALHO, Raquel, *O Direito à informação Administrativa Procedimental*, Porto, Universidade Católica Portuguesa, 1999.

CARVALHO, Raquel, *As Invalidades Contratuais nos Contratos Administrativos de Solicitação de Bens e Serviços*, Almedina, Coimbra, 2010.

CARVALHO, Raquel, "As alterações ao regime de invalidade dos contratos no Código dos Contratos Públicos", *Cadernos de Justiça Administrativa*, n.º 126, 2017.

CARVALHO, Raquel, "Principais novidades do regime substantivo dos contratos – invalidades e modificações objetivas e subjetivas", in http://www.cej.mj.pt/cej/recursos/ebooks/Administrativo_fiscal/eb_ContratacaoPublica2018.pdf, 2018.

CARVALHO, Raquel, "A exigência de fundamentação na contratação pública como instrumento de salvaguarda da concorrência", *Revista de Contratos Públicos*, 21, 2019.

CARVALHO, Raquel, "Consultas preliminares ao mercado no CCP.", (Carla Amado Gomes, Ricardo Pedro, Tiago Serrão, Marco Caldeira – org.), *Comentários à Revisão do Código dos Contratos Públicos*, 5.ª ed., Vol. I, AAFDL, Lisboa, 2023.

CARVALHO, Raquel, "O antes e o depois do procedimento de contratação pública – a importância das fases de planeamento e monitorização da execução de contratos públicos no âmbito da contratação pública sustentável" (no prelo), 2023.

COIMBRA, J. D., "A adjudicação por lotes", in *Comentários à Revisão do Código dos Contratos Públicos* (coord. C. Amado Gomes, R. Pedro, T. Serrao, M. Caldeira), 5.ª ed., Vol. I, Lisboa: AAFDL, 2023.

FERNANDES, Débora Melo, "O princípio da Transparência Administrativa: Mito ou Realidade?", *Revista da Ordem dos Advogados*, Ano 75, Lisboa, 2015.

FERNANDES, Débora Melo e Empis, João da Cunha, "O aumento da transparência como forma de prevenção da corrupção na contratação pública: as medidas legislativas recentemente adotadas na sequência da Estratégia Nacional Anticorrupção 2020-2024", *E-publica*, Vol. 9, n.º 2, 2022;

GARCIA MACHO, *Derecho Administrativo de la información y administración transparente*, Marcial Pons, Madrid, 2010.

GARRIDO MAYOL, Vicente, "El principio de buena administración y la gobernanza en la contratación pública", *Estudios de Deusto*, Vol. 68/2, julio-diciembre 2020.

GARRIDO MAYOL, Vicente, "El principio de buena administración y la gobernanza en la contratación pública", *Estudios de Deusto*, Vol. 68/2, julio-diciembre 2020.

GONÇALVES, Pedro da Costa, *Direito dos Contratos Públicos*, 5.ª ed., Almedina, Coimbra, 2021.

GRAELLS, Albert Sánchez, "The Difficult Balance between Transparency and Competition in Public Procurement: Some Recent Trends in the Case Law of the European Courts and a Look at the New Directives.", *University of Leicester*

School of Law Research Paper No. 13-11, 2013. [Online]. Available at http://papers.ssrn.com/sol3/papers.cfm?abstract_id=2353005.

HALONEN, Kirsi-Maria, "Disclosure Rules in EU Public Procurement: Balancing Between Competition and Transparency", *Journal of Public Procurement*, VOL. 16, Issue 4, 2016.

MARTINEZ FERNÁNDEZ, J. M., "Transparencia en la contratación públic", Gimeno Feliu (dir), *Estudio sistemático de la Ley de Contratos Públicos*, Aranzadi, Cizur-Menor, 2018.

NEVES, Ana, "Os princípios da contratação Pública", in *Estudos em Homenagem ao Prof. Doutor Sérvulo Correia*, Vol. II, Coimbra Ed., Coimbra, 2010.

PEDRO, Ricardo, "Corrupção e Contratos Públicos: Nótula introdutória", Carla Amado Gomes, Ricardo Pedro, Marco Caldeira, Tiago Serrão, *Comentários ao Código dos Contratos Públicos*, 5.ª Ed., Vol. 1, AAFDL, Lisboa, 2023.

RAIMUNDO, Miguel Assis, "Dever de ponderação da adjudicação por lotes e dever de fundamentação da não divisão no direito dos contratos públicos," e_pública – Revista Eletrónica de Direito Público, 4(2), 2017, (obtido de www.e-publica.pt).

RAIMUNDO, Miguel Assis, "Contratos públicos, transparência e acesso à informação: uma abordagem preliminar", Ana Gouveia Martins, Anabela Leão, Benedita MacCrorie, Patricia Fragoso Martins (Coord.), *Atas do XI Encontro de Professores de Direito Público*, Porto, 2018.

RAIMUNDO, Miguel Assis, *Direito dos Contratos Públicos*, Vol. I, AAFDL, Lisboa, 2022;

RAMOS, Vasco Moura «O novo regime jurídico da "Divisão do contrato em lotes" – Algumas considerações», *Revista dos Contratos Públicos* (18), 2018.

SÁNCHEZ, Pedro Fernández, *Direito da Contratação Pública*, Vol. I, AAFDL, Lisboa, 2020.

SOUSA, Luis Verde de, "Algumas notas sobre a adjudicação por lotes", e-*publica – Revista Eletrónica de Direito Público*, Vol. 4, nº 2.

SOYLU, Ahmet, CORCHO, Óscar, ELVESÆTER, Brian, BADENES-OLMEDO, Carlos, YEDRO-MARTÍNEZ, Francisco, KOVACIC, Matej, POSINKOVIC, Matej, MEDVEŠˇCEK, Mitja, MAKGILL, Ian, TAGGART, Chris, SIMPERL, Elena, LECH, Till C. and ROMAN, Dumitru, "Data Quality Barriers for Transparency in Public Procurement", *Information*, 13, 99, (https://doi.org/10.3390/info13020099).

VIANA, Cláudia, *Os Princípios Comunitários na Contratação Pública*, Coimbra Editora, Coimbra, 2007.

TRANSPARÊNCIA, SANÇÃO E CONSENSO NAS CONTRATAÇÕES PÚBLICAS DAS EMPRESAS ESTATAIS

CRISTIANA FORTINI

Doutora em Direito pela Universidade Federal de Minas Gerais (UFMG). Pós-Doutorado/Estágio Sênior na George Washington University. Professora do Mestrado, Doutorado e Graduação da Faculdade de Direito da UFMG. Professora da Faculdade Milton Campos. Visiting Scholar na George Washington University. Professora Visitante na Universidade de Pisa. Presidente do Instituto Brasileiro de Direito Administrativo (IBDA). Representante regional de Minas Gerais do Instituto de Direito Administrativo Sancionador Brasileiro (IDASAN). Advogada.

DANIEL MARTINS E AVELAR

Mestrando em Direito pela Universidade Federal de Minas Gerais (UFMG). Especialista em Gestão Pública Municipal pela Universidade Federal de Viçosa (UFV), Finanças Públicas pela Escola de Contas Prof. Pedro Aleixo (TCE/MG) e Direito Processual Civil pelo Centro de Atualização em Direito (CAD/FUMEC). Membro associado do Instituto de Direito Administrativo Sancionador Brasileiro (IDASAN). Advogado e Subcontrolador de Correição do Município de Belo Horizonte.

1. INTRODUÇÃO

A Lei n.º 8.666/93, que está na iminência de ser substituída definitivamente pela Lei n.º 14.133/21, foi editada para regular o art. 37, inciso XXVII, da Constituição da República e estabelecer normas gerais sobre licitações e contratos administrativos, aplicando-se, a princípio, a todos os órgãos e entidades da Administração Pública, inclusive às empresas públicas e sociedades de economia mista. Com a edição da Emenda Constitucional n.º 19/98, o art. 173, §1º, foi alterado para conferir ao legislador ordinário a competência para estabelecer o regime jurídico próprio "da empresa pública, da sociedade de economia mista e de suas subsidiárias que explorem atividade econômica de produção ou comercialização de bens ou de prestação de serviços", dispondo, inclusive, sobre "licitação e contratação de obras, serviços, compras e alienações, observados os princípios da administração pública" (inciso III). Abriu-se, então, a possibilidade de se retirarem as empresas estatais do âmbito de incidência do regime jurídico ordinário de licitações e contratos da Administração Pública, para se estabelecer regime especial, com regras mais adaptadas à natureza de direito privado de tais entidades.

Com certo atraso, a Lei n.º 13.303/16 veio a cumprir esse mister, dispondo "sobre o estatuto jurídico da empresa pública, da sociedade de economia mista e de suas subsidiárias, no âmbito da União, dos Estados, do Distrito Federal e dos Municípios". Dentre as novidades, talvez a mais comentada e celebrada pelos doutrinadores e aplicadores tenha sido a submissão dos contratos das empresas estatais aos "preceitos de direito privado", observadas as disposições específicas do próprio estatuto e as cláusulas contratuais (art. 68). Nesse particular, rompeu-se o paradigma da Lei n.º 8.666/93, mantido pela Lei n.º 14.133/21 – normas agora aplicadas exclusivamente no âmbito das Administrações Públicas diretas, autárquicas e fundacionais. A potestade pública, representada pelas denominadas cláusulas exorbitantes, deixou de ser a regra, para se tornar a exceção no âmbito dos contratos celebrados pelas empresas estatais. Em outras palavras, a relação contratual tornou-se mais sinalagmática e menos vertical, prestigiando-se o princípio da autonomia da vontade em detrimento do já desgastado princípio da supremacia do interesse público sobre o privado. O legislador parece ter apostado mais na colaboração entre Poder Público e iniciativa privada do que na imperatividade daquele sobre esta.

Sem embargo desse movimento de ruptura de paradigma, a verdade é que a Lei n.º 13.303/16 optou por não abandonar completamente as cláusulas exorbitantes consagradas no regime ordinário de contratações públicas. Tal opção legislativa já vem anunciada no próprio art. 68, o mesmo que determina a incidência dos preceitos de direito privado. Isso porque o dispositivo também determina que os contratos se regerão pelo "disposto nesta lei", ou seja, por regime especial e derrogatório, no qual estão previstas sanções administrativas, cuja aplicação é de competência exclusiva da contratante (empresa estatal). Essas sanções, que podem inclusive irradiar seus efeitos para além da relação contratual da qual derivam, rompem a lógica da bilateralidade típica do direito privado, para se posicionarem na órbita do poder punitivo estatal, submetendo-se, assim, aos princípios gerais do direito administrativo sancionador.

No presente trabalho, analisar-se-ão, sob essa ótica, as sanções em espécie previstas na Lei n.º 13.303/16, comparativamente às previstas nas Leis n.º 8.666/93 e 14.133/21. Em seguida, abordar-se-ão os principais efeitos da aplicação dos princípios do direito administrativo sancionador à atividade sancionatória das empresas estatais. O foco será nos princípios da culpabilidade, do devido processo legal e da transparência, analisados a partir das recentes alterações feitas na Lei de Introdução às Normas do Direito Brasileiro – LINDB, com o objetivo de se conferir segurança jurídica na interpretação e aplicação das normas de direito público e conter os excessos dos órgãos de controle. O tópico seguinte versará sobre as medidas alternativas à imposição unilateral de sanções, com especial enfoque no papel da consensualidade para a resolução de controvérsias que envolvam infrações administrativas contratuais. Apresentar-se-ão, por fim, as conclusões, extraídas a partir das premissas fixadas nos tópicos anteriores. Adotam-se a vertente dogmática-jurídica e o tipo metodológico jurídico-interpretativo, apresentando-se um trabalho de cunho teórico.

2. SANÇÕES ADMINISTRATIVAS EM ESPÉCIE NA LEI N.º 13.303/16 EM COMPARAÇÃO ÀS PREVISTAS NAS LEIS N.º 8.666/93 E 14.133/21

Conforme já adiantado na introdução deste trabalho, a Lei n.º 13.303/16 não previu a figura das cláusulas exorbitantes para os contratos das empresas estatais, ou, pelo menos, não as previu na mesma proporção estabelecida nas Lei n.º 8.666/93 e 14.133/21. Essa é, sem dúvida, "a principal característica do contrato estatal, que o distingue do contrato administrativo em sentido estrito". Deve-se ressalvar, porém, que a Lei das Estatais não afastou as prerrogativas em absoluto, tendo remanescido uma ao menos, que é justamente "o poder da estatal de aplicar sanção unilateralmente ao licitante ou contratado". Com efeito, a Lei n.º 13.303/13 concede tal poder à contratante e não o concede em favor dos contratados, tratando-se, portanto, de autêntica prerrogativa em prol da estatal[1].

[1] NIEBUHR, Joel de Menezes; NIEBUHR, Pedro de Menezes. *Licitações e Contratos das Estatais*. Belo Horizonte: Fórum, 2018, p. 310. Disponível em: https://www.forumconhecimento.com.br/livro/1726/1793/3727. Acesso em: 23 dez. 2022.

Em termos conceituais, pode-se dizer que a sanção administrativa, como gênero, consiste num mal ou castigo, porque tem efeitos aflitivos, imposto pela Administração Pública, materialmente considerada, pelo Judiciário (v. g. ação de improbidade administrativa) ou por corporações de direito público (v. g. conselhos profissionais). A medida pode atingir os administrados de maneira geral (v. g. multas de trânsito ou urbanísticas), bem como aqueles que mantenham algum tipo de relação especial com a Administração Pública, tais como os servidores (v. g. sanção disciplinar) e os contratados (v. g. sanção contratual), sempre em consequência de conduta "ilegal, tipificada em norma proibitiva, com uma finalidade repressora ou disciplinar, no âmbito de aplicação formal e material do Direito Administrativo"[2].

Bem verdade que a instituição de sanções contratuais não é exclusividade dos regimes jurídicos de direito público. O Código Civil também possibilita a instituição de cláusulas penais nos contratos privados. A diferença, é que, no direito privado, em regra, a sanção possui caráter bilateral, sendo aplicável indistintamente ao devedor que deixar de cumprir a obrigação ou se constituir em mora (art. 408). O Superior Tribunal de Justiça, inclusive, tem jurisprudência firmada no sentido de que "a cláusula penal inserta em contratos bilaterais, onerosos e comutativos deve voltar-se aos contratantes indistintamente, ainda que redigida apenas em favor de uma das partes"[3]. Já nos contratos regidos pelas Leis n.º 8.666/93, 13.303/2016 e 14.133/2021, "a aplicação de sanção é uma prerrogativa do ente da Administração indireta, que caminha em uma via única, da empresa estatal à contratada". Trata-se de "supremacia típica da Administração Pública", com "finalidade repressora", e também pedagógica, como uma espécie de incentivo para se restabelecer o regular cumprimento das cláusulas[4].

---

[2] OSÓRIO, Fabio Medina. *Direito administrativo sancionador*, 7. ed. São Paulo: Thomson Reuters Brasil, 2020, p. 112.

[3] BRASIL. Superior Tribunal de Justiça. Terceira Turma. *REsp n. 1.119.740/RJ*. Relator Ministro Massami Uyeda. Julgado em 27/9/2011. No mesmo sentido, vide: BRASIL. Superior Tribunal de Justiça. Quarta Turma. *AgInt nos EDcl no REsp n. 1.942.724/RJ*. Relator Ministro Luis Felipe Salomão. Julgado em 21/2/2022.

[4] MESQUITA, Daniel Augusto. *As sanções administrativas na Lei nº 13.303/16*. In: NORONHA, João Otávio de; FRAZÃO, Ana; MESQUITA, Daniel Augusto (Coord.). Estatuto jurídico das estatais: análise da Lei nº 13.303/2016. Belo Horizonte: Fórum, 2017, p. 333. Disponível em: https://www.forumconhecimento.com.br/livro/1511. Acesso em: 23 dez. 2022.

A Lei n.º 8.666/93 prevê quatro sanções em espécie: advertência, multa, suspensão temporária de participação em licitação e impedimento de contratar com a Administração e declaração de inidoneidade para licitar ou contratar com a Administração Pública (art. 84). A Lei n.º 14.133/21 manteve, basicamente, esse rol de sanções, com singela alteração de nomenclatura: multa, advertência, impedimento de licitar e contratar e declaração de inidoneidade para licitar ou contratar (art. 156)[5]. Já a Lei n.º 13.303/16 reduziu esse rol para apenas três espécies de sanção: advertência, multa e suspensão temporária de participação em licitação e impedimento de contratar com a entidade sancionadora (art. 83)[6].

A advertência é "uma admoestação ao contratado em virtude de inadimplementos contratuais de pequeno potencial, que não tenham causado prejuízos para a estatal"; a multa é sanção de natureza pecuniária e pode ser moratória (decorre do atraso no cumprimento da obrigação, cujo adimplemento, mesmo intempestivo, ainda interessa à contratante) ou compensatória (decorre do descumprimento da obrigação, cujo adimplemento intempestivo não interessa mais à contratante); já a suspensão

---

5 "O art. 156 da NLLCA estabelece sanções (detalhadas na análise dos §§2º ao 5º do mesmo dispositivo legal) que podem ser classificadas em dois grupos: (i) de um lado, as sanções cujos efeitos alcançam, de forma preponderante, o vínculo específico do particular com a Administração, *in casu*, advertência e multa; (ii) de outro, as sanções que possuem efeitos gerais, passíveis de alcançar relações jurídicas que transcendem a licitação ou o contrato administrativo em que ocorreu a infração, *in casu*, o impedimento de licitar ou contratar, cujo procedimento sancionador possui exigências formais mais robustas em razão das consequências mais gravosas no caso de aplicação de sanção" (AMORIM, Rafael de Amorim. *Art. 156*. In: FORTINI, Cristiana; OLIVEIRA, Rafael Sérgio Lima; CAMARÃO, Tatiana (coord.). Comentários à Lei de Licitações e Contratos Administrativos: Lei n. 14.133, de 1º de abril de 2021, Volume 2. Belo Horizonte: Fórum, 2021, p. 472.)

6 Daniel Augusto Mesquita sustenta que a Lei n. 13.303/16 "representa uma *novatio legis in mellius*, que prevê uma pena mais branda (a suspensão temporária e o impedimento de contratar por até dois anos) para os fatos anteriormente enquadrados como passíveis de declaração de inidoneidade". Assim, "a Lei nº 13.303/16 acabou por possibilitar tanto a não aplicação da pena de declaração de inidoneidade aos processos sancionatórios em curso, no âmbito das empresas estatais, como a anulação dessa pena, caso ela já tenha sido definitivamente aplicada". (MESQUITA, Daniel Augusto. As sanções administrativas na Lei nº 13.303/16. In: NORONHA, João Otávio de; FRAZÃO, Ana; MESQUITA, Daniel Augusto (Coord.). *Estatuto jurídico das estatais: análise da Lei nº 13.303/2016*. Belo Horizonte: Fórum, 2017, p. 350-351. Disponível em: https://www.forumconhecimento.com.br/livro/1511. Acesso em: 23 dez. 2022).

temporária de participação em licitação e impedimento de contratar com a entidade sancionadora, considerada a mais grave, é restritiva de direito projetando os seus efeitos apenas na empresa pública ou sociedade de economia mista que impôs a penalidade[7].

Importante recordar, a propósito desse tema, a conhecida controvérsia entre o Superior Tribunal de Justiça e o Tribunal de Contas da União a respeito do âmbito de incidência da sanção de suspensão e impedimento prevista no art. 87, III, da Lei n.º 8.666/93. Segundo a literalidade desse dispositivo, tal sanção deveria se restringir ao âmbito da "Administração", enquanto a de declaração de inidoneidade aplicar-se-ia a toda "Administração Pública". A diferença das expressões utilizadas pelo legislador federal sempre pareceu ser propositada e substancial. Isso porque os incisos XI e XII do art. 6º expressamente distinguem os significados dos termos "Administração Pública" e "Administração", determinando que, neste caso, a expressão abrangerá somente o órgão, entidade ou unidade administrativa pela qual a Administração Pública opera e atua concretamente, e, naquele, a Administração Pública como um todo, em caráter nacional[8].

Sem embargo da previsão legal, o Superior Tribunal de Justiça firmou entendimento no sentido de que a penalidade prevista no art. 87, inciso III, da Lei n.º 8.666/93, não produz efeitos apenas em relação ao ente federativo sancionador, mas alcança toda a Administração Pública[9]. Já a jurisprudência do Tribunal de Contas da União consolidou-se no sentido de que a suspensão temporária de participação em licitação e impedimento de contratar com a Administração possui efeitos restritos ao órgão ou entidade que aplicou a penalidade[10]. Diante dessa controvérsia, o legislador federal preferiu ser ainda mais enfático na Lei n.º 13.303/16, ao determinar que a sanção de

---

[7] GUIMARÃES, Edgar; SANTOS, José Anacleto Abduch Santos. *Lei das Estatais: comentários ao regime jurídico licitatório e contratual da Lei nº 13.303/2016 – Lei das Estatais*. Belo Horizonte: Fórum, 2017, p. 274-275.

[8] Art. 6º [...] XI – Administração Pública – a administração direta e indireta da União, dos Estados, do Distrito Federal e dos Municípios, abrangendo inclusive as entidades com personalidade jurídica de direito privado sob controle do poder público e das fundações por ele instituídas ou mantidas;

[9] BRASIL. Superior Tribunal de Justiça. *1ª Seção. MS 19.657/DF*. Rel. Eliana Calmon. Julgado em 14/08/2013.

[10] BRASIL. Tribunal de Contas da União. Plenário. Representação 042.073/2018-9. Acórdão 266/2019. Rel. Aroldo Cedraz. Julgado em 13/02/2019.

suspensão impede a participação em licitação e a contratação apenas com a entidade sancionadora. Também na Lei n.º 14.133/21, deixou-se expresso que a sanção de impedimento se restringe ao ente federativo que tiver aplicado a sanção, enquanto a de inidoneidade alastra seus efeitos para a Administração Pública direta e indireta de todos os entes federativos (art. 155, §§4º e 5º).

Comparativamente, e com as ressalvas do entendimento do Superior Tribunal de Justiça, a Lei n.º 8.666/93 prevê as sanções de suspensão e impedimento, com efeitos restritos ao órgão, entidade ou unidade administrativa contratante, e a de declaração de inidoneidade, com efeitos para a administração direta e indireta da União, dos Estados, do Distrito Federal e dos Municípios. Já a Lei n.º 13.303/16 prevê que a sanção de suspensão tem efeitos apenas para a entidade sancionadora e não prevê a sanção de declaração de inidoneidade. Por fim, a Lei n.º 14.133/21 estabelece que a sanção de impedimento se restringe ao ente federativo que tiver aplicado a sanção, enquanto a de inidoneidade tem efeitos para a toda Administração Pública nacional.

A respeito da tipicidade das infrações, a Lei n.º 13.303/16, infelizmente, repetiu o equívoco da Lei n.º 8.666/93, ao estabelecer as sanções sem especificar de forma minuciosa os comportamentos que autorizam a sua aplicação. A lei também não esclareceu como tais sanções devem ser aplicadas e quais os critérios para se definir a dosimetria. Defende-se, porém, que "todos esses aspectos podem e devem ser abordados no regulamento de licitações e contratos exigido pelo art. 40 da Lei nº 13.303/16"[11]. Já na Lei n.º 14.133/21, houve especial avanço nessa seara, com o estabelecimento de "correlação entre as infrações definidas no art. 155 e as sanções previstas no art. 156", havendo, assim, "diminuição da discricionariedade da Administração", que terá "balizas mais rígidas para definição da sanção a ser aplicada em caso de cometimento de infrações por licitantes ou contratados"[12].

[11] NIEBUHR, Joel de Menezes; NIEBUHR, Pedro de Menezes. *Licitações e Contratos das Estatais*. Belo Horizonte: Fórum, 2018, p. 311. Disponível em: https://www.forumconhecimento.com.br/livro/1726/1793/3727. Acesso em: 23 dez. 2022.

[12] AMORIM, Rafael Amorim de. *Artigo 156*. In: FORTINI, Cristiana; OLIVEIRA, Rafael Sérgio Lima; CAMARÃO, Tatiana (coord.). *Comentários à Lei de Licitações e Contratos Administrativos: Lei n. 14.133, de 1º de abril de 2021*, Volume II. Belo Horizonte: Fórum, 2021, p. 474.

Ressalte-se, ainda, que tanto a Lei n.º 8.666/93 como a Lei n.º 14.133/21 preveem, paralelamente às sanções, a possibilidade de rescisão ou extinção unilateral do contrato pela Administração Pública em casos de inadimplemento contratual do particular (art. 79, inciso I, c/c art. 86, §1º e art. 138, inciso I, respectivamente). Isso, porém, não se repete na Lei n.º 13.303/16. Por se tratar de contratos regidos, prioritariamente, por normas de direito privado, "as condições para a rescisão contratual devem ser equivalentes entre a estatal e os seus contratados"[13]. Bem por isso, "a referência, no parágrafo 1º do artigo 82, à rescisão do contrato, não significa fazer reviver a 'rescisão administrativa', da Lei nº 8.666/93", mas apenas que "sendo grave a conduta faltosa do contratado, poderá a estatal, além de aplicar a multa, pleitear judicialmente o rompimento do pacto"[14].

Em suma, a Lei n.º 13.303/16 possui regramento específico de sanções administrativas, que, embora possua similaridades, não se confunde com aqueles previstos nas Leis n.º 8.666/93 e 14.133/21. É necessária especial atenção para as especificidades da Lei das Estatais, evitando-se a permanência de práticas administrativas consolidadas nas entidades durante a sua submissão ao regime ordinário de contratações públicas. O novo regime veio a positivar também nova visão, que não pode ser ofuscada por interpretações vintage[15], realizadas a partir da ótica da legislação anteriormente aplicável.

---

[13] "O meio que se previr para a estatal rescindir o contrato terá de ser estendido para os contratados. Logo, se a estatal pretender rescindir o contrato sozinha, unilateralmente, o contratado também poderá fazê-lo. Da mesma forma, se a estatal descumprir suas obrigações e gerar danos ao contratado, terá que ndenizá-lo.380 O mesmo raciocínio vale para o contratado. Aliás, pode-se dizer, em resumo, que, no tocante à rescisão, o que vale para uma parte vale para a outra, estatal e contratado". (NIEBUHR, Joel de Menezes; NIEBUHR, Pedro de Menezes. *Licitações e Contratos das Estatais*. Belo Horizonte: Fórum, 2018, p. 309. Disponível em: https://www.forumconhecimento.com.br/livro/1726/1793/3727. Acesso em: 23 dez. 2022).

[14] FERRAZ, Sergio. Dos contratos das empresas estatais. Revista de Direito Público da Economia – RDPE, Belo Horizonte, ano 17, n. 67, p. 215-231, jul./set. 2019.

[15] Vintage é a interpretação "que intui, com base em disposições pretéritas, repaginar a lei ao desejo do intérprete. (FERRAZ, Luciano. Presunção de singularidade na contratação de advogados pela Administração Pública e inaplicabilidade do dano *in re ipsa* nas ações de improbidade administrativa. Revista CEJ, Brasília, Ano XXIV, n. 80, p. 83/91, jul./dez. 2020).

3. SANÇÕES ADMINISTRATIVAS NAS ESTATAIS À LUZ DOS PRINCÍPIOS DO DIREITO ADMINISTRATIVO SANCIONADOR: CULPABILIDADE, DEVIDO PROCESSO LEGAL E TRANSPARÊNCIA

Como demonstrado acima, as sanções previstas na Lei n.º 13.303/16 não se confundem com as cláusulas contratuais penais típicas do direito privado. Trata-se, na verdade, de prerrogativa exclusiva da Administração Pública, unilateral e imperativa, exercida a partir do poder punitivo estatal, independentemente da concordância do particular. E é por isso que o seu estudo deve se dar a partir dos princípios do direito administrativo sancionador, aqui entendido como o "conjunto complexo de normas jurídicas que congrega determinada política pública de conformidade com determinado regime jurídico-administrativo". O seu escopo precípuo são "as potestades sancionadoras afetas às diversas entidades e órgãos do aparelho administrativo", mas abrange também "medidas de diversas índoles (medidas acautelatórias, alertas, recomendações, notificações, acordos, sanções etc.), ocupando a tipologia das sanções o elenco das providências mais interventivas ou drásticas"[16].

Realmente, "não há como se apontar distinção de natureza entre os ilícitos penais e os administrativos", já que "ambos decorrem do poder punitivo do estado, na busca da preservação de determinados valores sociais, em face de escolhas políticas feitas nos limites da Constituição"[17]. Por outro lado, os princípios próprios do Direito Penal também não podem simplesmente ser importados de forma automática e acrítica para as sanções administrativas[18]. Os princípios gerais do Direito, relacionados ao poder punitivo estatal, devem ser aplicados *cum grano salis*, a depender da natureza da sanção no caso concreto (penal, administrativa, tributária, ambiental), sendo função

---

[16] GROTTI, Dinorá Adelaide Musetti; OLIVEIRA, José Roberto Pimenta. *Direito administrativo sancionador brasileiro: breve evolução, identidade, abrangência e funcionalidades*. Interesse Público – IP, ano 22, n. 120, p. página inicial-página final, mar./ abr. 2020. Disponível em: https://www.forumconhecimento.com.br/periodico/172/41921/91565. Acesso em: 27 nov. 2022.

[17] ARAÚJO, Florivaldo Dutra de. *Reflexos da decisão judicial penal na esfera administrativo disciplinar.* Revista da Procuradoria-Geral do Município de Belo Horizonte – RPGMBH, Belo Horizonte, ano 4, n. 8, jul. / dez. 2011.

[18] DANIEL, Felipe Alexandre Santa Anna Mucci. *O Direito Administrativo Sancionador aplicado aos contratos da Administração e os Acordos Substitutivos de Sanção.* Curitiba: Ithala, 2022, p. 98.

do direito administrativo sancionador sistematizar e estudar tais princípios de acordo com as especificidades das sanções administrativas. No presente trabalho, as atenções se voltam precipuamente aos princípios da culpabilidade e do devido processo legal, aplicados às sanções previstas na Lei n.º 13.303/16.

O princípio da culpabilidade, no âmbito do direito administrativo sancionador, "exige que a sanção administrativa retributiva seja aplicada apenas à ação que, além de típica e ilícita, seja também culpável". Significa dizer que "a imposição de sanção administrativa retributiva depende da culpa do infrator, em função do subprincípio da adequação, corolário do princípio da proibição do excesso ou da proporcionalidade"[19]. Assim, a responsabilidade administrativa de natureza objetiva, mesmo para os que a admitem em casos excepcionais, depende de previsão legal expressa, sempre a depender da análise de constitucionalidade, a partir do princípio da proporcionalidade[20].

No caso específico da Lei n.º 13.303/16, o legislador optou por diferenciar expressamente a responsabilidade civil (indenizatória - art. 76) da responsabilidade administrativa do contratado (sancionatória - artigos 82 a 84). Apenas no primeiro caso, há previsão expressa de responsabilização "independentemente da comprovação de sua culpa ou dolo na execução do contrato"[21]. Ou seja, à semelhança do que ocorre no âmbito da Lei n.º 14.133/21, "todos os prejuízos ocorridos quando de sua execução [do

---

[19] MELLO, Rafael Munhoz de. *Sanção Administrativa e o Princípio da Culpabilidade*. A&C R. de Dir. Administrativo e Constitucional, Belo Horizonte, ano 5, n. 22, p. 1-253, out./dez. 2005. Disponível em: http://www.revistaaec.com/index.php/revistaaec/article/view/624. Acesso em 27 nov. 2022.

[20] A propósito, a Lei n.º 12.846/13, conhecida como Lei Anticorrupção, prevê expressamente a responsabilidade objetiva administrativa e civil das pessoas jurídicas pela prática de atos contra a Administração Pública, nacional ou estrangeira (art. 1º).

[21] "Acredita-se que a mudança de eixo da responsabilização se deve ao julgamento do *leading case* RE 591.874 pelo STF, em que se estabeleceu o precedente de que pessoas jurídicas de Direito Privado prestadoras de serviços públicos são objetivamente responsáveis em relação a terceiros usuários e não usuários. Contudo, o teste de *distinguishing* afasta a aplicação do precedente nos casos de empresa estatal contratante por, ao menos, duas grandes razões: (i) o objeto contratual não corresponde à prestação de serviços públicos; e (ii) o serviço é prestado diretamente à empresa estatal, e não a terceiros usuários. Este é um ponto que oportunamente pode ser objeto de reforma legislativa, pois a aplicação do art. 76, in fine, pode trazer consequências gravosas à dinâmica e à economia dos contratos. Assim, por exemplo, é natural o aumento dos custos do contrato diante do quadro de responsabilidade objetiva que a Lei abre. (GUIMARÃES, Bernardo Strobel. *Comentários à Lei das Estatais (Lei n. 13.303/2016)*,

contrato] deverão ser suportados pelo contratado, não podendo ele alegar que não teve intenção ou de que sua atuação incorreu em hipótese de imperícia, imprudência ou negligência"[22]. Mas, repita-se, a previsão expressa de responsabilização objetiva na Lei das Estatais é exclusivamente na esfera cível (indenização), não abarcando a esfera administrativa (sanções).

Deveras, o art. 82 da Lei n.º 13.303/16 prevê que "os contratos devem conter cláusulas com sanções administrativas a serem aplicadas em decorrência de atraso injustificado na execução do contrato", mas não repete a ressalva final constante do art. 76 ("independentemente da comprovação de sua culpa ou dolo"). O silêncio é eloquente e serve ao intento de vedar a responsabilização objetiva em matéria sancionatória, obrigando-se a aferição de elemento subjetivo, como, aliás, tem ocorrido em outras regras recém editadas no complexo normativo do direito administrativo sancionador.

A esse propósito, a Lei n.º 13.655/18 inseriu o art. 28 na LINDB para determinar que "o agente público responderá pessoalmente por suas decisões ou opiniões técnicas em caso de dolo ou erro grosseiro". Nesse mesmo movimento, mas na esfera da improbidade administrativa, a Lei n.º 14.230/21 alterou a Lei n.º 8.429/92, para se exigir dolo específico (vontade livre e consciente de alcançar o resultado ilícito e fim de obter proveito ou benefício indevido para si ou para outra pessoa ou entidade) para configuração de qualquer tipo infracional (artigos 9º, 10 ou 11), afastando-se, por consequência, a improbidade culposa e o dolo genérico (art. 11, §§1º e 2º). A Lei n.º 14.133/21, à semelhança da Lei n.º 13.303/16, também não prevê a responsabilidade objetiva do contratado em matéria sancionatória (artigos 155 a 163).

Sabe-se que esses dispositivos legais possuem cada qual seu âmbito específico de incidência, que não necessariamente se comunica com os demais. Mas todos eles certamente estão inseridos num mesmo movimento legislativo que intenta conferir maior segurança jurídica ao gestor público, e, por via de ricochete, ao particular que com ele contrata, barrando, assim,

---

1ª Ed. Belo Horizonte: Fórum, 2019, p. 402. Disponível em: https://www.forumconhecimento.com.br/livro/3940. Acesso em: 20 dez. 2022).

[22] STROPPA, Christianne de Carvalho; FORTINI, Cristiana. *Art. 120. In* FORTINI, Cristiana; OLIVEIRA, Rafael Sérgio Lima; CAMARÃO, Tatiana (coord.). *Comentários à Lei de Licitações e Contratos Administrativos: Lei n. 14.133, de 1º de abril de 2021*, Volume II. Belo Horizonte: Fórum, 2021, p. 361.

os excessos cometidos pelos órgãos de acusação e julgamento sob a égide das legislações anteriores[23]. O pano de fundo é a presunção de boa-fé dos agentes públicos e privados, que devem atuar em regime de colaboração. No final das contas, esse movimento acaba por culminar na diminuição do risco para as partes envolvidas e, consequentemente, na redução do preço do contrato, satisfazendo-se, assim, o interesse público.

Avançando-se, parece óbvio que a apuração do elemento subjetivo, como, aliás, da própria conduta ilícita e típica, somente pode ocorrer no âmbito de um devido processo legal, em que sejam assegurados o contraditório e ampla defesa, com todos os meios e recursos a ela inerentes (art. 5º, incisos LIV e LV, da Constituição da República). A esse respeito, a Lei n.º 13.303/16 foi assertiva, mas econômica, bastando-se em mencionar a necessidade de processo administrativo para aplicação de multa (art. 82, §2º) e de defesa prévia para qualquer sanção (art. 83, *caput*). Deve-se entender, a partir das disposições constitucionais, que o processo administrativo, com todos os meios e recursos inerentes à defesa, é obrigatório para aplicação de qualquer sanção, inclusive de advertência[24].

Nesse ponto, o legislador foi mais feliz na Lei n.º 13.303/16 do que na Lei n.º 14.133/21, uma vez que, nesta, não se exige, expressamente, processo administrativo, com respeito às garantias do contraditório e ampla defesa, para aplicação de advertência (artigos 157 e 158). Embora seja possível discutir, no plano conceitual, em tese, a natureza jurídica da advertência enquanto instituto jurídico[25], é inegável que as Leis n.º 8.666/93, 13.303/16 e 14.133/21, todas elas, tratam a medida como sanção e disso decorrem

---

[23] "A nova LINDB, com uma norma de aplicabilidade mais geral, procurou se somar a esse movimento legislativo, do qual ela não constituiu o marco inicial. E, claramente, ela também não seria o marco final, como prova a profunda alteração da LIA em 2021, para prever que a punição só ocorrerá nos casos em que houver intenção de agir dolosamente para se enriquecer ou para lesar a Administração, não bastando a ocorrência de ilegalidades ou a violação de princípios" (SUNDFELD, Carlos Ari. *Direito Administrativo: o novo olhar da LINDB*, 1ª Ed. Belo Horizonte: Fórum, 2022, p. 138. Disponível em: https://www.forumconhecimento.com.br/livro/4378. Acesso em: 15 nov. 2022).

[24] GUIMARÃES, Edgar; SANTOS, José Anacleto Abduch Santos. *Lei das Estatais: comentários ao regime jurídico licitatório e contratual da Lei nº 13.303/2016 – Lei das Estatais*. Belo Horizonte: Fórum, 2017, p. 276.

[25] "A rigor, a advertência não deveria ser encartada no rol das sanções administrativas, porquanto, evidentemente, em sua essência, ela não é uma espécie de sanção. A Advertência – salta aos olhos – antecede a sanção, como o propósito de evitá-la, de fazer como que o licitante

todos os efeitos negativos típicos (v. g. reincidência e registro nos cadastros públicos). Bem por isso, questiona-se, com fundamento no art. 5º, incisos LIV e LV, a constitucionalidade da aplicação de advertência independentemente de processo, com fundamento em qualquer dessas normas[26].

Ainda a respeito do devido processo legal, deve-se ressaltar que a apresentação de defesa prévia, mencionada no *caput* do art. 83, não é, necessariamente, o único ato colocado à disposição do contratado para o exercício da ampla defesa. É dever da estatal "apurar fatos (quando necessário), intimar formalmente o contratado, facultar vistas dos autos, possibilitar a produção de provas, a oitiva de testemunhas, enfim, tomar toda e qualquer providência visando assegurar a lisura e a legalidade dos procedimentos a serem adotados"[27]. Há, ainda, a possibilidade de interposição de recurso hierárquico, nos termos da legislação de processo administrativo aplicável em cada caso.

Muito além do simples direito de manifestação, o princípio do devido processo legal garante o direito de informação, que obriga o órgão julgador a informar, à parte contrária, os atos praticados no processo e sobre os elementos dele constantes, e o direito de ver seus argumentos considerados, que exige do julgador capacidade, apreensão e isenção de ânimo para contemplar as razões apresentadas[28]. A propósito, a Lei n.º 9.784/99[29], que regula o processo administrativo no âmbito da Administração Pública Federal, dispõe que é obrigatória "divulgação oficial dos atos administrativos

---

ou contratado corrija seu comportamento" (NIEBHUR, Joel Menezes. Licitação Pública e Contrato Administrativo, 4ª ed. Belo Horizonte: Fórum, 2015, p. 1116).

26 FERRAZ, Luciano. *Convém advertir: advertência é pena na Lei 14.133/21*. Disponível em: https://www.conjur.com.br/2022-jul-07/interesse-publico-convem-advertir-advertencia-pena-lei-1413321. Acesso em: 22 dez. 2022.

27 GUIMARÃES, Edgar; SANTOS, José Anacleto Abduch Santos. *Lei das Estatais: comentários ao regime jurídico licitatório e contratual da Lei nº 13.303/2016 – Lei das Estatais*. Belo Horizonte: Fórum, 2017, p. 276-277.

28 BRASIL. Supremo Tribunal Federal. *RMS 31661*. Relator Ministro Gilmar Mendes, Segunda Turma, julgado em 10/12/2013.

29 Segundo o entendimento sumulado do Superior Tribunal de Justiça, "a Lei n. 9.784/1999, especialmente no que diz respeito ao prazo decadencial para a revisão de atos administrativos no âmbito da Administração Pública federal, pode ser aplicada, de forma subsidiária, aos estados e municípios, se inexistente norma local e específica que regule a matéria" (Súmula 633). Tramita no Congresso Nacional o Projeto de Lei n. 2.481/2022, de autoria do Senador Rodrigo Pacheco, por meio do qual se pretende alterar a Lei n. 9.784/99, tornando-a de abrangência nacional.

divulgação oficial dos atos administrativos, ressalvadas as hipóteses de sigilo previstas na Constituição", devendo-se garantir, ainda, os "direitos à comunicação, à apresentação de alegações finais, à produção de provas e à interposição de recursos, nos processos de que possam resultar sanções e nas situações de litígio" (art. 2º, p. u., incisos V e X). O art. 3º também garante ao interessado o direito de "ter ciência da tramitação dos processos administrativos em que tenha a condição de interessado, ter vista dos autos, obter cópias de documentos neles contidos e conhecer as decisões proferidas" e o art. 28 determina que "devem ser objeto de intimação os atos do processo que resultem para o interessado em imposição de deveres, ônus, sanções ou restrição ao exercício de direitos e atividades e os atos de outra natureza, de seu interesse". Alud-se, ainda, ao §5º do art. 49-A, recém inserido pela Lei n.º 14.210/21, que trata da decisão coordenada, e determina observância "aos princípios da legalidade, da eficiência e da transparência"[30].

E é justamente por conta desse direito à comunicação, que decorre não apenas do princípio do devido processo legal, mas também do princípio da publicidade (art. 37, *caput*), que se sustenta inexistir devido processo legal sem transparência. Deveras, "não há atividade administrativa secreta, sendo o princípio da publicidade um dos reitores do agir da Administração Pública". O sigilo é exceção e "não se aplica aos particulares que podem ser atingidos pelo ato administrativo a ser praticado ao final do processo", de modo que "a restrição à publicidade somente pode ocorrer em relação a terceiros estranhos ao processo, jamais em face das partes da relação processual, para as quais não pode haver ato sigiloso"[31].

O rito processual pode e deve ser regulamentado, de forma minuciosa, pela empresa estatal, em seu regulamento interno de licitações e contratos, na forma do art. 40 da Lei n.º 13.303/16. Nada impede, por exemplo, a instituição de rito processual sumário ou simplificado para aplicação de advertência e multa e de rito processual ordinário, mais complexo, para

---

[30] Nesse sentido, a Lei Estadual n. 14.184/02, que dispõe sobre o processo administrativo no âmbito da Administração Pública Estadual de Minas Gerais, foi expressa ao determinar que "a Administração Pública obedecerá, dentre outros, aos princípios da legalidade, impessoalidade, moralidade, publicidade, finalidade, motivação, razoabilidade, eficiência, ampla defesa, do contraditório e da transparência".

[31] MELLO, Rafael Munhoz de. Processo administrativo, devido processo legal e a Lei n. 9.784/99. Revista de Direito Administrativo e Constitucional, Ano 3, n. 11, jan./fev/mar. 2003.

aplicação da penalidade de suspensão[32]. O que importa é, em todo caso, respeitar-se o devido processo legal, com garantia do contraditório e da ampla defesa e apuração efetiva não apenas da autoria e materialidade da infração, mas também do elemento subjetivo, por força do já mencionado princípio da culpabilidade. Somente assim serão cumpridos os mandamentos constitucionais previstos no art. 5º, LIV e LV da Constituição da República.

4. CONSENSUALIDADE NO EXERCÍCIO DO PODER PUNITIVO: ACORDO SUBSTITUTIVO COMO ALTERNATIVA À IMPOSIÇÃO UNILATERAL DE SANÇÃO

Demonstrou-se, no tópico anterior, que a aplicação unilateral e imperativa de sanções, pelas empresas estatais, com base na Lei n.º 13.303/16, deve necessariamente ser antecedida de processo administrativo, estruturado em contraditório. Esse, porém, não é o único nem o prioritário modelo de ação para a adequada resolução de controvérsias contratuais no âmbito da Administração Pública. A atuação consensual, em substituição à unilateral, é alternativa lícita e legítima em nosso ordenamento jurídico. A antiga máxima de que autoridade simplesmente se impõe, não se negocia, é hoje tratada pela doutrina como mito já superado[33].

---

[32] Nesse sentido, a propósito da Lei n.º 14.133/21, Rafael Amorim de Amorim ressalta: "a análise da NLLCA revela, a exemplo do que acontece em outros ramos do Direito, a existência de dois processos sancionadores, ambos 'preferencialmente digitais, de forma a permitir que sejam produzidos, comunicados, armazenados e validados por meio eletrônico' (inciso VI do art. 12): (i) o processo simplificado disciplinado pelo art. 157 da NLLCA, com exigências compatíveis com a menor gravosidade da infração e severidade das sanções (*in casu*, advertência e multa); e (ii) o processo de responsabilização disciplinado pelo art. 158 (ou, conforme art. 159 da NLLCA, pela Lei n. 12.846/13), com formalidades proporcionais à elevada gravosidade da infração e, principalmente, severidade das sanções (*in casu*, 'impedimento de licitar e contratar' e 'declaração de inidoneidade')". (AMORIM, Rafael de Amorim. *Art. 157.* In: FORTINI, Cristiana; OLIVEIRA, Rafael Sérgio Lima; CAMARÃO, Tatiana (coord.). *Comentários à Lei de Licitações e Contratos Administrativos: Lei n. 14.133, de 1º de abril de 2021*, Volume II. Belo Horizonte: Fórum, 2021, p. 480)

[33] BITTENCOURT NETO, Eurico. *Transformações do Estado e a Administração Pública no Século XXI.* Revista de Investigações Constitucionais, Curitiba, vol. 4, n. 1, p. 207-225, jan./abr. 2017. Disponível em: https://revistas.ufpr.br/rinc/article/view/49773. Acesso em: 2 jul. 2022.

Na prática, ao se deparar com a possível prática de infração administrativa, no âmbito de contrato regido pela Lei n.º 13.303/13, abrem-se ao gestor da empresa estatal, em tese, duas alternativas: (i) a instauração de processo administrativo, de natureza punitiva e estruturado em contraditório, como instrumento de legitimação da decisão final, unilateral e imperativa, da empresa estatal; (ii) a celebração de acordo substitutivo, por meio da qual as partes acordem o ajustamento da conduta, o ressarcimento dos danos e até mesmo a submissão voluntária a sanções em grau atenuado[34]. A celebração do acordo substitutivo pode se dar, inclusive, no curso do processo administrativo punitivo já instaurado, para efeito de finalizá-lo, em substituição à decisão unilateral (concertação endoprocedimental terminativa)[35].

O que está por trás dessa alternatividade de soluções administrativas é a teoria da "normalidade do contrato" ou da "normalidade da ação cooperativa", segundo a qual a Administração Pública não está submetida a um princípio de primazia da decisão sobre o acordo[36]. Na verdade, a decisão unilateral e o consenso são opções igualmente legítimas, de mesma estatura jurídica. Conforme doutrina alemã, a Constituição daquele país não optou por modelo teórico algum, nem pelo hierárquico, nem pelo de negociação. Pelo contrário, e enquanto Constituição mista, nela se juntam e entram e conexão as distintas modalidades de funcionamento do Estado. Bem por isso, o Direito Administrativo deve fugir de uma visão reducionista, meramente defensiva, as

---

[34] Tais acordos pressupõem "o abandono do procedimento sancionatório, entendido como o iter estabelecido pela norma jurídica de apuração da verdade com vistas à aplicação de uma sanção"; "o abandono da própria prerrogativa de punir em favor de providências mais efetivas para consecução do interesse público"; ou, ainda, "a renúncia parcial à aplicação de uma sanção, seja em natureza, seja ainda em volume (montante)". (MARQUES NETO, Floriano de Azevedo; CYMBALISTA, Tatiana Matiello. *Os acordos substitutivos do procedimento sancionatório e da sanção*. Revista Eletrônica de Direito Administrativo Econômico. Salvador, n. 27, ago./set./out. 2011. Disponível em: http://www.direitodoestado.com.br/codrevista.asp?cod=597. Acesso em: 23 dez. 2022).

[35] "Em geral a concertação endoprocedimental ou substitutiva de um ato refere-se às relações da Administração com particulares. Nesse sentido, há, de um lado, acordos no curso de um procedimento para a determinação de uma decisão administrativa, ou acordos substitutivos de uma decisão final unilateral". (BITTENCOURT NETO, Eurico. *Concertação administrativa interorgânica: Direito Administrativo e organização no Século XXI*. São Paulo: Almedina, 2017, p. 353)

[36] SCHMIDT-ASSMAN, Eberhard. *La teoría general del Derecho Administrativo como sistema: objeto y fundamentos de la construcción sistemática*. Madrid: INAP-Marçal Pons, 2003, p. 326.

expressões do Estado consensual. Por esse ângulo, tão legítima é a cooperação como indisponíveis são as responsabilidades do Estado[37].

A teoria alienígena aplica-se ao ordenamento constitucional brasileiro, que também não opta pelo modelo imperativo de ação administrativa, nem lhe confere primazia. Deveras, o modelo de atuação administrativa consensual, no Brasil, possui fundamento constitucional nos princípios democrático, da cooperação e da eficiência, que garantem a participação dos cidadãos no exercício da função administrativa a apontam para a consensualidade com modelo de ação adequado ao atingimento dos interesses públicos[38]. Nesse contexto, há quem afirme, inclusive, que a consensualidade é preferível à imperatividade e deve iluminar a atuação da Administração Pública "sempre que não seja necessário aplicar o poder coercitivo"[39].

É bem verdade que a Lei n.º 13.303/16 não prevê expressamente a possibilidade de acordos substitutivos de sanção, mas também não os veda. Como o fundamento último da consensualidade, no ordenamento jurídico brasileiro, advém da própria Constituição da República, e a legislação não impõe, em absoluto, a prática do ato unilateral, nem proíbe o consenso, deve-se entender que ambas as alternativas são possíveis e normais, a depender de juízo discricionário (ou de livre decisão) do gestor[40], devidamente motivado. Tal assertiva parece ser ainda mais verdadeira no

---

[37] SCHMIDT-ASSMAN, Eberhard. *La teoría general del Derecho Administrativo como sistema: objeto y fundamentos de la construcción sistemática*. Madrid: INAP-Marçal Pons, 2003, p. 39-40.

[38] BITTENCOURT NETO, Eurico. *Concertação administrativa interorgânica: Direito Administrativo e organização no Século XXI*. São Paulo: Almedina, 2017, p. 257-261.

[39] MOREIRA NETO, Diogo de Figueiredo. *Mutações do direito administrativo*. Rio de Janeiro: Renovar, 2000, p. 40-43.

[40] Propõe-se a superação do quadro simplificado e bipolar de atos administrativos vinculados e discricionários – estes últimos restritos aos casos em que cabível a decisão administrativa com base em critérios de conveniência e oportunidade. Modernamente, tem-se entendido que a lei não mais se limita a "vincular integralmente ou parcialmente a atuação administrativa e, neste último caso, conferir ao administrador competência discricionária". É dizer: "a ausência de predeterminação legal integral da ação administrativa não se resume aos quadros da discricionariedade administrativa, compõe um quadro mais amplo, que se tem chamado de margem livre de decisão administrativa". Tal movimento converge na "valorização da Administração Pública, em detrimento do Legislativo, ou, em outras palavras, a admissão de um espaço de maior protagonismo na execução da legalidade" (BITTENCOURT NETO, Eurico. *Concertação administrativa interorgânica: Direito Administrativo e organização no Século XXI*. São Paulo: Almedina, 2017, p. 261-263).

âmbito das sanções administrativas contratuais, nas quais preponderam, por sua própria natureza, a consensualidade e a bilateralidade[41].

De toda forma, o fundamento infraconstitucional expresso do acordo substitutivo, no caso das empresas estatais, também pode ser buscado em outras normas de direito administrativo sancionador. Alude-se, nesse sentido, à Lei n.º 12.846/13 (conhecida como Lei Anticorrupção), a qual trouxe a previsão da utilização do acordo substitutivo em matéria de responsabilização administrativa e civil das pessoas jurídicas pela prática de atos lesivos à Administração Pública. Nos artigos 16 e 17, instituiu-se o chamado acordo de leniência, para fins de isenção e atenuação de pena, a ser celebrado "com as pessoas jurídicas responsáveis pela prática dos atos previstos nesta Lei que colaborem efetivamente com as investigações e o processo administrativo" e, também "com a pessoa jurídica responsável pela prática de ilícitos previstos na Lei nº 8.666, de 21 de junho de 1993, com vistas à isenção ou atenuação das sanções administrativas estabelecidas em seus arts. 86 a 88".

É conhecida a divergência doutrinária quanto à possibilidade de utilização dos acordos de leniência para as infrações administrativas contratuais que não envolvam prática corruptiva[42]. Ademais, mesmo para os que a admitem, é certo que a leniência tem alcance mais restrito que os acordos substitutivos, uma vez que possuem "finalidade específica: a identificação, no âmbito administrativo, de outros envolvidos no ilícito, quando houver, e a obtenção

[41] DANIEL. Felipe Alexandre Santa Anna Mucci. *O Direito Administrativo Sancionador aplicado aos contratos da Administração e os Acordos Substitutivos de Sanção.* Curitiba: Ithala, 2022, p. 98.

[42] "Assim, de acordo com a primeira linha interpretativa, o acordo de leniência do art. 17 não seria exatamente um novo ajuste, diverso do narrado no art. 16. Em verdade, cuidar-se-ia de possibilidade de favorecer a entidade signatária, ampliando, pois, a atratividade do ajuste, para prever benefícios outros que o escopo inicial do ajuste não contemplava. [...] De toda forma, a linha interpretativa acima oferecida não afasta a possibilidade de outra conclusão, diante da péssima redação e linha de construção adotada pelo legislador. Não nos parece a melhor conclusão, pelo que adotamos a linha interpretativa já apresentada, mas ainda assim vale a pena expor. A segunda possibilidade de interpretação decorre da opção legislativa por dividir, em artigos diversos, a disciplina do acordo de leniência.[...] Pode haver correspondência entre eles, mas não necessariamente". (FORTINI, Cristiana. *Comentários ao Art. 17. In:* PIETRO, Maria Sylvia Zanella Di; MARRARA, Thiago (Coord.). *Lei Anticorrupção Comentada.* Belo Horizonte: Fórum, 2020, p. 244. Disponível em: https://www.forumconhecimento.com.br/livro/1467/4317/28934. Acesso em: 23 dez. 2022.)

célere de informações e documentos que comprovem o lícito"[43]. Mas, independentemente disso, as regras que instituem o acordo de leniência na Lei Anticorrupção "demonstram a existência de um movimento em prol da superação do modelo de unilateralidade no sentido da consensualidade e da participação nos processos decisórios da Administração"[44].

Tal controvérsia, porém, parece ter sido superada com a edição da Lei n. 13.655/2018, que incluiu na Lei de Introdução as Normas do Direito Brasileiro – LINDB, norma permissiva genérica de celebração de compromissos na Administração Pública, para "eliminar irregularidade, incerteza jurídica ou situação contenciosa na aplicação do direito público", quando "presentes razões de relevante interesse geral" (art. 26). "O compromisso da LINDB se aproxima se aproxima da figura do acordo substitutivo, voltado à terminação consensual do processo administrativo" e "consagra a dinâmica de atuação ao estabelecer permissivo genérico para que toda a Administração Pública, independentemente de lei ou regulamento específico, celebre compromissos". Tais acordos podem ser celebrados "antes da instauração do processo administrativo", "no curso do processo administrativo", "na fase de decisão, ou seja, quando da edição do ato administrativo – em geral, para substituí-lo", "na fase recursal", ou, ainda, "na constituição da coisa julgada administrativa"[45].

A regra do art. 26 possui efeitos imediatos e vinculantes na condução dos processos administrativos, a obrigar o administrador público à aplicação concomitantemente dos novos artigos da LINDB com a Lei de Processo Administrativo (geral ou especificamente aplicável ao caso concreto). Como resultado, "o processo administrativo será capaz de conciliar a funcionalização da atividade administrativa com a dimensão formal e material da segurança jurídica, prestigiando o princípio da eficiência, combatendo a lamentável

---

[43] DANIEL. Felipe Alexandre Santa Anna Mucci. *O Direito Administrativo Sancionador aplicado aos contratos da Administração e os Acordos Substitutivos de Sanção*. Curitiba: Ithala, 2022, p. 244.

[44] FORTINI, Cristiana; DANIEL. Felipe Alexandre Santa Anna Mucci. *A nova administração pública por contratos e o surgimento dos "dispute boards" no Brasil*. Revista de Contratos Públicos, n.26 (Abr. 2021), p.145-179.

[45] GUERRA, Sérgio; PALMA, Juliana Bonacorsi de. *Art. 26 da LINDB: novo regime jurídico de negociação com a Administração Pública*. Rev. Direito Adm., Rio de Janeiro, Edição Especial: Direito Público na Lei de Introdução às Normas de Direito Brasileiro – LINDB (Lei nº 13.655/2018), p. 135-169, nov. 2018. Disponível em: https://bibliotecadigital.fgv.br/ojs/index.php/rda/article/download/77653/74316/161997. Acesso em: 23 dez. 2022.

cultura do medo e trazendo balizas mais razoáveis para o exercício da atividade de controle"[46].

Deve-se aludir, por fim, ao art. 151 da Lei n.º 14.133/21, que autoriza a utilização de "meios alternativos de prevenção e resolução de controvérsias, notadamente a conciliação, a mediação, o comitê de resolução de disputas e a arbitragem". Embora já esteja razoavelmente estabelecido que a legislação ordinária de licitações e contratos não se aplica subsidiariamente às empresas estatais[47], o dispositivo encontra-se inserto num contexto normativo mais amplo, que abrange diversas regras recentes do regime jurídico alusivo ao direito administrativo sancionador, sempre a prestigiar a consensualidade e a bilateralidade na resolução de controvérsias.

A esse propósito, o Enunciado n.º 17, aprovado na I Jornada de Direito Administrativo, organizada pelo Conselho Nacional de Justiça, dispõe que "os contratos celebrados pelas empresas estatais, regidos pela Lei nº 13.303/2016, não possuem aplicação subsidiária da Lei nº 8.666/1993", mas ressalta que "em casos de lacuna contratual, aplicam-se as disposições daquela Lei e as regras e os princípios de direito privado". Ora, as regras e os princípios de direito privado[48], em que prevalecem a autonomia da vontade e a liberdade de contratar, são suficientes, e talvez até com mais amplitude, para fundamentar os acordos substitutivos, independentemente da aplicação subsidiária do art. 151 da Lei n.º 14.133/21.

---

[46] FORTINI, Cristiana; BUENO, Amaral Roque. A amplitude da segurança jurídica no processo administrativo correlacionada aos efeitos da Lei Nº 13.655/18 . *In:* BITENCOURT NETO, Eurico ; MARRARA, Thiago (Coord.). *Processo Administrativo Brasileiro: Estudos em Homenagem Aos 20 Anos da Lei Federal de Processo Administrativo*. Belo Horizonte: Fórum, 2019, p. 173-197. Disponível em: https://www.forumconhecimento.com.br/livro/3994/4146/25519. Acesso em: 23 dez. 2022.

[47] "Não se aplica subsidiariamente a Lei 8.666/1993 a eventuais lacunas da Lei 13.303/2016 [Lei das Estatais], exceto nas hipóteses nela expressamente previstas (arts. 41 e 55, III) , sob pena de violação aos arts. 22, XXVII, e 173, §1º, III, da Constituição Federal" (BRASIL. Tribunal de Contas da União. Plenário. Pedido de Reexame 006.959/2019-9. Acórdão 739/2020. Rel. Benjamin Zymler. Julgado em 01/04/2020).

[48] Previstas, por exemplo, nos artigos 421 e 425 do Código Civil: "Art. 421. A liberdade contratual será exercida nos limites da função social do contrato. Parágrafo único. Nas relações contratuais privadas, prevalecerão o princípio da intervenção mínima e a excepcionalidade da revisão contratual". "Art. 425. É lícito às partes estipular contratos atípicos, observadas as normas gerais fixadas neste Código".

Sem embargo das previsões legislativas, o fato é que a utilização de métodos consensuais para fins de transação e aplicação de sanções administrativas ainda não é pacificamente aceita em alguns extratos de atuação jurídica no Brasil. Prova disso é o veto presidencial ao inciso II do § 1º do art. 26, da LINDB, que seria acrescido pelo art. 1º do Projeto de Lei n.º 7.448, de 2017, que veio a originar a Lei n.º 13.655/18. O dispositivo autorizaria a "transação quanto a sanções e créditos relativos ao passado", mas foi vetado supostamente por aplicação do princípio da "reserva legal", e por se considerar que o permissivo "poderia representar estímulo indevido ao não cumprimento das respectivas sanções, visando posterior transação".

Não se pode concordar com essa visão. A uma, porque o próprio *caput* do art. 26 já constitui fundamento legal suficiente para autorizar a celebração do acordo[49], em qualquer fase processual, afastando-se, assim, qualquer sorte de violação ao princípio da "reserva legal". A duas, porque a consensualidade possui, sob o aspecto material, fundamento direto na própria Constituição da República, como alternativa não excludente da imperatividade, e não obsta a aplicação e execução das sanções próprias nos casos cabíveis. E, a três, porque a utilização racional e adequada dos acordos substitutivos, nos casos em que cabíveis, longe de estimular o inadimplemento contratual, tende incentivar o ajustamento de condutas ilícitas sem o rompimento do vínculo contratual, nutrindo, assim, potencial pedagógico talvez superior ao da sanção unilateralmente aplicada.

Em suma, considerando que a Constituição da República não elegeu o modelo imperativo como único ou prioritário na atuação administrativa, notadamente em matéria contratual; que não há lei a vedar a prática do consenso no âmbito das infrações administrativas contratuais; e que há todo um complexo normativo no ordenamento jurídico brasileiro, com regras a prestigiar a consensualidade e a bilateralidade, notadamente o art. 26 da LINDB, que institui permissivo genérico de celebração de acordos para eliminar irregularidade ou situação contenciosa na aplicação do direito público; deve-se entender que é possível e legítima a celebração de acordos substitutivos, no âmbito dos contratos regidos pela Lei n.º 13.303/16, para ajustamento de condutas, ressarcimento de danos e até mesmo submissão

---

[49] DANIEL. Felipe Alexandre Santa Anna Mucci. *O Direito Administrativo Sancionador aplicado aos contratos da Administração e os Acordos Substitutivos de Sanção*. Curitiba: Ithala, 2022, p. 343.

voluntária a sanções em grau atenuado. O juízo de adequação da utilização do acordo, para fins de satisfação do interesse público no caso concreto, a ser realizado motivadamente, cabe ao gestor público competente para aplicação da sanção.

Deve-se ressaltar, porém, que a validade do acordo substitutivo depende necessariamente da voluntariedade da manifestação de vontade da empresa contratada. Não se pode admitir que acordos em matéria sancionatória sejam utilizados para relativização de direitos fundamentais, com base em ideias mercantilistas e utilitaristas[50]. Em outras palavras, o ato consensual não pode ser desvirtuado e transformar-se em ato imperativo e impositivo da entidade contratante, como forma não de atingimento do consenso, mas como meio de compelir a contratada a admitir a prática do ilícito, a partir da ameaça de sanção mais gravosa no processo punitivo.

Tal entendimento foi recentemente sufragado pelo Supremo Tribunal Federal – STF no julgamento do Tema 1.043 da repercussão geral, que trata da "utilização da colaboração premiada no âmbito civil, em ação civil pública por ato de improbidade administrativa movida pelo Ministério Público em face do princípio da legalidade (CF, art. 5º, II)". No julgamento de mérito do caso, firmou-se tese no sentido de que "é constitucional a utilização da colaboração premiada, nos termos da Lei 12.850/2013, no âmbito civil, em ação civil pública por ato de improbidade administrativa movida pelo Ministério Público", desde que observada, dentre outras, a seguinte diretriz: "regularidade, legalidade e voluntariedade da manifestação de vontade, especialmente nos casos em que o colaborador está ou esteve sob efeito de medidas cautelares, nos termos dos §§ 6º e 7º do artigo 4º da referida Lei 12.850/2013"[51]. Com efeito, reconheceu o STF que o poder de barganha do órgão de acusação é, em regra, superior ao do acusado na negociação. *Mutatis mutandis*, isso também se repete nos acordos substitutivos de sanção contratual, relativamente ao poder exorbitante da entidade pública contratante, que possui, sempre, a prerrogativa exclusiva de aplicação unilateral de gravosas sanções à contratada.

---

[50] VASCONCELLOS, Vinícius Gomes de. *Barganha e justiça criminal: análise das tendências de expansão dos espaços de consenso no processo penal brasileiro.* Belo Horizonte, São Paulo: D'Plácido, 2021, p. 152.

[51] BRASIL. Supremo Tribunal Federal. *ARE 1175650.* Relator Min. Alexandre de Moraes. Plenário. Julgado em 1/7/2023.

Entende-se, nesse sentido, que o acordo substitutivo não pode ser visto como ato isolado, elaborado a portas fechadas e proposto unilateralmente pela contratante, dependendo tão somente da adesão ou não da contratada, sempre ameaçada pela possível condenação mais gravosa em processo punitivo. Bem diferente disso, o acordo deve ser encarado como ato final de procedimento transparente, participativo e dialógico[52], do qual a contratada possa participar e com o qual possa contribuir, tudo para o atingimento do acordo voluntário, com o conteúdo mais adequado às circunstâncias do caso concreto. A transparência do procedimento de negociação é, assim, condição para não só para o atingimento da voluntariedade no consenso, por permitir a efetiva participação dialógica das partes, mas também para o controle posterior desse elemento, se for o caso. A negociação secreta impede, realmente, a posterior verificação da voluntariedade da manifestação de vontade, enquanto o procedimento transparente possibilita a sua posterior sindicabilidade, em caso de suspeita de ilegalidade. Nesse sentido, a transparência protege o particular de ameaças e o gestor público de futuras acusações infundadas.

A propósito, Diogo de Figueiredo Moreira Neto, ao tratar das desvantagens das cláusulas exorbitantes nos contratos administrativos, aduz justamente "o déficit de transparência da transação, pois as prerrogativas são genericamente estabelecidas nas leis, sem evidente relação com as situações fáticas específicas e as peculiaridades de cada contrato" e, consequentemente, "o sacrifício da confiança legítima do interessado na transação, pois as prerrogativas tanto podem servir a propósitos legítimos como disfarçar intenções ilegítimas, como a difundida e gravosa corrupção pelo temor"[53]. Deveras, os métodos autocompositivos, tais como os acordos substitutivos, demandam, sempre, "oportunidade de participação das partes interessadas" e "transparência

---

[52] Luciano de Araújo Ferraz e Jorge Bacelar Gouveia, ao sustentarem a existência do direito do particular de participação dialógica no processo administrativo da desapropriação ("distensão democrática"), esclarecem que "esta perspectiva dialógica é partidária da democratização do exercício da atividade administrativa na modernidade, como exigência do Estado Democrático de Direito" (FERRAZ, Luciano; GOUVEIA, Jorge Bacelar. Procedimento expropriatório e administração pública dialógica. Revista Brasileira de Estudos Políticos. Belo Horizonte, n. 113, p. 477-532, jul./dez. 2016).

[53] MOREIRA NETO, Diogo de Figueiredo. *O futuro das cláusulas exorbitantes nos contratos administrativos*. *In*: ARAGÃO, Alexandre Santos de; MARQUES NETO, Floriano de Azevedo (Coord.). Direito Administrativo e seus novos paradigmas. Belo Horizonte: Fórum, 2008.

dos atos administrativos praticados ao longo do procedimento"[54]. Daí que o agente público competente para a celebração do acordo "deve se preocupar com o desenvolvimento de um 'procedimento administrativo para resolução consensual' com etapas bem definidas" "e com a devida transparência de seus atos", pois "esse é o motor que dará sustentabilidade ao acordo eventualmente firmado, tanto perante órgãos de controle da Administração quanto junto ao Poder Judiciário, no caso de algum pedido de revisão da decisão adotada"[55].

5. CONCLUSÃO

A Lei n.º 13.303/16, editada com fundamento no art. 173, §1º, da Constituição da República, com redação dada pela EC n.º 19/98, institui o estatuto jurídico própria das empresas estatais e afasta a aplicação das leis de licitações e contratos administrativos da Administração Pública direta, autárquica e fundacional (Leis n.º 8.666/93 e 14.133/21). Embora o estatuto tenha abandonado, em parte, as cláusulas exorbitantes e se aproximado do direito privado, as sanções administrativas, por infrações contratuais, foram mantidas, como prerrogativa exclusiva da contratante. Apenas as sanções expressamente previstas na Lei n.º 13.303/16 podem ser aplicadas pelas empresas estatais, de acordo com o seu regime jurídico próprio, afastando-se, assim, a possibilidade da declaração de inidoneidade com base nas Leis n.º 8.666/93 e 14.133/21.

Por se tratar de prerrogativa, exercida a partir do poder punitivo estatal, as sanções da Lei n.º 13.303/16 devem ser iluminadas pelos princípios do direito administrativo sancionador, especialmente os da culpabilidade e do devido processo legal. Deve-se entender, assim, que a responsabilidade administrativa das contratadas é subjetiva e somente pode ser reconhecida, para aplicação de qualquer sanção, após apuração da conduta típica e ilícita

[54] CRISTOVAM, José Sérgio da Silva; EIDT, Elisa Berton. *A autorização legal para realização de acordos pela Administração Pública e a sua aplicação no âmbito das câmaras administrativas*. Revista Jurídica da Procuradoria-Geral do Estado do Paraná, Curitiba, n. 11, pp. 55-81, 2020.

[55] CRISTOVAM, José Sérgio da Silva; EIDT, Elisa Berton. *A autorização legal para realização de acordos pela Administração Pública e a sua aplicação no âmbito das câmaras administrativas*. Revista Jurídica da Procuradoria-Geral do Estado do Paraná, Curitiba, n. 11, pp. 55-81, 2020.

e do elemento subjetivo, no âmbito do devido processo legal, em que se assegurem o contraditório e a ampla defesa.

Mas a prerrogativa sancionatória das empresas estatais não necessariamente deve ser exercida de forma unilateral e imperativa. O consenso afigura-se opção lícita, legítima e normal para a resolução de controvérsias relacionadas a possíveis infrações administrativas em matéria contratual, notadamente após a edição da Lei n.º 13.655/2018, que acrescentou o art. 26 à LINDB. Nesse contexto, os acordos substitutivos podem ser utilizados, a critério do gestor competente, para fins de ajustamento de conduta do contratado, ressarcimento de danos e submissão voluntária a sanções em grau atenuado.

Não se condena, no presente trabalho, a própria competência legal de aplicação unilateral de sanções em processo administrativo de caráter punitivo. Tal medida é necessária em determinadas hipóteses e está expressamente prevista na Lei n.º 13.303/16. Não se propõe que o consenso substitua a unilateralidade em absoluto, mas apenas que a empresa estatal tenha a possibilidade de avaliar, motivadamente, a melhor alternativa para o caso concreto. O fundamental é que o caminho escolhido, seja ele a aplicação unilateral de sanção ou a celebração de acordo substitutivo, satisfaça o interesse público concretamente considerado e, se possível, preserve o vínculo contratual. Não se contrata com o objetivo de punir, mas com o objetivo de se executar o objeto. Tanto a sanção como o acordo substitutivo possuem função instrumental na busca desse objetivo. Em qualquer caso, ademais, a transparência é requisito de legitimidade da atuação administrativa.

REFERÊNCIAS DOUTRINAIS

AMORIM, Rafael de Amorim. *Art. 156*. In: FORTINI, Cristiana; OLIVEIRA, Rafael Sérgio Lima; CAMARÃO, Tatiana (coord.). *Comentários à Lei de Licitações e Contratos Administrativos: Lei n. 14.133, de 1º de abril de 2021*, Volume 2. Belo Horizonte: Fórum, 2021.

ARAÚJO, Florivaldo Dutra de. *Reflexos da decisão judicial penal na esfera administrativo disciplinar*. Revista da Procuradoria-Geral do Município de Belo Horizonte – RPGMBH, Belo Horizonte, ano 4, n. 8, jul. / dez. 2011.

BITTENCOURT NETO, Eurico. *Transformações do Estado e a Administração Pública no Século XXI*. Revista de Investigações Constitucionais, Curitiba, vol. 4, n. 1,

p. 207-225, jan./abr. 2017. Disponível em: https://revistas.ufpr.br/rinc/article/view/49773. Acesso em: 2 jul. 2022.

BITTENCOURT NETO, Eurico. *Concertação administrativa interorgânica: Direito Administrativo e organização no Século XXI.* São Paulo: Almedina, 2017.

CRISTOVAM, José Sérgio da Silva; EIDT, Elisa Berton. A *autorização legal para realização de acordos pela Administração Pública e a sua aplicação no âmbito das câmaras administrativas.* Revista Jurídica da Procuradoria-Geral do Estado do Paraná, Curitiba, n. 11, pp. 55-81, 2020.

DANIEL, Felipe Alexandre Santa Anna Mucci. *O Direito Administrativo Sancionador aplicado aos contratos da Administração e os Acordos Substitutivos de Sanção.* Curitiba: Ithala, 2022.

FERRAZ, Luciano. *Convém advertir: advertência é pena na Lei 14.133/21.* Disponível em: https://www.conjur.com.br/2022-jul-07/interesse-publico-convem-advertir--advertencia-pena-lei-1413321. Acesso em: 22 dez. 2022.

FERRAZ, Luciano. *Presunção de singularidade na contratação de advogados pela Administração Pública e inaplicabilidade do dano in re ipsa nas ações de improbidade administrativa.* Revista CEJ, Brasília, Ano XXIV, n. 80, p. 83/91, jul./dez. 2020.

FERRAZ, Luciano. *Controle e consensualidade,* 2ª Edição. Belo Horizonte: Fórum, 2020.

FERRAZ, Luciano; GOUVEIA, Jorge Bacelar. Procedimento expropriatório e administração pública dialógica. Revista Brasileira de Estudos Políticos. Belo Horizonte, n. 113, p. 477-532, jul./dez. 2016.

FERRAZ, Sergio. *Dos contratos das empresas estatais.* Revista de Direito Público da Economia – RDPE, Belo Horizonte, ano 17, n. 67, p. 215-231, jul./set. 2019.

FORTINI, Cristiana; DANIEL. Felipe Alexandre Santa Anna Mucci. *A nova administração pública por contratos e o surgimento dos "dispute boards" no Brasil.* Revista de Contratos Públicos, n.26 (Abr. 2021)

FORTINI, Cristiana; BUENO, Amaral Roque. *A amplitude da segurança jurídica no processo administrativo correlacionada aos efeitos da Lei Nº 13.655/18*. In: BITENCOURT NETO, Eurico ; MARRARA, Thiago (Coord.). Processo Administrativo Brasileiro: Estudos em Homenagem Aos 20 Anos da Lei Federal de Processo Administrativo. Belo Horizonte: Fórum, 2019, p. 173-197. Disponível em: https://www.forumconhecimento.com.br/livro/3994/4146/25519. Acesso em: 23 dez. 2022.

FORTINI, Cristiana . *Comentários ao Art. 17. In:* PIETRO, Maria Sylvia Zanella Di; MARRARA, Thiago (Coord.). *Lei Anticorrupção Comentada.* Belo Horizonte: Fórum, 2020.. Disponível em: https://www.forumconhecimento.com.br/livro/1467/4317/28934. Acesso em: 23 dez. 2022.

GUERRA, Sérgio; PALMA, Juliana Bonacorsi de. *Art. 26 da LINDB: novo regime jurídico de negociação com a Administração Pública*. Rev. Direito Adm., Rio de Janeiro, Edição Especial: Direito Público na Lei de Introdução às Normas de Direito Brasileiro – LINDB (Lei nº 13.655/2018), p. 135-169, nov. 2018. Disponível em: https://bibliotecadigital.fgv.br/ojs/index.php/rda/article/download/77653/74316/161997. Acesso em: 23 dez. 2022.

GUIMARÃES, Bernardo Strobel. *Comentários à Lei das Estatais (Lei nº 13.303/2016)*, 1ª Ed. Belo Horizonte: Fórum, 2019, p. 402. Disponível em: https://www.forumconhecimento.com.br/livro/3940. Acesso em: 20 dez. 2022.

GUIMARÃES, Edgar; SANTOS, José Anacleto Abduch Santos. *Lei das Estatais: comentários ao regime jurídico licitatório e contratual da Lei nº 13.303/2016 – Lei das Estatais*. Belo Horizonte: Fórum, 2017.

GROTTI, Dinorá Adelaide Musetti; OLIVEIRA, José Roberto Pimenta. *Direito administrativo sancionador brasileiro: breve evolução, identidade, abrangência e funcionalidades*. Interesse Público – IP, ano 22, n. 120, mar./ abr. 2020. Disponível em: https://www.forumconhecimento.com.br/periodico/172/41921/91565. Acesso em: 27 nov. 2022.

MARQUES NETO, Floriano de Azevedo; CYMBALISTA, Tatiana Matiello. *Os acordos substitutivos do procedimento sancionatório e da sanção*. Revista Eletrônica de Direito Administrativo Econômico. Salvador, n. 27, ago./set./out. 2011. Disponível em: http://www.direitodoestado.com.br/codrevista.asp?cod=597. Acesso em: 23 dez. 2021.

MELLO, Rafael Munhoz de. *Processo administrativo, devido processo legal e a Lei n. 9.784/99*. Revista de Direito Administrativo e Constitucional, Ano 3, n. 11, jan./fev/mar. 2003.

MELLO, Rafael Munhoz de. *Sanção Administrativa e o Princípio da Culpabilidade*. A&C R. de Dir. Administrativo e Constitucional, Belo Horizonte, ano 5, n. 22, p. 1-253, out./dez. 2005. Disponível em: http://www.revistaaec.com/index.php/revistaaec/article/view/624. Acesso em 27 nov. 2022.

MESQUITA, Daniel Augusto. As sanções administrativas na Lei nº 13.303/16. In: NORONHA, João Otávio de; FRAZÃO, Ana; MESQUITA, Daniel Augusto (Coord.). *Estatuto jurídico das estatais: análise da Lei nº 13.303/2016*. Belo Horizonte: Fórum, 2017, p. 325-363. Disponível em: https://www.forumconhecimento.com.br/livro/1511. Acesso em: 23 dez. 2022.

MOREIRA NETO, Diogo de Figueiredo. *Mutações do direito administrativo*. Rio de Janeiro: Renovar, 2000.

MOREIRA NETO, Diogo de Figueiredo. *O futuro das cláusulas exorbitantes nos contratos administrativos*. *In*: ARAGÃO, Alexandre Santos de; MARQUES NETO, Floriano de Azevedo (Coord.). Direito Administrativo e seus novos paradigmas. Belo Horizonte: Fórum, 2008.

NIEBHUR, Joel Menezes. *Licitação Pública e Contrato Administrativo,* 4ª ed. Belo Horizonte: Fórum, 2015.

NIEBUHR, Joel de Menezes; NIEBUHR, Pedro de Menezes. *Licitações e Contratos das Estatais.* Belo Horizonte: Fórum, 2018. Disponível em: https://www.forumconhecimento.com.br/livro/1726/1793/3727. Acesso em: 23 dez. 2022.

OSÓRIO, Fabio Medina. *Direito administrativo sancionador*, 7. ed. São Paulo: Thomson Reuters Brasil, 2020.

SCHMIDT-ASSMAN, Eberhard. *La teoría general del Derecho Administrativo como sistema: objeto y fundamentos de la construcción sistemática.* Madrid: INAP-Marçal Pons, 2003.

STROPPA, Christianne de Carvalho; FORTINI, Cristiana. *Art. 120. In* FORTINI, Cristiana; OLIVEIRA, Rafael Sérgio Lima; CAMARÃO, Tatiana (coord.). *Comentários à Lei de Licitações e Contratos Administrativos: Lei n. 14.133, de 1º de abril de 2021,* Volume II. Belo Horizonte: Fórum, 2021.

SUNDFELD, Carlos Ari. *Direito Administrativo: o novo olhar da LINDB,* 1ª Ed. Belo Horizonte: Fórum, 2022. Disponível em: https://www.forumconhecimento.com.br/livro/4378. Acesso em: 15 nov. 2022.

VASCONCELLOS, Vinícius Gomes de. *Barganha e justiça criminal: análise das tendências de expansão dos espaços de consenso no processo penal brasileiro.* Belo Horizonte, São Paulo: D'Plácido, 2021.

LUZES E SOMBRAS SOBRE A TRANSPARÊNCIA NO USO DE INTELIGÊNCIA ARTIFICIAL E DE ALGORITMOS PELA ADMINISTRAÇÃO PÚBLICA

RICARDO PEDRO
Doutor em Direito Público pela Faculdade de Direito da Universidade Nova de Lisboa. Investigador no *Lisbon Public Law Research Centre* (LPL) da Faculdade de Direito da Universidade de Lisboa. Este trabalho é financiado (ou parcialmente financiado) por fundos nacionais através da FCT – Fundação para a Ciência e a Tecnologia, I.P., no âmbito do projeto UIDP/04310/2020.

> "*A casa das máquinas da transparência é obscura.* Assim, entregamo-nos ao poder cada vez maior da caixa negra algorítmica."
>
> Byung-Chul Han[1]

> "«*São injustas todas as ações que se referem ao direito de outros homens, cujas máximas se não harmonizem com a publicidade.*» Este princípio não se considerará apenas como

[1] *Infocracia: A Digitalização e a Crise da Democracia*, Tradução de Ana Falcão Bastos, Relógio d' Água, 2022, p. 14.

ético (pertencente à doutrina da virtude), mas também como jurídico (concernente ao direito dos homens)."

Immanuel Kant[2]

I. INTRODUÇÃO E CONTEXTO

Atualmente o uso de sistemas de Inteligência Artificial (IA) e de algoritmos digitais pelo setor administrativo[3] está em constante evolução[4] e tem sido influenciado por vários fatores, incluindo avanços tecnológicos, a sua maior procura pelo setor público e (propostas de) mudanças regulatórias. As tendências atuais vão no sentido da sua adoção crescente, uma vez que a IA está a ganhar cada vez mais adeptos no setor público[5], com a crescente consciencialização dos potenciais *benefícios* que esta tecnologia pode oferecer.

De entre os principais e potenciais benefícios, destacam-se: (i) *uma maior eficiência*, por via da automatização de procedimentos, desde logo,

---

[2] *A Paz Perpétua: Um Projecto Filosófico*, 1795, Tradução de Artur Morão, pp. 46 e 47. Disponível em: kant_immanuel_paz_perpetua.pdf (lusosofia.net) Acesso em 3 de julho de 2023.

[3] Para além do impacto da IA na atividade administrativa, entre nós, sobre o impacto da IA na atividade judicial (pública e privada), cf. Cabral, 2023, pp. 77-104; Tavares & Costa, 2023, pp. 57-76; Pedro, 2023, pp. 105-127; e na atividade legislativa, cf. Rodrigues, 2023, pp. 129-144.

[4] É neste contexto que se pode compreender o *Plano de Ação para a Transição Digital*, aprovado pela Resolução do Conselho de Ministros n.º 30/2020, de 21 de abril, que reflete a estratégia definida para a transição digital e condensa a visão do Governo neste domínio, materializada numa estrutura que contempla três principais pilares de atuação: Pilar I – Capacitação e inclusão digital das pessoas; Pilar II – Transformação digital do tecido empresarial; Pilar III – Digitalização do Estado, bem como uma dimensão adicional de catalisação que cria as condições de base a uma acelerada digitalização do País.

É de notar que uma das preocupações no uso público de IA é o de que o processo de transição digital em curso permita formar determinadas categorias de servidores públicos capazes de desenvolver sistemas de IA adequados às necessidades das entidades públicas.

[5] Entre outras, as mais recentes, e para além das obras que serão mencionadas em relação a aspetos particulares, cf. Djeffal, 2018, pp. 1-32; Viola, 2018, pp. 1598 e ss; Crisci, 2018, pp. 1787 e ss; Simoncini, 2019, pp. 63 e ss; Cavallaro & Smorto, 2019, pp. 1 e ss, Bullock, 2019, pp. 751-761; Peguera Poch, 2020, pp. 1 e ss; AA. VV., 2020; Hernández Peña, 2020, pp. 281-322; Calo, 2021, pp. 1391-1423; Calo & Citron, 2021, pp. 797–845; Terón Santos, 2022, pp. 1 e ss; Bontridder, Gérard & Poullet, 2022, pp. 1 e ss; Sunstein, 2022, pp. 1175-1205; Ranchordás, 2022, pp. 1341-1389.

administrativos (a IA pode automatizar processos manuais e repetitivos, libertando, pelo menos, parcialmente, recursos humanos para atividades mais valiosas); (ii) acesso ao tratamento de uma maior quantidade de dados (inclusive, *mega-dados – big data*), o que pode permitir *decisões* (nomeadamente, administrativas) *mais informadas* (a IA pode ajudar a analisar grandes quantidades de dados, gerando informação tratada, que deverá auxiliar os entes públicos a tomar decisões mais robustas); (iii) *melhorias na governação* (a IA pode ajudar a identificar e solucionar problemas de governação, incluindo corrupção e ineficiência, e aumentar a transparência e a responsabilidade no setor administrativo); (iv) *o desenvolvimento de soluções inovadoras* (a IA pode ser usada para criar soluções inovadoras para desafios complexos que o exercício da atividade administrativa enfrenta, nomeadamente, nas áreas da saúde, meio ambiente e segurança); e (v) *melhoria em geral da qualidade dos serviços públicos*[6].

Apesar do referido, são de destacar algumas preocupações regulatórias referentes *aos riscos no uso de IA*. Assim, surgem preocupações, nomeadamente, em relação a questões como a privacidade, a segurança, a ética, o cumprimento de direitos fundamentais e, no final do dia, o respeito pelos pilares fundamentais do Estado de direito.

Depois de muitos países terem adotado "estratégias de IA"[7], o cenário atual é o da opção pela regulação da IA, discutindo-se, em particular, a *medida* desta regulação[8]. É de destacar que independentemente da opção legislativa que se venha a adotar para a regulação da IA, a verdade é que não se deve

---

[6] Cf. European Comission, Joint Research Centre, M. Manzoni, R. Medaglia, L. Tangi, *et al.*, 2022, p. 12.

[7] Sobre a "Estratégia de IA" portuguesa cf. https://www.incode2030.gov.pt/ai-portugal--2030. Acesso em 15 de junho de 2023. Sobre as estratégias de IA de outros países, cf. European Comission, Joint Research Centre, M. Manzoni, R. Medaglia, L. Tangi, *et al.*, 2022, p. 5, e na página 64 podem encontrar-se os links de acesso às referidas estratégias de IA.

[8] As opções de regulação jurídica da IA são várias, destacam-se as ponderadas no âmbito do PRIA ou Parlamento Europeu & Conselho, 2021. Cf. Proposta de Regulamento do Parlamento Europeu e do Conselho que estabelece regras harmonizadas em matéria de inteligência artificial (Regulamento Inteligência Artificial) e altera determinados atos legislativos da união, COM/2021/206 final: (i) um instrumento legislativo da UE que criasse um regime de rotulagem voluntária; (ii) uma abordagem *ad hoc* a nível setorial; (iii) um instrumento legislativo horizontal da UE que seguisse uma abordagem baseada no risco proporcionada; (iv) um instrumento legislativo horizontal da UE que seguisse uma abordagem baseada no risco proporcionada, completada por códigos de conduta para os sistemas de IA que não são de risco elevado; (v) um instrumento legislativo horizontal da UE que estabelecesse requisitos

entender que se parte do zero, isto é, do vazio jurídico, desde logo, porque mesmo não havendo normas jurídicas especialmente direcionadas, há um conjunto de normas gerais e ainda princípios jurídicos aplicáveis, como se tornará evidente no que tange à aplicação da normatividade jurídico-administrativa aos sistemas de IA e algoritmos.

Neste contexto, são vários os *desafios* relativos à implementação de sistemas de IA no exercício de funções administrativas. Desde logo, recursos limitados, isto é, o setor público enfrenta com grande frequência restrições orçamentais (e cativações) e ainda a falta de recursos humanos, o que dificulta a implementação de sistemas de IA. Acrescem ainda as barreiras tecnológicas, ou seja, a falta de capacitação e *expertise* técnica pode ser uma barreira para uma implementação bem-sucedida da IA na atividade administrativa, concretizada na falta de recursos humanos especializados em IA[9].

Acresce que, uma das singularidades dos sistemas de IA, em particular, quando estão em causa sistemas do tipo *machine learning*, é a relativa ao facto de tais sistemas funcionarem em regime de "*black box*", trazendo consigo o problema da falta de transparência[10] – a opacidade abre a porta ao erro e ao uso indevido[11]. Neste contexto de opacidade digital, e das formas de o ultrapassar ou não, o legislador e o administrador são confrontados com a questão de ponderar as exigências da transparência na atividade administrativa[12] em confronto com a oportunidade de aproveitar as vantagens do uso público de sistemas de IA ou de algoritmos.

II. IA E FUNÇÃO ADMINISTRATIVA

1. Prolegómenos

Face à importância que a atividade administrativa representa para a vida dos cidadãos em geral – ainda que as tarefas entregues à função administrativa

---

obrigatórios para todos os sistemas de IA, independentemente do risco que representam. O PRIA seguiu a hipótese referida em (iv).

[9] Para outros desenvolvimentos, cf. European Comission, Joint Research Centre, M. Manzoni, R. Medaglia, L. Tangi, *et al.*, 2022, pp. 4, 18 e 19.

[10] Entre muitos, cf. Coglianese & Lehr, 2019, p. 4.

[11] Cf. Domingos, 2017, p. 18.

[12] A relevância democrática da transparência administrativa é, aliás, sublinhada pelo Tribunal Constitucional no acórdão n.º 231/92.

variem de país para país –, facilmente se compreende que também o Direito Administrativo não poderá ficar alheio à regulação do impacto do uso de sistemas de IA nesta atividade[13]. Ou seja, na sequência da opção e das políticas públicas desenvolvidas no sentido de algumas das tarefas administrativas serem executadas por sistemas de IA ou cuja execução humana beneficie de apoio de sistemas de IA[14], cabe ao Direito Administrativo, desde logo, regular a aprovação de tais regimes/sistemas, assim como as regras do seu funcionamento, em linha com as garantias jurídicas e administrativas comuns à atividade administrativa.

Assim, o uso de sistemas de IA na execução de tarefas administrativas não pode levar a que os titulares de direitos e interesses legítimos vejam reduzidas as garantias, desde logo, procedimentais, no que tange às decisões administrativas que possam afetar a sua esfera jurídica: a necessidade de promoção da inovação não poderá ser feita à custa dos direitos dos cidadãos. Assim o impõe, desde logo, as exigências de Estado de direito, de acesso ao tribunal, de respeito pelos direitos fundamentais ou de princípios como a transparência, imparcialidade e equidade. Em síntese, não se pode permitir que a atividade administrativa executada por sistemas de IA fique à margem do Direito[15].

Em reforço do anteriormente referido, deve sublinhar-se que a atividade administrativa exercida por sistemas de IA, para além de dever ser orientada por um conjunto de princípios gerais da atividade administrativa em sede de procedimento administrativo de primeiro grau, deve estar dotada de instrumentos jurídicos que permitam que o particular afetado tenha à sua disposição as vias adequadas de garantia administrativa e de garantia judicial – não sendo de admitir zonas de imunidade jurídica na atividade administrativa inteligente.

Aliás, uma questão que se tende a colocar é a de que estas garantias devam ser reforçadas em função do tipo de sistema de IA utilizado, ganhando, neste

[13] Appel & Coglianese, 2020, p. 162; Cantero Gamito & Ebers, 2021, p. 2; Finck, 2019, pp. 1 e ss.

[14] Veja-se, a este propósito, a identificação de um conjunto de áreas públicas em que os sistemas de IA podem ser usados, desde logo, por entes públicos, e.g. serviços públicos essenciais, atividades de polícia. Cf. Parlamento Europeu & Conselho, 2021, pp. 29 e 30; Cabral, 2021, pp. 89-100.

[15] Carrero & Ribeiro, 2019, p. 6.

contexto, destaque as decisões administrativas automatizadas suportadas por algoritmos[16] – "Administração Púbica 4.0"[17]. Por outro lado, não só o desenho da aplicação concreta de IA, como ainda os seus resultados, devem ser sujeitos a um teste de juridicidade fundamental, nomeadamente, igualdade de tratamento e, naturalmente, em cumprimento de outros direitos fundamentais[18] e ainda os princípios fundamentais da atividade administrativa. Neste contexto, uma das preocupações do uso de sistemas de IA – especialmente assentes em algoritmos – é a necessidade de garantir a *transparência* da atuação administrativa suportada pelos referidos sistemas[19] e, na medida do necessário, pelo próprio sistema assente em IA. Acresce que, no âmbito da atividade administrativa, a transparência é, por regra, erigida a princípio fundamental, pelo que se revelam especiais cuidados quando se aborda o tema da transparência no uso de sistemas de IA e de algoritmos.

2. Aproximação ao Tema da IA e dos Algoritmos

O termo IA é, em regra, entendido por referência à *inteligência humana ou natural*, ou seja, o referente continua a ser a inteligência humana, cuja atividade a inteligência artificial visa emular ou reproduzir. Portanto, por ora afastam-se situações de superinteligência, isto é, hipóteses em que a inteligência artificial supera a inteligência humana[20].

No que tange à definição de IA, o maior consenso é a falta de consenso na estabilização de uma definição[21], desde logo, para efeitos legais. A discussão é evidente nas (diferentes) tentativas que os legisladores de várias geografias

---

[16] Para além da questão de ser de ponderar se todas as decisões administrativas podem ou não ser automatizadas, cf. D'Angelosante, 2016, p. 165; Gil Cruz, 2021, p. 179.

[17] Griffi, 2018, pp. 1 e ss.

[18] Agência dos Direitos Fundamentais da União Europeia, 2021. A garantia destes direitos impõe uma especial atenção em sede de controlo prévio. Cf. Parlamento Europeu & Conselho, 2021, p. 12.

[19] Finck, 2019, pp. 9 e ss.

[20] Sobre o tema, cf. Bostrom, 2014; Hauselmann, 2022, pp. 43-70.

[21] Para uma noção de uma miríade de definições desenvolvidas por várias instituições, países, autores e mercado/indústria, cf. Samoili, S., Lopez Cobo, M., Gomez Gutierrez, E., De Prato, G., Martinez-Plumed, F. and Delipetrev, B., 2020. Cf. ainda, Russell & Norvig, 2016, pp. 5 e ss.

tem envidado ao procurar estabilizar um regime jurídico de regulação da IA, nomeadamente, por meio da estabilização de uma definição jurídica operativa de IA. Por referência ao legislador europeu – e ao que tudo indica será o referente do legislador nacional –, o estádio atual de uma definição operativa de IA pode recortar-se do artigo 3.º, ponto 1 da versão original[22] do PRIA[23] que prevê: *«Sistema de inteligência artificial» (sistema de IA) como "um programa informático desenvolvido com uma ou várias das técnicas e abordagens enumeradas no anexo I, capaz de, tendo em vista um determinado conjunto de objetivos definidos por seres humanos, criar resultados, tais como conteúdos, previsões, recomendações ou decisões, que influenciam os ambientes com os quais interage"*. O legislador europeu

[22] Disponível em: https://eur-lex.europa.eu/resource.html?uri=cellar:e0649735-a372-11eb-9585-01aa75ed71a1.0004.02/DOC_1&format=PDF consultado em 14 de junho de 2023. O PRIA sofreu, entretanto, propostas de alteração, desde logo, na noção de IA, podendo agora ler-se a posição do Conselho Europeu: *"'artificial intelligence system' (AI system) means a system that is designed to operate with elements of autonomy and that, based on machine and/or human-provided data and inputs, infers how to achieve a given set of objectives using machine learning and/or logic- and knowledge based approaches, and produces system-generated outputs such as content (generative AI systems), predictions, recommendations or decisions, influencing the environments with which the AI system interacts;"*. Disponível em: https://data.consilium.europa.eu/doc/document/ST-14954-2022-INIT/en/pdf consultado em 14 de junho de 2023, e a posição do Parlamento Europeu: *"'artificial intelligence system' (AI system) means a machine-based system that is designed to operate with varying levels of autonomy and that can, for explicit or implicit objectives, generate outputs such as predictions, recommendations, or decisions that influence physical or virtual environments"*. Disponível em: https://www.europarl.europa.eu/resources/library/media/20230516RES90302/20230516RES90302.pdf consultado em 14 de junho de 2023.

[23] De notar que o tema da garantia de transparência no uso de algoritmos digitais coloca-se com grande intensidade e relevância no Regulamento (UE) 2022/2065 do Parlamento Europeu e do Conselho de 19 de outubro de 2022 relativo a um mercado único para os serviços digitais e que altera a Diretiva 2000/31/CE (Regulamento dos Serviços Digitais) OJ L 277, 27.10.2022, p. 1-102, sendo aí impostas um conjunto de obrigações de modo a garantir um ambiente digital transparente. Importa ainda, neste contexto, destacar a criação do Centro Europeu para a Transparência Algorítmica (ECAT). Ou seja, é assumido que a forma como os sistemas algorítmicos moldam a visibilidade e a promoção dos conteúdos, bem como o seu impacto social e ético, é uma área de preocupação crescente e que as medidas adotadas ao abrigo da Regulamento dos Serviços Digitais exigem auditorias de responsabilidade e transparência algorítmicas. Assim, em síntese, o ECAT visa contribuir com conhecimentos científicos e técnicos especializados para o papel exclusivo da Comissão Europeia na supervisão e aplicação das obrigações sistémicas relativas às plataformas em linha de muito grande dimensão (VLOP) e aos motores de pesquisa em linha de muito grande dimensão (VLOSE) previstas no Regulamento dos Serviços Digitais.

procura oferecer uma definição o mais tecnologicamente neutra e preparada para o futuro, tendo em conta a rápida evolução tecnológica e de mercado no domínio da IA. A técnica utilizada é, de algum modo, mista, uma vez que, para além de uma definição, remete para o anexo I, que inclui uma lista pormenorizada de abordagens e técnicas de desenvolvimento de IA, devendo esta lista, de acordo com o disposto no artigo 4.º do PRIA, ser atualizada face à evolução do mercado e da tecnologia com base em características similares às técnicas e abordagens aí previstas.

No contexto da IA é comum fazer-se a distinção entre IA, Aprendizagem Automática ou de Máquina "*Machine Learning*"[24] (algoritmos[25] informáticos que utilizam dados para melhorar o seu funcionamento)[26] e Aprendizagem Profunda "*Deep Learning*" (são também algoritmos que usam dados externos para melhorar o seu funcionamento – a diferença perante a anterior é a utilização de modelos mais complexos, tipicamente usam mais camadas para a operação de aprendizagem, dando origem ao nome), surgindo estas como subáreas de IA[27]. As referidas áreas ou categorias de IA acabam por encontrar cabimento na lista de técnicas e abordagens no domínio da IA previstas no anexo I para o qual remete o artigo 3.º, ponto 1, ou seja, a) abordagens de aprendizagem automática, incluindo aprendizagem supervisionada, não supervisionada e por reforço, utilizando uma grande variedade de métodos, designadamente aprendizagem profunda; b) abordagens baseadas na lógica e no conhecimento, nomeadamente representação do conhecimento, programação (lógica) indutiva, bases de conhecimento, motores de inferência

[24] Para outros desenvolvimentos, cf. Domingos, 2017, pp. 19 e ss.

[25] Por sua vez, os algoritmos de um ponto de vista pragmático podem ser entendidos como "um conjunto finito de regras que fornecem uma sequência de operações para resolver um tipo específico de problema", neste sentido e para uma perceção de outras propostas de definição, cf. Ferrario & Loi, 2021, p. 2. Entre nós, para uma abordagem referente aos impactos sociais, culturais e políticos dos algoritmos, cf. Vicente, 2023, pp. 9 e ss.

[26] Por aprendizagem, deve entender-se a capacidade dos sistemas para aprender, decidir, prever, adaptar e reagir automaticamente às mudanças, melhorando com a experiência, sem serem explicitamente programados. A aprendizagem automática está incluída na grande maioria dos esforços para identificar categorias de IA, como a abordagem algorítmica de base para alcançar a IA, independentemente do tipo de aprendizagem, nomeadamente reforço, supervisionada, semi-supervisionada, não-supervisionada. Cf. Samoili, S., Lopez Cobo, M., Gomez Gutierrez, E., De Prato, G., Martinez-Plumed, F. and Delipetrev, B., 2020, p. 12.

[27] AA. VV., 2023, p. 51.

e de dedução, sistemas de raciocínio (simbólico) e sistemas periciais; c) abordagens estatísticas, estimação de Bayes, métodos de pesquisa e otimização.

O tema da IA ganha relevância pelo impacto que a mesma pode ter no regular funcionamento da vida em Sociedade, em geral e, mais em particular, na vida quotidiana dos cidadãos, das empresas e de outras entidades, desde logo, públicas. De modo muito sintético, a IA pode ser mobilizada para realizar, em auxílio ou em substituição, atividades humanas, podendo daí resultar novos cenários de risco – este é o grande centro de preocupação da regulação da IA: o risco que pode causar para os direitos fundamentais, a segurança e a saúde – e cabendo à legislação regular quais os cenários de risco admissíveis (abordagem de riscos/"*risk-oriented approach*") e não admissíveis e, dentro dos admissíveis, quais as obrigações que devem ser cumpridas para o "controlo" dos mesmos[28]. Em síntese, a regulação da IA – que vem a incidir sobre três dimensões: técnica, normativa e ética[29] – vem a justificar-se pelos efeitos negativos e/ou danos que pode provocar na Sociedade e, para o que aqui interessa, para a atividade administrativa.

3. Alguns Impactos da IA no Direito Administrativo: *Back to Basics?*

A opção pela implementação de sistemas de IA no exercício da atividade administrativa, seja exercida por entes públicos, seja por privados, no exercício de funções públicas, impõe que o Direito Administrativo seja obrigado a caminhar num terreno pouco seguro, não apenas por causa das características da IA (a opacidade, a complexidade, a dependência dos dados, o comportamento autónomo; a interconectividade; a correlação em vez de causalidade; a adaptação contínua[30]), mas também porque o uso de sistemas de IA pela Administração Pública ainda se encontra num processo

[28] É esta a abordagem europeia, desde logo, e em síntese, pela admissão de uma abordagem assente no risco, distinguindo quatro categorias diferentes, por exemplo, sistemas e práticas de IA que criam (i) riscos inaceitáveis, (ii) riscos elevados, (iii) riscos limitados e (iv) riscos mínimos.

[29] Em particular sobre a dimensão técnica, cf. Ebers, 2021, pp. 19 e ss.

[30] Ebers, 2021. pp. 3 e ss.

de amadurecimento[31]. Isto para além das dúvidas gerais sobre a regulação da IA[32].

Apesar das referidas dificuldades, a atividade administrativa executada por meio de sistemas de IA deve, à falta de um regime próprio[33], cumprir *standards* básicos do Direito Administrativo. Ou seja, a legalidade da governação dos sistemas de IA e, em particular, dos algoritmos não pode deixar de ser enfrentada[34] pelo Direito Administrativo.

Destarte, a opção pela utilização de sistemas de IA pela Administração Pública deve ser sujeita a sindicância pública, ou seja, previamente à utilização de um sistema de IA no exercício de funções administrativas deve ter lugar uma aprovação pública desta[35], podendo ter lugar através de um "ato público", revelador de um procedimento administrativo adequado, em particular, quando estejam em causa algoritmos[36]. Pois, só desse modo se podem ter em conta os potenciais riscos destes sistemas de IA e da sua adequação – desde logo, pelo cumprimento dos três testes impostos pelo princípio da proporcionalidade no modo/risco do exercício da atividade administrativa[37].

---

[31] AMA (2022) Guia para a Inteligência Artificial na Administração Pública, p. 30. Disponível em: Guia para a Inteligência Artificial, Ética, Transparente e Responsável Acesso em 5 de julho de 2022.

[32] O que facilmente se alcança da comparação das várias versões do PRIA. Cf. ainda Veale & Borgesius, 2021, pp. 97-112.

[33] O regime próprio que aqui se pondera é um regime de direito público. Para além deste regime (caso venha a existir), são de ter em conta as iniciativas das instituições europeias (https://digital-strategy.ec.europa.eu/en/policies/european-approach-artificial-intelligence) e o regime previsto no Regulamento (UE) 2016/679 do Parlamento Europeu e do Conselho, de 27 de abril de 2016, relativo à proteção das pessoas singulares no que diz respeito ao tratamento de dados pessoais e à livre circulação desses dados e que revoga a Diretiva 95/46/CE (Regulamento Geral sobre a Proteção de Dados – RGPD), OJ L 119, 4.5.2016, pp. 1-88, em particular, o previsto no artigo 22.º, que determina que o titular dos dados tem o direito de não ficar sujeito a nenhuma decisão tomada exclusivamente com base no tratamento automatizado. De notar que apenas está em causa a decisão tomada "exclusivamente" com base no tratamento automatizado e já não aquela que envolva também a ação humana.

[34] Appel & Coglianese, 2020, p. 162.

[35] Valero Torrijos, 2019, p. 88.

[36] É discutível qual a natureza jurídica do algoritmo e daí qual o ato público para a sua aprovação. De todo o modo, uma das principais preocupações parece ser a da previsão de um procedimento adequado para a sua aprovação.

[37] Para além da ponderação que, em abstrato, o legislador europeu fez ou faça (e eventualmente o nacional venha a fazer), caberá ao administrador em concreto na opção de adoção de

Este controlo público deve ainda estender-se a uma monitorização dos sistemas de IA ao longo do seu ciclo de vida.

As características de alguns sistemas de IA, com particular incidência nos animados por algoritmos – de *opacidade* e de *não explicabilidade* das suas decisões – convocam o tema da *transparência* da atividade administrativa[38] e das normas que o podem impor. A este propósito[39], importa destacar o previsto na Carta Portuguesa de Direitos Humanos na Era Digital, aprovada pela Lei n.º 27/2021, de 17 de maio[40] no que tange ao uso de IA. Destarte, é de destacar o disposto no artigo 9.º, que acaba por replicar os princípios que se vêm exigindo em geral no uso desta tecnologia, isto é, que deve ser orientada pelo respeito dos direitos fundamentais, garantindo um justo equilíbrio entre os princípios da explicabilidade, da segurança, da *transparência* e da responsabilidade, evitando quaisquer preconceitos e formas de discriminação. De notar que o nível de exigência aumenta quando se trate de decisões com impacto significativo na esfera dos destinatários que sejam tomadas mediante o uso de algoritmos, impondo que as mesmas devem ser comunicadas aos interessados, sendo suscetíveis de recurso e auditáveis, nos termos previstos

---

cada sistema de IA para o exercício de funções administrativas fazer a devida ponderação à luz do princípio da proporcionalidade. Desde logo, deve fazer uma ponderação que permita responder à questão de *saber se o algoritmo consegue desenvolver certa atividade administrativa melhor que os humanos*. A este propósito, cf. Coglianese & Lai, 2022, p. 1305.

[38] Appel & Coglianese, 2020, p. 166; Gil Cruz, 2021, p. 181. Entre nós, é comum a admissão de uma perspetiva restritiva de transparência administrativa, identificada com o acesso à informação administrativa. Cf., entre outros, Freitas, 2020, pp. 207-236. Neste contexto assume especial relevância da Lei n.º 26/2016, de 22 de agosto, que aprova o regime de acesso à informação administrativa e ambiental e de reutilização dos documentos administrativos, transpondo a Diretiva 2003/4/CE, do Parlamento Europeu e do Conselho, de 28 de janeiro, e a Diretiva 2003/98/CE, do Parlamento Europeu e do Conselho, de 17 de novembro e, em particular, o disposto nos artigos 2.º, n.º 2 e 10.º, n.º 1, alínea c). Para uma compreensão do tema recentemente, cf. AA. VV., 2021. Para um elenco dos principais diplomas de direito administrativo que fazem referência expressa à transparência, cf. Fernandes, 2015, pp. 428-429.

[39] Em geral e ao nível constitucional a transparência encontra várias concretizações e, em particular, no artigo 268.º, n.ºs 1 e 2. Sobre o tema, entre outros, cf. Antunes, 1993, pp. 1-55. De notar que o modelo constitucional não absolutiza a transparência, admitindo o segredo administrativo, como se pode recortar do disposto no artigo 35.º, n.ºs 1 e 2 e no artigo 268.º, n.º 2, parte final. Sobre alguns segredos administrativos, cf. AA. VV., 2019.

[40] Sobre este diploma, em tom bastante critico, cf. Alexandrino, 2021, pp. 1 e ss.

na lei, ou seja, reitera as exigências comuns para as decisões automatizadas, desde logo, as previstas no artigo 22.º do RGPD[41].

No que tange ao procedimento administrativo, a decisão administrativa assente em IA está sujeita ao disposto no n.º 3 do artigo 14.º do CPA[42], que prevê que a utilização de meios eletrónicos, dentro dos limites estabelecidos na Constituição e na lei, está sujeita às garantias previstas no presente Código e aos princípios gerais da atividade administrativa[43]. Neste contexto, assume especial relevância o regime previsto no artigo 14.º, n.º 1 do CPA[44], que determina que os órgãos e serviços da Administração Pública devem utilizar meios eletrónicos no desempenho da sua atividade, de modo a promover a eficiência e a *transparência administrativas* e a proximidade com os interessados[45]. Adicionalmente, o n.º 3 do artigo 153.º do CPA, que se centra na importante questão do dever de fundamentação das decisões administrativas, prevê que na resolução de questões da mesma natureza

[41] É muito vasta a doutrina sobre este tema, cf., entre muitos, Wachter, Mittelstadt & Floridi, 2017, pp. 1 e ss; Wachter & Mittelstadt, 2019, pp. 1 e ss; Tiago Cabral, 2023, pp. 80 e ss.

[42] Sobre o impacto do uso de sistemas digitais na organização administrativa portuguesa, cf. Neves, 2023, pp. 131-154.

[43] Apesar de o CPA não refletir uma realidade em que a Administração Pública usa algoritmos, a referida norma mantém validade também nesta realidade de algoritmização da função administrativa. A ideia do amplo acesso aos meios eletrónicos ao longo do procedimento administrativo é, aliás, defendida pelo legislador material do CPA, cf. AA. VV., 2016, p. 43.

[44] E o disposto no artigo 201.º, n.º 2 do CPA, no que se refere aos procedimentos pré-contratuais, ao prever: "À formação dos contratos a que se refere o número anterior são especialmente aplicáveis os princípios da transparência, da igualdade e da concorrência". Sendo ainda de destacar o disposto no artigo 1.º-A, n.º 1 do no Código dos Contratos Públicos. Sobre o tema, por todos, cf. Raimundo, 2022, pp. 45-82.

[45] Ou seja, o legislador parte do pressuposto de que os meios eletrónicos promovem a transparência. Trata-se de um pressuposto cuja veracidade está dependente do tipo de "meio eletrónico" em causa. Para além dos meios eletrónicos que *grosso modo* se "limitariam" a tornar digital documentos analógicos para sua posterior disponibilização ao público, caso se aceite uma perspetiva ampla de meio eletrónico, que inclua também os sistemas de IA – objeto do presente estudo –, os problemas com o referido pressuposto começam quando estão em causa sistemas de IA ou algoritmos complexos em particular os animados por *machine learning* em que o efeito "black box" põe em causa o referido pressuposto assumido pelo legislador do CPA, de que os meios eletrónicos promovem a transparência. Com muito interesse para a compreensão deste tema, cf. Roque, 2015, pp. 755 e ss. Para uma caracterização da Administração Pública eletrónica, entre nós, cf. Otero, 2013, pp. 484 e ss.

podem ser utilizados quaisquer meios mecânicos que reproduzam os fundamentos das decisões, desde que tal não implique uma diminuição das garantias dos interessados. Também aqui, apesar de a letra da lei remeter para meios mecânicos, o argumento da analogia[46] deverá levar a que a adoção de decisões administrativas assentes em IA não diminua o nível de fundamentação das decisões administrativas – o que, como veremos adiante, é um dos principais problemas da utilização pública da IA.

III. IA E TRANSPARÊNCIA

1.1. Relevância

A transparência é importante no uso de IA por várias razões: (i) *proteção de direitos* – a transparência permite que os indivíduos entendam como as decisões são tomadas por sistemas de IA e que possam questionar e avaliar a adequação dessas decisões, garantindo a proteção dos seus direitos e interesses; (ii) *confiança na tecnologia* – a transparência é fundamental para aumentar a confiança dos utilizadores na tecnologia de IA, especialmente em áreas críticas como saúde, justiça e segurança; (iii) *responsabilidade* – a transparência permite que os fornecedores e os fabricantes de sistemas de IA sejam responsabilizados pelas suas ações e omissões e pelo impacto dos seus sistemas na sociedade[47]; (iv) *inovação* – a transparência é uma condição importante para fomentar a inovação e o desenvolvimento de tecnologias de IA mais avançadas, seguras e responsáveis[48].

Mesmo que a investigação relacionada com a transparência na IA ainda possa estar "na sua infância", a verdade é que o pano de fundo teórico da transparência é vasto e bastante complexo[49], assim como os problemas jurídicos daí resultantes.

---

[46] Cf., também por apelo à analogia neste domínio contextual, Roque, 2015, p. 759. Está em causa uma norma que não sofreu alteração no CPA de 2015, estando, sobretudo, pensada para os procedimentos administrativos de massas.

[47] Para algumas considerações sobre o tema, cf. Pedro, 2023, pp. 125-127.

[48] Para uma noção dos inúmeros documentos de várias instituições sobre IA com referência ao tema da transparência, cf. Jobin, Ienca & Vayena, 2019, pp. 391-394.

[49] Larsson & Heintz, 2020, p. 3. Acresce que a complexidade da transparência nos sistemas de IA automatizados revela a tensão entre a transparência como ideal normativo e a sua tradução para a aplicação prática, cf. Felzmann, H., Fosch-Villaronga, E., Lutz, C. *et al.*, 2020, p. 3334.

1.2. Transparência Para Quem?[50]

A transparência no contexto do uso de sistemas de IA pode assumir uma *dimensão externa,* surgindo como garantia de valores, princípios e direitos constitucionais e que se traduz em dados, informação ou conhecimento dirigidos ao sujeito afetado pelas decisões de IA e suas garantias específicas ou para o público em geral[51] ou uma transparência de *dimensão interna,* que surge ligada ao funcionamento do sistema[52].

É, sobretudo, nesta última dimensão que se compreende o regime previsto na versão original[53] do PRIA e, em particular, no artigo 13.º[54], que exige que os sistemas de IA de risco elevado devem ser concebidos e desenvolvidos de maneira que assegure que o seu funcionamento seja suficientemente transparente para permitir aos utilizadores interpretar o resultado do sistema e utilizá-lo corretamente[55].

Acresce que ao longo do seu articulado se podem encontrar referências à dimensão externa[56]. Para além das preocupações com o utilizador, o nível de transparência deve permitir cumprir as obrigações que incumbem ainda ao fornecedor, desde logo, as previstas no artigo 52.º da versão original do PRIA[57].

---

[50] Colocando a mesma questão, cf. Larsson & Heintz, 2020, p. 3.

[51] Cotino Hueso, 2022, pp. 48 e ss.

[52] Coutino Hueso, 2022, pp. 46 e ss.

[53] Que se mantém, ou seja, não foi objeto de propostas de alteração pelo Conselho e pelo Parlamento Europeu.

[54] Cf. também Coutino Hueso, 2022, p. 47.

[55] Apesar da importância da transparência técnica prevista no referido artigo, a verdade é que a mesma parece não ser capaz de contribuir para a confiança uma "IA de confiança". Cf. Papadouli, 2022, p. 32.

[56] De acordo com o âmbito objetivo do PRIA, são estabelecidas, nomeadamente, as regras de transparência harmonizadas para sistemas de IA concebidos para interagir com pessoas singulares, sistemas de reconhecimento de emoções e sistemas de categorização biométrica, bem como para sistemas de IA usados para gerar ou manipular conteúdos de imagem, áudio ou vídeo.

[57] Estão em causa obrigações de transparência dos sistemas de IA que: i) interagem com seres humanos, ii) são utilizados para detetar emoções ou determinar a associação com categorias (sociais) com base em dados biométricos, iii) geram ou manipulam conteúdos («falsificações profundas»). Ou seja, as pessoas devem ser informadas quando interagem com um sistema de IA ou as suas emoções ou características são reconhecidas por meios automatizados.

É ainda de notar que o RGPD introduz um modesto quadro de governação dos sistemas de IA. Ou seja, deve ter-se em conta o disposto nos artigos 15.º[58] e 22.º do RGPD, uma vez que são atualmente os exemplos mais proeminentes dos requisitos legais – por oposição a orientações éticas não vinculativas e aos diplomas ainda não aprovados, como acontece com o PRIA – que, em certa medida, abordam o problema da "caixa negra" dos sistemas de IA. Ambos os artigos estão previstos no Capítulo 3, sob a epígrafe *"Direitos do titular dos dados"*, promovendo a transparência, ou seja, a comunicação com os titulares dos dados sobre a proteção da sua privacidade e os seus direitos de forma "concisa, transparente, inteligível e facilmente acessível, utilizando uma linguagem clara e simples"[59].

1.3. Que Transparência?

Apesar da referência à expressão transparência, a verdade é que, em geral, se trata de um conceito polissémico[60] (muitas das vezes com conotações positivas, associadas ao que pode ser conhecido e compreendido[61]), para além de empregue em muitas disciplinas[62] e em muitos contextos[63] e que gera muitas expectativas[64].

---

[58] Em particular o disposto no artigo 15.º, n.º 1, alínea h) e também com relevância para o tema, cf. os artigos 13.º, n.º 2, alínea f) e 14.º, n.º 2, alínea g) do RGPD.

[59] Cf. Wulf & Seizov, 2020, p. 622. Neste âmbito é de destacar o tema do *se, e que tipo de explicação*, o direito de não estar sujeito a certos tipos de decisões totalmente automatizadas (artigo 22.º do RGPD) impõe, à luz do direito dos indivíduos a obter "informações significativas sobre a lógica envolvida, bem como sobre o seu significado e as consequências previstas" (artigo 15.º, n.º 1, alínea h) do RGPD). Cf., entre muitos, Felzmann, Fosch-Villaronga & Lutz, *et al.*, 2020, p. 3335.

[60] Cf. Antunes, 1993, pp. 1-55.

[61] Cotino Hueso, 2022, p. 26. Destarte, a sua comum oposição ao arcano (que recusa toda visibilidade). A ideia de transparência surge, aliás, no domínio da atividade de *marketing* e de comércio das empresas da área das tecnologias, veja-se, por exemplo, a loja da Apple (Flagship-Store) em Nova Iorque, que é um cubo de vidro, estando aberta de dia e de noite. Cf. https://www.apple.com/retail/fifthavenue/ Acesso em 3 de julho de 2023.

[62] Papadouli, 2022, p. 28.

[63] Felzmann, Fosch-Villaronga, Lutz, *et al.*, 2020, p. 3334.

[64] Freitas, 2020, p. 217.

Mais, a transparência surge como uma grande metáfora[65], como um instrumento (ao serviço de valores, normas e finalidades)[66] e, por vezes, como um mito[67], mas também, para o que nos interessa, um princípio jurídico[68] e que, no âmbito administrativo, sugere a ideia de um *dever ser*[69], uma condição para o cumprimento da juridicidade administrativa[70].

No contexto da IA, a transparência surge como um dos princípios mais relevantes[71], e como um conceito aglutinador que assume vários significados, com destaque para *accoutability*[72], fundamentação, inteligibilidade, compreensibilidade, legibilidade, auditabilidade, testabilidade, decomponibilidade, verificabilidade, replicabilidade, comunicação, código aberto[73].

Adicionalmente, podem considerar-se três perspetivas de transparência: como uma virtude, como uma relação e como um sistema. Na primeira perspetiva de transparência como virtude, está em causa uma noção ético-normativa, identificando padrões de avaliação do comportamento dos atores públicos. No entanto, a noção de transparência como virtude não especifica o alvo ou o público para o qual um ator é transparente. É aqui que entra a noção relacional de transparência, nesta perspetiva a transparência é concebida não como uma caraterística individual, mas como uma relação entre um agente e um destinatário. Ou seja, a transparência não pode ser entendida fora desta relação – por conseguinte, não é suficiente que os agentes mostrem "abertura" sobre as suas operações; a forma como a sua abertura é recebida e compreendida pelo destinatário é igualmente importante. Por fim, é de ter em conta a perspetiva sistémica, que considera o contexto institucional das relações de transparência, incluindo as medidas jurídicas, regulamentares

---

65 E, em regra, associada a uma série de outras expressões ou associações muito próximas que têm a ver com a condição de ver, com as ideias de *luz, brilho e claridade*, sendo provavelmente difícil evitar um mapeamento metafórico específico, levando a uma rotulagem da transparência ligada à ideia positiva do conhecimento como algo bom de se ter. Sobre o tema, cf. Larsson & Heintz, 2020, p. 5.

66 Felzmann, Fosch-Villaronga, Lutz, *et al.*, 2020, p. 3334.

67 Por todos, cf. Antunes, 1993, p. 4.

68 No contexto administrativo, cf. Fernandes, 2015, pp. 427 e 430.

69 Cotino Hueso, 2022, p. 27.

70 Felzmann, Fosch-Villaronga, Lutz, *et al.*, 2020, p. 3335.

71 Jobin, Ienca &Vayena, 2019, pp. 389-399.

72 Cf. de Fine Licht & de Fine Licht, 2020, p. 922.

73 Cotino Hueso, 2022, p. 61; Comissão Europeia, 2019, pp. 5 e 6.

e organizacionais associadas, sendo estas essenciais para uma compreensão realista do seu impacto prático provável e da sua aplicação efetiva[74].

Ainda para melhor compreensão da transparência em discussão, importa ter presente que o termo transparência em IA apresenta um duplo significado, compreendendo um elemento físico e um elemento cognitivo. O elemento físico refere-se à capacidade do sistema de IA para mostrar os seus processos de trabalho internos e a origem dos dados de formação, tais como a transparência funcional, no que diz respeito à forma como o sistema de IA funciona como um todo ou aos meios através dos quais os seus componentes individuais operam; a transparência estrutural ou transparência algorítmica, no que diz respeito à forma como o algoritmo foi realizado em código e funções; e, por último, transparência de execução, relativamente à forma como o programa é efetivamente executado num caso particular. O elemento cognitivo refere-se, por um lado, às explicações compreensíveis que o sistema de IA deve ser capaz de fornecer sobre as decisões tomadas, que podem variar entre os sistemas de IA, e, por outro lado, ao "direito humano" de participar no processo de tomada de decisões, mesmo *a posteriori*[75].

Para terminar este tópico, crê-se que ainda será útil considerar que a transparência dos sistemas de IA usados por entes públicos deve ter em conta a dimensão que dá prioridade à divulgação da informação sobre o que o ente público está a fazer e a dimensão que visa promover a compreensão das razões pelas quais o ente público faz o que faz[76].

1.4. Transparência Para Quê?

A transparência é um instrumento de *accoutability*, de obrigações de publicidade ativa, de proteção de dados, de controlo de erros e discriminação algorítmica, e para efeitos de impugnação das decisões algorítmicas. É nesta linha de proteção de princípios e direitos que se entende a Recomendação sobre a ética da IA da UNESCO: *"The transparency and explainability of AI systems are often essential preconditions to ensure the respect, protection and promotion*

[74] Neste sentido, cf. Felzmann, Fosch-Villaronga, Lutz, *et al.*, 2020, p. 3336.

[75] Papadouli, 2022, pp. 29-30.

[76] Cf. Coglianese & Lehr, 2019, p. 19.

of human rights, fundamental freedoms and ethical principles. Transparency is necessary for relevant national and international liability regimes to work effectively. A lack of transparency could also undermine the possibility of effectively challenging decisions based on outcomes produced by AI systems and may thereby infringe the right to a fair trial and effective remedy, and limits the areas in which these systems can be legally used"[77].

Para além da referida dimensão externa, é de ter em conta a dimensão interna que se revê na comprovação e conhecimento do bom funcionamento do sistema de IA pelos sujeitos da cadeia de valor, assim como pelos que têm de controlar o algoritmo, desde logo, para a resolução de problemas técnicos do sistema ou dos dados que o alimentam.

Em síntese, a transparência visa a muito necessária confiança nesta "renovada"[78] e disruptiva tecnologia. Aliás, esta é uma bandeira da União Europeia, isto é, a promoção de uma IA confiável, *made in Europe*[79].

1.5. *Quanta Transparência?*

Tal como acontece noutras áreas, também nesta, tudo indica que maior informação não significa automaticamente uma melhor decisão. Portanto, no contexto dos sistemas de IA, muita transparência pode resultar num excesso e inclusivamente ser contraproducente para conhecer o sistema[80]. Acresce que se podem encontrar uma série de argumentos jurídicos contra a transparência total dos sistemas de IA[81], especialmente no que tange aos interesses da proteção dos segredos comerciais, da segurança nacional e da privacidade.

Para além do referido, a medida da transparência necessária no contexto dos sistemas de IA pode assentar em vários princípios: (i) quanto maior é

---

[77] Cf. Disponível em: https://unesdoc.unesco.org/ark:/48223/pf0000381137/PDF/381137eng.pdf.multi Acesso em 15 de junho de 2023.

[78] Pedro, 2023a (em publicação).

[79] Cf. *Press release,* disponível em: https://ec.europa.eu/commission/presscorner/detail/en/IP_18_6689 Acesso em 15 de junho de 2023.

[80] Cotino Hueso, 2022, p. 39.

[81] Para a defesa de uma forma limitada de transparência, que se concentra na justificação das decisões, com potencial para proporcionar uma base suficiente para a perceção de legitimidade sem produzir os danos que uma transparência total (alegadamente) traria, cf. de Fine Licht & de Fine Licht, 2020.

o impacto ou a potencialidade de dano do sistema de IA, maior deve ser a transparência oferecida pelo sistema; (ii) quanto menor a intervenção humana e controlo e supervisão do sistema de IA maior deve ser a transparência; (iii) quanto maior a complexidade e a opacidade do sistema de IA, maior deve ser a transparência[82].

Por fim, e por referência aos sistemas de IA complexos e opacos, para (pelo menos tentar) eliminar os limites referentes à falta de transparência da IA foi-se desenvolvendo um movimento de resposta frequentemente designado de "*explainable AI*" (xAI)[83]. Ou seja, trata-se de desenvolvimentos tecnológicos que procuram reduzir ou, na melhor das hipóteses, eliminar o referido efeito "*black box*", sendo objetivo do xAI permitir que os seres humanos compreendam o processo de tomada de decisões de modelos complexos de IA e, desde logo, os programadores devem compreender o funcionamento do seu sistema ou modelo, a fim de o depurar ou melhorar. Assim, procura-se através dos referidos contributos que se possa (no futuro) determinar a razão pela qual um sistema chega a uma determinada decisão ou previsão algorítmica, permitindo compreender a tecnologia, desenvolver a confiança nela e – se o resultado algorítmico for ilegal – providenciar medidas corretivas. A abertura da caixa negra deveria permitir que os peritos (e os reguladores) analisem as decisões ou previsões e verifiquem se as normas jurídicas foram cumpridas.

2. Uso Público de IA

2.1. Introdução

A transparência é um princípio fundamental[84] no uso de IA pelo setor público, referindo-se, em geral, à capacidade de fornecer informações

[82] No sentido de que a complexidade dos sistemas de IA aumenta a opacidade dos mesmos, cf. Wulf, Alexander & Seizov, 2020, p. 617.

[83] Entre outros, cf. Mowbray, Chung & Greenleaf, 2022, pp. 1 e ss; Ebers, 2021(a), pp. 1 e ss; de Fine Licht & de Fine Licht, 2020, pp. 917 e ss.

[84] Sobre a transparência administrativa, em geral, entre outros, para além dos autores já citados e das restantes entradas da presente obra, cf. Correia, 1994, p. 135; Duarte, 1999, p. 154; Carvalho, 1999, p. 70.

claras e acessíveis sobre como os sistemas de IA estão a funcionar e como as decisões são tomadas. Assim, a transparência é importante por várias razões: (i) *garantia de confiança* – quando os cidadãos podem ver como um sistema de IA está a funcionar, estes são mais propensos a confiar nas decisões tomadas pelo sistema; (ii) *prevenção de erros e corrupção* – a transparência permite que os cidadãos verifiquem se os sistemas de IA estão funcionar corretamente e se as decisões estão a ser tomadas de forma justa e imparcial; (iii) *identificação de possíveis problemas* – a transparência permite que os cidadãos identifiquem problemas com os sistemas de IA e forneçam *feedback* para melhorá-los; (iv) *participação cidadã* – a transparência permite que os cidadãos participem mais ativamente no desenvolvimento e uso dos sistemas de IA, o que pode levar a soluções mais eficazes e inovadoras; (v) *responsabilidade* – a transparência permite que os incumbidos do bom funcionamento dos sistemas de IA sejam responsabilizadas pelas decisões tomadas pelo sistema[85].

Para garantir a transparência é importante que as informações sobre os sistemas de IA sejam fáceis de entender e acessíveis para todos, incluindo cidadãos, especialistas e outras partes interessadas. Isso pode incluir informações sobre como os sistemas de IA são treinados, como as decisões são tomadas e como os dados são tratados. Além disso, é importante garantir que os cidadãos tenham acesso a mecanismos de revisão e contestação/impugnação das decisões tomadas pelos sistemas de IA.

No que tange à garantia da transparência torna-se imperioso reconhecer uma garantia que inclua não apenas o resultado da aplicação, mas ainda, e, sobretudo, a origem dos dados e o tratamento realizado[86]. A necessidade da atenção que deve ser dada, no sentido de ser assegurada a transparência, resulta ainda do facto de boa parte dos sistemas de IA usados pela Administração Pública poderem ser criados por entidades privadas – evitando-se que aquelas fiquem reféns destas ou que se tenham de orientar pelos padrões de atuação desta[87]. Como regra, deve ser de admitir uma obrigação de publicidade ativa da Administração Pública, desde logo, na difusão das regras básicas em que

---

[85] Para uma breve abordagem sobre o tema da responsabilidade civil pelos danos causados por sistemas de IA, cf. Pedro, 2023, pp. 125 e ss.

[86] Valero Torrijos, 2019, p. 89.

[87] Aliás, a falta de técnicos com conhecimento em IA é um dos problemas para o correto desenho de políticas públicas sobre esta área do conhecimento. Sem este conhecimento técnico a Administração Pública ficará limitada no uso do potencial que os algoritmos oferecem. Cf. Coglianese & Lai, 2022, p. 1323.

se alicerçam os algoritmos – o que pressupõe que estejam em causa sistemas de IA transparentes, isto é, que permitam explicar, inspecionar e reproduzir as decisões e a utilização dos dados por esses sistemas[88]. Em síntese, a "casa de vidro"[89] que deve ser a Administração Pública dá-se mal com "*black boxes*"[90], isto é, com processos ou raciocínios implícitos de sistemas de IA.

A especial exigência do princípio da boa administração impõe ainda que a atividade administrativa suportada por sistemas de IA seja devidamente justificada, tendo em conta as devidas especificidades das decisões administrativas em que se admitem tais sistemas e que, sobretudo, tais decisões sejam compreensíveis para uma pessoa que não disponha de conhecimentos para avaliar o alcance da tecnologia utilizada[91]. Por fim, as referidas exigências de fundamentação devem ter em conta a singularidade dos sistemas de IA usados pela Administração Pública[92]; sendo de assumir que a falta de compreensibilidade da decisão administrativa pode levar à sua invalidade.

2.2. Acesso ao Código Fonte

Uma das principais preocupações que surge quando se trata da transparência dos sistemas de IA na atividade administrativa[93] é a do acesso ao código fonte (que surge como a expressão do programa na forma e texto

[88] AMA, 2022, p. 35. No contexto europeu, cf. Parlamento Europeu & Conselho, 2021, p. 33, sendo de destacar que "os sistemas de IA de risco elevado devem ser acompanhados de documentação pertinente e instruções de utilização e incluir informações concisas e claras, nomeadamente informações relativas a possíveis riscos para os direitos fundamentais e de discriminação, se for caso disso".

[89] Gonçalves, 2019, p. 484.

[90] Wischmeyer, 2020, pp. 75-101.

[91] Valero Torrijos, 2019, p. 90.

[92] Ganha aqui relevo o contributo de peritos para explicar o funcionamento básico dos sistemas de IA. Cf. Appel & Coglianese, 2020, p. 177. A falta de conhecimentos técnicos do utilizador do sistema de IA para o compreender, apesar da vasta informação fornecida pelo produtor ou fornecedor (*e.g.* código fonte ou exato algoritmo usado) pode levar a um excesso de informação ou ao chamado "paradoxo da transparência" – confundindo em vez de esclarecer. Cf. Papadouli, 2022, p. 32.

[93] Defendendo que o *software* deve ser um documento publicamente acessível, cf. Orofino, 2020, p. 125.

escrito numa linguagem de programação) e ao algoritmo de uso público[94]. Ou seja, o código fonte surge como um (a par das características e das variáveis[95]) dos elementos fundamentais, mas não o único, para o conhecimento do funcionamento do modelo funcional do algoritmo digital. O acesso ao código fonte apresenta-se como uma condição necessária, mas não suficiente para garantir a transparência[96]. Pretende-se garantir o escrutínio da atividade pública de sistemas que autonomizam a atividade administrativa[97].

O acesso ao código fonte e outros elementos de conhecimento do modelo funcional de IA torna-se importante em razão da necessidade do exercício dos direitos, desde logo, dos administrados. Em termos jurídicos, a medida da transparência parece estar balizada pela garantia do exercício de direitos, desde logo, do direito de defesa. O acesso ao código fonte, ao modelo do algoritmo, à documentação e informação associada (especificações técnicas,

---

94 Cotino Hueso, 2022, p. 147.

95 Em boa verdade, em termos técnicos, as posições sobre a amplitude da transparência dos algoritmos são bastantes variáveis: indo desde os que apontam para a pouca abertura à transparência (seja por razões de segredo comercial, às razões de cibersegurança) aos que defendem um código fonte aberto. O PRIA na sua exposição de motivos esclarece "que o aumento das obrigações de transparência também não afetará desproporcionadamente o direito à proteção da propriedade intelectual (artigo 17.º, n.º 2), uma vez que estarão limitadas às informações mínimas necessárias para as pessoas singulares exercerem o seu direito à ação e à transparência necessária perante as autoridades de supervisão e execução, em conformidade com os mandatos destas. Qualquer divulgação de informações será realizada de acordo com a legislação aplicável, incluindo a Diretiva (UE) 2016/943 relativa à proteção de know-how e de informações comerciais confidenciais (segredos comerciais) contra a sua aquisição, utilização e divulgação ilegais. Quando precisam de obter acesso a informações confidenciais ou a código-fonte para analisarem o cumprimento das obrigações substanciais, as autoridades públicas e os organismos notificados ficam sujeitos a obrigações de confidencialidade vinculativas". Para uma melhor compreensão do tema, cf. Katyal, 2019, pp. 1183 e ss. O tema, por um lado, da propriedade privada do algoritmo e, por outro, da necessidade de garantia do seu acesso público é deveras relevante, o que tende a exigir por parte da Administração Pública soluções como contratos com que reduzam o nível dos segredos comerciais, o desenvolvimento de soluções *in house*, etc. Sobre o tema, cf. Coglianese & Lehr, 2019, p. 36.

96 Gutiérrez David, 2022, pp. 146 e 147.

97 O artigo 64.º, n.º 2 da versão original do PRIA prevê que: "Sempre que necessário para avaliar a conformidade do sistema de IA de risco elevado com os requisitos estabelecidos no título III, capítulo 2, e mediante pedido fundamentado, deve ser concedido às autoridades de fiscalização do mercado o acesso ao código-fonte do sistema de IA".

descrição e caracterização do *dataset,* etc.) será a chave para a melhor compreensão de algumas patologias dos sistemas de IA e a ferramenta que permitirá a revisão judicial das decisões administrativas autonomizadas[98], assegurando o direito à tutela jurisdicional efetiva plena, prevista no artigo 2.º do Código de Processo nos Tribunais Administrativos[99]. Portanto, deve ser garantido o exercício do direito de acesso ao código fonte.

Apesar do referido, é de ter em conta que tornar o algoritmo inteligível para os cidadãos é um verdadeiro desafio, essencialmente por duas razões: em primeiro lugar, porque traduzir linhas de código para linguagem humana é uma tarefa complexa; e, em segundo lugar, porque é difícil identificar o perímetro de abertura do código, integrando os elementos necessários para uma compreensão global do sistema, excluindo os módulos que apresentam riscos de segurança[100].

Em resumo, é de destacar o importante papel desempenhado pelos sistemas de IA ou pelo algoritmo, o que impõe uma interpretação mais alargada da transparência que não se limite ao nível formal relacionado com a aquisição do código do algoritmo empregue, mas exige que se assegure a possibilidade de conhecer a dinâmica informática que permita, de um ponto de vista técnico, qualquer investigação em termos de funcionamento do sistema de IA, de modo a assegurar uma verificação completa: (i) quanto à adequação do instrumento utilizado; (ii) quanto ao funcionamento correto do processador; (iii) no que diz respeito à correspondência entre as informações de conceção do algoritmo, no que respeita às instruções contidas nas disposições com as quais a administração indicou as regras de aplicação do programa informático: de facto, não é improvável que aqueles que traduzem as instruções recebidas da administração em linguagem humana para a linguagem de programação cometam erros[101].

---

98 Gutiérrez David, 2022, p. 146.

99 Cf. *infra* ponto 4.

100 Cluzel-Métayer, 2020, p. 102.

101 Neste sentido, cf. Orofino, 2020, p. 125.

3. Decisões Judiciais sobre Transparência dos Algoritmos no Exercício da Atividade Administrativa

3.1. *"Caso SyRI": Falta de Transparência do Algoritmo*

Em 5 de fevereiro de 2020, o Tribunal Distrital de Haia[102], nos Países Baixos, decidiu suspender o uso de um sistema de deteção de fraude em assistência social designado "System Risk Indication" (SyRI)[103] devido a preocupações com os direitos humanos e transparência. Em termos muito resumidos, a decisão judicial assenta no argumento de que o SyRI, que combinava dados de fontes diferentes (de 17 entidades) para identificar possíveis casos de fraude, violava os direitos à privacidade e à proteção de dados dos cidadãos, destacando ainda a necessidade de transparência e responsabilidade na utilização de tecnologias de IA e de dados.

A falta de transparência no processo de tomada de decisão do SyRI tornava difícil para os cidadãos entender como e porquê determinadas decisões foram tomadas. Surgiam, assim, preocupações sobre como as informações eram recolhidas, processadas e utilizadas, e se as pessoas afetadas poderiam ter uma compreensão adequada de como o sistema funcionava e o impacto que as conclusões do sistema tinham nas suas vidas. Além disso, a falta de transparência tornava muito difícil para os cidadãos impugnar as suas decisões ou ter acesso às informações necessárias para compreender por que foram classificados no contexto de fraude em matéria de assistência social.

Em síntese apertada, o Tribunal determinou que o uso do SyRI violou direitos humanos, como a privacidade e a liberdade de expressão, porque o sistema não era suficientemente transparente na sua implementação e uso.

3.2. *"Sistema BOSCO": Acesso ao Código Fonte*

O "Sistema Bosco" é um sistema informático desenvolvido pelo Ministério da Transição Ecológica espanhol[104] e utilizado pelas empresas de energia

---

[102] Disponível em: ECLI:NL:RBDHA:2020:1878, Rechtbank Den Haag, C-09-550982-HA ZA 18-388 (English) (rechtspraak.nl) Acesso em 15 junho de 2023.

[103] Sobre o tema, entre outros, cf. Rachovitsa & Johann, 2022, p. 1 e 2; Appelman, Fathaigh & van Hoboken, 2021, pp. 2021 e ss.

[104] Gabriele Vestri, 2022, p. 119.

para conceder o chamado "bónus social", ou seja, um desconto nas faturas de eletricidade e gás em benefício de determinados grupos sociais (famílias numerosas, de baixos rendimentos, etc). Neste cenário, a *Fundação Civio,* na sequência de queixas dos utentes que viram denegada a concessão do bónus social, detetou que o algoritmo estava a falhar, por exemplo, ao negar o referido bónus às viúvas, pelo que pediu ao Ministério o acesso às especificações técnicas, aos testes de desempenho e ao código fonte, a fim de verificar o seu funcionamento.

O pedido assentou no direito de acesso à informação pública, consagrado na Lei n.º 19/2013, de 9 de dezembro, sobre Transparência, Acesso à Informação Pública e Boa Governação, que estabelece limites ao conteúdo deste direito. Quando o acesso foi negado, a decisão foi objeto de recurso para o Conselho de Transparência, um órgão administrativo independente, tendo este dado provimento parcial ao recurso, ao permitir o acesso à especificação técnica e aos testes de desempenho, mas recusou o acesso ao código fonte, a fim de proteger a propriedade industrial. Esta decisão foi objeto de recurso judicial, tendo o *Juzgado Central de lo Contencioso Administrativo,* na decisão 143/2021, negado provimento ao recurso com o fundamento de que o conhecimento do código fonte representava um risco para a segurança nacional.

Esta sentença foi objeto de recurso para um tribunal superior, a *Audiencia Nacional,* mas, do que se conhece, ainda não foi proferida qualquer decisão. No entretanto, soube-se que o Conselho de Transparência modificou a sua posição e apoia o recurso, com base na ideia de segmentar o código fonte, eliminando os elementos que afetam a segurança nacional e mantendo os que explicam as regras ou critérios aplicados pelo algoritmo. O desfecho desta contenda revela uma vez mais a importância da transparência na utilização de algoritmos e de IA pela Administração Pública.

4. IA, Transparência Administrativa e Garantias Administrativas e Judiciais

Uma vez admitido o uso de sistemas de IA no exercício da função administrativa[105], coloca-se a questão – ainda que a título muito breve – de

[105] Cobbe, 2019, pp. 1 ss.

saber se a jurisdição materialmente competente para dirimir litígios derivados de relações jurídico-administrativas estará tecnicamente preparada para julgar decisões administrativas suportadas por tais sistemas[106], em particular, quando estas tenham por base algoritmos[107].

Para além do referido, podem colocar-se problemas de discricionariedade técnica[108] uma vez que, por vezes, se trata de controlar uma decisão complexa do ponto de vista técnico. Esta complexidade resulta do progresso informático e da linguagem artificial – o que traz o problema da possibilidade e dos limites de controlo por parte da jurisdição administrativa das referidas decisões administrativas[109].

Enfim, para além da possibilidade de se recorrer aos tradicionais peritos judiciais[110], torna-se premente pensar numa solução que incorpore tais conhecimentos técnicos, seja por via da criação de uma bolsa de assessores nestas matérias, seja por via da abertura de uma via de comunicação que garanta o acesso a tal conhecimento. Repare-se que o que está em causa é o direito de acesso à justiça. Importa que fique claro que a falta de transparência do sistema de IA pode conduzir a que se torne impossível lançar mão do recurso administrativo e, para o que interessa agora, do recurso aos tribunais.

Por fim, remetemos para o acima referido sobre o acesso ao código fonte[111], sublinhando que a garantia da transparência algorítmica é essencial para a atividade do juiz administrativo[112], uma vez que, em muitas situações, é exigido que este avalie a correção dos processos informáticos nas suas diversas

---

[106] Daí que se exija que estes sistemas de IA possam ser controlados por pessoas singulares. Cf. Parlamento Europeu & Conselho, 2021, p. 33.

[107] Sierra, 2020, pp. 10 e ss. Em França, o juiz constitucional proibiu a utilização de algoritmos de autoaprendizagem para tomar decisões administrativas individuais exclusivamente com base em algoritmos, em razão do facto de a Administração Pública não poder explicar o funcionamento destes algoritmos. Cf. Cluzel-Métayer, 2020, p. 102.

[108] Gil Cruz, 2021, pp. 179 e ss.

[109] Questão distinta é saber se a atividade administrativa ao abrigo de poderes discricionários deve ou não ser padronizada, cf. Otero, 2013, p. 485; Gil Cruz, 2021, p. 179. Na Alemanha, o § 35-A do Código do Procedimento Administrativo determina que um ato administrativo pode ser emitido de forma totalmente automatizada, desde que tal seja autorizado por uma disposição legal e que não haja discricionariedade nem margem de apreciação. Sobre o tema, cf. Berger, 2018, pp. 1260 e ss.

[110] Sobre estes, no contexto português, cf. Pedro, 2016, pp. 516 e ss.

[111] Cf. *supra* III.2.2.

[112] Cluzel-Métayer, 2020, pp. 101-103; Gutiérrez David, 2022, p. 148.

componentes, desde logo, a sua construção, a introdução de dados, a sua validade e a sua gestão. O juiz administrativo deve poder escrutinar a lógica e a razoabilidade da decisão administrativa automatizada. Se sob a Administração Pública impendem deveres derivados da transparência no uso público de IA ou de algoritmos digitais, sob o juiz administrativo impende o dever de ponderação do apuramento em concreto do nível de transparência digital exigida, desde logo, para a garantia dos direitos de defesa dos administrados, eventualmente anulando decisões administrativas assentes em algoritmos nos quais a Administração Pública não tenha demonstrado os resultados impostos pelo princípio da transparência. Mas mais, nesta posição, o juiz administrativo é ainda colocado perante o exemplo de coragem oferecido pelo caso SyRI – em que a falta de transparência, inerente ao uso público de algoritmos, levou à anulação das decisões administrativas em causa –, mas ainda perante a responsabilidade de encontrar o "justo equilíbrio"[113] de, por um lado, não entravar a utilização de IA e de algoritmos pela Administração Pública e, por outro, a garantia dos direitos dos interessados e, em alguns casos, provavelmente, de garantia de eixos fundamentais do Estado de Direito.

IV. CONSIDERAÇÕES FINAIS

Dado o carácter evolutivo da IA e da sua (contínua) aplicação no e pelo setor administrativo, o mais sensato será alertar o leitor que estamos perante conclusões finais, por ora –, enfim, deixam-se, assim, algumas luzes e sombras! Acresce que mesmo que se concorde que o estudo da transparência dos sistemas de IA, em particular, dos mais complexos, em regra, assentes em algoritmos de *machine learning* ainda se encontra num estado de infância, não pode também deixar-se de concordar que os problemas que traz consigo já são de monta. Tudo isto, por ora, apesar das propostas de solução adiantadas pelo movimento *"explainable AI"*.

O uso de sistemas de IA e de algoritmos digitais pela Administração Pública assenta no cenário geral dos riscos, das tensões ou debilidades que podem decorrer para a saúde, para a segurança e para certos direitos fundamentais, resultante das características dos sistemas de IA, desde logo, da autonomia, da autoaprendizagem, da opacidade e da inexplicabilidade

---

[113] Cluzel-Métayer, 2020, p. 103.

das decisões autonomizadas. Assim, para além dos potenciais benefícios que esta tecnologia pode oferecer, são de ter em conta algumas preocupações regulatórias referentes aos riscos no uso de IA e os vários os desafios relativos à implementação de sistemas de IA no exercício de funções administrativas.

Um primeiro ponto a ter como assente é o de que o uso de sistemas de IA na execução de tarefas administrativas não pode levar a que os titulares de direitos e interesses legítimos vejam reduzidas as garantias, pelo que a atividade administrativa exercida por sistemas de IA, para além de dever ser orientada por um conjunto de princípios gerais da atividade administrativa em sede de procedimento administrativo de primeiro grau, deve estar dotada de instrumentos jurídicos que permitam que o particular afetado tenha à sua disposição as vias adequadas de garantia administrativa e de garantia judicial. Em suma, não são de admitir zonas de imunidade jurídica na atividade administrativa inteligente – é, aliás, nesta linha de entendimento que se devem compreender algumas das normas do CPA referentes ao uso de meios eletrónicos pela Administração Pública. Neste âmbito, uma das principais preocupações do uso de sistemas de IA e de algoritmos digitais é a necessidade de garantir a transparência da atuação administrativa suportada pelos referidos sistemas, sobretudo, em razão da opacidade e da não explicabilidade típica das decisões administrativas automatizadas assentes em sistemas de *machine learning*.

Um segundo ponto que se deve ter como assente é o de que a transparência no uso de IA tem sido objeto de preocupação ética e jurídica, como se torna evidente na Carta Portuguesa de Direitos Humanos na Era Digital, no RGPD e no PRIA. De notar que apesar da dimensão interna da transparência – que surge ligada ao funcionamento do sistema – particularmente prevista no PRIA, a transparência no contexto do uso de sistemas de IA deve assumir uma dimensão externa, ou seja, como garantia de valores, princípios e direitos constitucionais. No contexto da IA, a transparência surge como um dos princípios mais relevantes, e como um conceito aglutinador que assume vários significados, com destaque para *accoutability*, fundamentação, inteligibilidade, compreensibilidade, legibilidade, auditabilidade, testabilidade, decomponibilidade, verificabilidade, replicabilidade, comunicação, código aberto. Adicionalmente, podem considerar-se três perspetivas de transparência: como uma virtude, como uma relação e como um sistema e, em termos prático-normativos, a transparência dos sistemas de IA usados por entes públicos deve ter em conta a dimensão que dá prioridade à divulgação da informação sobre o que o ente público está a fazer e a dimensão que visa promover a compreensão das razões pelas quais o ente público faz o que faz.

Um terceiro ponto que se deve ter como assente é o de que a transparência não pode ser entendida como um princípio absoluto, encontrando-se argumentos jurídicos contra a transparência total dos sistemas de IA (e.g. interesses da proteção dos segredos comerciais, da segurança nacional e da privacidade). Acresce que a medida da transparência necessária no contexto dos sistemas de IA deve assentar em vários princípios: (i) quanto maior é o impacto ou a potencialidade de dano do sistema de IA, maior deve ser a transparência oferecida pelo sistema; (ii) quanto menor a intervenção humana e controlo e supervisão do sistema de IA maior deve ser a transparência; (iii) quanto maior a complexidade e a opacidade do sistema de IA, maior deve ser a transparência.

Um quarto ponto que se deve ter como assente é o de que uma das principais preocupações que surge em concreto quando se trata da transparência dos sistemas de IA na atividade administrativa é a do acesso ao código fonte. Ou seja, o código fonte surge como um (a par das características e das variáveis) dos elementos fundamentais, mas não o único, para o conhecimento do funcionamento do modelo funcional do algoritmo digital. O acesso ao código fonte apresenta-se como uma condição necessária, mas não suficiente para garantir a transparência. Em suma, pretende-se garantir o escrutínio da atividade pública de sistemas que autonomizam a atividade administrativa, o que, em concreto, pode exigir o acesso ao código fonte e ainda que se assegure a possibilidade de conhecer a dinâmica informática que permita, de um ponto de vista técnico, qualquer investigação em termos de funcionamento do sistema de IA, de modo a assegurar uma verificação completa e substancial.

Um quinto ponto a considerar é o de que o tema da transparência no uso público de IA já chegou aos Tribunais, confirmando-se que não se trata de um tema estritamente teórico, mas de grande relevância prático-normativa. Destacou-se no texto, a decisão do Tribunal Distrital de Haia, que decidiu suspender o uso de um sistema de deteção de fraude em assistência social (SyRI), assentando no argumento de que este sistema, que combinava dados de fontes diferentes para identificar possíveis casos de fraude, violava os direitos à privacidade e à proteção de dados dos cidadãos, destacando ainda a necessidade de transparência e responsabilidade na utilização de tecnologias de IA. Chamou-se ainda à colação o caso judicial relativo ao

"Sistema Bosco", que é um sistema informático desenvolvido pelo Ministério da Transição Ecológica espanhol e utilizado pelas empresas de energia para conceder o chamado "bónus social" em que se colocou a questão do acesso às especificações técnicas, aos testes de desempenho e ao código fonte, a fim de verificar o seu funcionamento.

Por fim, um sexto ponto a ter em conta é o de saber se a jurisdição materialmente competente para dirimir litígios derivados de relações jurídico-administrativas estará tecnicamente preparada para julgar decisões administrativas suportadas por tais sistemas, em particular, quando estas tenham por base algoritmos. Para além da possibilidade de se recorrer aos tradicionais peritos judiciais, torna-se premente pensar numa solução que incorpore tais conhecimentos técnicos, seja por via da criação de uma bolsa de assessores nestas matérias, seja por via da abertura de uma via de comunicação que garanta o acesso a tal conhecimento. De todo o modo, a garantia da transparência algorítmica é essencial para a atividade do juiz administrativo, uma vez que, em muitas situações, é exigido que este avalie a correção dos processos informáticos nas suas diversas componentes, desde logo, a sua construção, a introdução de dados, a sua validade e a sua gestão. O juiz administrativo deve poder escrutinar a lógica e a razoabilidade da decisão administrativa assente num sistema de IA.

REFERÊNCIAS DOUTRINAIS

AA. VV. (2016). Comentários à revisão do Código do Procedimento Administrativo. Coimbra: Almedina.

AA. VV. (2019). Os segredos no direito: actas de conferências (C. A. Gomes, A. F. Neves & P. Lomba, Coords.). Lisboa: AAFDL Editora.

AA. VV. (maio de 2023). Relatório Tecnologias Emergentes. Disponível em: https://www.cncs.gov.pt/docs/rel-tecemer2023-observ-cncs.pdf. Acesso em 5 de julho de 2023.

AA. VV. (2020). La regulación de los algoritmos (A. Huergo Lora, Ed.). Cizur Menor: Aranzadi-Thomson-Reuters.

Alexandrino, J. M. (2021). Dez breves apontamentos sobre a Carta Portuguesa de Direitos Humanos na Era Digital. Disponível em https://www.icjp.pt/sites/default/files/papers/dez_breves_apontamentos_sobre_a_carta_portuguesa.pdf. Acesso em 5 de julho de 2023.

Appel, S., & Coglianese, C. (2020). Algorithmic Governance and Administrative Law. In W. Barfield (Ed.), The Cambridge Handbook of the Law of Algorithms (pp. 162-181). Cambridge, UK: Cambridge University Press.

Antunes, L. F. C. (1993). Mito e realidade da transparência administrativa. In Estudos em Homenagem ao Prof. Doutor Afonso Rodrigues Queiró (Vol. 2, pp. 1-55). Coimbra, Portugal: Universidade de Coimbra.

Berger, A. (2018). Der automatisierte Verwaltungsakt. Zu den Anforderungen an eine automatisierte Verwaltungs- entscheidung am Beispiel des par. 35a VwVfG. Neue Zeitschrift für Verwaltungsrecht, 1260-1264.

Bontridder, N., Gérard, L., & Poullet, Y. (2022). Intelligence artificielle et autorités publiques: Pour un cadre juridique et éthique de l'IA publiq. Collection du Crids.

Bostrom, N. (2014). Superintelligence: Paths, dangers, strategies. Oxford, United Kingdom: Oxford University Press.

Bullock, J. B. (2019). Artificial Intelligence, Discretion, and Bureaucracy. American Review of Public Administration, 49(7), 751-761.

Cabral, T. S. (2021). Regulamento sobre a Inteligência Artificial na União Europeia: potenciais impactos nas entidades públicas. Revista de Direito Administrativo, 12(Set.-Dez.1), 89-100.

Cabral, T. S. (2023). Inteligência artificial e atividade judicial: análise das principais questões a nível de proteção de dados pessoais e do futuro Regulamento da União Europeia sobre IA. In R. Pedro & P. Caliendo (Coords.), Inteligência Artificial no Contexto do Direito Público: Portugal e Brasil (pp. 77-104). Lisboa: Almedina.

Calderón Carrero, J. M., & Ribeiro, J. S. (2019). Limites ao uso da inteligência artificial no controlo fiscal: a experiência francesa (décision nº 2019-796 DC). Cadernos de Justiça Tributária, 26, 3-8.

Calo, R. (2021). Modeling Through. Duke Law Journal, 71, 1391-1423.

Calo, R., & Citron, D. K. (2021). The Automated Administrative State: A Crisis of Legitimacy. Emory Law Journal, 70, 797-845.

Cantero Gamito, E., & Ebers, M. (2021). Algorithmic Governance and Governance of Algorithms: An Introduction. In M. Ebers & M. Cantero Gamito (Eds.), Algorithmic Governance and Governance of Algorithms. Data Science, Machine Intelligence, and Law (Vol. 1). Springer.

Cavallaro, M. C., & Smorto, G. (2019). Decisione pubblica e responsabilità dell'Amministrazione nella società dell'algoritmo. Federalismi.it, 16, 1-ss.

Cluzel-Métayer, L. (2020). The Judicial Review of the Automated Administrative Act. European Review of Digital Administration & Law, 1(1-2), 101-104.

Cobbe, J. (2018). Administrative Law and the Machines of Government: Judicial Review of Automated Public-Sector Decision-Making. Pre-review draft published as Jennifer Cobbe (2019) 'Administrative law and the machines of government: judicial review of automated public-sector decision-making', Legal Studies, 39(4). Disponível em SSRN: https://ssrn.com/abstract=3226913. Acesso em 5 de julho de 2023.

Coglianese, C., & Lehr, D. (2019). Transparency and Algorithmic Governance. Faculty Scholarship at Penn Carey Law, 2123.

Coglianese, C., & Lai, A. (2022). Algorithm vs. Algorithm. Duke Law Journal, 71.

Correia, S. (1994). O Direito à Informação e os Direitos de Participação dos Particulares no Procedimento e, em Especial, na Formação da Decisão Administrativa. Cadernos de Ciência da Legislação (CCL), 9/10, 133-159.

Cotino Hueso, L. (2022). Transparencia y explicabilidad de la inteligencia artificial y "compañía" (comunicación, interpretabilidad, inteligibilidad, auditabilidad, testabilidad, comprobabilidad, simulabilidad...). Para qué, para quién y cuánta. In L. Cotino Hueso & J. Castellanos Claramunt (Coords.), Transparencia y explicabilidad de la inteligencia artificial (pp. 25-70). Valencia: Tirant lo Blanch.

Crisci, S. (2018). Intelligenza artificiale ed etica dell'algoritmo. Foro amm., 5, 1787-ss.

D'Angelosante, M. (2016). La consistenza del modello dell'amministrazione 'invisibile' nell'età della tecnificazione: dalla formazione delle decisioni alla responsabilità per le decisioni. In S. Civitarese Matteucci & L. Torchia (Eds.), La Tecnificazione. Firenze.

de Fine Licht, K., & de Fine Licht, J. (2020). Artificial intelligence, transparency, and public decision-making. AI & Soc, 35, 917-926.

Djeffal, C. (2018). Künstliche Intelligenz in der öffentlichen Verwaltung. Berichte des NEGZ, 3, 1-32.

Domingos, P. (2017). A Revolução do Algoritmo Mestre: Como a aprendizagem automática está a mudar o mundo. Manuscrito Editora.

Duarte, D. (1996). Procedimentalização, Participação e Fundamentação: Para uma concretização do princípio da imparcialidade administrativa como parâmetro decisório. Coimbra: Almedina.

Ebers, M. (2021). Standardizing AI – The Case of the European Commission's Proposal for an Artificial Intelligence Act. The Cambridge Handbook of Artificial Intelligence: Global Perspectives on Law and Ethics. Disponível em SSRN: https://ssrn.com/abstract=3900378. Acesso em 5 de julho de 2023.

Ebers, M. (2021a). Regulating Explainable AI in the European Union. An Overview of the Current Legal Framework(s). Liane Colonna/Stanley Greenstein (Eds.),

Nordic Yearbook of Law and Informatics 2020: Law in the Era of Artificial Intelligence. Disponível em SSRN: https://ssrn.com/abstract=3901732. Acesso em 5 de julho de 2023.

European Commission, Joint Research Centre, Manzoni, M., Medaglia, R., & Tangi, L. (2022). AI Watch, road to the adoption of artificial intelligence by the public sector: a handbook for policymakers, public administrations and relevant stakeholders. Publications Office of the European Union. Disponível em: https://data.europa.eu/doi/10.2760/288757. Acesso em 5 de julho de 2023.

Fathaigh, N. A., Ó Fathaigh, R., & van Hoboken, J. (2021). Social Welfare, "Risk Profiling and Fundamental Rights: The Case of SyRI in the Netherlands". JIPITEC, 12, 257.

Felzmann, H., Fosch-Villaronga, E., Lutz, C., et al. (2020). Towards Transparency by Design for Artificial Intelligence. Science and Engineering Ethics, 26, 3333-3361.

Ferrario, A., & Loi, M. (2021). Algorithm, Machine Learning and Artificial Intelligence. Disponível em SSRN: https://ssrn.com/abstract=3817377. Acesso em 5 de julho de 2023.

Fernandes, D. M. (2015). O princípio da transparência administrativa: mito ou realidade? Revista da Ordem dos Advogados, 75(1-2), 425-457.

Finck, M. (2019). Automated Decision-Making and Administrative Law. In P. Cane et al. (Eds.), Oxford Handbook of Comparative Administrative Law. Oxford University Press. Max Planck Institute for Innovation & Competition Research Paper No. 19-10. Disponível em SSRN: https://ssrn.com/abstract=3433684. Acesso em 5 de julho de 2023.

Gil Cruz, E. M. (2021). Función instrumental de la inteligencia artificial en la determinación de los conceptos jurídicos indeterminados. Revista Aranzadi Doctrinal, 8, 171-185.

Gonçalves, P. C. (2019). Manual de direito administrativo, I. Coimbra, Almedina.

Griffi, F. P. (2018). La decisione robotica e il giudice amministrativo. Disponível em: https://www.giustizia-amministrativa.it/documents/20142/147941/Patroni+Griffi+-+La+decisione+robotica+e+il+giudice+amministrativo+-+28+agosto+2018.pdf/24218a2e-47b7-1c0a-b2ee-c1b670347f95. Acesso em 5 de julho de 2023.

Gutiérrez David, M. E. (2022). Acceso al código fuente y a los algoritmos de las Administraciones inteligentes. Lecciones a partir de experiencias comparadas. In L. Cotino Hueso & J. Castellanos Claramunt (Coords.), Transparencia y explicabilidad de la inteligencia artificial (pp. 135-168). Valencia: Tirant lo Blanch.

Hauselmann, A. Z. (2022). Disciplines of AI: An Overview of Approaches and Techniques. In B. Custers & E. Fosch-Villaronga (Eds.), Law and Artificial Intelligence (pp. 43-70). The Hague: T.M.C. Asser Press.

Hernández Peña, J. C. (2020). Decisiones algorítmicas de perfilado: régimen y garantías jurídicas. Revista Española de Derecho Administrativo, (203), 281-322.

Jobin, M., Ienca, M., & Vayena, E. (2019). The global landscape of AI ethics guidelines. Nature Machine Intelligence, 1, 391-394.

Katyal, S. (2019). The Paradox of Source Code Secrecy. Cornell Law Review. Advance online publication. Disponível em SSRN: https://ssrn.com/abstract=3409578. Acesso em 5 de julho de 2023.

Larsson, S., & Heintz, F. (2020). Transparency in artificial intelligence. Internet Policy Review, 9(2), 3. https://doi.org/10.14763/2020.2.1469. Acesso em 5 de julho de 2023.

Mowbray, A., Chung, P., & Greenleaf, G. (2022). Explainable AI (XAI) in Rules as Code (RaC): The DataLex approach. Disponível em SSRN. https://doi.org/10.2139/ssrn.4093026.

Neves, A. F. (2023). Direito da Organização Administrativa e Serviço Público. Lisboa: Almedina.

Orofino, A. G. (2020). The Implementation of the Transparency Principle in the Development of Electronic Administration. European Review of Digital Administration & Law, 1(1-2), 123-142.

Otero, P. (2013). Manual de direito administrativo. Coimbra: Almedina.

Papadouli, V. (2022). Transparency in Artificial Intelligence: A Legal Perspective. Journal of Ethics and Legal Technologies, 4(1), 25-40. DOI: 10.14658/pupj--JELT-2022-1-3. Acesso em 5 de julho de 2023.

Pedro, R. (2016). Responsabilidade civil do Estado pelo mau funcionamento da administração da justiça: fundamento, conceito e âmbito. Lisboa: Almedina.

Pedro, R. (2023). Inteligência Artificial e Arbitragem de Direito Público: Primeiras Reflexões. In R. Pedro & P. Caliendo (Coords.), Inteligência Artificial no Contexto do Direito Público: Portugal e Brasil (pp. 105-127). Lisboa: Almedina.

Pedro, R. (2023a). Inteligência Artificial, Políticas Públicas e Direito Público: Apontamentos Introdutórios e Exploratórios no Contexto Português (em publicação). Tratado sobre Inteligência Artificial.

Peguera Poch, M. (2020). Retos jurídicos de la inteligencia artificial. Cizur Menor, Navarra: Aranzadi-Thomson-Reuters.

Ranchordás, S. (2022). Empathy in the Digital Administrative State. Duke Law Journal, 71, 1341-1389.

Rachovitsa, A., & Johann, N. (2022). The Human Rights Implications of the Use of AI in the Digital Welfare State: Lessons Learned from the Dutch SyRI Case. Human Rights Law Review, 22(2), ngac010. Disponível em: https://doi.org/10.1093/hrlr/ngac010. Acesso em 5 de julho de 2023.

Raimundo, M. A. (2022). De volta a uma fronteira turbulenta: Alguns consensos e algumas questões em aberto sobre a transparência e sigilo na contratação pública. Revista de Contratos Públicos, (29), 45-82.

Carvalho, R. (1999). O Direito à informação Administrativa Procedimental. Porto: Universidade Católica Portuguesa.

Rodrigues, S. (2023). Inteligência artificial e atividade legislativa. In R. Pedro & P. Caliendo (Coords.), Inteligência Artificial no Contexto do Direito Público: Portugal e Brasil (pp. 129-144). Almedina.

Roque, M. P. (2015). Administração eletrónica e automatização contributos para uma reformulação da teoria geral das atuações administrativas. In P. Otero, C. A. Gomes, & T. Serrão (Coords.), Estudos em Homenagem a Rui Machete (pp. 755-795). Coimbra: Almedina.

Russell, S. J., & Norvig, P. (2016). Artificial intelligence: A modern approach. Pearson Education Limited, Malaysia.

Samoili, S., Lopez Cobo, M., Gomez Gutierrez, E., De Prato, G., Martinez-Plumed, F., & Delipetrev, B. (2020). AI WATCH. Defining Artificial Intelligence (EUR 30117 EN). Luxembourg: Publications Office of the European Union. doi:10.2760/382730. Acesso em 5 de julho de 2023.

Simoncini, A. (2019). L'algoritmo incostituzionale: intelligenza artificiale e il futuro delle libertà. BioLaw Journal, 1, 63-ss.

Sunstein, C. R. (2022). Governing by Algorithm? No Noise and (Potentially) Less Bias. Duke Law Journal, 71, 1175-1205.

Tavares, J., & Costa, P. N. (2023). Inteligência artificial, gestão pública e controlo. In R. Pedro & P. Caliendo (Coords.), Inteligência Artificial no Contexto do Direito Público: Portugal e Brasil (pp. 57-76). Lisboa: Almedina.

Terón Santos, D. (2022). Administración inteligente y automática. Una visión más allá del algoritmo. Madrid: Colex.

Veale, M., & Zuiderveen Borgesius, F. (2021). Demystifying the Draft EU Artificial Intelligence Act. Computer Law Review International, 22(4), 97-112. Disponível em SSRN: https://ssrn.com/abstract=3896852. Acesso em 5 de julho de 2023.

Vestri, G. (2022). Denegación vs. Derecho de acceso al código fuente en los sistemas algorítmicos. Una perspectiva jurídico-administrativa. In L. Cotino Hueso & J. Castellanos Claramunt (Coord.), Transparencia y explicabilidad de la inteligencia artificial (pp. 111-133). Valencia: Tirant lo Blanch.

Vicente, P. N. (2023). Os Algoritmos e Nós. Lisboa: FFMS.

Viola, L. (2018). L'intelligenza artificiale nel procedimento e nel processo amministrativo: lo stato dell'arte. Foro amm., 9, 1598-ss.

Wachter, S., Mittelstadt, B., & Floridi, L. (2017). Why a Right to Explanation of Automated Decision-Making Does Not Exist in the General Data Protection Regulation. International Data Privacy Law, 2017. Disponível em SSRN: https://ssrn.com/abstract=2903469 ou http://dx.doi.org/10.2139/ssrn.2903469. Acesso em 5 de julho de 2023.

Wachter, S., & Mittelstadt, B. (2019). A Right to Reasonable Inferences: Re-Thinking Data Protection Law in the Age of Big Data and AI. Columbia Business Law Review, 2019(2). Disponível em SSRN: https://ssrn.com/abstract=3248829. Acesso em 5 de julho de 2023.

Wischmeyer, T. (2020). Artificial Intelligence and Transparency: Opening the Black Box. In T. Wischmeyer & T. Rademacher (Eds.), Regulating Artificial Intelligence (pp. 75-101). Springer, Cham.

Wulf, A. J., & Seizov, O. (2020). Artificial Intelligence and Transparency: A Blueprint for Improving the Regulation of AI Applications in the EU. European Business Law Review, 31(4). Disponível em SSRN: https://ssrn.com/abstract=3906460. Acesso em 5 de julho de 2023.

A EXIGÊNCIA DE TRANSPARÊNCIA DA INTELIGÊNCIA ARTIFICIAL NA ATUAÇÃO DA ADMINISTRAÇÃO PÚBLICA BRASILEIRA

EMERSON GABARDO
Professor Titular de Direito Administrativo da Pontifícia Universidade Católica do Paraná. Professor Associado de Direito Administrativo da Universidade Federal do Paraná (Curitiba, Paraná, Brasil). Doutor em Direito do Estado pela UFPR com Pós-Doutorado em Direito Público Comparado pela Fordham University School of Law – EUA (2013). Em 2020 foi Professor Visitante Sênior na Universidade da Califórnia – UCI (EUA).

FÁBIO DE SOUSA SANTOS
Doutor e Mestre em Direito Econômico e Desenvolvimento pela Pontifícia Universidade Católica do Paraná PUCPR. Professor. Procurador do Estado de Rondônia.

INTRODUÇÃO

A garantia do respeito às normas jurídicas tem como pressuposto a existência de alguma forma de controle. No caso das organizações estatais, o controle deve ter a transparência como elemento essencial, já que é nesta última que se materializa a possibilidade de acesso efetivo à dinâmica da gestão do interesse público. Essa realidade se justapõe ao fato de que a contemporaneidade exige que o governo digital se traduza na criação de uma "comunidade colaborativa entre autoridades públicas, empresas e cidadãos".[1]

---

[1] RANCHORDAS, Sofia; SCARCELLA, Luisa. Automated Government for Vulnerable Citizens: Intermediating Rights. **SSRN Electronic Journal**, 2021. Disponível em: <https://www.ssrn.com/abstract=3938032>. Acesso em: 1 set. 2022. p. 383.

Uma relação que não é nova, mas que se reconfigura de forma inovadora e sem precedentes a partir das transformações do século XXI.[2]

É como valor inerente à governança do Estado e expresso na Constituição Federal brasileira, mas também como prática decorrente dessa realidade, que a transparência se mostra impactada pelo governo digital e pela inteligência artificial. E este impacto deve ser considerado na medida da profundidade da importância da transparência no conjunto das normas eleitas para a regulação do desenvolvimento da sociedade brasileira.

O impacto das inovações disruptivas retratam um forte desafio contemporâneo para os Estados. De um lado, é muito difícil o Direito controlar espaços que desconhece e que estão surgindo abruptamente; de outro, as mudanças sociais são tão intensas que as tornam indispensáveis para o convívio humano. A regulação das novas tecnologias é portanto, um dos mais significativos temas de pesquisa jurídica da atualidade.[3]

Neste contexto, o problema ora tratado se define na seguinte questão: dado o panorama normativo incidente sobre a Administração Pública nacional brasileira, quais são as diretrizes regulatórias existentes para o emprego da inteligência artificial a partir do dever de transparência da Administração? A hipótese fundamental considerada é a de que o princípio da publicidade é fundamental para a verificação da aderência das ferramentas de inteligência artificial ao conjunto de valores que guia a atuação da Administração Pública nacional Brasileira; o que se traduz na necessidade de ter, como regra, uma transparência tanto sobre a existência, quanto sobre o funcionamento das ferramentas.

Enfrentar o objeto proposto passa por pesquisa eminentemente documental e bibliográfica, sendo dividida em duas partes: a primeira busca entender o contexto normativo da transparência, com a observância das normas nacionais e internacionais que regulam ou informam este princípio, especificamente no ambiente tecnológico ligado ao governo digital e à inteligência artificial. A segunda, discute as interações mais específicas entre inteligência artificial e transparência, com a proposição da segmentação das

---

[2] BITENCOURT NETO, Eurico. Transformações do Estado e a Administração Pública no século XXI. **Revista de Investigações Constitucionais**, v. 4, n. 1, p. 207-225, 2017.

[3] HACHEM, Daniel Wunder; FARIA, Luzardo. Regulação jurídica das novas tecnologias no Direito Administrativo brasileiro: impactos causados por Uber, WhatsApp, Netflix e seus similares. **Revista Brasileira de Direito**. v. 15, n. 3, p. 180-203, Set.-Dez., 2019.

consequências do princípio quando do emprego desta tecnologia em duas diferentes dimensões: uma de existência da ferramenta no âmbito do Estado, outra de seu funcionamento.

1. PANORAMA NORMATIVO TRANSNACIONAL E NACIONAL DO GOVERNO DIGITAL E DA INTELIGÊNCIA ARTIFICIAL

Há uma premente preocupação das entidades transnacionais com o tema do governo digital e da transparência. A Organização das Nações Unidas distingue três diferentes facetas do Governo Digital: uma relativa às relações internas do aparato estatal (G2G – *Government to Government*); e outra que diz respeito à interação entre cidadão ou mercado e burocracia (G2B – *Government to Business*) e outra que diz respeito à relação com o cidadão (G2C – *Government to Citizens*).[4] Embora esta relação possa ir muito além da disponibilização passiva de informações ou da atuação reativa a demandas pontuais, é na dimensão da relação com o cidadão, ou seja, na oferta de serviços, tendo como ambiente de interação o meio digital,[5] que se pode observar algumas das manifestações mais contundentes do assunto da transparência digital.

O Conselho da Organização para a Cooperação e Desenvolvimento Econômico – OCDE – também se debruçou sobre os aspectos regulatórios que circundam a inteligência artificial, tendo emitido Recomendação sobre o tema, em maio de 2019.[6] Foi a primeira tentativa de estabelecer um padrão transnacional da tecnologia, abarcando o processo de desenvolvimento e emprego de uma inteligência artificial que tem por objetivo ser essencialmente confiável. A transparência é apontada como o fundamento para a disponibilização das informações relevantes acerca da inteligência artificial,

---

[4] UNITED NATIONS CONFERENCE ON TRADE AND DEVELOPMENT; SECRETARIAT, **E-commerce and development report. 2004 2004**, New York; Geneva: UN, 2004. p. 133.

[5] BRAGA, Lamartine Vieira; GOMES, Ricardo Corrêa Gomes. Governo Eletrônico e seu relacionamento com o desenvolvimento econômico e humano: um estudo comparativo internacional. **Revista do Serviço Público**, v. 66, n. 4, p. 523-556, 24 dez. 2015, p. 527.

[6] OCDE. **Recomendação do Conselho sobre inteligência artificial.** Disponível em: https://legalinstruments.oecd.org/en/instruments/OECD-LEGAL-0449. [S.I.]: OECD, 2019. Acesso em: 20 ago. 2021. p. 3

especialmente para gerar consciência situacional na sua utilização, além de viabilizar o questionamento de decisões proferidas com o apoio de tal tecnologia.[7]

De volta ao ambiente da Organização das Nações Unidas, dessa vez no recorte da entidade para Educação, Ciência e Cultura – a UNESCO – surgiu a "Recomendação sobre a ética da inteligência artificial",[8] um conjunto de preocupações relevantes sobre a interação desta tecnologia com o Estado. Embora seja desprovido de força vinculativa, ele reconhece que os impactos da inteligência artificial se tornam mais agudos também pela forma que ela influencia as formas de "raciocínio, interação e tomada de decisão humanas".[9] Importante anotar que o documento citado tem como destinatários principais os Estados membros, tanto na dimensão normatizadora (consubstanciado no dever de promover a adequação, no respectivo âmbito territorial, da tecnologia às diretrizes éticas que lista) como na dimensão organizacional (dever de observar esses mesmos valores quando for o utilizador destas ferramentas tecnológicas).[10]

O Banco Interamericano de Desenvolvimento – BID – também investigou o assunto, tendo como objeto de estudo mais de uma dezena de países da América Latina e Caribe. A pesquisa teve enfoque no uso da tecnologia tendo como fundamento o tripé que corresponde à incorporação aos sistemas de garantias que abarquem: 1. a segurança digital, (que se reporta à disponibilidade, à integridade e à confidencialidade de dados e sistemas); 2. a transparência dos algoritmos (o que implica a questão fundamental da explicabilidade); e 3. a responsabilidade (que está inserida na questão da natureza e controle dos atos praticados).[11]

---

[7] OCDE. **Recomendação do Conselho sobre inteligência artificial.** p. 8.

[8] ORGANIZAÇÃO DAS NAÇÕES UNIDAS. UNESCO. **Recommendation on the Ethics of Artificial Intelligence**. Disponível em: https://unesdoc.unesco.org/ark:/48223/pf0000380455. Acesso em: 14 mar. 2022.

[9] ORGANIZAÇÃO DAS NAÇÕES UNIDAS. UNESCO. **Recommendation on the Ethics of Artificial Intelligence**. p. 1.

[10] ORGANIZAÇÃO DAS NAÇÕES UNIDAS. UNESCO. **Recommendation on the Ethics of Artificial Intelligence**. p. 5.

[11] GÓMEZ MONT, Constanza; DEL POZO, Claudia May; MARTÍNEZ PINTO, Cristina; *et al.* **La inteligencia artificial al servicio del bien social en América Latina y el Caribe:** Panorámica regional e instantáneas de doce países. Washington, DC: Inter-American

Há uma evidente ausência de relatórios adequados sobre a presença e utilização das ferramentas com inteligência artificial embarcada na Administração Pública brasileira, contrastando com as referências a países com economias menos dinâmicas do restante da região. Esta situação impacta fortemente na questão da transparência, pois estas ferramentas estão cada vez mais sendo disseminadas, sem um efetivo controle, registro ou planejamento. Em certa medida, isso é fruto do ambiente de inovação – um ambiente de testes, riscos e oportunidades que escapam da sistemática de atuação do regime jurídico administrativo tradicional.[12]

A presença da transparência como garantia que deve ser objeto de atenção especial é fruto do reconhecimento apriorístico de sua essencialidade, tendo o relatório do BID apontado que, sendo a extensão territorial do Brasil significativa, é fundamental a remoção de obstáculos econômicos para o acesso à internet, bem como o fortalecimento da infraestrutura de acesso.[13]

A criticidade da cooperação nos organismos internacionais para a construção de um sistema regulatório decorre da evidente transnacionalidade dos riscos de emprego da inteligência artificial.[14] A criação de ferramentas de comparação entre Estados nacionais diversos, a partir de padrões comumente construídos, permite estabelecer um contexto amplo de análise da realidade e das normas,[15] dando margem, ainda, para a otimização ou para a utilização de políticas públicas comparadas como ferramenta de gestão.

Aproximando o foco para o ambiente nacional, a sociedade brasileira já se encontra habituada à dimensão digital do Estado: dos sítios eletrônicos e aplicativos destinados à disponibilizar ao público um conjunto de informações referentes à administração pública até ao uso específico do processo eletrônico

---

Development Bank, 2020. Disponível em: <https://publications.iadb.org/es/node/28187>. Acesso em: 13 out. 2022. p. 6.

[12] REIS, Luciano Elias. **Compras públicas inovadoras**. Belo Horizonte: Fórum, 2022, p. 181 e ss.

[13] GÓMEZ MONT, Constanza; DEL POZO, Claudia May; MARTÍNEZ PINTO, Cristina; *et al.* **La inteligencia artificial al servicio del bien social en América Latina y el Caribe.** p. 51.

[14] BLACK, Julia; MURRAY, Andrew. Regulating AI and Machine Learning: Setting the Regulatory Agenda. **European Journal of Law and Technology**, v. 10, n. 3, 2019. p. 12.

[15] CABROL, Marcelo; SÁNCHEZ ÁVALOS, Roberto. **¿Quién le teme a la inteligencia?: Posibilidades y riesgos de la inteligencia artificial en el Estado digital**. [s.l.]: Inter-American Development Bank, 2021. Disponível em: <https://publications.iadb.org/es/node/29688>. Acesso em: 6 dez. 2022. p. 12.

na gestão administrativa. Somente a plataforma "Fala.BR" já soma mais de 1,2 milhão de intervenções da sociedade, desde sua criação (2012) até 2022.[16] De mesmo modo, os "Portais da Transparência", bem como o estabelecimento de contato entre o cidadão e a Administração por canais digitais, além do emprego de sistemas de gestão eletrônica de documentos, já são lugar comum. Parte considerável da Administração Pública Brasileira, por exemplo, emprega o SEI – Sistema Eletrônico de Informações para a gestão de seus processos eletrônicos.[17]

No plano normativo, a Constituição Federal tem expresso o princípio da publicidade, mais especificamente no *caput* do art. 37 da Constituição de 1988. É princípio da Administração Pública brasileira que busca a construção de uma Administração que "pressupõe um espaço público que tenha franco trânsito de ideias livres a influir, ainda que em um nível potencial, nos desígnios do Estado".[18] A par do princípio, a Constituição prevê em seu artigo 37, §1º, inciso II, o "acesso dos usuários a registros administrativos e a informações sobre atos de governo" como mecanismo de participação do usuário na Administração Pública. Prevê, ainda, o direito cultural à consulta do acervo documental da Administração Pública em seu artigo 216,[19] além de consagrar o direito fundamental a "receber dos órgãos públicos informações de seu interesse particular, ou de interesse coletivo ou geral" em seu artigo 5º, inciso XXXIII. A publicidade e seus desdobramentos, em resumo, estipulam um regime jurídico que resguarda a "visibilidade do exercício do poder".[20]

---

[16] NASU, Vitor Hideo; BORGES, Yana Miranda; SILVA, Breno Gabriel da. O Perfil dos Solicitantes dos Pedidos de Acesso à Informação: Análise com os Dados da Plataforma Fala. BR de 2012 a 2021. **Revista da CGU**, *[S. l.]*, v. 14, n. 25, p. 33–49, 2022. DOI: 10.36428/revistadacgu.v14i25.447. Disponível em: https://revista.cgu.gov.br/Revista_da_CGU/article/view/447. Acesso em: 14 nov. 2022.

[17] BRASIL. Tribunal Regional Federal da 4º Região. **SEI**: sistema do TRF4 adotado em mais de 40 órgãos dos três Poderes reúne representantes em Porto Alegre Disponível em: https://www.trf4.jus.br/trf4/controlador.php?acao=noticia_visualizar&id_noticia=10667. Acesso em: 11 nov. 2022.

[18] HEINEN, Juliano. **Comentários à Lei de Acesso à Informação**. 3. ed. Belo Horizonte: Fórum, 2022. Acesso em: 14 dez. 2022. p. 29.

[19] O artigo diz que "Cabem à administração pública, na forma da lei, a gestão da documentação governamental e as providências para franquear sua consulta a quantos dela necessitem".

[20] MOTTA, Fabrício. Publicidade administrativa e sua conformação constitucional. In: MARRARA Thiago (Coord.). **Princípios de direito administrativo**. 2. ed. rev., ampl. e atual. Belo Horizonte: Fórum, 2021. p. 365-382. p. 371 e 373.

Muito mais do que publicidade em sentido estrito, o que a Constituição garante é a ideia de transparência das ações da Administração Pública – em todos os aspectos e critérios para a sua efetividade.[21]

A Lei nº 12.527 de 18 de novembro de 2011, que estipula em seu artigo 5º o "dever do Estado garantir o direito de acesso à informação, que será franqueada, mediante procedimentos objetivos e ágeis, de forma transparente, clara e em linguagem de fácil compreensão",[22] tem evidente fundamento de validade nos dispositivos constitucionais destacados. A transparência propõe leitura ainda mais alargada da publicidade, contemplando a comunicação e a proximidade, manifestações que demandam maior movimento por parte da Administração.[23]

A Estratégia Brasileira para Transformação digital reforça a necessidade de preservação da transparência nas manifestações do Governo Digital – aí incluída a inteligência artificial – seguindo preocupação recorrente nos diversos documentos transnacionais que propõem alguma espécie de regulamentação para a temática, especialmente quando destaca que os "processos digitais permitem um acompanhamento mais transparente e meticuloso do atendimento", além de possibilitarem "canais de resposta, análise de satisfação e melhores métricas para gestão".[24] Nesse sentindo, reconhecendo que a transparência é um poderoso fundamento para reforçar a confiança nas instituições,[25] a aposta na inteligência artificial como ferramenta de Estado não pode ser fruto do justificado deslumbre tecnológico, mas sim da verificação empírica de que é formatada em consonância com o Direito – portanto, a partir dos pressupostos jurídicos do princípio da eficiência

---

[21] LIBÓRIO, Daniela Campos. Princípio da publicidade – critérios para sua efetividade. In: MARRARA Thiago (Coord.). **Princípios de direito administrativo**. 2. ed. Belo Horizonte: Fórum, 2021. p. 365-382. p. 423 a 427.

[22] Sobre o assunto, ver: SALGADO, Eneida Desiree. **Lei de Acesso à Informação**. São Paulo: Thomson Reuters Brasil, 2019.

[23] AMARAL, Antônio Carlos Cintra do. O Princípio da Publicidade no Direito Administrativo. **Revista Brasileira de Direito Público – RBDP**. Belo Horizonte, v.1, n. 2, Jul/Set, 2003. p. 16.

[24] BRASIL. Estratégia brasileira para a transformação digital. E-Digital. Brasília, 2020. Available at: https://www.gov.br/governodigital/pt-br/estrategia-de-governanca-digital/do-eletronico-ao-digital. Access on: 20 jan. 2021. p. 94

[25] SMITH, Jennifer Jo Snider. Competition and Transparency: What Works for Public Procurement Reform. **Public Contract Law Journal**, N.i., v. 38, n. 1, p.85-129, abr. 2008. Disponível em: <http://www.jstor.org/stable/25755700>. Acesso em: 26 jun. 2018. p. 129.

administrativa, que também está consagrado na Constituição brasileira de 1988 após a reforma de 1998.[26]

Parece ser nesse sentido a proposta de Emenda à Constituição de nº 29, de 2023, em trâmite no Congresso Nacional brasileiro, que adiciona ao art. 5º da Constituição Federal dispositivo para prescrever que "o desenvolvimento científico e tecnológico assegurará a integridade mental e a transparência algorítmica, nos termos da lei". A inclusão deste direito como fundamental tem como pressuposto a expansão da compreensão normativa da dignidade da pessoa humana diante do progressivo uso de algoritmos de inteligência artificial. Ademais, também visa promover "a tutela constitucional a um novo direito humano: o neurodireito".[27]

As diferentes configurações possíveis da transparência definem consequências também distintas para a interação deste princípio com as características da inteligência artificial. A primeira destas interações será analisada a seguir.

2. TRANSPARÊNCIA DA DIMENSÃO DE EXISTÊNCIA DAS FERRAMENTAS DE INTELIGÊNCIA ARTIFICIAL

Há uma notória dificuldade em se apresentar um acordo semântico acerca do conceito de inteligência artificial. Essa dificuldade se mostra mais aguda na medida em que há um maior interesse, especialmente comercial, sobre ferramentas com tal tecnologia, propagando-se uma aparente ubiquidade do tema. A tecnologia ora aparece travestida de sistema, ora de método, dificultando a construção de um conceito único.[28]

---

[26] GABARDO, Emerson. O princípio da eficiência. In: NUNES JR., Vidal S.; ZOCKUN, Maurício; ZOCKUN, Carolina Z.; FREIRE, André L. **Enciclopédia jurídica da PUC-SP.** (Coords. de Tomo). Tomo: Direito Administrativo e Constitucional. SP: PUCSP, 2017.

[27] SENADO FEDERAL. **Proposta de Emenda À Constituição nº 29, de 2023**. Altera a Constituição Federal para incluir, entre os direitos e garantias fundamentais, a proteção à integridade mental e à transparência algorítmica.. Brasília, DF, Disponível em: https://legis.senado.leg.br/sdleg-getter/documento?dm=9386704&ts=1686688862951&disposition=inline. Acesso em: 14 jun. 2023.

[28] VALLE, Vanice Lírio do. Inteligência artificial incorporada à Administração Pública: mitos e desafios teóricos. **A&C – Revista de Direito Administrativo & Constitucional,** Belo Horizonte, ano 20, n. 81, p. 179-200, jul./set. 2020. p. 183.

Ainda assim, é possível afirmar que a inteligência artificial se faz presente em programas de computador que são capazes "de reconhecer a existência de pessoas e objetos (entidades), bem como suas características (atributos), em uma parcela complexa da realidade, expressando ou estimando o feixe de relações entre estas entidades e atributos".[29] De outra forma, o sistema com inteligência artificial pode ser definido como aquele "que consegue, dado um conjunto de objetivos definidos por humanos, fazer predições, recomendações ou decisões, influenciando ambientes reais ou virtuais".[30]

Há de se levar em conta, ainda, o contexto no qual ocorre a utilização da IA. No caso do emprego da inteligência artificial, potencialmente, se entregará a estas ferramentas a definição do interesse público. Se tomada essa expressão, por si, encontra-se uma plurisignificância rica em nuances, podendo abarcar situações das mais diversas sob um mesmo signo linguístico, sem desbordar dos limites constitucionais.[31] Nessa linha, a inteligência artificial pode receber instruções para realizar decisões, mas carece do real entendimento do conteúdo do ato,[32] o que já põe a ferramenta em radical discrepância – ao menos potencialmente – em relação aos agentes humanos. Por outro lado, costuma haver uma falsa percepção de que as decisões tomadas por uma inteligência artificial não carregam em si alguma espécie de julgamento de valor. É o que Osonde Osoba chama de "ilusão da neutralidade". [33] Esta percepção, equivocada, afeta não só as expectativas que se estabelecem sobre estas máquinas, como a confiança nos resultados do processo decisório automatizado.

---

[29] SANTOS, Fábio de Sousa. **Regime jurídico dos agentes públicos digitais**. 2023. 177 f. Tese (Doutorado) – Curso de Doutorado em Direito Econômico e Socioambiental, Programa de Pós-graduação em Direito, Pontifícia Universidade Católica do Paraná, Curitiba, 2023. P. 144.

[30] No Original: *"An AI system is a machine-based system that can, for a given set of human-defined objectives, make predictions, recommendations, or decisions influencing real or virtual environments"*. OCDE. **Recomendação do Conselho sobre inteligência artificial.** Disponível em: https://www.oecd.org/going-digital/ai/principles/. Acesso em: 20 ago. 2021.

[31] GABARDO, Emerson; REZENDE, Maurício Corrêa de Moura. O conceito de interesse público no direito administrativo brasileiro. **Revista Brasileira de Estudos Políticos**. n. 115, p. 267-317, jul./dez., 2017.

[32] FREITAS, Juarez; FREITAS, Thomas B. **Direito e inteligência artificial: em defesa do humano.** Belo Horizonte: Fórum, 2020. p. 35.

[33] OSOBA, Osonde; WELSER IV, William. **An intelligence in our image**. Santa Mônica: RAND corporation, 2017, p. 11.

A primeira das consequências da intersecção da transparência com a inteligência artificial no ambiente estatal está na necessidade de transparência na *dimensão de existência* da ferramenta: o que implica não apenas a sua identificação formal, mas a referência aos detalhes de sua "competência administrativa" e capacidade de tratamento não somente dos dados, mas também das decisões baseadas em valores (principalmente se for o caso da prática de atos discricionários). A dimensão de existência reporta-se, portanto, não apenas à existência fática da ferramenta, mas, sobretudo, à sua existência jurídica. Ela equivale aos elementos "competência" e "forma", típicos dos atos administrativos previstos no artigo 2º da Lei de Ação Popular (Lei 4.717/65). A pessoa que se relaciona com a Administração deve ter reconhecido o seu direito de ser devidamente cientificada de que está se relacionando de qualquer forma com uma ferramenta digital. Fundamental, nesse ponto, a observância das previsões da Lei 13.079/18, a Lei Geral de Proteção de Dados, quando afirma a necessidade de "de informações claras, precisas e facilmente acessíveis sobre a realização do tratamento e os respectivos agentes de tratamento".[34]

No cenário normativo vigente, seria suficiente a adequada visão da necessidade de observância da LGDP no emprego da inteligência artificial,[35] mas o Projeto de Lei no 21-A, hoje no Senado Federal,[36] deixa mais claras as condutas exigidas da Administração Pública, estipulando a obrigação de informar "sobre o fato de estarem se comunicando diretamente com sistemas de inteligência artificial".[37]

No Brasil, o atingimento dessa dimensão já se encontra em violação, vez que há pouca transparência efetiva para usuários diretamente impactados por estes serviços. Mesmo a Secretaria de Governo Digital não possui

---

[34] HIROMI Saito, Vitória; SALGADO, Eneida Desiree. Privacidade e proteção de dados: por um compreensão ampla do direito fundamental em face da sua multifuncionalidade. **International Journal of Digital Law**, v. 1, p. 117-137, 2020.

[35] ALENCAR, Ana Catarina de. **inteligência artificial, Ética e Direito**: Guia prático para entender o novo mundo. São Paulo: Expressa, 2022.

[36] Dos múltiplos projetos existentes no Congresso Nacional sobre o tema, este está em estágio de tramitação mais avançado neste momento.

[37] BRASIL. Congresso. Câmara dos Deputados. Estabelece fundamentos, princípios e diretrizes para o desenvolvimento e a aplicação da inteligência artificial no Brasil; e dá outras providências. **Projeto de Lei 21/2020**. Brasília, DF, n. 2021. Disponível em: https://www.camara.leg.br/propostas-legislativas/2236340. Acesso em: 21 nov. 2022.

informações adequadas a respeito da existência de sistemas que realizam decisões administrativas de maneira automatizada fazendo uso de ferramentas de inteligência artificial em nível federal.[38] Em nível estadual e municipal a situação tende a ser ainda mais precária. Entretanto, paradoxalmente, são notórias as diversas iniciativas governamentais que vêm sendo propagandeadas: a ferramenta Alice iniciada no âmbito da Controladoria Geral da União (posteriormente cedida ao TCU),[39] a automação para decisões no âmbito da concessão de benefícios sociais,[40] e o emprego de tecnologia de reconhecimento facial no âmbito da Receita Federal do Brasil, são apenas alguns exemplos.[41] A Estratégia Brasileira de inteligência artificial traz algumas dessas iniciativas como catalogadas, mas a título meramente ilustrativo.[42] Ou seja, é comum que as pessoas sujeitas aos atos autônomos da Administração não saibam desta sujeição; e também é comum que mesmo as entidades governamentais não tenham pleno conhecimento do que se passa em seus diferentes órgãos administrativos em termos de utilização das novas tecnologias.

A falha no atingimento da transparência nesta dimensão pode ser atribuída a dois fatores diversos: a primeira é ausência de uma norma específica estabelecendo obrigações claras em relação ao tema; e a segunda, é a ambiguidade sobre o próprio conceito de inteligência artificial, o que conduz à uma certa amorfia das ferramentas que empregam essa tecnologia.

---

[38] BRASIL. Ministério da Economia. Coordenação-Geral de Governança de Dados do Departamento de Inteligência de Dados da Secretaria do Governo Digital. **Solicitação de Acesso à Informação nº 00106.012713/2022-51.** Acesso em: 04 de novembro de 2022.

[39] PANIS, Amanda; ISIDRO, Antonio da Silva Filho; CARNEIRO, Dayse Karenine de Oliveira; et al. Inovação em compras públicas: Atividades e resultados no caso do robô Alice da Controladoria-Geral da União. **Cadernos Gestão Pública e Cidadania,** v. 27, n. 86, p. 1-19, 2022.

[40] BRASIL. Ministério da Cidadania, Desenvolvimento Social e Esporte. Secretaria Nacional do Cadastro Único (SECAD) e da Secretaria Nacional de Renda de Cidadania (SENARC). **Solicitação de Acesso à Informação nº 71003.049813/2022-30.** Acesso em: 04 de novembro de 2022.

[41] BRASIL. Ministério da Economia. Receita Federal do Brasil. **Solicitação de Acesso à Informação nº 03005.372123/2022-10.** Acesso em: 15 agosto de 2022.

[42] BRASIL. Ministério da Ciência Tecnologia e Inovações. **Estratégia Brasileira de inteligência artificial EBIA.** 2021. Disponível em: https://www.gov.br/mcti/pt-br/acompanhe-o-mcti/transformacaodigital/arquivosinteligenciaartificial/ia_estrategia_documento_referencia_4-979_2021.pdf. Acesso em: 10 ago. 2021.

Esta falta de transparência afeta negativamente o controle da Administração e implica em restrições a direitos fundamentais dos usuários dos serviços administrativos.

A dimensão de existência, entretanto, não é suficiente para garantir o cumprimento dos deveres de transparência. Para além da correção na identificação do que é uma ferramenta tecnológica que atua como Estado e das competências administrativas a ela atribuídas, a transparência não prescinde da necessidade de conhecimento de forma expressa, clara e congruente de seu conteúdo e todos os elementos de sua composição funcional. [43] Só assim será possível efetivar de forma plena o ideal de transparência das ações estatais na sociedade tecnológica.

3. TRANSPARÊNCIA DA DIMENSÃO DO FUNCIONAMENTO DAS FERRAMENTAS DE INTELIGÊNCIA ARTIFICIAL

Como elementos dos atos administrativos, a Lei de Ação Popular também traz em seu artigo 2º o objeto (na realidade, mais bem descrito como "conteúdo"), o motivo e a finalidade. Estes três elementos conjugam-se no entorno da motivação como requisito de validade da ação administrativa. A motivação consiste, portanto, na expressão fundamentada do conteúdo e motivos do ato ao ponto de, a partir destes fundamentos, ser possível a verificação de sua finalidade.[44] É a partir do cumprimento do dever de fundamentação expressa dos atos administrativos que se torna possível o conhecimento das causas e razões fáticas e normativas que se desencadearam à prática do ato em concreto.[45]

Embora seja tentador limitar-se a observar a motivação em um documento escrito, tal qual normalmente se faz com agentes humanos, ocorre que para averiguar o atendimento dos pressupostos constitucionais e legais que

[43] MOTTA, Fabrício. Notas sobre publicidade e transparência na Lei de Responsabilidade Fiscal no Brasil. **A&C – Revista de Direito Administrativo & Constitucional**, Belo Horizonte, ano 7, n. 30, p. 91-108, out./dez. 2007. p. 96 e 97.

[44] ARAÚJO, Florivaldo Dutra de. **Motivação e controle do ato administrativo**. 2. ed. Belo Horizonte: Del Rey, 2005.

[45] NOHARA, Irene Patrícia. **Direito Administrativo**. 11. Ed. Barueri, São Paulo: Atlas, 2022. p. 159.

regulam o uso de uma ferramenta de inteligência artificial esta etapa não é suficiente. Há, portanto, a necessidade de observar a transparência na *dimensão de funcionamento*, que impede que a análise da compatibilidade de uma ferramenta com inteligência artificial embarcada se limite à verificação da motivação em sua versão tradicional, já que "a imperatividade da explicação está assentada sistematicamente como condição eficacial do princípio da transparência, tanto *ex ante* (ao versar sobre a funcionalidade do sistema) como *ex post* (ao versar sobre cada decisão específica)".[46]

Não se trata de tarefa trivial. O sistema de governança pública brasileira é um cenário complexo mesmo fora do ambiente digital. Ademais, não é possível acessar com absoluta certeza a "caixa preta" mental de determinado agente humano. Pode-se apenas analisar e supor o conjunto de heurísticas que levam a determinada decisão. Como bem descreve Celso Antônio Bandeira de Mello, este conjunto seria o "móvel" dos atos administrativos, ou seja "a representação subjetiva, psicológica, interna do agente."[47] O reconhecimento dessa situação fática, entretanto, não implica bloquear a visão de que os princípios constitucionais devem ser traduzidos em práticas efetivas, na medida em que consubstanciam em garantias para a proteção das pessoas, como normas fundamentais do modelo de Estado brasileiro.[48] Apesar do reconhecimento do móvel, o controle é possível. Trata-se apenas de uma limitação de caráter humano à explicabilidade dos comportamentos subjetivos dos agentes públicos ao praticar atos no exercício de suas funções.

E é possível argumentar que a decisão automatizada com IA padece de problema estrutural análogo ao existente nas decisões humanas e que é objeto perene de debate no âmbito jurídico.[49] Por razões totalmente diversas, mas retratando a mesma limitação, a inteligência artificial muitas vezes inibe a possibilidade de conhecimento efetivo do "móvel digital". Mas no caso das

---

[46] FREITAS, Juarez; FREITAS, Thomas B. **Direito e inteligência artificial: em defesa do humano.** p.103.

[47] MELLO, Celso Antônio Bandeira de. **Curso de Direito Administrativo**. 35. ed. São Paulo: Malheiros, 2021. p. 326.

[48] YEUNG, Karen. Constitutional Principles in a Networked Digital Society. **SSRN Electronic Journal**, 2022. Disponível em: <https://www.ssrn.com/abstract=4049141>. Acesso em: 3 jul. 2022. p. 3

[49] CORVALÁN, Juan Gustavo. Inteligencia Artificial GPT-3, PretorIA y oráculos algorítmicos en el derecho. **International Journal of Digital Law**, Belo Horizonte, ano 1, n. 1, p. 11-52, jan./abr. 2020. p. 22.

máquinas, tal situação seria tão aceitável como no caso humano? Ainda, essa condição de imponderabilidade seria imutável no contexto das decisões tomadas por atos de deliberação digital? Como seria possível tratar as "caixas pretas" oriundas da tecnologia?[50] Isto é, o que fazer quando "não é possível, ao menos em parte, interpretar, explicar, rastrear e auditar a forma como os dados e as informações são processados para conectar o que entra e o que sai do sistema"?[51] Há sentido em exigir das máquinas mais do que é exigido dos agentes humanos?

Responder a essas perguntas implica partir do pressuposto que existem situações limítrofes: não parece ser razoável, por exemplo, exigir que determinada fabricante simplesmente desista de sua propriedade industrial, publicizando a tecnologia que guia veículo autônomo que a Administração adquiriu após processo licitatório. Há necessidade de estabelecer regras que permitam a preservação da propriedade intelectual e o emprego das contratações públicas como ferramenta de desenvolvimento dentro dos limites de respeito aos direitos subjetivos.[52]

Não há, portanto, como fazer tábula rasa e imaginar um modelo regulatório único e geral. É necessária uma análise mais contextual, que leva em conta o emprego da ferramenta tecnológica e os riscos que ela oferece nos específicos contextos e diferentes propostas e demandas. Num outro limite, por exemplo, uma ferramenta que decida sobre direito fundamental contundente (por exemplo: fila de prioridade para o acesso a vaga de UTI no Sistema Único de Saúde), deve poder ser integralmente auditada, tendo a Administração Pública acesso a todos os seus códigos (independentemente de serem ou não uma propriedade privada).

Por outro lado, a transparência na dimensão do funcionamento da ferramenta de inteligência artificial, não deve se confundir apenas com a

---

[50] BLACK, Julia; MURRAY, Andrew. Regulating AI and Machine Learning: Setting the Regulatory Agenda. **European Journal of Law and Technology**, Vol 10, no 3, 2019. p. 7

[51] CORVALÁN, Juan Gustavo. Inteligencia Artificial GPT-3, PretorIA y oráculos algorítmicos en el derecho. p. 22.

[52] O'BRIEN, Claire Methven; MARTIN-ORTEGA, Olga. **The Role of the State as Buyer under Guiding Principle 6.** N.i: Un Working Group On Business And Human Rights, 2017. (BHRE Research Series, Policy Paper no.4, September 2017). Disponível em: <http://www.hrprocurementlab.org/wp-content/uploads/2017/11/UNWG-PP-submission-The-Role-of-the-State-as-Buyer-under-Guiding-Principle-6-OBrien-Martin-Ortega-03.10-3.pdf>. Acesso em: 02 dez. 2017. P . 18.

publicização de códigos-fonte à Administração,[53] ou se limitar à divulgação das bases de dados utilizadas para treinamento.[54] Essas duas medidas, embora pareçam ser necessárias em algum quadrante do cenário de uso da inteligência artificial, não parecem ser suficientes para cumprir o regime jurídico administrativo pautado pela Constituição de 1988.

No contexto brasileiro, tal qual destacado na pesquisa do Banco Interamericano de Desenvolvimento, há dados que demonstram um significativo número de pessoas que encontram barreiras cognitivas ou econômicas para o acesso à internet.[55] Há, ainda, cidadãos que deixaram de conseguir acesso a um benefício emergencial por não possuírem o dispositivo eletrônico adequado.[56] Parece bastante evidenciado que políticas públicas têm tido sua efetividade reduzida por conta da inabilidade para uso de ferramentas digitais.[57]

A transparência da dinâmica de funcionamento das ferramentas tem que ser, ao menos em tese, minimamente capaz de atingir todas as pessoas, garantindo o "direito de exigir do Estado ações positivas para possibilitar a

---

[53] BRASIL. Coordenação de Comissões Especiais Temporárias e Parlamentares de Inquérito. Senado Federal. **Relatório Final da Comissão de Juristas responsável por subsidiar elaboração de substitutivo sobre inteligência artificial no Brasil**. p. 109.

[54] CABROL, Marcelo; SÁNCHEZ ÁVALOS, Roberto. **¿Quién le teme a la inteligencia?: Posibilidades y riesgos de la inteligencia artificial en el Estado digital**. [s.l.]: Inter-American Development Bank, 2021. Disponível em: <https://publications.iadb.org/es/node/29688>. Acesso em: 6 dez. 2022. p. 9.

[55] BRASIL. Instituto Brasileiro de Geografia e Estatística – IBGE. **Pesquisa Nacional por Amostra de Domicílios Contínua**: acesso à Internet e à televisão e posse de telefone móvel celular para uso pessoal 2018. Rio de Janeiro: Instituto Brasileiro de Geografia e Estatística. 2020.

[56] SILVA, Melissa Lima. **'It wasn't meant to be mine, yea?'** – The impacts of automation on the Brazilian Welfare State: a case study of the covid-19 data-driven emergency aid auxílio emergencial. 58 f. Dissertação (Mestrado) – Curso de Mestrado, London School Of Economics And Political Science, Londres, 2022. Disponível em: https://www.lse.ac.uk/media-and-communications/assets/documents/research/msc-dissertations/2021/Silv. Acesso em: 25 ago. 2022, p.1.

[57] CETIC.BR. **Painel Covid-19**: Pesquisa sobre o uso da internet no Brasil durante a pandemia do novo Coronavírus. 2 edição: Serviços públicos on-line, telesaúde e privacidade. 2020. Disponível em: https://cetic.br/media/docs/publicacoes/1/20201001085713/painel_tic_covid19_2edicao_livro%20 eletrônico.pdf. Acesso em 25 de Agosto de 2022.

visibilidade, cognoscibilidade, e controle das ações administrativas".[58] Essa diretriz, entretanto, precisa conviver com o fato de que existem ferramentas tecnológicas cujas entranhas de funcionamento são caixas pretas, isto é, não é possível explicar, em linguagem humanamente inteligível, a maneira pela qual as correlações entre variáveis e atributos são estabelecidas.[59] Para essas ferramentas, a informação acessível se limita a competência da ferramenta em reproduzir os comportamentos nela cristalizados (sua acurácia ou "margem de erro"). E há aqui um terreno comum com o julgamento humano: a ausência de uma explicabilidade plena e a presença de vieses. A resposta tradicionalmente dada pelo Direito para os humanos é, por um lado, aceitação coletiva e confiança subjetiva e, por outro lado, controlabilidade pública e responsabilidade pessoal. Cabe analisar até que ponto estes elementos são transmissíveis à realidade da inteligência artificial.

O cenário de riscos é agravado pela constatação da existência de heurísticas de julgamento e pela realização de correlações causais espúrias por ferramentas dotadas de inteligência artificial.[60] Os exemplos de falhas das ferramentas automatizadas no âmbito da administração são fartos: o racismo embutido no *software* estadunidense COMPAS, segundo o qual o histórico criminal se tornou um proxy para raça;[61] ou o neerlandês SyRI, que indicava risco de fraude na concessão de benefícios, discriminando imigrantes,[62] (e suspeita da sua utilização também para o sistema de concessão de bolsas estudantis).[63] No Brasil, são também fartos os eventos que mostram que

---

[58] MOTTA, Fabrício. Notas sobre publicidade e transparência na Lei de Responsabilidade Fiscal no Brasil. **A&C Revista de Direito Administrativo & Constitucional**, Belo Horizonte, ano 7, n. 30, p. 91-108, out./dez. 2007. p. 92 e 93.

[59] CORVALÁN, Juan Gustavo. Inteligencia Artificial GPT-3, PretorIA y oráculos algorítmicos en el derecho. p. 21.

[60] O'NEIL, Cathy. **Weapons of math destruction:** how big data increases inequality and threatens democracy. First edition. New York: Crown, 2016. p. 3.

[61] HARCOURT, Bernard E. Risk as a Proxy for Race. **Federal Sentencing Reporter**, v. 27, n. 4, p. 237–243, 2015. p. 237. No Original: "risk today has collapsed into prior criminal history, and prior criminal history has become a proxy for race."

[62] APPELMAN, Naomi and Ó Fathaigh; et. al. Social Welfare, Risk Profiling and Fundamental Rights: The Case of SyRI in the Netherlands (December 14, 2021). **Journal of Intellectual Property, Information Technology and E-Commerce Law (JIPITEC)**, v. 12, n. 4, 2021. Disponível em: https://ssrn.com/abstract=3984935. Acesso em: 27 set. 2022.

[63] ERSOY, Sumeyye; GAAG, Salwa van Der. Studenten met migratieachtergrond opvallend vaak beschuldigd van fraude, minister wil systeem grondig nagaan. **nos.** Hilversum, Países

os humanos encarregados de processos decisórios dos mais relevantes utilizam heurísticas indevidas para o julgamento: para ficar em um exemplo, pesquisa realizada no estado de São Paulo mostra que um indivíduo da cor branca pode portar uma quantidade de substância ilegal para consumo pessoal até 8 (oito) vezes superior do que a carregada por um indivíduo negro.[64] O problema, portanto, reporta-se tanto à decisão humana, quanto à digital.

Por todo esse contexto, o enunciado da I Jornada de Direito Administrativo da Justiça Federal brasileira afirma que "a decisão administrativa robótica deve ser suficientemente motivada, sendo a sua opacidade motivo de invalidação".[65] A transparência das decisões tomadas por ferramentas digitais, diferentemente de agentes humanos, pode ter o processo interno de operação da máquina exposto em graus mais profundos (ainda que reconhecendo as limitações advindas de uma racionalidade probabilística e não causal).

Quanto ao limite da opacidade da inteligência artificial em processos decisórios, a resposta é, ao menos em parte, dada pela Lei de Governo Digital – Lei 14.129/21.[66] No contexto da gestão de riscos, a referida lei estabelece uma diretriz principiológica no sentido de "considerar suas causas, fontes, consequências e impactos, observada a relação custo-benefício" (artigo 48), na medida em que o governo digital deve ser guiado por "instrumentos de promoção do processo decisório fundamentado em evidências" (artigo 47). Aliás, a Organização para a Cooperação Desenvolvimento Econômico

---

Baixos. 21 jun. 2023. Disponível em: https://nos.nl/op3/artikel/2479700-studenten-met-migratieachtergrond-opvallend-vaak-beschuldigd-van-fraude-minister-wil-systeem-grondig-nagaan. Acesso em: 23 jun. 2023.

[64] DOMENICI, Thiago; BARCELOS, Iuri. **Negros são mais condenados por tráfico e com menos drogas em São Paulo**. 2019. Disponível em: https://apublica.org/2019/05/negros-sao-mais-condenados-por-trafico-e-com-menos-drogas-em-sao-paulo/. Acesso em: 01 ago. 2020.

[65] BRASIL. Superior Tribunal de Justiça. Enunciado nº 12. **I Jornada de Direito Administrativo**. Brasília, 2020. Disponível em: http://www.justicafederal.jus.br/cjf/noticias/2020/08-agosto/i-jornada-de-direito-administrativo-aprova-40-enunciados/Enunciados_Aprovados_IJDA.pdf. Acesso em: 21 maio 2021.

[66] CARVALHO, Fábio Lins de Lessa. A nova lei do governo digital e a possibilidade de incremento da participação social na Administração Pública brasileira. **International Journal of Digital Law**, v. 3, p. 9-23, 2022.

estabelece que a implementação da IA no setor público deve ser priorizada sob a já dita lógica do custo-benefício.[67]

Se, de um lado, as "as máquinas são parte do processo de evolução humana",[68] e em decorrência disso, deve-se esperar *mais* dessa tecnologia do que dos seres humanos, há um risco evidente em relacionar os ganhos proporcionados por ela aos aspectos econômicos (aumento de agilidade e redução de custos), já que, no ambiente do Estado social a medida da eficiência não deve se confundir com economicidade, não devendo pautada por "motivações exclusivamente teleológicas".[69]

Note-se que, diferente do agente humano (cujos instrumento de controle da existência de condições prejudiciais à capacidade imparcial de julgamento decorrem do reconhecimento de situações de fato decorrentes da teia de relações sociais e econômicas estabelecidas ao longo da vida), uma máquina não tem amigos, não contrai matrimônio nem possui filhos, não tem empréstimos ou preferências político partidárias declaradas. Eventualmente, uma máquina pode até manifestar preferências como se as tivesse, mas essa aparência é apenas uma sombra matemática do modelo de mundo que a ferramenta construiu.[70]

Uma análise pragmática do tema deve, portanto, reconhecer que o emprego de caixas pretas no processo decisório da Administração deve ser precedido de uma análise de custo-benefício do emprego da solução. É preciso analisar as perdas e ganhos decorrentes na materialização dos princípios jurídicos incidentes, bem como os riscos inerentes às ferramentas. Ademais, o conteúdo mínimo da transparência de *softwares* que empregam inteligência artificial em processos decisórios deve abarcar: a documentação relativa às regras de operação exigidas no processo de desenvolvimento, o código-fonte, os dados utilizados para o treinamento da ferramenta e as

---

[67] OCDE. **Hello, World: Artificial intelligence and its use in the public sector**. [s.l.: s.n.], 2019. (OECD Working Papers on Public Governance). Disponível em: <https://www.oecd-ilibrary.org/governance/hello-world_726fd39d-en>. Acesso em: 5 dez. 2022. p. 97.

[68] HUI, Yuk. **Tecnodiversidade.** p. 161.

[69] GABARDO, Emerson. **Eficiência e Legitimidade do Estado.** São Paulo: Manole, 2003. p. 67.

[70] MAYER-SCHÖNBERGER, Viktor; CUKIER, Kenneth; DHIFALLAH, Hayet. **Big data:** la révolution des données est en marche. Paris: R. Laffont, 2014. p. 21. Tradução livre.

informações relativas à precisão e acurácia da tecnologia. Uma ferramenta que pratica atos do Estado, portanto, deve ser pública e tão transparente quanto tecnologicamente possível. Mantém-se intacto o contexto republicano típico do modelo burocrático que já informa o controle dos atos administrativos em geral e que irá incidir na atuação autônoma digital, ainda que sob novos contornos.[71]

Essas afirmações levam à conclusão de que programas protegidos por propriedade intelectual apenas podem ser empregados em funções auxiliares, marginais, informando a ferramenta que decide acerca de aspectos da realidade – ou seja, somente são aptos ao uso para a prática de atos materiais da administração (não o são para atos administrativos). Por exemplo: em uma programa que aplica multas de trânsito, é possível que se utilize um programa protegido por propriedade intelectual para visão computacional, reconhecendo a placa do veículo e registrando o comportamento inadequado (como um motorista utilizando o celular); mas as atividades inerentemente relacionadas com a fiscalização (capitulação legal, identificação do infrator) devem ser feitas por um software de caráter público (salvo as exceções constitucionais relativas à matéria e que prestam deferência ao sigilo para os atos administrativos em geral). Ainda assim, jamais não poderão ser uma incógnita para a própria Administração e para os órgãos de controle. A "interoperabilidade de sistemas" é, inclusive, um princípio importante nesta seara e que está na Lei de Governo Digital (em seu artigo 3º, XIV).

O fato do Estado de Direito ser, inevitavelmente, imperfeito, não autoriza a sua irrefletida substituição por uma antítese deste: a governança por normas exclusivas geradas pela análise de dados,[72] que não podem ser devidamente acessados pela sociedade a que servem. A gravidade destas imposições tem contornos ainda mais contundentes quando se observa a temática do desenvolvimento tecnológico pela lente do modelo de Estado Social vigente

---

[71] SANTOS, Fábio de Sousa. Governo eletrônico, burocracia e controle: o uso da inteligência artificial preditiva na aplicação da Lei 13.655. de 2018. In: ZOCKUN, Maurício; GABARDO, Emerson (Coords.). **O Direito Administrativo do Pós-crise.** Curitiba: Íthala, 2021.

[72] ENDICOTT, Timothy; YEUNG, Karen. The death of law? Computationally personalized norms and the rule of law. **University of Toronto Law Journal,** v. 72, n. 4, p. 373-402, 2022. p. 4.

no Brasil.[73] Como bem colocado por Rafael Valim, o acesso à informação pública é um direito fundamental conatural à democracia.[74]

4. CONCLUSÃO

O Governo Digital tem potencial para ampliar a realização da transparência, na medida em que permite suplantar o patamar de mera disponibilização, caminhando rumo à entrega de informações aos destinatários e interessados,[75] fazendo que a informação seja ativamente conectada com seu destinatário, maximizando a possibilidade de participação cidadã.

A transparência é "precondição essencial para garantir o respeito, proteção e promoção de direitos humanos e liberdades fundamentais", sem que isso se traduza em descuido das garantias de privacidade e segurança.[76] Entender a transparência das ferramentas de inteligência artificial no âmbito da administração pública, portanto, não pode prescindir de acesso a dois aspectos diversos: primeiro, saber em detalhes do contato ou submissão a este tipo de tecnologia; segundo, ter acesso à dinâmica efetiva de funcionamento dessas ferramentas e seus possíveis problemas na obtenção de resultados. Estes dois elementos passam a compor o que Carla Amado Gomes tradicionalmente chama de "controle verificativo de plausibilidade das decisões",[77] um percurso

---

[73] GABARDO, Emerson. Estado Social e Estado Subsidiário: dois modelos distintos de desenvolvimento. **Revista de Direito Administrativo e Infraestrutura**. Belo Horizonte, v. 11, n. 3, p. 283-299, 2019.

[74] VALIM, Rafael. O Direito Fundamental de acesso à informação pública. In: VALIM, Rafael; MALHEIROS, Antonio C; BACARIÇA, Josephina (Coords.). **Acesso à informação pública**. Belo Horizonte: Fórum, 2015, p. 38.

[75] VIANA, Ana Cristina Aguilar. Digital transformation in public administration: from e-government to digital government. **International Journal of Digital Law,** Belo Horizonte, ano 2, n. 1, p. 29-46, jan./abr. 2021. p. 33 e 34.

[76] CABROL, Marcelo; SÁNCHEZ ÁVALOS, Roberto. **¿Quién le teme a la inteligencia?: Posibilidades y riesgos de la inteligencia artificial en el Estado digital**. [s.l.]: Inter-American Development Bank, 2021. Disponível em: <https://publications.iadb.org/es/node/29688>. Acesso em: 6 dez. 2022. p. 9.

[77] GOMES, Carla Amado. Princípio da boa administração: tendência ou clássico? **A&C – Revista de Direito Administrativo & Constitucional**, Belo Horizonte, ano 18, n. 73, p. 35-55, jul./set. 2018.

decorrente da luta contra as imunidades do poder que deve, agora, chegar até a Administração Digital.

Essas são precondições lógicas para que as decisões tomadas por ferramentas com inteligência artificial possam ser adequada e materialmente questionadas, impedindo que a formação de obscuridades tecnológicas signifique uma opacidade do acesso às engrenagens do exercício do poder. Os potenciais ganhos decorrentes do emprego da inteligência artificial devem ser sopesados com os inerentes riscos do emprego da tecnologia em ambientes complexos e diante de temas sensíveis.

Entender o enlace das ferramentas tecnológicas com a transparência da Administração pública não pode prescindir de um olhar pautado pelo modelo de "constitucionalismo digital" adotado,[78] bem como pela necessidade de entender a IA como aplicação engenhada do processo de evolução humana e não como um processo de natural migração da sociedade e da administração pública para o universo digital.

REFERÊNCIAS DOUTRINAIS

ALENCAR, Ana Catarina de. **inteligência artificial, Ética e Direito**: Guia prático para entender o novo mundo. São Paulo: Expressa, 2022.

AMARAL, Antônio Carlos Cintra do. O Princípio da Publicidade no Direito Administrativo. **Revista Brasileira de Direito Público – RBDP**. Belo Horizonte, v.1, n. 2, Jul/Set, 2003. p. 16.

APPELMAN, Naomi and Ó Fathaigh; et. al. Social Welfare, Risk Profiling and Fundamental Rights: The Case of SyRI in the Netherlands (December 14, 2021). **Journal of Intellectual Property, Information Technology and E-Commerce Law (JIPITEC)**, v. 12, n. 4, 2021. Disponível em: https://ssrn.com/abstract=3984935. Acesso em: 27 set. 2022.

ARAÚJO, Florivaldo Dutra de. **Motivação e controle do ato administrativo**. 2. ed. Belo Horizonte: Del Rey, 2005.

[78] SOUSA, Thanderson Pereira; CRISTÓVAM, José Sérgio da Silva; MACHADO, Raquel Cavalcanti Ramos. Constitucionalismo e administração pública digitais: inovação tecnológica e políticas públicas para o desenvolvimento do Brasil. **Revista Brasileira de Políticas Públicas**, v. 12, n. 2, p. 178-196, 2022.

BENDER, Emily M.; SHAH, Chirag. **All-knowing machines are a fantasy**: beware the human-sounding chatgpt. Beware the human-sounding ChatGPT. 2022. Disponível em: https://iai.tv/articles/all-knowing-machines-are-a-fantasy-auid-2334. Acesso em: 14 dez. 2022.

BITENCOURT NETO, Eurico. Transformações do Estado e a Administração Pública no século XXI. **Revista de Investigações Constitucionais**, v. 4, n. 1, p. 207-225, 2017.

BLACK, Julia; MURRAY, Andrew. Regulating AI and Machine Learning: Setting the Regulatory Agenda. **European Journal of Law and Technology**, v. 10, n. 3, 2019.

BRAGA, Lamartine Vieira; GOMES, Ricardo Corrêa Gomes. Governo Eletrônico e seu relacionamento com o desenvolvimento econômico e humano: um estudo comparativo internacional. **Revista do Serviço Público**, v. 66, n. 4, p. 523-556, 24 dez. 2015.

CABROL, Marcelo; SÁNCHEZ ÁVALOS, Roberto. **¿Quién le teme a la inteligencia?: Posibilidades y riesgos de la inteligencia artificial en el Estado digital**. [s.l.]: Inter-American Development Bank, 2021. Disponível em: <https://publications.iadb.org/es/node/29688>. Acesso em: 6 dez. 2022.

CARVALHO, Fábio Lins de Lessa. A nova lei do governo digital e a possibilidade de incremento da participação social na Administração Pública brasileira. **International Journal of Digital Law**, v. 3, p. 9-23, 2022.

COGLIANESE, Cary; LEHR, David. Regulating by Robot: Administrative Decision Making in the Machine-Learning Era. **The Georgetown Law Journal,** v. 105, p. 1147-1223, 2017.

CORVALÁN, Juan Gustavo. Inteligencia Artificial GPT-3, PretorIA y oráculos algorítmicos en el derecho. **International Journal of Digital Law**, Belo Horizonte, ano 1, n. 1, p. 11-52, jan./abr. 2020.

ENDICOTT, Timothy; YEUNG, Karen. The death of law? Computationally personalized norms and the rule of law. **University of Toronto Law Journal,** v. 72, n. 4, p. 373–402, 2022.

ERSOY, Sumeyye; GAAG, Salwa van Der. Studenten met migratieachtergrond opvallend vaak beschuldigd van fraude, minister wil systeem grondig nagaan. **nos.** Hilversum, Países Baixos. 21 jun. 2023. Disponível em: https://nos.nl/op3/artikel/2479700-studenten-met-migratieachtergrond-opvallend-vaak-beschuldigd-van-fraude-minister-wil-systeem-grondig-nagaan. Acesso em: 23 jun. 2023.

ESPOSITO, Elena. **Artificial communication:** how algorithms produce social intelligence. Cambridge, Massachusetts: The MIT Press, 2022. (Strong ideas series). Kindle edition

FREITAS, Juarez; FREITAS, Thomas B. **Direito e inteligência artificial: em defesa do humano.** Belo Horizonte: Fórum, 2020.

GABARDO, Emerson. Estado Social e Estado Subsidiário: dois modelos distintos de desenvolvimento. **Revista de Direito Administrativo e Infraestrutura**. Belo Horizonte, v. 11, n. 3, p. 283-299, 2019.

GABARDO, Emerson. O princípio da eficiência. In: NUNES JR., Vidal S.; ZOCKUN, Maurício; ZOCKUN, Carolina Z.; FREIRE, André L. **Enciclopédia jurídica da PUC-SP**. (Coords. de Tomo). Tomo: Direito Administrativo e Constitucional. SP: PUCSP, 2017.

GABARDO, Emerson; REZENDE, Maurício Corrêa de Moura. O conceito de interesse público no direito administrativo brasileiro. **Revista Brasileira de Estudos Políticos**. n. 115, p. 267-317, jul.dez., 2017.

GOMES, Carla Amado. Princípio da boa administração: tendência ou clássico? **A&C – Revista de Direito Administrativo & Constitucional**, Belo Horizonte, ano 18, n. 73, p. 35-55, jul./set. 2018.

GÓMEZ MONT, Constanza; DEL POZO, Claudia May; MARTÍNEZ PINTO, Cristina; *et al.* **La inteligencia artificial al servicio del bien social en América Latina y el Caribe:** Panorámica regional e instantáneas de doce países. Washington, DC: Inter-American Development Bank, 2020. Disponível em: <https://publications.iadb.org/es/node/28187>. Acesso em: 13 out. 2022.

HACHEM, Daniel Wunder; FARIA, Luzardo. Regulação jurídica das novas tecnologias no Direito Administrativo brasileiro: impactos causados por Uber, WhatsApp, Netflix e seus similares. **Revista Brasileira de Direito**. v. 15, n. 3, p. 180-203, Set.-Dez., 2019.

HARCOURT, Bernard, Risk as a Proxy for Race. **Federal Sentencing Reporter**, v. 27, n. 4, p. 237–243, 2015. p. 237. No Original: "risk today has collapsed into prior criminal history, and prior criminal history has become a proxy for race."

HEINEN, Juliano. **Comentários à Lei de Acesso à Informação**. 3. ed. Belo Horizonte: Fórum, 2022.

HIROMI Saito, Vitória; SALGADO, Eneida Desiree. Privacidade e proteção de dados: por um compreensão ampla do direito fundamental em face da sua multifuncionalidade. **International Journal of Digital Law**, v. 1, p. 117-137, 2020.

LIBÓRIO, Daniela Campos. Princípio da publicidade – critérios para sua efetividade. In: MARRARA Thiago (Coord.). **Princípios de direito administrativo**. 2. ed. Belo Horizonte: Fórum, 2021. p. 365-382.

MAYER-SCHÖNBERGER, Viktor; CUKIER, Kenneth; DHIFALLAH, Hayet. **Big data:** la révolution des données est en marche. Paris: R. Laffont, 2014.

MELLO, Celso Antônio Bandeira de. **Curso de Direito Administrativo**. 35. ed. São Paulo: Malheiros, 2021.

MOTTA, Fabrício. Notas sobre publicidade e transparência na Lei de Responsabilidade Fiscal no Brasil. **A&C Revista de Direito Administrativo & Constitucional**, Belo Horizonte, ano 7, n. 30, p. 91-108, out./dez. 2007.

MOTTA, Fabrício. Publicidade administrativa e sua conformação constitucional. In: MARRARA Thiago (coord.). **Princípios de direito administrativo**. 2. ed. rev., ampl. e atual. Belo Horizonte: Fórum, 2021. p. 365-382.

NASU, Vitor Hideo; BORGES, Yana Miranda; SILVA, Breno Gabriel da. O Perfil dos Solicitantes dos Pedidos de Acesso à Informação: Análise com os Dados da Plataforma Fala.BR de 2012 a 2021. **Revista da CGU**, *[S. l.]*, v. 14, n. 25, p. 33–49, 2022. DOI: 10.36428/revistadacgu.v14i25.447. Disponível em: https://revista.cgu.gov.br/Revista_da_CGU/article/view/447. Acesso em: 14 nov. 2022.

NOHARA, Irene Patrícia. **Direito Administrativo**. 11. ed. Barueri: Atlas, 2022.

O'BRIEN, Claire Methven; MARTIN-ORTEGA, Olga. **The Role of the State as Buyer under Guiding Principle 6.** N.i: Un Working Group On Business And Human Rights, 2017. (BHRE Research Series, Policy Paper no.4, September 2017). Disponível em: <http://www.hrprocurementlab.org/wp-content/uploads/2017/11/UNWG-PP-submission-The-Role-of-the-State-as-Buyer-under-Guiding-Principle-6-OBrien-Martin-Ortega-03.10-3.pdf>. Acesso em: 02 dez. 2017.

O'NEIL, Cathy. **Weapons of math destruction:** how big data increases inequality and threatens democracy. First edition. New York: Crown, 2016.

OSOBA, Osonde; WELSER IV, William. **An intelligence in our image**. Santa Mônica: RAND corporation, 2017.

PANIS, Amanda; ISIDRO, Antonio da Silva Filho; CARNEIRO, Dayse Karenine de Oliveira; et al. Inovação em compras públicas: Atividades e resultados no caso do robô Alice da Controladoria-Geral da União. **Cadernos Gestão Pública e Cidadania,** v. 27, n. 86, p. 1–19, 2022.

RANCHORDAS, Sofia; SCARCELLA, Luisa. Automated Government for Vulnerable Citizens: Intermediating Rights. **SSRN Electronic Journal**, 2021. Disponível em: <https://www.ssrn.com/abstract=3938032>. Acesso em: 1 set. 2022.

REIS, Luciano Elias. **Compras públicas inovadoras**. Belo Horizonte: Fórum, 2022.

SALGADO, Eneida Desiree. **Lei de Acesso à Informação**. São Paulo: Thomson Reuters Brasil, 2019.

SANTOS, Fábio de Sousa. **Regime jurídico dos agentes públicos digitais**. 2023. 177 f. Tese (Doutorado) – Curso de Doutorado em Direito Econômico e

Socioambiental, Programa de Pós-graduação em Direito, Pontifícia Universidade Católica do Paraná, Curitiba, 2023.

SANTOS, Fábio de Sousa. Governo eletrônico, burocracia e controle: o uso da inteligência artificial preditiva na aplicação da Lei 13.655. de 2018. In: ZOCKUN, Maurício; GABARDO, Emerson (Coords.). **O Direito Administrativo do Pós-crise.** Curitiba: Íthala, 2021.

SILVA, Melissa Lima. **'It wasn't meant to be mine, yea?'** – The impacts of automation on the Brazilian Welfare State: a case study of the covid-19 data-driven emergency aid auxílio emergencial. 58 f. Dissertação (Mestrado) – Curso de Mestrado, London School Of Economics And Political Science, Londres, 2022. Disponível em: https://www.lse.ac.uk/media-and-communications/assets/documents/research/msc-dissertations/2021/Silv. Acesso em: 25 ago. 2022.

SMITH, Jennifer Jo Snider. Competition and Transparency: What Works for Public Procurement Reform. **Public Contract Law Journal**, N.i., v. 38, n. 1, p.85-129, abr. 2008. Disponível em: <http://www.jstor.org/stable/25755700>. Acesso em: 26 jun. 2018.

SOUSA, Thanderson Pereira; CRISTÓVAM, José Sérgio da Silva; MACHADO, Raquel Cavalcanti Ramos. Constitucionalismo e administração pública digitais: inovação tecnológica e políticas públicas para o desenvolvimento do Brasil. **Revista Brasileira de Políticas Públicas**, v. 12, n. 2, p. 178-196, 2022.

VALIM, Rafael. O Direito Fundamental de acesso à informação pública. In: VALIM, Rafael; MALHEIROS, Antonio C; BACARIÇA, Josephina (Coords.). **Acesso à informação pública**. Belo Horizonte: Fórum, 2015.

VALLE, Vanice Lírio do. Inteligência artificial incorporada à Administração Pública: mitos e desafios teóricos. **A&C – Revista de Direito Administrativo & Constitucional,** Belo Horizonte, ano 20, n. 81, p. 179-200, jul./set. 2020.

VIANA, Ana Cristina Aguilar. Digital transformation in public administration: from e-government to digital government. **International Journal of Digital Law,** Belo Horizonte, ano 2, n. 1, p. 29-46, jan./abr. 2021.

YEUNG, Karen. Constitutional Principles in a Networked Digital Society. **SSRN Electronic Journal**, 2022. Disponível em: <https://www.ssrn.com/abstract=4049141>. Acesso em: 3 jul. 2022.

TRANSPARÊNCIA E COMBATE À CORRUPÇÃO

Ana F. Neves
Professora da Faculdade de Direito da Universidade de Lisboa.

SUMÁRIO: 1. Introdução. 2. O conteúdo e as formas da transparência: a) A acessibilidade da informação; b) A comunicação de informação; c) A abertura dos procedimentos de decisão. 3. O conceito de corrupção na abordagem desta através da transparência. 4. A transparência no regime geral de prevenção da corrupção: a) A declaração de rendimentos, património e relações institucionais; b) O reporte de conflitos de interesses; c) A falta de informação sobre a parcialidade organizativa: *(i)* A elaboração dos planos de prevenção e gestão de riscos por quem controla a sua aplicação; *(ii)* As divergências entre o regime nacional de denúncia e de proteção dos denunciantes e o Direito europeu; *(iii)* A arquitetura jurídica do Mecanismo Nacional Anticorrupção que obsta à sua independência. 5. Conclusões. Referências doutrinais.

1. INTRODUÇÃO

A transparência convoca a "qualidade do que transmite a verdade sem a adulterar; [de] limpidez" e a "qualidade de quem não tem nada a esconder"[1]. É mais do que dar a conhecer e de se poder conhecer. Sendo sempre mediada a possibilidade de se ver as coisas claramente[2], a forma como uma realidade é

[1] Porto Editora – *transparência* no Dicionário infopédia da Língua Portuguesa [em linha]. Porto: Porto Editora. [consult. 2023-06-05], https://www.infopedia.pt/dicionarios/lingua-portuguesa/transparência. The Law Dectionary, Featuring Black's Law Dictionary, 2nd Ed refere como um dos sentidos da transparência o da "ausência de agendas ocultas e disponibilidade de todas as informações".
(salvo indicação em contrário, a consulta última das referências disponíveis online remonta a 21 de julho de 2023).

[2] Stanley Fish, "Rethoric", in Patricia Bizzell & Bruce Herzberg (eds.), *The Rhetorical Tradition: Readings from Classical Times to the Present*, Bedford/St. Martin's, 2001, 2nd edition, pp. 1603-1627; Stanley Fish, *The First: How to Think About Hate Speech, Campus Speech, Religious Speech*, Simon & Schuster, 2020, pp. 157 e 198.

dada a conhecer e se permite que seja conhecida interfere na transparência. Por outro lado, a realidade visada pode ela própria ser travestida, para que não possa (exatamente) mostrar-se. Por ambas as razões, a promessa que a transparência constitui quanto à prevenção, deteção e combate à corrupção (que por natureza tende a ocultar-se[3]) nem sempre se cumpre ou se cumpre suficientemente[4]. Mesmo que se cumprisse, fazer face à corrupção reclama outros elementos, como a integridade e o controlo da propriedade[5]. Por exemplo, o órgão colegial executivo do município de Copenhaga proibiu os seus trabalhadores e políticos de aceitar cartões anuais do parque de diversões *Tivoli Gardens*, por ir contra o princípio segundo o qual "não estão autorizados a aceitar presentes de cidadãos ou empresas", para que não possa ser posto em causa a sua imparcialidade[6]. A divulgação nos meios de comunicação social despoletou, no caso, a reafirmação do princípio, mostrando a pertinência

---

[3] Nedim HOGIC, "Financial incentives for whistleblowing. A Comparative Perspective", *European Journal of Comparative Law and Governance*, 2023, Vol. 10, p. 198 (pp. 176–205).

[4] Stanley FISH, *The First: How to Think About Hate Speech*, cit., p. 162; e, v.g., Irma Eréndira SANDOVAL-BALLESTEROS, "Structural corruption and the democratic-expansive model of transparency in Mexico", in David E. POZEN e Michael SCHUDSON,*Troubling Transparency: The History and Future of Freedom of Information*, New York Chichester, West Sussex: Columbia University Press, 2018, pp. 291-310; European Union, *Open data maturity report 2021*, Daphne van HESTEREN et al. (https://data.europa.eu/pt/publications/open-data-maturity/2021#country-overview).

[5] V.g., *OECD Guidelines for Multinational Enterprises on Responsible Business Conduct*, OECD Publishing, Paris, 2023, p. 41, onde se afirma que a transparência, a par da integridade e da propriedade, é um conceito essencial no combate à corrupção https://doi.org/10.1787/81f92357-en; *OECD Guidelines for Multinational Enterprises*, 2011 edition, OECD Publishing, Paris, p. 49, n.º 75, https://doi.org/10.1787/9789264115415-en; e COM(2021) 565 final, 22.12.2021, Proposta de Diretiva do Conselho que estabelece regras para prevenir a utilização abusiva de entidades de fachada para fins fiscais e que altera a Diretiva 2011/16/EU (https://eur-lex.europa.eu/legal-content/PT/TXT/HTML/?uri=CELEX:52021PC0565). A referência à transparência como "ausência de práticas corruptas num país" (Alexandru GRIGORESCU, "International Organizations and Government Transparency: Linking the International and Domestic Realms", *International Studies Quarterly*, 2003, Vol. 47, p. 646) é assim excessiva.

[6] "Denmark, City of Copenhagen employees and politicians cannot accept a Tivoli Pass", 29.06.2023, International Ombudsman Institute, https://www.theioi.org/ioi-news/current-news/city-of-copenhagen-employees-and-politicians-cannot-accept-a-tivoli-pass?pk_campaign=Newsletter-Ombudsman-News-25%2F2023&pk_source=newsletter.

da exposição das "ações dos agentes"[7], mas igualmente da integridade. Aristóteles, relativamente ao Conselho dos Ançiãos em Esparta, destacou: "it is known that those who have been admitted to this office take bribes and betray many of the public interests by favoritism; so that it would be better if they were not exempt from having to render an account of their office"[8] (destacando a importância das características do órgão fiscalizador)[9]. A ideia de controlo e de prestação de contas é uma constante na materialização da ideia de transparência.

Os exemplos mostram que, se, em termos gerais, a transparência pode ser formulada como a "antiforma da corrupção"[10], deve ser pensada, em concreto, como "uma antítese com uma plasticidade que lhe permit[a] adaptar-se a diferentes formas de corrupção, seguindo os seus contornos"[11]. Dito de outro modo, convoca diferentes dimensões e instrumentos e a sua configuração normativa é decisiva. A proposta da Comissão Europeia, de 3 de maio de 2023, relativa à luta contra a corrupção, que substitui a Decisão-Quadro 2003/568/JAI do Conselho e a Convenção relativa à luta contra a corrupção em que estejam implicados funcionários das Comunidades Europeias ou dos Estados-Membros da União Europeia e que altera a Diretiva (UE) 2017/1371 do Parlamento Europeu e do Conselho[12] – que reflete o facto a própria eficácia do sistema jurídico da União Europeia e das suas políticas depender

---

[7] Inam Karimov, *Le rôle de la transparence dans la lutte contre la corruption à travers l'expérience du Conseil de l'Europe*, Droit. Université Panthéon-Sorbonne, Paris I, 2013, p. 408 (NNT : 2013PA010295).

O mesmo enfatiza: "A transparência e a responsabilidade andam de mãos dadas na luta contra a corrupção."

[8] *Politics*, tradução inglesa disponível em Perseus Digital Library http://www.perseus.tufts.edu/hopper/text?doc=Aristot.+Pol.+2.1271a&fromdoc=Perseus%3Atext%3A1999.01.0058.

[9] "And it might be held that the magistracy of the Ephors serves to hold all the offices to account; but this gives altogether too much to the Ephorate, and it is not the way in which, as we maintain, officials ought to be called to account." (*idem*)

[10] Inam Karimov, *Le rôle de la transparence dans la lutte contre la corruption...*, cit., p. 408.

[11] Inam Karimov. *Le rôle de la transparence dans la lutte contre la corruption...*, cit., p. 101.

[12] COM/2023/234 final, de 3.5.2023 (https://eur-lex.europa.eu/legal-content/PT/TXT/?uri=CELEX:52023PC0234#footnote31).

da qualidade das ordens jurídicas nacionais e das suas instituições[13-14] – atribui à transparência um papel central no combate à corrupção[15].

A transparência é, por um lado, o terreno necessário de instituições democráticas, de confiança e jurídicas, isto é, de uma realidade institucional que não propicie a corrupção. Por outro lado, a transparência é pensada e estruturada por instrumentos e regimes que servem o combate à corrupção. Não está hoje em causa a sua necessidade (consensualizada nos fóruns internacionais e europeus), mas a bondade da sua construção jurídica e da configuração legal dos seus instrumentos e regimes. Esta é a tese do presente texto e a linha com a qual se confrontam as soluções da ordem jurídica portuguesa para a transparência no combate à corrupção.

O texto debruça-se, primeiro, sobre o conteúdo e as formas da transparência, na delimitação do seu alcance na perspetiva ora referida (2.). Num segundo momento, destaca-se a própria relevância do conceito de corrupção, para se ter uma transparência mais ou menos útil (3.). Examina-se, depois, a transparência na Estratégia nacional contra a corrupção[16] e nos diplomas que com esta se articulam, analisando em que medida sai reforçada ou fragilizada e pode impactar na prevenção e combate à corrupção (4.). A terminar, procura-se fazer o balanço da realidade normativa relativo à transparência e ao cruzamento desta com o combate à corrupção,

---

[13] Patrycja Szarek-Mason, "The EU strategy against corruption within the Member States", in *The European Union's Fight Against Corruption: The Evolving Policy Towards Member States and Candidate Countries*, Cambridge Studies in European Law and Policy, Cambridge: Cambridge University Press, 2010, p. 89 (pp. 89-134). doi:10.1017/CBO9780511676086.004; Patrycja Szarek-Mason, *The European Union's fight against corruption : the evolving policy towards Member States and candidate countries*, Cambridge, UK ; New York : Cambridge University Press, 2010, pp. 19 e ss.; e Jakob Svensson, "Eight Questions about Corruption", cit., p. 38.

[14] Reflete a incapacidade de alguns Estados-Membros configurarem regimes idóneos para combater a corrupção. V.g., Patrycja Szarek-Mason, "The EU strategy against corruption within the Member States", cit., Patrycja Szarek-Mason, *The European Union's fight against corruption*, pp. 19 e ss.; e Jakob Svensson, "Eight Questions about Corruption", cit., p. 38

[15] V.g., considerandos 5, 12, 15 e 29, e artigos 3.º, n.º 2, 4.º, n.º 3, alínea d), e 19.º.

[16] Resolução do Conselho de Ministros n.º 37/2021, de 6 de abril, que aprova a Estratégia Nacional Anticorrupção 2020-2024, constante do anexo à resolução e que dela faz parte integrante.

assim como do Direito português da organização administrativa que os informa (5.).

2. O CONTEÚDO E AS FORMAS DA TRANSPARÊNCIA

A valorização da transparência, no contexto da exigência de instituições democráticas e íntegras, associa-se à dinâmica das organizações internacionais (intergovernamentais e supranacionais e, bem assim, organizações não governamentais, como a Transparência Internacional, criada em 1993[17])[18]. Tornou-se num conceito central para a legitimidade das instituições[19]. Não obstante, como assinala Ida Koivisto, "transparency needs to be controlled to create legitimacy"[20]. Com efeito, os instrumentos da transparência podem ser usados para criar indistinção, imperceptibilidade e invisibilidade[21];

---

[17] Em que um dos seus destacados criadores é Peter Eigen, gestor aposentado do Banco Mundial (https://www.transparency.org/en/our-story).

[18] Carolyn BALL, "What is transparency?", *Public Integrity*, 2009, Vol. 1, n.º 4, pp. 295-297; e Lorenzo GASBARRI, *The Concept of an International Organization in International Law*, Oxford University Press, 2021, pp. 103-107; e P. SZAREK-MASON, "The European Union policy against corruption in the light of international developments", in C. Eckes & T. Konstadinides (Eds.), *Crime within the Area of Freedom, Security and Justice: A European Public Order*, Cambridge, Cambridge University Press, 2011, p. 43 (pp. 43-75), doi:10.1017/CBO9780511751219.003; e P. SZAREK-MASON, "Corruption: Concept, importance and international response", in *The European Union's Fight Against Corruption: The Evolving Policy Towards Member States and Candidate Countries*, Cambridge Studies in European Law and Policy, Cambridge, Cambridge University Press, p. 5 (pp. 5-42), doi:10.1017/CBO9780511676086.002.
Em 1989, o Parlamento Europeu aprovou uma resolução pela qual adoptou uma Declarção de direitos e liberdades fundamentais, dedicando o artigo 18.º ao direito de acesso à informação, com o seguinte teor: "Everyone shall be guaranteed the right of access and the right to corrections. to administrative documents and data concerning them." (Official Journal of the European Communities 16. 5. 89, C 120/51).

[19] Um conceito central, segundo Jorge I. VALDOVINOS, para para compreender o "momento socio-histórico" – *Transparency and Critical Theory:* the becoming-transparent of ideology, Switzerland, Palgrave Macmillan, 2022, p. 1.

[20] Expressão utilizada na síntese do capítulo "Transparency and Law", *The Transparency Paradox*, Oxford, 2022; online edn, Oxford Academic, 22 Sept. 2022, pp. 117-148 https://doi.org/10.1093/oso/9780192855466.003.0006.

[21] Jorge I. VALDOVINOS, *Transparency and Critical Theory*, p. 43.

e a racionalidade do que é mostrado também é relevante[22]. O termo transparência é, "no seu cerne, uma metáfora conceptual fundamental: a sua operação envolve vários mapeamentos através dos domínios semânticos da 'visão' e do 'pensamento', modelando uma concepção abstracta de profundidade. Em alguns casos, isto pode proporcionar uma aura de autenticidade, noutros, pode sugerir neutralidade – ambos com uma valência positiva: ver através é normalmente equiparado a inteligibilidade"[23]. Por aqui se percebe a amplitude e incerteza que o conceito de transparência pode ter[24]. Não por acaso no articulado de uma diretiva contra a corrupção proposta, a determinação é para que sejam adoptadas medidas que, não apenas garantam a transparência, mas "o mais elevado grau de transparência"[25].

A operacionalidade do conceito pede que se identifique os componentes sem os quais não pode uma instituição ou realidade ser reconhecida como transparente ou reunir condições para ser transparente. Estes componentes respeitam à acessibilidade da informação, à comunicação de informação e à abertura dos procedimentos de decisão[26]. Dois requisitos devem estar

---

[22] Desde logo, "respectful and rational argumentation" – Jenny de Fine Licht et al., "Does transparency generate legitimacy? An experimental study of procedure acceptance of open- and closed-door decision-making", *Quality of Government Working Paper Series 2011*, University Gothenburg, September 2011, ISSN 1653-8919, pp. 1 e 5.

Com efeito, o carácter «embrulhado» e enviesado do que é mostrado não é passível de gerar transparência.

[23] Jorge I. Valdovinos, *Transparency and Critical Theory*, p. 43.

[24] Robert G. Vaughn considera que o termo transparência invoca algo difícil de descrever ("Transparency in the administration of law: the relationship between differing justification for transparency and differing views of administrative law", *American University International Law Review*, Vol. 26, no. 4, 2011, p. 969 (pp. 969-982).

[25] Artigo 3.º, n.º 2.

[26] V.g., Inam Karimov. *Le rôle de la transparence dans la lutte contre la corruption à travers l'expérience du Conseil de l'Europe*. Droit. Université Panthéon-Sorbonne – Paris I, 2013, p. 503 (https://theses.hal.science/tel-01085639); Christina Voigt e Xiang Gao, "Accountability in the Paris Agreement: The Interplay between Transparency and Compliance", *Nordisk Miljörättslig Tidskrift / Nordic Environmental Law Journal*, 2020, Issue 1, pp. 33-34 (pp. 32-57); e, do Tribunal Constitucional italiano, a *Sentenza* n. 20/2019, 23.11.2019, em cujo ponto 4.1, §§ 3-5, se lê: "Viene dunque inaugurato, per non essere più abbandonato, un modello di trasparenza fondato sulla "accessibilità" in cui i dati in possesso della pubblica amministrazione non sono pubblicati, ma sono conoscibili da parte dei soggetti aventi a ciò interesse, attraverso particolari procedure, fondate sulla richiesta

preenchidos para que, sendo possível o acesso à informação, havendo comunicação de informação e abertura dos procedimentos de decisão, exista transparência. Estes requisitos são a clareza e inteligibilidade[27] do acesso e da informação a que se acede, da comunicação e da informação comunicada e da abertura dos procedimentos e do teor do que é possível de ser conhecido. Relevam o conteúdo e a forma da transparência[28]. Faz sentido, pois, que se diga que só existe transparência quando possa ser reconhecida uma predisposição ou intencionalidade institucional no sentido do escrutíneo, da participação e da confiança[29].

Na Estratégia Nacional Anticorrupção 2020-2024, citada, um dos objetivos é o da "promoção da transparência e da integridade como valores comuns" e uma das sete prioridades é a de "melhorar o conhecimento, a formação e as práticas institucionais em matéria de transparência e integridade", que inclui a vertente "reforçar a transparência e a dimensão de integridade no exercício da atividade política e de altos cargos públicos"[30], na

---

di accesso e sull'accoglimento o diniego dell'istanza da parte dell'amministrazione. // A tale sistema viene però affiancato, attraverso progressive modifiche normative, un regime di "disponibilità", in base al quale tutti i dati in possesso della pubblica amministrazione, salvo quelli espressamente esclusi dalla legge, devono essere obbligatoriamente resi pubblici e, dunque, messi a disposizione della generalità dei cittadini. // In questa prospettiva, il decreto legislativo 27 ottobre 2009, n. 150 (Attuazione della legge 4 marzo 2009, n. 15, in materia di ottimizzazione della produttività del lavoro pubblico e di efficienza e trasparenza delle pubbliche amministrazioni) offre una prima definizione di trasparenza, «intesa come accessibilità totale, anche attraverso lo strumento della pubblicazione sui siti istituzionali delle amministrazioni pubbliche [...]» (art. 11, comma 1)."

[27] *The Transparency Paradox*, Oxford, 2022, Oxford Academic, pp. 138-139 ("the medium is [also] the message").

[28] Inam Karimov, *Le rôle de la transparence dans la lutte contre la corruption* ..., cit., p. 512.

[29] Brigham Daniels et al., *Transparency*, cit., p. 1276.
É a este propósito de notar que na Declaração de direitos e liberdades fundamentais do Parlamento Europeu de 1989, citada, não se limita a afirmar que todos devem ter acesso à informação. Numa relação aberta, comunicativa com a Administração, os particulares têm também o "direito à correção administrativa dos documentos e dados que lhe dizem respeito" (2.ª parte do artigo 18.º).

[30] As prioridades são: "melhorar o conhecimento, a formação e as práticas institucionais em matéria de transparência e integridade"; "prevenir e detetar os riscos de corrupção na ação pública"; "comprometer o setor privado na prevenção, deteção e repressão da corrupção"; "reforçar a articulação entre instituições públicas e privadas"; "garantir uma aplicação mais eficaz e uniforme dos mecanismos legais em matéria de repressão da corrupção, melhorar

qual se inserem as obrigações declarativas. Na prioridade "prevenir e detetar os riscos de corrupção na ação pública" é inscrito, designadamente, o reporte de conflitos de interesses, os quais são igualmente considerados em sede de "transparência na governança de fundos públicos". Outro dos objetivos é "[o] fortalecimento das instituições públicas e da confiança que os cidadãos nelas devem depositar". Nos objetivos e prioridades é reconhecido apenas parte dos componentes da transparência e quer a Estratégia quer os regimes que se lhe associam não se detêm sobre os problemas de configuração jurídica que prejudicam a utilidade dos instrumentos (que consideram) de transparência no combate à corrupção. Dito de outra forma, não há, na ordem jurídica portuguesa, relativamente aos três componentes da transparência, uma infraestruturação jurídica que assegure a transparência no sector público, pelo que, ainda que os aspectos que são inscritos na estratégia em referência, fossem juridicamente dignos de confiança, o «terreno jurídico» geral é um «terreno minado».

Vejamos, então, o que está em causa nos três componentes assinalados da transparência.

a) A acessibilidade da informação

A acessibilidade da informação respeita, por um lado, à possibilidade de ser obtida informação das instituições públicas, das instituições que são instrumentais destas e daquelas cuja atividade tem interesse geral[31]). Por outro lado, respeita à integração e circulação da informação no interior do sector público.

Na primeira vertente, três dimensões estão em causa: o acesso pelo titular de dados à informação que lhe diz respeito, o acesso à informação administrativa pelos interessados qualificados e o acesso cívico à informação de interesse geral. Em qualquer dos casos, não sendo já passível de discussão

---

os tempos de resposta do sistema judicial e assegurar a adequação e efetividade da punição"; "produzir e divulgar periodicamente informação fiável sobre o fenómeno da corrupção"; e "cooperar no plano internacional no combate à corrupção".

[31] Ver infra, v.g., as obrigações de reporte de sustentabilidade.

da existência de um direito, trata-se, sobretudo, de assegurar a facilidade[32] e a efetividade do acesso[33].

Neste quadro, relevam designadamente os seguintes exemplos:

(i) O facto de "os registos de saúde eletrónicos, dever[em] ser plenamente acessíveis", através de "ferramentas de fácil utilização, eficientes, fiáveis e personalizados, com elevados padrões de segurança e privacidade"[34], permitindo o controlo pelo seu titular dos serviços de saúde que lhe são prestado ao longo do tempo; mas igualmente a utilização primária em contexto de assistência médica e a utilização secundária dos dados de saúde, no âmbito de um Espaço Europeu de Dados de Saúde[35][36];

(ii) O direito do titular de dados a obter do responsável pelo tratamento informações[37] sobre este tratamento, o que "abrange potencialmente

[32] A imediatez e gratuidade (por regra, ou carácter residual dos custos). Outra dimensão da facilidade no acesso, é o dever legal de ajudar as pessoas no exercício do direito à informação (entre múltiplos diplomas legais comparados, v.g., artigo 7.º, n. 3.2, alínea a), Decreto 31/2023, de 22 de mayo, por el cual se establece la organización administrativa en materia de transparencia y se desarrolla el ejercicio del derecho de acceso a la información pública en la Administración de la Comunidad Autónoma de las Illes Balears y en su sector público instrumental (https://laadministracionaldia.inap.es/noticia.asp?id=1233695).

[33] Precedentemente, a forma como a informação é recolhida e organizada condiciona a disponibilidade da mesma.

[34] Considerando 18 da Decisão (UE) 2022/2481 do Parlamento Europeu e do Conselho de 14 de dezembro de 2022, que estabelece o programa Década Digital para 2030.

[35] A Proposta de um regulamento relativo ao Espaço Europeu de Dados de Saúde (COM(2022) 197 final, 3.5.2022 – https://eur-lex.europa.eu/legal-content/PT/TXT/HTML/?uri=CELEX:52022PC0197) abre caminho para interoperabilidade transfronteiriça das infraestruturas de dados em saúde (Petros Terzis, "Compromises and Asymmetries in the European Health Data Space", *European Journal of Health Law*, 2022, Vol. *30, Issue* 3, p. 347 (pp. 345-363). doi: https://doi.org/10.1163/15718093-bja10099.

[36] "Em termos de acesso aos registos de saúde em linha, Portugal tem uma pontuação de 62 em 100, inferior à pontuação média da UE de 71." (Documento de Trabalho dos Serviços da Comissão Europeia, Relatório sobre Portugal – 2023 que acompanha o documento Recomendação de Recomendação do Conselho sobre o programa nacional de reformas de Portugal de 2023 e que formula um parecer do Conselho sobre o programa de estabilidade de Portugal de 2023 {COM(2023) 622 final}, de 24.05.2023, p. 58).

[37] Artigo 4.º, n.º 7, do Regulamento (EU) n.º 2016/679 do Parlamento Europeu e do Conselho, de 27 de abril de 2016, relativo à proteção das pessoas singulares no que diz respeito ao

qualquer tipo de informações, tanto objetivas como subjetivas, sob a forma de opiniões ou de apreciações, desde que [lhe] «digam respeito»"[38]; e implica o direito de obter "uma reprodução fiel e inteligível de todos esses dados"[39];

(iii) Nos procedimentos competitivos, a informação completa correspondente deve ser disponibilizada em contínuo informaticamente aos candidatos/concorrentes[40];

(iv) A informação procedimental deve ficar disponível por período bastante ao exercício de direitos e controlos pertinentes[41], o que muitas vezes não está na disponibilidade das Administrações nacionais[42];

---

tratamento de dados pessoais e à livre circulação desses dados: "a pessoa singular ou coletiva, a autoridade pública, a agência ou outro organismo que, individualmente ou em conjunto com outras, determina as finalidades e os meios de tratamento de dados pessoa".

[38] Acórdão do TJUE de 22 de junho de 2023, C-579/21, J.M., n.º 42.

[39] "Este direito pressupõe o direito de obter a cópia de extratos de documentos ou de documentos completos ou ainda de extratos de bases de dados que contenham, nomeadamente, os referidos dados, se o fornecimento dessa cópia for indispensável para permitir ao titular dos dados exercer efetivamente os direitos que lhe são conferidos por este regulamento, sendo de sublinhar que devem ser tidos em conta, a este respeito, os direitos e liberdades de terceiros" (Acórdão do TJ de 4 de maio de 2023, C-487/21, Österreichische Datenschutzbehörde e CRIF, n.º 54).

[40] E, no mínimo, através de link inserto na notificação da decisão. V.g., artigo 14.º do CPA; e artigo 2.º, alínea d), do Decreto-Lei n.º 135/99, de 22 de abril.

[41] Períodos curtos de disponibilização de informação são uma estratégia clássica para diminuir a possibilidade de conhecer e de exercício de direitos. V.g., Acordo sobre Contratos Públicos da OMC, Article XVI – Transparency of Procurement Information, Publication of Award Information: "2. Not later than 72 days after the award of each contract covered by this Agreement, a procuring entity shall publish a notice in the appropriate paper or electronic medium listed in Appendix III. Where the entity publishes the notice only in an electronic medium, the information *shall remain readily accessible for a reasonable period of time.*" (itálico nosso)

[42] V.g., "No que respeita às fontes de informações detidas e geridas pelas administrações nacionais, a conservação é uma questão puramente nacional. No que se refere às informações que não são puramente nacionais, a conservação torna-se uma questão europeia. Nesse caso, os Estados-Membros em causa devem aplicar uma «política de conservação» apropriada, a fim de darem resposta a eventuais dificuldades que surjam se as informações pertinentes forem utilizadas em diferentes territórios." (2.12 Princípio subjacente 11: Conservação das informações – COM(2017) 134 final, 23.3.2017, Comunicação da Comissão Europeia ao Parlamento Europeu, ao Conselho, ao Conselho Económico e Social e ao Comité das Regiões,

(v) A maximização de dados abertos (sejam[43] ou não pessoais[44]), a que todos podem ter acesso, reutilizar e redistribuir, dados que devem estar disponíveis em plataformas intercomunicantes, para poderem ser livremente cruzados e complementados[45].

A arrumação da informação em três categorias – a correspondente a dados pessoais, a informação procedimental e a informação geral constante dos arquivos e registos administrativos – não importa hoje uma diferença substancial no acesso à mesma. A garantia do exercício dos respetivos direitos, a "livre circulação" (na expressão do Regulamento UE 2016/679) da correspondente informação[46] e a evolução da Administração Pública como uma Administração de informação assenta na expansão e aprofundamento da

---

Quadro Europeu de Interoperabilidade – Estratégia de execução – https://eur-lex.europa.eu/legal-content/PT/TXT/HTML/?uri=CELEX:52017DC0134.

[43] V.g., Regulamento (UE) 2022/868 do Parlamento Europeu e do Conselho de 30 de maio de 2022 relativo à governação europeia de dados e que altera o Regulamento (UE) 2018/1724 – Regulamento Governação de Dados.

[44] Diretiva (UE) 2019/1024 do Parlamento Europeu e do Conselho de 20 de junho de 2019, relativa aos dados abertos e à reutilização de informações do setor público.

[45] V.g., Open Knowledge Foundation, *Open Data Handbook*, "What is open data?", s/d, https://opendatahandbook.org/guide/en/what-is-open-data/; Resolution adopted by the General Assembly on 2 June 2021, S-32/1. Our common commitment to effectively addressing challenges and implementing measures to prevent and combat corruption and strengthen international cooperation, n.º 10 (https://ungass2021.unodc.org/ungass2021/index.html); e Nedim Hogic, "Financial incentives for whistleblowing ...,p. 181.

[46] Ver, por exemplo, Irith Kist, "Assessment of the Dutch Rules on Health Data in the Light of the GDPR", *European Journal of Health Law*, 2022, Vol. 30, Issue 3, p. 323 (pp. 322-344), doi: https://doi.org/10.1163/15718093-bja10096.

O paroxismo em Portugal consiste na utilização, pelo poder público, de um direito fundamental, o direito à proteção de dados, como instrumento de secretismo e de incumprimento do direito à informação, ao mesmo tempo que viola direitos dos titulares de dados, por exemplo, exigindo-lhe informação desnecessária no quadro de uma concreta relação jurídica e dificultando o acesso pelos próprios à informação que lhe respeita e o exercício do direito à portabilidade dos dados, tudo ao arrepio de um imperativo de transparência na relação com o titular dos dados que decorre do Regulamento (EU) 2016/679, de 27 de abril (v.g., Dara Hallinan e Raphaël Gellert, "The Concept of 'Information': An Invisible Problem in the GDPR", *SCRIPTed*, Volume 17, Issue 2, August 2020, p. 297 [pp. 269-318], https://script-ed.org/about-scripted/).

No *Open data maturity report 2022* (data.europa.eu), no factor "Country ranking for the quality dimension in the Member States", Portugal fica três lugares abaixo da media europeia (p. 84).

intervenção normativa da UE, enquadrada mais recentemente pela Estratégia europeia para os dados[47].

Na segunda vertente, o acesso interadministrativo eficaz à informação releva para a garantia do direito à portabilidade dos dados[48] e para a decisão e prestação ágil de serviço às pessoas[49]. Daí, por exemplo, que o artigo 19.º, alínea d), da Lei n.º 27/2021, de 17 de maio (Carta portugesa dos direitos humanos na Era digital)[50] consagre o direito "[a] que dados prestados a um serviço sejam partilhados com outro", partilha imposta pela configuração europeia do princípio da declaração única[51]. A organização de plataformas comunicantes, com observação das regras de interoperabilidade administrativa, aplicadas à Administração Pública portuguesa, mas igualmente transversal e sectorialmente às Administrações Públicas dos Estados-Membros[52], é hoje um imperativo. Quando a informação relevante está toda disponível e o acesso funcional seguro à mesma está assegurado o espaço para práticas corruptivas pode tornar-se mais difícil.

---

[47] Comunicação da Comissão Europeia COM(2020) 66 final, 19.2.2020 (https://eur-lex.europa.eu/legal-content/PT/TXT/HTML/?uri=CELEX:52020DC0066#footnoteref17).

[48] Artigo 20.º do Regulamento (EU) 2016/679. O "titular dos dados tem o direito a que os dados pessoais sejam transmitidos diretamente entre os responsáveis pelo tratamento, sempre que tal seja tecnicamente possível" (n.º 2).

[49] "Governação integrada dos serviços públicos" – COM(2017) 134 final, 23.3.2017, Quadro Europeu de Interoperabilidade – Estratégia de execução, cit., n.º 3.2).

[50] "Perante a Administração Pública, a todos é reconhecido o direito: (...) // d) A que dados prestados a um serviço sejam partilhados com outro, nos casos legalmente previstos".

[51] V.g., COM/2016/0179 final, Plano de ação europeu (2016-2020) para a administração pública em linha Acelerar a transformação digital da administração pública, n.º 2.

[52] "As empresas e os cidadãos devem poder beneficiar de serviços públicos interoperáveis baseados numa melhor integração dos processos administrativos e no intercâmbio de informações entre as administrações públicas na União." (COM(2017) 134 final, 23.3.2017, Quadro Europeu de Interoperabilidade – Estratégia de execução, cit., n.º 4.2.). Ver, v.g., artigos 2.º, alínea b), e 28.º-A, n.º 3, do Decreto-Lei n.º 135/99, de 22 de abril.
Em relação às autoridades responsáveis pela aplicação da lei, a evolução tem sido no sentido de agilizar o acesso à informação necessária a uma investigação efetiva. Neste contexto, a proposta de revisão da diretiva da UE relativa ao branqueamento de capitais prevê que tais autoridades possam aceder aos registos de contas bancárias e neles efetuar pesquisas através de um ponto de acesso único – https://www.consilium.europa.eu/pt/press/press-releases/2023/06/06/criminal-money-council-and-european-parliament-reach-deal-on-access-to-financial-information/.

b) A comunicação de informação

A comunicação da informação respeita, por um lado, à sua divulgação, seja por publicação em sítios específicos, seja pela colocação à disposição do público da informação considerada útil a uma "sociedade pluralista e democrática" e a uma Administração Pública responsiva[53]. Por outro lado, compreende a possibilidade de ser reportada informação pelos interessados a outrem (por exemplo, em dado contexto, o reporte na Internet de queixa relativa a tratamento policial[54]).

No plano da comunicação de informação como forma de transparência, relevam instrumentos como:

(i) O reporte e a publicidade da declarações de rendimentos, património e conexões institucionais pelos que exercem funções públicas ou certas categorias destas[55]. Nos termos da proposta da diretiva contra a corrupção, os Estados-Membros ficam obrigados a adotar "regras eficazes ["fáceis de interpretar e aplicar"[56]] para a divulgação e verificação dos ativos dos funcionários públicos"[57];

---

[53] Recommendation REC(2002)2 du Comité des Ministres aux Etats Membres sur l'accès aux documents publics, §§ 11. Ver, por exemplo, US, The Federal Funding Accountability and Transparency Act, An Act to require full disclosure of all entities and organizations receiving Federal funds (https://www.grants.gov/learn-grants/grant-policies/ffata-act-2006.html).

[54] Acórdão de 14 de fevereiro de 2019, C-345/17, Sergejs Buivids, n.º 70: "O artigo 9.º da Diretiva 95/46 deve ser interpretado no sentido de que circunstâncias de facto como as do litígio no processo principal, a saber, a gravação vídeo de agentes da polícia numa esquadra, aquando de uma prestação de declarações, e a publicação do vídeo assim gravado num sítio Internet de vídeos no qual os utilizadores podem carregar, visualizar e partilhar os mesmos, podem constituir um tratamento de dados pessoais para fins exclusivamente jornalísticos, na aceção desta disposição, desde que resulte do referido vídeo que a referida gravação e a referida publicação têm por única finalidade a divulgação ao público de informações, opiniões ou ideias, o que incumbe ao órgão jurisdicional de reenvio verificar."

[55] O conceito de funcionário púbico, no articulado da proposta de Diretiva contra a corrupção inclui-se, entre outros, "qualquer pessoa titular de um cargo executivo, administrativo ou judicial a nível nacional, regional ou local, nomeada ou eleita, permanente ou temporária, remunerada ou não, independentemente da sua antiguidade", assim como a que "exerça um cargo legislativo a nível nacional, regional ou local" (artigo 2.º, n.ºs 4 e 5).

[56] Resolução sobre o combate à corrupção na Europa, de 1996, n.º 16 (https://eur-lex.europa.eu/legal-content/PT/TXT/HTML/?uri=CELEX:51995IP0314).

[57] Artigo 3.º, n.º 3.

(ii) A "divulgação e gestão de conflitos de interesses no setor público", para o que os Estados-Membros devem também "adotar regras eficazes"[58];

(iii) Obrigações de comunicação automática de certa informação entre autoridades tributárias de Estados-Membros diferentes, que fica acessível sem dependência de um pedido e, portanto, da possibilidade de recusa[59];

(iv) O relato de sustentabilidade das empresas obriga certas empresas, grandes empresas e empresas transnacionais, a "comunicarem informações sobre, no mínimo, as questões ambientais, sociais e relativas aos trabalhadores, ao respeito dos direitos humanos, ao combate à corrupção e às tentativas de suborno"[60] e a comunicá-las em certos termos que assegurem a sua qualidade e compreensibilidade[61]. Tal inscreve-se numa exigência crescente de transparência sobre as empresas, acertada em instrumentos jurídicos internacionais e europeus de diversa natureza[62], a que as empresas públicas não podem por identidade ou maioria de razão deixar de se sujeitar[63].

---

[58] Artigo 3.º, n.º 3.

[59] Ver Diretiva 2011/16/UE relativa à cooperação administrativa no domínio da fiscalidade, alterada em último pela Diretiva (EU) 2021/514 do Conselho de 22 de março de 2021. A Comissão Europeia desencadeou em janeiro de 2023 processo por incumprimento contra Portugal por falta de transposição da última diretiva – https://ec.europa.eu/commission/presscorner/detail/en/inf_23_262.

[60] Artigo 29.º-B, n.º 1 e n.º 2, alínea c), subalínea iii), da Diretiva 2013/34/UE do Parlamento Europeu e do Conselho de 26 de junho de 2013, relativa às demonstrações financeiras anuais, às demonstrações financeiras consolidadas e aos relatórios conexos de certas formas de empresas, na redação resultante da Diretiva (UE) 2022/2464 do Parlamento Europeu e do Conselho de 14 de dezembro de 2022 que altera o Regulamento (UE) n.º 537/2014, a Diretiva 2004/109/CE, a Diretiva 2006/43/CE e a Diretiva 2013/34/UE no que diz respeito ao relato de sustentabilidade das empresas.

[61] Artigo 29.º-B, n.º 2, § 1, da Diretiva 2013/34/UE.

[62] Nas orientações para as empresas multinacionais adotarem uma conduta responsável (OECD, *OECD Guidelines for Multinational Enterprises on Responsible Business Conduct*, 2023, OECD Publishing, Paris, pp. 21-24, https://doi.org/10.1787/81f92357-en) é dedicado um capítulo à divulgação ou reporte público de informação sobre tal conduta, que inclui, *inter alia*, informação sobre a estrutura financeira, o modelo de governo, a composição dos seus órgãos de direção, forma de recrutamento dos seus membros, qualificações e remuneração (p. 21).

[63] No entanto, em 2023 permanece a recomendação de 2022, para "[m]elhorar a sustentabilidade financeira das empresas públicas, assegurando simultaneamente um controlo mais

(v) A divulgação de informação (de qualidade) sobre o desempenho e resultados dos organismos ou estruturas que atuam na área do combate à corrupção, como, por exemplo, os serviços de inspeção, os canais internos e externos de denúncia no âmbito do respetivo regime, o Mecanismo para a Prevenção da Corrupção[64] e os responsáveis pela monitorização do cumprimento dos planos de prevenção da corrupção[65];

(vi) A divulgação de informação sistematizada sobre os procedimentos de contratação pública por entidade adjudicante[66];

(vii) A sujeição da publicidade estatal a divulgação de informação quanto aos beneficiários, aos montantes respetivos e a respetiva distribuição equitativa[67];

---

atempado, transparente e abrangente" (Relatório sobre Portugal, COM(2023) 622 final}, de 24.05.2023, cit, p. 29 e p. 30).

[64] V.g., United Nations, Office of the High Commissioner for Human Rights, *UN Guiding Principles on Business and Human Rights: Implementing the United Nations 'Protect, Respect and Remedy' Framework'*, 2011, p. 35 ("Providing transparency about the mechanism's performance to wider stakeholders, through statistics, case studies or more detailed information about the handling of certain cases, can be important to demonstrate its legitimacy and retain broad trust"), https://www.business-humanrights.org/en/big-issues/un-guiding-principles-on-business-human-rights/; e *High-level Panel on International Financial Accountability, Transparency and Integrity for Achieving the 2030 Agenda*, p. 52.

[65] *Stepping up the EU's efforts to tackle corruption*, EPRS, Serviço de Estudos do Parlamento Europeu, Meenakshi Fernandes e Lenka Jančová, 2023, II (https://www.europarl.europa.eu/thinktank/en/document/EPRS_STU(2023)734687), p. 10. Ver, também, artigo 14.º, alínea f), do Decreto-Lei n.º 109-E/2021, de 09.12 (cria o Mecanismo Nacional Anticorrupção e estabelece o regime geral de prevenção da corrupção).

[66] No estudo *Stepping up the EU's efforts to tackle corruption* assinala-se "Currently, there is a high level of missing information in EU public procurement systems – an estimated 38 % of requested entries is not provided (p. 24). Para superar o défice de informação, entre as ações da EU inclui-se a "utilização obrigatória de dados abertos e normalizados sobre os contratos públicos para reduzir a quantidade de informações em falta nos anúncios de concurso; promoção da interoperabilidade dos sistemas de controlo dos contratos públicos da UE com as bases de dados nacionais e regionais; utilização de ferramentas de exploração de dados e de classificação dos riscos para identificar sinais de alerta; criação de um sistema integrado, interoperável e harmonizado [*] para recolher, acompanhar e analisar dados sobre os beneficiários dos fundos da UE" (p. 14).

[67] N.º 1, § 20, COM(2022) 457 final, 16.9.2022, Proposta de Regulamento do Parlamento Europeu e do Conselho que estabelece um quadro comum para os serviços de comunicação

(viii) O "quadro dos direitos humanos para a livre circulação de informação", com destaque para a liberdade de expressão, é uma estrutura de suporte da transparência anti-corrupção[68]. Neste quadro, inclui-se (para além da garantia dos meios de comunicação social de receber e transmitir informações sobre questões de corrupção[69]) a preocupação de evitar a perseguição das pessoas que exercem tais direitos, incluindo um regime de proteção específico quando visadas em ações judiciais manifestamente infundadas ou abusivas[70]. Inclui-se igualmente a regulação europeia das entidades qualificadas para o exercício de ações coletivas, para evitar que, a coberto de situações de abuso, se cerceie tais ações[71].

(ix) Importa ainda referir as obrigações de os prestadores de serviços de propaganda política e serviços conexos de conservação, divulgação e publicação de informações relacionadas com a prestação desses serviços[72];

---

social no mercado interno (Regulamento Liberdade dos Meios de Comunicação Social) e que altera a Diretiva 2010/13/EU.

[68] Robert G. VAUGHN, "Transparency in the administration of law...", cit., pp. 977.

[69] Resolution (97) 24 on the twenty guiding principles for the fight against corruption (adopted by the Committee of Ministers on 6 November 1997 at the 101st session of the Committee of Ministers, n.º 16; e Alexandru GRIGORESCU, "International Organizations and Government Transparency: Linking the International and Domestic Realms", *International Studies Quarterly*, 2003, Vol. 47, p. 649 (observa: "Legislation supporting government transparency is more likely to be adopted in countries where other domestic institutions, especially those supporting press freedom, have been adopted.").

[70] COM(2022) 177 final, 27.4.2022, Proposta de Diretiva do Parlamento Europeu e do Conselho sobre a proteção das pessoas envolvidas em processos judiciais manifestamente infundados ou abusivos contra a participação pública («ações judiciais estratégicas contra a participação pública»).

[71] Ver, v.g., considerando 5 da Diretiva (UE) 2020/1828 do Parlamento Europeu e do Conselho de 25 de novembro de 2020 relativa a ações coletivas para proteção dos interesses coletivos dos consumidores. Ver também considerando 25 ("As entidades qualificadas deverão disponibilizar publicamente, em linguagem clara e inteligível, por qualquer meio adequado, nomeadamente nos seus sítios Web, informações que demonstrem que cumprem os critérios para serem designadas entidades qualificadas e informação geral sobre as fontes do seu financiamento em geral, a sua estrutura organizativa, de gestão e de participação, o seu objeto social e as suas atividades").

[72] Artigo 1.º, alínea a), e artigos 5.º e ss. do articulado do Regulamento sobre a transparência e o direcionamento da propaganda política, segundo proposta adotada em 25.11.2021

(x) De igual modo, as obrigações de "transparência do financiamento das candidaturas a funções públicas electivas"[73], de "transparência do financiamento dos partidos políticos" e da gestão das respetivas verbas de forma perceptível para os cidadãos[74].

O modo de publicação e colocação à disposição de informação pode servir uma estratégia de ocultação. Com efeito, as regras e as práticas em matéria de transparência requerem elas próprias transparência. Releva, designadamente, o período de tempo durante o qual se mantém disponível (tanto maior quanto maior for a relevância[75]) e o conteúdo da informação disponibilizada. Nesta linha, a publicação de muita informação, de forma complexa e seletiva pode dificultar a compreensibilidade[76], assim como a sua operabilidade[77]. Do mesmo modo, a publicação de informação

– COM(2021) 731 final.

[73] Artigo 7.º, n.º 3, da Convenção contra a corrupção.

[74] Resolução sobre o combate à corrupção na Europa, do Parlamento Europeu, A4-0314/95, Jornal Oficial nº C 017 de 22/01/1996 p. 0443, https://eur-lex.europa.eu/legal-content/PT/TXT/HTML/?uri=CELEX:51995IP0314.

[75] Daí, por exemplo, a importância do registo e preservação dos *emails* presidenciais norte-americanos (que integram o "National Archives") – Robert G. Vaughn, "Transparency in the administration of law...", cit., p. 975. E, por exemplo, a prescrição no Acordo sobre contratos públicos da OMC, de acordo com o qual a documentação relativa ao procedimento de contratação deve ser conservada e ficar disponível durante três anos após a adjudicação do contrato e deve ser possível a rastreabilidade adequada dos dados relativos ao procedimento por meios eletrónico – *Maintenance of Documentation, Reports and Electronic Traceability*, n.º 3 (artigo 16.º [transparência da informação sobre a contratação], n.º 3 –https://www.wto.org/english/tratop_e/gproc_e/gpa_1994_e.htm).

[76] Robert G. Vaughn, "Transparency in the administration of law...", cit., p. 973-975. Destaca, relativamente aos rótulos, destaca que o valor de cada elemento informativo diminui quanto mais informação contém (*idem*, p. 973).

[77] Os "sítios *web* [do sector público] e as suas aplicações móveis" devem ser " mais acessíveis", devenso ser "percetíveis, operáveis, compreensíveis e robustos" (artigo 4.º da Diretiva (UE) 2016/2102 do Parlamento Europeu e do Conselho, de 26 de outubro de 2016, relativa à acessibilidade dos sítios web e das aplicações móveis de organismos do setor público). Uma forma comum de evitar a circulação de informação é apresenta-la em modo de fotografia. É certo que o artigo 12.º, n.º 4, estabelece: "A publicação, divulgação e disponibilização, para consulta ou outro fim, de informações, documentos e outros conteúdos que, pela sua natureza e nos termos legais, possam ou devam ser disponibilizados ao público, sem prejuízo do uso simultâneo de outros meios, deve estar disponível em formatos abertos, que

abstracta[78] e parcial[79]; e a publicação em meios de circulação ou alcance restritos[80] são falsamente formas de transparência[81].

"A divulgação de informações detidas pelas autoridades públicas é uma política de longa data da UE", que ressalta o facto de que os dados são "gerados com recurso a dinheiros públicos e devem, por conseguinte, beneficiar a sociedade"[82]. Neste quadro, a Diretiva Dados Abertos[83] e outras disposições legislativas setoriais visam facilitar "a disponibilização de um maior número de dados gerados[*], em especial às PME, mas também à sociedade civil e à comunidade científica, no âmbito de avaliações independentes de políticas públicas". Um dos pilares da Estratégia europeia para os dados é o da

---

permitam a leitura por máquina, para ser colocada ou indexada no Portal de Dados Abertos da Administração Pública, em www.dados.gov.pt." No entanto, existe uma enorme falta de clareza na expressão "informações, documentos e outros conteúdos que, pela sua natureza e nos termos legais, possam ou devam ser disponibilizados ao público" considerando que a Administração deve ser transparente por definição.

[78] A elaboração e divulgação de avaliação de custos-benefícios no âmbito de procedimentos legislativos e regulamentares, sendo um instrumento de transparência, só o são efetivamente na medida da concretude e inteligibilidade da informação correspondente – Robert G. Vaughn, "Transparency in the administration of law...", cit., p. 980.

[79] O artigo 12.º (transparência administrativa) do regime geral de prevenção da corrupção, que estabelece a obrigação de publicação na intranet e na página oficial na Internet da entidade pública de, pelo menos, elementos que indica, só obriga à publicação dos "avisos sobre os procedimentos pré-contratuais mais relevantes" (n.º 1, alínea l)). Ora, numa das matérias mais propícias a práticas corruptivas o diploma relativo ao combate à corrupção usa uma linguagem equívoca e parece querer colocar fora do conhecimento público o tipo de procedimento adjudicatório mais problemático, que é o procedimento de ajuste direto.

[80] Um exemplo recorrente é a publicação de informação que a lei exige tenha lugar em jornal de expansão nacional em jornal que, embora formalmente nacional, tem uma tiragem diminuta.

[81] Conclusões do Advogado-Geral Medina de 3 de fevereiro de 2022, Case C-436/20, Asociación Estatal de Entidades de Servicios de Atención a Domicilio (ASADE) v Consejería de Igualdad y Políticas Inclusivas, n.ºs 115-117 e n.ºs 127-129; e Acórdão de 14 de julho de 2022 proferido no mesmo processo, n.º 97 ("O dever de transparência implica assim que todos os requisitos e modalidades do procedimento de adjudicação sejam formulados de modo claro, preciso e unívoco, a fim de, por um lado, permitir que todos os proponentes razoavelmente informados e normalmente diligentes compreendam o seu alcance exato").

[82] Comunicação da Comissão Europeia COM(2020) 66 final, 19.2.2020 (https://eur-lex.europa.eu/legal-content/PT/TXT/HTML/?uri=CELEX:52020DC0066#footnoteref17).

[83] Diretiva (UE) 2019/1024 do Parlamento Europeu e do Conselho de 20 de junho de 2019, relativa aos dados abertos e à reutilização de informações do setor público.

existência de "[u]m quadro de governação transetorial para o acesso e a utilização dos dados"[84]. Tal inclui "a reutilização de determinadas categorias de dados protegidos detidos por organismos do setor público", "a prestação de serviços de intermediação de dados e de serviços baseados no altruísmo de dados na União"[85].

Portugal, no *EU Open data maturity report 2022*, está numa situação muito frágil, ou seja, é um dos países em relação ao qual é destacado, por exemplo, o seguinte:

> "O portal [de dados abertos] apresenta apresenta funcionalidades padrão, mas um número limitado de funcionalidades que satisfazem as necessidades dos utilizadores mais avançados. São realizadas algumas actividades para impulsionar a publicação de dados de alta qualidade de diferentes fornecedores, mas não existe uma abordagem sistemática para garantir uma maior qualidade de publicação em todos os domínios. Apenas actividades muito limitadas para monitorizar a reutilização e medir o impacto dos dados abertos são realizadas. Continua a existir um número significativo de limitações em termos de publicação e reutilização de dados"[86].

É de destacar, também, o condicionamento que é normalmente colocado no acesso à informação, pela obrigação de registo, pela exigência de pagamento de informação, que deve ser gratuita e pelo carácter limitado da informação que está disponível ou organizada para o ser[87].

---

[84] N.º 5, A.

[85] Regulamento (UE) 2022/868 do Parlamento Europeu e do Conselho de 30 de maio de 2022 relativo à governação europeia de dados e que altera o Regulamento (UE) 2018/1724 –Regulamento Governação de Dados.

[86] Cfr. p. 108 e pp. 107-110. *No que se refere a The share of unique visitors per month reported as percentage of the total population*, é o quarto a contar do fim (p. 59) e, quanto à *The proportion of open data portal visitors from abroad* é o quinto a contar de cima (p. 60).
Recorde-se que pela Resolução do Conselho de Ministros n.º 131/2021, de 10 de setembro, foi aprovada a Estratégia para a Transformação Digital da Administração Pública 2021-2026 e o respetivo Plano de Ação Transversal para a legislatura e pela Lei n.º 68/2021, de 26 de agosto, foram aprovados os princípios gerais em matéria de dados abertos e transpõe para a ordem jurídica interna a Diretiva (UE) 2019/1024 do Parlamento Europeu e do Conselho, de 20 de junho de 2019, relativa aos dados abertos e à reutilização de informação do setor público, alterando a Lei n.º 26/2016, de 22 de agosto.

[87] "In Portugal, users need to be logged into the administration area to access updates and statistics on (meta)data, followers, visualisations, use cases referencing data publishers' data

Entre as várias recomendações, figura, por exemplo, a seguinte: "Update the national strategy for open data to reflect technical and policy developments at EU level. In particular, address the requirements of the latest Open Data Directive by identifying high-priority domains and high-value datasets for publication, through APIs and free whenever possible. Support publication through legislation where suitable."[88]

O regime geral de prevenção da corrupção estabelece o dever de publicidade na Intranet e na Internet de um conjunto de "elementos"[89], num enunciado que fica aquém de exemplos comparados. Em Itália, por exemplo, o artigo 4.º bis, n.º 2, do *Decreto Legislativo 14 marzo 2013, n. 33 (Riordino della disciplina riguardante il diritto di accesso civico e gli obblighi di pubblicita', trasparenza e diffusione di informazioni da parte delle pubbliche amministrazioni)*, estabelece[90]: "Ciascuna amministrazione pubblica sul proprio sito istituzionale, in una parte chiaramente identificabile della sezione 'Amministrazione trasparente', i dati sui propri pagamenti e ne permette la consultazione in relazione alla tipologia di spesa sostenuta, all'ambito temporale di riferimento e ai beneficiari."

Na verdade, o elenco, sem carácter taxativo, daqueles elementos tem de ser completado com o disposto noutros diplomas, como, por exemplo, o Regulamento de execução (UE) 2023/138 da Comissão de 21 de dezembro de 2022 que estabelece uma lista de conjuntos específicos de dados de elevado valor[91] e as disposições relativas à respetiva publicação e

---

and problems with the data. This also shows discussions regarding datasets published by these data publishers." (*EU Open data maturity report 2022*, cit., p. 69).

[88] Cfr. p. 114.

[89] Artigo 12.º do Regime geral de prevenção da corrupção.

[90] Na versão resultante do Decreto Legislativo 25 maggio 2016, n. 97 Revisione e semplificazione delle disposizioni in materia di prevenzione della corruzione, pubblicita' e trasparenza, correttivo della legge 6 novembre 2012, n. 190 e del decreto legislativo 14 marzo 2013, n. 33, ai sensi dell'articolo 7 della legge 7 agosto 2015, n. 124, in materia di riorganizzazione delle amministrazioni pubbliche – Https://www.normattiva.it/uri-res/N2Ls?urn:nir:stato:decreto.legislativo:2016-05-25;97.

[91] Nos termos do artigo 14.º, n.º 1, da Diretiva (EU) 2019/1024, a Comissão deve adotar "atos de execução que estabelecem uma lista de conjuntos específicos de dados de elevado valor pertencentes às categorias constantes do anexo I [geoespaciais, relativos à observação da Terra e do ambiente, meteorológicos, estatísticos, de empresas e propriedade de empresas e relativos à mobilidade) e que estão na posse de organismos do setor público e de empresas públicas, de entre os documentos aos quais se aplica a [mesma] diretiva"

reutilização[92]. Entre estes dados incluem-se, por exemplo, "dados anuais de elevado valor relativos à taxa de desigualdade"[93], "dados sobre empresas e propriedade das empresas"[94] e "dados anuais relativos às despesas e receitas das administrações públicas[95].

c) A abertura dos processos de decisão

Outro componente da transparência é a abertura dos procedimentos de decisão das diferentes instituições públicas[96]. Embora maior atenção seja geralmente dada aos procedimentos administrativos, em relação aos procedimentos de outras funções são igualmente amplamente tratados os parâmetros para o seu exercício transparente. Tenha-se presente a regulação das "atividades exercidas por representantes de interesses com o objetivo de influenciar a formulação ou execução de políticas ou de legislação"[97] e, bem assim, a exigência de evidências como instrumento de fundamentação e de transparência dos atos legislativos (*evidence-based*

---

[92] Este diploma #estabelece a lista dos conjuntos de dados de elevado valor abrangidos pelas categorias temáticas definidas no anexo I da Diretiva (UE) 2019/1024 e na posse de organismos do setor público entre os documentos existentes a que essa diretiva se aplica" (artigo 1.º, n.º 1).

[93] Quadro 14 do Anexo ao diploma..

[94] N.º 5 do Anexo ao diploma.

[95] Quadro n.º 10 do Anexo ao diploma.

[96] Resolution (97) 24 on the twenty guiding principles for the fight against corruption, n.º 9.

[97] V.g., Artigo 3.º, n.º 1, do Acordo interinstitucional de 20 de maio de 2021 entre o Parlamento Europeu, o Conselho da União Europeia e a Comissão Europeia sobre um Registo de Transparência Obrigatório (
Jornal Oficial da União Europeia, 11.6.2021, L 207/1 (https://eur-lex.europa.eu/legal-content/PT/TXT/HTML/?uri=CELEX:32021Q0611(01)); e
(Matthew Tramonti, "Estonia'sJourney of Open Government Reforms", "Increasing Transparency of decision-making and lobbying activities", 13 July 2023: "central government institutions started, for the first time, publishing information on top officials' meetings with lobbyists") – https://www.opengovpartnership.org/stories/estonias-journey-of-open-government-reforms/. No Estonian Open Government Partnership Action Plan for 2022–2024, começa por se afirmar: "
Estonia is an innovative, reliable, and people-centred country" (p. 3) – https://www.opengovpartnership.org/documents/estonia-action-plan-2022-2024/.

law-making)[98]. Tenha-se igualmente presente a exigência de publicidade como uma condição de possibilidade do próprio reconhecimento do exercício da função jurisdicional[99].

Na abertura dos procedimentos de decisão, está em causa, por um lado, a dimensão procedimental designadamente, a participação informada[100] e a ausência (efetiva e percebida) de conflitos de interesses. Está igualmente em causa a cognoscibilidade e explicação dos critérios e termos do exercício do poder[101].

Os procedimentos pré-contratuais são objeto de especial atenção, pela necessidade de deverem ser lealmente concorrenciais por natureza e inteiramente conhecíveis (sem regras e critérios subjetivos, de afeiçoamento à situação de específicos competidores)[102] e de serem auditáveis por rotina

---

[98] Sanne Buisman, "The Future of EU Substantive Criminal Law. Towards a Uniform Set of Criminalisation Principles at the EU level", *European Journal of Crime, Criminal Law and Criminal Justice"*, 2022, Vol. *30*, Issue 2, p. 185 (pp. 161-187), doi: https://doi.org/10.1163/15718174-bja10032.

[99] V.g., Daniel N. Hoffman, "Publicity and the Judicial Power", Journal of Appelate Practice and Process, 2001, Vol. 3, Issue 1, pp. 343-354 (https://lawrepository.ualr.edu/appellatepracticeprocess/vol3/iss1/16); e
T.S. Ellis III, "Sealing, Judicial Transparency and Judicial Independence", Villanova Law Review, 2008, Vol. 53, Issue 5, p. 940 [pp. 939-950] ("what judges do-the process and product of adjudication-must be largely open to public scrutiny, else risk giving rise to a threat to judicial independence"), https://digitalcommons.law.villanova.edu/vlr/vol53/iss5/6.

[100] De acordo com o Acórdão do TJUE de 22 de novembro de 2022, WM (C-37/20), Sovim SA (C-601/20), contra Luxembourg Business Registers, o princípio da transparência "permite assegurar uma melhor participação dos cidadãos no processo decisório, bem como garantir uma maior legitimidade, eficácia e responsabilidade da Administração perante os cidadãos num sistema democrático" (n.º 60) (Acórdão de 9 de novembro de 2010, Volker und Markus Schecke e Eifert, C-92/09 e C-93/09, EU:C:2010:662, n.º 68 e jurisprudência referida)." A abertura dos "processos de tomada de decisão" constitui, na Convenção internacional contra a corrupção, uma dimensão da "informação ao público", devendo a Administração, não só permitir que este aceda aos mesmos como simplificar esse acesso (artigo 10.º).

[101] Robert G. Vaughn, "Transparency in the administration of law...", cit., pp. 981-982.
O considerando 75 do preâmbulo da Diretiva (UE) 2019/1937 estabelece que "[t]odas as informações relativas à denúncia de irregularidades deverão ser transparentes, facilmente compreensíveis e fiáveis, a fim de promover a denúncia e não dissuadi-la".

[102] Resolution (97) 24 on the twenty guiding principles for the fight against corruption, n.º 12.

(e não como exceção)[103] e controláveis. Significativa é a atribuição a sujeitos da sociedade civil da função de monitorização de procedimento de contratação pública no âmbito dos pactos de integridade[104]. A possibilidade de "participação activa de pessoas e de grupos que não pertencem ao sector público, tais como a sociedade civil, as organizações não governamentais e organizações locais baseadas nas comunidades" constitui uma das medidas gerais a adotar "na prevenção e na luta contra a corrupção"[105].

Antes de vermos o reflexo das preocupações da transparência na Estratégia nacional de combate à corrupção e correspondente legislação, importa ter presente a amplitude do conceito de corrupção que está em causa.

---

[103] Resolution (97) 24 on the twenty guiding principles for the fight against corruption, n.º 11. Não existe na lei previsão nem na prática a realização de auditorias, por um serviço próprio a tal dedicado, dos procedimentos concorrenciais. Pelo contrário, o que existe é a generalizada convicção (verbalizada com normalidade e transversal a todas as áreas da Administração Pública) de que têm destinatário ou destinatários predefinidos. Muitas vezes têm associados trocas (não verbais, mais ou menos diferidas no tempo) de favores, como a escolha mútua de júris amigáveis, o convite para a realização de certa tarefa, a atribuição de pontos adicionais na avaliação de desempenho, ou na avaliação de certo projeto, candidatura, proposta... (tudo acompanhado de um discurso de justificação (a)jurídico, não passível de crédito e de órgãos de controlo eles próprios envolvidos em relações de dependência institucional e muito pouco preparados tecnicamente).

[104] Proteger os investimentos financiados pela UE através dos Pactos de Integridade, *Um guia para decisores políticos sobre monitorização colaborativa na Contratação Pública*, autor: Rafael García Aceves, Transparency Internacional, 2021, p. 5 ("Um Pacto de Integridade é um mecanismo que permite a uma entidade pública ou um grupo de entidades colaborar com a sociedade civil para garantir que as autoridades contratantes e as empresas proponentes atuam dentro dos limites impostos pela lei, mitigam os riscos de corrupção e fomentam a confiança dos cidadãos num determinado projeto de contratação pública. Através de um acordo escrito e público (pacto), as partes envolvidas comprometem-se a abster-se de qualquer ato de corrupção e a promover a transparência e a responsabilização durante todo o processo de contratação pública. Por conseguinte, o acordo inclui um mecanismo independente gerido pela sociedade civil destinado a monitorizar o cumprimento."); *The Integrity Pacts – Civil Control Mechanism for Safeguarding EU Funds, Phase 2* project, AAVV, Transparency International, 2022, v.g., p. 15 (https://ec.europa.eu/regional_policy/policy/how/improving-investment/integrity-pacts_en); e SWD(2023) 134 final Part 1/2 Commission Staff Working Document Cohesion 2021-2027, Brussels, 28.4.2023: forging an ever stronger Union Report on the outcome of 2021-2027 cohesion policy programming. Relatório sobre o custo da não-Europa intitulado *Stepping up the EU's efforts to tackle corruption*, EPRS, Serviço de Estudos do Parlamento Europeu, Meenakshi Fernandes e Lenka Jančová, 2023, II, citado.

[105] Artigo 13.º, n.º 1, e artigo 5.º, n.º 1, da Convenção contra a Corrupção.

3. O CONCEITO DE CORRUPÇÃO NA ABORDAGEM DESTA ATRAVÉS DA TRANSPARÊNCIA

O combate à corrupção não se circuncreve a um tipo específico de corrupção, ao tipo penal que o legislador nacional num dado momento entenda estabelecer. Não só este conceito está cada vez menos na sua disponibilidade[106] como o que releva é o conjunto de condutas que frustam a boa gestão do património público e a igualdade de oportunidades. No quadro da adopção de uma Diretiva contra a corrupção[107], várias condutas ou tipos de crimes próximos são considerados. Com efeito, lê-se na Comunicação da Comissão Europeia sobre esta de maio de 2023 o seguinte: "Não existe uma definição única de corrupção, uma vez que a corrupção existe sob diferentes formas, envolvendo diferentes participantes"; "assume múltiplas formas em todas as facetas da sociedade, por exemplo, suborno, peculato, tráfico de influência, comércio de informações, abuso de funções e enriquecimento ilícito"[108]. De acordo com a correspondente Proposta, "[t]endo em conta a evolução das ameaças de corrupção e as obrigações

[106] Quanto a esta e às recomendações do Mecanismo de Revisão da Convenção neste domínio, ver United Nations Office on Drugs and Crime, *Country Review Report of Portugal*, Review by the Kingdom of Morocco and the Kingdom of Spain of the implementation by Portugal of articles 15 – 42 of Chapter III. "Criminalization and law enforcement" and articles 44 – 50 of Chapter IV. "International cooperation" of the United Nations Convention against Corruption for the review cycle 2011-2012 (https://www.unodc.org/unodc/en/corruption/country-profile/countryprofile.html#?CountryProfileDetails=%2Funodc%2Fcorruption%2Fcountry-profile%2Fprofiles%2Fprt.html).
Entre os domínios de intervenção do legislador da União em matéria penal figuram, por exemplo, os da integridade da administração pública, da sociedade da informação, da concorrência leal, da saúde pública, da integridade do sector financeiro (Sanne Buisman, "The Future of EU Substantive Criminal Law...", cit., p. 171).

[107] A diretiva substituirá a substitui a Decisão-Quadro 2003/568/JAI do Conselho e a Convenção relativa à luta contra a corrupção em que estejam implicados funcionários das Comunidades Europeias ou dos Estados-Membros da União Europeia e que altera a Diretiva (UE) 2017/1371 do Parlamento Europeu e do Conselho e, portanto, a definição de corrupção ativa e passiva naquela Convenção, Convenção estabelecida com base no nº 2, alínea c), do artigo K.3 do Tratado da União Europeia, relativa à luta contra a corrupção em que estejam implicados funcionários das Comunidades Europeias ou dos Estados- membros da União Europeia (https://eur-lex.europa.eu/legal-content/PT/TXT/HTML/?uri=CELEX:41997A0625(01).

[108] COM(2023) 234 final, 2023/0135(COD).

jurídicas da União e dos Estados-Membros decorrentes do direito internacional, bem como o desenvolvimento de quadros jurídicos nacionais, a definição de corrupção deve ser objeto de uma maior aproximação em todos os Estados-Membros, de modo a abranger os comportamentos corruptos de forma mais abrangente"[109], no sector público e no sector privado[110].

Uma das falhas assinaladas no Relatório da Comissão ao Parlamento Europeu e ao Conselho sobre a aplicação da Diretiva (UE) 2017/1371 do Parlamento Europeu e do Conselho de 5 de julho de 2017 relativa à luta contra a fraude lesiva dos interesses financeiros da União através do direito penal – e reiterada na referida Comunicação da Comissão Europeia –, respeita à delimitação do conceito nacional de corrupção. Critica-se a exigência de "um elemento adicional – «violação dos deveres» – na corrupção ativa e passiva", que "limita significativamente o âmbito de aplicação das definições de corrupção" e exige "prova de ter havido violação dos deveres"[111]. No caso da corrupção passiva, falha o "elemento relativo aos casos em que os funcionários públicos se abstêm «de realizar [...] um ato inerente às suas funções»", que nem sempre é abrangido nas legislações nacionais[112]. No âmbito de um ato legislativo da União Europeia dedicado especificamente à corrupção é indicado um significativo leque de condutas relevantes, como o suborno, a apropriação ilegítima, o tráfico de influências, o abuso de funções e a obstrução da justiça[113], consideradas como "formas de corrupção"[114].

Nesta perspetiva inclusiva, a título de exemplo, há uma lógica corruptiva nos procedimentos competitivos ou concorrenciais com resultados conscien-tentemente predeterminados, muitas vezes de forma cruzada e temporalmente dinâmica (que afloram em atos e formalidades ilegais)[115]; nos procedimentos avaliativos (mesmo que não competitivos) que manipulam por várias formas

---

[109] Considerando 8.

[110] Artigo 2.º da Decisão-Quadro 2003/568/JAI do Conselho, de 22 de Julho de 2003, relativa ao combate à corrupção no sector privado; e artigo 12.º da Convenção contra a corrupção.

[111] COM(2021) 536 final, 6.9.2021 – https://eur-lex.europa.eu/legal-content/PT/TXT/HTML/?uri=CELEX:52021DC0536#footnote6.

[112] COM(2021) 536 final, 3.3.1.; e COM(2023) 234 final, n.º 3.

[113] Artigos 7.º a 12.

[114] COM(2023) 234 final, n.º 2.

[115] Lê no Relatório dos Serviços da Comissão sobre Portugal COM(2023) 622 final, citado: "o país regista uma significativa fuga de cérebros (*). Vários fatores contribuem para este fenómeno, inclusive os processos de recrutamento de investigadores e académicos,

critérios e a sua aplicação, que inobservam parâmetros de predeterminação, possibilidade e proporcionalidade, favorecendo sujeitos determinados; nas políticas e práticas institucionais que conscientemente admitem relações familiares nas organizações (ainda que em erro censurável sobre a ilicitude); e na definição de normas que manipulam o seu âmbito subjetivo ou o seu sentido dispositivo, definição orientada por ou para sujeitos específicos[116].

A normalização destas práticas corruptivas[117] não as descaracteriza, nem argumentos relativos à discricionariedade[118]. Não se pode desvalorizar o exercício do poder que resulta ou é informado por benefício privado[119], mesmo quando este não é imediato (ou o prejuízo para terceiros[120]). Se há aspeto essencial a ser considerado é este: "The advantage is not time-bound: it can be received well before the abuse of entrusted power or considerably after it"[121].

---

considerados pouco transparentes (*), e as condições de trabalho precárias (*)." (p. 61) – https://www.gpeari.gov.pt/web/pt/semestre-europeu.

116 Para outros exemplos, Anti-Corruption.fi website, Ministry of Justice, Finland, https://korruptiontorjunta.fi/en/examples-of-corruption.

117 Na Estratégia contra a corrupção lê-se no n.º 5: "A venalidade traduzida na troca de favores ou na aceitação de vantagens indevidas constitui um enorme risco para o Estado (...)".

118 "...aquilo que é desonesto não pode tornar-se honesto de maneira nenhuma, por mais bem sucedido que se seja em ocultar o facto..." – CÍCERO, *Dos Deveres (De Officiis)*, tradução de Carlos Humberto Gomes, edições 70, p. 144.

119 "It is, however, always beneficial to assess one's own actions and how they may seem from outside. You could, for example, ask yourself: if media would like to investigate the case and publish an article of it, could this jeopardise the credibility of some person or organisation? Activities may be ethically questionable even if they do not constitute an actual criminal offence." "How is corruption defined – where to drawn the line", *Anti-Corruption.fi website, Ministry of Justice, Finland*, https://korruptiontorjunta.fi/en/frequently-asked-questions

120 Por exemplo, prejudica o acesso a serviços e bens (como a inscrição numa escola e o acesso a prestação de saúde – Jakob SVENSSON, "Eight Questions about Corruption", *The Journal of Economic Perspectives*, 2005, Vol. 19, no. 3, p. 33 (pp 19-42). http://www.jstor.org/stable/4134971.

121 "How is corruption defined – where to drawn the line", *Anti-Corruption.fi website, Ministry of Justice, Finland*. Uma «troca de favores» não é, em regra, síncrona e é, em regra, disfarçada, de modo que só uma visão diacrónica e uma visão de conjunto permite articular os «favores» (https://korruptiontorjunta.fi/en/frequently-asked-questions).

4. A CONFIGURAÇÃO DA TRANSPARÊNCIA NO REGIME GERAL DE PREVENÇÃO DA CORRUPÇÃO

Como destacado acima, a Estratégia Nacional Anticorrupção 2020--2024 assinala, nos seus objetivos e prioridades, a intenção de promover a transparência. A primeira das suas prioridades é a da "melhorar (...) as práticas institucionais em matéria de transparência e integridade". A falta ou insuficiente transparência é, porém, mais do que um problema de "práticas institucionais"; é um problema normativo. Expressivos deste problema são a disciplina das obrigações declarativas, do reporte e resolução de conflitos de interesses e a falta de informação sobre a parcialidade organizativa. Vejamos em que termos.

a) A declaração de rendimentos, património e relações institucionais

Para reforçar a transparência e a integridade, a lei prevê a obrigação de apresentação pelos titulares de cargos políticos, algos cargos públicos e magistrados de uma declaração única de rendimentos, património, interesses, incompatibilidades e impedimentos, apresentação por via eletrónica, na perspetiva de facilitar o seu cumprimento[122].

A este tipo de declaração é reconhecida uma dupla relevância: a de fazer face ao risco de que os respetivos agentes prossigam as seus próprios interesses em vez dos interesses a que estão funcionalmente obrigados; e o de propiciar que os cidadãos reportem condutas incorretas e situações de conflitos de interesses[123]. A obrigação prevista em diferentes ordens jurídicas abrange os agentes, nas diferentes funções do Estado, cujo risco de corrupção é mais significativo[124]. Está em causa o reporte de certa informação, pertinente

---

[122] N.º 3.

[123] Robert G. Vaughn, "Transparency in the administration of law...", cit., p. 972; Acórdão do TJUE de 5 de junho de 2023, C-204/21, Comissão Europeia c. Polónia, n.º 382.

[124] Por exemplo, nos EUA, "Financial Disclosure Reports for judicial officers and judicial employees are filed with the Administrative Office of the U.S. Courts in accordance with the requirements of the Financial Disclosure Requirements of Federal Personnel (5 U.S.C. §§ 13101-13111). The Administrative Office of the U.S. Courts provides online public access to reports filed by judicial officers, including bankruptcy judges, magistrate judges, and special trial judges" (https://pub.jefs.uscourts.gov/). Ver, também, a título de exemplo,

para o exercício imparcial do cargo. E está em causa a publicidade dessa informação, que na sua expressão máxima passa pela publicação.

Importa distinguir entre a entrega da declaração junto dos órgãos de controlo próprio e a publicação da declaração. O grau e o tipo de informação constante desta publicação (que corresponde inevitavelmente ao tratamento de dados pessoais, alguns dos quais "dados pessoais do domínio público"[125]) podem não poder ser tão intenso quanto a informação constante da declaração entregue: releva a medida da necessidade de um e outro, tendo presente a natureza da informação, mesmo quando se inscreve na esfera da vida privada (dada a variação na exposição e reserva que as esferas pessoais dos respetivos sujeitos convocam e a medida da expetativa da reserva[126]) e a importância dessa informação para os fins em causa[127]. A apreciação da restrição tem, de

---

do Tribunal Constitucional italiano, a *Sentenza* n. 20/2019, 23.11.2019 (https://www.cortecostituzionale.it/actionSchedaPronuncia.do?anno=2019&numero=20).

125 Ac. TEDH de 08.11.2016, Magyar Helsinki Bizottság v. Hungary, queixa n.º 18030/11, n.º 198: "Although the information request admittedly concerned personal data, it did not involve information outside the public domain. As already mentioned above, it consisted only of information of a statistical nature about the number of times the individuals in question had been appointed to represent defendants in public criminal proceedings within the framework of the publicly funded national legal-aid scheme."

126 O TEDH, adoptando uma conceção ampla de privacidade, leva em linha de conta, para verificar da aplicabilidade da "noção de 'vida privada', ...se os particulares tinham uma expectativa razoável de que a sua vida privada seria respeitada e protegida". No Acórdão de 28 de novembro de 2017, Antović and Mirković v.Montenegro, processo n.º 70838/13, n.º 43 [vigilância vídeo ilegal de anfiteatros universitários]) refere: "In order to ascertain whether the notion of "private life" is applicable, the Court has on several occasions examined whether individuals had a reasonable expectation that their privacy would be respected and protected. In that context, it has stated that a reasonable expectation of privacy is a significant though not necessarily conclusive factor."

127 O TJUE destacou que, no contexto constitucional polaco e dado o tipo de dados, a publicicação obrigatória em linha das informações relativas à filiação partidária de uma pessoa antes da sua nomeação como juiz e durante o exercício do cargo em momento anterior a certa data é injustificado (Acórdão de
1 de agosto de 2022, Vyriausioji tarnybinės etikos komisija, C-184/20, n.º 365). Diferentemente, no que respeita à filiação atual ou passada numa associação e ao exercício atual ou passado de cargos nessa associação ou numa fundação sem fins lucrativos, o TJUE considerou que "não se pode excluir, *a priori* que o facto de colocar essas informações em linha possa contribuir para revelar a existência de eventuais conflitos de interesses suscetíveis de influenciar o exercício das funções dos juízes em causa no tratamento dos processos

acordo com o TJUE, de ter "em conta todos os elementos de direito e de facto próprios" de cada Estado-Membro, "como a existência de outras medidas destinadas a prevenir conflitos de interesses e a lutar contra a corrupção, a amplitude desses conflitos e o fenómeno de corrupção no serviço público, bem como a natureza das informações em causa e a importância das funções exercidas pelo declarante, nomeadamente a sua posição hierárquica, o alcance das competências de Administração Pública de que está eventualmente investido e os poderes de que dispõe em matéria de contratação e de gestão de fundos públicos"[128] [129].

O regime português relativo às obrigações declarativas dos titulares de cargos políticos e altos cargos coloca sob reserva dados em relação ao quais

---

individuais, contribuindo para o exercício imparcial dessas funções e, portanto, para o reforço da confiança dos particulares nos processos judiciais" (n.º 367).

[128] Acórdão de 1 de agosto de 2022, Vyriausioji tarnybinės etikos komisija, C-184/20, EU:C:2022:601, n.º 86. O TJUE precisou: "o facto de disponibilizar em linha alguns dos dados pessoais contidos nas declarações de interesses privados dos decisores do setor público, na medida em que permite revelar a existência de eventuais conflitos de interesses que podem influir no exercício das suas funções, é suscetível de os incitar a agir de modo imparcial. Assim, essa aplicação do princípio da transparência é adequada para prevenir os conflitos de interesses e a corrupção, incentivar a responsabilidade dos atores do setor público e, portanto, reforçar a confiança dos cidadãos na ação pública" (n.º 83). E, bem assim, que "se, com um objetivo de prevenção dos conflitos de interesses e da corrupção no setor público, pode ser pertinente exigir que figurem, nas declarações de interesses privados, informações que permitam identificar a pessoa do declarante bem como informações relativas às atividades do cônjuge, concubino ou parceiro do declarante, a divulgação pública, em linha, de dados nominativos relativos ao cônjuge, concubino ou parceiro de um diretor de um estabelecimento que receba fundos públicos, bem como aos próximos ou outras pessoas conhecidas deste suscetíveis de dar origem a um conflito de interesses afigura-se ir além do que é estritamente necessário" (n.º 96).

[129] No Acórdão de 5 de junho de 2023, C-204/21, em ação por incumprimento contra a Polónia, o TJUE reiterou que, para se aferir do grau de interferência na reserva da vida privada (artigo 7.º da Carta dos Direitos Fundamentais) e justificação de tratamento dos dados pessoais (artigo 8.º da Carta), face ao objetivo de interesse geral que é a imparcialidade, a confiança nesta e a prevenção de conflito de interesses (no caso dos juízes), "há que tomar em consideração, nomeadamente, a realidade e a extensão do risco que se pretende combater e os objectivos efetivamente prosseguidos pelas disposições nacionais controvertidas, tendo em conta, em particular, o contexto em que essas disposições são adoptadas, de modo que o resultado da ponderação a efetuar entre esses objectivos, por um lado, e os direitos da pessoa em causa ao respeito da vida privada e à proteção dos dados pessoais, por outro, não é necessariamente o mesmo para todos os Estados-Membros" (respetivamente, n.ºs 379 e 380).

não existe justificação legal para tal; confunde publicação com publicidade e o direito de acesso à informação; e obstrói ou dificulta o exercício do direito de acesso à respetiva informação[130].

Com efeito, importa, designadamente, ter presente:

i) De acordo com o RGPD[131] não são dados sensíveis ou especiais "a morada, números de identificação civil e fiscal, números de telemóvel e telefone, e endereço eletrónico"[132], mas antes os "dados pessoais que revelem a origem racial ou étnica, as opiniões políticas, as convicções religiosas ou filosóficas, ou a filiação sindical, bem como o tratamento de dados genéticos, dados biométricos para identificar uma pessoa de forma inequívoca, dados relativos à saúde ou dados relativos à vida sexual ou orientação sexual de uma pessoa"[133]. Não é, assim, justificável com tal qualificação a substração daqueles a "consulta ou acesso público"[134]. Nem é justificável a subtração sem mais, em relação à generalidade dos titulares de cargos políticos e altos cargos públicos, da "identificação individualizada de (...) viaturas e de outros meios de transporte do titular do cargo"[135], que pode redundar numa forma de ocultar património[136].

---

[130] Como assinala o report of the *High-level Panel on International Financial Accountability, Transparency and Integrity for Achieving the 2030 Agenda*, "[s]ecrecy flourishes because of inconsistent and ineffective beneficial ownership information regimes" (pp. 34 e 35). Assinala que é central que o público possa aceder e perceber a informação e que a avaliação da restrição do acesso à mesma seja juridicamente rigorosa, afastando «expedientes» vários para ocultar informação devida.

[131] Regulamento (UE) 2016/679 do Parlamento Europeu e do Conselho, de 27 de abril de 2016, relativo à proteção das pessoas singulares no que diz respeito ao tratamento de dados pessoais e à livre circulação desses dados.

[132] Artigo 17.º, n.º 2, alínea a), da Lei n.º 52/2019, de 31 de julho, que aprova o regime do exercício de funções por titulares de cargos políticos e altos cargos públicos.

[133] Artigo 9.º, n.º 1, do RGPD.

[134] Artigo 17.º, n.º 2, alínea a), da Lei n.º 52/2019.

[135] Artigo 17.º, n.º 2, alínea c), da Lei n.º 52/2019.

[136] "When something is intentionally kept secret, it becomes clear that there is more to it than its informational content." (Ziyun Fan e Lars Thøger Christensen, "The dialogic performativity of secrecy and transparency", *Human Relations*, 2023, p. 4 (pp. 1-21), https://doi.org/10.1177/00187267221139457.

ii) Uma parte substancial das informações apenas pode ser consultada, "sem faculdade de reprodução" e apenas após "requerimento fundamentado com identificação do requerente, que fica registado na entidade responsável pela análise e fiscalização das declarações apresentadas", consulta que é presencial ou remota, neste caso "mediante atribuição ao requerente de uma credencial de acesso digital temporalmente limitada para consulta da declaração requerida"[137]. Estas limitações são contrárias à advogada colocação da tecnologia ao serviço da promoção da transparência deste tipo de declarações, da promoção da interação com as instituições públicas e da prestação de contas[138] [139]. Constitui um exemplo do problema identificado sobre o acesso a informação que é pública, que é o da exigência de registos e login para aceder à mesma[140].

Acresce que a lei nacional prevê que possa ser invocado "motivo atendível" pelo titular do cargo e que esse motivo atendível possa, designadamente, ater, não a interesses do próprio titular dos dados, mas a "interesses de terceiros", em representação dos quais surge a opor-se ao acesso à informação, e que possa ater à "salvaguarda da vida privada", num enunciado demasiado vago para poder constituir por si só motivo atendível e considerando que as

---

[137] Artigo 17.º, n.º 5, da Lei n.º 52/2019. O n.º 6 do artigo enfatiza que o acesso é feito apenas por consulta e a distinção entre os "elementos públicos da declaração" e os elemenos «reservados ou secretos» da mesma.

[138] A Resolução adoptada pela Assembleia Geral das Nações UNidas de 2 de junho de 2021 *Our common commitment to effectively addressing challenges and implementing measures to prevent and combat corruption and strengthen international cooperation* (https://digitallibrary.un.org/record/3927740) destaca: "68. We recognize the role that technologies can play in support of anti-corruption measures, including ... with regard to asset and conflict of interest declarations by public officials to appropriate authorities, in accordance with the fundamental principles of domestic law, to promote transparency, interaction with citizens and accountability, (...).

[139] A facilidade de acesso através das tecnologias de informação e de comunicação constitui um imperativo no quadro de uma Administração Pública que é digital por definição mas é igualmente um imperativo de instituições que estão ao serviço das pessoas e que deve ser transparente por definição. "Tenha-se presente a percentagem de pessoas que utilizam a Internet para interagir com a administração pública é inferior à média da UE (Portugal: 59 %; UE-27: 65 %)" – Relatório COM(2023) 622 final}, de 24.05.2023, citado, p. 66.

[140] *EU Open data maturity report 2022*, cit., p. 69.

próprias obrigações declarativas dos sujeitos em causa já devem ser o reflexo dessa ponderação. Cabe à "entidade responsável pela análise e fiscalização das declarações apresentadas" decidir sobre a existência e justificação do motivo invocado, assim como sobre os termos do referido acesso, na medida da procedência do invocado[141]. Não surpreende, deste modo, a referência a tal entidade como a entidade que gere os segredos dos que estão sujeitos a obrigações declarativas.

b) O reporte de conflitos de interesses

Prevenir e gerir conflitos de interesses, que a "qualquer momento, podem ocorrer" é "um requisito crucial para defender a transparência, a reputação e a imparcialidade do setor público e a credibilidade dos princípios do Estado de direito enquanto valor fundamental da UE" (Comunicação da Comissão Europeia 2021/C 121/01)[142]. De acordo com a Convenção contra a corrupção, devem existir na ordem jurídica e ser atualizados "sistemas destinados a promover a transparência e a evitar os conflitos de interesses"[143]. Evitar conflitos de interesses implica primeiramente que sejam reportados; que existam e sejam claros o modo de proceder perante a sua ocorrência e as consequências da sua desconsideração.

No Direito Administrativo português, existem dois problemas fundamentais em matéria de conflitos de interesses. Por um lado, a dogmática administrativa em geral não os considera especificamente[144] e não existe previsão legal expressa que estabeleça uma proibição geral de intervenção de agente público que se encontre em situação de conflito de interesses, assim como não existe uma obrigação legal geral de reportar qualquer conflito de interesses. Por outro lado, sectorialmente, duas situações se verificam: a incorporação legislativa de obrigações europeias de atender à existência de conflito de interesses (por exemplo, no domínio da contratação

[141] Artigo 17.º, n.º 8, da Lei n.º 52/2019.

[142] Orientações sobre a prevenção e gestão de conflitos de interesses no quadro do Regulamento Financeiro, Jornal Oficial da União Europeia 9.4.2021 C 121/4.

[143] Artigo 7.º, n.º 4, da Convenção contra a corrupção.

[144] Veja-se a abordagem manualística ao princípio da imparcialidade e o ensino aos alunos do respetivo conteúdo à margem das prescrições internacionais e europeias.

pública[145]), sem efeitos práticos; e a definição restritiva de conflito de interesses, com remissão para o elenco limitado e equívoco de impedimentos e suspeições do CPA[146]. É o caso do regime geral da prevenção da corrupção, cujo artigo 13.º, n.º 4, estabelece que se considera "conflito de interesses qualquer situação em que se possa, com razoabilidade, duvidar seriamente da imparcialidade da conduta ou decisão do membro do órgão de administração, dirigente ou trabalhador, nos termos dos artigos 69.º e 73.º do Código do Procedimento Administrativo", conceito que informa igualmente a declaração de inexistência de conflitos de interesses que os "membros dos órgãos de administração, dirigentes e trabalhadores das entidades públicas abrangidas" têm de assinar relativamente a procedimentos em certas áreas.

O conceito de conflito de interesses, de acordo com os parâmetros internacionais e europeus definidos, é mais amplo e não se confunde com um leque delimitado de impedimentos e suspeições. Não se pode deixar de ter presente que, desde logo, em relação a qualquer atuação administrativa nacional suportada por financiamento europeu, "existe um conflito de interesses caso o exercício imparcial e objetivo das funções de um interveniente financeiro ou de outra pessoa ... se veja comprometido por motivos familiares, afetivos, de afinidade política ou nacional, de

---

[145] Ver artigo 1.º-A, n.º 4, do Decreto-Lei n.º 18/2008, de 28 de janeiro, que refere constituir conflito de interesses "qualquer situação em que o dirigente ou o trabalhador de uma entidade adjudicante ou de um prestador de serviços que age em nome da entidade adjudicante, que participe na preparação e na condução do procedimento de formação de contrato público ou que possa influenciar os resultados do mesmo, tem direta ou indiretamente um interesse financeiro, económico ou outro interesse pessoal suscetível de comprometer a sua imparcialidade e independência no contexto do referido procedimento". Nos termos do artigo 24.º da Diretiva 2014/24/UE, de 26 de fevereiro de 2014 relativa aos contratos públicos, o conceito de conflito de interesses "engloba, *no mínimo, qualquer situação* em que os membros do pessoal da autoridade adjudicante ou de um prestador de serviços que age em nome da autoridade adjudicante (...) têm direta ou indiretamente um interesse financeiro, económico ou outro interesse pessoal suscetível de comprometer a sua imparcialidade e independência no contexto do procedimento de adjudicação"; seja porque participam "na condução do procedimento de contratação", seja porque "possam influenciar os resultados do mesmo" (itálico nosso).

[146] Artigos 69.º a 76.º do Código do Procedimento Administrativo, anexo ao Decreto-Lei n.º 4/2015, de 8 de abril.

interesse económico, ou por qualquer outro interesse pessoal direto ou indireto"[147].

Dir-se-ia que os impedimentos e suspeições são uma forma de considerar situações de conflitos de interesses. Não é assim por três razões: *i)* aqueles têm uma lógica fechada, mesmo no caso das suspeições, pois seguem um critério definido para a sua aferição, que é poroso e, por isso, tem escassa relevância prática; *ii)* os procedimentos para a sua resolução são juridicamente frágeis; e *iii)* não acautelam "de forma duradoura às situações de conflitos de interesses"[148].

c) A falta de informação sobre a parcialidade organizativa

O regime geral da prevenção da corrupção prevê a adopção de "um programa de cumprimento normativo que inclua, pelo menos, um plano de prevenção de riscos de corrupção e infrações conexas (PPR), um código de conduta, um programa de formação e um canal de denúncias"[149], aplicável à Administração Pública em geral, sem prejuízo de adaptações no caso de entidades com menos de 50 trabalhadores[150].

A configuração legal dos instrumentos que integram este programa contém em si as condições para a sua ineficácia. Vejamos em que termos.

---

[147] Artigo 61.º, n.º 3, do Regulamento (UE, Euratom) 2018/1046 do Parlamento Europeu e do Conselho, de 18 de julho de 2018, relativo às disposições financeiras aplicáveis ao orçamento geral da União.
Na Comunicação da Comissão Europeia Orientações sobre a prevenção e gestão de conflitos de interesses no quadro do Regulamento Financeiro (2021/C 121/01, de 9.4.2021) explica-se: "Definição de «conflito de interesses» reformulada: atualmente engloba «qualquer outro interesse pessoal direto ou indireto», que é mais abrangente do que «qualquer outro motivo de comunhão de interesses com o destinatário»" (C 121/6).

[148] Por isso, no Acórdão do de 4 de maio de 2023, C-40/21, Agenţia Naţională de Integritate, o TJUE afirmou que "o direito da União não se opõe a que uma pessoa seja proibida de exercer cargos públicos eletivos durante três anos se tiver violado as regras relativas aos conflitos de interesses quando exerceu um cargo desse tipo", destacando o facto de a respetiva legislação visar "garantir a integridade e a transparência no exercício das funções e dos cargos públicos, bem como prevenir a corrupção institucional".

[149] Artigo 5.º, n.º 1, do regime geral da prevenção da corrupção, aprovado em anexo ao Decreto-Lei n.º 109-E/2021, de 9 de dezembro.

[150] Artigo 50.º do regime geral da prevenção da corrupção.

(i) A elaboração dos planos de prevenção e gestão de riscos por quem controlo a sua aplicação

A adoção do "programa de cumprimento normativo"[151], que inclui um plano de prevenção de riscos de corrupção[152], é da competência do "órgão de administração ou dirigente" das entidades públicas[153]. O plano inclui a designação de um responsável pela "execução, controlo e revisão do PPR" [154], "que garante e controla a [sua] aplicação"[155] ("responsável pelo cumprimento normativo" ou o "responsável geral"[156]). O mesmo é designado por aquele órgão ou dirigente[157]. Deve ser um "elemento da direção superior ou equiparado" e deve exercer "as suas funções de modo independente, permanente e com autonomia decisória", devendo ser-lhe assegurado "que dispõe da informação interna e dos meios humanos e técnicos necessários ao bom desempenho da sua função"[158].

A designação por órgão controlado do controlador – isto é, a escolha pelo órgão ou dirigente que define o PPR e deve diligenciar pela adopção de medidas que permitam a sua aplicação daquele a quem incumbe fazer um juízo sobre o seu desempenho – prejudica estruturalmente a possibilidade de independência funcional e autonomia decisória do segundo. Acresce referir que um dirigente superior ou equiparado é um inferior hierárquico do primeiro[159].

---

[151] Artigo 6.º, n.º 1, do regime geral da prevenção da corrupção. É identificado na Estratégia contra a corrupção como um componente dos "programas de cumprimento normativo no setor público (programas de *public compliance*)".

[152] Este plano, de acordo com o preâmbulo do Decreto-Lei n.º 109-E/2021, de 9 de dezembro, que aprova o regime geral da prevenção da corrupção.

[153] Artigo 11.º do regime geral da prevenção da corrupção.

[154] Artigo 6.º, n.º 2, alínea e), do regime geral da prevenção da corrupção.

[155] Artigo 5.º, n.º 2, do regime geral da prevenção da corrupção.

[156] A lei usa uma única vez a expressão "responsável responsável" e indica que "pode ser o responsável pelo cumprimento normativo" (artigo 6.º, n.º 2, alínea e), do regime geral da prevenção da corrupção).

[157] Artigo 11.º do regime geral da prevenção da corrupção.

[158] Artigo 5.º, n.º 3, do regime geral da prevenção da corrupção.

[159] A Direção-Geral das Autarquias Locais, relativamente à falta de um dirigente superior ou equiparado propõe a seguinte solução (http://appls.portalautarquico.pt/FAQs/Questao_Show_PA.aspx?QuestaoId=645):

O plano deve abranger a dimensão organizativa e a atividade da entidade pública, identificando os riscos e as soluções para prevenir que ocorram e para a sua correção, adoptando medidas de "prevenção mais exaustivas", com prioridade para "a respetiva execução", no caso "de risco elevado ou máximo" (o qual acompanha, designadamente, o posicionamento institucional dos agentes). Não é crível que o dirigente máximo do serviço defina medidas para si próprio e para os dirigentes que são seus coadjuvantes ou dirigentes inferiores (sujeitos em cujo procedimentos de designação em substituição ou concursal – que segue um modelo normativo e fático juridicamente frágil a vários títulos)[160] – intervém.

Há problemas de falta de imparcialidade organizativa que respeitam às relações de dependência interorgânica e à falta de órgãos de contrapeso organizativo. A legislação não revela qualquer noção de que assim é e, muito menos, efetivamente, que as exigências organizativas e as medidas de prevenção de corrupção têm de ser aferidas em função do risco (que é maior quanto maior o posicionamento hierárquico[161]) e da avaliação da realidade existente[162].

"Quando não exista numa autarquia local titulares de cargo de direção superior não pode ser designado responsável pelo cumprimento normativo um titular de um cargo de direção intermédia, porquanto o mesmo não exerce as suas funções com a independência e a autonomia decisória necessárias ao desempenho da função, devendo, assim, ser designado como responsável pelo cumprimento normativo um membro do órgão executivo, como o presidente da câmara municipal, sem prejuízo da faculdade de delegação em qualquer dos outros membros da câmara municipal."
Ora a falta de independência e autonomia decisória que acentua em relação aos drigentes intermédios também se verifica em relação aos dirigentes superiores. A solução que propõe não afasta o conflito de interesses decorrente da acumulação (substancial) das funções de «controlador» e «controlado» num mesmo sujeito.

[160] Ana Neves, "Simplificação do procedimento de concurso de pessoal e os «concursos iliberais»", *Revista de Direito Administrativo*, n. 11, mai.-ago., 2021, pp. 29-38.

[161] Ora, em Portugal, o legislador põe, muitas vezes, a «raposa a guardar o galinheiro».

[162] O TJUE afirmou no Acórdão de 4 de maio de 2023, C-40/21, T.A.C. contra Agenția Națională de Integritate, "que o princípio da proporcionalidade deve ser interpretado no sentido de que não se opõe a uma legislação nacional que prevê uma medida de proibição de exercer cargos públicos eletivos durante um período pré-estabelecido de três anos em relação a uma pessoa relativamente à qual se tenha verificado existir um conflito de interesses durante o exercício desse cargo desde que, atentas todas as circunstâncias pertinentes, a aplicação dessa legislação conduza a impor uma sanção adequada à gravidade da violação que visa punir, tendo em conta o objetivo de garantir a integridade e a transparência no exercício das funções

As medidas que o plano de prevenção dos riscos de corrupção (ou o "programa de cumprimento normativo") defina para uma parte relevante dos agentes são lógica e previsivelmente inoperantes. Os relatórios intercalar e anual, cuja não adopção e publicação constitui contraordenação[163], na teia organizativa definida, tenderão a quantificar um elevado "grau de implementação das medidas preventivas e corretivas identificadas, bem como [de] previsão da sua plena implementação"[164].

Não há indicação quanto à forma como o "responsável pelo cumprimento normativo" e/ou "responsável geral" pelo plano (quando não seja aquele[165]) se inserem no sistema de controlo interno, embora se possa pensar que tenham neste necessariamente uma participação, dado que este sistema deve assegurar "a efetividade dos instrumentos integrantes do programa de cumprimento normativo"[166]. A articulação com o sistema de controlo interno da administração financeira do Estado[167] não é também definida.

O sistema de controlo interno destina-se, no essencial, à "prevenção e deteção de situações de ilegalidade, corrupção, fraude e erro", à "prevenção do favorecimento ou práticas discriminatórias" e a assegurar a "transparência das operações"(termo último equívoco, que a lei apenas usa duas vezes[168])[169]. Na falta de indicação quanto à configuração deste sistema de controlo e dada o grau preparação técnica (desenhado na lei[170]) para os responsáveis por aquele

e dos cargos públicos, bem como prevenir a corrupção institucional" (n.º 72). E observou "que a dimensão dos conflitos de interesses e o nível de corrupção observados no setor público nacional devem ser tidos em conta no que se refere à questão de saber se uma legislação nacional como a que está em causa no processo principal excede ou não os limites do que é necessário para realizar o objetivo de garantir a integridade e a transparência no exercício das funções e dos cargos públicos, bem como para prevenir a corrupção institucional" (n.º 60).

[163] Artigo 20.º, n.º 3, do regime geral da prevenção da corrupção.

[164] Artigo 6.º, n.º 4, do regime geral da prevenção da corrupção.

[165] A lei nomeia uma única vez a figura do "responsável geral" não precisando em que medida se distingue do responsável pelo cumprimento normativo.

[166] Preâmbulo e artigo 15.º do regime geral da prevenção da corrupção.

[167] Decreto-Lei n.º 166/98, de 25 de junho, que institui o sistema de controlo interno da administração financeira do Estado.

[168] Numa terminologia importada, por exemplo, do Regulamento (UE) 2015/2365 do Parlamento Europeu e do Conselho de 25 de novembro de 2015 relativo à transparência das operações de financiamento através de valores mobiliários e de reutilização.

[169] Artigo 15.º, n.º 3, alíneas f), i) e l), do regime geral de prevenção de corrupção.

[170] V.g., Lei n.º 2/2004, de 15 de janeiro.

e pelo "programa de cumprimento normativo", o que se constata, numa abordagem geral, é que tendem a repetir enunciados legais[171], a que acresce, em regulamento próprio, a prescrição de registos e verificações, a definição de circuitos documentais (inclusive materiais, apesar de a Administração deve ser digital por definição[172]), de tramitações procedimentais e a precisão das missões de cada serviço e tarefas dos agentes[173]. Se os registos são essenciais, a duplicação de circuitos e a falta de integração da informação numa plataforma única, faz com que se corra o risco de estarmos perante a "complexificação do direito aplicável", com "efeitos nocivos", o efeito, não apenas de criar a "ilusão da tomada de decisões" para a resolução de problemas[174], mas sobretudo a ilusão de que existe um empenho ético dos que têm poder de decisão para atuar no sentido de tornar a organização mais transparente, de prevenir e combater a corrupção, quando o risco é proporcional à posição de poder[175], risco que não é (minimamente) acautelado.

O elemento determinante é a existência de um sistema integrado de toda a informação da entidade pública[176], de livre acesso a todos os agentes,

---

[171] V.g., artigo 49.º do Aviso n.º 7814/2023, de 17 de abril, que aprova o Código de Conduta para a Prevenção e Combate ao Assédio no Trabalho do Município de Lajes das Flores.

[172] V.g., Comunicação da Comissão ao Parlamento Europeu, ao Conselho, ao Comité Económico e Social europeu e ao Comité das Regiões, Plano de ação europeu (2016-2020) para a administração pública em linha Acelerar a transformação digital da administração pública, COM/2016/0179 final, de 19.4; artigo 2.º, alínea d), do Decreto-Lei n.º 134/99, de 22 de abril (define os princípios gerais de acção a que devem obedecer os serviços e organismos da Administração Pública na sua actuação face ao cidadão, bem como reúne de uma forma sistematizada as normas vigentes no contexto da modernização administrativa).

[173] Ver, por exemplo, regulamento municipal do sistema de controlo interno do Município de Portel (atualizado a 7 de fevereiro de 2022, https://www.cm-portel.pt/municipe/camara-municipal/situacao-financeira/financas-regulamento-do-sistema-de-controlo-interno/).

[174] Alejandra Boto Álvarez, "Nuevas barreras burocráticas: la Administración defensiva digital", *Documentación Administrativa*, 2023, número 10, p. 48 (pp. 40-58), https://doi.org/10.24965/da.11200.

[175] OECD, *Behavioural Insights for Public Integrity: Harnessing the Human Factor to Counter Corruption, OECD Public Governance Reviews*, OECD Publishing, Paris, 2008, v.g., pp. 7-8, https://doi.org/10.1787/9789264297067-en.

[176] O artigo 15.º, n.º 1, do regime geral de prevenção de corrupção prevê a necessidade de o sistema de controlo ter por base modelo adequado de gestão de informação e de comunicação.

sem prejuízo da respetiva creditação (quando necessário[177]), o qual deve ser intercomunicante com a plataforma de interoperabilidade da Administração Pública[178] e outras (ademais com exigência legal específica[179]).

Atento o défice de integração de informação que propicia desvios vários, a Comunicação da Comissão Europeia de 3 de maio de 2023 relativa à luta contra a corrupção refere a intenção – para "melhoraria a qualidade dos dados sobre os beneficiários de financiamento da UE (incluindo os seus beneficiários efetivos)" – de "utilização obrigatória de um sistema informático integrado único, fornecido pela Comissão, de exploração de dados e pontuação do risco"[180].

A ausência de um sistema de controlo interno constitui contraordenação[181]. Da indicação de que o responsável pela "adoção e implementação dos programas de cumprimento normativo" é o "órgão de administração ou dirigente das entidades abrangidas" infere-se que é o órgão que responde por aquele[182]. O mesmo deve ser objeto de avaliação através de mecanismos que não são indicados e que "as entidades abrangidas" pelo regime de prevenção de corrupção, «chefiadas pelos avaliados», devem implementar[183].

---

[177] A dificultação do acesso à informação intranet, no exercício funcional, coabita com a vulgarização da invocação de informação interna fora do exercício de funções, na conhecida mistura entre relações profissionais relações de amizade e outras.

[178] Artigo 22.º, n.º 6, do Decreto-Lei n.º 135/99, de 22 de abril. "Com vista a acelerar o processo de decisão, devem os serviços proceder às necessárias consultas mútuas, para obtenção de declarações, atestados, certidões e outros elementos ou informações já detidos pela Administração Pública, através da plataforma de interoperabilidade da Administração Pública (iAP)."

[179] Por exemplo, o Regulamento (UE) 2018/1724 do Parlamento Europeu e do Conselho, de 2 de outubro de 2018 estabelece regras para "[a] criação e o funcionamento de uma plataforma digital única que oferece aos cidadãos e às empresas um acesso fácil a informações de elevada qualidade , a procedimentos eficazes e a serviços eficientes de assistência e de resolução de problemas no que se refere às regras nacionais e da União aplicáveis aos cidadãos e às empresas que exerçam ou pretendam exercer os seus direitos decorrentes do direito da União no domínio do mercado interno".

[180] JOIN(2023) 12 final, p. 12 (https://eur-lex.europa.eu/legal-content/EN/TXT/?uri=CELEX%3A52023JC0012).

[181] Artigo 20.º, n.º 1, alínea c), do do regime geral de prevenção de corrupção.

[182] Artigo 20.º, n.º 2, alíneas a), e b), do regime geral de prevenção de corrupção.

[183] Artigo 10.º do regime geral de prevenção de corrupção.

(ii) As divergências entre o regime nacional de denúncia e de proteção dos denunciantes e o Direito europeu

O reporte de ilegalidades e de condutas ilícitas e a proteção dos denunciantes é um instrumento clássico de combate à corrupção[184]. Independentemente da sua previsão legal, enquanto tal, constitui uma dimensão da liberdade de expressão, a da liberdade "de transmitir informações"[185]. Para além da influência de regimes de *whistleblowing* em países como os EUA[186] (sob a ótica primeiro da liberdade de expressão[187] e depois, objetivamente, como uma "medida anti-fraude"[188]) e o Reino Unido[189], a jurisprudência do TEDH teve um papel importante no reconhecimento e definição dos

---

[184] Artigo 33.º da Convenção contra a corrupção; artigo 22.º da Convenção penal sobre a corrupção (Resolução da Assembleia da República n.º 68/2001, de 26.10; ratificada pelo Decreto do Presidente da República n.º 56/2001, de 26.10).

[185] Artigo 10.º, n.º 1, da CEDH.

[186] "In France, the regulation was passed as a result of the demand of the US financial institutions for regulation of this practice at the level of corporations if the French companies want to continue operating at the New York Stock Exchange, and it covers only financial crimes, conflicts of interest, health, and environmental risks" (Hogic, "Finantial evidences...", cit., p. 187).
Ver, por exemplo, S.274 – *Federal Employee Protection of Disclosures Act*, 110th Congress (2007-2008) – https://www.congress.gov/bill/110th-congress/senate-bill/274/text?s=2&r=28&q=%7B%22search%22%3A%5B%22whistleblowing%22%5D%7D –; e H.R.2988 – *Whistleblower Protection Improvement Act of 20211*, 17th Congress (2021-2022) – https://www.congress.gov/bill/117th-congress/house-bill/2988/text?s=2&r=4&q=%7B%22search%22%3A%5B%22whistleblowing%22%5D%7D.

[187] "The evolution of contemporary whistleblower legislation in the US between 1978 and 1999 saw the prominent role of the First Amendment both as an enabler of the right of civil servants and other public sphere actors to speak and for their speech to be excluded" (Hogic, "Finantial evidences...", cit., p. 191).

[188] Hogic, "Finantial evidences...", cit., p. 194. Nos EUA, os denunciantes podem ser compensados financeiramente pela denúncia, compensação que é um prémio (sobre os fundos recuperados) e não uma compensação por perdas e danos; é considerada "counter-retaliation measure" (*idem*, pp. 195, 202 e 203). Hogic afirma: "The personal toll that whistleblowing carries comes with a high personal price in both European states and the US, but the US model seems to offer greater legal certainty and predictability evidenced in the greater likelihood of the persons more likely to report wrongdoing in the US than in European organisational contexts." (p. 195).

[189] *Public Interest Disclosure Act 1998* – https://www.legislation.gov.uk/ukpga/1998/23/section/1.

parâmetros do exercício do direito de denúncia[190]. Na União Europeia, sem prejuízo de tal jurisprudência e de referências específicas[191], o legislador definiu um regime que, em certa medida, vai mais além; identifica violações do Direito da União Europeia em relação às quais devem ser asseguradas a possibilidade de denúncia segura e a proteção em certos moldes do denunciante[192]. São consideradas violações em domínios particulares mas

[190] V.g., Acórdão de 12 de fevereiro de 2008, processo n.º 14277/04, Guja v. Moldova [GC], e Acórdão de 21 de julho de 2011, processo n.º 28274/08, Heinisch v. Germany. Neste caso, uma enfermeira foi despedida por ter apresentado uma queixa-crime alegando deficiências nos cuidados prestados por estabelecimento de saúde com a natureza de empresa pública. O TEDH concluiu: "Being mindful of the importance of the right to freedom of expression on matters of general interest, of the right of employees to report illegal conduct and wrongdoing at their place of work, the duties and responsibilities of employees towards their employers and the right of employers to manage their staff, and having weighed up the other various interests involved in the present case, the Court comes to the conclusion that the interference with the applicant's right to freedom of expression, in particular her right to impart information, was not "necessary in a democratic society" – n.º 93.
No caso pendente Stein v. People for the Ethical Treatment of Animals, Inc., 22-1150, o Supremo Tribunal Americano é chamado a apreciar se a liberdade de expressão obsta a que os trabalhadores que recolham informações, incluindo através de gravações secretas, nas áreas não públicas da propriedade de um empregador e que utilizam essas informações para denunciar práticas ilegais em matéria de saúde e bem-estar animal possam incorrer em responsabilidade civil – https://www.scotusblog.com/case-files/cases/stein-v-people-for-the-ethical-treatment-of-animals-inc/.

[191] Resolução de 23 de outubro de 2013, intitulada "A criminalidade organizada, a corrupção e o branqueamento de capitais: recomendações sobre medidas e iniciativas a desenvolver", na sua resolução, de 25 de novembro de 2015, sobre as decisões fiscais antecipadas e outras medidas de natureza ou efeitos similares, na sua resolução, de 16 de dezembro de 2015, que contém recomendações à Comissão sobre formas de assegurar a transparência, a coordenação e a convergência das políticas de tributação das sociedades na União, e na sua resolução, de 14 de fevereiro de 2017, sobre o papel dos autores de denúncias na proteção dos interesses financeiros da União Europeia; e Resolução do Parlamento Europeu, de 24 de outubro de 2017, sobre as medidas legítimas para proteger os denunciantes que agem no interesse público ao divulgarem informações confidenciais de empresas e organismos públicos (2016/2224(INI)), https://www.europarl.europa.eu/doceo/document/TA-8-2017-0402_PT.html).

[192] Diretiva (UE) 2019/1937 do Parlamento Europeu e do Conselho, de 23 de outubro de 2019, relativa à proteção das pessoas que denunciam violações do direito da União. O regime constante da Diretiva (UE) 2019/1937 aplica-se "sem prejuízo da proteção concedida pelos procedimentos de denúncia de eventuais atividades ilegais, incluindo fraude ou corrupção, que sejam lesivas dos interesses da União" (considerando 23).

amplos com grande relevância para o bem estar coletivo e o bom governo[193]. É o caso, designadamente, das "violações lesivas dos interesses financeiros da União" (como a fraude, a corrupção e a outras atividades ilegais que afetam a despesa da União, a cobrança de fundos, receitas e os ativos da União)[194]. É igualmente o caso, a título de exemplo, da legislação relativa à contratação pública, cuja denúncia da respetiva violação serve para "prevenir e detetar fraudes e corrupção em matéria de contratação no quadro da execução do orçamento da União, mas também combater igualmente a insuficiente aplicação das normas de contratação pública por autoridades adjudicantes e entidades adjudicantes nacionais em relação à execução de obras, ao fornecimento de produtos e à prestação de serviços"[195].

---

[193] O considerando 106 da Diretiva (UE) 2019/1937 destaca ainda que são os "domínios em que o estabelecimento de proteção para os denunciantes se afigura justificado e necessário, atendendo às informações disponíveis atualmente". Ver, também, considerando 22.
O artigo 1.º, n.º 2, da Ley 2/2023, de 20 de febrero, reguladora de la protección de las personas que informen sobre infracciones normativas y de lucha contra la corrupción (https://www.boe.es/buscar/act.php?id=BOE-A-2023-4513) assinala que "también tiene como finalidad el fortalecimiento de la cultura de la información, de las infraestructuras de integridad de las organizaciones y el fomento de la cultura de la información o comunicación como mecanismo para prevenir y detectar amenazas al interés público". A Lei n.º 93/2021, de 20.12, que estabelece o regime geral de proteção de denunciantes de infrações, transpondo a Diretiva (UE) 2019/1937 do Parlamento Europeu e do Conselho, de 23 de outubro de 2019, relativa à proteção das pessoas que denunciam violações do direito da União, não assinala qualquer finalidade.
Niels Johannesen e Tim Stolper investigaram o efeito dissusssor do whistleblowing na evasão fiscal, tendo encontrado evidências do mesmo. Destacam, bem assim, a poupança estadual na atividade de *enforcement* ("scaling back costly enforcement measures and distributing the cost savings among all taxpayers" [p. 852] – "The deterrence effect of whistleblowing", *The Journal of Law and Economics*, 2021, Vol. 64, Issue 4, pp. 821-855, https://doi.org/10.1086/715197.

[194] Considerando 15 e artigo 2.º, n.º 1, alínea b), da Diretiva (UE) 2019/1937; e artigo 325.º do Tratado sobre o Funcionamento da União Europeia.

[195] Considerando 6 da Diretiva (UE) 2019/1937. Explica-se que "[a] falta de uma aplicação eficaz no domínio da proteção dos interesses financeiros da União, incluindo no que diz respeito à prevenção da fraude e da corrupção ao nível nacional, conduz a uma diminuição das receitas da União e a uma utilização abusiva dos fundos da União, que podem falsear o investimento público, prejudicar o crescimento e minar a confiança dos cidadãos na ação da União".

Aos atos legislativos da União Europeia identificados junta-se a violação de "todas as medidas delegadas ou de execução, nacionais e da União, adotadas nos termos desses atos"[196]. Estão abrangidos "atos ou omissões que não são ilícitos em termos formais, mas que contrariam o objetivo ou a finalidade da lei"[197], isto é, não é exigível que estejam legalmente identificadas como infrações. Abrange igualmente "violações reais ou potenciais, que ocorreram ou que é muito provável que venham a ocorrer"[198].

Para evitar diferentes graus de proteção, é advogado que a transposição da Diretiva seja aproveitada para alargar "a proteção nos termos do direito nacional no que diz respeito a domínios ou atos não abrangidos"[199], como o Direito do Urbanismo[200]. No caso português, tal decorre já do regime jurídico da urbanização e edificação, que consagra a "legitimidade" da denúncia[201] (e a obrigação dos funcionários e agentes participarem ilegalidades às entidades fiscalizadoras[202]). Não densifica, no entanto, os termos da sua operacionalização e proteção dos denunciantes, para os quais aproveita o disposto no regime geral, incluindo na parte em que garante a denúncia anónima, o que o primeiro não faz[203].

As autoridades competentes para receber e "dar seguimento" às denúncia são as previstas em cada ordem jurídica; podem ser "autoridades judiciais, organismos reguladores ou de supervisão competentes nos domínios específicos em causa, ou autoridades com competências mais gerais a nível

---

[196] Considerando 19 da Diretiva (UE) 2019/1937.

[197] Considerando 42 e artigo 5.º, n.º 1, da Diretiva (UE) 2019/1937.

[198] Artigo 5.º, n.º 2, da Diretiva (UE) 2019/1937.

[199] Artigo 2.º, n.º 2, da Diretiva (UE) 2019/1937. Portugal incluiu adicionalmente "a criminalidade violenta, especialmente violenta e altamente organizadas" e as violações à Lei n.º 5/2002, de 11 de janeiro, que estabelece medidas de combate à criminalidade organizada e económico-financeira (artigo 2.º, n.º 1, alínea d), da Lei n.º 93/2021, de 20 de dezembro.

[200] Severiano FERNÁNDEZ RAMOS, "Ley 2/2023, de 20 de febrero, de protección al informante: ámbito material de aplicación", *Revista General de Derecho Administrativo*, n.º 63, mayo 2023, n.º 2.4.1. (também disponível em https://laadministracionaldia.inap.es/noticia.asp?id=1513983): "Igualmente, en materia de medio ambiente, si bien el Derecho de la Unión cubre múltiples sectores, un ámbito tan vinculado a la corrupción pública y privada como es el urbanismo, está regulado esencialmente en normas nacionales."

[201] Artigo 101.º-A, n.º 1, do Decreto-Lei n.º 555/99, de 16 de dezembro.

[202] Artigo 100.º do Decreto-Lei n.º 555/99.

[203] Artigo 101.º, n.º 2, do Decreto-Lei n.º 555/99.

central num Estado-Membro, autoridades de aplicação da lei, organismos de luta contra a corrupção ou provedores de justiça"[204]. O quadro institucional de reporte e tratamento de denúncias segue o designado "sistema de três níveis"[205], assente na existência de canais de denúncia interna, canais de denúncia externa e na possibilidade de divulgação pública.

O regime nacional de transposição não é conforme à Diretiva em referência em alguns pontos essenciais, a saber:

i) Em relação às autarquias locais, dispensa as autarquias locais de terem canais de denúncia se tiverem mais de 50 trabalhadores e menos de 10 000 habitantes[206], ao arrepio da Diretiva que só permite essa dispensa, em relação aos municípios, quando os dois critérios se verifiquem. Um município com menos de 10 000 habitantes e 50 e mais trabalhadores tem de ter um canal de denúncia interno, assim como um município com 10 000 ou mais habitantes e 50 ou menos trabalhadores[207]. É de notar que a lei espanhola de transposição da Diretiva, indo além da exigência desta, estabelece que "[t]odas las entidades que integran el sector público estarán obligadas a disponer de un Sistema interno de información en los términos previstos en esta ley", independentemente do número de trabalhadores[208].

ii) Quanto mais fiáveis forem os canais de denúncia interna menos a probabilidade de o denunciante recorrer diretamente ou recorrer também a um canal de denúncia externa (e o mesmo se pode dizer

---

[204] Considerando 64.

[205] Hogic, "Finantial incentives...", cit., pp. 186-187.

[206] Artigo 8.º, n.º 1.

[207] Artigo 8.º, n.º 9, da Diretiva (UE) 2019/1937.

[208] Artigo 13.º, n.º 1, da da Ley 2/2023, de 20 de febrero, reguladora de la protección de las personas que informen sobre infracciones normativas y de lucha contra la corrupción. Explica-se, no preâmbulo: "No obstante, con independencia del número de empleados, se obliga a contar con un Sistema interno de información a todos los partidos políticos, sindicatos, organizaciones empresariales, así como a las fundaciones que de los mismos dependan, siempre que reciban fondos públicos para su financiación. La razón de esta exigencia se ampara en el singular papel constitucional que tienen estas organizaciones tal y como proclaman los artículos 6 y 7 de la Constitución Española, como manifestación del pluralismo político y vehículo de defensa y protección de los intereses económicos y sociales que les son propios, respectivamente."

quanto a estes na relação com a divulgação pública[209])[210]. Os canais de denúncia interna, na lei nacional, são "operados...por pessoas ou serviços" das "entidades obrigadas", para "efeitos de recepção e seguimento"[211] das denúncias, sendo de notar que, para efeitos de informação e tratamento, a lei refere-se às "entidades obrigadas" e não à pesssoa ou serviço que opera o canal de denúncia, mas é a esta ou a este que cabe esta função[212]. Não faz qualquer referência à posição na instituição do canal interno. Nos termos da Diretiva, o "seguimento" das denúncias, podendo caber à "mesma pessoa ou o mesmo departamento que recebe as denúncias", deve ser

---

209 Como é destacado, a Internet e a atividade de organizações não governamentais (v.g., Blueprint for Free Speech [https://www.blueprintforfreespeech.net/en/about-us/what-we-do]; Global Investigative Journalism Network [https://gijn.org/about-us/]) e a dos meios de comunicação social oferece hoje vias anónimas de denúncia (segundo regras autodefinidas – v.g., *The Perugia Principles for Journalists Working with Whistleblowers in the Digital Age*, 2019, caracterizados como "the first set of international guidelines for journalists working with whistleblowers in the digital age" – https://www.blueprintforfreespeech.net/en/news/blueprint-launches-perugia-principles-for-journalists-working-with-whistleblowers-in-the-digital-age) –, que são sempe uma alternativa à incapacidade institucional de canalisar as denúncias e de as considerar devidamente (Hogic, "Finantial evidences...", cit., p. 196). Assim, Hogic observa: "a well-enforced and managed whistleblower programme could only increase the legitimacy of a government, at least for its employees, who could, if the rise of digital whistleblowing continues, be incentivised to disclose the information to publishers" (p. 198).

210 A Diretiva é clara quanta à necessidade de certeza quanto à fiabilidade dos canais de denúncia. Por exemplo, no considerando 81 refere: "As pessoas que efetuarem diretamente uma divulgação pública também deverão beneficiar de proteção se tiverem motivos razoáveis para crerem que, em caso de denúncia externa, existe um risco de retaliação ou há uma perspetiva diminuta de que a violação seja resolvida de forma eficaz, devido às circunstâncias específicas do caso, como as situações em que os elementos de provas poderão ser ocultados ou destruídos ou em que uma autoridade poderá estar em conluio com o autor da violação ou estar envolvida na violação."
Ver também princípio 12 da Recommendation CM/Rec(2014)7 adopted by the Committee of Ministers of the Council of Europe on 30 April 2014 (https://www.coe.int/en/web/cdcj/activities/protecting-whistleblowers).

211 Artigo 9.º, n.º 1, da Lei n.º 93/2021, de 20 de dezembro.

212 O artigo 11.º da Lei n.º 93/2021 contradiz o artigo 9.º do mesmo diploma, quanto à indicação de quem deve fazer o seguimento da denúncia. De acordo com o artigo 9.º, n.º 1, alíneas c) e d), da Diretiva (UE) 2019/1937, o seguimento tem de ser feito por "uma pessoa ou serviço imparcial competente" que tem especificamente essa função.

imparcial[213]. Tendo tal presente, a lei espanhola prevê que o responsável pelo canal interno "deve exercer as suas funções de forma independente e autónoma relativamente aos restantes órgãos da entidade ou organismo, não poderá receber instruções de nenhum tipo e deve dispor de todos os meios humanos e materiais necessários para os levar a cabo"[214].

Com efeito, não se pode esperar que sujeitos dependentes de sujeitos passíveis de denúncia possam merecer a confiança da receção, seguimento e tratamento seguros das denúncias[215]. Em geral, como um estudo da OIT de 2019 concluiu: "...both internal and external oversight mechanisms appear to be more effective when they not only are independent of any undue political and hierarchical pressure, influence or interference, but also make provisions for additional checks and balances accorded by independent and impartial appeal mechanisms"[216].

iii) A apresentação de uma denúncia a um canal externo não tem de ser precedido da apresentação de uma denúncia a um canal interno, ao invés do previsto na lei nacional de transposição que só permite o recurso a um canal externo verificada que seja uma das situações que prevê (como seja a infração constituir um crime [o que, ademais, atenta contra o artigo 242.º do Código do Processo Penal, de acordo com o qual existe em vários casos obrigação de denúncia ao Ministério Público] ou contraordenação punível com coima superior a 50 000 €)[217]. Com efeito, a Diretiva estabelece: "Sem prejuízo do artigo 15.º, n.º 1, alínea b) [divulgação pública em certos casos], os denunciantes comunicam informações sobre violações utilizando os canais e

---

[213] Artigo 9.º, n.º 1, alínea c), da Diretiva (UE) 2019/1937.

[214] Artigo 8.º, n.º 4. Ver, por exemplo, a Resolución de 7 de junio de 2023, de la Oficina Andaluza contra el Fraude y la Corrupción, por la que se crea y se ordena la puesta en funcionamiento del canal interno de información (BOJA de 14 de junio de 2023), https://laadministracionaldia.inap.es/noticia.asp?id=1234354&nl=1&utm_source=newsletter&utm_medium=email&utm_campaign=15/6/2023.

[215] *Mmutatis mutandis*, Hogic, "Finantial evidences...", cit., p. 201).

[216] *Law and practices on protecting whistle-blowers in the public and financial services sectors*, International Labour Office, Sectoral Policies Department – Geneva: ILO, 2019, Working Paper No. 328, ISBN: 978-92-2-133859-8 (web pdf), p. 51.

[217] Artigo 7.º da Lei n.º 93/2021.

procedimentos a que se referem os artigos 11.º [obrigação de criar canais de denúncia externa e de dar seguimento a denúncia] e 12.º [conceção dos canais de denúncia externa], após terem inicialmente apresentado uma denúncia através dos canais de denúncia interna, *ou* apresentando denúncias diretamente através de canais de denúncia externa" (destaque nosso)[218]. Portanto, o acesso a um canal de denúncia externo não pode estar dependente da prévia denúncia a um canal interno.

iv) Os canais de denúncia externa devem ser "independentes e autónomos", o que pressupõe, de acordo com a Diretiva em causa, que devem ser "concebidos, instalados e operados de forma a assegurar a exaustividade, a integridade e a confidencialidade das informações e a impedir o acesso de pessoal não autorizado da autoridade competente" e, bem assim, assegurar o "armazenamento de informações duradouras", no quadro dos contactos estabelecidos com o denunciante, "para permitir a realização de investigações mais aprofundadas"[219]. As autoridades nacionais designadas para assegurar canais de denúncia externa[220] são entidades que – devendo, em regra, ter canais de denúncia interna, devem assegurar canais de denúncia em relação a entidades ou serviços terceiros e que, quanto a parte das mesmas, independependentemente da respetiva designação no quadro do regime de proteção de denunciantes – tinham e têm já a obrigação de tratamento de situações ilegais ou ilícitas que cheguem ao seu conhecimento (como é o caso dos serviços de inspeção).

---

[218] Artigo 10.º.
Dito de outra forma, "[w]hile the public disclosure under the wbd [whistleblow Directive] must satisfy certain requirements, internal reporting is not prioritized over complaining to the authorities outside of the organisation" (Hogic, "Finantial incentives...", cit., p. 187).

[219] Artigo 12.º.

[220] O artigo 12.º, n.º 1, estabelece que "[a]s denúncias externas são apresentadas às autoridades que, de acordo com as suas atribuições e competências, devam ou possam conhecer da matéria em causa na denúncia, incluindo: // a) O Ministério Público; // b) Os órgãos de polícia criminal; // c) O Banco de Portugal; // d) As autoridades administrativas independentes; // e) Os institutos públicos; // f) As inspeções-gerais e entidades equiparadas e outros serviços centrais da administração direta do Estado dotados de autonomia administrativa; // g) As autarquias locais; e // h) As associações públicas."

Acresce referir que a posição institucional de dependência governamental das "inspeções-gerais e entidades equiparadas e outros serviços centrais da administração direta do Estado dotados de autonomia administrativa" torna frágil a possibilidade de acomodarem a dimensão de canal de denúncia externa, assim como as autarquias locais, enquanto expressão de poder político-administrativo, as quais nem sempre têm sequer o seu próprio canal de denúncia interna.
O lei espanhola de transposição da diretiva, para assegurar os objetivos pretendidos quanto à existência de canal ou canais de denúncia externa criou a "Autoridad Independiente de Protección del Informante, A.A.I., dotándolo, así, de las garantías de independencia y autonomía exigidas por la norma europea"[221].

v) Em regra, a proteção do denunciante, no que à presunção do carácter abusivo de sanção disciplinar respeita[222], não pode ser assegurada, pois é apenas aplicável "até dois anos após a denúncia ou divulgação pública"[223], o que não é compatível com os prazos legais do exercício da ação disciplinar[224].

É possível argumentar que mais do que a qualidade da legislação, no seu impacto releva a "qualidade das instituições e a sua capacidade de avaliar o que é reportado pelos denunciantes" e que "o efeito direto mensurável das denúncias" é obscurecido pela forma como as denúncias são tratadas desde logo pelos governantes, como argui Nedim Hogic[225][226]. A verdade é que uma legislação que formaliza «cumplicidades (mesmo que abstractas)

---

[221] Preâmbulo da Ley 2/2023, citada.

[222] Artigo 19.º, alínea f), da Diretiva (UE) 2019/1937.

[223] Artigo 21.º, n.º 7, da Lei n.º 93/2021.

[224] Artigo 178.º da Lei gera do trabalho em funções públicas anexo à Lei n.º 35/2014, de 20 de junho.

[225] Nedim Hogic, "Financial incentives for whistleblowing. A Comparative Perspective", *European Journal of Comparative Law and Governance*, 2023, Vol. 10, p. 199 (pp. 176-205).

[226] Segundo o qual tal pode explicar o facto de nem sempre os países onde há mais denúncias serem aqueles em que o controlo da corrupção é mais eficaz. e, bem assim, o facto de a introdução de um regime legal se ter traduzido num melhor posicionamento nos rankings internacionais que avaliam países do ponto de vista da corrupção, da qualidade da administração pública e do respeito do Estado de Direito (Nedim Hogic, "Financial incentives...", cit., p. 198).

institucionais» e com «alçapões normativos» obsta à partida ao sucesso das denúncias como instrumento de transparência e de combate à corrupção. A incapacidade institucional dos mecanismos específicos para receber e tratar as denúncias são o resultado da própria legislação que os configura com defeito.

Do mesmo problema enferma o Mecanismo Nacional Anticorrupção. Vejamos porquê.

(iii) A arquitetura jurídica do Mecanismo Nacional Anticorrupção que obsta à sua independência

Os órgãos "encarregados de prevenir a corrupção", através da aplicação das correspondentes políticas e "da supervisão e coordenação dessa aplicação", devem ter a "necessária independência a fim de que possam de forma eficaz e livres de quaisquer pressões ilícitas desempenhar as suas funções"[227].

O Mecanismo Nacional Anticorrupção (MENAC) "tem por missão a promoção da transparência e da integridade na ação pública e a garantia da efetividade de políticas de prevenção da corrupção e de infrações conexas"[228]. É qualificada pela lei como uma "entidade administrativa independente, com personalidade jurídica de direito público e poderes de autoridade, dotada de autonomia administrativa e financeira"[229] e, como tal, é suposto exercer as suas funções sem qualquer possibilidade de interferência externa, de forma estável e livre de qualquer conflito de interesses. São várias as opções legais organizativas que esvaziam a independência e a imparcialidade desta entidade. Designadamente, importa ter presente:

---

[227] Artigo 6.º, n.º 1, da Convenção contra a corrupção.
O terceiro dos princípios orientadores sobre o combate à corrupção do Conselho da Europa, de 1997 é o de que devem estar garantidas a independência e autonomia adequada às respetivas funções dos sujeitos encarregues da prevenção, da investigação, acção penal e do julgamento de crimes de corrupção e a sua liberdade face a influências indevidas. Resolution (97) 24 on the twenty guiding principles for the fight against corruption *(Adopted by the Committee of Ministers on 6 November 1997 at the 101st session of the Committee of Ministers)*.

[228] Artigo 2.º, n.º 1, do Decreto-Lei n.º 109-E/2021, de 9 de dezembro (que cria o Mecanismo Nacional Anticorrupção e estabelece o regime geral de prevenção da corrupção).

[229] Artigo 1.º, n.º 1, do Decreto-Lei n.º 109-E/2021.

i) A prossecução das suas missões depende, em parte, de "ações de inspeção e auditoria" a realizar por "inspeções-gerais ou entidades equiparadas e inspeções regionais", que solicita "ao membro do Governo competente"[230]. Para além da dependência governamental de tais serviços de inspeção a mediação por membro do Governo é um exemplo clássico do que não se deve fazer quando se quer uma entidade de controlo ou de prevenção de corrupção independentes[231]; é ademais contraditório com a evolução para uma atividade inspetiva e de controlo em geral assente no cruzamento de informação e na utilização de ferramentas de inteligência artificial e de aprendizagem automática[232]. O acesso imediato às diferentes bases de dados do universo da Administração é hoje o instrumento basilar de uma entidade de combate à corrupção[233];

ii) Acresce que, se é verdade que "[t]odas as entidades públicas e privadas têm o dever de prestar ao MENAC as informações que se revelem necessárias ao estrito cumprimento das suas atribuições", tal ocorre "sem prejuízo do segredo de Estado, de justiça, de advogado, bancário, de supervisão, médico, jornalístico, religioso ou outro legalmente regulado"[234]. Uma entidade de combate à corrupção a quem podem ser opostos segredos vários (cujo regimes legais

[230] Artigo 3.º, n.º 3, alíneas e) d f); e artigo 7.º, n.º 2, do do Decreto-Lei n.º 109-E/2021.

[231] V.g., Stephen P. Savage, "Thinking independence: Calling the Police to Account through the Independent Investigation of Police Complaints." *The British Journal of Criminology*, 2013, Vol. 53, no. 1, pp. 94–112, *maxime* pp. 105 e ss. http://www.jstor.org/stable/23639970.

[232] Num estudo de 2021 da OCDE, concluiu-se: "i) Machine Learning can help predict indicators of risk; ii) Artificial Intelligence systems can help improve enforcement performance through quantitative analysis of inspections, and; iii) conventional assumptions of the best predictor of non-compliance are being challenged through Artificial Intelligence systems" (n.º 3 – "2. Applying machine learning techniques to inspections", in *Data-Driven, Information-Enabled Regulatory Delivery*, 2021, OECD Publishing, Paris, https://doi.org/10.1787/8f99ec8c-en.

[233] Por exemplo, em Trento, na Itália, existe um Registo Único de Controlos Provinciais sobre as Empresas que recolhe dados das actividades de execução das diferentes inspecções, bem como dados sobre características objectivas das empresa. Este registo único é base de qualquer atividade de controlo (
"Data-centric tools can be used to create a single register for different inspectorates", in OECE, *Data-Driven*, citado.

[234] Artigo 7.º, n.º 2, do Decreto-Lei n.º 109-E/2021.

nacionais são, muitas vezes, juridicamente frágeis e pouco claros) é uma entidade à partida amputada do instrumento fundamental que é o acesso à informação. A lei que assim dispõe não faz a ponte com os que são hoje os parâmetros internacionais e europeus em matéria de segredos[235] e da atividade de controlo e inspetiva[236];

iii) Acresce a possibilidade de o presidente e vice-presidente do MENAC serem destituídos por violação de um dever de reserva e de um dever de sigilo profissional – deveres que não são delimitados, mas vagamente enunciados –, o que é necessariamente uma forma de dissuasão de um exercício livre dos poderes do cargo[237];

iv) A lei não submete expressamente os membros da MENAC a uma obrigação geral de declarar situação de conflito de interesses e de não incorrer em qualquer conflito de interesses[238]. Circunscreve a obrigação de reporte de conflito de interesses ao elenco geral de impedimentos e suspeições, aplicável a qualquer trabalhador público e cuja resolução fica na dependência de um outro órgão[239] (que a lei não específica, mas que não pode, naturalmente, ser qualquer membro o Governo);

v) A Comissão de Acompanhamento do MENAC é composta por um dos «membros acompanhados», o vice-presidente do MENAC (que, assim, se acompanha a si próprio) e por seis inspetores, designados

---

235 Por exemplo, uma das exceções prevista na Diretiva sobre segredos comerciais à "aquisição, utilização ou divulgação do segredo comercial" é a possibilidade da sua revelação para "proteger o interesse geral" no caso de "má conduta, irregularidade ou atividade ilegal" – artigo 5.º, alínea b), da Diretiva (UE) 2016/943 do Parlamento Europeu e do Conselho, de 8 de junho de 2016, relativa à proteção de *know-how* e de informações comerciais confidenciais (segredos comerciais) contra a sua aquisição, utilização e divulgação ilegais; e artigo 21.º, n.º 7, da Diretiva (UE) 2019/1937, relativa à proteção das pessoas que denunciam violações do direito da União. Ver, também, a título de exemplo, o artigo 59.º da Diretiva 2013/36/EU do Parlamento Europeu e do Conselho de 26 de junho de 2013 relativa ao acesso à atividade das instituições de crédito e à supervisão prudencial das instituições de crédito, que altera a Diretiva 2002/87/CE.

236 V.g., *Regulatory Enforcement and Inspections*, OECD Best Practice Principles for Regulatory Policy, OECD Publishing, Paris, https://doi.org/10.1787/9789264208117-en.

237 Artigo 4.º, n.º 4, alínea b).

238 A nova Diretiva anti-corrupção determina a divulgação e gestão de conflitos de interesses no setor público.

239 Artigo 6.º do Decreto-Lei n.º 109-E/2021; e artigos 69.º a 76.º do CPA.

rotativamente pelas inspeções-gerais ou entidades equiparadas representadas no Conselho Consultivo, sendo os restantes dois designados/as pelas inspeções regionais representadas no mesmo Conselho, inspeções estas que realizam inspeções e auditorias para o MENAC[240];
A Comissão de Sanções é composta pelo vice-Presidente do MENAC, que à mesma preside, e por quatro inspetores[241].

Para se perceber melhor a fragilidade com que a independência do MENAC está cunhada é preciso ter presente que os serviços de inspeção são configurados na ordem jurídica portuguesa como serviços dependentes do Governo. No Memorando sobre o combate ao racismo e à violência contra mulheres em Portugal, de 10 de março de 2021[242], a Comissária de Direitos Humanos do Conselho da Europa reporta que lhe merece "especial preocupação o facto de a IGAI [Inspeção-Geral da Administração Interna], que opera sob a autoridade do Ministro da Administração Interna, não satisfazer o critério de independência de um mecanismo de queixas sobre as polícias, subsistindo ainda lacunas nos seus poderes e recursos de investigação" (n.º 37)[243]. Exortou "veementemente as autoridades portuguesas a estabelecer um mecanismo totalmente independente de queixa contra as polícias encarregue da investigação de todas as queixas de maus-tratos policiais, o que pode ser conseguido, quer por via de uma revisão substancial do atual mandato, poderes e estatuto da IGAI, a fim de garantir a sua plena independência face ao poder executivo, quer pela instituição de uma nova entidade que satisfaça os critérios de independência relevantes" (n.º 55)[244]. Pelo Decreto-Lei n.º 22/2021, de 15 de março, foi aprovada a

---

240 Artigos 7.º, n.º 2, e 15.º do Decreto-Lei n.º 109-E/2021.

241 Artigo 17.º, n.º 1, do Decreto-Lei n.º 109-E/2021.

242 https://search.coe.int/commissioner/Pages/result_details.aspx?ObjectId=0900001680a1e2ad#_ftn21.

243 Também em relação à Comissão para a Igualdade e Contra a Discriminação Racial, sob tutela do Alto-Comissariado para as Migrações notou que, "tal como salientado pela ECRI [European Commission against Racism and Intolerance] e outros organismos internacionais,[*] a CICDR [Comissão para a Igualdade e Contra a Discriminação Racial] continua a não gozar de total independência" (n.º 22).

244 Recordou a Opinion of the Commissioner for Human Rights concerning independent and effective determination of complaints against, CommDH(2009)4, 12 March 2009.

orgânica da Inspeção-Geral da Administração Interna, configurando-o como um serviço dependente da administração direta do Estado.

O problema é transversal a todos os serviços inspetivos[245], que estão "sujeitos ao poder de direcção do respectivo membro do Governo" [246] ou, nalguns casos, de superintendência[247]. A acrescer, os relatórios das ações inspetivas estão sujeitos a homologação ministerial[248] e é devido o envio dos "relatórios finais das suas ações de inspeção" aos membros do Governo responsáveis pelas áreas das finanças e da Administração Pública" se definido "por despacho dos mesmos membros do Governo"[249]. Em síntese, os serviços inspetivos não estão estruturalmente desenhados para poderem cumprir a sua função[250].

Impõe-se, pois, concluir que há falta de contrapesos institucionais e há várias sobreposições organizativas internas e externas que fazem do MENAC uma entidade capturada na possibilidade de independência. Trata-se não apenas de uma manifestação de uma tendência mais geral (mais ou menos subtil) de infiltração dos órgãos de direção política em outros de garantia da legalidade e de direitos fundamentais[251]. É um problema de arquitetura da Administração Pública portuguesa e da dogmática correspondente.

---

[245] Artigos 2.º, n.º 1, 11.º, n.º 2, alínea b), 15.º e 16.º da Lei n.º 4/2004, de 15 de janeiro, que estabelece os princípios e normas a que deve obedecer a organização da administração directa do Estado.

[246] Artigos 2.º, n.º 1, da Lei n.º 4/2004, de 15 de janeiro; e Decreto-Lei n.º 276/2007, de 31 de julho (regime jurídico da actividade de inspecção da administração directa e indirecta do Estado).

[247] O termo serviço de inspecção refere-se aos "serviços da administração directa e indirecta do Estado aos quais tenha sido cometida a missão de assegurar o exercício de funções de controlo, interno ou externo" (artigo 2.º, alínea b), do Decreto-Lei n.º 276/2007).

[248] Artigo 15.º do Decreto-Lei n.º 276/2007.

[249] Artigo 15.º-A do Decreto-Lei n.º 276/2007.

[250] Usamos aqui, *mutatis mutandis*, a expressão de Eva Brems "structurally capable of fulfilling the task", in "Key Challenges for the echr System: Protecting and Empowering Institutions, Human Rights Defenders and Minorities", *European Convention on Human Rights Law Review*, 2020, Vol. 1, Issue 1, p. 10 (pp. 7-10), doi: https://doi.org/10.1163/26663236-00101004.

[251] "La più marcata torsione della forma di governo: la viepiù vistosa, tendenziale confusione dei ruoli istituzionali, al piano dei rapporti tra gli organi della direzione politica inter se come pure a quello dei rapporti di questi ultimi con gli organi di garanzia". A afirmação de Antonio Ruggeri é, entre nós, também inteiramente pertinente. "Vicende salienti della forma di governo, dal punto di vista della teoria della Costituzione e della tutela dei diritti fondamentali", *Dirittifondamentali.it – Fascicolo 2/2023, 14 luglio 2023*, p. 638 (pp. 632-668).

Esta deveria ser construída como uma Administração "aberta, eficaz e independente" (artigo 298.º do TFUE).

5. CONCLUSÕES

A transparência pode ser um instrumento de prevenção e repressão da corrupção. É abstractamente a "antiforma da corrupção" (Inam KARIMOV). Para que em concreto o seja, em relação aos seus três componentes básicos, que são a acessibilidade de informação, a comunicação de informação e a abertura dos procedimentos de decisão, exige-se como condições de possibilidade clareza e inteligibilidade. Estas condições de possibilidade não são asseguradas ou suficientemente asseguradas pelos regimes legais nacionais que os disciplinam. Para além das flutuações, equívocos e imprecisões normativos, releva o carácter fragmentado e inviesado dos regimes de acesso à informação e de disponibilização de informação e a separação institucional artificial do regime de proteção de dados e do arquivo aberto[252].

O Direito vigente não garante, de forma infraestrutural, a transparência necessária a um funcionamento objetivo e capaz das instituições públicas e a uma relação de confiança com as mesmas[253]. É, antes, um instrumento de ficções de transparência, ficções e corrupção que vivem numa relação autopoiética.

Há depois problemas nos próprios regimes que pretendem prevenir e reprimir a corrupção, informados por falhas no lastro português da elaboração teórica de princípios e estruturas organizativas. Entre estas falhas, é de destacar:

---

[252] A entidade de tutela, de acordo com o considerando 42 e artigo 4.º, n.º 2, da Diretiva (UE) 2019/1024 do Parlamento Europeu e do Conselho de 20 de junho de 2019 relativa aos dados abertos e à reutilização de informações do setor público deve caber a "um organismo imparcial de recurso com a competência técnica adequada, como a autoridade nacional da concorrência, a autoridade pertinente de acesso a documentos, *uma autoridade de controlo estabelecida nos termos do Regulamento (UE) 2016/679*, ou uma autoridade judicial nacional, cujas decisões sejam vinculativas para o organismo do setor público em questão" (itálico nosso).

[253] Entre muitos, ver o Relatório relativo a Portugal COM(2023) 622 final}, de 24.05.2023, citado, onde se lê: "O sistema fiscal e o sistema de proteção social são complexos e impõem encargos administrativos significativos. O reforço e a modernização da administração pública constituem igualmente prioridades fundamentais." "O sistema fiscal português é complexo e não é suficientemente transparente." (p. 12)

i) A concepção da Administração Pública como dependente do poder político ao arrepio da exigência europeia de uma Administração aberta, independente e técnica (artigo 298.º do TFUE);
ii) O atrelhamento do princípio da imparcialidade a um elenco equívoco e limitado de impedimentos e suspeições e a entrega da sua resolução a titulares de órgãos imersos, pela própria configuração institucional, em relações de dependência que precludem o distanciamento necessário para a sua resolução;
iii) A transposição com «alçapões» do regime de proteção dos denunciantes;
iv) A falta de independência do Mecanismo Nacional para a Prevenção da Corrupção; e
v) A configuração dos serviços inspetivos como serviços dependentes do Governo.

A Resolução do Parlamento Europeu sobre o combate à corrupção na Europa, de 1996, recomenda a adopção de "disposições de carácter técnico e organizativo destinadas a impedir a corrupção"[254], o que se justifica em relação à Administração Pública portuguesa, dado que é a própria configuração desta, no plano normativo macro e micro, que favore relações de dependência intra e interorgânica e de ocultação.

O Parlamento Europeu recomenda ainda aos Estados que "revoguem todas as disposições da sua ordem jurídica ou de outra natureza que favoreçam indirectamente a corrupção"[255], o que é pertinente em relação à ordem jurídica portuguesa, dado que a opacidade e o favor para práticas corruptivas resultam ainda da desarticulação entre plúrimas normas, que ora se repetem, ora se contradizem, ora esvaziam outras, ora são proclamatórias, ora contêm a semente da sua inoperacionalidade, ora remetem para regulamentos que nunca são adoptados ou as limitam, ora parecem desconhecer em detalhe o contexto normativo europeu e internacional que as parametriza[256].

---

[254] N.º 13.

[255] N.º 6.

[256] Transparency International, Corruption Perceptions Index 2022 for western Europe & EU: undue influence and fragmented anti-corruption measures, 31.01.2023, https://www.transparency.org/en/news/cpi-2022-western-europe-eu-corruption-undue-influence-hurt-progress. Ver também Serviços da Comissão Europeia, Relatório sobre Portugal – 2023,

A discussão política e a discussão jurídica dos regimes devem abandonar o palco das generalidades. A bondade e eficácia dos mesmos têm de ser trabalhadas a um nível micro e testadas no plano da justificação[257].

Para além dos *rankings* e avaliações europeias e internacionais[258] e das (limitadas) estatísticas nacionais[259], a falta (maior ou menor) de integridade da Administração Pública em Portugal é observável, em concreto, de forma regular, na atuação de titulares dos órgãos administrativos e trabalhadores, em contextos institucionais diferentes. É propiciada ou acompanhada por uma argumentação (a)jurídica, em diferentes meios de expressão do Direito.

A ausência de práticas corruptivas, de figurino diverso, em particular, na relação da Administração com as pessoas ou com a comunidade não é possível quando os contextos institucionais internos revelam práticas similares mais ou menos aceites, mais ou menos diluídas e por diferentes tipos de agentes (com destaque para o pessoal dirigente)[260]. Dito de outra forma, existe na organização e funcionamento das instituições opacidade e troca reiterada de favores e existe um retrato social dos recursos humanos na Administração Pública onde avultam relações familiares e políticas, «terreno» propício a

---

COM(2023) 622 final, citado: "Portugal está abaixo da média da UE-27 nos indicadores de governação regulamentar. Reformas recentes tornaram obrigatória a avaliação do impacto normativo dos atos legislativos. Um organismo de supervisão controla a qualidade desses atos e fornece orientações aos ministérios. No entanto, a tónica é colocada na simplificação. A avaliação de impacto e a avaliação *ex post* da regulamentação não estão bem estabelecidas." (p. 67)

Ver prioridade n.º 7 da Estratégia Nacional Anticorrupção 2020-2024, a qual refere: "A criação destes laços de cooperação no quadro da comunidade internacional cria um ambiente de pressão sobre todos os Estados no sentido de acompanharem o desenvolvimento de estratégias anticorrupção, contribuindo assim para um ambiente internacional hostil ao fenómeno corruptivo."

[257] David Kershaw, "Excluded Categories of Prerogative Power: An Idea that Never Was", *London School of Economic Studies Working Paper No. 22/2023*, June 26, 2023, SSRN: https://ssrn.com/abstract=4492157 or http://dx.doi.org/10.2139/ssrn.4492157

[258] Transparency International, Corription Perceptions Index 2022, 2023, p. 2 (Portugal situa-se abaixo da média europeia), https://www.transparency.org/en/cpi/2022/index/prt.

[259] É recorrente a referência em relatórios internacionais e europeus à falta de dados em relação a Portugal (v.g., Relatório dos Serviços da Comissão, 2023, cit., p. 44 e 67).

[260] "....in a context in which a high incentive to cheat exists, honest behaviour may be a deviation from the norm and that corruption might be a problem solving behaviour" (Hogic, "Financial incentives...", cit., p. 183).

uma relação de desvio na relação da Administração com a comunidade[261]. O paroxismo da anormalidade jurídica é a normalidade com que se invocam, em público e em privado, relações de amizade no exercício da atividade profissional como se fosse, nesse contexto, uma distinção, muito diferente de exemplos comparados onde o trabalhador público é advertido quanto à necessidade de não misturar os planos[262]. Outra «anormalidade jurídica» é a frequência com que é possível ouvir «decisores jurídicos» justificar a ilegalidade das suas ações com o alegado mérito das mesmas[263].

No contexto exposto, sem se considerar e regular a realidade existente[264] e sem uma legislação juridicamente precisa e fiel aos parâmetros europeus e internacionais, o quadro legislativo vigente (v.g., o que cria o Mecanismo Nacional Anticorrupção e estabelece o regime geral de prevenção da corrupção) é mais uma peça que contribui para alimentar uma "corruption

[261] Olivier DUHAMEL, *Les Démocraties, régimes, histoire, exigences*, Éditions du Seuil, 1993, pp. 336-338; e Juan Felipe RIAÑO, "Family First, State Last: Bureaucratic Nepotism in a Modern State", World Bank, *Development Impact Guest Blogger*, 04.11.2021 (https://blogs.worldbank.org/impactevaluations/family-first-state-last-bureaucratic-nepotism-modern-state-guest-post-juan-felipe): "From 2011 to 2017, I found that 38% of civil servants in Colombia had a relative in the public administration, 18% had a family connection to a public sector manager or supervisor, and 11% worked with a family member within the same agency. Furthermore, once family connections occurred, they happened among relatively close family members (between two to three degrees of consanguinity apart)".

[262] Por exemplo, a Universidade de Vanderbilt, nos EUA, regula especificamente a necessidade de as relações de amizade ou de proximidade no local de trabalho não se projetarem sobre as relações funcionais.

Estabelece, por exemplo: "Employees are encouraged to socialize and develop professional relationships in the workplace provided that these relationships do not interfere with the work performance of either individual or with the effective functioning of the workplace. Employees who engage in personal relationships (including romantic and sexual relationships) should be aware of their professional responsibilities and will be responsible for assuring that the relationship does not raise concerns about favoritism, bias, ethics and conflict of interest. (...)" (*Human resources policies and procedures*, 2015, https://hr.vanderbilt.edu/policies/relationships-in-workplace.php).

[263] Para além do alegado «mérito» não ser muitas vezes evidente ou ser o reflexo de quem o invoca, a verdade é que "aquilo que parece ser útil não deve ser desonesto, ou, se é desonesto, não deve parecer útil" – Cícero, *Dos Deveres*, cit., p.145.

[264] OECD, *Behavioural Insights for Public Integrity: Harnessing the Human Factor to Counter Corruption*, OECD Public Governance Reviews, OECD Publishing, 2018, Paris, https://doi.org/10.1787/9789264297067-en.

douce" (Duhmel)[265], que caracteriza a Administração Pública portuguesa. "A few rays of transparency shining light on government action do not disinfect the system and cure government corruption and mismanagement"[266]. Ou então: "Transparency might grease the gears of developed democracies, but what good is grease when many of the gears seem to be broken or missing entirely?"[267]

REFERÊNCIAS DOUTRINAIS

Aristóteles, *Politics*, tradução inglesa disponível em Perseus Digital Library http://www.perseus.tufts.edu/hopper/text?doc=Aristot.+Pol.+2.1271a&fromdoc=Perseus%3Atext%3A1999.01.0058

Ball, Carolyn "What is transparency?", *Public Integrity*, 2009, Vol. 1, n.º 4, pp. 293-308, doi: 10.2753/PIN1099-9922110400.

Boto Álvarez, Alejandra, "Nuevas barreras burocráticas: la Administración defensiva digital", *Documentación Administrativa*, 2023, número 10, pp. 40-58, doi: https://doi.org/10.24965/da.11200.

Brems, Eva, "Key Challenges for the ECHR System: Protecting and Empowering Institutions, Human Rights Defenders and Minorities", *European Convention on Human Rights Law Review*, 2020, Vol. 1, Issue 1, pp. 7-10, doi: https://doi.org/10.1163/26663236-00101004.

Buisman, Sanne "The Future of EU Substantive Criminal Law. Towards a Uniform Set of Criminalisation Principles at the EU level", *European Journal of Crime, Criminal Law and Criminal Justice"*, 2022, Vol. *30, Issue* 2, pp. 161-187, doi: https://doi.org/10.1163/15718174-bja10032.

Cícero, *Dos Deveres (De Officiis)*, tradução de Carlos Humberto Gomes, edições 70.

Daniels, Brigham, Buntaine, Mark e Bangerter, Tanner, "*Testing Transparency*", *Northwestern University Law Revue*, 2020, Vol. 114, No. 5, pp. 1263-1333 (https://scholarlycommons.law.northwestern.edu/nulr/vol114/iss5/3).

Duhamel, Olivier, *Les Démocraties, régimes, histoire, exigences*, Éditions du Seuil, 1993.

[265] P. 336.

[266] Brigham Daniels, Mark Buntaine e Tanner Bangerter, "Testing Transparency", *Northwestern University Law Revue*, 2020, Vol. 114, No. 5, p. 1263 (https://scholarlycommons.law.northwestern.edu/nulr/vol114/iss5/3)

[267] Brigham Daniels et al., "Testing Transparency", cit., p. 1263.

ELLIS III, Thomas Selby "Sealing, Judicial Transparency and Judicial Independence", *Villanova Law Review*, 2008, Vol. 53, Issue 5, pp. 939-950, https://digitalcommons.law.villanova.edu/vlr/vol53/iss5/6.

FAN, Ziyun e CHRISTENSEN, Lars Thøger, "The dialogic performativity of secrecy and transparency", *Human Relations*, 2023, pp. 1-21, https://doi.org/10.1177/00187267221139457

FERNÁNDEZ RAMOS, Severiano "Ley 2/2023, de 20 de febrero, de protección al informante: ámbito material de aplicación", *Revista General de Derecho Administrativo*, n.º 63, mayo 2023, https://laadministracionaldia.inap.es/noticia.asp?id=1513983.

FISH, Stanley, "Rethoric", in Patricia BIZZELL & Bruce HERZBERG (eds.), *The Rhetorical Tradition: Readings from Classical Times to the Present*, Bedford/St. Martin's, 2001, 2nd edition, pp. 1603-1627.

FISH, Stanley, *The First: How to Think About Hate Speech, Campus Speech, Religious Speech*, Simon & Schuster, 2020.

GARCÍA ACEVES, Rafael, *Proteger os investimentos financiados pela UE através dos Pactos de Integridade. Um guia para decisores políticos sobre monitorização colaborativa na Contratação Pública*, Transparency Internacional, 2021.

GASBARRI, Lorenzo, The Concept of an International Organization in International Law, Oxford University Press, 2021.

GRIGORESCU, Alexandru "International Organizations and Government Transparency: Linking the International and Domestic Realms", *International Studies Quarterly*, 2003, Vol. 47, pp. 643-667.

HALLINAN, Dara e GELLERT, Raphaël, "The Concept of 'Information': An Invisible Problem in the GDPR", *SCRIPTed*, Volume 17, Issue 2, August 2020, pp. 269--318, https://script-ed.org/about-scripted/.

HOFFMAN, Daniel N., "*Publicity and the Judicial Power*", *Journal of Appelate Practice and Process*, 2001, Vol. 3, Issue 1, pp. 343-354, https://lawrepository.ualr.edu/appellatepracticeprocess/vol3/iss1/16.

HOGIC, Nedim "Financial incentives for whistleblowing. A Comparative Perspective", *European Journal of Comparative Law and Governance*, 2023, Vol. 10, pp. 176–205.

JOHANNESEN, Niels e STOLPER, "The deterrence effect of whistleblowing", *The Journal of Law and Economics*, 2021, Vol. 64, Issue 4, pp. 821-855, https://doi.org/10.1086/715197.

KARIMOV, Inam, *Le rôle de la transparence dans la lutte contre la corruption à travers l'expérience du Conseil de l'Europe*, Droit. Université Panthéon-Sorbonne, Paris I, 2013 (NNT: 2013PA010295).

KERSHAW, David "Excluded Categories of Prerogative Power: An Idea that Never Was", *London School of Economic Studies Working Paper No. 22/2023*, June 26,

2023, SSRN: https://ssrn.com/abstract=4492157 or http://dx.doi.org/10.2139/ssrn.4492157.

Kist, Irith "Assessment of the Dutch Rules on Health Data in the Light of the GDPR", *European Journal of Health Law*, 2022, Vol. *30, Issue* 3, pp. 322-344, doi: https://doi.org/10.1163/15718093-bja10096.

Koivisto, Ida, "Transparency and Law", *The Transparency Paradox*, Oxford, 2022, pp. 117-148.

Licht, Jenny de Fine et al., "Does transparency generate legitimacy? An experimental study of procedure acceptance of open-and closed-door decision-making", *Quality of Government Working Paper Series 2011*, University Gothenburg, September 2011, ISSN 1653-8919.

Neves, Ana, "Simplificação do procedimento de concurso de pessoal e os «concursos iliberais»", *Revista de Direito Administrativo*, n. 11, mai.-ago., 2021, pp. 29-38.

Riaño, Juan Felipe, "Family First, State Last: Bureaucratic Nepotism in a Modern State", World Bank, *Development Impact Guest Blogger*, 04.11.2021 (https://blogs.worldbank.org/impactevaluations/family-first-state-last-bureaucratic-nepotism-modern-state-guest-post-juan-felipe).

Ruggeri, Antonio, "Vicende salienti della forma di governo, dal punto di vista della teoria della Costituzione e della tutela dei diritti fondamentali", *Dirittifondamentali.it – Fascicolo 2/2023, 14 luglio 2023*, pp. 632-668.

Sandoval-Ballesteros, Irma Eréndira, "Structural corruption and the democratic-expansive model of transparency in Mexico", in David E. Pozen e Michael Schudson,*Troubling Transparency: The History and Future of Freedom of Information*, New York Chichester, West Sussex: Columbia University Press, 2018, pp. 291-310.

Savage, Stephen P., "Thinking independence: Calling the Police to Account through the Independent Investigation of Police Complaints." *The British Journal of Criminology*, 2013, Vol. 53, no. 1, pp. 94–112, http://www.jstor.org/stable/23639970.

Svensson, Jakob, "Eight Questions about Corruption", *The Journal of Economic Perspectives*, 2005, Vol. 19, no. 3, pp 19-42, http://www.jstor.org/stable/4134971.

Szarek-Mason, Patrycia, "Corruption: Concept, importance and international response", in *The European Union's Fight Against Corruption: The Evolving Policy Towards Member States and Candidate Countries*, Cambridge Studies in European Law and Policy, Cambridge, Cambridge University Press, 2010, pp. 5-42, doi:10.1017/CBO9780511676086.002.

Szarek-Mason, Patrycia, "The European Union policy against corruption in the light of international developments", in C. Eckes & T. Konstadinides (Eds.), *Crime within the Area of Freedom, Security and Justice: A European Public*

Order, Cambridge, Cambridge University Press, 2011, pp. 43-75, doi:10.1017/CBO9780511751219.003.

Szarek-Mason, Patrycja, "The EU strategy against corruption within the Member States", in *The European Union's Fight Against Corruption: The Evolving Policy Towards Member States and Candidate Countries*, Cambridge Studies in European Law and Policy, Cambridge: Cambridge University Press, 2010, pp. 89-134, doi:10.1017/CBO9780511676086.004.

Terzis, Petros "Compromises and Asymmetries in the European Health Data Space", *European Journal of Health Law*, 2022, Vol. *30, Issue* 3, pp. 345-363, doi: https://doi.org/10.1163/15718093-bja10099.

Tramonti, Matthew "Estonia'sJourney of Open Government Reforms", "Increasing Transparency of decision-making and lobbying activities", 13 July 2023, https://www.opengovpartnership.org/stories/estonias-journey-of-open-government-reforms/.

Valdovinos, Jorge I., *Transparency and Critical Theory*, The Becoming-Transparent of Ideology, Palgrave Macmillan, 2022.

Vaughn, Robert G., "Transparency in the administration of law: the relationship between differing justification for transparency and differing views of administrative law", *American University International Law Review*, Vol. 26, no. 4, 2011, pp. 969-982, https://digitalcommons.wcl.american.edu/auilr/vol26/iss4/3/.

POLÍTICAS PÚBLICAS DE TRANSPARÊNCIA E COMBATE À CORRUPÇÃO: O PAPEL DOS TRIBUNAIS DE CONTAS

FABRÍCIO MOTTA
Conselheiro do Tribunal de Contas dos Municípios do Estado de Goiás (TCM-GO). Professor do programa de Pós-Graduação em Direito e Políticas Públicas (Faculdade de Direito da UFG). Doutor em Direito do Estado (USP) e Mestre em Direito Administrativo (UFMG). Membro nato do Instituto Brasileiro de Direito Administrativo (IBDA).

FERNANDA DE MOURA RIBEIRO NAVES
Auditora de Controle Externo do Tribunal de Contas dos Municípios do Estado de Goiás (TCM-GO). Mestre em Direito e Políticas Públicas (PPGDP-UFG).

1. INTRODUÇÃO: CONTROLE EXTERNO, DIREITOS FUNDAMENTAIS E POLÍTICAS PÚBLICAS

O controle externo da Administração Pública é naturalmente mutável, independentemente da realização de alterações no ordenamento jurídico positivo. Essa afirmação é pertinente quando se considera o controle como atividade ou conjunto de atividades, isto é, quando se enfoca a acepção *objetiva*, abstendo-se de analisar o significado subjetivo (que enfocaria, por seu turno, os sujeitos que executam a atividade). A natural mutabilidade advém, inicialmente, do estabelecimento de um núcleo constitucional de competências de forma *aberta*, muitas vezes por meio da indicação somente de finalidades a serem atingidas, sem identificação expressa dos meios que serão utilizados. A utilização desta técnica permitirá reconhecer um espaço normativo de atuação – infraconstitucional ou infralegal, a depender da fonte normativa – a ser exercido pelo titular para disciplinar a *organização* e o *procedimento* necessários para o exercício da respectiva competência[1]. É o caso, por exemplo, dos regimentos internos e de outros atos normativos dos Tribunais de Contas que disciplinam aspectos organizacionais ou procedimentais sem trazerem propriamente inovação no ordenamento jurídico, respeitando o espaço da reserva legal quando constitucionalmente exigida. A mutabilidade também pode ser verificada no exercício das diversas competências de controle externo que possuem caráter decisório, notadamente diante da complexidade da atividade de decidir com fundamento em um quadro jurídico composto por princípios cuja resiliência permite operações interpretativas de diversas intensidades, formas, tamanhos, matizes.

No que se refere às *mudanças impulsionadas pela legislação*, a conclusão necessária é que os órgãos de controle não podem se mostrar indiferentes, como se a legislação permanecesse estática. Consensualidade, racionalidade, motivação e celeridade foram algumas das diversas mudanças impostas ao controle em razão de alterações nas leis, servindo como exemplo recente e principal a Lei nº 13.655/18, que trouxe importantes alterações na Lei de Introdução às Normas do Direito Brasileiro – LINDB.

A transformação de maior relevância, entretanto, advém da *conformação do controle* na sistemática da Constituição de 1988. A afirmação constitucional dos *direitos fundamentais* e de sua eficácia imediata (art.5º, §1º CF) retoma processo evolutivo verificado no advento do Estado Social de Direito: os direitos fundamentais passam a ser vistos, então, em uma dupla dimensão: no plano jurídico-objetivo, constituindo normas de competência negativa para os poderes públicos, proibindo fundamentalmente as ingerências destes na esfera jurídica individual; e no plano jurídico-subjetivo, consistindo no poder de exercer positivamente direitos (liberdade positiva) e de exigir omissões dos poderes públicos, de forma a evitar agressões lesivas a direitos por parte dos mesmos (liberdade negativa)[2]. Essa dupla dimensão consagra dupla finalidade do Direito Administrativo, que disciplina a atividade jurídico-administrativa de controle: não somente lhe compete ordenar, disciplinar e limitar o poder, mas também assegurar eficácia e efetividade à ação administrativa. Trata-se,

---

[1] MOTTA, Fabrício. *Função normativa da Administração Pública*. Belo Horizonte: Fórum, 2007.

[2] CANOTILHO, J. J. Gomes. *Direito Constitucional e Teoria da Constituição*. 7.ed. Coimbra: Almedina, 2003.

na feliz expressão de Schmidt-Assmann, de proibir não só o excesso, mas também o defeito: "em um direito administrativo construído nas marcas de uma Constituição e de suas liberdades, haverá de existir lugar para as ideias de eficácia, funcionalidade e capacidade de atuação efetiva"[3].

A satisfação do compromisso do Estado com os *direitos fundamentais a prestações* deve ser satisfeita, predominantemente, mediante a prestação de serviços públicos e a realização de políticas públicas. Em existindo *vinculação de todas atividades jurídico-administrativas aos direitos fundamentais* (em diferentes modalidades de eficácia), diferentemente não ocorreria com os Tribunais de Contas – como anota Diogo de Figueiredo Moreira Neto a respeito do Tribunal de Contas da União brasileiro (TCU), padrão para os órgãos congêneres estaduais e municipais" – [...] no elenco de suas atribuições constitucionalmente dispostas, satisfaz concomitantemente a todos os critérios que igualmente o identificam e o distinguem como uma das estruturas políticas da soberania, no desempenho de diversas funções de proteção de direitos fundamentais de sede constitucional"[4].

O princípio democrático é tratado por autores como Paulo Bonavides como direito fundamental de quarta geração, exsurgindo como "[...] o mais excelso princípio de nosso ordenamento, condicionante tanto das regras políticas como jurídicas da Lei Maior. A consideração do princípio democrático como direito fundamental e, ao mesmo tempo, como alicerce do Estado de Direito exige que se enxergue em seu conteúdo possibilidades que extrapolem a ligação com o sufrágio, é dizer, a possibilidade de votar e ser votado. Esse entendimento deve conduzir a análise da transparência administrativa.

Esta breve introdução objetiva tão somente reforçar o já conhecido cenário de evolução do controle da Administração, notadamente do controle externo exercido pelos Tribunais de Contas brasileiros, ressaltando a mutabilidade que não depende somente de mudanças legislativas e também a vinculação com a eficácia dos direitos fundamentais, satisfeitos por intermédio de

---

[3] SCHMIDT-ASSMANN, Eberhard. *La teoría general del Derecho Administrativo como sistema. Objeto y fundamentos de la construcción sistemática*. Madrid: Marcial Pons, 2003. Tradução nossa.

[4] MOREIRA NETO, Diogo de Figueiredo. O parlamento e a sociedade como destinatários do trabalho dos Tribunais de Contas. Revista. Brasileira. de Direito Público – RBDP, Belo Horizonte, ano 1, n. 2, p. 25-64, jul./set. 2003.

políticas públicas e serviços públicos a envolver, de forma direta ou indireta, a atividade financeira do Estado.

O tema central do artigo se inserirá no cenário desenhado, abordando a fiscalização das políticas públicas de transparência e sua instrumentalidade para o combate à corrupção. A metodologia utilizada envolve pesquisa bibliográfica, sendo que o presente estudo parte da noção dos direitos fundamentais à informação e à proteção de dados pessoais, além da sistemática de controle externo da Administração, à luz do sistema jurídico constitucional brasileiro.

2. DIREITO FUNDAMENTAL À INFORMAÇÃO E À TRANSPARÊNCIA ADMINISTRATIVA

O direito fundamental à informação se liga ao direito do cidadão de ser ator e não mero espectador da vida administrativa (direito de ser cidadão, e não administrado) e também à liberdade de pensamento. É possível reconhecer no direito fundamental à informação um substrato positivo – o dever estatal de promover amplo e livre acesso à informação como condição necessária ao conhecimento, à participação e ao controle da Administração – e outro negativo – salvo no que afete a segurança da sociedade e do Estado e o direito à intimidade, as ações administrativas não podem desenvolver-se em segredo. Há o direito de se informar e o direito de ser informado. O direito de se informar está condicionado à atuação do cidadão, enquanto que o direito de ser informado possui em sua contraface o dever estatal de se abrir ao conhecimento da sociedade[5].

Direito fundamental à informação é direito de liberdade, essencial para a plena efetividade do direito fundamental à liberdade de pensamento; direito de acesso à informação se liga ao princípio da publicidade, por estabelecer condutas ativas exigíveis do Estado para tornar-se visível. Desta forma, em que pese sua autonomia em face de previsão explícita no texto constitucional brasileiro, o direito de acesso à informação também pode ser encarado como uma das dimensões do direito fundamental à publicidade administrativa.

---

[5] CANOTILHO, J. J. Gomes. *Direito Constitucional e Teoria da Constituição.* 7.ed. Coimbra: Almedina, 2003.

A referência indistinta até o presente momento a publicidade e transparência exige aclaramentos. Tomando como ponto de partida o ordenamento jurídico-positivo brasileiro, é possível afirmar que a publicidade oficial é regra que condiciona a eficácia dos atos jurídicos administrativos, ao passo que o princípio da publicidade constante do art.37 da Constituição de 1988 exige qualidade de informação (assim entendida a divulgação nos meios adequados, em linguagem compreensível e acessível). Em outras palavras:

Entende-se a **publicidade** como característica do que é público, conhecido, não mantido secreto. **Transparência**, ao seu turno, é atributo do que é transparente, límpido, cristalino, visível; é o que se deixa perpassar pela luz e ver nitidamente o que está por trás. A transparência exige não somente *informação disponível,* mas também *informação compreensível.* Os atos administrativos devem ser públicos e transparentes – públicos porque devem ser levados a conhecimento dos interessados por meio dos instrumentos legalmente previstos (citação, publicação, comunicação, etc.); transparentes porque devem permitir entender com clareza seu conteúdo e todos os elementos de sua composição, inclusive o motivo e a finalidade, para que seja possível efetivar seu controle. Sob essa ótica, pode-se falar em **transparência** como substrato material do princípio da publicidade[6].

Nesse contexto, a transparência administrativa é também um dos fundamentos básicos do Estado Democrático de Direito e da Administração Pública por atenuar os espaços reservados ao caráter sigiloso da atividade administrativa – ponto de partida para nichos da ineficiência, do arbítrio e da imunidade do poder. A transparência possui relação instrumental para com o acesso à informação, a participação popular e o controle popular da Administração. A *transparência* alarga a visão das ações governamentais (aqui entendidas como políticas públicas) voltadas à sociedade, por meio da divulgação de dados públicos ou sob tutela dos órgãos e entidades da Administração Pública, contanto que não sejam sigilosas, com qualidade e em espaço temporal apropriados.

Quando relacionada às *políticas públicas,* a transparência permite que os indivíduos possam entender com mais propriedade sobre os espaços de

[6] MOTTA, Fabrício. Publicidade administrativa e sua conformação constitucional. In: MARRARA Thiago
(coord.). Princípios de direito administrativo. 2. ed. rev., ampl. e atual. Belo Horizonte: Fórum, 2021. p. 365-382.

investimento público, as táticas de implementação das ações governamentais, seus atores, as informações relacionadas à concretização das políticas públicas, bem como os resultados que atingem o dia a dia dos cidadãos. Ao disponibilizar informações, a transparência não só permite como qualifica o controle social, permitindo que os cidadãos estejam munidos de dados relevantes para o contraste de suas necessidades e desejos para com as ações da Administração.

2.1. Transparência e prevenção à corrupção

Os instrumentos jurídicos para prevenção e enfrentamento da corrupção estão em voga no Brasil de há muitos anos. O esforço internacional de combate à corrupção, empreendido por organismos como Organização das Nações Unidas - ONU, Organização para a Cooperação e Desenvolvimento Econômico - OCDE e Transparência Internacional - TI, dentre outras, demonstra que se trata de um fenômeno que não respeita fronteiras e que é objeto de preocupação geral em razão de seus efeitos nefastos[7].

Para os propósitos deste artigo, interessa-nos apenas reconhecer a corrupção como fenômeno complexo, cujo estudo perpassa diversas áreas do conhecimento científico, notadamente as ciências sociais. A Organização para a Cooperação e Desenvolvimento Econômico - OCDE conceitua corrupção como o abuso de agentes públicos e privados para obtenção de vantagens pessoais, aludindo não apenas ao recebimento de valores indevidos, como também incluindo nepotismo, fraude e captura estatal[8].

A despeito da polissemia - a indicar a dificuldade conceitual - os efeitos da corrupção são nefastos, como reconhece a Transparência Internacional:

> *"Corruption erodes trust, weakens democracy, hampers economic development and further exacerbates inequality, poverty, social division and the environmental crisis.*

---

[7] Com base em extensa aplicação da metodologia dos conceitos, Luiz Fernando Miranda conceitua corrupção como "o pagamento ilegal (financeiro ou não) para a obtenção, aceleração ou para que haja ausência de um serviço feito por um funcionário público ou privado. A motivação da corrupção pode ser pessoal ou política tanto para quem corrompe quanto para quem é corrompido" https://doi.org/10.1590/0103-335220182507

[8] OECD. CleanGovBiz Initiative. Disponível em: https://www.oecd.org/corruption-integrity/.

> *Exposing corruption and holding the corrupt to account can only happen if we understand the way corruption works and the systems that enable it. Corruption can take many forms, and can include behaviours like: public servants demanding or taking money or favours in exchange for services; politicians misusing public money or granting public jobs or contracts to their sponsors, friends and families; corporations bribing officials to get lucrative deals.*"[9]

Reforçando os entendimentos intuitivos, a literatura aponta ainda evidências de que o aumento da transparência incrementa a *accountability* e, em consequência, simplifica os processos burocráticos e reduz as oportunidades corruptivas[10].

A transparência possui, enfim, papel central na prevenção e no combate à corrupção em razão do dever de expor todos os atos e procedimentos públicos, sem delongas, permitindo desta forma a ação tempestiva dos órgãos de controle e também o controle social. Há, desta forma, uma instrumentalidade da transparência – a despeito de ser fim em si, ligada diretamente ao Estado Democrático de Direito, é instrumento necessário para a luta contra as patologias corruptivas. O controle externo possui papel essencial nesta luta não somente por meio da aplicação de penas a gestores públicos e recuperação de valores como também por meio da fiscalização de políticas públicas.

3. TRIBUNAIS DE CONTAS E CONTROLE DE POLÍTICAS PÚBLICAS

A necessidade de conferir plena eficácia a direitos fundamentais sociais, atendidos por intermédio de serviços e políticas públicas, traz a necessidade de enfocar a análise de políticas públicas como um dos instrumentos para a plena eficácia dos direitos fundamentais sociais. Em abordagem predominantemente jurídica, podemos considerar políticas públicas como ações governamentais processualmente estruturadas e juridicamente reguladas, em diversos níveis, com o envolvimento de diversos atores e

---

[9] https://www.transparency.org/en/what-is-corruption#. Acesso em 30.jul.2023

[10] BUENO, Newton Paulo. Corrupção: teoria, evidências empíricas e sugestões de medidas para reduzir seus níveis no Brasil – uma análise institucional. Revista da CGU, v. 4, n 6, p. 71-80, 2009.

instituições, por meio da utilização de variados métodos e estratégias. Sob a perspectiva objetiva, políticas públicas podem ser admitidas como um dos instrumentos disponíveis para o exercício das atividades a cargo do Estado--Administração. É possível conceber política pública para fomento a um determinado setor social ou econômico, por exemplo, inclusive abrangendo em alguma escala a prestação de serviços públicos[11].

A realização das diversas atividades a cargo do Estado pressupõe a obtenção, gestão e aplicação de recursos públicos, com a posterior submissão aos mecanismos constitucionais de controle.

Em razão da da associação indissolúvel entre Estado democrático de direito e controle, a Constituição da República Federativa do Brasil de 1988 (CFRB/1988) contempla disposições específicas no que diz respeito aos meios de se controlar os recursos públicos, sendo mais importante para o presente estudo o controle externo, em seu aspecto político exercido pelo Legislativo e em seus aspectos técnicos executados pelos Tribunais de Contas.

Nesse passo, o alcance do controle externo não se limita à mera verificação de conformidade ou subsunção à lei, em um juízo restrito que se costuma chamar de controle de legalidade. Consoante a CFRB/88, o controle externo conferido ao Poder Legislativo compreende a fiscalização contábil, financeira, orçamentária, operacional e patrimonial quanto à legalidade, legitimidade, economicidade (art. 70[12]). Por outro lado, o controle interno, para além da missão de apoiar o controle externo, deve comprovar a legalidade e avaliar os resultados, quanto à eficácia e eficiência da gestão

---

[11] MOTTA, Fabrício. Ensaio sobre contratos administrativos e políticas públicas. In: GOMES, Carla Amado (et.al.) (org.). Responsabilidade nos contratos públicos: uma perspectiva comparada luso-brasileira. Lisboa-Portugal: Instituto de Ciências Jurídico-Políticas, 2020, p. 166-182.

[12] Constituição da República Federativa do Brasil. Art. 70. A fiscalização contábil, financeira, orçamentária, operacional e patrimonial da União e das entidades da administração direta e indireta, quanto à legalidade, legitimidade, economicidade, aplicação das subvenções e renúncia de receitas, será exercida pelo Congresso Nacional, mediante controle externo, e pelo sistema de controle interno de cada Poder.
Parágrafo único. Prestará contas qualquer pessoa física ou jurídica, pública ou privada, que utilize, arrecade, guarde, gerencie ou administre dinheiros, bens e valores públicos ou pelos quais a União responda, ou que, em nome desta, assuma obrigações de natureza pecuniária

orçamentária, financeira e patrimonial (art. 74[13]), como já tratado por estes autores[14].

Como apontado anteriormente, a abrangência material do controle (ou simplesmente aspectos com relação aos quais podem incidir as diversas ações de fiscalização) é *perceptível* na redação do artigo 70 do Texto Constitucional Brasileiro, sendo possível desde já *perceber* (notar) que as *fiscalizações orçamentária* e *operacional* possuem maior relevância direta no controle de políticas públicas.

Para Motta e Naves (2019), a *fiscalização orçamentária* tem como objeto as leis orçamentárias. Esta envolve o processo de formação do plano plurianual (PPA), lei de diretrizes orçamentárias (LDO) e lei orçamentária anual (LOA), bem como a execução orçamentária, que abarca todas as etapas de realização da despesa pública. A fiscalização do orçamento não se atém apenas ao cumprimento das normas, mas ainda inclui a investigação da execução de programas, projetos e atividades. Assim, o controle incidente sob as leis orçamentárias objetiva fornecer subsídios para a melhor alocação possível dos recursos públicos e para busca da qualidade do gasto público. O sistema jurídico-constitucional de leis orçamentárias permite compreender a vocação de cada uma delas para o alcance dos objetivos referidos. A *fiscalização*

---

[13] Constituição da República Federativa do Brasil. Art. 74. Os Poderes Legislativo, Executivo e Judiciário manterão, de forma integrada, sistema de controle interno com a finalidade de:
I – avaliar o cumprimento das metas previstas no plano plurianual, a execução dos programas de governo e dos orçamentos da União;
II – comprovar a legalidade e avaliar os resultados, quanto à eficácia e eficiência, da gestão orçamentária, financeira e patrimonial nos órgãos e entidades da administração federal, bem como da aplicação de recursos públicos por entidades de direito privado;
III – exercer o controle das operações de crédito, avais e garantias, bem como dos direitos e haveres da União;
IV – apoiar o controle externo no exercício de sua missão institucional.
§1º Os responsáveis pelo controle interno, ao tomarem conhecimento de qualquer irregularidade ou ilegalidade, dela darão ciência ao Tribunal de Contas da União, sob pena de responsabilidade solidária.
§ 2º Qualquer cidadão, partido político, associação ou sindicato é parte legítima para, na forma da lei, denunciar irregularidades ou ilegalidades perante o Tribunal de Contas da União.

[14] MOTTA, Fabrício; NAVES, Fernanda de Moura Ribeiro. O controle dos recursos transferidos pelo Programa Nacional de Alimentação Escolar (PNAE). Fórum Administrativo – FA, Belo Horizonte, ano 19, n. 218, p. 52-62, abr. 2019.

operacional, por sua vez, objetiva avaliar a economicidade, eficácia, efetividade e eficiência.

Recentes alterações na Constituição tornaram mais nítidas as possibilidades de *controle* nas *etapas de monitoramento e avaliação de políticas públicas*. A EC nº 109/21 incluiu o artigo 37 o seguinte §16:

> Art. 37 [...]
>
> §16. Os órgãos e entidades da administração pública, individual ou conjuntamente, devem realizar avaliação das políticas públicas, inclusive com divulgação do objeto a ser avaliado e dos resultados alcançados, na forma da lei."

A realização de atividades de monitoramento e avaliação, desta forma, tornou-se dever dos órgãos e entidades da Administração Pública responsáveis pela implementação de políticas públicas, de acordo com as respectivas competências materiais e com as previsões constantes do plano plurianual e lei de diretrizes orçamentárias[15].

No que se refere aos Tribunais de Contas, a competência constitucional com maior afinidade direta com monitoramento e avaliação de políticas públicas é a *fiscalização operacional*, realizada principalmente por intermédio da auditoria operacional[16].

4. CONTROLE EXTERNO E A FISCALIZAÇÃO DA TRANSPARÊNCIA

As considerações feitas até o momento permitem concluir favoravelmente à existência de competência constitucional do controle externo para a fiscalização de políticas públicas, notadamente daquelas que envolvem a implementação de direitos fundamentais. Algumas iniciativas relacionadas aos

---

[15] BONIFACIO, R.; MOTTA, Fabricio. Monitoramento e avaliação de políticas públicas no Brasil: abordagem conceitual e trajetória de desenvolvimento jurídico e institucional. REVISTA DE DIREITO ECONÔMICO E SOCIOAMBIENTAL , v. 12, p. 340-371, 2021.

[16] Economicidade, eficiência, eficácia e efetividade aparecem, no conceito de auditoria operacional, como dimensões do desempenho. (TRIBUNAL DE CONTAS DA UNIÃO. Manual de auditoria operacional. 4.ed. – Brasília : TCU, Secretaria-Geral de Controle Externo (Segecex), 2020.

direitos específicos escolhidos podem ser colacionadas. Importante destacar que as referências foram escolhidas ao acaso, sem qualquer metodologia ou predileção, com o singelo intuito de demonstrar a relevância e as potencialidades das ações de fiscalização. Por esta razão, obviamente não permitem inferir a inexistência de ações específicas nos demais Tribunais de Contas.

Ademais, a par da conhecida classificação doutrinária que divide as funções dos Tribunais de Contas, organizando-as em funções fiscalizadora, julgadora, consultiva, sancionadora, corretiva, de ouvidoria, e, ainda, normativa, pedagógica e reintegradora, os Conselheiros Fabrício Motta e Heloísa Helena Godinho reconhecem novas funções atualmente exercidas pelos órgãos de controle externo brasileiros, que são as funções *articuladora, indutora, colaborativa* e *educadora*[17]:

> A **função articuladora** consiste na coordenação de instâncias interinstitucionais de diálogo e atuação conjunta dos diversos atores envolvidos no ciclo das políticas públicas, com a finalidade de incrementar a eficiência e garantir a atuação coerente e confiável da Administração Pública. A reunião desses diversos atores cria uma agenda comum que facilita a construção de consensos e a harmonização de entendimentos, com ganho em resolutividade. O foco é não apenas a compreensão do que precisa e está sendo feito mas também ganhar segurança jurídica por meio do debate institucional qualificado e transparente, envolvendo a pactuação de ações ligados à atuação de cada um no ciclo das políticas públicas.
>
> A **função indutora,** por seu turno, é verificada quando o Tribunal de Contas promove incentivos à criação de evidências para a melhoria do processo de escolhas públicas (fornece elementos para a tomada de decisão) e da eficiência nas entregas (políticas públicas); ao aprimoramento e à difusão de boas práticas, como a implantação e o desenvolvimento da transparência, da governança, do planejamento, da integridade e da gestão de riscos.
>
> A **função colaborativa,** [...], ocorre quando o tribunal de contas, "mais do que orientar e informar por meio de decisões em processos de contas e de auditorias",

[17] MOTTA, FABRÍCIO; GODINHO, H. **Processo de modernização e novas funções dos Tribunais de Contas**. Consultor Jurídico (São Paulo. Online), v. 1, p. 1, 2022.

> passa "a colaborar com a administração pública, em especial com o planejamento e execução das políticas e aquisições públicas, ao reunir, tratar e estruturar os dados e fornecer informações para a tomada de decisão nos mais variados setores governamentais". Trata-se de função com característica diagnóstica, ou seja, ligada à produção de dados que colaborem com a administração. E arrematam os autores, no sentido de que "a atuação dos tribunais de contas voltada ao abastecimento de informações destinadas ao controle social, de forma simples e clara, está além das clássicas funções elencadas no art. 71 da CF/88, mas encontra respaldo na Lei n. 14.129/2021, conforme se detecta em seu art. 3º, especialmente nos incisos V a VII (incentivo à participação social no controle e na fiscalização da administração pública; dever do gestor público de prestar contas diretamente à população sobre a gestão dos recursos públicos; uso de linguagem clara e compreensível a qualquer cidadão)".
>
> Por fim, a **função educadora** – não inserida no contexto da função pedagógica, de índole processual – diz respeito à atuação dos tribunais por meio de suas escolas próprias, com vistas a difundir o conhecimento, treinar servidores e profissionalizar a gestão pública, capacitando não apenas agentes do controle mas também gestores, servidores e cidadãos. Vale mencionar que o treinamento não se enquadrava como obrigação legal, sendo classificado como uma função específica a partir da edição da Lei nº 14.133/2021 (Nova Lei de Licitações e Contratos), que além de prever o controle externo das aquisições, trouxe novos contornos à atuação dos tribunais de contas, positivando o exercício de atribuições especiais já incorporadas ao cotidiano das funções controladoras, como a capacitação de servidores, jurisdicionados e contratantes com a administração, através das Escolas de Contas (artigo 173). (Contém grifos no original)

Assim sendo, as novas funções dos Tribunais de Contas brasileiros se fortaleceram com apoio implícito no rol de competências do artigo 71 da CRFB/88. Na atual conjuntura, portanto, a adaptação dos Tribunais de Contas brasileiros para a fiscalização de políticas públicas, especialmente daquelas que circundam a efetivação de direitos fundamentais é extremamente necessária, não só para a sobrevivência de tais entidades, mas também para a prestação de serviços mais relevantes e eficientes à sociedade, com as novas possibilidades de controle nas etapas de monitoramento e avaliação de tais políticas.

É importante repisar que *publicidade* e *transparência* não são sinônimos, sendo que o Texto Constitucional Brasileiro deu tratamento privilegiado ao princípio da publicidade, pois está previsto expressamente no *caput* do artigo 37[18].

Retomando a análise sobre publicidade e transparência realizada no tópico inicial deste artigo, importante relembrar o cenário jurídico-constitucional com ênfase para o disposto no artigo 5º, inciso XIV e XXXIII (direito/dever de informação), no artigo 37, *caput* (princípios da Administração Pública, em especial a publicidade), no artigo 70, parágrafo único (dever de prestação de contas), no artigo 165 (publicidade orçamentária), dentre outros.

Na esfera internacional, evidencia-se a Convenção Americana de Direitos Humanos – Pacto de San José da Costa Rica –, incorporado ao direito interno por meio do Decreto 678 de 06/11/1992, que garante em seu artigo 23, item 1, a participação de todos os cidadãos nos negócios públicos; o Pacto Internacional de Direitos Civis e Políticos, promulgado por meio do Decreto 592 de 06/07/1992, que, de igual forma, em seu artigo 25, item a, também garante a participação do cidadão nos negócios públicos; e, a Convenção de Mérida, incorporada ao direito interno pelo Decreto 5.687 de 31/01/2006, que em várias disposições impõe aos Estados Parte o dever de transparência na gestão dos negócios públicos, o direito à informação pública e participação social na gestão pública, inclusive por meio da educação pública voltada a esse fim (artigo 9, artigo 10 e artigo 13).

Essas disposições têm *status* supralegal e acomodam a validade da legislação interna infraconstitucional brasileira. A concretização da transparência pública, no âmbito brasileiro, vem se dando morosamente, desde a CRFB/88. No entanto, disciplina mais completa e abrangente tem sido buscadaa partir da Lei Complementar nº 101/2000 – Lei de Responsabilidade Fiscal (LRF) – e Lei Complementar nº 131/2009 – Lei da Transparência –, esta que introduziu dispositivos na LRF para a transparência da gestão fiscal e, por fim, pela Lei nº 12.527/2011 – Lei de Acesso à Informação – que concretizou o direito e o correspondente dever de informação sobre as bases da completude, acessibilidade e atualidade.

[18] MOTTA, Fabrício. Publicidade e transparência são conceitos complementares. Consultor Jurídico Online.

Importante asseverar que noção de *accountability* governamental também passa pela obrigação da divulgação de informações claras e tempestivas acerca do resultado da atuação da administração pública, bem como suas implicações para a sociedade[19]. Em estudo sobre o estado da arte da *accoutability*, Silva e Motta (2022)[20] constatam que esta se baseia em três elementos imprescindíveis: prestação de contas, transparência e responsabilização, "[...] *tendo em vista é alcançada na obrigação de agentes públicos em informar e justificar seus atos praticados aos entes competentes, que poderão impor sanções aos agentes, nos casos em que haja infringência de obrigações que a eles foram impostas. Elementos estes que também são essenciais à noção de controle*".

A Associação dos Membros dos Tribunais de Contas do Brasil (ATRICON) possui o Programa de Qualidade e Agilidade dos Tribunais de Contas (QTAC) que objetiva uniformizar os métodos de controle, atendidas as características das áreas de jurisdição de cada uma das Cortes de Contas brasileiras, bem como coordenar a implantação de um sistema integrado de controle externo da administração pública, buscando a uniformização de procedimentos e garantindo amplo acesso do cidadão às informações respectivas. Este possui dois projetos principais: Resoluções diretrizes e Marco de Medição do Desempenho dos Tribunais de Contas (MMD-TC)[21], ambos indutores de melhorias do desempenho das Cortes de Contas brasileiras.

O Manual de Procedimentos do Marco de Medição de Desempenho dos Tribunais de Contas (MMD-TC), em seu domínio F, prevê diretrizes para uniformização dos procedimentos dos Tribunais de Contas do Brasil, quanto à fiscalização da gestão fiscal, controle interno, tecnologia da informação, transparência e ouvidoria, a saber:

---

[19] NAVES, Fernanda de Moura Ribeiro. **O controle da transparência das contratações públicas durante a pandemia**. Controle Externo: Revista do Tribunal de Contas do Estado de Goiás, Belo Horizonte, ano 2, n. 3, p. 35-48, jan./jun. 2020.

[20] SILVA, T. C. E.; MOTTA, FABRÍCIO. ***Accountability na governança pública brasileira: diagnóstico do estado da arte do instituto e diálogos com o direito fundamental à boa Administração.*** REVISTA DIREITO UFMS , v. 8, p. 58, 2022.

[21] Disponível em: http://qatc.atricon.org.br/. Acesso em: 27 jul. 2023.

DOMÍNIO F: FISCALIZAÇÃO E AUDITORIA DA GESTÃO FISCAL, CONTROLE INTERNO, TECNOLOGIA DA INFORMAÇÃO, TRANSPARÊNCIA E OUVIDORIA			
QATC 23	Fiscalização e auditoria da gestão fiscal e da renúncia de receita	23.1	Fiscalização e auditoria da gestão fiscal
		23.2	Fiscalização e auditoria da receita e da renúncia de receita
QATC 24	Fiscalização e auditoria do controle interno e tecnologia da informação dos jurisdicionados	24.1	Fiscalização e auditoria de controle interno dos jurisdicionados
		24.2	Fiscalização da tecnologia da informação dos jurisdicionados
QATC 25	Fiscalização e auditoria da transparência e da ouvidoria dos jurisdicionados	25.1	Fiscalização e auditoria da transparência dos jurisdicionados
		25.2	Fiscalização e auditoria da ouvidoria dos jurisdicionados

Fonte: Manual de Procedimentos do MMD-TC. Disponível em: http://qatc.atricon.org.br/wp-content/uploads/2020/07/Manual-de-Procedimentos-MMD-TC_Ciclo-2022_v.2.02.docx.pdf. Acesso em: 27 jul. 2023.

Considerando a necessidade de estipulação de diretrizes para que os Tribunais de Contas Brasileiros, de modo uniforme, implementem ações visando atender a legislação de transparência e fiscalizar o seu cumprimento pelos entes jurisdicionados, recentemente a Associação dos Membros dos Tribunais de Contas do Brasil (ATRICON) emitiu a Resolução nº 01, de 02 de junho de 2023[22] que aprova as Diretrizes de Controle Externo relacionadas à temática "Transparência dos Tribunais de Contas e dos jurisdicionados", considerando o Programa Nacional de Transparência Pública (PNTP).

Ressalta-se que o PNTP tem como objetivos padronizar, orientar, estimular, induzir e fiscalizar a transparência de Poderes e órgãos públicos de todo o País e conta com a adesão formal de 100% das Cortes de Contas brasileiras desde a sua edição-piloto em 2022, adotando como táticas principais:

---

[22] Disponível em: https://atricon.org.br/wp-content/uploads/2023/04/Resolucao-no-01-de-02-de-junho-de-2023-Diretrizes-de-Transparencia-dos-TCs-e-dos-jurisdicionados-Assinado.pdf. Acesso em: 26 jul. 2023.

(a) a divulgação de critérios de transparência nacionais e uniformes, alinhados com a legislação específica, para que sirvam de subsídio para os controles internos, externo e social;
(b) a avaliação periódica do atendimento desses critérios por meio de ações coordenadas, envolvendo os controles interno das unidades gestoras e o externo, exercido pelos TCs;
(c) a concessão do Selo de Qualidade em Transparência Pública para os Poderes e órgãos que atenderem os requisitos mínimos definidos no Programa e
(d) a divulgação dos resultados em um grande portal na internet denominado Radar da Transparência Pública[23], propiciando melhores condições para a participação e o controle social.

O item 15 do Apêndice I das Diretrizes de Controle Externo da Resolução ATRICON nº 01/2023 também destaca que dada a sua importância estratégica, a transparência pública também ganhou destaque no Marco de Medição do Desempenho dos Tribunais de Contas (MMD-TC)[24], instituído pela ATRICON, que dedicou a dimensão 4.1 para avaliar o desempenho dos Poderes ou órgãos públicos em relação à temática (Fiscalização e auditoria da gestão fiscal, controle interno, tecnologia da informação, transparência e ouvidoria).

Ademais, todas as orientações para a execução das diretrizes estabelecidas na Resolução nº 01, de 02 de junho de 2023 fazem parte da Cartilha "Acesso à Informação na Prática", publicada pela ATRICON[25], que estabelece as competências dos partícipes, os procedimentos para a avaliação e o detalhamento dos critérios de transparência, da metodologia de pontuação e da sistemática de certificação de unidades gestoras avaliadas[26].

Por intermédio ação coordenada pela ATRICON – em parceria e com o apoio dos Poderes ou órgãos já mencionados – o Sistema Tribunais de Contas

---

[23] Disponível em: https://radardatransparencia.com.br/. Acesso em: 26 jul. 2023.

[24] Disponível em: https://atricon.org.br/wp-content/uploads/2022/09/Marco-de-Medicao-dos-TCs.pdf. Acesso em: 27 jul. 2023.

[25] Disponível em: https://atricon.org.br/wp-content/uploads/2023/04/Acesso-a-informacao-na-pratica-Ciclo-2023.pdf. Acesso em: 26 jul. 2023.

[26] A Matriz com os critérios de avaliação do PNPT está disponível em: https://atricon.org.br/wp-content/uploads/2023/04/Matriz-com-os-criterios-de-avaliacao-PNTP.pdf. Acesso em: 26 jul. 2023.

realiza, periodicamente, o levantamento nacional da transparência pública em seus *próprios* portais de transparência *e dos seus jurisdicionados*. Isso se dá por via da averiguação do apropriado cumprimento da transparência ativa – isto é, aquela por meio da qual se disponibilizam dados de forma espontânea, sem demanda – das informações determinadas nos diversos instrumentos normativos de amplitude nacional, em especial na LRF e na LAI.

A citada normativa da ATRICON considera, para fins de classificação quanto à observância do princípio da transparência pública, os seguintes níveis de índice de transparência: I. Diamante: 100% dos critérios essenciais e nível de transparência entre 95% e 100%; II. Ouro: 100% dos critérios essenciais e nível de transparência entre 85% e 94%; III. Prata: 100% dos critérios essenciais e nível de transparência entre 75% e 84%; IV. Elevado: menos de 100% dos critérios essenciais e nível de transparência entre 75% e 100%; V. Intermediário: nível de transparência entre 50% e 74%; VI. Básico: nível de transparência entre 30% e 49%; VII. Inicial: nível de transparência entre 1% e 29%; VIII. Inexistente: nível de transparência de 0%.

Ademais, destaca-se, ainda, que é imprescindível que os Poderes e órgãos públicos se ajustem aos preceitos da legislação que rege as *Ouvidorias*[27], conforme art. 7º, 13 e seguintes da Lei nº 13.460/2017 (Código de Defesa do Usuário de Serviços Públicos) e art. 9º, inciso II da Lei nº 12.527/2011 (Lei de Acesso à Informação). A Cartilha do Programa Nacional de Transparência Pública[28] destaca atenção especial aos seguintes aspectos, que devem estar disponíveis no portal institucional das entidades públicas:

> CANAL DE ACESSO À OUVIDORIA – canal para receber, analisar e responder as manifestações encaminhadas pelos usuários de serviços de forma presencial e pela internet. Para facilitar o acesso ao espaço físico da Ouvidoria, o Poder ou órgão deverá informar, em seu portal o endereço, o telefone e o horário de funcionamento da unidade.

---

[27] No site da ATRICON estão disponíveis a Cartilha Ouvidoria dos Tribunais de Contas, disponível em: https://atricon.org.br/wp-content/uploads/2023/06/Ouvidorias-dos-TCs-O-aprimoramento-de-suas-atividades.pdf e o Guia de implementação da Lei de Acesso à Informação e criação de ouvidorias municipais: https://atricon.org.br/wp-content/uploads/2023/06/TCE-MT-_-Guia-para-Implantacao-digital.pdf. Acesso em: 27 jul. 2023.

[28] Disponível em: https://atricon.org.br/wp-content/uploads/2022/07/Cartilha-Programa-Nacional-de-Transparencia-Publica.pdf. Acesso em: 26 jul. 2023.

CARTA DE SERVIÇOS – com informações sobre os serviços prestados, as formas de acesso a esses serviços e os compromissos e padrões de qualidade de atendimento ao público, apresentando informações relacionadas a: I. serviços oferecidos; II. requisitos, documentos, formas e informações necessárias para acessar o serviço; III. principais etapas para processamento do serviço; IV. previsão do prazo máximo para a prestação do serviço; V. forma de prestação do serviço; e VI. locais e formas para o usuário apresentar eventual manifestação sobre a prestação do serviço.

REDES SOCIAIS – manutenção ativa de redes sociais, com a divulgação atualizada de informações institucionais úteis, oportunizando a interação com usuários.

Constata-se, portanto, diante que existe uma ligação importante entre os Tribunais de Contas, a transparência, a fiscalização do acesso à informação e a proteção dos dados pessoais, uma vez que as Cortes de Contas dependem do acesso a informações transparentes para o manejo de suas ações de fiscalização e auditoria em políticas públicas. Por seu turno, a disponibilização de relatórios de auditoria e recomendações dos órgãos de controle externo também podem colaborar para aumentar a transparência e a responsabilização dos agentes públicos. Ademais, o oferecimento de dados sobre a execução das ações governamentais pode permitir que a sociedade avalie a eficácia, eficiência e efetividade das políticas públicas.

5. CONSIDERAÇÕES FINAIS

A partir da perspectiva da evolução do controle externo exercido pelos Tribunais de Contas brasileiros, tanto com a ocorrência de mudanças legislativas e também a vinculação com a eficácia dos direitos fundamentais, realizados por meio de políticas públicas e serviços públicos a envolver, de forma direta ou indireta, a atividade financeira do Estado, buscou-se identificar as ações das Cortes de Contas brasileiras voltadas à busca formas de fiscalização adequadas das políticas de transparência.

O controle adequado ao seu próprio tempo deve considerar o ambiente no qual está inserido – não somente o ambiente jurídico como também o aquele social, assim consideradas as demandas sociais às quais o poder público deve dar solução com seus recursos e suas ações. O controle externo está jungido à fiscalização da implementação dos direitos fundamentais, por imperativo constitucional.

Neste breve artigo, assumimos que a transparência é o liame da integridade na gestão pública, entendida como como ética e eficiência, num ciclo virtuoso voltado à legitimação da atuação estatal, pela aderência dessa atuação à satisfação eficiente dos interesses sociais.

A transparência, desta forma, pode ser encarada sob um prisma diferente: um feixe de direitos e posições jurídicas que não somente combate a corrupção como compõe o alicerce do Estado de Direito e permite que o cidadão exerça o protagonismo da vida pública, participando e controlando o poder estatal.

REFERÊNCIAS DOUTRINAIS

BONIFACIO, R.; MOTTA, Fabricio. **Monitoramento e avaliação de políticas públicas no Brasil: abordagem conceitual e trajetória de desenvolvimento jurídico e institucional**. REVISTA DE DIREITO ECONÔMICO E SOCIOAMBIENTAL, v. 12, p. 340-371, 2021.

CANOTILHO, J. J. Gomes. **Direito Constitucional e Teoria da Constituição**. 7.ed. Coimbra: Almedina, 2003.

FERRAZ, Leonardo de Araújo. **A transparência como ferramenta da legitimação do agir estatal por meio do impulsionamento da eficiência e integridade governamentais**. In: ZENKNER, Marcelo; CASTRO, Rodrigo Pironti Aguirre de (Coord.). Compliance no setor público. Belo Horizonte: Fórum, 2020. p. 107-122.

MOTTA, Fabrício.

- **Ensaio sobre contratos administrativos e políticas públicas**. In: GOMES, Carla Amado (et.al.) (org.). Responsabilidade nos contratos públicos: uma perspectiva comparada luso-brasileira. Lisboa-Portugal: Instituto de Ciências Jurídico-Políticas, 2020, p. 166-182.
- **Função normativa da Administração Pública**. Belo Horizonte: Fórum, 2007.

MOTTA, FABRÍCIO; GODINHO, H. **Processo de modernização e novas funções dos Tribunais de Contas** Consultor Jurídico Online. Consultor Jurídico (São Paulo. Online), v. 1, p. 1, 2022.

MOTTA, Fabrício; NAVES, Fernanda de Moura Ribeiro. **O controle dos recursos transferidos pelo Programa Nacional de Alimentação Escolar (PNAE)**. Fórum Administrativo – FA, Belo Horizonte, ano 19, n. 218, p. 52-62, abr. 2019.

MOREIRA NETO, Diogo de Figueiredo. **O parlamento e a sociedade como destinatários do trabalho dos Tribunais de Contas**. Revista. Brasileira. de Direito Público – RBDP, Belo Horizonte, ano 1, n. 2, p. 25-64, jul./set. 2003.

NAVES, Fernanda de Moura Ribeiro. **O controle da transparência das contratações públicas durante a pandemia**. Controle Externo: Revista do Tribunal de Contas do Estado de Goiás, Belo Horizonte, ano 2, n. 3, p. 35-48, jan./jun. 2020.

SILVA, T. C. E.; MOTTA, FABRÍCIO. ***Accountability na governança pública brasileira: diagnóstico do estado da arte do instituto e diálogos com o direito fundamental à boa Administração***. REVISTA DIREITO UFMS , v. 8, p. 58, 2022.

SCHMIDT-ASSMANN, Eberhard. **La teoría general del Derecho Administrativo como sistema. Objeto y fundamentos de la construcción sistemática.** Madrid: Marcial Pons, 2003.

TRANSPARÊNCIA E ARBITRAGEM ADMINISTRATIVA

VASCO MOURA RAMOS
Assistente Convidado da Faculdade de Direito da Universidade de Coimbra e Advogado.

MANUEL FELÍCIO
Advogado.

SUMÁRIO: I. Introdução; II. O princípio da publicidade nos tribunais do estado; III. O princípio da publicidade nos tribunais arbitrais: *de jure constituto*; IV. Apreciação crítica – garante o artigo 185.º-B a necessária transparência à justiça arbitral administrativa?; IV.i) A (in)suficiência do teor do artigo 185.º-B do CPTA; IV.ii) A publicidade da audiência enquanto imposição constitucional; IV.iii) A publicidade da audiência enquanto imperativo de ordem pública; V. O princípio da publicidade nos Tribunais Arbitrais: *de jure constituendo*; VI. Conclusões; Referências doutrinais.

I. INTRODUÇÃO

1. Nos modernos Estados de Direito Democráticos, a *transparência* é hoje um valor fundamental[1], de reconhecimento pacífico e importância incontestada. Alcançou esse estatuto depois de um percurso de gradual e paulatino reconhecimento, ultrapassando convenções e pré-juízos eminentemente conservadores, favorecedores, por defeito, de uma cultura de opacidade e reserva própria das sociedades tradicionais.

Por esse motivo, vimos assistindo, em todos os domínios da vida pública, à acentuação da exigência de transparência, encontrando-se esta, hoje, erigida

---

[1] A transparência é, nas palavras de GOMES CANOTILHO e VITAL MOREIRA, um princípio estruturante da democracia. Cfr. *Constituição da República Portuguesa Anotada*, v. I, 4.ª ed. revista, Coimbra Editora, pág. 686.

a um valor fundamental, omnipresente[2]. Observando-se a presença do valor da transparência nos mais diversos domínios, desde logo em quase todos os que se prendem com as diversas atividades do Estado (legislativa, política, administrativa e judicial), ela assume um papel fundamental em dois dos âmbitos que relevam – embora não se esgote neles –, para o presente estudo: os âmbitos do exercício da função jurisdicional por parte dos tribunais e da actividade administrativa.

Compreende-se, assim, que, atualmente, seja cada vez maior a tensão entre transparência e confidencialidade[3], em particular no domínio a que se cinge o presente trabalho, sendo aquela última, até há não muito tempo, concebida como característica essencial do instituto da arbitragem (ou, então, como uma das suas principais vantagens).

Por sua vez, também no domínio da actividade administrativa, as preocupações associadas à transparência são relativamente recentes, vindo a reclamar progressiva relevância, quer como princípio fundamental autónomo do agir administrativo, quer como instrumento de concretização de outros princípios fundamentais da Administração, como os princípios da imparcialidade, da igualdade, ou da participação dos administrados[4].

2. Como se referiu, até há relativamente pouco tempo[5], a confidencialidade foi encarada como uma característica natural do instituto da arbitragem[6]

---

[2] Cfr. Suzana Tavares da Silva, "O princípio da transparência: da revolução à necessidade de regulação", in *As reformas do sector público: perspectiva ibérica no contexto pós-crise*, coord. José Carlos Vieira de Andrade e Suzana Tavares da Silva, Instituto Jurídico da Faculdade de Direito da Universidade de Coimbra, 2015, pág. 150. Adiante-se desde já, no entanto, que como sublinha a Autora, a dimensão que este princípio tem assumido nas últimas décadas não o torna num valor absoluto.

[3] Também este um valor muitas vezes fundamental em diversos domínios.

[4] Sobre a previsão e configuração do princípio da transparência no âmbito jus-administrativo, *vide* Débora Melo Fernandes, "O princípio da transparência administrativa: mito ou realidade", in *Revista da Ordem dos Advogados*, Ano 75, Lisboa, Janeiro-Junho 2015, págs. 425 e segs..

[5] Em particular quando nos recordamos de que a arbitragem é um instituto que tem as suas origens no direito romano.

[6] Como sublinha José Miguel Júdice, "*durante muito tempo a questão da confidencialidade na arbitragem foi considerada como um facto evidente e inquestionável. Talvez por isso era pouco estudada, ao ponto de alguns autores considerarem que ela era uma característica imanente e nuclear do sistema*". Cfr. "Confidencialidade e Transparência em Arbitragens de Direito Público", in *Liber Amicorum Fausto de Quadros*", v. II, Almedina, 2015 págs. 87 e segs..

e, simultaneamente, uma das suas principais vantagens[7], não sendo objeto de grande discussão, o que facilmente se compreende quando temos presente que, por um lado, a ideia de transparência assumiu o relevo que hodiernamente ostenta apenas nas últimas décadas, e, por outro, que a arbitragem era, essencialmente, um meio de resolução alternativa de litígios entre privados, que a ela recorriam também porque se apresentava mais *reservada* do que a jurisdição estadual.

Apesar disso, e à medida que o valor da transparência se foi intensificando na cena política internacional, também a confidencialidade da arbitragem foi sendo questionada – ainda que, como se verá, com particular expressão nos conflitos em que uma das partes é uma entidade pública[8]. Assim se compreende que, atualmente, a confidencialidade da arbitragem, e,

---

[7] Tradicionalmente, as três principais vantagens associadas à jurisdição arbitral eram: i) a celeridade, resultante da menor formalidade das regras de funcionamento da mesma; ii) a "especialização" do(s) árbitro(s) e a iii) confidencialidade do conflito. Cfr., apenas na doutrina portuguesa, entre muitos outros, A. Ferrer Correia, "Da arbitragem comercial internacional", in *Temas de Direito Comercial e Direito Internacional Privado*, Almedina, Coimbra, 1989, págs. 174 e segs.; Paula Costa e Silva, "Os meios de impugnação de decisões proferidas em arbitragem voluntária no direito interno português", in *Revista da Ordem dos Advogados*, ano 56, v. I, Lisboa, 1996, pág. 180, e "A execução em Portugal de decisões arbitrais nacionais e estrangeiras", in *1º Congresso do Centro de Arbitragem da Câmara de Comércio e Indústria, Intervenções*, Almedina, Coimbra, 2008, págs. 133 e 134; Luís de Lima Pinheiro, *Arbitragem Transnacional – a Determinação do Estatuto da Arbitragem*, Almedina, Coimbra, 2005, págs. 24 e 25; Dário Moura Vicente, "Arbitragem OHADA", in *Direito Internacional Privado – Ensaios*, v. II, Almedina, Coimbra, 2005, pág. 356; Manuel Pereira Barrocas, *Manual de Arbitragem*, 2.ª ed., Almedina, Coimbra, 2013, pág. 141; e José Miguel Júdice, "Anotação ao acórdão Esso Australia Resources Limited and others v. The Honourable Sidney James Plowman and others", in *100 Anos de Arbitragem – os casos essenciais comentados*, Coleção PLMJ, n.º 9, Coimbra Editora, Coimbra, 2015, pág. 157.

[8] Sufragando este entendimento, Isabel Celeste da Fonseca ("A arbitragem administrativa: uma realidade com futuro?", in *A Arbitragem Administrativa e Tributária – Problemas e Desafios*, coord. Isabel Celeste da Fonseca, Almedina, 2012, págs. 65-66) considera que *"a arbitragem e a resolução de litígios que envolvem entidades públicas – e, por isso, que envolve a realização do interesse público e o gasto de dinheiros públicos – nem sempre casam bem, porque a arbitragem também deméritos especialmente visíveis à luz dos valores do Estado de Direito, onde claramente os valores de igualdade, imparcialidade e sobretudo de transparência (no tratamento dos operadores económicos e nos gastos dos dinheiros públicos) combinam mal com as cláusulas de confidencialidade e o mundo secreto da arbitragem"*.

nomeadamente, da arbitragem em que participam entidades públicas[9], seja cada vez mais colocada em causa[10].

3. Os motivos subjacentes a este movimento são compreensíveis.

Por um lado, e como *supra* se referiu, a transparência é, hoje, um valor fundamental, transversal a toda a vida pública e que se encontra presente nos mais diversos domínios da comunidade, sendo, inequivocamente, uma dimensão inerente ao conceito de Estado de Direito Democrático[11/12].

Por outro lado, a arbitragem, originariamente concebida como um meio alternativo de resolução de conflitos entre privados, é um instituto cada vez mais utilizado também para a resolução de conflitos que têm como parte o Estado, ou outras entidades públicas, tanto no ordenamento jurídico internacional, como nos ordenamentos jurídicos internos.

---

[9] A tensão é muito acentuada nas arbitragens de direito público e ainda naquelas, nacionais ou internacionais, em que participam o Estado ou outras entidades públicas, aqui incluídas as entidades *formalmente* privadas, mas controladas por outras entidades públicas (ainda que de direito privado). Isso não impede, no entanto, que aquela discussão se estenda, hoje, também a muitas arbitragens de direito privado.

[10] Como aponta José Miguel Júdice (*"Confidencialidade e Transparência..."*, *cit.*, pág. 88), passando, de seguida, a elencar os argumentos a favor da tese favorável à confidencialidade, contrapondo-lhes os fundamentos subjacentes ao entendimento da transparência como regra no sistema arbitral.

[11] É certo que, na Constituição da República Portuguesa (CRP), o conceito de transparência apenas é utilizado em duas normas: o artigo 51.º, n.º 5, que estabelece que a transparência é um dos princípios aplicáveis à organização e ao funcionamento dos partidos políticos, e o artigo 113.º, n.º 3, al. *d)*, onde se estabelece que o princípio da transparência das contas eleitorais é um dos princípios que rege as contas eleitorais. Mas não o é menos que aquele princípio não se cinge ao funcionamento dos partidos, ou ao decurso das campanhas eleitorais, abrangendo o funcionamento de todos os poderes públicos, exigindo, desse modo, a publicidade dos atos por este praticados. Aliás, como teve oportunidade de referir o Tribunal Constitucional (cfr. Acórdão n.º 34/97), a publicidade dos atos de conteúdo genérico dos órgãos de soberania, das regiões autónomas ou do poder local é uma exigência material do Estado de Direito. Daí, precisamente, a disseminação da sua previsão em vários diplomas legislativos que visam regular a atividade administrativa, sem prejuízo da ausência de uma previsão expressa da transparência enquanto princípio fundamental na nossa Constituição.

[12] Para uma enumeração dos diplomas de direito administrativa em que se encontra previsto o princípio da, ou, pelo menos, o interesse na transparência, *vide* Débora Melo Fernandes, *"O princípio da transparência administrativa..."*, *cit.*, págs. 428 e 429.

Ora, estando sempre em causa, nesses conflitos, interesses públicos, facilmente se compreende que a opacidade, e consequente suspeita, resultantes da primazia da confidencialidade no seio daquele instituto tenha gerado cada vez maior resistência e desconfiança[13]. É, portanto, natural que, sempre que se esteja perante uma arbitragem em que seja parte o Estado ou outras entidades públicas e, em particular, nas arbitragens de direito administrativo[14], os princípios da publicidade e da transparência venham assumindo uma relevância que não granjeiam na generalidade das arbitragens voluntárias, em que a confidencialidade continua a ser o princípio vigente, ainda que não em termos absolutos.

4. Apesar de já hoje se discutir a referida tensão entre confidencialidade/opacidade e transparência/publicidade também no domínio da arbitragem de direito privado[15] (ainda que com matizes muito diversas), a nossa análise

---

[13] Cfr., entre outros, MARGARIDA OLAZABAL CABRAL, "A arbitragem no projeto de revisão do CPTA", in *Julgar*, n.º 26 (2015), Coimbra Editora, págs. 99 e 100. A Autora reconhece, contudo, que a previsão da obrigatoriedade de publicação das decisões arbitrais transitadas em julgado, agora constante do artigo 185.º-B do CPTA, configura "*um passo importante para afastar essa desconfiança*".

[14] Nas palavras de SÉRVULO CORREIA ("A arbitragem dos litígios entre particulares e a administração pública sobre situações regidas pelo direito administrativo", in *Estudos em memória do Conselheiro Artur Maurício*, coord. Maria João Antunes, Almedina, 2014, pág. 683), "[a] *força com que irrompe nos nossos dias o fenómeno da solução pela via arbitral dos litígios em que seja parte a Administração manifesta-se, entre outros planos, na diversidade dos tipos que assume*". O facto de, como evidencia aquele Autor, poderem ser diferentes as concretizações do fenómeno do recurso à via arbitral dos litígios em que seja parte a Administração, não significa que não se coloquem, em todas, questões comuns, decorrentes, acima de tudo, da circunstância de nelas figurar, como parte, a Administração Pública. Assim, pese embora sujeitas a regimes distintos (ainda que não o sejam totalmente), a arbitragem voluntária em geral e a arbitragem administrativa partilham interrogações idênticas a propósito da repercussão da intervenção do Estado ou outras entidades públicas em matéria de publicidade e transparência.

[15] Uma breve análise de regimes nacionais e internacionais de arbitragem voluntária, designadamente em matéria comercial, é suficiente para se perceber a relevância do princípio da transparência, em particular quando seja parte uma entidade pública. Considerações idênticas valem, ainda, para as designadas arbitragens de investimento, em que é sempre parte um Estado e que, portanto, reclamam um cuidado acrescido no que respeita ao escrutínio da atividade administrativa. Desde logo, as *International Chamber of Commerce (ICC) Rules of Arbitration* prevêem, por defeito, a regra da publicidade, salvaguardando, contudo, a possibilidade de serem adoptadas, a solicitação de qualquer uma das partes, medidas de

incidirá apenas sobre aquele conflito no seio da arbitragem administrativa, entendendo-se como tal aquela que se encontra regulada nos artigos 180.º e seguintes do Código do Processo nos Tribunais Administrativos (CPTA), ou seja, as arbitragens que envolvam relações jurídicas administrativas e que dirimam conflitos que estariam sujeitos à jurisdição dos tribunais administrativos estaduais portugueses[16/17].

Significa isto, por outro lado, que tomaremos como referencial o regime vigente no ordenamento jurídico português, cabendo-nos, neste diálogo transatlântico, analisar o papel da transparência na arbitragem administrativa da perspetiva lusa.

5. Não ignoramos, como acima se referiu, que a questão se coloca nos mais diversos ordenamentos jurídicos, assim como nos mais diversos ramos do direito[18]. No entanto, consideramos que, apesar da universalidade do

---

forma a garantir a confidencialidade da arbitragem – cfr. artigo 22(3). Em sentido idêntico, as *UNCITRAL Arbitration Rules* estatuem, no seu artigo 1(4), que no caso de arbitragens de investimento – que opõem um investidor a um Estado –, são aplicáveis as *UNCITRAL Rules in Transparency in Treaty-based Investor-State Arbitration*, que prevêem a regra da publicidade, como resulta de forma inequívoca do artigo 7 (e é confirmado pelos artigos 1(2), (4) e (7), 3(1) a (3), 4(1), 6(1) a (3) e 7(1) e (2)). Por fim, ainda que com um alcance menor e de forma claramente mitigada, a preocupação com a transparência é, ainda, visível no artigo 65(1) das *ICSID Arbitration Rules*, aplicáveis a conflitos de investimento em que é, também, parte um Estado, nos termos do qual as audiências são públicas, exceto quando as partes a isso se oponham. Já no que respeita à publicação das decisões e outros documentos relativos aos processos, a regra é inversa, sendo aquela possível apenas quando as partes nisso consintam. Em Portugal, é particularmente impressivo o Regulamento de Arbitragem do Centro de Arbitragem Comercial da Câmara de Comércio e Indústria Portuguesa, o qual prevê, no n.º 2 do seu artigo 41.º, que "[a]*s sentenças arbitrais sobre litígios em que uma das partes seja o Estado ou outra pessoa coletiva de direito público são sempre publicadas nos termos da lei*" (o sublinhado é nosso).

[16] Cfr., no mesmo sentido, Sérvulo Correia, "*A arbitragem dos litígios entre particulares...*", cit., pág. 684, em particular notas 2 e 3.

[17] Adianta-se, no entanto, que apesar de nos cingirmos, para efeitos do presente artigo, à arbitragem regida pelo direito administrativo, as notas essenciais da nossa análise são transponíveis, com toda a propriedade, para qualquer arbitragem em que participem entidades públicas, independentemente da natureza da relação de que brota o litígio.

[18] De que é exemplo o ordenamento jurídico brasileiro, em que a questão tem sido suscitada com frequência. Sobre o tema analisado à luz daquele ordenamento, e sem qualquer pretensão de exaustividade, *vide* Ana Olívia Antunes Haddad, *Transparência no Processo Arbitral*, Coleção CBAr, Almedina, 2021; Isabela de Assis Godoy/ Eveline Denardi, "A

instituto da arbitragem, a questão assume contornos específicos no nosso ordenamento jurídico, não identificáveis na maioria dos ordenamentos jurídicos estrangeiros, essencialmente por dois motivos.

Desde logo, porque a nossa Constituição reconhece os Tribunais Arbitrais como uma categoria de Tribunais (cfr. artigo 209.º, n.º 2, da CRP)[19] – o que

---

confidencialidade na arbitragem com a administração pública brasileira", in *Revista Jurídica Luso-Brasileira*, Ano 7 (2021), págs. 1107 e segs.; Pedro Irineu de Moura Araújo Neto, "A confidencialidade do procedimento arbitral e o princípio da publicidade", *Revista de Informação Legislativa*, v. 53, n.º 212 (Outubro-Dezembro 2016), Brasília, págs. 140 e segs.; Eduardo Helfer de Farias, *Arbitragem comercial no Brasil: confidencialidade ou transparência*, dissertação de Mestrado apresentada à Universidade Federal Fluminense, Programa de Pós-Graduação em Sociologia e Direito, 2015; e Paulo Osternack Amaral, "Vantagens, desvantagens e peculiaridades da arbitragem envolvendo o poder público", *Arbitragem e Poder Público*, Editora Saraiva, coord. Cesar Augusto Guimarães Pereira e Eduardo Talamini, 2010, págs. 343 e segs..

[19] Assumindo esta posição de forma perentória, *vide* Fausto de Quadros, "Linhas gerais da reforma do Código de Processo nos Tribunais Administrativos em matéria de arbitragem", in *Revista Internacional de Arbitragem e Conciliação*, n.º 7, Almedina, 2014, pág. 9: "*do facto de a Constituição expressamente qualificar esses órgãos de "tribunais" e de os incluir num artigo que tem como epígrafe "Categorias de tribunais", resulta, a nosso ver sem margem para dúvidas, que os tribunais arbitrais são em Portugal órgãos jurisdicionais ao mesmo nível que os tribunais do Estado. Ou seja, uns e outros exercem, com igual dignidade, a função jurisdicional do Estado, uns e outros asseguram, com igual dignidade, o acesso ao direito e a tutela jurisdicional efectiva que a Constituição, no artigo 20.º, consagra como direitos fundamentais dos cidadãos portugueses*". O Autor já havia assumido está posição anteriormente, defendendo que a função jurisdicional do Estado é cumprida através de duas formas de exercício: a jurisdição obrigatória, integrada pelos tribunais judiciais, e a jurisdição voluntária, composta pelos tribunais arbitrais – cfr. Fausto de Quadros, "A arbitragem em direito administrativo", in *Mais Justiça Administrativa e Fiscal: Arbitragem*, org. Nuno de Villa-Lobos e Mónica Brito Vieira, Coimbra Editora, 2010, pág. 104. Adotando posição semelhante, entre outros, Sérvulo Correia (*"A arbitragem dos litígios...", cit.*, pág. 688) esclarece que *"a primeira revisão da Constituição veio reconhecer expressamente a arbitragem como modo de exercício da função jurisdicional, ao incluir os tribunais arbitrais no elenco das categorias de tribunais, ou seja, dos* "órgãos de soberania com competência para administrar a justiça em nome do povo". Na mesma linha, *vide*, ainda, Pedro Costa Gonçalves, "Administração Pública e arbitragem – em especial, o princípio legal da irrecorribilidade de sentenças arbitrais", in *Estudos em Homenagem a António Barbosa de Melo*, Almedina, 2013, págs. 779-780; Paulo de Albuquerque, in Jorge Miranda/ Rui Medeiros, *Constituição Portuguesa Anotada*, Tomo III, Coimbra Editora, 2007, p. 117; e Carlos Blanco de Morais, CAAD, *Newsletter*, n.º 1, 2013, pág. 13.

No domínio específico da jurisdição administrativa, Mário Aroso de Almeida ("Sobre o âmbito das matérias passíveis de arbitragem de direito administrativo em Portugal", in *Estudos em Homenagem a Miguel Galvão Teles*, v. II, Almedina, 2012, pág. 8) sustenta que "*o artigo 212.º*,

não acontece na maioria dos restantes ordenamentos jurídicos que nos são próximos.

Depois, porque o nosso ordenamento jurídico é, também por força do reconhecimento constitucional que acabámos de referir, porventura aquele em que é maior o papel das arbitragens nacionais de direito público, nomeadamente das arbitragens administrativas e tributárias. Com efeito, na segunda década deste século, o legislador conferiu à arbitragem uma dimensão incomparável com aquela que tem na maioria dos restantes ordenamentos jurídicos, não só através do reconhecimento da arbitragem em matéria tributária, como através da ampliação do âmbito das matérias suscetíveis de serem submetidas a arbitragens administrativas[20].

6. Isto dito, partir-se-á de uma análise, ainda que perfunctória, do tratamento dispensado ao princípio da publicidade na legislação de processo nos Tribunais do Estado – os Tribunais Judiciais e os Tribunais Administrativos –, com vista a aquilatar a sua conformidade com o disposto na CRP a este respeito.

Num segundo momento, analisaremos, perfunctoriamente, os vários regimes de arbitragem voluntária em vigor no ordenamento jurídico português, colocando-nos a mesma questão quanto ao respeito pelo princípio da publicidade constitucionalmente previsto.

Por fim, focando o regime da arbitragem administrativa consagrado nos artigos 180.º e seguintes do CPTA, trataremos de perceber se o modo e extensão com que o princípio da publicidade se encontra previsto para a arbitragem administrativa são suficientes para assegurar o cumprimento dos princípios constitucionais em presença e, em caso de resposta negativa, de que modo esse propósito poderá ser alcançado.

---

n.º 3, não pode deixar de ser lido de harmonia com o artigo 209.º, n.º 2", daí resultando que "*tribunais administrativos, em Portugal, não são apenas os tribunais permanentes do Estado, como tais previstos na lei, mas são também os tribunais (administrativos) arbitrais que venham a ser constituídos para dirimir litígios jurídico-administrativos*". No mesmo sentido, cfr. Rui Medeiros, "Nem oito nem oitenta... A propósito da proposta de uma LAV para as arbitragens administrativas", in *Revista de Direito Administrativo*, n.º 7, Janeiro-Abril de 2020, AAFDL Editora, pág. 68.

[20] Para a este resultado contribuíram, essencialmente, a aprovação e entrada em vigor do Regime Jurídico da Arbitragem em Matéria Tributária (RJAT), aprovado pelo Decreto-Lei n.º 10/2011, de 20 de Janeiro, e o Decreto-Lei n.º 214-G/2015, de 2 de Outubro, que aditou ao CPTA o artigo 185.º-B.

II. O PRINCÍPIO DA PUBLICIDADE NOS TRIBUNAIS DO ESTADO

7. Como se sabe, um dos princípios jurídicos fundamentais que regem o funcionamento dos Tribunais e a administração da justiça é o *princípio da publicidade,* princípio esse que encontra as suas raízes não só na nossa Constituição, como, de forma ainda mais generosa nalguns casos, em diversos documentos normativos internacionais[21].

É esse, desde logo, o teor do artigo 206.º, n.º 2, da CRP, que se limita a prescrever que "*as audiências dos tribunais são públicas, salvo quando o próprio tribunal decidir o contrário, em despacho fundamentado, para salvaguarda da dignidade das pessoas e da moral pública ou para garantir o seu normal funcionamento*".

A publicidade das audiências de julgamento constitui, deste modo, a exigência principal que se coloca ao funcionamento de qualquer Tribunal,

[21] Cfr: i) o artigo 10.º da Declaração Universal dos Direito Humanos, no qual se prescreve que "*toda a pessoa tem direito, em plena igualdade, a que a sua causa seja equitativa e publicamente julgada por um tribunal independente e imparcial que decida dos seus direitos e obrigações ou das razões de qualquer acusação em matéria penal que contra ela seja deduzida*"; ii) o artigo 47.º da Carta dos Direitos Fundamentais da União Europeia, que estabelece que "*Toda a pessoa cujos direitos e liberdades garantidos pelo direito da União tenham sido violados tem direito a uma ação perante um tribunal nos termos previstos no presente artigo. Toda a pessoa tem direito a que a sua causa seja julgada de forma equitativa, publicamente e num prazo razoável, por um tribunal independente e imparcial, previamente estabelecido por lei. Toda a pessoa tem a possibilidade de se fazer aconselhar, defender e representar em juízo. É concedida assistência judiciária a quem não disponha de recursos suficientes, na medida em que essa assistência seja necessária para garantir a efetividade do acesso à justiça*"; iii) o artigo 6.º da Declaração Europeia dos Direitos do Homem, onde se estabelece que "*o julgamento deve ser público, mas o acesso à sala de audiências pode ser proibido à imprensa ou ao público durante a totalidade ou parte do processo, quando a bem da moralidade, da ordem pública ou da segurança nacional numa sociedade democrática, quando os interesses de menores ou a protecção da vida privada das partes no processo o exigirem, ou, na medida julgada estritamente necessária pelo tribunal, quando, em circunstâncias especiais, a publicidade pudesse ser prejudicial para os interesses da justiça*"; e, por fim, iv) o artigo 14.º do Pacto Internacional sobre os Direitos Civis e Políticos, que determina que "[t]*oda a pessoa terá <u>direito a ser ouvida publicamente</u> e com as devidas garantias por um tribunal competente*", salvaguardando-se, porém, a possibilidade de "[a] *imprensa e o público* [poderem] *ser excluídos da totalidade ou parte das sessões de julgamento por motivos de ordem moral, de ordem pública ou de segurança nacional numa sociedade democrática, ou quando o exija o interesse da vida privada das partes ou, na medida estritamente necessário em opinião do tribunal, quando por circunstâncias especiais o aspecto da publicidade possa prejudicar os interesses da justiça; porém toda a sentença será pública, excepto nos casos em que o interesses de menores de idade exija o contrário, ou nas acções referentes a litígios matrimoniais ou tutela de menores*" (o sublinhado é nosso).

constituindo uma condição da sua *legitimidade*[22] para o exercício do poder jurisdicional *em nome do povo* – n.º 1 do artigo 202.º da CRP.

Muito embora a Constituição apenas ali estabeleça expressamente a regra de que as audiências são públicas (explicitando, logo ali, os motivos que podem justificar que isso não suceda)[23], inexistem dúvidas na doutrina de que o princípio da publicidade não se cinge à publicidade da audiência, compreendendo também, pelo menos, a publicidade de todas as decisões judiciais proferidas pelos Tribunais Judiciais[24] – ainda que, por força da compatibilização com outros princípios jurídicos fundamentais, a publicitação possa, à semelhança das audiências, sofrer certas limitações.

Com efeito, e tendo em conta os fundamentos que justificam a consagração daquele princípio – essencialmente, assegurar a *legitimidade democrática dos Tribunais*, o que converte aquele princípio em elemento basilar de qualquer Estado de Direito Democrático[25] –, é natural que o mesmo não se cinja às audiências de julgamento, mas se estenda, pelo menos, às decisões judiciais proferidas pelos Tribunais que constituem o culminar daquelas audiências[26].

8. Se é inequívoco que a publicidade compreende, em princípio, a publicidade das audiências e das decisões proferidas pelos Tribunais, é também indubitável que aquele princípio não só comporta exceções (que justificam que, em determinadas situações, a audiência possa não ser pública ou

[22] Por todos, *vide* Gomes Canotilho/ Vital Moreira, *Constituição da República Portuguesa...*, *cit.*, pág. 533; e Damião da Cunha, in Jorge Miranda/Rui Medeiros, *Constituição Portuguesa...*, *cit.*, pág. 86.

[23] Como resulta daquele preceito, o Tribunal – e apenas o Tribunal – poderá, por despacho fundamentado, vedar a publicidade das audiências, com base em um de dois fundamentos: i) salvaguarda da dignidade das pessoas e da moral pública; ii) garantia do normal funcionamento da justiça.

[24] Cfr. Gomes Canotilho/ Vital Moreira, *Constituição da República Portuguesa...*, *cit.*, págs. 532-33; e Damião da Cunha, in Jorge Miranda/ Rui Medeiros, *Constituição Portuguesa...*, *cit.*, págs. 86 e segs..

[25] Cfr. Gomes Canotilho/ Vital Moreira, *Constituição da República Portuguesa...*, *cit.*, págs. 532 e segs., e Damião da Cunha, in Jorge Miranda/ Rui Medeiros, *Constituição Portuguesa...*, *cit.*, págs. 84.

[26] Gomes Canotilho/ Vital Moreira, *Constituição da República Portuguesa...*, *cit.*, págs. 532 e segs., e Damião da Cunha, in Jorge Miranda/ Rui Medeiros, *Constituição Portuguesa...*, *cit.*, pág. 84.

que a decisão não seja inteiramente publicada), como não se estende, necessariamente, a todas as fases do processo judicial[27].

Todos esses aspectos encontram-se contemplados, com maior ou menor detalhe, nas leis de processo dos Tribunais do Estado, sendo clara, no que respeita à tramitação dos processos que corram perante aqueles, a adesão ao princípio da publicidade e, inclusivamente, a previsão de uma extensão daquele superior à que resultaria, à primeira vista, da leitura do artigo 206.º da CRP.

É o que sucede, desde logo, em sede de processo civil, no qual o legislador terá ido mesmo para lá do que seria constitucionalmente exigido[28]. Na verdade, e além de, no n.º 1 do artigo 606.º, replicando o teor do artigo 206.º da CRP, prever a publicidade da audiência (exceto nos casos em que o tribunal decida, de forma devidamente fundamentada, em sentido contrário[29]), o legislador estabelece ainda, de forma expressa, no n.º 1 do artigo 163.º deste diploma, que o processo civil é público, sem prejuízo das restrições previstas na lei – designadamente as previstas no artigo 164.º.

9. Aquele princípio foi também acolhido pelo legislador no Código de Processo Penal (CPP).

Aí, o princípio da publicidade encontra-se previsto, de forma fragmentada, em várias disposições. Os artigos 86.º e 87.º regulam, respectivamente, a publicidade do processo penal[30] – ainda que com ressalvas –, e dos atos

---

[27] Como referem GOMES CANOTILHO/ VITAL MOREIRA (*Constituição da República Portuguesa..., cit.*, pág. 532), *"em todo o caso, o princípio da publicidade não se estende obviamente às reuniões em que o tribunal se recolhe para deliberar (reuniões do júri, conferências dos tribunais colectivos, etc...).* No mesmo sentido, DAMIÃO DA CUNHA, in JORGE MIRANDA/ RUI MEDEIROS, *Constituição Portuguesa..., cit.*, págs. 85. e segs..

[28] Na verdade, e como defendem alguns autores, o princípio consagrado no artigo 163.º do CPC *"tem uma amplitude bem maior do que a referida noutros preceitos que apenas se referem às audiências"*, designadamente o artigo 206.º da CRP, respeitando *"a todo o processo, a todas as suas etapas e a todas as suas diligências salvas as restrições previstas na lei"* – cfr. ANTÓNIO SANTOS ABRANTES GERALDES/ PAULO PIMENTA/ LUÍS FILIPE PIRES DE SOUSA, *Código de Processo Civil Anotado*, v. I, Almedina, 2018, págs. 198 e 199.

[29] O que apenas poderá fazer quando entender que a publicidade da audiência poderá pôr em causa a dignidade das pessoas e da moral pública, ou que a mesma pode pôr em causa o normal funcionamento da própria audiência.

[30] Indo assim mais longe do que é exigido pela própria Constituição. Como se sabe, o processo penal tem, no entanto, inúmeras especificidades resultantes da tutela do segredo de justiça.

processuais declarados públicos pela lei, desde logo as audiências. Os artigos 88.º a 90.º salvaguardam refrações menos significativas do princípio da publicidade e, em certa medida, aparentam apenas prever delimitações positivas ao princípio da publicidade. O artigo 321.º confirma a publicidade da audiência de julgamento – também com as restrições comummente associadas. Por fim, o artigo 372.º, embora nada referindo a propósito da publicação das sentenças, prevê a leitura pública da sentença.

10. No que tange, por sua vez, ao processo administrativo, o CPTA prevê, respectivamente, nos n.ºs 1 e 2 do artigo 30.º[31], a publicidade do processo e das decisões proferidas pelos Tribunais do Estado que integram a jurisdição administrativa[32], ainda que, em ambos os casos, admitindo restrições, nos termos previstos no artigo 164.º do CPC (aplicável ao processo administrativo por força do artigo 1.º do CPTA), resultando ainda do n.º 2 do artigo 91.º do CPTA o princípio da publicidade da audiência final[33].

Assim, também nos processos judiciais administrativos, o legislador foi mais longe do que resultaria do teor literal do artigo 206.º da CRP, não se tendo limitado a garantir a publicidade da audiência (cfr. artigo 91.º do CPTA), mas impondo também a regra de que, tanto o processo, como as decisões judicias proferidas pelos Tribunais Administrativos, são públicos (cfr. artigo 30.º do CPTA).

11. Deste brevíssimo excurso facilmente se conclui que o legislador procurou concretizar as exigências constitucionais relativas ao princípio da

---

[31] Cfr. MÁRIO AROSO DE ALMEIDA/ CARLOS ALBERTO FERNANDES CADILHA, *Comentário ao Código de Processo nos Tribunais Administrativos*, 5.ª ed., Almedina, 2021, págs. 228 e segs..

[32] Não deixa de realçar-se, a este respeito, que o princípio da publicidade das decisões foi sendo paulatinamente alargado. Num primeiro momento, apenas era imposta a publicação dos acórdãos do Supremo Tribunal Administrativo. Num segundo momento, passou a prever-se a obrigatoriedade da publicação das decisões proferidas, quer pelos tribunais comuns, quer pelos tribunais superiores, mas desde que tivessem transitado em julgado. Na última versão da norma, caiu o inciso relativo ao trânsito em julgado das decisões, sendo hoje exigida a publicação de *todas* as decisões proferidas pelos tribunais administrativos estaduais, independentemente do seu trânsito em julgado.

[33] Cfr. MÁRIO AROSO DE ALMEIDA/ CARLOS ALBERTO FERNANDES CADILHA, *Comentário ao Código...*, *cit.*, págs. 774 -775. Os Autores afirmam mesmo que a disposição em questão "*pretende assegurar a publicidade da audiência, como manifestação da transparência da função jurisdicional e do direito de acesso ao processo*".

publicidade – exigências que constam também dos mais relevantes tratados internacionais –, densificando o seu conteúdo e conferindo àquele uma amplitude maior do que aquela que a CRP aparenta exigir.

Assim, não só os principais diplomas processuais garantem a publicidade das audiências, apenas admitindo que tal não suceda quando o próprio Tribunal decida, nos termos constitucionalmente previstos, em sentido contrário, como, parecendo ir mais longe do que seria exigido, consagram ainda, como regra, a publicidade do próprio processo (e não apenas das sentenças nele proferidas)[34].

Como se percebe, são longe de escassas as referências, na legislação processual portuguesa, à *publicidade* do processo, erigida, nestes termos, a princípio processual fundamental, indispensável para afirmar, de forma inequívoca, a legitimidade democrática dos Tribunais perante o povo em cujo nome é exercida a justiça.

III. O PRINCÍPIO DA PUBLICIDADE NOS TRIBUNAIS ARBITRAIS: *DE JURE CONSTITUTO*

12. Se, como se viu *supra*, é percetível a essencialidade do princípio da publicidade no exercício da função jurisdicional pelos Tribunais do Estado, bem mais problemática é a questão de saber se as duas dimensões – de publicidade da *audiência* e de publicidade das *decisões* proferidas pelos tribunais – que se encontram inequivocamente garantidas pela Constituição, e previstas, em termos gerais, no regime de processo em vigor para os Tribunais do Estado, são aplicáveis, também, aos Tribunais Arbitrais – como, de resto, seria de supor, atendendo ao consagrado na CRP a respeito da equiparação entre uns e outros – cfr. artigos 202.º e 209.º, n.º 2, da nossa Constituição.

Apesar de esta não parecer deixar margem para dúvidas, a verdade é que, no seio da doutrina, é possível encontrar diferentes posições a respeito da extensão do princípio da publicidade ao âmbito da arbitragem.

Com efeito, Damião da Cunha pronuncia-se expressamente pela não aplicabilidade deste princípio aos Tribunais Arbitrais. Assim, depois de afirmar que "*o problema, todavia, residirá em saber se, mesmo à luz da Constituição*

[34] Como referimos, tanto o CCP como o CPP e o CPTA estabelecem a regra de que o *processo* é público.

e mais concretamente desta norma constitucional, a garantia da publicidade das audiências tem um conteúdo universal", sustenta que "*torna-se evidente que não cabem no âmbito do preceito quaisquer formas de resolução alternativa (à jurisdição) de conflitos, mesmo que da competência de um juiz ou de um tribunal (arbitral, p. ex.)*"[35].

Convergindo com este entendimento, PAULA COSTA E SILVA, colocando a questão relativa à "*conformidade constitucional da falta de publicidade do processo arbitral*", responde que "*se o art. 20/4 da CRP se deve entender aplicável ao processo arbitral, uma vez que deve entender-se aplicável a todo o modo de resolução heterónoma de litígios, a publicidade não integra o seu núcleo. Com efeito, se a publicidade serve fins de transparência quanto à administração da justiça pelo Estado, que para si reservou essa função, concorrendo para a credibilidade dos sistemas judiciais e para a ideia de Estado de Direito, dificilmente se pode encontrar a necessidade de tutela destes fins quando a função jurisdicional não é exercida através de um sistema formal/ institucional, mas por recurso a um órgão de composição transaccional*"[36].

Por sua vez, PAULO DE ALBUQUERQUE defende posição diametralmente oposta. Como refere o Autor, "*a subordinação dos tribunais arbitrais ao regime dos tribunais judiciais resulta em uma verdadeira assimilação material entre os tribunais arbitrais e os tribunais judiciais, num verdadeiro exercício privado da função jurisdicional (Acórdão n.º 230/86), com as seguintes consequências ao nível dos princípios gerais que regem a actividade daqueles tribunais e do estatuto funcional dos juízes que compõem aqueles tribunais...*"[37]. Assim sendo, e entre as várias consequências que o Autor daí retira, no tocante à actividade dos tribunais arbitrais, "*as audiências dos tribunais arbitrais são, em princípio, públicas, salvo quando o tribunal decidir o contrário, em despacho fundamentado, para salvaguarda da dignidade das pessoas e da moral pública ou para garantir o seu normal funcionamento (artigo 206.º da CRP)*"[38].

Embora não se debrucem expressamente sobre essa matéria, esta última parece ser também a tese defendida por GOMES CANOTILHO e VITAL

---

[35] Cfr. DAMIÃO DA CUNHA, in JORGE MIRANDA/ RUI MEDEIROS, *Constituição Portuguesa...*, *cit.*, pág. 88.

[36] PAULA COSTA E SILVA, *A execução...*, *cit.*, págs. 134-135.

[37] PAULO PINTO DE ALBUQUERQUE, in JORGE MIRANDA/ RUI MEDEIROS, *Constituição Portuguesa...*, *cit.*, pág. 117.

[38] PAULO PINTO DE ALBUQUERQUE, in JORGE MIRANDA/ RUI MEDEIROS, *Constituição Portuguesa...*, *cit.*, pág. 119.

Moreira, que afirmam que "*a publicidade das audiências dos tribunais (de todos eles, independentemente da sua natureza) é seguramente uma exigência do próprio conceito de Estado de Direito democrático (cfr. art. 2.º), sendo uma conquista do Estado constitucional em reacção contra o secretismo da justiça no Estado do «antigo regime»*"[39].

Há ainda quem, assumindo uma posição intermédia, opte por destacar as nuances que distinguem os vários tipos de arbitragem, concluindo que a dicotomia confidencialidade/publicidade deverá ser objeto de tratamento *su misura*, em função dos interesses predominantemente associados às várias naturezas da arbitragem[40].

13. Surgem, assim, evidenciadas as difonias sentidas no que respeita à transposição, para o domínio da arbitragem, de um princípio já sedimentado no domínio da jurisdição estadual.

Para parte da doutrina, a tradição arbitral, no seio da qual surge destacada a sua natureza contratual e a relevância concedida pelas partes à confidencialidade que lhe é apontada como característica fundamental, será suficiente para afastar a aplicabilidade, aos Tribunais Arbitrais, do comando previsto no artigo 206.º da CRP.

Para outra, a interpretação e aplicação articulada dos artigos 202.º, 206.º e 209.º da CRP impõem que aos Tribunais Arbitrais, enquanto categoria de tribunais constitucionalmente autonomizada – e, portanto, inserida no aparelho jurisdicional[41] – seja, em regra, extensível o regime previsto para os Tribunais Judiciais, em particular no que respeita ao princípio da publicidade

[39] Cfr. Gomes Canotilho/ Vital Moreira, *Constituição da República Portuguesa..., cit.*, pág. 533.

[40] Como, aliás, é notado por José Miguel Júdice – cfr. *Confidencialidade e Transparência..., cit.*, pág. 90.

[41] Neste sentido, *vide* Rui Medeiros e Maria João Fernandes (Jorge Miranda/ Rui Medeiros, *Constituição Portuguesa..., cit*, pág. 34), ao referirem que "[n]*ão sofre contestação, por exemplo, que a arbitragem constitui um destacadíssimo meio alternativo de resolução de conflitos. A verdade, porém, é que a arbitragem corresponde, ainda, a um instrumento de composição jurisdicional de conflitos, podendo dizer-se que se actua, através dela, a função jurisdicional de hetero-dirimação de conflitos*". Manifestando mais reservas a este respeito, Gomes Canotilho e Vital Moreira (*Constituição da República Portuguesa..., cit.*, págs. 506 e 507), asseveram que "[a] *expressa qualificação dos tribunais como órgãos de soberania e a expressa atribuição aos mesmos do exercício da função jurisdicional (...) coloca o problema de saber se esta função é monopólio dos tribunais do Estado. A constituição é pouco explícita quanto à chamada jurisdição privada*", prevendo a "*a possibilidade*

consagrado no artigo 206.º da CRP – isto, note-se, sem prejuízo das exceções legalmente previstas e aquelas que, em função da natureza da arbitragem, resultem da necessidade de salvaguardar os interesses em presença.

14. Para além das dúvidas suscitadas no seio da doutrina, também no domínio da produção legislativa se assiste à previsão de regimes muito díspares no que respeita ao princípio da publicidade.

Assim, e no que à *arbitragem voluntária* diz respeito, o legislador optou por consagrar o *princípio da confidencialidade*, estatuindo o n.º 5 do artigo 30.º da Lei da Arbitragem Voluntária (LAV), aprovada pela Lei n.º 63/2011, de 14 de Dezembro, que "[o]*s árbitros, as partes e, se for o caso, as entidades que promovam, com carácter institucionalizado, a realização de arbitragens voluntárias, têm o dever de guardar sigilo sobre todas as informações que obtenham e documentos de que tomem conhecimento através do processo arbitral*"[42].

A regra prevista na LAV não é, contudo, absoluta. Desde logo, a segunda parte do n.º 5 do artigo 30.º salvaguarda o "*direito de as partes tornarem públicos os actos processuais necessários à defesa dos seus direitos e do dever de comunicação ou revelação de actos do processo às autoridades competentes, que seja imposto por lei*". Por sua vez, o n.º 6 daquele preceito esclarece que não se encontra vedada a publicação das sentenças e outras decisões proferidas pelo Tribunal Arbitral, contanto que as mesmas sejam expurgadas dos elementos de identificação das partes, podendo, porém, qualquer das partes opor-se a essa divulgação.

Tal qual se encontra previsto na LAV, o *princípio da confidencialidade* privilegia, então, a origem contratual e a natureza privada da arbitragem, decorrendo dessa nota de consensualidade, para alguns autores, um verdadeiro *dever implícito de confidencialidade*[43], muitas vezes imposto em virtude da colocação, pelas partes, da tónica nos aspectos de privacidade e confidencialidade que reconhecem à arbitragem – sendo esse, não raras vezes,

---

da existência de tribunais arbitrais (...), mas nada [dizendo] *quanto à sua inserção no ordenamento jurisdicional*".

[42] Cfr. José Robin de Andrade, "Publicidade e impugnação de decisões arbitrais em matéria administrativa", in *Revista Internacional de Arbitragem e Conciliação*, n.º 7, 2014, págs. 18-19.

[43] Cfr. Artur Flamínio da Silva/ António Pedro Pinto Monteiro, "Publicidade vs. Confidencialidade na arbitragem desportiva transnacional", in *Revista de Direito Civil*, Ano 1 (2016), n.º 3, pág. 706.

o principal motivo da opção pela arbitragem, em detrimento do recurso aos Tribunais do Estado[44, 45].

Assim, e sendo certo que a lei admite que, em determinadas situações, alguns aspectos do processo arbitral possam vir a ser públicos, o certo é que isso só acontece em situações excecionais ou quando as partes manifestem o seu consentimento[46, 47].

15. Solução totalmente diversa das anteriores foi a consagrada pelo legislador em sede de arbitragem tributária. Com efeito, este é o único diploma que regula processos arbitrais no qual o legislador prevê abertamente o *princípio da publicidade do processo arbitral* (cfr. artigo 16.º, na al. *g)*, do RJAT) – tal como sucede nos regimes processuais aplicáveis nos Tribunais do Estado.

---

[44] Isto, naturalmente, sem prejuízo de um outro fator determinante – a celeridade na decisão. Lamentavelmente, o aparelho judiciário estadual tem-se revelado insuficiente, por falta de recursos, para dar resposta em tempo útil a todas as pretensões submetidas a juízo. A incapacidade do sistema judiciário para garantir a tutela jurisdicional efetiva dos cidadãos – e do próprio Estado –, que é indissociável da tomada de uma decisão de mérito em tempo útil, é, consabidamente, um outro motivo preponderante da relevância da arbitragem.

[45] Não deixa de notar-se, neste contexto, que mesmo a previsão da possibilidade de publicação de sentenças e outras decisões proferidas pelo Tribunal Arbitral não deixa de pressupor uma componente de *anonimidade*, exigindo-se o expurgo dos dados identificativos das partes.

[46] É certo que, como refere Sérvulo Correia (*"A arbitragem dos litígios..."*, *cit.*, pág. 717), *"a LAV (2011) que trata das audiências no art. 34.º, nada dispõe sobre a sua natureza pública ou a sua realização à porta fechada"*. No entanto, parece-nos resultar dos n.ºs 5 e 6 do artigo 30.º, que prescrevem o dever de confidencialidade, que o propósito do legislador foi, antes, o de conservar a confidencialidade tradicionalmente reconhecida à arbitragem.

[47] Próxima desta solução foi aquela que o legislador adotou em sede de arbitragem desportiva. Com efeito, e muito embora o legislador tenha estabelecido, na al. *f)* do artigo 34.º da Lei do Tribunal Arbitral do Desporto, publicada como anexo à Lei n.º 74/2013, de 6 de Setembro (LTAD), que um dos princípios fundamentais dos processos arbitrais que correm perante o Tribunal Arbitral do Desporto (TAD) é o de que *"as decisões são publicitadas"*, o certo é que o legislador logo acrescentou que a referida publicitação ocorre nos termos previstos na Lei. E o que o n.º 3 do artigo 51.º da LTAD estipula é que "[o] *TAD publicita na sua página na Internet a decisão arbitral, um sumário da mesma e ou um comunicado de imprensa a descrever os resultados do processo, salvo se qualquer das partes a isso se opuser"* (o sublinhado é nosso). Assim, e ao contrário que parece resultar da al. *f)* do artigo 34.º da LTAD, só há lugar à publicação das decisões arbitrais quando nenhuma das partes a isso se opuser, o que significa que a publicação das decisões arbitrais depende sempre do consentimento das partes (ainda que o mesmo se encontre, à partida, presumido), tal como sucede em sede de arbitragem voluntária.

Embora o legislador não se alongue sobre o tema[48], limitando-se a dispor que um dos princípios processuais em matéria de arbitragem tributária é o princípio da publicidade, "*assegurando-se a divulgação e publicação das decisões arbitrais nos termos do artigo 185.º-B do Código de Processo nos Tribunais Administrativos, devidamente expurgadas de quaisquer elementos suscetíveis de identificar a pessoa ou pessoas a que dizem respeito*"[49], não nos parece que se possa defender que o legislador tenha pretendido reduzir a "publicidade do processo" à publicitação das sentenças arbitrais transitadas em julgado, mas apenas procurado explicitar que a publicitação das sentenças é uma das componentes essenciais, porventura a mais relevante, do princípio da publicidade do processo.

16. No que respeita, por fim, à arbitragem administrativa, e ao contrário do que sucedeu, designadamente, em matéria de arbitragem tributária – com a qual, diga-se, a arbitragem administrativa partilha os seus traços distintivos essenciais[50] –, o legislador optou por não adotar um regime próprio e específico[51]. Assim, estabelece o legislador, no n.º 1 do artigo 181.º do CPTA,

---

[48] Refira-se que nem o legislador, nem qualquer outra entidade, o fizeram, uma vez que inexiste qualquer regulamento que discipline a arbitragem tributária. Com efeito, o Centro de Arbitragem Administrativa (CAAD), o único Centro de Arbitragem onde se processam arbitragens tributárias, apenas regulamentou, em sede de arbitragem tributária, o regime de custas e de seleção e designação de árbitros em matéria tributária. No entanto, deve realçar-se que, no seio do Regulamento de Arbitragem Administrativa atualmente em vigor, o CAAD prevê, efetivamente, os princípios da transparência e publicidade das decisões arbitrais – cfr. al *g)* do n.º 1 do artigo 5.º do Regulamento. À semelhança do que consta em texto a propósito do modo como deve ser lida a al *g)* do artigo 16.º do RJAT, entendemos que, também aqui, o que o autor do Regulamento de Arbitragem Administrativa do CAAD pretendeu foi prever autonomamente o princípio da transparência e concretizar uma das suas refrações mais relevantes – o princípio da publicidade das decisões arbitrais.

[49] Esta corresponde à redacção atual daquele preceito (adoptada em 2019). Refira-se, em todo o caso, que o princípio da publicidade era já, desde a versão original do RJAT, elencado como um dos princípios fundamentais do processo arbitral – muito embora também naquela redacção se enunciasse apenas a dimensão da divulgação das decisões arbitrais.

[50] Designadamente a presença de uma entidade pública e o facto de em causa estarem relações jurídico-administrativas.

[51] Solução que tem motivado discussão em torno da necessidade de previsão de um regime próprio da arbitragem administrativa. Encabeçando essa discussão, não podemos deixar de destacar a iniciativa tomada pelo Conselho Regional de Lisboa da Ordem dos Advogados, que, procurando dar o seu contributo no seio deste debate, criou um grupo de trabalho, coordenado por Tiago Serrão, dedicado à preparação de uma proposta de regime

que "[o] *tribunal arbitral é constituído e funciona nos termos da lei sobre arbitragem voluntária, com as devidas adaptações*"[52]. Parece, então, ter sido intenção do legislador que, salvo nas matérias sobre as quais se debruçou expressamente nos artigos 180.º e seguintes do CPTA, se apliquem as regras vigentes em sede se arbitragem voluntária.

17. Deve referir-se, no entanto, que existe, no nosso ordenamento jurídico, desde 2015, uma norma que procurou dar um importante passo

---

autónomo da arbitragem administrativa. O resultado foi a elaboração de um articulado no qual os Autores ensaiaram a criação de um regime próprio, sensível às especificidades que caracterizam a arbitragem administrativa e a distinguem da arbitragem voluntária em geral. Atendendo ao escopo do presente trabalho, não poderemos deixar de evidenciar a preocupação manifestada com a transposição, para o domínio da arbitragem administrativa, do princípio da publicidade, sendo disso exemplo os artigos 2.º e 13.º, dos quais resulta a previsão, em sentido amplo, do princípio da publicidade, entendido como *fundamental*, e que cobre o *processo*, as *audiências* e as *decisões* – cfr. AA.VV., *Arbitragem Administrativa: Uma Proposta*, coord. Tiago Serrão, Almedina, 2019, págs. 47 a 49 e 80 e segs.. *Vide*, ainda, Mário Aroso de Almeida, "Arbitragem administrativa: presente e futuro", in *Revista de Direito Administrativo*, n.º 7, Janeiro-Abril de 2020, págs. 59-60; e Francisco Paes Marques, "Arbitragem e multipolaridade administrativa: da necessidade de um regime específico para os contra-interessados e terceiros no processo arbitral jurídico-administrativo", in *A arbitragem administrativa em debate: problemas gerais e arbitragem no âmbito do Código dos Contratos Públicos*, 2.ª ed., 2023, págs. 161 e segs. (embora focando o aspecto da intervenção de terceiros, relativamente ao qual a LAV é omissa). Em sentido contrário, *vide* Sérvulo Correia, "*A Arbitragem dos Litígios...*", *cit.*, pág. 705 (considerando que não é "*necessária* [nem] *benéfica a vigência de uma lei própria da arbitragem administrativa*", e que "[n]*a grande maioria dos seus preceitos, a LAV (2011) mostra-se adequada à disciplina da arbitragem administrativa*", reconhecendo, embora, "*que o sistema dificilmente poderia dispensar a presença de alguns preceitos especiais*"), e Rui Medeiros, "Nem oito nem oitenta...", *cit.*, págs. 68 e 71 e segs. (defendendo, essencialmente, que "*o futuro passa por manter a remissão para o direito comum da arbitragem e por integrar no Título do CPTA respeitante aos Tribunais Arbitrais e Centros de Arbitragem ou num capítulo autónomo da LAV as regras especiais das arbitragens administrativas*").

[52] Sublinhe-se, no entanto, que, desde 2019, o legislador passou a remeter a regulação dos deveres e impedimentos dos árbitros para o regime da arbitragem em matéria tributária – cfr. n.º 4 do artigo 181.º do CPTA –, pelo que, a partir dessa data, em sede de arbitragem administrativa as normas aplicáveis a essa questão passaram a ser os artigos 8.º e 9.º do Decreto-Lei n.º 10/2011, de 20 de Janeiro, com as necessárias adaptações. Realça-se, contudo, que aquela remissão apenas compreende a matéria dos deveres e impedimentos dos árbitros – cfr. artigos 8.º e 9.º daquele diploma –, mas não os requisitos necessários para assumir aquelas funções, matéria que se encontra regulada no artigo 7.º do RJAT, pelo que, nesta matéria, continuam a inexistir quaisquer exigências em sede de arbitragem administrativa.

neste campo, visando garantir um mínimo de transparência às arbitragens administrativas.

Com efeito, aquando da revisão do Código do Processo nos Tribunais Administrativos, o legislador aditou ao CPTA uma norma[53] – o artigo 185.º-B –, que impôs a publicação das decisões proferidas por tribunais arbitrais transitadas em julgado[54/55].

Mais tarde, em 2019 – importa sublinhar que no período que mediou entre esses dois momentos nada foi feito pelo Estado, mais concretamente pelo Ministério da Justiça, para assegurar o cumprimento daquela obrigação legal –, aquela norma foi objeto de alterações, passando ainda a prever que "*as decisões arbitrais apenas podem ser executadas depois de depositadas, pelo tribunal arbitral, devidamente expurgadas de quaisquer elementos suscetíveis de identificar a pessoa ou pessoas a que dizem respeito, junto do Ministério da Justiça para publicação informática, nos termos a definir por portaria do membro do Governo responsável pela área da justiça*"[56] – portaria esta que viria a ser publicada quase um ano após aquela alteração legislativa[57].

---

[53] De acordo com o testemunho de José Robin de Andrade, aquela alteração ter-se-á ficado a dever a um pedido da Associação Portuguesa da Arbitragem, ao qual o legislador terá sido sensível (cfr. José Robin de Andrade, "*Publicidade e Impugnação...*", *cit.*, págs. 21-22.

[54] Que, como tivemos oportunidade já de referir, constituía mesmo uma imposição constitucional (cfr. Vasco Moura Ramos, "Algumas considerações sobre a arbitragem de litígios respeitantes à validade de actos administrativos (à luz do regime resultante do CPTA)", in *Arbitragem e direito público*, coord. Carla Amado Gomes, Domingos Soares e Ricardo Pedro, AAFDL Editora, 2016, pág. 280).

[55] Publicação essa que deveria ocorrer por via informática, em base de dados organizada pelo Ministério da Justiça.

[56] Esta norma parece ter-se ficado a dever a uma sugestão de Tiago Serrão e Marco Caldeira (embora os moldes adotados pelo legislador não correspondam integralmente aos termos daquela sugestão). Com efeito, sendo patente que a louvável intenção do legislador manifestada em 2015 não só era ainda "letra morta" – pois quatro anos decorridos após a publicação daquela lei ainda não existia qualquer base de dados organizada para aquele efeito –, como a isso acrescia que inexistia qualquer mecanismo legal que garantisse o seu cumprimento ou sancionasse o seu incumprimento (como tínhamos já sublinhado – cfr. Vasco Moura Ramos, *"Algumas considerações...", cit.*, págs 280 e 281), aqueles Autores propuseram que a publicação daquelas sentenças viesse a ser *condição de eficácia* da decisão arbitral administrativa – cfr. Tiago Serrão/ Marco Caldeira, "A publicidade das decisões arbitrais administrativas: algumas reflexões", in *Estudos Jurídicos em comemoração do Centenário da AAFDL – Contributo para o presente e futuro dos meios de resolução alternativa de litígios*, v. I, AAFDL Editora, 2018, págs. 176 e 181-182. Como se referiu, o legislador não adotou

Ou seja, é inequívoco, que, no nosso ordenamento jurídico, e na sequência de uma decisão universalmente saudada pela doutrina[58], existe hoje o dever de publicar todas as decisões arbitrais transitadas em julgado – o que garante, deste modo, um mínimo de publicidade (e transparência) à arbitragem administrativa. Essa conquista significativa, que teve de vencer inúmeros obstáculos – sendo que o maior de todos eles foi a inércia total do Ministério da Justiça, que só cinco anos depois da revisão do CPTA operada em 2015 publicou a Portaria que veio regular o funcionamento da necessária base de dados para o efeito –, não obstante ser ainda suscetível de críticas certeiras[59], constituiu, inequivocamente, um passo no caminho correto.

18. Isto dito, embora se reconheça que o CPTA dispõe, hoje, de uma norma que reconhece algum relevo ao princípio da publicidade, impondo a publicação de todas as decisões transitadas em julgado, a questão que agora se coloca é a de saber se o grau de transparência assim garantido corresponde ao que é exigível à luz dos valores do nosso ordenamento jurídico, em particular os consagrados na Constituição.

---

integralmente aquela recomendação, tendo antes erigido a publicação das decisões arbitrais *a condição de execução* das mesmas.

[57] Cfr. Portaria n.º 165/2020, de 7 de julho.

[58] Cfr., entre outros, Fausto de Quadros, "Linhas Gerais...", *cit.*, pág. 13. Como expressivamente refere o Autor, *"não faz sentido que o sejam sentenças dos tribunais do Estado e, ao contrário, não o sejam as sentenças arbitrais. Desta forma, fica assegurada uma maior transparência no exercício da arbitragem"*.

[59] Como tem sido, de resto, sublinhado, pela doutrina. Assim, muitas questões, exclusivamente respeitantes ao dever de publicação das sentenças arbitrais transitadas em julgado e aos termos em que o mesmo tem sido concretizado, têm sido colocadas no seio da doutrina (cfr., por exemplo, Tiago Serrão/ Marco Caldeira, *"A publicidade das decisões arbitrais..."*, *cit.*, págs. 173 e segs.; Diogo Calado/ Manuel da Silva Gomes, "Publicidade das decisões arbitrais administrativas: ponto de situação e algumas interrogações conexas", in *A Arbitragem administrativa em debate: problemas gerais e arbitragem no âmbito do Código dos Contratos Públicos*, coord. Carla Amado Gomes e Ricardo Pedro, AAFDL Editora, Lisboa, 2018, págs. 169 e segs.). Ao exposto acrescem, ainda, as críticas também dirigidas pela doutrina à Portaria que regulou aquela matéria (cfr. José Robin de Andrade, *A publicação das decisões arbitrais no contencioso administrativo*, 2021, págs. 2 e segs.), assim como as interrogações a propósito dos termos em que a publicação tem vindo a ocorrer, e que é, por esse motivo, suscetível de algumas perplexidades, de que é exemplo paradigmático a total ausência de uniformidade no que respeita aos critérios a adotar em matéria de ocultação de dados pessoais nas decisões publicadas.

IV. APRECIAÇÃO CRÍTICA – GARANTE O ARTIGO 185.º-B A NECESSÁRIA TRANSPARÊNCIA À JUSTIÇA ARBITRAL ADMINISTRATIVA?

i) A (in)suficiência do teor do artigo 185.º-B do CPTA

19. Conforme tivemos já ocasião de referir[60], é de saudar a opção legislativa tomada com o aditamento do artigo 185.º-B do CPTA – apesar de tardia, quando comparada, designadamente, com a previsão do princípio da publicidade no RJAT[61]. Como referimos *supra*, esse foi o primeiro passo dado pelo legislador para garantir alguma transparência à arbitragem administrativa, impondo a publicação de todas as decisões transitadas em julgado[62].

Apesar disso, e como já tivemos igualmente oportunidade de afirmar anteriormente, consideramos que esse passo foi insuficiente para assegurar a necessária transparência à justiça arbitral administrativa[63].

É certo que se prevê a *obrigatoriedade* da publicação das decisões proferidas por tribunais arbitrais em matéria administrativa – distanciando-se, assim, da solução adoptada na LAV; no entanto, e à semelhança da solução nesta consagrada, exige-se que as decisões arbitrais sejam, previamente à sua publicação, "*devidamente expurgadas de quaisquer elementos suscetíveis de identificar a pessoa ou pessoas a que dizem respeito*".

No fundo, parece-nos, sem prejuízo do artigo 185.º-B do CPTA – e mesmo com base neste –, que continua a valer, em sede de arbitragem administrativa, a regra da confidencialidade[64], com uma excepção, circunscrita à *obrigação* de

[60] Cfr. Vasco Moura Ramos, *Algumas considerações...*, *cit.*, pág. 280.

[61] Ao passo que o RJAT foi aprovado em 2011, o artigo 185.º-B foi aditado ao CPTA apenas em 2015, através do Decreto-Lei n.º 214-G/2015, de 2 de Outubro, tendo sido novamente alterado pela Lei n.º 118/2019, que lhe conferiu a sua redacção atual.

[62] Imposição essa que apenas se tornou operacional em 2020, com a publicação da Portaria que regulou o funcionamento da necessária base de dados e sua consequente implementação.

[63] Cfr. Vasco Moura Ramos, *Algumas considerações...*, *cit.*, pág. 280. Ainda anteriormente, Sérvulo Correia tinha já defendido, também, que a regra constante do CPC sobre essa matéria – o artigo 606.º, n.º 1 –, deveria ser aplicável também às audiências do tribunal arbitral. Cfr. Sérvulo Correia, *A arbitragem dos litígios...*, *cit.*, págs. 717-718.

[64] No mesmo sentido da posição evidenciada em texto, cfr. Tiago Serrão/ Marco Caldeira, *A publicidade das decisões arbitrais...*, *cit.*, págs. 167 e segs.. Entendimento diferente é o de José Robin de Andrade ("*Publicidade e impugnação...*", *cit.*, págs. 18 e segs.), defendendo que "*todo o regime de confidencialidade constante do n.º* 5 [do artigo 30.º da LAV] *(...) deve considerar*[-se]

publicitação das decisões arbitrais *definitivas*[65] (independentemente, portanto, de qualquer manifestação de vontade das partes, ao contrário do que sucede em sede de arbitragem voluntária ou desportiva), nos termos explicitados no artigo 185.º-B do CPTA.

Para além disso, considerando que este preceito apenas faz referência à obrigatoriedade da publicação das decisões arbitrais transitadas em julgado, pode concluir-se que, no que respeita às demais dimensões do princípio da publicidade – designadamente a publicidade, em geral, do processo, e, em particular, das audiências –, continua a aplicar-se, por força do n.º 1 do artigo 181.º do CPTA, o disposto na LAV a este respeito, o que significa, portanto, que prevalece o princípio da confidencialidade.

20. Não nos parece, contudo, que essa seja uma solução conforme com os princípios aplicáveis e os interesses em presença. Na verdade, a solução prevista no artigo 185.º-B do CPTA fica muito aquém do necessário, em particular se se considerar que, embora contemple a obrigatoriedade de publicidade de todas as decisões transitadas em julgado, aquela norma impõe, ainda, o expurgo de quaisquer elementos suscetíveis de identificar a pessoa ou pessoas a que dizem respeito – o que, parece-nos, obsta à concretização do princípio da transparência como meio de escrutínio da actividade administrativa. Com efeito, não é difícil concluir que, desconhecendo-se a identidade da entidade administrativa em pleito, não será possível realizar qualquer controlo sobre a sua atuação – mormente a que levou à abertura do processo e aquele que se seguirá ao seu desfecho[66].

---

suprimido, já que os limites à publicidade da decisão arbitral são um corolário desse regime, e não faz sentido manter a obrigação de sigilo quando a lei passou a prescrever que a totalidade da decisão deve ser publicitada".

[65] Cfr. José Robin de Andrade, *Publicidade e impugnação…, cit.*, pág. 21, e Tiago Serrão/Marco Caldeira, *A publicidade das decisões arbitrais…, cit.*, pág. 168.

[66] José Robin de Andrade (cfr. *A publicação das decisões arbitrais…, cit.*, pág. 2) tece duras, e certeiras, críticas ao teor do n.º 2 do artigo 185.º-B do CPTA e à sua articulação com a Portaria n.º 165/2020. Refere, em particular, que "*para além da confusão de conceitos envolvida nesta comparação de regimes, torna-se evidente que o princípio da administração aberta, que está na origem do movimento que levou a consagrar a publicidade das decisões arbitrais administrativas, ficaria por completo frustrado se as decisões arbitrais que resolvam diferendos de grande expressão e impacto, como por exemplo litígios envolvendo valores mais ou menos elevados, entre o Estado e empresas privadas, em domínios tao sensíveis à opinião pública como o das empreitadas de obras públicas ou o das parcerias público-privadas, só pudessem ser publicadas em termos tais que não permitissem identificar os casos*

Ao contrário do que resulta, então, da análise do artigo 185.º-B do CPTA, é nosso entendimento que a publicidade deveria, em toda a sua extensão, ser o princípio aplicável a outras fases do processo, nomeadamente à audiência de julgamento – como, de resto, sucede em todos os Tribunais do Estado[67].

Entendemos mesmo que, não só esse entendimento resulta de uma imposição constitucional[68/69], como é, também, a solução mais adequada[70] a vencer as resistências que ainda hoje a arbitragem enfrenta, com vista a promover a sua legitimação aos olhos dos cidadãos.

ii) A publicidade da audiência enquanto imposição constitucional

21. Tendo em conta que os Tribunais Arbitrais são, nos termos da Constituição (cfr. artigo 209.º, n.º 2, da CRP), *verdadeiros* Tribunais – ainda que, reitera-se, com diversas especificidades –, parece-nos claro que as exigências de publicidade que constitucionalmente se impõem aos Tribunais do Estado devem ser extensíveis aos Tribunais Arbitrais, sob pena de violação do disposto no artigo 206.º da CRP[71].

---

concretos que são resolvidos", concluindo que, a admitir-se essa solução, "[c]*ertamente não se conseguiria atingir o controlo público da fundamentação e da justiça das decisões arbitrais, apesar de o mesmo ser reconhecidamente essencial para credibilizar a justiça arbitral*".

[67] Princípio esse que não será, logicamente, absoluto. Não se vê, na verdade, qualquer interesse subjacente à previsão de um princípio de publicidade no âmbito da arbitragem administrativa que extravase a amplitude que lhe é conferida, designadamente, no domínio do processo administrativo.

[68] Cfr., no mesmo sentido, Paulo Pinto de Albuquerque, in Jorge Miranda/ Rui Medeiros, *Constituição Portuguesa…, cit.*, págs. 117 e segs.. Cfr., no entanto, em sentido diverso, Damião da Cunha, in Jorge Miranda/ Rui Medeiros, *Constituição Portuguesa…, cit.*, págs. 88 e segs.

[69] Defendendo a importância da publicidade do processo arbitral para garantir a perceção e inteligibilidade do mesmo, cfr. Artur Flamínio da Silva e António Pedro Pinto Monteiro, *"Publicidade vs. Confidencialidade…", cit.*, pág. 703.

[70] Parece-nos ser também esta a posição defendida por José Miguel Júdice. É assim que entendemos, pelo menos, a crítica dirigida ao legislador pelo facto de, em 2015, não ter aproveitado a oportunidade para dar passos mais significativos nesta matéria. Cfr. *"Confidencialidade e Transparência…", cit.*, págs. 98-99, em particular a nota 40.

[71] Ainda que em tom diferente, a lógica subjacente a esta conclusão é a mesma que leva Sérvulo Correia (*"A arbitragem dos litígios…", cit.*, pág. 718) a defender a inconstitucionalidade da norma que dispensa a fundamentação das sentenças arbitrais.

Como refere SÉRVULO CORREIA, muito embora os Tribunais Arbitrais tenham uma génese de direito privado, a função jurisdicional que eles exercem é uma *função pública*[72], correspondendo, nas palavras de VIEIRA DE ANDRADE, a "*uma situação constitucionalmente prevista de exercício de poderes públicos por privados*"[73], integrando o exercício da função jurisdicional por verdadeiros tribunais[74].

Estando em causa o exercício da função jurisdicional por um Tribunal em sentido próprio, não se vê como poderia ser de outra forma: encontrando-se constitucionalmente consagrada a equiparação entre Tribunais Arbitrais e Tribunais do Estado – uns e outros órgãos do poder judicial –, não nos parece viável sustentar-se que as exigências mínimas relativas ao funcionamento dos Tribunais não lhes são aplicáveis. E isto porque, por força da aplicação conjunta dos artigos 202.º, 206.º, 209.º e 212.º da CRP, surge como imposição constitucional, pelo menos, a publicidade das audiências realizadas no âmbito de arbitragens de direito administrativo e, consequentemente, das decisões que por eles sejam proferidas.

22. Assim sendo, a exigência de publicidade das audiências dos processos arbitrais administrativos será uma consequência necessária da circunstância de os Tribunais Arbitrais estarem, enquanto Tribunais, vinculados aos princípios gerais, constitucionalmente estabelecidos, aplicáveis a todos os órgãos responsáveis pelo exercício da função jurisdicional constitucionalmente reconhecidos (princípios esses que se encontram consagrados nos artigos 202.º e seguintes da CRP), dela decorrendo, subsequentemente, a obrigação de publicação das decisões arbitrais já legalmente prevista.

Em bom rigor, analisando aqueles princípios (cfr. artigo 202.º a 208.º da CRP), dificilmente se vê como se poderá defender que todos eles não serão também aplicáveis aos Tribunais Arbitrais. Destarte, "*a independência dos Tribunais*" (em sede de arbitragem, a imparcialidade e independência dos árbitros[75]), a "*proibição de aplicação de normas que violem a Constituição e os*

---

[72] "*A arbitragem dos litígios...*", *cit.*, nota 39.

[73] Cfr. VIEIRA DE ANDRADE, *A justiça administrativa*, Lições, 19.ª ed., Almedina, 2023, pág. 83.

[74] Cfr. VIEIRA DE ANDRADE, *A justiça administrativa*, *cit.*, pág. 84.

[75] Cfr., sobre esta matéria, MIGUEL GALVÃO TELES, "A Independência e imparcialidade dos Árbitros como Imposição constitucional", in *Estudos em homenagem ao Professor Doutor Carlos Ferreira de Almeida*, v. III, Coimbra, Almedina, 2011, págs. 251-283.

princípios nela consignados"[76], o "*dever de fundamentação das sentenças*", a "*força vinculativa das mesmas*", a publicidade das audiências (e das decisões nele proferidas) e as "*imunidades necessárias ao exercício do mandato*", constituem princípios e garantias que são aplicáveis não apenas aos Tribunais do Estado, mas também aos Tribunais Arbitrais, como, de resto, tem sido generalizadamente apontado pela doutrina, e tem sido paulatinamente reconhecido pelo legislador.

iii) A publicidade da audiência enquanto imperativo de ordem pública

Para além de configurar uma imposição de índole constitucional, a previsão, em toda a sua extensão, do princípio da publicidade no âmbito da arbitragem administrativa assume, ainda, a veste de verdadeiro *imperativo de ordem pública*. Na verdade, deve sublinhar-se que a arbitragem administrativa possui inúmeras especificidades face à arbitragem voluntária, sendo que aquela que mais relevo e importância assume resulta do facto de naquela estarem sempre em causa interesses que nunca são interesses privados das partes, mas, sempre, interesse públicos.

Como bem refere Mário Aroso de Almeida, "*não se pode em nenhum momento esquecer que a litigiosidade é uma litigiosidade de ordem pública, porque diz respeito ao modo pelo qual são geridos recursos públicos para a prossecução de interesses públicos – recursos e interesses que, por serem públicos, não dizem apenas respeito às entidades públicas a cargo dos quais eles foram colocados, mas à comunidade como um todo, ao serviço da qual essas entidades atuam*". Ora, daqui decorre que constitui um "*imperativo de ordem pública impor particulares exigências de*

---

[76] Foi apenas no Séc. XXI que se começou a sublinhar que também este princípio se aplicava aos Tribunais Arbitrais. Assim, e salvo erro, foi também Miguel Galvão Teles que primeiro chamou a atenção a este tema (cfr. "Recurso para o Tribunal Constitucional das Decisões dos Tribunais Arbitrais", in *Estudos em Homenagem ao Prof. Dr. Sérvulo Correia*, Vol I, 2010, págs. 637-655), tendo a posição ali assumida sido depois acolhida pela generalidade da doutrina e sendo hoje objeto de tratamento legislativo expresso. Esse tratamento continua a ser, ainda assim, insuficiente, como procurámos já evidenciar – cfr. Vasco Moura Ramos, "Os meios de reacção contra decisões arbitrais em matéria Administrativa – Breves comentários ao regime jurídico vigente", in *A arbitragem administrativa em debate: problemas gerais e arbitragem no âmbito do Código dos Contratos Públicos*, coord. Carla Amado Gomes e Ricardo Pedro, 2.ª edição, 2023, AAFDL Editora, págs. 227 e segs., e, em especial, págs. 238 e segs..

rigor e transparência à resolução arbitral de litígios de Direito Administrativo – imperativo que, não vale a pena escamotear a questão, não tem sido, de todo, assegurado até aqui"[77].

23. Das considerações tecidas *supra*, importa retirar algumas consequências para a arbitragem administrativa.

Desde logo, como sublinha SÉRVULO CORREIA, "*são vários os tópicos relativos à condução do processo arbitral merecedores de reflexão no tocante à introdução de coordenadas específicas de arbitragem administrativa*", sendo de realçar algumas exigências "*...que decorrem do papel do processo administrativo como instrumento de responsabilidade democrática da Administração ("accountability")*"[78].

Como bem defende aquele Autor, esta circunstância impõe que o processo arbitral administrativo não possa conhecer a *flexibilidade* por todos apontada ao processo arbitral. Estando em causa, por um lado, interesses públicos que importa assegurar, e, por outro, a eficácia de um meio essencial de controlo e fiscalização da actividade administrativa dirigida à consecução daqueles, é natural que se formulem, a respeito da arbitragem administrativa, exigências de transparência e publicidade que, reconhecemos, não se colocam no domínio da arbitragem voluntária em geral[79], em que assume relevo a disponibilidade dos direitos e interesses em presença e, em geral, as consequências comummente associadas à génese contratual daquela.

Neste contexto, a consagração do princípio da publicidade das decisões arbitrais transitadas em julgado foi o primeiro passo para combater um dos principais problemas associados à arbitragem em geral – a falta de credibilidade em virtude da obscuridade e opacidade apontadas ao seu funcionamento tradicional[80] –, para além de se revelar essencial para a garantia de *transparência* da actividade administrativa – indispensável para a viabilidade

[77] Cfr. MÁRIO AROSO DE ALMEIDA, *Arbitragem administrativa..., cit.*, pág. 58.

[78] Cfr. SÉRVULO CORREIA, *A arbitragem dos litígios..., cit.*, pág. 715.

[79] *Ibid.*. Para SÉRVULO CORREIA, "*não se trata apenas da submissão da atividade administrativa a mecanismos jurisdicionais de controlo, mas, ao mesmo tempo, de utilizar o processo administrativo como* câmara de ressonância, *isto é, como lugar privilegiado (entre outros) para o desenvolvimento de um discurso comunicativo sobre as tarefas administrativas e para a perceção pela opinião pública do grau de concretização das metas colocadas pelo imperativo de boa administração na sua parte juridificável*".

[80] Evidenciando-o, *vide* MARGARIDA OLAZABAL CABRAL, *A arbitragem..., cit.*, pág. 100.

do seu escrutínio por parte dos cidadãos e para o cumprimento do imperativo constitucional de acesso aos arquivos e registos administrativos, ao abrigo do qual os cidadãos têm direito a conhecer o conteúdo dos documentos na posse da Administração relativos ao funcionamento e controlo da actividade pública, e que é encapsulado no *princípio da administração aberta* – cfr. artigo 268.º, n.º 2 da CRP, e artigo 2.º da Lei n.º 26/2016, de 22 de Agosto –, de que é refracção o *direito de conhecer a jurisprudência.*

Ora, é precisamente à luz dos aspectos elencados *supra* que se evidencia, com maior clareza, a desconformidade do regime de publicidade *mitigada* previsto no artigo 185.º-B do CPTA com as exigências decorrentes dos imperativos a que acima se fez referência.

Necessário se torna, portanto, que sejam encontrados mecanismos adicionais, que garantam a publicidade da arbitragem administrativa, sendo certo que os mesmos não poderão limitar-se à publicação das decisões finais transitadas em julgado, ainda para mais quando, nos termos da lei, esta depende do expurgo prévio dos dados identificativos da pessoa ou pessoas a que diz respeito o processo arbitral.

V. O PRINCÍPIO DA PUBLICIDADE NOS TRIBUNAIS ARBITRAIS: *DE JURE CONSTITUENDO*

24. Como se vem referindo, atendendo ao papel preponderante dos Tribunais Arbitrais para a manutenção da estabilidade do sistema jurisdicional, à disseminação da sua criação com vista à resolução de litígios emergentes de relações jurídico-administrativas, e, acima de tudo, à sua consideração como *verdadeiros* Tribunais à luz da CRP, a consagração do princípio da publicidade era – e é – visto, não como mera veleidade, mas como verdadeira necessidade, imposta pela Lei Fundamental Portuguesa.

Neste sentido, precisamente porque o artigo 206.º da CRP impõe a publicidade (também) das audiências dos Tribunais Arbitrais, e, para além disso, porque à publicidade da arbitragem administrativa subjaz um imperativo de ordem pública, reconduzível a um interesse vincado na garantia plena da transparência e abertura da Administração – necessárias para o escrutínio da actividade administrativa –, é indubitável que a ponderação desses fatores impõe uma implementação mais robusta e abrangente do princípio da publicidade.

Parece-nos, pois, inexcusável que este se considere plenamente cumprido apenas mediante a imposição da obrigatoriedade de publicação – truncada[81] – das decisões arbitrais transitadas em julgado.

Pelo contrário, a consagração satisfatória do princípio da publicidade no domínio da arbitragem administrativa só será possível se forem tomadas medida concretas nesse sentido, adequadas a garantir, não só a conformidade com a Constituição, mas também a plena efetividade dos princípios da actividade administrativa relevantes, particularmente no que respeita à abertura da Administração e à possibilidade de escrutínio da actividade por si desenvolvida por parte dos administrados.

25. Nos tribunais administrativos estaduais, à semelhança do que acontece nos tribunais judiciais, o princípio é, precisamente, o da publicidade das audiências, salvo, como acima se referiu, decisão fundamentada do tribunal em sentido contrário. E essa deverá, ao abrigo do disposto na CRP, ser a regra também no caso da arbitragem administrativa[82/83].

---

[81] No mesmo sentido, parece-nos injustificável que se assista, no que respeita à publicação de decisões arbitrais em matéria administrativa e tributária na plataforma criada para o efeito (https://servicos.tribunais.org.pt/servicos/arbitragem-administrativa-tributaria/), a uma disparidade de critérios tão evidente no que respeita aos elementos suscetíveis de omissão e cujo cúmulo é observável na versão publicada da decisão tomada no Processo n.º 18/2022/AHC/SM (disponível em https://servicos.tribunais.org.pt/servicos/arbitragem-administrativa-tributaria/consultar-decisoes). Apesar de os membros do Tribunal Arbitral se encontrarem devidamente identificados na página da plataforma, a decisão surge, não se sabe por que motivo, truncada, quer na página de assinatura daqueles, quer no voto de vencida apresentado. Sem prejuízo disso, e malgrado todos os esforços envidados em sentido contrário, a ocultação, na decisão arbitral, da identidade dos árbitros, pelo modo como foi executada, ainda permite a sua identificação. A previsão de uma regra universal de identificação dos membros do Tribunal Arbitral e, pelo menos, da parte que seja entidade pública é, portanto, muito necessária para combater a arbitrariedade que hoje grassa em matéria de publicação de decisões arbitrais em matéria administrativa.

[82] Neste sentido, *vide* Sérvulo Correia, *A arbitragem dos litígios..., cit.*, pág. 717.

[83] Procurando mitigar o efeito potencialmente disruptivo da adoção de uma regra de *open court*, José Miguel Júdice (*Confidencialidade e Transparência..., cit.*, págs. 101 e segs.) sugere a concessão ao tribunal de poderes para restringir essa possibilidade, oficiosamente ou a requerimento das partes, admitindo, contudo, como alternativa, "*a divulgação da transcrição das audiências ou da gravação áudio ou vídeo*", que o Autor considera "*menos sujeita à discrição do tribunal pois – sobretudo se tiver lugar apenas após o final da audiência – não vejo que perturbe o funcionamento e eficiência do tribunal, pelo que a não aplicação do princípio da publicidade deverá ser*

Assim, e em primeiro lugar, é necessário tomar medidas legislativas tendentes à previsão *expressa* do princípio da publicidade das audiências na arbitragem administrativa.

Como se viu, e no que respeita a esta matéria, o CPTA determina apenas que deverão ser obrigatoriamente publicadas as decisões arbitrais transitadas em julgado. Significa isto que, por omissão, será aplicável, no que respeita às audiências das arbitragens administrativas, o princípio da confidencialidade decorrente da LAV. Julga-se, portanto, que a solução passará pelo aditamento, ao artigo 185.º-B do CPTA, de conteúdo idêntico – salvo as devidas adaptações – ao do n.º 2 do artigo 91.º do mesmo diploma.

26. Em segundo lugar, parece-nos que, para além da necessidade de assegurar a publicidade das audiências – o que, como se viu, constitui uma verdadeira imposição constitucional –, se justifica, ainda, ponderar a implementação de outras concretizações do princípio da publicidade, designadamente a adoção de um mecanismo que assegure a publicação da abertura dos processos arbitrais administrativos (recorde-se que isso mesmo sucede com todas as ações que decorrem perante tribunais administrativos e fiscais)[84], com a indicação do árbitro ou árbitros que compõem o tribunal arbitral, assim como a identificação das Partes[85], em particular das entidades públicas envolvidas no litígio.

27. Por fim, e como decorrência do exposto no ponto antecedente, não se divisa qualquer motivo atendível para a manutenção da exigência, como condição de publicação das decisões arbitrais, de eliminação dos elementos identificativos da pessoa ou pessoas a que os processos arbitrais dizem respeito; pelo contrário. Na verdade, a partir do momento em que se reconheça a extensão, à arbitragem administrativa, da publicidade das audiências, deixará de fazer sentido manter qualquer exigência relativa à anonimidade das partes – sem prejuízo das ressalvas feitas *infra*.

---

concretizada de forma fundamentada em função da ponderação dos interesses em presença e dos conflitos de direitos ou de deveres".

[84] Defendendo esta solução, cfr. Sérvulo Correia, *A arbitragem dos litígios..., cit.*, pág. 716.

[85] Concedendo-se que, quando motivos ponderosos o justifiquem, a identidade da parte privada no litígio possa, eventualmente, ser omitida, designadamente quando se trate de uma pessoa singular. O mesmo não poderá, contudo, suceder com a entidade pública que intervenha no litígio, devendo a respetiva identidade ser, em todos os casos, divulgada.

Face ao exposto, e tendo em vista assegurar a plenitude do *princípio da administração aberta* e a consequente possibilidade de escrutínio da actividade administrativa, a solução passará, parece-nos, e conforme sugerido por José Robin de Andrade[86], pela interpretação *restritiva* do n.º 2 do artigo 185.º-B do CPTA, no sentido de a "*anonimização que nele se impõe, apenas se* [aplicar] *à pessoa ou pessoas singulares a que dizem respeito* [os processos arbitrais] *e nunca por nunca, às pessoas colectivas públicas e privadas envolvidas*"[87/88].

---

[86] José Robin de Andrade, *A publicação das decisões arbitrais..., cit.*, págs. 4 e 5.

[87] Analisada a Portaria pela qual se procedeu à regulação dos termos de depósito e publicação das decisões arbitrais em matéria administrativa e tributária, parece-nos que o motivo para a redacção conferida ao n.º 2 do artigo 185.º-B do CPTA reside no artigo 6.º daquela, com a epígrafe "*Tratamento de dados pessoais*", e a aparente prevalência da necessidade de assegurar o cumprimento da Lei n.º 58/2019, de 8 de Agosto, e o Regulamento (UE) 2016/679 do Parlamento Europeu e do Conselho (também conhecido como Regulamento Geral sobre a Protecção de Dados). No entanto, a aplicabilidade da legislação em questão encontra-se circunscrita à proteção de pessoas singulares – motivo pelo qual nunca poderia abranger as entidades que integram a Administração Pública –, pelo que o legislador poderia ter salvaguardado expressamente a divulgação dos dados relativos às pessoas coletivas públicas e privadas envolvidas nas decisões arbitrais publicadas – cfr., a este propósito, José Robin de Andrade, *A publicação das decisões arbitrais..., cit.*, págs. 2 e segs..

[88] Na verdade, esta solução é extensível ao processo administrativo em geral. Uma breve análise da jurisprudência disponível na plataforma da DGSI permite concluir que, à semelhança do que se constatou a propósito da plataforma de publicação de decisões arbitrais, não há qualquer critério em matéria de divulgação ou confidencialidade dos dados de identificação das partes – excepção feita às pessoas singulares. É possível, então, encontrar decisões em que é divulgada a identidade das partes privadas e outras em que esta é expurgada, assim como decisões em que é mantida a identificação das entidades públicas em litígio e outras em que acontece o contrário. Como tal, também a concretização do princípio da publicidade das decisões dos Tribunais Administrativos Estaduais beneficiará da uniformização da regra relativa à identificação das partes, nos termos propostos por Robin de Andrade. Na verdade, só será possível cumprir plenamente o propósito de fiscalização e controlo da actividade administrativa subjacente à previsão do princípio da publicidade se, reitera-se, for possível identificar as entidades públicas envolvidas nos litígios emergentes de relações jus-administrativas submetidas à apreciação dos Tribunais, sejam eles Estaduais ou Arbitrais. Reconhece-se, no entanto, que mesmo a obrigatoriedade de identificação das pessoas coletivas privadas envolvidas no litígio poderá ser excessiva, em face do que resulta já, em matéria de publicidade, do regime previsto no CPTA. Assim sendo, e porque, como já se disse, não há qualquer interesse em – nem, na verdade, legitimidade para – defender a previsão de um princípio da publicidade mais intenso em sede de arbitragem administrativa do que o que se encontra previsto para o processo administrativo, julgamos que será bastante impor-se apenas a divulgação dos dados de identificação da entidade pública.

28. Parece-nos que apenas assim se encontrarão reunidas as condições de que depende a plena satisfação das imposições constitucionais acima referidas, garantindo-se a conformidade do regime processual das arbitragens administrativas com o regime previsto, em geral, para os Tribunais do Estado. Para além disso, só por via da consagração de uma conceção ampla do princípio da publicidade será possível garantir a controlabilidade da atuação administrativa por parte dos administrados, exequível apenas enquanto for plenamente cumprido o princípio da Administração aberta e garantido o exercício do direito de acesso aos documentos administrativos.

29. Não temos dúvidas, por sua vez, que a arbitragem administrativa em muito beneficiará das repercussões positivas advindas da previsão do princípio da publicidade nos termos acima referidos. O facto de este princípio ser devidamente consagrado e aplicado, com a seriedade que a sua relevância reclama, terá, certamente, um impacto significativo sobre a forma como é percecionada, pelos administrados, a arbitragem administrativa.

Escapando ao estigma resultante de uma tradição de reserva e confidencialidade, a arbitragem administrativa sujeita ao princípio da publicidade será, então, percebida como aquilo que verdadeiramente é: um mecanismo alternativo de resolução de litígios decorrentes de relações jurídico-administrativas essencial para assegurar a estabilidade do sistema judicial e o direito à tutela jurisdicional efetiva, aberto, transparente, sujeito ao controlo e escrutínio dos administrados e, por esse motivo, distante da imagem de opacidade e secretismo que justamente motivariam, noutras circunstâncias, a resistência e desconfiança com que se tem deparado.

VI. CONCLUSÕES

30. O regime da arbitragem administrativa vigente no ordenamento jurídico português está, ainda, longe de corresponder às exigências que neste âmbito lhe são impostas.

É certo, como se viu, que foram já dados passos importantes no sentido de conformar a arbitragem administrativa ao regime processual administrativo aplicável aos Tribunais do Estado, sendo disso exemplo o aditamento, ao CPTA, do artigo 185.º-B, que prevê a obrigatoriedade da publicação de todas as decisões arbitrais transitadas em julgado.

É igualmente verdade, porém, que a previsão dessa exigência não permite cumprir, de forma plena, a imposição constitucional resultante do artigo 206.º da CRP e o imperativo de ordem pública subjacente à necessidade de escrutínio da actividade administrativa – de que é corolário o *princípio da administração aberta* previsto no n.º 2 do artigo 268.º da CRP.

É inequívoco que o valor da transparência assume, no domínio da arbitragem administrativa, relevância destacada. Desde logo porque, como se viu, os Tribunais Arbitrais são *verdadeiros* Tribunais, de estatuto idêntico ao dos Tribunais do Estado, motivo pelo qual uns e outros se encontram, em igual medida, sujeitos ao princípio da publicidade consagrado no artigo 206.º da CRP. A isso acresce, complementarmente, que o facto de a arbitragem administrativa convocar, sempre, interesses públicos, implica que a publicidade surja, também, como garante de transparência e abertura da Administração ao escrutínio da sua actividade por parte dos administrados.

Torna-se, portanto, necessário ir além – como tem sido, de resto, evidenciado pela doutrina –, com vista a concretizar o valor da transparência que caracteriza as sociedades contemporâneas e é indispensável para a afirmação de qualquer Estado de Direito Democrático.

Esse propósito será alcançado através da implementação de uma série de medidas tendentes a ampliar o alcance do princípio da publicidade e combater a unidimensionalidade e insuficiência reconhecidas à mera previsão da publicação das decisões arbitrais transitadas em julgado.

Em concreto, é imprescindível, para alcançar esse desígnio, garantir, desde logo, o princípio da publicidade das audiências, à semelhança da solução prevista para os Tribunais do Estado; é, ainda, necessário assegurar a obrigatoriedade de publicitação do início do processo arbitral, com identificação do árbitro ou árbitros que compõem o Tribunal Arbitral e as partes no litígio, mormente as que sejam entidades públicas; por fim, é necessário eliminar as restrições previstas no artigo 185.º-B do CPTA relativamente à publicidade das decisões arbitrais transitadas em julgado, particularmente em matéria de identificação das partes. Só assim, parece-nos, será possível afirmar que o princípio da publicidade, tal qual se encontra consagrado na CRP e é reclamado pela tendência de democratização do escrutínio da actividade administrativa, se encontra, no contexto da arbitragem administrativa, plenamente cumprido.

REFERÊNCIAS DOUTRINAIS

AA.VV., *Arbitragem Administrativa: Uma Proposta*, coord. Tiago Serrão, Almedina, 2019.

Ana Olívia Antunes Haddad, *Transparência no Processo Arbitral*, Coleção CBAr, Almedina, 2021.

António Ferrer Correia, "Da arbitragem comercial internacional", in *Temas de Direito Comercial e Direito Internacional Privado*, Almedina, Coimbra, 1989.

António Santos Abrantes Geraldes/ Paulo Pimenta/ Luís Filipe Pires de Sousa, *Código de Processo Civil Anotado*, v. I, Almedina, 2018.

Artur Flamínio da Silva/ António Pedro Pinto Monteiro, "Publicidade vs. Confidencialidade na arbitragem desportiva transnacional", in *Revista de Direito Civil*, Ano 1 (2016), n.º 3.

Carlos Blanco de Morais, CAAD, *Newsletter*, n.º 1, 2013.

Dário Moura Vicente, "Arbitragem OHADA", in *Direito Internacional Privado – Ensaios*, v. II, Almedina, Coimbra, 2005.

Débora Melo Fernandes, "O princípio da transparência administrativa: mito ou realidade", in *Revista da Ordem dos Advogados*, Ano 75, Lisboa, Janeiro-Junho 2015.

Diogo Calado/ Manuel da Silva Gomes, "Publicidade das decisões arbitrais administrativas: ponto de situação e algumas interrogações conexas", in *A Arbitragem administrativa em debate: problemas gerais e arbitragem no âmbito do Código dos Contratos Públicos*, coord. Carla Amado Gomes e Ricardo Pedro, AAFDL Editora, Lisboa, 2018.

Eduardo Helfer de Farias, *Arbitragem comercial no Brasil: confidencialidade ou transparência*, dissertação de Mestrado apresentada à Universidade Federal Fluminense, Programa de Pós-Graduação em Sociologia e Direito, 2015.

Fausto de Quadros, "Linhas gerais da reforma do Código de Processo nos Tribunais Administrativos em matéria de arbitragem", in *Revista Internacional de Arbitragem e Conciliação*, n.º 7, Almedina, 2014.

– "A arbitragem em direito administrativo", in *Mais Justiça Administrativa e Fiscal: Arbitragem*, org. Nuno de Villa-Lobos e Mónica Brito Vieira, Coimbra Editora, 2010.

Francisco Paes Marques, "Arbitragem e multipolaridade administrativa: da necessidade de um regime específico para os contra-interessados e terceiros no processo arbitral jurídico-administrativo", in *A arbitragem administrativa em debate: problemas gerais e arbitragem no âmbito do Código dos Contratos Públicos*, 2.ª edição, 2023.

GOMES CANOTILHO/ VITAL MOREIRA, *Constituição da República Portuguesa Anotada*, Volume I, 4.ª edição revista, Coimbra Editora.

ISABEL CELESTE DA FONSECA, ("A arbitragem administrativa: uma realidade com futuro?", in *A Arbitragem Administrativa e Tributária – Problemas e Desafios*, coord. Isabel Celeste da Fonseca, Almedina, 2012.

ISABELA DE ASSIS GODOY/ EVELINE DENARDI, "A confidencialidade na arbitragem com a administração pública brasileira", in *Revista Jurídica Luso-Brasileira*, Ano 7 (2021).

JORGE MIRANDA/ RUI MEDEIROS, *Constituição Portuguesa Anotada*, Tomo III, Coimbra Editora, 2007.

JOSÉ CARLOS VIEIRA DE ANDRADE, *A justiça administrativa*, Lições, 19.ª edição, Almedina, 2023.

JOSÉ MANUEL SÉRVULO CORREIA, ("A arbitragem dos litígios entre particulares e a administração pública sobre situações regidas pelo direito administrativo", in *Estudos em memória do Conselheiro Artur Maurício*, coord. Maria João Antunes, Almedina, 2014.

JOSÉ MIGUEL JÚDICE, "Anotação ao acórdão Esso Australia Resources Limited and others v. The Honourable Sidney James Plowman and others", in *100 Anos de Arbitragem – os casos essenciais comentados*, Coleção PLMJ, n.º 9, Coimbra Editora, Coimbra, 2015.

– "Confidencialidade e Transparência em Arbitragens de Direito Público", in *Liber Amicorum Fausto de Quadros*", v. II, Almedina, 2015.

JOSÉ ROBIN DE ANDRADE, *A publicação das decisões arbitrais no contencioso administrativo*, 2021, consultável em https://www.arbitragem.pt/xms/files/Conselhos/Estudo_sobre_publicacao_das_decisoes_arbitraisRectif_ok.pdf [última consulta realizada a 31/08/2023].

– "Publicidade e Impugnação de decisões arbitrais em matéria administrativa (O Projecto de revisão do Código de Processo dos Tribunais Administrativos e a nova LAV), in *Revista Internacional de Arbitragem e Conciliação*, n.º 7 (2014), Almedina.

LUÍS DE LIMA PINHEIRO, *Arbitragem Transnacional – a Determinação do Estatuto da Arbitragem*, Almedina, Coimbra, 2005.

MANUEL PEREIRA BARROCAS, *Manual de Arbitragem*, 2.ª edição, Almedina, Coimbra, 2013.

MARGARIDA OLAZABAL CABRAL, "A arbitragem no projeto de revisão do CPTA", in *Julgar*, n.º 26 (2015), Coimbra Editora.

MÁRIO AROSO DE ALMEIDA, "Arbitragem administrativa: presente e futuro", in *Revista de Direito Administrativo*, n.º 7, Janeiro-Abril de 2020.

Mário Aroso de Almeida/ Carlos Alberto Fernandes Cadilha, *Comentário ao Código de Processo nos Tribunais Administrativos*, 5.ª edição, Almedina, 2021.

– "Sobre o âmbito das matérias passíveis de arbitragem de direito administrativo em Portugal", in *Estudos em Homenagem a Miguel Galvão Teles*, v. II, Almedina, 2012.

Miguel Galvão Teles, "A Independência e imparcialidade dos Árbitros como Imposição constitucional", in *Estudos em homenagem ao Professor Doutor Carlos Ferreira de Almeida*, v. III, Coimbra, Almedina, 2011.

– "Recurso para o Tribunal Constitucional das Decisões dos Tribunais Arbitrais", in *Estudos em Homenagem ao Prof. Dr. Sérvulo Correia*, vol. I, 2010, págs. 637-655.

Paula Costa e Silva, "A execução em Portugal de decisões arbitrais nacionais e estrangeiras", in 1º Congresso do Centro de Arbitragem da Câmara de Comércio e Indústria, Intervenções, Almedina, Coimbra, 2008.

– "Os meios de impugnação de decisões proferidas em arbitragem voluntária no direito interno português", in *Revista da Ordem dos Advogados*, ano 56, v. I, Lisboa, 1996.

Paulo Osternack Amaral, "Vantagens, desvantagens e peculiaridades da arbitragem envolvendo o poder público", *Arbitragem e Poder Público*, Editora Saraiva, coord. Cesar Augusto Guimarães Pereira e Eduardo Talamini, 2010.

Pedro Costa Gonçalves, "Administração Pública e arbitragem – em especial, o princípio legal da irrecorribilidade de sentenças arbitrais", in *Estudos em Homenagem a António Barbosa de Melo*, Almedina, 2013.

Pedro Irineu de Moura Araújo Neto, "A confidencialidade do procedimento arbitral e o princípio da publicidade", *Revista de Informação Legislativa*, v. 53, n.º 212 (Outubro-Dezembro 2016), Brasília.

Rui Medeiros, "Nem oito nem oitenta... A propósito da proposta de uma LAV para as arbitragens administrativas", in *Revista de Direito Administrativo*, n.º 7, Janeiro--Abril de 2020, AAFDL Editora.

Suzana Tavares da Silva, "O princípio da transparência: da revolução à necessidade de regulação", in *As reformas do sector público: perspectiva ibérica no contexto pós-crise*, coord. José Carlos Vieira de Andrade e Suzana Tavares da Silva, Instituto Jurídico da Faculdade de Direito da Universidade de Coimbra, 2015.

Tiago Serrão/ Marco Caldeira, "A publicidade das decisões arbitrais administrativas: algumas reflexões", in *Estudos Jurídicos em comemoração do Centenário da AAFDL – Contributo para o presente e futuro dos meios de resolução alternativa de litígios*, v. I, AAFDL Editora, 2018.

Vasco Moura Ramos, "Algumas considerações sobre a arbitragem de litígios respeitantes à validade de actos administrativos (à luz do regime resultante do

CPTA)", in *Arbitragem e direito público,* coord. Carla Amado Gomes, Domingos Soares e Ricardo Pedro, AAFDL Editora, 2016.

- "*Os meios de reacção contra decisões arbitrais em matéria Administrativa – Breves comentários ao regime jurídico vigente*", in *A arbitragem administrativa em debate: problemas gerais e arbitragem no âmbito do Código dos Contratos Públicos,* coord. Carla Amado Gomes e Ricardo Pedro, 2.ª edição, 2023, AAFDL Editora.

TRANSPARÊNCIA NAS ARBITRAGENS PÚBLICAS: OS DESAFIOS DA PUBLICIDADE E DO DEVER DE REVELAÇÃO DOS ÁRBITROS

FLÁVIO AMARAL GARCIA
Doutor pela Faculdade de Direito da Universidade de Coimbra. Professor de Direito Administrativo da Fundação Getúlio Vargas do Rio de Janeiro. Procurador do Estado do Rio de Janeiro.

GUSTAVO SCHEFFER DA SILVEIRA
Doutor pela Universidade de Paris 2 Panthéon-Assas.

1. NOTA INTRODUTÓRIA

O Brasil vivencia um momento crucial, no qual o desenvolvimento nacional – objetivo expressamente consignado no art. 1º da CF – depende de significativos investimentos privados e externos no setor de infraestrutura[1].

---

[1] "Apesar de toda incerteza relacionada ao futuro do Brasil, há algumas deficiências permanentes, cuja solução torna-se ainda mais relevante para a estratégia de recuperação, como, por exemplo, a necessidade de investimentos na infraestrutura nacional. O déficit de infraestrutura brasileiro é expressivo. Estimativas do Banco Mundial[1] apontam para a necessidade de investimentos anuais da ordem de 4,25% do PIB para aprimorar a qualidade de vida dos brasileiros, em comparação com os menos de 2% atuais." Seillier, Martha; Gadelha, Bertha. "Retomada econômica no pós-COVID: o investimento em infraestrutura como indutor de prosperidade". Portal Brasil: Economia e Governo, 2020. http://www.brasil-economia-governo.org.br/2020/07/13/retomada-economica-no-pos-covid-o-investimento-em-infraestrutura-como-indutor-de-prosperidade/#respond. Acesso em 17 agosto 2020.

Parte desses investimentos estão atrelados aos contratos administrativos, designadamente aos contratos de concessão e de parceria público privada[2].

O risco de que todos os conflitos decorrentes desses contratos administrativos sejam obrigatoriamente submetidos à jurisdição estatal pode resultar no afastamento de potenciais investidores e empresas, ou mesmo na precificação do risco judicial no momento de elaboração da sua proposta econômica para participar da licitação.

A flexibilidade do procedimento, com regras menos formalistas do que aquelas que pautam o processo judicial (desde que respeitadas garantias fundamentais do processo), a maior celeridade na resolução dos litígios, além do conhecimento técnico que orienta a escolha e a própria atuação dos árbitros, são vantagens comumente apontadas quando se adota a arbitragem e que, consequentemente, militam a favor da sua admissibilidade no campo das relações administrativas e de direito público.

A arbitragem revela-se um mecanismo de resolução de litígios de extrema importância em um mundo globalizado, conferindo maior segurança jurídica às partes, que consensualmente elegem essa solução como meio adequado de composição de seus interesses e conflitos.

A intervenção de especialistas e *experts* para julgarem os litígios, a celeridade na sua resolução e, como consequência, a possibilidade de desafogar o Poder Judiciário são virtudes que tornam a arbitragem um mecanismo que efetiva e realiza o Direito. O Estado não detém o monopólio da justiça, que pode ser concretizada por outros meios dotados de idêntica legitimidade.

Todas essas vantagens da arbitragem não devem ser negadas ao Estado, que cada vez mais recorre aos contratos administrativos para operacionalizar os interesses públicos que lhe cabe tutelar. *Governar por contratos*[3] é um dos pilares que alicerçam a atividade administrativa no século XXI.

---

[2] Conforme GARCIA, Flávio Amaral. Arbitragem e a Infraestrutura Brasileira. *In Direito Administrativo e Alternative Dispute Resolution*. CUELLAR, Leila; MOREIRA, Egon Bockmann Moreira; CRUZ, Elisa Schmidilin. Belo Horizonte: Forum, 2ª edição, 2022, p. 179/181.

[3] Sobre o tema, ver Gaudin, Jean-Pierre. *Gouverner par Contrat: l'action publique en question*. Paris: Presses de SciencesPo, 1999. Acentuando a contratualização da ação administrativa, ver CHEVALLIER, Jacques. *L'État post-modern*. 3. ed. Paris: LGDJ., 2008 ; Richer, Laurent. La Contractualisation comme Technique de Gestion des Affaires Publiques. In: GONOD, Pascale (org.). *L'Actualité Juridique* – Droit Administratif. Paris: Dalloz, 2003; Gonçalves, Pedro. *Reflexões sobre o Estado Regulador e o Estado Contratante*. Coimbra: Coimbra, 2013; Melo, Antônio

Portanto, é possível afirmar que a utilização da via arbitral pelos entes públicos encontra-se pacificada no ordenamento jurídico brasileiro. Não foi, contudo, um percurso fácil. Vários obstáculos e desafios tiveram que ser superados.

Se dizia que os entes públicos não poderiam recorrer a arbitragem em razão do princípio da indisponibilidade do interesse público – diga-se de passagem a partir de uma compreensão bastante elástica e antiquada do referido princípio[4].

Esse entendimento foi sendo paulatinamente superado pela edição de várias leis setoriais que passaram a prever expressamente o cabimento da arbitragem em determinados contratos administrativos, como é o caso, entre outras, das concessões de serviços públicos[5] e das parcerias público-privadas[6].

Com a edição da Lei nº 13.129 de 2015 – que alterou a Lei nº 9.307/96 (Lei de Arbitragem) pacificou-se a questão da arbitrabilidade subjetiva. Não se põe mais em dúvida que os entes públicos podem fazer uso da arbitragem para solução dos seus conflitos, designadamente nas suas relações contratuais.

Moreira Barbosa. A ideia de contrato no centro do universo jurídico-político. In: Gonçalves, Pedro (Org.). *Estudos de Contratação Pública – I*. Coimbra: Coimbra Editora, 2008. p. 08-21.

[4] Essa visão já foi superada, restando compreendido que fazer uso da arbitragem não importa em disposição do interesse público. Nesse sentido, dispõe Eros Graus: "Daí porque, sempre que puder contratar, o que importa disponibilidade de direitos patrimoniais, poderá a Administração, sem que isso importe disposição do interesse público, convencionar cláusula de arbitragem. Retorno, à esta altura, às observações de Themistocles Cavalcanti para afirmar que precisamente o fazendo a Administração estará a prestar acatamento ao interesse público.". GRAU, Eros Roberto. "Arbitragem e contrato administrativo". Revista da Faculdade de Direito, Porto Alegre, RS, n. 21, abr. 2017. ISSN 2595-6884. https://seer.ufrgs.br/revfacdir/article/view/72370. Acesso em: 17 agosto 2020.

[5] Lei nº 8.987 de 1995, alterada pela Lei 11.196 de 2005 "Art. 23-A. O contrato de concessão poderá prever o emprego de mecanismos privados para resolução de disputas decorrentes ou relacionadas ao contrato, inclusive a arbitragem, a ser realizada no Brasil e em língua portuguesa, nos termos da Lei nº 9.307, de 23 de setembro de 1996."

[6] Lei 11.074 de 2004: "Art. 11. O instrumento convocatório conterá minuta do contrato, indicará expressamente a submissão da licitação às normas desta Lei e observará, no que couber, os §§ 3º e 4º do art. 15, os arts. 18, 19 e 21 da Lei nº 8.987, de 13 de fevereiro de 1995, podendo ainda prever: (...) III – o emprego dos mecanismos privados de resolução de disputas, inclusive a arbitragem, a ser realizada no Brasil e em língua portuguesa, nos termos da Lei nº 9.307, de 23 de setembro de 1996, para dirimir conflitos decorrentes ou relacionados ao contrato."

Também houve um inegável avanço em relação às matérias que podem ser arbitráveis (arbitrabilidade objetiva). Novamente, a legislação brasileira contribuiu para aumentar a segurança jurídica quando explicitou que poderão ser endereçados para via arbitral os conflitos que envolvam **(i)** as questões relacionadas à recomposição do equilíbrio econômico-financeiro dos contratos; **(ii)** o cálculo de indenizações decorrentes de extinção ou de transferência do contrato de concessão; **(iii)** o inadimplemento de obrigações contratuais por qualquer das partes[7].

Evidente que outras matérias poderão ser arbitráveis nos contratos administrativos, mas é bastante positivo que sobre temas tão relevantes como equilíbrio econômico-financeiro, extinção e inadimplemento não pairem mais quaisquer dúvidas. Seguramente, as cláusulas compromissórias agregarão outras matérias arbitráveis e o cenário de segurança jurídica vai, cada vez mais, se consolidando.

Outro mito superado foi o da necessidade de licitação para a escolha das Câmaras Arbitrais ou mesmo para a escolha de árbitros[8]. Poderia ter sido fatal para o desenvolvimento das arbitragens a transposição da licitação como premissa absoluta e como a forma mais eficiente de orientar as escolhas administrativas nas arbitragens.

A prática vem demonstrando o sucesso do cadastramento prévio das Câmaras Arbitrais, permitindo, inclusive, que a escolha final seja do contratado, concretizando a consensualidade na relação contratual, bem como a indispensável discricionariedade motivada na escolha do árbitro, não havendo aqui a incidência do princípio da licitação por não se tratar de uma relação contratual; afinal, o árbitro não é "contratado" do ente público[9].

---

[7] Conforme dispõe o § 4º, do art. 31 da Lei nº 13.448/17 e o artigo 2º do Decreto Federal nº 10.025/19.

[8] O Decreto Federal nº 10.025 de 2019 trata do credenciamento e da escolha da câmara arbitral e dos árbitros em seus capítulos VII e VIII, respectivamente. Na mesma linha estão o Decreto nº 46.245/18 do Rio de Janeiro e Decreto nº 64.356/19 de São Paulo.

[9] Marçal Justen Filho explica: "A licitação é mecanismo jurídico destinado a selecionar a proposta de contratação mais vantajosa para a Administração Pública. Como a arbitragem não se constitui em um contrato é inviável cogitar de envolver uma licitação para instaurar uma arbitragem – ou para escolher árbitros ou câmaras para arbitragem" JUSTEN FILHO, Marçal. "Administração Pública e Arbitragem: o vínculo com a câmara e os árbitros" In: Revista Brasileira da Advocacia – RBA. Vol. 1. São Paulo: Revista dos Tribunais, abril-junho 2016. pp. 103-150.

Mais recentemente, a Lei nº 14.133/21, Nova Lei Geral de Licitações e Contrato Administrativos, passou a disciplinar, genericamente para todos os contratos públicos, um sistema multiportas de solução de controvérsias, com o reconhecimento da possibilidade de que sejam utilizados meios alternativos de prevenção e resolução de controvérsias, notadamente a conciliação, a mediação, o comitê de resolução de disputas e a arbitragem, no seu Capítulo XII, cujas disposições vão do art. 151 a 154[10].

Enfim, vários mitos e obstáculos foram superados e hodiernamente as arbitragens estão inseridas na geometria do Direito Administrativo, notadamente para os contratos concessionais duradouros. Contudo, alguns desafios ainda persistem.

O objetivo do presente artigo é examinar, nas arbitragens públicas, as questões que guardam relação direta com a *transparência* – consectário lógico de qualquer Estado Democrático de Direito[11] – sendo um valor que orienta e irradia toda e qualquer ação pública. Aliás, a própria ideia de República

---

[10] Art. 151. Nas contratações regidas por esta Lei, poderão ser utilizados meios alternativos de prevenção e resolução de controvérsias, notadamente a conciliação, a mediação, o comitê de resolução de disputas e a arbitragem. Parágrafo único. Será aplicado o disposto no caput deste artigo às controvérsias relacionadas a direitos patrimoniais disponíveis, como as questões relacionadas ao restabelecimento do equilíbrio econômico-financeiro do contrato, ao inadimplemento de obrigações contratuais por quaisquer das partes e ao cálculo de indenizações.
Art. 152. A arbitragem será sempre de direito e observará o princípio da publicidade. Art. 153. Os contratos poderão ser aditados para permitir a adoção dos meios alternativos de resolução de controvérsias. Art. 154. O processo de escolha dos árbitros, dos colegiados arbitrais e dos comitês de resolução de disputas observará critérios isonômicos, técnicos e transparentes.

[11] Maria Sylvia Zanella Di Pietro afirma: "(...)Pode-se afirmar que as bases filosóficas do direito administrativo, desde as origens, são as mesmas do Estado de Direito, tendo acompanhado de perto as mutações por este sofridas, em suas várias fases – liberal, social, democrática e, talvez, pós-pós-modernista (como mencionado por Jacqueline Morando-Deviller). Hoje, o direito administrativo – de base essencialmente constitucional – foi enriquecido pelos ideais de centralidade e dignidade da pessoa humana, de participação, de transparência, da motivação, de processualização, de controle social." (DI PIETRO, Maria Sylvia Zanella. Capitulo 1: Origem e do Direito Administrativo. In: JUNIOR, Wallace Paiva Martins; DI PIETRO, Maria Sylvia Zanella. Tratado de Direito Administrativo. 1. Ed. São Paulo: Editora Revista dos Tribunais, 2015, v. 1. Disponível em: *Revista dos Tribunais.* Acesso em: 04.07.2023.; MENDES, Gilmar Ferreira Mendes. Capítulo 8: Organização do Estado. In MENDES, Gilmar Ferreira Mendes e BRANCO, Paulo Gustavo Gonet. Curso de Direito Constitucional, 9.ed, São Paulo: Saraiva, 214. P. 848

ancora-se na premissa axiológica da publicidade e da transparência[12], impondo que a ação estatal seja pública e visível, sob pena da inviabilização do exercício do controle externo dos atos da Administração Pública.

Existe um direito fundamental à informação[13] que, evidentemente, se correlaciona com o Estado Democrático de Direito. Assim é que a premissa da transparência instala o dever de os cidadãos terem acesso às informações com qualidade, clareza e objetividade. Não é, frise-se, simplesmente promover a publicação dos atos oficiais.

Conforme bem explica Fabrício Motta[14], transparência é atributo do que é do que é transparente, límpido, cristalino e visível, exigindo não apenas informação disponível, mas também informação compreensível. É preciso, portanto, averiguar como o valor da transparência se articula com as arbitragens públicas, notadamente em razão de instalar uma forma relativamente nova para a Administração Pública solucionar controvérsias, bem como institui relações jurídicas com pessoas que antes não faziam parte do cotidiano da ação pública, como é o caso, por exemplo, dos árbitros.

Assim é que, a transparência nas arbitragens públicas desafia o operador do Direito a articular as arbitragens à luz do princípio da publicidade e, ainda, lidar com as complexas questões inerentes ao dever de revelação. Estes serão os dois aspectos a serem examinados adiante.

2. O PRINCÍPIO DA PUBLICIDADE NAS ARBITRAGENS E SUAS PARTICULARIDADES

A Lei 9.037/1996, com a redação conferida pela Lei 13.129/2015, prevê no § 3º do art. 2º que a arbitragem que tenham a Administração Pública

---

12 Sobre a importância da publicidade e transparência para a manutenção da república:" A publicidade é a "grande alma" da democracia republicana. Sem a publicidade não há um verdadeiro governo do povo (demos kratía ou "governo do Poder Público em público" e tampouco existirá a coisa pública (res publica), se o povo não souber "aquilo que o governante faz."." (REIMÃO, Clóvis. O Rei está nú: o princípio da publicidade na arbitragem administrativa no Brasil e em Portugal. Revista de arbitragem e mediação, v. 77/23. Abril--Junho, 2023. P. 265-290).

13 Aprofundar em CANOTILHO, J. J. Gomes. *Direito Constitucional e Teoria da Constituição.* 7. ed. Coimbra: Almedina, 2003.

14 MOTA, Fabricio. Publicidade e Transparência são conceitos complementares, Conjur, 2018. Disponível em: *Conjur.com.br.* Acesso em: 04.07.2023.

como parte respeitará o princípio da publicidade. Não havia como ser diferente. Sendo a publicidade um dos princípios que informam a atuação da Administração Pública, a teor do disposto no *caput* do art. 37 da Constituição Federal, as arbitragens não podem ser sigilosas ou ocultas.

A publicização da arbitragem é, portanto, a regra. Por seu intermédio concretiza-se a transparência e, consequentemente, a visibilidade da ação pública na solução da controvérsia pela via arbitral.

Entretanto, existem diversas questões que ainda geram dúvidas e distintas perspectivas na doutrina e mesmo na *práxis* arbitral. É preciso conciliar o dever de transparência com as particularidades da arbitragem. Vários desafios de ordem prática se apresentam. Vamos a eles.

Uma questão que vem sendo objeto de discussão consiste em identificar se cabe ao ente público ou a instituição arbitral promover a divulgação dos atos inerentes ao processo arbitral, sendo certo que os regulamentos dos entes federativos acabam por apresentar distintas soluções. Abre-se aqui um parêntese: no Brasil, vários entes federados editaram decretos regulamentando aspectos não processuais da arbitragem, a fim de organizar a ação estatal nas arbitragens públicas, o que, frise-se, vem conferindo maior segurança jurídica para os processos arbitrais. Entre outras questões objeto de regulamentação, mencione-se a quem compete o dever de publicizar os atos da arbitragem, a saber, se ao próprio ente público ou à câmara arbitral.

O Decreto nº 46.245/2018[15] e o Decreto nº 64.356/2019[16] dos Estados do Rio de Janeiro e de São Paulo, respectivamente, optaram por atribuir essa responsabilidade ao Poder Público. O Decreto 10.025/2019 da União, por sua vez, no § 1º do art. 3º, atribui à câmara arbitral o dever de "*fornecer o acesso às informações de que trata o inciso IV do caput*", exceto se convencionado em outro sentido.

---

[15] Art. 13 – Os atos do processo arbitral serão públicos, ressalvadas as hipóteses legais de sigilo, de segredo de justiça, de segredo industrial decorrentes da exploração direta de atividade econômica pelo Estado ou por pessoa física ou entidade privada que tenha qualquer vínculo com o Poder Público. (...) § 2º – A Procuradoria Geral do Estado disponibilizará os atos do processo arbitral mediante requerimento de eventual interessado."

[16] **Art. 12** – Os atos do procedimento arbitral serão públicos, ressalvadas as hipóteses legais de sigilo ou segredo de justiça. § 2º – A Procuradoria Geral do Estado disponibilizará os atos do procedimento arbitral na rede mundial de computadores."

A melhor opção parece ser a posição de que é dever do Estado fornecer acesso às informações da arbitragem[17]. Isso se dá por algumas razões: *(i)* as câmaras são instituições privadas com *modus operandi* marcado pela discrição e confidencialidade; *(ii)* de outro lado, à administração pública, por imperativo constitucional, impõe-se a promoção da publicidade dos seus atos, com deveres ativos e passivos quanto à transparência dos dados e informações por si detidas; e *(iii)* o poder público possui estrutura institucional para atender às demandas por publicidade[18].

A ratificar esta posição, foi editado o Enunciado nº 04 da I Jornada "Prevenção e Solução Extrajudicial de Litígios: "*Na arbitragem, cabe à Administração Pública promover a publicidade prevista no art. 2º, § 3º, da Lei*

---

[17] Sobre o dever do ente público de publicizar os atos da arbitragem afirmam: "Cabe perquirir, neste ponto, a quem compete o dever de publicidade: se é um dever exclusivamente estatal ou se recai também sobre os árbitros e eventual entidade especializada indicada para gerir o procedimento arbitral. Induvidosamente, o princípio da publicidade insculpido no art. 37 da Carta de 1988 dirige-se, única e exclusivamente, à Administração Pública, a quem cabe por ele zelar, assegurando aos cidadãos amplo acesso às informações e documentos que versem sobre o exercício da atividade administrativa do Estado. (SCHMIDT, Gustavo da Rocha. A publicidade nas arbitragens com a administração pública." Disponível em: *Migalhas.com.br*. Acesso em: 04.05.2023); Clarissa Marcondes Macéa "No tocante a quem deve ser o responsável por dar publicidade aos atos (as Câmaras Arbitrais ou o ente da Administração Pública que seja parte no procedimento), e de que forma isso deve se dar (ativamente, pelo próprio poder público, ou passivamente, mediante provocação dos interessados), verifica-se que as normas adotaram soluções diversas." (MACÉA, Clarissa Marcondes. Publicidade na arbitragem com a Administação Pública: normativa e práticas recentes. Disponível em: *Jota.info*. Acesso em: 04.05.2023); Felipe Faiwichow Estefam: "Entre nós, cabe à Administração o dever publicidade ativa quanto aos assuntos que lhe são afetos, o dever de ser observado mesmo que o regulamento da instituição determine que a câmara arbitral providenciará a publicidade completa do procedimento. Neste caso, compete à Administração, ao menos, inserir em seus meios de comunicação eletrônicos o link para acesso às informações disponibilizadas pela câmara." (ESTEFAM, Felipe Faiwichow. Cláusula arbitral e Administração Pública, Rio Janeiro: Lumen Juris, 2019. P.60).
https://www.migalhas.com.br/depeso/346647/a-publicidade-nas-arbitragens-com-a-administracao-publica

[18] Conforme um dos autores já teve a oportunidade de sustentar em conjunto com Moreira, Egon Bockamnn. "Comentários ao Decreto Federal nº 10.025/19". Garcia, Flavio Amaral e Moreira, Egon Bockmann *in* Direito Administrativo e Alternative Dispute Resolution. Cuellar, Leila, Moreira, Egon Bockmann, Garcia, Flávio Amaral e Cruz, Elisa Schmidlin. Belo Horizonte: Fórum, 2020, p. 226/233.

nº 9.307/96, observado o disposto na Lei nº 12.527/11, podendo ser mitigada nos casos de sigilo previstos em Lei, a juízo do árbitro".

Na mesma linha, foi também editado o Enunciado nº 15 aprovado na I Jornada de Direito Administrativo do Conselho da Justiça Federal, consignando o seguinte "*A administração pública promoverá a publicidade das arbitragens da qual seja parte, nos termos da Lei de Acesso à Informação.*[19]"

Outro aspecto que também demanda reflexão é a extensão do que deve ser publicizado em um processo arbitral, cuja lógica é bastante diferente de um processo judicial. Veja-se, por exemplo, que nas arbitragens é bastante comum a troca de emails entre as partes e árbitros, não parecendo fazer sentido que tais comunicações sejam divulgadas. Reforça-se a desnecessidade de tal divulgação até mesmo em razão de os relatórios das sentenças arbitrais e decisões proferidas ao longo do processo serem costumeiramente detalhadas e pormenorizadas[20].

Os regulamentos dos entes federados têm delimitado a extensão da publicidade nas arbitragens que integram. Tome-se como exemplo o regulamento do Estado do Rio de Janeiro que, por ocasião do Decreto nº46.245, de 19.02.18, define no artigo 13 que os atos do processo arbitral serão públicos, ressalvadas as hipóteses legais de sigilo, segredo de justiça e de segredo industrial decorrentes da exploração direta de atividade econômica pelo Estado ou por pessoa física ou entidade privada que tenha qualquer vínculo com o Poder Público. A regra é a publicidade e o sigilo a exceção.

Conceituou, ainda, atos do processo arbitral como sendo as petições, laudos periciais e as decisões dos árbitros de qualquer natureza (§ 1º do artigo 13). Em termos objetivos: apenas tais documentos, considerados os mais relevantes, é que devem ser divulgados. A opção foi por uma transparência passiva, na medida em que os atos do processual arbitral serão disponibilizados pelo ente público, por intermédio da Procuradoria Geral do Estado, mediante requerimento das partes (§2º do artigo 13).

Note-se, ainda, a opção pelo princípio da privacidade nas audiências arbitrais, sendo reservada aos árbitros, secretários do Tribunal Arbitral, partes, respectivos advogados, testemunhas, assistentes técnicos e funcionários da

---

[19] ID 2430 e 2962 – Aglutinados da I Jornada de Direito Administrativo do Conselho da Justiça Federal.

[20] Na mesma direção ver MEGNA, Bruno Lopes. Arbitragem e Administração Pública. Fundamentos Teóricos e Soluções Práticas. Belo Horizonte: Fórum, 2019, p. 307.

instituição da arbitragem, podendo ainda admitir a presença de outras pessoas, desde que previamente autorizadas pelo Tribunal Arbitral. Correta a opção pela limitação de pessoas na audiência arbitral, sob pena de se tumultuar, desnecessariamente, a sua condução e as suas finalidades primaciais.

O Estado de São Paulo, por intermédio do Decreto nº 64.356/19, observou modelo bastante similar ao do Estado do Rio de Janeiro, disciplinando o tema no artigo 12. A destacar, igualmente, que o dever de publicizar fica imputado ao ente público, também por intermédio da Procuradoria Geral do Estado, que disponibilizará os atos do procedimento arbitral na rede mundial de computadores. Assim é que, diferentemente do Estado do Rio de Janeiro, a opção foi por uma transparência ativa (sem necessidade de pleito de requerimento), bem como explicitando que o meio de divulgação será na rede mundial de computadores. De fato, não parece fazer sentido que essa publicação ocorra em Diário Oficial. A divulgação em meio eletrônico é bastante efetiva e permite maior concretização da transparência dos atos do processo arbitral.

A União, por sua vez, regulamentou as arbitragens federais por meio do Decreto nº 10.025, de 20.09.19. Assim como nos demais entes federados, disciplinou no artigo 3º, inciso IV que as informações sobre o processo de arbitragem serão públicas, ressalvadas aquelas necessárias à preservação de segredo industrial e aquelas consideradas sigilosas pela legislação brasileira. A nosso ver, de modo equivocado, atribuiu o dever de publicidade à Câmara Arbitral, salvo se houve convenção entre as partes (§ 1º, do art. 3º)[21].

---

[21] Como um dos autores do presente artigo já teve a oportunidade de expor anteriormente, em artigo elaborado em conjunto com Egon Bockmann Moreira: "Por um lado, câmaras são instituições privadas com modus operandi marcado pela discrição e confidencialidade. Tradicionalmente, esse é seu caráter distintivo: elas não foram criadas para divulgar informações, mas, sim, para guardar reserva quanto a elas. Em contrapartida órgãos e entidades da Administração Pública vivem no extremo oposto, com deveres ativos e passivos quanto à transparência dos dados e informações por si detidas. São regidos pelo princípio da publicidade. Logo, não se trata apenas de uma questão de custos, mas da cultura da publicidade – que é própria da Administração Pública. Inverter essa lógica não faz qualquer sentido, nem traz vantagens." MOREIRA, Egon Bockmann; GARCIA, Flávio Amaral. Comentários ao Decreto Federal nº 10.025/19. In: CUÉLLAR, Leila; MOREIRA, Egon Bockmann; GARCIA, Flávio Amaral; CRUZ, Elisa Schmidlin. Direito Administrativo e Alternative Dispute Resolution: arbitragem, dispute board, mediação e negociação. Com comentários à legislação do Rio de Janeiro, São Paulo e União sobre arbitragem e mediação em contratos administrativos e desapropriações. Belo Horizonte: Fórum, 2022, 2ª edição, p. 347.

Importante anotar que a Advocacia Geral da União disponibiliza em sua página de internet os principais documentos das arbitragens federais, revelando a inexorável tendência de uma opção por uma transparência ativa dos atos do processo arbitral.

Enfim, como examinado a transparência se impõe nas arbitragens públicas como uma premissa axiológica da sua própria legitimidade, o que não significa dizer que não comporte modulações e adequações às singularidades que regem os processos arbitrais.

3. A TRANSPARÊNCIA NO DEVER DE REVELAÇÃO DOS ÁRBITROS

Enquanto as questões afetas à publicidade se direcionam com maior intensidade nas arbitragens públicas, dado o imperativo constitucional que condiciona a ação estatal ao dever de transparência nas suas ações e condutas, o dever de revelação dos árbitros também guarda relação direta com o valor transversal da transparência, sendo, no rigor do exame, premissa que orienta toda e qualquer arbitragem, independentemente de ter ou não um ente público como uma das partes. Nesse sentido foi a decisão do Tribunal do Rio de Janeiro, que afirmou de maneira geral que: "[o] *dever de revelação atribuído aos árbitros está obviamente vinculado a transparência da arbitragem porquanto não pode esta prosseguir sem que as partes conheçam eventual fato capaz de pôr em dúvida a imparcialidade e independência daqueles*"[22].

Como se sabe, os árbitros são indicados pelas partes, não se qualificando tal atuação como sendo uma profissão[23]. As partes exercem, portanto, a sua autonomia da vontade na indicação dos árbitros, o que é feito casuisticamente em cada arbitragem. Não à toa que este é um momento de crucial importância – notadamente para os entes públicos que ingressam no universo da

[22] TJ-RJ, 20ª C. civ., Recurso de Apelação nº. 0248041-79.2018.8.19.0001.

[23] Conforme bem explica LEME, Selma: "*Não existe a profissão de árbitro. O árbitro exerce uma missão específica e ocasional outorgada pelas partes*". LEME, Selma Maria Ferreira. 1.Árbitro. Dever de Revelação. Inexistência de conflito de interesses. Princípios da Independência e Imparcialidade do Árbitro. 2. Homologação de Sentença Arbitral Estrangeira no STJ. Inexistência de violação à Ordem Pública (Processual) Artigo 39, II, da Lei de Arbitragem e Artigo V(II) (b) da Convenção de Nova Iorque. Revista Brasileira de Arbitragem, v. XI, v.41, p. 7-41, 2014, p.23).

arbitragem – eis que devem promover análises aprofundadas dos nomes, da sua experiência, integridade, reputação e conhecimento, considerando, evidentemente, as características específicas do conflito em questão.

Mas não basta apenas tais atributos. É princípio basilar de qualquer arbitragem que se instaure o elemento da confiança na indicação dos árbitros, o que somente é aferível a partir do dever de revelação. Exige-se, com efeito, que o árbitro indicado, antes de aceitar o encargo, compartilhe informações sobre as suas relações pessoais, comerciais, profissionais que venham a ser de relevância para o conhecimento das partes.

A indicação de um árbitro, por qualquer das partes, não pode prescindir em nenhuma hipótese do elemento confiança. As partes devem estar seguras de que os árbitros exercerão a sua função com imparcialidade e independência. Como bem explica Ricardo Dalmaso Marques, buscam as partes previsibilidade não de resultados, mas de confiança no exercício dos deveres pelos árbitros indicados[24]. Como se diz no conhecido aforismo, "*a arbitragem vale o que vale o árbitro*"[25].

O dever de revelação dos árbitros é, portanto, o meio adequado para que se averigue se os árbitros são dotados de imparcialidade e independência, que são requisitos indispensáveis para a atuação de qualquer árbitro. Trata-se de princípio garantidor da arbitragem e que instala um dever de natureza instrumental, garantindo às partes a necessária confiança de que o árbitro terá a equidistância para conduzir o processo arbitral sem qualquer tipo de parcialidade. O dever de revelação é, portanto, um pressuposto da legitimidade da indicação do árbitro e do próprio processo arbitral.

É o que se depreende do § 1º do artigo 14 da Lei nº 9.307/96 (Lei de Arbitragem Brasileira) quando prescreve que "*as pessoas indicadas para funcionar como árbitro têm o dever de revelar, antes da aceitação da função, qualquer fato que denote dúvida justificada quanto à sua imparcialidade e independência*". Em termos objetivos, o que deve ser revelado são os fatos que possam sugerir qualquer dúvida justificada quanto à imparcialidade e independência do árbitro. Ou seja, fatos irrelevantes não precisam ser revelados, mesmo em arbitragens envolvendo a administração pública. A rigor, não existe razão para que o dever de revelação seja mais estrito em arbitragens com a administração

---

[24] MARQUES, Ricardo Dalmaso. O Dever de Revelação do Árbitro. São Paulo: Almedina, 2018, p. 53.

[25] CLAY, Thomas. L'arbitre. Paris, Éditions Dalloz, 2001, p. 10.

pública, visto que a independência e imparcialidade do árbitro são condições da arbitragem em geral (e não unicamente da arbitragem envolvendo a administração pública)[26].

O dever de revelar é uma concretização da transparência e do dever de informar, reduzindo a assimetria de informação entre as partes e os árbitros sobre temas que envolvam a sua equidistância, imparcialidade e independência[27]. Inegável, portanto, a conexão direta entre o dever jurídico de revelar com a eticidade nas relações jurídicas, incluindo nas arbitragens públicas.

Note-se, por oportuno, que a Lei nº 9.307/96 (Lei de Arbitragem Brasileira) foi modelada com observância de parâmetros internacionais, com evidente influência da Lei Modelo da Comissão das Nações Unidas para o Comércio Internacional (UNCITRAL) e pela Convenção de Nova Iorque[28]. Entre tantos outros exemplos de observância de parâmetros utilizados internacionalmente, pode-se dizer que o dever de revelação também se inspirou nos referidos modelos, não sendo, portanto, fruto de qualquer inovação ou excentricidade do legislador brasileiro.

Aliás, a bem da verdade, o sucesso do mercado de arbitragem no Brasil se deve a correta opção de não ter se distanciado dos parâmetros internacionais, o que confere segurança jurídica e previsibilidade aos processos arbitrais regidos pela Lei nº 9.307/96.

Quanto aos aspectos materiais e substantivos do dever de revelação, o artigo 14 da Lei nº 9.307/96 estabelece o impedimento de funcionar como árbitros as pessoas que tenham, com as partes ou com o litígio que lhes for submetido, algumas das relações que caracterizam os casos de impedimento ou suspeição de juízes, aplicando-se-lhes, no que couber, os mesmos

---

[26] Evidencia da inexistência de diferença entre o standard de revelação em arbitragens entre privados e arbitragens envolvendo a administração pública é que as próprias Diretrizes da IBA sobre conflitos de interesse em arbitragem internacional foram redigidas e são aplicadas tanto em arbitragens comerciais como em arbitragens de investimento: "A consensus emerged in favour of a general affirmation that the Guidelines apply to both commercial and investment arbitration", preâmbulo das diretrizes, p. i.

[27] Conforme ensina MARQUES, Ricardo Dalmaso. O Dever de Revelação do Árbitro. São Paulo: Almedina, 2018, p. 147.

[28] CARMONA, Carlos Alberto. Arbitragem e Processo: um comentário à Lei nº 9.307/96. Atlas: São Paulo, 3º edição, p. 11.

deveres e responsabilidades, conforme previsto no Código de Processo Civil, notadamente nos artigos 144 a 148[29].

Observe-se que o legislador conferiu margem de discricionariedade para que sejam ponderadas as circunstâncias e especificidades do caso concreto, fazendo referência a expressão *"no que couber"* para permitir que se avalie, casuisticamente, a incidência ou não dos impedimentos e suspeições dos juízes togados.

Não paira qualquer dúvida que a opção do legislador brasileiro foi por uma regulação de cunho genérico, com cláusulas gerais e normas abertas, sem pretender criar uma lista exaustiva ou taxativa de possíveis impedimentos ou suspeições para os árbitros. A imposição de regras muito rígidas (para além de serem, na prática, muito difíceis de delimitação objetiva) ou com elevado grau de casuísmo poderia criar o efeito reverso, a saber, inviabilizar o exame das especificidades de cada situação concreta e, correndo o risco de afastar o Brasil do universo arbitral, dado o afastamento de regras que são internacionalmente e consensualmente aceitas.

O regramento do nosso Direito Positivo é, ainda, complementado pelas Diretrizes da IBA sobre conflitos de interesse em arbitragem internacional ("Diretrizes da IBA"), que pode ser enquadrada na categoria de *soft law*[30]. As diretrizes traçadas pela IBA têm grande aceitação nas arbitragens internacionais, sendo, ainda, recorrentemente referida nas arbitragens domésticas brasileiras.

Sendo tais diretrizes categorizadas como *soft law* evidencia-se a sua natureza não vinculante para os árbitros ou para as partes, o que não impede de serem comumente referidas nas arbitragens brasileiras, exatamente pela sua aderência aos parâmetros internacionais e por refletirem boas práticas de mercado. Tais diretrizes não tem a pretensão de substituir as regras legais ou contratuais da arbitragem (essas sim de natureza vinculante), mas integrar

[29] Sobre o tema, ver DASSER Felix. *"Soft Law" in International Commercial Arbitration.* The Pocket Books of The Hague Academy of International Law / Les livres de poche de l'Académie de droit international de La Haye, volume 44.

[30] "O real objetivo das regras da IBA sobre produção de provas é criar um método para que as partes e os árbitros possam implementar um procedimento eficiente, econômico e justo na produção de provas no âmbito da arbitragem internacional – e também no campo das arbitragens domésticas brasileiras" — RAVAGNANI. Giovani dos Santos. "Regras da IBA sobre "taking of evidence": compatibilidade com as normas processuais brasileiras". Revista de Processo, vol. 283/2018, 2018. P. 565-606.

e complementar os complexos conflitos de interesses a partir de premissas neutras que servem de guia para os processos arbitrais a partir de *standards* internacionais[31].

A sua aceitação é tamanha no Brasil que várias normas de densidade inferior que regulamentam as arbitragens envolvendo a Administração Pública fazem referência, ainda que indiretamente, às *diretrizes internacionalmente aceitas*, como o artigo 2º, inciso V, da Portaria Normativa AGU nº 42/22, o artigo 12, inciso III, do Decreto nº 55.996/21 do Estado do Rio Grande do Sul e o artigo 14, inciso III, do Decreto nº 59.963/20, do Município de São Paulo.

As *diretrizes* da IBA se subdividem em 03 listas relevantes. A *lista vermelha* arrola situações de conflitos irrenunciáveis e situações renunciáveis, que indicam situações aptas a instalar dúvidas justificadas a propósito da independência e imparcialidade do árbitro. A *lista laranja* indica situações que, aos olhos das partes, podem suscitar dúvidas quanto à imparcialidade ou independência do árbitro, atraindo o dever de revelação. A *lista verde*, por sua vez, apresenta situações em que inexiste conflito de interesses aparente ou mesmo efetivo, não atraindo o dever de revelação[32].

---

[31] Neste sentido, Carmona afirma: "Soft laws não são leis, não são regras, não são comandos: são diretrizes, orientações, esclarecimentos, aconselhamentos que objetivam harmonizar (não uniformizar!) comportamentos e perspectivas, especialmente no âmbito internacional. Assim, à primeira vista, iniciativas como aquelas oriundas da International Bar Association (IBA) relativamente à arbitragem internacional são bem-vindas, oferecendo uma ferramenta útil para a interação de partes, árbitros, advogados e demais operadores da arbitragem provenientes de ambientes culturais diversos."(CARMONA, Carlos Alberto. "Breves considerações críticas acerca das diretrizes da International Bar Association sobre a representação de parte na arbitragem internacional". Revista de Arbitragem e Mediação, 2014, vol. 40/2014, Jan – Mar, P. 23-44).

[32] Afirma a Diretrizes da IBA sobre Conflitos de Interesses em Arbitragem Internacional: "(...) **A Lista Vermelha Irrenunciável** inclui situações resultantes do princípio primordial de que ninguém se pode julgar a si próprio. Assim, a aceitação de tal situação não sana o conflito. **A Lista Vermelha Renunciável**, por sua vez, identifica situações sérias, mas não tão graves. Em vista da sua seriedade, ao contrário das circunstâncias descritas na Lista Laranja, tais situações devem ser consideradas renunciáveis apenas se e quando as partes, uma vez cientes do conflito de interesses, manifestarem expressamente a sua intenção de manter o árbitro na sua função (...)**A Lista Laranja** constitui uma enumeração não taxativa de situações específicas que, dependendo dos factos do caso concreto, podem, aos olhos das partes, suscitar dúvidas quanto à imparcialidade ou independência do árbitro. (...)**A Lista Verde** contém uma enumeração não taxativa de situações específicas em que inexiste conflito de interesses aparente ou efetivo, de um ponto de vista objetivo. Assim, o árbitro não tem

Portanto, ainda que não ostentem natureza vinculante, tanto árbitros como as partes recorrem a tais diretrizes para orientar possíveis conflitos de interesses e os limites do dever de revelação, o que, de modo algum, fere a premissa axiológica da transparência, mesmo quando se trata de arbitragens envolvendo entes públicos.

Sem ignorar que não existe um modelo perfeito ou mesmo imune a qualquer tipo de crítica quando se examinam as complexas questões envolvendo potenciais conflitos de interesses e limites do dever de revelação[33], fato é que a opção brasileira por normas gerais, integradas por *diretrizes* internacionalmente aceitas tem funcionado adequadamente, notadamente por inserir o Brasil no tabuleiro das arbitragens cada vez mais globalizadas.

Indubitavelmente, a opção por definição de hipóteses taxativamente previstas em lei, a pretexto de gerar uma falsa presunção de incremento de transparência, atrairia problemas bastante complexos, porquanto reduziria a indispensável margem de discricionariedade para o cotejo com as especificidades de cada situação concreta. Trata-se de solução que nos parece inconciliável com a dinâmica e com a racionalidade das arbitragens.

4. A CONSEQUÊNCIA DA FALTA DE REVELAÇÃO

Quando os árbitros deixam de revelar algo que poderia ou deveria sido revelado, surge a questão de qual seria a consequência da falta de revelação. Nesses casos, alguns autores defendem a posição de que a falta de revelação deveria levar à imediata desqualificação do árbitro. Entretanto esse entendimento não nos parece acertado, pois ele se baseia em uma confusão do

qualquer dever de revelar situações que se enquadrem nessa Lista Verde." (Diretrizes da IBA sobre Conflitos de Interesses em Arbitragem Internacional, 2014, Disponível em: ibanet.org. Acesso em 06.07.2023 – *Grifos nossos*).

[33] Sobre o tema Dalmaso explica: "(...) a diretiva é prevalente no sentido de que, ao decidir pelo que revelar, deve-se exagerar pelo lado da revelação, e não o contrário. A defesa predominante é por um verdadeiro full disclosure. Com efeito, Thomas Clay posiciona-se radicalmente no sentido de que a revelação deve ser total, sob o argumento de que a revelação parcial consistiria também em ocultação parcial. Por outro lado, a extensão do dever de revelar resta em xeque também diante das consequências que seu cumprimento exagerado pode trazer ao procedimento arbitral – o chamado "overdisclosure". (MARQUES, Ricardo Dalmaso. 'Breves Apontamentos sobre a Extensão do Dever de Revelação do Árbitro', Revista Brasileira de Arbitragem, 2011, Volume VIII, Issue 31. P. 59 – 84).

standard de revelação e o efetivo controle da imparcialidade e independência do árbitro.

A lei brasileira de arbitragem prevê em seu artigo 14, §1, a obrigação do árbitro de revelar qualquer situação que denote dúvida justificada quanto à sua imparcialidade e independência.[34] Entretanto, como explicado acima, isso é unicamente o *standard* de revelação que deve ser utilizado pelos árbitros. Assim, o árbitro deve revelar qualquer fato que possa gerar uma dúvida quanto à sua imparcialidade e independência, mesmo que o fato revelado não impacte efetivamente a sua imparcialidade e a independência.

Esse é, por exemplo, o caso dos fatos referidos nas listas laranja e verde da Diretrizes da IBA sobre conflitos de interesse em arbitragem internacional ("Diretrizes da IBA"), cuja revelação serve unicamente para trazer transparência ao procedimento e não justificam, por si só, a desqualificação do árbitro: "*Disclosure does not imply the existence of a conflict of interest; nor should it by itself result either in a disqualification of the arbitrator, or in a presumption regarding disqualification. The purpose of the disclosure is to inform the parties of a situation that they may wish to explore further in order to determine whether objectively – that is, from the point of view of a reasonable third person having knowledge of the relevant facts and circumstances – there are justifiable doubts as to the arbitrator's impartiality or independence. If the conclusion is that there are no justifiable doubts, the arbitrator can act*"[35].

Assim, por exemplo, um árbitro que foi nomeado nos últimos quatro anos em duas arbitragens envolvendo duas empresas do um mesmo grupo, pode decidir que ele deve revelar o fato de ter sido nomeado uma terceira vez por uma outra empresa desse mesmo grupo. Entretanto, essa revelação não significa que esse fato *per se* o impeça de atuar como árbitro. É necessário, após a revelação, verificar se o fato efetivamente impede a pessoa de atuar como árbitro, por impactar sua imparcialidade ou independência.

Da mesma maneira, a falta de revelação desse fato por si só não é suficiente para justificar a sua impugnação ou objeção à sua confirmação[36]. Alguns

---

[34] Artigo 14, §1 da lei 9.307/96: "*As pessoas indicadas para funcionar como árbitro têm o dever de revelar, antes da aceitação da função, qualquer fato que denote dúvida justificada quanto à sua imparcialidade e independência*".

[35] Diretrizes da IBA, Parte II, parágrafo 4, p. 17.

[36] O regulamento de arbitragem da CCI possui um sistema bastante eficiente para controle da imparcialidade e independência de árbitros, no qual uma pessoa designada pelas partes

autores se posicionam nesse sentido, afirmando que: "*o dever de revelação é um instrumento para a constatação da imparcialidade do árbitro, de modo que a quebra do referido dever não pode, de imediato, macular a higidez do árbitro e do processo arbitral*"[37].

No caso de falta de revelação, será igualmente necessário verificar se o fato não revelado efetivamente impacta a imparcialidade e a independência do árbitro. Nesse sentido, as diretrizes da IBA claramente entre o *standard* para revelação e o *standard* para controle efetivo da imparcialidade e independência do árbitro: "*It is also essential to reaffirm that the fact of requiring disclosure – or of an arbitrator making a disclosure – does not imply the existence of doubts as to the impartiality or independence of the arbitrator. Indeed, the standard for disclosure differs from the standard for challenge*"[38]. Esse foi também o sentido do enunciado da II Jornada de Prevenção e Solução Extrajudicial do Conselho da Justiça Federal (CJF), de agosto de 2021. O Enunciado 110 indique que: "*A omissão do árbitro em revelar às partes fato que possa denotar dúvida quanto à sua imparcialidade e independência não significa, por si só, que esse árbitro seja parcial ou lhe falte independência, devendo o juiz avaliar a relevância do fato não revelado para decidir ação anulatória*".

De fato, a Lei nº 9.307/96 (Lei de Arbitragem brasileira) dispõe que, salvo hipóteses expressamente previstas no artigo 14[39], pode ser árbitro, "*qualquer pessoa capaz e que tenha a confiança das partes*"[40]. Assim, somente a falta de revelação de fatos graves poderia afetar a confiança das partes. Esse é o entendimento manifestado por Selma Lemes, que explica que: "*no que concerne ao dever de revelação, somente a ausência de revelação de fato notório e importante que*

é unicamente um "candidato a árbitro". Antes de se tornar árbitro, essa pessoa deve passar por um processo de confirmação nos termos do Artigo 13 do Regulamento. Esse processo evita grande número de impugnações, pois muitos dos candidatos a árbitros são filtrados no processo de confirmação.

37 MARANHÃO, Amanda de Albuquerque. Violação do Dever de Revelação do Árbitro e as suas implicações para o processo arbitral. Revista de Arbitragem e Mediação. 2023, p. 118.

38 Preâmbulo das Diretrizes da IBA sobre conflitos de interesse em arbitragem internacional, versão de 2014.

39 Artigo 14 da lei 9.307/96: "*Estão impedidos de funcionar como árbitros as pessoas que tenham, com as partes ou com o litígio que lhes for submetido, algumas das relações que caracterizam os casos de impedimento ou suspeição de juízes, aplicando-se-lhes, no que couber, os mesmos deveres e responsabilidades, conforme previsto no Código de Processo Civil*".

40 Artigo 13 da lei 9.307/96: "*Pode ser árbitro qualquer pessoa capaz e que tenha a confiança das parte*".

impediria o árbitro de atuar com independência e imparcialidade poderia constituir violação ao princípio da confiança (art. 13 da Lei 9.307/1996)"[41].

No mesmo sentido, Alessandro Torresi afirma: "*que a simples falta de revelação de algum fato pelo árbitro não implica, automaticamente, a falta de sua imparcialidade e independência. Apenas os fatos juridicamente relevantes, a despeito de não revelados, poderão justificar a remoção do árbitro ou a invalidação da arbitragem*"[42].

5. A EXISTÊNCIA DE UMA SUPOSTA EXCEÇÃO DE NOTORIEDADE E DE UM DEVER DE INVESTIGAÇÃO DAS PARTES

Quanto uma parte apresenta uma impugnação ou uma demanda de anulação da sentença arbitral baseada na violação do dever de revelação dos árbitros, a parte contrária frequentemente levanta o argumento de que o fato era público e notório e que a parte requerente deveria ter sido diligente e investigado se existia algum fato que deveria ter sido revelado. Surgem então as questões relacionadas à falta de revelação pelos árbitros relativas à existência de uma exceção de notoriedade e de um dever de investigação (ou dever de curiosidade como chamado por alguns) das partes.

Admitir que o árbitro não precise revelar algo que é notório parece lógico, pois o objetivo do dever de revelação é fornecer às partes informações suficientes para que elas possam verificar a independência e imparcialidade do árbitro e, se for o caso, objetar à sua participação do no procedimento. Não existiria, portanto, razão para exigir que um árbitro revelasse o que é notório.

---

[41] LEMES, Selma Maria Ferreira. O dever de revelação do árbitro, o conceito de dúvida justificada. quanto a sua independência e imparcialidade (art. 14, § 1.º, da Lei 9.307/1996) e a ação de anulação de sentença arbitral (art. 32, II, da Lei 9.307/1996). Revista de Arbitragem e Mediação. vol. 36/2013, p. 236, §21). Em outra publicação, a autora explica que: "não é a falta de revelação que justifica a ação de anulação, mas se o fato não revelado é importante, real e capaz de influenciar o julgamento do árbitro. A jurisprudência comparada adverte quanto à ausência de revelação do árbitro e a ação de anulação: "A falta desta informação prévia não ocasiona automaticamente a anulação da sentença arbitral", LEMES, Selma Maria Ferreira. O dever de revelação do árbitro, o conceito de dúvida justificada. quanto a sua independência e imparcialidade (art. 14, § 1.º, da Lei 9.307/1996) e a ação de anulação de sentença arbitral (art. 32, II, da Lei 9.307/1996). Revista de Arbitragem e Mediação. vol. 36/2013, p. 236, §57.

[42] TORRESI, Alessandro. Imparcialidade e independência do árbitro: "parcialidade evidente" vs. "dúvida justificada" e o Caso Abengoa. Revista de Arbitragem e Mediação. vol. 59, 2018. p. 94.

A notoriedade seria uma exceção à obrigação de revelação. No caso Dommo a Corte de Apelação de Paris afirmou que a notoriedade da informação seria susceptível de « temperar » o dever de revelação do árbitro.[43] Mais recentemente, no caso Vidatel c/ PT Ventures, a Corte de Apelação de Paris afirmou que « *o árbitro está dispensado de revelar fatos notórios* »[44].

A notoriedade dos fatos serviria como « *um fato justificativo* »[45], fazendo pesar sobre as partes um dever de curiosidade que se traduz como um dever mínimo de investigação[46]. De fato, algo "notório" é definido pelo dicionário Aurélio como algo "[c]*onhecido por um grande número de pessoas*"[47]. Já o dicionário Priberam, dá uma segunda acepção para essa palavra, definindo-a como algo "[q]*ue não é segredo;* ***que pode ser*** *visto ou* ***verificado*** *por todos*" (grifo nosso). Ou seja, dessas definições, ressai que algo notório não precisa necessariamente ser sabido por todos, mas é algo que pode ser verificado por todos. Ficaria assim estabelecido o vínculo entre a notoriedade do fato e o dever de investigação das partes.

Algumas decisões brasileiras fazem igualmente referência à notoriedade do fato não revelado, bem como ao dever de investigação das partes. O Tribunal de Justiça do Rio de Janeiro, por exemplo, decidiu que, muito embora o dever de revelação seja uma obrigação do árbitro: "*Na espécie, todavia, a ocorrência em questão, narrada da dita delação, se revelou contemporaneamente para os árbitros e para a apelante, razão pela qual não se pode dizer que o silencio dos primeiros tenha retirado da segunda a oportunidade de conhecer fato o qual, no ocasião, lhe teria acendido a luz vermelha para questionar a lisura da arbitragem. Assim é que, à mingua de qualquer efeito prático da ausência do ato formal da não revelação eis que, repita-se, o fato destacado era público e do conhecimento do apelante, não há como se reconhecer, neste contexto, causa justificativa para a anulação da sentença arbitral*"[48]. Já o Tribunal de Justiça de São Paulo "[i]*ncumbe às partes o dever ético de investigar*

[43] Paris, 25 de fevereiro de 2020, *Dommo Energia SA c/ société Barra Energia do Brasil*, nº 19/15818.

[44] Paris, Polo 5ª, 16ª cam., 26 de janeiro de 2021, nº 19/10666, *Vidatel Ltd. c/ PT Ventures SGPS* Sa, *Rev. arb.* 2021, p. 295; *Dalloz actualité*, 22 fev. 2021, obs. J. Jourdan Marques.

[45] CLAY Th., « Arbitrage et modes alternatifs de règlement des litiges », *D.*, 2013.2936.

[46] SERAGLINI Christophe, ORTSCHEIDT Jerôme, *Droit de l'arbitrage interne et international*, 2ª ed. LGDJ 2019, nº 746.

[47] Definição do dicionário Aurélio, disponível gratuitamente na internet.

[48] TJ-RJ, 20ª C. civ., Recurso de Apelação nº. 0248041- 79.2018.8.19.0001.

eventuais causas de impedimento ou suspeição do árbitro e argui-las na primeira oportunidade que tiver de se manifestar"[49].

Entretanto, a questão de saber na prática o que é notório e até onde vai o dever de investigação das partes não possui resposta fácil e causa problemas.

No caso Delta Dragon Import[50], a Corte de Apelação de Paris, começou por relembrar que o dever de revelação é uma obrigação do árbitro e que esse dever tem por objetivo permitir que as partes, caso elas entendam necessário, impugnem a participação do árbitro no procedimento arbitral. Em seguida ela afirmou que "*a obrigação de revelação que pesa sobre o árbitro deve ser apreciada à vista da notoriedade dos fatos ou situações a ele referentes, ressaltando-se que somente informações públicas e facilmente acessíveis, que as partes não poderiam deixar de consultar antes do início da arbitragem, são de natureza a caracterizar a notoriedade de uma situação susceptível de temperar o conteúdo da obrigação de revelação incumbente ao árbitro*".

Entretanto, para verificar se no caso Delta Dragon Import a informação era de fato notória, a Corte de apelação de Paris forneceu o que foi qualificado por um autor como "*um exemplo quase que caricatural de excesso da excepção de notoriedade*"[51]. No caso concreto, a Corte verificou as palavras-chaves introduzidas no programa de busca na internet, que nessa busca foi utilizada a técnica de colocar a palavra-chave entre aspas (o que seria uma técnica básica de busca) e contabilizou o número de cliques necessários para que fosse possível chegar até o documento contendo a informação não revelado, bem como fato de que dentro desse documento a informação poderia ser encontrada digitando-se "ctrl + f" e indicando a palavra desejada. A Corte de apelação também não deu importância ao fato de que uma parte da busca foi realizada com a utilização da palavra-chave "automobil" em alemão (o que é diferente de automibil<u>e</u> em francês), afirmando que como o árbitro era alemão, era justificável que a busca fosse realizada com os termos usuais em alemão, muito embora esse não fosse o idioma da arbitragem.

---

[49] TJ-SP, 2ª Câmara Reservada de Direito Empresarial, Recurso de Apelação nº. 2291255-89.2021.8.26.0000.

[50] Paris, Polo 5, 16 Câmara, 25 de maio de 2021, nº 18/20625, *Delta Dragon Import SA c/ Byd Auto Industry Co Ltd., Dalloz actualité*, 18 de junho de 2021, obs. J. Jourdan Marques; Clay, Thomas, «Tecnimont, saison 1: la dissolution de l'obligation de révélation dans le devoir de réaction», Cah. arb. 2016, p. 447.

[51] JOURDAN MARQUES Jéremie, obs. sobre Paris, 25 de maio de 2021, nº 18/20625, *Delta Dragon Import SA c/ BYD Auto, Dalloz actualité*, 18 de junho de 2021.

Quantos cliques são necessários em uma busca na internet para que um fato seja caracterizado de notório? Quantas palavras-chave devem ser utilizadas? Qual o idioma da busca (basta ser no idioma da arbitragem ou a busca deve também ser feita em outros idiomas)? Qual a técnica de busca deve ser utilizada dentro do programa de busca? Esses são unicamente alguns exemplos de perguntas que demonstram as dificuldades práticas de estabelecer se uma informação é notória.

Outro exemplo foi dado pelo caso Vidatel c/ PT Ventures[52], no qual a Corte de Apelação de Paris considerou que o fato não revelado por um dos árbitros (vínculos que o árbitro e seu escritório de advocacia possuíam com algumas das sociedades e indivíduos envolvidos no caso) era notório, haja vista que existiam publicações no site do *Global Arbitration Review* (GAR) nas quais era possível identificar essas relações. Nesse caso, o fato do site do GAR poder se acessado unicamente por pessoas que pagam uma subscrição anual bastante cara não afetou a decisão da corte, que concluiu que a parte não poderia desconhecer os fatos nos quais ela baseava sua alegação de falta de independência e imparcialidade dos árbitros. Entretanto, a questão que surge é saber como uma informação disponível unicamente em sítios de internet pagos e que, portanto, não pode ser livremente acessada, poderia ser notória.

Assim, a jurisprudência francesa que aplica exceção de notoriedade e exige um dever de investigação das partes é alvo de duras críticas de parte importante da doutrina[53]. De fato, a regra geral nas mais variadas jurisdições e regulamentos de arbitragem é de que o dever revelação é uma obrigação do árbitro, que não deve ser transferida às partes. No caso específico do Brasil, o texto da lei é claro no sentido de que o dever de revelação é do árbitro, e não das partes: "***As pessoas indicadas para funcionar como árbitro têm o dever de revelar**, antes da aceitação da função, qualquer fato que denote dúvida justificada quanto à sua imparcialidade e independência*" (grifo nosso)[54].

---

[52] Paris, Polo 5ª, 16ª cam., 26 de janeiro de 2021, nº 19/10666, *Vidatel Ltd. c/ PT Ventures SGPS* Sa, *Rev. arb.*, 2021, p. 295; *Dalloz actualité*, 22 fev. 2021, obs. J. Jourdan Marques.

[53] JOURDAN MARQUES J., *Chronique d'arbitrage, Dalloz actualité*, 29 de outubro de 2019; Clay Th., «tecnimont, saison 5: la dissolution de l'obligation de révélation dans le devoir de réaction», note sobre Paris, 12 de abril de 2016, nº 14/14884, *Société J&P Avax c/ société Tecnimont, Cah. arb.* 2016, p. 447, nº 11; DELANOY L.-Ch., «Les obligations respectives des arbitres et des parties en matière d'indépendance de l'arbitre», nota sobre Paris, 29 de maio de 2018 e Paris, 27 de março de 2018, *Rev. arb.* 2019, p. 522, espec. nº 17-19.

[54] Art. 14, §1.

Entretanto, como notado pela doutrina[55], é difícil negar que a exceção de notoriedade e o dever subjacente de investigar possui pelo menos uma virtude importante. Seu objetivo é proteger o procedimento arbitral e a sentença contra possíveis ataques desleais baseados em informações que as partes possuíam (ou deveriam possuir), mas que optaram por guardar para utilizar em momento posterior. A exceção de notoriedade faz correr o prazo para impugnação de árbitros – que geralmente deve ser apresentada dentro de um prazo específico contado a partir do conhecimento ou de quando as partes deveriam ter conhecimento do fato no qual elas baseiam a impugnação[56], criando uma barreira contra essas manobras desleais[57]. A parte deve apresentar a impugnação com base em fato notório na primeira oportunidade possível, sob pena de renúncia.

Portanto, a exceção de notoriedade não tem unicamente relação com o dever de revelação do árbitro. Ela possui igualmente uma relação com o comportamento das partes e, mais precisamente, com os mecanismos de renúncia estabelecidos pelas regras aplicáveis ao procedimento[58]. Em outras palavras, a exceção de notoriedade efetuaria uma limpeza do procedimento, na medida em que alegações de falta de imparcialidade e independência dos árbitros tem que ser tempestivamente apresentados pelas partes, conforme o princípio da lealdade processual.

Dito isso, a exceção de notoriedade exige dois cuidados. O primeiro, é que ela deve ser enquadrada estritamente, de maneira a eliminar qualquer ambiguidade ou incerteza quanto ao seu regime de aplicação. Só devem ser considerados fatos notórios, fatos efetivamente amplamente conhecidos e acessíveis de maneira livre por todos os envolvidos. Em caso de dúvida, o

---

[55] DEBOURG Claire, TEYNIER Eric, "Exception de notoriété et obligation de curiosité", *Rev. Arb.* 2022, p. 99.

[56] Ver, por exemplo, o artigo 14 do Regulamento de arbitragem da CCI.

[57] Entretanto, essa barreira pode não ser intransponível. Ao mesmo tempo que a Corte de Cassação francesa parece fechar a porta da possibilidade de anulação com fundamento no inciso 2º do artigo 1520 do CPC, que permite a anulação da sentença em casos nos quais a constituição do tribunal arbitral foi irregular, nos casos onde existe uma renúncia tácita, ela abre a janela para a anulação com base no inciso 5º do mesmo artigo, que prevê a anulação de sentenças contrárias à ordem pública internacional, ao considerar (corretamente) que imparcialidade e independência dos árbitros são temas de ordem pública.

[58] Nesse sentido, ver. DEBOURG Claire, TEYNIER Eric, "Exception de notoriété et obligation de curiosité", *Rev. Arb.* 2022, p. 99, espec. P. 129, no. 54.

fato não revelado deve ser considerado não notório, sob pena de prejudicar os direitos das partes. O segundo, é que a exceção de notoriedade tem que ser vista mais como um mecanismo de proteção do procedimento arbitral, do que como uma exceção ao dever de revelação do árbitro. A regra não deve ser invertida e a obrigação de revelar deve permanecer com o árbitro que, em caso de dúvida sobre a necessidade de revelar um fato específico, deve preferir pela revelação. Como dito pelo Professor Thomas Clay, em se tratando do dever de revelação, as partes são "*credoras de informações, não devedoras*"[59].

6. CONCLUSÕES

No Brasil, os entes públicos utilizam, com bastante frequência, as arbitragens para dirimir as controvérsias mais complexas e sofisticadas, notadamente as que envolvem contratos duradouros, como é o caso de concessões de serviços públicos e parcerias público-privadas.

Certamente, com a previsão da arbitragem na Lei nº 14.133/21 (Nova Lei de Licitações e Contratos Administrativos), a tendência é a sua maior utilização nos contratos de elevada expressão econômica e dotados de maior complexidade.

Vários mitos e obstáculos foram vencidos até o momento, provando que a aceitação das arbitragens envolvendo os entes públicos no Brasil é um vetor de fundamental importância para o desenvolvimento econômico e social do país, em especial em razão de conferir maior segurança jurídica para os investidores que aportam capitais nos setores de infraestrutura.

Uma questão central para as arbitragens é a premissa axiológica da transparência, sendo um dever imposto pela Constituição Federal para a Administração Pública. Assim é que, as arbitragens que tenham entes federados como partes deve obedecer ao princípio da publicidade, instrumento essencial para a concretização da transparência das ações estatais.

Entretanto, ao tempo que se exige a transparência como vetor essencial nas arbitragens públicas, é preciso racionalidade para fazê-lo do modo mais efetivo e eficiente possível, sem comprometer a essência dos processos arbitrais.

---

[59] CLAY Thomas, « Tecnimont, saison 5: la dissolution de l'obligation de révélation dans le devoir de réaction», *Cah. arb.* 2016, p. 447, espec. nº 14.

Daí os desafios práticos enfrentados no presente artigo, demonstrando que é plenamente possível viabilizar a transparência nas arbitragens públicas, com adequações e modulações na forma e na sua extensão. O processo arbitral não obedece a mesma lógica do processo judicial e requer, por óbvio, ajustes no *modus operandi* concretizador da transparência.

Também guarda direta relação com as arbitragens e com o dever de transparência, as questões atinentes aos conflitos de interesses dos árbitros e ao dever de revelação, expressamente previsto na legislação brasileira. Procurou-se demonstrar que o Brasil optou, corretamente, por não se distanciar dos padrões internacionais, utilizando fórmulas mais abertas e de cláusulas gerais, sem pretender definir exaustivamente as situações de conflitos de interesses e limites do dever de revelação imposto aos árbitros.

Aos árbitros se impõem o dever de revelação, concretizador da transparência nas informações que devem ser conhecidas pelas partes e que podem comprometer a sua independência e imparcialidade. Trata-se de exame que não comporta afirmativas genéricas ou verdades absolutas. Tudo depende das circunstâncias de cada caso concreto e o limite em que, por exemplo, um fato não revelado compromete ou não a independência e a imparcialidade do árbitro.

Buscou-se, ainda, enfrentar as consequências de uma ausência de revelação pelo árbitro, defendendo os autores do presente artigo que a falta de revelação de algum fato, por si só, não é suficiente para colocar em dúvida a sua imparcialidade e independência. Indispensável a demonstração de que aquele fato não revelado era relevante o suficiente para colocar em xeque a imparcialidade e independência do árbitro.

E, por derradeiro, procurou-se explicar os aspectos conceituais da exceção de notoriedade, demonstrando que não guarda relação apenas como o dever de revelação. Ao revés, conecta-se diretamente com o comportamento diligente esperado das partes no processo arbitral. Em termos objetivos, as alegações de falta de imparcialidade e independência dos árbitros têm que ser tempestivamente apresentadas pelas partes, conforme o princípio da lealdade processual, evitando-se manobras que, por exemplo, aguardem a decisão arbitral para, em caso de derrota, arguir a anulação da arbitragem por suposta ausência de independência ou imparcialidade dos árbitros, quando aquele fato supostamente não revelado já era de conhecimento da parte.

Enfim, a transparência na divulgação das informações relevantes é uma premissa axiológica e legitimadora de todo processo arbitral. É um dever que se espera dos árbitros, mas também das próprias partes.

REFERÊNCIAS DOUTRINAIS

CANOTILHO, J. J. Gomes. *Direito Constitucional e Teoria da Constituição.* 7. ed. Coimbra: Almedina, 2003.

CARMONA, Carlos Alberto. Arbitragem e Processo: um comentário à Lei nº 9.307/96. Atlas: São Paulo, 3º edição, 2009.

CARMONA, Carlos Alberto. "Breves considerações críticas acerca das diretrizes da International Bar Association sobre a representação de parte na arbitragem internacional". Revista de Arbitragem e Mediação, Vol. 40/2014, Jan – Mar, P. 23-44, 2014.

CHEVALLIER, Jacques. *L'État post-modern.* 3. ed. Paris: LGDJ., 2008.

CLAY, Thomas. L'arbitre. Paris, Éditions Dalloz, 2001.

CLAY Th., « Tecnimont, saison 5: la dissolution de l'obligation de révélation dans le devoir de réaction », note sobre Paris, 12 de abril de 2016, nº 14/14884, *Société J&P Avax c/ société Tecnimont, Cah. arb.* 2016.

CLAY Thomas, « Tecnimont, saison 5: la dissolution de l'obligation de révélation dans le devoir de réaction », *Cah. arb.* 2016.

DASSER Felix. *"Soft Law" in International Commercial Arbitration.* The Pocket Books of The Hague Academy of International Law / Les livres de poche de l'Académie de droit international de La Haye, volume 44, 2021.

DEBOURG Claire, TEYNIER Eric, "Exception de notoriété et obligation de curiosité", *Rev. Arb.* 2022.

DELANOY – Delanoy l.-Ch., « Les obligations respectives des arbitres et des parties en matière d'indépendance de l'arbitre », nota sobre Paris, 29 de maio de 2018 e Paris, 27 de março de 2018, *Rev. arb.* 2019.

DI PIETRO, Maria Sylvia Zanella. Capítulo 1: Origem e do Direito Administrativo. In: JUNIOR, Wallace Paiva Martins; DI PIETRO, Maria Sylvia Zanella. Tratado de Direito Administrativo. 1. Ed. São Paulo: Editora Revista dos Tribunais, 2015, v. 1. Disponível em: *Revista dos Tribunais.* Acesso em: 04.07.2023.

ESTEFAM, Felipe Faiwichow. Cláusula arbitral e Administração Pública, Rio Janeiro: Lumen Juris, 2019.

GARCIA, Flávio Amaral. Arbitragem e a Infraestrutura Brasileira. *In Direito Administrativo e Alternative Dispute Resolution.* CUELLAR, Leila; MOREIRA,

Egon Bockmann Moreira; CRUZ, Elisa Schmidilin. Belo Horizonte: Forum, 2ª edição, 2022.

GAUDIN, Jean-Pierre. *Gouverner par Contrat: l'action publique en question.* Paris: Presses de SciencesPo, 1999.

GONÇALVES – Gonçalves, Pedro. Reflexões sobre o Estado Regulador e o Estado Contratante. Coimbra: Coimbra, 2013.

GRAU, Eros Roberto. "Arbitragem e contrato administrativo". Revista da Faculdade de Direito, Porto Alegre, RS, n. 21, abr. 2017. ISSN 2595-6884. https://seer.ufrgs.br/revfacdir/article/view/72370. Acesso em: 17 agosto 2020.

JOURDAN, MARQUES Jéremie, obs. sobre Paris, 25 de maio de 2021, nº 18/20625, Delta Dragon Import SA c/ BYD Auto, Dalloz actualité, 18 de junho de 2021.

JOURDAN Marques J., *Chronique d'arbitrage, Dalloz actualité,* 29 de outubro de 2019.

JUSTEN FILHO, Marçal. «Administração Pública e Arbitragem: o vínculo com a câmara e os árbitros» In: Revista Brasileira da Advocacia – RBA. Vol. 1. São Paulo: Revista dos Tribunais, abril-junho, 2016.

LEME, Selma Maria Ferreira. 1.Árbitro. Dever de Revelação. Inexistência de conflito de interesses. Princípios da Independência e Imparcialidade do Árbitro. 2. Homologação de Sentença Arbitral Estrangeira no STJ. Inexistência de violação à Ordem Pública (Processual) Artigo 39, II, da Lei de Arbitragem e Artigo V(II) (b) da Convenção de Nova Iorque. Revista Brasileira de Arbitragem, v. XI, v.41, p. 7-41, 2014.

LEMES, Selma Maria Ferreira. O dever de revelação do árbitro, o conceito de dúvida justificada. quanto a sua independência e imparcialidade (art. 14, § 1.º, da Lei 9.307/1996) e a ação de anulação de sentença arbitral (art. 32, II, da Lei 9.307/1996). Revista de Arbitragem e Mediação. vol. 36/2013.

MACÉA, Clarissa Marcondes. Publicidade na arbitragem com a Administação Pública: normativa e práticas recentes. Disponível em: *Jota.info.* Acesso em: 04.05.2023.

MARANHÃO, Amanda de Albuquerque. Violação do Dever de Revelação do Árbitro e as suas implicações para o processo arbitral. Revista de Arbitragem e Mediação, 2023.

MARQUES, Ricardo Dalmaso. O Dever de Revelação do Árbitro. São Paulo: Almedina, 2018.

MARQUES, Ricardo Dalmaso. "Breves Apontamentos sobre a Extensão do Dever de Revelação do Árbitro", Revista Brasileira de Arbitragem, Volume VIII, Issue 31, 2011.

MEGNA, Bruno Lopes. Arbitragem e Administração Pública. Fundamentos Teóricos e Soluções Práticas. Belo Horizonte: Fórum, 2019.

MELO, Antônio Moreira Barbosa. A ideia de contrato no centro do universo jurídico-político. In: Gonçalves, Pedro (Org.). *Estudos de Contratação Pública – I*. Coimbra: Coimbra Editora, 2008.

MENDES, Gilmar Ferreira Mendes. Capítulo 8: Organização do Estado. In MENDES, Gilmar Ferreira Mendes e BRANCO, Paulo Gustavo Gonet. Curso de Direito Constitucional, 9.ed, São Paulo: Saraiva, 2014.

MOREIRA, Egon Bockmann; GARCIA, Flávio Amaral. Comentários ao Decreto Federal nº 10.025/19. In: CUÉLLAR, Leila; MOREIRA, Egon Bockmann; GARCIA, Flávio Amaral; CRUZ, Elisa Schmidlin. Direito Administrativo e Alternative Dispute Resolution: arbitragem, dispute board, mediação e negociação. Com comentários à legislação do Rio de Janeiro, São Paulo e União sobre arbitragem e mediação em contratos administrativos e desapropriações. Belo Horizonte: Fórum, 2ª edição, 2022.

MOTA, Fabricio. Publicidade e Transparência são conceitos complementares, Conjur, 2018. Disponível em: Conjur.com.br. Acesso em: 04.07.2023.

REIMÃO, Clóvis. O Rei está nú: o princípio da publicidade na arbitragem administrativa no Brasil e em Portugal. Revista de arbitragem e mediação, v. 77/23. Abril-Junho, 2023.

RICHER, Laurent. La Contractualisation comme Technique de Gestion des Affaires Publiques. In: GONOD, Pascale (org.). L'Actualité Juridique – Droit Administratif. Paris: Dalloz.

SCHMIDT, Gustavo da Rocha. A publicidade nas arbitragens com a administração pública" Disponível em: *Migalhas.com.br*. Acesso em: 04.05.2023.

SEILLIER, Martha; Gadelha, Bertha. "Retomada econômica no pós-COVID: o investimento em infraestrutura como indutor de prosperidade". Portal Brasil: Economia e Governo, 2020. http://www.brasil-economia-governo.org.br/2020/07/13/retomada-economica-no-pos-covid-o-investimento-em-infraestrutura-como-indutor-de-prosperidade/#respond. Acesso em 17 agosto 2020.

SERAGLINI Christophe, ORTSCHEIDT Jerôme, *Droit de l'arbitrage interne et international*, 2ª ed. LGDJ 2019, nº 746, 2019.

TORRESI, Alessandro. Imparcialidade e independência do árbitro: "parcialidade evidente" vs. "dúvida justificada" e o Caso Abengoa. Revista de Arbitragem e Mediação. vol. 59, 2018.

TRANSPARÊNCIA E CONTRATAÇÃO URBANÍSTICA MUNICIPAL: QUANDO À "MULHER DE CÉSAR NÃO BASTA SER SÉRIA, TEM DE O PARECER"

FERNANDA PAULA OLIVEIRA
Professora Associada da Faculdade de Direito da Universidade de Coimbra.

SUMÁRIO: 1. Considerações gerais; 2. Contextualização geral da contratação no domínio urbanístico; 3. Os contratos para planeamento; 3.1. Previsão (admissibilidade) legal de contratos para planeamento; 3.2. Limites à celebração de contratos para planeamento; 3.3. Procedimento para a celebração de contratos para planeamento; 4. Conclusões lógicas a reter; Referências doutrinais.

1. CONSIDERAÇÕES GERAIS

O tema da transparência administrativa pode ser tratado de vários ângulos, assumindo particular relevo o cultural. No entanto, se se pretender abordá-lo de um ponto de vista estritamente jurídico, terá de se ter em conta e assumir a sua complexidade. Essa complexidade é ainda mais acentuada em determinadas áreas do agir administrativo. Ora, se há um domínio da atuação administrativa que mais necessita de ser transparente, esse domínio é o do urbanismo: trata-se, efetivamente, de uma área particularmente sujeita a suspeitas de ocorrência de práticas corruptíveis.

É certo que tal suspeita é, frequentemente, infundada (e até injusta); porém, vivemos atualmente mais num mundo de "perceções" do que de "realidades", pelo que nestes domínios é necessário afastar a ideia de que "o que parece, é" e fazer valer o ditado popular de que "à mulher de César, não basta ser séria; tem de o parecer".

As suspeitas que incidem sobre esta área de atuação administrativa decorrem do facto de, frequentemente, existir num acentuado grau de proximidade entre interesses públicos e interesses privados, designadamente de cariz imobiliário. O que não é de estranhar já que, se um projeto imobiliário privado pode interessar ao seu promotor por lhe dar lucro (e é legitimo que esse promotor procure a maior rentabilização do seu investimento), pode o mesmo interessar também ao município, porque aquele projeto, independentemente do lucro que dê ao privado, pode, por exemplo, potenciar o desenvolvimento económico e social do concelho, criar emprego, trazer mais habitantes ou mais atividades económicas para o respetivo território, etc.

Esta proximidade (ou, até, coincidência) de interesses que ocorrem com frequência neste domínio tem acentuado a utilização, por parte dos atores públicos e privados, de instrumentos jurídicos de *concertação* e de *contratação* na realização de intervenções territoriais, mudando, até, a forma como a função urbanística é tradicionalmente exercida. Assim, se é certo que atividade urbanística se apresenta, no seu essencial, como uma *função estritamente pública* – da responsabilidade, portanto, da Administração, que a exerce através de típicas formas de atuação unilateral, como a elaboração e aprovação de regulamentos e de planos territoriais e a prática de atos administrativos (dos quais se realçam os atos de licenciamento e de autorização, as declarações de utilidade pública para efeitos de expropriação, etc.) –, não é menos certo que se tem vindo a verificar uma cada vez maior *abertura da Administração aos particulares,* que assume graus de intensidade sucessivamente crescentes, desde o mero *direito à informação* até ao *direito à participação,* que não é já, apenas, de *mera audição,* mas também, e cada vez mais, de *concertação* de interesses, assumindo-se a *contratação* como forma máxima dessa abertura[1]. A doutrina fala mesmo, a este propósito, de uma "*co-determinação público-privada*" dos conteúdos urbanísticos[2].

Esta permeabilização da atuação administrativa aos interesses e intervenções dos privados através de instrumentos de concertação/contratação tem, ao contrário do que se poderia pensar, óbvias virtualidades: ela surge, efetivamente, como uma forma adequada para:

a) ajustar ou conciliar interesses públicos e privados divergentes, aproximando-os;

[1] Sobre estas diversas formas de abertura *vide* os nossos "O Papel dos Privados no Planeamento: Que formas de Intervenção?", *in Revista Jurídica do Urbanismo e do Ambiente,* N.º 20, 2003 (em parceria com Dulce Lopes)

[2] Expressão de Paolo Urbani, *Urbanistica Consensuale: La disciplina degli usi del territorio tra liberalizzazione, programmazione negoziata e tutele differenziate,* Torino, Bolatti Boringheri, 2000, p. 74.

b) adaptar a ação administrativa a situações especiais ou não previstas na lei;
c) incitar uma colaboração mais efetiva da contraparte privada do que a que resultaria da prática de um ato de imputação unilateral, levando-a a realizar certas intervenções de interesse para o município que de outra forma não ocorreriam;
d) conceder maior segurança aos particulares num domínio em que os seus investimentos apresentam um peso fundamental;
e) conferir maior legitimação à atuação da Administração e, em consequência, uma maior aceitação das suas decisões, conferindo-lhes maior eficácia e eficiência; e uma maior aceitação das decisões administrativas funciona também um fator de redução da litigiosidade a que estes domínios são tão permeáveis[3].

Pode também esta contratação, desde que devidamente enquadrada, permitir aos municípios os meios financeiros de que necessita para a concretização dos seus projetos de interesse público, apresentando-se, nesta medida, como um instrumento importante e relevante para a sustentabilidade financeira dos mesmos. É, aliás, esta importante finalidade – de associar investimentos privados a projetos com claro interesse público (e não necessariamente públicos) – que tem fomentado, mesmo em termos legais, a previsão de "parcerias" entre as entidades públicas e privados.

Ora, é precisamente esta convergência/proximidade (alguns diriam, mesmo, eventual "promiscuidade") entre interesses públicos e privados que torna particularmente necessária a instituição de técnicas de regulação dos poderes públicos que garantam o cumprimento de princípios básicos de Direito Administrativo, designadamente o da adequada ponderação de interesses, da imparcialidade, da articulação da ação urbanística pública com a participação privada e, por último, mas não menos importante, da transparência da Administração, de modo a garantir que são sempre e só os interesses públicos que pautam a atuação da Administração.

---

[3] Sobre as vantagens da contratação como forma de redução de litígios associados ao urbanismo *vide* Alexandra Leitão, "Contratualização no direito do urbanismo", in *Revista Jurídica do Urbanismo e Ambiente*, n.º 25/25, p. 11.

Essa regulação tem vindo a ser introduzida no direito do urbanismo português, prevendo o legislador – e enquadrando, do ponto de vista jurídico – a formalização de diversas formas de colaboração (concertação/contratualização) entre os particulares e a Administração, definido o seu âmbito e inventariando os respetivos limites. Isto para além, naturalmente, da previsão de outros mecanismos que fomentam tal transparência, como as exigências de publicidade e de consulta pública de projetos com relevante impacto territorial (sejam eles, públicos ou privados) e as exigências acrescidas de fundamentação das decisões administrativas nestes domínios.

O objetivo do presente texto não é – dadas as limitações editoriais impostas –, tratar de todas as previsões destinadas a garantir a máxima transparência da atuação administrativa urbanística, designadamente as relativas à sua publicidade, mas, apenas, daquelas que se referem às formas de contratação pública/privada neste domínio com vista a torná-las mais transparentes (isto é, conhecidas da comunidade em geral que delas beneficia ou que com elas pode ser prejudicada).

Com este objetivo, o presente texto fará, em primeiro lugar, uma breve referência à tipologia dos instrumentos contratuais no âmbito do direito do urbanismo formalmente previstos na legislação portuguesa, tratando, em segundo lugar, um dos tipos de contratos que maiores exigências de regulamentação (e maiores cuidados) exigem de modo a afastar as dúvidas (que se podem suscitar) de que tais instrumentos não são utilizados para satisfazer interesses públicos, mas apenas e somente interesses privados dos promotores imobiliários. Em concreto, trataremos aqui os designados *contratos para planeamento.*

2. CONTEXTUALIZAÇÃO GERAL DA CONTRATAÇÃO NO DOMÍNIO URBANÍSTICO

A utilização dos contratos no âmbito do direito do urbanismo tem servido ora para enquadrar o exercício de poderes públicos neste domínio, ora para definir os termos em que os referidos poderes vão ser exercidos, ora, ainda, para substituir formas de atuação unilateral da Administração (atos e regulamentos administrativos). Estamos aqui perante uma multiplicidade de tipos contratuais: umas vezes perante aqueles que a doutrina apelida de *contratos decisórios* – pelos quais a administração visa produzir *o efeito jurídico de um ato* de natureza pública[4] , outras vezes de contratos designados doutrinalmente de *obrigacionais* ou *endoprocedimentais*, pelos quais a administração se compromete a tomar uma determinada decisão, ou a tomar uma decisão com um determinado conteúdo.

Trata-se, genericamente, de *contratos sobre o exercício de poderes públicos*, categoria que integra, sem dúvida, os *contratos substitutivos de atos administrativos*[5] ou os contratos pelos quais a *Administração se compromete a praticar ou a não praticar atos desta natureza* (ou a *praticá-los com um determinado conteúdo*)[6]. Para além dos atos administrativos, a doutrina vem assumindo que este tipo de contratação abrange igualmente outras formas de atuação administrativa, designadamente a atuação normativa, de que são exemplo, precisamente, os *contratos para planeamento*[7].

Para uma certa doutrina, estas formas de "concertação" de interesses assume natureza informal, sem carácter vinculativo para as partes (ou com uma vinculatividade ténue), apresentando-se como uma forma substitutiva

---

[4] É o caso do contrato pelo qual, a troco da cedência de uma parte de um terreno, no âmbito de um procedimento informal pré-expropriativo, a câmara municipal transfere para o particular uma outra parcela para a qual viabiliza, de acordo com as normas em vigor, uma determinada operação urbanística com uma capacidade edificativa e um desenho urbano específico. Assim o decidiu o Tribunal Central Administrativo do Norte no âmbito do Recurso n.º 1149/04. 6BEPRT (inédito), que considerou ter este contrato os mesmos efeitos que uma *informação prévia favorável*.

[5] É a este tipo de contrato que se refere o artigo 127.º do novo Código do Procedimento Administrativo (CPA), segundo o qual "*salvo se outra coisa resultar da lei ou da natureza das relações a estabelecer, o procedimento pode terminar pela prática de um ato administrativo ou pela celebração de um contrato*".

[6] É o caso do contrato a que se refere o artigo 57.º do CPA pelo qual "*o órgão competente para a decisão e os interessados também podem celebrar contrato para determinar, no todo ou em parte, o conteúdo discricionário do ato a praticar no termo do procedimento*".

[7] Neste sentido, o artigo o artigo 336.º do Código do Contratos Públicos (CCP) faz referência expressa aos contratos com objeto passível de ato administrativo e *demais contratos sobre o exercício de poderes públicos*. Também a doutrina se vem referindo aos chamados contratos normativos. Vide, por todos, Alexandra Leitão, "Contratação no domínio do urbanismo", *cit.* p. 12, que integra na categoria genérica de contratos normativos aqueles que visam conformar o conteúdo de uma norma que depois é adotada de forma unilateral (contratos integrativos do procedimento ou contratos "pré-normativos) bem como aqueles que substituem a própria norma, que passa a assumir forma contratual (embora se reconheça a escassa utilização deste tipo de contratos).

das tradicionais formas de atuação administrativa[8]. Continuamos, porém a considerar, tal como Pedro Gonçalves, que a admissão de contratos sobre o exercício de poderes públicos enquadra, em regra, estas formas de atuação administrativa[9], ainda que não ignoremos a realidade dos acordos informais, uma vez que subsistem formas de *acerto* de interesses entre a Administração e os particulares com uma base formal insuficiente para preencher os requisitos legais exigíveis dos contratos administrativos e que podem bem ser reconduzidos a esta categoria de atuações.

A panóplia de formas contratuais no domínio do direito do urbanismo é, contudo, muito ampla do que a referida anteriormente.

Assim, e desde logo, no domínio do planeamento, encontramos, a par dos *contratos para planeamento*, os *contratos de execução dos planos*. Enquanto os primeiros correspondem à utilização da figura contratual em momento anterior ao da elaboração de instrumentos planificadores, funcionando como uma forma de influenciar as concretas soluções urbanísticas a consagrar nos mesmos – figura que foi inovadoramente prevista no Decreto-Lei n.º 316/2007, de 19 de setembro (que alterou o Decreto-lei n.º 380/99, de 16 de setembro, diploma que à data disciplinava a atividade administrativa de planeamento territorial), embora já fossem, antes disso, admitidos pela doutrina –, os segundos correspondem aos vários tipos de contratos celebrados entre os particulares e a administração no âmbito da *execução sistemática dos planos*, visando concertar a concretização das opções urbanísticas previamente determinadas nos instrumentos de planeamento territorial.[10] A este propósito assume particular relevo os contratos celebrados no âmbito dos sistemas de iniciativa dos particulares, de cooperação e de imposição administrativa, bem como os contratos celebrados no âmbito de operações de reparcelamento que ocorrem dentro de unidades de execução previamente delimitadas pelas câmaras municipais.

---

[8] Neste sentido, vide Suzana Tavares da Silva, "A Nova Dogmática do Direito Administrativo: o Caso da Administração por Compromissos" *in* Estudos de Contratação Pública – I, Coimbra, CEDIPRE, Coimbra Editora, 2008.

[9] Cfr. Pedro Gonçalves, *O Contrato Administrativo*, Coimbra, Almedina, 2003, p. 52.

[10] Referimo-nos aqui apenas aos contratos no âmbito da execução sistemática dos planos (isto é, execução dos planos programada pela administração) e não aos que se celebram no domínio da sua *execução não sistemática*, já que estes últimos se reconduzem aos tipos contratuais no âmbito da gestão urbanística tradicional que integramos noutra categoria.

Outro domínio importante de recurso a figuras contratuais é o da *gestão urbanística tradicional* (isto é, de concretização de operações urbanísticas não programadas pela Administração, designadamente à margem de unidades de execução). Referimo-nos, em especial, àqueles que se encontram expressamente previstos no âmbito dos procedimentos de controlo preventivo de operações urbanísticas, como os contratos de urbanização.

Para além destes, que encontram regulamentação expressa no Regime Jurídico da Urbanização e Edificação (RJUE)[11], a Administração municipal tem recorrido frequentemente a outro tipo de contratos, com finalidades múltiplas, muitas vezes reconduzidos a meros contratos de direito privado (v.g. permutas de terrenos) que, contudo, por integrarem cláusulas que se referem a faculdades exercitáveis em regra por atos de autoridade (administrativos ou regulamentares), acabam por assumir a veste de contratos públicos (o caso, por exemplo, de uma permuta de terrenos no âmbito de um procedimento pré expropriativo pelo qual se viabiliza, no terreno a atribuir ao privado, a possibilidade de realização de uma certa operação urbanística).

Identificados os grandes polos ou domínios de recurso à contratação no âmbito urbanístico[12], incidiremos, de seguida, a nossa atenção sobre aqueles que, como referimos *supra,* maiores dúvidas podem suscitar e, por isso, maiores cautelas devem exigir na sua concretização do ponto de vista da transparência: os contratos para planeamento. Vejamos, pois.

3. OS CONTRATOS PARA PLANEAMENTO[13]

3.1. Previsão (admissibilidade) legal de contratos para planeamento

A celebração de contratos em *momento prévio* ao da escolha dos conteúdos urbanísticos a plasmar nos instrumentos de planeamento decorria já, ainda

---

[11] Decreto-Lei n.º 555/99, de 16 de dezembro, na sua redação atual.

[12] Sobre cada um destes tipos de contratos vide o nosso *Contratação Pública no Direito do Urbanismo, in* Estudos de Contratação Pública – I, Coimbra, CEDIPRE, Coimbra Editora, 2008, p.781-829. Ver ainda, Jorge Alves Correia, *Contratos Urbanísticos. Concertação, Contratação e Neocontratualismo no Direito do Urbanismo.* Coimbra, Almedina 2009.

[13] Para maiores desenvolvimentos sobre esta questão cfr. o nosso *Contratos para Planeamento – da Consagração Legal de Uma Prática às Dúvidas Práticas do Enquadramento Legal,* Coimbra, Almedina, 2009.

que de forma indireta ou indiciária, quer da Lei de Bases da Política de Ordenamento do Território e de Urbanismo de 1998 (lei n.º 48/98, de 8 de agosto)[14] quer da versão originária do Regime Jurídico dos Instrumentos de Gestão Territorial (RJIGT de 1999), ao integrar no planeamento a ideia da *programação pública* na execução dos planos territoriais: esta programação depende, de facto, a maior parte das vezes, de uma concertação entre a Administração e os proprietários dos solos no momento da elaboração do plano, quanto à forma e ao momento de concretização das suas opções.

Mas terá sido na sequência de sua aceitação pela doutrina[15], que tinha perspetivado já as virtualidades de recurso aos contratos como forma de co-determinação das decisões planificadoras sobre o território, que o legislador veio consagrar de forma expressa, ainda que limitada (já que apenas se referia a determinados tipos de planos), a celebração de *contratos para planeamento*, estipulando as regras e os limites a que os mesmos se encontram sujeitos (cfr. artigos 6.º-A e 6.º-B do RJIGT de 1999, na sua versão pós 2007).

Esta matéria encontra atualmente previsão nos artigos 79.º a 81.º do Decreto-Lei n.º 80/2015, de 14 de maio (diploma atualmente disciplinador dos instrumentos de planeamento do território, doravante RJIGT de 2015)

---

[14] A atual Lei de Bases Gerais das Políticas Públicas de Solos, de Ordenamento do Território e de Urbanismo, aprovada pela Lei n.º 31/2014 de 30 de maio, admite também, de forma expressa, o recurso a este tipo de contratos ao determinar no artigo 47.º (que tem como epígrafe *contratualização no planeamento*: "*3- Os particulares interessados na elaboração, alteração ou revisão de um plano de urbanização ou de plano de pormenor podem apresentar propostas de contratos para planeamento aos municípios. 4 – A contratualização prevista no número anterior não prejudica o exercício dos poderes públicos de planeamento, as garantias procedimentais de intervenção de outras entidades públicas ou de participação dos interessados, nem a observância das disposições legais e regulamentares aplicáveis. 5 – Os procedimentos de formação dos contratos referidos nos números anteriores asseguram uma adequada publicitação e a realização de discussão pública.*"

[15] Neste sentido *vide* os nossos "Reflexões sobre Algumas Questões Práticas no Âmbito do Direito do Urbanismo", *in Separata do Boletim da Faculdade de Direito*, 2002, e *Boletim da Faculdade de Direito da Universidade de Coimbra*, Volume Comemorativo do 75º Tomo do Boletim da Faculdade de Direito, Coimbra, 2003, "O Papel dos privados no planeamento: Que formas de intervenção?", *Revista Jurídica do Urbanismo e Ambiente*, n.º 20, 2003, p. 43 e ss (este último em parceria com Dulce Lopes) e, ainda, João Teixeira Freire, "A Contratação do Conteúdo do Plano Urbanístico – Reflexões em torno dos chamados Acordos de Planeamento entre o Município e os Particulares", *Revista da Faculdade de Direito da Universidade de Lisboa*, Vol. XLV, n.ºs 1 e 2, 2004.

e corresponde, no ordenamento jurídico português, à admissão expressa de concertação de interesses públicos e privados quer no *desencadeamento* dos procedimentos de elaboração, alteração ou revisão de planos de urbanização e de pormenor, quer na *(re)definição, total ou parcial, do conteúdo* destes instrumentos de planeamento (isto é, das opções de ocupação territorial que deles consta). Estas normas não se referem de forma expressa à possibilidade da mobilização deste tipo de contratos quando esteja em causa um plano diretor municipal. Não obstante, entendemos que esta não deve ser afastada, já que se é possível contratualizar a elaboração e/ou o conteúdo de um plano de urbanização ou de pormenor que, por sua vez, podem alterar um plano diretor municipal [neste sentido *vide* a referência constante da alínea c) do n.º 2 do artigo 81.º do RJIGT de 2015], não existem motivos para não admitir a contratação que tenha por objeto, de forma direta, a *alteração* de uma norma ou conjunto de normas deste instrumento de planeamento[16]. Pode é não se justificar, da perspetiva das partes, esta contratação, na medida que ao particular interessa, sobretudo, mais do que garantir parâmetros genéricos (índices máximos de ocupação, cérceas máximas, áreas máximas de construção ou impermeabilização do solos), viabilizar uma *solução urbanística precisa* que não é alcançada ao nível do plano diretor municipal, que se caracteriza por ser, essencialmente, um instrumento estratégico. É, no entanto, possível que o conteúdo preciso de um contrato celebrado nestes termos seja integrado no plano diretor municipal. Para tanto basta que, naquelas situações em que o contrato abranja terrenos de vários proprietários (concertando, por exemplo, um desenho urbano a aplicar à parte do terreno que é cedida ao município e à restante, que permanece na propriedade do ou dos interessados), seja criada uma de unidade operativa de planeamento e gestão que remeta os seus objetivos, parâmetros e formas de execução para o que consta de um contrato celebrado com os proprietários dos solos para aquela área (integrando, assim, no plano, quer os deveres dos interessados – designadamente de cedência de parcelas para o município –, quer as capacidades edificativas que lhe foram contratualmente reconhecidas através de um específico desenho urbano). Deste modo se garante, logo ao nível do plano diretor municipal, a possibilidade de vir a ser concretizado o preciso projeto que havia sido objeto

[16] Em sentido contrário *vide* Fernando Alves Correia, *Manual de Direito do Urbanismo*, Vol. I, Coimbra, Almedina, 4.ª ed., 2008, p. 474.

de contratação com as entidades administrativas, mas também a assunção pelos privados dos deveres contratualmente assumidos[17].

A contratação a que aqui nos referimos pode incidir ainda (e frequentemente incidem), sobre os *termos* e as *condições* da execução destes planos, assumindo nestes casos, uma dupla vertente: de planeamento e de execução.

3.2. Limites à celebração de contratos para planeamento

Os designados contratos para planeamento encontram-se sujeitos a um conjunto de limites expressamente consagrados no artigo 80.º do Decreto-lei n.º 80/2015. O primeiro é o da *indisponibilidade dos poderes de planeamento*. Apesar de ser possível, por via do contrato para planeamento, a Administração *concertar* com os privados a forma *como vai exercer os seus poderes públicos* de planeamento, comprometendo-se a elaborar um plano (que enquadre o projeto ou a pretensão que aqueles desejam promover numa determinada área do município) ou a elaborá-lo com um determinado conteúdo, os mesmos "*não prejudicam o livre exercício dos poderes públicos municipais relativamente ao conteúdo, ao procedimento de elaboração, de aprovação e de execução do plano*". O que significa que, não obstante o contrato, os *poderes de planeamento* – isto é, os poderes de definição das regras de ocupação, uso e transformação dos solos para determinada área territorial e os correspetivos poderes de elaboração material e técnica do projeto de plano – permanecem não apenas na *titularidade* dos órgãos municipais (princípio da indisponibilidade dos poderes de planeamento) como devem *ser por eles exercidos* (princípio da indelegabilidade a privados do exercício destes poderes).

---

[17] Conhecemos, de facto, alguns municípios que criaram, nos seus planos diretores municipais, unidades operativas de planeamento e gestão destinadas a dar cumprimento a um conjunto de compromissos assumidos precedentemente por via contratual, grande parte deles destinados à aquisição, pelo município, de solos necessários à prossecução de relevantes interesses públicos, como a concretização de equipamentos desportivos e infraestruturas, ao mesmo tempo que permitem a reabilitação de zonas urbanisticamente desordenadas, degradadas ou abandonadas. Com esta solução viabiliza-se, por intermédio do plano diretor municipal, não apenas a solução urbanística contratualizada com os interessados, mas, sobretudo, e principalmente, garante-se que estes fiquem obrigados, por força do próprio plano diretor municipal, às contrapartidas a que se vincularam contratualmente.

Daqui decorre que, uma vez celebrado o contrato para planeamento, o plano fica sujeito a toda a tramitação procedimental (elaboração, alteração ou revisão) legalmente estabelecida, a qual é a mesma quer o plano tenha sido objeto de concertação prévia por intermédio do contrato para planeamento, ou não. Isto sem prejuízo, naturalmente, de se formularem algumas exigências naquelas situações em que o plano tenha sido antecedido de contrato, as quais se prendem com necessidades de publicitação e transparência. Assim o determina o n.º 3 do artigo 79.º e o n.º 4 do artigo 81.º do RJIGT de 2015 que obriga a que o contrato seja publicitado juntamente com a deliberação da elaboração do plano, devendo fazer parte das peças que compõem o plano ao longo de tal procedimento, designadamente para efeitos da sua discussão pública.

Porém, se a celebração de um contrato destes não pode prejudicar o poder de planeamento municipal (o qual, não obstante o contrato, permanece nas mãos da Administração) – assim o determina o n.º 2 do artigo 80.º–, não há como negar que a sua celebração *limita*, no procedimento de planeamento que venha a desencadear-se na sequência do contrato, o *exercício da discricionariedade* da câmara municipal, na medida em que esta se vinculou no contrato à *elaboração de um plano* ou à *sua elaboração com um determinado conteúdo*. É que a celebração de um contrato para planeamento – pelo qual a Administração se compromete a exercer os seus poderes de planeamento ou a exercê-los de determinado modo – apenas poderá ser considerada legítima se a Administração antecipar para o momento da celebração do contrato um conjunto de ponderações que, não fosse este, apenas teria de fazer mais tarde, no âmbito do procedimento de elaboração do plano.

Assim, para se comprometer contratualmente a elaborar um plano, o município terá de averiguar, no momento da celebração do contrato (que por definição implica liberdade de celebração e liberdade de estipulação), da necessidade e oportunidade dessa elaboração (juízo que, em regra, faz no momento da elaboração do plano e que aqui é antecipado para o momento de celebração do contrato). Por isso se exige que a deliberação de celebração do contrato (que não deve confundir-se com a deliberação de início de elaboração do plano) seja devidamente fundamentada na perspetiva do interesse público territorial que justifica a elaboração do futuro plano, devendo os termos de referência deste ser antecipados também para o momento da celebração do contrato.

Mais, também apenas será legítimo a câmara municipal assumir contratualmente o compromisso (obrigação) de conferir ao plano um determinado conteúdo se proceder, desde logo, no âmbito da negociação com o privado, e de acordo com os dados que dispõe nesse momento, a uma ponderação de interesses equivalente à que terá de efetuar no procedimento planificador. Apenas desta forma será legítimo à câmara municipal assumir contratualmente aquele compromisso (obrigação).

Neste sentido aponta o disposto no n.º 2 do artigo 81.º ao exigir que a câmara municipal explicite sempre, como condição de validade do contrato, as razões (de interesse público) que justificam a sua celebração bem como o respetivo conteúdo, neste caso, por alusão àqueles que hão de ser os termos de referência do futuro plano, a estratégia territorial e a programação definidas pelo município, o que pressupõe uma *ponderação antecipada* destes interesses por remissão para os termos de referência da elaboração do plano.

Só assim haverá igualdade entre os interessados que desejarem apresentar propostas de contratos às câmaras municipais e com os quais as autarquias, enquanto entidades públicas, se devem relacionar, pautando-se pelos princípios gerais da atividades administrativa previstos no CPA.

E se assim é – se a celebração de um contrato para planeamento pelo qual a câmara municipal se compromete a elaborar um plano municipal com um determinado conteúdo apenas pode ser validamente celebrado se a câmara tiver procedido a uma antecipação, na medida do possível, da ponderação de interesses que terá de efetuar aquando do procedimento planificador –, então terá de se concluir que a sua celebração limita a discricionariedade de planeamento, uma vez que, tendo sido celebrado aquele contrato, o não desencadeamento ou a não conclusão do procedimento de planeamento contratualizado, bem como um desvio do conteúdo do plano em relação ao concertado com os interessados apenas será legítimo se, entretanto, tiverem surgido outros interesses mais relevantes que fundamentadamente devam prevalecer em relação aos que estiveram subjacentes à celebração do contrato (e que foram devidamente ponderados para esse efeito).

De facto, ao *antecipar*, naquilo que lhe é possível em face dos dados de que dispõe no momento da celebração do contrato, os motivos de interesse público que estão subjacentes ao plano objeto de contratação, e ao *antecipar*, por via contratual, algumas soluções de ocupação territorial que considera adequadas à prossecução daquele interesse (uma e outra antecipação pressupõem uma correspondente antecipação da ponderação que lhes está subjacente), o seu incumprimento apenas poderá ser considerado legítimo desde que fundado em razões objetivas do interesse público *supervenientes* e *não ponderadas antecipadamente*.

Esta limitação à discricionariedade do poder de planeamento não corresponde à impossibilidade de o órgão municipal vir a deliberar coisa diferente do que foi objeto de contrato. É que este tipo de contratos, precisamente porque se trata de um contrato administrativo que se encontra, assim, impreterivelmente funcionalizado à prossecução de interesses públicos, deve ser assumido como contendo uma *condição resolutiva implícita*: de que a situação no momento da elaboração do plano seja a mesma que esteve na base da deliberação da celebração do contrato.

No entanto, e por este motivo, a Administração apenas pode resolver o referido contrato se fundamentar tal resolução em razões de interesse público *não existentes* e que objetivamente não foi possível ponderar à data da assunção do compromisso (da celebração do contrato). Embora, por causa da natureza dos contratos para planeamento como contratos sobre o exercício de poderes públicos, esta condição valha ainda que não expressamente consagrada (por isso se trata de uma condição resolutiva *implícita*), é aconselhável, por uma questão de transparência no relacionamento da Administração com os privados e de segurança jurídica, que a mesma conste expressamente do contrato.

A referida condição resolutiva (implícita ou expressa) neste tipo de contratos justifica-se na *evolução das circunstâncias de facto e de direito existentes à data da assunção do compromisso*, que a Administração terá de alegar e provar terem ocorrido em momento posterior.

Conclui-se, deste modo, que, embora os referidos contratos para planeamento *não afetem o poder de planeamento* – que permanece na esfera da Administração municipal e que deve ser levado a cabo de acordo com os procedimentos legalmente definidos e com ponderação de todos os interesses em causa –, a discricionariedade implícita neste poder fica, contudo, limitada por autovinculações administrativas que passam a fazer parte do bloco de legalidade a que a Administração deve respeito no procedimento de planeamento.

Ou seja, nestas situações, a celebração de contratos funciona como uma forma de a Administração *autolimitar a ampla discricionariedade de planificação* de que goza, sempre com a ressalva e reserva de ponderação e consideração dos restantes interesses coenvolvidos, isto é, das circunstâncias da concreta situação[18].

A estas limitações (autolimitações) no âmbito da discricionariedade do poder de planeamento municipal acresce a que resulta da posição assumida pelo cocontratante privado, a qual funciona, igualmente, como limite à atuação da Administração neste domínio. Assim, se bem que os órgãos dotados do poder de planeamento estejam, constitucional e legislativamente, obrigados a ponderar todos os interesses públicos e privados que assumam relevo na área de referência, uma das hipóteses que, manifestamente, apela para este dever de ponderação é a da existência de um ou vários acordos sobre o destino do planeamento, uma vez que se pode afirmar terem-se formado expectativas juridicamente enquadradas na esfera jurídica desses particulares. Ou seja, terá a Administração municipal de ter em consideração a *especial posição jurídica* que o privado que com ela contratualizou adquire, que coloca o seu interesse numa posição preferencial no *ranking* dos demais interesses, designadamente privados, que possam ser trazidos para a ponderação.

Outro princípio limitador da celebração destes contratos é o da *tipicidade dos planos (insubstituibilidade do plano pelos contratos)*. Este limite era expressamente previsto no n.º 3 do artigo 6.º-A do RJIGT de 1999 ao determinar que "*o contrato não substitui o plano na definição do regime do uso do solo, apenas adquirindo eficácia para tal na medida em que vier a ser incorporado no plano e prevalecendo em qualquer caso o disposto neste último*". Embora agora não expressamente referida, esta regra continua a valer. Em causa está uma das dimensões do *princípio da tipicidade dos planos*: se é certo que a administração municipal tem o poder (inalienável e indisponível) de definir as regras de ocupação, uso e transformação do território municipal, a verdade é que apenas o pode exercer por intermédio dos instrumentos de planeamento expressamente (e tipificadamente) previstos na lei, não se admitindo que elabore outros tipos de planos que não os previstos e impedindo-se que estabeleça regras de ocupação do solo por intermédio de instrumentos jurídicos de outra natureza, designadamente de cariz contratual. Ou seja, e em suma, a Administração municipal não está autorizada a fixar regras respeitantes à ocupação do solo por outras vias que não as dos planos.

---

[18] Cfr. o nosso, *A Discricionariedade de Planeamento Urbanístico Municipal na Dogmática Geral da Discricionariedade Administrativa*, Coimbra, Almedina, 2011, p. 625 e ss.

É por o contrato não substituir o plano na definição das regras de ocupação, uso e transformação do solo, que o seu conteúdo (isto é, aquilo que tiver sido objeto de concertação entre a Administração e os interessados) apenas produzirá efeitos após a sua *integração (incorporação) no plano*. O que significa que a concretização do projeto ou da pretensão urbanística pretendida pelo interessado e objeto de concertação no contrato para planeamento (e, deste modo, os benefícios urbanísticos ou edificatórios a ela associados) estará sujeita a uma condição suspensiva: a de o plano que lhe sucede e o incorpora, uma vez aprovado e em vigor, torne o seu cumprimento possível.

Não se deve confundir este aspeto particular do regime dos contratos para planeamento – de a pretensão do interessado ver os seus efeitos condicionados (condição suspensiva) – com o referido anteriormente – de que os contratos para planeamento, como contratos administrativos sobre exercício de poderes públicos, têm implícita uma *condição resolutiva*. Com efeito, em causa estão dois aspetos distintos do regime destes contratos que interessa não confundir.

Assim, por um lado, por estes contratos terem como objeto poderes públicos que terão de ser posteriormente exercitados, os mesmos são (têm de ser) celebrados *sob reserva de manutenção dos elementos de facto e de direito* ponderados aquando da celebração do contrato. A obrigação da câmara municipal deixará de existir se estes pressupostos se alterarem, designadamente quando no procedimento de elaboração do plano subsequente à celebração do contrato surgirem novos dados a ponderar, trazidos, designadamente, pelas outras entidades que intervêm no procedimento ou pelos particulares nas fases especificamente previstas para a sua participação (por exemplo, necessidade de cumprimento de determinado aspeto legal posteriormente exigido ou de determinada questão decorrente de um parecer legalmente exigível e vinculativo). Neste sentido se afirma, então, a existência de uma *condição resolutiva implícita* aposta a estes contratos: o contrato *deixará de produzir efeitos* se as *circunstâncias de facto e de direito evoluírem* e se *alterarem*. Nestes casos, os efeitos deles decorrentes [a obrigação de viabilização de determinadas vantagens urbanísticas aos privados (viabilização, por exemplo, de uma pretensão urbanística com um determinado conteúdo) e das correspetivas prestações à Administração como "contrapartida" daquelas)] extinguem-se (cfr., neste sentido, o n.º 2 do artigo 337.º do CCP).

A condição suspensiva refere-se, por sua vez, à posição jurídica dos particulares que contratam com a Administração (isto é, à pretensão ou projeto privado objeto de concertação): por o contrato não substituir o plano, o interessado não adquire, por simples força daquele, a referida posição jurídica, que fica dependente da sua integração naquele. A possibilidade de concretização do projeto fica condicionada, num primeiro momento, à aprovação do plano pela assembleia municipal, e, num segundo momento, à entrada em vigor do plano, isto é, o interessado não pode invocar essa posição jurídica enquanto aquele a não consagrar. O que é consequência, precisamente, de o contrato não substituir o plano na definição das regras de ocupação, uso e transformação do território.

Do afirmado decorre que o contrato não prevalece sobre o plano nem, muito menos, contra o plano: os seus efeitos quanto à definição das regras de ocupação, uso e transformação do território apenas valem por intermédio do planos, isto é, se e na medida em que forem nele incorporados.

Decorre ainda do n.º 2 do artigo 80.º que o contrato para planeamento não pode pôr em causa a observância dos regimes legais relativos ao uso do solo e às "*disposições dos demais programas e planos territoriais*". A regra da obrigação de respeito pelas disposições dos demais instrumentos de gestão territorial admite um desvio: quando o plano municipal objeto de contrato implique a necessidade de alteração dos planos municipais em vigor [facto que deverá ser devidamente explicitado na deliberação de celebração do contrato, nos termos do disposto na alínea *c)* do n.º 2 do artigo 81.º do diploma em comentário]. Esta possibilidade decorre do princípio da articulação que rege as relações entre os instrumentos de gestão territorial.

Outro limite imposto aos contratos para planeamento é o de que a câmara municipal e um particular não podem acordar por via contratual o não cumprimento de normas de carácter imperativo, como as relativas à Reserva Agrícola Nacional, Reserva Ecológica Nacional, Áreas Protegidas, ou decorrentes de pareceres legalmente obrigatórios e vinculativos.

Esta impossibilidade decorre, para além da necessidade de cumprimento do princípio da legalidade, também das exigências do *princípio da especificidade do fim* de acordo com o qual os órgãos administrativos que celebram este tipo de contratos estão vinculados ao exercício das atribuições da pessoa coletiva na qual se integram. Por isso, levantando-se uma questão que envolva a obrigação de proceder à definição de situações jurídicas que recaiam no âmbito de atribuições de um outro ente administrativo (por exemplo, a necessidade, para viabilizar a pretensão privada, de proceder à redelimitação da Reserva Ecológica Nacional), o contrato apenas será válido se a câmara municipal se vincular somente numa obrigação de meios e não de resultados. Por outras palavras, o contrato só será válido se a câmara municipal se comprometer a assegurar o desencadeamento dos procedimentos legais aplicáveis e de acordo com as suas competências. Isto porque a submissão da Administração à lei e ao direito exigem que ela respeite o carácter público da função urbanística e das regras que articulam e vinculam a sua atividade.

O contrato como instrumento de eficiência administrativa e facilitador da atuação urbanística não pode, pois, implicar a derrogação das regulamentações de carácter imperativo, nem a câmara municipal pode garantir um determinado resultado proibido por lei[19].

3.3. Procedimento para a celebração de contratos para planeamento

O procedimento a adotar para a celebração deste tipo de contratos encontra-se previsto no artigo 81.º do Decreto-lei n.º 80/2015. Sobre este procedimento, várias questões se colocam.

i. A primeira delas decorre de a lei prever que os *interessados* podem apresentar propostas de celebração de contratos à câmara municipal, sem definir quem pode ser interessado para este efeito.

A questão que legitimamente se pode colocar, então, é a de saber se os contratos para planeamento estão isentos da obediência ao *princípio da concorrência*, ou seja, às exigências de uma *economia de mercado aberta e competitiva*. Estas exigências visam, por um lado, garantir que os operadores económicos estejam em condições de igualdade para responder, de uma forma competitiva, às solicitações da Administração com quem desejam contratar e sejam avaliados pelo mérito ou pelos atributos da sua proposta. Visam, por outro lado, agora de uma perspetiva da Administração, garantir que esta fica mais protegida, por poder escolher de entre um número indiferenciado de interessados, aquele que tiver a melhor proposta, otimizando, deste modo, a prossecução do interesse público.

---

[19] Sobre estes limites, cfr. o nosso *Regime Jurídico dos Instrumentos de Gestão Territorial. Decreto-Lei n.º 80/2015, de 14 de maio, Comentado*, Coimbra, Almedina, 2016, comentário aos artigos 79.º a 81.º

Se é verdade que o princípio da concorrência se apresenta como um dos princípios fundamentais da contratação pública, não é menos verdade que o seu relevo se restringe aos *procedimentos de adjudicação*, garantindo aí que o interesse público será satisfeito sob a proposta economicamente mais vantajosa. Este não é, no entanto, o caso dos contratos para planeamento que, como decorre do que foi referido, são *contratos sobre o exercício de poderes públicos*, ou seja, contratos pelos quais a Administração *se obriga*, em face de privados, sobre *a forma* e os *termos* como vai exercer poderes que são exclusivamente seus (em titularidade e exercício) e que assim continuam, não obstante o contrato.

De facto, o poder de definir as regras de ocupação, uso e transformação do solo para o território do município (de definir uma determinada conceção de ocupação territorial) é um poder que cabe em exclusivo, por força da própria Constituição da República portuguesa, ao município. Não se trata, pois, de um poder que possa ser exercido por vários operadores económicos que, por isso, devem ser tratados em condições de igualdade pela Administração por forma a poderem competir entre si e serem avaliados pelo mérito, ou melhor, pelos atributos da sua proposta. Em causa não está, pois, uma situação, em que tenha de se dar cumprimento ao *princípio da concorrência* nem às exigências de uma *economia de mercado aberta e competitiva*.

Por isso, em face de uma proposta de celebração de um contrato para a elaboração de um determinado projeto de plano, não está a câmara municipal obrigada a ir *ao mercado* procurar propostas alternativas, uma vez que a definição daquela que é a melhor proposta de ocupação territorial (conceção do plano) é um poder que cabe em exclusivo (e que apenas pode ser exercida) pelos órgãos do município. Daí que perante uma proposta de ocupação territorial apresentada por um particular, a câmara municipal tem o poder *indisponível, inalienável e indelegável* de afirmar o seu desinteresse pela conceção de ocupação territorial proposta ou então, em sentido contrário, de ponderar e decidir pela necessidade ou oportunidade *daquela conceção*, não estando obrigada, neste caso, a vir ao mercado em busca de propostas alternativas, já que ela – e apenas ela – pode determinar, através de instrumentos de planeamento da sua iniciativa e responsabilidade (enquanto instrumentos de carácter normativo e, por isso, unilateral), a melhor proposta de ocupação territorial e, por isso, obrigar-se a ela por via contratual. Aliás, ainda que lhe sejam apresentadas várias propostas de contratos para a mesma área territorial, a câmara municipal não está obrigada a selecionar uma de entre elas, já que pode considerar que nenhuma delas é uma boa opção do ponto de vista do interesse público da ocupação territorial.

É precisamente porque os contratos para planeamento têm por objeto o *poder de planeamento* que os mesmos escapam à lógica do mercado e da concorrência, devendo ser subsumidos, sem reticências, na previsão do artigo 5.º do CCP, que, sob a epígrafe "*Contratação excluída*", dispõe no seu n.º 1 que "*[a] parte II do presente Código não é aplicável à formação de contratos a celebrar por entidades adjudicantes cujo objecto abranja prestações que não estão nem sejam susceptíveis de estar submetidas à concorrência de mercado, designadamente em razão da sua natureza ou das suas características, bem como da posição relativa das partes no contrato ou do contexto da sua própria formação*", como é o caso, já que estamos perante poderes de planeamento que são inalienáveis.

Isto não significa, como foi referido anteriormente, que, em face de propostas apresentadas por certos interessados para a celebração de um contrato com vista à elaboração de um plano que integre uma determinada conceção de ocupação do território, a câmara municipal esteja impedida, se assim o entender, de procurar no mercado outras alternativas possíveis. Para o efeito celebrará um *contrato de conceção* – sujeito às regras de contratação pública anteriormente referidas – que, no entanto, não deve confundir-se com um *contrato para planeamento* a que aqui nos referimos.

Estando em causa um contrato sobre exercício de poderes públicos, o termo "interessado" deve, pois, ser aqui interpretado em sentido amplo. A ele podem ser reconduzidos proprietários dos solos (da totalidade ou de parte) da área de abrangência do plano a elaborar com base no contrato; titulares de outros direitos reais sobre os mesmos ou de outros interesses sobre a referida área ou, ainda, quaisquer cidadãos apenas preocupados com o correto ordenamento do território e a qualidade de vida das populações. Tendencialmente qualquer titular do direito de participação nos procedimentos administrativos em geral e nos procedimentos de planeamento em especial pode ser interessado para efeitos do n.º 1 do artigo 81.º.

Não pode, no entanto, ignorar-se um aspeto relevante anteriormente já referido: o de que estes contratos têm em regra como objeto "*planos referidos a projetos*", pretendendo viabilizar uma *concreta pretensão* do proponente, o que significa que este detém, em regra, um interesse qualificado na concretização de uma determinada ocupação territorial. Não é, no entanto, exigido a este interessado que detenha qualquer particular qualificação, designadamente que seja proprietário ou titular de qualquer outro direito real sobre os solos objeto do contrato para planeamento. Aliás, uma tese que defendesse a necessidade de o contrato ser celebrado com os proprietários da área de intervenção do plano ou com outros interessados desde que com consentimento daqueles, estaria a perspetivar erradamente o planeamento que é objeto de contratação. É que os órgãos municipais nunca precisaram, para a aprovação dos instrumentos de planeamento que elaboram, de obter o consentimento dos proprietários abrangidos pelas suas opções, o que significa que também dela não necessitam quando celebram um contrato por intermédio do qual concertam a forma como vão exercer os seus poderes de planeamento.

Note-se, porém, que se é verdade que a câmara municipal não necessita, para a elaboração de um plano, do consentimento dos proprietários ou titulares de outros direitos reais sobre os solos que serão abrangidos por aquele, já deles necessita para a respetiva execução, sendo certo que os requisitos de legitimidade que se colocam a este propósito são mais exigentes. De onde decorre que em regra interessará à Administração concertar o conteúdo do plano com aqueles que o poderão executar. Mais, poderá até questionar-se se nas situações em que o contrato, para além do conteúdo, concerta ainda a respetiva execução (para qual é exigida uma especial qualificação), não será de se exigir tal qualificação por parte do cocontratante privado. Não pode ignorar-se que é a garantia (ou a maior garantia) de que o plano será executado e, deste modo, satisfeito o interesse público que com ele se pretendeu prosseguir por parte da câmara (a reabilitação urbana da área pela realização de operações urbanísticas previstas no plano, a concretização de um parque urbano ou de equipamentos públicos por força das cedências resultantes das operações de reparcelamento, de execução plano, etc.), que leva a Administração a celebrar o contrato para planeamento. E, deste modo, poderá não ter interesse contratar com um só proprietário (ou com um não proprietário) o desenho urbano para a área em causa quando necessita de todos os titulares de direitos para o executar. Como foi referido, a garantia de que o desenho urbano que está a elaborar para a área, e que satisfaz as exigências de interesse público, é também a solução que interessa aos proprietários que, deste modo, se *associarão* para o executar, é uma das fortes razões, da perspetiva da câmara municipal, para a celebração destes contratos para planeamento, já que pela mesma salvaguarda que não está a elaborar um plano para "colocar na gaveta" ou que, para ser executado, implicará o recurso a procedimentos impositivos, na maior parte das vezes, mais morosos e onerosos.

Não é, porém, necessário que o contrato seja celebrado com todos os proprietários para se evitar que o plano "fique na gaveta", já que a câmara municipal dispõe atualmente de mecanismos de programação que lhe permitem "forçar" os proprietários a avançar para processos associativos – através da delimitação de unidades de execução que poderão ficar logo identificadas no plano –, não sendo necessário, desde que o sistema de execução adotado não seja o da iniciativa dos interessados, que todos os proprietários adiram à execução do plano, uma vez que o município dispõe da faculdade de expropriar aqueles que não queiram "avançar" (cfr. n.º 2 do artigo 167.º do Decreto-Lei n.º 80/2015).

Ou seja, sendo o momento da elaboração do plano também o momento adequado para tomar opções essenciais quanto à respetiva execução, deve o plano objeto de contrato defini-las de forma a garantir a sua concretização. Significa isto que deve o plano, na parte atinente à sua execução, resolver a questão da eventual falta de adesão dos proprietários à execução do plano (estabelecendo ou o sistema de cooperação ou de imposição administrativa), devendo igualmente integrar no mesmo as obrigações urbanísticas que, por força do contrato, foram assumidas pelo cocontratante (cedências obrigatórias de terrenos, obrigação de concretização de espaços verdes, de assunção dos encargos de urbanização, nomeadamente compensações a pagar quando não haja lugar a qualquer cedência, etc.).

Uma situação existe em que mais faz sentido que o contrato para planeamento seja celebrado com quem tenha direitos na área de intervenção do futuro plano: quando esteja em causa a elaboração de um plano de pormenor incidente sobre uma área pertencente a vários proprietários, ao qual se pretendam atribuir efeitos registais, já que, neste caso, o registo do plano, com o qual se procederá de forma direta à alteração da situação fundiária, fica dependente do contrato de urbanização ou de desenvolvimento urbano celebrado entre os proprietários, a câmara municipal e terceiros interessados. Nestes casos, as especiais exigências de legitimidade prendem-se com o facto de, mais do que a contratualização do conteúdo de um plano, se estar a contratualizar a respetiva execução, para a qual aquelas especiais exigências de legitimação terão de estar cumpridas.

Esclarecidas as questões quanto aos interessados, vejamos agora quem deve assumir a posição de entidade contratante (contratante público).

Nos termos do artigo 81.º do Decreto-Lei n.º 80/2015, o contrato para planeamento deve ser celebrado com a câmara municipal. Porém, uma vez que existe uma repartição das competências planificadoras entre a câmara municipal (que tem o poder de iniciativa e de elaboração técnica de um projeto de plano) e a assembleia municipal (que tem a competência para a sua aprovação), a posição jurídica do particular ficará, em regra, limitada por apenas ter obtido, com os contratos para planeamento, uma obrigação por parte do primeiro órgão.

Não existe, no entanto, qualquer impedimento para que a deliberação camarária de celebração do contrato seja levada, sob proposta deste órgão, à assembleia municipal na perspetiva do reforço da posição jurídica do particular cocontratante. Numa situação como esta será também exigido à assembleia municipal que antecipe o seu juízo de oportunidade, naquilo que lhe for possível, sobre o conteúdo do contrato para planeamento e respetivos termos de referência do futuro plano municipal.

Sempre que o contrato para planeamento contém condições de execução e programação com encargos da responsabilidade do município, há vantagem de o submeter aprovação da assembleia municipal, órgão competente para aprovar as opções do plano e a proposta de orçamento.

A terminar, refira-se que nada impede que possam intervir no contrato para planeamento outras entidades, designadamente aquelas que, nos termos da lei, devam intervir no procedimento de elaboração do plano objeto de contratação. Com efeito, se o contrato pode ser celebrado entre o interessado e a câmara municipal, que não é a única entidade que intervém na elaboração dos planos de pormenor e de urbanização, e se se admite a celebração de contratos entre várias entidades públicas no âmbito dos procedimentos atinentes aos instrumentos de gestão territorial (cfr. n.º 1 do artigo 79.º do Decreto-Lei n.º 80/2015) – contratos no âmbito dos quais, designadamente, cada entidade pode concertar com as restantes a posição que vai assumir no procedimento de elaboração do plano municipal em causa –, não há como negar a possibilidade de os contratos para planeamento concertarem a posição das várias entidades que intervêm na sua elaboração e destas com os particulares. Estes contratos ficam sujeitos aos mesmos limites que constam do n.º 2 do artigo 80.º.

ii. Dada a natureza jurídica e o objeto dos contratos para planeamento, é necessário ter presente que os mesmos exigem *dois procedimentos administrativos diferentes*, mas que se cruzam: por um lado, o procedimento tendente à *celebração do contrato administrativo* (de planeamento) e, por outro lado, o *procedimento administrativo de elaboração do plano* objeto de contratação entre a autoridade pública e o particular.

Da leitura do artigo 81.º do Decreto-Lei n.º 80/2015, e no que concerne ao primeiro daqueles procedimentos, parece resultar que a formação do contrato depende de uma prévia atuação por parte do particular interessado: a apresentação à câmara municipal de uma proposta de celebração de um contrato para planeamento. Não é necessário, neste caso, que o interessado entregue de início uma minuta do contrato, bastando que manifeste a sua vontade através de uma declaração expressa na celebração de um contrato que inclua e explicite as suas pretensões urbanísticas para as áreas a abranger pelo plano que se pretende contratualizar, de modo que as mesmas, depois de negociadas com a autoridade competente, possam ser integradas no contrato e, posteriormente, no plano objeto de contratação. Em todo o caso, ainda que o interessado apresente uma minuta de contrato, a câmara municipal não deverá (não poderá) prescindir dos seus poderes de negociação na conformação do mesmo.

Apesar de o legislador se referir expressamente à apresentação de propostas por parte dos interessados, vem-se admitindo a possibilidade de a mesma partir da câmara municipal, sobretudo nos casos *suprarreferidos* e que a recente doutrina denomina de *contratos para planeamento no âmbito das edificabilidades estritas* (que integram os comummente designados "contratos de permuta"), nos quais a câmara se compromete a adotar determinada solução urbanística para uma área delimitada pelo plano e do interesse do particular, em troca da aquisição de determinado imóvel necessário à prossecução de interesses públicos (alargamento de uma via ou praça, construção de um equipamento, etc.).

Voltando à situação em que a proposta parte do interessado, refira-se que a apresentação de tal proposta não implica nem determina a necessidade de desencadeamento, por parte da câmara municipal, de um procedimento contratual, já que o início deste dependerá sempre de uma deliberação da câmara sobre oportunidade e necessidade da sua celebração da perspetiva do interesse público.

Quando tal suceda, a câmara municipal delibera o início do *procedimento de contratação*, fundamentando-o devidamente em motivos de interesse público, na medida em que, ao contratar, tem sempre de se pautar pelo interesse público subjacente. Esta fundamentação deve ser feita explicitando as razões que levam à sua celebração, a respetiva oportunidade por referência aos termos de referência do futuro plano, explicitando, ainda, a articulação e coerência da elaboração de um plano para a área (e, por isso, de um contrato que o englobe) com a estratégia territorial do município e o seu enquadramento na programação constante do plano diretor municipal ou do plano de urbanização, identificando, quando seja necessário, a imprescindibilidade de alteração aos planos municipais de ordenamento do território em vigor (cfr. n.º 2 do artigo 81.º do Decreto-Lei n.º 80/2015).

A câmara municipal, quando delibera iniciar o procedimento de celebração do contrato, está, na verdade a manifestar a sua concordância com o conteúdo do plano proposto, na medida em que, como referimos, terá que antecipar para esta fase a ponderação de algumas soluções de ocupação territorial que vão constituir o núcleo do plano que futuramente será elaborado. Contudo, a exigência legal de que a deliberação da câmara se fundamente sempre em razões de interesse público deve-se sobretudo a uma ideia de transparência: a necessidade de se explicitar que o plano vai ser objeto de contrato não se limita a ser uma consagração dos interesses do privado (representado na proposta), mas tão-só a afirmação de que a pretensão urbanística do particular é compatível com os interesses municipais na perspetiva do correto ordenamento do território.

Ou seja, e dito de outro modo, o poder de planeamento é, como já afirmámos, um poder público indisponível e alienável, exatamente porque em causa estão sempre subjacentes a definição das estratégias municipais e do interesse público da coletividade e não de estratégias e interesses privados de alguns. O facto de a Administração concertar com o particular interessado a forma como exercerá os seus poderes discricionários de planeamento não deve ser um obstáculo à prossecução do interesse público, motivo pelo qual o legislador delineou a abertura do procedimento de celebração do contrato de forma a garantir, à partida, que o futuro plano a elaborar está dentro do quadro de interesses públicos que competem à câmara definir na sua estratégia territorial.

Deliberado, pela câmara municipal, que se vai celebrar um contrato para planeamento, o legislador exige que esta deliberação seja objeto de divulgação pública juntamente com a proposta apresentada pelo particular, exigência ligada aos imperativos de publicidade e de transparência da ação administrativa, e ainda para que todos os interessados possam participar ou apresentar propostas alternativas, por um período mínimo de 10 dias, formulando sugestões e apresentando informações, nos termos do n.º 1 do artigo 89.º (n.º 3 do artigo 81.º). Esta fase do procedimento de formação do contrato pretende garantir a participação pública na discussão sobre o mérito da decisão de contratar e da proposta apresentada pelo particular, garantindo a tutela das posições jurídicas de terceiros, mas também permitindo a apresentação de outras propostas. Aliás, tratando-se de um contrato sobre o exercício de poderes públicos, os interesses de terceiros não podiam ficar descurados, sob pena de a autoridade administrativa violar o princípio da imparcialidade, da ponderação de interesses e, mesmo, a obrigatoriedade da prossecução do interesse público.

Ponderada qualquer participação, segue-se o processo de negociação ou concertação com o privado, no sentido de incluir no contrato as opções do futuro plano e as soluções que do ponto de vista do interesse público são imprescindíveis. Razão pela qual se afirmou antes que o particular não tem de apresentar neste primeiro momento uma minuta do contrato, mas tão-só uma proposta onde seja perfeitamente identificável a sua pretensão, na medida em que a deliberação da câmara municipal de celebrar o contrato não tem de corresponder exatamente à proposta apresentada pelo interessado, mas à oportunidade da celebração de um contrato para a elaboração de um plano de urbanização ou de um plano de pormenor com determinado conteúdo que será objeto de concertação com o privado. É, de facto, imprescindível que neste procedimento contratual fique devidamente salvaguardo o momento de concertação de vontades.

Ainda nesta fase, pode a câmara municipal solicitar, nos casos anteriormente referidos, a intervenção da assembleia municipal, apresentando a deliberação de celebração do contrato e a proposta de contrato para planeamento.

O procedimento contratual termina com a *outorga do contrato*, o qual será objeto de *divulgação* juntamente com a deliberação de início do procedimento de elaboração do plano, sendo neste momento que os dois procedimentos se tocam (n.º 4 do artigo 81.º do Decreto-Lei n.º 80/2015).

Não há, a propósito do procedimento de elaboração do plano na sequência de um contrato para planeamento, qualquer especificidade comparativamente com as situações em que tal contrato não foi celebrado. Apenas se destaca o facto de o legislador fazer especial referência à necessidade de o contrato acompanhar sempre as peças relevantes do plano, para os vários efeitos, com especial relevo para todos aqueles que estão relacionados com a participação dos interessados: no momento da sua participação preventiva e sucessiva. Esta exigência prende-se, precisamente, com a necessidade de garantir a máxima transparência da ação administrativa ao tornar claras as circunstâncias em que o plano foi elaborado.

4. CONCLUSÕES LÓGICAS A RETER

Decorre do que foi referido, que a decisão de elaboração de um plano municipal, atenta a regulamentação legal do respetivo procedimento, é da responsabilidade exclusiva da Administração (o procedimento de planeamento é, sempre, um procedimento público), pelo que, ainda que baseada num contrato para planeamento ou referido a um projeto privado – isto é, ainda que tenha sido um privado a despoletar, por parte da entidade planificadora, a consideração da necessidade e da oportunidade da respetiva elaboração –, terá sempre de ser fundamentada em motivos de *interesse público*, ou seja, terá de ser sempre baseada em razões, designadamente urbanísticas, de ordem pública que se apresentem como favoráveis à referida elaboração.

Assim, muito embora os motivos de interesse público que justificam a elaboração do plano possam, por vezes, coincidir com interesses privados, que, deste modo, acabam por ser servidos, de forma indireta, pelo plano, importante é que os *motivos (interesses) determinantes* da mesma sejam *motivos (interesses) públicos*, os quais deverão ser devidamente *explicitados*.

Em todo o caso, e precisamente porque não tem de existir uma necessária contradição ou um incontornável conflito entre interesses públicos e interesses privados, é possível que, por via dos planos municipais, possam também ser servidos interesses deste último tipo (o que acontecerá, por certo, em todas aquelas situações em que o plano tenha na sua base um contrato para planeamento ou em que, por seu intermédio, se viabiliza um determinado projeto privado ou a legalização de uma determinada situação irregular).

Este aspeto é fundamental para efeitos de controlo judicial do exercício do poder de planeamento, em especial no que concerne à averiguação da ocorrência de um eventual *desvio de poder*, controlo que se torna particularmente relevante sempre que a solução planificadora satisfaz um interesse que se apresenta simultaneamente como geral e privado ou satisfaz pelo menos dois interesses, em que um deles é público.

Nestes casos, deve o juiz fazer um esforço para averiguar e confirmar se o interesse geral foi o fim determinante da decisão ou se a prossecução deste apenas foi *acessória* da satisfação de um interesse privado também servido pela opção planificadora. Para o determinar, terá de fazer um controlo mais rigoroso dos argumentos invocados pelos órgãos municipais, os quais deverão, por sua vez, fazer um esforço para os expor da forma mais clara e precisa possível. Se o não fizerem, pode ficar a dúvida de que o interesse público apenas foi um pretexto para a decisão tomada, o que pode indiciar não ter sido o interesse geral o fim que realmente determinou a decisão planificadora do município.

Em todo o caso, deve reter-se que, havendo um interesse público que possa justificar a opção municipal, não se poderá falar em *desvio de poder* se o plano satisfizer também interesses privados, da mesma forma que dele não se pode falar simplesmente porque o plano prejudica um particular (*v. g.*, impedindo a construção numa área onde, até à elaboração do plano, era possível construir).

Em suma, fundamental é que o interesse privado que eventualmente seja servido pelo plano não se apresente como *o interesse (o fim) determinante da decisão planificadora*, devendo esta estar sempre fundamentada da perspetiva dos interesses públicos que por seu intermédio se visam prosseguir.

O aspeto que acabámos de referir é particularmente relevante quando a elaboração de um plano de urbanização ou de pormenor tem na sua base um contrato para planeamento, já que nestas situações não há como negar que o plano que venha a ser elaborado será, muito provavelmente, uma via para a satisfação (e prossecução) de interesses privados (dos interessados que celebraram com a câmara um contrato para planeamento).

Precisamente, e de forma a garantir que, mesmo aqui, são os interesses públicos que comandam a elaboração dos planos municipais, a lei exige, como referimos supra, que existam e sejam devidamente explicitadas, como condição de validade da celebração destes contratos (e dos planos que venham a ser elaborados na sua sequência), *razões de interesse público* para a sua celebração, as quais terão de coincidir, por sua vez, com as *razões de interesse público* que podem fundamentar a elaboração do específico instrumento de planeamento objeto de contratualização.

Assim, se na proposta de contratação que é dirigida pelos interessados à Administração devem estar devidamente explicitadas as razões pelas quais aqueles consideram necessário, para integrar o seu projeto, proceder à elaboração de um determinado instrumento de planeamento (ou sua alteração), eventualmente com um conteúdo preciso – o que apenas poderá ser devidamente compreendido pela câmara se o interessado expuser, devidamente, a sua pretensão para aquela área territorial, a qual será, como é natural, uma mera pretensão privada fundada em legítimos interesses do seu promotor –, o que se exige da câmara municipal é que ela faça um esforço de argumentação no sentido de comprovar que a ocupação territorial que interessa ao privado é também a *que melhor serve os interesses municipais* (os quais, por estarem em causa instrumentos de planeamento territorial, terão de ser interesses diretamente relacionados com o correto ordenamento do espaço): *v. g.*, (i) porque a operação a prosseguir pelo privado e a ser enquadrada pelo plano terá como consequência a reabilitação de uma área muito degradada; (ii) porque a operação privada pressupõe uma ocupação urbanística que prevê um conjunto de equipamentos abertos à utilização de toda a população, os quais permitem concretizar a estratégia do município referente a equipamentos coletivos prevista designadamente no plano diretor municipal ou a programação que a este propósito havia sido estabelecida (ou a criação de um amplo espaço público a integrar a estrutura ecológica urbana, indispensável ao equilíbrio ecológico do município); (iii) porque a proposta do privado corresponde a uma unidade operativa de planeamento e gestão que, nos termos do plano diretor municipal, deve ser concretizada por um plano de pormenor, correspondendo a proposta do privado aos objetivos para ela definidos, etc.

O que aqui afirmamos é relevante na medida em que, servindo o contrato para planeamento, como referido supra, para enquadrar os termos e os modos como o poder de planeamento será exercido, tal significa que apenas os motivos que podem legitimamente fundamentar a elaboração de um plano podem licitamente fundar a decisão de celebração do contrato para planeamento (devendo, assim, ser afastada a fundamentação da celebração do contrato em motivos que se prendem exclusivamente com o facto de o interessado se ter proposto assumir todos os encargos com a elaboração do plano).

Em suma, sendo a tarefa de planeamento uma *tarefa pública*, que, embora pressupondo necessariamente uma adequada *ponderação de interesses diferenciados*, se encontra, contudo, funcionalizada ao cumprimento de interesses gerais de ordem territorial – que devem estar sempre subjacentes à definição das estratégias municipais e do modelo de ocupação territorial da qual os planos são um instrumento de concretização –, então apenas será legítimo a câmara municipal assumir contratualmente o compromisso de elaborar ou alterar um plano – ou conferir-lhe um determinado conteúdo – desde que o fundamente em interesses que lhe é legítimo prosseguir com a tarefa de planeamento, os quais terão de ser, sempre, interesses públicos. Para garantir que assim é exige-se que, nas situações em que se proceda à celebração de um contrato para planeamento, a câmara efetue uma rigorosa fundamentação do mesmo de uma perspetiva dos interesses públicos que através deles são prosseguidos. Esta fundamentação apresenta-se como relevante para afiançar que o plano não corresponde a uma simples plasmação, sem mais, dos interesses do cocontratante privado.

Refira-se, por fim, que é pelas mesmas razões antes referidas – de que os planos municipais se encontram sempre funcionalizados à realização, satisfação e prossecução de *interesses públicos* – que deve ser recusada uma prática relativamente corrente: a de as câmaras municipais, por intermédio dos contratos para planeamento, incumbirem os privados, interessados numa determinada solução territorial, da elaboração das peças documentais que compõem e acompanham o plano (designadamente da preparação e elaboração de todos os *trabalhos, estudos complementares e projetos* necessários à formação do plano, como, por exemplo, o Relatório Ambiental para efeitos da Avaliação Ambiental Estratégica). Estando, neste caso, em causa uma dimensão do poder de planeamento que não se apresenta, por natureza, como indelegável, não pode a mesma ser conferida aos privados (ou seja, serem estes incumbidos da sua concretização), precisamente porque, dada a particular posição em que estes se encontram naqueles contratos, não podem *oferecer garantias de uma atuação desinteressada no exercício destes poderes públicos*, isto é, garantias de *imparcialidade*, de *neutralidade* e da *prossecução exclusiva do interesse público*, o único que legitimamente pode ser prosseguido na atividade de planeamento

Admitir a possibilidade de serem os interessados que celebraram contratos para planeamento com a Administração a elaborar as peças desenhadas e escritas do plano, algumas delas com influências decisivas nas opções a tomar pela Administração municipal (como é o caso do Relatório Ambiental), seria potenciar o risco de *promiscuidade* entre os interesses privados e os interesses públicos, não garantindo a preponderância destes (que os poderes de planeamento devem servir). E esta promiscuidade, sim, deve ser claramente afastada[20].

Considerando tudo quanto foi referido, e as dúvidas que a celebração deste tipo de contratos tem colocado, a regulamentação legal atualmente vigente exige, de forma clara, que exista uma máxima transparência do procedimento da sua celebração e do procedimento do plano que é elaborado e aprovado com base naquele contrato, com exigências especiais de publicidade e de participação, de forma a garantir a máxima transparência do agir administrativo, tornando claro que é sempre e em primeira linha a prossecução de interesses públicos que está subjacente à atividade de planeamento.

REFERÊNCIAS DOUTRINAIS

Alexandra Leitão, "Contratualização no direito do urbanismo", in *Revista Jurídica do Urbanismo e Ambiente,* n.º 25/25

Fernanda Paula Oliveira,

- Reflexões sobre Algumas Questões Práticas no Âmbito do Direito do Urbanismo", *in Separata do Boletim da Faculdade de Direito,* 2002, e *Boletim da Faculdade de Direito da Universidade de Coimbra,* Volume Comemorativo do 75º Tomo do Boletim da Faculdade de Direito, Coimbra, 2003,
- *Contratação Pública no Direito do Urbanismo, in* Estudos de Contratação Pública – I, Coimbra, CEDIPRE, Coimbra Editora, 2008
- *Contratos para Planeamento – da Consagração Legal de Uma Prática às Dúvidas Práticas do Enquadramento Legal,* Coimbra, Almedina, 2009.
- *A Discricionariedade de Planeamento Urbanístico Municipal na Dogmática Geral da Discricionariedade Administrativa,* Coimbra, Almedina, 2011.
- *Regime Jurídico dos Instrumentos de Gestão Territorial. Decreto-Lei n.º 80/2015, de 14 de maio, Comentado,* Coimbra, Almedina, 2016.

[20] Não significa isto, porém, que não possa haver uma colaboração do interessado na elaboração das referidas peças, designadamente através de equipas devidamente habilitadas, que, mesmo que contratadas pelos privados, atuem sob coordenação e orientação dos serviços municipais.

Fernanda Paula Oliveira e Dulce Lopes, "O Papel dos Privados no Planeamento: Que formas de Intervenção?", *in Revista Jurídica do Urbanismo e do Ambiente*, N.º 20, 2003

Fernando Alves Correia, *Manual de Direito do Urbanismo*, Vol. I, Coimbra, Almedina, 4.ª ed., 2008

João Teixeira Freire, "A Contratação do Conteúdo do Plano Urbanístico – Reflexões em torno dos chamados Acordos de Planeamento entre o Município e os Particulares", *Revista da Faculdade de Direito da Universidade de Lisboa*, Vol. XLV, n.ºs 1 e 2, 2004.

Jorge Alves Correia, *Contratos Urbanísticos. Concertação, Contratação e Neocontratualismo no Direito do Urbanismo*. Coimbra, Almedina 2009.

Paolo Urbani, *Urbanistica Consensuale: La disciplina degli usi del territorio tra liberalizzazione, programmazione negoziata e tutele differenziate*, Torino, Bolatti Boringheri, 2000

Pedro Gonçalves, *O Contrato Administrativo*, Coimbra, Almedina, 2003

Suzana Tavares da Silva, "A Nova Dogmática do Direito Administrativo: o Caso da Administração por Compromissos" *in* Estudos de Contratação Pública – I, Coimbra, CEDIPRE, Coimbra Editora, 2008.

TRANSPARÊNCIA E DIREITO À INFORMAÇÃO URBANÍSTICA: INSTRUMENTOS PARA A EFETIVA GESTÃO DEMOCRÁTICA DAS CIDADES BRASILEIRAS

LUISA QUINTÃO UBALDO
Advogada especialista em Direito Público e consultora em Direito Urbanístico.

SUMÁRIO: 1. Introdução. 2. Transparência e cidades sustentáveis. 3. Esquadro normativo da transparência no Brasil e pontos cegos do Estatuto da Cidade. 4. Dilemas da opacidade e perspectivas para a densificação normativa do direito à informação urbanística: interoperabilidade de sistemas de dados e tipificação de planos urbanísticos 5. Considerações Finais. Referências doutrinais.

1. INTRODUÇÃO

A transparência administrativa necessariamente perpassa as funções estatais de planejamento e gestão das cidades, notadamente no cenário de compromissos assumidos por diversos países para implementação dos objetivos de desenvolvimento sustentável – "ODS's" da Organização das Nações Unidas[1]e das propostas da Nova Agenda Urbana (oriunda da Conferência das Nações Unidas sobre Habitação e Desenvolvimento Urbano Sustentável – Habitat III) e em meio às transformações tecnológicas e digitais que configuraram a noção de "smart cities".

No Brasil, a Constituição da República e o Estatuto da Cidade (Lei nº 10.257/2001) estabelecem princípios, objetivos e diretrizes da política urbana, com recorrentes alusões a procedimentos participativos, porém tímidas e genéricas menções ao direito à informação, não havendo qualquer referência às categorias específicas de informação urbanística, tampouco comandos que prevejam o modo de sua sistematização e disponibilização.

---

[1] ONU – Organização das Nações Unidas. *Transformando Nosso Mundo: A Agenda 2030 para o Desenvolvimento Sustentável.* 2015. Disponível em: https://brasil.un.org/sites/default/files/2020-09/agenda2030-pt-br.pdf. Acesso em: 22 de junho de 2023.

Em um país marcado por históricas desigualdades sociais e heterogeneidades constitutivas de sua organização político-federativa (que, após 1988, concentrou nos Municípios a competência para legislar sobre assuntos de interesse local e promover o adequado ordenamento territorial), a baixa densidade normativa quanto às especificidades das informações urbanísticas e uniformização dos meios de disponibilização e acesso, aliada à falta de interoperabilidade de dados e à ausência de tipicidade dos planos urbanísticos, reforça um cenário de opacidade e entraves que impedem uma efetiva gestão democrática das cidades brasileiras.

Na oportunidade deste breve estudo, far-se-á uma avaliação panorâmica do princípio da transparência administrativa e de seus reflexos no ordenamento jurídico-urbanístico brasileiro, com a identificação de pontos cegos e recentes agendas de debates sobre o tema.

2. TRANSPARÊNCIA ADMINISTRATIVA E CIDADES SUSTENTÁVEIS

A transparência administrativa é indissociável da ideia de participação procedimental dos interessados na formação das decisões administrativas e na gestão efetiva da Administração Pública, permitindo, a um só tempo, compensar as insuficiências dos métodos da democracia representativa e assegurar o melhor conhecimento possível das realidades por parte de quem tem de decidir.[2] Nesse sentido, a transparência permite maior integração Administração-sociedade, estabelecendo o paradigma da boa governança, em que o Estado se torna mais próximo, acessível e permeável às reivindicações e contribuições dos cidadãos:

> A transparência, enfim, é (...) essencial para o fortalecimento da democracia e incremento da legitimidade governamental. A transparência se dá através da garantia do acesso as informações, do conhecimento da motivação das ações da Administração Pública e da participação popular, tanto nas definições das políticas públicas como nas tomadas de decisão. A transparência no agir administrativo propicia o controle social, colabora para a moralidade, impessoalidade

[2] Sobre participação: CORREIA, J.M. Sérvulo; MARQUES, Francisco Paes. *Noções de Direito Administrativo.* 2.ªed. Coimbra, Almedina: 2021, p. 302-303

e para a legalidade e, assim, contribui para a diminuição da judicialização exacerbada.[3]

Como tema próprio do Direito administrativo democrático[4], a transparência articula-se com outros princípios em contínuas sobreposições, carregando um potencial de significações e desdobramentos que podem ser transpostos e densificados em normas e postulados administrativos concretos, instrumentos e procedimentos. Nesse sentido, o princípio da transparência não pode ser reduzido ao princípio da publicidade, sendo válidas as conclusões de Martins Júnior:

> O princípio da transparência administrativa importa o questionamento de sua estrutura e de seu conteúdo, operação que não permite sua redução à divulgação dos atos administrativos. Com efeito, a compreensão da transparência administrativa na contemporânea concepção de Administração Pública tem por fundamento a visibilidade do exercício do poder, exigência da legitimidade formal-material da atividade administrativa no quadro do Estado Democrático de Direito. Consiste não só na informação ao povo do quê a Administração Pública executa, planeja ou realiza, mas também na explicação do porquê assim atua e na avaliação do grau de influência do próprio povo no processo de tomada de decisão.[5]

Igualmente bom que se lembre: a transparência também não se restringe à preocupação com as formas de controle da Administração Pública. Por óbvio,

---

[3] ARRUDA, Carmen Silvia Lima de. *O princípio da transparência*. São Paulo: Quartier Latin, 2020. p. 44

[4] *"(....) debe reflexionarse sobre si los conceptos, subordinados al de democracia, de lo público y el público pueden contemplarse como factores que determinan el Derecho administrativo democrático. Todos estos conceptos se superponen parcialmente y en ocasiones se confunden con principios legitimantes; sin embargo, desde un punto de vista constitucional, pertenecen ás bien al ámbito ideal del principio democrático, pero también al del Estado de Derecho. En algun sentido, se pueden contar también entre los presupuestos necesarios de la Democracia. En todo caso a la hora de platearse su transposición en postulados jurídico-administrativos concretos (...) se esboza para estas formas un considerable potencial de desarollo a la hora de modular instrumentos y procedimentos."* SCHMIDT-ASSMANN, Eberhard. *La teoría general del derecho administrativo como sistema*. Madri: INAP – Marcial Pons, 2003, pg. 115.

[5] MARTINS JUNIOR, Wallace Paiva. *Transparência administrativa: publicidade, motivação e participação popular*. São Paulo: Saraiva, 2010. p 19.

a vigilância da atuação estatal mitiga práticas de corrupção e dilapidação de recursos públicos, mas o controle é apenas uma das formas de aproximação entre sociedade e Estado, já que a existência de estruturas e métodos formais de controle, por si sós, não são suficientes para manter uma boa governança do interesse público. A boa governança pressupõe que a Administração, além de não desperdiçar recursos públicos, seja responsiva às necessidades coletivas[6], proporcionando acesso a informações compreensíveis, assegurando a participação dos diferentes segmentos e organizações da sociedade e ampliando as oportunidades de influência dos cidadãos na formulação, implementação e execução de políticas públicas. Nessa toada, o cidadão deixa de ser mero espectador ou fiscal da atuação estatal para se tornar agente colaborador da tomada de decisões.

Como se nota, os instrumentos para concretização da transparência administrativa são múltiplos, considerando-se ilustrativo o empréstimo de uma figura da Física Óptica para reconhecer o princípio da transparência como um prisma da democracia, atravessado pelo feixe de múltiplos interesses públicos em constantes refrações, com cada uma de suas faces poliédricas representando o seu desdobramento jurídico[7] mais concreto:

a. Princípio da publicidade e direito fundamental à informação: divulgação e amplo acesso a informações consistentes, confiáveis e precisas que estejam em poder do Estado, assegurando-se a proteção de informações sigilosas, bem como da intimidade e privacidade contidas em dados pessoais;

[6] MARQUES NETO, Floriano Peixoto de Azevedo. "Os Grandes Desafios do Controle da Administração Pública". *In*: MODESTO, Paulo. (Coord.) *Nova Organização administrativa brasileira*. 2. ed. rev e ampl. Belo Horizonte: Fórum, 2010. p . 211.

[7] Igualmente acerca dos desdobramentos jurídicos da transparência, Isa Antônio, sob outra perspectiva, sugere nove eixos para uma gestão transparente da Administração Pública, a saber: a) participação do administrado; b) a relação de colaboração entre a Administração e o administrado, a inclusão do administrado e a comunicação; c) a Administração Eletrônica e as novas tecnologias de informação; d) o "atuar pelo procedimento"; e) a supervisão e a fiscalização sobre a atuação pública; f) os mecanismos de "prestação de contas" ("accountability"); g) o acordo firmado entre a Administração Pública e o administrado; h) o acesso à informação por parte do administrado e a divulgação desta pela Administração Pública; i) o dever de fundamentação. ANTÓNIO, Isa. A transparência como paradigma da nova *governance* pública. *In*: Revista Internacional Consinter de Direito, n. X, 1º semestre de 2020. Estudos Contemporâneos. p. 385/407.

b. Dever de fundamentação e motivação dos atos administrativos;
c. Participação procedimental dos interessados na formação das decisões administrativas e na gestão efetiva da Administração Pública;
d. Controle da Administração, mecanismos de prestação de contas (*accountability*) e prevenção da corrupção.

Ainda que, por sua característica multidimensional, a transparência não possa ser reduzida a nenhum de seus princípios e instrumentos jurídicos correlatos, certo é que o princípio da publicidade e o direito à informação constituem sua faceta mais expressiva, revelada sob a forma de dois comportamentos estatais: transparência passiva, associada ao direito de requisição informações à Administração Pública, e transparência ativa, como dever estatal de divulgar informações aos cidadãos, independentemente de requisições. A tendência que se verifica, atualmente, é a de ampliação de mecanismos de transparência ativa, cuja aplicação, quando devidamente mensurada por indicadores, pode evidenciar o nível de maturidade democrática de um Estado.

Relativamente à transparência na política urbana e na função estatal de planejamento e gestão das cidades, observa-se que, dentre os diversos documentos históricos da Organização das Nações Unidas (ONU) centrados na temática do desenvolvimento sustentável, a transparência é fortemente referenciada no documento "Transformando Nosso Mundo: A Agenda 2030 para o Desenvolvimento Sustentável"[8], resolução adotada pela Assembleia Geral das Nações Unidas em 25 de setembro de 2015.

A Agenda ODS faz frequentes menções à transparência como fundamento da boa governança[9] nas cidades sustentáveis e como diretriz para a construção de sociedades pacíficas, justas e inclusivas, estabelecendo 17 objetivos e metas

[8] ONU – ORGANIZAÇÃO DAS NAÇÕES UNIDAS. *Transformando Nosso Mundo: A Agenda 2030 para o Desenvolvimento Sustentável*. 2015. Disponível em: https://brasil.un.org/sites/default/files/2020-09/agenda2030-pt-br.pdf. Acesso em: 22 de junho de 2023.

[9] De acordo com o princípio da boa governança, um governo é considerado "bom" e "democrático" se as instituições e os procedimentos estatais de determinada nação forem transparentes, de maneira a assegurar a responsividade, a promoção da igualdade, a participação, o pluralismo. ARRUDA, Carmen Silvia Lima. *A nova agenda para o desenvolvimento sustentável*. **Revista da Seção Judiciária do Rio de Janeiro**, [S.l.], v. 22, n. 42, p. 24-50, jun. 2018. ISSN 2177-8337. Disponível em: http://revistaauditorium.jfrj.jus.br/index.php/revistasjrj/article/view/44

a serem idealmente alcançados até 2030, dentre os quais apontamos o ODS 11 – Cidades e Comunidades Sustentáveis e o ODS 13 – Ação Climática.[10] O texto menciona o incentivo ao aprimoramento dos sistemas nacionais para acesso a dados confiáveis e de alta qualidade, bem como o estímulo à cooperação público-privada, "de modo transparente e responsável" para "explorar a contribuição a ser feita por uma ampla gama de dados, incluindo a observação da Terra e informação geoespacial, garantindo ao mesmo tempo a apropriação nacional no apoio e acompanhamento do progresso."

É interessante observar, neste último aspecto, que Agenda dos ODS's confere importante enfoque a mecanismos de acesso a dados e informações geoespaciais, o que impacta sobremaneira o planejamento e gestão das cidades. Esse enfoque foi igualmente abordado na Nova Agenda Urbana – NAU[11], debatida durante a Conferência das Nações Unidas para Habitação e Desenvolvimento Urbano Sustentável (Habitat III), de 17 a 20 de outubro de 2016, em Quito, Equador. A NAU estipula o compromisso de promoção de coordenação e cooperação entre os governos nacionais, subnacionais e locais por meio de "mecanismos de consulta multinível" (item 87) em interface com instituições que "aplicam sistemas transparentes e sustentáveis de uso e gestão da terra e de registro de propriedade" (item 104).

A NAU também faz referência à noção de "smart city" (item 66), termo que, em linhas gerais, refere-se a cidades cujos governos locais adotam tecnologias da informação e comunicação (TIC) para melhorias socioambientais e econômicas, propondo soluções que abarcam políticas

---

[10] De forma a dar início ao cumprimento ao ODS 13, publicou-se, no Brasil, o Decreto Legislativo nº. 140/2016, que aprova prova o texto do Acordo de Paris sob a Convenção-Quadro das Nações Unidas sobre Mudança do Clima – UNFCCC, celebrado em Paris, em 12 de dezembro de 2015, e assinado em Nova York, em 22 de abril de 2016. Disponível em: https://www2.camara.leg.br/legin/fed/decleg/2016/decretolegislativo-140-16-agosto-2016-783505-publicacaooriginal-150960-pl.html

[11] A Nova Agenda Urbana *"apresenta uma mudança de paradigma na ciência das cidades e estabelece padrões e princípios para o planejamento, construção, desenvolvimento, administração e melhora das áreas urbanas, ao longo de seus cinco principais pilares de implantação: políticas nacionais urbanas; legislação e regulação urbanas; planejamento e desenho urbano; economia local e finança municipal; e implantação local"*. ONU – Organização das Nações Unidas – Brasil. **Documentos temáticos da Habitat III**: Nova Agenda Urbana Disponível em: https://habitat3.org/wp-content/uploads/NUA-Portuguese-Brazil.pdf. Acesso em: 15 jun. 2023.

públicas de urbanismo e serviços públicos setoriais.[12] Evidentemente, o debate jurídico sobre "smart cities" deve abranger a transparência administrativa como matriz norteadora, aliada aos benefícios da transformação digital, sempre com a observância da proteção da intimidade e privacidade dos dados pessoais dos cidadãos.

A despeito da feição "soft law", a Agenda 2030 dos ODS's e a Nova Agenda Urbana prestam relevantes contribuições para delinear o significado da transparência administrativa na política urbana dos países signatários, dentre eles o Brasil.

3. ESQUADRO NORMATIVO DA TRANSPARÊNCIA NO BRASIL E PONTOS CEGOS DO ESTATUTO DA CIDADE

Partindo para uma análise do ordenamento jurídico brasileiro, verifica-se que, muito embora não tenha sido explicitado no texto normativo constitucional, o princípio da transparência acaba por encontrar seu núcleo jurídico no princípio da publicidade, estampado no *caput* art. 37, reforçado pelo art. 5º, inciso XXXIII, inciso XXXIV, alínea b) e inciso LXXII da Constituição da República, e tratado de forma mais detalhada na Lei de Acesso à Informação (LAI), Lei nº 12.527/2011, norma geral que atribui aos órgãos e entidades do poder público, em todas as esferas federativas, o dever de assegurar a gestão transparente da informação, propiciando amplo acesso e divulgação.

Como já visto, a transparência também está associada ao princípio da participação cidadã na Administração Pública, expressamente previsto nos incisos de I a III do § 3º do art. 37, da Constituição da República, que preveem a participação do usuário de serviços públicos "para regular o direito de representação quanto à qualidade do serviço e a negligência e o abuso no exercício de função pública, bem como o acesso a registros administrativos e a informações sobre atos de governo." O princípio da participação

[12] RECK, Janriê Rodrigues; VANIN, Fábio Scopel. *O direito e as cidades inteligentes: desafios e possibilidades na construção de políticas públicas de planejamento, gestão e disciplina urbanística.* . Revista de Direito da Cidade, [S.l.], v. 12, n. 1, p. 464-492, maio 2020. ISSN 2317-7721. Disponível em: <https://www.e-publicacoes.uerj.br/index.php/rdc/article/view/39618>. Acesso em: 15 jun. 2023.

do usuário de serviços públicos foi densificado pelas normas da Lei nº 13.460/2017.

Na faceta da motivação, enquanto dever da Administração em explicitar os pressupostos fáticos e jurídicos que determinam suas decisões, a transparência administrativa está prevista na Lei nº 9.784/1999 (que, embora regule o processo administrativo no âmbito da Administração Pública Federal, fundamenta a elaboração das legislaçoes de processo administrativo nos Estados e Municípios da federação brasileira). De acordo com o art. 50, § 1º, "a motivação deve ser explícita, clara e congruente, podendo consistir em declaração de concordância com fundamentos de anteriores pareceres, informações, decisões ou propostas, que, neste caso, serão parte integrante do ato."

Também não se pode deixar de referenciar a transparência na gestão do orçamento público, conforme art. 163-A[13] da Constituição da República e instrumentos de transparência detalhadamente previstos na Lei geral de Responsabilidade Fiscal – LRF (Lei Complementar nº 101/2000), a saber: planos, orçamentos e leis de diretrizes orçamentárias; as prestações de contas e o respectivo parecer prévio; o Relatório Resumido da Execução Orçamentária e o Relatório de Gestão Fiscal; e as versões simplificadas desses documentos.[14]

Quanto à ordem jurídico-urbanística propriamente dita, há interface da transparência administrativa com a diretriz de gestão democrática da cidade, consagrada pelo art. 2º incs. I e II e art. 43 do Estatuto da Cidade – Lei nº 10.257/2001, marco regulatório da governança da terra urbana no Brasil, instituído sob a forma de norma geral editada pela União, em sua competência legislativa atribuída pelo art. 24, inc. I, da Constituição da República.

---

[13] Art. 163-A da Constituição da República: A União, os Estados, o Distrito Federal e os Municípios disponibilizarão suas informações e dados contábeis, orçamentários e fiscais, conforme periodicidade, formato e sistema estabelecidos pelo órgão central de contabilidade da União, de forma a garantir a rastreabilidade, a comparabilidade e a publicidade dos dados coletados, os quais deverão ser divulgados em meio eletrônico de amplo acesso público.

[14] Quanto ao enfoque da transparência do orçamento público, vale salientar que o Estatuto da Cidade, em seu art. 4º, elenca como instrumentos da política urbana, dentre outros, as diretrizes orçamentárias, o orçamento anual e a gestão orçamentária participativa e, no art. 40, §1º, estabelece que o plano diretor municipal, como parte integrante do processo de planejamento municipal, deve estar articulado como plano plurianual, com a lei de diretrizes orçamentárias e com a lei de orçamento anual.

A diretriz de gestão democrática da cidade traduziu-se com bastante ênfase em mecanismos de participação popular, dentre eles duas modalidades de exercício da democracia direta, a saber: o referendo popular e plebiscito (art. 4º inc, III, alínea "s").[15] Outro instituto de participação popular elencado pelo Estatuto da Cidade é a iniciativa popular de projeto de lei[16] (art. 43, inciso IV), além de outras janelas de participação: debates, audiências e consultas públicas (artigo 43, inciso II). De modo mais específico, o Estatuto da Cidade exige a oitiva da população em pelo menos dois momentos: na implantação de empreendimentos ou atividades com efeitos potencialmente negativos no espaço urbano (artigo 2º, inciso XIII) e na elaboração e fiscalização do Plano Diretor Municipal (artigo 40, § 4º, inciso I).

Embora o Estatuto da Cidade apresente amplo e diversificado repertório de instrumentos de participação da sociedade na gestão urbana (o que, de fato, representou um avanço, por conectar a dimensão técnica do planejamento e gestão das cidades a premissas mais democráticas), a transparência administrativa resta comprometida em razão da escassa abordagem normativa do direito à informação, tratado em parcos comandos genéricos que não traduzem as peculiaridades ínsitas às informações urbanísticas (sobre parcelamento, ocupação e uso do solo urbano e sua correlação com políticas urbanas setoriais mobilidade, distribuição e consumo de energia elétrica, recursos hídricos e saneamento, gestão de resíduos sólidos), tampouco os meios e procedimentos para sua disponibilização.

A falta de previsões normativas consistentes e aptas a direcionarem a operacionalização da transparência das informações urbanísticas representa

[15] Não há notícia de que plebiscito e referendo já tenham sido utilizados para decidir sobre matéria própria da política urbana, mormente diante dos custos e acordos necessários para sua realização. AVELINO, Daniel Pitangueira de. *Cidade e cidadania: considerações sobre a gestão democrática na política urbana brasileira*. Capítulo 5 publicado em: O Estatuto da Cidade e a Habitat III : um balanço de quinze anos da política urbana no Brasil e a nova agenda urbana / organizador: Marco Aurélio Costa. – Brasília: Ipea, 2016. p. 131-157. Disponível em: https://repositorio.ipea.gov.br/bitstream/11058/9169/1/Cidade%20e%20cidadania.pdf. Acesso em: 15 de junho de 2023.

[16] "Há pelo menos um caso paradigmático no âmbito federal: a Lei nº 11.124, de 16 de junho de 2005, que dispõe sobre o Sistema Nacional de Habitação de Interesse Social. Como já foi relatado, a campanha para coleta de assinaturas em favor da criação de um fundo para habitação popular resultou no envio, pelo Fórum Nacional da Reforma Urbana, do projeto de lei ao Congresso Nacional em 1991." *Ibidem*.

grave ponto cego da legislação brasileira, situação que prejudica a participação popular e atravanca os fluxos de planejamento e gestão das cidades, enquanto se perpetua a tolerância à informalidade da ocupação do solo (não só em assentamentos irregulares de baixa renda, como, também, em loteamentos/condomínios fechados de classes sociais mais abastadas) e grassam práticas de corrupção urbanística.

Em se tratando de obra luso-brasileira, considera-se oportuno, a título de referência para boas práticas normativas, traçar breve comparativo entre a abordagem do direito à informação no Estatuto da Cidade – Lei nº 10.257/2001, norma geral de direito urbanístico no Brasil, e a Lei nº 31/2014 de Portugal, que, de forma análoga, estabelece as bases gerais da política urbana portuguesa (excepcionada sua aplicação ao ordenamento e à gestão do espaço marítimo nacional).

No Estatuto da Cidade, são lacônicas e genéricas as referências à publicidade e direito à informação, quando se trata do Estudo de Impacto de Vizinhança (EIV) e do Plano Diretor Municipal, exaurindo-se nos comandos "dar-se-á publicidade aos documentos, que ficarão disponíveis para consulta pelo interessado" (art. 37, parágrafo único) e "os Poderes Legislativo e Executivo municipais garantirão a publicidade quanto aos documentos e informações produzidos e o acesso de qualquer interessado aos documentos e informações produzidos" (art. 40, § 4º, incisos II e III).

Por sua vez, a Lei nº 31/2014 de Portugal apresenta dispositivos mais criteriosos e precisos sobre acesso à informação urbanística, com destaque para os artigos 57, 73, 74 e 75, que estabelecem, em resumo, as seguintes obrigações para a Administração Pública:

a. Disponibilização de parâmetros e indicadores para monitorização de estratégias, objetivos e resultados de execução todos os programas e planos territoriais (art. 57, 1);
b. Elaboração de relatórios de execução, normalização de fontes de dados e de indicadores comuns, disponibilizados publicamente em meios informáticos adequados;
c. Interoperabilidade e articulação de informações entre as esferas nacional, regional e local (art. 57, 2);
d. Formas de acompanhamento da política de solos, de ordenamento do território e de urbanismo, incluindo avaliação técnica da gestão territorial com mecanismos que garantam a eficiência dos instrumentos

que a concretizam e criação de um sistema nacional de informação territorial que permita a disponibilização informática de dados sobre o território e sobre unidades prediais (artigo 73);

e. Publicidade e registro dos programas e planos territoriais no Diário da República, acompanhados dos atos de aprovação e disponibilização no Sistema Nacional de Informação Territorial (artigo 74);

f. Sistema de Informação: disponibilização da informação administrativa em matéria de solos, de ordenamento do território e de urbanismo, sem prejuízo do exercício do direito geral à informação, salvaguardando a necessária reserva face aos interesses da defesa nacional e da segurança pública (artigo 75). A informação administrativa em matéria de solos, ordenamento do território e urbanismo (a que se alude neste estudo como informação urbanística) foi expressamente discriminada no item 2 do mesmo dispositivo, cujo teor vale ser transcrito na íntegra:

> Artigo 75
>
> (...)
>
> 2 – É obrigatória, nos termos e condições previstos na lei, a disponibilização de informação relativa a:
>
> a) Regulamentos administrativos e programas e planos territoriais, incluindo todo o conteúdo documental destes;
>
> b) Tramitação dos procedimentos de formação e dinâmica de programas e planos territoriais;
>
> c) Decisões respeitantes à programação da execução dos planos territoriais;
>
> d) Tramitação dos procedimentos de controlo prévio de operações urbanísticas;
>
> e) Decisões finais sobre os procedimentos de controlo prévio referidos na alínea anterior;
>
> f) Contratos celebrados com o Estado, as regiões autónomas e as autarquias locais ou com particulares;
>
> g) Relatórios sobre a execução de programas e planos territoriais e sobre as operações urbanísticas realizadas;
>
> h) Ações de fiscalização de atividades de uso, ocupação e transformação do solo.

Em suma, o texto da legislação portuguesa torna mais palpável o princípio da transparência quando enumera os tipos de informações urbanísticas e os modos pelos quais os interessados podem acessá-la, impondo à Administração Pública o dever de promover a interoperabilidade e articulação de informações nas esferas nacional, regional e local.

As comparações ora realizadas não se descuram da consciência de que o sistema de ordenamento do território urbano em Portugal desenvolveu-se em contexto bastante distinto do sistema brasileiro. Nos países europeus, a legislação urbanística instituiu-se como ferramenta para a estruturação político-econômica do Estado de bem-estar social, ao passo que, no Brasil, foi resultado de reações sociopolíticas a um modelo de sociedade já historicamente estruturada, em sua origem, de forma desigual.[17] Em mais de 20 anos após a publicação do Estatuto da Cidade, reconhecemos todos os esforços envolvidos na sua elaboração, fruto de um amplo processo nacional de mobilização em busca de um marco regulatório para a política urbana brasileira, instituída pela Ordem Econômica da Constituição democrática de 1988 (arts. 182 a 184).

Diante do cenário federativo brasileiro que atribuiu aos Municípios competências constitucionais para legislarem sobre assuntos de interesse local e promoverem adequado ordenamento territorial – art. 30 da CR/88, pode-se afirmar que o Estatuto da Cidade, com suas diretrizes e instrumentos (dentre eles, o Plano Diretor Municipal), trouxe suporte normativo importante – embora insuficiente – para os Municípios disciplinarem os processos parcelamento, ocupação e uso do solo urbano. Isso não impede, contudo, que sejam feitas críticas às suas omissões e obscuridades, sempre com foco no avanço da qualidade e clareza de seu texto normativo.

Outro ponto cego do Estatuto da Cidade foi o de ter se limitado a regulamentar, de forma genérica, o Plano Diretor Municipal, sem ter estruturado um sistema tipificado de planejamento territorial, com planos urbanísticos definidos e normalizados para as diversas escalas espaciais. No contexto da autonomia federativa brasileira, que atribui aos Municípios a competência

[17] CRESPO, José Luís Mourato; GAIDEZ, Raquel de Barros; HARDT, Carlos. *Análise comparativa entre os sistemas de ordenamento do território em Portugal e no Brasil.* Anais do 9º Congresso luso-brasileiro para o planejamento urbano, regional, integrado e sustentável (PLURIS 2021 DIGITAL). Pequenas cidades, grandes desafios, múltiplas oportunidades. 07, 08 e 09 de abril de 2021. Disponível em: http://repositorium.sdum.uminho.pt/handle/1822/72618. Pgs. 2864-2876. Referência contida na pg. 2873. Acesso em: 01 de julho de 2023.

para legislar sobre assuntos de interesse local e promover o adequado ordenamento territorial, os outros instrumentos de ordenamento territorial urbano, por não estarem claramente vinculados a nenhum plano urbanístico, acabam por formar uma miríade de leis desarticuladas (leis de zoneamento, leis ocupação e uso do solo, códigos de posturas), com textos confusos e desprovidos de padronização legística que assegure sua qualidade, clareza e adequada compreensão por seus destinatários.

Além disso, paralelamente, novas leis de abrangência nacional passaram a exigir a elaboração de diversos outros planos municipais setoriais do desenvolvimento urbano (habitação, mobilidade, saneamento básico e resíduos sólidos) sem que os Municípios estivessem minimamente preparados e munidos de sistemas confiáveis de planejamento e gestão territorial aptos a coordená-los. De acordo com Victor Carvalho Pinto,

> Uma das características da urbanização brasileira é o baixo grau de institucionalização do urbanismo. A maior parte do tecido urbano nacional foi produzida por meio de assentamentos irregulares ou de loteamentos projetados e executados por particulares. (...) Raramente existe um planejamento territorial prévio que oriente a aprovação de novos loteamentos, a regularização ou não de assentamentos informais ou as obras públicas. Tampouco há transparência para a população em geral sobre a preparação e aprovação de obras públicas e particulares em geral, que só se tornam conhecidas quando já em execução. (...)
>
> **Se para os profissionais é difícil ler um plano na ausência de uma linguagem normalizada, essa é uma tarefa quase impossível para o leigo, o que praticamente impossibilita a participação do cidadão em eventuais processos de consulta à população.**
>
> **A opacidade dos planos é um obstáculo também para a abertura do mercado imobiliário.** Quanto menos transparente for a legislação urbanística, maior será a possibilidade de sua manipulação por um pequeno número de funcionários públicos e arquitetos privados, frequentemente vinculados a um reduzido número de empresários locais. Cria-se, assim, um funil que impede a entrada de empresas competidoras, o que leva à formação de oligopólios e encarece o preço dos imóveis.[18] (grifos acrescidos)

---

[18] PINTO, Victor Carvalho. *O princípio da tipicidade dos planos urbanísticos e a institucionalização do urbanismo no Brasil*. Artigo originalmente publicado no livro "Planejamento e urbanismo na atualidade brasileira: objeto, teoria e prática", organizado por Jorge Guilherme Francisconi,

Trata-se, portanto, de evidenciar os limites do marco jurídico da política urbana brasileira e a necessidade de aprofundamento da agenda de debates sobre a instrumentalização normativa do direito à informação urbanística. Afinal, a transparência administrativa não se efetiva se a ordem jurídica não cobrir as várias modalidades específicas de comportamento da Administração Pública para assegurar o cumprimento do princípio da publicidade e atendimento ao direito fundamental à informação. No mesmo sentido, a diretriz da gestão democrática da cidade permanecerá como norma meramente retórica se as demais regras do Estatuto da Cidade estiverem restritas à previsão de audiências e consultas públicas, sem qualquer densificação quanto ao conteúdo, categorização e modos de disponibilização das informações urbanísticas.

3. DILEMAS DA OPACIDADE E PERSPECTIVAS PARA A DENSIFICAÇÃO NORMATIVA DO DIREITO À INFORMAÇÃO URBANÍSTICA NO BRASIL: INTEROPERABILIDADE DE SISTEMAS DE DADOS E TIPIFICAÇÃO DE PLANOS URBANÍSTICOS

No Brasil, embora as administrações municipais de grandes cidades já adotem práticas de publicação e organização de dados e informações urbanísticas, com elaboração e implementação de planos de dados abertos e operação de geoportais, a baixa densidade normativa do Estatuto da Cidade quanto ao direito à informação urbanística culmina em frequentes opacidades, sobreposições, obstáculos e excesso de etapas processuais para a satisfação de direitos dos cidadãos e para o adequado planejamento e monitoramento das intervenções no espaço urbano. Muitas das informações urbanísticas, quando publicadas, encontram-se desatualizadas, dispersas e alocadas em sistemas desprovidos de interoperabilidade[19], dando ensejo a problemas de diversas ordens.

Suely Gonzales e Aldo Paviani. Editora Livre Expressão, 2013, disponibilizado pelo autor em meio virtual: https://pt.linkedin.com/pulse/o-princ%c3%adpio-da-tipicidade-dos-planos-urban%c3%adsticos-e-carvalho-pinto. Acesso em: 02 de julho de 2023.

[19] "Ao se observar de perto diferentes instituições, inclusive públicas, não é difícil encontrar bases de dados dispersas e desorganizadas, sendo isto contraproducente à prospecção e reutilização da informação. Em outras palavras, os dados muitas vezes são criados para

Um dos graves dilemas vivenciados pelo Brasil como decorrência da baixa densidade normativa do direito à informação urbanística diz respeito às tragédias urbanas de inundações, deslizamentos e desmoronamentos de edificações em épocas de fortes chuvas no país (intensificadas pelas mudanças climáticas globais), como as que ocorreram em São Sebastião São Paulo em 2023[20], na Bahia[21], no Espírito Santo[22] e em Petrópolis[23] em 2022. Tais desastres poderiam ter sido evitados ou mitigados por meio da normatização e implementação de sistemas transparentes de governança multinível[24] que, de modo preventivo, assegurassem a interoperabilidade de informações urbanísticas acerca da existência de ocupações irregulares em territórios com risco de inundação ou deslizamentos.

---

atender projetos ou demandas específicas, sem a preocupação devida para que eles sejam compartilhados mais facilmente com outros setores dentro ou fora de suas estruturas de origem." RAMOS, José & UGEDA, Luiz. (2019). *Governança territorial com infraestrutura de dados espaciais no brasil: o problema da não oficialidade dos dados geográficos*. Revista de administração municipal. 298. 17-35. Disponível em: https://www.researchgate.net/publication/336148282_GOVERNANCA_TERRITORIAL_COM_INFRAESTRUTURA_DE_DADOS_ESPACIAIS_NO_BRASIL_O_PROBLEMA_DA_NAO_OFICIALIDADE_DOS_DADOS_GEOGRAFICOS. Acesso em: 14 de junho de 2023, p. 18.

[20] Notícia disponível em: <https://g1.globo.com/sp/vale-do-paraiba-regiao/noticia/2023/06/13/chuva-causa-alagamento-na-costa-sul-de-sao-sebastiao-sp.ghtml> Acesso em: 22 de junho de 2023.

[21] Notícia disponível em: <https://g1.globo.com/ba/bahia/noticia/2022/12/02/sobe-para-43-numero-de-municipios-afetados-pela-chuva-na-bahia.ghtml> Acesso em: 22 de junho de 2023.

[22] Notícia disponível em: <https://g1.globo.com/es/espirito-santo/noticia/2022/12/04/chuva-no-es-fotos.ghtml> Acesso em: 22 de junho de 2023.

[23] Notícia disponível em: <https://g1.globo.com/rj/rio-de-janeiro/noticia/2023/02/14/em-2022-mesmo-depois-da-maior-tragedia-climatica-da-historia-petropolis-gastou-apenas-15percent-do-valor-autorizado-em-habitacao.ghtml> Acesso em: 22 de junho de 2023.

[24] O conceito da governança multinível busca compreender as relações tecidas nos diversos níveis governamentais e as novas formas de governança, com o olhar voltado para as diferentes realidades territoriais. BRASIL. Tribunal de Contas da União. *Referencial para avaliação de governança multinível em políticas públicas descentralizadas* / Tribunal de Contas da União, Instituto Rui Barbosa, Associação dos Membros dos Tribunais de Contas do Brasil – Brasília : TCU, Secretaria-Geral de Controle Externo (Segecex), Secretaria de Controle Externo da Educação (SecexEduc), 2021. p.12. Disponível em? https://portal.tcu.gov.br/referencial-para-avaliacao-de-governanca-multinivel-em-politicas-publicas-descentralizadas.htm. Acesso em: 22 de junho de 2023.

A despeito da existência de diversas previsões legais que proíbem a ocupação de áreas de risco (Estatuto da Cidade[25], Código Florestal[26], Política Nacional de Proteção e Defesa Civil[27], além de legislações municipais sobre parcelamento, uso e ocupação do solo), sua aplicação resta muitas vezes inviabilizada ou dificultada em razão da desarticulação de informações urbanísticas relevantes para a prevenção de desastres. Conforme Victor Carvalho Pinto[28], tais informações poderiam ser coordenadas e organizadas por categorias, mediante a criação de órgãos estaduais, municipais ou federais especificamente incumbidos da investigação das causas de desastres urbanos:

> Se todos esses fatores geram a informalidade enquanto fenômeno geral, é preciso investigar, em cada desastre específico, aqueles que contribuíram para as tragédias. A ocupação era regular ou irregular? Recente ou consolidada? Qual era a renda dos moradores? A ocupação era própria ou os moradores pagavam aluguel? O local estava mapeado como área de risco? Se estava, o que foi feito a respeito? A população foi informada do perigo? Existiam ligações de energia e água? Essas ligações eram regulares ou clandestinas? As concessionárias consultaram a prefeitura sobre a conveniência e a oportunidade de fornecer esses

---

[25] O Estatuto da Cidade exige, em seu art. 42-A, que os planos diretores mapeiem as áreas de risco, planejem as ações preventivas, inclusive com realocação da população, se for o caso, e adotem medidas de drenagem necessárias à prevenção de desastres e mitigação de seus impactos.

[26] A Lei nº 12.651/2012 estabelece, em seu art. 4º, inc V, que são áreas de Preservação Permanente as encostas ou partes destas com declividade superior a 45º , equivalente a 100% (cem por cento) na linha de maior declive. Disponível em: https://www.planalto.gov.br/ccivil_03/_ato2011-2014/2012/lei/l12651.htm>. Acesso em: 22 de junho de 2023

[27] A Política Nacional de Defesa Civil – Lei nº12.608/2012 prevê, em seu art. 6º, inc. V, que a União deve apoiar Estados e municípios no mapeamento das áreas de risco de desastre e nas demais ações de prevenção, mitigação, preparação, resposta e recuperação; no art. 8º, inciso V, que os Municípios devem promover a fiscalização das áreas de risco de desastre e vedar novas ocupações nessas áreas; no art. 9º inc. VI, que compete à União, aos Estados e aos Municípios VI – fornecer dados e informações para o sistema nacional de informações e monitoramento de desastres. Disponível em: < https://www.planalto.gov.br/ccivil_03/_ato2011-2014/2012/lei/l12608.htm> Acesso em: 10 de junho de 2023.

[28] PINTO, Victor Carvalho. *A culpa não é da natureza: Tragédias como a de Petrópolis estão associadas à ocupação de áreas de risco – tolerada e incentivada pela sociedade.* Revista Piauí. Disponível em: https://piaui.folha.uol.com.br/culpa-nao-e-da-chuva/. Acesso em: 10 de junho de 2023.

> serviços? Havia algum procedimento de regularização fundiária em curso? Em caso positivo, já se tinha um projeto urbanístico aprovado? Essas são questões que a imprensa, por exemplo, ao cobrir as tragédias urbanas, pode ajudar a responder.
>
> Não existe no Brasil um órgão incumbido da investigação de desastres urbanos na perspectiva da prevenção de novos acidentes, a exemplo do que ocorre no caso de acidentes aeronáuticos. Tanto a União quanto os estados e Municípios podem criar órgãos desse tipo. Na sua ausência, o Ministério Público pode instituir inquéritos civis com tal finalidade, com o apoio de instituições acadêmicas, como o Instituto de Pesquisas Tecnológicas (IPT).
>
> (Grifos acrescidos)

Para além da parcela evitável dos graves e frequentes desastres urbanos, pode-se também exemplificar a falta de transparência na política urbana brasileira quando se trata da ausência de divulgação e clareza dos critérios de aferição e cálculos de contrapartidas oferecidas por empreendedores imobiliários no âmbito de Operações Urbanísticas Consorciadas (OUC). Instrumento de contratualização e concertação na política urbana previsto nos artigos 32 a 34-A do Estatuto da Cidade, a OUC abrange um conjunto medidas e permutas coordenadas entre Município e investidores, com participação de proprietários e moradores, para a implementação de transformações urbanísticas em determinada área territorial, por meio de lei específica de efeitos concretos, baseada no Plano Diretor Municipal.

De um lado, o Município (por meio do Poder Executivo e Legislativo) promove a flexibilização de parâmetros urbanísticos, mediante a modificação de índices e características de parcelamento, uso e ocupação do solo, bem como alterações das normas edilícias (considerado o impacto ambiental delas decorrente), incluindo a possibilidade de regularização de construções que tenham sido eventualmente executadas em desacordo com a legislação. De outro lado, particulares interessados oferecem contrapartidas que, além de retribuições financeiras ao Município, podem também consistir na execução de obras públicas para implantação de ruas, praças, parques, construção de escolas, dentre outros equipamentos públicos.

Em termos de transparência e moralidade, as contrapartidas a serem prestadas pelos empreendedores e agentes privados somente deveriam ser autorizadas mediante precisa quantificação dos valores a serem despendidos, calculando-se, a partir desses, os benefícios urbanísticos (flexibilização de parâmetros) a serem concedidos ao empreendedor interessado.[29] No entanto, a publicação de documentos demonstrativos desses cálculos não tem sido a prática comumente adotada nas Operações Urbanas Consorciadas, notadamente em Municípios de médio e pequeno porte.[30]

Outra sorte de problema que ilustra a falta de transparência na política urbana brasileira reside no desencontro das bases de dados de cadastros urbanísticos e tributários sob a gestão da Administração Pública municipal em relação às informações sobre propriedade imobiliária geridas pelas entidades privadas responsáveis pelos serviços de registro (cartórios[31]). A título de exemplo, discutido em recente demanda judicial[32], um município do estado de Minas Gerais passou a realizar cobranças anuais de imposto sobre a propriedade territorial urbana em face de cidadãos que, embora sucessores de antigo proprietário dos imóveis, não chegaram a herdar os referidos bens por escritura, de modo que seus nomes sequer constavam dos documentos de matrícula dos imóveis, geridos pelo sistema cartorário local de registro de propriedade imobiliária. Sem verificar as bases de dados cartorárias, o Município promoveu as cobranças tributárias perante cidadãos desprovidos da qualidade de proprietários, inclusive mediante bloqueios de altas quantias financeirass em suas contas bancárias. Somente por meio de

---

[29] Nesse sentido, cf APPARECIDO JUNIOR, José Antonio. *Direito urbanístico aplicado: os caminhos da eficiência jurídica nos projetos urbanísticos*. Curitiba: Juruá, 2017. p. 199

[30] Veja-se, a título de exemplo, lei de OUC no município de Betim, Estado de Minas Gerais, publicada em 2012 e disponibilizada em Portal da Prefeitura municipal: "Lei nº. 5.255, de 25 de janeiro de 2012. Institui a Operação Urbana Consorciada das Aroeiras e dá outras providências." Referida lei estabelece diversas contrapartidas a serem prestadas pelos empreendedores em troca dos benefícios e flexibilizações de parâmetros urbanísticos oferecidos pelo Município, mas não há, no portal eletrônico do referido município, qualquer referência a documentos que explicitem a compatibilização dos cálculos que deram ensejo ao arranjo negocial e permutas da OUC. Disponível no Portal Eletrônico da Prefeitura de Betim/ Minas Gerais: <http://www.dpurb.betim.mg.gov.br/site/index.php/legislacao-2/operacao-urbana-consorciada-das-aroeiras/>. Acesso em: 05 de julho de 2023.

[31] Por força do art. 236 da Constituição da República, os serviços notariais e de registro são exercidos em caráter privado, por delegação do poder público.

[32] Trata-se da ação de Embargos à Execução Fiscal de nº 5021178-44.2017.8.13.0079, cuja sentença, proferida em maio de 2023 e ainda não transitada em julgado, pode ser acessada por meio de consulta pública ao sistema de Processo Judicial eletrônico – PJe do Tribunal de Justiça do Estado de Minas Gerais: https://pje-consulta-publica.tjmg.jus.br/. Acesso em: 05 de junho de 2023.

provimento jurisdicional foi possível demonstrar a incoerência das bases de dados urbanísticos e cadastros do Município face às informações geridas pelo cartório de registro de imóveis da localidade.

A par de tais situações concretas, salienta-se que a opacidade é fortemente apontada como fator que potencializa a corrupção urbanística, conforme características locais, tais como a estrutura administrativa de governo, as dinâmicas políticas locais e os mecanismos de controle instituídos:

> O controle por um grupo pequeno de atores de dados, informações, normas e procedimentos reduz a isonomia de tratamento dada pelo poder público aos cidadãos. Isto significa que serão privilegiados aqueles que obtiverem determinado tipo de informação que diga respeito aos processos de planejamento e gestão. Isto se traduziria em maiores ganhos econômicos, visto que esta seria uma vantagem competitiva, frente aos concorrentes. Assim, seria possível realizar procedimentos de maneira acelerada, sabendo-se de antemão de futuras mudanças normativas que tornaria empreendimentos irregulares ou menos lucrativos. Dessa maneira, seria possível protocolar projetos construtivos utilizando-se, por exemplo, de coeficientes de aproveitamento mais favoráveis, ou iniciar o parcelamento em áreas que futuramente exigiriam maiores contrapartidas dos empreendedores. [33]

De tudo se infere que a abordagem da transparência no ordenamento jurídico-urbanístico brasileiro não pode se restringir a meros comandos normativos sobre mecanismos de participação popular, sendo fundamental a discussão sobre a necessidade de normas específicas que prevejam, dentre outros aspectos, a infraestrutura de sistemas para a boa governança da informação[34] e, consequentemente, para a boa governança territorial:

---

[33] BORGES, L. B. O.; SILVA, J. M. P. "Corrupção urbanística em sistemas de planejamento e gestão urbanos: um estudo de caso." Urbe. *Revista Brasileira de Gestão Urbana*, 11, e20180056.. Disponível em: https://doi.org/10.1590/2175- 3369.011.002.AO06. Acesso em: 02 de julho de 2023.

[34] A governança da informação foi tratada por Tamara Tebaldi Lajara em estudos de casos na perspectiva de valor, qualidade e *compliance*. Especificamente quanto à noção de valor da informação, a autora aponta a interessante percepção de que o problema atual não seria propriamente o de acesso ou excesso de informação, mas, sim de "fragmentos contraditórios e não integrados de informação". LAJARA, Tamara Tebaldi. *Governança da informação na perspectiva de valor, qualidade e compliance: estudo de casos múltiplos*. 2013. 157 f. Dissertação

> A boa governança territorial pode usufruir melhor dos dados disponíveis por meio das tecnologias da informação somente se houver políticas, normas e atores bem definidos e bem orientados à devida condução de toda a linha de vida do dado, ou seja, desde a produção do dado até sua reprodução pelo e ao usuário final. Assim, se faz necessária uma devida governança da informação para que os dados sejam qualificados a uma melhor governança territorial.[35]

Nesse ponto, há debates recentes sobre a interoperabilidade de sistemas de dados e informações urbanísticas e geoespaciais, tendo em vista que a convergência entre os diferentes aspectos da vida urbana e a interoperabilidade entre diferentes sistemas e dispositivos são fundamentais para a criação de cidades mais inteligentes, conectadas e sustentáveis."[36] À luz de conhecimentos jurídicos, geográficos, de engenharia da computação e geotecnologias, Luiz Ugeda e José Ramos questionam a falta de clareza e o problema da não-oficialidade de dados geográficos no Brasil, apontando a omissão de regulamentação do art. 21, inc. XV da Constituição da República (que atribui à União a competência organizar e manter os serviços oficiais de estatística, geografia, geologia e cartografia de âmbito nacional).

Com efeito, a inexistência de comandos normativos infraconstitucionais para que a União organize e mantenha serviços oficiais de geografia e cartografia em âmbito nacional constitui mais uma opacidade que impacta negativamente a política urbana, já que, para que um Município realize o planejamento e a gestão territorial de forma eficiente, é fundamental contar com dados georreferenciados precisos e atualizados sobre a área do município

(Mestrado) – Universidade Federal do Rio Grande do Sul, Porto Alegre, Rio Grande do Sul. Disponível em: < https://lume.ufrgs.br/bitstream/handle/10183/66833/000872240.pdf?sequence=1&isAllowed=y>. Acesso em:15 de junho de 2023.

[35] RAMOS, José & UGEDA, Luiz. (2019). *Governança territorial com infraestrutura de dados espaciais no brasil: o problema da não oficialidade dos dados geográficos*. Revista de administração municipal. 298. 17-35. Disponível em: < https://www.researchgate.net/publication/336148282_GOVERNANCA_TERRITORIAL_COM_INFRAESTRUTURA_DE_DADOS_ESPACIAIS_NO_BRASIL_O_PROBLEMA_DA_NAO_OFICIALIDADE_DOS_DADOS_GEOGRAFICOS>. Acesso em: 14 de junho de 2023.

[36] PINTO, Victor Carvalho & UGEDA, Luiz. *Cidades convergentes: por uma real interoperabilidade urbana*. Disponível em: <https://geocracia.com/cidades-convergentes-por-uma-real-interoperabilidade-urbana/.> Acesso em: 14 de junho de 2023.

e seu entorno, bem como suas características físicas, ambientais, de uso do solo, dados demográficos e infraestrutura:

> Enquanto não regulamentarmos o art. 21, XV da Constituição Federal e atribuirmos a um órgão a capacidade de regular a Geografia e a Cartografia de Estado, com vistas a efetivar a articulação entre as unidades federadas (...) dificilmente o Brasil deixará de ser um grande território informal, com sobreposição de cadastros, baixa capacidade de gestão ambiental, rural e urbana, de mediar diferentes conflitos territoriais e de traçar políticas efetivamente bem alicerçadas nas diversidades territoriais.[37]

Um avanço recente na temática da interoperabilidade de dados, porém ainda em nível de "soft law", foi a Carta Brasileira para Cidades Inteligentes, documento publicado em 2021 e resultante de esforços no âmbito de parceria com a Deutsche Gesellschaft für Internationale Zusammenarbeit (GIZ) GmbH, agência de cooperação alemã, e de concertação interna de equipes técnicas do Ministério de Desenvolvimento Regional (MDRE), o Ministério da Ciência, Tecnologia e Inovações (MCTI) e o Ministério das Comunicações (MCOM). [38] A iniciativa de publicação do documento alinha-se à elaboração da Política Nacional de Desenvolvimento Urbano

---

[37] RAMOS, José & UGEDA, Luiz. (2019). *Governança territorial com infraestrutura de dados espaciais no brasil: o problema da não oficialidade dos dados geográficos.* Revista de administração municipal. 298. 17-35. Disponível em: https://www.researchgate.net/publication/336148282_GOVERNANCA_TERRITORIAL_COM_INFRAESTRUTURA_DE_DADOS_ESPACIAIS_NO_BRASIL_O_PROBLEMA_DA_NAO_OFICIALIDADE_DOS_DADOS_GEOGRAFICOS. Acesso em: 14 de junho de 2023.

[38] Nas declarações gerais enunciadas na Carta, consta que as cidades inteligentes devem ser inclusivas e acolhedoras, possuindo governança ampla, aberta e transparente, estimulando o engajamento e a inclusão digital, por meio de processos participativos e colaborativos. Na perspectiva de sustentabilidade, a Carta traça a distinção entre os conceitos de transformação digital sustentável, enquanto processo de adoção responsável de tecnologias da informação e comunicação sobre as características específicas de cada território, e desenvolvimento urbano sustentável, referindo-se, propriamente, aos processos de ocupação urbana. BRASIL. MINISTÉRIO DO DESENVOLVIMENTO REGIONAL. Carta Brasileira para Cidades Inteligentes. Brasília: Ministério do Desenvolvimento Regional, 2021. Disponível em: https://www.gov.br/mdr/pt-br/assuntos/desenvolvimento-urbano/carta-brasileira-para-cidades-inteligentes/CartaBrasileiraparaCidadesInteligentes2.pdf. Acesso em: 15 de junho de 2023.

(PNDU), ainda sob formulação[39]. Conquanto a Carta não seja, propriamente, um instrumento normativo vinculante (tal qual o Estatuto da Cidade), suas recomendações reforçam parâmetros para a operacionalização da transparência e do direito à informação urbanística no Brasil. Dentre os oito objetivos estratégicos traçados na Carta, destacamos o objetivo estratégico 3, que consiste em "estabelecer sistemas de governança de dados e de tecnologias, com transparência, segurança e privacidade", por meio de política de dados abertos (item 3.5), governo digital (3.6) e gestão territorial integrada (3.8), com as seguintes propostas:

a. manutenção de registros administrativos georreferenciados e sistemas interoperáveis, capazes de trabalharem em conjunto para a a troca eficaz de informações em linguagem inclusiva (subitem 3.5.1);
b. fortalecimento da Infraestrutura Nacional de dados Espaciais (INDE) como plataforma que facilite o intercâmbio de dados geoespaciais (subitem 3.5.2);
c. instituição de Política Nacional de Geoinformação (PNGeo), consolidando um vocabulário uniforme e específico em sistemas de informação geográfica urbana (subitem 3.5.2);
d. padronização para elaboração de cadastros territoriais imobiliários (subitem 3.5.3);
e. otimização e melhoria de processos administrativos (subitem 3.6.2), mediante adesão de estados e municípios à infraestrutura pública colaborativa do Processo Eletrônico Nacional (PEN) e suas ações, de modo a tornar a tramitação de documentos públicos mais rápida, transparente e acessível;
f. uso de sistemas de planejamento integrado e de gestão territorial integrada, om base em plataformas interoperáveis de dados georreferenciados que possibilitem a troca eficaz de dados com localização geográfica) em todos os níveis de governo, bem como a governança intermunicipal de dados por instituições de cooperação federativa intermunicipal (subitem 3.8.1).

Para além dos problemas e propostas abordados nas atuais discussões sobre a interoperabilidade de dados em nível nacional, local e municipal, como

[39] Disponível em: https://www.gov.br/mdr/pt-br/assuntos/desenvolvimento-urbano/politica-nacional-de-desenvolvimento-urbano. Acesso em: 15 de junho de 2023.

meio de concretização da transparência e boa governança da informação na política urbana brasileira, recobramos o assunto abordado no tópico anterior, relativo à ausência de tipicidade dos planos urbanísticos, para noticiar recente e alvissareira iniciativa de regulamentação, inspirada na legislação portuguesa: trata-se do Projeto de Lei nº 5.680, de 2019[40], cujo objetivo consiste em alterar o Estatuto da Cidade e outras leis específicas para aumentar o grau de institucionalização da política urbana, conectando planejamento e gestão do território das cidades por meio da tipificação dos planos urbanísticos e atribuindo ao Poder Executivo (e não ao Legislativo) a responsabilidade pela sua posterior normalização técnica. A tipificação legal dos planos urbanísticos no Estatuto da Cidade implicará a identificação mais detalhada dos formatos e conteúdo dos planos urbanísticos, condicionando as intervenções nos territórios urbanos do Brasil às prévias programações a serem previstas em planos com diferentes escalas.

O Projeto de Lei nº 5680, de 2019, visa, portanto, dar o suporte normativo necessário para instituir modelos de planos urbanísticos claros e transparentes a serem seguidos pelos Municípios para diagnosticar a situação atual de seus territórios urbanos e traçar os rumos almejados para seu desenvolvimento. De acordo com a justificação do referido Projeto de Lei, a tipificação dos planos urbanísticos prevê padrões mais uniformes para a atividade estatal de regulação das intervenções realizadas no tecido urbano, mediante vinculação do Plano Diretor a dois planos de operacionalização, a saber, o plano de urbanização e o plano de pormenor. O projeto de Lei altera textos do Estatuto da Cidade, do Decreto-Lei das Desapropriações e da Lei Regularização Fundiária, substituindo as expressões genéricas "legislação decorrente do plano diretor", "programa básico de ocupação da área", "projeto específico", "projeto de implantação", e "projeto urbanístico de regularização fundiária" por menções aos planos urbanísticos pertinentes. A justificação do projeto ressalta:

> Os planos urbanísticos são documentos de urbanismo, que devem ser elaborados por profissionais habilitados.

[40] BRASIL. Senado Federal. Projeto de Lei nº 5680, de 2019. Brasília, DF: Senado Federal, 2019. Disponível em: < https://www25.senado.leg.br/web/atividade/materias/-/materia/139581/pdf>. Acesso em: 02 jun. 2023

> Nesse sentido, não basta indicar em lei seu conteúdo e finalidade; **é preciso que seu conteúdo e forma de apresentação sejam adequadamente padronizados, por meio de normas técnicas redigidas em linguagem profissional**.
>
> Entre outros elementos, tais normas deverão indicar, para cada plano, seu objeto, conteúdo material, conteúdo documental e anexos, assim como padronizar a terminologia e as convenções gráficas a serem adotadas.
>
> Tendo em vista o caráter municipalista da nossa Federação, atribuímos caráter apenas indicativo para essas normas, a serem editadas por meio de regulamento. Ainda assim, entendemos que elas podem representar importante elemento de compatibilização e consolidação de informações de milhares de Municípios para facilitar o planejamento estatal e investimentos privados.
>
> (Grifos acrescidos)

O que se pretende resguardar com a tipificação dos planos urbanísticos no Brasil é que cada intervenção urbana seja avaliada no contexto e em coerência com as demais intervenções e políticas setoriais incidentes sobre o mesmo território, considerando, também, o seu entorno. Dito de outro modo, a tipificação, ao padronizar o formato e estrutura dos planos urbanísticos e trazer uma regulamentação de suporte para os municípios, assegura que as transformações do espaço urbano sejam tecnicamente mais fundamentadas e politicamente mais transparentes.

5. CONSIDERAÇÕES FINAIS

Na análise da intrínseca relação entre transparência administrativa e gestão democrática das cidades, este estudo sobrevoou alguns problemas e evidenciou pontos de opacidade da política urbana brasileira, noticiando as recentes discussões sobre interoperabilidade de informações urbanísticas e tipificação de planos urbanísticos.

Mesmo reconhecendo os avanços implementados pelo Estatuto da Cidade como marco regulatório geral de nossa ordem jurídico-urbanística, é preciso vislumbrá-lo sob o prisma crítico da transparência, de modo a propor boas práticas e alterações normativas que deem suporte ferramental ao direito à informação urbanística, garantindo, por conseguinte, maior consistência aos processos participativos, aprimorando mecanismos de controle e prevenção da corrupção e, em última instância, contribuindo para a redução das distorções do crescimento urbano no país.

REFERÊNCIAS DOUTRINAIS

ANTÓNIO, Isa. *A transparência como paradigma da nova governance pública. In*: Revista Internacional Consinter de Direito, n. X, 1º semestre de 2020. Estudos Contemporâneos. p. 385/407.

APPARECIDO JUNIOR, José Antonio. *Direito urbanístico aplicado*: *os caminhos da eficiência jurídica nos projetos urbanísticos*. Curitiba: Juruá, 2017.

ARRUDA, Carmen Silvia Lima de. *O princípio da transparência*. São Paulo: Quartier Latin, 2020.

AVELINO, Daniel Pitangueira de. *Cidade e cidadania: considerações sobre a gestão democrática na política urbana brasileira*. Capítulo 5 publicado em: O Estatuto da Cidade e a Habitat III : um balanço de quinze anos da política urbana no Brasil e a nova agenda urbana / organizador: Marco Aurélio Costa. – Brasília: Ipea, 2016. p. 131-157. Disponível em: https://repositorio.ipea.gov.br/bitstream/11058/9169/1/Cidade%20e%20cidadania.pdf. Acesso em: 15 de junho de 2023.

BORGES, L. B. O.; SILVA, J. M. P. "Corrupção urbanística em sistemas de planejamento e gestão urbanos: um estudo de caso." Urbe. *Revista Brasileira de Gestão Urbana*, 11, e20180056.. Disponível em: https://doi.org/10.1590/2175-3369.011.002.AO06. Acesso em: 02 de julho de 2023.

CORREIA, J.M. Sérvulo; MARQUES, Francisco Paes. *Noções de Direito Administrativo*. 2.ªed. Coimbra, Almedina: 2021.

CRESPO, José Luís Mourato; GAIDEZ, Raquel de Barros; HARDT, Carlos. *Análise comparativa entre os sistemas de ordenamento do território em Portugal e no Brasil*. Anais do 9º Congresso luso-brasileiro para o planejamento urbano, regional, integrado e sustentável (PLURIS 2021 DIGITAL). Pequenas cidades, grandes desafios, múltiplas oportunidades. 07, 08 e 09 de abril de 2021. Disponível em: http://repositorium.sdum.uminho.pt/handle/1822/72618. Pgs. 2864-2876. Acesso em: 01 de julho de 2023.

LAJARA, Tamara Tebaldi. *Governança da informação na perspectiva de valor, qualidade e compliance: estudo de casos múltiplos*. 2013. 157 f. Dissertação (Mestrado) – Universidade Federal do Rio Grande do Sul, Porto Alegre, Rio Grande do Sul. Disponível em: < https://lume.ufrgs.br/bitstream/.

handle/10183/66833/000872240.pdf?sequence=1&isAllowed=y>. Acesso em:15 de junho de 2023.

MARQUES NETO, Floriano Peixoto de Azevedo. "Os Grandes Desafios do Controle da Administração Pública". *In*: MODESTO, Paulo. (Coord.) *Nova Organização administrativa brasileira*. 2. ed. rev e ampl. Belo Horizonte: Fórum, 2010.

MARTINS JUNIOR, Wallace Paiva. *Transparência administrativa: publicidade, motivação e participação popular*. São Paulo: Saraiva, 2010.

PINTO, Victor Carvalho. *O princípio da tipicidade dos planos urbanísticos e a institucionalização do urbanismo no Brasil.* Artigo originalmente publicado no livro "Planejamento e urbanismo na atualidade brasileira: objeto, teoria e prática", organizado por Jorge Guilherme Francisconi, Suely Gonzales e Aldo Paviani. Editora Livre Expressão, 2013, disponibilizado pelo autor em meio virtual: https://pt.linkedin.com/pulse/o-princ%c3%adpio-da-tipicidade-dos-planos-urban%c3%adsticos-e-carvalho-pinto. Acesso em: 02 de julho de 2023.

_______. *A culpa não é da natureza: Tragédias como a de Petrópolis estão associadas à ocupação de áreas de risco – tolerada e incentivada pela sociedade.* Revista Piauí. Disponível em: https://piaui.folha.uol.com.br/culpa-nao-e-da-chuva/. Acesso em: 10 de junho de 2023.

_______. & UGEDA, Luiz. *Cidades convergentes: por uma real interoperabilidade urbana.* Disponível em: <https://geocracia.com/cidades-convergentes-por-uma-real-interoperabilidade-urbana/.> Acesso em: 14 de junho de 2023.

RAMOS, José & UGEDA, Luiz. (2019). *Governança territorial com infraestrutura de dados espaciais no brasil: o problema da não oficialidade dos dados geográficos.* Revista de administração municipal. 298. 17-35. Disponível em: https://www.researchgate.net/publication/336148282_GOVERNANCA_TERRITORIAL_COM_INFRAESTRUTURA_DE_DADOS_ESPACIAIS_NO_BRASIL_O_PROBLEMA_DA_NAO_OFICIALIDADE_DOS_DADOS_GEOGRAFICOS. Acesso em: 14 de junho de 2023.

RECK, Janriê Rodrigues; VANIN, Fábio Scopel. *O direito e as cidades inteligentes: desafios e possibilidades na construção de políticas públicas de planejamento, gestão e disciplina urbanística.* . **Revista de Direito da Cidade**, [S.l.], v. 12, n. 1, p. 464-492, maio 2020. ISSN 2317-7721. Disponível em: <https://www.e-publicacoes.uerj.br/index.php/rdc/article/view/39618>. Acesso em: 15 jun. 2023.

SCHMIDT-ASSMANN, Eberhard. *La teoría general del derecho administrativo como sistema.* Madri: INAP – Marcial Pons, 2003.

TRANSPARÊNCIA NO ÂMBITO DA PROTEÇÃO DE DADOS

Filipa Urbano Calvão
Professora associada, Universidade Católica Portuguesa, Faculdade de Direito, investigadora do Centro de Estudos e Investigação em Direito, Portugal.

SUMÁRIO: 1.A transparência do tratamento de dados pessoais, a sua conexão com a autodeterminação informativa e o modelo regulatório europeu; 1.1. A autodeterminação informativa; 1.2. O modelo regulatório europeu; 2. A transparência e o seu enquadramento principiológico: a trilogia *licitude, lealdade e transparência* e a conexão com o princípio da responsabilidade; 3.As dimensões subjetiva e objetiva do princípio da transparência do tratamento de dados; 3.1. A relevância da vontade do titular no tratamento e a sua dependência da transparência; 3.2. O dever de documentação do tratamento como manifestação da vertente objetiva da transparência; 4. O regime jurídico geral da transparência dos tratamentos de dados; 4.1. O registo de atividades; 4.2. O direito de informação; 4.2. O direito de acesso; 4.3. A comunicação de violação de dados pessoais; 4.4. Os desafios da prestação de informação quanto a decisões automatizadas individuais; Referências doutrinais.

1. A TRANSPARÊNCIA DO TRATAMENTO DE DADOS PESSOAIS, A SUA CONEXÃO COM A AUTODETERMINAÇÃO INFORMATIVA E O MODELO REGULATÓRIO EUROPEU

O princípio da transparência por que se pauta a atividade administrativa, afirma-se com especial intensidade nos tratamentos de dados pessoais, uma vez que está intrinsecamente relacionado com a razão de ser da proteção dos dados pessoais e do respetivo regime regulatório. Sendo um princípio orientador de todos os tratamentos de dados pessoais, independentemente de a organização que os realize integrar o setor público ou privado, a Administração Pública debate-se com a função paradoxal que o princípio assume quando a sua atividade envolve o tratamento de informação relativa aos cidadãos.

Se, por um lado, este princípio vem consagrado na ordem jurídica portuguesa como exigência democrática de garantia do escrutínio público dessa atividade – cfr. n.º 2 do artigo 168.º da Constituição da República Portuguesa (doravante, CRP), e artigo 17.º do Código do Procedimento Administrativo (doravante, CPA)[1] –, a sua concretização tem de atender a outras dimensões jusfundamentais dos cidadãos na determinação da informação objeto de publicitação ou disponibilização[2]. Por outro lado, no contexto de concretos procedimentos administrativos decisórios, o princípio afirma-se ainda como garantia individual dos interessados, seja na vertente da participação procedimental, seja na vertente do direito à informação procedimental, vertentes também assumidas no plano constitucional, no artigo 268.º; e, neste contexto, a sua concretização implicará muitas vezes o acesso dos interessados a dados pessoais de terceiros participantes no procedimento, mas também a prestação de informação sobre o próprio tratamento dos dados pessoais aos seus diretos titulares, como condição de defesa dos interesses e direitos individuais face ao poder público e ainda como condição essencial do direito de acesso à justiça e à tutela jurisdicional[3]. É apenas sobre este

---

[1] De democracia administrativa falam Gomes Canotilho e Vital Moreira, *Constituição da República Portuguesa Anotada*, II, 4.ª ed., Coimbra Editora: Coimbra 2010, anot. X ao art. 268.º, p. 824.

[2] Como se sublinha no relatório *Right to privacy: note / by the Secretary-General* (A/72/540), ponto 81, apresentado em 19 de outubro de 2017 na 72.ª sessão do Conselho dos Direitos Humanos da ONU, preparado por Joseph A. Cannataci, então Relator Especial da Organização das Nações Unidas para o direito à privacidade, acessível em https://digitallibrary.un.org/record/1311800, «Os [projetos dos] Dados Abertos e Governo Aberto surgiram com o objetivo de facultar o acesso a dados relativos ao governo em sim mesmo e ao mundo em que vivemos. Não pretendiam incluir dados que os governos recolhem sobre os cidadãos». Razão por que aí, no ponto 87, se sublinha que os dados abertos que resultem de informação pessoal dependem, para poderem sê-lo, *i.e.*, para poderem ser disponibilizados publicamente, «[...] da eficácia do processo de anonimização ["de-identification"] de modo a prevenir a re-identificação».

[3] Reconhecem relevância ao princípio da transparência dos tratamentos de dados ainda numa lógica de administração aberta, Gomes Canotilho e Vital Moreira, *ob. cit.*, I, 4.ª ed., Coimbra Editora: 2007, p. 552, anot. III ao artigo 35.º, na medida em que autonomizam do princípio da transparência do tratamento (que fazem corresponder à «clareza dos registos, quanto às espécies ou categorias de dados recolhidos e tratados, quanto à existência ou não de fluxos de informação, quanto ao tempo do tratamento, e quanto à identificação do responsável do ficheiro»), o princípio da publicidade, que se traduz no «conhecimento da criação e manutenção de registos informáticos» de dados, e o princípio da política de abertura, correspondendo este último à exigência de que «os ficheiros, bancos e bases de dados [garantam] a transparência da ação administrativa».

último ponto que o presente estudo incide: a transparência do tratamento de dados pessoais.

Para plena compreensão da consagração do princípio quanto ao tratamento de dados pessoais e do seu alcance, importa, antes do mais, recordar que por tratamento de dados pessoais se entende qualquer operação sobre informações relativas a pessoas singulares que as torne identificadas ou identificáveis; mas é sobretudo essencial destacar a razão de ser do direito à proteção de dados pessoais e da perspetiva regulatória adotada na Europa. É o que imediatamente se passa a expor, para, só depois, se apresentarem os termos em que o princípio vem consagrado no atual regime jurídico de proteção de dados.

1.1. A autodeterminação informativa

A proteção de dados pessoais, como regime jurídico, teve a sua origem na compreensão do potencial de impacto que as tecnologias de computação, que estavam a despontar ou a generalizar-se na segunda metade do século XX, teriam sobre o ser humano. Em especial, a perceção de que a utilização de tecnologia para recolher, conservar e analisar informação relativa às pessoas, por permitir conservar cada vez mais informação e facilitar o seu relacionamento, implicaria uma significativa assimetria de domínio de informação, com riscos acrescidos de afetação da privacidade e de promoção de discriminação, bem como de influência sobre o indivíduo a quem a informação diz respeito, o que, no conjunto, se revelava suscetível de condicionar o livre-arbítrio e as liberdades individuais[4]. Progressivamente, a Internet e, depois, a Internet das Coisas potenciaram a divulgação e relacionamento da informação, multiplicando as fontes de informação e promovendo a perpetuação dos dados (sucessivamente agregados e cruzados)[5],

[4] Sublinhando ser este o principal objetivo e objeto do direito à proteção dos dados pessoais, v. Maximilien von Grafenstein, «Refining the concept of the right to data protection in article 8 ECFR» – Part I, II, III, in *European Data Protection Law Review – EDPL* 4/2020, pp. 509-521, 2/2021, pp. 190-205, e 3/2021, pp. 373-379.

[5] Graham Greenleaf, «Abandon All Hope?» Foreword for Issue 37(2) of the UNSW Law Journal, on 'Communications Surveillance, Big Data and the Law', in *UNSW Law Journal* (2014) 37 (2), p. 636-642 (640) consultado em http://papers.ssrn.com/sol3/papers.cfm?abstract_id=2490425.

tendo os mais recentes modelos de inteligência artificial (doravante, IA) adquirido autonomia na análise da informação em termos que não são claros sequer para quem beneficia diretamente da sua utilização.

Neste meio século, o processamento de informação assumiu uma tal dimensão, tanto no plano quantitativo, como no plano qualitativo, com modelos matemáticos que, a partir de grande quantidade de informação (com múltiplas fontes de alimentação, em especial *online*), permitem, com elevado grau de eficiência e eficácia, por via da deteção de padrões e de construção de perfis inferir as probabilidades de ocorrência de eventos ou de comportamentos humanos, servindo assim de base à tomada de decisões automatizadas. O fenómeno denominado *Big Data*, expressão encontrada para retratar o processo de recolha, conservação e utilização de uma quantidade enorme de informação, que compreende dados pessoais, e de criação, a partir da sua análise, de perfis[6], tem vindo a crescer em complexidade, com o correspondente aumento do seu impacto no plano individual. O alargamento crescente das fontes da informação, abrangendo praticamente a totalidade dos seres humanos, e a granularidade da informação pessoal (abarcando hoje informação não apenas fornecida e observada, mas também a inferida a partir dos dados recolhidos) permitem um retrato detalhado de cada indivíduo e a rastreabilidade das suas ações e relações, o que diretamente condiciona o gozo das liberdades fundamentais (com os efeitos de «autocontenção, normalização "espontânea" e a adoção *a priori* do comportamento que corresponde à tendência [*mainstream*]»[7]) e afeta o desenvolvimento da personalidade e da identidade de cada um, na medida em que as modela em reflexo da sociedade[8]. Por outro lado, seja por força de erros na representação dos perfis, seja por força das especificidades que escapam a esta modelação forçada (características individuais que não são suscetíveis de ser modeladas ou só dificilmente encobertas, como seja a origem étnica ou a orientação

---

[6] Ives Poullet, «About the E-Privacy Directive», in Serge Gutwirth/ Yves Poullet/ Paul de Hert (org.), *Data Protection in a Profiles World*, Springer, 2010, pp. 3-30 (p. 5); Viktor Mayer-Schönberger/ Kenneth Cukier, *Big Data. A Revolution that will Transform How we live, work and think*, John Murray: London, 2013, pp. 12 e 16.

[7] Stefano Rodotá, «Identity between Web 2.0 and Web 3.0», in *Notizia di Politeia*, 2012, vol. 28, fasc. 3, pp. 4-11.

[8] Rodotá, *Ibidem*, fala de uma «expropriação da identidade», destacando que «as modificações tecnológicas nos métodos de tratamento de informação pessoal alteraram progressivamente a relação entre a identidade construída livremente pelo individuo e a intervenção de terceiros».

sexual), há ainda o risco sério de discriminação e estigmatização – tanto no contexto social como na relação com as autoridades públicas[9].

Numa sociedade tecnológica que depende de informação e tem a pretensão de conseguir, e consegue, chegar a toda e qualquer informação, e onde o valor eficiência é o marco do desenvolvimento e da evolução, pergunta-se qual o papel do Direito enquanto orientador e conformador da vida em sociedade e das condutas humanas (e das organizações). Dos três caminhos possíveis (não regular, regular a tecnologia ou regular a informação), a opção por não regular afigurou-se, logo nos finais da década de 70 e início da década de 80 do século passado, ser inadmissível na Europa, atenta a sua matriz humanista e de promoção da dignidade do ser humano. Tendo-se, então, seguido o projeto de regular o tratamento da informação – e não a utilização da tecnologia em si mesma (o que só agora se está a procurar fazer[10]) –, embora limitado à informação relativa a pessoas singulares que as identifique ou permita identificar[11] [12].

---

[9] Sobre o impacto das novas tecnologias de IA nos direitos fundamentais, cfr. Serge Gutwirth/ Mireille Hildebrandt, «Some Caveats on Profiling», in Serge Gutwirth, Yves Poullet, Paul De Hert (org.), *Data Protection in a Profiled World*, Springer, 2010, pp. 31-41; Roger Clarke, «Why the world wants controls over Artificial Intelligence», in *Computer Law and Security Review* 35 (2019), pp. 423-433 (pp. 426-429). V. ainda Porfírio Silva, «Sociedades artificiais: desafios e responsabilidades», in Forum *de Proteção de Dados*, 4, julho 2017, Ed. CNPD, pp. 12-25, e Giovanni Butarelli, «Inteligência Artificial, robótica, privacidade e proteção de dados», in Forum *de Proteção de Dados*, 4, julho 2017, Ed. CNPD, pp. 26-37, ambos acessíveis em https://www.cnpd.pt/comunicacao-publica/revista-forum/.

[10] Estando em curso e já adiantado, à data da redação deste texto, o procedimento relativo à aprovação de um regulamento da União Europeia sobre a utilização de IA.

[11] Como explicam Gomes Canotilho e Vital Moreira, *ob. cit.*, p. 550, anots. I e II ao artigo 35.º, o conceito de dados (do latim *datum/data*) vem empregue com o «[...] sentido que lhe empresta a ciência informática: representação convencional de informação, sob a forma analógica ou digital, possibilitadora do seu tratamento automático.», exprimindo o enunciado *dados pessoais* «a estreita conexão entre aqueles direitos [à dignidade da pessoa humana, do desenvolvimento da personalidade, da integridade pessoal e da autodeterminação informativa] e o respetivo tratamento informático».

[12] O direito à proteção dos dados pessoais afirma-se, assim, em primeira linha, como um direito fundamental de garantia (como já constatei em «O direito fundamental à proteção dos dados pessoais e a privacidade 40 anos depois», in M. Afonso Vaz/C. Santos Botelho, L. H. Terrinha/P. Coutinho (coord.), *Jornadas nos quarenta anos da Constituição da República Portuguesa. Impacto e Evolução*, Universidade Católica Editora: Porto, 2017, pp. 85-101, p. 89). Sobre o conceito de direitos de garantia, v. José Carlos Vieira de Andrade, *Os direitos*

Esta opção, que ficou espelhada em diferentes atos jurídicos, nacionais e internacionais[13], assentou – e continua a assentar – no reconhecimento às pessoas de um conjunto de direitos (entretanto elevado a dimensão subjetiva fundamental[14]) que lhes permita acompanhar, e desejavelmente controlar, as operações sobre a informação que lhes digam respeito, numa perspetiva – que ainda hoje se mantém – de empoderar as pessoas na defesa da sua vida privada e da sua liberdade[15]. Sendo certo que a *autodeterminação informativa* (designação de inspiração germânica) tem sido objeto de reformulação ou redefinição[16], a verdade é que na Europa o regime jurídico de proteção de

---

fundamentais na Constituição Portuguesa de 1976, 5.ª ed., Almedina: Coimbra, 2012, pp. 114 e 115.

13 Assim, na Convenção para a Proteção das Pessoas relativamente ao Tratamento Automatizado de Dados de Caráter Pessoal, do Conselho da Europa, assinada em 28 de janeiro de 1981 (Convenção 108), e na década de 1990 o ato legislativo da Comunidade Europeia – a Diretiva 95/46/CE, tendo entretanto, já neste século, sido acolhida explicitamente no artigo 16.º do Tratado sobre o Funcionamento da União Europeia.

14 Desde logo, consagrado como direito fundamental, integrante do catálogo dos direitos, liberdades e garantias, na Constituição da República Portuguesa de 1976 – hoje, no artigo 35.º –, ulteriormente assim reconhecido na Carta dos Direitos Fundamentais da União Europeia (cf. artigo 8.º). Sobre a história da proteção de dados na Constituição portuguesa, v. Alexandre Sousa Pinheiro, Privacy *e proteção de dados pessoais: a construção dogmática do direito à identidade informacional*, AAFDL: Lisboa, 2015, pp. 665-720, e o relato e pertinente análise da origem e revisões do artigo 35.º de Joaquim de Seabra Lopes, «O artigo 35.º da Constituição: da génese à atualidade e ao futuro previsível», in Forum *de Proteção de Dados*, 2, jan. 2016, ed. CNPD, pp. 14-51 (pp. 15-17), disponível em https://www.cnpd.pt/comunicacao-publica/revista-forum/. Mais recentemente a Lei n.º 27/2021, de 17 de maio, no seu artigo 8.º, veio destacar que o direito à proteção dos dados pessoais compreende o controlo sobre as diferentes operações de tratamento de dados.

15 Interpretando que o direito consagrado no artigo 35.º da CRP «[...] abrange todos os poderes e faculdades que permitem garantir que a pessoa não é usada como fonte de informação para terceiros contra a sua vontade, podendo além disso controlar a informação que é fornecida e os termos e abrangência em que ela é tratada», Paula Ribeiro de Faria, in Jorge Miranda e Rui Medeiros, *Constituição Portuguesa Anotada*, Tomo I, 2.ª ed., Wolters Kluver/Coimbra Editora: Coimbra, 2010, p. 786, anot. V ao artigo 35.º. Reconhecendo e identificando na jurisprudência do Tribunal de Justiça da União Europeia (TJUE) que o controlo dos dados pelo titular é um dos aspetos do direito da proteção de dados pessoais, Orla Lynskey, *The Foundations of EU Data Protection Law*, OUP Oxford, Oxford, 2015, p. 149.

16 Sustentando que o controlo reconhecido não tem por objeto os dados pessoais, mas antes os riscos do tratamento de dados pessoais para os demais direitos fundamentais suscetíveis de ser impactados, von Grafenstein, «Refining...», *EDPL* 4/2021, cit., p. 386.

dados tem, ao longo do tempo mantido a preocupação com a autonomia individual e o livre-arbítrio das pessoas face ao tratamento por terceiros dos seus dados pessoais.

E é essa dimensão subjetiva de controlo dos tratamentos de dados pessoais que, em 2016, o legislador europeu destacou, no novo enquadramento jurídico do tratamento de dados pessoais formalizado no Regulamento Geral sobre a Proteção de Dados (doravante, RGPD)[17] e na Diretiva (UE) 2016/680, como resulta explicitamente do n.º 2 do artigo 1.º daquele diploma.

Ora, como facilmente se intui, para que uma pessoa controle o impacto do tratamento dos seus dados pessoais na sua esfera jurídica é imprescindível a prestação de informação clara, completa e específica sobre o tratamento, sem o que se apresenta como um nado-morto o papel ativo ou a influência que o regime europeu pretende assegurar às pessoas quanto ao tratamento dos seus dados para defesa ou realização dos seus próprios direitos e interesses.

Nesse sentido, a transparência do tratamento dos dados apresenta-se como pedra essencial neste pilar estruturante do regime de proteção de dados pessoais. Mas as exigências de transparência do tratamento assumem também uma vertente ou dimensão objetiva, muito diretamente relacionada com o novo modelo regulatório que o Direito da União Europeia adotou recentemente. É o que em seguida se passa a explicar em traços gerais.

1.2. O modelo regulatório europeu

Tendo em vista assegurar em pleno a livre circulação de dados pessoais no espaço da União (alargado ao espaço económico europeu), enquanto condição essencial das liberdades de circulação de pessoas, bens, serviços e capitais, o legislador da União afastou o regime de controlo administrativo prévio – que a anterior Diretiva 95/46/CE admitia – e recentrou a regulação do tratamento nos dois principais sujeitos da relação jurídica subjacente ao tratamento: o responsável pelo tratamento e o titular dos dados[18].

---

[17] Regulamento (UE) 2016/679 do Parlamento Europeu e do Conselho, de 27 de abril de 2016.

[18] Sobre a evolução do modelo regulatório dos tratamentos de dados pessoais na União Europeia, pode ver-se o meu «Garantia de direitos: a proteção dos dados pessoais perante os desafios tecnológicos», in C. Amado Gomes, R. Pedro, R. Saraiva e F. Maçãs (coord.), *Garantia de Direitos e Regulação: perspetiva de Direito Administrativo*, AAFDL: Lisboa 2020, pp. 217-240 (232 e ss.).

Este esquema regulatório assenta, por um lado, na autorregulação (pelo responsável pelo tratamento) e na sua vinculação ao princípio da responsabilidade pelo tratamento e, por outro lado, no exercício proativo pelo titular dos dados dos seus poderes e direitos, como instrumentos da prevenção do risco dos tratamentos de dados pessoais para os direitos fundamentais dos titulares dos dados.

Com efeito, a primeira linha regulatória está a cargo da organização que quer ou está obrigada a tratar dados pessoais (o responsável pelo tratamento), sobre ela recaindo especificamente a obrigação de avaliação do risco e a garantia de adequada aplicação dos princípios de proteção de dados pessoais na definição e execução do tratamento[19]. Por outras palavras, aposta-se na autorregulação prévia dos tratamentos de dados pessoais, consagrando-se um princípio de responsabilidade (proativa) ou de prestação de contas (*accountability*), que vincula os responsáveis pelo tratamento a verificarem *ex ante* se o tratamento que vão realizar respeita os princípios de proteção de dados e a estarem em condições de o demonstrar – cf. n.º 2 do artigo 5.º do RGPD.

Para o efeito, prevê o RGPD um conjunto de obrigações jurídicas, entre as quais se destacam a obrigação de criar e manter atualizado um registo das atividades de tratamento (artigo 30.º), a obrigação de designar um encarregado de proteção de dados (artigo 37.º), com funções consultiva e de acompanhamento ou monitorização dos tratamentos de dados dentro da organização, e a avaliação de impacto sobre a proteção de dados pessoais (AIPD), sempre que os tratamentos apresentem, *prima facie*, um risco para os direitos dos titulares (artigo 35.º do RGPD[20]).

---

[19] Cfr. Claudia Quelle, «The 'risk revolution' in EU Data Protection Law: We can't have our cake and eat it, too», in R. Leenes, R. Van Brackel, S. Gutwirth & P. de Hert (ed.), *Data Protection and Privacy – The Age of Intelligent Machines,* Hart Publishing: Oxford and Portland, 2017, p. 53, que, retomando a feliz expressão *calibrar* as obrigações legais dos responsáveis pelo tratamento (da autoria do *Centre for Information Policy Leadership*), sustenta que «A abordagem baseada no risco exige que os responsáveis calibrem [...] as regras legais de proteção de dados. Atribui-lhes a responsabilidade que eles formalmente não tinham: a responsabilidade de assegurar que o regime de proteção de dados protege suficientemente os direitos e liberdades dos indivíduos sem imposição de encargos ou limites desproporcionados».

[20] V. ainda a lista de tratamentos de dados pessoais sujeitos a AIPD, aprovada pela Comissão Nacional de Proteção de Dados, ao abrigo do n.º 4 do artigo 35.º do RGPD: Regulamento n.º 798/2018, de 30 de novembro.

Numa segunda linha, em coerência com o segundo objetivo assumido no artigo 1.º do RGPD, surge o titular dos dados pessoais, cujo leque de direitos quanto aos tratamentos de dados pessoais se apresenta agora reforçado (artigos 12.º a 22.º do RGPD). Esse papel ativo do titular dos dados recupera a raiz do direito à autodeterminação informativa, recentrando a relevância do controlo ativo dos dados pessoais pela pessoa a quem os mesmos dizem respeito.

Neste contexto regulatório, em relação aos concretos tratamentos de dados pessoais a autoridade de controlo surge apenas numa terceira linha de intervenção. A sua função de supervisão está essencialmente focada, por opção legislativa, na fiscalização e na correção dos tratamentos de dados pessoais, onde se inclui ainda o sancionamento das condutas ilícitas, funcionando como instância de apelo para os titulares dos dados também para garantia administrativa dos seus direitos relativos ao tratamento (cf. n.ºs 1 e 2 do artigo 58.º do RGPD).

Ora, no contexto desta relação jurídica triangular, moldada por uma perspetiva regulatória que assenta numa abordagem dos riscos para os direitos fundamentais dos respetivos titulares[21] e faz recair sobre o responsável pelo tratamento a tarefa de proativamente os identificar, avaliar e mitigar, o princípio da transparência dos tratamentos de dados pessoais assume uma importância basilar, seja na vertente da relação entre aquele e o titular dos dados, onde o titular dispõe de poderes ativos de legitimação e conformação do tratamento e para cujo exercício é essencial a informação sobre o tratamento, seja na vertente da conformação proativa do tratamento em conformidade com os princípios e regras de proteção de dados por parte do responsável, para o que importa dispor de um registo de atividades de tratamento e documentar os passos e operações realizadas, seja ainda na relação entre o responsável e a autoridade administrativa que fiscaliza e pode corrigir o tratamento de dados pessoais, para o que é essencial o registo de atividades e a documentação do tratamento para avaliar da sua conformidade com o respetivo regime.

Vejamos, então, como se manifesta o princípio da transparência no regime de proteção de dados pessoais vigente em Portugal, assinalando que se centrará a presente análise no regime-regra, constante do RGPD, razão por

---

[21] Sobre o tema, e o impacto dessa abordagem na aplicação do RGPD, cfr. C. Quelle, *ob. cit.*, pp. 33-62.

que as subsequentes referências a artigos sem identificação do diploma são a ele relativas[22].

2. A TRANSPARÊNCIA E O SEU ENQUADRAMENTO PRINCIPIOLÓGICO: A TRILOGIA *LICITUDE, LEALDADE E TRANSPARÊNCIA* E A CONEXÃO COM O PRINCÍPIO DA RESPONSABILIDADE

O princípio da transparência do tratamento de dados pessoais vem destacado logo na alínea a) do n.º 1 do artigo 5.º, inserido na trilogia com que abre o leque de princípios por que se pautam os tratamentos de dados pessoais. Esse destaque não é irrelevante; tão-pouco é arbitrária a associação da transparência à licitude e à lealdade.

A associação da transparência à lealdade é de tal modo evidente, que dispensaria explicação. Enquanto o princípio da transparência visa diretamente assegurar o esclarecimento (*ex ante* e durante a execução do tratamento) do titular dos dados sobre os principais elementos do tratamento, o princípio da lealdade, aplicado à relação jurídica que se estabelece entre o responsável pelo tratamento e o titular dos dados, vincula o primeiro a considerar as expetativas deste no desenho e na execução das operações de tratamento. A indissociação dos dois princípios ao longo do RGPD[23] traduz a ideia de que o responsável tem de proativamente manter o titular dos dados esclarecido sobre o tratamento de dados, através da prestação clara, objetiva

[22] Embora o regime relativo ao tratamento de dados pessoais para efeitos de prevenção, deteção, investigação ou repressão de infrações penais ou de execução de sanções penais, previsto na Diretiva (UE) 2016/680 do Parlamento Europeu e do Conselho, de 27 de abril de 2016 – transposto para a ordem jurídica portuguesa pela Lei n.º 59/2019, de 8 de agosto, se funde na mesma *ratio* e tenha, por isso, disposições similares às do RGPD, tanto quanto aos princípios, como aos direitos e às obrigações, o princípio da transparência está, por razões óbvias relacionadas com a utilidade da investigação criminal, omitido do leque de princípios por que se orientam os tratamentos, estando os direitos de informação e de acesso consagrados em termos mais limitados.

[23] Para que chama a atenção António Barreto Menezes Cordeiro, *Direito da Proteção de Dados à luz do RGPD e da Lei n.º 58/2019*, Almedina: Coimbra 2020, p. 154; e também Graça Canto Moniz, *Manual de Introdução à Proteção de Dados*, Almedina: Coimbra, 2023, pp. 102-103, que apresenta o princípio sob uma perspetiva subjetivista, desdobrando-o em três obrigações relativas ao titular dos dados: comunicação, prestação de informações e disponibilização de mecanismos para o exercício de direitos.

e simplificada de informação sobre o mesmo, não podendo usar expedientes desleais ou subterfúgios para iludir ou enganar o titular quanto ao real alcance do tratamento, ou dificultar o acesso a tal informação[24]. Com efeito, decorre da conjugação dos dois princípios que «[...] o titular dos dados deve poder determinar antecipadamente qual o âmbito do tratamento e quais as consequências decorrentes desse tratamento, não devendo mais tarde ser apanhado de surpresa acerca das formas como os seus dados pessoais estão a ser utilizados.»[25]

Mas a transparência está ainda intrinsecamente relacionada com a licitude do tratamento de dados pessoais[26]. Isto porque a realização dos tratamentos pressupõe que se verifique uma situação reconhecida pela lei como legitimadora da sua ocorrência; por outras palavras, o legislador da União Europeia identificou um conjunto de circunstâncias que tornam necessário ou justificam a realização do tratamento – condições de licitude do tratamento. Tais condições estão previstas no n.º 1 do artigo 6.º e, se em causa estiverem categorias especiais de dados pessoais (as elencadas no n.º 1 do artigo 9.º e também no artigo 10.º), tem ainda de se verificar uma das situações previstas no n.º 2 do artigo 9.º. Ora, algumas dessas condições reconduzem-se à vontade ou interesse do titular dos dados pessoais, contexto onde é imprescindível o esclarecimento do titular quanto aos termos do tratamento, sob pena dessa vontade não ter relevância jurídica ou de o mesmo não poder (re)avaliar a necessidade do tratamento para a tutela dos seus próprios interesses. É o que sucede com o consentimento (previsto na alínea *a)* do n.º 1 do artigo 6.º e a alínea *a)* do n.º 2 do artigo 9.º), com a condição

[24] Aliás, ao abrigo da Diretiva 95/46/CE, que consagrava explicitamente apenas o princípio da lealdade, a jurisprudência do TJUE já reconduzia àquele princípio a exigência de prestação de informação sobre o tratamento de dados pessoais – cf. B. Menezes Cordeiro, *Ibidem*.

[25] Grupo de Trabalho do Artigo 29, *Orientações relativas à transparência na aceção do Regulamento 2016/679 (WP260rev.01)*, revistas e adotadas por último em 11.04.2018, ponto 10, acessíveis em https://ec.europa.eu/newsroom/article29/items/622227/en – sublinha-se que estas orientações, tal como as relativas a outros aspetos do regime do RGPD, foram adotadas pelo Comité Europeu para a Proteção de Dados (doravante, CEPD), em 25 de maio de 2018.

[26] Neste sentido, Alexandre Sousa Pinheiro, In A. Sousa Pinheiro, C. P. Coelho, T. Duarte e C. J. Gonçalves (coord.), *Comentário ao Regulamento Geral de Proteção de Dados*. Coimbra: Almedina, 2018, p. 209, anotação ao artigo 5.º. V. ainda Gianclaudio Malgieri, in R. D'Orazio, G. Finocchiaro, O. Pollicino e G. Resta (a cura di), *Codice della Privacy e Data Protection*. Milano: Giuffrè, 2021, anotação 4 ao artigo 5.º.

relativa à relação contratual em que o titular seja parte (alínea b) do n.º 1 do artigo 6.º), com a hipótese de o titular manifestamente ter tornado públicos os seus dados (alínea e) do n.º 2 do artigo 9.º), com os interesses vitais do titular dos dados (alínea d) do n.º 1 do artigo 6.º) e com os interesses vitais do titular ou de outra pessoa singular, desde que o titular não esteja física ou legalmente incapacitado de dar o seu consentimento (alínea c) do n.º 2 do artigo 9.º), para citar alguns exemplos.

Há, pois, um conjunto alargado de circunstâncias que funcionam como fundamento de licitude dos tratamentos de dados pessoais que depende do conhecimento, por parte do respetivo titular, do objeto e alcance dos tratamentos, sendo por isso o princípio da transparência também imprescindível para a garantia da sua licitude.

Mas o princípio da transparência não está apenas diretamente relacionado com os princípios da licitude e da lealdade, sendo ainda essencial à efetivação do princípio da responsabilidade, consagrado no n.º 2 do artigo 5.º, na medida em que para que a organização que é responsável pelo tratamento esteja em condições de comprovar que respeitou ou está a respeitar os vários princípios de proteção de dados pessoais – em especial perante a autoridade de controlo – tem de assegurar, desde logo, a transparência do tratamento, documentando-o, e manter atualizada a documentação do tratamento[27].

3. AS DIMENSÕES SUBJETIVA E OBJETIVA DO PRINCÍPIO DA TRANSPARÊNCIA DO TRATAMENTO DE DADOS

Do que vem de se dizer, conclui-se estar o princípio da transparência afirmado no RGPD numa dupla vertente. Na vertente subjetiva, concretiza-se num conjunto correspetivo de direitos e obrigações: essencialmente, o direito de informação do titular dos dados a que corresponde a obrigação do responsável de prestar informação sobre os principais elementos do tratamento – de que por ora se destaca a identidade do responsável (*quem*), a finalidade do tratamento (*para quê*), os dados ou as categorias de dados pessoais abrangidas (*o quê*) e a quem se prevê comunicá-los (*para quem*); e o

[27] O que é destacado pelo Grupo de Trabalho do Artigo 29, *WP260rev.01*, cit., ponto 2. Neste sentido, v. também Amirillide Genovese, in D'Orazio, R., Finocchiaro, G., Pollicino, O., e Resta, G. (a cura di), *Codice...*, cit., anot. 1 ao Art. 12.

direito de acesso a que corresponde, sobretudo, a obrigação de comunicar ao respetivo titular, a seu pedido, os dados pessoais objeto de tratamento. Na vertente objetiva, diretamente associada ao princípio da responsabilidade, manifesta-se aquele princípio no dever de o responsável documentar e manter atualizada a documentação do tratamento de dados pessoais. É sob este foco que se passa a analisar o enquadramento jurídico da transparência do tratamento dos dados pessoais, para depois se centrar a exposição nas disposições do RGPD que densificam ou concretizam tal princípio.

Sublinhe-se em todo o caso que, o princípio da transparência, enquanto princípio, apresenta uma específica força impositiva, mesmo que dependente da reserva do possível[28], orientando a interpretação e integração das normas do RGPD numa lógica de otimização da transparência do tratamento de dados pessoais[29].

3.1. A relevância da vontade do titular no tratamento e a sua dependência da transparência

Aflorou-se já o destaque que o regime jurídico europeu dá às pessoas singulares quanto ao tratamento dos seus dados pessoais e a essencialidade da transparência do tratamento para que aquelas consigam exercer algum controlo sobre o mesmo. Neste ponto, pretende-se explicar a relevância da vontade do titular dos dados no tratamento dos mesmos, enunciando os vários momentos ou elementos do tratamento sobre que esta se manifesta ou pode manifestar. No fundo, trata-se aqui de procurar realçar a medida em que «[a] transparência [...] capacita os titulares dos dados a responsabilizarem os responsáveis pelo tratamento e os subcontratantes e a exercerem controlo sobre os seus dados pessoais, por exemplo, dando ou retirando o consentimento informado e fazendo valer os seus direitos enquanto titulares dos dados»[30].

Para o efeito, começa-se por considerar a mais intensa forma de controlo sobre o tratamento de dados: o consentimento. Como refere Roger Taylor, a

[28] Por todos, cfr. J. J. GOMES CANOTILHO, *Direito Constitucional e Teoria da Constituição*, 7.ª ed., Almedina: Coimbra 2003, p. 1255.

[29] Neste sentido, especificamente sobre o princípio da transparência, VON GRAFENSTEIN, «Refining...», *EDPL* 3/2021, cit. p. 383.

[30] GRUPO DE TRABALHO DO ARTIGO 29, *WP260rev.01*, cit., ponto 4.

«[t]ransparência e o consentimento informado são características centrais dos regimes de proteção de dados em todo o mundo, fornecendo a base para o tratamento justo dos dados na ausência de uma legitimação mais específica»[31].

a. A vontade do titular como parte integrante do fundamento de licitude

O n.º 1 do artigo 6.º e o n.º 2 do artigo 9.º, nos respetivos elencos de condições de licitude, apresentam em primeiro lugar o consentimento do titular dos dados. Essa manifestação de vontade, para ser juridicamente relevante, tem de observar os requisitos previstos na alínea 11*)* do artigo 4.º, a saber ser informada, livre, específica e inequívoca. À declaração inequívoca (*i.e.*, uma ação ou ato positivo do qual decorra ou se possa inferir a vontade de consentir, não podendo corresponder a uma omissão ou um nada fazer do titular dos dados), junta o legislador da União, na alínea a*)* do n.º 2 do artigo 9.º, a exigência do caráter explícito da declaração quando o objeto do tratamento integre categorias especiais.

De todo o modo, o que importa aqui sublinhar é que é pressuposto essencial estar o declarante (o titular dos dados) suficientemente informado sobre o tratamento[32], portanto, sobre os aspetos essenciais do tratamento, em termos que lhe permitam compreender o objeto e o alcance do tratamento.

Como destaca a Comissão Nacional de Proteção de Dados, o «[...] consentimento não pode ser tido como válido se, das informações prestadas pelo responsável aquando da obtenção do consentimento, o titular não conseguir antecipar, de forma razoável, as consequências mediatas que resultam do tratamento dos seus dados pessoais»[33]. Pois, uma vontade não informada ou insuficientemente informada, não é uma vontade livre, e uma vontade não livre é juridicamente irrelevante ou nula.

---

[31] Roger Taylor, «No Privacy without Transparency», in *Data Protection and Privacy – The Age of Intelligent Machines* (ed. R. Leenes, R. van Brakel, S. Gutwirth & P. De Hert), Oxford and Portland, Hart Publishing, 2017, pp. 63-87 (74).

[32] Neste sentido, o Grupo de Trabalho do Artigo 29.º, *WP260rev.01*, p. 28, onde se destaca o considerando 63 e a importância da transparência para que o titular possa verificar a licitude do tratamento.

[33] Diretriz/2022/1 sobre comunicações eletrónicas de marketing direto, de 25 de janeiro de 2022, ponto 34, acessível em https://www.cnpd.pt/decisoes/diretrizes/. Neste sentido, Genovese, in D'Orazio, R., Finocchiaro, G., Pollicino, O., e Resta, G. (a cura di), *Codice*, cit., anot. 3 ao Art. 12.

Na verdade, se a liberdade na manifestação de vontade apela à ausência de vícios de vontade (erro, dolo, coação), portanto, exigindo que o declarante não se encontre sujeito a pressões de terceiros que possam limitar a sua autonomia decisória[34], essencial é, desde logo, a compreensão daquilo sobre que se está a consentir, pelo que, na falta ou insuficiência de informação sobre o tratamento, não há condições de liberdade para formar uma vontade com relevância para o Direito.

É certo que pode haver informação sobre o tratamento e, não obstante, não haver condição de liberdade de facto na manifestação da vontade. É o que acontece em relações jurídicas assimétricas, de subordinação (jurídica ou de facto) à organização responsável pelo tratamento, por faltar o traço específico ou típico da liberdade: «a *alternativa de comportamentos*, ou seja, a possibilidade de escolha de um comportamento», sem que daí resultem consequências nefastas ou negativas para o sujeito subordinado[35]. Um exemplo típico de uma relação não paritária é precisamente a relação jurídico-pública, em que o cidadão se encontra num estado de sujeição perante o exercício da *autorictas* ou simplesmente dependente de prestações (económicas e sociais) de entidades administrativas. Na realidade, em relações jurídicas deste tipo, dificilmente pode o Direito assentar na capacidade de cada cidadão para, com autonomia, tutelar a sua esfera jurídica e a sua vida. Dir-se-á, nessa medida, que a autonomia de vontade do titular dos dados acaba por assumir uma reduzida relevância no contexto das relações com a Administração Pública.

De facto, a generalidade dos tratamentos de dados pessoais realizados pela Administração Pública vem prevista em ato legislativo (ou regulamento administrativo emitido ao abrigo de disposição legal), inclusive legalmente imposta, ou, quando não prevista por lei, apresenta-se como necessária para a

---

[34] Como sucederá no contexto da relação laboral, onde a dependência funcional condiciona a autonomia decisória, salvo quando o consentimento é proferido em relação ao um tratamento de dados que se realiza no claro interesse do trabalhador. Neste sentido se pronunciou o Grupo de Trabalho do Artigo 29, nas *Diretrizes sobre o consentimento no RGPD*, revistas e aprovadas em 10 de abril de 2018, e assumidas pelo CEPD, disponíveis em http://ec.europa.eu/newsroom/article29/item-detail.cfm?item_id=623051. V. ainda a Deliberação 2019/494, de 3 de setembro, da CNPD, pp. 5-6, disponível em cnpd.pt/decisoes/historico-de-decisoes/?year=2019&type=2&ent=, sobre o disposto na alínea a) do n.º 3 do artigo 28.º da Lei n.º 58/2019, de 8 de agosto.

[35] Gomes Canotilho, *ob. cit.*, p. 1260. Cfr. ainda os considerandos 42 (último período) e 43 do RGPD.

execução de tarefas legalmente atribuídas à Administração. Tais tratamentos de dados fundar-se-ão, por regra, na alínea c) do n.º 1 do artigo 6.º, quando sejam impostos por lei à Administração Pública (o que sucederá também se a lei previr o tratamento como necessário, pois as entidades públicas não têm, nessa hipótese, poder discricionário para afastar a ponderação do legislador, estando vinculadas a executá-lo) e na alínea e) do n.º 1 do artigo 6.º, quando sejam em concreto necessários à prossecução de um interesse público, sendo certo que este interesse tem sempre de estar definido e atribuído por lei[36] ao responsável pelo tratamento (podendo a norma legal ser omissa quanto ao tratamento de dados ou prevê-lo como admissível sem, portanto, o impor)[37].

Quando estejam em causa tratamentos previstos com caráter obrigatório ou vinculativo na lei, não há, evidentemente, qualquer espaço para a afirmação da vontade do titular dos dados – pelo que o espaço de autodeterminação relativamente à informação pessoal fica substancialmente reduzido, apenas se manifestando na faculdade de exercício de alguns dos direitos sobre o tratamento de dados pessoais. Mas, mesmo no caso de tratamentos para cuja execução a Administração está expressamente autorizada por lei ou que se revelem necessários para a prossecução de tarefas públicas previstas na

[36] Como decorre do considerando 45 (1.º período, *in fine*) do RGPD. Em rigor, o princípio da legalidade comporta ainda a interpretação de o interesse público vir atribuído por norma regulamentar, desde que suportada em habilitação legal – neste sentido, v. Domingos Soares Farinho, «Interesse público e exercício da autoridade pública como fundamentos de licitude de tratamento de dados pessoais», in D. Soares Farinho, F. Paes Marques, T. Fidalgo de Freitas (coord.), *Direito da Proteção de Dados. Perspetivas públicas e privadas*, Almedina: Coimbra 2023, pp. 157-182 (160-161).

[37] Não se acompanha a interpretação sustentada por B. M. Menezes Cordeiro, *Direito da Proteção de Dados...*, cit., p. 222, quando afirma que «[...] apenas as autoridades públicas são incluídas no campo de aplicação da alínea *e)* [do n.º 1 do artigo 6.º do RGPD]», que entende serem «[...] as pessoas coletivas públicas munidas de *ius imperii* e atuando nessa capacidade». Uma tal interpretação restritiva afastaria a licitude de tratamentos de dados pessoais realizados por entidades ou organismos públicos, que não dispõem de poderes de autoridade ou que não realizam o tratamento ao abrigo de tais poderes, quando o tratamento é necessário para a prossecução da finalidade de interesse público que lhes foi legalmente atribuída (*v.g.*, o tratamento de dados pessoais pela Comissão de Acesso aos Documentos Administrativos, no exercício da sua função consultiva, ao abrigo da Lei n.º 26/2016, de 22 de agosto). E afastaria ainda os tratamentos realizados por entidades privadas no exercício de poderes públicos, portanto, ainda adstritos à prossecução do interesse público.

lei, a posição do titular dos dados é, por regra, de dependência da atividade administrativa (*v.g.*, necessidade de apoio social ou económico). Nestes casos, a eventual referência na lei (ou em regulamento administrativo que venha definir os termos do tratamento) ao consentimento do cidadão raras vezes significa a efetiva liberdade de (não) optar pela sujeição a um tratamento de dados.

Não obstante, onde exista efetiva opção para consentir, a liberdade de consentir compreende ainda a liberdade de revogar o consentimento anteriormente manifestado – como explicitamente reconhece o artigo 7.º – o que releva diretamente para a transparência do tratamento, pois o direito de informação abrange ainda a informação sobre a livre revogabilidade do consentimento.

Mas outras situações ocorrem em que a vontade do titular pode (co) determinar a licitude do tratamento dos seus dados. Desde logo, casos há em que o tratamento se suporta num contrato entre a entidade administrativa e o titular dos dados (cf. alínea b) do n.º 1 do artigo 6.º). Paralelamente ao consentimento, a manifestação de vontade quanto à celebração do contrato tem de ser livre, sendo também aqui essencial à validade dessa manifestação o esclarecimento do objeto e alcance do tratamento de dados pessoais que o contrato pressupõe ou implica.

Note-se que esta condição de licitude apenas compreende os contratos de que seja parte o cidadão a quem a informação pessoal diz respeito[38], não cabendo aqui os acordos interadministrativos com eficácia sobre terceiros (tipicamente, os protocolos celebrados entre entidades administrativas para regular a comunicação entre elas de dados pessoais de cidadãos, ou a subcontratação do tratamento de dados pessoais de cidadãos)[39].

b. O exercício dos direitos do titular dos dados na conformação do tratamento

Reconhece-se ainda ao titular dos dados uma influência determinante no tratamento quando o mesmo seja realizado para prossecução do interesse

[38] Tome-se o exemplo de um contrato de adjudicação da aquisição de determinado serviço a um indivíduo, ou ainda o contrato de atribuição de uma bolsa de estudo.

[39] Tais protocolos assumem, na realidade, uma natureza regulamentar, com previsão de efeitos jurídicos externos, sobre a esfera dos cidadãos titulares dos dados (cfr. artigo 135.º do CPA).

público ou quando a finalidade seja a satisfação do interesse legítimo de um terceiro (cfr. alíneas *e)* e *f)* do n.º 1 do artigo 6.º)[40], na medida em que ele se pode opor ao tratamento. Em causa está um direito relativo ao tratamento de dados pessoais, previsto no artigo 21.º, que apenas é absoluto quanto ao tratamento de dados para efeito de comercialização direta, neste caso não carecendo o titular de invocar motivos relacionados com a sua situação particular (cf. n.ºs 2 e 3 do artigo 21.º).

Assim, a regra é a de que, tanto em relação aos tratamentos de dados necessários à prossecução de um interesse público como os necessários à satisfação do interesse legítimo de um terceiro, o exercício do direito de oposição depende da invocação pelo titular de *motivos relacionados com a sua situação particular* e faz recair sobre o responsável a obrigação de cessar o tratamento, salvo se este contrapuser razões imperiosas e legítimas que prevaleçam sobre os direitos e interesses do titular. Se bem se lê a parte final do n.º 1 e o n.º 6 do artigo 21.º, o legislador da União parece presumir essa prevalência no caso de o tratamento visar a declaração, o exercício ou defesa de um direito em processo judicial, assim como na hipótese de o tratamento de dados visar fins de investigação científica ou histórica ou fins estatísticos se tais finalidades forem reconduzíveis a atribuições de interesse público.

De todo o modo, destaca-se no n.º 4 do artigo 21.º o dever de informar o titular dos dados da titularidade deste direito, que deve ser apresentado de modo claro e distinto das demais informações a prestar.

De resto, a relevância da vontade do titular manifesta-se ainda no poder reconhecido de conformar certos aspetos do tratamento. É o que especificamente sucede com o direito de retificação – intrinsecamente dependente do direito de acesso aos dados pessoais concretamente tratados – e o direito de eliminação de dados pessoais – grosso modo previsto para as situações em que o tratamento é realizado sem condição de licitude ou em que os dados deixam de ser necessários para a finalidade visada. Também

[40] Deixa-se aqui de fora a hipótese de prossecução de um interesse legítimo do responsável, porquanto, no contexto da atividade administrativa, tal hipótese estaria afastada por força do princípio da legalidade, que determina que os fins prosseguidos no exercício da função administrativa correspondem sempre a interesses públicos legalmente fixados; por outras palavras, não é admissível a realização de tratamentos de dados pessoais por serem necessários à satisfação de um interesse selecionado livremente por uma entidade administrativa. Isso mesmo veio clarificar a parte final do n.º 1 do artigo 6.º, desenvolvido no considerando 47 (4.º período).

o direito de portabilidade, previsto no artigo 20.º, supõe a autonomia de vontade do titular quanto ao tratamento dos seus dados, na medida em que lhe reconhece a faculdade de exigir do responsável *receber* os dados pessoais por si fornecidos (afigurando-se que abrange tanto os dados fornecidos como também os dados observados – especialmente relevante no contexto da prestação de serviços *online*[41]), num formato estruturado, de uso corrente e de leitura automática, e de *transmitir* tais dados a outra entidade pública ou privada, o que significa um poder de escolher o responsável pela continuidade do tratamento. Repare-se que este último direito só se afirma quanto aos tratamentos que dependem diretamente, como fonte da sua legitimação, da vontade do titular (ou seja, só quanto a tratamentos que se fundamentam no consentimento do titular dos dados ou num contrato com este celebrado – cfr. n.º 3 do artigo 20.º), e depende, em qualquer caso, da transparência do tratamento.

3.2. O dever de documentação do tratamento como manifestação da vertente objetiva da transparência

Como se referiu, do princípio da responsabilidade, consagrado no n.º 2 do artigo 5.º decorrem obrigações específicas para o responsável pelo tratamento destinadas a garantir o cumprimento dos princípios gerais consagrados no n.º 1, onde se insere o princípio da transparência. Mas daquele princípio decorre ainda que incumbe ao responsável *poder comprovar* esse cumprimento. Algumas dúvidas têm sido suscitadas quanto ao exato significado jurídico desta disposição, o que aqui não cabe analisar[42]. Apenas importa realçar que este princípio, nessa parte, implica um dever de documentação do tratamento, pois, como refere Philipp Kramer, para o efeito de prova «[...] não bastam

---

[41] Ficando de fora os dados inferidos; neste sentido, Grupo de Trabalho do Artigo 29, *Orientações sobre o direito à portabilidade dos dados (WP242rev.01)*, revistas e aprovadas em 5 de abril de 2017, pp. 9-10, acessíveis em https://ec.europa.eu/newsroom/article29/items/611233/en

[42] Sobre esta questão, pronunciei-me em «RGPD na Administração Pública. A perspetiva (de um membro) da CNPD», in D. Soares Farinho, F. Paes Marques, T. Fidalgo de Freitas (coord.), *Direito da Proteção de Dados. Perspetivas públicas e privadas*, Almedina: Coimbra 2023, pp. 11-42 (18-21).

factos verbal e genericamente conhecidos dentro da organização»[43]. Tal há de significar a documentação dos procedimentos e das medidas técnicas e organizativas pensadas e adotadas para cada tratamento de dados pessoais, como decorre do n.º 1 do artigo 24.º.

Várias são as disposições ao longo do RGPD que impõem específicos deveres de documentação quanto ao tratamento de dados pessoais, como modo de reforçar essa responsabilidade em provar o cumprimento dos princípios de proteção dos dados pessoais, bem como em provar o cumprimento das demais obrigações nele previstas. Assim sucede a propósito do consentimento como fundamento de licitude (cfr. n.º 1 do artigo 7.º), da violação de dados pessoais (cfr. n.º 5 do artigo 33.º) e da avaliação de impacto sobre a proteção de dados (cfr. n.º 7 do artigo 35.º). E ainda especificamente a propósito do registo de atividades de tratamento, previsto no artigo 30.º, que será objeto de algum desenvolvimento infra.

4. O REGIME JURÍDICO GERAL DA TRANSPARÊNCIA DOS TRATAMENTOS DE DADOS

Delimitado o âmbito da relevância da vontade do titular dos dados face ao regime jurídico do tratamento de dados pessoais e da importância do princípio da transparência para a concretização dessa vontade e do seu controlo sobre o tratamento, cabe agora analisar mais detidamente as diferentes disposições do RGPD que densificam aquele princípio.

No essencial, do princípio da transparência dos tratamentos de dados pessoais resulta a obrigação do responsável de registar e prestar proativamente informações claras e especificadas sobre os diferentes aspetos do tratamento aos titulares dos dados antes ou no início do tratamento, mas também durante a sua execução, em especial quando ocorra qualquer alteração do tratamento ou do seu impacto, e, a qualquer momento, em resposta ao pedido de acesso aos dados pelo respetivo titular ou sempre que se verifique uma violação de dados pessoais com risco elevado para os direitos do titular.

[43] Kramer, Philipp, in M. Esser, P. Kramer, K. von Lewinski (herausg.), *Auernhammer DSGVO-BDSG Kommentar*, 6.ª ed., Carl Heymanns Verlag: 2018, p. 128, anotação 47 ao Art. 5.

Correspetivamente, o princípio da transparência concretiza-se, na perspetiva do titular dos dados, no direito de informação, e também no direito de acesso, com manifestações específicas ou densificadas em dois tipos de contextos: a violação de dados pessoais e a tomada de decisões individuais automatizadas. Vejamos mais de perto, cada uma destas concretizações.

4.1. O registo de atividades de tratamento

Começa-se por destacar o dever de criar e manter atualizado registo dos tratamentos de dados pessoais. Note-se que é o próprio considerando 82 do RGPD que o funcionaliza ao dever de comprovar a observância do regulamento e, explicitamente, o relaciona com o dever de cooperação com a autoridade de controlo, sublinhando o dever de a esta o facultar no âmbito da fiscalização do tratamento de dados.

Manifestamente, o registo assume uma função auxiliar, mas essencial, para os responsáveis conhecerem os tratamentos que realizam e, deste modo, verificarem se os tratamentos, nos seus diferentes elementos (*v.g.*, finalidade, categorias de dados pessoais, categorias de titulares de dados, comunicações a terceiros, tempo de conservação dos dados), estão conformes com os princípios e regras de proteção de dados. Como refere VON GRAFENSTEIN, «esta exigência formal é proporcionada, dado que a formalização do conhecimento do responsável corresponde à formalização do tratamento de dados *per se*»[44]. E, nessa medida, tem também uma função auxiliar da atividade de fiscalização a realizar pela autoridade de controlo. E apresenta ainda alguma relevância na garantia da dimensão subjetivista da transparência, como forma de facilitar o dever de prestar informação sobre o tratamento e de satisfazer o direito de acesso pelo titular dos dados (cfr. n.º 1 do artigo 12.º)[45].

Com efeito, as informações objeto de registo aproximam-se das que compõem o objeto do direito de informação: a identidade e os contactos do responsável (e de eventuais corresponsáveis) e do encarregado de proteção de dados; as finalidades do tratamento; as categorias de titulares de dados e dos dados pessoais; as categorias de destinatários dos atos (o que compreende os subcontratantes e terceiros a quem sejam comunicados os

[44] «Refining...», cit., *EDPL* 2/2021, cit., p. 200.

[45] Neste sentido, VON GRAFENSTEIN, «Refining...», cit., *EDPL* 2/2021, cit., pp. 199-200.

dados), transferências internacionais, quando existam, e, se possível, prazos de conservação dos dados e descrição geral das medidas de segurança e organizativas adotadas. Pelo que similarmente ao que supra se referiu, este registo deve ser atualizado e, à medida que o tratamento se desenvolve, especificados os terceiros a quem os dados são efetivamente comunicados.

Note-se que, de acordo com o n.º 4 do artigo 30.º, este dever não vincula a generalidade das organizações, estando excluídas as que detenham menos de 250 trabalhadores, exceto se o tratamento de dados realizado for suscetível de implicar risco para os direitos fundamentais dos titulares dos dados, não for ocasional ou incidir sobre dados especiais do artigo 9.º ou relativos a condenações penais e infrações nos termos do artigo 10.º. Esta disposição, inicialmente pensada para as micro, pequenas e médias empresas, reduz o universo de organizações excecionadas deste dever, acabando por aliviar apenas aquelas organizações que realizam tratamentos pontuais e não significativamente impactantes sobre os direitos fundamentais dos titulares. Isto porque as três exceções não são cumulativas, bastando que uma delas esteja verificada *in casu* para que uma organização com menos de 250 trabalhadores fique abrangida por tal dever[46] – pelo que dificilmente haverá entidades administrativas excluídas desta obrigação.

4.2. O direito de informação

O conteúdo do direito de informação – e, portanto, da correspondente obrigação de prestar informações – está densificado nos artigos 13.º e 14.º, tendo o legislador da União optado por autonomizar o elenco das informações a prestar consoante os dados pessoais sejam recolhidos pelo responsável pelo tratamento diretamente do titular dos dados, no artigo 13.º, ou de uma outra fonte (*v.g.*, o sistema de informação de outra entidade administrativa), no artigo 14.º. As diferenças prendem-se, por um lado, com a indicação das

[46] Contudo, na perspetiva do CEPD (que assumiu a posição do Grupo de Trabalho do Artigo 29 sobre este tema), nesse caso a organização apenas tem o dever de registar as informações relativas ao tratamento em causa – cfr. *Working party 29 position paper on the derogations from the obligation to maintain records of processing activities pursuant to Article 30(5) GDPR*, acessível em https://www.cnpd.pt/organizacoes/obrigacoes/registo-de-atividades-de-tratamento/

categorias de dados pessoais objeto de tratamento (*o quê*) – que, na hipótese de recolha direta, são logo conhecidas pelo titular dos dados no momento em que o responsável solicita ou lhe exige o seu fornecimento – e com a identificação da origem dos dados, apenas necessária se a fonte não for diretamente o próprio titular (*de onde*), nos termos da alínea d*)* do n.º 1 e da alínea f*)* do n.º 2 do artigo 14.º, e, por outro lado, quando se trate da recolha direta, com a explicitação do fundamento de licitude (se obrigação legal ou contratual, ou necessário para celebrar um contrato) (*porquê*), bem como, havendo obrigação, do titular, de fornecer os dados, a explicação das consequências do não fornecimento (cfr. alínea e*)* do n.º 2 do artigo 13.º). A informação sobre a origem dos dados pessoais promove o controlo pelo próprio titular quanto às comunicações dos seus dados ou acessos por terceiros aos mesmos, permitindo-lhe, deste modo, o rastreio dos dados e das operações de tratamento.

Assim, ressalvadas estas diferenças, a este direito corresponde a obrigação de proativamente, portanto, sem depender de pedido do titular, prestar informações sobre:

i. A identidade e os contactos do responsável (ou corresponsáveis) pelo tratamento (*quem*), de acordo com a alínea a) do n.º 1 dos artigos 13.º e 14.º[47];
ii. A finalidade ou as finalidades do tratamento (*para quê*), aqui se entendendo que, quando várias finalidades sejam visadas, deve o responsável especificar que categorias de dados estão adstritas a cada finalidade (em especial quando o fundamento de licitude for o consentimento, por força do respetivo requisito da especificidade, mas também quando o tratamento sirva vários fins de interesse público, previstos em lei, ou sendo imposto por lei, por força dos princípios da legalidade e da certeza jurídica, essenciais em sede de restrição ou compressão de direitos, liberdades e garantias pela Administração Pública) (cfr. alínea c*)* do n.º 1 dos artigos 13.º e 14.º). Associada a esta informação está a obrigação de indicar o fundamento de licitude em que se suporta o tratamento, a que acresce o especial dever de explicitar quais são os interesses legítimos de terceiros (excluindo-se aqui os interesses do responsável, por esses corresponderem, neste

[47] E do respetivo representante, quando aplicável.

contexto, sempre a interesses públicos), de acordo com a alínea d) do n.º 1 do artigo 13.º e alínea b) do n.º 2 do artigo 14.º[48];

iii. A identificação dos destinatários ou das categorias de destinatários, aqui se compreendendo tanto os terceiros a quem são ou serão comunicados dados pessoais como os subcontratantes (*para quem*)[49]. Note-se que, se a identidade dos destinatários for, à partida, conhecida do responsável, deve ser logo dada a conhecer, não se considerando totalmente cumprida esta obrigação se não o fizer, parecendo ser esse o sentido da ordem com que a alternativa vem prevista nas alíneas e) do n.º 1 do artigo 13.º e do n.º 2 do artigo 14.º[50]. Sobretudo, a especificação dos terceiros a quem são ou vão ser comunicados dados pessoais é particularmente importante no caso dos tratamentos que dependam de consentimento do titular, porque a especificidade do consentimento deve possibilitar consentir na comunicação a uma ou mais organizações determinadas, com exclusão de outras ou de terceiros indeterminados[51]. Assume especial relevância a identificação dos destinatários, caso a sua localização espacial implicar a transferência internacional dos dados, existindo uma específica obrigação de informação sobre a intenção de proceder a tal transferência, bem como do seu fundamento de licitude e das garantias previstas (cfr. alínea f) do n.º 1 dos artigos 13.º e 14.º) – (*para onde*)[52];

---

[48] Cfr. von Grafenstein, «Refining...», *EDPL* 2/2021, cit., p. 200.

[49] Para o esclarecimento destes conceitos, cfr. alíneas 8) a 10) do artigo 4.º.

[50] Cfr. neste sentido, acórdão do TJUE *Österreische Post* (C-154/21), EU:C:2023:3, ponto 46.

[51] Neste sentido, von Grafenstein, «Refining...», *EDPL* 2/2021, cit., pp. 200-201. É ainda equacionável se o direito de informação implica a obrigação de, proactivamente, comunicar ao titular a identidade dos concretos terceiros que acedem aos seus dados pessoais, sobretudo se em causa estiverem dados especiais – questão que assume especial relevo no âmbito dos tratamentos por que são responsáveis entidades administrativas, tendo em conta o regime legal de acesso a documentos administrativos. Essa solução está já assegurada no contexto da plataforma do Serviço Nacional de Saúde e até prevista a sua generalização no n.º 6 do artigo 29.º da Lei n.º 58/2019, no contexto do tratamento de dados de saúde.

[52] Que se compreende porquanto nem todos os países de destino asseguram um regime de proteção de dados pessoais equiparável ao do RGPD, pelo que o titular deve dessa intenção ser informado, mesmo quando essa operação não esteja dependente da sua vontade, para que possa verificar se a transferência é realizada licitamente e acompanhada de medidas adequadas de garantia dos seus direitos.

iv. O prazo de conservação dos dados ou, não sendo possível a priori a sua especificação, os critérios usados para fixar esse prazo (cfr. alínea *a)* do n.º 2 dos artigos 13.º e 14.º) – (*quando*); este é, porventura, a informação que as organizações têm mais dificuldade em cumprir com precisão, mas na falta de um prazo predeterminado, devem definir critérios precisos e não fórmulas vagas ou circulares relativas à sua conservação *enquanto forem necessários* (*quando*);
v. O conjunto dos direitos relativos ao tratamento de dados pessoais reconhecido pelo RGPD, entre os quais consta o direito de reclamar para a autoridade nacional de controlo, que deve estar identificada. Esta informação compreende ainda a indicação dos meios disponibilizados para o exercício dos direitos perante o responsável, autonomizando-se ainda a indicação do contacto do encarregado de proteção de dados (cfr. alínea *b)* do n.º 1 e alíneas *b)*, *c)* e *d)* do n.º 2 do artigo 13.º e alínea *b)* do n.º 1 e alíneas *c)*, *d)* e *e)* do n.º 2 do artigo 14.º). O direito de informação assume, pois, nesta vertente, uma especial função instrumental para o exercício dos demais direitos do titular dos dados;
vi. Intenção de reutilizar os dados pessoais para outra finalidade distinta da que justificou a sua recolha, para que o titular possa conformar essa reutilização, desde logo, consoante as situações, manifestando o correspondente consentimento ou opondo-se à reutilização (cfr. n.º 3 do artigo 13.º e n.º 4 do artigo 14.º).

Existe ainda um específico dever de informação sobre o tratamento de dados pessoais, quando o tratamento vise a emissão de decisões automatizadas, o que compreenderá os meios utilizados, a lógica subjacente à operação ou operações realizadas sobre os dados (*como*) e o impacto do tratamento sobre o titular dos dados, que será objeto de maior desenvolvimento infra.

Quanto ao momento da prestação das informações, o RGPD não é muito preciso. Tipicamente, atenta a razão de ser deste direito, deve o mesmo ser prestado antes ou logo no início do tratamento, como se prevê explicitamente a propósito da reutilização para finalidade distinta (cfr. n.º 3 do artigo 13.º e n.º 4 do artigo 14.º), embora, no contexto da recolha indireta, se fale de um *prazo razoável após a obtenção dos dados, mas o mais tardar no prazo de um mês* (cfr. n.º 3 do artigo 14.º). Mas há, durante a execução do tratamento, um dever de atualização das informações (e de chamada de atenção aos titulares), sempre que haja alteração das condições do tratamento.

Já quanto à forma de prestar as informações, os n.ºs 1 e 7 do artigo 12.º definem requisitos precisos, que se prendem com a simplicidade e clareza do conteúdo das informações, bem como a facilidade do acesso às mesmas, portanto exigindo que os meios escolhidos pelo responsável para a disponibilização das informações facilitem o seu conhecimento[53]. O n.º 5 do artigo 12.º exige ainda, como regra, a gratuitidade da prestação de informações sobre o tratamento, não se afigurando que as exceções que aí se preveem valham para a obrigação regulada nos artigos 13.º e 14.º, salvo a hipótese de um titular exigir uma especial formal de prestação de informação, em vez do meio pelo qual ela é disponibilizada (desde que este seja claro e de fácil acesso para a generalidade dos cidadãos), e que implique custos desproporcionados para o responsável.

A obrigação de prestar informações é afastada sempre que o titular já tiver conhecimento das informações (cfr. n.º 4 do artigo 13.º e alínea *a)* do n.º 4 do artigo 14.º), ou nos casos elencados nas alíneas *b)* a *d)* do n.º 4 do artigo 14.º. A este propósito, sublinha-se a importância da documentação da verificação das circunstâncias que justificam o afastamento dessa obrigação, *máxime* nos casos em que tal não decorra diretamente de uma obrigação legal.

4.3. O direito de acesso

O direito de acesso, densificado no artigo 15.º, garante a transparência do tratamento durante a sua pendência, portanto, sendo exercido enquanto o tratamento dos dados se realiza. Repare-se que, como a conservação de dados pessoais é uma operação de tratamento, mesmo quando a finalidade principal do tratamento está cumprida e o responsável não esteja em concreto a analisar

---

[53] Neste sentido, acórdão do TJUE de 4 de maio de 2023, caso *Österreische Datenschutzbehörde* (C-487/21), EU:2023:369, ponto 38. O que não sucederá se a informação estiver exposta num painel total ou parcialmente encoberto no estabelecimento onde o tratamento decorre ou, no contexto digital, se para se aceder à denominada "política de privacidade" se tiver de carregar sucessivamente em vários ícones ou ligações. Muito pertinentemente suscita Paul Voigt a dúvida sobre se a obrigação de prestação de informações se pode dar por cumprida quando se utiliza para esse efeito o sítio institucional na Internet – sobretudo quando os dados pessoais não são recolhidos no contexto *online* –, uma vez que esta obrigação se caracteriza (por contraposição à garantia do direito de acesso) pela natureza proativa do seu cumprimento, não cabendo ao titular dos dados procurar a informação (in J. Taeger / D. Gabel (Hrsg), *DSGVO-BDSG Kommentar*, 3.ª ed., 2019, anot. 20-21 ao Art. 5).

ou usar os dados, tem sempre de garantir o direito de acesso, pois mantém ativa a operação da sua conservação.

Este direito compreende, assim, a faculdade de exigir saber se os seus dados estão a ser tratados por um determinado responsável e, estando, o de conhecer os dados pessoais (e não apenas as respetivas categorias), o que se afigura essencial para o exercício do direito de retificação dos dados inexatos ou desatualizados[54]. O n.º 3 do artigo 15.º refere mesmo o direito de obter uma cópia dos dados pessoais em fase de tratamento – insistindo-se que, se os dados já não estão em fase de análise, mas continuam a ser conservados, existe o direito à sua cópia integral. Assim, e conforme explica o TJUE no acórdão *Österreische Datenschutzbehörde*, este direito «implica que seja entregue ao titular dos dados uma reprodução fiel e inteligível de todos esses dados. Este direito pressupõe o direito de obter a cópia de extratos de documentos ou de documentos completos ou ainda de extratos de bases de dados que contenham, nomeadamente, os referidos dados, se o fornecimento dessa cópia for indispensável para permitir ao titular dos dados exercer efetivamente os direitos que lhe são conferidos por este regulamento [...]»[55]. As dúvidas que existiam sobre se o direito de acesso abrange ainda, além dos dados recolhidos (sejam eles fornecidos diretamente pelo titular ou obtidos junto de outro responsável, sejam eles observados), os dados inferidos (*v.g.*, perfis), ficaram dissipadas neste acórdão, onde o Tribunal fixou uma interpretação ampla do direito (cfr. pontos 23, 28 e 42).

Nesta parte, assinala-se a ressalva do respeito pelos direitos e liberdades de terceiros, cujos dados pessoais possam vir associados aos do titular. O TJUE salvaguardou recentemente os dados pessoais de identificação dos trabalhadores do responsável, quando tal não seja pertinente para a garantia dos direitos do titular dos dados[56].

Mas o direito de acesso compreende ainda a faculdade de conhecer outras informações sobre o tratamento de dados pessoais – nesta parte tem, com as devidas adaptações, um conteúdo similar ao direito de informação. Na verdade, as diferenças quanto ao seu objeto, em relação ao direito de informação, prendem-se com o facto de o tratamento estar em curso e, nessa medida, o responsável ter já a capacidade de fornecer informação mais

[54] Neste sentido, acórdão do TJUE *Österreische Datenschutzbehörde* (C-487/21), cit., ponto 35.

[55] Acórdão de 4 de maio de 2023, (C-487/21), cit., pontos 41 e 45.

[56] Cfr. acórdãodo TJUE de 22 de junho de 2023, caso *Pankki S.* (C-579/21), EU:C-2023:501, pontos 73, 80 e 83

precisa sobre o mesmo. Assim, já não se está aqui no campo das intenções de comunicar dados a terceiros ou de reutilizar os dados para finalidade distinta, pelo que o direito de acesso implica o direito de conhecer a identidade dos efetivos destinatários dos seus dados, e não apenas as categorias em que eles se insiram[57].

O exercício deste direito pressupõe um conjunto de trâmites, genericamente definidos no artigo 12.º para os direitos dos respetivos titulares sobre o tratamento de dados pessoais.

Em primeiro lugar, pressupõe-se o exercício proativo do direito junto do responsável pelo tratamento, ao contrário do que sucede com o direito de informação, cuja garantia cabe *ex officio* ao responsável. Sendo um direito pessoal, ele deve ser exercido pelo próprio titular (tendo capacidade jurídica para o efeito) ou por um seu representante. Portanto, este direito não se confunde com a pretensão de acesso a dados pessoais de terceiros, que obedece ao regime da alínea f) do n.º 1 do artigo 6.º do RGPD (supondo a necessidade do acesso para a satisfação de um interesse legítimo do terceiro e a não prevalência dos direitos e interesses do titular) ou, no específico caso dos dados conservados por entidades administrativas, o regime legal de acesso aos documentos administrativos[58].

O responsável deve assegurar meios ágeis de exercício deste direito, como resulta do n.º 2 do artigo 12.º. Tal há de significar para a Administração Pública a disponibilização de meios eletrónicos para o seu exercício e para a sua satisfação, à luz do princípio da administração eletrónica que o CPA consagra. Todavia, a garantia do exercício dos direitos deve adequar-se às especificidades do contexto do tratamento; donde poder justificar-se o exercício do direito por via postal e, no contexto de atendimento presencial

---

[57] Neste sentido se manifestou recentemente o TJUE, no acórdão *Österreische Post* (C-154/21), cit., ponto 46.

[58] Sobre a compatibilização do acesso por terceiros com o regime de proteção de dados pessoais, v. Alberto Augusto Oliveira, «Acesso e proteção de dados na Administração Pública – perspetiva da Comissão de Acesso aos Documentos Administrativos», in D. S. Farinho, F. P. Marques, T. F. Freitas (coord.), *Direito da Proteção de Dados*, cit., pp. 43-70, Tiago Fidalgo Freitas e Pedro Delgado Alves (org.), *O acesso à informação administrativa*, Almedina: Coimbra, 2021, e Alexandre Sousa Pinheiro, «A proteção de dados no Código do Procedimento Administrativo», in C. Amado Gomes, A.F. Neves e T. Serrão (coord.). *Comentários ao Código do Procedimento Administrativo*, I, 5.ª ed., AAFDL: Lisboa, 2020, pp. 413-440.

ou de prestação de serviço público presencial, por via de requerimento escrito apresentado *in loco*, ou formulado verbalmente, devendo, contudo, o responsável acautelar a sua documentação. Discutível é se o responsável pode determinar uma forma exclusiva de exercício do direito, por exemplo, exigindo que o acesso seja requerido numa determinada plataforma ou num determinado endereço eletrónico, por razões de eficiência organizativa.

O n.º 3 do artigo 12.º prevê que o direito seja garantido «sem demora injustificada», acrescentando só depois a referência ao prazo de um mês. Esta redação permite a interpretação de que o direito deve ser garantido logo que possível, funcionando o prazo de um mês como o período razoável para tal garantia. Mas esse não será o prazo máximo, porquanto no mesmo preceito se admite o alargamento do prazo até mais dois meses[59], portanto, até ao máximo de três meses, «quando for necessário, tendo em conta a complexidade do pedido e o número de pedidos». A prorrogação do prazo tem se ser fundamentada de forma circunstanciada, em função da complexidade do pedido e do número de pedidos, pelo responsável, que tem o dever de informar o titular sobre essa prorrogação e o respetivo fundamento.

Repare-se que estes prazos se contam seguidos, não se suspendendo aos sábados, domingos e feriados – tal resulta expressamente da alínea c) do n.º 2 e do n.º 3 do artigo 3.º do Regulamento (CEE, EURATOM) 1182/71 do Conselho, de 3 de junho de 1971, relativo à determinação das regras aplicáveis aos prazos, às datas e aos termos, prevalecendo, portanto, esta disposição do Direito da União sobre eventual norma legal nacional aplicável (como por exemplo, a alínea c) do artigo 87.º do CPA)[60].

---

[59] Alerta-se para o facto de a versão portuguesa do RGPD, no n.º 3 do artigo 12.º, apresentar uma formulação inexplicavelmente não coincidente com a redação da versão em língua inglesa (a "língua de trabalho") nem com as demais versões conhecidas. Não apenas por excluir do âmbito de aplicação destes pressupostos dois dos direitos («mediante pedido apresentado nos termos dos artigos 13.º a 20.º», o que pareceria deixar de fora os direitos previstos nos artigos 21.º e 22.º), como também por prever a prorrogação do prazo *até dois meses*, quando nas demais versões se refere *por mais dois meses*. Assim, para garantia de uma efetiva aplicação uniforme e congruente do Direito da União Europeia, é imperativa a interpretação corretiva da redação em língua portuguesa do n.º 3 do artigo 12.º, assegurando que o regime definido neste preceito vale para todos os direitos previstos neste regulamento (em harmonia com o disposto nos n.ºs 1, 2 e 5 do mesmo artigo) e que o prazo máximo de prorrogação, a somar ao prazo de um mês, é de dois meses.

[60] Como havia já explicitado no meu «Tutela extrajudicial de direitos fundamentais pela CNPD», in C. Amado Gomes e A. F. Neves (coord.), *Tutela extrajudicial de direitos fundamentais*,

Ainda assim o prazo máximo de três meses revela-se um período demasiado extenso para a salvaguarda do direito de acesso, cuja garantia pode ser pressuposto do exercício de outros direitos no contexto de tratamento de dados pessoais, como sucede com o de oposição ou de apagamento dos dados; e isto porque o exercício dos demais direitos está, ele próprio, sujeito a novo prazo idêntico, com o que se estende no tempo o tratamento dos dados que o titular está a contestar, potenciando os riscos de afetação dos direitos fundamentais[61].

No mais, estabelece-se a tendencial gratuitidade do exercício deste direito, tanto no n.º 5 do artigo 12.º como no n.º 3 do artigo 15.º.

4.3. A comunicação de violação de dados pessoais

O n.º 1 do artigo 34.º impõe ainda ao responsável a obrigação de comunicação ao titular dos dados da violação dos mesmos quando esta seja suscetível de implicar um risco elevado para os seus direitos e liberdades.

A violação de dados pessoais é um tipo de incidente de segurança que, de modo acidental ou ilícito, afeta a confidencialidade, a integridade ou a disponibilidade dos dados pessoais, portanto, que implica a divulgação ou acesso, a alteração ou manipulação, a perda de acesso, temporária ou definitiva, ou destruição acidentais ou não autorizadas de dados pessoais (cfr. alínea 12) do artigo 4.º). E a obrigação de comunicação só nasce quando o risco para os direitos fundamentais dos titulares seja *elevado*, por consideração da gravidade das consequências potenciais de uma violação de dados pessoais e da probabilidade da sua ocorrência. De todo o modo, essa obrigação não depende de haver culpa do responsável, nem sequer de alguma infração imputável à organização, parecendo ter em vista limitar a afetação dos direitos dos titulares dos dados, através de condutas ativas dos próprios titulares dos dados[62].

AAFDL: Lisboa, 2022, pp. 165-184 (179-180), tal prevalência justifica-se também pela relevância substantiva, que não estritamente procedimental, da forma de contagem do prazo neste contexto, por em causa estar, direta ou indiretamente, a garantia de direitos fundamentais dos cidadãos, portanto, situações merecedoras de tutela urgente.

[61] Neste sentido já me manifestei, em «Tutela extrajudicial de...», cit., p. 179.

[62] Cfr. Grupo de Trabalho do Artigo 29, *Orientações sobre a notificação de uma violação de dados pessoais ao abrigo do Regulamento (UE) 2016/679* (WP 250.rev. 01), adotadas em 6.02.2018, pp. 16-17 e 21, acessíveis em https://ec.europa.eu/newsroom/article29/items/612052/en,.

Nesses termos, pode discutir-se se há um direito dos titulares a ser sempre informados das violações dos seus dados suscetíveis de gerar um risco elevado para os seus direitos fundamentais. *Prima facie,* por consideração do disposto nas alíneas a) e b) do n.º 3 do artigo 34.º e das informações a prestar ao titular (cf. alíneas b) e d) do n.º 3 do artigo 33.º, aplicável por remissão n.º 2 do artigo 34.º), a resposta será negativa, pois afigura-se que objetivo desta comunicação não é tanto o de concretizar os princípios da transparência e lealdade do tratamento, mas antes o de entregar aos titulares o controlo dos seus dados, na medida em que eles tenham capacidade e meios para proteger a sua informação e assim mitigar o impacto da violação. Inclusive, através da prestação pelo responsável de informação específica sobre as condutas ou medidas que os próprios titulares dos dados devem adotar para se protegerem (cfr. a alínea d) do n.º 3 do artigo 33.º e o considerando 86 do RGPD). Não obstante, no contexto específico das relações jurídico-públicas, onde os princípios da boa-fé e da transparência se afirmam com especial intensidade (cf. o n.º 2 do artigo 266.º e n.º 1 do artigo 268.º da CRP, e também os artigos 10.º e 17.º do CPA), é discutível se tal obrigação de comunicação não se afirma mesmo quando não esteja na disponibilidade dos cidadãos fazer cessar ou mitigar o risco para os seus direitos.

De todo o modo, a obrigação, quando exista, deve ser cumprida sem demora injustificada (cf. ainda considerando 86), devendo compreender as informações previstas nas alíneas b) a d) do n.º 3 do artigo 33.º (nome e contactos do encarregado de proteção de dados, descrição das consequências prováveis da violação para os direitos dos titulares e descrição de medidas já adotadas ou propostas para reparar ou atenuar o seu impacto).

Destaca-se ainda que o argumento de que a comunicação a cada cidadão titular dos dados implica um esforço desproporcionado, previsto na alínea c) do n.º 2 do artigo 34.º para afastar esta obrigação, dispensa apenas a notificação individual, mas não a divulgação pública que garanta a informação eficaz dos titulares dos dados afetados.

4.4. O desafio da prestação de informações nas decisões automatizadas individuais

O RGPD consagra um regime específico, densificado em relação ao que constava na Diretiva 95/46/CE, sobre o tratamento de dados pessoais na produção de decisões individuais totalmente automatizadas. No artigo 22.º, começa-se por consagrar o direito de os cidadãos a ela não serem sujeitos, o que, no contexto da atividade da Administração Pública, significa não serem sujeitos a atos administrativos emitidos com base num tratamento totalmente automatizado dos dados pessoais (atos administrativos automatizados)[63], para o afastar quando tal possibilidade esteja prevista em lei acompanhada da previsão de medidas adequadas de proteção (cfr. a alínea b) do n.º 2 e o n.º 4). Na verdade, as demais exceções reconduzem-se ainda à vontade do titular dos dados (consentimento explícito ou autonomia contratual), nessa medida reforçando a ideia de que em causa está um direito, o qual, porque expressão da autonomia individual, é suscetível de renúncia quanto a concretos tratamentos de dados.

Num contexto de crescente utilização de tecnologia para agilizar o processo decisório da Administração Pública, compreende-se a importância de assegurar desde logo a transparência indispensável à formulação da vontade livre do titular dos dados quando a mesma seja nesta sede relevante (ou seja, admissível nas relações jurídico-administrativas, como se expôs supra, em condições de efetiva liberdade de opção). Mas também quando o fundamento de licitude seja diretamente a lei, a previsão de garantias adequadas não pode deixar de envolver a transparência do tratamento de dados. Na verdade, o n.º 3 do artigo 22.º, ainda que a propósito dos outros dois fundamentos de licitude, prevê, como medidas adequadas para salvaguardar os direitos fundamentais e os legítimos interesses do titular dos dados, o reconhecimento, pelo menos, do direito de intervenção humana por parte do responsável no processo decisório e as garantias de participação e de defesa por parte do titular dos dados. Tais medidas apresentadas exemplificativamente como conteúdo mínimo de garantia da esfera jurídica dos titulares dos dados representam, assim, o conjunto mínimo de garantias que também a lei tem de prever para legitimar o específico tratamento de dados para emissão de atos administrativos automatizados. Ora, o direito de participação no procedimento decisório e o direito à tutela administrativa e judicial (direitos refletidos no trecho:

[63] Discutindo-se na doutrina se o artigo 22.º apenas incide sobre as decisões fruto de um tratamento de dados pessoais totalmente automatizado ou se também abarca os procedimentos em que apenas as propostas de decisão resultam de tal automatização, sendo a decisão tomada já pelo (órgão competente do) responsável pelo tratamento, por consideração de que este tenderá a assumir a proposta.

«manifestar o seu ponto de vista e contestar a decisão») supõem, obviamente, o direito à prestação de informação sobre os fundamentos da decisão, o que compreende a informação sobre o tratamento dos dados pessoais (*i.e.*, os dados pessoais e os critérios de análise dos dados que foram considerados pelo sistema algorítmico e que foram determinantes daquela concreta decisão automatizada).

Simplesmente, o desafio de prestar informação clara e completa sobre o tratamento automatizado de dados adensa-se quando se recorre a algoritmos de autoaprendizagem (*Machine Learning*), em especial para a definição de perfis dos cidadãos a partir dos quais se forma a decisão (cfr. alínea 4*)* do artigo 4.º), dada a maior dificuldade de rastrear a operação de tratamento[64].

Por essa razão, o RGPD prevê uma obrigação específica de prestar informação sobre o tratamento automatizado e reitera-a a propósito do direito de acesso. Exige-se a prestação de «informações úteis relativas à lógica subjacente, bem como a importância e as consequências previstas de tal tratamento para o titular dos dados», no que alguns veem a consagração de um direito à explicação do algoritmo utilizado no processo decisório automatizado – cfr. alínea f*)* do n.º 2 do artigo 13.º, alínea g*)* do n.º 2 do artigo 14.º e alínea h*)* do n.º 1 do artigo 15.º[65].

---

[64] Grupo de Trabalho do Artigo 29, *Orientações sobre decisões individuais automatizadas e definição de perfis para efeitos do RGPD (WP251.rv.01)*, revistas e aprovadas em 6.02.2018, acessíveis em https://ec.europa.eu/newsroom/article29/items/612053/en .

[65] Cf. Thomas Wischmeyer, "Künstlische Intelligenz und neue Begründungsarchitecktur", in *Digitale Disruption und Recht. Workshop zu Ehren des 80. Geburtstags von Wolfgang Hoffmann-Riem* (Hrsg. Martin Eifert), Nomos, Baden-Baden 2020, pp. 73-92 (78-80), para quem a fundamentação da decisão administrativa eletrónica não se confunde – não se satisfaz – com a explicação de como funciona o sistema algorítmico (no essencial, a informação prevista nos artigos 13.º a 15.º do RGPD). E para o efeito, suporta-se na redação do artigo 22.º que prevê o *direito de, pelo menos, obter intervenção humana por parte do responsável, manifestar o seu ponto de vista e contestar a decisão* – o que parece pressupor uma explicação sobre a razão de ser do concreto sentido da decisão individual tomada. No mesmo sentido, pronunciei-me em "IA y el algoritmo discriminatorio: ¿Cómo promover la igualdad?", in *Desafíos éticos, jurídicos y tecnológicos del avance digital*, J. L. Domínguez Álvarez/D. Terrón Santos (dir.), IUSTEL, 2023, pp. 75-88 (83). Sobre o tema, sustentando reconhecer-se no RGPD o direito à explicação, v. D. Dimitrova, "The right to Explanation under the right of access to personal data: legal foundation in and beyond the GDPR", *European Data Protection Law Review – EDPL* 2020, 2, pp. 211-230; contra v. S. Watcher, B. Mittelstadt e L. Floridi, "Why a Right to Explanation of Automated Decision Making Does Not Exist in the General Data Protection

Sobra a dúvida da suficiência destas previsões normativas, não apenas pela dificuldade em encontrar uma linguagem simples para explicar a lógica do tratamento de dados, como exigem os n.ºs 1 e 7 do artigo 12.º, como também pelo desafio que representa dar informação sobre, além dos dados pessoais em que assentou o perfil, os critérios que efetivamente definiram esse perfil e que serviram de base ao juízo probabilístico em que assentou a decisão automatizada, em alguns modelos de IA[66]. A que se soma o desafio específico de compreender a ação dos novos modelos de IA de redes neuronais profundas (*Deep Learning*), dotada de uma natural opacidade[67]. A mera explicação do *rationale* subjacente à utilização deste tipo de algoritmos não permite ao titular senão contraditar a decisão com base na explicação apresentada, não conseguindo verificar e contraditar aquele que terá sido o real fundamento da decisão (*v.g.*, não conseguindo demonstrar eventual imprecisão ou erro do algoritmo). Razão por que alguns propõem fórmulas de controlo assentes na avaliação da razoabilidade da decisão, ou mesmo a inversão do ónus da prova, fazendo recair aqui sobre o responsável a demonstração do acerto da decisão[68], enquanto, no plano tecnológico, se procura desenvolver algoritmos autoexplicativos e algoritmos de auditoria, de rastreamento do seu funcionamento – e que poderiam, depois, ser verificados pela autoridade nacional de controlo.

Regulation", in *International Data Privacy Law*, 2017, pp. 76-99. Note-se que, entretanto, em Portugal, a Lei n.º 27/2021, de 17 de maio, no n.º 1 do seu artigo 9.º, veio consagrar os princípios da explicabilidade e da transparência no contexto da utilização de IA.

[66] Von Grafenstein, «Refining...», *EDPL* 2/2021, cit., p. 201; R. Taylor, *ob. cit.*, p. 73; e mais desenvolvidamente, Mariam Hawath, «Regulating Automated Decision-Making: an Analysis of Control over Processing and Aditional Safeguards in Article 22 of the GDPR», in EDPL 2/2021, pp. 161-173. Cfr. Ainda as recomendações do Grupo de Trabalho do Artigo 29, no anexo 1 ao WP251.rev.01.

[67] Sobre o tema, mais desenvolvidamente, v. Filipa Urbano Calvão e Marta Portocarrero, «Risco, Inteligência Artificial e decisão administrativa: que garantias para os particulares?», in *Estudos em Homenagem à Professora Doutora Maria da Glória Garcia* (no prelo).

[68] Von Grafenstein, «Refining...», *EDPL* 2/2021, cit., p. 202.

REFERÊNCIAS DOUTRINAIS

ANDRADE, JOSÉ CARLOS VIEIRA DE – *Os direitos fundamentais na Constituição Portuguesa de 1976*, 5.ª ed., Almedina: Coimbra, 2012.

BUTARELLI, GIOVANNI – «Inteligência Artificial, robótica, privacidade e proteção de dados», in Forum *de Proteção de Dados*, 4, julho 2017, Ed. CNPD, pp. 26-37, em https://www.cnpd.pt/comunicacao-publica/revista-forum/ .

CALVÃO, FILIPA URBANO

- «O direito fundamental à proteção dos dados pessoais e a privacidade 40 anos depois», in M. AFONSO VAZ. C. SANTOS BOTELHO, L. H. TERRINHA e P. COUTINHO (coord.), *Jornadas nos quarenta anos da Constituição da República Portuguesa. Impacto e Evolução*, Universidade Católica Editora: Porto, 2017, pp. 85-101.
- «Garantia de direitos: a proteção dos dados pessoais perante os desafios tecnológicos», in C. AMADO GOMES, R. PEDRO, R. SARAIVA E F. MAÇÃS (coord.), *Garantia de Direitos e Regulação: perspetiva de Direito Administrativo*, AAFDL: Lisboa 2020, pp. 217-240.
- «Tutela extrajudicial de direitos fundamentais pela CNPD», in C. AMADO GOMES E A. F. NEVES (coord.), *Tutela extrajudicial de direitos fundamentais*, AAFDL: Lisboa 2022, pp. 165-184.
- «RGPD na Administração Pública. A perspetiva (de um membro) da CNPD», in D. SOARES FARINHO, F. PAES MARQUES, T. FIDALGO DE FREITAS (coord.), *Direito da Proteção de Dados. Perspetivas públicas e privadas*, Almedina: Coimbra 2023, pp. 11-42.
- «IA y el algoritmo discriminatorio: ¿Cómo promover la igualdad?», in J. L. DOMÍNGUEZ ÁLVAREZ/D. TERRÓN SANTOS (dir.), *Desafíos éticos, jurídicos y tecnológicos del avance digital*, IUSTEL: Madrid 2023, pp. 75-88.

CALVÃO, FILIPA URBANO, E PORTOCARRERO, MARTA – «Risco, Inteligência Artificial e decisão administrativa: que garantias para os particulares?», in *Estudos em Homenagem à Professora Doutora Maria da Glória Garcia* (no prelo).

CANOTILHO, J. J. GOMES – *Direito Constitucional e Teoria da Constituição*, 7.ª ed., Almedina, Coimbra 2003.

CANOTILHO, GOMES, E MOREIRA, VITAL – *Constituição da República Portuguesa Anotada*, I e II, 4.ª ed., Coimbra Editora, Coimbra 2007 e 2010.

CLARKE, ROGER – «Why the world wants controls over Artificial Intelligence», in *Computer Law and Security Review* 35 (2019), pp. 423-433.

CORDEIRO, A. BARRETO MENEZES

- *Direito da Proteção de Dados à luz do RGPD e da Lei n.º 58/2019*, Almedina, Coimbra, 2020.

– (coord.) *Comentário ao Regulamento Geral de Proteção de Dados e à Lei n.º 58/2019*, Almedina, Coimbra, 2021.

DIMITROVA, D. – "The right to Explanation under the right of access to personal data: legal foundation in and beyond the GDPR", *European Data Protection Law Review – EDPL* 2/2020, pp. 211-230.

D'ORAZIO, R., FINOCCHIARO, G., POLLICINO, O., E RESTA, G. (a cura di), *Codice della Privacy e Data Protection*. Milano: Giuffrè, 2021.

ESSER, M., KRAMER, P. E VON LEWINSKI, K. (herausg.), *Auernhammer DSGVO-BDSG Kommentar*, 6.ª ed., Carl Heymanns Verlag: 2018.

FARIA, PAULA RIBEIRO DE – in JORGE MIRANDA E RUI MEDEIROS, *Constituição Portuguesa Anotada*, Tomo I, 2.ª ed., Wolters Kluver/Coimbra Editora: Coimbra, 2010.

FARINHO, DOMINGOS SOARES – «Interesse público e exercício da autoridade pública como fundamentos de licitude de tratamento de dados pessoais», in D. SOARES FARINHO, F. PAES MARQUES, T. FIDALGO DE FREITAS (coord.), *Direito da Proteção de Dados. Perspetivas públicas e privadas*, Almedina: Coimbra 2023, pp. 157--182.

FREITAS, TIAGO FIDALGO, E ALVES, PEDRO DELGADO (org.) – *O acesso à informação administrativa*, Almedina: Coimbra, 2021.

GRAFENSTEIN, MAXIMILIEN VON – «Refining the concept of the right to data protection in article 8 ECFR» – Part I, II, III, in *European Data Protection Law Review – EDPL* 4/2020, pp. 509-521, 2/2021, pp. 190-205, e 3/2021, pp. 373-379.

GREENLEAF, GRAHAM – «Abandon All Hope?» Foreword for Issue 37(2) of the UNSW Law Journal, on 'Communications Surveillance, Big Data and the Law', in *UNSW Law Journal* (2014) 37 (2), p. 636-642, em http://papers.ssrn.com/sol3/papers.cfm?abstract_id=2490425.

GUTWIRTH, SERGE E HILDEBRANDT, MIREILLE – «Some Caveats on Profiling», in SERGE GUTWIRTH, YVES POULLET, PAUL DE HERT (org.), *Data Protection in a Profiled World*, Springer, 2010, pp. 31-41.

HAWATH, MARIAM – «Regulating Automated Decision-Making: an Analysis of Control over Processing and Aditional Safeguards in Article 22 of the GDPR», in EDPL 2/2021, pp. 161-173.

LYNSKEY, ORLA – *The Foundations of EU Data Protection Law*, Oxford OUP: Oxford, 2015.

LOPES, JOAQUIM DE SEABRA – «O artigo 35.º da Constituição: da génese à atualidade e ao futuro previsível», in Forum *de Proteção de Dados*, 2, jan. 2016, pp. 14-51, ed. CNPD, disponível em https://www.cnpd.pt/comunicacao-publica/revista-forum/ .

Mayer-Schönberger, Viktor e Cukier, Kenneth – *Big Data. A Revolution that will Transform How we live, work and think,* John Murray, London, 2013.

Moniz, Graça Canto – *Manual de Introdução à Proteção de Dados,* Almedina: Lisboa, 2023.

Oliveira, Alberto Augusto, «Acesso e proteção de dados pessoais na Administração Pública – a perspetiva da Comissão de Acesso aos Documentos Administrativos», in D. S. Farinho, F. P. Marques, T. F. Freitas (coord.), *Direito da Proteção de Dados. Perspetivas públicas e privadas,* Almedina: Coimbra 2023, pp. 43-70.

Pinheiro, Alexandre Sousa

- Privacy *e proteção de dados pessoais: a construção dogmática do direito à identidade informacional,* AAFDL: Lisboa, 2015.
- «A proteção de dados no Código do Procedimento Administrativo», in C. Amado Gomes, A. F. Neves, e T. Serrão (coord.). *Comentários ao Código do Procedimento Administrativo,* I, 5.ª ed., AAFDL: Lisboa, 2020, pp. 414-440.

Pinheiro, A. Sousa, Coelho, C. Pimenta., Duarte, T, e Gonçalves, C. J. (coord.), *Comentário ao Regulamento Geral de Proteção de Dados.* Coimbra: Almedina, 2018.

Poullet, Ives – «About the E-Privacy Directive», in Serge Gutwirth/ Yves Poullet/ Paul de Hert (org.), *Data Protection in a Profiles World,* Springer, 2010, pp. 3-30.

Quelle, Claudia – «The 'risk revolution' in EU Data Protection Law: We can't have our cake and eat it, too», in R. Leenes, R. Van Brakel, S. Gutwirth & P. de Hert (ed.), *Data Protection and Privacy – The Age of Intelligent Machines,* Hart Publishing: Oxford and Portland, 2017.

Rodotá, Stefano – «Identity between Web 2.0 and Web 3.0», in *Notizia di Politeia,* 2012, vol. 28, fasc. 3, pp. 4-11.

Silva, Porfírio – «Sociedades artificiais: desafios e responsabilidades», in Forum *de Proteção de Dados,* 4, julho 2017, Ed. CNPD, pp. 12-25, em https://www.cnpd.pt/comunicacao-publica/revista-forum/.

Taeger, J. / Gabel, D. (Hrsg) – DSGVO-BDSG Kommentar, 3.ª ed., Frankfurt am Main: Fachmedien Recht und Wirtschaft – DFV Mediengruppe, 2019.

Taylor, Roger – «No Privacy without Transparency», in R. Leenes, R. van Brakel, S. Gutwirth & P. De Hert (ed.), *Data Protection and Privacy – The Age of Intelligent Machines,* Hart Publishing: Oxford and Portland, 2017, pp. 63-87.

Watcher, S., Mittelstadt, B., e Floridi, L. – "Why a Right to Explanation of Automated Decision Making Does Not Exist in the General Data Protection Regulation", in *International Data Privacy Law,* 2017, pp. 76-99.

Wischmeyer, Thomas – "Künstlische Intelligenz und neue Begründungsarchitecktur", in Martin Eifert (Hrsg.), *Digitale Disruption und Recht. Workshop zu Ehren des 80. Geburtstags von Wolfgang Hoffmann-Riem*, Nomos, Baden-Baden 2020, pp. 73-92.

TRANSPARÊNCIA E PROTEÇÃO DE DADOS

IRENE PATRÍCIA NOHARA
Livre-Docente e Doutora em Direito do Estado pela USP. Professora-Pesquisadora do Programa de Pós-Graduação em Direito Político e Econômico da Universidade Presbiteriana Mackenzie (UPM). Advogada Parecerista e Árbitra. Gestora do site: direitoadm.com.br.

1. CONSIDERAÇÕES INTRODUTÓRIAS

Antes de iniciar a abordagem da temática da transparência e proteção de dados, quero agradecer àqueles que viabilizaram esse relevante projeto de coletânea *em nome da transparência no Direito Administrativo*, que promove um rico diálogo luso-brasileiro: Eurico Bitencourt, da Universidade Federal de Minas Gerais, Ricardo Pedro, da Universidade Nova de Lisboa, e Carla Amado Gomes, da Universidade de Lisboa, os quais constroem uma ponte transatlântica na articulação entre administrativistas do Brasil e de Portugal. É uma honra integrar a presente obra e poder contribuir para o diálogo que sempre foi profícuo e prazeroso entre administrativistas destes dois países, umbilicalmente vinculados do ponto de vista histórico e cultural, e também nas matrizes de sua disciplina jurídica.

Com a advento da Era Digital os dados passam a ser os novos recursos cobiçados para uma série de atividades e negócios. Como amplamente divulgado, *data is the new oil*, isto é, os dados são recursos que são extraídos, minerados e, ainda, utilizados com os mais variados fins. Assim como ocorre com o petróleo, também na gestão estratégica de dados, o seu tratamento requer cuidados, pois qualquer "vazamento" pode gerar danos irreparáveis e impactos quase que irreversíveis.

Diante desta relevância e da possibilidade de desvios no uso de dados pessoais, em face dos riscos que a transparência dos dados veicula, a Europa desenvolveu o Regulamento Geral sobre Proteção de Dados (GDPR 2016/679), que dispõe sobre privacidade e proteção de dados pessoais, sendo aplicável a todos os indivíduos da União Europeia e do Espaço Econômico Europeu.

No Brasil, com inspiração neste movimento, houve a criação da Lei Geral de Proteção de Dados (LGPD – Lei nº 13.709/2018), engendrada para, entre outros escopos, proteger a privacidade dos dados cuja exposição passa a ameaçar de risco direitos e garantias fundamentais. No caso brasileiro, houve até, conforme será exposto, uma alteração processada na Constituição para incluir, entre os direitos fundamentais positivados, o direito constitucional à proteção de dados pessoais.

Por conseguinte, um dos principais desafios de viabilização da transparência nas sociedades contemporâneas é justamente garantir a proteção de dados pessoais. O presente escrito pretende, portanto, analisar as transformações nas concepções de privacidade na era digital para expor o regime jurídico de proteção de dados no Brasil, o que inclui a criação e a transformação da Autoridade Nacional de Proteção de Dados (ANPD) em autarquia em regime especial e os passos necessários para que haja um sistema hígido de aplicação de sanções e fiscalização do tratamento de dados seja na seara pública ou na privada.

Na sequência, haverá a problematização da insurgência do capitalismo de vigilância e os desafios a serem enfrentados não apenas na seara restrita do Direito, mas da perspectiva ética, tendo em vista distorções possíveis no controle dos comportamentos das pessoas. Espera-se, portanto, contribuir para o esclarecimento de como é feita, atualmente, a proteção de dados no sistema brasileiro, o qual foi inspirado no Europeu, e, ainda, problematizar eventuais pontos cegos que precisam ser discutidos acerca da manipulação humana pela programação algorítmica realizada a partir destes dados, que são minerados com foco em excedentes comportamentais, suscitando reflexões sobre o futuro da sociedade contemporânea no contexto de cibertransparência.

2. TRANSFORMAÇÕES NAS CONCEPÇÕES DE PRIVACIDADE NA ERA DIGITAL

O Capitalismo, na Era da Informação, relacionada com uma Revolução tecnológica, passa a incorporar o dado como insumo ou matéria prima essencial. Tal movimento é intensificado num contexto de integração em rede. Segundo Manuel Castells,[1] sociólogo espanhol, no Capitalismo Informacional a geração de riquezas e a competitividade de organizações e países passa a ser cada vez mais dependente da informação e do conhecimento.

Assim, enfatiza Têmis Limberger que "as novas tecnologias permitem que a informação seja transmitida a uma velocidade sem precedentes históricos".[2] Nesta perspectiva, imprescindível a reflexão sobre a análise de Pierre Lévy[3] ao abordar os impactos que as revoluções nas comunicações produziram na disseminação de informação.

Historicamente, são identificados movimentos responsáveis por saltos comunicacionais dados pela humanidade, sendo de se destacar: o surgimento da escrita na Mesopotâmia, há 5 mil anos, pois antes vigorava a verbalidade, tendo sido até então precário o registro histórico da humanidade (que, sem a escrita, não arquivava conhecimento); a invenção da imprensa, no século XV (1440), por Gutemberg; a maior veiculação da mídia impressa, o que permitiu que houvesse uma maior alfabetização de pessoas com posterior disseminação massiva de informações a partir da intensificação dos jornais no século XVIII; a fotografia, o cinema, o telefone e o rádio, da segunda metade do século XIX até as primeiras décadas do século XX; e, ainda, na segunda metade do século XX, a popularização da televisão, criada no início do século.

Contudo, a mais recente revolução comunicacional enfocada por Pierre Levy é atribuída ao advento e à disseminação da *internet*, a qual representou uma mudança estrutural nas comunicações da humanidade. Acrescida às redes sociais,[4] que viabilizaram a interconexão entre pessoas, a *internet*

---

[1] CASTELLS, Manuel. *A sociedade em rede*: a era da informação. São Paulo: Paz e Terra, 1999. p. 100.

[2] LIMBERGER, Têmis. *Cibertransparência*. Porto Alegre: Livraria do Advogado, 2016. p. 17.

[3] LÉVY, Pierre. *Cibercultura*. São Paulo: Editora 34, 2010. p. 189.

[4] NOHARA, Irene Patrícia. Desafios da ciberdemocracia diante do fenômeno das *fake news*: regulação estatal em face dos perigos da desinformação. In. RAIS, Diogo (Coord.). *Fake news*: a conexão entre desinformação e direito. São Paulo: Thomson Reuters Brasil, 2018. p. 77.

transformou cada pessoa em jornalista de si, isto é, no próprio relações públicas.

Se antes havia uma intermediação da mídia por meio de um editor ou filtro editorial, que controlava o conteúdo que iria ser veiculado, a partir da abertura proporcionada pela *internet*, qualquer pessoa passou a produzir conteúdo e disseminar informações pelas redes. Essa independência da *internet* à necessidade de espaço físico para discussão dos assuntos coletivos, provocou a percepção de sua potencialidade para uma espécie de cibertransparência.

Novas tecnologias permitem que a informação seja não só transmitida mais velozmente, mas também a custos mais baixos. De acordo com Têmis Limberger, quando o poder estatal faz uso das novas tecnologias para tornar disponível a informação pública na *internet*, ele potencializa a participação das pessoas em assuntos públicos, ampliando oportunidades de controle social, o que viabiliza a mais ágil e acessível fiscalização pública dos gastos.

Tal movimento abre espaço para a cibertransparência. Logo, do ponto de vista positivo, a "informação pública transmitida em rede pode contribuir na redução da corrupção, facilitando o acesso dos cidadãos à informação pública, a fim de controlar os gastos do Estado".[5] Assim, com a transparência efetivada pela abertura de canais de comunicação através de meios digitais, a cidadania pode ser mais ativa, tanto na discussão, como na formação de consensos, o que pode ser realizado por enquetes eletrônicas, consultas públicas e audiências online, estruturando as "novas ágoras" que resgatam a esperança utópica de resgate de possibilidade de implementação de uma democracia direta.

Ainda, costuma-se diferenciar publicidade de transparência, sendo que enquanto a publicidade é, no Brasil, princípio positivado no *caput* do art. 37 da Constituição de 1988, que veicula o dever de publicação dos atos da Administração Pública, a transparência, por sua vez, tem por finalidade: "a abertura de processos e resultados de assuntos públicos relativos à gestão pública, com informações compreensíveis e espaços para participação popular".[6]

---

[5] LIMBERGER, Têmis. *Cibertransparência* – informação pública em rede. Porto Alegre: Livraria do Advogado, 2016. p. 26.

[6] MESSA, Ana Flávia. *Transparência, compliance a práticas anticorrupção na administração pública.* São Paulo: Almedina, 2019. p. 67.

Com a transparência ativa, pela viabilização de informações na web, o Poder Público abre a interlocução e intensifica os sistemas de controle social da Administração, sendo tais elementos essenciais para que ocorra a cibertransparência.

De acordo com os dados do DataReportal,[7] considerando os quase 8 bilhões de pessoas no mundo, das quais 5,3 bilhões são proprietários de smartphones e 4,6 bilhões usuários ativos de redes sociais, há, então, a conectividade de 58,7% da população mundial. Em um mundo conectado, os dados armazenados assumem o protagonismo das comunicações.

Grande parte da humanidade está conectada em tempo integral à *internet* pelos seus smartphones, sem obrigatoriedade de uma estrutura física para utilização. Tal realidade conduz à mobilização de uma *economia digital* pujante, na qual incontáveis negócios são celebrados pela *internet*.

Contudo, se a *internet* trouxe, no cenário Contemporâneo, essas facilidades, ela também pode provocar desafios de difícil equacionamento. Como não há, via de regra, uma interlocução editorial e de controle[8] da veiculação de dados e informações na web, então, também existem muitas questões a serem equacionadas, que vão desde o descontrole da disseminação de desinformação pela *internet*, até a violação de dados pessoais, seja pela ação de hackers ou de pessoas que não respeitam os limites estabelecidos pela lei geral de proteção de dados.

Percebe-se que a *internet* liberou a palavra, mas ao mesmo tempo abriu-se a "caixa de pandora" para novos desafios, pois, se outrora se achava que a *internet* propiciaria a construção de uma inteligência coletiva, atualmente, com o fenômeno da "pós-verdade", começa-se a aventar se a formação rápida, a partir de disseminação de desinformação, de supostos consensos não pode formar bolhas gigantescas de ignorância em universos digitais paralelos que se abrem em distintas camadas da web, ameaçando a própria democracia e suas instituições.

Observe-se que o Brasil é um país emblemático neste sentido, dadas as ocorrências que geraram uma invasão dos três poderes e depredação massiva ocorrida em 8 de janeiro de 2023. A ação de diversos atores sociais,

---

[7] Dados de 2022. Disponível em: https://canaltech.com.br/*internet*/mais-de-5-bilhoes-de-pessoas-tem-acesso-a-*internet*-214836/. Acesso em 20.06.2023.

[8] A exceção dos estreitos limites estabelecidos pelo em atualização e discussão art. 19 do Marco Civil da *Internet* (Lei nº 12.965/2014).

envolvendo empresários e ativistas, gerou uma rede de disseminação de desinformação e de ameaças às instituições da República, que defendia, entre outras violações, o fechamento do Supremo Tribunal Federal pelas Forças Armadas, e ameaçando, ainda, de morte e prisão seus membros.

Assim, mesmo com anterior abertura de inquérito, legitimado pela ADPF 572, para apurar *fake news* associadas à ameaça ao STF e aos seus Ministros, isso não foi suficiente para evitar o posterior ato ocorrido em 8 de janeiro de 2023, em que manifestantes quebraram e vandalizaram os Três Poderes, em uma ocorrência sem precedentes na história do Brasil, demonstrando que se antes, num contexto de ditadura militar, o Estado era o potencial sujeito violador de liberdades, sobretudo aquelas de expressão de pensamento, atualmente, num contexto de disseminação de desinformação, o Estado pode se transformar em vítima de *fake news* divulgada massivamente em meios digitais.

Por conseguinte, a ascensão de extremismos, a possibilidade inclusive de manipulação do resultado de eleições por tecnologias *analytics* e a difusão de informações falsas que prejudicam a publicidade de atos, programas e campanhas em políticas públicas de caráter informativo e de orientação social, são fatores que nos demonstram que a desinformação divulgada online terá potencial de ameaçar o Estado Democrático de Direito.

A preocupação em regular o combate à desinformação pela *internet* é alvo no Brasil de projeto de lei (PL 2.630), que tramita para estabelecer limites ao impacto de disseminação em plataformas, dispositivos e redes, com o escopo de estabelecer normas de transparência em redes sociais e serviços de mensagens privadas, com vistas a estabelecer responsabilidades de provedores no papel de combate à desinformação, seja em conteúdos patrocinados ou mesmo na atuação do Poder Público.

Um dos problemas mais recentes vivenciados envolveu desinformação veiculada em larga escala e que atrapalhava as políticas públicas de combate à rápida disseminação do vírus da COVID-19, o que deixou claro que há potenciais enfrentamento e impactos negativos da disseminação de *fake news* na área da saúde.

Para ilustrar essa situação, o Ministério da Saúde catalogou como falsas as seguintes (des)informações que circularam durante o espalhamento da COVID: "vacina da gripe aumenta o risco de adoecer de coronavírus", "máscaras sem qualidade são distribuídas pelo Ministério da Saúde", "máscaras de doação da China são contaminadas com coronavírus", "café previne coronavírus", "alimentos alcalinos evitam coronavírus", "beber água de 15 em 15 minutos cura coronavírus", "chá de limão com bicarbonato quente cura coronavírus" e "álcool em gel é a mesma coisa que nada".[9]

O risco de causar malefícios às pessoas e à sociedade sobretudo durante a rápida disseminação da doença, quando não havia suficiente cobertura vacinal e possibilidade de exaurimento dos leitos de hospitais, era muito grande. Assim, a disseminação de desinformação prejudica a adequada orientação social.

Portanto, assim que tomou posse, no início de 2023, o Presidente assinou, em conjunto com o Advogado Geral da União, um decreto com a preocupação específica de atribuir tarefas ao órgão da AGU intitulado Procuradoria Nacional da União de Defesa da Democracia (PNDD) voltado especificamente para a defesa da democracia, com escopo de enfrentar as desinformações que prejudicam os objetivos das políticas públicas.

3. REGIME JURÍDICO DA PROTEÇÃO DE DADOS NO BRASIL

No caso do Brasil, a proteção de dados foi acrescida ao rol dos direitos fundamentais constitucionais por meio da Emenda Constitucional 115/2022. Dispõe o inciso LXXIX, acrescido ao art. 5º da Constituição de 1988, que: "é assegurado, nos termos da lei, o direito à proteção de dados pessoais, inclusive nos meios digitais".

Conforme dito, a *General Data Protection Regulation* (GDPR) europeia foi inspiração para a LGPD brasileira. A GDPR, implantada totalmente na União Europeia a partir de 25 de maio de 2018, procurou fortalecer a privacidade online e impulsionar, com maior segurança, o setor pujante da *economia digital*.

A legislação aprovada no Brasil busca resguardar a privacidade, a autodeterminação informativa, a liberdade de expressão, de informação, de comunicação e de opinião, inviolabilidade da intimidade, da honra e da imagem, o desenvolvimento econômico e tecnológico e a inovação, a livre-iniciativa, a livre concorrência e a defesa do consumidor e os direitos humanos, o livre desenvolvimento da personalidade e o exercício da cidadania pelas pessoas naturais.

---

[9] MINISTÉRIO DA SAÚDE. Novo Coronavírus – *Fake news*. Disponível em https://www.saude.gov.br/component/tags/tag/novo-coronavirus-fake-news. Acesso em 14.03.2023.

Preocupa-se em proteger os direitos fundamentais associados com a liberdade, a privacidade e o livre desenvolvimento da pessoa natural, dentro do paradigma da autodeterminação informativa, isto é, o controle da informação sobre si, sendo então fundamentais os instrumentos de termo de uso e a política de privacidade.

O consentimento é tido como elemento essencial para o tratamento que terá fins legítimos, específicos, explícitos e informados. O titular tem a soberania sobre seus dados, sendo empoderado a solicitar alterações dos dados fornecidos, revogação e até mesmo sua exclusão.

A LGPD traz toda uma gama de novos protagonistas no tratamento da informação, ressaltando-se os papeis dos agentes de tratamento, quais sejam o controlador e o operador, sendo o controlador a pessoa pública ou privada a quem compete decisões referentes ao tratamento de dados, e operador a pessoa natural ou jurídica que realiza o tratamento dos dados em nome do controlador; do encarregado, sendo este a pessoa indicada pelo controlador e pelo operador para atuar como canal de comunicação entre o controlador, e os titulares dos dados, todos submetidos à competência da ANPD (Autoridade Nacional de Proteção de Dados).

Inicialmente, a ANPD foi criada no Brasil como órgão da Administração Pública federal, integrante da Presidência da República. Contudo, especificou-se no art. 55-A que a sua natureza jurídica seria transitória, tendo em vista a possibilidade da transformação em entidade da Administração Pública Indireta, submetida a regime autárquico especial e vinculada à Presidência da República.

O ideal teria sido cria-la desde o início como autarquia especial[10], mas essa transformação ocorreu em momento posterior, dado desejo de o Brasil ingressar na OCDE, o que demandaria, entre outros passos, que a ANPD fosse estruturada como agência independente dos governos. Por conseguinte, a medida provisória 1.124/2022 alterou a natureza jurídica da ANPD, estabelecendo, a partir da nova redação conferida pelo art. 55-A, sua

[10] NOHARA, Irene Patrícia. *Autoridade Nacional de Proteção de Dados*: reflexões funcionais sobre a natureza jurídica de órgão. RAIS, Diogo; PRADO Filho, F. O. A. (Coord.). *Direito Público Digital*. São Paulo: Thomson Reuters Brasil, 2020. Foi criticada a escolha, pouco respeitadora da autonomia, de criar a ANPD como órgão vinculado à Presidência da República. Houve, no entanto, a posterior transformação da natureza jurídica da ANPD.

modificação para autarquia de natureza especial, dotada de autonomia técnica e decisória, com patrimônio próprio, sede e foro no Distrito Federal.

A Administração Pública também é uma das destinatárias de lei, à medida que ela trata dados particulares, devendo então se adequar ao novo regime. Há um capítulo da lei voltado especificamente ao tratamento de dados pelo Poder Público. Por meio da ANPD, exerce-se a incumbência de fiscalizar, impulsionar os processos administrativos e aplicar sanções para os agentes de tratamentos de dados que não atuem na conformidade das novas determinações.[11]

Compete à autoridade nacional zelar pela proteção dos dados nos termos da legislação; observar os segredos comercial e industrial; elaborar as diretrizes da Política Nacional de Proteção de Dados Pessoais e da Privacidade e fiscalizar e aplicar as sanções em caso de tratamento de dados realizado em descumprimento à legislação.

São atos normativos relevantes que regulam parâmetros de atuação da ANPD: (1) o Regulamento do Processo de Fiscalização e do Processo Sancionador, aprovado pela Resolução CD/ANPD nº 1, de 28 de outubro de 2021, e (2) o Regulamento de Dosimetria e Aplicação de Sanções Administrativas, veiculado pela Resolução CD/ANPD nº 4, de 24 de fevereiro de 2023.

O cometimento de infrações sujeita a pessoa às sanções de advertência, multa, publicização da infração, bloqueio dos dados pessoais a que se refere à infração, eliminação dos dados pessoais a que se refere a infração, suspensão parcial do funcionamento do banco de dados, suspensão da atividade de tratamento de dados pessoais até mesmo a proibição parcial ou total do exercício de atividades relacionadas a tratamento de dados.

A LGPD coloca, portanto, uma rédea no uso dos dados por diversos agentes, empoderando os titulares, que são as pessoas naturais, com inúmeros direitos, fazendo surgir um novo tipo de cidadania e preocupação. Ela provoca uma ruptura de paradigma. Assim, são exigidos rigorosos protocolos tanto por parte das pessoas jurídicas públicas, como também das privadas, para o tratamento e a anonimização dos dados, evitando-se expor desnecessariamente seu titular.

Trata-se de necessário avanço que deve ser comemorado. Logo, a aplicação da Lei de Acesso à Informação (Lei nº 12.527/2011) deve ser compatibilizada

---

[11] NOHARA, Irene Patrícia. *Direito Administrativo*. 12. ed. São Paulo: Atlas, 2023. p. 71.

com os critérios presentes na Lei Geral de Proteção de Dados (Lei nº 13.709/2018).

Como paradigmático da análise do tema no Brasil houve o julgamento das ADI 6649 e a ADPF 695, ajuizadas no Supremo Tribunal Federal pelo Conselho Federal da Ordem dos Advogados do Brasil e o Partido Socialista Brasileiro, questionando o Decreto 10.046/2019, da Presidência da República, o qual dispõe sobre a governança do compartilhamento de dados pelas Administrações.

O julgamento, ocorrido em setembro de 2022, foi no sentido da possibilidade de compartilhamento, conferindo interpretação conforme o Decreto 10.046/2019, desde que observados parâmetros de compartilhamento de dados pessoais entre órgãos e entidades da Administração Pública com eleição de propósitos legítimos, específicos e explícitos para o tratamento de dados (art. 6º, inciso I, da Lei 13.709/2018); compatibilidade do tratamento com as finalidades informadas (art. 6º, inciso II); limitação do compartilhamento ao mínimo necessário para o atendimento da finalidade informada (art. 6º, inciso III); bem como o cumprimento integral dos requisitos, garantias e procedimentos estabelecidos na Lei Geral de Proteção de Dados, no que for compatível com o setor público; rigorosa observância do art. 23, inciso I, da Lei 13.709/2018, que determina seja dada a devida publicidade às hipóteses em que cada entidade governamental compartilha ou tem acesso a banco de dados pessoais, fornecendo informações claras e atualizadas sobre a previsão legal, a finalidade, os procedimentos e as práticas utilizadas para a execução dessas atividades, em veículos de fácil acesso, preferencialmente em seus sítios eletrônicos; sendo o acesso de órgãos e entidades governamentais ao Cadastro Base do Cidadão condicionado ao atendimento integral das diretrizes arroladas.

Assim, a LGPD fortalece direitos de privacidade no universo digital, exigindo dos distintos atores que realizem o tratamento de dados pessoais a partir da observância de diversos protocolos, como: os termos de uso, as políticas de privacidade e anonimização de dados, assegurando, portanto, aos seus titulares a soberania dos dados pessoais, o que inclui, conforme dito, o direito de alteração, revogação e exclusão.

Representou um marco normativo de tratamento do tema, mas que demandou do Estado brasileiro uma operacionalização específica para efetividade do sistema de proteção de dados, o que foi feito tanto com a criação e o estabelecimento da autonomia da ANPD (Autoridade Nacional de Proteção de Dados), como pelo amplo processo de debate e criação de atos normativos necessários à atuação da ANPD, que começou sua atividade sancionatória com maior intensidade somente a partir da edição da Resolução CD/ANPD nº 4, de 24 de fevereiro de 2023, que estabeleceu critérios para dosimetria da aplicação das sanções. Percebe-se, pois, que ainda haverá um longo percurso de efetividade do sistema, que passará por indagações baseadas no Direito Administrativo sancionatório, mas que os primeiros passos mais contundentes já foram dados pelo Brasil.

4. TRANSPARÊNCIA E CIDADANIA DE DADOS NA ERA DA VIGILÂNCIA

A transparência, depois da Revolução tecnológica, adquire o viés de cibertransparência, que alavanca meios de interlocução comunitária, isto é, de participação, intensificando também o controle social sobre a Administração. No entanto, existem alguns pontos cegos que devem ser considerados quando se discute cidadania de dados proporcionada pela ascensão da Era do Capitalismo de Vigilância, que ameaçam a liberdade e a democracia.

Segundo aborda Shoshana Zuboff,[12] o capitalismo atualmente movimenta negócios com dados adquiridos numa dinâmica de vigilância, em que as grandes da tecnologia (*Big Techs*) extraem e mineram dados em atividades que têm potencial de ameaçar princípios e direitos como a liberdade e a privacidade.

A partir da mineração de dados, há a identificação de *excedentes comportamentais* que são potenciais modelos preditivos de comportamentos.[13] No capitalismo de vigilância uma entrada no google nos dá impressão de que tudo é de graça, mas o próprio monitoramento de nosso comportamento *online* é alvo de negócios.

Há camas e colchões inteligentes que, mesmo com as políticas de privacidade, captam dados do sono de pessoas e compartilham informações; *smart tvs* que gravam conversas e captam a voz das pessoas, sendo o material filtrado por reconhecimento de voz e até brinquedos que têm aptidão de espionar o comportamento das crianças, o que é feito normalmente visando incremento de vendas de produtos para efeitos de *marketing*.

---

[12] ZUBOFF, Shoshana. *A Era do Capitalismo de Vigilância*. Rio de Janeiro: Intrínseca, 2020. p. 22

[13] ZUBOFF, Shoshana. *Op. cit.* p. 113.

Expõe Zuboff que a lógica econômica do capitalismo de vigilância é voltada a gerar o que ela denomina de "poder instrumentário", direcionado a moldar comportamentos.[14] O poder instrumentário estimula, agrada e gera dependência. Às vezes baixa-se um app e pelo desejo de chegar mais rápido àquilo que ele oferece, não se dedica o tempo necessário para ler os termos de consentimento e as extensões, sendo apenas buscado alcançar os resultados das funcionalidades apresentadas. Contudo, os modelos de predição, a partir da mineração massiva de dados, têm potencial de serem utilizados posteriormente para distintos fins.

O jogo Pokémon Go, por exemplo, deslocava os jogadores para estabelecimentos comerciais do McDonald's. Utilizava estratégia de gamificação para interferir no comportamento humano. O Cambridge Analytica teve um impacto significativo nas eleições, influenciando o resultado com disparo de conteúdo customizado direcionado precisamente aos eleitores indecisos, numa experimentação de comportamentos para fins políticos.

O que as pessoas fazem no universo digital pode gerar dados que, minerados, podem ser alienados, com a manipulação do comportamento de determinado público-alvo. Então, é importante que a interpretação da LGPD também considere essa dinâmica própria do capitalismo na Era da Vigilância, para evitar que haja desrespeito à dignidade e à liberdade das pessoas, que, em muitas hipóteses, são tratadas como cobaias ou ratos de laboratório em experimentos de predição de comportamento cujas finalidades, ao cabo, não são claras, isto é, são obscuras ao questionamento social.[15]

Logo, há uma ameaça à própria democracia, pois para atingir indecisos politicamente, em vez das redes e da web no geral, incentivar a que haja mais troca de ideias, mais interlocução, mais informação qualificada para a reflexão dos cidadãos, a articulação feita pelos programadores digitais enviando conteúdo enviesado ou mesmo com desinformação aos indecisos acaba influenciando negativamente um processo que deveria ser mais dialogado e reflexivo.

---

[14] ZUBOFF, Shoshana. *Op. cit.* p. 446.

[15] NOHARA, Irene Patrícia Diom; MARTINS, Fernando Medici Guerra. Desafios da LGPD e as histórias não contadas de experiências emocionais em escala massiva: controle tecnológico em seres humanos como ratos de laboratório. In: PIRONTI, Rodrigo (Org.). *Lei Geral de Proteção de Dados no Setor Público.* 1. ed. Belo Horizonte: Fórum, 2021. p. 234-235.

As pessoas celebram a interoperabilidade e interconexão provocada pelo universo digital, mas sem refletir sobre os riscos de sermos, caso não haja delimitação de filtros éticos, transformados em "ratos de laboratório" de experiências sociais em larga escala.

Está bastante avançado neste sentido o sistema emblemático de crédito social na China, que acaba identificando e catalogando comportamentos dos cidadãos, classificando-os de "bons cidadãos", para quem surgem vantagens e premiações, sendo as sanções e limitações dirigidas aos cidadãos mal ranqueados em seus comportamentos, o que gera um controle excessivo e até o emergir de um cenário bastante distópico à liberdade individual.

Em suma, trata-se de desafio para análise da proteção dos dados, pois o capitalismo de vigilância age por assimetrias em que diante da mineração de *big datas* se sabe tudo de nós, mas se programa operações que, ao cabo, não são por nós conhecidas, o que é ameaçador do objetivo da transparência e sobretudo dos direitos básicos associados à autonomia individual, considerados, na visão de Zuboff, indispensável para se manter uma sociedade democrática.[16]

5. CONCLUSÕES

Enquanto a publicidade é tida, no Brasil, como princípio constitucional da Administração Pública, positivado no art. 37, a transparência, por sua vez, implica a abertura dos processos e dos negócios públicos à interlocução comunitária, o que é implementado pela disponibilidade de informações compreensíveis e incremento dos espaços de participação popular. A transparência, depois do advento da *internet,* alavanca meios de maior participação, formação de consenso, disseminação de informações, sem uma intermediação editorial, sendo até agregada ao termo cibertransparência.

Contudo, ao mesmo tempo que há um potencial utópico, o otimismo inicialmente provocado pela conexão da era digital está também enfrentando uma crise, ameaçadora do Estado Democrático de Direito, dada disseminação de conteúdos fraudulentos pelos meios digitais, aplicativos de conversa e outros espaços da *internet.*

---

[16] ZUBOFF, Shoshana. *A Era do Capitalismo de Vigilância.* Rio de Janeiro: Intrínseca, 2020. p. 23.

A ascensão de extremismos também no Brasil, da manipulação do resultado de eleições por disparo de desinformação, e, ainda, a ameaça à democracia e às instituições, levaram o atual governo do Brasil a tomar medidas como a criação de um órgão de defesa da democracia na Advocacia-Geral da União e o estímulo ao trâmite de um projeto de lei para estabelecer normas de transparência em redes sociais e serviços de mensagens privadas, com vistas a estabelecer responsabilidades de provedores no papel de combate à desinformação, seja em conteúdos patrocinados ou mesmo na atuação do Poder Público.

A transparência no Brasil passa, desde o advento da Lei Geral de Proteção de Dados, pelo crivo da proteção de dados. Neste sentido, temos a Lei nº 13.709/2018, inspirada na *General Data Protection Regulation* (GDPR) da Europa, e a positivação constitucional do direito à proteção de dados também nos meios digitais (art. 5º, LXXIX, acrescido pela EC 115/2022). Assim, é fortalecido o direito à privacidade no universo digital a partir de protocolos, resguardando ao cidadão a soberania de seus dados, o que inclui possibilidade de alteração, revogação e exclusão de dados.

Outrossim, houve a criação da Autoridade Nacional de Proteção de Dados (ANPD), que depois foi transformada em autarquia especial, sendo, ainda, editados dois atos normativos relevantes à sua atuação, que são o Regulamento do Processo de Fiscalização e do Processo Sancionador, aprovado pela Resolução CD/ANPD nº 1, de 28 de outubro de 2021, e o Regulamento de Dosimetria e Aplicação de Sanções Administrativas, veiculado pela Resolução CD/ANPD nº 4, de 24 de fevereiro de 2023.

É escopo atual de tal movimento fortalecer a privacidade *online* e o impulsionamento da economia digital. Neste sentido, importante a compreensão da estruturação de uma dinâmica do capitalismo na era da vigilância, em que dados são extraídos do ambiente *online* e minerados em busca de se estruturar modelos preditivos de comportamentos que monitoram as atividades online das pessoas. Então, para que não sejamos submetidos a experiências massivas opacas nas mãos de grandes organizações, sem que saibamos, importante enfrentar alguns pontos cegos da proteção de dados, para que a cidadania seja informada e os dados sejam submetidos a propósitos legítimos, específicos e explícitos.

Esse desafio de análise de proteção de dados não é questão de fácil equacionamento pois, diante das assimetrias existentes, ainda não é claro às pessoas saber o real propósito de tais operações algorítmicas, que têm potencial de violar a autonomia individual, pressuposto de existência de uma real democracia. Pode-se, em síntese, concluir que há desafios de garantia do direito constitucional à proteção de dados, disciplinada pela Lei Geral de Proteção de Dados (LGPD), sobretudo na Era Digital, pela intensificação da cibertransparência associada às complexidades fáticas da realidade em transformação.

REFERÊNCIAS DOUTRINAIS

CASTELLS, Manuel. *A sociedade em rede*: a era da informação. São Paulo: Paz e Terra, 1999.

LÉVY, Pierre. *Cibercultura*. São Paulo: Editora 34, 2010.

LIMBERGER, Têmis. *Cibertransparência* – informação pública em rede. Porto Alegre: Livraria do Advogado, 2016.

MESSA, Ana Flávia. *Transparência, compliance a práticas anticorrupção na administração pública*. São Paulo: Almedina, 2019.

NOHARA, Irene Patrícia; MARTINS, Fernando Medici Guerra. Desafios da LGPD e as histórias não contadas de experiências emocionais em escala massiva: controle tecnológico em seres humanos como ratos de laboratório. In: PIRONTI, Rodrigo (Org.). *Lei Geral de Proteção de Dados no Setor Público*. 1. ed. Belo Horizonte: Fórum, 2021.

NOHARA, Irene Patrícia. *Direito Administrativo*. 12. ed. São Paulo: Atlas, 2023.

RAIS, Diogo (Coord.). *Fake news*: a conexão entre desinformação e direito. São Paulo: Thomson Reuters Brasil, 2018.

RAIS, Diogo; PRADO Filho, F. O. A. (Coord.). *Direito Público Digital*. São Paulo: Thomson Reuters Brasil, 2020.

ZUBOFF, Shoshana. *A Era do Capitalismo de Vigilância*. Rio de Janeiro: Intrínseca, 2020.

TRANSPARÊNCIA E AMBIENTE: O 'DIREITO A SABER'/CONHECER RISCOS E OPORTUNIDADES NA ERA DA TRANSIÇÃO ECOLÓGICA

Carla Amado Gomes
Professora Associada da Faculdade de Direito da Universidade de Lisboa; Investigadora Efectiva do Lisbon Public Law Research Centre (LPL) - Centro de Investigação de Direito Público); Professora Convidada da Faculdade de Direito da Universidade Católica Portuguesa (Porto).

0. INTRODUÇÃO: AS MÚLTIPLAS FACES DA "TRANSPARÊNCIA" – E SEQUÊNCIA

Em linguagem corrente, ser transparente é ser verdadeiro, é não ter nada a esconder – *what you see is what you get,* na fórmula anglo-saxónica glosada num dos grandes êxitos de Tina Turner[1]. O termo tem vindo a ser crescentemente utilizado para acentuar os imperativos de limpidez de actuação e de comunicação de resultados que devem presidir ao Estado de Direito Democrático. De facto, os governos (dos Estados) dos cidadãos, pelos cidadãos e para os cidadãos (*of the people, by the people, for the people*) devem assentar numa lógica de recta conduta, clara comunicação e adequada

[1] Refiro-me à canção *What you get is what you see,* do album *Break every rule* (1986).

participação dos actores visados pelas decisões adoptadas[2], garantindo identicamente metodologias de escrutínio dos resultados obtidos. Nessa medida, não seria descabido dizer que a transparência constitui um corolário do princípio do Estado de Direito Democrático[3].

Curiosamente, a expressão *transparência* detecta-se apenas, no texto constitucional presentemente vigente, em dois momentos: de um lado, no plano dos partidos políticos (artigo 51º, nº 5 da Constituição da República Portuguesa, doravante CRP) e, de outro lado, em sede de contas eleitorais (artigo 113, nº 3/d) da CRP)[4]. O processo de revisão constitucional em curso poderá dar-lhe entrada no artigo 267º, nº 1, a título de princípio fundamental da organização administrativa[5], bem assim como em diversas normas que envolvem recrutamento de funcionários de entidades públicas.

Já no Código do Procedimento Administrativo (doravante, CPA), a transparência tão pouco marca presença significativa, uma vez que apenas aflora nos artigos 14º e 201º, não se afirmando como princípio geral da actividade administrativa. Há quem veja, no entanto, no princípio da boa administração (artigo 5º do CPA) uma manifestação do princípio da transparência. Com efeito, a transparência "simboliza um mecanismo de promoção da boa governação e de confiança numa Administração democrática e moderna, assumindo-se como um elemento de controlo da má administração e da corrupção, bem assim como um indutor de 'accountability'

---

[2] Enfatizando a dimensão da participação no robustecimento da transparência como instrumento de legitimação democrática da actuação do Executivo, Bojan BUGARIC, Openness and transparency in Public Administration: Challenges for Public Law, *in Wisconsin International Law Journal*, Vol. 22, 2004/3, pp. 483 segs, 487 segs.

[3] Sublinhe-se, de resto, que o Tribunal Constitucional já assumiu idêntico posicionamento no acórdão 231/92, onde se pode ler que "o princípio da transparência da Administração é consubstancial a toda a ordem jurídica democrática".

[4] Como informa Bojan BUGARIC, Openness and transparency..., cit.,

[5] Cfr. os projectos da IL – "1 – **A Administração Pública é estruturada com observância dos princípios da isenção, transparência e simplificação de processos, (...)"** – e do PSD – "1. A Administração Pública será estruturada **de acordo com os princípios da isenção, transparência, celeridade, previsibilidade e simplicidade**, de modo a aproximar os serviços das populações **e assentar no pressuposto da confiança nos cidadãos**, devendo assegurar a participação dos interessados na sua gestão efetiva, designadamente por intermédio de associações públicas, organizações de moradores e outras formas de representação democrática – disponíveis aqui: https://ficheiros.parlamento.pt/DILP/Publicacoes/Legislacao/50.ApresentacaoComparadaPRC/50.impressao.pdf

como forma de salvaguarda do interesse público e dos direitos dos cidadãos"[6].

A transparência, embora não merecedora de menção expressa em textos legais estruturantes[7], tem sido assiduamente chamada a comparecer em múltipla legislação especial[8], e muito particularmente em sede de contratação pública[9]. Trata-se de uma fórmula-síntese, muito "na moda" – pelas melhores e piores razões –, sendo associada, já se disse, a "boa administração" (também este um conceito amplo), a abertura (*openness*)[10],

[6] Murat JASHARI e Islam PEPAJ, The Role of the Principle of Transparency and Accountability in Public Administration, *in AUDA*, Vol. 10, 2018/1, pp. 60 segs, 61.

[7] Note-se que a transparência está ausente da Carta dos Direitos Fundamentais da União Europeia e, no plano da actuação do Executivo eurocomunitário tão pouco marca presença, apenas se lhe fazendo menção no artigo 15º, nº 3/§3º do Tratado sobre o Funcionamento da União Europeia, no contexto dos trabalhos do Parlamento Europeu e do Conselho. Sobre a (im)possibilidade de afirmação de um princípio geral de transparência no Direito da União Europeia (doravante, UE), veja-se a reflexão do Advogado Geral Philippe Léger nas Conclusões de 12 de Março de 2002, lavrados no recurso interposto do acórdão T-92/98 do Tribunal de Primeira Instância para o Tribunal de Justiça da União Europeia (doravante, TJUE). Em contrapartida, sobre a inequívoca natureza de princípio da transparência em sede de procedimento legislativo da UE, vejam-se os acórdãos do TJUE de 1 de Julho de 2008, C-39/05 P e C-52/05 P; de 17 de Outubro de 2013, C-280/11 P, dos quais se extrai cristalinamente que a possibilidade de os cidadãos conhecerem os fundamentos dos actos legislativos é uma condição do exercício efectivo, por estes últimos, dos seus direitos democráticos. No §81 do acórdão do Tribunal Geral de 22 de Março de 2018 lê-se mesmo que "Os princípios da publicidade e da transparência são, pois, inerentes, aos processos legislativos da União".

[8] Cfr. a recensão levada a cabo por Débora MELO FERNANDES, O princípio da transparência administrativa: mito ou realidade?, *in Revista da Ordem dos Advogados,* 2020/III-IV, pp. 425 segs, 428-429.

[9] Cfr. a doutrina e jurisprudência referenciada por Débora MELO FERNANDES, O princípio da transparência..., cit., p. 434 e nota 34.

[10] Cfr. o Documento da OCDE *12 Principles of Good governance,* cujo princípio 4 alia os dois conceitos – não os distinguindo e traduzindo o concurso de ambos em máximas como legalidade, acesso à informação e divulgação activa desta –, aprovado pela Decisão do Conselho de Ministros do Conselho da Europa CM(2008)14, de 26 de Março de 2008, disponível aqui: https://www.coe.int/en/web/good-governance/12-principles#{%2225565951%22:[3]}. Veja-se também, sobre a similitude dos dois conceitos, Bojan BUGARIC, Openness and transparency..., cit., pp. 490 segs.

a acessibilidade da informação e divulgação activa da mesma[11], ao dever de fundamentação[12], e ainda ao princípio da imparcialidade (na dimensão garantística de isenção)[13]. No fundo, no plano do Direito Administrativo, a entrada em palco da transparência significou a saída de cena do "segredo administrativo", símbolo de uma Administração arbitrária na decisão e opaca na transmissão dos fundamentos da mesma.

Note-se, no entanto, que uma Administração transparente não equivale a uma Administração escancarada. Na verdade, há imperativos de privacidade, segurança e vários outros tipos de "segredos"[14] que podem justificar a retenção da informação (cfr. os artigos 268º, nº 2 da CRP, e 6º da Lei de acesso à informação administrativa e ambiental e de reutilização dos documentos administrativos (Lei 26/2016, de 22 de Agosto, com última alteração pela Lei 68/2021, de 26 de Agosto, doravante LADA). A transparência constitui um valor que, no confronto com outros, pode sofrer compressões, devendo estas surgir em resultado de uma metodologia de ponderação de bens, autorizada por lei e operacionalizada por recurso ao cânone de proporcionalidade.

---

[11] Neste sentido, José Manuel SÉRVULO CORREIA, O direito à informação administrativa e os direitos de participação dos particulares no procedimento e, em especial, na formação da decisão administrativa, *in Cadernos de Ciência da Legislação*, INA, nºs 9/10, 1994, pp. 133 segs, 135; David DUARTE, *Procedimentalização, participação e fundamentação: para uma concretização do princípio da imparcialidade administrativa como parâmetro decisório*, 1996, Coimbra: Almedina, p. 154.

[12] Cfr., entre outros, o acórdão do TCA-Sul de 15 de Fevereiro de 2018 (proc. 639/12.1BELRS), onde se afirma que "Há, na fundamentação imposta pelo nº 3 do artigo 268º da Constituição da República Portuguesa, (i) um propósito argumentativo da coerência do discurso justificativo e (ii) um propósito garantístico da sua controlabilidade; por isso, não são admissíveis justificações obscuras ou tautológicas por parte do decisor administrativo; por isso, exige-se lógica e *transparência* na fundamentação, numa exigência de obediência à verdade material" (itálico meu).

[13] Esta proximidade é sublinhada por Débora MELO FERNANDES, O princípio da transparência..., *cit.*, p. 447, que considera que o princípio da transparência, ainda que não nomeado, corresponde ao inciso final do artigo 9º do CPA, onde este dispõe sobre a necessidade de a Administração adoptar procedimentos que induzam confiança sobre a isenção da conduta dos decisores.

[14] Sobre a temática do segredo como contravalor do direito de acesso à informação, vejam-se os textos reunidos na obra *Os segredos no Direito*, coord. de Carla Amado Gomes, Ana F. Neves e Pedro Lomba, Lisboa: AAFDL Editora, 2019.

O ambiente, enquanto grandeza metageracional, de natureza pública e colectiva[15], é especialmente permeável à lógica de transparência e às técnicas que a veiculam: – divulgação activa de informação ambiental e acesso amplo à mesma; – inteligibilidade dos dados através da sua tradução em linguagem clara e acessível ao cidadão médio, com vista à sua participação efectiva nos procedimentos autorizativos ambientais, geradores de decisões tanto gerais como concretas; – fundamentação completa e precisa das decisões de gestão de riscos ambientais; – publicitação alargada das decisões com impactos significativos no ambiente quer no momento da sua adopção, quer durante a sua vida útil e eventuais revisões, quer, ainda, na fase de extinção dos seus efeitos.

Trata-se, com efeito, de um domínio muito particular. O ambiente, na sua dupla qualidade de bem *a se* e sustentáculo de vida humana, deve constituir uma realidade cujos índices de qualidade sejam inteligíveis pelos cidadãos no sentido do conhecimento dos riscos que envolvem as interacções que com ele se geram. A comunicação do risco constitui um vector essencial do Estado de Ambiente, de resto sobejamente assinalado pelo Tribunal Europeu dos Direitos Humanos na sua jurisprudência sobre o direito a saber/a conhecer riscos vitais por aqueles que a eles estão mais directamente expostos[16].

As particularidades não se esgotam na natureza do bem jurídico. Elas prolongam-se na natureza dos intervenientes. É que se, em regra, a questão da transparência e do tipo de metodologias associadas se colocam (pelo menos directamente) na relação Estado/cidadão, no domínio do Direito do Ambiente entram no cenário, do lado passivo (ou seja, de "devedores" de informação), outros actores, entidades privadas. Esta entrada em cena, embora em palcos separados, desdobra-se em (pelo menos) três dimensões: de um lado, na relação produtor/comercializador – consumidor; de outro lado, na relação fundos de investimento/beneficiários; finalmente, na relação empresas/consumidores/concorrentes. Este desdobramento constitui uma

---

[15] Sobre o ambiente como bem essencialmente público e colectivo, veja-se Carla AMADO GOMES, Rui TAVARES LANCEIRO e Heloísa OLIVEIRA, O objeto e a evolução do Direito do Ambiente, *in Tratado de Direito do Ambiente*, I, coord. de Carla Amado Gomes e Heloísa Oliveira, 2ª ed., Lisboa: ICJP/CIDP, 2022, pp. 34 segs, 57-60.

[16] Cfr. Carla AMADO GOMES, Risco tecnológico, comunicação do risco e direito a saber, *in Direito(s) do(s) Risco(s) tecnológicos*, coord. de Carla Amado Gomes, Lisboa, 2014, pp. 17 segs.

singularidade da transparência ambiental e é fruto das exigências da transição ecológica, muito particularmente da descarbonização e da economia circular.

Começo, no entanto, pela dimensão clássica e mais evidente da transparência no Direito do Ambiente: o acesso à informação na sua dupla vocação de cidadania (direito a saber; direito a saber com vista à participação em procedimentos de tomada de decisão, e/ou acesso à justiça ambiental). A que acresce o imperativo de publicidade dos passos dos procedimentos autorizativos e dos actos em que se decompõem, a fundamentação das decisões autorizativas, e ainda as garantias de escrutínio das decisões que denegam o acesso à informação. Este primeiro patamar assenta num bloco de juridicidade multinível, que convoca a Convenção de Aarhus, a directiva europeia 2004/3/CE, do Parlamento Europeu e do Conselho, de 28 de Janeiro, a Lei de Bases do Ambiente (Lei 19/2014, de 14 de Abril, doravante LBA) e a já mencionada LADA (1.).

Num segundo momento, cumpre aludir aos deveres de transparência ambiental entre privados, sob o mote da transição ecológica (2.). Neste ponto, darei especial enfoque à proposta de directiva de capacitação do consumidor apresentada pela Comissão Europeia, que agrava as obrigações de comunicação de um conjunto muito diversificado de características de bens e serviços do ponto de vista da sua compatibilidade com os critérios da economia circular e da política de descarbonização, bem assim como fixa proibições estritas de manipulação de informação e publicidade enganosa a pretexto da compatibilidade dos bens e serviços com as exigências da transição ecológica (2.1.). Depois, particularizando estes deveres emergentes de transparência na comunicação de informação com impactos climáticos, farei uma menção breve ao embrionário movimento do "divestment", sustentado em iniciativas de beneficiários de fundos privados relativamente aos investimentos em que estes estão envolvidos, nomeadamente quanto à sua ligação a indústrias extractivistas de combustíveis fósseis, também ele um sinal dos tempos de transparência ambiental agravada, alavancada pela emergência climática (2.2.). E, finalmente, deixarei ainda uma nota sobre a tendência de publicitação do cumprimento de critérios de sustentabilidade ambiental por parte das empresas, que se insere numa estratégia de aumento da competitividade perante a concorrência e de incremento da boa imagem de marca junto dos consumidores (2.3.).

1. A TRANSPARÊNCIA AMBIENTAL DAS ENTIDADES PÚBLICAS: UM BLOCO MULTINÍVEL

Um esquema possível de arrumação dos deveres e direitos inerentes à transparência ambiental no plano da comunicação de informação no seio da relação entidades públicas/particulares (cidadãos, entidades privadas e até entidades públicas, desde que não sejam as detentoras da informação) deverá sempre filiar-se a um bloco de juridicidade que tem por vértice a Convenção de Aarhus, seguida da directiva 2004/3/CE, resumido na LBA e operacionalizado pela LADA. Isto não significa que este enquadramento não seja aditado de múltiplos outros contributos provenientes de normatividade, eurocomunitária e nacional, dispersa, de onde se pode extrair principiologia convergente.

Não cabe na economia deste texto explicar minuciosamente estes meandros[17], mas apenas traçar um esquema lógico de compreensão das diversas vertentes de transparência no Direito do Ambiente. É certo que o artigo 4º da LBA, elencando os "princípios das políticas públicas ambientais", autonomiza na alínea e) um duo de princípios: "Da informação e da participação, que obrigam ao envolvimento dos cidadãos nas políticas ambientais, privilegiando a divulgação e a partilha de dados e estudos, a adoção de ações de monitorização das políticas, o fomento de uma cultura de *transparência* e responsabilidade, na busca de um elevado grau de respeito dos valores ambientais pela comunidade, ao mesmo tempo que asseguram aos cidadãos o direito pleno de intervir na elaboração e no acompanhamento da aplicação das políticas ambientais" (itálico meu), parecendo "acantonar" nestas duas vertentes a valia do conceito de transparência[18].

Creio, no entanto, que podemos adoptar uma visão mais ampla e vislumbrar refracções do imperativo de transparência no Direito do Ambiente associadas aos momentos seguintes:

- ➢ Divulgação de informação, oficiosamente ou a requerimento de interessado (a.);

[17] Tarefa a que me dediquei, na perspectiva da densificação da cidadania ambiental, em momento anterior – cfr. Carla AMADO GOMES, A cidadania ambiental: informação, participação e acesso à informação ambiental, *in Tratado de Direito do Ambiente*, I, coord. de Carla Amado Gomes e Heloísa Oliveira, 2ª ed., Lisboa: ICJP/CIDP, 2022, pp. 127 segs.

[18] Cfr. também os artigos 3º/p), 4º/h) e ainda, na vertente da informação para a participação, o artigo 9º, nº 2, da Lei de Bases do Clima (*infra* referenciada no texto).

- Fundamentação das decisões autorizativas (b.);
- Publicitação de decisões autorizativas, parciais e finais, no âmbito de procedimentos de tomada de decisão ambiental (c.);
- Garantias de escrutínio do cumprimento de todos estes deveres (d.).

a) A vertente do acesso à informação ambiental é um dos pilares da "trilogia de Aarhus", constituída pelos direitos procedimentais de acesso à informação ambiental e participação em procedimentos de tomada de decisão ambiental e do direito processual de acesso à justiça ambiental. Tendo a Convenção de Aarhus sido ratificada por Portugal[19], tendo a ela aderido a União Europeia[20] e por esta ter sido incorporada no seu bloco normativo através da directiva 2004/3/CE, não se estranha que a informação e a participação sejam considerados, no artigo 4º/e) já referenciado da LBA, como princípios das políticas públicas ambientais, nem que o artigo 15º da mesma LBA encime o lote dos instrumentos de informação ambiental com, precisamente, os instrumentos de informação ambiental.

É a LADA que operacionaliza, tanto os deveres de divulgação activa de "informação ambiental"[21] (cfr. o artigo 11º), dando especial enfâse à comunicação urgente de informação sempre que riscos naturais ou tecnológicos ameacem a saúde das pessoas ou o ambiente (cfr. o nº 4)[22], como o direito de acesso à informação ambiental[23]. No que tange à divulgação

---

[19] Aprovada para ratificação pela Resolução da Assembleia da República 11/2003, de 25 de Fevereiro, e ratificada pelo Decreto do Presidente da República 9/2003, de 25 de Fevereiro.

[20] Decisão do Conselho 2005/370/CE, de 17 de Fevereiro.

[21] Noção transitada da Convenção de Aarhus (artigo 2º, nº 3) para o artigo 3º, nº 1/e) da LADA.

[22] Note-se que esta norma tem refracções em vários regimes especiais (*v.g.*, o artigo 87º, nº 3/c) da Lei 58/2005, de 29 de Dezembro, com última alteração pelo DL 11/2023, de 10 de Fevereiro – Lei da Água; ou o artigo 23º do DL 102/2010, de 23 de Setembro, com última alteração pelo DL 47/2017, de 10 de Maio – Regime da avaliação e gestão da qualidade do ar ambiente), sendo o mais completo o chamado "regime Seveso", ou regime de prevenção de acidentes graves que envolvem substâncias perigosas e limitação das suas consequências para a saúde humana e para o ambiente, aprovado pelo DL 150/2015, de 5 de Agosto (o qual transpõe a Directiva 2012/18/UE, do Parlamento Europeu e do Conselho, de 4 de Julho de 2012 – Directiva Seveso).

[23] Desenvolvidamente sobre este regime, cfr. Heloísa OLIVEIRA, O regime português de acesso à informação ambiental, *in O acesso à informação administrativa*. Coimbra: Almedina, 2021, pp. 395 segs.

activa, esta deve ser sistemática e periódica (no mínimo, semestralmente), preferencialmente através de meios electrónicos (nºs 1 e 2), abrangendo um conjunto alargado de dados (legislação; políticas; planos; licenças e autorizações; estudos de impacto ambiental e avaliações de risco relativas à qualidade de componentes ambientais). A esta divulgação pulverizada acresce a disponibilização de um relatório anual sobre o estado do ambiente, da competência do Ministro do Ambiente (nº 3)[24]. No que concerne ao acesso à informação desencadeado por iniciativa externa, para além de normas gerais aplicáveis em sede de informação ambiental (artigos 5º; 12º; 15º, 16º), cumpre chamar especial atenção para os artigos 17º e 18º da LADA, muito particularmente para este último.

Com efeito, no artigo 18º da LADA reside o mais importante normativo em sede de direito de acesso à informação ambiental, dado que nele se inscrevem os fundamentos de indeferimento do pedido de acesso, em lista fechada, ou seja, de forma taxativa. É do nº 4, mormente das sete subalíneas da sua alínea c) que esses contra-argumentos se retiram, fruto de um balanceamento entre valores colectivos (*v.g.*, segredo de Estado), ou direitos individuais/empresariais (*v.g.*, confidencialidade de informações comerciais) e o interesse na disseminação da informação ambiental tanto por quem a pretende para defesa de direitos individuais, quer para quem prossiga o interesse altruísta da defesa do ambiente enquanto grandeza autonomamente considerada e independentemente de qualquer ofensa a bens de natureza pessoal ou patrimonial.

O princípio é, portanto, o da concessão de acesso – salvo quando se tratar de informação contida em documentos internos ou nominativos, uma vez que, nessas situações, o interesse na revelação da informação deve ser caracterizado como prevalecente (cfr. o nº 3). Para além destes casos em que se apela a um "balancing process", o indeferimento pode acontecer por razões formais [nº 4/a) e b)], por razões funcionais (nº 1)[25] e por razões temporais (nº 2)[26],

[24] O qual é consultável no site da Agência Portuguesa do Ambiente. Veja-se a última edição, do ano de 2022, aqui: https://rea.apambiente.pt/content/ultimaedicao

[25] Trata-se aqui de hipóteses mais chegadas ao *reencaminhamento* do que ao indeferimento, uma vez que a entidade que recebe o pedido deve endereçá-lo àquela que detiver a informação pretendida (ver também o artigo 15º, nº 1/d) da LADA).

[26] Constituindo basicamente um *di*ferimento, pois baseia-se na possibilidade de o requerente ir ter acesso à informação que requer mais adiante no procedimento.

ficando conformado por cânones de proporcionalidade bem patentes nos nºs 5 e 6 (interpretação restritiva dos fundamentos de indeferimento, e disponibilização parcial quando não possa ser total).

Fundamental é que a resposta, qualquer que ela seja, seja sempre fornecida num prazo de 10 dias (cfr. o artigo 15º da LADA), pois caso contrário o requerente presumirá o incumprimento do dever de decisão e accionará as garantias, graciosas e contenciosas que a legislação lhe proporciona [cfr. *infra, d*)].

b) O princípio da transparência tem expressão principal no dever de fundamentação. Este dever tem, como se sabe, radical constitucional (artigo 268º, nº 3 da CRP), encontra sede no CPA (artigo 152º), e infere-se igualmente do artigo 18º, nº 2 da LBA, na medida em que esta norma se reporta ao argumentário que deve acompanhar as decisões de avaliação ambiental quanto à explicitação da "ponderação dos impactes relevantes". No quadro convencional mais directamente convocável, está presente no artigo 6º, nº 9 da Convenção de Aarhus, bem como na Directiva sobre Avaliação de Impacto ambiental (directiva 2011/92/UE, do Parlamento Europeu e do Conselho, de 13 de Dezembro, na redacção que resulta da revisão pela directiva 2014/52/UE, do Parlamento Europeu e do Conselho, de 16 de Abril, doravante Directiva AIA) – cfr. os artigos 1º, nº 2/g), subalíneas iv) e v); 5º, nº 3/c); 8º-A, nº 1/a) e nº 6 (de onde se extrai cristalinamente que a decisão de AIA deve constituir uma "decisão fundamentada") –, sendo esta referência ao regime de AIA decisiva, uma vez que a declaração de impacto ambiental constitui a alavanca procedimental da grande maioria dos projectos susceptíveis de causar impacto significativo no ambiente.

Com efeito, num domínio jurídico em que, por um lado, a dependência da técnica é vital e, por outro lado, há normalmente vários interesses divergentes, públicos e privados, a pacificação social em torno das decisões que impactam a qualidade de fruição dos componentes ambientais vai assentar tanto no diálogo mantido entre as entidades decisoras, o requerente e o público interessado, como na fundamentação da decisão, que embora possa ser contrária a alguns desses interesses, pretende convencer os actores de que foi realizado o balanceamento mais adequado possível. Por isso a solução de deferimento tácito da esmagadora maioria dos procedimentos autorizativos ambientais, actualmente reforçada no DL 11/2023, de 10 de Fevereiro (o designado "Simplex" ambiental), se configura altamente problemática e violadora de vários parâmetros incontornáveis[27] – uma vez que uma decisão que resulta da valoração positiva do silêncio tem uma alta probabilidade de não conter a fundamentação devida.

c) O princípio da publicidade de procedimentos e decisões é outro dos pilares da transparência ambiental. A LBA, embora não utilize a expressão, dá-lhe guarida no artigo 15º, nº 5, que determina que "os dados de base em matéria ambiental, produzidos por entidades públicas ou disponibilizados em cumprimento de obrigações legais, devem ser colocados de forma gratuita à disposição do público". Trata-se, no fundo, de uma outra designação do dever de divulgação activa de informação ambiental que já identifiquei no artigo 11º da LADA – informação disponibilizada periódica e sistematicamente.

Concretizações deste princípio de publicidade ou divulgação activa encontram-se, por exemplo: i) no artigo 30º do DL 151-B/2013, de 31 de Outubro (com última alteração pelo DL 11/2023, de 10 de Fevereiro, que consagra o regime de avaliação de impacto ambiental, doravante RJAIA), que promove a divulgação detalhada dos actos integrantes dos procedimentos de AIA tanto no plano das decisões finais, como no que toca aos estudos e pareceres em que assentou, como ainda no que tange aos relatórios de monitorização; ii) no artigo 18º do DL 127/2013, de 30 de Agosto (com última alteração pelo DL 11/2023, de 10 de Fevereiro, que constitui o regime de emissões industriais aplicável à prevenção e controlo integrados da poluição), no qual se descreve um extenso rol de deveres de informação, a cargo da APA, relativos aos actos e decisões integrantes dos procedimentos autorizativos; e ainda iii) no DL 150/2015, de 5 de Agosto (sobre prevenção de acidentes graves), cujo artigo 30º incumbe o operador de promover a divulgação activa de um extenso conjunto de informações descrito no Anexo VI, de entre as quais, informação, em termos simples, das actividades desenvolvidas no estabelecimento e do tipo de substâncias perigosas manejadas, bem como informação sobre as condutas de autoprotecção a adoptar em caso de acidente grave.

[27] Para desenvolvimentos desta afirmação, veja-se Carla AMADO GOMES e Beatriz GARCIA, O simplismo ambiental: uma análise panorâmica do "Simplex ambiental" (Decreto--Lei n.º 11/2023, de 10 de Fevereiro), *in RDA – Revista de Direito Administrativo*, nº 18, 2023, pp. 11 segs.

d) Finalmente, em termos de escrutínio do cumprimento destes deveres, cumpre destrinçar cada uma das dimensões indicadas:

i) A defesa do direito de acesso à informação ambiental desenrola-se nos termos do artigo 16º da LADA, podendo envolver a Comissão de Acesso aos Documentos Administrativos (CADA) – via intraadministrativa, gratuita, que não demanda constituição de mandatário mas que resulta numa mera recomendação à entidade em falta –, o tribunal administrativo e fiscal competente[28], através da intimação para consulta de documentos e emissão de certidões, via sumária e célere prevista nos artigos 104º a 108º do Código do Processo nos Tribunais Administrativos (doravante, CPTA), ou ambos em simultâneo (sendo que a apresentação de queixa à CADA interrompe o prazo de apresentação da intimação judicial: nº 2 do artigo 16º da LADA). A via judicial, a accionar – tal como a queixa junto da CADA – até 20 dias (contados nos termos do artigo 87º do CPA) após a decisão expressa de recusa de acesso ou o silêncio após os 10 dias referidos no artigo 15º da LADA, tem a vantagem de ser (em teoria, pelo menos) um processo particularmente célere o qual, culminando com a condenação da entidade faltosa à concessão da informação ou à passagem de certidão, poder ser robustecido através da cominação de sanções pecuniárias compulsórias por cada dia de atraso no cumprimento da sentença (cfr. o artigo 108º, nº 2 do CPTA).

ii) Relativamente ao incumprimento do dever de fundamentação de decisões autorizativas, o recurso à intimação *supra* mencionada é identicamente convocável, nos termos do artigo 60º, nºs 1 e 2 do CPTA (o qual ecoa no artigo 106º do CPTA), dado que a impugnação do acto pressupõe o conhecimento pleno dos fundamentos da decisão para que o seu destinatário possa estar munido de todo o argumentário necessário à defesa da sua razão. A utilização da intimação, tal como na primeira situação, interrompe o decurso do prazo de impugnação do acto (nº 3 do artigo 60º do CPTA).

[28] Cfr. o artigo 20, nº 5 do CPTA.

Problemático, nesta sede, pode constituir o facto de a decisão autorizativa se ter formado a partir da valoração positiva do silêncio, o que a torna infundamentável por natureza[29]. É duvidoso que os interessados (normalmente, autores populares) na impugnação da decisão possam fazer-se valer desta prerrogativa – mas há deferimentos tácitos aos quais só falta a notificação ao interessado, por isso, tal via não é, em abstracto, impossível –, mas sempre poderão atacar a decisão autorizativa silente invocando violação de princípios postos em causa pelo deferimento tácito como os princípios da decisão, da imparcialidade, da razoabilidade, da participação, e da fundamentação das decisões autorizativas ambientais (cfr. os artigos 13º, 9º, 8º, 12º do CPA, respectivamente, bem como os normativos referenciados *supra* (b.).

iii) Finalmente, no que concerne ao dever de divulgação activa de informação, a acção para condenação à prática de actuações materiais parece ser a mais adequada (cfr. o artigo 37º, nº 1/h) do CPTA: condenação à adopção de comportamentos). Qualquer interessado, pessoa singular ou colectiva – desde que do seu objecto estatutário conste a protecção do ambiente – poderá "cobrar" da entidade pública responsável pela informação em causa (geralmente, a Agência Portuguesa do Ambiente – APA, I.P. – mas não exclusivamente) a sua divulgação activa.

Noutro plano se coloca a misteriosa referência constante do artigo 15º, nº 3 da LBA, a qual comina a omissão de deveres de divulgação activa de informação ambiental com uma presunção de ilicitude (cfr. o nº 3 do artigo 15º referido). Recorde-se, *a latere*, que o artigo 11º do CPA responsabiliza a Administração pelos danos causados por informações prestadas aos particulares, ainda que não de forma obrigatória, e que o Código Civil, no artigo 486º, dispõe que "as

[29] Embora, por exemplo, o artigo 19º, nº 4 do RJAIA aponte para uma "fundamentação por remissão" da Declaração de Impacto Ambiental (DIA) tácita para o estudo de impacto ambiental (EIA) apresentado pelo proponente, bem como para outros elementos do procedimento "quando disponíveis", esta será tendencialmente uma fundamentação insuficiente (cfr. o artigo 153º, nº 2 do CPA), que equivale à falta de fundamentação, dado que não traduz uma verdadeira ponderação de interesses mas apenas o aproveitamento da descrição do projecto e das medidas de minimização de impactos do ponto de vista do operador.

simples omissões dão lugar à obrigação de reparar os danos, quando, independentemente dos outros requisitos legais havia, por força da lei ou negócio jurídico, o dever de praticar o acto omitido". Ambas as normas, uma na dimensão da responsabilidade por acção, a outra, na vertente da responsabilidade por omissão, fazem depender a responsabilização da existência de danos. Quererá o artigo 15º, nº 3 da LBA dizer que se, por exemplo, a APA não divulgar, até final do ano de 2023, o Relatório anual do ano de 2022, qualquer autor popular pode reclamar indemnização por esta omissão, por dano ao "direito a saber"? E para quem reverteria esta indemnização, em caso de ganho de causa do autor?

2. A TRANSIÇÃO ECOLÓGICA, A ECONOMIA CIRCULAR E A CAPACITAÇÃO DO CONSUMIDOR: NOVOS RUMOS DA TRANSPARÊNCIA AMBIENTAL

A natureza simultaneamente pública e colectiva do bem "ambiente, por um lado, e os imperativos de contenção na utilização de recursos naturais decorrentes da economia circular – um dos pilares, a par da transição energética, do Pacto Ecológico Europeu, por outro lado, investe os actores económicos, produtores e consumidores, em deveres de informação sobre as características dos produtos que fabricam e consomem. Por outras palavras, esta conjugação de circunstâncias eleva os deveres de informação a um patamar que até então não era o seu local de eleição: o dever de informação entre privados.

A lei de protecção do consumidor (Lei 24/96, de 31 de Julho, com última alteração pelo DL 109-G/2021, de 10 de Dezembro) consagra um artigo aos deveres específicos que incumbem ao fornecedor de bens ou prestador de serviços: o artigo 8º. Neste dispositivo, que traça um imperativo de transmissão "clara, objectiva e adequada" da informação sobre os produtos transaccionados (nº 1), inexiste referência específica às características ecológicas dos produtos – por exemplo, a quantidade de água e energia, o tipo de energia utilizadas no seu fabrico; a possibilidade de ser reparado, de ser reutilizado, no todo ou em parte, em fim de vida, ou como opera a sua reciclagem, entre outras. Acresce que a regulamentação de instrumentos como o rótulo ecológico UE é insuficiente para garantir a informação cabal sobre as características dos produtos em geral, desde logo por se tratar de um mecanismo voluntário[30].

A transição ecológica exige mais. Os desafios de mitigação de emissões e os imperativos de recuperação de biodiversidade com que somos confrontados impõem um agravamento dos deveres e informação, primeiramente dos produtores, mas também dos consumidores. De resto, a Lei de Bases do Clima (Lei 98/2021, de 31 de Dezembro, doravante LBC) estabelece, no artigo 53º, o dever de transparência sobre o impacto climático de bens e serviços, através de um sistema de certificação "a implementar":

> *"Artigo 53.º (Informação de impacte climático)*
> *O Estado apoia a tomada de decisões informadas e conscientes por parte do consumidor, promovendo a transparência sobre a pegada ecológica ou carbónica dos bens e serviços através de um sistema de certificação a implementar em articulação com os diferentes setores económicos".*

Um pouco por todo o mundo, de resto, a litigância climática em torno de alegações enganosas sobre a neutralidade carbónica de produtos e serviços vem crescendo. A compatibilidade de várias referências em diversos produtos (como as "Chiquita Bananas"; Leite orgânico Arla) ou campanhas (a "Shell Drive CO2 neutral") a que são "carbonicamente neutros" com o Código de Publicidade Ambiental dos Países Baixos tem merecido resposta negativa da entidade que fiscaliza estas práticas, caracterizando a informação como ambígua ou insuficiente (2022); a alegação de que um produto de limpeza fabricado à base de vinagre é carbonicamente neutro foi considerada falsa pelo Tribunal Regional de Estugarda, uma vez que essa pretensa neutralidade se baseia apenas na compra de certificados em emissões de CO2 e não na efectiva redução da pegada ecológica da empresa produtora (2023); ou o

---

[30] O Rótulo Ecológico Europeu foi criado pelo Regulamento (CEE) n.º 880/92, já objecto de duas alterações: pelo Regulamento (UE) n.º 782/2013 da Comissão, de 14 de Agosto, e o Regulamento (UE) 2017/1941 da Comissão, de 24 de Outubro. Os critérios de atribuição do rótulo ecológico da UE a cumprir são determinados com base em provas científicas, tendo em conta o ciclo de vida dos produtos, abrangendo os seguintes aspetos: – Qualidade do ar; – Qualidade da água; – Protecção dos solos; – Produção de resíduos; – Durabilidade e reutilização dos produtos; – Consumo energético; – Alterações climáticas; – Gestão de recursos naturais; – Biodiversidade, – Segurança ambiental; – Saúde; – Utilização e libertação de substâncias perigosas; – Aspetos éticos e sociais.

caso, ainda pendente, da sanção aplicada pela Autoridade Italiana para a Concorrência à Volkswagen, por alegadas práticas comerciais desleais e violação do Código do Consumidor uma vez que, de um lado, a Volkswagen se caracteriza como uma empresa respeitadora do ambiente mas, de outro lado, instala um equipamento nos veículos a diesel que falseia os resultados destes nos testes de emissões de CO2[31].

Não é de espantar, portanto, a iniciativa legislativa da Comissão Europeia no sentido do incremento da capacitação dos consumidores. A ela me referirei de seguida.

2.1. A proposta de directiva do Parlamento Europeu e do Conselho no que diz respeito à capacitação dos consumidores para a transição ecológica através de uma melhor protecção contra práticas desleais e de melhor informação

A proposta da Comissão COM (2022) 143 final, de 30 de Março de 2022, pretende alterar as Diretivas 2005/29/CE e 2011/83/UE, assim contribuindo para o empoderamento dos consumidores e para a erradicação das chamadas práticas de "greenwashing" (informação falsa ou ambígua sobre alegadas características positivas para o ambiente de determinados bens ou serviços). Para melhor elucidação sobre os seus objectivos, passo a transcrever o Ponto 1 da Exposição de motivos:

> *"O Tratado sobre o Funcionamento da União Europeia (artigos 114º e 169º do TFUE) e a Carta dos Direitos Fundamentais da União Europeia (artigo 38º) impõem um elevado nível de proteção dos consumidores na UE. A legislação de defesa do consumidor da UE contribui igualmente para o bom funcionamento do mercado único. O seu objetivo é tornar as relações entre as empresas e os consumidores equitativas e transparentes e, em última análise, contribuir para o bem-estar dos consumidores europeus e para a economia da UE.*
>
> *A presente proposta visa reforçar os direitos dos consumidores através da alteração de duas diretivas que protegem os interesses dos consumidores a nível da União: a Diretiva 2005/29/CE relativa às práticas comerciais desleais e a Diretiva 2011/83/UE relativa*

[31] Vejam-se as referências desenvolvidas na base de dados do Sabin Centre for Climate Litigation: http://climatecasechart.com/non-us-case-category/misleading-advertising/

aos direitos dos consumidores. Mais especificamente, a proposta visa contribuir para uma economia europeia circular, limpa e ecológica, permitindo aos consumidores tomar decisões de compra informadas e, por conseguinte, contribuir para um consumo mais sustentável. Visa igualmente as práticas comerciais desleais que induzem os consumidores em erro em relação a escolhas de consumo sustentáveis. Além disso, assegura uma aplicação melhor e mais coerente das regras da UE em matéria de defesa do consumidor.

A proposta foi uma das iniciativas previstas na Nova Agenda do Consumidor e no Plano de Ação para a Economia Circular e dá seguimento ao Pacto Ecológico Europeu. O facto de capacitar os consumidores e de lhes dar a possibilidade de reduzir os custos constitui um elemento central do quadro estratégico para a sustentabilidade dos produtos. Este objetivo deve ser alcançado através de uma maior participação dos consumidores na economia circular, nomeadamente fornecendo aos consumidores, antes da celebração do contrato, melhor informação sobre a durabilidade e a reparabilidade de certos produtos e reforçando a proteção dos consumidores contra práticas comerciais desleais que impeçam compras sustentáveis, tais como:

- *práticas de ecobranqueamento (ou seja, alegações ambientais enganosas),*
- *práticas de obsolescência precoce (ou seja, avaria prematura dos bens) e*
- *utilização de rótulos de sustentabilidade e de ferramentas de informação não fiáveis e não transparentes.*

Mais precisamente, a proposta visa:

- *Fornecer informações sobre a existência e a duração da garantia comercial de durabilidade de um produtor para todos os tipos de bens, ou sobre a ausência dessa garantia no caso de bens consumidores de energia.*
- *Fornecer informações sobre a disponibilidade de atualizações gratuitas de software para todos os bens com elementos digitais, conteúdos digitais e serviços digitais.*
- *Fornecer informações sobre a reparabilidade dos produtos, através de uma pontuação de reparabilidade ou de outra informação pertinente relativa à reparação, se disponível, para todos os tipos de bens.*
- *Garantir que os profissionais não induzem os consumidores em erro quanto aos impactos ambientais e sociais, à durabilidade e à reparabilidade dos produtos.*
- *Garantir que um profissional só pode fazer uma alegação ambiental relacionada com o futuro desempenho ambiental se tal implicar compromissos claros.*
- *Garantir que um profissional não pode fazer publicidade aos benefícios para os consumidores que sejam considerados uma prática comum no mercado relevante.*

- *Assegurar que um profissional só pode comparar produtos, nomeadamente através de uma ferramenta de informação sobre sustentabilidade, se fornecer informações sobre o método de comparação, os produtos e os fornecedores abrangidos e as medidas para manter a informação atualizada.*
- *Proibição de exibir um rótulo de sustentabilidade que não se baseie num sistema de certificação ou que não seja estabelecido pelas autoridades públicas.*
- *A proibição de alegações ambientais genéricas utilizadas na comercialização junto dos consumidores, sempre que o excelente desempenho ambiental do produto ou do profissional não possa ser demonstrado em conformidade com o Regulamento (CE) nº 66/2010 (Rótulo ecológico da UE), com programas de rotulagem ecológica oficialmente reconhecidos nos Estados-Membros ou com outra legislação da União aplicável, conforme pertinente para a alegação.*
- *A proibição de fazer uma alegação ambiental sobre todo o produto, quando, na realidade, ela apenas diz respeito a um determinado aspeto do mesmo.*
- *A proibição de apresentar requisitos impostos por lei a todos os produtos da categoria do produto em causa no mercado da União como uma característica distintiva da oferta do profissional.*
- *A proibição de determinadas práticas relacionadas com a obsolescência precoce dos bens.*

Estas medidas são necessárias para atualizar a legislação em vigor em matéria de defesa do consumidor, a fim de garantir que os consumidores são protegidos e podem contribuir ativamente para a transição ecológica. A Diretiva Direitos dos Consumidores exige atualmente que os profissionais forneçam aos consumidores informações sobre as principais características dos bens ou serviços. Inclui requisitos específicos de informação sobre a existência da garantia legal de conformidade, bem como garantias comerciais adicionais. No entanto, uma vez que não existe qualquer obrigação de fornecer informações sobre a ausência de garantias comerciais de durabilidade, a diretiva não incentiva os produtores a fornecerem garantias suficientes aos consumidores. Os estudos mostram que, quando os produtos de consumo são oferecidos com uma garantia comercial, as informações sobre essa garantia comercial e a forma como é cobrada aos consumidores são muitas vezes pouco claras, imprecisas ou incompletas, o que dificulta a comparação entre produtos e a distinção entre a garantia comercial e a garantia legal (obrigatória). A presente proposta abordará esta questão, assegurando que os consumidores recebem informações sobre a existência de uma garantia comercial de durabilidade superior a dois anos, abrangendo o bem na sua totalidade, sempre que essa informação seja disponibilizada pelo produtor.

Além disso, a diretiva não contém requisitos específicos para a prestação de informações aos consumidores sobre a reparabilidade dos bens. Pelo contrário, exige apenas que a informação sobre os «serviços pós-venda» seja fornecida «se aplicável». Esta informação, que ajudaria a promover a reparação de bens e, por conseguinte, seria particularmente valiosa para ajudar os consumidores a contribuir para uma economia circular, não existe, em grande medida, no ponto de venda. Estudos recentes mostram que até 80% dos consumidores da UE afirmam ter dificuldade em encontrar informações sobre a facilidade de reparação de um produto.

As regras gerais da Diretiva Práticas Comerciais Desleais em matéria de práticas enganosas podem ser aplicadas às práticas de ecobranqueamento quando afetam negativamente os consumidores, recorrendo a uma avaliação caso a caso. No entanto, não existem regras específicas na diretiva ou no seu anexo I (lista negra) que definam tais práticas como desleais em todas as circunstâncias. A recente análise dos sítios Web pelas autoridades da rede de cooperação de defesa do consumidor para detetar alegações ambientais enganosas confirmou a necessidade de reforçar as regras para facilitar a aplicação da legislação neste domínio. Além disso, um estudo recente da Comissão avaliou 150 alegações ambientais e concluiu que uma parte considerável (53,3%) das mesmas fornece informações vagas, enganosas ou infundadas sobre as características ambientais dos produtos em toda a UE e numa vasta gama de grupos de produtos (tanto na publicidade como no produto).

A mesma situação verifica-se nos casos de obsolescência precoce. A falta de regras específicas e a necessidade de avaliar os efeitos concretos da prática nos consumidores dificulta a aplicação da diretiva neste domínio, o que é confirmado pelo facto de, na sua resposta à consulta pública no âmbito da elaboração da presente proposta, 76% dos inquiridos referirem uma avaria inesperada de um produto nos últimos três anos".

O que resultar da regulação substancial desta iniciativa deverá ter adequadas sequência e sedimentação na prática dos agentes económicos através da fiscalização do cumprimento dos novos deveres e do eficaz sancionamento da sua inobservância. No ordenamento jurídico português actual, é o DL 57/2008, de 26 de Março (com última alteração pela Lei 10/2023, de 3 de Março) que assimila as directrizes estabelecidas no Direito da União Europeia sobre condutas desleais, informações enganosas e práticas agressivas, assim constituindo a pauta regulatória dos deveres de fiscalização de entidades públicas sobre o comportamento dos operadores privados nas suas relações com os consumidores. Do cruzamento dos artigos 7º e 8º deste diploma resulta o conceito de "acção enganosa" – a qual se verá consideravelmente expandida após a entrada em vigor da directiva agora em curso de aprovação –, cuja prática torna as empresas potencialmente sujeitas à aplicação de contraordenações (descritas no artigo 21º), destacando-se as sanções acessórias (passíveis de convocação a título cautelar) de interdição de exercício de profissão e encerramento de estabelecimento (cfr. o nº 3 do artigo 21º).

A competência para aplicação destas sanções cabe, nos termos do DL 9/2021, de 29 de Janeiro (Regime jurídico das contraordenações económicas), conjugado com o artigo 19º, nº 3 do DL 57/2008, à Direcção Geral do Consumidor.

2.2. Os deveres de informação dos fundos de investimento relativamente aos seus beneficiários

Um debate ainda desconhecido em Portugal prende-se com aquilo que pode caracterizar-se um implícito "efeito horizontal" do Acordo de Paris, no sentido de vincular as empresas, nomeadamente no que toca aos fundos de investimento, a descarbonizar os produtos dos quais retiram os seus dividendos. Conforme explicam Rempel e Gupta[32], o Acordo de Paris convoca os Estados e os actores económicos a afastar-se dos combustíveis fósseis, abandonando o carvão, reduzindo o recurso ao petróleo e ao gás natural e renunciando a novas operações extractivas. Esse apelo incide sobre os Estados, que devem fazer cessar os subsídios à produção de combustíveis fósseis, mas também (e sobretudo) se reflecte sobre os actores económicos privados. Um levantamento realizado por estes autores mostra que, no seio de Estados da OCDE, o investimento dos fundos de pensões em produtos

[32] Arthur REMPEL e Joyeeta GUPTA, Conflicting commitments? Examining pension funds, fossil fuel assets and climate policy in the organisation for economic co-operation and development (OECD), *in Energy Research & Social Science*, Volume 69, Novembro de 2020 (https://doi.org/10.1016/j.erss.2020.101736).

de carbono envolve entre 238 e 828 biliões de euros, o que compromete os objectivos de atingir a neutralidade carbónica em 2050 e de conter o aquecimento global em 2ºC, preferencialmente 1.5ºC relativamente a níveis pré-industriais, até 2100.

As análises de sustentabilidade apontam cinco tipos de práticas através das quais os fundos de pensões podem implementar medidas de combate às alterações climáticas: *i)* o desinvestimento em activos de carbono; *ii*) a adopção de práticas empresariais sustentáveis; *iii*) o cálculo da sua pegada carbónica; *iv*) o investimento em activos alternativos que contribuam para a descarbonização (*v.g.*, energias renováveis); e *v*) a sua associação a coligações que se pautem pela vocação de mitigação dos efeitos das alterações climáticas. Porque os Estados resistem a elaborar determinações específicas, que afrontarão direitos como a propriedade e a livre iniciativa económica, são os beneficiários destes fundos, através de pedidos de acesso à informação ou de dados que lhes são disponibilizados, que poderão fazer pressão no sentido da reconversão dos objectos de investimento.

Este movimento ou tendência, conhecido por "divestment" (desinvestimento em carbono), é ainda pouco expressivo no plano das empresas europeias[33], e mesmo o Banco Mundial, que em 2018 emitiu um comunicado afirmando o seu comprometimento com a condicionalidade de financiamento de projectos que alinhassem os seus objectivos pelos do Acordo de Paris, não está a ser fiel a este compromisso[34]. A União Europeia, por seu turno e em sintonia com o Pacto Ecológico Europeu, aprovou em 2020 o chamado "Regulamento Taxonomia" (Regulamento (UE) 2020/852 do Parlamento Europeu e do Conselho, de 18 de Junho, relativo ao estabelecimento de

[33] Cfr. Florian EGLI, David SCHÄRER, Bjarne STEFFEN, Determinants of fossil fuel divestment in European pension funds, *in Ecological Economics*, Volume 191, Janeiro de 2022 (https://doi.org/10.1016/j.ecolecon.2021.107237) – os autores concluem, a partir de dados disponíveis sobre os 1000 maiores fundos de pensões europeus, que apenas 13% (129) estão a desinvestir em activos constituídos por combustíveis fósseis e alguns apenas no sector do carvão.

[34] O relatório, elaborado pela *Big Shift Global* a partir de informação recolhida na base de dados da *Oil Change International's Public Finance for Energy*, conclui que, entre 2018 e finais de 2022, o Banco Mundial financiou 144 projectos e programas ligados à indústria dos combustíveis fósseis, no valor de 14.8 biliões de dólares – cfr. *Investing in Climate Disaster: World Bank Group finance for fossil fuels*, disponível aqui: https://bigshiftglobal.org/Investing_In_Climate_Disaster

um regime para a promoção do investimento sustentável, e que altera o Regulamento (UE) 2019/2088), já aditado, em 2021, do Regulamento Delegado (UE) 2021/2139 da Comissão, de 4 de Junho (publicado a 9 de Dezembro de 2021). O regulamento de 2021 desenvolve o primeiro, fixando critérios técnicos de avaliação de projectos nacionais a serem financiados pela União Europeia, numa dupla perspectiva: por um lado, o projecto deve estar relacionado com uma actividade económica que possa ser qualificada como contribuindo substancialmente para a mitigação ou para a adaptação às alterações climáticas e, por outro lado, o projecto não pode "prejudicar significativamente o ambiente", ou seja, não pode comprometer o cumprimento das metas de neutralidade climática fixadas pela União Europeia. Esta normatividade não tem aplicação retroactiva; logo, dela não resultam vinculações para os operadores económicos que actuavam no mercado antes da sua entrada em vigor.

Isto não obsta, creio, a que se possam extrair deveres de desinvestimento emergentes das metas estabelecidas na Lei Europeia do Clima (Regulamento (UE) 2021/1119 do Parlamento Europeu e do Conselho, de 30 de Junho, que cria o regime para alcançar a neutralidade climática e que altera os Regulamentos (CE) nºs 401/2009 e (UE) 2018/1999), nomeadamente do seu artigo 4º, nº 1, que fixa o nível de redução de emissões de CO2 para a atmosfera, aplicável aos Estados-membros da União Europeia, em 55% até 2030 (relativamente aos níveis de 1990). Estas metas têm eco na LBC (cfr. o artigo 19º, embora com uma duvidosa alteração de parâmetro: não 1990, mas 2005), que dirige ao Estado uma injunção no sentido de vincular não apenas a sua máquina mas (e sobretudo) os privados através de regulação de deveres de investimento e financiamento sustentáveis. Todavia, dos artigos 34º e 35º da LBC[35] resultam programas de obrigações para futuro, e não deveres actuais,

[35] Recorde-se que o artigo 34º/c) da LBC dispõe que
"As políticas financeiras, de gestão financeira, de apoio à capitalização e à contração de empréstimos, do Estado e de entes privados, devem adotar os seguintes princípios orientadores em matéria climática: (...)
c) "Princípio da transparência, promovendo a divulgação de informação relativa ao impacte climático das decisões de gestão e investimento por parte de gestores, investidores e consumidores, seguindo as recomendações europeias de reporte não financeiro e climático e as melhores práticas internacionais;"
e que o artigo 35º, nº 6 da mesma Lei, em sede de obrigações do sistema financeiro, estabelece que

imediatamente justiciáveis relativamente aos actores económicos, *maxime* aos fundos de investimento.

A lógica do desinvestimento está, assim e por enquanto, ainda dependente de iniciativas (por ora, informais) promovidas por cidadãos que consideram ter uma responsabilidade moral na questão da luta contra o aquecimento global, pretendendo destacar-se de investimentos (feitos por fundos em que participam) que contrariem os objectivos de descarbonização. De forma crescente, os cidadãos manifestam a sua resistência à cumplicidade dos fundos com a indústria fóssil e através do seu direito de acesso à informação reclamam dos fundos dados sobre a proveniência dos seus rendimentos[36]. O movimento passa sobretudo pela exposição pública das pretensões informativas e pelo apelo à não subscrição de fundos cúmplices com o carbono, exposição essa que leva algumas empresas, por razões de imagem, a alterarem a sua política de investimento. Trata-se, portanto, de um exercício de pressão sobretudo mediática, embora já haja registo de (raros) litígios climáticos sobre a matéria[37].

Um dos casos que se destacam despontou na Austrália, e foi resolvido por acordo entre um beneficiário de um fundo de investimento e este – caso *McVeigh v. Retail Employees Superannuation Trust* (REST) (2018)[38]. A argumentação assentou no direito do beneficiário de acesso à informação sobre os riscos climáticos dos seus investimentos e das metodologias

---

"A informação sobre a relação entre investimentos e alterações climáticas deve respeitar a taxonomia sobre atividades ambientalmente sustentáveis da União Europeia".

[36] Benjamin RICHARDSON, Divesting from Climate Change: The Road to Influence, *in Law & Policy*, Vol. 39, nº 4, 2017, pp. 325 segs.

[37] Sobre o primeiro caso contencioso norte-americano de exigência de um dever de desinvestir em activos carbónicos – o caso *Harvard Climate Justice Coalition et al. v President and Fellows of Harvard College et al.* (2015), que não passou da fase preliminar por o tribunal ter considerado que os autores não tinham legitimidade para apresentar a acção dado não terem logrado caracterizar um especial efeito lesivo directo e exclusivo na sua esfera jurídica decorrente do investimento da Universidade em fundos com activos fósseis –, veja-se Benjamin FRANTA, Litigation in the Fossil Fuel Divestment Movement, *in Law & Policy*, Vol. 39, nº 4, 2017, pp. 393 segs.
Uma descrição circunstanciada das fases do litígio pode ser consultada aqui: http://climatecasechart.com/case/harvard-climate-justice-coalition-v-president-fellows-of-harvard-college/

[38] Uma descrição desenvolvida do caso pode encontrar-se aqui: http://climatecasechart.com/non-us-case/mcveigh-v-retail-employees-superannuation-trust/

adoptadas pelo REST para actuar de acordo com os objectivos da política de mitigação de emissões de CO2 assumida pelo Estado australiano e, consequentemente, pelos agentes económicos que actuam sob sua regulação. Apesar de o Tribunal ter reconhecido que a causa revestia "natureza de interesse público" (para efeitos de redução de custas judiciais), o caso terminou com uma transacção através da qual o REST reconheceu que "Climate change is a material, direct and current financial risk to the superannuation fund across many risk categories, including investment, market, reputational, strategic, governance and third-party risks" e que, para mitigar esses riscos, iria implementar uma política empresarial no sentido de alcançar a neutralidade carbónica da sua actividade até 2050, monitorizar e reportar os progressos obtidos, e incrementar a transparência das suas comunicações com o público e com os beneficiários.

Este caso atesta bem a mais valia da obrigação de transparência/divulgação activa de informação ambiental entre privados. Apesar de o dever de desinvestimento ser ainda um tema controverso quando aplicável a actividades já em curso, a pressão do público no sentido de conhecer os riscos climáticos de investimentos feitos por terceiros, em seu nome e a seu favor, constitui uma alavanca de mudança de atitude das empresas em prol de um mais eficaz cumprimento dos objectivos traçados no Acordo de Paris, na Lei Europeia do Clima e na LBC.

2.3. A publicitação do cumprimento de critérios de sustentabilidade ambiental por parte das empresas

Neste último ponto desta breve vista panorâmica sobre o impacto da transparência ambiental na concretização da transição ecológica, quero dedicar uma última à importância da transparência ambiental na perspectiva da credibilidade e competitividade das empresas no mercado quanto ao seu empenho na luta contra as alterações climáticas. Enquanto no ponto 2.1. aludi à imposição de deveres de transparência em face dos consumidores relativamente a informação sobre características de bens e serviços no contexto do imperativo da transição de um modelo de economia linear para um quadro de economia circular – através de diplomas a aprovar na sequência da entrada em vigor da futura directiva sobre capacitação dos consumidores; e no ponto 2.2. iluminei, em especial, o movimento de pressão desenvolvido pelos beneficiários de fundos de pensões em prol do desinvestimento destes em activos ligados a produtos carbónicos, que faz apelo a deveres de transparência no sentido de levar os fundos a realizar operações financeiras mais conformes com os objectivos do Acordo de Paris; neste último ponto referirei uma tendência, ainda embrionária em Portugal[39], de observação voluntária de uma pauta de actuação que visa avaliar o nível de esforço de adaptação das empresas perante três desafios ambientais: clima, desflorestação e segurança da água.

A compatibilidade da actuação global das empresas com as melhores práticas relativas nesta tripla dimensão é aferida através do *Carbon Diclosure Project*, uma organização não governamental sem fins lucrativos que gere um sistema de divulgação de informação ambiental aplicável a empresas, cidades, Estados e regiões e, em função dos critérios de avaliação utilizados, lhes atribui uma nota, de A (superior) a F (inferior)[40]. De acordo com o relatório disponível relativo a 2022[41], num conjunto de 15 mil empresas, no plano mundial, apenas 1.3% está a cumprir os critérios na sua tripla dimensão – e somente 13 atingem a classificação A (8 delas com sede na Europa). Em Portugal, não existe nenhuma empresa com classificação de triplo A, mas a EDP e a Jerónimo Martins têm classificação A nas categorias Clima e Água; e a NOS e a Navigator na categoria Clima.

Esta transparência autoimposta – porque baseada num sistema de adesão voluntária, como o do rótulo ecológico[42] – é um sinal dos tempos: a prova de um comprometimento socio-económico com parâmetros de actuação que envolvem uma transição para um modelo civilizacional diverso e um reconhecimento das oportunidades que advêm da valorização que o público vai concedendo ao engajamento activo na luta contra as alterações climáticas[43].

---

39 Veja-se, no entanto, o disposto no artigo 34º/c) da LBC.

40 A plataforma do *Carbon Disclosure Project* é acessível aqui: https://www.cdp.net/en

41 Disponível aqui: https://www.cdp.net/en/companies/companies-scores

42 Sobre o regime do rótulo ecológico, veja-se Hong CHENG LEONG, Instrumentos (de promoção e gestão) do desempenho ambiental, *in Tratado de Direito do Ambiente*, I, coord. de Carla Amado Gomes e Heloísa Oliveira, 2ª ed., Lisboa: ICJP/CIDP, 2022, pp. 314 segs, 350 segs.

43 Dexter GALVIN e Emily KREPS explicam, num artigo de opinião datado de 17 de Abril de 2020 publicado na página do CDP – *The powerful link between environmental transparency and economic resilience* – quais as principais mais valias comerciais associadas à divulgação dos critérios de sustentabilidade, que resumem a três: a consistência dos

3. NOTAS CONCLUSIVAS

A transparência assume-se hoje como um princípio emergente no Direito do Ambiente, um *upgrade* em relação ao (mero) dever de divulgação activa que vincula as entidades públicas por força do bloco multinível constituído pelo Direito de Aarhus/Direito da União Europeia/LBA/LADA. A visibilidade da informação vai bem além da inteligibilidade dos procedimentos, atingindo o núcleo duro da actividade das empresas e as características dos bens e serviços que prestam. Toda a informação sobre o desempenho ambiental e climático deve ser revelada, para que se possa aferir o engajamento efectivo de todos os actores económicos na protecção do ambiente e na contenção do aquecimento global.

Esta subida do nível do grau de importância da transparência prende-se sobretudo com a questão climática. Se a LBA, conforme assinalei em **1.**, não autonomiza um princípio de transparência, envolvendo-o somente nos objectivos das políticas públicas "Da informação e da participação" [artigo 4º/e)], a LBC, sem deixar de a associar à questão informacional [cfr. o artigo 4º/h)], consagra o reforço da transparência como um objectivo da política do clima (veja-se o disposto no artigo 3º/p): "Reforçar a transparência, a acessibilidade e a eficácia da informação, do quadro jurídico e dos sistemas de informação, reporte e monitorização") e afirma-a mesmo como um princípio, a propósito do Portal da Acção Climática (cfr. o artigo 10º)[44]. Esta "promoção" impõe regulação e fiscalização robustas, em razão dos muitos interesses e contra-interesses em jogo, mas afigura-se como um caminho de não retorno no sentido do fortalecimento de obrigações fulcrais para o Direito do Ambiente.

---

dados (para permitir comparações com performances de outras empresas); a quantificação (a precisão da informação, no sentido de traduzir o reflexo do investimento em sustentabilidade em dividendos); o progresso (mais do que a perfeição dos resultados, a evolução positiva do percurso) – https://www.cdp.net/en/articles/companies/the-powerful-link-between-environmental-transparency-and-economic-resilience

[44] A informação a que se refere o artigo 10º da LBC está, por enquanto, disponível na página da APA, no separador "Ação Climática" – disponível aqui: https://apambiente.pt/clima/acao-climatica

REFERÊNCIAS DOUTRINAIS

AA., *Os segredos no Direito*, coord. de Carla Amado Gomes, Ana F. Neves e Pedro Lomba, Lisboa: AAFDL Editora, 2019.

AMADO GOMES, Carla

- Risco tecnológico, comunicação do risco e direito a saber, *in Direito(s) do(s) Risco(s) tecnológicos*, coord. de Carla Amado Gomes, Lisboa, 2014, pp. 17 segs.
- A cidadania ambiental: informação, participação e acesso à informação ambiental, *in Tratado de Direito do Ambiente*, I, coord. de Carla Amado Gomes e Heloísa Oliveira, 2ª ed., Lisboa: ICJP/CIDP, 2022, pp. 127 segs.
- O simplismo ambiental: uma análise panorâmica do "Simplex ambiental" (Decreto-Lei n.º 11/2023, de 10 de Fevereiro), *in RDA – Revista de Direito Administrativo*, nº *, 2023, em curso de publicação.

AMADO GOMES, Carla e BEATRIZ GARCIA, O simplismo ambiental: uma análise panorâmica do "Simplex ambiental" (Decreto-Lei n.º 11/2023, de 10 de Fevereiro), in *RDA – Revista de Direito Administrativo*, n.º 18, 2023, pp. 11 segs.

AMADO GOMES, Carla, Rui Tavares Lanceiro e Heloísa Oliveira, O objeto e a evolução do Direito do Ambiente, *in Tratado de Direito do Ambiente*, I, coord. de Carla Amado Gomes e Heloísa Oliveira, 2ª ed., Lisboa: ICJP/CIDP, 2022, pp. 34 segs.

BUGARIC, Bojan, Openness and transparency in Public Administration: Challenges for Public Law, *in Wisconsin International Law Journal*, Vol. 22, 2004/3, pp. 483 segs.

CHENG LEONG, Hong, Instrumentos (de promoção e gestão) do desempenho ambiental, *in Tratado de Direito do Ambiente*, I, coord. de Carla Amado Gomes e Heloísa Oliveira, 2ª ed., Lisboa: ICJP/CIDP, 2022, pp. 314 segs, 350 segs.

DUARTE, David, *Procedimentalização, participação e fundamentação: para uma concretização do princípio da imparcialidade administrativa como parâmetro decisório*, Coimbra: Almedina, 1996.

EGLI, Florian, David Schärer, Bjarne Steffen, Determinants of fossil fuel divestment in European pension funds, *in Ecological Economics*, Volume 191, Janeiro de 2022 (https://doi.org/10.1016/j.ecolecon.2021.107237).

FRANTA, Benjamin, Litigation in the Fossil Fuel Divestment Movement, *in Law & Policy*, Vol. 39, nº 4, 2017, pp. 393 segs.

JASHARI, Murat, e Islam Pepaj, The Role of the Principle of Transparency and Accountability in Public Administration, *in AUDA*, Vol. 10, 2018/1, pp. 60 segs.

MELO FERNANDES, Débora, O princípio da transparência administrativa: mito ou realidade?, *in Revista da Ordem dos Advogados*, 2020/III-IV, pp. 425 segs.

OLIVEIRA, Heloísa, O regime português de acesso à informação ambiental, *in O Acesso à informação administrativa*. Coimbra: Almedina, 2021, pp. 395 segs.

REMPEL, Arthur, Joyeeta Gupta, Conflicting commitments? Examining pension funds, fossil fuel assets and climate policy in the organisation for economic co-operation and development (OECD), *in Energy Research & Social Science*, Volume 69, Novembro de 2020 (https://doi.org/10.1016/j.erss.2020.101736).

RICHARDSON, Benjamin, Divesting from Climate Change: The Road to Influence, *in Law & Policy*, Vol. 39, nº 4, 2017, pp. 325 segs.

SÉRVULO CORREIA, José Manuel, O direito à informação administrativa e os direitos de participação dos particulares no procedimento e, em especial, na formação da decisão administrativa, *in Cadernos de Ciência da Legislação*, INA, nºs 9/10, 1994, pp. 133 segs.

TRANSPARÊNCIA E AMBIENTE NO BRASIL

PEDRO NIEBUHR
Professor de Direito Administrativo, Ambiental e Urbanístico na Universidade Federal de Santa Catarina. Doutor em Direito pela Pontifícia Universidade Católica do Rio Grande do Sul - PUC/RS. Mestre e Bacharel em Direito pela Universidade Federal de Santa Catarina. Vice-Presidente do Instituto de Direito Administrativo de Santa Catarina - IDASC. Ex-Conselheiro do Conselho Estadual do Meio Ambiente - CONSEMA de Santa Catarina.

1. A TRANSPARÊNCIA AMBIENTAL: DO DIREITO INTERNACIONAL À ORDEM POSITIVA BRASILEIRA

A transparência – entendida não apenas como mera publicidade da atuação administrativa, mas a abertura cognoscível do acesso à informação apta a viabilizar a participação social no processo de tomada de decisão[1-2] é

[1] Toma-se a noção de transparência proposta por Wallace Paiva Martins Junior: "Transparência é um conceito abrangente que se concretiza pela publicidade, pela motivação e pela participação popular, garantindo a visibilidade, o acesso, o conhecimento das atividades administrativas e instrumentalizando a vigilância social e o controle institucional sobre a Administração Pública através dos demais princípios.
Publicidade, motivação e participação são subprincípios que se articulam reciprocamente como um círculo virtuoso em direção ao princípio da transparência. Ele consiste não só na informação ao povo do que a Administração Pública executa, planeja ou realiza, mas também na explicação do porquê assim atua e na avaliação do grau de influência do próprio povo no processo de tomada de decisão.

assunto transversal a qualquer iniciativa atinente aos assuntos de interesse coletivo. Nessa condição, a transparência é preceito especialmente importante nas questões relacionadas à gestão do ambiente.

Desde as primeiras formulações dos preceitos fundadores do Direito Ambiental tem-se defendido, no plano internacional, a publicidade, o acesso à informação e a participação popular como legítimos princípios nessa matéria. O Princípio 10 da Declaração do Rio sobre Ambiente e Desenvolvimento, de 1992, é prova do referido:

> O melhor modo de tratar as questões ambientais é com a participação de todos os cidadãos interessados, em vários níveis. No plano nacional, toda pessoa deverá ter acesso adequado à informação sobre o ambiente de que dispõem as autoridades públicas, incluída a informação sobre os materiais e as atividades que oferecem perigo a suas comunidades, assim como a oportunidade de participar dos processos de adoção de decisões. Os Estados deverão facilitar e fomentar a sensibilização e a participação do público, colocando a informação à disposição de todos. Deverá ser proporcionado acesso efetivo aos procedimentos judiciais e administrativos, entre os quais ressarcimento de danos e recursos pertinentes.[3]

[...] A transparência tem maiores graus de abstração, densidade, generalidade e indeterminação que a publicidade. Publicidade consiste grosso modo na divulgação oficial dos atos do poder público ao passo que a transparência é muito mais que isso, abarcando além dela os subprincípios da motivação e da participação popular. A convergência desses subprincípios conduz à existência do princípio da transparência na medida em que a abertura, a visibilidade, a diafaneidade e a proximidade da Administração Pública são erguidas não só pelo conhecimento de sua atuação senão por sua explicação e pela partilha no processo de tomada de decisão". (MARTINS JUNIOR, Wallace Paiva. Teoria geral e princípios do direito administrativo. In: DI PIETRO, Maria Sylvia Zanella (coord.) Tratado de direito administrativo. São Paulo: Revista dos Tribunais. 2015. p. 422).

[2] Ainda sobre a relação entre transparência e publicidade, Fabrício Motta pondera: "Os atos administrativos devem ser públicos e transparentes – públicos porque devem ser levados a conhecimento dos interessados por meio dos instrumentos legalmente previstos (citação, publicação, comunicação etc.); transparentes porque devem permitir entender com clareza seu conteúdo e todos os elementos de sua composição, inclusive o motivo e a finalidade, para que seja possível efetivar seu controle" (Publicidade e transparência são conceitos complementares. *In* Revista Consultor Jurídico, 1 de fevereiro de 2018, 7h05. Disponível em https://www.conjur.com.br/2018-fev-01/interesse-publico-publicidade-transparencia-sao-conceitos-complementares, acesso em 5 de junho de 2023).

[3] Disponível em: https://www5.pucsp.br/ecopolitica/projetos_fluxos/doc_principais_ecopolitica/Declaracao_rio_1992.pdf

A importância do binômio informação/participação em matéria ambiental foi reafirmada em diversos outros documentos internacionais, dentre os quais se destaca, no âmbito da Comunidade Europeia, a Convenção de Aarhus (1998), que dispôs sobre o *acesso à informação, participação do público no processo de tomada de decisão e acesso à justiça em matéria de ambiente,* e no âmbito da América Latina e Caribe, o Acordo de Escazú (2018), que igualmente dispõe sobre o *acesso à informação, participação pública e acesso à justiça em assuntos ambientais.*

Em comum às referências de Direito Internacional Ambiental parece estar a premissa de que, como condição para se viabilizar uma eficaz participação popular e social nesse domínio, faz-se fundamental compartilhar a informação sobre os assuntos eventualmente em causa.

Essa premissa, a nosso ver, foi expressamente contemplada na ordem constitucional brasileira. O *caput* do artigo 225 da Constituição Federal legitima a participação popular nessa matéria, ao anunciar um direito fundamental ao ambiente ecologicamente equilibrado e um dever fundamental de proteção ambiental. Como pressuposto instrumental para exercer essa prerrogativa de participação, o inciso XXXIII do artigo 5º dota toda e qualquer pessoa de um direito (fundamental) de receber dos órgãos públicos informações de interesse coletivo geral.[4] Acrescentamos, nessa quadra, que qualquer informação atinente às questões ambientais deveria ser considerada, aprioristicamente, como assunto de interesse coletivo geral.

Esse pressuposto de transparência, aliás, já se encontrava positivado na legislação ambiental brasileira antes mesmo do advento da Constituição Federal de 1988. A Lei nº 6.938/81 arrola como um dos objetivos da Política Nacional do Meio Ambiente a "[...] divulgação de dados e informações ambientais e a formação de uma consciência pública sobre a necessidade de preservação da qualidade ambiental e do equilíbrio ecológico" (inciso V do artigo 4º), estipulando, também, como princípios da mesma agenda, o "acompanhamento do estado da qualidade ambiental" (inciso VII do artigo 2º) e a "educação ambiental a todos os níveis de ensino, inclusive a educação

[4] Art. 5º [...] XXXIII- confere a todos o direito a receber dos órgãos públicos a informações de seu interesse particular, ou de interesse coletivo geral, que serão prestadas no prazo da lei, sob pena de responsabilidade, ressalvadas aquelas cujo sigilo seja imprescindível à segurança da sociedade e do Estado.

da comunidade, objetivando capacitá-la para participação ativa na defesa do meio ambiente"(inc. X do artigo 2º). Dentre os instrumentos da Política Nacional do Meio Ambiente previu-se, expressamente, a necessidade da criação de um "sistema nacional de informações sobre o meio ambiente" (inciso VII do artigo 9º) e a "a garantia da prestação de informações relativas ao Meio Ambiente, obrigando-se o Poder Público a produzi-las, quando inexistentes" (inciso XI do artigo 9º), além de outras importantes disposições correlatas (do qual se destaca, por exemplo, o dever de publicidade de pedidos de licenciamento e renovação da licença ambiental na imprensa previsto no §1º do artigo 10).

Mais recentemente, essas obrigações foram reafirmadas por intermédio de outra lei de caráter nacional, a Lei nº 10.650/03, que "dispõe sobre o acesso público aos dados e informações existentes nos órgãos e entidades integrantes do Sisnama [Sistema Nacional de Meio Ambiente]". Ela obriga as entidades integrantes do Sistema Nacional de Meio Ambiente a permitir acesso público a informações relativas à qualidade do ambiente, políticas e programas causadores de impactos ambientais, resultados de monitoramento nos sistemas de controle de poluição e de atividades impactantes, situação de passivos ambientais etc. (artigo 2º). Exige, ainda, publicação, na imprensa oficial, de diversas etapas procedimentais administrativas, tanto em processos de licenciamento quanto de fiscalização (artigo 4º), cria regras procedimentais sobre o acesso à informação e sua negativa (artigo 5º) e exige divulgação de relatórios específicos por parte da Administração Ambiental (artigo 8º), entre outras disposições.

Toda essa preocupação da ordem jurídica brasileira com a publicidade e a participação em matéria ambiental, como dito, reafirma a percepção de que a informação, nesse tipo de relação jurídica, deve obrigatoriamente ser compartilhada com a coletividade, inclusive para que se possa colher dela, em contrapartida, a cooperação e a participação (de qualidade) pretendida pelo artigo 225 da Constituição Federal.

2. A TRANSPARÊNCIA COMO DECORRÊNCIA DE UM DIREITO FUNDAMENTAL AO AMBIENTE ECOLOGICAMENTE EQUILIBRADO E DE UM DEVER FUNDAMENTAL DE PROTEÇÃO AMBIENTAL

Não é novidade que o artigo 225 da Constituição Federal brasileira reconhece expressamente o ambiente ecologicamente equilibrado como um direito fundamental. Trata-se de um direito com carga positiva (que demanda, do Estado, prestações ativas no sentido de garantir e promover sua incolumidade) e negativa (de defesa de eventuais agressões promovidas por particulares ou pelo próprio Estado violadoras aquele equilíbrio).

Em ambos os casos – de disposições concretizadoras desse direito fundamental com carga normativa positiva ou negativa – a transparência é um pressuposto para seu exercício. Porque a Constituição Federal brasileira enuncia um direito de titularidade difusa e coletiva, a todos deve ser dado conhecer as ações, programas e medidas estatais tomadas em prol da preservação do meio ambiente. Também porque a todos se atribui (pessoalmente ou por substitutos processuais) mecanismos de defesa contra eventuais violações a esse direito, também a todos deve ser assegurada a oportunidade de ter ciência e compreender informações atinentes ao potencial estado de violação daquele direito.

A transparência, nessa linha de argumentação, estaria no âmbito daquilo que a doutrina se refere à *dimensão processual dos direitos fundamentais:* direitos de proteção, vinculados à dimensão objetiva dos direitos fundamentais, que partem do reconhecimento de que a fruição de diversos direitos fundamentais é enfraquecida sem que sejam colocadas à disposição prestações estatais de cunho organizacional, procedimental e coordenatório.[5]

Essa dimensão objetiva dos direitos fundamentais conversa, intimamente, com uma categoria diversa, autônoma, relativamente pouco estudada (se comparada aos direitos fundamentais): os deveres fundamentais.[6] Ao mesmo

---

[5] SARLET, Ingo Wolfang. A eficácia dos direitos fundamentais: uma teoria geral dos direitos fundamentais na perspectiva constitucional. 10. ed. Porto Alegre: Livraria do Advogado: 2009. p. 194 e 196.

[6] Os deveres não se reduzem à matéria dos direitos fundamentais. Ao contrário, há uma relação de integração entre ambos os temas: "Os direitos e deveres fundamentais não constituem categorias totalmente separadas nem domínios sobrepostos, encontrando-se antes numa relação de 'conexão funcional' que, por um lado impede o exclusivismo ou a unilateralidade dos direitos fundamentais (...) e, por outro lado, não constitui obstáculo à

tempo que a Constituição Federal brasileira enuncia a existência de um direito fundamental ao ambiente ecologicamente equilibrado, ela também reconhece a existência de um correlato dever fundamental de proteção ambiental.[7]

Deveres fundamentais, dissemos noutra oportunidade, são:

> Situações jurídicas representativas de sujeições que estabelecem ônus e encargos a pessoas físicas, jurídicas (públicas ou privadas) e a universalidades de direito em geral, destinadas a viabilizar a vida em comunidade, a preservar e consagrar valores essenciais e a permitir o funcionamento das instituições [...] o reconhecimento de deveres fundamentais relaciona-se à participação ativa dos atores sociais na vida pública; reclama um mínimo de responsabilidade e solidariedade no exercício da liberdade.[8]

A esse propósito, Ingo Wolfgang Sarlet e Tiago Fensterseifer explicam que a responsabilidade pela tutela ecológica não incumbe apenas ao Estado, mas também aos particulares, que possuem para além do direito a um ambiente sadio, o dever de manter o equilíbrio ecológico, este enquanto expressão da necessária solidariedade entre os membros da comunidade.[9]

Carla Amado Gomes, naquela que é a mais importante obra em língua portuguesa sobre o assunto, diz que, estruturalmente, o dever fundamental de proteção ambiental pode se manifestar em obrigações de: (i) *non facere*; (ii) *pati*; e (iii) *facere*. No primeiro grupo, de obrigações de não fazer, estariam as normas proibitivas, que traduzem uma ordem de abstenção de provocar danos significativos ao ambiente. Corresponderia ao nível mínimo de deverosidade ambiental. O segundo grupo – de obrigações de suportar,

---

garantia da primazia ou primacidade dos direitos fundamentais ou da liberdade face aos deveres fundamentais, uma vez que estes ainda servem, se bem que indirectamente, o objetivo constitucional da liberdade" (NABAIS, José Casalta. O dever fundamental de pagar impostos: contributo para a compreensão constitucional do estado fiscal contemporâneo. Coimbra: Almedina, 1998. p 119-120).

[7] MEDEIROS, Fernanda Luiza Fontoura de. Meio Ambiente: direito e dever fundamental. Porto Alegre: Livraria do Advogado, 2004. p. 109 e seguintes.

[8] NIEBUHR, Pedro. Processo administrativo ambiental. 4ª ed. Belo Horizonte: Forum, 2023. p.110-111.

[9] FENSTERSEIFER, Tiago; SARLET, Ingo Wolfgang. A natureza de direito-dever da norma jusfundamental ambiental. Revista de Direito Ambiental, São Paulo, n. 67, p. 13, 27 e 36, jul./set. 2012.

de deixar que façam – também impõe abstenção de comportamento, só que, além da inatividade a que se condena o destinatário, impõe ainda a necessidade de suportar a atividade de outro na sua esfera jurídica, a qual normalmente poderia se opor. Como exemplo, tem-se a obrigação de suportar uma fiscalização. O terceiro grupo, de obrigações de fazer, corresponderia ao nível máximo de deverosidade ambiental, que implica a imposição de comportamentos positivos aos sujeitos. Como exemplo, a ordem para instalação de filtros despoluentes. É nesta modalidade que instaria inserido um conjunto de deveres formais, instrumentais à realização da proteção ambiental – tais quais de informação, notificação, comunicação, publicização.[10]

O dever fundamental de proteção ambiental, em síntese, move-se pela lógica de cooperação. Cooperação no sentido de participação demanda publicidade e acesso à informação:

> A informação é pressuposto da cooperação. É inviável cooperar com ponderações ou dados coerentes e pertinentes se não se sabe do que, efetivamente, está a se tratar. De igual modo, não se espera que afetados contribuam com experiências ou conhecimentos em relação a determinada atividade se a Administração impõe barreiras ou dificuldades para se acessar o teor do que está em jogo ou mesmo para receber aquela contribuição. Isso quer dizer que o dever de cooperação que atinge a Administração em processos administrativos ambientais demanda, ao lado de condutas negativas (vedação à negativa de acesso a documentos), a necessidade da adoção de medidas proativas no sentido de democratizar a informação.[11]

A transparência, em conclusão, é decorrência tanto do reconhecimento do ambiente ecologicamente equilibrado como um direito fundamental como da enunciação da proteção ambiental como um dever fundamental. Impõe ao Estado o cumprimento de uma obrigação de gerar e disponibilizar informações ambientais ao público e legitima os cidadãos postularem seu acesso, para viabilizar o adequado exercício da cidadania ambiental, participação e controle.

---

[10] GOMES, Carla Amado. Risco e modificação do acto autorizativo concretizador de deveres de proteção do ambiente. Coimbra: Coimbra Editora, 2007. p. 188-191.

[11] NIEBUHR, Pedro. Processo administrativo ambiental. 4ª ed. Belo Horizonte: Forum, 2023. p.133.

3. O DEVER DE TRANSPARÊNCIA AMBIENTAL DEMANDA, OBRIGATORIAMENTE, A DISPONIBILIZAÇÃO DE INFORMAÇÕES AMBIENTAIS NA INTERNET

Uma das tônicas do Direito Ambiental, como dito, é a participação social. Uma participação social útil e eficaz se realiza quando a informação se torna efetivamente disponível e assimilável pela população.

Desde 2011 vimos defendendo, para esse propósito (de viabilizar a participação popular), a obrigatoriedade da disponibilização da íntegra dos processos administrativos ambientais na internet. O argumento é que a Administração deve acompanhar o estado da técnica (notadamente os avanços do meio eletrônico na difusão de informação) no provimento de soluções atinentes ao exercício da atividade administrativa.[12] Trata-se, a rigor, de corolário do princípio da eficiência, que no âmbito da prestação de serviços públicos demanda a atenção aos postulados da adequação e atualidade.[13]

A Administração Pública ambiental não pode escusar-se injustificadamente de prover soluções, amplamente disponíveis no contexto tecnológico atual, que maximizam o postulado da participação nessa matéria. Daí que não haveria margem de discricionariedade para recusar a disponibilização da informação na internet.

Essa providência está em melhores condições, em comparação a qualquer outro instrumento, de viabilizar que o cidadão comum tome ciência de dada pretensão capaz de afetar o ambiente. A disponibilização da íntegra de processos administrativos na internet permite que os afetados ou interessados contribuam com sua experiência e habilidades técnicas ao que está posto em causa naqueles expedientes, sem que para tanto esbarrem em barreiras desestimulantes como gastos econômicos com a reprodução de documentos

---

[12] NIEBUHR, Pedro de Menezes. Reinterpretando o processo administrativo ambiental. Revista Forum de Direito Urbano e Ambiental, Belo Horizonte, n. 55, p. 88, jan./fev. 2011.

[13] A Lei nº 8.987/95 positiva os postulados da adequação e atualidade no Direito brasileiro, em alusão direta aos serviços públicos cuja prestação é delegada a terceiros. Pela inexistência de qualquer critério apto a justificar eventual distinção, tais postulados são também aplicáveis aos serviços prestados diretamente pela Administração. Leia-se: "Art. 6º [...] §1º Serviço adequado é o que satisfaz as condições de regularidade, continuidade, eficiência, segurança, atualidade, generalidade, cortesia na sua prestação e modicidade das tarifas. §2º A *atualidade compreende a modernidade das técnicas*, do equipamento e das instalações e a sua conservação, bem como a melhoria e expansão do serviço" (grifo acrescido).

ou limitações advindas do horário de expediente de órgãos administrativos. De qualquer local, a qualquer tempo, as pessoas podem se informar sobre as nuances de determinada pretensão, submetê-las eletronicamente ao órgão ambiental, interagir em fóruns de discussão, dentre outras iniciativas.

Não se trata, portanto, de qualquer medida de transparência que está em jogo quando o assunto é um direito e um dever fundamental de índole ambiental. Exige-se transparência seguindo a melhor técnica e tecnologia disponível; transparência de fato acessível, que em uma sociedade tecnológica, deve necessariamente ser assegurada na *internet.*

4. AS RECENTES TESES FIRMADAS PELO SUPERIOR TRIBUNAL DE JUSTIÇA SOBRE DIREITO À INFORMAÇÃO E TRANSPARÊNCIA EM MATÉRIA AMBIENTAL

A prática da gestão administrativa ambiental no Brasil é, geralmente, bastante distante dos pressupostos teóricos e legais ora apresentados. As autoridades administrativas ainda parecem refratárias à participação popular no exercício de suas incumbências institucionais. São poucos órgãos que disponibilizam a íntegra de processos administrativos (com seus respectivos estudos ambientais e pareceres técnicos) na internet. Há pouca ou nenhuma interação com a população no que tange ao compartilhamento da informação em processos autorizativos. Os processos de fiscalização ambiental costumam tramitar com acesso restrito às partes ou procuradores. Gestores ambientais não lidam, de forma franca e transparente, com dados, números ou indicadores ambientais negativos.

Diante desse estado de coisas, a Primeira Seção do Superior Tribunal de Justiça, em decisão recente, de 27 de maio de 2022, estabeleceu um conjunto de quatro teses que devem passar a pautar, juridicamente, o direito à informação e transparência ambiental no país[14].

---

[14] A esse propósito, destaca-se que o Recurso Especial nº 1.857.098 foi julgado sobre a sistemática de Incidente de Assunção de Competência. Esse instrumento processual tem lugar quando "envolver relevante questão de direito, com grande repercussão social, sem repetição em múltiplos processos" (artigo 947 do Código de Processo Civil), e seu acórdão "vinculará todos os juízes e órgãos fracionários". Ou seja, as teses firmadas no julgamento do Recurso Especial nº 1.857.098 consubstanciam-se em precedentes obrigatórios às instâncias inferiores, até sua eventual revisão.

No julgamento do Recurso Especial nº 1.857.098, discutia-se a obrigação de o Estado produzir relatórios atinentes à gestão de um espaço territorial ambientalmente protegido, a Área de Proteção Ambiental do Lajeado, no Município de Campo Grande (Mato Grosso do Sul). No julgamento, o Superior Tribunal de Justiça basicamente entendeu que não havia motivo idôneo para o órgão gestor da Área de Proteção Ambiental deixar de produzir relatórios de execução do seu Plano de Manejo. Se os relatórios ainda não existiam, deveriam ser produzidos, e depois de produzidos, deveriam ser publicados na internet como pedia o Ministério Público do Estado. O Superior Tribunal de Justiça reconheceu, ainda, a possibilidade de o Ministério Público providenciar diretamente a averbação da informação de existência da Área de Proteção Ambiental no registro imobiliário dos imóveis por ela atingidos, sem que isso tivesse que derivar de uma decisão judicial específica.

O julgado reconheceu, basicamente, o direito à informação ambiental nas duas vertentes antes referidas, como expressão de um direito fundamental ao ambiente ecologicamente equilibrado e como manifestação de um dever fundamental de proteção ambiental:

> O direito de acesso à informação configura-se em dupla vertente: direito do particular de ter acesso a informações públicas requeridas (transparência passiva) e dever estatal de dar publicidade às informações públicas que detém (transparência ativa). Atua, ademais, em função do direito de participação social na coisa pública, inerente às democracias, embora constitua-se simultaneamente como direito autônomo [...]
>
> Eis a ordem natural das coisas, em matéria de transparência em uma democracia: i) a Administração atende o dever de publicidade e veicula de forma geral e ativa as informações públicas, na internet; ii) desatendido o dever de transparência ativa, mediante provocação de qualquer pessoa, a Administração presta a informação requerida, preferencialmente via internet; iii) descumprido o dever de transparência passiva, aciona-se, em último caso, a Justiça.[15]

O precedente foi além e confirmou a obrigação de a informação ser disponibilizada na internet:

[15] STJ, REsp n. 1.857.098/MS, relator Ministro Og Fernandes, Primeira Seção, julgado em 11/5/2022, DJe de 24/5/2022.

Impõe-se ao Estado, em regra, a publicação (especialmente na internet, acresça-se) de informações públicas, não se tratando de ato discricionário. Para não publicar a informação pública na internet, o Administrador deve demonstrar motivações concretas, de caráter público e republicano, aptas a afastar a regra da transparência ativa.

Descumprida a regra, viabiliza-se ao cidadão o requerimento de acesso. Para negar-se a atender a transparência passiva, os motivos do Administrador devem ser ainda mais graves, conforme normas de sigilo taxativamente previstas na Lei de Acesso à Informação (LAI).

Em matéria de transparência, no Brasil, a autointerpretação administrativa em favor de si mesma, a pretexto de discricionariedade, é vedada, devendo a negativa ser sempre fundamentada em decisão pública, sujeita a revisão administrativa e controle judicial.[16]

Como decorrência desse julgamento, o Superior Tribunal de Justiça (STJ) estabeleceu as seguintes teses:

1. O direito de acesso à informação no direito ambiental brasileiro compreende: i) o dever de publicação, na internet, dos documentos ambientais detidos pela administração não sujeitos a sigilo (transparência ativa); ii) o direito de qualquer pessoa e entidade de requerer acesso a informações ambientais específicas não publicadas (transparência passiva); e iii) o direito a requerer a produção de informação ambiental não disponível para a administração (transparência reativa);

2. Presume-se a obrigação do Estado em favor da transparência ambiental, sendo ônus da administração justificar seu descumprimento, sempre sujeita a controle judicial, nos seguintes termos: i) na transparência ativa, demonstrando razões administrativas adequadas para a opção de não publicar; ii) na transparência passiva, de enquadramento da informação nas razões legais e taxativas de sigilo; e iii) na transparência ambiental reativa, da irrazoabilidade da pretensão de produção da informação inexistente;

3. O regime registral brasileiro admite a averbação de informações facultativas sobre o imóvel, de interesse público, inclusive as ambientais;

4. O Ministério Público pode requisitar diretamente ao oficial de registro competente a averbação de informações alusivas a suas funções institucionais.[17]

---

16 REsp n. 1.857.098/MS, já citado.

17 REsp n. 1.857.098/MS, já citado.

A averbação de informações ambientais no registro imobiliário é matéria bastante controvertida, especialmente quando igualmente controversa (e não decidida, em caráter definitivo) a ocorrência de restrição ambiental sobre a propriedade imobiliária. Não obstante, parece-nos que as teses 1 e 2, sem sombra de dúvidas, estão bem alinhadas aos seus respectivos pressupostos conceituais e constituem importante elemento concretizador da transparência em matéria ambiental.

REFERÊNCIAS DOUTRINAIS

FENSTERSEIFER, Tiago; SARLET, Ingo Wolfgang. A natureza de direito-dever da norma jusfundamental ambiental. Revista de Direito Ambiental, São Paulo, n. 67, p. 13, 27 e 36, jul./set. 2012.

GOMES, Carla Amado. Risco e modificação do acto autorizativo concretizador de deveres de proteção do ambiente. Coimbra: Coimbra Editora, 2007.

MARTINS JUNIOR, Wallace Paiva. Teoria geral e princípios do direito administrativo. In: DI PIETRO, Maria Sylvia Zanella (coord.) Tratado de direito administrativo. São Paulo: Revista dos Tribunais. 2015.

MEDEIROS, Fernanda Luiza Fontoura de. Meio Ambiente: direito e dever fundamental. Porto Alegre: Livraria do Advogado, 2004.

MOTTA, Fabrício. Publicidade e transparência são conceitos complementares. In Revista **Consultor Jurídico**, 1 de fevereiro de 2018, 7h05. Disponível em https://www.conjur.com.br/2018-fev-01/interesse-publico-publicidade-transparencia-sao-conceitos-complementares, acesso em 5 de junho de 2023.

NABAIS, José Casalta. O dever fundamental de pagar impostos: contributo para a compreensão constitucional do estado fiscal contemporâneo. Coimbra: Almedina, 1998.

NIEBUHR, Pedro de Menezes. Reinterpretando o processo administrativo ambiental. Revista Forum de Direito Urbano e Ambiental, Belo Horizonte, n. 55, p. 88, jan./fev. 2011.

NIEBUHR, Pedro. Processo administrativo ambiental. 4ª ed. Belo Horizonte: Forum, 2023.

SARLET, Ingo Wolfang. A eficácia dos direitos fundamentais: uma teoria geral dos direitos fundamentais na perspectiva constitucional. 10. ed. Porto Alegre: Livraria do Advogado: 2009.

TRANSPARÊNCIA E MEDICAMENTOS

Aquilino Paulo Antunes
Doutor em Direito pela FDUL; Investigador Associado do CIDP – *Lisbon Public Law*; Árbitro do CAAD; Membro da CEIC; Advogado.

1. INTRODUÇÃO

O tema da transparência coloca-se em diversas perspectivas, quando está em causa o medicamento. A imposição de deveres de transparência – ou, se quisermos, de *deveres de revelação de informação* – visa esbater outras tantas assimetrias informativas[1], as quais, como se sabe, constituem falhas de mercado aptas a justificar a intervenção pública[2].

Assim, no âmbito do regime jurídico do medicamento é possível identificar diversas assimetrias informativas, a vários níveis, entre os diversos intervenientes no circuito do medicamento, nomeadamente as autoridades públicas, as companhias farmacêuticas, os profissionais de saúde, os doentes e as associações profissionais de saúde e de doentes.

Existem, por isso, no regime jurídico dos medicamentos diversos deveres de revelação da informação, onerando aqueles intervenientes, com o objectivo de esbater as mencionadas assimetrias. A estes deveres específicos, somam-se outros, decorrentes do Direito Administrativo geral, como sucede com o princípio da Administração Aberta.

---

[1] Para uma panorâmica das várias dimensões da assimetria informativa no domínio do medicamento, cfr. Aquilino Paulo da Silva Antunes, *O Acesso a Medicamentos em Portugal: Uma Análise Jurídico-Económica*, Lisboa, 2020, AAFDL, pp. 105-108, *passim*.

[2] Fernando Araújo, *Introdução à Economia-I*, 4.ª Edição, Lisboa, 2021, AAFDL, pp. 661-666.

Todavia, estes deveres encontram-se muitas vezes em tensão com outros institutos, comprometendo ou tornando mais difícil o cumprimento dos deveres de revelação da informação. É, por exemplo, o caso dos *mecanismos jurídicos destinados a proteger a informação* revelada por força do regime das patentes ou para a obtenção da autorização administrativa de comercialização do medicamento, bem como de protecção dos segredos de negócio. Como se sabe, a informação tem carácter de *bem público* e, uma vez revelada, não poderá voltar ao estado anterior de segredo[3]. Daí a necessidade desses mecanismos.

A necessidade de articulação destes deveres e proibições gera, por vezes, dificuldades e litígios importantes.

Mas não só. Nos últimos tempos temos vindo a assistir a uma exigência crescente, por parte de organizações internacionais[4] e de alguns grupos de interesses, no sentido de aprofundamento de alguns dos deveres de revelação de informação vigentes. Estamos a pensar, por exemplo, na pretensão de revelação pela indústria farmacêutica da estrutura de custos de desenvolvimento dos medicamentos, de modo a permitir a fixação de um preço justo. É de salientar o facto de as propostas da Comissão Europeia de revisão da legislação farmacêutica recentemente apresentadas ficarem aquém desta pretensão, como referiremos mais adiante[5].

Assim, nos pontos seguintes, começaremos por enunciar genericamente alguns dos vários deveres de revelação de informação vigentes no ciclo de vida do medicamento. Seguidamente, abordaremos mais concretamente algumas das áreas onde a questão da transparência se coloca com maior acuidade no âmbito do medicamento, bem como algumas ineficiências e propostas de melhoria. Terminaremos extraindo algumas conclusões.

---

[3] Aquilino Paulo da Silva Antunes, *O Acesso ..., (cit.)*, pp. 60-62, 195 e ss, *passim*; Fernando Araújo, *Introdução à Economia-II*, 4.ª Edição, Lisboa, 2022, AAFDL, pp. 365 e ss.

[4] Seventy-Second World Health Assembly, *Improving the transparency of markets for medicines, vaccines, and other health products*, Agenda item 11.7, WHA72.8, 28 May 2019, disponível em: https://apps.who.int/gb/ebwha/pdf_files/WHA72/A72_R8-en.pdf; *WHO guideline on country pharmaceutical pricing policies*, Second Edition, pp. 21-34, disponível em: https://www.who.int/publications/i/item/9789240011878; Eliana Barrenho e Ruth Lopert, *Exploring the consequences of greater price transparency on the dynamics of pharmaceutical markets*, OECD Health Working Papers No. 146, 2022, pp. 5 e ss.

[5] Disponíveis em: https://health.ec.europa.eu/medicinal-products/pharmaceutical-strategy-europe/reform-eu-pharmaceutical-legislation_en.

2. AS VÁRIAS ACEPÇÕES DA TRANSPARÊNCIA NO CICLO DE VIDA DO MEDICAMENTO

Conforme melhor explanámos noutro lugar[6], em nossa opinião, o ciclo de vida do medicamento comporta *quatro fases essenciais*: (i) investigação e desenvolvimento, (ii) autorização administrativa de comercialização, (iii) fabrico, distribuição e venda a retalho e (iv) utilização.

(i) Na fase de investigação e desenvolvimento de um medicamento avultam, com interesse, o pedido da patente[7] para uma nova molécula e a realização das três fases dos ensaios clínicos[8], cujos resultados são condição para a obtenção de autorização administrativa de comercialização[9].

Mais adiante detalharemos um pouco mais esta matéria e os problemas pela mesma suscitados no domínio do medicamento.

Quanto aos ensaios clínicos, e considerando a plena aplicação – com uma ou outra excepção transitória – do Regulamento (UE) n.º 536/2014 [Ensaios clínicos], também dele resultam deveres de revelação da informação[10].

(ii) Na fase da autorização administrativa de comercialização – na qual incluímos, por um lado, a autorização de introdução no mercado (AIM)[11] e, por outro lado, as autorizações de preço e financiamento à aquisição[12] – surge um vasto conjunto de deveres de informação.

Sem prejuízo de adiante aprofundarmos os deveres de revelação da informação estabelecidos e preconizados, em matéria de autorizações de preço e financiamento da aquisição de medicamentos, iremos de seguida dar alguns exemplos daquele conjunto de deveres.

---

[6] Aquilino Paulo da Silva Antunes, *O Acesso ...*, *(cit.)*, pp. 74-92.

[7] Aquilino Paulo da Silva Antunes, *O Acesso ...*, *(cit.)*, pp. 75, 199-208; Sally Shorthose e Tasmina Goraya, "Overview of Intellectual Property Rights", *in Guide to EU Pharmaceutical Regulatory Law*, Seventh Edition, Sally Shorthose (ed.), The Netherlands, 2017, Kluwer Law International, pp. 29 e ss.

[8] Aquilino Paulo da Silva Antunes, *O Acesso ...*, *(cit.)*, pp. 162-164.

[9] Aquilino Paulo da Silva Antunes, *O Acesso ...*, *(cit.)*, pp. 164-166

[10] Considerandos (25) e (67), n.ºs 4 e 8 do artigo 37.º e n.ºs 4 a 7 do artigo 81.º do Regulamento.

[11] Aquilino Paulo da Silva Antunes, *O Acesso ...*, *(cit.)*, pp. 371-388.

[12] Aquilino Paulo da Silva Antunes, *O Acesso ...*, *(cit.)*, pp. 421-440; 441-500.

Logo com o requerimento da AIM, a lei exige ao requerente a revelação de informação relevante quanto a aspectos importantes, nomeadamente em termos de segurança, relativos ao medicamento, independentemente de essa informação ser favorável ou desfavorável ao requerente. É o caso, por exemplo, do n.º 3 do artigo 15.º do Decreto-Lei n.º 176/2006, de 30 de Agosto, na sua redacção actual (Estatuto do Medicamento), o qual atribui ao requerente o *ónus* de fornecer todas as informações relevantes para a apreciação do pedido e todos os elementos sobre qualquer ensaio realizado com o medicamento, independentemente de o ensaio se encontrar incompleto ou ter sido interrompido[13]. Além disso, o n.º 9 do mesmo artigo 15.º obriga o requerente a permanentemente actualizar as informações incluídas no pedido de AIM[14]. A exigência de revelação da informação inclui ainda os dados de segurança do medicamento – contra-indicações e reacções adversas; fundamentação da adopção de medidas preventivas ou de segurança, bem como indicações dos riscos potenciais para o ambiente; resultados dos ensaios farmacêuticos, pré-clínicos e clínicos; plano de gestão do risco; prova do facto de os ensaios realizados fora da União Europeia respeitarem os requisitos éticos exigidos pela legislação sobre ensaios clínicos; cópias das AIM concedidas na União Europeia e em países terceiros, bem como das decisões de recusa da autorização, incluindo a sua fundamentação e um conjunto de dados de segurança; indicação dos Estados onde tenha sido pedida AIM; relatório de avaliação dos riscos ambientais colocados pelo medicamento [alíneas b), d), j), l), m), n), o), p) e q) do n.º 2 do citado artigo 15.º][15]. Acresce ainda uma exigência de revelação e permanente actualização de dados relativos ao fabrico do medicamento – descrição do método de fabrico, descrição dos métodos de controlo utilizados pelo fabricante [alíneas g) e h) do mesmo n.º 2 e n.º 9 do artigo 15.º][16]. Na eventualidade de os dados em causa não serem fornecidos, o pedido poderá ser indeferido[17].

---

[13] Aquilino Paulo da Silva Antunes, *O Acesso ..., (cit.)*, p. 374; Sally Shorthose e Sarah Fairccliffe, "Obtaining a Marketing Authorisation", *in Guide to EU Pharmaceutical Regulatory Law*, Seventh Edition, Sally Shorthose (ed.), The Netherlands, 2017, Kluwer Law International, pp. 157 e ss.

[14] Aquilino Paulo da Silva Antunes, *O Acesso ..., (cit.)*, p. 374.

[15] Aquilino Paulo da Silva Antunes, *O Acesso ..., (cit.)*, pp. 164-165.

[16] Aquilino Paulo da Silva Antunes, *O Acesso ..., (cit.)*, p. 377.

[17] Aquilino Paulo da Silva Antunes, *O Acesso ..., (cit.)*, pp. 378-379.

A decisão da autoridade nacional competente – no caso português, o INFARMED, I.P. – que recaia sobre o pedido de AIM é divulgada junto do público na página electrónica da mesma autoridade e, se for de deferimento ou deferimento com condições, é acompanhada do Resumo das Características do Medicamento (RCM) e do Folheto Informativo (FI) [segunda parte do n.º 1 e alínea b) do n.º 2 do artigo 26.º e n.º 1 e 4 a 6 do artigo 30.º do Estatuto do Medicamento][18]. A mesma autoridade comunica à Agência Europeia de Medicamentos (EMA) a autorização concedida e o RCM aprovado para o medicamento (n.º 4 do mesmo artigo 26.º)[19].

No âmbito do procedimento centralizado de AIM, também recai sobre a EMA um conjunto de deveres de revelação de informação junto do público quanto às obrigações associadas à AIM e o calendário para o seu cumprimento [n.º 3 do artigo 5.º do Regulamento (CE) n.º 726/2004, do Parlamento Europeu e do Conselho de 31 de Março de 2014, na sua redacção actual]; ao parecer do Comité dos Medicamentos para Uso Humano sobre o pedido de renovação (n.º 3 do artigo 6.º do mesmo Regulamento); e à inclusão no RCM e FI da menção à natureza condicional da AIM e da validade dessa autorização (artigo 8.º do indicado Regulamento)[20].

Ainda nesta fase da autorização administrativa de comercialização e como detalharemos mais adiante, o tema da transparência já se colocava com acuidade desde finais da década de 80 do século passado, a propósito da matéria dos preços e financiamento da aquisição dos medicamentos, mas tem conhecido nos últimos tempos novos desenvolvimentos.

(iii) Na fase de fabrico, distribuição e retalho também existe um conjunto de deveres de revelação de informação para os intervenientes no ciclo de vida do medicamento.

Por exemplo, a *autorização de fabrico* deve ser publicitada e registada na base de dados da União Europeia (n.º 4 do artigo 57.º do Estatuto do Medicamento); devem ser registadas na base de dados da União Europeia, pelas autoridades competentes, as situações de incumprimento das normas, princípios e directrizes sobre boas práticas de fabrico ou distribuição (n.º 6

[18] Aquilino Paulo da Silva Antunes, *O Acesso ..., (cit.)*, pp. 380-382.

[19] Aquilino Paulo da Silva Antunes, *O Acesso ..., (cit.)*, p. 382.

[20] Aquilino Paulo da Silva Antunes, *O Acesso ..., (cit.)*, p. 385.

do artigo 177.º do Estatuto do Medicamento)[21]; também recaem sobre o fabricante alguns deveres de revelação de informação – nomeadamente, informar a autoridade de qualquer alteração das informações fornecidas com o pedido, bem como de qualquer substituição imprevista do director técnico, e informar a autoridade e o titular da AIM, se tomar conhecimento do facto de os medicamentos abrangidos pela autorização de fabrico serem falsificados ou se suspeitar dessa possibilidade [alíneas c), d) e j) do n.º 1 do artigo 59.º do Estatuto do Medicamento][22]; o director técnico deve facultar aos interessados os relatórios de controlo de qualidade e de libertação do lote [alíneas a) a e) do n.º 1 do artigo 61.º do referido diploma][23]; o fabricante deve informar de imediato a autoridade competente sobre qualquer defeito de qualidade do medicamento, susceptível de conduzir à sua recolha ou à imposição de restrições anormais de fornecimento ou qualquer acção de suspensão da comercialização do medicamento ou da sua retirada no mercado, neste caso, pode ser também o titular da AIM a comunicar (n.ºs 1 e 2 do artigo 72.º do Estatuto do Medicamento). As decisões de recolha e seus motivos devem ser imediatamente comunicados à EMA e, quando possa estar em causa a Saúde Pública em países terceiros, também à Organização Mundial da Saúde (n.º 3 do mesmo artigo 72.º).

O *titular da AIM* fica ainda obrigado a fornecer às autoridades competentes um conjunto de informações reveladoras da disponibilidade do medicamento no mercado, nomeadamente o início da comercialização efectiva, bem como a sua suspensão e cessação, incluindo o teor e fundamentos dessas decisões, *inclusive*, em certos casos, de medicamentos colocados no mercado em país terceiro (n.ºs 1 a 5 do artigo 78.º do Estatuto do Medicamento). Devem também ser comunicadas à autoridade competente os factores susceptíveis de conduzir a falhas de abastecimento (n.º 6 do mesmo artigo 78.º). A referida informação poderá ser divulgada junto dos profissionais de saúde e do público em geral, de acordo com as prescrições do INFARMED, I.P., ou, caso o titular da AIM não o faça, poderá ser divulgada pela própria autoridade (n.ºs 7 e 8 do artigo 78.º citado).

Quanto à *distribuição por grosso* de medicamentos, o INFARMED, I.P., publicita na sua página electrónica a lista das entidades autorizadas à

---

21 Aquilino Paulo da Silva Antunes, *O Acesso ...*, *(cit.)*, p. 415.

22 Aquilino Paulo da Silva Antunes, *O Acesso ...*, *(cit.)*, p. 416.

23 Aquilino Paulo da Silva Antunes, *O Acesso ...*, *(cit.)*, pp. 415-416.

distribuição por grosso (n.º 4 do artigo 95.º-A do Estatuto do Medicamento) e, em alguns casos, está obrigado a introduzir na base de dados da União Europeia a informação sobre autorizações concedidas (n.º 5 do artigo 98.º do mesmo diploma). O distribuidor por grosso deve também informar a autoridade competente e, se necessário, o titular da AIM quanto ao recebimento ou oferta para aquisição de medicamentos falsificados ou suspeitos de serem falsificados [alínea l) do n.º 1 do artigo 100.º do Estatuto do Medicamento][24], bem como comunicar previamente a intenção de exportar certos medicamentos [alínea b) do n.º 2 e n.º 3 do mesmo artigo 100.º][25].

No *estádio do retalho* também recaem sobre as farmácias deveres de revelação de informação, como sucede, nomeadamente com os serviços prestados pelo estabelecimento e com os descontos nele praticados [alíneas c) e d) do n.º 1 do artigo 28.º do Decreto-Lei n.º 307/2007, de 31 de Agosto, na sua redacção actual][26].

(iv) Por último, na fase da utilização vigora um conjunto de deveres de revelação da informação relacionados com a segurança do medicamento, entre os quais avulta a actividade de farmacovigilância[27].

Nesse âmbito recai sobre o *titular da AIM* um vasto conjunto de deveres de revelação da informação, com o objectivo de dar a conhecer à autoridade competente qualquer indício de alteração da relação benefício-risco com base na qual foi concedida a AIM, os quais assentam, entre outros, nos deveres de recolha de suspeitas de reacção adversas, avaliação das mesmas e ponderação das medidas de segurança visando a prevenção ou minimização dos riscos[28].

A lei também faz recair sobre os *profissionais de saúde* o dever de reportar as suspeitas de reacções adversas medicamentosas[29]. Os doentes também têm vindo a ser sensibilizados no mesmo sentido[30].

---

[24] Aquilino Paulo da Silva Antunes, *O Acesso ..., (cit.)*, pp. 89, 416.

[25] Aquilino Paulo da Silva Antunes, *O Acesso ..., (cit.)*, p. 44.

[26] Aquilino Paulo da Silva Antunes, *O Acesso ..., (cit.)*, pp. 424-425.

[27] Aquilino Paulo da Silva Antunes, *O Acesso ..., (cit.)*, pp. 91-92, 161-193.

[28] Aquilino Paulo da Silva Antunes, *O Acesso ..., (cit.)*, pp. 170-179; Sally Shorthose, "Pharmacovigilance", *in Guide to EU Pharmaceutical Regulatory Law*, Seventh Edition, Sally Shorthose (ed.), The Netherlands, 2017, Kluwer Law International, pp. 330 e ss.

[29] Aquilino Paulo da Silva Antunes, *O Acesso ..., (cit.)*, pp. 180-184.

[30] Aquilino Paulo da Silva Antunes, *O Acesso ..., (cit.)*, p. 184.

As *autoridades* igualmente estão sujeitas a deveres de revelação da informação relacionadas com a farmacovigilância[31]. Assim, cabe ao INFARMED, I.P., entre outros aspectos, divulgar informação sobre segurança de medicamentos [alínea f) do n.º 1 do artigo 166.º e alínea d) do n.º 2 do artigo 167.º do Estatuto do Medicamento], bem como desenvolver e manter informação sobre a utilização de medicamentos [n.º 1 do artigo 170.º do Estatuto do Medicamento]. Avultam ainda diversas obrigações inerentes à participação no sistema europeu, nomeadamente as de comunicação de informação a outros Estados membros, à EMA e à Comissão Europeia[32].

Quanto às *autoridades da União Europeia*, também a EMA e a Comissão, entre outros, desenvolvem actividades à escala da União correspondentes àquelas que, a nível nacional, cabem ao INFARMED, I.P.[33].

3. TEMAS ONDE A QUESTÃO DA TRANSPARÊNCIA SOBRESSAI

Vimos alguns deveres de revelação de informação em termos muito sucintos. De seguida iremos debruçar-nos um pouco mais sobre alguns temas mais relevantes neste âmbito.

3.1. Administração aberta

Neste ponto iremos abordar, por um lado, as incidências do princípio da Administração Aberta na área do medicamento, em Portugal e, por outro lado, alguns aspectos da política de transparência aplicada pela EMA.

(i) O princípio da Administração Aberta[34], consagrado em termos gerais no n.º 2 do artigo 268.º da Constituição da República Portuguesa, no Código do Procedimento Administrativo e na Lei n.º 26/2016, de 22 de Agosto, e

---

[31] Aquilino Paulo da Silva Antunes, *O Acesso ..., (cit.)*, pp. 184-193.

[32] Aquilino Paulo da Silva Antunes, *O Acesso ..., (cit.)*, pp. 184-191.

[33] Aquilino Paulo da Silva Antunes, *O Acesso ..., (cit.)*, pp. 191-193.

[34] José Eduardo Figueiredo Dias, "Breve nótula sobre o direito à informação no CPA", *in Comentários ao Código do Procedimento Administrativo*, Volume II, 6.ª Edição, Carla Amado Gomes, Ana F. Neves, Tiago Serrão (coords.), Lisboa, 2023, AAFDL, pp. 5-33.

já aprofundado em outros artigos desta obra colectiva, para cuja leitura se remete, tem servido de base a alguns litígios entre a autoridade competente e algumas entidades, maioritariamente companhias farmacêuticas, relativos ao acesso a informação administrativa dos concorrentes em poder do INFARMED, I.P.

Esta matéria tem sofrido evolução legislativa, a qual tem motivado decisões judiciais com diferentes fundamentos, mas, de um modo geral, tais decisões são favoráveis ao fornecimento da informação requerida, expurgada da informação considerada confidencial.

Assim, no acórdão do Supremo Tribunal Administrativo (STA) de 6/10/1994, proferido no Proc. n.º 035682, na vigência do Decreto-Lei n.º 72/91, de 8 de Fevereiro, o Tribunal reconheceu ao requerente do acesso à informação um legítimo interesse nesse acesso, por pretender recorrer da decisão de concessão de AIM a um medicamento concorrente e que o titular desta AIM havia renunciado ao dever de sigilo funcional do INFARMED, I.P., ao requerer a remessa aos autos principais dos processos de AIM dos dois medicamentos.

Por acórdão do STA de 2 de Fevereiro de 1995, o Tribunal, invocando os artigos 17.º e 18.º da Constituição, os artigos 61.º a 65.º do Código do Procedimento Administrativo e a Lei n.º 65/93, de 26 de Agosto, decidiu pela compatibilização entre o direito à informação e o direito fundamental à propriedade intelectual (artigo 62.º da Constituição), decidindo dever ser preservada a confidencialidade dos documentos incorporados nos processos de AIM contendo segredos comerciais ou industriais.

Esta linha decisória foi seguida em outro acórdão.

No acórdão do STA de 20 de Maio de 2009, o Tribunal, estribando-se nos n.ºs 1 e 2 do artigo 268.º da Constituição, nos artigos 62.º a 64.º do Código do Procedimento Administrativo, no n.º 3 do artigo 188.º do Estatuto do Medicamento e na Lei n.º 46/2007, de 24 de Agosto, intimou o INFARMED, I.P., a facultar a uma empresa farmacêutica a consulta e reprodução da versão não confidencial do processo da AIM de um genérico concorrente ou, inexistindo essa versão, a consulta e reprodução de elementos do processo não contendo elementos referentes ao processo de fabrico e às especificações da substância activa, susceptíveis de revelar segredo industrial.

Esta linha decisória foi seguida em outros acórdãos.

O artigo 188.º do Estatuto do Medicamento veio consagrar um dever de confidencialidade para quem trabalha no INFARMED, I.P., relativamente aos documentos e elementos apresentados à mesma entidade, à EMA, à Comissão Europeia ou a uma autoridade competente de outro Estado membro, bem como a confidencialidade desses documentos e elementos (n.ºs 1 e 2).

O n.º 3 do mesmo artigo consagra uma presunção de classificação ou susceptibilidade de revelação de segredo comercial, industrial ou profissional, relativamente a qualquer dos referidos documentos e elementos, salvo se o Conselho Directivo do INFARMED, I.P., decidir em sentido contrário.

O n.º 5 do referido artigo 188.º, na sua redacção dada pela Lei n.º 62/2011, de 12 de Dezembro, veio definir a informação a revelar pelo INFARMED, I.P., relativa a pedidos de AIM de genéricos, para efeitos de recurso à arbitragem necessária por quem considerasse violados os seus direitos de propriedade industrial pelo pedido de AIM para certo genérico.

Este preceito veio a ser julgado inconstitucional pelo Acórdão n.º 2/2013, de 9 de Janeiro, do Tribunal Constitucional. Esta decisão e outra do Tribunal Central Administrativo do Sul de 30 de Abril de 2015, proferida no Processo n.º 12046/15 com argumentação similar, é passível de crítica, por permitir o acesso a mais informação do que a necessária e suficiente para instrução do pedido arbitral, bem como por permitir uma espécie de *information shopping* por parte das multinacionais farmacêuticas junto das jurisdições mais permissivas – apesar de todos os Estados membros da União Europeia se encontrarem vinculados ao princípio da Administração Aberta –, como sucede com a portuguesa[35].

(ii) No respeitante à política de transparência da EMA, a mesma tem sido encarada como um instrumento para aumentar a participação do público no processo decisório e de legitimação e responsabilização da Agência perante os cidadãos[36].

Tal como sucede com o INFARMED, I.P., a EMA é depositária de um extenso conjunto de dados e documentos, elaborados pelos seus serviços ou por terceiros, os quais contêm informação relevante sobre a segurança e

---

[35] Aquilino Paulo Antunes, "Arbitragem necessária sobre medicamentos *vs.* direitos de propriedade industrial e acesso à informação: Anotação ao Acórdão de 30 de Abril de 2015, proferido pelo Tribunal Central Administrativo do Sul no processo n.º 12046/15", *in Cadernos de Justiça Administrativa*, n.º 114, Novembro-Dezembro de 2015, pp. 44-49.

[36] Sergio Bonini, *et al*, "Transparency and the European Medicines Agency Clinical Trial Data", *in New England Journal of Medicine*, 25 de Dezembro de 2014, pp. 2452-2455.

eficácia dos medicamentos. O acesso a essa informação pelos utentes e pelos profissionais de saúde permite àqueles uma melhor capacitação quanto às propriedades dos medicamentos utilizados e permite a estes contribuírem para isso, mediante fornecimento de indicações com conhecimento de causa sobre o modo mais adequado de utilização. Confere-se, assim, maior autonomia ao doente e aumenta-se o seu bem-estar.

A política da EMA em matéria de transparência insere-se em duas vertentes: por um lado, a resposta a pedidos de acesso formulado por pessoas singulares ou colectivas e, por outro lado, a divulgação de informação de *motu proprio*[37].

No primeiro caso, a referida política assenta no Regulamento (CE) n.º 1049/2001 do Parlamento Europeu e do Conselho, de 30 de Maio de 2001, relativo ao acesso do público aos documentos do Parlamento Europeu, do Conselho e da Comissão, o qual consagra o direito de todos os cidadãos da União e todas as pessoas singulares ou colectivas que residam ou tenham a sua sede social num Estado-Membro de acesso a todos os documentos na posse das instituições, elaborados por estas, ou não (n.ºs 1 e 3 do artigo 2.º). O artigo 4.º do mesmo diploma consagra excepções, entre as quais avultam (i) as hipóteses de divulgação susceptíveis de prejudicar a protecção da vida privada e da integridade do indivíduo, nomeadamente nos termos da legislação comunitária relativa à protecção dos dados pessoais [alínea b) do n.º 1] e (ii) as hipóteses de divulgação susceptíveis de prejudicar a protecção de interesses comerciais das pessoas singulares ou colectivas, incluindo a propriedade intelectual, mas, neste caso, a excepção cede perante um interesse público superior que imponha a divulgação (n.º 2).

Esta diferença de regimes implica que a primeira excepção seja de aplicação obrigatória e a segunda seja de aplicação discricionária, assente numa análise caso-a-caso. Aquela excepção obedece ainda ao Regulamento (CE) n.º 45/2001 do Parlamento Europeu e do Conselho, de 18 de Dezembro de 2000, relativo à protecção das pessoas singulares no que diz respeito ao tratamento de dados pessoais pelas instituições e pelos órgãos comunitários

[37] Para um panorama comparativo da actuação das agências europeia, norte-americana e canadiana, em matéria de transparência, cfr. Brenda J. Huneycutt, *et al*, "Regulatory Agency Transparency for Drugs and Biologics: A Comparative Survey of the U.S. Food and Drug Administration, the European Medicines Agency, and Health Canada", *in Food and Drug Law Journal*, Vol. 75, 2021, pp. 498-551.

e à livre circulação desses dados. A EMA apenas autoriza o acesso quando esteja preenchida uma das situações permitidas pelas alíneas a) e b) do artigo 8.º deste Regulamento.

No que toca à informação comercial confidencial, a apreciação da EMA tem em consideração a jurisprudência do Tribunal de Justiça da União Europeia e as orientações produzidas conjuntamente pelos *Heads of Medicines' Agencies* e pela Agência, sendo que, de acordo com essas orientações, nem toda a informação fornecida pelas empresas é como tal qualificada.

No segundo caso, a EMA procede à divulgação proactiva de um conjunto de documentação, nomeadamente relacionada com a avaliação do medicamento e com o funcionamento de alguns dos comités, como é o caso das actas das reuniões[38].

3.2. Patentes

A patente constitui um mecanismo jurídico de protecção da informação revelada, com o objectivo de permitir ao seu titular a exploração comercial e industrial do invento – o qual deverá reunir as características de *novidade, actividade inventiva* e *aplicação industrial* – durante determinado período de tempo. Enquanto vigoram os direitos conferidos pela patente, não é, em regra, possível a entrada de concorrentes no mercado com *produto, processo de fabrico* ou *uso* que copiem o objecto da patente[39].

No âmbito das patentes e aquando do depósito do respectivo pedido, o inventor deve obrigatoriamente revelar o invento – "patentear é revelar" – em termos suficientes[40]. O *critério da suficiência* da revelação é permitir a qualquer perito na especialidade a reprodução do invento patenteado (n.º 3 do artigo 61.º e artigo 66.º do Código da Propriedade Industrial). Aliás, a insuficiência da revelação do invento poderá conduzir à recusa do pedido de patente [alínea e) do n.º 1 do artigo 75.º do mesmo Código][41].

---

[38] https://www.ema.europa.eu/en/about-us/how-we-work/transparency; PETER PAPATHANASIOU, *et al*, "Transparency in drug regulation: public assessment reports in Europe and Australia", *in Drug Discovery Today*, Volume 21, Number 11, Novembro de 2016, pp. 1806-1812;

[39] AQUILINO PAULO DA SILVA ANTUNES, *O Acesso ..., (cit.)*, pp. 195 e ss.

[40] AQUILINO PAULO DA SILVA ANTUNES, *O Acesso ..., (cit.)*, p. 200.

[41] E, em nossa opinião, se a patente vier a ser concedida, apesar dessa insuficiência, deverá ser invalidada.

Este dever da revelação do invento constitui *condição essencial* em matéria de patentes. Na realidade, os direitos conferidos pela patente constituem a *contrapartida estatal pelo contributo do invento para o avanço do estado de técnica,* decorrente da revelação do invento[42]. Esta revelação permite a outros inventores a investigação incremental e, por isso, o avanço do conhecimento[43].

Certos requerentes de patentes procuram cumprir este dever de modo a, na prática, inviabilizarem a reprodução do invento. No fundo, a técnica é *esconder os elementos essenciais à vista de todos,* misturando-os com elementos irrelevantes, cuja única utilidade é servirem para dissimular aqueles.

Recentemente, a questão do cumprimento do dever de revelação do invento coloca-se com maior acuidade relativamente aos recentes medicamentos de biotecnologia[44]. Na realidade, enquanto, no caso dos medicamentos de síntese química, o perito na matéria, eventualmente com o recurso ao apoio de uma ou outra Farmacopeia, dispõe de condições para reproduzir o invento e o medicamento ao qual respeita esse invento, já o mesmo não sucede com os medicamentos de biotecnologia.

Em termos muito sucintos, as razões pelas quais assim sucede são as seguidamente enunciadas. Desde logo, os medicamentos de biotecnologia partem de amostras biológicas, por natureza insusceptíveis de reprodução[45]. Por esse motivo, os medicamentos biológicos similares não são "idênticos" ao medicamento biológico de referência – como tendencialmente sucede com os medicamentos de síntese química (de referência e genérico) – mas apenas similares[46].

---

[42] Aquilino Paulo da Silva Antunes, *O Acesso ..., (cit.),* pp. 202-203; Aquilino Paulo Antunes, "Covid-19 e medicamentos: Vulnerabilidade, escassez e desalinhamento de incentivos", *in Revista da Faculdade de Direito da Universidade de Lisboa,* Ano LXII, Número 1, Tomo 1, pp. 160-166.

[43] Aquilino Paulo da Silva Antunes, *O Acesso ..., (cit.),* pp. 136, 199, *passim*; Aquilino Paulo Antunes, "Covid-19 ...", *(cit),* p. 162.

[44] Aquilino Paulo Antunes, "Covid-19 ...", *(cit),* pp. 160-166; Mark Martens e Nicolas Carbonnelle, "Biopharmaceuticals", *in Guide to EU Pharmaceutical Regulatory Law,* Seventh Edition, Sally Shorthose (ed.), The Netherlands, 2017, Kluwer Law International, pp. 505 e ss.

[45] Aquilino Paulo Antunes, "Covid-19 ...", *(cit),* pp. 160-166.

[46] Aquilino Paulo Antunes, "Covid-19 ...", *(cit),* p. 162.

Depois, a molécula do medicamento biológico é mais complexa, quando comparada com a molécula do medicamento de síntese química[47].

Além disso, o perito na matéria sediado em Portugal, se quiser contactar com a amostra de certo medicamento biológico, depositada aquando do pedido da patente, terá, na melhor das hipóteses, de se deslocar à Alemanha, local onde se situa o banco de amostras biológicas de patentes mais próximo do nosso país[48].

Mas, a objecção mais decisiva à reprodução do invento resulta do facto de a parte mais importante da produção do medicamento biológico ser o *know-how* de fabrico e não tanto a reprodução da molécula patenteada, ao contrário do que sucede com os medicamentos de síntese química[49].

Ora, atenta esta particularidade dos medicamentos biotecnológicos, de algum modo, poderá estar comprometido o objectivo Estatal do avanço do estado da técnica e de estímulo à investigação incremental, pois o perito na matéria pouco poderá fazer com o conteúdo revelado.

Assim, uma de três: (i) ou estas patentes deveriam ser invalidadas, por insuficiência da revelação do invento, (ii) ou deveria ser reforçado o dever de revelação do invento de biotecnologia, de modo a permitir a reprodução do invento em termos equivalentes aos das invenções de moléculas farmacêuticas de síntese química, (iii) ou a duração da patente para estes medicamentos deveria ser inferior, atendendo ao mais reduzido contributo destes inventos para o avanço do estado da técnica.

3.3. Ensaios clínicos e protecção de dados

Como é sabido, a obtenção de autorização administrativa de comercialização para novos medicamentos depende da apresentação – entre outros elementos – de resultados dos ensaios farmacêuticos, pré-clínicos e clínicos aptos a demonstrar, nomeadamente, a sua segurança e eficácia[50].

---

[47] Aquilino Paulo Antunes, "Covid-19 ...", *(cit)*, pp. 160-166; Mark Martens e Nicolas Carbonnelle, "Biopharmaceuticals", *(cit.)*, pp. 505 e ss.

[48] Aquilino Paulo Antunes, "Covid-19 ...", *(cit)*, pp. 157-158.

[49] Aquilino Paulo Antunes, "Covid-19 ...", *(cit)*, p. 166.

[50] Aquilino Paulo da Silva Antunes, *O Acesso ...*, *(cit.)*, pp. 373-382.

A realização destes ensaios é muito onerosa e morosa[51]. Para incentivar a indústria farmacêutica e as universidades a continuarem a investir na investigação e desenvolvimento de novos medicamentos, imprescindíveis à protecção da saúde pública, e porque os resultados dos ensaios têm de ser facultados à autoridade competente para conceder a autorização de comercialização, o legislador da União Europeia – à semelhança de certos países, como os Estados Unidos da América e no Japão – criou mecanismos jurídicos para proteger essa informação[52]. Estes mecanismos igualmente consagram períodos de exclusivo da exploração comercial e industrial do medicamento.

Assim, a legislação em vigor não permite à autoridade competente receber e dar seguimento a um pedido de AIM para um genérico antes de decorridos 8 anos sobre a data da primeira AIM do medicamento de referência no Espaço Económico Europeu[53]. E a exploração comercial do genérico não poderá iniciar-se antes de decorridos, em regra, 10 anos sobre a mesma data; em certos casos, antes de decorridos 11 anos. No caso de medicamentos órfãos, a comercialização do genérico poderá iniciar-se, em regra, antes de decorridos 10 anos sobre a designação como medicamento órfão[54]. Quanto aos medicamentos para uma indicação pediátrica, os 10 anos para início da comercialização do genérico poderão, por opção do titular da AIM, ser prorrogados para 12 anos[55].

Sob a perspectiva da transparência, tem vindo a desenhar-se um movimento no sentido de permitir-se o acesso e a reutilização dos dados provenientes de ensaios clínicos, para promoção da saúde pública[56].

---

[51] Aquilino Paulo da Silva Antunes, *O Acesso ..., (cit.)*, p. 120.

[52] Aquilino Paulo da Silva Antunes, *O Acesso ..., (cit.)*, pp. 60-62, 195 e ss, *passim*.

[53] Aquilino Paulo da Silva Antunes, *O Acesso ..., (cit.)*, pp. 215-219.

[54] Aquilino Paulo da Silva Antunes, *O Acesso ..., (cit.)*, pp. 219-220.

[55] Aquilino Paulo da Silva Antunes, *O Acesso ..., (cit.)*, pp. 220-221; Sally Shorthose, "Clinical Trials", *in Guide to EU Pharmaceutical Regulatory Law*, Seventh Edition, Sally Shorthose (ed.), The Netherlands, 2017, Kluwer Law International, pp. 94-95.

[56] Para um panorama dos regimes de revelação de informação regulatória em várias jurisdições, cfr. Alexander C. Egilman, *et al*, "Transparency of Regulatory Data across the European Medicines Agency, Health Canada, and US Food and Drug Administration", *in Journal of Law, Medicine & Ethics*, 49, 2021, pp. 456-465; Stefano Marino e Spyridon Drosos, "The European Medicines Agency's Approach to Transparency", *in Transparency in Health and Health Care in the United States: Law and Ethics*, Lynch, H., Cohen, I., Shachar, C., & Evans, B. (Eds.), Cambridge, 2019, Cambridge University Press, pp. 220-224.

Esse movimento visa lidar com o problema de estes mecanismos de protecção da informação não permitirem o acesso pelos profissionais de saúde e pelos investigadores a dados relevantes para a segurança do medicamento. Esta *investigação secundária* dos dados permite, por um lado, verificar a fiabilidade dos resultados originais; por outro lado, facilitar outra investigação secundária essencial, como sejam a avaliação de taxas de eventos adversos ou a identificação de *surrogate endpoints*; por outro lado, ainda, evitar a duplicação de ensaios desnecessários e com certo grau de risco para os participantes; por último, promover a confiança do público em geral, através da transparência[57]. Há ainda outra vantagem cada vez mais relevante: o acesso a estes dados permite a sua análise mediante recurso à inteligência artificial e ao *machine learning*, tendo em vista diversas utilidades, entre as quais avulta a reconversão e desenvolvimento de novos usos de medicamentos conhecidos[58].

Neste sentido, o citado Regulamento (UE) n.º 536/2014 relativo aos ensaios clínicos já impõe às autoridades o dever de lançar informação relevante na base de dados europeia de ensaios clínicos, acessível até pelo público em geral [cfr. Considerandos (25) e (67), n.ºs 4 e 8 do artigo 37.º e n.ºs 4 a 7 do artigo 81.º do citado Regulamento][59].

A acessibilidade a dados dos ensaios clínicos através do designado *CTIS-Clinical Trials Information System*, pese a sua utilidade[60], tem suscitado uma dificuldade de monta. Trata-se do risco de revelação de informação comercialmente confidencial contida nos dados provenientes de ensaios clínicos[61]. Por este motivo, o Regulamento prevê o diferimento da revelação

---

[57] BARBARA E. BIERER, *et al*, "Transparency and Clinical Trial Data Sharing", *in Transparency in Health and Health Care in the United States: Law and Ethics*, LYNCH, H., COHEN, I., SHACHAR, C., & EVANS, B. (Eds.), Cambridge, 2019, Cambridge University Press, p. 196.

[58] ZANETA ZEMLA-PACUD E GABRIELA LENARCZYK, "Clinical Trial Data Transparency in the EU: Is the New Clinical Trials regulation a Game-Changer?", *in International Review of Intellectual Property and Competition Law*, 54, 2023, p. 732.

[59] CHRISTIAN DITTRICH, *et al*, "An ESMO-EORTC position paper on the EU clinical trials regulation and EMA's transparency policy: making European research more competitive again", *in Annals of Oncology*, 26, 2015, pp. 829-832.

[60] ILSE-MARIA NOLAN, *et al*, "Preparing for data transparency requirements of the new EU CTR", *in Regulatory Rapporteur*, Vol. 18, N.º 6, June 2021, pp- 3-7.

[61] ROSA GONZALEZ-QUEVEDO, *et al*, "European Medicines Agency seeks stakeholders' views on future transparency measures for clinical trials", *in British Journal of Clinical Pharmacology*,

de determinada informação, como sucede com os dados dos ensaios de fase I, a qual pode atingir vários anos, representando uma demora susceptível de comprometer os objectivos de Saúde Pública subjacentes ao dever de revelação[62]. Esta matéria continua a gerar controvérsia, tendo a EMA lançado uma consulta pública sobre o melhor equilíbrio a estabelecer, a qual terminou no passado dia 28 de Junho de 2023[63], aguardando-se novos desenvolvimentos num futuro próximo.

O acesso aos dados pessoais dos participantes no ensaio suscita ainda o problema da compatibilização com o Regulamento (UE) n.º 2016/679 [aprova o Regulamento Geral de Protecção de Dados (RGPD)]. Este problema decorre da dificuldade de total anonimização de dados pessoais sensíveis, como é o caso dos dados de saúde, e da ainda maior dificuldade de obtenção do consentimento do titular dos dados pessoais[64].

Aliás, a possibilidade de solicitação do consentimento aos titulares é praticamente inviável, não só porque os mesmos poderão encontrar-se espalhados por vários pontos do Globo, mas também porque só um conjunto completo de dados é susceptível de permitir a validação de resultados anteriores. A eventual recusa de consentimento por parte de um ou mais titulares individuais de dados pessoais – ou qualquer impossibilidade prática de obter esse consentimento – compromete a utilidade de todo o conjunto de dados, por poder conduzir a resultados distintos, apenas por motivo dessa incompletude[65]. Por isso, a solução é a absoluta anonimização, extremamente difícil em dados de saúde, face ao conceito de identificabilidade estabelecido no n.º 1) do artigo 4.º do RGPD.

Por este motivo, encontra-se no processo legislativo uma proposta de regulamento que cria o Espaço Europeu de Dados de Saúde[66], desconhecendo-se

---

2023, pp. 1-3; Zaneta Zemla-Pacud e Gabriela Lenarczyk, "Clinical ...", *(cit.)*, pp. 746-755; Stefano Marino e Spyridon Drosos, "The European ...", *(cit.)*, pp. 217-220.

[62] Rosa Gonzalez-Quevedo, *et al*, "European ...", *(cit.)*, pp. 1-3; Zaneta Zemla-Pacud e Gabriela Lenarczyk, "Clinical ...", *(cit.)*, pp. 757-761.

[63] https://www.europeanpharmaceuticalreview.com/news/182259/ema-to-review-ctis-transparency-rules/

[64] Barbara E. Bierer, *et al*, "Transparency ...", *(cit.)*, p. 196; Stefano Marino e Spyridon Drosos, "The European ...", *(cit.)*, pp. 215-217.

[65] Barbara E. Bierer, *et al*, "Transparency ...", *(cit.)*, p. 197.

[66] https://eur-lex.europa.eu/resource.html?uri=cellar:dbfd8974-cb79-11ec-b6f4-01aa75ed71a1.0001.02/DOC_1&format=PDF.

por ora qual o seu possível desfecho, a qual se insere na estratégia europeia para os dados[67].

3.4. Autorizações de preços e de financiamento da aquisição de medicamentos

Outra área na qual se suscita o tema da transparência é a dos preços e do financiamento da aquisição de novos medicamentos.

Numa primeira acepção, temos a Directiva n.º 89/105/CE, do Conselho de 21 de Dezembro de 1988, relativa à transparência das medidas regulamentares da formação do preço das especialidades farmacêuticas para uso humano e a sua inclusão nos sistemas nacionais de seguro de saúde. No fundo, a referida Directiva veio harmonizar os regimes de fixação de preços e de decisões de financiamento da aquisição de medicamentos, estabelecendo prazos para essas decisões e exigindo a fundamentação das decisões desfavoráveis. Trata-se de transparência das autoridades competentes para a fixação de preço e para as decisões de financiamento perante as companhias farmacêuticas.

Mas não só. Curiosamente, o artigo 5.º da mesma Directiva já estabelecia regras para a eventualidade de o Estado membro adoptar um "sistema de controlo directo ou indirecto da rentabilidade" das companhias farmacêuticas, obrigando-o a publicar e a comunicar à Comissão: (i) o método ou métodos utilizados no Estado membro para a definição da rentabilidade: rendimento do volume de vendas e/ou rendimento do capital; (ii) o leque das margens de lucro de referência correntemente admitidas para as entidades titulares de AIM no mesmo Estado; (iii) os critérios segundo os quais são atribuídas as margens de lucro de referência aos titulares de AIM, bem como os critérios segundo os quais esses titulares serão autorizados no Estado membro a reter lucros acima das margens que lhes são atribuídas; (iv) a percentagem máxima de lucro que qualquer titular de AIM é, nesse Estado, autorizada a reter acima da sua margem de lucro.

Ou seja, embora um pouco *a contrario*, a Directiva já permite desde 1989 aos Estados membros o estabelecimento de deveres de revelação de informação por parte das companhias farmacêuticas.

---

[67] https://eur-lex.europa.eu/legal-content/PT/TXT/PDF/?uri=CELEX:52020DC0066.

Todavia, as disposições deste artigo 5.º nunca foram transpostas para o direito português. Apenas foram transpostas as demais disposições da Directiva.

Não dispomos de informação sobre se o artigo 5.º da mesma Directiva foi alguma vez transposto para o direito interno de algum Estado membro, mas na verdade nunca localizámos qualquer referência a esse facto. A resposta a essa questão será provavelmente negativa, atendendo ao que referiremos mais adiante.

Uma segunda acepção do tema da transparência em matérias de preços e financiamento da aquisição de medicamentos diz respeito à assimetria informativa entre o titular da AIM e a autoridade competente, quanto às propriedades do medicamento – nomeadamente quanto à sua maior segurança e maior eficácia relativamente ao arsenal terapêutico disponível financiado[68]. No caso dos novos medicamentos, os primeiros estudos disponíveis relativos a cada medicamento são geralmente levados a cabo pelo titular da AIM ou patrocinados por este, suscitando dúvidas quanto à sua completa fidedignidade, atento o risco de conflitos de interesse.

Por estes motivos, as decisões de financiamento de novos medicamentos tendem a ser sujeitas à celebração de contratos. Estes instrumentos visam reforçar os deveres de revelação pelo titular da AIM das propriedades do medicamento. Além disso, as decisões de financiamento ao abrigo de contrato são limitadas no tempo, de modo a evitar o impacto negativo de uma decisão de financiamento por tempo indeterminado, a qual, na prática, se revela depois difícil de reverter ou revogar. Esta matéria encontra-se actualmente muito regulada na lei portuguesa [Decreto-Lei n.º 97/2015, de 1 de Junho, na sua redacção actual e Portaria n.º 195-A/2015, de 30 de Junho, na sua redacção actual], embora algumas soluções adoptadas possam ser controversas[69].

A terceira acepção do tema da transparência quanto a preços e financiamento – a qual, de algum modo, poderia estar esbatida, caso os Estados membros tivessem transposto para o seu direito interno o citado artigo 5.º da Directiva n.º 89/105/CEE – diz respeito à assimetria informativa existente entre as companhias farmacêuticas e as autoridades competentes, no que se refere aos custos de investigação, desenvolvimento, produção e

[68] Aquilino Paulo da Silva Antunes, *O Acesso ...*, *(cit.)*, pp. 107-108.

[69] Aquilino Paulo da Silva Antunes, *O Acesso ...*, *(cit.)*, pp. 441-452.

comercialização dos novos medicamentos. Esta informação revela-se essencial para aferir da justeza do preço pretendido pela companhia farmacêutica para um novo medicamento ou, pelo contrário, para determinar se se estará perante uma situação de abuso de posição dominante, proibida pelo direito da concorrência da União Europeia[70].

Tem vindo nos últimos anos – principalmente após as questões dos preços dos medicamentos para a Hepatite C e para os cada vez mais elevados preços dos medicamentos oncológicos – a ser internacionalmente reivindicada por vários autores e em vários *fora* o aumento da transparência por parte da indústria farmacêutica quanto a esses custos[71]. No entanto, essa pretensão conta com evidente resistência por parte da indústria farmacêutica.

A prova mais evidente da dificuldade em levar a indústria farmacêutica a revelar estes custos resulta do facto de, no âmbito da revisão da legislação

[70] Nos termos do Acórdão do Tribunal de Justiça da União Europeia de 14 de Fevereiro de 1978, proferido no Processo C-27/76, *United Brands*, §§ 250-255, e da decisão da Comissão de 23 de Julho de 2004, proferida no Caso COMP/A.36.570/D3 – *Sundbusserne v Port of Helsingborg*, § 147, os preços excessivos, para efeitos de determinação do abuso de posição dominante, nos termos da alínea a) do artigo 102.º do Tratado sobre o Funcionamento da União Europeia, obedecem a dois requisitos cumulativos: devem evidenciar uma diferença excessiva entre os custos efectivamente incorridos pela companhia e os preços cobrados, por um lado, e devem ser injustos, por si só ou por comparação com produtos concorrentes, por outro lado.

[71] Ameet Sarpatwari, *et al*, "Transparency on Prescription Drug Research Expenditures: A Lever for Restraining Pricing?", *in Transparency in Health and Health Care in the United States: Law and Ethics*, Lynch, H., Cohen, I., Shachar, C., & Evans, B. (Eds.), Cambridge, 2019, Cambridge University Press, pp. 121-131; Katrina Perehudoff, "European governments should align medicines pricing practices with global transparency norms and legal principles", *in The Lancet*, Vol. 16, May 2022, pp. 1-2; Nora Franzen, *More transparency in the pharmaceutical market can increase the affordability of medicines, without comprising investments in R&D, paper*, pp. 2-4, disponível em: https://www.euractiv.com/section/health-consumers/opinion/more-transparency-in-the-pharmaceutical-market-can-increase-the-affordability-of-medicines-without-comprising-investments-in-rd/ ; *Greens/EFA action plan: Affordable and Accessible Medicines for All, paper*, 9 de Dezembro de 2020, disponível em: https://www.greens-efa.eu/en/article/positionpaper/affordable-and-accessible-medicines-for-all; International Association of Mutual Benefit Societies (AIM), *AIM proposes to establish a European drug pricing model for fair and transparent prices for accessible pharmaceutical innovations, paper*, Dezembro de 2019, pp. 1-8, disponível em: https://www.aim-mutual.org/wp-content/uploads/2019/12/AIMfairpricingModel.pdf.

farmacêutica da União Europeia recentemente anunciada[72], ter sido introduzida a proposta de um novo dever de revelação de informação por parte da companhia farmacêutica sobre se a investigação e desenvolvimento do medicamento foi financiada com recurso a fundos públicos. Comparada com o objectivo – conhecer toda a estrutura de custos – esta é uma solução cujo alcance fica evidentemente aquém do pretendido e é, por isso mesmo, passível de crítica, mas tem, apesar disso, suscitado forte oposição por parte da indústria farmacêutica.

A indústria farmacêutica contra-argumenta referindo que a revelação dos custos ignora os custos com a *investigação e desenvolvimento malograda*[73]. Conforme defendemos em outro lugar, a indústria farmacêutica só terá incentivo para revelar custos quando reconhecer vantagem própria nessa revelação. Para isso, será necessária a adopção de incentivos para o efeito, como é o caso de um novo sistema de incentivo à investigação e desenvolvimento de novos medicamentos, adaptado a estes produtos e suficientemente atractivo para levar as companhias farmacêuticas a por ele optarem[74].

Há ainda outra vertente relacionada com os preços dos medicamentos, para a qual é reclamada transparência. Trata-se dos designados *preços secretos*[75]. No fundo, estes preços não revelados são geralmente inferiores aos preços divulgados pelos diversos países como preços máximos e resultam de um certo conluio entre as companhias farmacêuticas e os Estados para fornecer-lhes medicamentos a preços mais baixos, sem influenciar a *referenciação internacional de preços*[76]. A referenciação internacional de preços é praticada em vários países, incluindo Portugal, para determinar os preços

[72] https://health.ec.europa.eu/medicinal-products/pharmaceutical-strategy-europe/reform-eu-pharmaceutical-legislation_en.

[73] Ameet Sarpatwari, *et al*, "Transparency ...", *(cit)*, pp. 128-129. Sobre o tema da investigação malograda, cfr. Aquilino Paulo Antunes, "Mecanismos de incentivo à investigação e desenvolvimento de medicamentos: existe alternativa?", *in Revista da Faculdade de Direito da Universidade de Lisboa*, Ano LXIV, Número 1, Tomo 1, pp. 297-328, *passim*.

[74] Aquilino Paulo Antunes, "Mecanismos...", *(cit)*, pp. 297-328.

[75] Kasper Ernst e Olga Rupert, *Transparency Directive Revision: Position Paper*, Bruxelas, 18 de Dezembro de 2020, pp. 2-4, disponível em: https://affordablemedicines.eu/wp-content/uploads/2020/12/Position-paper_Transparency-Directive-Revision_211220.pdf.

[76] Aquilino Paulo da Silva Antunes, *O Acesso ...*, *(cit.)*, pp. 93, 115, 117, 119, 430, 437; Pedro Pita Barros, *Economia da Saúde: Conceitos e Comportamentos*, 4.ª Edição, Coimbra, 2019, Almedina, pp. 404-405; *WHO guideline on country pharmaceutical pricing policies*, Second Edition, pp. 8-10, disponível em: https://www.who.int/publications/i/item/9789240011878.

dos novos medicamentos por comparação com os preços praticados em outros Estados[77].

Por este motivo, quanto mais baixos forem os preços nos Estados com os quais é comparado o preço do novo medicamento, mais baixo será este preço. Assim, as companhias farmacêuticas exigem que os preços mais baixos permaneçam secretos, de modo a não influenciar negativamente os preços em outros mercados de maior dimensão, bem como a não fomentarem as exportações paralelas de medicamentos de países onde o preço é mais baixo para países onde o preço é mais elevado[78]. De resto, os Pareceres n.ºs 32/2015 e 32/2015-C do Conselho Consultivo da Procuradoria-Geral da República, relativos aos medicamentos para a Hepatite C dão conta disto, ao mencionarem determinados preços para esses medicamentos antes de descontos de quantidade. Estes descontos, que não são revelados, conduzem, após a sua aplicação, aos preços secretos, isto é, aos *preços realmente praticados*.

3.5. Conflitos de interesse

O tema da transparência é essencial na área do medicamento também para revelar eventuais conflitos de interesse, de modo a permitir a sua avaliação e gestão[79].

Entre outros aspectos, assume importância a revelação de potenciais conflitos de interesse de investigadores, profissionais de saúde e associações de doentes que recebam benefícios da indústria farmacêutica[80].

O mesmo se diga dos profissionais membros de comissões, grupos de trabalho ou júris de concursos destinados a avaliar medicamentos ou candidaturas de fornecimento de medicamentos[81].

---

[77] Aquilino Paulo da Silva Antunes, *O Acesso ...*, *(cit.)*, pp. 423-428.

[78] Aquilino Paulo da Silva Antunes, *O Acesso ...*, *(cit.)*, pp. 63 e ss, 393-398, *passim*.

[79] Aquilino Paulo da Silva Antunes, *O Acesso ...*, *(cit.)*, pp. 321-342; Daniela Cepeda Quadrado e Daniel Sejeroe Hausenkamph, *Phamaceutical companies' payments to healthcare professionals: an eclipse of global transparency, paper*, pp. 1-6, disponível em https://www.u4.no/blog/pharmaceutical-payments-to-healthcare-professionals.

[80] Aquilino Paulo da Silva Antunes, *O Acesso ...*, *(cit.)*, pp. 349-360.

[81] Aquilino Paulo da Silva Antunes, *O Acesso ...*, *(cit.)*, pp. 360-365.

4. INEFICIÊNCIAS E OPORTUNIDADES DE MELHORIA

Os mecanismos de revelação da informação proliferantes pelo regime jurídico do medicamento poderão, por vezes, ser percebidos como excessivos; em outras situações, esses mecanismos ficam aquém do necessário ou desejável; em outros casos, ainda, parecem suscitar dificuldades de articulação com outros regimes igualmente relevantes, com os quais colidem. Vejamos alguns exemplos.

Quanto às patentes de biotecnologia, e como referimos, o dever de revelação do invento parece não atingir o objectivo de permitir a investigação incremental e o avanço do estado da técnica nos termos esperados pelo legislador, os quais justificam a contrapartida estatal correspondente aos direitos conferidos pela patente.

Relativamente à revelação dos custos com a investigação, desenvolvimento, produção, distribuição e promoção de medicamentos, a proposta da Comissão Europeia, restrita aos financiamentos públicos ao desenvolvimento de medicamentos, terá na sua génese o movimento surgido em sede de pandemia por COVID-19, o qual veio propor a *quebra das patentes* de vacinas investigadas mediante o recurso a fundos públicos[82].

No entanto, a informação em causa é manifestamente insuficiente para conhecer *todos* os custos incorridos pela companhia farmacêutica. Além disso, o conhecimento da existência de financiamento público poderá ser inconsequente, pois não se vislumbra quais as implicações decorrentes da revelação dessa informação e, mesmo que venham a ser definidas, ainda se colocará a questão de saber se serão implementadas na prática.

Por exemplo, os Estados Unidos da América dispõem desde a década de 80 do século passado dos designados *march-in rights*, relativos a patentes resultantes, no todo ou em parte, de financiamento federal. Estes *march-in rights* permitem a referida *quebra das patentes*, mas nunca foram exercidos[83]. No caso da proposta da Comissão Europeia não se extrai, sequer, qualquer consequência para a revelação dos financiamentos públicos, podendo, por isso, tornar-se inútil. De resto, foi o que sucedeu com o artigo 5.º da Directiva n.º 89/105/CEE, que aparentemente nunca foi transposto para os ordenamentos nacionais dos Estados membros.

---

82 Aquilino Paulo Antunes, "Covid-19 ...", *(cit.)*, pp. 157-158.

83 Aquilino Paulo Antunes, "Mecanismos ...", *(cit.)*, pp. 306-307.

Além disso, nesta matéria, o Estado português só poderá queixar-se de si próprio, pois nunca transpôs o citado artigo 5.º da Directiva n.º 89/105/CEE. Embora, em abstracto, essa transposição apenas seja susceptível de permitir o estabelecimento de *presunções de rendimentos*[84] e não tanto o conhecimento de custos, o estabelecimento dessas presunções poderia surgir associado à concessão à companhia farmacêutica da faculdade de ilidir tais presunções, mediante o oferecimento de *prova dos seus reais custos e proveitos*. Esta faculdade constituiria um incentivo importante à revelação dos custos para ilidir a presunção.

Também o dever de notificação de reacções adversas por parte dos profissionais de saúde poderá encontrar-se praticamente comprometido pelo objectivo de evitar a auto-incriminação, quando essas reacções hajam resultado de erro ou má-prática e possam implicar responsabilidade criminal ou contra-ordenacional, disciplinar e civil.

Dito de outro modo, porventura, estas e outras abordagens adoptadas para regular estas matérias – essencialmente, do tipo *command and control* – poderão não ser as mais adequadas para lidar com os intervenientes no ciclo de vida do medicamento e, em particular, com as companhias farmacêuticas.

Muito provavelmente será preferível o estabelecimento de outras tipologias de incentivos, aptas a estimularem uma revelação mais proactiva da informação, tal como a acabada de referir – faculdade de ilidir as presunções de rendimentos – ou como as, por nós preconizada em outro lugar, a qual poderá conduzir à revelação voluntária dos custos da investigação e desenvolvimento de medicamentos, para facilitar a aplicação de um mecanismo alternativo de incentivo a essa investigação e desenvolvimento, mais favorável às companhias farmacêuticas[85].

5. CONCLUSÕES

No ciclo de vida do medicamento existem vários deveres de transparência por parte das entidades nele intervenientes. Na sua maioria, os mesmos justificam-se por razões protecção da Saúde Pública e visam esbater diversos níveis de assimetrias informativas.

[84] Um pouco à semelhança do que se verifica nas presunções de rendimentos previstas nos artigos 87.º e seguintes da Lei Geral Tributária, assentes em sinais exteriores de riqueza.

[85] Aquilino Paulo Antunes, "Mecanismos ...", *(cit)*, pp. 327.

Não obstante, a opção de actuação pública tem assentado essencialmente em soluções *command and control*[86], as quais são, em nossa opinião, menos adequadas a atingir os objectivos visados, parecendo mais eficiente a adopção de soluções aptas a incentivarem essas entidades a fazê-lo proactivamente, por se revelar mais vantajoso para os seus interesses.

REFERÊNCIAS DOUTRINAIS

ALEXANDER C. EGILMAN, *et al*, "Transparency of Regulatory Data across the European Medicines Agency, Health Canada, and US Food and Drug Administration", *in Journal of Law, Medicine & Ethics*, 49, 2021.

AMEET SARPATWARI, *et al*, "Transparency on Prescription Drug Research Expenditures: A Lever for Restraining Pricing?", *in Transparency in Health and Health Care in the United States: Law and Ethics*, LYNCH, H., COHEN, I., SHACHAR, C., & EVANS, B. (Eds.), Cambridge, 2019, Cambridge University Press.

AQUILINO PAULO ANTUNES, "Arbitragem necessária sobre medicamentos *vs.* direitos de propriedade industrial e acesso à informação: Anotação ao Acórdão de 30 de Abril de 2015, proferido pelo Tribunal Central Administrativo do Sul no processo n.º 12046/15", *in Cadernos de Justiça Administrativa*, n.º 114, Novembro-Dezembro de 2015.

AQUILINO PAULO ANTUNES, "Covid-19 e medicamentos: Vulnerabilidade, escassez e desalinhamento de incentivos", *in Revista da Faculdade de Direito da Universidade de Lisboa*, Ano LXII, Número 1, Tomo 1.

AQUILINO PAULO ANTUNES, "Mecanismos de incentivo à investigação e desenvolvimento de medicamentos: existe alternativa?", *in Revista da Faculdade de Direito da Universidade de Lisboa*, Ano LXIV, Número 1, Tomo 1.

AQUILINO PAULO DA SILVA ANTUNES, *O Acesso a Medicamentos em Portugal: Uma Análise Jurídico-Económica*, Lisboa, 2020, AAFDL.

BARBARA E. BIERER, *et al*, "Transparency and Clinical Trial Data Sharing", *in Transparency in Health and Health Care in the United States: Law and Ethics*, LYNCH, H., COHEN, I., SHACHAR, C., & EVANS, B. (Eds.), Cambridge, 2019, Cambridge University Press.

[86] Em certos casos, como sucede com as informações a incluir no requerimento de AIM, não serão tanto *deveres*, mas meros *ónus* jurídicos,

Brenda J. Huneycutt, *et al*, "Regulatory Agency Transparency for Drugs and Biologics: A Comparative Survey of the U.S. Food and Drug Administration, the European Medicines Agency, and Health Canada", *in Food and Drug Law Journal*, Vol. 75, 2021.

Christian Dittrich, *et al*, "An ESMO-EORTC position paper on the EU clinical trials regulation and EMA's transparency policy: making European research more competitive again", *in Annals of Oncology*, 26, 2015.

Daniela Cepeda Quadrado e Daniel Sejeroe Hausenkamph, *Phamaceutical companies' payments to healthcare professionals: an eclipse of global transparency, paper*, pp. 1-6, disponível em https://www.u4.no/blog/pharmaceutical-payments-to-healthcare-professionals.

Eliana Barrenho e Ruth Lopert, *Exploring the consequences of greater price transparency on the dynamics of pharmaceutical markets*, OECD Health Working Papers No. 146, 2022, pp. 5 e ss.

Fernando Araújo, *Introdução à Economia-I*, 4.ª Edição, Lisboa, 2021, AAFDL.

Fernando Araújo, *Introdução à Economia-II*, 4.ª Edição, Lisboa, 2022, AAFDL.

Ilse-Maria Nolan, *et al*, "Preparing for data transparency requirements of the new EU CTR", *in Regulatory Rapporteur*, Vol. 18, N.º 6, June 2021.

International Association of Mutual Benefit Societies (AIM), *AIM proposes to establish a European drug pricing model for fair and transparent prices for accessible pharmaceutical innovations, paper*, Dezembro de 2019, pp. 1-8, disponível em: https://www.aim-mutual.org/wp-content/uploads/2019/12/AIMfairpricingModel.pdf

José Eduardo Figueiredo Dias, "Breve nótula sobre o direito à informação no CPA", *in Comentários ao Código do Procedimento Administrativo*, Volume II, 6.ª Edição, Carla Amado Gomes, Ana F. Neves, Tiago Serrão (coords.), Lisboa, 2023, AAFDL.

Kasper Ernst e Olga Rupert, *Transparency Directive Revision: Position Paper*, Bruxelas, 18 de Dezembro de 2020, pp. 2-4, disponível em: https://affordablemedicines.eu/wp-content/uploads/2020/12/Position-paper_Transparency-Directive-Revision_211220.pdf.

Katrina Perehudoff, "European governments should align medicines pricing practices with global transparency norms and legal principles", *in The Lancet*, Vol. 16, May 2022.

Mark Martens e Nicolas Carbonnelle, "Biopharmaceuticals", *in Guide to EU Pharmaceutical Regulatory Law*, Seventh Edition, Sally Shorthose (ed.), The Netherlands, 2017, Kluwer Law International.

Nora Franzen, *More transparency in the pharmaceutical market can increase the affordability of medicines, without comprising investments in R&D, paper*, pp. 1-4, disponível em: https://www.euractiv.com/section/health-consumers/opinion/more-transparency-in-the-pharmaceutical-market-can-increase-the-affordability-of-medicines-without-comprising-investments-in-rd/.

PETER PAPATHANASIOU, *et al*, "Transparency in drug regulation: public assessment reports in Europe and Australia", *in Drug Discovery Today*, Volume 21, Number 11, Novembro de 2016.

ROSA GONZALEZ-QUEVEDO, *et al*, "European Medicines Agency seeks stakeholders' views on future transparency measures for clinical trials", *in British Journal of Clinical Pharmacology*, 2023.

SALLY SHORTHOSE E SARAH FAIRCLIFFE, "Obtaining a Marketing Authorisation", *in Guide to EU Pharmaceutical Regulatory Law*, Seventh Edition, SALLY SHORTHOSE (ed.), The Netherlands, 2017, Kluwer Law International.

SALLY SHORTHOSE E TASMINA GORAYA, "Overview of Intellectual Property Rights", *in Guide to EU Pharmaceutical Regulatory Law*, Seventh Edition, SALLY SHORTHOSE (ed.), The Netherlands, 2017, Kluwer Law International.

SALLY SHORTHOSE, "Clinical Trials", *in Guide to EU Pharmaceutical Regulatory Law*, Seventh Edition, SALLY SHORTHOSE (ed.), The Netherlands, 2017, Kluwer Law International.

SALLY SHORTHOSE, "Pharmacovigilance", *in Guide to EU Pharmaceutical Regulatory Law*, Seventh Edition, SALLY SHORTHOSE (ed.), The Netherlands, 2017, Kluwer Law International.

SERGIO BONINI, *et al*, "Transparency and the European Medicines Agency Clinical Trial Data", *in New England Journal of Medicine*, 25 de Dezembro de 2014.

STEFANO MARINO E SPYRIDON DROSOS, "The European Medicines Agency's Approach to Transparency", *in Transparency in Health and Health Care in the United States: Law and Ethics*, LYNCH, H., COHEN, I., SHACHAR, C., & EVANS, B. (Eds.), Cambridge, 2019, Cambridge University Press.

ZANETA ZEMLA-PACUD E GABRIELA LENARCZYK, "Clinical Trial Data Transparency in the EU: Is the New Clinical Trials regulation a Game-Changer?", *in International Review of Intellectual Property and Competition Law*, 54, 2023.

PRINCÍPIO DA TRANSPARÊNCIA: O REMÉDIO PARA DISFUNCIONALIDADES NA REGULAÇÃO DE MEDICAMENTOS NO SISTEMA ÚNICO DE SAÚDE BRASILEIRO

VANICE REGINA LÍRIO DO VALLE

Visiting Fellow junto ao Human Rights Program da Harvard Law School. Pós-doutorado em Administração pela EBAPE/FGV-Rio. Doutorado em Direito pela UGF. Professora Colaboradora do Programa de Pós-graduação em Direito e Políticas Públicas da Universidade Federal de Goiás. Procuradora do Município do Rio de Janeiro (aposentada). Advogada e consultora. E-mail:vanicevalle@gmail.com.

1. CONSIDERAÇÕES INICIAIS

A intercessão entre transparência e o domínio dos medicamentos no sistema constitucional brasileiro propõe desafios de diversas ordens. Afinal, o direito à saúde, consagrado na Constituição Brasileira como direito fundamental revestido de aplicação imediata (ver arts. 5º, § 1º[1]; 196[2] e 198[3])

---

[1] Art. 5º, § 1º As normas definidoras dos direitos e garantias fundamentais têm aplicação imediata.

[2] Art. 196. A saúde é direito de todos e dever do Estado, garantido mediante políticas sociais e econômicas que visem à redução do risco de doença e de outros agravos e ao acesso universal e igualitário às ações e serviços para sua promoção, proteção e recuperação.

[3] Art. 198. As ações e serviços públicos de saúde integram uma rede regionalizada e hierarquizada e constituem um sistema único, organizado de acordo com as seguintes diretrizes:

determina para o Estado na sua relação com o segmento econômico de produção e comercialização de medicamentos, várias posições distintas. Assim é que cumprirá à Administração Pública a atuação genérica de planejamento e supervisão do referido segmento, em cumprimento à determinação contida no art. 174 CF[4]; a intervenção reguladora a bem da observância aos princípios da ordem econômica desenvolvida pela Agência Nacional de Vigilância Sanitária – ANVISA, e ainda o estabelecimento de relações de consumo, pela via de compras públicas destinadas ao atendimento às necessidades do já referido Sistema Único de Saúde, doravante denominado SUS. Não é ocioso registrar que em 2015, o gasto com medicamentos do SUS alcançou a cifra de R$ 20 bilhões de reais[5].

Esse conjunto de atribuições se desenvolve, é de se ter em mente, em ambiente sujeito a grande volatilidade, à vista da rapidez com que se dá a aplicação constante das novidades técnicas ao processo produtivo, com o encurtamento dos prazos entre a descoberta científica sua aplicação técnica e sua conversão em produto[6]. Mais ainda, é sabido que no campo da saúde, o ingresso de tecnologia mais recente não significa necessariamente o descarte do produto anterior, o que determina permanente ampliação do universo de produtos a serem objeto de consideração.

Constitui objeto do presente artigo, a compreensão do papel que o princípio da transparência possa desenvolver na arquitetura de regulação de medicamentos – especificamente, aqueles ofertados pelo Sistema Único de Saúde – SUS. O objetivo é destacar sua instrumentalidade à legitimação das escolhas regulatórias que, neste campo, em última análise, culminam sempre por empreender a algum nível de seletividade, consideradas vidas estatísticas,

---

I – descentralização, com direção única em cada esfera de governo;

II – atendimento integral, com prioridade para as atividades preventivas, sem prejuízo dos serviços assistenciais;

III – participação da comunidade.

[4] Art. 174 CF – "Como agente normativo e regulador da atividade econômica, o Estado exercerá, na forma da lei, as funções de fiscalização, incentivo e planejamento, sendo este determinante para o setor público e indicativo para o setor privado".

[5] VIEIRA, Fabíola Sulpino. Evolução do gasto com medicamentos do Sistema Único de Sáude no período de 2010 a 2016. Instituto de Pesquisa Econômica Aplicada. *Texto para discussão* – Brasília-Rio de Janeiro: Ipea, 2018, p. 16.

[6] GARCÍA-PELAYO, Manuel. *Las transformaciones del Estado contemporâneo*. Madrid: Alianza Editorial, 11ª reimp, 2005, p. 70.

e não aquelas específicas, vívidas, e identificadas como representativas de um determinado grupo de referência[7].

O texto se desenvolve em quatro partes. A par das considerações introdutórias, tem-se no subitem 2, um breve percurso da evolução de conteúdo do princípio da publicidade – que ganha densidade com o reconhecimento da ampliação da margem de discricionariedade na formulação de escolhas públicas pela Administração. No subitem 3, discorre-se sobre a incorporação da função reguladora como matriz de organização das condutas em cenários sujeitos a alta volatilidade, e a tensões entre interesses contrapostos. Finalmente, o subitem 4 cuida da evidenciação do caráter instrumental da transparência à deliberação num campo de ação estatal que, empreendendo a uma inegável seletividade, se põe em aparente conflito com o dever constitucional de proteção ao direito fundamental à saúde.

2. DA PUBLICIDADE À TRANSPARÊNCIA

Inicia a Constituição Federal Brasileira a disciplina da Administração Pública com a enunciação de princípios contida no seu art. 37, *caput* – dentre eles, o da publicidade. Tem-se na referida disposição, o repto constitucional à "tradição do 'secreto' predominante na atividade administrativa"[8]; uma exigência lógica instrumental à eficácia do princípio da legalidade[9] igualmente contido na Carta de 1988.

Inicialmente associado à prática da deliberação democrática resultante do debate político[10], o princípio da publicidade teve sua abrangência ampliada para compreender não só a divulgação reducionista exclusivamente do resultado do processo de escolha pública, mas também todos os dados que

---

[7] SMALL, Deborah A. On the psychology of the identifiable victim effect. *In* COHEN, I. Glenn; DANIELS, Norman e EYAL, Nir. *Identified versus statistical lives.* An interdisciplinary perspective. Oxford: Oxford University Press, 2015, p. 21.

[8] MEDAUAR, Odete. *Direito Administrativo moderno.* 19ª edição revista e atualizada. São Paulo: Thomson-Reuters – Revista dos Tribunais, 2015, p. 159.

[9] MOREIRA NETO, Diogo de Figueiredo. *Curso de Direito Administrativo.* Parte Introdutória, Parte Geral e Parte Especial. 15ª ed., revista, refundida e atualizada. Rio de Janeiro: Gen-Forense, 2009, p. 90.

[10] RODRIGUES, João Gaspar. Publicidade, transparência e abertura na administração pública. *Revista de Direito Administrativo*, v. 266, p. 3, 2014.

orientaram essa mesma opção administrativa e ainda os motivos que levaram a Administração a agir[11].

A evolução conceitual não se resume a uma questão semântica. Em verdade, ela responde a profundas reconfigurações no modelo de ação reclamado da Administração Pública. Assim é que no campo da formatação de relações jurídicas, o elenco de alternativas postas ao Estado se amplia, com distintas modalidades negociais, além de possíveis relações com entidades da sociedade civil e agentes econômicos do mercado, em modelos relacionais distintos[12]. Uma mesma atividade hoje pode ser executada pela Administração Pública sob diversos modelos; com ou sem o concurso de parceiros privados – cada um deles, com vantagens e desvantagens específicas, que merecem identificação e avaliação como antecedentes necessários à escolha pública.

Sob outra perspectiva, a ação humana se potencializa, projetando efeitos para o futuro cada vez mais longínquo, atraindo o momentoso tema da sociedade de risco, e da necessária consideração de perigos potenciais quando da formulação igualmente das escolhas estratégicas pela Administração Pública. O signo de legitimidade da escolha pública, originalmente buscado tão-somente quando da formulação originária desta mesma decisão, desloca-se no tempo, para recepcionar igualmente a ideia de uma legitimação confirmada ou infirmada pelo resultado.

Fato é que as decisões construídas pelo Estado, materializadoras da chamada política administrativa, integradoras da política governamental a ser executada[13], envolvem hoje necessariamente não só o acesso à notícia de sua finalização, como na velha compreensão do princípio da publicidade.

---

[11] ARRUDA, Carmen Silvia Lima de. *O princípio da transparência*. Prefácios Ministro Luís Roberto Barroso e Professor Jacques Ziller; apresentação Professora Odete Medauar. São Paulo: Quartier Latin, 2020, p. 68.

[12] É de Sundfeld a referência à necessidade de se ter em conta uma distinção já posta no quadro normativo brasileiro, a saber, aquela entre o denominado "direito administrativo dos clipes" e o "direito administrativo dos negócios". O primeiro, na visão do autor, "é estatista, desconfia dos privados, despreza a relação tempo, custos e resultados, não assume prioridades". O segundo se foca "nos resultados, e, para obtê-los, fixa prioridades, e com base nelas gerenciam a escassez de tempo e de recursos" (SUNDFELD, Carlos Ari. *Direito Administrativo para céticos.* 2ª edição, 2ª tiragem, São Paulo: Malheiros, 2017, p. 147).

[13] MOREIRA NETO, Diogo de Figueiredo. *O Direito Administrativo no século XXI.* Posfácio Jessé Torres Pereira Junior e Flávio Amaral Garcia. Belo Horizonte: Editora Fórum, 2018, p. 216-217.

Atualizado o cânon constitucional para princípio da transparência, tem-se por necessariamente submetido a conhecimento público não só o acervo informacional que instruiu a deliberação da Administração, mas também a indicação das razões para a opção final dentre as possíveis estratégias de ação consideradas para o enfrentamento do problema público que move o ente estatal.

É nesse sentido ampliado do princípio da transparência que se poderá inclusive desenvolver, de maneira satisfatória, o controle das escolhas públicas, nas múltiplas facetas previstas pela ordem constitucional brasileira. Afinal, "democracia é idealmente o governo do poder visível, isto é, do governo cujos atos se desenrolam em público e sob o controle da opinião pública"[14]. Essa visibilidade prestigiada pelo texto constitucional ganha especial relevo com a incorporação ao Direito Administrativo da técnica da regulação.

3. FUNÇÃO REGULADORA E O MÁXIMO DE EFICIÊNCIA NA PROTEÇÃO AO DIREITO À SAÚDE

Uma Constituição finalisticamente orientada à concretização de um projeto de transformação social, como o é a brasileira, não poderia prescindir de instrumentos de intervenção na liberdade econômica que pudessem promover ao equilíbrio entre os interesses dos agentes do mercado e as garantias postas à coletividade no que toca à promoção da dignidade da pessoa. Esse o pano de fundo que levou, a partir das iniciativas associadas à Reforma do Estado na década de 90, à incorporação à ordem jurídica nacional da chamada função reguladora, orientada à promoção do equilíbrio interno possível "em certos setores críticos da convivência social e econômica, de modo a proporcionarem o *máximo de eficiência* na solução de problemas, aliando, na dosagem necessária para cada hipótese, as vantagens da *flexibilidade negocial privada* com o *rigor da coercitividade estatal*" (os destaque são do original)[15].

---

[14] BOBBIO, Norberto. *Democracia e segredo*. Organização Marco Revelli, tradução Marco Aurélio Nogueira. São Paulo: Editora UNESP, 2015, p. 29.

[15] MOREIRA NETO, Diogo de Figueiredo. *Direito regulatório*. A alternativa participativa e flexível para a Administração Pública de relações setoriais complexas no Estado Democrático. Com introdução de Luís Roberto Barroso. Rio de Janeiro: Renovar, 2003, p. 107.

Espelha a técnica da regulação, a virada em favor de uma ciência jurídico-administrativa como ciência de direção[16], que põe no centro os entes de decisão do Estado, que no desempenho dessa mesma função, devem ter em conta igualmente os relacionamentos e interações decorrentes das normas e institutos jurídicos cogitados criar ou aplicar. Assume o ente regulador o papel de supervisão do jogo econômico, amortecendo tensões para buscar um equilíbrio conjunto, "limitando-se a enquadrar a atuação dos operadores e se esforçando para harmonizar suas ações"[17].

No domínio dos atores privados, a regulação de medicamentos – dos processos de produção e desenvolvimento, até o registro, provisório ou permanente – foi confiado à Agência Nacional de Vigilância Sanitária – ANVISA, instituída pela Lei 9.782, de 26 de janeiro de 1999. Neste segmento regulatório em especial, o desafio corrente tem sido o processo de incorporação de novas tecnologias, alinhado com a ideia de que a regulação possa ter como efeito positivo, a redução de assimetrias informacionais que possam promover desequilíbrios no mercado.

Natural que a técnica juspolítica da regulação considerada a oferta do serviço público de saúde encontrasse no SUS em relevante ator, observada a ordenação constitucional contida no art. 200 CF, em especial, seus incisos I e II[18].

Assim é que a Lei 8080/1990 enunciará a inserção no campo de competências do SUS da execução de assistência terapêutica integral, inclusive farmacêutica (art. 6º, I, "d") e da formulação da política de medicamentos, equipamentos imunobiológicos e outros insumos de interesse para a saúde e a participação na sua produção (art. 6º, VI). Esse o contexto em que se tem

---

[16] SCHMIDT-Abmann, Eberhard. *Dogmática jurídico-administrativa*. Um balanço intermédio sobre a evolução, a reforma e as funções futuras. Tradução Antonio Franscisco de Sousa, 2016, p. 40-43.

[17] CHEVALLIER, Jacques. *O Estado pós-moderno*. Tradução Marçal Justen Filho. Belo Horizonte: Editora Fórum, 2009, p. 73.

[18] Art. 200. Ao sistema único de saúde compete, além de outras atribuições, nos termos da lei:

I – controlar e fiscalizar procedimentos, produtos e substâncias de interesse para a saúde e participar da produção de medicamentos, equipamentos, imunobiológicos, hemoderivados e outros insumos;

II – executar as ações de vigilância sanitária e epidemiológica, bem como as de saúde do trabalhador;

a edição pelo Ministério da Saúde, da Portaria nº 3916, de 30 de outubro de 1998 (Política Nacional de Medicamentos[19]), que fixa diretrizes para a definição do que sejam medicamentos essenciais no âmbito do SUS, e ainda para o desenvolvimento da regulamentação sanitária de medicamentos. Organiza-se, com o referido ato normativo, o serviço de saúde oferecido pelo setor público, que no modelo brasileiro é de se prestado de forma integrada, observados ainda o cânon constitucional do atendimento integral (art. 198, II CF[20]).

Na dimensão operacional de distribuição, observado o princípio de descentralização orientador do próprio SUS (art. 198, I CF[21]), tem-se ainda a edição da Resolução nº 338, de 6 de maio de 2004, que estabelece a Política Nacional de Assistência Farmacêutica, voltada mais diretamente ao cidadão, à garantia em seu favor de acesso à referida assistência.

Tendo em conta a referida opção de arquitetura jurídico-institucional, tem-se já a crítica formulada por Bucci[22], de que a regulação dos dois aspectos em instrumentos normativos plúrimos não contribui para a adequada compreensão do sistema pretendido gizar pelo conjunto regulatório no campo dos medicamentos. O resultado apontado pela autora é o baixo grau de compreensão do sistema vigente inclusive de parte do Poder Judiciário

---

[19] BRASIL. Ministério da Saúde. Secretaria de Políticas de Saúde. Departamento de Atenção Básica. Política nacional de medicamentos 2001, disponível em chrome-extension://efaidnbmnnnibpcajpcglclefindmkaj/https://bvsms.saude.gov.br/bvs/publicacoes/politica_medicamentos.pdf, acesso em 19 jun. 2023.

[20] Art. 198. As ações e serviços públicos de saúde integram uma rede regionalizada e hierarquizada e constituem um sistema único, organizado de acordo com as seguintes diretrizes:
(... *omissis* ...)
II – atendimento integral, com prioridade para as atividades preventivas, sem prejuízo dos serviços assistenciais;

[21] Art. 198 CF – As ações e serviços públicos de saúde integram uma rede regionalizada e hierarquizada e constituem um sistema único, organizado de acordo com as seguintes diretrizes:
I – descentralização, com direção única em cada esfera de governo;

[22] BUCCI, Maria Paula Dallari. Contribuição para a redução da judicialização da saúde. Uma estratégia jurídico-institucional baseada na abordagem de direito e políticas públicas. *In* BUCCI, Maria Paula Dallari e DUARTE, Clarice Seixas (coord.). *Judicialização da saúde.* A visão do Poder Executivo. São Paulo: Saraiva, 2017, p. 40-41.

quando chamado a intervir nos 520 mil[23] feitos envolvendo a proteção ao direito à saúde.

A par da denunciada desarticulação do quadro normativo no campo da regulação de medicamentos e da assistência farmacêutica no cenário brasileiro, soma-se a circunstância de que este se constitui domínio necessariamente intersetorial, demandando articulação com outros setores do aparelho do Estado como os revestidos de competência no campo da inovação e desenvolvimento tecnológico, indústria e comércio, e sobretudo economia. Fora do campo estatal, tem-se igualmente a necessária interlocução com os profissionais da área, os agentes econômicos, entidades da sociedade civil organizada e até mesmo organizações internacionais.

O principal desafio, todavia, parece ainda residir no desenvolvimento de uma racionalidade própria ao sistema de regulação de medicamentos, que combine os vetores de força de sentido contrário que sobre ele incidem. Em tempos de relevantes avanços no campo da pesquisa e desenvolvimento de fármacos, a incorporação tecnológica na área da saúde esbarra nos riscos e nos dilemas do uso indiscriminado das inovações. Põe-se o delicado equilíbrio entre uma lógica ditada pelo princípio da precaução como estratégia minimizadora de riscos, e o compreensível anseio pelos destinatários da inovação, pelo registro e incorporação de inovações à lista Relação Nacional de Medicamentos Essenciais – doravante identificada tão-somente como RENAME.

Ocorre que a tanto a Política Nacional de Medicamentos[24] quanto a Política Nacional de Assistência Farmacêutica constituem segmentos especializados da Política Nacional de Saúde, e devem ser integradas a um planejamento mais amplo que tem em conta as prioridades nacionais de saúde, bem como a segurança, a eficácia terapêutica comprovada, a qualidade e a disponibilidade dos produtos. A par disso, não se pode desconsiderar a relevante constrição decorrente do subfinanciamento do SUS, denunciado

---

[23] BRASIL. Conselho Nacional da Justiça. *Dados processuais de saúde podem ser monitorados em painel do CNJ*, em 26 de agosto de 2022, disponível em https://www.cnj.jus.br/dados-processuais-de-saude-podem-ser-monitorados-em-painel-do-cnj/, acesso em 19 jun. 2023.

[24] BRASIL. Ministério da Saúde. Secretaria de Políticas de Saúde. Departamento de Atenção Básica. Política nacional de medicamentos 2001, disponível em chrome-extension://efaidnbmnnnibpcajpcglclefindmkaj/https://bvsms.saude.gov.br/bvs/publicacoes/politica_medicamentos.pdf, acesso em 19 jun. 2023.

com frequência[25]. Buscar máxima efetividade portanto ao direito à saúde envolve pensar o desenvolvimento da regulação orientada ao resultado constitucionalmente assinalado de garantia de acesso universalizado, naquele sentido preconizado por Vieira[26], que compreende não à garantia de oferta de qualquer medicamento aos que acionam o Poder Judiciário, mas sim um escopo que compreende:

- o das práticas dos profissionais de saúde, que traduz a preocupação destes em discernir as necessidades dos usuários para aplicar técnicas de prevenção e considerar outras necessidades que fizeram com que procurassem o serviço;
- o da organização dos serviços e das práticas de saúde, com articulação entre a prevenção e a assistência, e organização contínua dos processos de trabalho; e
- o das respostas governamentais a certos problemas de saúde ou às necessidades de grupos específicos, incorporando ações voltadas à prevenção e à assistência.

Constitui relevante ponto de fragilidade hoje da regulação de medicamentos na seara específica do SUS, promover a "complexa inter-relação entre inovação tecnológica, instrumentos de recompensa e efetivo acesso a produtos novos e existentes"[27]; e esse é o pano de fundo principal do debate sobre transparência.

4. TRANSPARÊNCIA NA REGULAÇÃO DE MEDICAMENTOS NO SUS: UM IMPERATIVO DEMOCRÁTICO

A problemática da transparência no setor de medicamentos é matéria que ocupa a agenda internacional, sendo relevante a referência à deliberação

---

[25] DE ARRUDA PEDROSA, Kamyla et al. Necessidade de reconfiguração do financiamento do SUS diante da austeridade: uma revisão narrativa. *Research, Society and Development*, v. 11, n. 5, p. 1-13, 2022.

[26] VIEIRA, Fabíola Sulpino. Desafios do Estado quanto à incorporação de medicamentos no Sistema Único de Saúde. *Texto para discussão* – Brasília-Rio de Janeiro: Ipea, 2019, p. 12.

[27] IDO, Vitor Henrique Pinto. Transparência no setor farmacêutico: uma nova dimensão do debate internacional sobre acesso a medicamentos?. *Trabalho, Educação e Saúde*, v. 17, 2019, p. 2.

adotada na 72ª Assembleia Mundial de Saúde em 2019, no tema dos custos associados não só a fármacos em geral, mas mais vacinas e outros produtos médicos. Os *consideranda* da referida deliberação ilustram o cenário determinante da atuação da referida instância deliberativa da Organização Mundial de Saúde: "Seriamente preocupados com os altos preços de alguns produtos de saúde, e com o acesso não equânime a esses mesmos produtos entre os Estados Membros, bem como às dificuldades financeiras associadas aos altos preços que impedem o progresso no atingimento de cobertura de saúde universal"[28].

A proposição da Assembleia Mundial de Saúde tem por premissa a ideia de que maior transparência em relação aos preços praticados, incluindo informações quanto aos investimentos empreendidos em pesquisa e desenvolvimento, incentivos e subsídios; que essa prática de visibilização permitirá o decréscimo dos preços praticados, contribuindo para o objetivo geral de universalização. A preocupação é legítima, e certamente deve ser secundada. O cenário brasileiro, contudo, com sua especificidade de um Sistema Único de Saúde, de acesso universal determina igualmente uma consideração prévia, relacionada à instrumentalidade do princípio da transparência para o controle de adequação da seletividade que é própria à integração de determinado fármaco na já referida lista RENAME.

4.1. Transparência como elemento de mitigação dos limites inerentes à arquitetura institucional de "lista"

Uma primeira limitação da modelagem adotada pelo SUS, diz respeito à própria utilização do modelo de "lista" de medicamentos assegurados. Constitui diretriz da Política Nacional de Medicamentos[29] atinente à revisão permanente da lista RENAME, a sua organização "consoante às patologias

[28] WORDL HEALTH ASSEMBLY. Improving the transparency of markets for medicines, vaccines, and other health products. Em 28 mai. 2019. Disponível em chrome-extension://efaidnbmnnnibpcajpcglclefindmkaj/https://apps.who.int/gb/ebwha/pdf_files/WHA72/A72_R8-en.pdf, acesso em 19 jun. 2023.

[29] BRASIL. Ministério da Saúde. Secretaria de Políticas de Saúde. Departamento de Atenção Básica. Política nacional de medicamentos 2001, disponível em chrome-extension://efaidnbmnnnibpcajpcglclefindmkaj/https://bvsms.saude.gov.br/bvs/publicacoes/politica_medicamentos.pdf, acesso em 19 jun. 2023.

e agravos à saúde mais relevantes e prevalentes, respeitadas as diferenças regionais do País". O desafio é em si complexo em país de dimensões continentais, com condições socioeconômicas tão diferenciadas.

O sistema de regulação de medicamentos a serem assegurados pelo SUS pela delimitação de uma lista traduz a adoção de um determinado padrão, que deve ser justificado sob o prisma de seus méritos intrínsecos (no caso de medicamentos, qualidade e eficácia no tratamento da patologia em causa), e da adequação do processo de identificação desse mesmo padrão[30].

Formulado o quadro de incidência e prevalência de patologias, a construção da lista RENAME será vocacionada, naturalmente, ao atendimento médio padrão, o que por si só já permite intuir a potencial existência de hipóteses negligenciadas, porque relacionadas a condições de saúde menos frequentes. O sistema nasce, portanto, desafiado à revisão para a incorporação de hipóteses novas, que por sua baixa repetibilidade, atrairão por sua vez o desafio de comprovação da eficácia, efetividade e segurança dos medicamentos correspondentes.

Vale acrescentar que essa mesma certificação de eficácia não se dá em terreno de certeza – em que pese a força retórica conferida em especial pelos juristas, à expressão "evidências científicas", especialmente por força da atípica experiência da pandemia de COVID-19. Fato é que a ciência, em que pese todo o avança tecnológico que a cada dia nos surpreende, de há muito reconheceu que não se pode alcançar as certezas de antanho, sendo mais adequado reconhecer que operamos no terreno das probabilidades[31]. De toda forma, fundado em certezas ou probabilística, tanto a inclusão quanto a não-decisão constituem exercício de seletividade no que toca à regulação de medicamentos no sistema SUS, que precisa ser conhecido, para que possa ser com isso controlado.

A par disso, a determinação da carga global de doença – um dos índices de referência para formulação da lista RENAME – é processo dinâmico, exigindo a um só tempo revisão constante de metodologia, bem como uma base de dados confiável para a formulação da competente medição.

---

[30] LODGE, Martin e WEGRICH, Kai. O enraizamento da Regulação de Qualidade: fazer as perguntas difíceis é a resposta. *In* PROENÇA, Jadir Dias; COSTA, Patrícia Vieira da e MONTAGNER, Paula (orgs.). *Desafios da regulação no Brasil*. Brasília: ENAP, 2006, p. 24.

[31] PARDO, José Esteve. *El desconcierto del Leviatán*. Política y derecho ante las incertitumbres de la ciência. Madrid – Barcelona – Buenos Aires: Marcial Pons, 2009, p. 18.

Como se vê, tanto o processo de identificação do padrão (medicamentos a serem efetivamente incluídos no modelo regulado) quanto o processo de deliberação dessa mesma escolha podem se beneficiar grandemente de uma prática mais transparente, que envolva não só a prática da transparência ativa, já determinada pela Lei 12.527/2011, mas a construção de um diálogo responsivo para com os segmentos interessados na regulação de medicamentos.

Já no tema da atualização dos critérios de identificação de patologias, sequelas e outros agravos, a transparência tem relevante papel a desempenhar, ampliando os pontos de entrada de informações que podem ser subsidiadas por vários dos atores não-governamentais que se movimentam no cenário da pesquisa, produção e ministração de medicamentos. Mais transparência na aferição das incidências ou predominâncias de patologias, consideradas as diversas regiões do país é informação que pode ser proporcionada pelos profissionais da área; por entidades da sociedade civil, e mesmo pela indústria. Esse compartilhamento de dados e visões pode contribuir para um juízo crítico em relação às informações detidas pelos diversos sistemas públicos – que constituem, como se sabe, relevante fonte de orientação da revisão da lista RENAME.

4.2. Transparência como elemento de revelação das disfuncionalidades da resposta regulatória

Importante ainda registrar que mesmo a aplicação da diretriz de revisão consoante as patologias mais relevantes tem sido objeto de questionamento na área, com o apontamento, por exemplo, da inclusão de fármacos que, embora guardem aparente relação com a carga global de doença no Brasil, não ampliam propriamente a cobertura, limitando-se à oferta de maior número de produtos para uma mesma patologia – ocorrência que permite suscitar a hipótese de inclusão "por pressões do crescente mercado de novas tecnologias"[32]. Não se pode igualmente desconsiderar como hipótese explicativa para uma ampliação do elenco de fármacos destinado a uma mesma

[32] FIGUEIREDO, Tatiana Aragão; SCHRAMM, Joyce Mendes de Andrade; PEPE, Vera Lúcia Edais. Seleção de medicamentos essenciais e a carga de doença no Brasil. *Cadernos de Saúde Pública*, v. 30, p. 2344-2356, 2014.

patologia, a eventual reivindicação de setores organizados da sociedade, que por uma razão ou por outra julguem resida no produto "x" ou "y" a melhor resposta para o enfrentamento da doença, e logrem sensibilizar as estruturas de deliberação quanto à inclusão de novos produtos medicamentosos.

Incrementar a variabilidade de fármacos para uma mesma condição pode ser uma escolha pública legítima – mas consideradas as limitações de recursos que são próprias do sistema, parece intuitivo devesse se cuidar de opção sujeita a maior ônus argumentativo; o que só se pode aferir pelo incremento da transparência nesse tipo de deliberação.

Em outra perspectiva, há registros ainda de descompasso entre os medicamentos elencados na lista estratégica das Parcerias de Desenvolvimento Produtivo (PDP); aqueles priorizados pelos laboratórios públicos e a lista RENAME (2014), numa evidente desarticulação de instâncias todas vocacionadas à garantia da oferta, por produção ou compra, de medicamentos essenciais[33]. Uma vez mais, o incremento do grau de transparência em relação a cada qual dos programas viabilizadores da oferta de medicamentos permitiria em tese, uma maior racionalidade na identificação da essencialidade em si do fármaco – premissa indispensável para a sua oferta, em regime de universalidade, à população brasileira.

De outro lado, é de se dizer que por vezes, no contexto da já referida judicialização da saúde, tem-se com frequência, a movimentação da máquina judiciária para a obtenção de bens ou serviços que são ordinariamente oferecidos pelo SUS – ainda que em unidades especializadas, menos familiares ao público em geral. Também nesse viés, a prática de uma gestão transparente pode facilitar o conhecimento pela população do serviço que lhe seja efetivamente ofertado, evidenciando uma fidelidade maior do Estado para com os seus compromissos finalísticos do que supõe, normalmente, o imaginário popular.

Para o incremento da transparência em relação aos diversos componentes que orientam as estratégias regulatórias no campo dos medicamentos no SUS, é possível hoje contar com a sinalização decorrente da Lei 14.129 de 29 de março de 2021, que disciplinando os princípios, regras e instrumentos para o Governo Digital, erige em seu art. 3º, IV como diretriz a "a transparência na execução dos serviços públicos e o monitoramento da qualidade desses

---

[33] OSORIO-DE-CASTRO, Claudia Garcia Serpa. Rumo nebuloso para os medicamentos essenciais no Sistema Único de Saúde. *Cadernos de Saúde Pública*, v. 33, p. e00151617, 2017.

serviços". Neste sentido, o caráter único do serviço de saúde facilita a integração de bases de dados e a interoperabilidade do conhecimento local que possa ser influente para a formação do conhecimento a ser divulgado pela via da transparência administrativa.

O avanço do potencial tecnológico no campo da regulação de medicamentos pode permitir a construção de modelos preditivos, cuja concepção pode se beneficiar da crítica dos atores que se movimentam nesta cena. Da mesma forma, o monitoramento da efetiva concretização da predição como concebida pode ser reforçado pela transparência nas informações colhidas pelos diversos agentes do sistema SUS.

É da essência mesmo da regulação, o reconhecimento inicial de que o segmento normatizado é sujeito a dinâmica, que requer a revisitação dos modelos regulatórios para assegurar a resposta adequada. O sistema será tanto mais eficiente quanto mais fundada a diagnose de uma disfuncionalidade regulatória. Nestes termos, o investimento em transparência não só subsidia a ação corretiva, mas legitima a continuidade das opções que se revelem acertadas.

5. CONCLUSÃO

Em linha de síntese, o que se está a sustentar é que no modelo do SUS, o investimento em transparência é de compreender não só o viés de investigação proposto pela Assembleia Mundial da Saúde, mas também uma atuação endógena, orientada ao incremento de visibilidade do quadro informacional que orienta as escolhas regulatórias, e em especial, os elementos de constrição que sobre essas mesmas deliberações incidem. A lógica segundo a qual se possa construir um sistema de atendimento orientado não pela universalidade, como preceituado pela Constituição, mas pela integralidade – tudo para todos – não resiste a um mínimo teste de racionalidade. E se a seletividade é inerente ao sistema, é preciso que ela se dê à luz do dia, com pleno conhecimento de suas razões de decidir, até para que se possa no futuro, reconsiderar uma escolha desafortunada.

A promessa da democracia não é a de inarredável acerto das deliberações públicas – mas de exercício crítico permanente, para seu aprimoramento incremental. Transparência e diálogo aberto, de outro lado, são a chave para o aprimoramento da ação pública.

REFERÊNCIAS DOUTRINAIS

ARRUDA, Carmen Silvia Lima de. *O princípio da transparência*. Prefácios Ministro Luís Roberto Barroso e Professor Jacques Ziller; apresentação Professora Odete Medauar. São Paulo: Quartier Latin, 2020.

BOBBIO, Norberto. *Democracia e segredo*. Organização Marco Revelli, tradução Marco Aurélio Nogueira. São Paulo: Editora UNESP, 2015.

BUCCI, Maria Paula Dallari. Contribuição para a redução da judicialização da saúde. Uma estratégia jurídico-institucional baseada na abordagem de direito e políticas públicas. *In* BUCCI, Maria Paula Dallari e DUARTE, Clarice Seixas (coord.). *Judicialização da saúde*. A visão do Poder Executivo. São Paulo: Saraiva, 2017, p. 32-88.

CHEVALLIER, Jacques. *O Estado pós-moderno*. Tradução Marçal Justen Filho. Belo Horizonte: Editora Fórum, 2009.

DE ARRUDA PEDROSA, Kamyla et al. Necessidade de reconfiguração do financiamento do SUS diante da austeridade: uma revisão narrativa. *Research, Society and Development*, v. 11, n. 5, p. 1-13, 2022.

FIGUEIREDO, Tatiana Aragão; SCHRAMM, Joyce Mendes de Andrade; PEPE, Vera Lúcia Edais. Seleção de medicamentos essenciais e a carga de doença no Brasil. *Cadernos de Saúde Pública*, v. 30, p. 2344-2356, 2014.

GARCÍA-PELAYO, Manuel. *Las transformaciones del Estado contemporâneo*. Madrid: Alianza Editorial, 11ª reimp, 2005.

IDO, Vitor Henrique Pinto. Transparência no setor farmacêutico: uma nova dimensão do debate internacional sobre acesso a medicamentos?. *Trabalho, Educação e Saúde*, v. 17, 2019, p. 1-5.

LODGE, Martin e WEGRICH, Kai. O enraizamento da Regulação de Qualidade: fazer as perguntas difíceis é a resposta. *In* PROENÇA, Jadir Dias; COSTA, Patrícia Vieira da e MONTAGNER, Paula (orgs.). *Desafios da regulação no Brasil*. Brasília: ENAP, 2006, p. 17-38.

MEDAUAR, Odete. *Direito Administrativo moderno*. 19ª edição revista e atualizada. São Paulo: Thomson-Reuters – Revista dos Tribunais, 2015.

MOREIRA NETO, Diogo de Figueiredo. *Direito regulatório*. A alternativa participativa e flexível para a Administração Pública de relações setoriais complexas no Estado Democrático. Com introdução de Luís Roberto Barroso. Rio de Janeiro: Renovar, 2003.

MOREIRA NETO, Diogo de Figueiredo. *Curso de Direito Administrativo*. Parte Introdutória, Parte Geral e Parte Especial. 15ª ed., revista, refundida e atualizada. Rio de Janeiro: Gen-Forense, 2009.

MOREIRA NETO, Diogo de Figueiredo. *O Direito Administrativo no século XXI.* Posfácio Jessé Torres Pereira Junior e Flávio Amaral Garcia. Belo Horizonte: Editora Fórum, 2018.

OSORIO-DE-CASTRO, Claudia Garcia Serpa. Rumo nebuloso para os medicamentos essenciais no Sistema Único de Saúde. *Cadernos de Saúde Pública,* v. 33, p. e00151617, 2017.

PARDO, José Esteve. *El desconcierto del Leviatán.* Política y derecho ante las incertitumbres de la ciência. Madrid – Barcelona – Buenos Aires: Marcial Pons, 2009.

RODRIGUES, João Gaspar. Publicidade, transparência e abertura na administração pública. *Revista de Direito Administrativo,* v. 266, p. 89-123, 2014.

SCHMIDT-Abmann, Eberhard. *Dogmática jurídico-administrativa.* Um balanço intermédio sobre a evolução, a reforma e as funções futuras. Tradução Antonio Franscisco de Sousa, 2016.

SMALL, Deborah A. On the psychology of the identifiable victim effect. *In* COHEN, I. Glenn; DANIELS, Norman e EYAL, Nir. *Identified versus statistical lives.* An interdisciplinary perspective. Oxford: Oxford University Press, 2015, p. 13-23.

SUNDFELD, Carlos Ari. *Direito Administrativo para céticos.* 2ª edição, 2ª tiragem, São Paulo: Malheiros, 2017.

VIEIRA, Fabíola Sulpino. Evolução do gasto com medicamentos do Sistema Único de Sáude no período de 2010 a 2016. Instituto de Pesquisa Econômica Aplicada. *Texto para discussão* – Brasília-Rio de Janeiro: Ipea, 2018.

VIEIRA, Fabíola Sulpino. Desafios do Estado quanto à incorporação de medicamentos no Sistema Único de Saúde. *Texto para discussão* – Brasília-Rio de Janeiro: Ipea, 2019.

TRANSPARÊNCIA NO ÂMBITO DO DESPORTO

ALEXANDRE MIGUEL MESTRE
Advogado. Professor Auxiliar na Universidade Autónoma de Lisboa. Investigador Integrado do Centro de Investigação em Justiça e Governação (JusGov) da Escola de Direito da Universidade do Minho e Investigador do Ratio Legis – Centro de Investigação e Desenvolvimento em Ciências Jurídicas da UAL. Professor Adjunto Convidado na Escola Superior de Desporto de Rio Maior.

I. RAZÃO E SEQUÊNCIA DO TEMA

O conceito de desporto remete-nos quer para uma dimensão mais lúdico-recreativa, informal, não regulamentada nem competitiva, quer para um desporto mais profissionalizado e enquadrado por regras ditadas por organizações desportivas, em particular as federações desportivas internacionais (FI), no quadro de um modelo piramidal, em que do topo à base da pirâmide temos o Comité Olímpico Internacional (COI), as FI, as confederações continentais, as federações nacionais, os clubes e os praticantes. Somam-se, em paralelo, o Comité Paralímpico Internacional, a Agência Mundial Antidopagem e diversas outras ditas 'organizações satélite'. A par do quadro institucionalizado multiplicam-se, globalmente, entidades privadas que encontram no desporto espaço para negócio. Os *stakeholders* no desporto crescem, pois, cada vez mais, exponencialmente.

No segmento profissionalizado, comercializado, sofisticado e globalizado do desporto, já longe dos modelos históricos associativos de gestão, mas sempre aliado à relevância social da atividade desportiva, assiste-se a uma realidade em que as transações económicas envolvem valores bastante consideráveis, numa mescla de interesses públicos e privados, terreno propenso a práticas de mau governo, ou má governança, ao arrepio da ética e da moral, onde sobram estruturas opacas e não democráticas de decisão e de exercício de poder. Não raras vezes os dinheiros públicos são mal ou arbitrariamente utilizados, por vezes materializando-se em corrupção.

Ora todo o cenário acima exposto, como bem alerta CRISTINA DE PABLO NUEVO[1], exige "*pautas de funcionamento transparentes*". Urge, de facto, almejar efetivas regulação e supervisão no 'mundo do desporto', num combate a realidades como o branqueamento de capitais, a corrupção, a apropriação indevida de fundos, a fraude e a evasão fiscais, entre outros flagelos que têm tornado o desporto muitas vezes um fenómeno pouco transparente, em prejuízo, simultaneamente, da integridade das organizações desportivas, das competições que estas organizam, dos membros dos órgãos estatutários e funcionários daquelas organizações, e das próprias modalidades em si mesmas. Como é de negócio que se trata, o valor comercial também decresce e a perceção dos adeptos ou fãs, que são igualmente consumidores, é a de que nem sempre há verdade nos resultados, perdendo assim confiança no desporto, no produto. É por isso que, felizmente, à escala mundial, cada vez mais se têm importado para o desporto conceitos como *Compliance* ou *Governance.*

Respondendo, com entusiasmo, ao repto lançado pela Professora Doutora Carla Amado Gomes, procuraremos de seguida, numa abordagem sumária, e necessariamente descritiva para um texto de abordagem introdutória ao tema, enquadrar a transparência no desporto, estruturando-o da seguinte forma: começaremos por identificar a forma como o Direito do Desporto Português trata a matéria da transparência do desporto para depois passar para um enfoque internacional da matéria, que necessariamente tem efeitos em Portugal, concretamente nas organizações desportivas, precisamente por força do modelo piramidal acima referido, para o efeito escolhendo o COI, enquanto entidade de topo da pirâmide, a FIFA e a UEFA, enquanto organismos mundial e europeu reguladores do futebol, o 'desporto-rei', e a SIGA, organização que congrega entes públicos e privados e que muito tem contribuído a nível mundial para, entre outras questões, defender a transparência no desporto. Terminaremos com breves conclusões.

---

[1] "Análisis sobre el buen gobierno en el deporte y propuestas para una mejor implantación del Buen Gobierno en el ámbito deportivo español", *Cuestiones jurídico-deportivas*, Coord. JOSÉ LUIS CARRETERO LESTÓN, Madrid, Ed. REUS, 2020, p. 51.

II. A TRANSPARÊNCIA NO DIREITO DO DESPORTO PORTUGUÊS

II.1. O regime jurídico das federações desportivas e das ligas profissionais

II.1.1. As federações desportivas dotadas do estatuto de utilidade pública desportiva

O núcleo central da prática desportiva formal em Portugal tem a sua célula nos clubes filiados em associações regionais, que, por sua vez, integram as federações desportivas nacionais. É aí que os praticantes se encontram, profissionais ou sem esse estatuto (chamemos-lhe, nesta sede, amadores ou semiprofissionais).

No quadro jurídico português, inerente ao conceito de federação desportiva é a titularidade do estatuto de utilidade pública desportiva (cf. artigo 14.º, alínea b) da 'Lei de Bases da Atividade Física e do Desporto' – LBAFD[2] e artigo 2.º, alínea b) do 'Regime Jurídico das Federações Desportivas'[3] – RJFD, relevante diploma de desenvolvimento da referida lei-quadro), mecanismo através do qual as federações desportivas, mantendo a sua natureza jurídica de associações de direito privado, passam a exercer poderes de natureza pública – como os poderes regulamentar e disciplinar, num contexto em que o Estado, originariamente competente, lhes transfere a regulação das diferentes modalidades, sujeitando-as à tutela pública.

O artigo 19.º da LBAFD, precisamente sob a epígrafe "*Estatuto de utilidade pública desportiva*", prevê no respetivo n.º 3, como decorrência deste estatuto, e "*nos termos da lei*", a obrigação de cada federação cumprir com a "*transparência*" "*na sua gestão*", texto que encontra réplica no artigo 13.º, n.º 3 do RJFD.

O RJFD, na versão de 2014, sublinhou logo no Preâmbulo a "(...) *necessidade de publicitar a atividade da federação, mecanismo indispensável de transparência, impondo um prazo e prevendo a possibilidade de sancionar o incumprimento desta obrigação.*". Assim, o artigo 8.º é consagrado à "*Publicitação da atividade*" das federações, impondo a estas o dever de "*publicitar na respetiva página na Internet, no prazo de 15 dias, todos os dados relevantes e atualizados da sua atividade*", "*em especial*": (i) "*estatutos e regulamentos, em versão consolidada e atualizada, com*

[2] Lei 5/2007, de 16 de Janeiro.

[3] Decreto-Lei n.º 248-B/2008, de 31 de Dezembro, alterado pelo Decreto-Lei n.º 93/2014, de 23 de Junho e pela Lei n.º 102/2017, de 28 de Agosto.

menção expressa das deliberações que aprovaram as diferentes redações das normas neles constantes"; (ii) "*As decisões integrais dos órgãos disciplinares ou jurisdicionais e a respetiva fundamentação*"; (iii) "*Os orçamentos e as contas dos últimos três anos, incluindo os respetivos balanços*; (iv) "*Os planos e relatórios de atividades dos últimos três anos*"; (v) "*A composição dos corpos gerentes*"; (vi) "*Os contactos da federação e dos respetivos órgãos sociais (endereço, telefone, fax e correio eletrónico)*"; os "*dados relevantes, de acesso público, sobre as sociedades desportivas da respetiva modalidade, nomeadamente no âmbito do cumprimento do dever de transparência na titularidade de participações sociais*"; "*Outros dados de acesso público*" previstos quer no RJFD quer "*noutros regimes jurídicos em matéria de desporto que devam ser objeto de publicitação no sítio eletrónico da federação.*[4]"

Trata-se, como é bom de ver, de um preceito com um regime fundamental: por exemplo, ao conhecer-se os Estatutos de uma federação desportiva, é possível aferir se os respetivos mecanismos de decisão são ou não democráticos; por outro lado, sendo públicas as decisões proferidas pelos Conselhos de Disciplina e de Justiça de uma federação desportiva, a 'justiça desportiva' forçosamente será melhor e mais imparcial, atento o escrutínio externo; noutro plano, a análise dos relatórios de atividades e de contas das federações desportivas permite saber se os planos de atividades e os orçamentos foram ou não escrupulosamente cumpridos, no quadro da lei. A publicitação é, inequivocamente, uma via privilegiada de assegurar mecanismos de transparência e andou bem aqui o legislador (falha, porém, lamentavelmente, a jusante, a Administração Pública, no seu dever de proceder a uma efetiva e completa fiscalização[5], prejudicando o alcance dos meritórios fins do legislador).

Porque igualmente conexo com publicitação, ressalte-se, desde já, que em 2017, o artigo 45.º do RJFD foi revisto, por via de uma lei que tinha precisamente a "*transparência*" como um dos seus desígnios[6]. Desde logo, o

---

[4] As duas últimas exigências foram introduzidas pela Lei n.º 101/2017, de 28 de Agosto – Defesa da transparência e integridade das competições desportivas.

[5] Cf. artigo 21.º da LBAFD, sob a epígrafe "*Fiscalização*": "*A fiscalização do exercício dos poderes públicos, bem como do cumprimento das regras legais de organização e funcionamento internos das federações desportivas é efectuada, nos termos da lei, por parte da Administração Pública, mediante a realização de inquéritos, inspecções e sindicâncias.*" Idêntica disposição consta no artigo 14.º do RJFD.

[6] Lei n.º 101/2017, de 28 de Agosto – Defesa da transparência e integridade das competições desportivas.

n.º 3 passou a ter a seguinte redação: "*Nas federações desportivas em que se disputem competições de natureza profissional, os relatórios dos árbitros devem ser publicitados, nos termos do disposto no artigo 8.º, sem prejuízo da omissão da identificação pessoal nos casos passíveis de participação criminal, de acordo com o regime legal de proteção de dados pessoais.*" Por seu turno no novo n.º 5 previu-se o seguinte: "*Todos os atos de classificação, bem como os fundamentos que a determinaram, devem ser publicitados, nos termos do artigo 8.º, em estrita observância do regime legal de proteção de dados pessoais.*" Com esta medida o legislador procurou que as decisões dos árbitros, de aplicação das Leis do Jogo, sejam conhecidas publicamente, para se eliminar ou reduzir a dúvida quanto à bondade das decisões disciplinares adotadas no terreno de jogo – sendo o árbitro o agente desportivo que mais possibilidade tem de influenciar diretamente o decurso de um jogo, a permeabilidade ao seu envolvimento em fenómenos como a corrupção, a manipulação de resultados e as apostas antidesportivas é maior do que nos demais agentes desportivos, pelo que a desconfiança em relação à motivação das suas decisões também, logo a fundamentação pública das mesmas é um excelente contributo para o escrutínio da verdade desportiva, em prol da transparência.

No mesmo RJFD, o artigo 5.º, sob a epígrafe "*Princípios de organização e funcionamento*" enuncia, no n.º 1, um conjunto de princípios que regem a atividade das federações e o princípio da "*transparência*" é um deles, a par dos "*princípios da liberdade, da democraticidade, da representatividade*". Esta disposição reforça a aplicação às federações desportivas dos "*princípios gerais da atividade administrativa*", com evidentes reflexos numa atuação transparente, inscritos no Código de Procedimento Administrativo (CPA[7]), aplicável às federações desportivas, atento o seu estatuto de utilidade pública desportiva[8].

[7] Por exemplo, o "*princípio da colaboração com os particulares*" (artigo 11.º); o "*princípio da participação*" (artigo 12.º); o "*princípio da decisão*" (artigo 13.º) e princípio da "*transparência administrativa*", em sede de "*administração eletrónica*" (artigo 14.º).

[8] Efetivamente, importa não olvidar que o CPA é aplicável às federações desportivas por força do pelo exercício de "*poderes públicos*" derivado da titularidade do estatuto de utilidade pública desportiva. Como bem assinala MIGUEL NOGUEIRA DE BRITO, a atribuição de poderes públicos às federações desportivas envolve "*(...) o exercício de uma atividade que é substancialmente administrativa (...)*", logo, segundo o mesmo autor, "*(...) envolve também a sujeição das federações desportivas a um estatuto de direito público*", o que, entre outras consequências, implica "*(...) o respeito dos (...) princípios constitucionais que regem a atividade administrativa*" e a "*(...) circunstância de as federações não estarem em bloco submetidas ao CPA, mas apenas na medida do exercício de poderes*

Tal natureza jurídica das federações implica também a sua sujeição a demais legislação com reflexos numa atuação transparente, designadamente o 'Novo regime de acesso à informação administrativa e ambiental e de reutilização dos documentos administrativos'[9], que revogou a 'Lei de Acesso aos Documentos Administrativos'. Imagine-se uma situação prática: num processo de licenciamento de clubes ou de sociedades desportivas para participarem numa competição desportiva, a federação desportiva ou a liga profissional que organiza a respetiva competição deve facultar a todos os candidatos a documentação submetida pelos demais, de molde a, querendo, na qualidade de interessados, poderem exercer os direitos que lhe são legal e regulamentarmente conferidos conexos com o acesso à competição desportiva em causa – o acesso a consulta da documentação torna tudo e a todos transparente.

Ainda no RJFD importa mencionar o artigo 53.º, que estatui, na alínea a), entre outras matérias, que o regime disciplinar das federações desportivas deve prever, a "[s]*ujeição dos agentes desportivos a deveres gerais e especiais de conduta que tutelem, designadamente, os valores da ética desportiva e da transparência e verdade das competições desportivas, com o estabelecimento de sanções determinadas pela gravidade da sua violação.*" Por esta via, o legislador, assegura não só que todas as federações desportivas, para continuarem a gozar do estatuto de utilidade pública desportiva, devem adotar regulamentos disciplinares, e que esses regulamentos disciplinares devem prever a sujeição dos diferentes agentes desportivos – praticantes desportivos, treinadores, dirigentes, árbitros, médicos, entre outros – ao valor da transparência.

II.1.2. As ligas profissionais

A LBAFD dedica a Subsecção III à "*Organização das competições desportivas profissionais*", enquadrando, no artigo 22.º, as "*Ligas profissionais*", referindo que "[as] *federações unidesportivas em que se disputem competições desportivas de natureza profissional, como tal definidas na lei, integram uma liga profissional, sob a forma de*

de autoridade" – Cf. "O Novo Regime das Federações Desportivas", *Revista Desporto & Direito – Revista Jurídica do Desporto*, Ano VII – Setembro/Dezembro 2009, N.º 19, pp. 9 a 47, em particular as pp. 21; 22 e 41.

[9] Cf. Lei n.º 26/2016, de 22 de Agosto, com a última alteração operada pela Lei n.º 68/2021, de 26 de Agosto.

associação sem fins lucrativos, com personalidade jurídica e autonomia administrativa, técnica e financeira." (n.º 1) e que "[a]s ligas *profissionais exercem, por delegação das respectivas federações, as competências relativas às competições de natureza profissional (...)". As ligas profissionais são, pois,* uma parte integrante de uma federação desportiva, exercendo *ope legis* competências delegadas (e não próprias), nos mesmos pressupostos legais que se aplicariam à federação respetiva, caso fosse esta a exercer as competências. Neste contexto, as ligas profissionais também exercem poderes públicos. Assim sendo, não é de estranhar que a única liga profissional existente em Portugal – a Liga Portuguesa de Futebol Profissional – inclua o princípio da "*transparência*" no elenco dos "*Princípios gerais*" que a regem (cf. artigo 10.º dos respetivos Estatutos) nem que disponha de um 'Código de Transparência e Anticorrupção'.

II.2. O regime jurídico das sociedades desportivas

A transparência na atuação das sociedades desportivas é, de há muito, uma firme preocupação do legislador Português[10]. E assim também será no futuro – recentemente foi publicada a Lei n.º 39/2023, de 4 de Agosto –, lei que estabelece o regime jurídico das sociedades desportivas, que dá enfoque à transparência, na esteira do anunciado no Preâmbulo da Proposta de Lei 62/XV/1.

No diploma agora revogado podia ler-se o seguinte: "Volvida quase uma década, exige-se, em face da realidade que se vive nas competições desportivas, um novo paradigma na defesa da integridade e da transparência e na otimização do papel essencial das sociedades desportivas."

Há uma norma específica que impõe um conjunto de deveres de transparência, conforme segue:

"Artigo 22.º
Deveres de transparência

1 – A relação dos titulares de participação qualificada na aceção do Código dos Valores Mobiliários, em sociedade desportiva é comunicada às entidades

[10] Já a Lei de Bases do Desporto – Lei n.º 30/2004 de 21 de Julho, o artigo 19.º, sob a epígrafe "*Sociedade desportiva*", remetia para um diploma específico sobre estas sociedades comerciais, exigindo, na alínea d) do n.º 2, a "*salvaguarda*" da "*transparência contabilística*".

fiscalizadoras e à federação desportiva da respetiva modalidade e, no caso das sociedades desportivas participantes em competições profissionais, à respetiva liga profissional.

2 – A comunicação referida no número anterior deve ser feita pela sociedade desportiva até ao início de cada época desportiva ou no prazo fixado em regulamento, dela devendo constar:

a) A identificação e discriminação das percentagens de participação e dos direitos de voto detidos por cada titular;

b) A identificação e discriminação de toda a cadeia de pessoas e entidades a quem a participação deva ser imputada, independentemente da sua eventual sujeição a lei estrangeira, bem como a identificação do beneficiário efetivo dessa mesma sociedade, de acordo com os termos estabelecidos no artigo 30.º da Lei n.º 83/2017, de 18 de agosto, que estabelece medidas de combate ao branqueamento de capitais e ao financiamento do terrorismo;

c) A indicação de eventuais participações, diretas ou indiretas, daqueles titulares noutras sociedades desportivas.

3 – A informação referida no número anterior deve ser renovada e atualizada, no prazo de 15 quatro dias úteis, contados da celebração da respetiva transmissão de propriedade ou de uso, consoante o que ocorra em primeiro lugar .

(...)

Para as competições profissionais de futebol, este preceito legal deve ser lido em conjugação com o artigo 93.º-A do Regulamento Disciplinar da Liga Portuguesa de Futebol Profissional – ainda remetendo para o diploma ora revogado –, sob a epígrafe "*Obrigações de transparência*":

"1. O clube que não cumprir os deveres de comunicação previstos nos n.ºs 1 e 4 do artigo 28.º do decreto-lei n.º 10/2013, de 25 janeiro, é punido com a sanção de multa de montante a fixar entre o mínimo de 100 UC e o máximo de 250 UC.

2. O clube sancionado nos termos do número anterior é notificado pela Direção Executiva da Liga Portugal para fazer cessar o incumprimento no prazo de quatro dias úteis.

3. É punido com a sanção de impedimento de registo de novos contratos de jogadores o clube que não cumpra a injunção prevista no número anterior, até fazer cessar o incumprimento.

4. Quando, pelo incumprimento dos deveres previstos no n.º 1 seja determinada, pela entidade competente, a proibição de realização de apostas

desportivas sobre competições profissionais, o clube é punido com a sanção de multa de igual montante ao que corresponderia à sua participação na distribuição do valor das apostas desportivas."

No domínio das competições não profissionais de futebol é aplicável o Regulamento Disciplinar da Federação Portuguesa de Futebol, cujo artigo 59.º-A, sob a epígrafe "Incumprimento de deveres de transparência" se transcreve de seguida:

> *"O Clube que não cumpra os deveres legais e regulamentares de transparência ou preste falsas declarações sobre a identidade dos titulares de participações sociais dos membros da direção, gerência ou administração e das pessoas que, de facto, exerçam atividades próprias daqueles é sancionado com impedimento de registo de agentes desportivos até à regularização da situação que deu causa à aplicação da sanção e com multa entre 20 e 60 UC."*

A Federação Portuguesa de Futebol criou inclusivamente a 'Plataforma da Transparência'[11] para que os seus clubes filiados comuniquem atempadamente informação devida.

Ademais, para que se perceba quão relevantes são os "*deveres de transparência relativos à titularidade das sociedades desportivas*", faça-se notar que a sua inobservância é fundamento para a suspensão do estatuto de utilidade pública desportiva da federação desportiva em causa (cf. artigo 21.º, n.º 1, alínea b) do RJFD).

II.3. O regime jurídico dos contratos programa de desenvolvimento desportivo

Nos termos do n.º 3 do artigo 46.º da LBAFD, "[o]*s apoios ou comparticipações financeiras concedidas pelo Estado, pelas Regiões Autónomas e pelas autarquias locais, na área do desporto, são tituladas por contratos programa de desenvolvimento desportivo, nos termos da lei.*"

Tratando-se do suporte por via da qual são transferidos dinheiros públicos para que os particulares promovam o desenvolvimento do desporto, é

[11] https://transparencia.fpf.pt/Login.aspx

fundamental, como o diploma específico[12] prevê, "[a]*ssegurar a plena publicidade e transparência das condições com base nas quais os apoios são concedidos.*" Por exemplo, a consulta dos contratos programa em Diário da República é um mecanismo que permite escrutinar os montantes atribuídos pelo Instituto Português do Desporto e Juventude, I.P. às diferentes federações desportivas ou as verbas atribuídas pelas diferentes Autarquias Locais às associações (clubes, coletividades e demais entes promotores do desporto). De outra forma teríamos terreno fértil para favorecimentos pessoais, arbitrariedade e, por conseguinte, corrupção. Andou, pois, bem o legislador.

II.4. O regime jurídico do jogo e das apostas desportivas

Durante alguns anos foram prestados serviços de apostas desportivas por suporte *online* sem qualquer enquadramento regulatório, o que suscitou a necessidade de se aprovar, em 2015, o 'Regime Jurídico dos Jogos e Apostas Online'[13]. No preâmbulo do diploma em causa, o legislador evidenciou que o repensar do modelo de exploração dos jogos de fortuna ou azar em Portugal não só tinha em mente "*combater a prática de jogo ilegal*" como também, por outro lado, "*assegurar uma exploração de jogo equilibrada e transparente.*"

Por conseguinte, no artigo 26.º, entre outras "*obrigações das entidades exploradoras*" previu-se a obrigação de [a]*ssegurar a integridade, a disponibilidade, a confidencialidade e todos os demais atributos de segurança dos jogos e apostas online, garantindo um jogo fiável e transparente.*" Afigura-se ainda como muito relevante, também em prol da "*transparência*", a tipificação de "*Medidas cautelares*" (artigo 75.º, n.º 1): "*Sempre que a infração imputada às entidades exploradoras seja suscetível de afetar a segurança dos jogadores, a integridade, fiabilidade ou transparência das operações de jogo, ou de colocar em risco a ordem pública, a entidade de controlo, inspeção e regulação pode, em qualquer momento do processo, ordenar preventivamente a suspensão da sua atividade.*"

---

[12] Cf. o Decreto-Lei n.º 273/2009 de 1 de Outubro, com a segunda alteração operada pela Lei n.º 101/2017, de 28 de Agosto, que estabelece o regime jurídico dos contratos-programa de desenvolvimento desportivo.

[13] Cf. Decreto-Lei n.º 66/2015, de 29 de Abril, com a segunda alteração operada pela Lei n.º 101/2017, de 28 de Agosto.

Mas é na conexão deste diploma com o diploma das sociedades desportivas que a questão da transparência mais surge evidenciada. Desde logo, houve a preocupação do legislador de definir uma lista sobre a qual podem incidir as apostas, "*elaborada e aprovada pela entidade de controlo, inspeção e regulação*" (artigo 5.º, n.º 5), sob pena de as apostas *online* em causa não serem autorizadas. Mas a inclusão nessa lista "*(...) de modalidades, competições e provas desportivas organizadas por entidades nacionais deve ser precedida, para cada modalidade, de audição da respetiva federação com utilidade pública desportiva, nomeadamente para verificação da idoneidade da competição e do respetivo organizador, bem como para confirmação do cumprimento das obrigações de transparência relativas à titularidade das sociedades desportivas, se for o caso.*" (artigo 5.º, n.º 7). Por outro lado, "[s]*ão proibidas as apostas desportivas em eventos em que participem sociedades desportivas que não cumpram as obrigações legalmente definidas de transparência da respetiva titularidade, enquanto durar tal incumprimento.*" (n.º 11)[14].

Também as apostas desportivas à cota de base territorial foram objeto de aprovação de um novo regime jurídico em 2015[15], ressaltando no preâmbulo, entre outras "*razões*" do novo regime a "*necessidade*" de "*assegurar*" a "*transparência das operações de jogo*", entendendo-se que tal desiderato é obtido com a canalização da procura da oferta legal para uma só entidade: "*Esta opção assenta na necessidade de garantir, no momento em que se disponibilizam pela primeira vez as apostas desportivas à cota de base territorial, que elas se destinam a canalizar a procura para esta oferta legal do Estado e que a sua exploração pela Santa Casa da Misericórdia de Lisboa contribua decisivamente para a proteção, transparência e idoneidade deste tipo de apostas, bem como para a prevenção dos riscos associados às mesmas.*"

Uma vez mais a legislação das sociedades desportivas surge associada à matéria das apostas, tendo a "*transparência*" também como pano de fundo, prevendo-se, no artigo 4.º, n.º 5, o seguinte: "*São proibidas as apostas desportivas em eventos em que participem sociedades desportivas que não cumpram as obrigações legalmente definidas de transparência da respetiva titularidade, enquanto durar tal incumprimento.*"

---

[14] Os transcritos n.ºs 7 e 11 foram introduzidos pela Lei n.º 101/2017, de 28 de Agosto – Defesa da transparência e integridade das competições desportivas.

[15] Cf. Decreto-Lei n.º 67/2015, de 29 de abril – Aprova o regime jurídico da exploração e prática das apostas desportivas à cota de base territorial, e altera a Tabela Geral do Imposto do Selo, e os Estatutos da Santa Casa da Misericórdia de Lisboa.

II.5. A lei antidopagem no desporto

Um dos maiores flagelos do desporto hodierno, que atenta contra dois bens jurídicos fundamentais – a ética desportiva e a saúde pública –, é a constante violação de regras antidopagem, sobretudo por parte dos atletas, que tentam pela via artificial aumentar, fraudulentamente, a sua performance desportiva. É por isso que o combate a este flagelo se faz a nível universal[16].

A organização nacional antidopagem em Portugal, isto é, a entidade que controla e luta contra a dopagem no desporto, é a Autoridade Antidopagem de Portugal (ADoP), sendo que a Lei Antidopagem no Desporto[17], no artigo 21.º, prevê o "*princípio*" da "*transparência*" como um dos "*princípios orientadores*" da ação desta entidade. Na mesma linha de raciocínio, no artigo 37.º da mesma lei, prevê-se que o Colégio Disciplinar Antidopagem, "*comissão técnico-jurídica independente, com competência para decidir sobre os ilícitos disciplinares decorrentes de violações de normas antidopagem*", está "*subordinado*" a vários "*princípios*", entre os quais o da "*transparência*". Preocupa ainda o legislador, no artigo 53.º, alínea a) da mesma lei, que, em geral, "[a]*s entidades públicas e privadas que participem na luta contra a dopagem no deporto*", processem os dados pessoais

[16] Faça-se aqui notar que o combate à dopagem no desporto é efetivamente um combate universal, que envolve quer as federações desportivas internacionais (e consequentemente as nacionais) que aderiram ao Código Mundial Antidopagem da Agência Mundial Antidopagem, quer os Estados que, com o mesmo fito, foram signatários da Convenção Internacional contra a Dopagem no Desporto (UNESCO). E nesse contexto há uma matéria conexa com a transparência que queríamos aqui identificar: é que em tal combate universal fazem-se controlos em competição e controlos fora da competição, sendo que quando os controlos não são feitos aleatoriamente/por sorteio, obedecem a critérios objetivos, previamente definidos, designadamente de índole desportiva ou por indícios/ alertas recolhidos. Ora, revela-se fundamental que tais critérios sejam de todos conhecidos, sob pena de se gerar um cenário que conduza a questionar ou duvidar das escolhas. Nesse cenário será legítimo perguntar: Porque foram controlados estes atletas e não outros? Qual a razão de escolher estas modalidades e não outras? Porquê controlar um número mais significativo de atletas do clube A do que do clube B? Todas essas questões têm subjacente dúvidas quanto ao respeito pela imparcialidade e pela igualdade entre participantes, tendo presente que as sanções disciplinares aplicadas a quem viola as regras antidopagem não só são severas como são de aplicação universal (por exemplo, uma sanção aplicada em Portugal na modalidade de andebol implica a suspensão do atleta em qualquer outra modalidade em todo o Mundo).

[17] Cf. Lei n.º 81/2021, de 30 de Novembro, com a última alteração operada pelo Decreto-Lei n.º 35/2022, de 20 de Maio.

com "*transparência*". Constata-se que a preocupação do legislador de que, num contexto em que se exige aos atletas e ao seu pessoal de apoio que os resultados desportivos sejam transparentes, também aqueles que testam os atletas e que os sancionam devem pugnar pela transparência nos seus métodos e procedimentos, dando o necessário exemplo.

II.6. O exemplo do Comité Olímpico de Portugal como organismo de cúpula do associativismo desportivo Português

Como organismo de cúpula do movimento associativo desportivo nacional e, tratando-se de uma associação sem fins lucrativos, o Comité Olímpico de Portugal (COP), no quadro do livre associativismo, e também no respeito pelas obrigações impostas pelo COI, designadamente pela Carta Olímpica e pela Código de Ética, dá um bom exemplo do que é a consagração normativa da defesa pela transparência.

Assim sucede desde logo ao nível do seu texto constitutivo, concretamente no artigo 6.º dos Estatutos, referente às respetivas atribuições, prevendo-se que " [t]*odas as ações do COP*" devem observar, entre outros, o "*princípio*" da "*transparência*". Por outro lado, no respetivo sítio internet o COP dedica um espaço próprio para a "*Transparência*", no qual se "*(...) encontra a informação sobre a composição e funcionamento do Comité Olímpico de Portugal, como se organiza e quais as principais normas e orientações que regulam a sua actividade e conduta daqueles que servem e representam a instituição. Este espaço procura promover uma cultura de transparência e comunicação aberta à participação de todos os membros e interessados no passado, presente e futuro do COP.*" Sublinhe-se, entre outros, a publicação do 'Código de Boa Conduta para a Prevenção e combate do assédio no trabalho' e, ao nível dos "*procedimentos internos*", a 'Política de ajudas de custo e despesas de representação', bem como um Código consagrado à 'Boa Governação e Integridade no Desporto', que, inevitavelmente, menciona questões referentes à transparência[18]. Com toda esta informação e documentação, o COP não só dá a conhecer a sua autorregulação como contribui para a regulação do Movimento Olímpico, em geral, promovendo, designadamente, o valor da transparência.

---

[18] Cf., em particular, pontos 3.1; 3.2.; 3.4. e 3.5.2.

III. A TRANSPARÊNCIA NO DIREITO INTERNACIONAL DO DESPORTO COM IMPACTO NAS ORGANIZAÇÕES DESPORTIVAS PORTUGUESAS

No âmbito do Direito Internacional do Desporto, os Estados têm vindo a dedicar uma constante atenção a matérias conexas com a Ética no Desporto, seja com *soft law* seja com *hard law*, sobretudo o Conselho da Europa – com o Código de Ética Desportiva[19], a Carta Europeia do Desporto[20] e Convenções em matéria de violência associada ao desporto[21] e de manipulação de resultados[22] – e a UNESCO – fundamentalmente com a Carta Internacional da Educação Física e do Desporto[23] e com uma Convenção em matéria de Dopagem[24].

Mas no que respeita à matéria específica objeto do presente texto, são as organizações desportivas de vocação internacional que mais têm recorrido à adoção de instrumentos normativos para promover a transparência no desporto. Destacamos aqui, como acima já justificado, o COI, a FIFA, a UEFA e a SIGA.

---

[19] 1992.

[20] 1992.

[21] Convenção Europeia sobre a Violência e os Excessos dos Espectadores por Ocasião das Manifestações Desportivas e nomeadamente de Jogos de Futebol, aprovada para ratificação pela Resolução da Assembleia da República n.º11/87 e publicada no Diário da República I, n.º 57, de 10 de Março de 1987; Convenção do Conselho da Europa sobre uma Abordagem Integrada da Segurança, da Proteção e dos Serviços por Ocasião dos Jogos de Futebol e Outras Manifestações Desportivas, aprovada pela Resolução da Assembleia da República n.º 52/2018; ratificada pelo Decreto do Presidente da República n.º 13/2018 e publicada no Diário da República I, n.º 36, de 20 de Fevereiro de 2018.

[22] Convenção do Conselho da Europa sobre a Manipulação de Competições Desportivas, aprovada pela Resolução da Assembleia da República n.º 109/2015; ratificada pelo Decreto do Presidente da República n.º 92/2015 e publicada no Diário da República I, n.º 153, de 7 de Agosto de 2015.

[23] 1978, revista em 2018.

[24] Convenção Internacional contra a Dopagem no Desporto, aprovada pelo Decreto n.º 4-A/2007 e publicada no Diário da República I, n.º 56, 1.º suplemento, de 20 de Março de 2007.

III.1. Comité Olímpico Internacional

III.1.1. Código de Ética do COI (IOC Code of Ethics)

No Código de Ética do COI há a destacar o seguinte:

- A "*Transparência*" é erigida a um dos "*Princípios Básicos Fundamentais de Boa Governança do Movimento Olímpico e Desportivo*", como tal devendo "*ser respeitado por todas as partes Olímpicas*";
- Na "*Governança Institucional*"[25], ao nível do "*Enquadramento regulatório*"[26], o COI postula que "[o]*s estatutos e os regulamentos devem ser claros, transparentes e acessíveis publicamente*" e acrescenta que "*[o] s estatutos devem incluir disposições específicas relacionadas em particular, sobre (...) transparência financeira*"
- Num ponto[27] em que se autonomizam "*Accountability e Transparência*", na parte referente à "*Transparência*" surge a seguinte determinação COI: "*Com vista a aumentar a transparência, as organizações desportivas devem ter um sítio internet atualizado que inclua os seguintes elementos (lista não exaustiva):*
  - Visão, missão, objetivos e estratégia;
  - Estrutura organizacional;
  - Lista dos cargos eleitos e da estrutura diretiva;
  - Regras, regulamentos e políticas;
  - Principais atividades e decisões;
  - Relatórios financeiros anuais auditados;
  - Procedimento de adjudicação para eventos desportivos, quando aplicável.

Esta informação deve estar facilmente acessível no sítio internet."

- No que se refere a matérias como "*Votação e eleição*"[28], o COI estatui que "[o] *processo de eleição deve reger-se por regras claras, democráticas,*

---

25 "*Princípio 2*"

26 2.2.

27 2.4.

28 2.6.

transparentes e justas", acrescentando que *"[o]s resultados das eleições devem ser publicados."*

- Relativamente à *"Adjudicação de eventos desportivos"*, o COI defende que "[o]s *requisitos e o processo de adjudicação de eventos desportivos deve ser transparente e imparcial" e que tal "deve ser tornado público antecipadamente"*;
- A *"Transparência Financeira"*[29] merece muitas e relevantes imposições do COI:

(i) "[a] *contabilidade deve ser estabelecida de acordo com as leis aplicáveis e com o princípio da "visão verdadeira e justa"*;
(ii) *"Todas as organizações desportivas devem adotar princípios contabilísticos (ex. IFRS/GAAP) na preparação das suas demonstrações financeiras"*;
(iii) "Os relatórios financeiros anuais auditados devem ser aprovados pela Assembleia-Geral e publicados;
(iv) "Deve ser aprovado um plano financeiro plurianual abrangente, tal como um plano quadrienal, deve ser aprovado";
(v) "Devem ser adotadas políticas de viagem/alojamento, subsídios, ajudas de custo e benefícios para funcionários (incluindo membros dos órgãos diretivos);
(vi) "Os montantes totais dos subsídios, ajudas de custo e benefícios devem ser indicados separadamente nos relatórios financeiros anuais";
(vii) "Deve ser estabelecida uma política remuneratória para o pessoal";
(viii) "Deve ser estabelecido um processo de dupla assinatura, devendo ser evitadas assinaturas individuais para vincular obrigações financeiras e contratuais."

- *No que tange à "Solidariedade – Desenvolvimento Social e sustentável através do desporto"*[30], concretamente à matéria da *"Distribuição de recursos"*[31], o COI prescreve o seguinte: *"Deve ser estabelecido e publicado um processo claro e transparente para a alocação de recursos financeiros, em linha com os objetivos de desenvolvimento desportivos."*

---

[29] 4.3.
[30] Princípio 6.
[31] 6.1.

III.1.2. Manual sobre a proteção do desporto contra a manipulação das competições – Iniciativa do COI e da Interpol Integridade no Desporto (Handbook on protecting sport from competition manipulation – Interpol & IOC Integrity in Sport Initiative)

Neste importante Manual entendemos ser de enfatizar o seguinte:

- O reconhecimento da necessidade de as organizações (desportivas) internacionais adotarem princípios de boa governança, em especial a transparência, a *accountability* e a responsabilidade, relativamente aos processos de seleção de altos funcionários, a todos os contratos de patrocínio e aos processos de adjudicação de qualquer tipo de contratos[32];
- A consciencialização de que o aumento da transparência financeira é uma via para minimizar riscos de atividades criminosas no desporto[33];
- O registo de que o COI criou o Integrity Betting Intelligence System (IBIS) tendo em vista, entre outros fins, criar um quadro de transparência, confidencialidade e confiança entre todos os *stakeholders*[34].

III.1.3. Mecanismos de denúncia no desporto: Um Guia Prático para o Desenvolvimento e Implementação – Gabinete das Nações Unidas contra a Droga e o Crime & COI (Reporting mechanisms in sport: A Practical Guide for Development and Implementation – UNODC – United Nations Office on Drugs and Crime & IOC)

Quando se identificam comportamentos indevidos no desporto, ao arrepio dos seus valores, assim minando a sua integridade, importa reportá-los para os resolver. Este Guia, que resulta de uma parceria entre o COI e uma das agências especializadas das Nações Unidas, a UNODC, assinala a dado passo[35], algo muito relevante: "*A transparência do processo (quem trata dos relatórios e como os relatórios são tratados) é outro fator determinante da confiança. É aqui que começa a gestão das expectativas. Confidencialidade e proteção são assuntos que geram muita*

[32] Pág. 11.
[33] Pág. 24.
[34] Pág. 41.
[35] Ponto 1.2., "*Confiança*", terceiro parágrafo, pág. 8.

ansiedade. Ser transparente sobre como é mantida a confidencialidade durante o processo e como as limitações de quais organizações podem assegurar confidencialidade e proteção aumenta a confiança no mecanismo de reporte."

III.1.4. Processo de candidatura para organização dos Jogos Olímpicos

RYAN GAUTHIER[36] alerta, e bem, para o facto de a transparência não significar apenas acesso à informação, mas também o perceber-se o processo, o compreender-se os motivos pelos quais é tomada uma decisão, ou seja, o processo só é transparente quando forem visíveis e do conhecimento de todas as partes interessadas as razões da tomada de uma decisão. Para sustentar a sua visão, aquele autor dá como exemplo os avanços positivos levados a cabo pelo COI, na sua 'Agenda 2020', nomeadamente quando acabou com candidaturas em suporte físico e determinou que as mesmas fossem submetidas e partilhadas numa base de dados *online*. Mais assinala o autor que os questionários e a documentação em causa são o "*coração*" do processo de seleção, pelo que os documentos e o processo passaram a ser acessíveis não só aos responsáveis das cidades candidatas como também a qualquer outra parte interessada, permitindo assim perceber as razões pelas quais o COI considera esta cidade (mais) viável do que a outra para acolher os Jogos Olímpicos.

III.1.5. As Orientações sobre a aplicação da Regra 50 da Carta Olímpica ('Rule 50 Guidelines')

Para se assegurar a transparência no desporto é igualmente fundamental que as organizações desportivas sejam constantes e consistentes nos critérios e fundamentos com que aplicam as normas que editam, sob pena de se confundir a margem de livre apreciação ou grau de subjetivismo na decisão com parcialidade.

Para ilustrar esta questão, é útil recorrer a MARK JAMES e GUY OSBORN[37], que qualificam precisamente como um problema de transparência a diferente

---

[36] *The International Olympic Committee, Law, and Accountability*, Londres, Routledge, 2017, pp. 112-114.

[37] *Olympic Laws: Culture, Values, Tensions*, Londres, Routledge, 2023, p. 68.

interpretação que o COI tem vindo a dar à polémica Regra 50 da Carta Olímpica (porque violadora da liberdade de expressão, ainda que em nome da neutralidade do evento), em particular o respetivo n.º 2 segundo o qual "[n]*ão é permitido qualquer tipo de manifestação ou propaganda política, religiosa ou racial nas infraestruturas, instalações ou outras zonas dos Jogos Olímpicos.*" Por vezes o COI tem sido severo na aplicação de sanções aos atletas que violam esta regra, desqualificando-os, noutras vezes nem sequer os sancionado, ficando a dúvida sobre os critérios seguidos na interpretação e aplicação da regra.

Ora foi precisamente para evitar essa falta de transparência, vinculando o COI, que, sob pressão da Comissão de Atletas, o COI acabou por adotar as 'Rule 50 Guidelines', ou seja, linhas orientadoras ou diretrizes que acabam por garantir mais certeza e seguranças jurídicas e naturalmente menos discricionariedade e menos casuística decisória, logo viabilizando também mais transparência.

III.2. FIFA

III.2.1. Medidas de transparência e controlo financeiro para evitar novos casos de corrupção no pós-crise de 2015

Na sequência do escândalo de corrupção que assolou a FIFA em 2015 (envolvendo mesmo os respetivo Presidente e Secretário-Geral, respetivamente, Sepp Blatter e Jérôme Valcke, foi criada uma Comissão no seio daquela associação reguladora do futebol mundial, que, logo em 2016, pugnou, entre outros desígnios, por maior transparência e controlo financeiro. Para esta Comissão afigurou-se essencial aplicar à FIFA princípios de transparência e de responsabilidade, tal implicando que todas as pessoas relacionadas com a organização conhecessem a respetiva estrutura de governo, as suas políticas, os seus procedimentos e sobretudo as suas finanças, articulando-se essas medidas com uma profunda revisão do papel a desempenhar pelo Conselho da FIFA (desde logo na forma como atribui verbas às federações-membro); com uma outra definição da política de receitas e despesas da associação; e com uma nova regulação quer da Comissão de Finanças quer da Comissão de Auditoria, de Conformidade e Honorários (desde logo a necessidade desta última ser completamente independente). A respeito dos honorários merece ressaltar-se a adoção de uma política de transparência e informação dos honorários, publicando-se os valores auferidos anualmente pelo Presidente pelo Secretário-Geral e pelos Presidentes das Comissões Permanentes e Jurisdicionais da FIFA.

III.2.2. FIFA Clearing House

A 25 de Setembro de 2018 o Comité de *Stakeholders* da FIFA decidiu criar uma *Clearing House*, enquanto mecanismo para processar as transferências internacionais tendo em vista assegurar um bom funcionamento do sistema, centralizando e simplificando os pagamentos associados a transferências, tais como o mecanismo de solidariedade, a compensação pela formação, as comissões dos agentes e, potencialmente, as indemnizações de transferência.

Assim, em Outubro de 2022 foi publicado o Regulamento do FIFA Clearing House, no qual, embora não mencione expressamente a palavra "*Transparência*", o artigo 15.º, sob epígrafe "*Avaliação de conformidade*" ("*Compliance Assessment*"), assinala (n.º 2) que a FIFA *Clearing House* irá aferir se todas as partes envolvidas no pagamento ou recebimento de dinheiro cumprem com (i) sanções relativas a pagamentos internacionais; (ii) combate ao branqueamento de capitais; (iii) luta contra o suborno e a corrupção; (iv) luta contra o financiamento do terrorismo. Ora, para essa tarefa, a FIFA irá aceder a informação vária, constante de uma lista não exaustiva que o Regulamento enuncia (n.º 3), claramente instrumental na luta pela transparência, a saber informação sobre: (i) estrutura corporativa; (ii) estrutura organizacional; (iii) fontes de financiamento; (iv) fontes de riqueza.

III.2.3. Regulamento FIFA dos Agentes de Futebol

Com entrada plena em vigor em Outubro de 2023, o novo Regulamento da FIFA dos Agentes de Futebol rege os serviços das pessoas singulares que a FIFA licencia para, em representação de clubes ou jogadores, negociarem tendo em vista a celebração de transações, leia-se, no essencial (pode haver a prestação de outros serviços), com o objetivo de se assinarem contratos de formação desportiva, contratos de trabalho desportivo e contratos de transferência de jogadores de futebol.

Conforme se prescreve no artigo 1.º, n.º 2, alínea d), um dos objetivos prosseguidos pelo Regulamento é "*aumentar a transparência financeira e administrativa*" do sistema de transferências que envolve a intervenção dos agentes. Na verdade, na génese da reforma operada pelo Regulamento a transparência da atividade dos agentes (muitas vezes também denominados de empresários) foi um dos principais motes, como aliás fora nas reformas anteriores, face à constatação de que muitos dos representantes dos jogadores nas transações não estavam devidamente licenciados para o efeito, afigurando-se difícil conhecer a rastreabilidade do dinheiro envolvido [o regulamento anterior da FIFA, o Regulamento sobre os Intermediários referia mesmo no artigo 3.º que era com o fito de atingir a transparência que, já no artigo 6.º, n.º 3, se obrigava cada federação nacional a publicitar no respetivo sítio internet, até ao final do mês de Março, quer o volume de transações nas quais tivessem estado envolvidos os então denominados intermediários registados, quer o montante total das comissões auferidas pelos mesmos.

III.2.4. Regulamento sobre o Estatuto e Transferência de Jogadores da FIFA

A FIFA regula as transferências internacionais de jogadores, isto é, os movimentos transfronteiriços, de dimensão internacional, que se materializam quando os jogadores atravessam fronteiras para se registar numa federação ou numa liga de um outro País.

Ora para que se efetive uma transferência internacional, o Regulamento sobre o Estatuto e Transferência de Jogadores da FIFA exige que as partes recorram a um sistema de informação informatizado, o TMS – Transfer Matching System – mecanismo que a FIFA implementou com o propósito de "*aperfeiçoar a transparência e o fluxo de informação*" (Definição 13 do Regulamento), com o objetivo de simultaneamente "*aumentar a transparência, a eficiência e a credibilidade do sistema de transferências internacionais de futebol*" (Anexo 3, Título 1, n.º 2, alínea c) do Regulamento). Ao centralizar-se a informação nesta plataforma informática, permite-se conhecer quem e quando introduziu cada documento, ao mesmo tempo que aumenta a funcionalidade/rapidez, beneficia-se, inequivocamente, também a transparência dos procedimentos.

III.3. O Regulamento da UEFA de Licenciamento e Sustentabilidade Financeira

A participação dos clubes nas competições da UEFA, *maxime* na Liga dos Campeões, não depende apenas do preenchimento de critérios de natureza desportiva, isto é, não é apenas o mérito desportivo que torna um clube elegível a participar nessas competições. É, efetivamente, necessário que os clubes que tenham adquirido esse mérito desportivo cumpram também critérios legais, infraestruturais, administrativos, financeiros e de pessoal/recursos humanos. Assim o dita um regime que ficou conhecido como o Fair Play Financeiro, hoje regido pelo *UEFA Club Licensing and Financial Sustainability Regulations*, que escrutina a diversos níveis a gestão dos clubes, sendo, pois, fácil perceber a razão pela qual no elenco dos objetivos[38] do Regulamento surja a par de se "*Aumentar a sustentabilidade económica e financeira dos clubes*" também "*aumentar a sua transparência e credibilidade.*"

III.4. SIGA (Sports Integrity Global Alliance)

Criada em Novembro de 2015, a SIGA é uma organização, que integra como membros quer organizações não governamentais quer Governos, e tem procurado criar uma parceria público-privada de defesa da integridade no desporto, para o efeito, entre outras iniciativas, aprovado *Universal Standarts e Guidelines* para a Boa Governança no Desporto, a Integridade Financeira no Desporto e a Integridade no âmbito das Apostas no Desporto. Importa aqui destacar alguns standards que são recomendados às organizações desportivas em particular, em prol da transparência, ainda não identificados nas medidas já referidas neste artigo:

- Adoção de políticas de transparência ao nível da bilhética, assegurando uma justa fixação de preços e medidas que evitem a revenda dos bilhetes no mercado negro;
- Adoção de processos abertos e transparentes para adjudicação de contratos com os media, em particular no âmbito dos direitos de transmissão dos eventos desportivos;

[38] Cf. Artigo 2.º, 2.02, alínea a).

- Adoção de processos abertos e transparentes para adjudicação de contratos para construção de infraestruturas desportivas;
- Publicação das Atas das Assembleias-Gerais, das reuniões dos órgãos executivos, das suas políticas e processos;
- Tornar claro e transparente o procedimento para modificar/alterar os regulamentos;
- Publicação dos organigramas das estruturas das organizações desportivas.

IV. CONCLUSÃO

Do presente artigo resulta a constatação, em primeiro lugar, de que o legislador Português não é indiferente à necessidade de promover e salvaguardar a transparência no desporto, podendo concluir-se que o Direito do Desporto assume um importante contributo, em particular na legislação referente a matérias como federações desportivas (e ligas profissionais); sociedades desportivas; contratos-programa; apostas desportivas; e dopagem. No movimento associativo Português, o COP, enquanto entidade de cúpula, encontra nos instrumentos normativos uma via de adotar boas práticas em prol de atuar internamente (autorregulação) de forma transparente e simultaneamente de promover idênticas condutas junto do Movimento Olímpico em geral.

Internacionalmente, sem prejuízo da relevante ação dos Estados, com *hard law* e soft law, em matéria de legislação relativa à Ética Desportiva, são as organizações desportivas com vocação internacional que, em particular através do Direito, mais têm lutado por um desporto com transparência, concretamente nos respetivos Estatutos e Regulamentos. O COI, a FIFA e a UEFA são disso bons exemplos. Estas organizações também encetam parcerias com entidades como a Interpol ou agencias especializadas das Nações Unidas e é também num prisma de parcerias público-privadas que a ação da SIGA merece um enfoque muito especial.

Ao longo deste texto procurou-se elencar as principais matérias de incidência normativa em prol da transparência no desporto, concluindo-se que, no essencial, se prendem com a transparência no acesso à informação e com a transparência nos processos decisórios.

REFERÊNCIAS DOUTRINAIS

DE PABLO NUEVO, Cristina, "Análisis sobre el buen gobierno en el deporte y propuestas para una mejor implantación del Buen Gobierno en el ámbito deportivo español", *Cuestiones jurídico-deportivas*, Coord. JOSÉ LUIS CARRETERO LESTÓN, Madrid, Ed. REUS, 2020, p. 51.

GAUTHIER, Ryan, *The International Olympic Committee, Law, and Accountability*, Londres, Routledge, 2017.

JAMES, Mark e OSBORN, Guy, *Olympic Laws: Culture, Values, Tensions*, Londres, Routledge, 2023.

NOGUEIRA DE BRITO, Miguel, "O Novo Regime das Federações Desportivas", *Revista Desporto & Direito – Revista Jurídica do Desporto*, Ano VII – Setembro/Dezembro 2009, N.º 19, pp. 9- 47.

TRANSPARÊNCIA E DESPORTO: IMPOSIÇÕES DE GOVERNANÇA ÀS SOCIEDADES ANÔNIMAS DE FUTEBOL E OUTRAS PONDERAÇÕES

FLÁVIO BOSON GAMBOGI
Bacharel e Mestre em Direito pela UFMG; Doutor em Direito pelo IDP.

SÉRGIO SANTOS RODRIGUES
Advogado, Bacharel em Direito pela FUMEC e Mestre em Direito pela Milton Campos; MBA em Gestão Desportiva (Escola Real Madrid); Doutorando em Direito Pela Universidade Autônoma de Lisboa.

INTRODUÇÃO

Depois de diversas tentativas não tão exitosas em momentos históricos anteriores no que se refere a um esforço em se criar uma espécie de sociedade empresarial futebolística, a Lei 14.193/2021 trouxe um marco legal para a discussão, fazendo nascer no cenário brasileiro a Sociedade Anônima do Futebol, ou apenas SAF.

Percebeu-se que a então novidade, não só nos momentos anteriores a aprovação da referida lei 14.193/2021, mas até o atual momento, foi e é temática que levanta uma série de discussões, ponderações e problemáticas, ocasionando diversos debates entre investidores, entusiastas e especialistas do esporte, comentaristas, juristas, agenda comum, dentre outros setores. As discussões – de tão notórias – são objeto constante de manchete nos principais veículos de informação especializados e não especializados na temática do esporte no país[1].

Tendo em vista isso, afigura-se como de relevância elevada a proposição de discussões e reflexões acadêmicas que tenham o objetivo de tentar compreender, de forma metódica e alinhada a uma postura técnico jurídica, a temática da Sociedade Anônima do Futebol: suas principais características, histórico, marco legal e outros pontos que se mostram necessários para uma compreensão mais bem acurada.

Assim, como já expresso nas linhas do resumo deste trabalho, este artigo se propõe a fazer uma análise da Sociedade Anônima do Futebol (SAF), observando desde o histórico de seu marco de regulamentação, até suas características principais delineadas na lei 14.193/2021, perpassando por uma breve pesquisa no direito comparado português para que se possa entender de modo mais amplo como a temática é tratada em outros ordenamentos jurídicos alienígenas, até o momento em que a discussão no que tange a governança e transparência da SAF será enfrentada em tópico específico.

No que se refere a metodologia adotada, cumpre mencionar a visão de Marcelo Campos Galuppo[2], para quem a metodologia nada mais é do que a descrição do caminho da pesquisa, ou o próprio caminho que é ou deve ser percorrido pelo pesquisador na busca pela comprovação de sua hipótese. Por sua vez, Antônio Carlos Gil irá dizer que, em um projeto de pesquisa, a parte metodológica deve ser dedicada a uma descrição dos procedimentos que precisam ser adotados durante a realização da pesquisa, como a apresentação do tipo de pesquisa que será realizado[3].

---

[1] EXTRA. *"Ex-presidente do Flamengo se diz contra a SAF do clube: 'Não há necessidade'"*. Extra, 15 mar. 2023. Disponível em: https://extra.globo.com/esporte/noticia/2023/03/ex-presidente-do-flamengo-se-diz-contra-a-saf-do-clube-nao-ha-necessidade.ghtml. Acesso em: 10 jul. 2023; UOL ESPORTE. *Colunistas opinam: SAF é o melhor caminho para clubes brasileiros em baixa?* [online]. Disponível em: https://www.uol.com.br/esporte/futebol/ultimas-noticias/2022/02/22/colunistas-opinam-saf-e-o-melhor-caminho-para-clubes-brasileiros-em-baixa.htm. Acesso em: 13 jul. 2023; O GLOBO. *Três vantagens e desvantagens de um clube ao virar sociedade anônima de futebol* [online]. Disponível em: https://oglobo.globo.com/esportes/futebol/tres-vantagens-desvantagens-de-um-clube-ao-virar-sociedade-anonima-de-futebol-25302184. Acesso em: 13 jul. 2023.

[2] GALUPPO, Marcelo Campos. *Da ideia a defesa: monografias e teses jurídicas*. 2. ed. Belo Horizonte: Mandamentos, 2008. p. 110.

[3] GIL, Antônio Carlos. *Como elaborar projeto de pesquisa*. 4. ed. São Paulo; Atlas, 2002. p. 162, 163.

Por essa via, cabe apontar que o trabalho apresentado aqui propõe trabalhar a temática enfrentada através do seguinte plano operacional: Primeiro, haverá uma explanação no capítulo inicial sobre o marco legal da Sociedade Anônima do Futebol, passando pelos conceitos, características, dentre outros aspectos que foram expressa ou implicitamente trabalhados pelo diploma legal que tratou da matéria, bem como haverá uma reflexão sobre o simbolismo da SAF no cenário futebolístico, por óbvio, com o nível de explanação que interesse a esse recorte; posteriormente, em um segundo momento de ponderação, haverá a descrição de uma breve pesquisa comparativa em relação a como o tema é tratado no direito comparado português, também com o grau de aprofundamento que serve e aproveita aos limites que aqui são propostos; já em um terceiro momento, será enfrentada a questão relativa aos avanços em governança e transparência no que se refere a Sociedade Anônima do Futebol, tema fundamental e de profunda necessidade para uma reflexão completa. Ao final, seguirão considerações finais sobre todo o trajeto seguido neste trabalho.

Em complemento, cabe indicar que o tipo de pesquisa proposto é de predominante natureza explicativa e descritiva, sendo a técnica da revisão bibliográfica a utilizada no trato com a temática[4].

É pertinente externar que uma das dificuldades em se tratar da temática da Sociedade Anônima do Futebol, justamente por ser criação neófita no sistema jurídico brasileiro, é a falta de referências numerosas.

Em outras palavras, não se dispõe de um vasto número de livros, artigos científicos, artigos de opinião vinculados a veículos jurídicos especializados, periódicos dedicados ao tema, volumes de edição de revistas versando sobre questões específicas da temática, dissertações de mestrado, teses de doutorado ou mesmo monografias numerosas dedicadas a matéria.

Por certo, isso só reforça e justifica a necessidade desse trabalho, principalmente contexto editorial em que ela se insere. Acredita-se que a contribuição aqui oferecida pode enriquecer a discussão ainda recente no Brasil e facilitar a compreensão dessa parte do Direito brasileiro a leitores de outros países que se mostrem interessados na temática.

Ainda no que tange as fontes, cabe apontar que parte considerável das mais atuais em cenário brasileiro relativas à matéria foram consultadas para

[4] Cabe apontar que Antônio Carlos Gil disserta classificando a pesquisa bibliográfica como uma espécie do gênero "tipo de pesquisa".

a elaboração deste trabalho, o qual também pretende ser um mecanismo de atualização das discussões.

Por fim, foi possível concluir que as Sociedades Anônimas do Futebol (SAF) poderão trazer um modelo de gestão alinhado com as perspectivas mercadológicas que hoje permeiam o esporte, mas deve haver um cuidado com elementos imateriais de vital importância para a própria manutenção do clube.

1. SOCIEDADE ANÔNIMA DO FUTEBOL: MARCO LEGAL, CONCEITOS E CARACTERÍSTICAS DISTINTIVAS

1.1. Breve histórico e marco legal

Como já dissertado alhures, a Lei 14.193/2021, publicada e sancionada no dia 06 de agosto do referido ano, sem prazo para *vacatio legis*[5], instituiu a Sociedade Anônima do Futebol e teve como objetivo dispor sobre normas de constituição, governança, controle, transparência, meios de financiamento da atividade futebolística, tratamento dos passivos das entidades de práticas desportivas e regime tributário específico. Para além disso, também trouxe algumas alterações na Lei 9.615 de 1988 e na Lei 10.406 de janeiro de 2002 (o Código Civil), como dispõe a própria ementa[6].

Antes de analisar especificamente a Lei da Sociedade Anônima do Futebol, cabe apontar que o referido diploma normativo não foi a primeira tentativa de se criar uma regulamentação mais clara no que concerne aos ditos clubes de futebol e o que envolve a ideia de clube-empresa, regime tributário diferenciado para este ente e questões correlatas.

Mesmo anteriormente ao próprio projeto de lei que deu origem ao diploma legal 14.193/2021 (o referido projeto 5.516/19, de autoria do

---

[5] O artigo 36 do referido diploma legislativo previu que a lei entrou em vigor na data de sua publicação.

[6] BRASIL. *Lei nº 14.193, de 6 de agosto de 2021. Institui a Sociedade Anônima do Futebol e dispõe sobre normas de constituição, governança, controle e transparência, meios de financiamento da atividade futebolística, tratamento dos passivos das entidades de práticas desportivas e regime tributário específico; e altera as Leis nºs 9.615, de 24 de março de 1998, e 13.155, de 4 de agosto de 2015.* Diário Oficial da União: seção 1, Brasília, DF, ano 158, n. 150-A, p. 1-3, 9 ago. 2021. Disponível em: http://www.planalto.gov.br/ccivil_03/_ato2019-2022/2021/lei/l14193.htm. Acesso em: 12 jul. 2023.

Senador Rodrigo Pacheco/MG) já outro projeto de lei tinha tentado delinear temática relativa à ideia de clube empresa, e outros pontos comuns. O citado projeto é o Projeto de lei 5.082/2016, de autoria dos então deputados a época: Otávio Leite/RJ e Domingos Sávio/MG. Neste sentido, inclusive, cabe citar a:

> Dispõe sobre o clube-empresa, o Regime Especial de Tributação de Entidades de Prática Desportiva Profissionais de Futebol (Simples-Fut), as condições especiais para quitação acelerada de débitos das entidades desportivas profissionais de futebol, o parcelamento especial de débitos das entidades desportivas profissionais de futebol perante a União, a recuperação judicial do clube-empresa, a cessão e denominação dos símbolos e o Regime Centralizado de Execução na Justiça do Trabalho; altera as Leis nºs 9.615, de 24 de março de 1998, 11.438, de 29 de dezembro de 2006, e 13.155, de 4 de agosto de 2015; e dá outras providências[7].

Ocorre que, apesar da tentativa, ao que transparece, não houve êxito na aprovação do referido Projeto de Lei. De modo diverso, a iniciativa do projeto 5.516/19, de autoria do Senador Rodrigo Pacheco/MG, tramitou em ambas as casas do parlamento brasileiro e acabou sancionada pela presidência, sendo, pois, o *locus* de origem – como já dito – da lei 14.193/2021 que instituiu a *SAF*.

1.2. Características e Conceitos para compreensão da Sociedade Anônima do Futebol

Para melhor compreensão do que é a Sociedade Anônima do Futebol, cabe, de antemão, por uma ótica exegética[8], analisar o artigo 1º da Lei 14.193/2021, segundo o qual:

---

[7] BRASIL. Câmara dos Deputados. *Projeto de Lei nº 5082/2016. Dispõe sobre o clube-empresa, o Regime Especial de Tributação para o Futebol (RET-FUT), instituído pela Lei nº 13.155, de 4 de agosto de 2015; e dá outras providências*. Brasília, DF: Câmara dos Deputados, 2016. Disponível em: https://www.camara.leg.br/proposicoesWeb/fichadetramitacao?idProposicao=2082511#:~:text=NOVA EMENTA%3A Dispõe sobre o clube-empresa%2C o Regime,de agosto de 2015%3B e dá outras providências. Acesso em: 11 jul. 2023.

[8] Em sua origem remota teria o a palavra exegese significaria trazer para fora. Referência: SOUZA, Isaac Maynart Carvalho Moyses. *Método e Interpretação do Direito: uma análise a partir da hermenêutica filosófica*. Belo Horizonte: Expert, 2023. p. 66.

> Art. 1º Constitui Sociedade Anônima do Futebol a companhia cuja atividade principal consiste na prática do futebol, feminino e masculino, em competição profissional, sujeita às regras específicas desta Lei e, subsidiariamente, às disposições da Lei nº 6.404, de 15 de dezembro de 1976, e da Lei nº 9.615, de 24 de março de 1998[9].

Percebe-se, logo de início, que a lei apresenta a Sociedade Anônima do Futebol como um tipo de companhia específica, cuja atividade deve consistir precisamente na prática futebolística – tanto masculina, quanto feminina – em competições de cunho profissional, com sujeição tanto à própria referida lei, como, de forma subsidiária, às disposições da lei sobre as sociedades por ações (Lei 6.404 de 1976) e da lei que institui normas gerais sobre desporto (Lei 9.615 de 1998).

Neste sentido, o objeto da SAF parece bem delineado pelo dispositivo já citado, bem como a relação sistemática com o ordenamento brasileiro também resta notória, em virtude disso, em concordância com tal visão, Bruno Pinto Soares et al.:

> Ao se fazer alusão à "prática do futebol, feminino e masculino, em competição profissional", é muito claro o delineamento normativo a respeito do objeto da SAF, vinculado à modalidade desportiva futebolística de alto rendimento, nas categorias masculina e feminina. Também se extrai, do aludido enunciado normativo, que a sociedade empresária constituída se sujeitará subsidiariamente às disposições da Lei da S.A. e da Lei Pelé, nas temáticas em que a novel Lei for silente ou incompleta[10].

---

[9] BRASIL. Lei nº 14.193, de 6 de agosto de 2021. *Institui a Sociedade Anônima do Futebol e dispõe sobre normas de constituição, governança, controle e transparência, meios de financiamento da atividade futebolística, tratamento dos passivos das entidades de práticas desportivas e regime tributário específico; e altera as Leis nºs 9.615, de 24 de março de 1998, e 13.155, de 4 de agosto de 2015.* Diário Oficial da União: seção 1, Brasília, DF, ano 158, n. 150-A, p. 1-3, 9 ago. 2021. Disponível em: http://www.planalto.gov.br/ccivil_03/_ato2019-2022/2021/lei/l14193.htm. Acesso em: 12 jul. 2023.

[10] SOARES, Bruno Pinto et al. *Sociedade Anônima do Futebol: disposições introdutórias e constituição.* In: SOUZA, Gustavo Lopes Pires de; RAMALHO, Carlos Santiago da Silva. Sociedade Anônima do Futebol: primeiras linhas. Belo Horizonte: Editora Expert, 2022. p. 18.

O novo modelo se apresenta como uma espécie de subtipo[11] ou uma tipologia societária destinada com exclusividade ao desporto futebolístico:

> A Lei da SAF inova no Sistema Nacional do Desporto, facultando uma nova modalidade de organização social para as entidades de prática desportiva. A Sociedade Anônima do Futebol ("SAF") representa uma tipologia (ou "subtipologia") societária destinada exclusivamente para o futebol e surge com a finalidade de contribuir com o resgate do ambiente futebolístico no país, buscando desenvolvê-lo não apenas como atividade desportiva, mas também como atividade empresarial e econômica, sem deixar de respaldar, como se verá ao longo do presente livro, a sua repercussão social[12].

Também em conformidade com a Lei 14.193/2021, a forma de constituição dessa tipologia societária distinta é estabelecida no artigo 2º, sendo que tal dar-se-á pela transformação do clube ou pessoa jurídica original em Sociedade Anônima do Futebol, pela cisão do departamento de futebol do clube ou pessoa jurídica original com transferência do seu patrimônio relacionado à atividade futebolística ou então por iniciativa de pessoa natural ou jurídica ou de fundo de investimento. Confira-se:

> Art. 2º A Sociedade Anônima do Futebol pode ser constituída: I – pela transformação do clube ou pessoa jurídica original em Sociedade Anônima do Futebol; II – pela cisão do departamento de futebol do clube ou pessoa jurídica original e transferência do seu patrimônio relacionado à atividade futebol; III – pela iniciativa de pessoa natural ou jurídica ou de fundo de investimento[13].

---

[11] COSTA NORAT, L.; CAVALEIRO DE MACÊDO SCAFF, L.; MENDES NETO, J. P. *Considerações sobre o regime jurídico das Sociedades Anônimas do Futebol no Brasil.* Revista Jurídica do Cesupa, p. 227 – 246, 1 mar. 2023. p. 229.

[12] Idem, Ibdem. p. 16-17.

[13] BRASIL. Lei nº 14.193, de 6 de agosto de 2021. *Institui a Sociedade Anônima do Futebol e dispõe sobre normas de constituição, governança, controle e transparência, meios de financiamento da atividade futebolística, tratamento dos passivos das entidades de práticas desportivas e regime tributário específico; e altera as Leis nºs 9.615, de 24 de março de 1998, e 13.155, de 4 de agosto de 2015.* Diário Oficial da União: seção 1, Brasília, DF, ano 158, n. 150-A, p. 1-3, 9 ago. 2021. Disponível em: http://www.planalto.gov.br/ccivil_03/_ato2019-2022/2021/lei/l14193.htm. Acesso em: 12 jul. 2023.

Ainda no que concerne a forma de constituição da Sociedade Anônima do Futebol, observação necessária é que quando for através de transformação ou cisão (casos relativos aos incisos I e II do dispositivo citado acima), conforme disporá o parágrafo 1º da Lei 14.193/2021, a SAF sucederá o clube ou pessoa jurídica original nas relações com as entidades de administração, bem como nas relações contratuais, de qualquer natureza, com atletas profissionais de futebol, bem como terá o direito de participar dos campeonatos, copas ou torneios em substituição ao clube ou pessoa jurídica original, nas mesmas condições em que se encontravam no momento da sucessão.

Para além dessas modalidades de constituição estipuladas no artigo 2º da Lei 14.193/21, outro modo de constituição é possível, como se pode ver:

> Para além das modalidades previstas no art. 2º da Lei da SAF, acima expostas, o texto legal também prevê, em seu art. 3º, a possibilidade de o clube constituir a SAF a partir de um processo chamado *drop down*. A operação *drop down* é definida como um negócio jurídico através do qual uma determinada sociedade – no caso, o clube, sob a perspectiva técnica já apresentada neste estudo, prevista na Lei da SAF – transfere um ou mais elementos de seu patrimônio com o fim de integralizar o capital social de uma sociedade. Na hipótese vertente, à luz dos termos legais, a sociedade a ser constituída com esses ativos será a própria SAF; e em troca, o clube receberá o equivalente aos bens transferidos em participação societária – ações ou quotas – na SAF constituída. A relação é de causa e efeito[14].

O *drop down*, previsto no artigo 3º[15], nada mais é do que um procedimento de integralização de patrimônio com a finalidade de integralizar o capital de uma sociedade, sendo, nesse caso, uma espécie de colaboração para a SAF que se visa constituir, tendo por objetivo final – em regra – o recebimento do equivalente pela integralização feita.

---

[14] SOARES, Bruno Pinto et al. *Sociedade Anônima do Futebol: disposições introdutórias e constituição.* In: SOUZA, Gustavo Lopes Pires de; RAMALHO, Carlos Santiago da Silva. Sociedade Anônima do Futebol: primeiras linhas. Belo Horizonte: Editora Expert, 2022. p. 27.

[15] GOMES, José Eduardo Ribeiro. *A Sociedade Anônima do Futebol: seria essa a solução para a melhoria da condição financeira dos clubes de futebol brasileiros?*. 2023. 31 f. Trabalho de Conclusão de Curso (Graduação em Direito) – Universidade Federal de Uberlândia, Uberlândia, 2023. p. 11.

Outro ponto relevante a se observar na Lei 14.193/2021 é o ligado ao Regime de Tributação Específica do Futebol (TEF), inovação trazida pela lei. Assim, vale citar o artigo 31 de modo integral:

> Art. 31. A Sociedade Anônima do Futebol regularmente constituída nos termos desta Lei fica sujeita ao Regime de Tributação Específica do Futebol (TEF). (Promulgação partes vetadas) § 1º O regime referido no caput deste artigo implica o recolhimento mensal, mediante documento único de arrecadação, dos seguintes impostos e contribuições, a serem apurados seguindo o regime de caixa: I – Imposto sobre a Renda das Pessoas Jurídicas (IRPJ); II – Contribuição para os Programas de Integração Social e de Formação do Patrimônio do Servidor Público (Contribuição para o PIS/Pasep); III – Contribuição Social sobre o Lucro Líquido (CSLL); IV – Contribuição para o Financiamento da Seguridade Social (Cofins); e V – contribuições previstas nos incisos I, II e III do caput e no § 6º do art. 22 da Lei nº 8.212, de 24 de julho de 1991. § 2º O recolhimento na forma deste artigo não exclui a incidência dos seguintes impostos ou contribuições, devidos na qualidade de contribuinte ou responsável, em relação aos quais será observada a legislação aplicável às demais pessoas jurídicas: I – Imposto sobre Operações de Crédito, Câmbio e Seguro, ou Relativas a Títulos ou Valores Mobiliários (IOF); II – Imposto de Renda relativo aos rendimentos ou ganhos líquidos auferidos em aplicações de renda fixa ou variável; III – Imposto de Renda relativo aos ganhos de capital auferidos na alienação de bens do ativo imobilizado; IV – contribuição para o Fundo de Garantia do Tempo de Serviço (FGTS); V – Imposto de Renda relativo aos pagamentos ou créditos efetuados pela pessoa jurídica a pessoas físicas; e VI – demais contribuições instituídas pela União, inclusive as contribuições compulsórias dos empregadores sobre a folha de salários, destinadas às entidades privadas de serviço social e de formação profissional vinculadas ao sistema sindical, de que trata o art. 240 da Constituição Federal, e demais entidades de serviço social autônomo. § 3º O pagamento mensal unificado deverá ser feito até o vigésimo dia do mês subsequente àquele em que houver sido recebida a receita[16].

---

[16] BRASIL. Lei nº 14.193, de 6 de agosto de 2021. *Institui a Sociedade Anônima do Futebol e dispõe sobre normas de constituição, governança, controle e transparência, meios de financiamento da atividade futebolística, tratamento dos passivos das entidades de práticas desportivas e regime tributário específico; e altera as Leis nºs 9.615, de 24 de março de 1998, e 13.155, de 4 de agosto de 2015.* Diário Oficial da União: seção 1, Brasília, DF, ano 158, n. 150-A, p. 1-3, 9 ago. 2021. Disponível em: http://www.planalto.gov.br/ccivil_03/_ato2019-2022/2021/lei/l14193.htm. Acesso em: 12 jul. 2023.

Como se pode ver, foi instituído um regime peculiar que trará um maior encargo fiscal para os clubes de futebol, frente ao que era previsto como devido de arrecadação no tradicional modelo de associação no qual normalmente os clubes são constituídos. Porém, com a possibilidade de um desenho mais corporativo e empresarial, pode existir uma maior organização para este aspecto.

Além desses aspectos, como se pode notar da análise da ementa da Lei 14.193/2021, outros pontos importantes foram pautados na lei e regulamentados, como o Programa de Desenvolvimento Educacional e Social (PDE), a questão relativa as chamadas debêntures-fut (que poderão ser emitidas pelos clubes de futebol, nos termos do artigo 26 da citada lei), a regulamentação da recuperação judicial e extrajudicial por parte do clube de futebol, dentre outros pontos relevantes.

1.3. O simbolismo da lei 14.193/2021

Mais que uma mudança legislativa ou jurídica, as inovações de possibilidades trazidas pela lei 14.193 de 2021 se mostram como um símbolo de uma abertura para uma nova perspectiva no cenário nacional futebolístico. Como se sabe, historicamente os clubes brasileiros de futebol eram constituídos em forma de associação[17], o que podia trazer até alguns benefícios – como os de ordem tributária[18] – mas no geral havia um modelo de gerência que, pela própria essência do desenho de associação, não poderia imprimir objetivos relativos à busca por resultados lucrativos e que gerava muitas vezes ingerências e prejuízos que direcionavam o clube para crises financeiras. Benéfico ou não, o futebol se tornou um mercado de extrema importância ao longo dos anos e – dentro da ótica de mercado – quem não pensa em lucro dificilmente obterá os mesmos resultados dos pares que se comprometem em buscar por esse objetivo.

---

[17] SOUZA, Leonel Alvez. *Sociedade Anônima do Futebol: a solução para o endividamento dos clubes brasileiros? Uma análise à luz da lei nº 14.193/2021.* 2022. f. 79. Monografia. Universidade de Brasília (Faculdade de Direito). Brasília. 2022. p. 3-6.

[18] ALMEIDA, Monique Correia de. *Regime de Tributação Específica do Futebol (TEF): arts. 31 a 33.* In: SOUZA, Gustavo Lopes Pires de; RAMALHO, Carlos Santiago da Silva. Sociedade Anônima do Futebol: primeiras linhas. Belo Horizonte: Editora Expert, 2022. p. 171.

Desde que o futebol, que é uma invenção de operários ingleses, popularizou-se no Brasil, a partir do período de industrialização do país, no século XIX[19], que a referida organização em associação é aplicada aos clubes e uma possível explicação é a natureza orgânica que o formato de associação apresenta, como parece pensar Rachel Sztajn:

> O fenômeno associativo reflete necessidades humanas que não podem ser satisfeitas sem colaboração; quando o esforço individual não basta para o escopo visado, as pessoas se reúnem para atingi-lo formando-se grupos familiares, clãs, tribos, organizações para defesa mútua, grupos de socorro, enfim, motivos não faltam para que se pense em reunir pessoas para buscar fim de interesse comum[20].

Pela sua própria natureza, como já dito, a associação não visa a obtenção de lucro, sendo um organismo voltado para o desenvolvimento de atividades ideais[21].

Ocorre que o tempo mostrou que esse modelo não é – talvez – o mais atrativo ou que mais beneficie a prática de uma modalidade esportiva profissional de extrema rentabilidade e que se converteu em um mercado multimilionário:

> Evidente que com o passar dos anos os clubes foram assumindo uma importância social e econômica muito grande. O próprio esporte deixou de ser encarado como um lazer ou uma atividade física para ser um produto objeto de comercialização. Por tais razões, não foram poucos os que começaram a defender a tese de que as estruturas associativistas não mais respaldavam a prática de uma modalidade desportiva profissional[22].

O modelo de associação – nesse novo cenário que a cada dia vem a se expandir – começa a ceder lugar em solo brasileiro para outros modelos

---

[19] Idem, Ibdem. p. 3.

[20] SZTAJN, Rachel. *Associações e sociedades: à luz da noção de contrato plurilateral.* In: Wald, Arnold. Doutrinas essenciais – direito empresarial, v. 2, São Paulo: RT, 2011, p. 212.

[21] TOMAZZETE, Marlon. *Curso de direito empresarial: Teoria geral e direito societário*, v. 1. 8. ed. rev. e atual. São Paulo: Atlas, 2017, p. 269.

[22] CARLEZZO, Eduardo. *Direito Desportivo Empresarial.* São Paulo: Editora Juarez de Oliveira, 2004, p. 60.

jurídicos mais alinhados com a transformação que o próprio futebol sofreu, deixando de ser apenas um esporte ou um mecanismo de lazer e se tornando uma verdadeira profissão e, mais que isso, um amplo e lucrativo mercado com diversas oportunidades de negócio que foram potencializados, inclusive, pelos meios de comunicação:

> Em termos de rentabilidade, dentre os negócios do futebol mundial, destacam-se os chamados 'direitos de televisão'. Os negócios do futebol foram potencializados pelo desenvolvimento dos meios de comunicação e informação de massa. Se a difusão do futebol para além das fronteiras do continente europeu foi realizada graças à expansão industrial, os meios de comunicação de massa foram os responsáveis por sua consolidação como bem cultural no mercado global[23].

Nesse contexto, a SAF se mostra como uma saída para melhorar não somente questões burocráticas e colocar os clubes de futebol formalmente em uma proposta mercadológica, tornando-os sociedades com finalidade lucrativa, mas até mesmo – justamente pela missão mercadológica – o desempenho, a qualidade técnica, o atendimento as necessidades do torcedor (que é o consumidor de todo elemento material e imaterial vendido pelo clube), etc., encontram *locus* para melhora nesse novo cenário.

2. A SOCIEDADE ANÔNIMA DO FUTEBOL E O DIREITO COMPARADO: A EXPERIÊNCIA PORTUGUESA

No cenário jurídico desportivo futebolístico português, na década de 90 do século passado, os clubes de futebol se organizavam em um modelo de associação e viviam crises generalizadas, sendo que parecia que o padrão associativo era tido como insuficiente para administrar a atividade desportiva, veja:

> A situação dos clubes em Portugal na década de 1990 não era muito diferente da vivida pelos vizinhos espanhóis antes da determinação da conversão dos clubes em sociedades empresárias. Assim como no outro país ibérico, os clubes portugueses viviam crise generalizada e o modelo associativo praticado pelas agremiações era tido como insuficiente para administrar a atividade desportiva,

[23] NASCIMENTO, Antônio Rodrigues do. *Futebol & relação de consumo.* 1. ed. Barueri, SP: Minha Editora, 2013, p. 53.

que se tornava cada vez mais mercantilizada. Diante do endividamento dos clubes, notadamente frente ao poder público, fazia-se necessária a modificação do modelo gerencial das instituições[24].

Frente a necessidade de modificação do modelo de gerenciamento dos clubes, surgiu naquele país o Decreto-Lei de número 67/97, o qual se deu o nome de Regime Jurídico das Sociedades Anônimas Desportivas (RJSAD). Tal regime trazia duas possibilidades aos clubes profissionais: a SAD (Sociedade Anônima Desportiva) para os clubes que quisessem adotar o modelo de sociedade anônima e um regime especial para os clubes que optassem por manter um padrão associativo[25].

Em razão da forma desigual de tratamento dos modelos, apenas cerca de algumas dezenas de clubes adotaram a espécie societária, frente a desvantagens em relação ao outro modelo[26].

Em 2013, houve uma aparente tentativa de por em igualdade as entidades desportivas do futebol, nesse sentido:

> Posteriormente, em 2013, foi promulgado o Decreto-Lei nº 10/2013, o qual buscava pôr em igualdade as entidades desportivas, de modo que extinguiu o regime especial de gestão e determinou a necessidade da adoção de forma jurídica societária para a participação em competição desportiva profissional. Além da já existente SAD, cujo capital deveria ser composto por no mínimo 10% de ações da associação, seria possível a transformação em Sociedade Desportiva Unipessoal por Quotas (SDUQ), cujo capital é representado por uma única quota indivisível, pertencente ao clube fundador, de modo a possibilitar a regularização da situação do clube sem que sua participação social fosse fragmentada, caso este não fosse seu desejo[27].

---

24 SOUZA, Leonel Alvez. *Sociedade Anônima do Futebol: a solução para o endividamento dos clubes brasileiros? Uma análise à luz da lei nº 14.193/2021*. 2022. f. 79. Monografia. Universidade de Brasília (Faculdade de Direito). Brasília. 2022. p. 55.

25 Idem, Ibdem. p. 55.

26 RODRIGUES, Diogo Monteiro. *O Regime Jurídico das Sociedades Desportivas*. Lisboa, 2019. Disponível em: http://formacao.comiteolimpicoportugal.pt/Publicacoes/COP_PFO_EDGD/Pos-Graduacao_Reg jurídico das Soc Desportivas_Diogo M Rodrigues_2019.pdf. Acesso em: 12 jul. 2023. p. 6.

27 SOUZA, Leonel Alvez. *Sociedade Anônima do Futebol: a solução para o endividamento dos clubes brasileiros? Uma análise à luz da lei nº 14.193/2021*. 2022. f. 79. Monografia. Universidade de Brasília (Faculdade de Direito). Brasília. 2022. p. 56.

Assim, naquele momento, com a extinção do regime especial, o cenário dos clubes futebolísticos começou a ser constituído pelos modelos da Sociedade Anônima Desportiva (SAD) e da Sociedade Desportiva Unipessoal por Quotas (SDUQ). Na atualidade, os três maiores clubes portugueses – Benfica, Clube do Porto e Sporting Clube de Portugal – organizam-se como SAD, o que demonstra a aceitação do modelo no país e, para além de Portugal, Espanha e Inglaterra apresentam possibilidades de modelos semelhantes à SAF brasileira[28].

3. OS AVANÇOS EM GOVERNANÇA E TRANSPARÊNCIA OCASIONADOS PELA SOCIEDADE ANÔNIMA DO FUTEBOL PARA OS CLUBES BRASILEIROS

Agora que já se entende o que é a Sociedade Anônima do Futebol, suas principais características distintivas e o contexto em que ela se insere, é importante refletir sobre os possíveis avanços em termos de governança e transparência apresentados pela Lei 14.193/2021.

Nesta perspectiva, cabe apontar que uma série de regras foram estabelecidas pelo citado diploma legal direcionadas especificamente para a questão da governança (e, pode-se dizer, preocupadas com a transparência na governança) da Sociedade Anônima do Futebol. Esse regramento, acredita-se, será um instrumento de condução para um novo modo de gestão nos clubes que optarem pela opção da SAF.

A SAF, como ocorreu também em outros países, chega ao Brasil em um momento em que diversos clubes enfrentam dificuldade econômica[29] e as práticas de governança corporativa com transparência, quando aliadas a estratégias de gestão, tem o poder de proporcionar ao clube uma elevação em relação aos demais e alavancar os resultados obtidos dentro e fora de campo[30].

---

[28] Idem, Ibsem. p. 56.

[29] NASCIMENTO, Gustavo Henrique Almeida do. *Governança da Sociedade Anônima do Futebol*. In: SOUZA, Gustavo Lopes Pires de; RAMALHO, Carlos Santiago da Silva. Sociedade Anônima do Futebol: primeiras linhas. Belo Horizonte: Editora Expert, 2022. p. 37.

[30] MORESCO, Evandro; SILVA, Renato. *Avaliação da governança corporativa nos clubes de futebol profissional da série "A" do campeonato brasileiro de 2015, classificados até a 8ª colocação*. Revista Gestão Premium, v. 5, n. 1, p. 64-92, 2017. p. 89.

Por isso, parece benéfico as imposições trazidas pela Lei 14.193/2021 em relação a obrigatoriedade de órgãos como conselho de administração e conselho fiscal, as vedações em relação a quem pode ou não pode participar dos conselhos (fiscal e de administração) e da diretoria da Sociedade Anônima do Futebol, como preleciona o artigo 5º, parágrafo 1º da referida lei. Para além disso, as obrigações no que se refere a necessidade de identificação do nome, endereço e dos dados de contato da pessoa natural que – direta ou indiretamente – exerça o controle ou seja a beneficiária final da pessoa jurídica que detiver participação igual ou superior a 5% (cinco por cento) do capital social da SAF, bem como a necessidade desta pessoa jurídica ceder essa informação tanto a própria SAF, quanto a entidade nacional de administração do desporto, mostram-se como instrumentos a favor da transparência na governança da referida sociedade anônima específica. Essas imposições de práticas de governança se mostram como avanço, pois impõem uma transparência mínima para a gestão.

4. CONSIDERAÇÕES FINAIS

A título de consideração final, pode-se dizer que a Lei 14.193/2021, ao regulamentar a Sociedade Anônima do Futebol (SAF), inaugura um novo capítulo na história dos modelos de organização jurídico-institucional dos clubes de futebol no Brasil, ampliando os horizontes dos para uma possível configuração totalmente mercadológica, em adequação ao que o futebol, que atualmente é muito mais que um esporte, configurando, em verdade, uma profissão e um mercado múltiplo ou com múltiplos produtos e serviços, tornou-se.

É relevante reafirmar a importância das práticas de governança instituídas pela lei, para que haja um limiar mínimo de transparência.

Por fim, cabe dizer que um desafio para as gestões que se erguerem dentro do modelo da SAF será compreender a importância do alinhamento da sociedade anônima com a entidade, o organismo complexo que é um clube de futebol, o qual tem normalmente uma história, envolve paixões pessoais e – até mesmo por uma perspectiva de mercado – precisa considerar "os sentimentos" de sua torcida antes da tomada de qualquer decisão: uma gestão alinhada a práticas de governança e transparência e que considere o clube como um organismo complexo tem potencial para alavancar os resultados dentro e fora de campo.

REFERÊNCIAS DOUTRINAIS

ALMEIDA, Monique Correia de. *Regime de Tributação Específica do Futebol (TEF)*: arts. 31 a 33. In: SOUZA, Gustavo Lopes Pires de; RAMALHO, Carlos Santiago da Silva. Sociedade Anônima do Futebol: primeiras linhas. Belo Horizonte: Editora Expert, 2022. p. 171.

CARLEZZO, Eduardo. *Direito Desportivo Empresarial.* São Paulo: Editora Juarez de Oliveira, 2004.

COSTA NORAT, L.; CAVALEIRO DE MACÊDO SCAFF, L.; MENDES NETO, J. P. *Considerações sobre o regime jurídico das Sociedades Anônimas do Futebol no Brasil.* Revista Jurídica do Cesupa, p. 227 – 246, 1 mar. 2023.

GALUPPO, Marcelo Campos. *Da ideia a defesa: monografias e teses jurídicas*. 2. ed. Belo Horizonte: Mandamentos, 2008.

GIL, Antônio Carlos. *Como elaborar projeto de pesquisa*. 4. ed. São Paulo; Atlas, 2002.

GOMES, José Eduardo Ribeiro. *A Sociedade Anônima do Futebol: seria essa a solução para a melhoria da condição financeira dos clubes de futebol brasileiros?*. 2023. 31 f. Trabalho de Conclusão de Curso (Graduação em Direito) – Universidade Federal de Uberlândia, Uberlândia, 2023.

MORESCO, Evandro; SILVA, Renato. *Avaliação da governança corporativa nos clubes de futebol profissional da série "A" do campeonato brasileiro de 2015, classificados até a 8ª colocação.* Revista Gestão Premium, v. 5, n. 1, p. 64-92, 2017.

NASCIMENTO, Antônio Rodrigues do. *Futebol & relação de consumo*. 1. ed. Barueri: Minha Editora, 2013.

NASCIMENTO, Gustavo Henrique Almeida do. *Governança da Sociedade Anônima do Futebol.* In: SOUZA, Gustavo Lopes Pires de; RAMALHO, Carlos Santiago da Silva. Sociedade Anônima do Futebol: primeiras linhas. Belo Horizonte: Editora Expert, 2022.

RODRIGUES, Diogo Monteiro. *O Regime Jurídico das Sociedades Desportivas*. Lisboa, 2019. Disponível em: http://formacao.comiteolimpicoportugal.pt/Publicacoes/COP_PFO_EDGD/Pos-Graduacao_Reg jurídico das Soc Desportivas_Diogo M Rodrigues_2019.pdf. Acesso em: 12 jul. 2023.

SOARES, Bruno Pinto et al. *Sociedade Anônima do Futebol: disposições introdutórias e constituição.* In: SOUZA, Gustavo Lopes Pires de; RAMALHO, Carlos Santiago da Silva. Sociedade Anônima do Futebol: primeiras linhas. Belo Horizonte: Editora Expert, 2022. p. 27.

SOUZA, Isaac Maynart Carvalho Moyses. *Método e Interpretação do Direito: uma análise a partir da hermenêutica filosófica*. Belo Horizonte: Expert, 2023.

SOUZA, Leonel Alvez. *Sociedade Anônima do Futebol: a solução para o endividamento dos clubes brasileiros? Uma análise à luz da lei nº 14.193/2021.* 2022. f. 79. Monografia. Universidade de Brasília (Faculdade de Direito). Brasília. 2022.

SZTAJN, Rachel. *Associações e sociedades: à luz da noção de contrato plurilateral.* In: WALD, Arnold. Doutrinas essenciais: direito empresarial, v. 2. São Paulo: RT, 2011.

TOMAZZETE, Marlon. *Curso de direito empresarial: teoria geral e direito societário,* v. 1. 8. ed. São Paulo: Atlas, 2017.